The Story of America

사진과 그림으로 보는

미국사

The Story of America

사진과 그림으로 보는

미국사

앨런 와인스타인 · 데이비드 루벨 지음 | 이은선 옮김

시공사

사진과 그림으로 보는
미국사

2004년 12월 20일 초판 1쇄 인쇄
2004년 12월 30일 초판 1쇄 발행

지은이 / 앨런 와인스타인 · 데이비드 루벨
옮긴이 / 이은선
발행인 / 전재국

단행본사업본부장 / 진정현
편집주간 / 이동은
책임편집 / 최가영, 오지명

발행처 / (주) 시공사
출판등록 / 1989년 5월 10일(제3-248호)

주소 / 서울특별시 서초구 서초동 1619-4 2층(우편번호 137-878)
전화 / 편집(02)588-6592 · 영업(02)588-0833
팩스 / 편집(02)523-2558 · 영업(02)588-0835
홈페이지 주소 / www.sigongsa.com

The Story of America
Copyright ⓒ 2002 Dorling Kindersley Limited, London
Text copyright ⓒ 2002 Allen Weinstein and David Rubel

Korean translation copyright ⓒ 2004 Sigongsa, Co., Ltd
All rights reserved. Korean translation edition published by arrangement with
Dorling Kindersley Limited

값 40,000원
ISBN 89-527-4138-2
89-527-1622-1(세트)

파본이나 잘못된 책은 교환하여 드립니다.

A DORLING KINDERSLEY BOOK
www.dk.com

CONTENTS

머리말

미국의 역사를 한 권에 담은 책 중에서 이렇게 다양한 주제를 소화한 작품은 없을 것이다. 고백하건대, 한 권에 담기에는 지난 500년 동안 미국에서 벌어진 사건이 너무 많았다. 따라서 쓸 것과 버릴 것을 고를 수밖에 없었다. 어떤 내용을 넣을 것인가? 또 어떤 내용을 뺄 것인가? 일반적으로 역사서를 집필하는 저자들은 책 속에 가능한 한 많은 내용을 담기 위해 개괄적인 접근을 선택한다. 서로 연관성 있는 정보를 연대순으로 짤막하게 소개하는 것이다. 하지만 이런 방식으로 탄생된 역사서는 이름과 연대가 한데 뒤엉켜 기억하기도, 이해하기도 어려울 때가 많다.

『사진과 그림으로 보는 미국사』는 일반적인 역사서가 아니라, 스물여섯 개의 이야기이다. 우리는 미국 역사상 가장 중요한 사건 스물여섯 개를 중심으로 이 책을 구성했다. 각각의 장은 하나의 사건에 초점을 맞추면서 미국 역사의 특정 시대를 소개한다. 이를테면 보스턴 학살을 통해 미국 독립혁명을 이야기하고, 찰스 오거스터스 린드버그의 대서양 횡단을 통해 1920년대를 이야기하는 식이다. 우리는 하나의 사건에 집중하며 낯선 과거의 분위기와 특징과 일상을 소개하려고 노력했다. 그리고 깊이를 더하기 위해 내용과 무관한 인물과 사건들은 과감히 제외시켰다.

상세한 설명을 더해 나가면서 미국 역사의 거시적인 방향과 주제를 선명하고 생생하게 알리는 것이 우리가 의도한 목적이었다. 특별히 관심을 기울인 주제를 밝히자면 개인적·정치적·종교적 자유를 쟁취하기 위한 노력, 국내외 위기 상황에 대한 반응, 크리스토퍼 콜럼버스가 구아나하니 섬에 상륙한 이후 500년 동안 변화를 겪은 미국의 목표와 가치관 등이다.

또 한편으로 사진, 지도, 그림, 만화, 책, 문건, 신변 용품, 그 밖의 역사상 중요한 사건 등 여러 자료를 통해 넓이의 보강을 꾀했다. 이와 같은 자료는 지식의 보고인 국회도서관과 국립공문서보관소를 통해 확보할 수 있었다. 두 국립기관의 직원들에게 신세를 진 셈이다. 그 밖의 자료들은, 국가 유산을 보존하기 위하여 생색도 나지 않는 일에 열심히 매진하는 수많은 소규모 기관의 도움을 받았다. 이 책에 등장하는 유진 빅터 데브스의 사진은 인디애나 주 테러호트에서 데브스의 생가를 관리하는 데브스 재단의 소장품이다. 마찬가지로, 19세기 중반 뉴욕 주 워털루의 모습을 담은 사진 아홉 장은 워털루도서관과 역사협회를 통해서만 구할 수 있는 자료이다. 워털루도서관과 역사협회는 시민들이 마을의 역사를 보존하고 연구하기 위해 만든 수많은 무명 기관 가운데 하나이다.

이 사람들은 왜 이런 수고를 아끼지 않는 것인가? 왜 과거를 보존하고 연구하려 하는 것인가? 가장 뻔한 이유를 들라면 과거는 현재의 거울이기 때문이다. 역사학자 아서 M. 슐레징거 2세는 "역사는 위기가 닥쳤을 때 균형 잡힌 시각을 제시하여 자신이 겪는 어려움이 유난히 힘들다는 모든 세대의 환상을 해독시키는 역할을 한다"고 했다. 역사서를 집필하는 사람이라면 이 말에 담긴 가르침과 진실을 통감할 수밖에 없다. 사료를 연구하다 보면 현재에서 과거의 현상을, 과거에서 현재의 현상을 필연적으로 발견하기 때문이다. 독자분들도 페이지를 넘기다 보면 과거의 쟁점과 상황이 현재 똑같이 재현되고 있음을 알 수 있을 것이다.

하지만 과거를 통한 깨우침은 결코 쉬운 일이 아니다. 헨리 A. 키신저는 회고록 『백악관 시절(*The White House Years*)』에서 이렇게 말했다. "역사는 검증된 비법을 알려 주는 요리책이 아니다. 역사는 행동 지침이 아닌 유추를 통해 가르침을 전달한다. 역사를 통해 비슷한 상황에서 취한 행동의 결과를 알 수는 있지만, 비슷한 상황을 발견하는 것은 각 세대의 몫이다."

우리는 비슷한 상황을 발견하는 데 기여하자는 뜻에서 이 책을 집필했고, 과거의 면면을 파악하는 데 도움이 될 수 있도록 이야기처럼 풀어 내기 위해 특별히 애를 썼다.

그뿐 아니라 수많은 관점이 존재하기 때문에, 몇몇 동료에게 집중 조명을 받아 마땅하다고 생각하는 인물의 일대기를 짤막하게 만들어 달라고 부탁했다. 이같은 인물 촌평을 통해 아쉽게도 생략할 수밖에 없었던 역사상의 단면을 소개할 수 있었다.

한때 많은 사랑을 받았지만 지금은 절판되어 버린 『자유와 위기(*Freedom and Crisis*)』를 집필한 프랭크 오토 게이텔 교수에게도 감사의 뜻을 전하고 싶다. 이 책의 많은 부분은 『자유와 위기』에서 영감을 얻은 것이다.

이 책에는 기운을 북돋워 주는 이야기들만 실려 있지는 않다. 인간의 고통이 극한으로 치달았던 분쟁, 만행, 충돌의 시대를 수놓은 사건들도 많이 있다. 하지만 이와 같은 사건들도 미국사의 일부이고, 저변에는 격변의 과거에서 불확실하지만 희망적인 미래를 꿈꾸는 낙천적인 사람들도 있었다. 이런 맥락에서 볼 때 이 책의 마지막 장에서 재현되는 2001년 9월

11일의 충격적이고 끔찍한 사건은 심각한 위기 상황이 닥치면 발빠르게 공동 대응하는 과거의 궤적과 맥을 같이한다. 견디기 힘든 위기 상황이더라도 우리 세대가 겪는 어려움이 유난히 힘든 것은 아니라는 점을 기억해야 한다. 나침반이 되어 주는 사건들을 통해 뜻밖의 깨달음을 얻을 수 있을지도 모른다.

앨런 와인스타인

데이비드 루벨

The Story of America

사진과 그림으로 보는

미국사

탐험과 정복

코르테스와 몬테수마

아스텍의 황제 몬테수마 2세(Montezuma II)는 해안으로 보낸 사신들이 돌아오기를 기다리느라 제대로 먹지도, 자지도 못했다. 그는 1519년 3월 이후 두 달 동안, 수염을 기른 백인 이방인들이 어마어마한 배를 타고 동쪽에서 건너온 이후의 상황을 유심히 관찰하고 있었다. 그런데 사신의 전갈을 들을수록 그들은 우려했던 대로 백인 신 케트살코아틀의 사절이 분명했다. 중앙아메리카에 전해 내려오는 전설에 따르면 케트살코아틀은 한때 톨텍 제국의 수도, 툴라의 제사장을 역임했던 왕이다. 톨텍족은 200년 동안 멕시코 중부의 아나우악 계곡을 다스리다 12세기 중

코르테스의 도착을 기다리는 몬테수마를 그린 수채화
1570년대에 도미니쿠스 수도회의 수도사 디에고 두란이 쓴 뉴에스파냐의 역사에 수록되었다.

반 북쪽에서 내려온 침략자들에게 툴라를 약탈당했다. 하지만 전설에 따르면 톨텍족은 군사적인 열세로 몰락한 것이 아니다. 오히려 아스텍족은 툴라에 살던 케트살코아틀이 동쪽에 있는 고향으로 돌아갔기 때문에 톨텍 제국이 멸망했다고 믿고 있었다. 전설에 따르면 케트살코아틀은 언젠가 돌아와서 잃어버린 제국을 다시 차지할 것이라고 했다.

이방인들은 고작 600명이었다. 몬테수마 수하의 몇

16세기 익명의 화가가 그린 코르테스의 유화
(왼쪽) 코르테스의 유골이 묻힌 멕시코시티의 예수스 병원에 걸려 있다.

십만 전사들에 비하면 보잘것없는 수준이었다. 숙명론자인 몬테수마는 웅장한 아스텍의 수도, 테노치티틀란의 왕궁에 앉아서 부와 권력을 잃을 가능성에 대해 곰곰이 생각했다. 몬테수마는 지독한 폭군답게 인내심의 한계에 해당되는 세금을 봉신들에게 부과했고, 명령을 따르지 않는 사람은 누구나 아스텍의 최고신 우이칠로포크틀리(아스텍족이 믿는 태양과 전쟁의 신—옮긴이)에게 제물로 바쳤다. 하지만 최근에는 불길한 조짐이 몇 가지 있었다. 머리 세 개짜리 혜성이 아나우악 위를 지나갔고, 테노치티틀란의 신전 하나가 번개를 맞았고, 테노치티틀란을 에워싼 텍스코코 호의 수위가 갑자기 높아지는 등 여러 해괴한 자연현상이 벌어졌다. 이런 조짐들과 꿈, 예언 때문에 몬테수마는 불안했고, 다가올 파멸을 확신했다.

몬테수마는 미지근하게나마 케트살코아틀의 귀환을 저지하려는 노력을 기울였다. 그는 우이칠로포크틀리가 아스텍을 위해 나서 주기를 바라는 뜻에서 테노치티틀란의 신전에 제물로 바치는 사람들의 숫자를 크게 늘렸다. 그리고 텍스코코 남쪽 호숫가의 코요아칸에서 새롭게 채석한 제물용 돌을 수도로 가지고 와 몇천 명의 피와 함께 봉헌했다. 또 한편으로는 사절단을 이방인들

'빨간 에리크'를 묘사한 목판화
바이킹의 북아메리카 발견을 처음으로 기록한 아른그리뮈르 욘손(아이슬란드의 역사학자 — 옮긴이)의 『그린란드』(1688년)에 실린 것이다.

에게 보냈다. 사절단은 고향으로 돌아가 달라고, 아스텍을 건드리지 말아 달라고 케트살코아틀을 달래고 설득하기 위해 인사말과 선물을 준비했다. 하지만 이들이 들고 간 금과 은은 이방인들의 대장 에르난 코르테스(Hernán Cortés)의 호기심을 자극했을 뿐이다.

첫 만남

신대륙을 처음 발견한 주인공은 에스파냐 출신이 아니었다. 코르테스보다 500년 먼저 머나먼 바다로 항해를 시작한 주인공은 스칸디나비아의 바이킹이었다. 이들은 북대서양을 건너 아이슬란드에 도착했고, 9세기 후반 무렵 그곳에 식민지를 세웠다. 고대 스칸디나비아인들은 그때부터 에리크(Eirik Raude)의 지휘 아래 훨씬 더 서쪽으로 항해를 떠났고, 986년에 그린란드를 발견했다. 11세기 어느 무렵에는 에리크의 아들 레이브 에릭손(Leiv Eriksson den Hepne)이 마침내 북아메리카의 동북 해안에 도착했다. 그는 이곳에 '빈랜드(오늘날 뉴펀들랜드로 추정된다)'라는 이름을 붙이고겨울을 난 뒤 그린란드로 돌아갔다. 이후 다른 바이킹들이 빈랜드에 농부와 상인들로 이루어진 식민지를 건설했지만, 사나운 인디언들과 2–3년을 싸우다 포기하고 떠나 버렸다.

물론 코르테스나 몬테수마는 이같은 역사적 사실을 알지 못했다. 코르테스는 에스파냐에서 일하는 이탈리아 항해사의 탐험담을 듣고 신대륙의 존재를 깨달았다. 1492년, 소형선 세 척을 이끌고 팔로스를 출발한 크리스토퍼 콜럼버스는 대서양을 건너 구아나하니라는 바하마의 작은 섬에 상륙했다. '동쪽의 끝'에 닿았다고 생각한 콜럼버스는 이곳 원주민을 '인디언(여기에서는 인도 사람을 가리키는 말이다—옮긴이)'이라고 불렀다. 충분히 있을 법한 착각이었다. 유럽에서는 유럽과 아시아 사이에 미지의 대륙이 있으리라고 상상한 사람이 아무도 없었다.

극동, 그중에서도 특히 중국(카타이)과 일본(지판구)은 몇백 년 동안 서양인들이 가장 탐내던 비단, 향료, 보석 같은 사치품의 산지 역할을 했다. 16세기 이전에 이 물품들은 실크로드를 따라 육로로 지중해 동부의 항구로 옮겨졌고, 그곳에서 이탈리아 중개상을 거쳐 유럽 전역으로 유통되었다. 인도양을 거쳐 근동까지 건너간 일부도 이탈리아 상인들이 독점했다. 에스파냐, 포르투갈 같은 대서양 연안의 나라들이 지중해(그리고 이탈리아)를 우회하여 동양으로 향하는 길을 찾고 직접무역을 성사시키려 했던 이유도 이탈리아 상인들이 매

1470년대 이란의 비단 두루마리 조각
중국 북서부 변경지대의 야만인 부족장과 혼례를 올리기 위해 떠나는 중국 황녀의 모습을 담고 있다. 수레에 실린 귀한 청자는 혼수품인 것이 분명하다.

긴 터무니없는 가격과 여기에서 비롯되는 막대한 이익 때문이었다.

포르투갈은 아프리카를 돌아 인도양으로 가는 길을 찾는 데 주력했다. 15세기 초반에 엔리케는 아프리카 서안탐험 전문 항해학교를 후원할 정도였다. 몇 년 동안 계속 남쪽으로 향한 포르투갈 선원들은 1420년에 마데이라 제도, 1445년에 카보베르데 제도, 그리고 1488년에는 아프리카의 남단 희망봉까지 닿는 데 성공했다. 1497년 7월에 리스본을 출발한 바스코 다 가마(Vasco da Gama)는 희망봉을 돌고 인도양을 건너서 1498년 5월, 인도에 도착했다. 그는 이듬해 짐을 가득 싣고 포르투갈로 귀환했다. 2년 뒤, 마누엘 1세(Manuel I)는 또 한 번의 인도 탐험을 준비시켰다. 사령관은 페드로 카브랄이었다. 카브랄은 가마의 항로를 따라갈 생각이었지만 바람과 해류 때문에 훨씬 서쪽으로 떠밀려 갔다. 4월 22일에 브라질을 발견한 카브랄은 포르투갈령으로 정한 뒤 동쪽으로 다시 항해를 시작했고, 5월 말에 희망봉을 지나는 등 가마의 항로를 따라 인도로 향했다.

콜럼버스의 초상화
몇몇 전문가들의 추측에 따르면 콜럼버스와 동시대를 살았던 에스파냐의 화가 페드로 베루게테의 작품이라고 하는데, 기록에 남은 콜럼버스의 특징과 상당히 맞아떨어진다.

콜럼버스의 항해

한편 에스파냐의 페르난도 2세(Fernando II)와 이사벨 1세(Isabel I)는 콜럼버스의 색다른 작전을 지원하기로 했다. 콜럼버스가 드나들던 지중해 여러 항구의 지도 제작자들은 오래 전부터 지구는 둥글다고 믿고 있었다. 그뿐 아니라 대서양이 상상만큼 넓지 않다고 생각했다. 하지만 이들은 서반구의 존재를 몰랐기 때문에 서쪽으로 조금만 가면 동양이 나온다고 결론을 내렸다. 때문에 콜럼버스는 신대륙을 보았을 때 인도나 인도의 외곽지대에 도착한 줄 알았다.

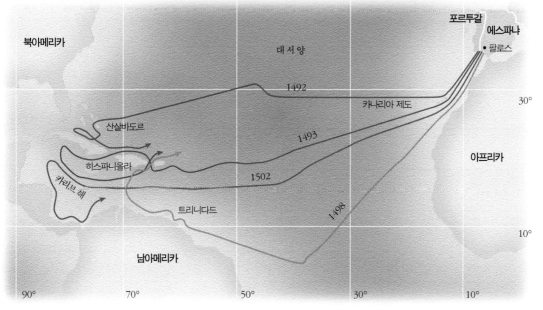

콜럼버스의 귀환
1504년 11월, 콜럼버스는 이번에도 중국을 찾지 못한 채 네 번째이자 마지막이었던 신대륙 항해를 중단하고 귀국했다. 그는 가난, 무관심과 싸우다 18개월 뒤 눈을 감았다.

아메리고 베스푸치
1454-1512년

피렌체의 상인 아메리고 베스푸치(Amerigo Vespucci)는 메디치 가문 밑에서 일을 했고, 세비야에서 콜럼버스가 두 번째와 세 번째 항해를 준비할 때 메디치 가문을 대신해 배의 건조를 도왔다. 이후에는 직접 신대륙 항해에 나서 1497년에서 1504년까지 멕시코 만, 플로리다에서 체서피크 만에 이르는 대서양 연안, 남아메리카 일부를 탐험했다. 그리고 이와 같은 경험을 토대로 새로 발견된 땅은(콜럼버스의 주장처럼) 아시아의 일부가 아니라 전혀 '새로운 대륙'이라는 결론을 내렸다. 이 소식을 전해 들은 지도 제작자 마르틴 발트제뮐러(Martin Waldseemüller)는 1507년, 이곳을 '발명한' 아메리쿠스(아메리고에 해당되는 라틴어이다)의 이름을 따서 신대륙을 아메리카라고 불러야 한다는 주장을 펼쳤다. 이 이름은 발트제뮐러가 제작한 평면 지구도에 실렸고, 삽시간에 신대륙의 표기로 굳어졌다.

이후 10년 동안 콜럼버스는 세 번 더 신대륙을 찾았다. 그리고 이 사이 히스파니올라 섬과 쿠바 섬에 에스파냐 식민지를 건설하고 카리브 해의 상당 부분을 탐험했다. 하지만 아시아 대륙을 향한 집념은 이루지 못한 꿈으로 남았고, 금과 그 밖의 보물도 마찬가지였다. 그가 에스파냐의 왕실에 바칠 수 있었던 것은 '인도'에서 징집한 노예 몇백 명뿐이었다. 페르난도 2세와 이사벨 1세는 보물이 없음을 알고 실망하기는 했지만 포르투갈, 네덜란드, 잉글랜드보다는 무역에 대한 관심이 적었다. 두 사람은 얼마 전 무어인을 물리치고 가톨릭의 깃발 아래 에스파냐를 재통일한 상황이라 당분간은 종교적인 확장에 만족했다.

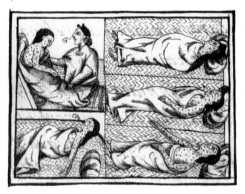

천연두로 죽어 가는 아스텍 사람들의 모습

프란체스코 수도회의 수도사 베르나르디노 다 사아군의 『뉴에스파냐 통사』에 실린 삽화. 베르나르디노가 1576년쯤 카스티야어와 나우아어로 쓴 이 원고는 '피렌체 사본'이라는 이름으로 더 유명하다. 피렌체의 비블리오테카 메디체아 라우렌치아나(15세기 메디치 가문의 코시모와 로렌체가 수집한 책이나 필사본이 소장된 도서관—옮긴이)에 보관되어 있기 때문이다.

콜럼버스가 히스파니올라와 쿠바에 건설한 식민지가 안정궤도로 접어들던 1500년에서 1520년 사이 상당수의 모험가, 강도, 무일푼인 귀족, 신대륙에서 요행을 노리거나 에스파냐의 손아귀에서 벗어나기를 바라는 사람들이 이곳으로 몰려들었다. 이들은 금은보화가 넘쳐 난다는 카타이와 지판구가 닿을 수 없는 나라라는 사실을 깨닫자마자 원주민들을 착취하기 시작했다. 이들은 땅을 '엥코미엔다(encomienda, 봉건시대식 농장)'로 나누고, 에스파냐 지주들을 위해 열심히 일하라고 원주민들을 다그쳤다. 반항하는 원주민은 처형하거나 노예로 만들었다. 엎친 데 덮친 격으로 유럽의 질병, 특히 천연두가 수많은 사람의 목숨을 앗아가면서 콜럼버스를 환영했던 원주민은 1세대 만에 거의 자취를 감추고 말았다(에스파냐인들은 부족한 노동력을 채우기 위해 벌써부터 아프리카 노예를 수입하기 시작했다).

쿠바의 총독 디에고 벨라스케스(Diego Velázquez)가 1517년에 멕시코 만 탐험대를 조직한 것도 또 다른 노예 조달처를 찾기 위해서였다. 그런데 탐험대가 발견한 것은 놀랍게도 유카탄 반도의 문명이었고, 이들은 에스파냐가 발견한 그 어느 신대륙보다 뛰어난 문화와 기술력을 갖추고 있었다. 유카탄 반도의 마야족은 옷을 입고 돌집에 살았고, 금 장신구를 달고 있었다. 부유한 마야족 소식을 듣고 힘을 얻은 벨라스케스는 1518년, 친척 후안 데 그리할바(Juan de Grijalba)를 필두로 두 번째 탐험대를 파견했다. 유카탄 반도의 북부 해안을 따라 항해한 그리할바는 인디언들과 금을 물물교환하고 멕시코 안에 자리잡은 신비의 왕국 이야기를 들었다.

6월에 그리할바는 아스텍 제국의 남쪽 국경과 인접한 멕시코 본토 연안의 산후안 데울루아 섬에 도착했다. 그는 여기에서 지금까지 모은 금을 배에 실어 쿠바로 돌려보내고, 해안선을 따라 몇 달 더 항해하다 11월에 쿠바로 돌아갔다. 한편 테노치티틀란에서는 몬테수마가 그리할바의 움직임을 주시하는 가운데, 이방인과 이들이 타고 온 해성(海城)이 그려진 헤네퀸 천이 사신을 통해 전달되었다. 아스텍 황제는 우이칠로포크틀리에게 이방인들을 없애 달라고 간청했다. 그리고 마침내 그리할바가 떠났을 때 몬테수마는 기도의 효험이라고 기뻐했다.

멕시코 정복

하지만 1519년 2월, 벨라스케스는 탐험대 600명과 함께 코르테스를 멕시코로 보냈다. 코르테스는 우유부단한 그리할바와는 달리 오만하고 대담했다. 몬테수마가 아스텍 왕위에 오르고 1년 뒤인 1504년, 열아홉 살이라는 어린 나이에 히스파니올라로 건너간 코르테스는 '엥코미엔다'를 주겠다는 말을 듣고, 금을 찾으러 온 신대륙에서 농부처럼 땅을 갈 생각은 없다고 대답했다. 하지만 그는 전형적인 정복자가 아니었다. 금뿐 아니라 명예와 하느님을 위해 노력하는 낭만적인 구석도 있었다. 그는 쿠바나 히스파니올라의 전례처럼 멕시코를 약탈하고 주민들의 목숨을 앗아갈 생각이 없었다. 오히려 멕시코를 에스파냐의 일부로 개조한 뒤 백인 이주민을 통해 에스파냐 문명을 전하고 그리스도교도로 개종시킬 생각이었다. 하지만 이렇게 낭만적인 계획을 세웠다고 해서 야만인을 너그럽게 대하지는 않았

코르테스가 타고 온 '해성'
아스텍 사본에 실려 있는 그림이다.

최초의 세계일주

에스파냐에서 일하던 포르투갈 출신의 탐험가 페르낭 데 마갈랴잉시(Fernão de Magalhães, 영어로는 퍼디낸드 마젤란(Ferdinand Magellan))는 1519년 9월, 향료 군도를 찾아 떠났다. 콜럼버스처럼 서쪽으로 계속 항해해서 동양에 닿을 생각이었다. 그는 선박 다섯 척을 이끌고 먼저 남아메리카로 향했고, 11월에 브라질과 마주쳤다. 그는 리우데자네이루에서 잠깐 닻을 내리고 라플라타 강(현재 부에노스아이레스에 있다) 어귀를 탐험한 뒤 남위 49도 20분에 위치한 푸에르토산훌리안에서 겨울을 났다. 부활절에는 에스파냐 선장 두 명이 폭동을 일으켜 한 사람은 처형하고 한 사람은 뭍으로 내쫓았다. 8월에 푸에르토산훌리안을 출발한 마젤란은 남쪽으로 항해하다 10월 21일, 훗날 그의 이름으로 불리게 될 해협에 도착했다. 이로부터 3개월 뒤, 남아 있던 선박 세 척이 해협을 완전히 통과했을 때 펼쳐진 것은 태평양이었다. 마젤란은 눈물을 흘리며 울부짖었다. 30여 년 동안 유럽 탐험가들이 찾아 헤매던 서쪽 항로가 드디어 모습을 드러낸 것이다.

태평양을 건넌 마젤란은 1521년 3월 6일 괌에 도착했고, 열흘 뒤에 발견한 필리핀에서 두 달 동안 머물다 4월 27일, 막탄 섬의 원주민에게 목숨을 잃었다. 이후 선박 두 척이 향료 군도에 도착했지만, 1522년 9월 에스파냐로 귀환하여 최초의 세계일주를 마무리 지은 선박은 후안 데 엘카노(Juan Sebastian de Elcano)가 이끈 '빅토리아 호' 하나였다.

아스텍 제국의 기원

아스텍족의 시초는 분명하지 않지만 아나우악의 먼 북쪽에서 사냥과 채집을 하던 부족으로 추정된다. 12세기 후반 또는 13세기 초반에 남하한 이들은 텍스코코 호수 근처에 터전을 마련하고 1325년에 테노치티틀란을 건설했다. 아스텍족(멕시카족으로 불리기도 했다)은 관개와 늪지 간척 분야의 전문적인 지식을 바탕으로 풍요롭고 번화한 도시국가를 만들었고, 15세기 무렵에는 아나우악을 장악하기에 이르렀다. 코르테스가 등장한 1519년에 아스텍 제국은 소국 500개와 인구 600만 명을 거느리고 있었다.

아스텍족의 남하
아스텍족의 남하는 툴라(사진)를 중심으로 건설된
톨텍 제국의 몰락에 영향을 미쳤을지 모른다.

다. 그는 필요하다 싶으면 거침없이 인디언을 학살했다.

코르테스의 선단은 우선 유카탄에 닻을 내렸고, 그의 색다른 목적 의식은 이곳에서부터 빛을 발하기 시작했다. 뭍으로 나선 일부 선원은 달아나는 원주민들을 보고 여느 때처럼 빈 집을 약탈하러 들었다. 코르테스는 이 소식을 듣고, 선물과 함께 약탈품을 돌려주라는 명령을 내렸다. 베르날 디아스 델 카스티요(Bernal Díaz del Castillo)가 남긴 기록에 따르면 코르테스는 "원주민들의 재산을 훔치는 식으로 이 땅을 정복해서는 안 된다."고 말했다고 한다. 이 무렵 코르테스는 7년 전 자메이카 해안에서 에스파냐 선박이 난파당했을 때 구명정으로 옮겨 탄 몇몇 생존자가 유카탄으로 떠밀려 갔다는 사실도 알게 되었다. 이들 대부분은 오래 전 마야 신에게 제물로 바쳐졌지만 두 명은 아직 살아 있었다. 이 중 한 명은 원주민들에게 동화되었지만(마야인들에게 에스파냐 침략 퇴치 방법을 가르칠 정도였다) 나머지 한 명인 헤로미노 데 아길라르(Jeromino de Aguilar)는 코르테스의 등장을 열렬히 환영했다. 훗날 아길라르는 그 동안 터득한 마야어를 바탕으로 맹활약을 펼쳤다.

에스파냐 선단이 다음으로 향한 곳은 서쪽의 타바스코였고, 이웃 유카탄 주민들에게 백인 침략자 소식을 듣고 긴장하고 있던 타바스코 사람들은 대규모 공격을 펼쳤다. 하지만 대포와 검이라는 신기술로 무장한 에스파냐 쪽의 승리는 불 보듯 뻔했다. 코르테스 쪽에서는 말을 보고 공포에 질린 인디언들의 모습이 특히 인상적이었다. 말을 처음 접한 이들은 말과 사람을 한데 뭉뚱그려 신물(神物)로 간주했다. 싸움에서 패한 타바스코 사람들은 관습에 따라 코르테스에게 복종했고, 아가씨 스무 명을 포함한 선물을 전했다(이교도와 잠자리를 같이 하지 않는 에스파냐의 풍습 때문에 스무 명의 아가씨는 즉시 세례를 받았다). 포로 중에는 나와틀어를 쓰는 조그만 부족의 추장 딸인 마리나라는 여자도 있었다. 나와틀어는 아스텍 사람들이 쓰는 언어이기도 했으므로 코르테스는 아길라르와 마리나를 통해 몬테수마와 대화를 나눌 수 있게 되었다.

4월 21일에 코르테스는 산후안데울루아 섬 인근에 도착했고, 이곳에 정박하는 동안 본토에 비야 리카 데 라 베라크루스를 건설했다. 베라크루스 건설은 상징적인 의미뿐 아니라 실질적으로 중요한 의미를 가지고 있었다. 지금까지 코르테스는 벨라스케스의 밑에 부하로서 그의 명령에 따를 수밖에 없었다. 하지만 지방자치라는 중세 에스파냐의 전통에 따라 쿠바 총독의 멍에를 벗어날 수단이 생긴 것이었다. 코르테스는 마을을 건설한 뒤 관리를 임명했고, 이들은 다시 코르테스를 총사령관으로 선출했다. 이제 에스파냐의 자치권에 따라서 새롭게 발견하는 땅을 정복하고 식민지로 만들 권리가 생긴 셈이었다. 이제 코르테스의 직속 상관은 벨라스케스가 아니라 신성 로마 제국의 카를 5세(Karl V)라고도 불리는 에스파냐의 카를로스 1세(Carlos I)였다. 코르테스의 반항은 이렇듯 겉보기에는 그럴듯했지만, 카를로스 1세의 국고를 채워 주지 못하면 쇠고랑을 차고 에스파냐로 송환 당하는 신세가 될 것이 뻔했다.

며칠 뒤 몬테수마의 첫번째 사절단이 도착했다. 이들이 들고 온 선물 중에는 해 모양의 거대한 금반과 이보다 더 큰 달 모양의 은반이 들어 있었다. 사절단은 떠나 달라고 애원했지만 선물은 아스텍의 재화를 공개한 꼴이 되고 말았다. 코르테스는 몬테수마를 만나기 위해 먼 길을 왔으니 만나기 전에는 떠날 수 없다고 말했다. 이후 몇 차례 찾아온 사신들에게도 똑같은 말을 반복했다.

코르테스가 이처럼 자신만만했던 이유는 인근 토토낙족에게 들은 이야기 때문이었다. 이들이 전한 바에 따르면 수많은 부족이 아스텍의 폭정에 시달리고 있기 때문에 그들은 미래의 동맹이나 다름없다고 했다. 코르테스는 테노치티틀란으로 행군할 준비를 했다. 카를로스 1세에게 전령을 보내 아스텍의 존재와 자신의 의도를 알리는 한편, 남아 있는 선박에 구멍을 뚫어 겁쟁이라도 그를 따를 수밖에 만들었다. 이렇게 해서 코르테스는 토토낙의 귀족 40명과 짐꾼 200명을 이끌고 부하들과 함께 내륙으로 진격을 시작했다. 1519년 8월 16일의 일이었다.

말을 탄 코르테스
1520년대 초반에 인디언 화가가 그린 작품. 엘 모르시요는 신대륙 사람들이 최초로 접한 말이었다.

마야족

아나우악의 명실상부한 주인이 된 아스텍족은 다른 부족들의 풍습은 물론이고 주변 문명, 특히 마야 문명의 위업을 흡수한 사회를 탄생시켰다.

4세기에 출현한 마야 문명은 톨텍족의 지배가 시작된 10세기까지 번영을 구가했다. 마야의 상형문자가 해독이 워낙 어렵기 때문에 이들의 역사에 대해서는 알려진 바가 거의 없지만, 유카탄의 치첸이트사(폐허화된 고대 마야 도시— 옮긴이)처럼 방대한 유적지를 보면 조금 짐작할 수 있다. 고대 마야의 종교는 중앙 아메리카의 수많은 문화권과 비슷하게 여러 자연신을 섬겼다. 피를 뽑고 스스로 팔다리를 자르고 인간과 동물을 제물로 바치는 등 의식은 복잡했다. 멕시코 남부에서 벨리즈 북부까지 지배했던 마야족은 수학과 천문학에도 뛰어나서 기수법을 고안하고, 0의 개념을 발전시키고, 정확한 태양력을 만들고, 일식을 예측했다. 그리고 중앙아메리카의 모든 문화권 가운데 가장 뛰어난 미술을 자랑했다.

아스텍 달력
마야족의 천문학적 발견을 토대로 만들어졌다.

불가항력에 가까운 행진

코르테스가 처음으로 마주친 부족은 틀락스칼라였다. 토토낙족의 이야기에 따르면 틀락스칼라족은 전통적으로 아스텍과 적대관계였다. 코르테스의 입장에서는 충성을 기대할 수 있는 상황이었다. 하지만 틀락스칼라족은 나름대로 습득한 정보 때문에 고민에 휩싸였다. 몬테수마와 이방인들 사이에 수많은 사신이 오갔다는 소식을 접하고 아스텍의 음모가 아닐까 의심했던 것이다. 결국 이들은 모험을 하지 않는 쪽으로 결정을 내렸다. 이들은 틀락스칼라 성벽(높이가 약 275센티미터이고 계곡을 가로질러 이 산등성이에서 저 산등성이까지 이어지는 돌벽이었다)까지 길을 터 준 다음 코르테스 일행을 포위해 덮쳤다. 숫자가 훨씬 더 많은 쪽은 틀락스칼라족이었다. 제물로 쓸 생각으로 생포하려 들지 말고 백인을 죽이는 데 더욱 집착했더라면 승리는 이들의 몫이었을 것이다. 코르테스 부대는 끝까지 대항했다. 몇 번의 공격을 감행했던 틀락스칼라족은 결국 적의를 풀고 에스파냐군을 아군으로 인정했다. 코르테스는 '카시크(cacique)', 즉 추장들이 베푸는 향연을 즐기고 틀락스칼라 전사 6천 명의 호위를 받으며 다시 행진을 시작했다. 이후 아스텍의 숙적인 인디어 몇천 명이 행진에 동참했다.

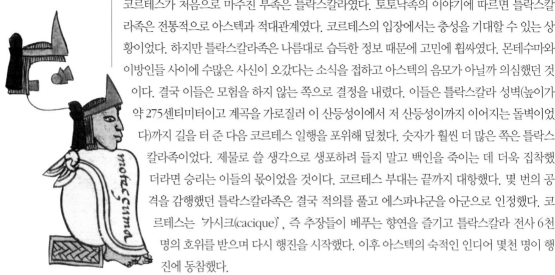

황제의 상징인 청색 왕관을 쓴 몬테수마
몬테수마는 1503년에 아스텍 왕위에 올랐다. 멘도사 사본의 부조상(浮彫像).

이 와중에도 몬테수마는 코르테스에게 사신을 계속 보냈다. 테노치티틀란으로 향하는 발걸음을 어떻게든 돌려 세우고 싶었던 것이다. 사신들은 몬테수마가 워낙 가난해 손님 대접도 제대로 못할 상황이라며 선물을 바치고 공물을 약속했지만 코르테스는 듣지 않았다. 그러자 몬테수마는 작전을 바꿔 다음 예정지인 촐룰라의 카시크들에게 이방인들을 몰살하라는 지시를 내렸다. 하지만 코르테스는 이같은 음모를 미리 접하고, 거대한 케트살코아틀 신전의 앞마당에서 방심한 촐룰라족을 무차별 학살했다. 몬테수마는 코르테스의 초능력 때문에 음모가 실패했다고 판단하고, 저항의 의지를 완전히 접었다. 코르테스가 테노치티틀란을 향해 불가항력의 행진을 계속하자 몬테수마는 운명을 받아들이고 항복을 선언했다.

촐룰라를 출발한 에스파냐 부대는 아나우악 계곡의 익스타팔라판에 도착했다. 이곳은 테노치티틀란과 텍스코코 호숫가를 잇는 세 개의 둑길 가운데 하나의 종점이었다. 익스타팔라판의 둑길은 다른 곳처럼 나무 도개교가 딸린 보도에 길이가 15킬로미터쯤이었고, 카스티요의

인디언의 생활 방식

인디언의 생활 방식은 부족과 지방에 따라 달랐지만, 거의 모든 인디언 부족은 유럽인들과 다른 특징을 공통적으로 가지고 있다.

이 중 하나가 땅을 대하는 태도인데, 인디언은 특정 지역의 사냥권을 주장할 수는 있어도 하늘을 가질 수 없는 것처럼 땅도 가질 수 없다고 생각했다. 심지어는 중앙아메리카의 복합 농경사회에서도 땅은 공동체 또는 신이나 정령의 소유로 간주되었다(물론 코르테스와 부하들은 토에 대한 소유권이 훨씬 명확했다).

그뿐 아니라 인디언들은 전투를 대하는 자세도 달랐다. 특히 북아메리카에서 싸움은 충돌이라기보다 의식이었다. 수족의 전사들은 전투에서 적을 만지면 죽이는 것보다 훨씬 존경을 받았다. 그리고 영토와 공물의 확보를 중요시했던 아스텍도 전쟁의 목표는 제물로 삼을 포로의 확보였다.

기록에 따르면 "너비가 여덟 보(步) 정도로 넓은데도 지나가
는 사람들이 너무 많아서 빽빽했다." 이 날도 여느 때처럼
몇천 명에 이르는 상인, 사제, 귀족, 평민이 둑길을 넘어
아스텍의 수도를 드나들었고, 코르테스의 대군은 이 사
이를 움직이느라 애를 먹었다. 코르테스의 또
다른 부하는 이렇게 적었다.

"도시로 가까이 다가갔더니 거대한 탑과
이들 방식의 교회, 으리으리한 궁전과 주택이
보였다. 10만 개가 넘는 민가는 모두 물 위에
나무를 쌓아서 만들었는데, 집과 집을 잇는 들보밖
에 없어서 저마다가 하나의 요새였다."

텍스코코, 코요아칸, 익스타팔라판의 카시크들은 익
스타팔라판을 출발한 둑길이 코요아칸을 출발한 둑길과 만나
는 솔록에서 기다리고 있다가 코르테스를 도시 입구까지 안내했
다. 도시 안에서는 수많은 아스텍 귀족이 두 줄로 나란히 서 있었고,
그 사이로 보이는 보석 가마에 몬테수마가 앉아 있었다. 코르테스는 말에서 내렸고
황제도 가마에서 내렸다. 두 사람은 마주보았다. 자신만만한 코르테스와 의기소침한 몬테수마
를 볼 때 오랜 전설을 만족시키기에 충분한 만남이었다. 코르테스 총사령관은 이렇게 멕시코
를 정복했다.

**가장 오래된
테노치티틀란 지도**
1524년에 코르테스가 카를
5세에게 보낸 편지에
동봉된 지도이다.

코르테스는 왕위에 복귀한 황제의 대접을 받고, 100여 년을 통틀어 가장 무시무시한 군
대를 이끌고 테노치티틀란에 입성했다. 에스파냐와 틀락스칼라 연합군에게는 대신전
광장 서쪽의 왕궁이 거처로 주어졌다. 몬테수마는 케트살코아틀의 명령에 따르겠노라고 다짐
했다. 이 즈음 그는 에스파냐 부대가 신이 아니라 인간이라는 사실을 알아차렸을지
모르지만, 그래도 고대 예언이 실현되었다는 생각을 떨쳐 버릴 수 없었
다. 에스파냐 부대의 등장은 몬테수마 시대의 종말과 아스텍 왕국의 파
멸을 의미했다.

**익스틀릭소치틀 사본의
텍스코코 대신전 삽화**
테노치티틀란의
템플로 마요르와
건축 양식이
흡사하다.

하지만 코르테스는 그의 지배가 한시적인 줄 알고 있었다. 몬테
수마의 기분은 언제든지 바뀔 수 있었고, 욕심 많고 비양심적인 그의
수하들이 반란을 일으킬 가능성도 있었다. 며칠 뒤 자구책을 세운 코
르테스는 왕궁으로 쳐들어가 몬테수마를 납치하고, 에스파냐 부대
가 머무는 궁으로 거처를 옮길 것인지 그 자리에서 죽임을 당할
것인지 양자택일을 강요했다. 몬테수마는 눈물을 흘리며 순순
히 포로의 길을 선택했고, 코르테스는 황제의 자리에 올랐다.
이렇게 해서 400명에 불과한 에스파냐 부대는 인구 몇백만 명
의 왕국을 무혈로 차지했다.

그로부터 6개월 뒤, 해안 수비대의 전갈이 도착했다. 벨라스케스가 버릇없는 부하를 체포하기 위해 선박 열다섯 척과 선원 900명으로 이루어진 대부대—서인도제도 역사상 최대 규모였다—를 파견했다는 전갈이었다. 지휘관 판필로 데 나르바에스가 베라크루스로 전령 두 명을 보냈지만, 이들은 도착하자마자 해먹에 묶였고 토토낙 짐꾼에게 들려 테노치티틀란으로 옮겨졌다. 나르바에스는 토토낙족과 몇몇 아스텍의 전령 등에게 코르테스는 신이 아니고 에스파냐의 충신도 아니라고 알렸다.

두란 사본에 실린 삽화
1520년 6월, 알바라도의 부대가 템플로 마요르에서 아스텍족을 학살하는 모습을 수채화로 담았다.

코르테스는 특유의 자신감과 기지를 살려 위기 상황에 대처했다. 그는 즉시 나르바에스의 전령을 풀어 주고 테노치티틀란을 보여 주면서 이쪽 편으로 합류하면 이 모든 보물과 즐거움을 함께 할 수 있다고 말했다. 그런 다음 페드로 데 알바라도의 손에 부대 절반을 맡기고 나르바에스를 직접 처리하기 위해 해안으로 향했다. 그는 컴컴하고 비가 내리던 어느날 밤, 나르바에스의 막사로 몰래 들어가 싸움을 벌일 새도 없이 생포했다. 이미 전령들을 통해 테노치티틀란 소식을 접한 나르바에스의 부하들은 코르테스에게 충성을 맹세했다. 나르바에스는 쇠사슬에 묶여 베라크루스로 옮겨졌고, 벨라스케스에게 돌아가 이 사건을 알릴 수 없도록 선박은 모두 분해되었다. 며칠 뒤 코르테스가 테노치티틀란으로 돌아갈 준비를 하고 있을 무렵, 틀락스칼라족 전령 두 명이 알바라도의 급보를 들고 찾아왔다.

애초에 테노치티틀란의 아스텍족은 코르테스와 나르바에스의 군대가 서로 싸움을 벌이면 알바라도의 소수 병력을 손쉽게 제거하려는 속셈을 품고 해변에서 날아올 소식을 기다렸다. 그런데 1년 전 유카탄 반도의 1차 약탈을 선두 지휘했던 알바라도는 또다시 코르테스의 기대를 저버렸다. 숫자가 줄어 버린 군 규모가 걱정이 되기도 하고, 나르바에스가 코르테스를 감옥에 넣을 경우 자신의 앞날이 불안한 데다 아스텍족이 무슨 음모를 꾸미고 있지 않을까 겁을 낸 나머지 선수를 치기로 작정한 것이다. 마침 아스텍족이 대규모 제례를 준비 중인 시점이라 이러다가는 부하들과 함께 우이칠로포크틀리에 제물로 바쳐지는 게 아닐까 싶기도 했다. 촐룰라 사건에 착안한 알바라도는 축제 분위기가 절정에 달했을 무렵 신전의 문을 닫고 몇천 명에 이르는 비무장 참석자를 학살했지만, 결국에는 몰려든 아스텍족에게 밀려 왕궁으로 쫓기는 신세가 되고 말았다. 알바라도의 부대는 그곳에서 포위를 당한 채 코르테스가 돌아오기만을 기다리는 수밖에 없었다.

슬픔의 밤

에스파냐군 1천 명과 이보다 더 많은 인디언 동맹군으로 이루어진 코르테스의 부대는 아무런 저항 없이 테노치티틀란에 입성했다. 아스텍족은 적군 모두를 에스파냐 왕궁에 가두려는 의도가 분명했다. 코르테스는 알바라도의 무모한 공격을 호되게 꾸짖은 뒤 몬테수마에게 음식을 요구했다. 하지만 몬테수마는 아무런 힘이 없었다. 부족 회의에서 황제가 그의 아우 쿠이틀라우악(Cuitláhuac)으로 바뀌어 버렸기 때문이다. 쿠이틀라우악은 맹공을 퍼부었다. 1주일 동안 계속된 전쟁은 코르테스에게 불리하게 돌아갔고, 그 사이 몬테수마는 숨을 거두었다. 에스파냐 쪽 기록에 따르면 에스파냐군을 무사히 돌려보내자고 백성들에게 간청하다 돌에 맞아 죽었다고 한다. 아스텍 쪽 기록에는 에스파냐군이 목 졸라 죽였다고 적혀 있다.

결국 코르테스는 테노치티틀란을 버리기로 하고 1520년 6월 30일, 도시를 몰래 빠져나갔다. 부대 규모가 워낙 커서 이동만으로도 거추장스러웠을 텐데, 타쿠바 행 둑길로 향하는 이들의 손에는 많은 아스텍 보물과 이동식 나무 다리까지 들려 있었다. 여러 가지를 감안한 퇴각 계획이었을지 몰라도 결과는 참담했다. 그날밤 테노치티틀란의 거리는 잠잠했고 코르테스는 아스텍족을 급습할 생각이었지만, 둑길을 지키던 보초병이 경보를 울렸다. 첫번째 간극에서 이동식 다리는 정체를 빚었고, 이후로 에스파냐군과 인디언 동맹군은 길이 끊길 때마다 헤엄을 쳐서 건너는 수밖에 없었다. 이 과정에서 금 때문에 몸이 무거웠던 에스파냐 병사들은 깊지도 않은 호수에 빠져 수도 없이 목숨을 잃었다. 이 결과, 틀락스칼라족 몇천 명과 줄잡아 600명에 이르는 에스파냐 병사들이 타쿠바 땅을 밟지 못했다. 에스파냐 측 희생자는 대부분 나르바에스 부대 소속으로, 전투 중 목숨을 잃었거나 물에 빠져 죽었거나 우이칠로포크틀리에게 제물로 바쳐진 경우였다. 코르테스는 새벽녘까지 둑길에 남아 생존자를 수습한 뒤 틀락스칼라로 향했다. 이후로 에스파냐 사람들은 6월 30일을 '슬픔의 밤'이라고 불렀다.

인간을 제물로 바치는 광경을 묘사한 피렌체 사본의 삽화
코르테스는 아스텍의 관례 중 인간을 제물로 바치는 의식이 있다는 사실에 질색했다. 그는 이 이야기를 듣자마자 인디언을 그리스도교도로 개종시키겠다고 마음먹었다.

완전 군장한 아스텍 전사
(왼쪽) 멘도사 사본의 삽화이다. 에스파냐 총독 안토니오 데 멘도사는 원주민 필경사를 시켜 이 사본을 만든 뒤 1542년 카를로스 왕에게 보냈다. 하지만 사본을 실은 갈레온 선(15-16세기 전쟁에 주로 쓰인 대형 범선—옮긴이)이 프랑스 해적의 습격을 받는 바람에 프랑스 왕, 프랑수아 1세에게 넘어가고 말았다.

한 멕시코 역사학자의 기록에 따르면 "아스텍족은 테노치티틀란에서 에스파냐군을 몰아낸 뒤 영영 돌아오지 않을 거라 생각했다. 때문에 이들은 신전을 수리하고 장식하기 시작했다." 하지만 코르테스는 끈질긴 상대였다. 베라크루스는 정박 중이던 몇몇 에스파냐 선박의 선원들을 설득해 아스텍족을 상대로 새로운 전쟁을 시작한 것이다. 이후 몇 달 동안 아나우악과 해변 사이의 여러 부족이 다시 무릎을 꿇었고, 가을 무렵 코르테스 총사령관은 에스파냐 병사 900명과 100마리에 이르는 말, 수많은 총과 탄약, 새롭게 합류한 인디언 동맹군을 거느리게 되었다. 한편 아스텍족은 어려움을 겪고 있었다. 나르바에스 부대의 병사가 옮긴 천연두가 아나우악 전역을 휩쓸며 몇천 명의 목숨을 앗아간 것이다. 이때 쿠이틀라우악도 숨을 거두었고, 왕좌는 그의 조카 겸 사위인 쿠아우테목(Cuauhtémoc)에게 넘어갔다.

12월, 아나우악으로 돌아간 코르테스는 텍스코코에 진지를 세웠다. 그는 익스타팔라판을 불태우고 테노치티틀란을 고립시키는 등 호수 주변을 돌며 계곡의 모든 마을을 차례로 무너뜨렸다. 그리고 1521년 5월에는 브리간틴 13척을 앞세워 아스텍의 수도를 포위했다. 브리간틴은 에스파냐의 지휘 아래 틀락스칼라족이 만들고 텍스코코까지 약 95킬로미터의 거리를 조각조각 나누어 운반한 것이었다. 조립을 마친 브리간틴은 코르테스가 테노치티틀란 일대를 지배하는 수단이 되었고, 통나무배로 물자를 조달하던 아스텍족의 발을 묶었다.

에스파냐 부대는 인디언의 도움으로 아스텍족이 뚫어 놓은 간극을 메우며 날마다 조금씩 세 개의 둑길을 이어 나갔고, 코르테스는 브리간틴으로 이들을 엄호했다. 하지만 밤이 되어 에스파냐 부대가 해안으로 철수하면 아스텍족이 몰래 다시 간극을 벌려 놓았다. 이러한 상황이 몇 주째 계속되는 동안 테노치티틀란의 상황은 더욱 악화되었다. 썩어 가는 시체가 병균을 퍼뜨렸고, 음식과 식수가 모자랐다. 아스텍족은 도마뱀, 제비, 옥수수 속대, 호수에서 자라는 염생초(鹽生草)로 배를 채우기 시작했다. 하지만 20대 초반의 심지 굳은 젊은이였던 쿠아우테목은 '항복'이라는 단어를 용납하지 않았다. 때문에 코르테스는 인디언 동맹군을 이끌고 쓰린 속을 달래며 스스로 '세계에서 가장 아름다운 도시'라고 불렸던 섬을 체계적으로 파괴시켜 나가는 수밖에 없었다. 6월 말로 접어들었을 무렵 테노치티틀란은 절반이 넘게 폐허로 변했다. 불가항력에 대항한 대가였다. 도시가 종말을 고한 것은 8월 13일, 에스파냐군이 마지막 남은 자치구를 점령하고 아스텍 사수대를 호수로 내몬 때였다. 통나무배에 타고 있던 쿠아우테목은 생포되었다. 다음날, 코르테스는 살아 남은 아스텍족을 대피시키고 소각령을 내렸다.

두란 사본의 삽화
텍스코코에서 브리간틴을 조립하는 코르테스의 모습이다. 그림의 가운데쯤을 보면 왕관을 쓴 텍스코코 부족장이 에스파냐군을 돕고 있다.

말년의 코르테스
16세기 익명의 화가가
그린 초상화. 마드리드의
국립박물관 소장품이다.
코르테스는 1547년에
숨을 거두었다.

뉴에스파냐

이렇게 해서 아스텍 제국은 막을 내렸다. 코르테스는 인디언 동맹군에게 작별 선물을
건네고 고향으로 돌려보냈다. 그리고 이제부터 멕시코시티라는 이름으로 불리게 될
테노치티틀란 재건에 착수했다. 코르테스는 과거 신전이 있던 광장을 중앙광장으로
바꾸어 도시에서 으뜸 가는 장터를 만들었다. 무너진 아스텍 건물의 돌은 아나우악 인
디언의 노동력과 결합시켜 새집과 상점, 시청을 건설하는 데 썼다. 한참 북쪽, 우이칠로포
크틀리의 피라미드가 있던 곳에는 깨진 아스텍 우상들로 기반을 쌓고 그 위에 멕시코시티 최
초의 성당을 지었다. 또 한편으로는 에스파냐 통치 체제를 도입하고 인디언을 그리스도교도로
개종하는 등 멕시코 안에 새로운 사회를 건설했다. 베라크루스를 출발한 에스파냐 수사들이
맨발로 걸어서 멕시코시티에 도착하자 코르테스는 무릎을 꿇고 까칠한 회색 수사복에 입을 맞
추었다. 이후에 코르테스는 몬테수마가 그랬던 것처럼 사방으로 사람을 보내 땅을 탐험하고
주민들을 정복했다. 1차 탐험대의 경우 북쪽으로는 캘리포니아만, 동남쪽으로는 오늘날 과테
말라와 온두라스에 해당되는 지역까지 섭렵했다. 이들은 발견하는 땅마다 식민지로 만들었고,
식민지로 만든 곳마다 뉴에스파냐라는 이름을 붙였다. 서쪽을 향한 코르테스의 행진—불가항
력에 가까운 유럽 문명의 행군이라 볼 수도 있다—은 이런 식으로 계속되었다.

하지만 코르테스와 프란시스코 피사로(Francisco Pizarro)처럼 보물을 발견한 탐험가가 한
두 명인 반면 조그맣고 가난한 마을을 발견하는 데 그친 탐험가는 수도 없이 많았다. 예를 들
어 오늘날 미국에 해당되는 지역의 탐험으로 부를 거머쥔 사람은 한 명도 없었다. 콜럼버스의
2차 신대륙 원정대에 동행했던 후안 폰세 데 레온은 1513년에 젊음의 샘이 있다는 전설의 섬,

비미니를 찾으러 나섰다. 하지만 당시 푸에르토리코 총독이었던 폰세 데 레온이 발견한 곳은 플로리다였다. 그는 8년 뒤 다시 플로리다로 돌아가서 식민지를 건설하려고 했지만 원주민들 손에 쫓겨났고, 여기에서 입은 부상 때문에 쿠바로 돌아가는 배 위에서 숨을 거두었다.

프란시스코 바스케스 데 코로나도 또한 비슷한 경우였다. 그는 엄청난 보물이 묻혀 있다는 '시볼라의 일곱 개 황금도시'를 찾아 1540년, 멕시코를 출발했다. 하지만 텍사스와 오클라호마를 통과하고 북쪽으로 오늘날 캔자스에 해당되는 지역까지 찾아갔지만 황금은 보

잉카족

지적 능력이 뛰어났던 마야가 콜럼부스 이전 시대의 그리스라면, 관료 조직이 발달한 잉카는 로마였다. 수도 쿠스코에서 차츰 세력을 확장한 잉카족은 14세기 무렵, 안데스 고원에서부터 태평양에 이르기까지 남아메리카 서쪽을 거의 대부분 아우르는 제국의 주인이 되었다. 북쪽의 키토와 남쪽의 산티아고를 잇는 도로는 길이가 3,620킬로미터쯤에 달했고, 이 길을 통해 전달된 서신은 정교한 역마제도의 힘으로 하루에 약 240킬로미터씩 움직였다. 피사로가 등장한 1532년은 잉카 제국의 전성기로, 인구가 1,200만 명 정도였다. 이처럼 단속해야 할 사람이 많고 영토가 넓다 보니 효과적인 군 조직이 발달할 수밖에 없었지만, 어처구니없을 만큼 숫자가 적은 유럽인들 앞에서는 맥을 추지 못했다.

1509년에 신대륙으로 건너온 피사로는 바스코 누녜스 데 발보아(Vasco Nunez de Balboa)가 1513년 태평양을 발견했을 당시 원정대의 일원이었다. 이후에 그는 파나마 시장을 역임했고, 1520년대 후반에는 남아메리카의 서안을 두 차례 탐험했다. 내륙지방에 보물이 넘쳐 나는 제국이 있다는 이야기(코르테스가 들은 아스텍 제국의 소문과 비슷했다)를 들은 것이 바로 이때였다. 그는 신성 로마 제국의 카를 5세에게 새로운 땅을 식민지로 삼아

도 좋다는 허락을 받고 1531년, 에스파냐 병사 180명을 이끌고 페루로 향하던 길에 내전에 휩싸인 잉카 제국과 맞닥뜨렸다. 우아이나 카팍(Huayna Capac) 황제가 죽은 뒤 두 아들을 중심으로 귀족들이 양분된 상황은 피사로의 목적 달성에 안성맞춤이었다. 왕위 쟁탈전에서 승리를 거둔 아타우알파(Atahuallpa, 잉카 제국의 제13대 황제이자 마지막 황제―옮긴이)는 설득에 넘어가서 에스파냐 쪽 진지를 찾아갔다가 그 즉시 감옥에 갇혔고, 이후 처형을 당했다. 이렇게 되자 피사로는 1533년, 주인 잃은 쿠스코를 향해 진군했고 그 과정에서 어마어마한 금과 은을 손에 넣었다. 1535년에 잉카 제국은 에스파냐의 식민지로 전락했다.

에스파냐의 눈길을 피한 잉카 제국의 요새 도시 마추픽추
1911년, 예일 대학교의 고고학자 히럼 빙엄에게 발견될 때까지 안데스 산맥 속에 숨어 있었다. 빙엄이 촬영한 이 사진을 보면 알 수 있다시피 유적지가 고스란히 보존되어 있는데, 콜럼부스 이전 시대의 식민지 가운데 이런 경우는 거의 없었다.

이지 않았다. 이와 비슷한 시기에 대규모 군 탐험대를 이끌고 쿠바를 출발한 에르난도 데 소토
는 플로리다에 상륙한 뒤 서쪽으로 탐험을 계속하다 1540년 5월 21일, 미시시피 강을 구경한
최초의 백인이 되었다. 하지만 소토가 마주친 것은 경계의 눈빛이나 적의를 보이는 인디언들
뿐이었다. 1542년, 소토가 오늘날 루이지애나 주 페리데이 근처에서 열병으로 숨을 거두자 동
료들은 훼손을 막기 위해 시신에 돌을 매단 뒤 미시시피 강에 수장했다.

이같은 실패담에도 불구하고 신대륙으로 건너가는 에스파냐 사람들의 행렬
은 끊임없이 이어졌고, 1600년 무렵 서반구에 사는 에스파냐 인구는 25
만 명에 달했다. 이들은 행정 조직을 만들고 자치 정부를 탄생시켰다.
도시와 전도 시설과 군 주둔지를 건설했다. 새로운 농작물과 가축
을 소개하는 한편 옥수수, 토마토, 감자, 콩, 카카오, 담배 같은 토
산 작물 재배법을 재빠르게 터득했다. 여기에 자금줄을 대어 준
것이 몇십 년 동안 뉴에스파냐에서 유럽으로 건너간 금과 은이었
다. 이들의 처음 수출품은 아스텍과 잉카에 쌓여 있었던 금과 은
이었지만, 나중에는 1540년대에 멕시코와 페루에서 발견된 광산
의 산물로 바뀌었다.

정복과 전염병을 이기고 살아남은 인디언들은 노예가 되었다. 몇천
명이 귀금속을 캐고 녹이며 광산에서 일했고, 나머지는 에
스파냐의 소유가 되어 버린 땅에서 농사를 짓고 가축을 돌
보았다. 코르테스의 정신을 물려받은 일부 성직자는 부당
한 대우에 이의를 제기했고 에스파냐 왕실은 원주민 노동
력 착취를 제한하는 칙명을 내렸지만, 신대륙 개발로 한몫
잡으려던 오만한 이주민 집단은 무시했다. 코르테스가 빚
었던 유혈참사는 이후의 상황에 비하면 새 발의 피였다.

**멕시코 신의 모습을 조각한
금 펜던트**
오악사카에 살았던
믹스텍족의 작품이다.
이들은 아스텍 제국의
장신구를 담당한 장인들
가운데 솜씨가 가장
좋았다.

100년 동안 에스파냐의 지배를 받는 사이 멕시코의 인디언 인구는 500만 명에서 100만 명
으로 줄어들었다. 쿠바와 히스파니올라의 경우에는 아프리카에서 수입된 노예 몇십만 명이 인
디언의 빈 자리를 메웠다. 화물선의 지저분한 선창에 실려 오다 보니 신대륙에 도착하는 사람
보다 대서양을 건너다 병으로 죽는 사람이 훨씬 많았지만, 그 정도면 노예 매매로 짭짤한 수익
을 올리기에 충분했다.

중상주의

에스파냐는 아메리카 대륙에서 끊임없이 유입되는 금과 은 덕분에 중상주의가 판을 친 16세
기 유럽에서 꽤 큰 영향력을 행사할 수 있었다. 중상주의자들은 보유한 귀금속의 양 즉, 자본
에서 국력이 비롯된다고 생각했고, 재료의 원활한 공급과 제품의 독점권을 유지하려면 식민지
를 건설해야 된다고 주장했다. 그리고 외화 확보 차원에서 수입보다 수출이 많은 건설적인 무
역수지의 중요성을 강조했다. 한 나라는 다른 나라의 희생이 따라야 부국이 될 수 있다는 것이
이들의 일반적인 생각이었다.

에스파냐의 정책은 이런 원칙에 따라 전개됐지만, 에스파냐를 비롯한 대부분의 유럽인은 재화가 넘치면 흥조가 될 수 있다는 사실을 알지 못했다. 16세기 초반으로 접어들면서 에스파냐와 여느 다른 유럽 국가들은 이른바 '물가 혁명'을 겪기 시작했다. 에스파냐에서만 물가가 네 배로 치솟은 것인데, 당시로서는 어마어마한 폭등이었고 평범한 사람들로서는 생필품조차 감당하기 힘들 정도의 인플레이션이었다. 상황이 이 지경으로 치닫자 살라망카 대학교의 학자들은 최초의 화폐 수량설을 내놓기에 이르렀다. 화폐의 가치는 넘칠 때보다 부족할 때 높아진다는 이론이었다. 귀족층은 인플레이션을 통해 어마어마한 재산을 챙길 수 있었지만 이것이 생산의 증가로 이어지지는 않았고, 에스파냐는 가난한 나라로 남았다.

한편 신대륙의 금과 은은 에스파냐가 독점하고 있었기 때문에 유럽의 다른 열강들은 무역을 통해 재화를 축적하는 수밖에 없었다. 포르투갈, 네덜란드, 잉글랜드, 프랑스의 선박들은 새로운 무역의 기회를 찾아 대서양을 건너고 또 건넜다.

1493년 교황의 칙서

에스파냐에서 태어난 알렉산데르 6세(Alexander VI)는 르네상스를 통틀어 가장 세속적이고 야심만만하고 부패한 교황이었다. 그는 성의 없는 교회 활동으로 종교개혁이 시작되는 데 지대한 역할을 했고, 훗날 니콜로 마키아벨리(Niccolò Machiavelli)가 『군주론(The Prince)』에서 본보기로 삼은 세사레 보르지아(Cesare Borgia)의 아버지로 유명했다. 그는 1493년, 동맹 격인 에스파냐와 포르투갈 국왕의 환심을 살 생각에 칙서를 공포했다. 브라질의 서쪽 국경을 따라 북쪽에서 남쪽으로 선을 그어서 대서양까지 이은 다음, 선의 동쪽에 속하는 새로운 땅은 모두 포르투갈의 것이고 서쪽 땅은 가장 가톨릭교도다운 페르난도 에스파냐 국왕의 것이라고 선언했다.

1621년에 제작된 목판화
교황 알렉산데르 6세가 콜럼버스의 2차 원정대와 동행하는 수도사 열세 명을 축복하고 있다. 이들의 임무는 이교도인 인디언을 그리스도교도로 개종하는 것이었다.

신대륙으로 건너간 프랑스와 네덜란드 사람들

1493년에 교황은 신대륙의 땅을 에스파냐와 포르투갈에게 나누어 주었지만, 제외된 나라들은 아랑곳하지 않았다. 프랑스의 프랑수아 1세 같은 경우에는 "세계를 에스파냐와 포르투갈에게 나누어 주겠다는 아담의 유서를 보여 달라."고 했다. 그는 신대륙을 제것이라고 주장하는 에스파냐에 도전장을 내밀며 1523년, 피렌체 출신의 항해사 조반니 다 베라차노를 북아메리카로 파견했다. 중국으로 이어지는 뱃길, 1세기 동안 탐험가들의 마음을 사로잡았던 '북서항로'를 찾는 것이 베라차노에게 맡겨진 임무였다.

베라차노는 초기 에스파냐 탐험가들 하고는 다르게 신대륙의 모습을 대충 짐작하고 있었다. 지난 20년 동안 프랑스의 어선들이 서쪽으로 뉴펀들랜드 섬까지 가서 대구를 잡아온 데다 베라차노가 케이프피어와 뉴펀들랜드를 남북으로 잇는 동안(東岸)의 답사를 끝마친 상황이 더해지면서 프랑스는 북아메리카의 소유권을 주장하기에 충분한 입장이 되었다. 프랑스는 유럽에서 벌어진 갖가지 전쟁으로 몇 세대 동안 소유권을 잊고 살았지만, 1603년에 앙리 4세의 명을 받고 세인트로렌스 만으로 모피 무역로 발굴에 나선 사뮈엘 드 샹플랭이 세인트로렌스 강까지 탐험하는 성과를 거두었다. 5년 뒤 식민지 개척자들과 함께 이곳을 다시 찾은 샹플랭은 퀘벡을 건설하고, 그의 이름을 따서 명명한 호수와 뉴욕 북부를 탐험하는 거점으로 삼았다. 그는 1612년에 뉴프랑스의 지휘관으로

북아메리카의 문화

유럽인들이 흘러 들어오기 시작했을 무렵 북아메리카 원주민들의 문화 수준은 일반적으로 보았을 때 마야, 잉카, 아스텍에 비해 훨씬 단순했다. 리오그란데 강 이북의 부족들은 규모가 작았고, 특정 지역에 한정되어 있었다.

하지만 문화나 기술 면에서 중앙아메리카의 이웃들과 비슷한 수준을 보인 부족이 하나 있다면 남서부의 푸에블로 인디언이었다. 이들은 아도비 벽돌집에서 살았고 일찍이 8세기부터 복잡한 관개시설을 건설했다.

미시시피 강 유역에서 흙과 돌을 쌓아 피라미드와 그 밖의 여러 건축물을 만든 마운드 빌더(Mound Buiders)들도 북아메리카의 초기 문화에 해당된다. 고고학자들은 이들이 쌓은 둔덕 안에서 수준급 유물을 발굴한 바 있다.

푸에블로 인디언의 아코마 유적지
다양한 기후와 지형을 자랑하는 북아메리카에서는 각양각색의 인디언 문화가 공존했다. 사진은 1904년 발굴된 곳이다.

임명을 받은 뒤 모피 거래의 기틀을 다지는 한편 인디언들과 돈독한 관계를 유지했고, 5대호를 탐험했다. 프랑스의 신대륙 탐험은 샹플랭이 숨을 거둔 뒤 한가롭게 이어지다 17세기 후반, 미시시피 강을 따라 여행하던 라살 공(公) 르네-로베르 카블리에가 1682년 4월 9일 멕시코 만에 도착하면서 상황이 바뀌었다. 라살 공은 미시시피 일대를 프랑스 영토라고 주장하면서 루이 14세를 기리는 뜻에서 루이지애나라고 이름을 지었다.

뉴프랑스는 뉴에스파냐와 전혀 달랐다. 에스파냐는 신대륙에서 정복과 개척의 역사를 거듭한 데 비해 프랑스는 금광을 찾지 못한 데다 인디언 땅 경작에는 전혀 관심이 없었다. 이들이 주력한 모피 거래는 인디언들과 원만한 관계를 유지해야 되는 사업이었다. 뉴네덜란드에서도 주요 관심사는 무역이었다. 네덜란드 동인도회사와 계약을 맺고 '하프 문' 호를 이끈 잉글랜드 출신의 헨리 허드슨은 1609년에 허드슨 강을 발견했고, 이후 북쪽으로 올버니까지 탐험했다. 에스파냐를 겨냥한 상업용 무기로 설립된 네덜란드 서인도회사는 1626년, 인디언들에게 60길더, 즉 24달러를 주고 사들인 맨해튼 섬에 소규모 식민지를 건설했다. 서인도회사의 중심 목표는 에스파냐와 포르투갈 상선의 약탈이었지만, 프랑스보다 더욱 적극적으로 대서양을 건너온 농부들과 이주민들 덕분에 식민지는 번창하기 시작했다. 뉴암스테르담은 온갖 국적의 유럽인이 북적대는 다국적 식민지로 발전했고, 이들은 한결같이 신대륙에서 경제적인 기반을 쌓기 위해 경쟁을 벌였다.

인물 촌평

프란체스코-주세페 브레사니

1612-1672년

제임스 액스텔

유럽 탐험가들을 따라 북아메리카로 건너간 선교사들은 인디언들의 영혼을 놓고 치열한 각축전을 벌였다. 끈질긴 원주민 제사장까지 가세한 싸움이었다. 뉴잉글랜드의 여러 식민지로 건너간 잉글랜드 출신의 청교도들은 원주민들이 완전히 무릎을 꿇을 때까지 몇 년, 심지어는 몇십 년 뒤로 개종을 늦추었다. 하지만 뉴프랑스의 예수회는 원주민의 '이교 사상'과 '미신'을 초기부터 공격하고 나섰다. 이들은 퀘벡과 몬트리올의 편안한 생활을 외면한 채 목숨을 잃거나 손과 발이 잘리는 위험을 무릅쓰고 머나먼 자치 부족으로 선교를 떠났다.

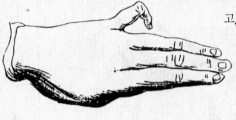

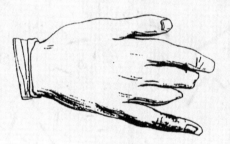

브레사니 신부의 손
1644년 7월, 그는 포로로 붙잡힌 소식을 전하면서 못쓰게 되어 버린 자신의 손을 그려서 보냈다.

예수회의 선교 활동이 가장 성공적이었던 곳은 온타리오 남부의 다섯 개 휴런 부족과 같은 정착마을이었다. 휴런족은 프랑스와의 군사 동맹과 무역 관계를 돈독히 다지기 위해 '검은 수도복'의 출입을 허락했다. 선교사들은 휴런족이 쓰는 말을 배우고, 유지들의 환심을 사고, 휴런식 이름을 지었다. 휴런족의 전통적인 종교집단은 변화를 거부했지만, 선교사들은 전염병에 대한 저항력, 일식과 월식을 예언하는 기술, 신비로운 문자 해독 능력 등을 활용해 몇천만 휴런족이 그리스도교를 받아들이도록 설득했다. 하지만 얼마 안 있어 이로쿼이 연맹이 거센 반발을 보이기 시작했다. 이들은 잉글랜드와 동맹 관계였고, 검은 수도복의 존재를 북동부 세력 장악의 걸림돌로 간주했다.

이로쿼이 연맹의 불만이 극에 달했을 무렵 휴런족 사이에서 용감하게 선교 활동을 펼친 사람이 프란체스코-주세페 브레사니(Francesco-Giuseppe Bressani)였다. 그는 프랑스 출신이 아니라 열네 살 때 예수회에 입문한 이탈리아 출신이었다. 브레사니는 예수회에 입문하고 첫 3년 동안 캐나다에 선교사로 보내 달라고 계속 졸랐지만 매번 거절당했다. 하지만 예수회의 엄격한 교육제도 속에서 16년을 보낸 뒤 — 처음에는 학생으로, 나중에는 이탈리아와 프랑스에서 교사로 — 1642년, 드디어 뉴프랑스행 선박에 탑승했다.

브레사니는 이후 2년 동안 휴런족의 말을 배우는 한편 프랑스 이주민들의 목사 노릇을 했다. 그러다 1644년 4월, 그리스도교로 개종한 휴런족 여섯 명을 거느리고 들의 마을을 향해 떠났다. 하지만 사흘 뒤 이로쿼이에게 통나무배를 빼앗기고 동행인들과 함께 납치 당하고 말았다. 이로부터 두 달 동안 브레사니는 이 마을, 저 마을로 끌려다니며 상상을 초월할 만큼 잔인한 고문을 당했다. 이후에 결국 화형을 선고받았지만 그의 몸값으로 조가비 구슬 몇 개를 건넨 할머니 덕분에 '기적적으로' 목숨을 건졌다. 그렇게 '헐값'으로 팔린 이유는 스스로 밝히기를 "인디언에게 필요한 기술이 하나도 없고 상처가 낫지 않을 것으로 간주되었기 때문"이었다.

1644년 7월, 네덜란드 사람들의 손에 구출된 뒤 브레사니는 포트오렌지(오늘날 뉴욕 주 올버니)에서 상처가 어느 정도인지 자세히 알렸다. 그는 화약 녹인 물을 잉크 삼고 '땅을 책상 삼아' 예수회의 윗사람에게 보낸 편지에서 조잡한 글씨를 사과하며 "이 글을 쓰는 사람의 오른손에는 온전한 손가락이 하나밖에 없습니다. 그리고 아직 아물지 않은 상처에서 피가 계속 흘러나와 종이를 적시고 있습니다."라고 썼다. 그는 엉망이 된 두 손을 그려 보냈다. 왼손에는 엄지손가락이 없고 오른손은 손가락 끝이 잘린 모습이었다.

이로쿼이는 브레사니가 마을을 돌 때마다 비웃고 야유를 보내며 매질을 했다. 애고 어른이고 할 것 없이 그의 머리카락을 잡아뜯고 막대기로 찌르고 손가락 사이의 살을 잘랐다. '쓰레기'를 먹이고 손톱을 뽑고 거꾸로 매달아 놓기도 했다. 이 중 최악은 불 고문이었다. 브레사니는 "연옥의 형벌이 어떤 것인지 감이 잡히더라."고 했다. 이로쿼이는 이글거리는 석탄으로 그의 몸을 '애무'했고, 뜨거운 쇠로 발톱을 찔렀고, 불을 붙인 담뱃대 속으로 손가락을 집어넣어 마디까지 태웠다. 한편 그의 무능력을 인정하는 노래를 부르도록 강요했지만 브레사니는 "쉴새없이 디져 나오는 비명을 참을 수 없었다."고 밝혔다.

1644년 11월 무렵 상처가 어느 정도 낫자 네덜란드 사람들은 브레사니 신부를 프랑스행 선박에 태워 보냈다. 하지만 그는 이듬해 가을, 하느님의 사역을 다시 시작하기 위해 휴런족 마을로 되돌아갔다. 그는 이로쿼이가 휴런족을 완전히 무너뜨린 1649년까지 수많은 사람

아메리카 인디언들의 모습
샹플랭이 1619년에 집필한 『1615년 이후 뉴프랑스의
항해와 발견』에서 소개했다.

을 개종시키는 데 성공했다. 엉망이 된 손을 내보이며 믿음의 힘과 권능을 역설한 덕분이었다. 1672년에 숨을 거두기까지 선교 활동을 펼친 이탈리아에서도 그의 손은 상당한 공감대를 형성했다.

플랜테이션 식민지

제임스타운의 건설

존 롤프(John Rolfe)는 담배를 좋아했다. 하지만 잉글랜드처럼 제임스타운에서도 담배는 귀하고 값비싼 물건이었다. 롤프는 담배나마 실컷 피워 보고 싶은 마음에 토산 품종 몇 알을 심었다. 달리 할 일도 없었다. 하지만 롤프는 장난 삼아 시작한 농사에서 버지니아에 건설된 잉글랜드 식민지의 미래를 황금빛으로 바꾸어 놓을 기회를 발견했다. 담배가 아주 잘 자랐던 것이다.

1611년 또는 1612년, 담배라는 신대륙 토산물의 유럽 매매업은 짭짤했고 에스파냐의 독점 사업이었다. 콜럼버스는 서인도제도로 항해하던 중 쿠바의 원주민들이 코로 작은 시가를 피우는 모습을 보았다. 그는 페르난도 2세와 이사벨 1세의 환심을 살 생각에 이 희한한 식물의 표본을 에스파냐로 가져갔다. 이로부터 100년 뒤, 담배는 유럽 전역으로 퍼졌고, 귀하디 귀한 담뱃잎을 구할 수 있는 유일한 통로는 신대륙에 건설된 에스파냐 식민지뿐이었다. 잉글랜드에서는 1580년대에 월터 롤리 경(Sir Walter Raleigh)이 담배를 유행시킨 이래 상당한 거부 반응이 있었다. 제임스 1세(James I)는 "보기에 역겹고 불쾌한 냄새를 풍기며 뇌에 안 좋고 폐에 해로운 습관이다. 고약한 냄새의 검은색 연기는 스틱스 강의 컴컴한 구덩이에서 새어 나오는 연기와 비슷하다."고 말했다. 그는 철두철미한 중상주의자답게 에스파냐에서 값비싼 담배를 수입하느라 잉글랜드의 금을 허튼 데 쓰고 있다고 생각했다. 따라서 버지니아 저지대의 비옥한 토양과 온화한 기후에서 무럭무럭 자란 롤프의 담배는 제임스타운뿐 아니라 잉글랜드 전체로 볼 때 정치적, 경제적으로 중요한 의미를 가지고 있었다.

롤프가 재배한 토산담배는 '저질이고 잘 부스러지고 맛이 쌉쌀하다'는 평가를 받았지만 서인도제도에서 종자를 얻은 뒤에는 품질이 훨씬 나아졌다. 1613년으로 접어들자 생산량은 수출이 가능할 정도로 늘어났고, 주식인 옥수수가 모자라는 상황인데도 다른 이주민들까지 담배 농사에 뛰어들었다. 1616년 한 해 동안 버지니아는 약 1100킬로그램의 담배를 수출했다. 1620년에는 수출량이 5만 킬로그램쯤이었고 1626년에는 약 15만 킬로그램이었다. 그리고 1638년에는 약 140만 킬로그램이라는 놀라운 숫자를 기록했다.

이 무렵 담배 농사는 버지니아를 완전히 뒤덮었고, 담배 사제가 가장 중요한 통화 수단이었다. 세금까지 담배로 걷었고 1619년, 극심한 남초 현상을 빚은 이 지방에 잉글랜드 처녀들을 실은 배가 도착했을 때 남자들은 담배 120파운드면 부인을 살 수 있었다. 제임스타운의 주민들은 롤프의 발견이 버지니아를 살렸다는 생각만 했을 뿐, 어마어마한 노동력과 토지가 필요한 담배 산업 때문에 전업이나 일탈의 여지가 사라졌다는 사실은 알지 못했다.

버지니아의 상세 지도
(왼쪽) 존 스미스가 1608년 여름 동안 측량을 실시해 제작한 것이다. 스미스가 1624년에 출간한 자서전 『버지니아와 뉴잉글랜드 및 서머 제도의 역사』에 수록되어 있다.

잉글랜드의 신대륙 탐험

잉글랜드는 프랑스처럼 식민지 사업에 뒤늦게 뛰어들었지만 아메리카 대륙의 탐험 자체는 콜럼버스의 발견 직후에 시작했다. 일찍이 1497년에 헨리 7세(Henry Ⅶ)는 이탈리아 출신의 항해사 조반니 카보토[Giovani Caboto, 영어식 이름은 존 캐벗(John Cabot)]를 신대륙으로 보내 아시아행 항로를 찾게 했다. 하지만 캐벗이 발견한 곳은 풍족한 어장을 자랑하는 뉴펀들랜드였고, 잉글랜드 사람들은 북아메리카 연안에 식민지를 건설하기 훨씬 이전부터 이 일대를 개척했다. 1498년에 닻을 올린 캐벗의 2차 탐험대가 자취를 감추자 구두쇠 헨리 7세는 지원을 끊었고, 그의 아들 헨리 8세는 종교개혁에 온 정신을 빼앗긴 나머지 식

민지 사업을 지원할 여력이 없었다. 헨리 8세의 맏딸로 1553년에서부터 1558년까지 잉글랜드를 다스린 메리 1세(Mary Ⅰ)는 가톨릭을 부활시키고 러시아와의 무역을 장려했지만, 남편인 에스파냐의 카를로스 1세(신성 로마 제국의 카를 5세)의 영토를 침범할 생각이 없었기 때문에 상선의 신대륙 출입을 통제했다. 따라서 잉글랜드의 상인 겸 모험가들은 메리의 여동생인 엘리자베스 1세(Elizabeth Ⅰ) 시대에 들어서야 비로소 아메리카 대륙을 약탈할 수 있었다.

독실한 가톨릭교도인 메리와 달리 엘리자베스는 독실한 프로테스탄트였고, 신대륙의 소유권을 주장하는 에스파냐의 뜻을 존중하거나 1493년에 아메리카 대륙을 에스파냐와 포르투갈에게 반씩 나누어 준 교황의 칙서를 받아들일 생각이 전혀 없었다. 그뿐 아니라 동양으로 향하는 북서 항로에 대한 관심이 할아버지인 헨리 7세보다 훨씬 많았다. 1576년에 여왕의 명으로 선박 세 척을 이끌고 북아메리카 탐험에 나선 마틴 프로비셔는 래브라도와 일대를 탐사했다. 그의 탐험 결과는 성공 반, 실패 반이었다. 캐벗처럼 풍족한 어장을 발견하기는 했지만, 중국인의 모습은 어디에서도 찾을 수 없었던 것이다.

청교도를 표방한 잉글랜드와 가톨릭을 표방한 에스파냐가 정식 교전 상황은 아니었지만, 잉글랜드로서는 보물을 잔뜩 싣고 신대륙을 출발한 에스파냐 상선의 유혹이 너무 컸다. 잉글랜드의 사략선들은—프랜시스 드레이크(Francis Drake)가 대표적인 인물이었다—여왕의 지지와 후원을 등에 업고 펠리페 2세(Felipe Ⅱ)의 식민지와 상선을 약탈해 잉글랜드를 살찌우고 에스파냐의 힘을 약화

시켰다. 1572년에 드레이크는 페루산 은을 싣고 파나마 지협을 지나가던 에스파냐 수송선을 습격하고 태평양을 관리하는 잉글랜드 최초의 해군제독이 되었다. 1577년에는 태평양에 관심을 보이는 에스파냐를 저지하기 위해 세계일주를 하며 가는 곳마다 에스파냐의 보물을 가로챘다. 그러다 1580년에 잉글랜드로 돌아가자 에스파냐는 그를 해적으로 간주하며 처형을 요구

했고, 요구를 무시할 경우 전쟁을 각오하라는 암시를 흘렸다. 하지만 엘리자베스 1세는 드레이크에게 기사 작위를 내리고 에스파냐령 아메리카 대륙에서 노략질을 계속하도록 허락했다.

한편 귀족 출신의 항해사 험프리 길버트는 신대륙의 잠재력에 매력을 느끼고 1578년, 엘리자베스 1세를 설득하여 '그리스도교 국가의 어느 제후도 차지하지 않은 미개지'를 찾아 식민지로 만들어도 좋다는 6년 특허를 받아 냈다. 그해 11월, 길버트는 장비가 부실한 선박 일곱 척을 거느리고 북아메리카를 향해 출발했지만, 궂은 날씨 때문에 계획이 무산되었고, 1583년에는 뉴펀들랜드에 도착했지만, 어마어마한 폭풍을 만나 바다의 제물이 되었다.

아메리카에 잉글랜드 식민지를 건설하겠다는 길버트의 꿈은 이복 동생인 롤리의 손으로 넘어갔다. 롤리는 1584년에 훨씬 조건이 좋은 특허장을 받아들고 탐사단을 조직해 푸에르토리코에 잠시 머문 뒤 플로리다 해안을 따라 북쪽으로 오늘날 노스캐롤라이나 근처의 아우터뱅크스까지 항해했다. 탐사단 선장들이 로어노크 섬을 발견한 곳이 바로 여기인데, 기록에 따르면 "여기까지 무사히 인도하신 하느님께 감사를 드린 뒤 섬을 구경하기 위해 (중략) 여왕 폐하의 이름으로 섬을 차지하기 위해 보트를 저어 나갔다."고 한다. 이들을 맞이한 것은 풍부한 사냥감과 '달콤하고 향긋한 공기', 친절한 인디언들이었다. 이들은 인디언에게 항아리와 도끼를 주고 식량과 짐승 가죽을 받았다. 그리고 탐험담의 신빙성을 더하기 위해 만테오와 완체스, 두 인디언을 잉글랜드로 데리고 갔다.

세인트오거스틴

수자업으로 색을 입힌 인쇄물로 1589년 런던에서 출간되었다. 밥티스타 보아치오가 일당의 그림(어쩌면 프랜시스 드레이크의 그림이었을지도 모른다)을 바탕으로 1586년, 드레이크가 세인트오거스틴을 약탈하는 장면을 담았다. 1565년, 페드로 메넨데스 데 아빌레스가 플로리다에 건설한 세인트오거스틴은 멕시코 이북의 북아메리카에서 가장 오랜 역사를 자랑하는 유럽의 식민지였다.

로어노크

롤리는 잉글랜드에 도착하자마자 로어노크 식민지 건설을 위해 대대적인 모금 운동을 시작했다. 그는 처녀 여왕이라 불리는 엘리자베스를 기리는 뜻에서 새로운 땅의 이름을 버지니아로 지었다며 미혼의 여왕을 구슬렸다. 하지만 엘리자베스는 이미 후한 특허장을 내린 만큼 더 이상 줄 게 없었다. 에스파냐와 프랑스 국왕은 식민지 사업을 후원할 수 있을 정도로 사재가 넉넉했다. 그러나 잉글랜드에서는 의회가 지갑 끈을 쥐고 있었고, 의원들은 위험 부담이 높은 롤리의 모험을 지원할 생각이 전혀 없었다. 때문에 롤리는 상인층에 자금을 부탁했고 이는 향후 잉글랜드의 북아메리카 개척의 관행이 되었다. 이후 잉글랜드의 식민지 사업은 군주(칙서 하사), 대담한 귀족(식민지 건설과 관리), 야심만만한 상인(근대 기업의 시조 격인 식민지의 합자회사에 투자)의 합작품으로 이루어졌다.

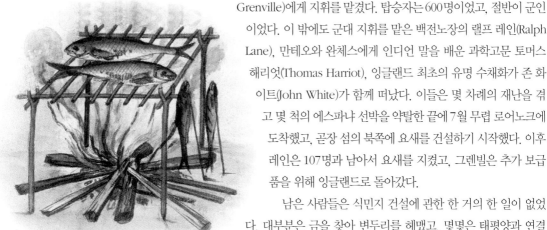

화이트의 수채화
이 그림에는 "이글대는 장작불에 생선을 굽는 모습"이라는 설명이 덧붙어 있다.

1585년 4월, 롤리는 플리머스에 선박 일곱 척을 집결시키고 사촌 리처드 그렌빌(Richard Grenville)에게 지휘를 맡겼다. 탑승자는 600명이었고, 절반이 군인이었다. 이 밖에도 군대 지휘를 맡은 백전노장의 랠프 레인(Ralph Lane), 만테오와 완체스에게 인디언 말을 배운 과학고문 토머스 해리엇(Thomas Harriot), 잉글랜드 최초의 유명 수채화가 존 화이트(John White)가 함께 떠났다. 이들은 몇 차례의 재난을 겪고 몇 척의 에스파냐 선박을 약탈한 끝에 7월 무렵 로어노크에 도착했고, 곧장 섬의 북쪽에 요새를 건설하기 시작했다. 이후 레인은 107명과 남아서 요새를 지켰고, 그렌빌은 추가 보급품을 위해 잉글랜드로 돌아갔다.

남은 사람들은 식민지 건설에 관한 한 거의 한 일이 없었다. 대부분은 금을 찾아 변두리를 헤맸고, 몇몇은 태평양과 연결된 수로를 찾기 위해 근처의 여러 강을 탐험했을 뿐이다. 레인은 영구 식민지 건설이라는 임무에 어울리는 인물이 아니었다. 그는 작물 재배 지식이 전혀 없었고, 인디언을 험하게 대해 반감을 샀다. 게다가 금도 없는 로어노크에 아무런 희망이 없다고 생각했다. 하지만 정착촌 건설이 흐지부지된 것이 전적으로 그의 잘못은 아니었다. 이후 해리엇이 지적했다시피 그가 선두지휘한 사람들은 개척자가 아니라 군인이었다. 해리엇은 『버지니아의 새로 발견된 땅에 대한 간략하고 진실한 보고서(A Brief and True Report of the New Found Land of Virginia)』(1588년)에서 이렇게 밝혔다.

"그중 일부는 대도시나 도회지에서만 자란 좋은 집안 출신이었고 세상을 겪어본 적이 없었다."

해리엇의 말에 따르면 이들은 맛있는 음식과 푹신한 깃털 이불을 그리워했기 때문에 하루하루가 고통이었다. 보물이 있다는 말을 듣고 신대륙으로 건너왔는데, "금도 없고 은도 없었으니 배를 채우는 것이 유일한 관심사였다." 때문에 에스파냐령 카리브 해의 습격을 마친 드레이크가 우연히 이 섬에 들렀을 때 레인의 부대는 로어노크를 버리고 드레이크와 함께 잉글랜드로 돌아가 버렸다.

롤리가 세 번째 조직한 북아메리카 탐험대는 1587년 5월에 잉글랜드를 출발했다. 이번에는 여성과 어린이를 포함해서 150명이나 되는 식민지 개척자가 동행했다. 총독으로 임명된 화이트는 임신한 딸 엘리노라 데어와 보좌관 역할을 한 사위 아나니아스 데어를 데리고 버지니아로 향했다(엘리노라는 8월 18일에 버지니아 데어를 낳았다. 잉글랜드 출신 부부가 아메리카에서 낳은 첫 아이였다). 여행에서 살아남은 개척자 112명은 예전의 거처들이 남아 있는 것을 보고 롤리의 발상대로 다른 데서 새출발하느니 로어노크에 남기로 결정했고, 화이트는 이들의 적응을 도왔다. 하지만 한 달 뒤, 화이트는 롤리에게 보급품 지급을 재촉하느라 선단을 이끌고 잉글랜드로 돌아가야 했다.

잉글랜드는 전쟁을 준비하는 중이었다. 습격당하는 보물선을 보다 못한 에스파냐의 펠리페 2세가 무적함대의 출정을 준비한다는 소식을 듣고 엘리자베스 여왕이 전시체제를 선포한 터였다. 외국으로 떠나는 항해가 모두 취소되었고, 무적함대와 싸울 선단에 합류할 수 있도록 항구에서 대기하라는 명령이 잉글랜드 선박들에게 전달되었다. 화이트는 결국 1590년이 되어서야 로어노크로 향하는 구조대를 출발시킬 수 있었다. 8월에 도착한 섬은 황량하기 짝이 없었고, 개척자들의 모습은 보이지 않았다.

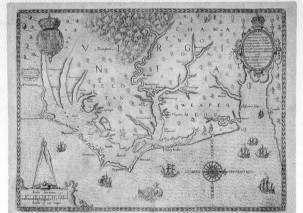

대서양의 붉은바다거북
화이트의 수채화. 붉은바다거북은 아우터뱅크스에서 서식하는 유일한 바다거북이었다.

사라진 식민지

화이트는 구조대를 이끌고 1590년의 어느날 밤, 로어노크 섬에 도착했다. 그는 일기에 이렇게 적었다.

"바닷가에 닻을 내린 뒤 트럼펫으로 신호를 보내고 수많은 잉글랜드 노래를 연주하며 애정이 듬뿍 담긴 인사를 전했지만 아무 대답이 없었다."

다음날 아침 동이 트자마자 뭍으로 노를 저어 갔을 때 그를 맞이한 것은 텅 빈 섬이었다. 개척자들의 행방을 알 수 있는 단서라고는 말뚝에 새겨진 '크로아토안 (Croatoan)' 이라는 단어 하나뿐이었다.

화이트는 개척자들에게 로어노크를 떠나야 하는 상황이 되면 목적지를 새겨 놓으라고 말한 일이 있었다. 그리고 다급한 일 때문에 떠나는 것이면 여기에 몰타 십자가를 걸어 놓으라고 했다. 그런데 십자가가 없는 것으로 볼 때 만테오가 웨로완스, 즉 추장으로 있다는 크로아토안 섬으로 옮긴 모양이었다.

하지만 화이트는 선상에서 벌어진 몇 가지 사건과 폭풍우 때문에 크로아토안을 살펴보지 못했고, 1595년에 롤리는 가이아나 탐험을 마치고 돌아가는 길에 이 섬 옆을 지나려고 했지만 실패로 돌아갔다.

1602년, 롤리가 파견한 수색대가 섬 일대를 샅샅이 뒤졌지만 아무것도 없었다. 이후 로어노크 식민지의 흔적은 영영 자취를 감추었다.

로어노크 지도
화이트가 1590년에 제작한 지도이다. 이곳의 참사는 잉글랜드의 북아메리카 식민지 건설 사업에 간접적으로나마 긍정적인 영향을 미쳤다. 로어노크 식민지가 자리를 잡았더라면 분명 에스파냐의 공격을 받았을 테고, 그랬더라면 1606년, 제임스 1세의 윤허 아래 버지니아로 또 다른 탐험대가 출발하지 못했을 테니 말이다.

제임스타운

로어노크가 실패한 배경에는 잉글랜드와 에스파냐가 벌인 전쟁 탓이 크지만 1588년, 에스파냐의 무적함대를 격파한 사건은 잉글랜드의 북아메리카 식민지 건설을 부추기는 데 상당히 긍정적인 역할을 했다. 무적함대 격파 이후 잉글랜드는 대서양 최고의 해군을 거느린 나라가 되었는데, 이는 어느 누구의 방해 없이 식민지 건설을 추진할 수 있다는 뜻이기도 했다. 로어노크 참사로 개척 열풍은 잠시 냉각기를 맞았고 1590년대에는 별다른 변화가 없었다. 하지만 1603년 왕위에 오른 제임스 1세는 젊은 시절 엘리자베스 여왕처럼 북아메리카 식민지 사업에 관심이 많았다. 1606년에 그는 플리머스와 런던 소재의 두 군데 탐험 회사에 특허장을 하사했다. 1607년, 두 회사는 북아메리카의 본토에 새로운 식민지를 건설했다.

제임스 1세
대니얼 미텐스가 1621년 캔버스 유화로 그린 잉글랜드 제임스 1세 (스코틀랜드 제임스 6세)의 초상화.

플리머스 회사는 케니벡 강변의 사가하독에 정착을 시도했지만 메인의 혹독한 겨울을 한 해 겪자마자 포기했다. 한편 런던 회사는 롤리의 버지니아를 선택했다. 크리스토퍼 뉴포트(Christopher Newport)가 이끈 선박 세 척은 1607년 5월에 체서피크 만을 통과했고, 개척자들이 제임스라 부르는 강을 50킬로미터쯤 거슬러 올라가 제임스타운이라는 정착촌을 건설했다. 개척자들이 선택한 곳은 제임스 강이 상당히 좁아지는 지점에서 강 쪽으로 비죽 튀어나온 저지대 습지 겸 반도였다. 이 일대는 깊은 강과 맞닿아 있어 대규모 선박도 접근할 수 있고 로어노크 소멸의 원인으로 추정되는 인디언 공격을 피할 수 있다는 점에서 좋았다. 하지만 한 가지 결정적인 약점이 있었다. 습도가 높은 날씨 때문에 말라리아, 이질을 비롯한 여러 질병에 걸릴 위험이 높았던 것이다.

로어노크 사건은 인디언에 대한 경각심을 불러일으킨 동시에 여러 교훈을 남겼다. 예를 들어 런던 회사는 대장장이, 목수, 벽돌공, 석수 등 영구 식민지 건설에 필요한 인력과 함께 출발했다. 버지니아를 향해 떠난 개척자 144명 가운데 3분의 1이 당시 기준으로 따지면 어느 정도 재산과 지위를 갖춘 '신사 계급'이었고 따라서 육체노동보다 행정직을 염두에 두었다는 점에서 볼 때 이들의 중요성은 한층 강조되었다. 신사 계급의 경우 제임스타운의 생존에 기여한 부분이 거의 없었고, 나무를 베거나 땅을 일구는 등 이윤과 관계없는 일은 하지 않았다.

대부분의 경우 '선장' 직함을 요구한 이들이 신대륙으로 건너간 이유는 무엇일까? 이유야 다양하겠지만 대다수는 명예와 부를 보장하는 런던 회사에 희망을 걸었다. 야심만만했던 이들 가운데에는 태평양을 쉽게 오갈 수 있는 항로를 발견하려는 축도 있었지만 대부분은 금을 찾는 데 집착했다. 용병으로 1607년 탐험에 동참했던 존 스미스(Jhon Smith) 선장은 "대화도, 희망도, 일도 없이 오직 금을 캐고 씻고 정제하고 싶겠다는 생각뿐이었다."고 이야기했다. 물론 금이라고는 없었으니 모두 공염불에 불과했다.

공동체 수준에서 벌인 유일한 활동이 있다면 지도부를 둘러싼 암투였다. 제임스 1세는 1606년 특허장에서 버지니아를 다스리는 데 필요한 권한을 런던 회사에 일임했고, 잉글랜드

존 스미스
1580(?)-1631년

존 스미스는 아메리카로 떠나기 전부터 파란만장한 인생을 살았다. 스무 살에는 헝가리에서 투르크와 싸우다 포로로 붙잡혔고, 탈출한 뒤 몇 년 동안 유럽 전역을 누비다 1604년에 잉글랜드로 돌아왔다. 이후 지칠 줄 모르는 자기 홍보로 버지니아 탐험을 준비 중이던 런던 회사 소속 상인들의 환심을 사서 용병으로 고용되었다.

땅딸막하고 다부진 체격의 스미스는 1609년 말 제임스타운에서 돌아온 뒤 신대륙으로 두 번 더 항해를 떠났는데, 이번에는 플리머스 회사 소속이었다. 그는 1614년 항해에서 뉴잉글랜드라 이름 지은 지역의 해안 지도를 만들고 이듬해 다시 항해를 떠났지만 해적의 포로가 되었다가 석 달 뒤 빈털터리로 탈출했다.

스미스는 이후 다시는 북아메리카 대륙을 밟지 못했지만 죽을 때까지 글과 말로 북아메리카 이야기를 했다. 『버지니아 지도 및 해설(*Map of Virginia with a Description of the Country*)』(1612년), 『버지니아와 뉴잉글랜드 및 서머 제도의 역사(*The Generall Historie of Virginia, New England, and the Summer Isles*)』(1624년)와 같은 그의 저서에는 생생한 경험담이 실려 있다. 물론 비현실적인 부분이 없는 것은 아니지만 현대 학자들에게 대부분 사실임을 인정받았다.

본토의 이사회는 권한 행사를 위하여 제임스타운 의회를 구성했다. 이주민들 앞에 놓인 심각한 문제점들을 놓고 볼 때 능력 있는 지도부는 필수조건이었다. 이들은 인디언에 맞서 방어 체제를 쌓고, 겨우살이용 식량을 비축하고, 런던 회사의 지원이 끊기지 않도록 잉글랜드로 수출할 만한 물건을 찾아야 했다. 하지만 의회는 당면과제를 외면한 채 시간만 축냈다.

포우하탄 동맹

제임스타운 정착촌이 대대로 이어져 내려온 인디언 사냥터를 일부 침범했기 때문에 양측의 갈등은 진작부터 시작될 수밖에 없었다. 이주민들이 도착하고 몇 주 만에 인디언 전사들이 물러난 것은 가드스피드 호에서 쏜 대포 덕분이었고, 그나마도 살상 효과보다는 끔찍한 소리 때문이었다. 이후 이주민들은 금방이라도 쓰러질 것 같던 요새를 보강했지만 여전히 위험한 상황이었다.

포우하탄의 예식용 망토
1618년에 사망한 포우하탄이 쓰던 것으로, 현재 옥스퍼드 대학교 애슈몰린 박물관 소장품이다. 흰 꼬리 사슴 네 마리의 가죽을 연결하고 작은 조개껍질로 장식한 망토이다.

포토맥 강과 디즈멀 대습지 사이에 살던 30여 개의 부족은 포우하탄(Powhatan) 동맹 소속이었다. 포우하탄 동맹은 후에 토머스 제퍼슨(Thomas Jefferson)이 붙인 이름이었다. 이들은 웨로워코모코를 중심으로 삼은 알공킨족의 위대한 추장 포우하탄에게 충성을 맹세했다. 전하는 이야기에 따르면 포우하탄은 100여 개 마을, 9천여 명의 주민을 다스렸다. 그의 권위는 왕에 버금갔고, 잔인하지만 현명하고 유능한 지도자였다. 포우하탄이 제임스타운 이주민과 처음 만난 것은 1607년 겨울, 충성스러운 인디언들이 체서피크를 탐험하던 스미스를 끌고 나무껍질로 덮은 추장의 집을 찾은 때였다.

이주민들은 그해 여름을 힘들게 보냈다. 뉴포트 선장이 수전 콘스턴트와 가드스피드 호를 거느리고 잉글랜드로 돌아간 6월 말부터 자급자족의 생활이 이어졌던 것이다. 두 배는 목재, 타르, 역청과 제임스타운 인근에서 구할 수 있는 여러 원료를 싣고 떠났다. 후원자들을 만족시키고 제임스타운의 가능성을 보이기 위해서였지만 에스파냐에 견줄 만한 보물은 되지 못했고, 시험 삼아 보낸 광석 표본들조차 실망스러운 결과로 이어졌다.

설상가상으로 폭염이 자리를 잡으면서 전염병까지 번졌다. 수많은 이주민이 목숨을 잃었고, 살아남은 사람들은 기진맥진해서 일을 할 수가 없었다. 어떤 날은 요새에서 보초를 설 사람이 여섯 명도 안 될 정도였다. 조지 퍼시(George Percy) 선장은 훗날 이렇게 적었다.

"낯선 땅에 남겨진 잉글랜드 사람들 중 신대륙 버지니아에 남은 우리만큼 고통을 겪은 사람은 없을 것이다. 우리는 아무 약도 쓰지 못하는 환자들의 처량한 속삭임과 울부짖음을 6개월 동안 밤낮으로 듣고 있다. 그중 일부는 이 세상과 하직하는데, 하룻밤 사이에 서너 명이 눈을 감는 경우도 흔하다. 아침이 되면 이들의 시신을 개처럼 오두막집 밖으로 끌고 나가 묻는다."

어찌나 죽어 나가는 사람이 많았던지 나중에는 인디언들에게 약해진 모습을 들키지 않도록 한밤중에 묻어야 할 지경이었다. 겨울이 찾아와도 사정은 별로 나아지지 않았다. 1607년이 끝나갈 무렵, 104명이었던 초기 이주민들 중 살아 남은 사람은 38명에 지나지 않았다.

피몬키 왕과 싸우는 스미스
스미스의 1624년작 『버지니아와 뉴잉글랜드 및 서머 제도의 역사』에 실린 삽화. 아메리카 미개인에게 항복을 요구하는 저자의 용감한 모습을 묘사했다. 1608년의 상황이다.

이제 제임스타운의 생존 여부는 베일에 휩싸였다. 식량이 가장 큰 문제였다. 인디언 옥수수의 확보에 따라서 식민지의 운명이 달라진다는 사실을 깨달은 사람은 스미스뿐이었다. 호감을 보인 일부 부족이 몇 가지 필수품을 잉글랜드산 철물과 맞바꾸어 주기는 했지만 수요를 충당하기에는 역부족이었다. 선상에서 보인 거만한 태도 때문에 제임스타운 의원직을 빼앗긴 스미스는 탐험대를 이끌고 교역 상대를 찾아 나서겠다고 자청했다. 제임스타운의 지도부는 밑져야 본전이라고 생각했다. 스미스가 식량을 가지고 살아 돌아오면 배를 불릴 수 있을 테고, 인디언의 손에 목숨을 잃더라도 아쉬울 게 없었다. 스미스의 약탈은 초기에 꽤 큰 성공을 거두었고, 짐배 가득 싣고 온 옥수수와 콩 덕분에 그의 입지는 날로 확대되었다. 하지만 어느 여행길에서 인디언의 매복 공격을 받아 부하들을 잃고 자신은 포우하탄에게 끌려갔다. 이로부터 1년 뒤, 스미스는 포우하탄을 처음 대면한 기록을 남겼다.

30센티미터쯤 되는 높이의 침대 틀에 10−12개의 매트를 깔아 놓고 당당하게 누워 있는데, 알 굵은 진주 목걸이를 주렁주렁 걸고 커다란 (너구리 가죽) 외투를 입은 모습이었다. 머리맡에 한 명, 발치에 한 명, 이렇게 여자가 둘 있었다. 양쪽 바닥에 놓인 매트 위에는 참모들이 불을 사이에 두고 양 옆으로 열 명씩 앉아 있었고, 그 뒤로 근사한 흰색 구슬 목걸이를 어깨 위로 드리우고 머리를 빨갛게 칠한 수많은 아가씨가 보였다.

스미스는 살아 돌아갈 가능성이 희박하다고 짐작하면서도 제임스타운 주민들의 호의적인 면모를 포우하탄에게 전하려고 노력했다. 런던 회사는 포우하탄의 땅에 영구 식민지를 건설할 생각이 없고 개척자들이 상륙한 이유는 배가 고장나서 '수리하는 동안 머물 곳이 필요했기 때문'이라고 주장했다.

포우하탄은 스미스의 거짓말을 믿지 않았지만 그에게 호기심을 느꼈고, 저항을 계속하는 내륙 부족에 맞서 싸울 비래의 동맹 겸 친구 자격으로 잠깐 동안이나마 환영하기로 결정했다. 이에 따라 몇몇 가이드와 함께 제임스타운으로 돌아간 스미스는 요새를 구경시켜 주었고, 고드름 달린 근처 나무에 대고 돌을 발사하는 등 대포의 위력을 보여 주었다. 코르테스가 대포로 몬테수마의 사신들을 위협했을 때 그랬던 것처럼 인디언들은 대포의 위력을 접하고 깜짝 놀랐다.

1622년 삽화
운명의 여신이 아무것도 모르는 배를 움켜쥐려는 찰나를 묘사하고 있다. 뉴포트의 선단은 중위도 지역으로 움직이고 카나리아 제도와 카리브 해의 섬을 중간 기착지로 활용하여 초기 항해에 따른 위험을 최소화했다. 최단거리 횡단을 처음으로 시도한 인물은 1609년 아결이었다.

권좌에 오른 존 스미스

스미스 덕분에 인디언 문제가 일시적으로 해결되기는 했지만, 1608년 초반 제임스타운의 상황은 여전히 절망적이었다. 음식은 여전히 부족했고, 스미스를 경멸해 마지않던 지도층은 부하들을 잃은 책임을 물어 교수형에 처하려고 했다. 스미스가 목숨을 건질 수 있었던 것은 1608년 1월, 때마침 돌아온 뉴포트 덕분이었다. 이후 스미스는 인디언을 상대하는 유명 무역업자 겸 탐험가가 되었다. 어느 역사학자가 말하기를 "지도층을 잘못 만난 이주민들과 떨어져 지낼 수만 있다면 무슨 일이든 환영"할 정도였다. 그럼에도 불구하고 스미스는 1608년 9월, 제임스타운 의장으로 선출되었다. 예전의 업적도 있거니와 앞으로 닥칠 겨울살림을 맡기기에 가장 적합한 인물이었고 마땅한 후보가 없었기 때문이다.

스미스는 이듬해 1년 동안 제임스타운을 안정적으로 관리했다. 그는 이주민들을 10~15명으로 나누어 일을 맡겼고, 자신이 자리를 비울 때에도 엄격한 규칙을 따르게 만들었다. 그뿐 아니라 매주 군사훈련을 실시했고, 어디에선가 구경하고 있을지도 모르는 인디언들에게 과시할 속셈으로 머스킷 총을 종종 발사했다. 그러는 한편으로 기회가 닿을 때마다 구슬 목걸이와 그 밖의 유럽에서 생산되는 여러 상품을 음식과 맞바꾸었다. 싸구려 물건을 거부하는 인디언이 있으면 마을에 불을 지르고 음식을 빼앗았다. 스미스는 포우하탄이 백인들과의 물물교환을 막는다고 생각했는데, 충분히 가능성 있는 이야기였다. 하지만 스미스가 간과한 사실이 하나 있었다. 인디언들의 옥수수 재배는 돈이 아니라 식량 해결이 목적이기 때문에 여유분이 거의 없다는 점이었다.

역사학자들은 스미스의 엄격한 관리 덕분에 제임스타운이 살아남았다고 생각한다. 1608년에서 1609년으로 넘어가는 겨울 동안 목숨을 잃은 이주민은 아주 적었다. 버지니아의 초창기 시절 사망자 수를 생각해 보면 상당한 업적이었다(1607-1623 사이 식민지로 이주한 사람들은 모두 8,500명이었지만 1624년까지 살아남은 사람은 1,300명이 못 되었다). 스미스는 교

다리미
제임스타운에서 주름 옷깃의 매무새를 다듬을 때 사용했다.

묘한 협박과 엄격하면서도 효과적인 규칙을 통해 지도자로 자리매김했고, 독단적이지만 효율적인 방식으로 제임스타운을 관리했다. 하지만 1609년 7월, 구원 사절단을 이끌고 도착한 새뮤얼 아걸(Samuel Argall) 선장은 국왕이 새로운 특허장을 내렸고, 버지니아 회사로 이름을 바꾼 런던 회사가 제임스타운 의회를 대신하여 새로운 식민지 정부를 구성했다고 통보했다. 화약 때문에 중화상으로 고생하던 스미스는 두 달 뒤 잉글랜드로 돌아가서 그 길로 영영 발길을 끊었다.

버지니아 회사는 새로운 특허장에 의거하여 투표로 선출되던 의장 대신 총독을 임명했다. 이들이 1대 총독으로 선택한 사람은 12대 델라웨어 남작 토머스 웨스트였다. 하지만 델라웨어 남작이 즉시 부임할 수 있는 입장이 아니었기 때문에 임시로 제임스타운을 다스리기 위해 토머스 게이츠(Thomas Gates)가 출발했다. 공교롭게도 게이츠를 실은 배는 버뮤다 해변에서 난파했고, 게이츠는 1609년에서 1610년으로 넘어가는 겨울 동안 생존자들과 함께 배 두 척을 새로 만드는 일에 매달려야 했다. 하지만 다른 선박들은 무사히 제임스타운에 도착하여 400명의 이주민을 옮겨 놓는 데 성공했다. 이 중에는 최초의 여성과 어린이도 포함되어 있었다.

"폭풍우"
19세기 초에 만들어진 프롬프터용 대본의 한 장면. 프로스페로 섬에서 난파해 오도 가도 못하게 된 이탈리아 사람들의 모습을 담고 있다. 윌리엄 셰익스피어는 게이츠의 1609년 버뮤다 해변 난파기를 이 작품의 자료로 활용했다.

한편 버지니아 회사는 제임스타운에 대한 생각을 바꾸는 중이었다. 처음에는 귀금속 획득이나 동양 무역으로 단기간에 이윤을 얻는 것이 이들의 목적이었다. 하지만 이 무렵에 이르러서는 장기적인 이익을 추구해야 한다는 사실을 깨닫게 되었다. 이에 따라 버지니아 회사는 잉글랜드가 최근 아일랜드를 개발하고 관리하기 위해 설치한 '플랜테이션' 비슷한 방향으로 사업을 재구상하기 시작했다. '플랜테이션'은 잉글랜드 사회를 낯선 곳에 '이식'한다는 뜻의 '트랜스플랜테이션(transplantation)'에서 비롯된 단어였다. 아메리카로 건너간 에스파냐인들은 인디언 문화를 많은 부분 받아들였다. 하지만 잉글랜드 사람들은 원주민의 도움 없이 살 수 있도록 신대륙에 구대륙의 모형을 건설하려고 애를 썼다. 예를 들어 제임스타운을 거쳐 간 여러 총독은 원주민에게 동화된 이주민들을 주기적으로 솎아 냈다. 공개적으로 망신을 준 뒤 잔인한 방식으로 처형하여 본보기로 삼았던 것이다.

버지니아 회사는 자급자족 사회를 구상하며 1609년에 바다를 건널 가족을 모집했다. 가족끼리 모여 살면 식민지 번영에 영원히 관심을 가지게 되리라는 생각에서였다. 제임스타운에는 아직 사유지가 없지만, 회사 측에서는 이주민들에게 땅을 주겠노라고 했다. 7년의 공동 경작을 마치면 땅의 주인이 될 수 있다고 했다. 그만한 여유가 못 되는 사람들은 7년 노동의 대가로 뱃삯을 약속 받았다. 버지니아 최초의 백인 소작농이 탄생하는 순간이었다.

굶주림으로 얼룩진 시간

스미스가 사라졌으니 포우하탄의 입장에서 보자면 제임스타운을 영원히 제거할 기회였다. 그는 동맹부족들에게 백인과의 교역을 중단하라고 은밀하게 명령을 전달했다. 인디언 옥수수가 없으면 살아남을 수 없다는 사실을 알고 있었던 것이다. 이와 동시에 제임스타운에서는 알력이 다시 시작되었다. 스미스가 능수능란하게 주도하던 식량 조달과 마을 건설이 이제는 뒷전으로 내동댕이쳐졌다. 이주민들은 교역 사절단을 파견했지만, 제임스타운을 출발한 86명 중 돌아온 사람은 14명에 불과했다. 포우하탄은 해명을 요구하는 이주민들에게 사라진 로어노크 식민지를 발견하고 분위기 좋은 그쪽으로 합류한 것이 아니겠느냐고 대답했다.

인디언 옥수수가 없으니 식량은 한참 부족할 수밖에 없어서, 1609년과 1610년 사이 겨울은 '굶주림으로 얼룩진 시간'으로 기록되었다. 제임스타운의 주민들은 고양이와 개에 이어서 쥐까지 잡아먹었고, 나중에는 배를 채울 수 있다면 말가죽도 마다하지 않았다. 심지어는 인육을 먹었다는 이야기까지 나돌았다. 어떤 이는 시신을 파헤치다 처형됐고, 또 어떤 이는 임신한 아내를 토막내 소금에 절여 둔 죄로 화형을 당했다. 마침내 게이츠가 도착한 1610년 5월 무렵, 제임스타운에서 겨울나기를 시작한 500명 중 살아남은 이주민은 60명 정도였다. 게이츠는 이들의 상황과 점점 적개심을 드러내는 인디언들을 보고 식민지를 폐기처분하기로 결정했다. 하지만 막 출발하려는 찰나, 델라웨어 남작이 식량을 잔뜩 실은 구조선 세 척을 이끌고 도착하는 바람에 그대로 남게 되었다.

델라웨어가 버지니아에 머문 기간은 1년밖에 되지 않았지만, 그가 게이츠를 중심으로 만들어 놓은 정부는 가혹한 방식으로나마 제임스타운을 지켜 냈다. 1611년에 게이츠가 공포한 '종교, 윤리, 군사 관련 법률'은 안식일의 철저한 준수를 강조하는 한편 부적절한 옷차림을 금지시키고 게으름을 죄악시했다. 이 법률을 어긴 사람은 가혹한 처벌을 받았다. 일부는 화형을 당했고, 일부는 교수형이나 총살형을 받았고, 또 일부는 형차(刑車)에 묶여 사지가 찢겼다(버지니아 회사는 특허장에 의거하여 재판권 등 이주민들이 잉글랜드에서 누리던 모든 권리를 무시할 수 있었다). 허락 없이 동물을 잡으면 사형이었다. 깨끗한 식수의 공급원인 샘물 근처에서 지저분한 물건을 씻으면 채찍질을 당했다. 욕을 하거나 싸움을 벌인 사람들은 한 달 동안 매일 밤마다 '머리와 다리를 한데 묶는' 벌을 받았다. 이는 아메리카 최초의 공식 법령이었고, 시행을 담당한 토머스 데일(Thomas Dale) 장군의 이름을 따서 데일법이라고도 불렀다.

이 시기 인디언들과의 관계는 눈에 띄게 악화되었다. 포카혼타스(Pocahontas)를 통해 명맥상으로나마 우호관계를 유지하고 원주민을 공평하게 대하라는 런던 회사의 지침이 전달되기는 했지만, 양쪽 모두 여건이 허락하는 한도 내에서 최대한 사납게 굴었다. 이주민들은 스미스의 고압적인 옥수수 확보 정책만 부활시켰을 뿐 스미스의 통제력이나 교묘한 수법은 본받지 않았다. 당연히 포우하탄은 이에 상응하는 반응을 보였고, 잔인한 유혈사태가 몇 년 동안 계속 이어졌다.

알공킨족
화이트가 1585년쯤에 그린 수채화. 사냥 준비를 마친 알공킨 남자의 복장과 섬세한 보디페인팅을 묘사하고 있다.

스미스와 포카혼타스

1616년, 스미스는 레베카 롤프(Rebecca Rolfe)로 개명한 포카혼타스가 잉글랜드를 방문한다는 소식을 듣고 자기 홍보의 기회로 삼았다.

그는 앤(Anne) 여왕에게 정식 편지를 보내 포카혼타스를 칭찬하고 제임스 1세의 왕궁에 초청해야 된다고 주장했다. 그리고 버지니아의 안정에 공동으로 기여한 점을 부각시키기 위해 지금까지 기회가 많았음에도 불구하고 한 번도 꺼낸 일 없던 일화를 소개했다.

1607년, 그녀의 아버지 포우하탄과 마주쳤을 때 열두 살이던 포카혼타스 덕분에 목숨을 건졌다는 이야기였다. 그의 편지에 따르면 야만족의 사형 집행관들이 커다란 돌 두 개로 자신의 머리를 으깨려는 순간, 포카혼타스가 몸을 던져 가로막더니 자신의 머리를 무릎 위로 감싸 안았고 그 덕분에 목숨을 구할 수 있었노라고 했다.

이 이야기의 진위는 알 수 없지만 포카혼타스는 잉글랜

포카혼타스의 1616년 초상화
잉글랜드에 도착한 직후 윌리엄 셰퍼드가 그린 것으로, 잉글랜드식 옷을 입고 있다.

드에서 귀빈 대접을 받았다. 그녀는 영어를 꽤 잘했으며 기품이 넘쳤다. 따라서 광고에 목마른 버지니아 회사의 후원금이 답지했고 덕분에 그녀는 남편, 어린 아들과 화목한 생활을 할 수 있었다. 그녀는 왕궁의 가장 큰 무도회에서 벤 존슨(Ben Jonson, 1572-1637년. 본명은 벤저민 존슨. 잉글랜드 제임스 1세 시대의 극작가, 서정시인, 문학비평가 — 옮긴이)의 시를 듣는 한편, 런던의 우아함에 넋을 잃었다. 1617년 초 버지니아 회사가 롤프 부부를 제임스타운으로 돌려보내자는 결정을 내리지 않았더라면 계속 잉글랜드에 머물고 싶었을 것이다. 포카혼타스는 그레이브센드 항구를 향해 가던 도중 천연두에 걸렸고, 항해를 시작하지도 못한 채 3월에 숨을 거두었다.

1612년에서 1613년으로 넘어가는 겨울, 아걸 선장은 포토맥 인디언과 옥수수 매매를 하다 포우하탄의 딸 포카혼타스가 근처에 와 있다는 소식을 접했다. 그는 이보다 더 쓸모 있는 인질은 없겠다는 생각으로 포카혼타스를 제임스타운으로 납치했다. 1년이 넘도록 몸값 협상이 지지부진 계속되는 동안 포카혼타스는 잉글랜드 사람들의 생활에 익숙해졌다. 사실 그녀는 어렸을 때부터 식민지의 모습에 호감을 가지고 있던 터였다. 인질로 잡혀 있는 동안 호감은 더욱 커졌고, 결국 그녀는 그리스도교로 개종하고 침례를 받았다. 그리고 1614년 4월에는 롤프와 결혼식까지 올렸다. 두 사람의 결혼으로 백인과 인디언은 오랜 휴전기간을 맞이했다. 포우하탄은 마지못해 결혼을 인정했지만 결혼식에 참석하지는 않았다. 앞으로는 아무런 저항 없이 거주지를 확장할 수 있게 되었으니 백인 쪽에 유리한 휴전이라 생각했기 때문이다.

인디언들과의 사이에 평화가 찾아와도 제임스타운의 사정은 나아지지 않았다. 이질과 열병이 끊이지 않았고 식량 부족 현상도 여전했다. 롤프가 담배 재배의 수익 가능성을 보인 뒤로 많은 이주민이 농사에 달려들었지만, 옥수수 재배에는 땅 한 뼘도 할애하지 않은 경우가 대부분이었기 때문에 식량의 수확량은 여전히 낮았다. 데일법은 식민지 상황을 정확히 간파한 법령이었지만, 이주민들은 1611년부터 1616년까지를 '노예' 시대로 표현했다. 하지만 1614년, 총독의 자리에 오른 데일은 더욱 강력해진 권한을 발휘하여 7년이라는 공동 경작 기간이 끝나지 않는데도 일부 토지의 사유권을 인정하기 시작했다. 롤프가 기록했다시피 이같은 정책의

인디언 구슬
제임스타운의 이주민들이 사용했던 구슬.

변화는 "열렬한 환영을 받았다. 이제 자기 땅을 갖게 된 사람들은 열심히 일을 해서 집을 짓고 땅을 개간할 준비가 되어 있었다. (중략) 여기에서 비롯된 자극과 희망이 식민지의 번영으로 이어졌다."

1619년의 개혁

버지니아가 번영하려면 담배 재배가 필수였다. 그리고 담배를 재배하려면 두 가지 조건의 대

메릴랜드

1대 볼티모어 남작 조지 캘버트(George Calvert)는 1625년에 가톨릭으로 개종한 뒤 핍박받는 잉글랜드 가톨릭교도들을 위해 아메리카에 피난처를 마련하기 시작했다. 이를 위해 1632년에는 찰스 1세(Charles I)를 설득하여 버지니아 북부를 하사받았다. 그는 공식 특허장을 받지 못하고 눈을 감았지만, 찰스 1세는 이듬해 캘버트의 맏아들이자 2대 볼티모어 남작인 세실리우스 캘버트(Cecilius Calvert)에게 특허장을 내렸다. 세실리우스는 감사의 뜻으로 왕비 앙리에타 마리아(Henrietta Maria)의 이름을 따서 새 식민지를 메릴랜드라고 칭했다.

특허장에 따르면 메릴랜드의 주인은 세실리우스 캘버트였지만, 잉글랜드 가톨릭교도들을 이끌고 가장 처음 아메리카로 향한 사람은 동생 레너드 캘버트(Leonard Calvert)였다. 이후 레너드는 메릴랜드 건설 원년인 1634년에서부터 1647년까지 총독을 역임했고, 세실리우스는 잉글랜드에서 프로테스탄트의 공격에 맞서 특허상과 가문을 지켰다. 특허장에 따라서 캘버트 가에 하사된 땅은 포토맥 강에서부터 북쪽으로 위도 40도까지 이어지는 지역이었다.

레너드는 포토맥 어귀 근처를 첫번째 정착지로 삼고 세인트메리스라는 이름을 붙였다. 메릴랜드 식민지는 제임스타운과 가까이 있었기 때문에 해안 인디언들과 우호적인 관

캘버트
런던 회사의 주주이자 제임스 1세의 총신이었다. 뉴펀들랜드에 식민지를 건설하려다 실패한 뒤 제임스 1세의 아들인 찰스 1세에게 버지니아의 일부를 달라고 청을 넣었다.

계를 유지했고, 굶주림과 폭력으로 얼룩진 버지니아의 전철을 피할 수 있었다.

메릴랜드는 가톨릭교도를 위한 피난처로 출발했지만 프로테스탄트도 환영했고 정당한 대우를 약속했다. 영국 내란이 벌어진 1640년대에는 변함 없이 왕권을 지지하는 버지니아에서 환영받지 못한 청교도 몇백 명이 메릴랜드로 옮겨 왔다.

아이러니컬하게도 메릴랜드의 프로테스탄트 숫자는 이윽고 가톨릭교도의 숫자를 넘어섰고, 결국 의회는 소수 가톨릭교도의 권리를 보호하기 위해서 1649년 신앙의 자유법을 통과시키기에 이르렀다.

이 법은 메릴랜드 주민들에게 예수 그리스도를 인정하라고 종용했지만 그리스도교 여러 분파의 공존을 보장했다. 잉글랜드가 종교 갈등으로 산산조각 난 당시 상황으로 볼 때 이는 꽤 어려운 일이었다. 북아메리카의 잉글랜드 식민지 가운데 이처럼 종교적인 아량을 베푼 곳은 로드아일랜드뿐이었다.

영국 내란에서 올리버 크롬웰이 승리를 거두자 메릴랜드에서도 청교도가 권력을 잡았고, 이들이 신앙의 자유법을 폐지하면서 짤막한 내전이 벌어졌다. 하지만 1657년에 2대 볼티모어 남작이 세력을 회복하면서 메릴랜드는 종교의 공존을 인정하는 정책으로 되돌아갔다.

량 공급이 필수였다. 땅과 노동력이었다. 1619년에 버지니아 회사는 두 조건을 충족시키기 위해 몇 가지 주요 개혁을 단행했다. 그중 가장 중요한 것이, 제임스타운으로 건너가서 3년만 버티면 50에이커의 땅을 주겠노라고 노동자들을 유혹하는 제도였다. 가장들은 가족 또는 데리고 온 하인 한 명당 50에이커를 추가로 요구할 수 있었다. 따라서 온 가족을 이끌고 바다를 건넌 잉글랜드의 중산층 출신들은 제법 널찍한 대지와 함께 버지니아 생활을 시작할 수 있었다.

초창기 담뱃대
최근 제임스타운 발굴 작업에서 출토됐다.

한편 버지니아 회사는 5년에서 7년의 노동을 조건으로 잉글랜드의 실업자들에게 계속 뱃삯을 대 주었다. 이와 같은 계약 일꾼들은 상당한 권리 제한을 감수하면서(투표도 결혼도 할 수도 없었다), 향후 50년 동안 버지니아 노동력의 대부분을 담당했다. 훗날 이들을 대체하게 된 아프리카 노예들이 버지니아에 도착하기 시작한 시점도 이 무렵이었다. 1619년 8월 20일 일기에서 롤프는 이렇게 적었다.

"네덜란드 상선이 검둥이 20명을 팔았다."

사실 버지니아 최초의 아프리카 흑인들은 노예가 아니었을지도 모른다. 이들이 백인 계약 일꾼과 동등한 대접을 받았다고 추측할 만한 근거도 있다. 하지만 인종을 초월한 평등관계는 오래가지 않았다. 백인 일꾼 구하기가 힘들어지고 몸값도 폭등한 1660년 이후부터 대규모 지주들은 수입한 아프리카 노예들의 손을 빌어 수지 맞는 담배 농사를 계속했다.

캐롤라이나

1660년 들어 군주제로 복귀한 잉글랜드는 왕성한 식민지 개척을 시작했다. 1663년에 찰스 2세(Charles Ⅱ)는 왕정 복귀에 기여한 귀족 여덟 명에게 버지니아 남부의 거대한 영토를 하사했는데, 이들은 찰스의 라틴어인 '카롤루스'를 따서 이 땅의 이름을 캐롤라이나라고 지었다. 이들 가운데 일부는 바베이도스에서 사탕수수 재배로 막대한 이익을 누린 바 있었고, 식민지 사업을 아메리카로 확장하는 데 적극 나섰다. 이들의 후원을 받은 탐험대는 1670년, 앨버말 갑에 개척지를 건설했다(훗날 찰스턴으로 이름이 바뀐 찰스타운은 1680년에 애슐리 강을 넘어 지금의 자리로 이동했다).

이들이 찰스타운을 중심으로 건설한 플랜테이션 사회는

1755년에 제작된 지도
아메리카의 수많은 식민지가 그렇듯, 캐롤라이나의 무상 불하지가 태평양까지 이어졌다.

바베이도스와 아주 흡사했다. 한 가지 차이점이 있다면 농산물이 사탕수수에서 쌀로 바뀐 것뿐이었다. 하지만 캐롤라이나도 버지니아처럼 노동력 부족으로 애를 먹었고, 백인 계약 일꾼을 찾기가 힘들어지면서 아프리카 출신의 노예들이 금세 식민지 남부 인구의 대부분을 차지하게 되었다. 한편 범죄자와 도망친 노예를 비롯하여 버지니아의 불순분자들은 1653년부터 캐롤라이나 북부의 앨버말 만 주변에 보금자리 만들기 시작했다. 독자적으로 운영되던 이 지역은 앨버말로 불리다 노스캐롤라이나로 이름이 바뀌었고, 1712년에 이르러 개별적인 영주 식민지(영국 왕이 특정 귀족 또는 그 집단에게 완전 자치권을 부여한 식민지—옮긴이)가 되었다(노스캐롤라이나와 사우스캐롤라이나는 양쪽 모두 1729년에 왕실 소유가 되었다).

조지아

조지 2세(George II)는 1732년에 북아메리카에서 잉글랜드 왕실의 후원으로 건설된 마지막 식민지의 특허장을 하사했다. 서너너 강과 올터머호 강 사이의 임자 없는 땅을 잉글랜드의 자선사업가들에게 내준 것이다. 이들은 빚 때문에 감옥 신세를 졌지만 그 밖에는 나무랄 데 없는 사람들을 위해서 피난처를 만드는 것이 목적이었다(식민지의 초기 개척자들 가운데 많은 이가 잉글랜드의 전과자 출신이었다).

이들의 좌장 격인 제임스 오글소프(James Oglethorpe)는 이주민 100명과 함께 1733년, 조지아로 건너 갔고 사우스캐롤라이나 접경에 서배너라는 도시를 직접 건설했다. 사우스캐롤라이나 주민들은 플로리다를 장악한 에스파냐인들과의 사이에 조지아라는 보루가 생겼다고 기뻐했다.

조지아를 하사 받은 자선 사업가들은 뉴잉글랜드와 비슷하게 검소하고 부지런한 농경 사회를 만들어 인도주의 정신을 실현하려고 했다. 계획에 따라서 이런 마을을 건설하는 데 필요한 자금은 의회와 공동 부담했다. 노예제도는 금지되었고, 토지 소유는 50에이커기 상한선이었다. 생산품은 담배나 쌀보다는 이윤이 적지만 노예를 쓰지 않아도 되는 견직물로 제한되었다. 짐작이 가는 일이지만 이와 같은 사회 · 경제적 제재, 그 가운데서도 특히 땅 투기 금지 조치 때문에 이주민과 개인 투자 유치

는 성적이 좋지 않았다.

오래지 않아 정치적인 반발이 빚어지고 신참 이주민과 이웃 식민지의 압력이 이어지면서 오글소프는 애초의 계획을 포기할 수밖에 없었다. 1742년에는 럼주 금지 조치가 사라졌고, 1750년에는 노예제도가 합법화되었다. 이같은 변화는 쌀 플랜테이션과 대지 규모의 증가로 이어졌다. 자선사업가들이 특허장을 왕궁에 반납한 1752년 무렵, 조지아는 이미 잉글랜드의 다른 플랜테이션 식민지와 똑같은 길을 걷고 있었다.

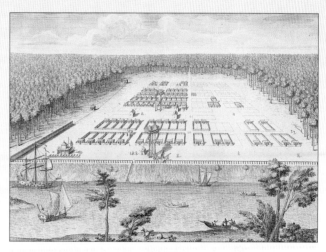

서배너의 모습
1735년에 런던에서 출간된 『1734년 3월 20일 서배너의 모습』은 이주와 투자를 장려하기 위해서 오글소프가 설계한 서배너의 모습을 그대로 소개했다.

버지니아 평의회

1619년을 수놓은 또 한 가지 주요 사건이 있다면 버지니아의 신임 총독 조지 이어들리가 도입한 시민권의 확대였다. 1619년 이전까지 제임스타운의 주민들은 군정법의 지배를 받았다. 하지만 이제는 이어들리 덕분에 다른 잉글랜드 사람들과 똑같은 권리를 누릴 수 있게 되었다. 신대륙 최초의 내표정부가 세워졌고, 연례회의 일정이 잡혔다. 최초 회의는 1619년 7월 30일에 시작되었다. 22명으로 구성된 버지니아 평의회는 총독과 총독 보좌기관인 상원에 대응하는 자격으로 1주일 동안 회의를 벌였다. 그해의 주요 사업은 데일법 개정이었고, 8년 동안의 경험과 대중의 의견에 발맞추어 개선책이 마련되었다. 이어들리의 승인과 동시에 개선책은 법률이 되었다.

에스파냐나 프랑스나 포르투갈령 식민지에서는 볼 수 없었던 사상 초유의 사건이었다. 버지니아의 양분화는 이를 기점으로 시작되었다. 지리상 왕실의 영향력이 미치지 않는 곳에서

새로운 정치·사회적 기관—민주적인 기관—이 형성되는 한편, 비민주적인 노예제도의 기틀 또한 마련되고 있었던 것이다.

인디언과의 관계는 1622년 3월에 다시 고약하게 바뀌었다. 포우하탄의 후계자이자 형제인 오페찬카노우가 이번이 마지막 기회라는 생각에 인근의 백인 거주지를 급습한 것이다. 오페찬카노우의 눈에는 8년 평화의 결과가 보였다. 잉글랜드에서 건너오는 사람들, 담배 재배에 동원되는 땅, 인디언에게 요구하는 사항들이 해마다 늘어만 갔다. 오페찬 카노우 휘하의 전사들은 매매할 상품을 가지고 온 척 백인 마을에 접근한 뒤 갑자기 공격을 시작했다. 이주민들은 347명을 잃은 뒤에야 전열을 가다듬고 인디언을 물리칠 수 있었다. 당시 버지니아의 기준에서 보더라도 이 사건은 상당히 충격적이었

베이컨의 반란

버지니아는 1670년대 중반 무렵 계약 일꾼 출신의 이주민들이 살기에는 만만치 않은 곳이었다. 해변의 쓸 만한 땅은 대규모 담배 재배업자들이 모두 차지한 뒤였고, 지나친 운송비와 세금 때문에 내륙의 자유 농민들은 생활이 빠듯했다. 점점 굳어 가는 사회구조를 가장 단적으로 보여 주는 예가 버지니아 평의회였다. 1640년 이후에 건너온 계약 일꾼은 단 한 명도 의원이 되지 못했던 것이다. 버지니아를 거머쥔 소수 독재층은 힘이 워낙 막강해서 1661년부터는 선거마저 무시했고, 의원들은 주민의 동의를 구하지도 않은 채 연임을 거듭했다.

자유시민이 된 계약 일꾼들은 가난한 유랑계급의 숫자를 불리는 역할을 했고, 세무원을 피해 버지니아 안쪽 이곳 저곳을 돌아다니며 사냥

과 도둑질로 목숨을 연명했다. 그래도 제임스타운 정부를 향해 분노를 폭발시키지는 않았다. 적어도 처음에는 그랬다. 이들이 분노를 폭발시킨 대상은, 백인들에게 밀려 해안 지대를 내줄 수밖에 없었던 인디언들이었다(계약 일꾼 출신들이 가장 많이 살았던 피드몬트의 여러 군이 인디언 인구면에서도 최고를 기록한 것은 우연의 일치가 아니었다). 가난한 백인들은 인디언 이웃에게 폭력을 휘두르며 좌절감을 표현했다.

당분간은 인디언들과의 충돌만으로도 기분 전환을 하기에 충분했다. 하지만 1675년, 인디언 습격에 맞서 대규모 병력을 집결시켰던 윌리엄 버클리(William Berkeley) 총독이 마지막 순간에 전투를 취소하면서 상황이 달라졌다. 전투 대신 요새를 짓겠다는 버클리의 말을 듣고(그것도 대부분 자기 친구들 소유의 땅에 짓겠다고 했다) 너새니얼 베이컨(Nathaiel Bacon)은 욕지기가 났다. 당시 그의 나이는 스물여덟 살이었고, 2년 전 제임스 강 북쪽의 1천 에이커짜리 땅에서 농사를 짓기 위해 건너 온 농장주 겸 상원의원이었다. 그는 변경 근처에서 살았기 때문에 자리를 잡지 못한 하층민의 울분과 버지니아를 다스리는 소수 독재층의 자기 도취, 양쪽 모두를 목격하고 있었다.

베이컨은 버클리의 결정을 듣자마자(총독은 그의 처 사촌이기도 했다) 인디언에게 맞서 싸울 민병대 조

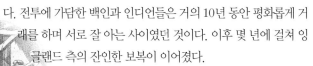

다. 전투에 가담한 백인과 인디언들은 거의 10년 동안 평화롭게 거래를 하며 서로 잘 아는 사이였던 것이다. 이후 몇 년에 걸쳐 잉글랜드 측의 잔인한 보복이 이어졌다.

그래도 1622년 대학살 이야기가 전해지면서 런던의 많은 사람이 불안해했고, 제임스 1세는 자세히 조사하라는 명령을 내렸다. 1623년에 결성된 위원회의 조사 결과 터무니없을 만큼 높은 사망률과(1607년 이래 잉글랜드를 떠난 이주민들 가운데 살아남은 숫자는 여섯 명 중 한 명 꼴도 못 되었다) 버지니아 회사의 위태로운 재정 상태가 드러나자 제임스 1세는 1624년 5월, 특허를 철회하고 버지니아 소유권을 왕권 밑으로 귀속시켰다. 버지니아는 1776년까지 잉글랜드 왕의 땅이었다.

직을 위해 위임장을 신청했다. 그리고 버클리의 거부에도 아랑곳하지 않은 채 준비를 시작했다. 1676년 5월, 총독은 베이컨을 공개적으로 비난하면서 자신의 정치적 입장을 다지기 위해 15년 만에 처음으로 선거 실시를 공포했다. 그의 표현에 따르면 주민들의 불만사항을 합법적으로 처리하는 의원 선출을 위한 선거였다. 이러는 한편으로 베이컨에게 반성의 기회를 주었다가 거부당하자 버클리는 베이컨과 지지자들을 폭도로 규정했다.

하지만 땅이 없는 주민들 사이에서 널리 퍼진 불만으로 볼 때 이것은 버클리의 경솔한 판단이었다. 이제 제임스타운 권력층의 위협을 실감한 빈민층은 정부 쪽으로 분노의 물꼬를 돌렸고, 베이컨에게 동조하는 사람들을 대거 의원으로 선출했다. 의원으로 뽑힌 베이컨은 등원하던 도중에 버클리에게 체포되었다. 버클리는 주민들의 불만을 잠재우는 방편으로 인디언 토벌이 안성맞춤이라고 생각하는 지주층을 달래기 위해 베이컨을 금세 사면했지만 위임장은 끝내 내주지 않았다.

그러자 베이컨은 500명의 군대와 함께 제임스타운으로 쳐들어갔고, 총으로 버클리를 협박하여 1676년 6월에 결국 위임장을 받아 냈다. 한편 새롭게 선출된 의원들은 땅이

없는 자유시민들에게 투표권을 주고, 거두어 들인 세금의 일부분을 가로채는 세무원들의 관행을 금하는 개정법을 통과시켰다.

하지만 베이컨의 관심사는 식민지의 정책을 뜯어고치는 일이 아니라 인디언과의 전쟁이었다. 얼마 후 변경지역으로 출발한 베이컨은 버클리가 다시 정권을 장악하려 한다는 소식을 듣고 9월에 제임스타운으로 돌아왔고, 버클리를 몰아낸 뒤 제임스타운을 잿더미로 만들었다. 하지만 한 달 뒤 베이컨이 이질로 숨을 거두고 방향을 잃은 지지자들이 배신을 하거나 무기를 거두면서 반란의 열풍은 한풀 꺾였다.

베이컨의 반란은 버지니아의 부유층을 뒤엎는 데 아무런 역할도 하지 못했지만, 버지니아의 농장주들이 못 미더운 백인 계약 일꾼을 버리고 평생 노예로 묶어 둘 수 있는 흑인 노동력 쪽으로 고개를 돌리는 데에는 많은 기여를 했다.

버클리
버클리는 악랄한 총독이 아니었지만, 베이컨이 죽은 뒤 폭도들에게 가한 복수는 잔인하기 짝이 없었다. 찰스 2세도 "내가 여기서 아버지의 처형 사건을 해결하느라 앗아간 목숨보다 그 바보 영감이 저 불모지에서 앗아간 목숨이 더 많다."고 말했을 정도였다.

인물 촌평

스콴토

?-1622년

엘리엇 웨스트

몇 세대 전인지 모를 때부터 학교에서는 우리에게 이런 이야기를 가르쳤다. 메이플라워호를 타고 잉글랜드를 떠난 최초의 이주민들이 플리머스에 도착하고 이듬해 봄, 숲 속에서 인디언 한 명이 나타나더니 친구를 자청하며 옥수수 재배 방법, 채집해 두어야 할 식물, 물고기가 잘 잡히는 곳 등 꼭 알아 두어야 할 정보를 알려 주었다는 이야기를 말이다.

이 인디언이 바로 스콴토(Squanto)였다. 요즘도 교실에서는 단순하고 순진한 원주민들이 아메리카로 건너온 유럽 개척민을 신기하게 쳐다보며 따뜻하게 맞이했고, 구대륙 사람들을 진심으로 환영했다는 증거로 그의 이야기를 각색해서 들려준다. 어느 아동용 전기를 보면 스콴토가 "잉글랜드 사람들, 환영합니다!"라고 외치기까지 한다.

티스콴텀(Tisquantum)이라고도 불렸던 스콴토는 매사추세츠 만에 사는 파툭세트족 출신이었다. 몇 년생인지는 알 수 없지만, 청년기였던 1614년에 잉글랜드의 선장 토머스 헌트(Thomas Hunt)에게 붙잡혀 에스파냐의 노예시장으로 끌려갔다. 스콴토의 납치 사건으로 미루어보건대 해안 지역의 부족들은 최초의 이주민이 등장하기 훨씬 이전부터 유럽 탐험가의 존재를 알고 있었던 것으로 보인다. 해마다 선박 500여 척이 뉴펀들랜드 일대를 오가며 수산자원이 풍부한 바다에서 고기를 잡고 원주민들에게 모피나 그 밖의 특이한 귀중품을 사들인 것은 16세기 중반부터였다. 이들은 처음부터 적지 않은 수의 원주민을 데리고 갔다. 일부는 자발적으로 따라 나섰지만 일부는 그렇지 않았다. 이 중에서 운이 좋은 몇몇은 신기한 보물로 대접을 받았지만, 대부분은 17세기와 18세기 삼각 무역의 선행주자 격인 동서간 노예무역의 희생양이 되었다.

스콴토는 다른 노예들에 비해 훨씬 운이 좋은 편이었다. 그의 주인이 된 에스파냐 수도사들은 적절한 대접을 해 주었다. 이후 3년 동안 어떻게 살았는지는 기록이 없어서 알 수 없지만 1617년, 런던이라는 무대를 통해 역사 속으로 다시 모습을 드러냈다. 그는 이 무렵 유럽의 문화에 대해 꽤 많은 지식을 쌓은 상태였고, 유럽의 몇몇 언어를 구사할 수 있었던 것으로 추정된다. 고향으로 돌아가고 싶어서 안달이 나 있던 그는 남다른 지식이 곧 귀국행 티켓이나 다름없다는 사실을 알게 되었다. 대서양 횡단의 야심을 품고 있었던 잉글랜드의 부유층 입장에서 보자면 스콴토가 축적해 놓은 정보는 더없이 소중한 보물이었다. 이런 사람들 가운데 한 명이었던 페르디난도 고지스(Ferdinando Gorges) 경은 매사추세츠 해변에서 식민지 건설에 적합한 곳이 있는지 알아보기 위해 탐험대를 준비 중이었다. 1619년에 잉글랜드를 출발한 고지스의 배는 가이드 겸 통역관 자격으로 스콴토를 싣고 떠났다. 스콴토는 대서양을 건너자마자 배를 빠져나와 고향으로 달려 갔지만 그를 맞이한 것은 폐허로 변한 마을이었다. 1617 년 경 천연두 또는 선(腺) 페스트로 추정되는 전염병이 파 툭세트를 비롯한 여러 부족을 휩쓸고 지나간 것이었다. 고향 사람들은 모두 죽거나 다른 곳으로 피한 뒤였다. 이같은

질병은 강력한 정복용 무기였다. 원주민들의 면역체계는 처녀지나 다름없어서 구대륙의 전염병이 치명적이었다. 구대륙의 전염병은 많은 원주민의 목숨을 앗아갔고, 살 아남은 사람들의 질서를 어지럽혔다. 유럽인들은 전염병 의 효과를 자신들의 도덕적 우월성을 입증하는 증거로 삼 았다. 어느 개척자는 이 과정을 '야만족들을 무더기로 쓸 어내는 놀라우신 하느님의 지혜와 사랑'으로 묘사했다. 시체는 보통 방치된 채 썩어 갔고, 남은 뼈와 두개골은 "골고다가 아닌가 싶을 만큼 진풍경을 연출했다".

위와 같은 기록을 남긴 토머스 모턴(Thomas Morton) 은 이주민 최초의 역사학자였고, 그의 묘사에 등장하는 섬뜩한 장소가 스콴토의 고향이었다. 모턴이 이 광경 을 생생하게 기억하는 이유는, 1620년 12월에 이주 민들이 플리머스라는 도시를 건설한 곳이 바로 파 툭세트족의 마을이 있었던 지점이기 때문이었다. 이듬해 봄이 되자 1619년부터 마사소이트 수하 의 왐파노아그족과 함께 살고 있던 스콴토가 이 들 앞에 나타났다. 스콴토의 유창한 영어를 듣 고 깜짝 놀란 이들은 그의 잠재적인 가치를 한 눈에 알아차렸고, 함께 살자는 말을 건넸다. 스 콴토는 이들의 제안을 받아들였다.

스콴토는 이주민들이 왐파노아그를 비롯 한 여러 부족과 우호적인 관계를 맺을 수 있도 록 주선했다. 라이벌 인디언 쪽에서는 부족의 이 익을 갉아먹는다며 비난을 퍼부었고, 몇몇 이주 민은 그가 주가를 높이기 위해 인디언의 위험성 을 과장하는 게 아니냐고 의심했다. 하지만 스 콴토의 입지를 흔들 만한 수준의 비난은 아니었 다. 평범하지 않았던 그의 인생은 1622년 11월 에 마감되었다. 그가 걸어온 길을 보면 가슴 따 뜻한 미담이 생각나기는커녕 기초적인 도덕성마 저 무시한 식민지의 시작과 인디언의 종말을 떠 올리게 된다.

잉글랜드 최초의 이주민들을 맞이하는 스콴토
아주 유명한 19세기 후반의 판화이다.

3

청교도의 땅 뉴잉글랜드

세일럼의 마녀들

1692년 3월 23일, 병석에 누워 있다 끌려 나온 일흔한 살의 레베카 너스(Rebecca Nurse)는 다음날, 세일럼 마을의 예배당에서 히스테리에 걸린 이웃주민들에게 둘러싸인 채 치안판사 두 사람 앞에 앉았다. 그녀는 몸도 아프고 가는 귀도 먹은 터라 고소장의 내용을 거의 듣지 못했다. '주술을 쓴 것으로 추정됨.' 세일럼에서 이런 혐의로 끌려간 여자들이 예전에도 있었지만 —세일럼 마을은 한 달여 동안 마녀열풍 때문에 어지러웠다 —그들은 행동이나 생활환경 면에서 마을의 확고한 질서를 어지럽히는 미천한 계급 출신이었다. 하지만 너스는 최초로 등장한 '뜻밖의' 마녀였다. 그녀는 독실한 신자였고, 남편 프랜시스 너스(Francis Nurse)와 더불어 세일럼 마을에서 가장 존경받는 인물이었다.

하지만 1692년 겨울 동안 마녀 히스테리는 세일럼 마을을 뒤덮었고, 3월 말에는 모든 주민이 용의자가 되었다. 여기저기서 감정이 폭발했고, 예배당의 분위기는 아수라장이었다. 조사는 '피해자'의 비명소리 때문에 중단되기 일쑤였고, 치안판사들의 심문은 피고인이 유죄라는 가정 아래 진행되었다. 3월 24일, 치안판사 존 호손(John Hathorne)과 조너선 코윈(Jonathan Corwin)이

『마녀의 발견』의 첫 면에 실린 삽화
(왼쪽) 매튜 홉킨스의 1647년 작. 홉킨스는 올리버 크롬웰의 통치기간 동안 자칭 잉글랜드에서 가장 으뜸 가는 마녀 사냥꾼이었다. 그의 방식에 의문을 제기하는 사람들은 자연스럽게 용의자가 되었다.

레베카 너스를 조사한 내용은 세일럼 마을의 담당목사 새뮤얼 패리스(Samuel Parris) 기록으로 남아 있다.

존 호손 : (피해자를 향해) 너를 때린 사람이 이 아주머니 맞니?

애비게일 윌리엄스 : 네, 오늘 아침에 맞았어요.

호손 : 이 아주머니한테 맞았다고?

윌리엄스 : 네.

앤 퍼트넘이 목놓아 울음을 터트렸다.

호손 : 너스 부인, 앤 퍼트넘이라는 아이와 애비게일 윌리엄스가 부인 때문에 다쳤다고 합니다. 하실 말씀 없으십니까?

레베카 너스 : 하느님 앞에서 맹세하건대 저는 결백합니다. 주님이 제 결백을 증명해 주실 겁니다. 저는 결백하고, 아무 잘못도 한 일 없습니다. 8-9일 동안 집밖 출입을 하지도 못했고요.

호손 : 퍼트넘 씨, 하실 말씀이 있으면 하시죠.

에드워드 퍼트넘 씨가 증언을 했다.

호손 : 너스 부인, 퍼트넘 씨의 이야기가 사실입니까?

너스 : 저는 한평생 아이를 때려 본 일이 없습니다.

호손 : 고발 내용이 사실입니까?

너스 : 아닙니다.

호손 : 주술과 관련해서 결백하십니까?

토머스 퍼트넘의 부인이 고함을 지르기 시작했다. 그 흑인을 데리고 와서 날더러 하느님을 시험해 보

자고 했잖아요? 천벌 받을 짓을 해 놓고 지금까지 몇 번씩이나 그렇게 딱 잡아뗀 거죠? 그럼 이건 뭐냐고요! 그녀가 손을 내밀어 보이자 피해자들이 웅성거리기 시작했다.

피해자로 나선 여자아이들은 지금껏 조사가 벌어질 때마다 참석했던 경우가 대부분이었다. 이들은 현모양처 — 청교도의 땅 뉴잉글랜드에서 '현모양처'는 기혼여성이라면 누구나 좋아하는 호칭이었다 — 퍼트넘 부인의 고함소리를 듣고, 레베카 너스의 얼굴을 보는 것 자체만으로도 고통스럽다고 아우성을 쳤다. 화가 난 호손은 너스에게 투덜거렸다.

"이렇게 많은 사람이 괴로워하는데, 부인은 눈물 한 방울도 흘리지 않은 채……."

"판사님은 제 심정을 모르시겠죠."

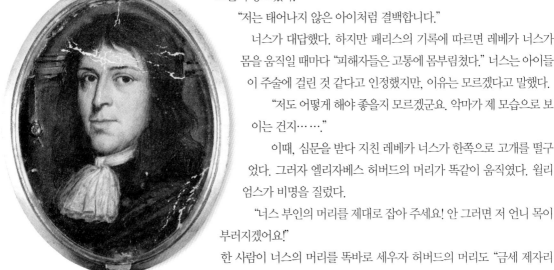

너스는 말허리를 자르고, 아이들에게 피해를 입힌 일이 한 번도 없다고 강조했다.

"죄가 있으면 고백하고 주님께 영광을 바치는 편이 나을 텐데요."

호손이 충고했다.

"저는 태어나지 않은 아이처럼 결백합니다."

너스가 대답했다. 하지만 패리스의 기록에 따르면 레베카 너스가 몸을 움직일 때마다 "피해자들은 고통에 몸부림쳤다." 너스는 아이들이 주술에 걸린 것 같다고 인정했지만, 이유는 모르겠다고 말했다.

"저도 어떻게 해야 좋을지 모르겠군요. 악마가 제 모습으로 보이는 건지……."

이때, 심문을 받다 지친 레베카 너스가 한쪽으로 고개를 떨구었다. 그러자 엘리자베스 허버드의 머리가 똑같이 움직였다. 윌리엄스가 비명을 질렀다.

"너스 부인의 머리를 제대로 잡아 주세요! 안 그러면 저 언니 목이 부러지겠어요!"

한 사람이 너스의 머리를 똑바로 세우자 허버드의 머리도 "금세 제자리로 돌아왔다." 심문은 이 시점에서 끝이 났다. 보고 들은 것을 토대로 심증을 굳힌 호손과 코윈은 레베카 너스에게 '가증스러운 주술과 마법을 쓴 죄'가 있다고 판단을 내렸다.

패리스
그는 바베이도스에서 농장주와 상인으로 그럭저럭 지내다 존 퍼트넘의 초청으로 1688년, 세일럼 빌리지(오늘날의 댄버스)의 담당목사가 되었다. 그는 1년의 연봉협상 기간을 거친 뒤 인플레이션에 따른 상향 조정과 장작 무료 제공을 조건으로 퍼트넘의 제안을 받아들였다.

히스테리의 근원

세일럼 마을의 소동은 1692년 1월, 패리스의 집에서 아홉 살 난 딸 베티 패리스에 이어 열한 살의 조카 윌리엄스까지 이상한 행동을 보이면서부터 시작되었다. 두 아이는 집안을 이상하게 뛰어다니는가 하면 정신을 잃고, 불경스러운 말을 퍼붓고, 열이 난다고 하소연했다. 이런 상황이 몇 주 동안 계속되자 패리스는 의사 윌리엄 그릭스에게 진찰을 부탁했다. 그릭스는 신체상 아무런 증상을 찾아 내지 못했고, 주술에 걸렸을 가능성이 있다는 의견을 내놓았다. 마구잡이식 진단이었지만 당시에는 주술에 걸렸다는 이야기가 꽤 큰 호응을 얻었다. 17세기 미국인들(유럽인들도 마찬가지였다)은 마녀가 실제로 존재할 뿐 아니라 가까이에서 위협을 가하는 경우도 많다고 믿었기 때문이다.

글로버 사건

마녀재판의 열풍은 보스턴에서 세일럼으로 건너간 것일지도 모른다. 1688년에 아일랜드 출신의 세탁부 메리 글로버(Mary Glover)는 여자아이 넷을 괴롭힌 죄로 보스턴에서 처형을 당했다. 이 사건을 아주 자세히 추적한 코튼 매더(Cotton Mather)는 『잊을 수 없는 신의 섭리, 주술과 악령 들림에 관하여(Memorable Providences, Relating to Witchcrafts and Possessions)』(1689년)를 통해 마녀는 뉴잉글랜드에 실존할 뿐 아니라 상당히 위험한 존재라고 못을 박았다. 빈약하기 짝이 없는 패리스의 서재에 매더의 유명한 저서가 꽂혀 있었던 것도 우연의 일치는 아니었을 것이다.

이후에 매더는 세일럼의 마녀재판에 관여하여 설득력 없는 증거가 나오면 반박하는 한편, 재판을 통해 믿음을 되살릴 수 있다며 기뻐했다. 1692년 8월 19일에 매더는 유죄 판결을 받은 세일럼 남녀 다섯 명이 처형당하는 자리에 참석한 것을 계기로 마녀재판에 더욱 깊숙이 관여하기 시작했다.

이때 교수형을 당한 사람 가운데에는 세일럼 마을의 담당목사로 활동하다 오래 전 메인으로 이사한 조지 버로스(George Burroughs)도 있었다. 버로스는 교수대에 서서 차례를 기다리다 무죄를 주장하며 주기도문을 완벽하게 읊었다. 마녀나 마법사는 주기도문을 완벽하게 외울 수 없다는 것이 정설이었다. 깜짝 놀란 군중이 버로스의 석방을 주장하기 시작했지만, 매더가 재빨리 끼여들어 버로스는 이미 재판에서 유죄 판결을 받지 않았느냐고 상기시켰다.

매더와 마녀사냥
매더는 유럽 출신의 백인 이주민들을 가리킬 때 미국인이라는 단어를 가장 처음 사용한 저자로 알려져 있다.

패리스는 딸과 조카를 괴롭히는 사악한 기운이 사라지기를 바라는 마음에서 2월 한 달 내내 기도회를 열고 거국적인 금식운동을 벌였다. 한편 2월 25일에는 패리스가 바베이도스에서 상인으로 시내던 무렵 사들인 노예 티투바가 이웃집에 사는 메리 시블리의 설득에 넘어가서 '마녀케이크'(호밀가루에 베티의 소변을 섞은 케이크였다)를 만들었다. 시블리는 이 케이크를 어디선가 본 듯한 개에게 먹였다. 어디선가 본 듯한 동물에게 소변 케이크를 먹이면 그 안에 사는 악령의 정체를 알 수 있다고 생각했기 때문이다. 패리스는 마녀케이크 이야기를 듣고 노발대발했다.

매더가 『잊을 수 없는 신의 섭리, 주술과 악령 들림에 관하여』에 실은 상세 지침서
마녀 파악 요령을 담고 있다. 3년 뒤, 세일럼 주민들은 마녀를 발견했다고 생각했을 때 이 지침서를 참고했다.

이 무렵, 아파하는 이유를 말하라는 마을 사람들의 닦달에 시달리던 아이들은 세 여자를 마녀로 지목했다. 이런 시절 바베이도스에서 겪은 마법 이야기를 들려주던 티투바, 사람들과 잘 어울리지 않고 가시 돋친 말투로 유명하며 이집 저집 떠돌며 얹혀 지내던 젊은 아기엄마 새러 굿, 교회에 잘 나가지 않고 거짓말쟁이로 낙인찍힌 새러 오즈번이었다. 2월 29일에 체포영장이 발부되었다. 그리고 다음날, 세 여자는 예배당에서 호손과 코윈에게 조사를 받았다.

피해자로 나선 아이들은 세 여자의 '귀신'에게 시달렸다고 밝혔고, 피고인이 보이면 온몸을 뒤틀었다(이후 온몸 뒤틀기는 재판에 참석한 피해자들의 특징이 되었다). 굿과 오스먼은 마

16세기의 죄

16세기 그리스도교 신학의 가장 두드러진 특징을 들라면 뭐니뭐니해도 죄라는 개념이다.

가톨릭과 프로테스탄트 양대 진영은 모두 아담과 이브가 원죄 때문에 신의 은총을 잃어버렸다고 믿었지만, 16세기 가톨릭교도들은 인간의 격하된 지위를 비교적 너그럽게 받아들였다. 로마 교회의 권위에 복종하고 약간의 기부금을 통해 노력하는 기미를 보이면 죄를 씻을 수 있다고 믿었다(마르틴 루터(Martin Luther)는 로마 교회의 정신적인 타락상을 이야기할 때 면죄부 거래, 즉 교회에서 사면의 대가로 거두어들이는 헌금을 가장 단적인 예로 꼽았다).

이에 비해 프로테스탄트, 특히 스위스 출신의 엄격한 신학자 장 칼뱅(John Calvin)을 따르는 사람들은 그리스도교도라면 생각과 행동으로 죄가 드러나지 않도록 부단히 노력

루터의 초상화
1533년에 루카스 크라나흐(히틀러의 사랑을 받은 화가다)가 쉰 살의 루터를 그린 작품이다.

해야 된다고 생각했다. 성직자에게 사죄를 받거나 의식에 충실하면 되는 것이 아니라 저마다 도덕적인 모습을 보여야 한다고 주장했다.

그뿐 아니라 칼뱅주의자들(잉글랜드 청교도들도 여기에 포함되었다)은 하느님이 구원 받을 사람과 지옥으로 떨어질 사람을 미리 정해 놓았고, 선별 기준은 영혼에 내재된 선악 여부가 아니라 신의 뜻이라고 생각했다. 하지만 어떤 사람이 어느 범주에 속하는지는 하느님말고 아무도 모른다는 점이 관건이었다. 따라서 칼뱅의 가르침을 따르며, '성인의 반열'에 오를 수 있다는 신의 은총이 보이는지 평생 성찰을 게을리하지 말아야 된다고 주장했다.

녀라니 말도 안 된다고 주장했고, 재판은 그렇게 끝날 수도 있었다. 하지만 티투바가 자백을 한 것이 문제였다. 그녀가 자백한 이유는 아무도 모른다. 패리스의 노예였던 남편 존 인디언이 희생양으로 몰릴까 걱정이 됐던 걸까? 아니면 일부 주장대로 패리스의 구타에 못 이겨 자백한 걸까? 아무튼 마녀케이크 사건은 마을 주민들의 의심을 사기에 충분했고, 대부분의 사람은 세일럼 마을에 마녀가 산다는 그녀의 이야기를 그대로 믿었다. 티투바는 굿과 오스번을 공모자로 지목하면서 '막대기를 타고 이 마을로 날아 왔다'고 주장했다. 티투바가 자백을 한 뒤로 베티, 애비게일과 비슷한 증상을 보이는 여자아이들이 잇따라 출현했다. 퍼트넘은 세일럼 마을에서 유지로 손꼽히는 집안이었기 때문에 그의 딸 앤 퍼트넘의 출현은 상당한 의미를 가지고 있었다. 패리스를 담당목사로 고용한 주인공도 퍼트넘 집안이었다. 이들이 아이들의 주장에 동조하고 나서자 재판은 급물살을 타기 시작했다. 머지않아 악마에 동조한 혐의로 '피해자'들에게 고발 당하는 마을 주민들이 속속 등장했고, 그중 한 사람이 레베카 너스였다.

청교도

세일럼은 모든 면에서 매사추세츠의 전형적인 청교도 마을이었다. 경제 발전을 제일의 목표로 삼았던 버지니아 주민들은 대부분 영국국교회 신자였다. 영국국교회는 1534년, 정적이던 교

황 클레멘스 8세(Clemens VIII)가 첫번째 부인인 아라곤의 캐서린(Catherine of Aragon) 왕비와 이혼을 허락하지 않자 헨리 8세가 설립한 종교였다. 그런데 1630년에 매사추세츠 베이 식민지를 건설한 이주민들은 경제적인 성공이 목표가 아니었다. 이들은 아주 독실한 프로테스탄트였고, 영국 교회의 개혁을 위해서라면 헨리 8세의 조치도 부족하다고 생각했다. 이들은 영국국교회에 남은 로마 가톨릭교회의 유물을 모조리 '씻어 버리려는(purify)' 사람들이라는 뜻에서 청교도(Puritant)라 불렸다.

종교개혁은 1517년 10월, 아우구스티누스 수도회의 수사 루터가 로마 가톨릭교회의 부패상을 고발하는 95개조의 반박문을 내걸면서 시작되었다. 하지만 반박문에서 시작된 종교개혁이 빠르게 번진 이유는 많은 군주의 정치적인 목적과 맞아떨어졌기 때문이다. 예를 들어 잉글랜드에서는 헨리 8세가 이를 핑계로 로마 가톨릭교회의 정치적인 입지를 축소시켰고, 교회에 딸린 수많은 땅을 압수하는 한편, 왕을 정신적인 지도자로 추대하는 영국국교회를 탄생시켜 자신의 권력을 강화했다. 잉글랜드에서 급부상한 상인과 지식인층은 출세에 걸림돌이 되어 왔던 가톨릭교회의 고압적인 위계질서에서 해방되는 방편으로 종교개혁을 환영했다.

하지만 헨리 8세는 신학적인 부분까지 신경쓰지는 않았다. 그는 로마 가톨릭교회의 교리와 의식을 많은 부분 차용했고, 이와 같은 정책은 그의 딸 엘리자베스 1세에게까지 이어졌다. 좀더 칼뱅주의에 가까운 즉, 위계질서에 따른 권력조직(사제제도)이 아니라 대표조직(장로제도)을 바탕으로 하는 교회 구성을 원했던 의회와 지식인 계급으로서는 불만이었다. 청교도들은 더 나아가서 회중교회주의에 따른 자주적 운영을 주장했다.

DECLARATION
Of the SAD and GREAT
Persecution and Martyrdom
Of the People of God, called
QUAKERS, in NEW-ENGLAND,
for the Worshipping of God.

청교도들은 구원 받을 자가 정해져 있다는 예정설을 믿었기 때문에 복잡한 교회 의식이나 위계질서의 필요성을 느끼지 못했다. 청교도 목사들은 오히려 성경 공부를 강조했다. 하느님이 바라는 뜻은 오직 성서를 통해서만 알 수 있기 때문이었다. 1640년대 후반에 프렌드 교회(또는 퀘이커교)를 창설한 조지 폭스(George Fox)는 이와 같은 논리를 극대화시켜 목사의 역할을 배제하고, 성례와 예배 의식을 없애고, 대신 하느님과의 직접적인 관계를 강조했다.

청교도들은 스스로 영생을 약속받은 '선민'이라고 생각했다. 하지만 영생 여부를 장담할 수 있는 분은 하느님밖에 없다고 생각했다. 따라서 자신과 타인의 행동을 정의와 도덕성의 잣대에 비추어 끊임없이 평가하며 행실을 바르게 하고 미래를 예측하려고 애를 쓰는 방식으로 불안감을 달랬다. 그렇기 때문에 1분 1초가 영혼의 장부에 기록되는 대상이었고, 올바르게 처신할 의무는 언제나 현재진행형이었다. 자아를 성찰하며 구원의 징조를 기다려야 하는 것도 마찬가지였다. 실제로 청교도 교회는 변화의 순간을 경험한 사람, 즉 신의 은총을 직접 체험한 사람만 출입할 수 있는 곳이었다.

청교도가 된다는 것은 자신의 도덕성을 끊임없이 평가하겠다는 뜻이었다. 이같은 맥락에

폭스의 초상화
피터 릴리의 유화로 알려져 있다. 17세기 후반에 폭스의 실물을 보며 그린 것으로 추정된다.

에드워드 버로우스가 1661년에 쓴 소책자
(왼쪽) 매사추세츠에서 있었던 퀘이커교도 박해 사건을 담고 있다. 수많은 퀘이커교도는 청교도들이 인심 좋게 제시한 토지계약조건을 믿고 베이 식민지로 이주했지만, 올바른 경로와 조직을 통하지 않고 하느님과 직접적인 교감을 나누려 한다는 이유로 감옥에 갇히거나 추방당하거나 처형당했다.

서 가장 이상적인 청교도 조직은 신의 섭리를 이해가 닿는 데까지 땅 위에서 실천하는 조직이었다. 청교도들은 신과 인간, 그리고 인간과 인간 사이의 계약을 바탕으로 한다는 뜻에서 이를 '계약사회'라고 불렀다. 이들은 잉글랜드가 종교개혁을 완수하도록 선택받은 나라라고 믿었기 때문에 모범적인 사회로 만들기 위해 온갖 노력을 아끼지 않았다. 하지만 아무리 애를 써도 엘리자베스 1세나 의회는 이들의 주장에 동의하지 않았다.

칼뱅주의 나라인 스코틀랜드의 국왕이었던 제임스 1세가 1603년, 잉글랜드 국왕으로 취임하자 청교도들은 드디어 기회가 왔다고 생각했다. 하지만 제임스 1세는 호의적인 태도를 보이지 않았다. 오히려 1604년 햄프턴궁 회담에서 청교도들의 요구를 묵살하고 훨씬 거센 정치적 제재에 따를 것을 요구했다. 대다수의 청교도는 최소한도로 순종하는 선에서 사태를 마무리지었다. 하지만 일부는 어떤 종류의 타협도 거부하면서 잉글랜드와 영국국교회에서 완전 '분

펜실베이니아

일부 퀘이커교도들은 17세기 무렵 매사추세츠 베이에 정착하려고 애를 썼지만, 청교도들은 이들을 눈엣가시처럼 여기면서 잔인하게 탄압했다. 처음에는 퀘이커교도들에게 벌금을 물리고 추방하는 법안이 매사추세츠 총회에서 통과되었다. 그 다음으로는 돌아온 퀘이커교도가 있으면 사형시키는 법안이 통과되었다. 감옥에 갇힌 한 퀘이커교도는 구타를 당하다 의식을 잃었다. 어느 부부의 경우에는 벌금을 내지 못한 나머지 아이들이 노예로 팔려 갔다.

잉글랜드의 퀘이커교 지도자들이 보기에는 그들만의 식민지 건설이 시급한 상황이었다. 이때 돌파구를 마련한 사람이 윌리엄 펜(William Penn)이었다. 그는 윌리엄 펜 장군의 아들로, 이후 용의주도한 성격을 발휘하여 크롬웰과 찰스 2세에게 여러 가지 중요한 위임장을 하사받은 인물이다. 그는 1660년대에 퀘이커교라는 가시밭길을 선택했지만, 아버지처럼 법원의 유력인사들과 친분관계를 유지했다. 그러다 1670년대 후반이 되자 잉글랜드령 아메리카에 식민지를 건설해야겠다는 생각에 사로잡혔다. 자신의 급진적인 정치적·종교적 견해를 펼칠 장소가 필요했던 것이다. 그는 연줄을 동원하여 1681년, 펜실베이니아 땅의 특허권을 신청하고 하사받았다. 찰스 2세가 그의 아버지에게 진 빚을 탕감해 주는 조건이었다.

펜은 그 즉시 잉글랜드와 유럽 대륙 양쪽에서 이주민을 모으기 시작했다. 토지계약 조건이 워낙 좋았고 종교의 자유와 대표정부 설립을 보장한다는 약속 때문에 비(非)국교도 몇천 명이 몰려들었다. 이 가운데에는 퀘이커교도가 아닌 사람들도 많았다.

1682년에 펜은 최초의 이주민들과 함께 대서양을 건넜다. 잉글랜드, 아일랜드, 웨일스, 네덜란드, 독일 출신의 농부와 기능공들은 펜실베이니아에 비국교도들의 진정한 다국적 안식처를 만들었다. 1700년이 되었을 때 퀘이커교의 수도, 필라델피아의 인구는 만 명이었다. 이후 얼마 안 있어 필라델피아는 보스턴을 앞지르고 북아메리카에서 가장 인구가 많은 도시가 되었다.

19세기 초반의 작품
퀘이커교의 민속화가 에드워드 힉스가
그린 작품. 펜이 토착 인디언들에게도 땅을 나누어주었다는
전설을 담고 있다.

리'를 선언했다. 이와 같은 분리주의자들 가운데 노팅엄셔 스크루비의 신도단체는 1607년 후반에 네덜란드로 떠났다. 그러다 레이덴에서 10년 동안 고생을 한 뒤 분리주의자 35명은[필그림 파더스(Pilgrim Fathers)로 더 유명하다] 1620년에 '메이플라워' 호를 타고 신대륙으로 떠났다. 한편 잉글랜드에서는 청교도들의 정치적 입지가 한층 악화되었다. 1625년, 부왕의 뒤를 이어 왕위에 오른 찰스 1세는 새로운 캔터베리 대주교로 윌리엄 로드(William Laud)를 임명했고, 그는 강력한 청교도 탄압정책을 펼쳤다. 정치적, 종교적 박해가 거세어지자 신대륙을 탈출구로 생각하는 청교도의 숫자는 날이 갈수록 늘어났다. 케임브리지에서 공부한 변호사이자 귀족지주 계급이었던 존 윈스럽(John Winthrop)은 1629년에 청교도라는 이유로 법원의 변호사직을 잃자 최근에 결성된 매사추세츠 베이 회사에 관심을 갖기 시작했다. 이곳은 몇 달 전에 뉴잉글랜드의 식민지 건설 특허를 취득한 회사였다(찰스 1세는 회사의 소유주가 청교도인 줄 몰랐던 것이 분명하다). 윈스럽은 회사에서 신대륙에 자치의회를 세울 의사가 있다면 잉글랜드의 영지를 팔고 가족들과 함께 매사추세츠로 건너가겠노라고 제안했다. 이렇게 해서 협정이 맺어졌다. 윈스럽이 내세운 계약사회의 꿈에 찬동하지 않은 주주들은 순순히 주식을 팔았고, 윈스럽은 10월 20일에 총독으로 선출되었다.

신의 도시

필그림 파더스보다 훨씬 조직적이고 부유하고 공격적이었던 매사추세츠 베이 회사의 지도층은 1629년 여름에 이미 배 여섯 척을 뉴잉글랜드로 출발시켰다. 여기에는 물자와 무기를 든든하게 갖춘 이주민 300명이 타고 있었다. 이듬해 봄, 윈스럽이 훨씬 많은 호송단을 거느리고 도착했다. 이번에는 숫자가 1천 명에 가까웠고, 대부분 가족 단위였다. 윈스럽의 지휘 아래 보스턴에 수도가 건설되었다. 이후 10년 동안 청교도 2만여 명이 대규모 이민 행렬에 동참했다. 1640년 무렵, 매사추세츠 베이의 인구는 버지니아의 갑절에 가까운 수준이었다.

윈스럽은 아메리카에 도착하기 전부터 이들의 사회는 하느님과 특별한 계약을 맺고 있다고 강조했다. 그는 아르벨라 호의 선상 설교에서 이렇게 말했다.

"우리는 신의 도시가 될 겁니다. 모든 사람들이 우리를 지켜보고 있습니다."

금과 아시아행 지름길을 찾느라 수많은 시간과 기력을 허비했던 제임스타운의 시조들과는 달리 매사추세츠 베이 회사원들은 처음부터 현실적인 목표를 추구했다. 이웃의 필그림 파더스와 마찬가지로 생계 유지를 위해 고기잡이와 농사를 시작하는 동시에 생선, 모피, 목재 수출업을 개발했다. 버지니아와 같은 노동력 문제는 없었다. 청교도들의 근면 정신은 투철했고, 일꾼의 숫자도 많았다. 농부, 기능공, 상인, 변호사, 목사 등등으로 구성된 이주민은 매사추세츠 마을의 다양한 분야에 기여할 수 있었다. 자본이나 행정력이 달리지도 않았다. 식민지의 성공 소식이 전해지면서 잉글랜드에서 건너오는 청교도들은 점점 더 많아졌다.

청교도들은 정부 구성에도 종교의 원칙을 적용시켰다. 따라서 죄를 짓기 쉬운 인간의 천성을 통제하는 것이 정부의 책임이었다. 칙서에 따르면 회사는 1년에 네 번 의회에서 주

윈스럽
1631년에서 1649년(윈스럽이 사망한 해였다) 사이 매사추세츠 베이 식민지는 헤미디 한 번씩, 19차례의 선거를 치렀다. 12차 선거 때 윈스럽은 식민지를 다스릴 인물로 선출되었다. 일부에서는 그의 독재적인 방식에 이의를 제기했지만(그는 민주주의를 믿지 않는 사람이었다), 도덕성을 의심하는 사람은 없었다.

필그림 파더스

메이플라워 호를 타고 아메리카로 건너간 필그림 파더스(Pilgrim Fathers)는 13년 전, 날로 심해 가는 종교적 압력에 굴복하느니 잉글랜드를 떠나는 쪽을 택한 청교도 분리주의자들이었다. 이들은 먼저 스크루비에서 레이덴으로 이주했다. 네덜란드는 종교적으로 관대한 나라였다. 하지만 네덜란드 생활은 기대했던 것과 달랐다. 자유롭게 하느님을 경배할 수는 있었지만, 네덜란드 시민권이 없는 관계로 지역 수공업 길드에 가입하지 못했기 때문에 저임금 비숙련 노동말고는 할 수 있는 일이 없었다. 아이들이 이교도와 결혼을 하고 교회에서 멀어지자 네덜란드를 떠나기로 결심한 사람들이 등장했다.

분리주의자 서른다섯 명은 런던의 머천트 어드벤처러스 주식회사와 계약을 맺었다. 아메리카로 건너가는 뱃삯을 대신 내 주면 이후 정착촌에서 거둔 이익으로 갚는 조건이었다. 메이플라워 호에는 예순일곱 명의 다른 승객도 탑승했다. 윌리엄 브래드퍼드(William Bradford)가 그 유명한 『플리머스 식민의 역사 1620~47(History of Plymouth Plantation, 1620~47)』에서 '이방인'이라고 표현한 사람들이었다.

1620년 9월 16일, 메이플라워 호는 버지니아로 향하는 척 플리머스를 출발했다. 불편한 항해는 거의 10주 동안 계속되었다. 배가 드디어 신대륙에 도착했을 때 이들 앞에 펼쳐진 곳은 버지니아가 아니었다. 11월 11일에 메이플라워 호가 닻을 내린 곳은 케이프코드의 거의 끝이었다(뉴잉글랜드는 행선지를 처음부터 알고 있었을 가능성이 크다). 이

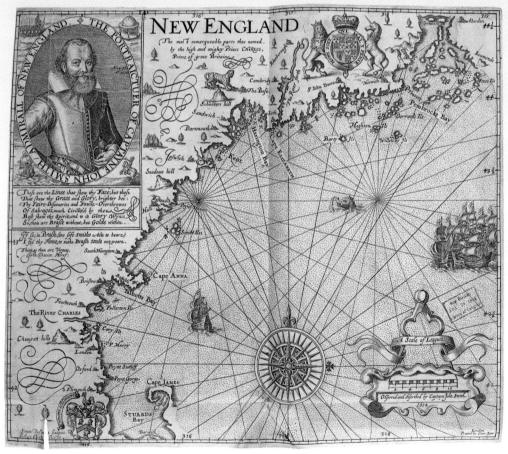

『뉴잉글랜드 여행기』 중 지도

필그림 파더스는 1620년에 아메리카로 출발하면서 스미스의 1614년 『뉴잉글랜드 여행기』를 가지고 떠났다. 위의 지도는 여행기에 들어 있던 것이다. 스미스는 대가를 주면 메이플라워 호와 동행하겠다고 제안했다가 거절당했다. 책을 들고 가는 쪽이 '훨씬 저렴하기' 때문이었다.

방인들은 소동을 벌였다. 이들이 왕실에서 받은 양도 증서에는 뉴잉글랜드가 아니라 버지니아라고 적혀 있었던 것이다. 폭동을 걱정한 필그림 파더스 지도부는 새로운 식민지에서 동등한 대우를 보장하는 메이플라워 조약을 작성했다. 조약의 형식은 분리주의자들이 새로운 신도단을 구성할 때 만들었던 신앙 서약 비슷했고, 국왕에 충성하는 한편으로 독립적인 시민정부의 기틀을 마련하자는 것이 내용이었다.

두 달이 넘게 바다에 시달린 뒤 항해를 계속하려니 지긋지긋했던지, 성인 남자 마흔한 명이 메이플라워 조약에 서명하고 남기로 했다(1년 뒤, 뉴잉글랜드 의회로 이름을 바꾼 플리머스 회사는 이들의 존재를 인정하면서 7년의 계약 기간이 끝나면 일인당 100에이커의 땅을 주기로 약속했다). 다시 닻을 올린 메이플라워 호는 뉴잉글랜드 해안을 따라 몇 주 동안 항해하다 12월 21일에 이르러 마음에 드는 땅을 발견했다. 스미스가 1616년, 뉴잉글랜드 지도에서 이 해안지대를 '플리머스'라고 부른 이후 이름으로 굳어졌다.

플리머스의 첫 겨울이 지나고 살아남은 사람은 절반에 불과했다. 제임스타운처럼 질병, 굶주림, 어려운 항해에서 비롯된 탈진이 원인이었다. 뉴잉글랜드의 혹독한 날씨도 한몫 거들었지만, 다행스럽게도 인디언의 공격에 시달리지는 않았다. 사실 왐파노아그족의 추장 마사소이트가 준 식량이 없었더라면 이주민들은 모두 목숨을 부지하지 못했을 것이다. 살아남은 사람들은 1년 뒤, 첫 가을걷이를 자축하는 자리에 아흔한 명의 인디언 이웃을 초대했다. 신대륙에서 처음 맞은 추수감사절이었다.

전해 내려오는 메이플라워 조약 가운데 가장 오래 된 것
서명자의 한 사람인 브래드퍼드가 자필로 작성한 것이다.

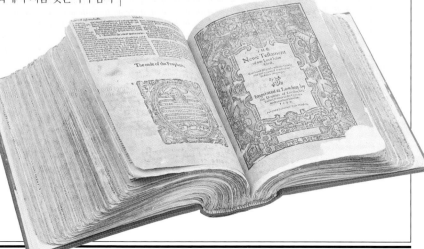

브래드퍼드와 성경
오랫동안 플리머스 식민지 총독을 지낸 브래드퍼드가 메이플라워 호를 타고 신대륙으로 건너갈 때 가지고 갔던 성경.

코네티컷

청교도 이주민들 행렬이 매사추세츠 베이로 이어진 1630년대에 많은 사람은 세일럼, 보스턴, 찰스타운, 도체스터와 같은 해안마을에 잠시 머문 뒤 내륙으로 움직였다. 플리머스의 에드워드 윈즐로(Edward Winslow)는 1632년에 이미 코네티컷 계곡의 비옥한 땅을 탐험했고, 매사추세츠의 개척민 몇 명이 얼마 안 있어 그의 뒤를 따랐다. 1635년에 토마스 후커(Thomas Hooker) 목사는 그곳에 새로운 정착촌 건설을 허락해 달라고 매사추세츠 총회에 진정서를 넣었다.

"1636년 플리머스에서 하트퍼드로 황야를 가로지르는 후커와 일행"
프레더릭 에드윈 처치가 1846년에 그린 작품.
처치가 코네티컷 식민지 역사의
주요 사건을 묘사한 풍경화 시리즈의 한 편이다.

사람들이 1630년대 후반 동안 합류하여 하트퍼드, 웨더즈필드, 윈저에 마을을 건설했다. 1639년에는 마을 대표들이 모여 '코네티컷의 기본 체제'를 작성했다. 일부 역사학자들은 이 문서를 피통치자의 동의 아래 작성된 아메리카 최초의 헌법으로 꼽기도 한다. 여기에서 규정한 정부체제는 매사추세츠 베이 정부와 비슷했지만, 종교검사를 거치지 않아도 자유시민의 자격이 주어진다는 점이 달랐다. 1662년에 찰스 2세가 코네티컷 계곡의 마을과 1638년에 건설된 뉴헤이번 식민지를 합병하는 특허를 발부하면서 코네티컷은 별개의 독립 식민지가 되었다.

후커가 서둘러 진정서를 넣은 이유는 정치적, 종교적 견해 차이 때문이었다. 그는 매사추세츠의 교회와 정부가 너무 붙어 있다고 느꼈고, 신도가 아니더라도 마을 업무에 참여할 수 있어야 된다고 생각했다. 매사추세츠에서 이주한

> "청교도 ― 어디에서, 누군가 행복하게 지내고 있을지 모른다고 끊임없이 두려워하는 사람들."
>
> *H. I. 멩컨(1880~1956, 미국의 논쟁가, 언론인―옮긴이)*

주 회의를 열고 총독, 부총독, 보좌관 열여덟 명을 선출할 수 있었다. 식민지 관련 업무를 처리하고, 법을 제정하고, 범법자를 징계하고, 땅을 배분하고, 그 밖의 매사추세츠의 생활을 지도하는 것이 이들의 임무였다.

필연적인 결과이겠지만, 청교도 사회는 교인이 곧 시민인 구조였다. 제1차 총회가 열린 1630년 10월에 몇몇 개척민은 선거권이 주어지는 자유시민의 자격을 신청했다. 모든 이의 신청이 받아들여진 것은 아니지만 ― 성실하게 교회에 참석한 성인 남성만 자격이 있었다 ― 1631년 5월에 최초의 자유시민 115명이 규정에 따라 선서를 했다. 그리고 이후 몇 년 동안 이주민들이 건너오면서 자유시민의 숫자는 늘어났다. 한편 연방의 모든 마을은 총회의 대의원을 선출할 자격이 주어졌는데, 총회는 버지니아 평의회에 필적하는 입법기관이었다.

매사추세츠 베이 정부의 권력은 교인들이 단단히 쥐고 있었지만 신권정치를 펼쳤다고 볼 수는 없다. 교회와 정부가 밀접한 관계를 맺고 있기는 해도 교회 고위층이라는 이유만으로 정치력 행사가 가능하지는 않았다. 하지만 청교도의 생활은 경배와 도덕성 점검이 일상이고 기본이었기 때문에 성직자들이 각 마을에서 상당한 영향력을 발휘했던 것은 사실이다. 주민들은 예배에 정기적으로 참석하고, 성직자의 생계 유지를 위해 돈이나 물품을 기부하고, 다른 교인의 감시와 비판을 겸허하게 받아들일 의무가 있었다.

17세기 말

1670년대로 접어들면서 매사추세츠 베이는 여러 면에서 번영을 구가했지만 '신의 도시'는 아니었다. 1660년 청교도혁명의 종전과 더불어 크롬웰과 호국경 체제는 막을 내리고, 처형 당한 찰스 1세의 아들 찰스 2세가 왕위로 복귀했다. 여흥을 즐기는 새로운 왕의 취향 때문에 잉글랜드는 비교적 방탕한 분위기로 흘러갔고, 유난히 독실한 뉴잉글랜드의 청교도들에게 관심을 기울인 사람은 거의 없었다. 청교도 이주민 1세대의 시대도 저물었다. 이제 매사추세츠 주민들은 대부분 그곳에서 나고 자란 세대라 청교도의 인기가 급속도로 추락한 잉글랜드의 실상을 알지 못했다.

매사추세츠 교회 지도자들로서는 2세대 청교도의 종교적 해이가 상당한 걱정거리였다. 성령사역의 순간을 간증하는 2세대 청교도들의 숫자가 점점 줄어만 갔던 것이다(초기의 청교도들은 성령사역의 순간을 간증해야 교인이 될 수 있었다―옮긴이). 때문에 1662년, 교회에서는 세례를 받았고 도덕정신이 투철하며 그 밖의 정통성이 인정되는 청교도들에게 준(準)교인의 자

로저 윌리엄스와 청교도의 분파

로저 윌리엄스(Roger Williams)는 스물여덟 살이던 1631년에 대규모 이민행렬의 일원으로 매사추세츠에 도착했고, 윈스럽을 도와 '신의 도시'를 건설할 생각으로 가득했다. 하지만 윌리엄스가 보기에 매사추세츠의 청교도들은 기대했던 것만큼 순수하지 않았다. 그는 보스턴 교회가 영국국교회와 완전히 분리되지 않았다는 이유를 들어 보직을 거부하면서 물의를 일으키기 시작했다. 그뿐 아니라 분리주의자들의 땅 플리머스에서 1년을 보낸 뒤에는 땅의 진짜 주인인 인디언이 아니라 왕실에서 하사 받은 양도증서는 무효라고 주장하며 세일럼으로 거처를 옮겼다. 그곳에서 1년 동안 설교를 하는 동안에는 교회 경비를 충당하기 위해 걷는 세금과 예배 참석을 의무로 정한 법률에 반대하며 한층 거센 논쟁을 불러일으켰다. 아이러니컬하게도 청교도에 염증을 느끼다가 오히려 종교적으로 너그러워진 것이다.

그는 종교의 순수성을 한층 강조한 사람답게 청교도 지도층의 과두체제에 강력하게 반대하며 교회와 정부의 완전분리를 주장했다. 물론 매사추세츠의 청

윌리엄스
윌리엄스의 생전 모습을 담은 초상화는 없다. 위의 작품은 데이비드 베네딕트의 『미국 침례파 통사』(1813년)에 실린 삽화로, 생전의 모습을 추정하여 그린 것이다.

교도들은 너그러운 입장이 아니었다. 윈스럽과 동료들은 지나친 열정이 악마에게서 비롯될 수도 있다고 믿었다. 이들이 보기에 윌리엄스는 너무 광적인 태도를 보였다. 1635년 가을에 총회는 투표를 통해 그를 추방하기로 결정을 내렸다.

1636년 1월, 내러갠섯 베이로 떠난 윌리엄스는 인디언들에게 땅을 사들이고 프로비던스 마을을 건설했다. 식민지 특허장은 없지만, 윌리엄스는 그 대신 종교에 상관없이 프로비던스 주민이라면 누구나 투표에 참여할 수 있는 협정을 만들었다. 다른 분파들도 환영을 받았고, 신을 자유롭게 섬길 수 있는 권리가 모든 이에게 주어졌다. 1643년에 윌리엄스는 잉글랜드로 건너갔고, 1644년 3월에 의회로부터 '프로비던스 식민지 합병'을 위한 특허장을 받았다. 이 특허장의 깃발 아래 1647년, 프로비딘시, 뉴포트, 워릭, 어퀴드넥(이후 포츠머스로 이름이 바뀌었다)이 하나로 뭉쳤고, 여기에서 로드아일랜드 식민지가 가지를 뻗었다.

청교도의 경제

일상의 거의 모든 부분을 종교적인 관점에서 바라보았던 초기 매사추세츠 베이의 청교도들은 풍요로움조차 신이 그들을 인정하는 증거로 여겼다. 식민지에서 최초의 노예가 등장한 것은 17세기 중반이었지만, 매사추세츠를 비롯한 북부 식민지에서는 노예제도가 인기를 얻지 못했다. 척박한 땅과 추운 겨울 때문에 노동집약적인 대규모 농사가 불가능했기 때문이다. 청교도의 땅 뉴잉글랜드에서는 하인보다 자유시민이 많았고, 상인보다 수공업자가 많았고, 무엇보다도 농부와 어부가 많았다. 매사추세츠의 계급 구조는 잉글랜드나 다른 식민지보다 훨씬 유동적이었고 등급도 적었다. 청교도의 땅 뉴잉글랜드의 경제생활은 어느 면에서 보나 독립, 자급자족, 자신감이 특징이었다.

1652년에서 1682년 사이 식민지에서 발행된 동전의 일부
1652년에 5월, 매사추세츠 총회가 보스턴에서 자체 화폐 제작을 결정한 것은 경제적으로 의미 있는 도전장이었다.

격을 허락하는 '불완전서약' 정책을 채택했다. 특히 매더 목사는 선조의 발자취를 잇지 못하는 자신의 세대를 엄하게 꾸짖었다. 하지만 문제의 핵심은 문화적인 변화였다. 교리 자체가 점점 구식이 되어 간 것은 둘째치고, 경제적인 성공도 17세기 후반 청교도들의 믿음을 흔드는 역할을 했다. 매더조차 사회의 과거와 현재 속에서 조화를 모색하지 못했다.

세일럼의 마녀재판이 있기 전 20년 동안 청교도들은 원스러운 경고가 없어도 신의 노여움을 느낄 수 있었다. 노여움의 증거는 아주 분명했다. 1675년에서 1676년 사이에는 인근 인디언들과 피비린내 나는 살육전을 치렀고, 1684년에는 찰스 2세가 매사추세츠 베이에 내린 특허를 취소시켰다. 매사추세츠 당국은 1660년에 찰스 2세가 복위한 순간부터 왕과 주요 측근들을 따돌리기 시작했다. 이들은 먼저 1660년 항해법(Navigation Acts)을 따르지 않았다. 그리고 영국국교회를 비롯한 다른 종파에게 종교의 자유를 허락하지 않았다. 그뿐 아니라 왕실의 허가 없이 화폐를 주조하는 등 좀더 과감한 면모까지 보였다. 식민지가 잉글랜드의 통제에서 벗어나야 된다는 매사추세츠의 신조를 반영하는 행동이었다. 하지만 1684년 10월에 통상위원회는 형평법 법원을 설득하여 매사추세츠 특허권을 몰수하게 만들었다. 1687년에는 코네티컷과 로드아일랜드의 특허도 취소되었기 때문에 뉴잉글랜드 전역은 찰스 2세의 직접적인 관할권에 놓이게 되었다.

구질서가 붕괴되면서 매사추세츠 베이 지도층의 좌절은 나날이 깊어갔다. 1686년에는 보스턴의 유서 싶은 올드사우스 교회에서 최초의 영국국교회 예배가 거행되었다(그 동안 청교도들은 국교회 예배가 끝날 때까지 밖에서 기다려야만 했다). 또 한편으로는 종교적인 굴복과 더불어 정치적인 예속이 시작되었다. 1686년에 찰스 2세가 '뉴잉글랜드의 복종'을 감시하도록 새로운 총독 에드먼드 앤드로스(Edmund Andros)를 파견한 것이다. 악명이 높았던 앤드로스는 매사추세츠 베이의 대표정부 시대를 마감한 뒤 항해법을 시행하고 법령에 따라 세금을 거두어들였다. 그리고 청교도 과두체제와 회중교회의 경제력을 무너뜨리는 일환으로 수많은 영토 소유권에 의문을 제기했다. 보스턴 주민들은 명예혁명으로 제임스 2세(James Ⅱ, 찰스 2세의 아들이고 가톨릭교도였다)가 퇴위하고 1688년 말, 윌리엄과 메리가 왕위에 올랐다는 소식을 1689년 봄에 듣자마자 앤드로스를 생포하여 잉글랜드로 돌려보냈다. 그리고 새로운 프로테스탄트 군주를 설득하여 매사추세츠 베이 특허권을 원상복귀시킬 수 있도록 코튼의 아버지이자 하버드 대학장인 인크리즈 매더(Increase Mather) 목사도 잉글랜드로 보냈다. 인타깝게도 매더는 소기의 목석을 달성하지 못한 채 1692년 5월, 신임 총독 윌리엄 핍스(William Phips)와 함께 보스턴으로 돌아왔다.

앤드로스 총독

형사순회법원

핍스가 보스턴에 도착하면서 청교도 시대는 거의 막을 내리는 것처럼 보였다. 영국국교회 신자들은 앤드로스 덕분에 회중교회주의를 추구하는 보스턴의 중심에서 마음껏 예배를 보았고, 신흥 거상들은 영국국교회 신자이거나 청교도의 전통 교리와 결별한 경우가 대부분이었다. 많은 역사학자가 세일럼의 마녀재판을 청교도 구질서의 마지막 숨결로 해석하는 이유가 그 때문이다. 그해 겨울, 세일럼 마을에서 논란이 시작되기 전부터 매사추세츠 전역에는 불안하고 불길한 분위기가 맴돌았다. 청교도 체제의 붕괴와 잉글랜드 왕실의 지배, 인디언들과의 전쟁과 경제적인 상황의 변화로 초조해진 매사추세츠 주민들은 깊이 뿌리박힌 청교도 가치관을 배제한 채 미래를 설계할 준비가 되어 있지 않았다.

핍스는 도착하자마자 마녀재판 문제와 맞닥뜨렸다. 점점 불어나는 숫자 때문에 식민지 법률제도로는 감당하기가 힘들 정도였다. 그는 궁여지책으로 5월 27일에 특별 형사순회법원을

필립 왕의 전쟁

코네티컷과 매사추세츠 베이의 병사들이 피쿼트족을 전멸시킨 1637년 이후 뉴잉글랜드의 인디언 폭동사태는 잦아들었다. 하지만 1675년 6월이 되자 왐파노아그족의 추장 메타콤[Metacom, 잉글랜드에서는 필립(Philip) 왕이라고 불렀다]이 자살행위에 가까운 전쟁을 일으켜 백인의 경우 열여섯 명당 한 명 꼴로, 인디언의 경우에는 헤아릴 수도 없을 만큼 많은 수가 목숨을 잃었다. 이 전쟁은 뉴잉글랜드의 인디언 사회가 거의 전멸한 뒤에야 끝이 났다.

1620년에 필립의 아버지 마사소이트는 옥수수를 주고 농사짓는 법을 가르치는 등 필그림 파더스를 환영했다. 하지만 마사소이트의 환대는 이후 반세기 동안 땅을 빼앗고 청교도 선교사들이 부족의 일에 관여하는 결과로 이어졌다. 필립은 1675년에 이르러 평화보다 전쟁이 낫다는 결론을 내리게 되었다. 평화를 유지해 보아야 그의 부족에게 남는 것은 모멸감과 상실뿐이었기 때문이다.

필립은 먼저 플리머스의 스완지 마을을 공격한 뒤, 불만이 쌓인 다른 부족들과 손을 잡고 매사추세츠 서쪽의 변경지대를 깨끗하게 쓸었다. 잉글랜드 사람들은—어쩌면 필립이 구실을 만들어 준 데 그마워했을지 모른다—훨씬 많은 군사력을 동원하여 똑같이 잔인한 대응을 보였다. 1년 만에 필립은 목숨을 잃었고, 뉴잉글랜드의 토착 부족들은 대부분이 사실상 전멸했다.

이 전쟁을 계기로 하나의 전형적인 양상이 탄생되었다. 백인들이 이웃 인디언들을 괴롭히고 땅을 빼앗고 문화를 위협해 마침내 인디언들이 전쟁을 일으키면 이것을 징복의 구실로 삼는 양상이 시작된 것이다.

필립 왕의 초상화
폴 리비어가 1772년에 그린 작품으로, 관련 자료가 하나도 없었기 때문에 순전히 상상에 따라 그렸다. 이후 왐파노아그족 추장 하면 으레 떠오르는 이미지가 되었다.

만들어 '심리와 처분'을 맡겼다. 윌리엄 스토턴(William Stoughton) 부총독이 지휘봉을 잡고 6월 2일부터 세일럼 마을에서 재판을 시작했다.

가장 처음 심판대에 오른 사람은 브리짓 비숍(Bridget Bishop)이었다. 그녀가 첫번째 주인공으로 뽑힌 이유는 처형 당할 가능성이 가장 높았기 때문이다. 비숍은 화려한 옷차림과 청교도의 기준을 완전히 무시하는 음탕한 행실로 악명이 높았다. 그녀는 1679년 두 번째 결혼 당시 마녀로 고발당했지만 무사히 풀려난 전과가 있었다. 비숍이 법정에 등장하자 피해자들의 비명과 항의가 빗발쳤고, 마녀라고 자백한 딜리버런스 홉스(Deliverance Hobbs)는 비숍의 사악한 행동을 낱낱이 폭로했다. 세일럼의 유력 인사 몇몇이 나서 비숍이 주문과 부적을 쓴 일이 있다고 주장했고, 은밀한 유혹을 거절했더니 사랑하는 사람들이 말로 표현할 수 없는 고통을 받았다고 증언했다.

"워낙 명백하고 악명이 자자한 경우라 마녀가 맞는지 아닌지 증명할 필요가 거의 없었다." 매더는 유죄 판결과 사형선고가 내려진 비숍의 재판에 대해 이렇게 적었다. 그녀는 6월 10일, 처형을 당했다. 세일럼에서 마법을 쓴 죄로 교수형을 당한 열여덟 명 중 첫번째 주자였다.

대각성 운동

날이 갈수록 믿음이 약해지는 청교도 교인들에 대한 걱정은 18세기까지 이어졌다. 초창기 수준에 한참 못 미치는 매사추세츠 교인들의 신앙심은 1740년대까지 열띤 논란을 불러일으켰다.

1729년에 할아버지의 뒤를 이어 매사추세츠 노샘프턴 회중교회의 목사로 부임한 조너선 에드워즈(Jonathan Edwards)는 청교도의 정통신학에 침투한 자유주의 양상을 보고 깜짝 놀랐다. 그는 이후 20년 동안 정통성을 수호하고 교회의 수준을 높이는 데 온 힘을 기울였다.

에드워즈와 몇몇 신학자는 잉글랜드의 복음전도사 조지 화이트필드(George Whitefield)의 감동적인 아메리카 순회 설교에 종교적인 열정을 새롭게 발산하기 시작했다. 이것일 바로 '대각성 운동(Great Awakening)'이었다. 1730년대 후반에 시작되어 1740년대 후반 무렵 절정에 이른 대각성 운동의 주창자들은 화이트필드의 전례를 이어받아 성령사역의 경험과 감정 발산을 강조했다. 이들의 예배는 대중성이 특징이었다. 순회 전도사가 온 나라를 돌며 야외 집회에 참석한 모든 사람에게 구원의 희망을 전하는 식이었다. 엘리트주의로 물든 청교도에 이질감을 느끼던 흑인과 빈곤층은 대각성 운동 덕분에 종교 활동에 참여할 수 있었다.

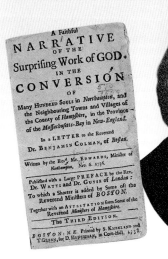

에드워즈와 대각성 운동
에드워즈는 1721년에 일대 전환점이 되는 종교 체험을 통해 구원의 확신을 얻은 뒤 노샘프턴 교회의 주임목사로서 교인의 자격조건을 강화하고, 인간은 스스로 운명을 바꿀 수 없다는 점을 강조했다. 그뿐 아니라 하느님 앞에 무기력한 인간의 모습을 강조하는 '지옥과 천벌 식 책과 설교를 통해 신도들을 겁에 질리게 만들었다.

매더의 생각에도 불구하고 비숍의 사건은 어느 정도 논쟁을 불러일으켰다. 너새니얼 솔턴스톨(Nathaniel Saltonstall)은 재판 과정에 불만을 품고 배심원 자리에서 물러났다. 매더는 형사순회법원의 판사이자 매더 회중교회 신도인 존 리처즈(John Richards)에게 편지를 보내 몇몇 목사들 사이에서 의문이 제기되고 있다고 알렸다. 피고인의 환영 또는 '유령'이 피해자를 괴롭힌다는 '유령 증언'이 논란의 중심거리였다. 매사추세츠 일대의 많은 이는 유령 증언을 믿을 수 없는 데다 세일럼 내의 갈등을 조장하는 도구로 쓰일 가능성이 높다고 우려의 뜻을 보였다. 솔턴스톨도 지적했다시피 비숍이 아무리 바람직하지 못한 여자라지만 유령 증언이 없었으면 유죄 판결을 받았겠느냐는 것이었다. 매더는 그의 편지에서 "(유령 증언 사용에는) 만전을 기해야 합니다. 악마의 속임수에 넘어갔다가는 끔찍한 결과가 기나길게 이어질 수 있으니까요."라고 말했다. 하지만 스토턴과 측근들은 이같은 경고를 무시하고 피해자들의 증언을 믿기로 했다. 그리고 자백한 사람에게는 관용을 베푸는 등 형평성에 어긋난 정책을 쓰는 바람에 끈질기게 결백을 주장하는 피고인에게 불리한 위증이 잇따르는 결과를 낳았다.

자백을 하지 않는 사람들은 고문을 받았다. 마법사로 고발 당해 감옥에 갇힌 존 프록터(John Proctor)가 1692년 7월, 보스턴 성직자들에게 쓴 편지에는 이렇게 적혀 있다.

"마사 캐리어(Martha Carrier)의 아들들은 (중략) 목과 발이 묶이고 코피가 날 때까지 자백을 하지 않았습니다. (중략) 우리 아들 윌리엄 프록터(William Proctor)는 심문을 받을 때 자백을 하지 않는다는 이유로 목과 발이 묶여 코피를 쏟았습니다."

역시 마법사로 고발 당한 가일스 코리(Giles Corey)는 자신과 부인의 재판에서 증언을 거부한다는 이유로 간수들에게 '압사' 당했다.

레베카 너스의 재판
6월 29일에 다시 열린 형사순회법원은 이틀 동안 다섯 건의 재판을 처리했다. 이 가운데에는 레베카 너스의 사건도 들어 있었다. 피해자로 나선 여자아이들 중 그녀를 가장 처음 마녀로 지목한 주인공은 윌리엄스였다. 패리스가 딸 베티를 근처 세일럼 마을의 친구 집으로 보내자 토머스 퍼트넘의 집으로 거처를 옮긴 윌리엄스는 3월 19일에 갑자기 '발작'을 일으켰다.

식민지 정부
잉글랜드령 아메리카 식민지는 대략 왕령 식민지, 영주 식민지, 자치 식민지, 이렇게 세 부류로 나뉘었다. 1691년 이후의 매사추세츠와 같은 왕령 식민지의 경우에는 왕실의 임명을 받고 파견된 주지사가 왕의 이름 아래 거의 전권을 장악했다. 1691년 이전의 메릴랜드와 펜실베이니아와 같은 영주 식민지의 경우에는 왕실에서 땅을 하사받은 한 명 또는 그 이상의 영주가 나름대로 통치권을 행사했다. 1624년 이전의 버지니아와 같은 자치 식민지에서는 땅을 하사 받은 회사의 임원들에게 지휘권이 주어졌다.

하지만 실질적으로는 북아메리카의 잉글랜드식민지 모두 대중정부의 형태를 어느 정도 갖추고 있었다. 17세기 후반의 식민지 정부는 일반적으로 총독과 양원제 의회로 구성되었다(단원제가 실시된 곳은 펜실베이니아뿐이었다). 총독이 임명한 의원들로 구성된 의회는 상원이라 불렸고, 선거권이 있는 자유시민들이 선출한 의원들로 구성된 의회는 하원이라 불렸다.

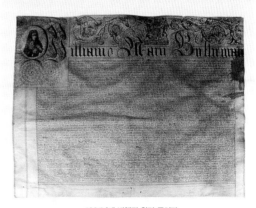

1691년에 발행된 왕령 특허장
핍스 총독이 1692년 5월, 보스턴으로 건너갈 당시 들고 간 것이다.

"그들의 팔과 다리와 등이 이쪽으로 움직였다 저쪽으로 움직이더니 다시 제자리로 돌아왔다. 자신의 의지대로 할 수 있는 행동도 아니었고, 간질이나 그 밖의 다른 질병을 원인으로 볼 수도 없었다."

피해자들을 위해 기도해 달라는 부탁을 받고 인근 베벌리에서 세일럼으로 건너온 존 헤일 목사의 증언

하늘을 나는 것처럼 가끔 두 팔을 최대한 높이 뻗고 '휙, 휙, 휙' 하며 고함을 지르다 이내 N(너스) 부인이 보인다고 말했다.

"안 보이세요? 저기 서 있잖아요!"

N 부인이 성서를 주는데, 절대로 받지 않겠다고 했다.

"싫어, 싫어, 안 받을 거야. 무슨 책인지 모르잖아. 하느님의 성서가 아니라 악마의 성서일 거야. 분명해."

그러다 벽난로로 달려가 타다 남은 장작을 사방으로 던지기 시작했다.

이틀 뒤, 앤 퍼트넘은 마사 코리(가일스 코리의 부인이자 역시 앤에게 마녀로 고발당한 인물이었다)의 심문이 열린 빽빽한 예배당에서 윌리엄스의 증언을 반복하며 너스 부인이 악마에게 기도하는 모습을 본 것 같다고 말했다.

6월 29일에서 30일까지 이틀 동안 열린 너스의 재판에서 너스의 유령에게 괴롭힘을 당했다는 피해자들이 몇 명 등장했고, 세일럼에서 벌어진 몇 건의 비명횡사를 그녀의 탓으로 돌리는 증인들도 있었다. 예를 들어 새러 홀턴은 3년 전, 건강했던 남편 벤저민 홀턴이 너스의 밭으로 들어간 돼지 때문에 그녀와 말다툼을 벌인 뒤 갑자기 병에 걸려 숨을 거두었다고 말했다. 이제 보니 너스의 주술 때문에 남편이 죽었다는 이야기였다. 사실 이런 식의 주장은 마녀재판 내내 이어졌고, 오랫동안 이어져 내려온 갈등 때문에 고발 당한 사람들이 많았다. 레베카 너스

수많은 피고인이 머물렀던 세일럼 교도소의 20세기 초반 모습
핍스 총독의 1693년 사면 조치로 대다수가 풀려났지만, 간수에게 빚을 진 사람은 그렇지 못했다. 당시에는 정부가 아닌 수감자가 비용을 감당했다. 사면을 받은 마녀라도 빚을 갚은 뒤에야 교도소를 빠져나갈 수 있었다.

마녀의 젖꼭지

17세기 유럽인의 대부분이 그랬던 것처럼 뉴잉글랜드의 청교도들도 초자연적인 악의 기운이 직접적으로 또는 악령을 통해 일상 생활에 영향을 미친다고 생각했다.

뉴잉글랜드 청교도들에게 지침서 역할을 한 책은 2세기 전 도미니쿠스회 수사 하인리히 크라이머(Heinrich Kraemer)와 요한 스프랭거(Johann Sprenger)가 쓴 『마녀의 망치(Malleus maleficarum)』(1486년)였다. 다양한 민간전설을 한 권에 담은 이 책은 거의 3세기 동안 그리스도교 세계에서 악마연구의 백과사전 역할을 했다.

『마녀의 망치』에 따르면 마녀의 몸에는 여분의 '젖꼭지'

1510년대에 파리에서 출간된 『마녀의 망치』 초판
가죽으로 책의 등을 쌌고 나무로 제본을 했다.

가 달려 있어 인간의 피를 밝히는 심부름 마귀에게 젖을 준다고 했다.

사실 제3의 젖꼭지는 남녀 모두에게 나타날 수 있는 증상이지만, 이같은 인체의 신비를 아는 사람도 없었고 알려고 하는 사람도 없었다. 사람들이 원하는 것은 마녀의 확실한 증거였다. 마녀재판 때에는 피고인의 몸 어딘가에 혹이나 사마귀나 돌기만 있어도 증거로 간주될 수 있었다.

의 경우에는 타우니 집안 사람이라는 이유로 표적이 되었을 가능성이 있다. 타우니 집안과 퍼트넘 집안은 원수지간으로 유명했다. 이후 레베카의 누이인 새러 클로이스와 메리 이스티도 마녀로 지목되어 감옥에 갇혔다.

너스의 재판에서 가장 명백하면서도 가장 희한한 증언 역할을 한 것은, 6월 2일에 수감된 여성 여섯 명을 검사한 산파들과 '외과의사 J. 바턴(J. Barton)'이 서명한 진술서였다. 이들은 진술서에서 너스와 다른 여자 두 명인 비숍과 엘리자베스 프록터의 "외음부와 항문 사이에 젖꼭지처럼 이상하게 살점이 튀어나온 부분이 있다."고 밝혔다. 17세기의 전문 마녀사냥꾼들이 마녀의 증거로 자주 이야기한 것이 바로 '마녀의 젖꼭지'였다. 너스는 강력하게 무죄를 주장하며 악마가 아니라 노화 때문에 생긴 징후라고 잘라 말했다.

배심원단은 처음에 무죄판결을 내렸다. 너스의 품성을 증명하는 이웃주민 서른아홉 명의 진정서 때문이었을 것이다. 하지만 문제는 여기에서 끝나지 않았다. 어느 기록은 이렇게 남기고 있다.

"그 즉시 법정에 있던 원고들이 (중략) 방청객뿐 아니라 배심원들도 깜짝 놀랄 만큼 섬뜩한 비명을 질렀다. 배심원 한 명은 판결에 불만을 표시했고, 다른 한 명은 자리에서 일어서며 재판을 다시 해야 된다고 말했다."

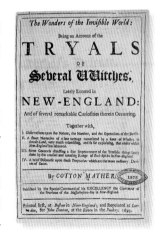

『보이지 않는 세계의 불가사의』(1693년)
여기에서 매더는 악마와 마녀가 최근 전국을 소란스럽게 만든 통탄할 사건을 기록했다.

스토턴은 배심원단에게 "재판 당시 수감자가 한 말, 즉 마녀라고 자백한 (딜리버러스) 홉스가 증언을 하러 나왔을 때 수감자가 홉스 쪽으로 고개를 돌리고 '저 여자를 부르셨나요? 우리하고 같은 처지인데.' 그 비슷하게 한 말을 고려했느냐"고 물었다. 스토턴의 지적과 피해자들의 비명에 기가 눌린 배심원단은 판결을 철회했지만, 그래도 유죄 판결 쪽으로 의견이 모아지지는 않았다. 이들은 법정으로 돌아가 너스에게 무슨 뜻으로 한 말인지 설명을 부탁했다. 하지만 재판을 받느라 지친 데다 가는귀가 먹은 너스는 질문을 듣지 못했고, 따라서 대답을 하지 못했다. 다시 퇴석한 배심원단은 결국 유죄 판결을 들고 돌아왔다. 그녀는 7월 19일에 다른 여자들 넷과 함께 교수형을 당했다.

뉴욕

1692년 마녀재판 기간 동안 매사추세츠의 유명인사들이 뉴욕으로 몸을 피한 것은 처음 있는 일이 아니었다. 베이 식민지에서 종교적으로 뜻을 달리하는 사람들은 일찍이 1630년부터 뉴욕(당시에는 뉴암스테르담이었다)을 피난처로 삼았다. 뉴욕의 네덜란드인들은 유대인을 비롯하여 모든 종교인을 받아들였다.

뉴암스테르담에서 가장 유명했던 총독 페트뤼스 스토이베산트(Peter Stuyvesant)는 1647년 5월에 이곳을 점령한 뒤 17년 동안 독재정치를 펼쳤다. 그의 주요 업적으로는 다양한 정착촌 통합 외에도 뉴스웨덴 합병을 들 수 있다. 1638년에 50명의 스웨덴 사람들은 델라웨어 강변의 포트크리스티나(현재 윌밍턴)에 정착했지만, 1655년 스토이베산트에게 빼앗겼다. 하지만 네덜란드의 점령은 오래 가지 못했다.

아메리카식민지의 네덜란드 정착촌을 못마땅하게 여긴 찰스 2세는 1664년 3월, 코네티컷과 델라웨어 강 사이의 땅을 모두 동생인 요크 공작인 제임스(James)에게 주었다. 공작의 함대가 1664년 9월, 뉴암스테르담 항구에 도착했을 때 싸울 만한 입장이 못 되었던 네덜란드인들은 그 즉시 항복했고, 뉴네덜란드는 뉴욕이 되었다.

같은해에 공작인 친구 존 버클리(John Berkeley)와 조지 카터렛(George Carteret)에게 다시 허드슨과 델라웨어 강 사이의 땅을 나누어 주면서 이곳에서 뉴저지 식민지가 탄생되었다.

뉴암스테르담

17세기 중반의 인쇄물에 실린 모습이다.

인크리즈 매더의 양심

재판이 계속되면서 마녀 문제는 세일럼 너머로 확대되었다. 한여름이 되자 에식스 카운티의 거의 모든 마을과 매사추세츠 일대의 많은 지역이 마녀 논쟁에 휩싸일 정도였다. 1692년 9월 보스턴의 여러 교도소는 마녀와 마법사로 고발 당한 수감자 100여 명으로 정원을 채웠다. 모두 형사순회법원의 재판을 기다리는 사람들이었다. 경제는 제자리걸음이었고, 새로운 용의자가 날마다 심문을 받았다. 이제 대담해진 피해자들은 총독의 부인과 같은 매사추세츠의 주요 인사들마저 마녀로 고발했다. 많은 사람이 처형을 피해 뉴욕으로 달아났다. 끝이 보이지 않았다.

인크리즈 매더는 많은 수감자를 만나본 뒤 10월 3일 설교에서 유령 증언의 채택을 전면적으로 비난했다. 성직자들을 모아 놓고 전한 이 설교는 금세 『인간의 모습으로 나타난 악령과 관련된 양심의 문제(Cases of Conscience Concerning Evil Spirits Personating Men)』라는 책으로 출간되었고, 여기에서 매더는 세일럼의 마녀재판에 동원된 다른 여러 증거의 부적절한 면도 비난했다. 그는 이렇게 말했다.

CRESCENTIUS MATHERUS.
Ætatis Suæ 40. 1688.

『인간의 모습으로 나타난 악령과 관련된 양심의 문제』 1692년 10월의 설교 직후 1693년 보스턴에서 벤저민 해리스가 출간한 판본이다.

"한 명의 무고한 자가 처형당하느니 열 명의 마녀가 달아나는 편이 낫다."

사태가 더 이상 손을 쓸 수 없는 지경에 이르자 핍스 총독은 10월 8일, 유령 증언과 그 밖의 불분명한 증거의 사용금지령을 내렸다. 그러다 3주 뒤에는 형사순회법원을 해산시켰고, 더 이상의 체포를 금지시키고 쉰두 명을 제외한 수감자 모두를 석방시켰다. 이든 쉰두 명은 1693년 1월, 특별법원에서 마흔아홉 명이 무죄판결을 받았다. 나머지 세 명은 1693년 5월에 핍스의 사면을 받았다. 1696년 12월 17일에 총회는 금식과 참회의 날을 정하자는 결의문을 채택했다. 바로 그날 1697년 1월 14일, 새뮤얼 슈얼(Samuel Sewall)이 형사순회법원의 배심원 최초로 재판의 부당함을 공개적으로 인정했다. 다른 사람들도 그의 전철을 따랐지만, 스토턴은 끝까지 인정하지 않았다.

한편 세일럼의 피해자들은 총독의 미움을 살까 두려운 마음에 하소연을 멈추었다. 하지만 패리스를 지지하는 측과 반대하는 측이 몇 년 동안 계속 싸움을 벌였고, 1695년 4월 무렵에는 급기야 이웃마을 목사들이 중재에 나섰다. 이들은 모두에게 연민을 촉구하는 한편, 패리스가 마녀로 고발 당한 사람들에게 취했던 '부당하고 불쾌한 조치'에 대해서는 몹시 비판적인 태도를 보였다. 결국 패리스는 담당목사직을 사임하고 세일럼 마을을 떠나는 대가로 79파운드의 체불임금(요즘 화폐로 환산하면 몇천 달러이다)을 요구했다. 모금은 쉽게 끝이 났고, 패리스는 1697년에 세일럼을 떠났다. 그는 스토에서 무역상을 하다 이후 북부 변경지방의 다른 마을로 옮겨 갔다.

인물 촌평

앤 허친슨
1591(?)-1643년

앤 브로드

앤 마베리(Anne Marbury)는 1591년쯤 영국의 앨퍼드에서 태어났다. 그녀의 아버지인 영국국교회 목사 프랜시스 마베리(Francis Marbury)는 교회의 권위에 도전한 죄로 두 번 감옥살이를 했고, 덕분에 목사 생활을 더 이상 할 수가 없었다. 앤은 아버지를 통해 그리스도교리와 성경을 배웠고, 두려움을 모르는 양심을 물려받았다. 1612년에 그녀는 출세한 직물상 윌리엄 허친슨(William Hutchinson)과 결혼했다. 그는 똑똑한 아내를 무척 아꼈다. 이후 22년 동안 그녀는 아이 열둘을 낳았고, 존 코튼(John Cotton) 목사가 전하는 청교도의 가르침을 충실히 따랐다.

1634년 허친슨 가족은 매사추세츠에 신의 공동체를 건설하기 위해 잉글랜드 청교도 몇천 명과 대서양을 건넜다. 매사추세츠는 코튼이 영국국교회의 보복을 피해 일찌감치 피신해 있던 곳이었다. 독실하고 헌신적인, 어느 면으로 보나 모범적인 청교도였다. 이웃사람들은 코튼의 설교에서 어려운 부분을 다시 듣기 위해 그녀의 집을 찾곤 했다. 하지만 보스턴 당국에서는 이같은 모임을 탐탁지 않게 여겼다. 여성이 대중 앞에서 종교를 논한다는 사실도 그렇거니와 이야기의 내용도 걱정스러웠다.

허친슨은 모든 주권이 하느님에게 있다는 청교도의 교리를 너무나 적극적으로 받아들인 신학이론으로, 보스턴의 목사와 판사들을 깜짝 놀라게 만들었다. 죄인은 교회와 국가의 규범을 따르면 되는 것이 아니라 오직 하느님의 은총을 통해서만 구원을 얻을 수 있다니, 이들의 권위를 향해 던지는 도전장이나 다름없었다. 이들이 보기에는 인간이 종교나 국가의 지도자를 무시한 채 하느님에게만 응답한다면 혼란이 빚어지고 성스러운 공동체는 무너질 게 분명했다.

남자 목사가 이런 견해를 이야기하면 동료 목사들이 사석으로 불러 오류를 지적했다. 하지만 앤 허친슨은 그 죄로 교도소에 갇혀 이단과 선동의 죄목으로 재판을 받았다. 청교도 판사들이 허친슨이 여자라는 사실과 그녀가 이야기한 내용의 본질을 분리하지 못한 데서 비롯된 차별대우였다. 이들이 생각하기에는 남편에게 순종하는 아내야말로 신이 설계한 질서정연한 사회에 없어서는 안 될 요소였다. 아이는 부모에게 순종하고, 하인은 주인에게 순종하며, 평신도는 목사에게 신종하고, 모든 사람은 공동체의 법칙과 하느님의 섭리에 순종하는 사회. 청교도로 물든 보스턴의 지도자들이 보기에 사람들 앞에서 설교하는 여자는 종교적, 사회적 무질서의 상징이었다.

앤 허친슨의 재판은 종교 당국과 성을 둘러싼 갈등이 수면 위로 드러나는 계기가 되었다. 식민지로서는 반가운 일이 아니었다. 허친슨이 재판을 받은 가장 큰 이유는 십계명의 다섯 번째 조항(네 아버지와 어머니를 공경하라)을 어긴 죄였다. 이웃사람들을 집으로 불러 강의를 했으니 교회와 국가의 권위를 공경하지 않았다는 것이다. 허친슨은 이렇게 말했다.

"제가 만약 하느님과 부모님을 모두 공경한다면 부모님이 원치 않는다는 이유로 그분들 앞에서는 하느님을 공경하라는 이야기를 삼가야 되겠습니까?"

허친슨은 성경을 외우고 있었기 때문에 주관판사가 불리한 구절을 인용할 때마다 자신의 행위를 정당하다고 인정하는 구절로 대응하곤 했다. 판사가 해당 구절은 그녀의 경우와 정확히 맞아떨어지지 않는다고 하면 빈정거리듯이 이렇게 대답했다.

"그 안에 제 이름이라도 써 넣을까요?"

그녀의 연설을 접할 수 있는 유일한 통로는 금방이

보스턴의 집에서 설교를 하는 허친슨
19세기 후반 하워드 파일의 작품이다.

라도 찢어질 것 같은 재판기록뿐이다. 이 기록을 보면 그녀의 화술은 오늘날까지 빛난다.

앤 마베리 허친슨은 '아내라기보다 남편에 가깝게, 신도라기보다 목사에 가깝게' 행동한 죄로 1638년에 매사추세츠 베이 식민지에서 추방당했다. 그녀는 로드아일랜드로 갔다가 맨해튼 섬에서 가까운 뉴욕 펠럼 베이의 네덜란드 정착촌으로 다시 거처를 옮겼다. 그러다 1643년 무렵 일가족 거의 전체가 인디언에게 살해되었는데, 청교도 당국의 사주였을 가능성이 높다. 그로부터 3세기 뒤, 그녀의 죽음을 신의 섭리로 규정했던 바로 그 공동체

가 의사당 계단에 기념비를 세우고 언론과 종교의 자유를 위해 목숨을 바친 그녀를 친양했다. 허친슨 사건의 저변에 깔린 논조는 아직도 미국 사회에 남아 있다. 이 나라에서 가장 큰 교파는 앤 허친슨 때와 똑같은 이유를 들이대며 오늘날에도 여성의 성직 서임을 거부하고 있다. 그뿐 아니라 이 사회는 개인의 권리와 공동체의 요구사항, 양심의 자유와 공동가치관의 존중 사이에서 균형을 모색하기 위해 아직도 노력 중이다.

The BLOODY MASSACRE perpetrated in King——Street BOSTON on March 5

Engrav'd Printed & Sold by Paul

ppy BOSTON! fee thy Sons deplore,
allow'd Walks befmear'd with guiltlefs Gore:

If fealding drops from Rage from Anguifh Wrung But
If fpeechlefs Sorrows lab'ring for a Tongue When

4

독립전쟁

보스턴 대학살

춥고 바람이 부는 1770년 2월 22일 아침, 에베네저 리처드슨(Ebenezer Richardson)의 집 앞에 모인 몇백 명의 성난 보스턴 군중 속에는 열한 살의 크리스토퍼 사이더(Christopher Seider)도 있었다. 그는 다른 사람들과 함께 리처드슨의 집을 향해 계란, 과일, 나무토막, 돌을 던졌다. 가족들과 함께 집안에 갇혀 있는 리처드슨은 영국(1707년 합동법으로 잉글랜드와 스코틀랜드가 대영제국으로 공식 통합되었기 때문에 이제는 '잉글랜드'가 아니라 '영국'이었다) 세관의 첩보원이었다.

돌멩이 세례로 거의 모든 유리창이 깨졌을 때 리처드슨은 탄환 없는 머스킷총을 들고 현관 밖을 조준했다. 이 모습을 본 군중은 현관을 때려 부수었고, 결국 리처드슨은 탄환을 채우고 총알을 날렸다. 몇몇 사람들이 다쳤지만 대부분은 가벼운 생채기에 그쳤다. 하지만 크리스토퍼 사이더[크리스천 스나이더(Christian Snider)라고 적힌 사료도 있다]는 가슴과 복부에 열한 방을 맞고 땅바닥으로 쓰러졌다. 그리고 몇 시간 뒤 숨을 거두었다.

사이더가 쓰러지자 군중은 집안으로 쳐들어가 리처드슨을 구석으로 몰았다. 리처드슨은 더 이상의 저항을 포기하고 항복했다. 반영단체 자유의 아들단(Sons of Liberty)의 간부인 윌리엄 몰리뉴(William Molineux)의 중재가 없었더라면 그 자리에서 분명 집단폭행으로 목숨을 잃었을 것이다. 몰리뉴는 자신의 영향력을 동원하여 리처드슨을 살리고 보스턴 재판부에 넘겼다. 한 시간 뒤, 리처드슨은 파뇌유 홀로 끌려가 치안판사 넷과 방청객 1천 명 앞에 섰다. 재판이 시작되고 몇 명의 증언이 잇따랐다. 시작 당시 리처드슨의 혐의는 '크리스토퍼 사이더에게 심각한 중상을 입힌 죄'였다. 하지만 사이더의 사망 소식이 전해지면서 살인죄로 한 단계 높아졌다.

2월 22일 전까지만 해도 사이더는 보스턴을 구성하는 1만 6천 명 가운데 한 명에 지나지 않았다. 하지만 2월 26일에 열린 그의 장례식에는 아메리카 역사상 가장 많은 문상객이 몰려들었다. 눈으로 덮인 좁은 골목길을 걸어 보스턴 주민 몇천 명이 기나긴 행진을 했다. 자유의 아들단의 최고지도자인 새뮤얼 애덤스(Samuel Adams)가 조심스럽게 준비한 장례식이었다.

나흘 뒤인 1770년 3월 2일, 아직도 분위기가 뒤숭숭하던 때에 존 그레이(John Gray)가 운영하는 보스턴 밧줄공장에서 이 마을 노동자들과 비번이던 영국 군인들 간에 싸움이 벌어졌다. 비숙련 노동자들이 이쪽 끝에서 저쪽 끝으로 걸어 가며 새끼를 꼬아 밧줄을 만드는 밧줄공장은 임시직을 많이 쓰기 마련이었고, 일자리를 찾지 못한 보스턴 주민들과 비번을 이용해 쥐꼬리만한 봉급에 보태려는 영국 군인들에게 인기가 많았다. 이 당시 보스턴의 노동시장은 상당히 빡빡했다. 애국심이 투철한

상인들이 영국 상품 불매운동을 벌이는 중이었기 때문이다. 이런 상황에서 비번 군인들은 통상 임금보다 20퍼센트 싼값에도 기꺼이 일을 했다. 따라서 그날 그레이의 밧줄공장에 있던 보스턴 주민들은 걸어 들어오는 영국 군인들에게 분통을 터트릴 만한 이유가 충분히 있었다. 게다가 평소에도 증오해 마지않던 영국인이 아닌가!

밧줄공장
드니 디드로가 밧줄제작 관련 항목에 삽화로 넣은 밧줄공장의 모습. 1772년에 발간된 유명한 『백과전서』에 실린 것이다.

건전한 방임주의

아메리카 개척민과 이들을 감독하기 위해 왕실에서 파견한 관리들은 일찍이 버지니아의 윌리엄 버클리 총독 시절부터 마찰을 빚었다. 총독들은 아메리카 주민들의 일보다 대영제국의 압력에 훨씬 신경을 썼고, 아메리카의 이익이 제국의 무역 규제와 충돌할 때 어떤 식으로 해결해야 하는지 전혀 알지 못했다. 왕실이 원하는 것은 단순했다. 값진 원자재를 생산해서 모국의 제품과 바꾸어 가는 고분고분한 식민지. 이와 같은 관계는 중상주의의 가장 근본적인 토대였고, 이론상으로는 알맞은 노동력의 분산이었다. 하지만 식민지의 유일한 존재 목적은 모국을 살찌우는 것이라는 기본 전제가 아메리카 주민들의 반발을 샀고, 이들은 항해법처럼 통상을 제한하는 의회의 법률에 반항했다.

그 결과, 17세기 후반 무렵 의회에서는 이와 같은 법령을 시행하느니 무시했고, 밀수가 일상화되었다. 영국의 추밀원은 1696년에 상무부를 결성하여 뒤죽박죽인 식민지 행정을 정리하려고 했지만, 세관원과 해안순찰대 몇 명이 감당하기에는 선박과 항구가 너무 많았다. 그뿐 아니라 18세기 초반에는 국내외에서 빚어진 정치적인 갈등 때문에 아메리카의 밀수 문제에는 신경 쓸 겨를이 없었다. 때문에 영국의 초대 총리 로버트 월폴(Robert Walpole)은 1720년대와 1730년대에 '건전한 방임주의'라고 불리는 정책을 탄생시켰다. 다른 말로 표현하자면 영국과 식민지의 관계가 깨지지도 않는데—영국과 아메리카 간의 무역은 양쪽 모두에게 막대한 이익을 선사하고 있었다—뭐 하러 손을 대느냐는 것이었다.

이로쿼이 전사
영국과 프랑스가 1689년에서 1763년까지 북아메리카에서 네 번의 대리전을 치를 때 영국 측의 가장 유력한 인디언 동맹군은 이로쿼이 연맹이었다. 1787년 프랑스에서 제작된 이 판화는 전투복을 갖추어 입은 이로쿼이 전사를 묘사했다고 되어 있지만, 수많은 오류로 볼 때 실제로 보고 만든 작품은 아닌 듯하다.

건전한 방임주의 시절에 대영제국의 최대 걱정거리는 오랜 숙적 프랑스였다. 1689년에서 1763년 사이에 두 나라는 장기전을 네 번 치렀다. 처음 세 번은 주로 유럽에서 벌어졌지만, 북아메리카에도 영향을 미쳤다. 매사추세츠의 청교도들은 북쪽의 프랑스 가톨릭교도들을 오래 전부터 의심했고, 미시시피와 오하이오 계곡의 프랑스 정착촌은 아메리카 식민지가 보기에 눈엣가시였다. 프랑스가 몇몇 강력한 인디언 부족들과 강한 동맹을 맺고 있는 점도 거슬렸다. 이 가운데 휴런족은 그들과 모피 거래를 하는 부족이었다.

1689년 유럽에서 대동맹 전쟁이 벌어지자 뉴프랑스는 세력을 모으기 시작했다. 그리고 1년 뒤, 전쟁은 북아메리카까지 번졌다. 프랑스 출신의 캐나다인과 휴런족이 한 편이었고, 아메리카인과 휴런족의 오랜 숙적 이로쿼이 연맹이 한 편이었다. 윌리엄 왕 전쟁(아메리카인들이 붙인 명칭이었다)은 7년 동안 휴전과 개전을 반복했고, 1697년에 레이스웨이크 조약이 맺어지면서 결말이 나지 않은 양 대륙의 전쟁은 끝이 났다. 아메리카에서 앤 여왕 전쟁으로, 유럽에서는 에스파냐 왕위계승 전쟁으로 알려진 두 번째 유혈참사는 1701년부터 1713년까지 이어졌고, 위트레흐트 조약으로 뉴프랑스는 노바스코샤, 뉴펀들랜드, 허드슨 베이 일대 등 상당 부분을 영국령 아메리카에게 내주었다.

유럽에서 전쟁이 벌어지면 아메리카에서도 마지못한 듯 따르는 전통은 1740년, 조지아와 에스파냐령 플로리다의 접경에서 다시 이어졌다. 처음에는 작은 충돌로 불과했던 것이 오스트리아의 카를 6세(Karl VI)가 사망하면서 전면전으로 돌변한 경우였다. 이어진 오스트리아 왕위계승 전쟁 동안 프랑스는 당시 오스트리아의 지배를 받던 네덜란드를 합병할 생각으로 프로이센을 지지했다. 반면에 대영제국은 프랑스가 네덜란드를 손에 넣지 못하도록 오스트리아를 지지했다. 아메리카에서 조지 왕의 전쟁이라고 불린 이 전쟁은 1748년, 엑스라샤펠 조약이 맺어지면서 끝이 났다. 그동안 북아메리카에서 벌어진 주요 사건이라고는 1745년 6월에 영국 상비군과 아메리카 민병이 케이프브레턴 섬의 루이스버그 프랑스 요새를 점령한 것이 고작이었다. 하지만 평화조약에 따라 루이스버그와 그 밖에 노획한 영토는 예전 주인에게 돌아갔다.

조지 왕의 전쟁
독일의 목판화. 현대 작품인데, 조지 왕의 전쟁 때인 1745년 6월, 루이스버그를 점령하는 영국군의 모습을 담고 있다.

프렌치–인디언 전쟁

이 기간 동안 벌어진 마지막 전쟁은 7년 전쟁이라고도 불리는 프렌치–인디언 전쟁이었고, 1754년 봄에 유럽이 아닌 북아메리카에서 시작되었다. 1753년 겨울에 스물한 살의 민병대 소령 조지 워싱턴(George Washington)은 버지니아 총독 로버트 딘위디(Robert Dinwiddie)를 대신해서 오하이오 계곡의 프랑스인들에게 최후통첩을 전했다. 대영제국의 땅(식민지 투기꾼들이 군침을 흘리는 곳이었다)에서 떠나든지 아니면 무력충돌을 각오하라는 내용이었다. 프랑스인들이 땅을 내주지 못한다고 거부하자 중령으로 진급한 워싱턴은 5월에 무장병 160명을 데리고 다시 찾아갔다. 그는 오늘날 피츠버그에 해당되는 프랑스 포트뒤켄 근처에 조잡한 방책을 건설하고 포트니세시티라는 이름을 붙였다. 얼마 후에 워싱턴이 프랑스 정찰대 체포 명령을 내리고 프랑스군이 니세시티 요새를 맹공격하면서 프렌치–인디언 전쟁이 시작되었다. 워싱턴은 병력의 3분의 1을 잃은 뒤 항복했고, 잠시 동안이나마 일대를 프랑스에 내주었다.

이후 전쟁이 다시 시작되기까지는 몇 년의 세월이 흘렀다. 윌리엄 피트(William Pitt)가 총

피트

피트는 1740년대에 하원 지도부로 권좌에 올랐다. 그는 별명이 위대한 평민이었고, 신생 하노버 왕가의 외교적 술수에 종종 반대했다.

리의 자리에 오른 1756년이 되어서야 논리적인 군사 계획이 마련되었던 것이다. 예전에는 식민지 의회가 마지못한 듯 군대와 물자를 조달해 주어야 전쟁을 치를 수 있었다. 하지만 이제는 피트가 직접 나서 지휘봉을 잡았다. 그해에는 유럽에서도 충돌이 빚어졌지만 그의 관심사는 식민지라는 무대였다. 북아메리카뿐 아니라 인도, 아프리카, 공해(公海)에서까지 프랑스를 몰아내는 것이 그의 목표였다. 군사적인 측면에서 보자면 피트의 세계적인 전략은 큰 성공을 거두었지만, 영국 재정을 거의 파산지경으로 몰고 갈 만큼 비용이 많이 들었다. 피트는 처음으로 대규모 영국군을 북아메리카로 파견하면서 주둔 비용을 줄이기 위해 민간인을 활용한 물자조달을 허락했다. 그리고 추가 병력이 필요하면 민간인에서 차출하도록 했다. 이에 화가 난 식민지 주민들은 일부에서 폭동을 일으켰고, 피트는 1757년 뉴욕 시의 반란소식을 접한 뒤 민가에서 보급품을 징발할 때 대가를 치르도록 한 걸음 양보했다.

1759년 9월 13일, 영국의 제임스 울프(James Wolfe) 사령관이 퀘벡에서 몽칼름(Montcalm) 후작을 격파하면서 전쟁은 일대 전환기를 맞이했다. 그로부터 1년 뒤, 프랑스 패잔병들이 몬트리올에서 제프리 애머스트(Jeffrey Amherst)에게 항복하면서 캐나다 일대는 영국의 수중으로 넘어갔다. 1763년 2월에 체결된 파리 조약을 통해 캐나다 합병은 문서화되었고, 미시시피 강 동쪽의 프랑스령 루이지애나마저 영국 땅이 되었다(뉴올리언스와 루이지애나 서쪽은 1762년에 이미 에스파냐로 양도된 땅이기 때문에 제외되었다).

벤저민 웨스트의 "울프 장군의 죽음"(1771년)
울프 사령관의 생애 마지막 순간을 묘사하고 있다. 그는 퀘벡 외곽의 에이브러햄 평원에서 치명상을 입었지만, 프랑스의 요새가 영국군에게 함락되었다는 소식을 듣고 눈을 감았다.

올버니 회의

프렌치–인디언 전쟁 이전에는 식민지끼리 정치적으로 접촉을 하는 경우가 거의 없었다. 오랜 관록을 자랑하는 영국 상무부는 그냥 내버려두면 아메리카 식민지가 분열된 채 서로를 의심할 줄 예상하고 있었다. 때문에 상무부에서는 1754년 6월 뉴욕 주의 올버니에서 회의를 개최하고 일곱 개 식민지의 대표단이 모여 공동대응책을 의논하도록 주선했다.

영국 측이 원한 것은 군비와 동맹군 이로쿼이와의 공조 방안 정도였지만, 펜실베이니아의 벤저민 프랭클린(Benjamin Franklin)은 이 수준을 넘어서 식민지 연맹이라는 좀더 광범위한 의견을 제시했다. 그의 연방 계획을 소개하자면 다음과 같았다.

각 식민지 의회가 파견한 대의원으로 대의회를 만들고, 왕실에서 임명한 의장을 둔다. 대의원의 숫자는 세금의 액수에 따라 정해지고, 의장은 대의회의 모든 결정에 거부권을 행사할 수 있다. 이 연방의회는 법률을 제정하고 세금을 부과하되 아메리카 대륙의 방어, 인디언과의 관계, 서부 변경지대의 개척에만 관여한다. 즉, 육군과 해군 양성을 위한 자금을 마련하고, 인디언과 교섭을 벌이고, 애팔래치아 산맥 서쪽의 땅을 배분할 권리가 주어진다.

올버니 회의(Albany Congress)에 파견된 대표단은 프랭클린의 계획에 찬성했지만, 이후 영국 왕실과 각 식민지 의회의 반대에 부딪쳤다. 각 식민지 의회는 기득권(특히 과세권)을 내줄 생각이 없었다. 이후에도 각 식민지는 저마다의 길을 걸었고, 군사 공조는 대부분 영국 정부의 주도 아래 영국 정부의 부담으로 이루어졌다.

JOIN, or DIE.

아메리카 최초의 만평
벤저민 프랭클린이 자신이 발행하는 《펜실베이니아 가제트》 1754년 5월 9일판에 실은 목판화. 불발로 끝난 식민지 연대계획을 홍보하기 위해 실은 것이다.

한편 군대 지원차 아메리카 해안을 순찰하는 영국 선박의 숫자가 대규모로 늘어나자 세관원들은 항해법을 시행할 수 있게 되었다. 식민지 주민들의 입장에서 보자면 원통한 노릇이지만, 이들의 시행 의지는 꽤 강력했다. 뭍에서 활동하는 세관들은 특히 보조수색영장을 아주 효과적으로 활용했다. 보조수색영장은 밀수품이 있지 않을까 의심되는 곳이면 어디든지 들어가 검사할 수 있는 종합허가증이었고, 영국 국왕의 땅이라면 어디에서든 사용이 가능했다. 때문에 1760년 조지 2세가 세상을 떠나자 보스턴의 상인들은 제임스 오티스(James Otis)를 동원하여 영장의 합법성을 따졌다. 조지 3세(George III)가 영장을 갱신하기 이전을 노린 작전이었다. 하지만 오티스는 임무에 실패했고, 수색과 밀수는 계속되었다.

피트는 항해법을 시행하면 추가 세입이 생기고, 이것으로 전쟁 때문에 생긴 어마어마한 부채를 줄일 수 있을 것으로 기대했다. 런던 당국에서 보자면 아메리카 식민지의 방어에 쓰인 비용이니만큼 식민지에서 많은 부분을 부담하는 것이 당연했다. 항해법이 세입증가 면에서 낙제점을 기록했을 때 피트의 후계자 조지 그렌빌(George Grenville)은 이런 관점을 근거로 새로운 조치를 만들었다. 1764년 무렵 영국의 전쟁부채가 1억 3천만 파운드에 이르자 의회를 설득해 세입법을 통과시킨 것이다.

설탕법이라고도 불리는 이 법안은 설탕, 당밀, 직물, 커피, 인디고 등 식민지 주요 생필품의 수입관세를 늘리거나 새롭게 관세를 부과하는 내용이 주요 골자였다. 그중 특히 재미있는 부분은 수입 당밀에 부과되는 세금의 변화였다. 영국 정부는 1733년에 제정된 당밀법에 따라

> "대의원 없이
> 실시된 과세는
> 폭정이다."
>
> 오티스, 1763년

서 외국산 당밀의 경우 1갤런당 6펜스의 수입세를 거두었다. 엄청난 영향력을 행사하는 영국령 서인도제도의 사탕수수 재배업자들에게 아메리카 무역 독점권을 주기 위한 조치였다. 그래도 영국령 서인도제도와 프랑스령 서인도제도의 당밀 가격차가 워낙 심했기 때문에 아메리카의 럼 제조업자들은 1갤런당 1페니의 뇌물을 세관들에게 제공하며 프랑스산 당밀을 계속 수입했다. 그런데 새로운 설탕법과 더불어 세금이 1갤런당 3펜스로 2분의 1이 깎이면서 비용과 뇌물이 엇비슷한 수준이 되었다. 이 부분은 희소식이었다. 하지만 그렌빌이 세금을 반드시 내게 할 목적으로 설탕법에 특별 조항을 도입했다는 점이 문제였다. 이에 따르면 식민지 상인들은 아메리카 항구를 출입하는 모든 선박의 적재량을 명세서로 남겨야 했다. 그리고 밀수를 하다 발각이 되면 처벌이 훨씬 엄격한 해사(海事) 재판소에서 재판을 받아야 했다.

새로운 조항을 접한 식민지 주민들은 경악을 금치 못했고, 의회의 한심한 행각에 분노했다. 의회에서 세입법을 통과시켰다는 자체가 말도 안 되는 일이었다. 통상 규제는 분명 의회의 권리였다. 이 점은 아메리카 주민들도 인정했다. 하지만 수입세로 국고가 어느 정도 채워지더라도 어디까지나 규제라는 목적에 따르는 부수적인 부분이 되어야 하는데, 오로지 세입 증가를 목적으로 하는 세입법은 전혀 다른 차원의 문제였다. 아메리카 주민들의 관점에서 보자면 의회는 신민(즉 대영제국에 사는 국민)과 똑같은 방식으로 그들에게 세금을 부과할 권리가 없었다. 프렌치-인디언 전쟁 비용으로 얼마가 들었건, 의회에는 아메리카 주민의 대의원이 한 명도 없지 않는가 말이다. 버지니아 평의회가 지적했다시피 '직접 선출한 대의원의 동의 없이 세금을 부과할 수는 없는 법'이었다. 다른 식민지 의회들도 의회는 국경 안에서만 세금을 징수할 수 있다고 생각했다.

1774년 런던에서 발간된 판화
영국 세금 납부에 반대한 아메리카 주민들이 워낙 많았기 때문에 왕실에서 파견한 세관원들은 공격의 표적이었다. 제목은 "소비세 징수관에게 돈을 내는, 또는 타르를 칠하고 새털로 덮으며 괴롭히는 보스턴 주민들"이다.

인지세법

설탕법에 가장 거세게 반발한 곳은 보스턴이나 뉴욕과 같은 상업도시였지만, 농촌에서도 땅과 그 밖의 다른 자산 역시 과세 대상이 될 수 있다는 위기 의식을 느꼈다. 한편 계속되는 밀수 때문에 설탕법 세입이 2만 파운드에 그치자 그렌빌은 또 다른 방법을 고안해 냈다. 법률 서류와 관세 신고서에서부터 혼인 허가서, 심지어는 신문에 이르기까지 거의 모든 인쇄물에 납세필증을 붙이도록 하는 인지세법을 1765년 3월 22일에 통과시킨 것이다. 영국에서도 이미 비슷한 세법이 실시되고 있었기 때문에 그렌빌은 성공을 자신했고, 공평하고 합당한 처사라고 생각했다. 하지만 식민지 주민들이 반발할 경우에 대비해 세입은 모두 '식민지 보호'에 쓰인다는 문구를 넣었다.

이틀 뒤, 의회에서는 그렌빌이 마련한 아메리카 식민지 관련 법안

수입인지
(오른쪽) 식민지 주민들에게는 생소했을지 모르지만, 영국에서는 1694년부터 수입인지 비슷한 것이 쓰였다.

을 또 하나 통과시켰다. 식민지 의회는 영국군에게 적절한 숙식을 제공할 의무가 있다는 숙영법이었다. 그렌빌이 보기에는 이 법안도 완벽하게 이치에 맞았다. 식민지를 위해 파병한 군대인데, 숙식 정도는 식민지에서 해결해 주어야 되는 것 아니겠는가? 하지만 식민지 주민들이 보기에는 파병 시기가 엉뚱했다. 인디언과 프랑스를 상대로 100년이 넘게 싸우다 드디어 안정기로 접어들었는데 왜 이제 와서 주둔군을 두겠다는 것인가? 이들이 보기에는 영국 정부의 직권을 행사하고 기존의 자유를 억압하려는 게 주둔군의 목적으로 보였다. 특히 납세필증과 세무관이 집중된 상업 중심지에서는 반대하는 분위기가 전체적으로 팽배한 상황이었다.

누군가 그렌빌에게 일련의 법안은 과거의 수동적인 태도에서 벗어나려는 의지의 표현이냐고 물었다면 부인하지 않았을 것이다. 하지만 식민지의 권리를 강탈하려는 의도가 아니냐고 하면 강하게 반박하면서 모국의 합법적인 지위를 회복시키려는 생각일 따름이라고 주장했을 것이다. 어쨌거나 식민지를 정치적으로 압박하려는 의회의 시도는 설탕법보다 더욱 강한 반발을 불러일으켰다. 사실 인지세법은 아메리카 식민지 전체가 사상 최초로 조직적인 항의를 벌이는 계기가 되었다.

총대를 매고 나선 매사추세츠 총회는 1765년 6월에 식민지 전체 회의를 열어 인지세법에 반대하는 공동대책을 마련하자고 제안했다. 이에 아홉 개의 식민지 대표는 10월에 뉴욕 시에서 인지세법 회의를 열고, 설탕법과 인지세법의 폐지를 촉구하고 세금 부과 여부는 식민지 주민들이 직접 선출한 대표만 정할 수 있다는 진정서를 작성했다. 한편 주민들은 자유의 아들단의 지휘 아래 보스턴과 뉴욕 시 등지의 공관을 습격하고 인지세 관리들에게 사임 위협을 가했다. 때문에 인지세법이 시행되기 시작한 11월 1일 무렵에는 인지 판매를 담당하는 관리가 한 명도 남지 않았고, 시행은 사실상 백지화되었다. 이와 더불어 수입거부 협정에 동참하는 아메리카 상인들의 숫자가 늘어나면서 사업에 타격을 입은 영국의 상인과 제조업자들은 의회에 인지세법의 철회를 요구하는 진정서를 제출하기에 이르렀다.

심지어 새뮤얼 애덤스와 같은 애국파는 권력을 남용하고 식민지의 권리를 무시하는 정부는 전복되어야 마땅하다며 독립을 주장하고 나섰다. 독립을 운운하는 소식을 들은 피트는 난색을 보이며 인지세법 폐지에 찬성표를 던졌다.

"인지세법을 폐지하면 아메리카의 온건층이 모두 우리편으로 돌아설 테니 몇 안 되는 급

자유의 아들단

자유의 아들단은 영국 통치를 혐오하는 애국파들이 인지세법 위기가 닥쳤을 때 결성한 연대 조직이다. 여러 도시의 자유의 아들단 지부는 기존의 클럽이나 협회에서 이름만 바뀐 경우가 대부분이었다. 자유의 아들단 운동은 영국 의회가 1766년에 인지세법을 폐지하면서 자연스럽게 사라졌다가 2년 뒤 타운센드 법이 통과되면서 다시 부활했다. 영국 지도부에서는 자유의 아들단이 독립운동을 벌이는 게 아닌가 의심했지만, 단원들은 대부분 영국 왕실에 충성했다. 그들은 왕실 관리의 횡령에 맞서 그들의 권리를 시킬 뿐이라고 주장했다.

WILLIAM JACKSON, an IMPORTER; at the BRAZEN HEAD, North Side of the TOWN-HOUSE, and Oppofite the Town-Pump, in Corn-hill, BOSTON.

It is defired that the SONS and DAUGHTERS of LIBERTY, would not buy any one thing of him, for in fo doing they will bring Difgrace upon themfelves, and their Pofterity, for ever and ever, AMEN.

1770년 1월의 전단
자유의 아들단은 수입 거부 운동을 벌이기 위해 이같은 전단을 자주 배포했다.

진파 공화주의자를 혼쭐내기도 쉽지 않겠습니까?"

그는 현실적으로 볼 때 세금 징수를 맡으려는 사람이 없다는 점도 지적했다. 이렇게 해서 1766년 3월에 인지세법은 폐지되었다. 하지만 의회는 체면유지 차원에서 선언법을 통과시켰다. 영국 의회는 아메리카 식민지와 주민을 대상으로 모든 법률을 제정할 권리가 있다고 천명하는 법안이었다.

타운센드법

그래도 세입 문제는 해결되지 않은 숙제였다. 영국의 전쟁 부채는 사라지지 않고, 식민지가 상당 부분 부담을 해야 된다는 것이 재무상 찰스 타운센드(Charles Townshend)의 확고한 입장이었다. 직접세를 부과하면 인지세법 때와 비슷한 반발이 불 보듯 뻔했기 때문에 1767년 5월에 타운센드는 설탕법 개정판에 해당되는 새로운 관세조치를 제안했다. 6월 말에 의회를 통과한 타운센드법은 유리, 납, 페인트, 종이, 차와 같이 수요가 많은 몇 가지 생필품에 수입세를 부과했다. 그뿐 아니라 보조수색영장을 부활시켰고, 식민지 의회가 총독을 인질로 삼지 못하도록 왕실에서 총독의 봉급을 직접 챙기게 만들었다. 북아메리카 주둔군의 숫자를 줄이는 한편, 남은 주둔군의 유지 비용은 전적으로 식민지에서 부담하도록 했다.

1768년 보스턴에 도착한 직후의 게이지

존 싱글턴 코플리가 그린 초상화. 식민지 아메리카 화가 가운데 으뜸으로 손꼽히던 코플리는 런던의 유혹에 넘어가 1774년 그곳으로 건너갔다.

다시 한 번 매사추세츠 총회의 주도 아래 전 식민지 대표가 회의를 열고 수입거부협정 재개를 선포하는 회람서를 작성했다. 이 소식을 듣고 화가 난 매사추세츠 총독 프랜시스 버너드(Francis Bernard)는 의회 해산 명령을 내렸고, 영국군을 보스턴으로 급파해 달라는 비밀 서신을 영국 의회에 보내기 시작했다. 보스턴의 영국 관리들은 1768년에서 1769년까지 2년 동안 자유의 아들단에게 밀려 경제적인 면에서나 정치적인 면에서 영향력을 행사하지 못했다. 새뮤얼 애덤스와 같은 애국파는 주민들을 선동하여 왕실에 충성을 바치는 토리당 상인들까지 수입거부협정에 동참하도록 만들었다. 버너드 총독은 북아메리카 주둔 영국군의 총사령관 격인 토머스 게이지(Thomas Gage) 소장에게도 핼리팩스의 대규모 부대를 보스턴으로 보내 왕실의 권위를 회복시켜 달라고 간청했다. 그런데 사실 버너드는 군대 지원을 요청할 권리가 없었다. 지원 요청은 매사추세츠 상원의 독자적인 권한이었는데, 투표로 선출되는 상원은 지원을 요청할 생각이 전혀 없었다. 버너드는 1768년 7월에 런던의 상관에게 편지를 보내 난처한 입장을 호소했다.

게이지 장군은 핼리팩스에 명령을 내려 출정 준비를 모두 끝냈지만, 제가 정식으로 요청하기 전까지는 움직일 수 없다고 합니다. 그렇다면 평생 움직일 수 없다는 뜻입니다. 저

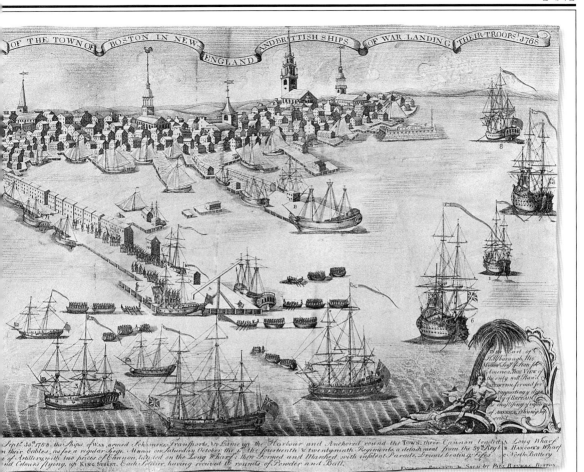

롱워프에 도착한 영국군
리비어는 "킹 가의
피비린내 나는 대학살"을
발표하기 2년 전에 1768년
영국군이 보스턴의
롱워프에 도착한 모습을
이렇게 자극적인 판화에
담았다.

로서는 상원의 동의가 없으면 정식으로 요청을 할 수 없는데, 상원에서 동의할 리 없습니다. (중략) 한 마디로 말해서 주둔군은 이곳으로 건너와 폭동이나 반란을 진압하고, 조직적인 폭도의 손아귀에서 정부를 구출하고, 완전히 무너져 버린 공권력을 복구할 의사가 없습니다. 대영제국의 권위가 공공연하게 무시당하는 정도로는 (중략) 보스턴 주둔군을 동원할 수 없다면 좀더 분명해질 때까지 기다릴 수밖에 없습니다.

1768년 9월 말이 되자 드디어 런던의 명령에 따라 게이지의 보병 2연대가 보스턴으로 파견되었다. 병사들은 숙소 때문에 지방 관리들과 승강이를 벌인 뒤(1개 연대는 첫날밤을 파뇌유 홀에서 보냈다) 정기순찰을 시작했고, 보스턴은 군대가 주둔하는 마을이 되었다. 하지만 영국군 600명의 등장은 여러 애국파 조직의 사상 유래 없는 결속으로 이어졌고, 그 결과 정치는 교착 상태로 접어들었다. 버너드와 토머스 허친슨(Thomas Hutchinson) 부총독은 관세법을 엄격하게 실시하면 폭동이 벌어질까봐 적극적으로 나서지 못하는 상황이었다. 한편 급진주의 애국파는 공개적으로 반역을 일으킬 수 있는 입장이 아니었다. 따라서 보스턴의 영국 정부는 밀수꾼들을 선별해 처단했고, 상인들은 영국 상품 불매운동을 계속했다. 1770년 3월 2일, 그러

조지 3세
1760년대 후반에 왕실화가 앨런 램지의 화실에서 포즈를 잡았다. 그는 1774년 11월에 이렇게 말했다. "혼쭐이 나면 이 나라에 복종할 것인지 아니면 독립할 것인지 결정을 내리게 될 것이다."

니까 영국군 토머스 워커(Thomas Walker)가 그레이의 밧줄공장으로 들어선 그날은 양쪽에서 사건 하나만 터지면 대규모 폭동이 벌어질 수도 있겠다고 생각하던 무렵이었다.

금요일이던 그날, 밧줄공장 안으로 들어선 워커에게 보스턴 주민인 윌리엄 그린(William Green)이 뻔한 질문을 했다.

"군인양반, 일을 하고 싶소?"

워커가 그렇다고 대답하자 그린은 비웃는 투로 말했다.

"그럼 우리집 변소 청소나 해 주지 그래?"

다른 일꾼들은 와하하 웃음을 터트렸지만 워커는 표정이 굳어졌고, 이렇게 싸움이 시작되었다. 마을 주민들은 금세 워커를 쫓아 냈고, 그가 8~9명의 친구들과 함께 다시 찾아왔을 때에도 식은 죽 먹기로 해치웠다. 워커가 거의 서른 명에 이르는 병사들을 이끌고 세 번째로 나타났을 무렵에는 보스턴 주민 쪽도 숫자가 많아졌다. 훨씬 격한 싸움이 벌어졌지만 결과는 전과 마찬가지로 병사들의 패배였다.

그 주 주말, 보스턴은 겉으로는 평화로워 보였지만, 대규모의 극단적인 조치를 준비하고 있다는 소문이 이 집에서 저 집으로 번졌다. 준비하는 주체가 영국군이라는 사람도 있고, 자유의 아들단이라는 사람도 있었다. 이후에 한 영국군 사병은 밧줄공장 일꾼들끼리 영국군은 죽으면 어디에 묻힐까 궁금해하는 소리를 들었다고 증언했다. 반면에 어느 밧줄공장 일꾼은 영국군 네 명이 "다음 주 월요일(3월 5일) 저녁을 끝으로 다시는 밥 구경 못할 인간들이 숱하게 나올걸!" 하고 이야기하는 것을 들었다고 장담했다.

월요일 저녁까지는 아무 일 없이 지나갔다. 그날밤, 세관과 영국군 본부 근처에 마련된 초소에서는 휴 화이트(Hugh White) 일병이 보초를 서고 있었다. 그런데 저녁 8시 무렵, 에드워드 개릭(Edward Garrick)이라는 이발관 조수가 이 앞을 지나다 29연대 소속 장교 존 골드핀치(John Goldfinch)를 보고 화이트에게 들으라는 듯이 외쳤다.

"우리 선생님한테 머리를 깎아 놓고 돈도 안 낸 녀석이 지나가네?"

잠시 후 개릭은 다른 조수와 함께 화이트의 초소 근처로 다시 와서 골드핀치를 계속 헐뜯었다. 화이트가 우리 장교님 같은 신사분이 그럴 리 없다고 대꾸하자 개릭은 빈정거리는 투로 말했다.

"29연대에 신사가 어디 있어?"

이 말에 화이트는 초소를 박차고 나와 개릭에게 다가갔다.

"네 면상이나 보자."

이 말에 개릭이 얼굴을 내밀자 화이트는 머스킷 총으로 그의 머리를 내리쳤다. 개릭이 울부짖는 소리를 듣고 몇 분 만에 보스턴 주민 50명이 험상궂은 표정으로 모여들었다. 화이트는 머스킷총을 장전하며 세관 계단 쪽으로 후퇴해서 총검을 꽂고 성난 군중을 마주보며 섰다.

군중은 화이트에게 얼음조각을 던지며 소리쳤다.

"저 자식 죽여 버려! 패 버려! 쏴 봐라, 이 자식아! 쏘지도 못할 주제에!"

화이트는 지원을 요청했다.

"본부, 나와라!"

한편 인근 브래틀 가에서는 보스턴 주민 한 명이 위아래로 달리며 고함을 질렀다.

"시민들, 모두 나오시오! 시민들, 모두 나오시오!"

주둔군 숙소인 머레이 막사 앞으로 삽시간에 인파가 모여들었고, 이들은 병사들을 향해 눈덩이를 던지며 욕설을 퍼부었다. 골드핀치를 비롯한 몇몇 영국군 장교들이 병사들에게 막사로 돌아가라는 명령을 내렸고, 머스킷총을 발사하려는 사병을 여러 번 때려눕혔다.

그날밤, "불이야!" 하는 소리가 어두컴컴한 길 위로 울려 퍼졌다. 보스턴에는 가로등도, 소방서도 없었기 때문에 잠에서 깬 시민들이 양동이를 들고 나왔다. 하지만 불이 났다는 소리는 거짓말이었고, 이들은 대부분 킹 가로 건너가서 화이트를 둘러싼 군중 대열에 합류했다. 이제 사람들은 400명 정도로 불어나 있었다. 한편 그날 저녁 보초 관리를 맡은 토머스 프레스턴 (Thomas Preston) 대위는 저녁식사를 하다 지원병을 요청하는 화이트의 연락을 받고, 사병 여섯 명과 하사 한 명으로 꾸린 구원군과 함께 성난 군중에게 다가갔다.

그는 세관 계단으로 가서 포위 당한 보초병에게 정렬을 명하고, 대열을 유지하며 영국군 본부로 돌아가려고 했다. 하지만 사람들이 그의 앞길을 가로막았다. 꼼짝없이 갇히게 된 프레스턴 대위는 부하들에게 세관을 등지고 원호 모양으로 방어대형을 짜라는 명령을 내린 다음 군중을 향해 해산하라고 외쳤다. 하지만 보스턴 주민들은 야유를 보내고 눈덩이를 던지며 병사들에게 쏠 테면 쏘아 보라고 비웃었다. 잠시 후 토리당 소속의 치안 판사 제임스 머레이(James Murray)가 킹 가에 도착해서 소요단속법을 읽기 시작했다. 하지만 이 법은 큰 소리로 낭독한 뒤에야 발효가 되는데, 사람들이 그대로 놓아 두지 않았다. 소요단속법 낭독을 막으면 프레스턴과 병사들이 법적으로 애매한 입장에 놓이는 줄 알고 있기 때문에 눈덩이와 얼음 세례를 퍼부어 머레이를 쫓아 버린 것이다. 프레스턴이 데리고 온 구원군 중 사흘 진 그레이의 빗줄공장에서 싸움을 벌인 매튜 킬로이(Matthew Killroy)와 윌리엄 워런(William Warren) 일병이 끼어 있다는 사실이 밝혀진 순간, 군중의 노여움은 몇 단계 높아졌다.

피비린내 나는 대학살

여기저기서 병사들을 떼밀며 겁쟁이라고, 쏠 테면 쏴 보라고 비아냥거렸다. 곤봉을 들고 나온

1770년대 아메리카에 주둔한 영국 보병이 쓰던 모자
빨간 외투 라고 불렸던 영국군은 붉은색 군복 때문에 바닷가재라는 별명도 얻었다.

Last Wednesday Night died, *Patrick Carr*, an Inhabitant of this Town, of the Wound he received in King-Street on the bloody and execrable Night of the 5th Instant——He had just before left his Home, and upon his coming into the Street received the fatal Ball in his Hip which passed out at the opposite Side ; this is the fifth Life that has been sacrificed by the Rage of the Soldiery, but it is feared it will not be the last, as several others are dangerously languishing of their Wounds. His Remains were attended on Saturday last from Faneuil-Hall by a numerous and respectable Train of Mourners, to the *same* Grave, in which those who fell by the *same* Hands of Violence were interred the last Week.

3월 19일자 《보스턴 가제트》에 실린 카의 부고

3월 5일 밤, 프레스턴의 부하들에게 사살된 아메리카 주민은 세 명이었다. 밧줄공장 사장 그레이의 아들 새뮤얼 그레이, 선원 제임스 콜드웰, 흑인 자유시민이었는지 탈출노예였는지 아니면 네이틱 부족 인디언이었는지(기록이 저마다 다르다) 불분명한 크리스퍼스 애턱스. 그리고 이후에 두 명의 추가 사망자가 생겼다. 열일곱 살의 견습생 새뮤얼 매버릭은 몇 시간 뒤 숨을 거두었고, 이민자 패트릭 카는 며칠 뒤 숨을 거두었다.

사람들은 머스킷총과 총검을 툭툭 쳤다. 프레스턴은 해산하라는 명령을 계속 외쳤다. 가끔은 프레스턴에게 다가와서 정말 총을 쏠 생각이냐고 묻는 사람도 있었다. 그때마다 그는 똑같은 대답을 반복했다.

"말도 안 되는 소리요. 말도 안 되는 소리."

하지만 웅성대는 소리는 점점 커져만 갔고, 병사들은 폭발하기 직전이었다. 프레스턴은 유혈참사가 일어나지 않도록 머스킷총 앞을 가로막고 섰다. 사람들은 이도저도 못하게 된 그의 처지를 보고 박수를 치며 웃었다. 공공질서를 유지할 수도 없고 우아하게 철수할 수도 없게 된 프레스턴의 처지는 보스턴의 영국인들이 맞닥뜨린 전반적인 상황과 거의 흡사했다.

병사들의 대열과 폭도들의 거리가 30-60센티미터로 좁혀졌을 무렵, 어디에선가 날아온 곤봉이 휴 몽고메리(Hugh Montgomery) 일병을 강타했다. 충격으로 쓰러졌던 몽고메리는 비틀거리며 일어서자마자 머스킷총을 집어들고 발사했다. 총성이 들린 순간, 성난 군중이 곤봉을 휘두르며 프레스턴과 병사들에게 달려들었다. 병사들은 곤봉 공격을 가까스로 막았지만, 1-2분 뒤에 다른 병사들도 총을 발사했다. 첫 번째 발포가 끝난 뒤에도 군중은 점점 앞으로 다가왔고, 병사들은 곤봉 세례를 피하며 머스킷총을 재장전했다. 잠시 후 두 번째 발포가 시작되었다. 몇 분에 걸쳐 주기적으로 한 발씩 발사하는 식이었다. 잠시 흩어졌던 군중이 쓰러진 사람을 수습하기 위해 다시 모여들었다. 병사들이 다시 공격을 당하지 않을까 두려운 마음에 세 번째 발사 준비를 하는 순간, 정신을 차린 프레스턴이 머스킷총을 밑으로 떼밀며 외쳤다.

"발사 중지! 쏘지 말란 말이다!"

근처 주택에 응급병원이 마련되었고, 프레스턴은 병사들과 함께 본부로 돌아갔다. 그리고 잠시 후 전 보초병을 동원하여 본부와 옛 의사당 사이에서 사격대열을 만들도록 했다. 한편 보스턴 시민들 사이에서는 병사들이 무차별 학살을 준비 중이라는 소문이 번지면서 한 시간도 안 되는 사이에 1천 여 명이 집결했다. 온건주의 애국파는 허친슨(버너드의 퇴임으로 보스턴 영국 정부의 최고위직이 되었다)에게 보복 행위가 벌어지지 않도록 킹 가의 병사들을 철수시켜 달라고 간청했다. 하지만 허친슨은 받아들이지 않았다. 그는 프레스턴과 거친 말을 주고받은 뒤 옛 의사당 발코니로 올라가 군중을 상대로 연설을 시작했다. 총격사건을 철저하고 공정하게 조사할 테니 자진 해산하라는 내용이었다.

"모두 법대로 처리할 것이오. 나는 법에 살고 법에 죽는 사람이오."

이 말을 듣고 대부분의 시민이 집으로 돌아갔다. 급진파 몇백 명은 남아서 즉각적인 대책을 요구했지만 헛수고였다.

3월 6일 새벽 2시, 보안관이 프레스턴 대위의 체포영장을 들고 나타났고, 한 시간 뒤 대위는 체포에 응했다. 함께 있던 병사 여덟 명도 그날밤, 교도소에 갔힌다. 아홉 명 모두 살인혐의였다. 다음날 시민 대표자 회의가 열린 자리에서 새뮤얼 애덤스와 몇몇 애국파는 허친

슨에게 영국군 전 병력의 보스턴 철수를 요구했다. 총독 대리인 허친슨은 요구를 부분적
으로 수용하면서 프레스턴의 29연대를 캐슬 윌리엄으로 이동시켰다. 하지만 시민 대
표들은 그 정도로 만족하지 않았다. 허친슨은 결국 항복하고 14연대마저 캐슬 윌
리엄으로 보냈다.

이후 사람들의 관심은 수감된 병사들의 재판으로 쏠렸다. 3월 19일에 열린
회의에서 대표들은 즉심을 요구했지만, 총독 대리는 격앙된 분위기 때문에 유죄
판결이 내려질까 걱정하는 마음에서 요구를 받아들이지 않았다. 얼마 전 리처드
슨의 경우를 볼 때 허친슨의 걱정은 일리가 있었다. 4월 21일에 열린 재판에서
예심 판사는 사이더의 죽음이 정당방위에 따른 것이었다고 판단했음에도 불구하
고 보스턴 배심원단은 유죄 판결을 내렸던 것이다. 결국 6개월이 지난 9월 7일에 병
사들은 정식 기소되었고, 모두들 무죄를 주장했다. 프레스턴의 재판은 10월 24일에 시
작되었다. 그런데 아이러니컬하게도 검사진에는 매사추세츠 법무차관이자 토리당원으로 유
명한 새뮤얼 퀸시(Samuel Quincy)가 끼여 있었고, 변호인단에는 노련한 애국파 변호사 조시
아 퀸시(Josiah Quincy, 새뮤얼의 형제)와 존 애덤스가 들어 있었다. 공평하고 공정한 재판을
위해 마련된 구성이었다.

검사 측 증인들이 줄줄이 불려나와 보스턴 시민의 입장에서 바라본 그
날의 사건을 증언했고, 변호인 측에서는 증인들을 통해 병사 쪽 이야기를
들었다. 애국파에 속하는 검사 로버트 트리트 페인(Robert Treat Paine)은
마지막 반론에서 보스턴 시민들을 옹호하며 "모욕적인 발언을 한 사람의
옆에 있었다는 이유로 모두가 책임을 져야 하는 것은 아니다."라고 했다.
즉, 프레스턴의 부하들은 무차별 사격할 권리가 없었기 때문에 살인죄가
있다는 뜻이있다. 존 애덤스는 병사들이 실제로 군중에게 공격을 당했기
때문에 정당방어 차원에서 총을 쏜 것이라고 반격했다.

아마 그날의 군중은 건방진 꼬맹이, 검둥이나 혼혈, 아일랜드 출신,
시골에서 건너온 뱃사람 등 어중이떠중이였을 겁니다. 3월 5일 보스턴에
서 군중이 병사를 공격했다고 해서 태양이 서거나 사라지거나 강이 마르
지는 않습니다. 이 마을에서는 상대적으로 보기 드물고 희한한 사건이지
만, 전 세계나 영국 전역에서 보자면 새로운 일이 아닙니다. 고인이 된 패
트릭 카는 아일랜드 출신으로 이런 식의 폭행 사건에 종종 연루된 바 있습
니다. 사실 인구가 많은 마을에 군대가 주둔하면 폭동 한 건을 막는 사이
두 건이 터집니다. 평화를 유지하러 왔다는데, 유감스러운 노릇 아닙니까?

재판이 마무리될 무렵, 대법원의 에드먼드 트로브리지(Edmund Trowbridge) 판사는 "보
초병이 모욕을 당했고 프레스턴 대위와 부하들이 그를 도우러 간 상황이라면 정당하다고 볼
수는 없어도 이해는 할 수 있는 살인"이라고 배심원들에게 이야기했다. 그리고 이런 상황에서

존 애덤스 초상화
벤저민 블라이스가
1766년쯤에 그렸다.

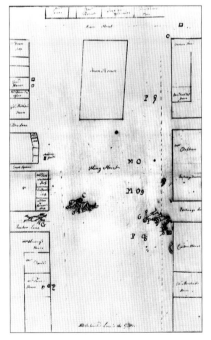

보스턴 대학살 현장의 지도
프레스턴 재판 때 쓰였다.
리비어의 작품으로,
사망자 네 명이 쓰러진
위치가 그려져 있다.

노스 경의 초상화
1778년 3월자 《타운 앤드 컨트리 매거진》의 총리 소개 기사에 함께 실린 것이다.

는 "작은 불똥 하나가 엄청난 불길로 번질 수 있는데, 결국 보초병과 피에몬테 출신의 이발관 조수의 말다툼이 다섯 명의 희생으로 이어졌다."고 말했다. 10월 30일에 배심원단은 무죄 판결을 내렸다. 조시아 퀸시와 존 애덤스가 활약한 덕분이기도 하지만, 배심원단에 토리당원으로 알려진 사람만 다섯 명이었다는 사실로 미루어볼 때 보스턴의 애국파는 유죄 판결보다 상징성에 의미를 두고 있었다. 한 달 뒤, 병사 여덟 명이 단체로 재판을 받았다. 여섯 명은 무죄로 석방됐고, 구속이 결정되었던 킬로이와 몽고메리, 두 사병은 오른쪽 엄지손가락에 낙인을 찍는 것으로 감형되었다.

한편 영국의회에서는 타운센드의 과세품목에서 차만 남겨 두고 나머지 모두를 취소했다. 세금이 사라지자 수입거부협정도 자취를 감추었고, 식민지 주민들은 대영제국과 무역을 다시 시작했다. '대학살'의 분노가 뼈에 사무친 보스턴에서도 다른 지역의 경쟁자들에게 주도권을 빼앗기지 않기 위해 영국 상품을 사고 팔았다. 그 결과, 대학살 관련재판이 끝난 1770년 12월 무렵에는 애국파의 대의명분이 거의 힘을 잃었다.

새뮤얼 애덤스와 자유의 아들단원들은 1772년 11월에 열린 보스턴 대표자 회의에서 애국파의 불만 사항을 조율하고 널리 알릴 수 있도록 연락위원회를 개설하자고 제안했다. 반영국 분위기를 되살리기 위한 조치였다. 매사추세츠의 다른 마을과 코네티컷, 뉴햄프셔, 로드아일랜드, 사우스캐롤라이나, 버지니아에서도 이와 비슷한 위원회가 만들어졌다. 위원회끼리 의견과 정보를 자주 주고받으면서 전 식민지의 공조관계가 되살아났고, 위원회 의원들은 공론 조성에 중요한 축을 담당했다. 하지만 애국파의 주장에 힘을 실어 주는 쪽은 언제나 영국이었다.

1770년대 초반 동안 아메리카에서는 고요한 분위기가 감돌았지만 밑바닥에 흐르는 긴장 관계는 여전했다. 예를 들어 1772년 6월에는 로드아일랜드 주민들이 영국의 세관선 가스페를 흘수선까지 태웠다. 왕실에서는 사건을 수사하기 위해 치안판사를 파견했지만, 범인을 밝히지 못했다. 식민지 주민들 입장에서는 가장 즐겨 마시는 차에 수입세를 부과한 것도 짜증이 나는 부분이었다.

보스턴 차 사건

1789년 파뇌유 홀
보스턴의 경우 독립전쟁 이전에는 필요한 일이 있으면 파뇌유 홀에 유권자 대부분이 모여 시민 대표자 회의를 열었다. 회의를 하러 모인 시민 3천 명은 밖으로 걸어 나가기면 하면 삽시간에 폭도로 돌변할 수 있었다.

그런데 엎친 데 덮친 격으로 영국 의회는 1773년 5월에 '차조례(茶條例)'를 만들어 동인도회사에 식민지 차 무역의 독점권을 부여했다. 차조례에 따르면 동인도회사는 영국과 미국의 중간상을 거치지 않고 식민지 중개인에게 직접 차를 팔 수 있었다. 덕분에 동인도회사는 가격을 훨씬 낮추면서도 썩 괜찮은 이윤을 남길 수 있었는데, 아메리카 주민들은 이같은 조치의 장기적인 의미를 금세 알아차렸다. 아메리카의 무역업은 무엇이든 영국의 간섭을 벗어날 수 없었다.

연락위원회와 식민지에서 발간되는 신문 대다수의 후원을 등에 업고 차조례에 반대하는 시위가 전역으로 확산되었다. 폭력사태를 우려한 뉴욕 시와 필라

델피아의 영국 정부는 동인도회사의 차를 싣고 처음으로 도착한 선박에게 하역 허가를 내리지 않고 영국으로 돌려보냈다. 사우스캐롤라이나의 찰스턴에서는 동인도회사의 차를 배에서 내리기는 했지만 창고에 쌓아 두고 시판하지 않았다. 12월 16일에 보스턴에서는 자유의 아늘단 원들이 인디언 옷을 입고 부두에 정박 중이던 다트머스 위로 올라가 동인도회사의 차를 배 밖으로 집어던졌다. 이것이 보스턴 차 사건이었다.

영국 의회는 보스턴을 처벌하고 아메리카 식민지 전체를 더욱 강하게 압박했다. 강제법에는 못 먹게 된 차를 변상할 때까지 보스턴 항구를 상업적인 용도로 쓸 수 없도록 폐쇄한다는 보스턴 항구법이 있었다. 그리고 재판운영법은 중죄를 저지른 영국 관리들도 본국으로 송환한다는 내용이었고, 선거로 임용되던 최고위 관리들도 왕실에서 임명하겠다는 매사추세츠 정부법은 사실상 식민지 자치제도의 종식을 의미했다. 마지막으로 1765년 판을 개정한 숙영법에서는 기존 막사가 부실할 경우 식민지 전역의 민가를 영국 주둔군의 숙소로 쓸 수 있도록 했다. 이 무렵 영국 의회에서는 퀘벡법까지 통과시켜 캐나다 국경을 남쪽으로 오하이오 계곡까지 늘리고 매사추세츠, 코네티컷, 버지니아

의 땅이었던 지역을 퀘벡에게 넘겨 주었다. 아메리카 식민지 주민들은 이 다섯 가지를 묶어 '참을 수 없는 법'이라고 통칭했다.

9월 5일, 12개 식민지를 대표하는 56명(조지아에서는 총독이 대표단 파견을 막았다)이 필라델피아의 카펜터스 홀에 모여 참을 수 없는 법에 공동 대응할 방법을 모색했다. 새로운 법의 기본 골자는 대영제국 전반에 걸쳐 전권을 휘두르겠다는 의회의 강력한 의지 표명이었다. 이에 대표단은 존 애덤스가 작성한 권리선언을 통해 식민지는 국내 문제에 관한 한 영국 의회의 결정을 따를 의무가 없으며 대영제국의 통상규제 부분에서만 의회의 권위를 인정한다고 발표했다. 그뿐 아니라 참을 수 없는 법이 폐지될 때까지 영국 상품의 수입과 소비를 보류하기로 했다.

제1차 대륙회의는 허친슨의 뒤를 이어 게이지 장군이 총독으로 부임한 매사추세츠의 불안한 상황에 대한 이야기도 나누었다. 게이지는 보스턴으로 다시 돌아온 영국군의 지원을 등에 업고 있었지만, 여전히 미묘한 입장이었다. 그 정도 영국군으로 보스턴을 장악할 수는 있어도 인구가 많고 정치적으로 소란스러운 외딴 시골까지 통제하기에는 턱없이 부족했다. 필라델피아에 모인 대표단은 보스턴의 급진파에게 휘둘려 의사를 결정할 생각은 없었지만, 매사추세츠 시민들에게도 자기방어를 할 권리는 있었다. 따라서

말을 타고 달린 폴 리비어

1775년 봄 무렵 보스턴에서는 영국과 아메리카측 스파이가 넘쳐났다. 주둔군 숫자가 4천여 명으로 늘어나고 긴장감이 극에 달하자 애국파의 지도부 격인 샘 애덤스(Sam Adams)와 존 핸콕(John Hancock)은 외곽으로 거처를 옮겼다. 그래도 보스턴에는 자유의 아들단원들이 꽤 많이 포진해 있었고, 이들은 영국군의 동향을 파악해 알리는 역할을 했다.

4월 18일 밤, 보스턴 애국파의 수장 조지프 워런(Joseph Warren)은 영국군 750명이 대형 보트를 타고 은밀히 찰스 강을 건넜다는 보고를 받았다. 그는 즉시 보스턴 지협 너머 뭍길로 윌리엄 도스(Willam Dawes)를 보냈다. 인근 렉싱턴과 콩코드 주민들에게 영국군의 도착을 알리기 위해서였다. 그리고 폴 리비어(Paul Revere)는 영국군처럼 좀더 빠른 '물길'로 보냈다.

리비어는 노스 교회의 뾰족탑에 랜턴 두 개를 매다느라 — 미리 정해 놓은 신호였다 — 한참 동안 시간을 보낸 뒤 배를 타고 보스턴 항을 건넜고, 11시 무렵 노스 교회의 신호를 보고 모인 애국파 몇 명과 찰스타운에서 만났다. 그리고 여기에서 건네 받은 말을 타고 렉싱턴을 향해 달려가며 집집마다 영국군이 들이닥친다고 알렸다. 그는 자정이 다 되었을 무렵 애덤스와 핸콕이 머무는 조너스 클라크(Jonas Clark) 목사의 집에 도착했다. 전하는 이야기에 따르면 집을 지키고 있던 윌리엄 먼로(William Munroe) 중사가 다들 자고 있으니 소란을 피우지 말라고 했더니 리비어는 이렇게 호통을 쳤다고 한다.

"소란이라고! 조금 있으면 난리가 날 걸세. 상비군들이 뛰쳐 나오고 있으니까!"

1768년 코플리가 그린 리비어 초상화
리비어는 헨리 워스워스 롱펠로가 1863년에 발표한 시에서 말을 타고 열심히 달린 영웅으로 묘사되어 있기도 하지만, 아메리카에서 손꼽히는 은세공사이기도 했다. 특히 그가 만든 사발과 접시는 박물관에 전시해도 손색이 없을 만한 걸작품이다.

전 세계에 울린 총성

게이지는 매사추세츠 총독으로 1년을 보내면서 정신을 바짝 차리게 되었다. 그는 노스 경에게 각 지방의 민병을 제압하려면 2만 명의 추가 지원이 필요하다고 알렸다. 그리고 지원군이 고작 3,500명밖에 되지 않는다는 소식이 전해지자 유일한 통로인 보스턴 지협의 방어를 강화하고 외곽 출입을 최대한 자제했다. 하지만 1775년 4월 14일에 식민지 담당장관인 윌리엄 레그 다트머스(William Legge, 2nd earl of Dartmouth) 경의 편지가 도착했다. 식민지군이 몸집을 불리기 전에 선제 공격하라는 내용이었다.

게이지는 28킬로미터쯤 거리의 콩코드에 무기와 탄약이 잔뜩 쌓여 있다는 소식을 듣고 탈취 준비를 서둘렀다. 그는 비밀리에 계획을 진행시키려고 애를 썼지만, 보스턴의 애국파들은 정기 군무 시간이 바뀐 것을 보고 낌새를 알아

차렸다.

근위보병과 경보병 750명이 프랜시스 스미스(Francis Smith) 중령의 지휘 아래 4월 18일 밤을 틈타 보스턴을 출발했다. 다음날 동이 틀 무렵 존 핏케언(John Pitcairn) 소령이 이끄는 선발대가 렉싱턴 그린에 도착했다. 그곳에서는 하도 집결이 빨라서 1분 기동대라고도 불리는 매사추세츠 민병대 70명이 이들을 기다리고 있었다. 민병대가 영국군의 앞길을 가로막지는 않았지만 도전적인 분위기였다. 핏케언의 해산 명령을 듣고 민병대가 물러서려는 순간, 어디에선가 총성이 들렸고 — 영국군 측이었는지 아메리칸군 측이었는지는 알 수 없다 — 뒤를 이어 발포 소리가 연거푸 들렸다. 무기 면에서 달리던 민병대는 몇 분 뒤 사망자 여덟 명과 부상자 열 명을 남겨 둔 채 후퇴했다. 영국군측 부상자는 한 명이었다.

잠시 후 영국군은 콩코드에 도착했지만, 식민지의 무기는 대부분 다른 곳으로 옮겨진 뒤였다. 스미스의 부대는 남은 보급품을 모조리 파괴하고 노스 교에서 또 다른 1분 기동대와 작은 접전을 치렀다.

이윽고 영국군은 보스턴으로 기나긴 행군을 시작했지만, 건물, 돌담, 울타리, 나무 뒤에 숨어 있던 아메리카 저격병에게 몇십 명이 희생을 당했다. 렉싱턴에 도착하자 지원군 900명이 스미스의 대열에 합류했지만, 이제는 오후 내내 세력을 모은 아메리카군에게 두 배로 압도당하는 상황이었다. 대포가 없었더라면 보스턴 땅을 밟은 병사가 한 명도 없었을지 모른다.

1765년 고플리가 그린 핸콕 초상화
핸콕은 4월 19일 새벽에 새뮤얼 애덤스와 함께 마차를 타고 렉싱턴을 떠나다 독립전쟁의 시발탄을 들은 것으로 전해진다. 그때 애덤스는 이렇게 외쳤다고 한다. "이 얼마나 찬란한 아메리카의 아침인가!"

**렉싱턴과 콩코드의 전투를
알리는 1775년 4월 21일자
인쇄물**
식민지군측 사망자 40명과
부상자 20명의 명단이
실려 있다.

게이지가 무력을 동원할 경우 매사추세츠 시민들도 똑같이 대응할 수 있고 다른 식민
지에서도 지원을 보내기로 합의했다. 그리고 1775년 5월 초에 다시 회의를 열기로 합
의했다.

독립전쟁

그 무렵 렉싱턴 그린에서는 이미 독립전쟁의 시발탄이 발사되었고, 뉴잉글랜드 전역의
민병 1만 6천 명은 보스턴의 영국 주둔군을 포위했다. 제2차 대륙회의를 위해 필라델
피아에 모인 대표단은 무장 충돌이라는 현실을 앞에 두고 대응책을 고심해야 되는 상
황이었다. 이들은 먼저 코네티컷 대표 실리어스 딘(Silas Deane)이 표현한 대로 '통상
규제권이라는 묵은 문제'를 놓고 토론을 벌였다. 신중한 중부 식민지 대표들은 화해가
최선책일지 모르는 상황에서 뉴잉글랜드와 버지니아의 급진파가 아메리카 전역에 반역을 강
요하는 것 아니냐는 우려를 나타냈다. 하지만 무력대응이 시급한 현실이었기 때문에 협상 이
야기보다는 적극적인 전쟁준비가 우선과제였다.

제2차 대륙회의는 버지니아의 워싱턴을 만장일치로 아메리카군 총사령관에 선출했다. 워
싱턴은 즉시 보스턴으로 떠날 차비를 서둘렀다. 12일이 걸리는 길이었다. 하지만 6월 17일, 워
싱턴이 필라델피아를 출발하기도 전에 게이지 장군이 보스턴을 에워싼 식민지군을 상대로 공
격을 시작했다. 그가 선택한 공격 대상은 보스턴 항의 맞은편이자 식민지 민병들이 브리즈 언
덕과 벙커 언덕에 요새를 쌓던 찰스턴이었다. 18세기 군장교들이 감탄해 마지않던 사격대열을

『상식』

존 애덤스
애덤스는 1805년에 이런 기록을
남겼다. "지난 30년 동안 자국의
국민과 역사에 톰 페인보다
많은 영향을 미친 사람이
있을까?" 옆은 1792년 조지
롬니의 초상화를 1793년
윌리엄 샤프가 판화로
만든 작품이다.

인간은 원래 기존의 충성심을 쉽게 버리지 못한다.
1, 2차 대륙회의에 참석한 대표단이 영국 국왕에게
쉽사리 반기를 들지 못한 것도 그 때문이다. 하지만 토머스
페인(Thomas Paine)은 머뭇거리지 않았다. 그는 여러 직
업을 전전하다 실패한 끝에 역전의 기회를 노리며 1774년
영국에서 필라델피아로 건너갔다. 열렬한 공화주의자 겸
평등주의자였던 그는 아메리카의 정치혁명을 부르짖는
지도부 인사들과 어울리기 시작했고, 이윽고 지도부 대
열에 합류했다. 1776년 1월에는 익명으로 소책자 『상식
(Common Sense)』을 발간해 전제정치를 비난하며 아메리
카 독립혁명의 역사적 의의를 강조했다. 놀랍게도 『상식』
은 15만 부가 팔려 나갔고, 독립에 이르는 몇 달 동안 아메
리카 정치계에 지대한 영향을 미쳤다. 페인은 이렇게 지적
했다.

"아메리카의 대의명분은 인류의 대의명분과 많은 부분
일치한다."

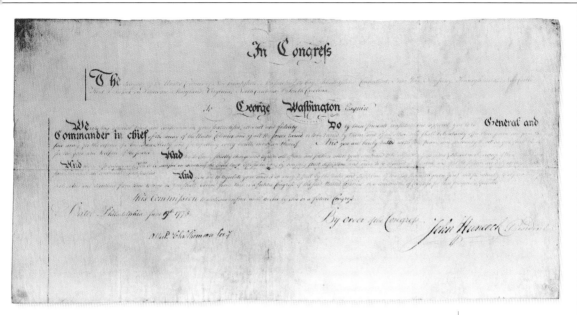

(아래) 워싱턴은 1775년
6월 19일에 대륙군
총사령관으로 정식
임명되었다.
1790년 작품.

갖춘 뒤 윌리엄 하우(Willeam Howe) 소장의 지휘 아래 요새를 전면에서 공격하는 것이 영국군의 작전이었다. 하지만 이들이 28킬로그램짜리 군장을 짊어지고 높은 풀밭을 지나 비탈길을 올라가는 동안 아메리카군은 참호 속에서 총알세례를 퍼부었다. 하우의 부대는 세 번의 공격을 통해 탄약이 떨어진 아메리카군을 찰스턴에서 쫓아 내는 데 성공했다. 하지만 이 과정에서 2,200명의 절반이 부상을 당했고, 200여 명이 목숨을 잃었다. 반면에 아메리카 쪽 사상자는 400명에 불과했다. 이후에 조지 3세는 게이지를 직위해제하고 식민지가 왕실을 상대로 '공개적인 반란'을 일으켰다고 선언했다. 그는 12월 23일에 아메리카 모든 항구의 무역을 금지한다는 윙령을 신포했다.

전투는 계속되었다. 1775년에서 1776년으로 넘어가는 겨울 동안 워싱턴은 보스턴 외곽에서 군대를 조직적으로 양성하기 시작했고, 일부 아메리카 병력은 캐나다를 습격했다. 규모는 작지만 낙천주의로 똘똘 뭉친 두 부대 — 각각 여단장 리처드 몽고메리(Richard Montgomery)와 베네딕트 아널드(Benedict Arnold)가 이끄는 부대였다 — 는 북아메리카에서 방어가 가장 단단하다는 퀘벡에서 뭉쳤고, 정월 초하루 새벽 4시가 지났을 무렵 공격을 시작했다. 이들은 기습공격의 이점을 살려 일부가 퀘벡 안으로 입성하는 데 성공했다. 만약 몽고메리가 전사하지 않고 아널드가 부상을 입지 않았더라면 영국 수비군을 무너뜨릴 수 있었겠지만, 오전 9시 무렵 시내에 남아 있던 아메리카군은 항복하고 나머

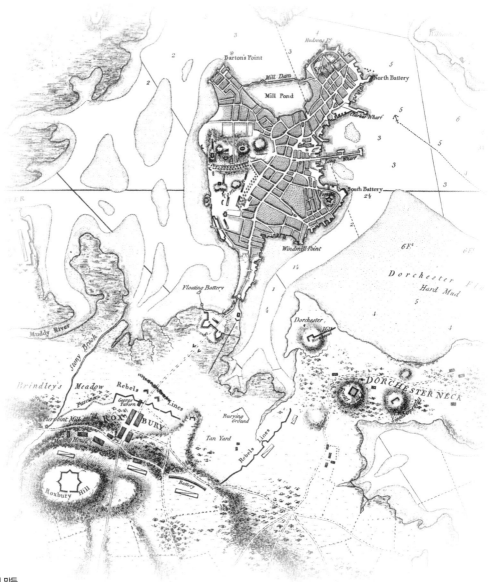

1775년 토목관이 만든 영국군 지도

이 지도를 보면 알 수 있다시피 독립전쟁 당시 보스턴 해협은 워낙 좁았다. 아메리카군의 입장에서는 도체스터 고지만 점령하고 있으면 영국 주둔군을 보스턴 안에 쉽사리 가두어 놓을 수 있었다.

지는 절뚝거리며 후퇴했다.

　그해 겨울에 벌인 또 다른 전투도 힘겹기는 마찬가지였지만, 그래도 결과는 훨씬 성공적이었다. 1775년 5월에 이든 앨런(Ethan Allen)과 그린마운틴 의용군은 방어가 허술하던 샘플레인 호의 타이콘더로가 요새를 무너뜨렸다. 호수 남쪽 끝에 자리잡은 타이칸더로가 요새는 당시 캐나다와 아메리카 식민지를 연결하는 주요 수로이자 전략적 요충지였다. 게다가 이곳의 청동대포와 무쇠대포는 워싱턴이 보스턴의 영국군을 몰아 내는 데 반드시 필요한 도구였다.

1776년 2월에 대포의 존재를 알아차린 워싱턴은 서적상 겸 아마추어 대포전문가인 헨리 녹스(Henry Knox)에게 수거를 맡겼다.

녹스의 임무는 결코 쉬운 일이 아니었다. 황소 떼를 동원해야 될 만큼 무거운 대포인데다 18세기 운송 기술로는 그렇게 부피가 크고 무지막지한 물건을 한겨울에 버커셔 구릉 너머로 운반하기가 만만치 않았다. 그래도 녹스는 대포를 타이콘더로가에서 도체스터 고지로 옮겼고, 눈이 녹는 봄이 되면서 보스턴의 영국군은 대포의 사정거리가 닿는 입장에 놓였다. 하우 장군은 철수 외에는 방법이 없다는 사실을 깨닫고 워싱턴에게 타협안을 내놓았다. 영국군이 무사히 승선할 수 있도록 도와 주면 보스턴에 불을 지르지 않겠다는 내용이었다. 워싱턴은 협상안을 받아들였다. 이렇게 해서 1776년 3월 17일, 영국군 9천 명은 함선 125척에 나누어 타고 핼리팩스로 출발했다. 워싱턴은 남쪽의 뉴욕 시로 군대를 파견했다.

독립

정치 쪽으로 고개를 돌려 보면 제2차 대륙회의에 참가한 대표단은 1775년 내내 전쟁을 준비하는 한편 협상의 가능성을 배제하지 않았다. 하지만 1776년 봄으로 접어들면서 협상의 가능성은 점점 희미해져 갔다. 대중의 동의를 바탕으로 새로운 입헌 독립정부를 건설하자는 존 애덤스의 결의문이 5월 10일에 채택되었기 때문이다. 제2차 대륙회의는 해외에서 외교 및 군사 동맹을 찾고 사략선에게 영국 선박 약탈허가를 내리는 등 이미 임시정부의 역할을 수행하고 있었다. 그뿐 아니라 모든 외국 상선에게 아메리카 항구를 개방하여 영국 의회의 아메리카 무역 규제권을 전면 거부했다.

5월 15일, 신생 버지니아 평의회는 필라델피아에 파견한 대의원들에게 식민지의 독립과 새로운 연방정부의 탄생을 건의하라는 지시를 전달했다. 6월 7일, 버지니아 대표 리처드 헨리 리(Richard Henry Lee)는 이같은 내용을 담은 결의안을 제출했고, 대륙회의는 이를 알맞은 문서로 만들기 위해 서류 5인 위원회를 구성했다. 다섯 명의 위원은 존 애덤스, 프랭클린, 토머스 제퍼슨, 뉴욕의 로버트 리빙스턴(Robert Livingston), 코네티컷의 로저 셔먼(Roger Sherman)이었다. 독립선언문을 만들어야 영국에서 벗어나려는 식민지의 행동을 정당화할 수 있다고 제안한 사람은 애덤스와 프랭클린이었지만, 최종 선언문은 대부분 제퍼슨의 작품이었다. 대륙회의에 참석한 대표단 전원은 7월 2일에 투표를 통해 "이제 하나로 뭉친 각 식민지는 자유독립정부이며, 권리에 의거하여 마땅히 자유독립정부가 되어야 한다."는 리의 제안을 수용하기로 결정했다. 그리고 이틀 뒤에는 독립선언문을 승인했다.

독립선언문
제퍼슨의 독립선언문
초안.

독립선언문

아메리카 식민지가 대영제국에서 독립하려는 합당하고 정당한 이유를 세계에 알리는 것이 독립선언문의 목적이었다. 이를 위해서 제퍼슨은 정부가 너무 가혹한 정책으로 일관할 때 인간은 정부의 형태를 바꿀 권리가 있다는 점을 강조했다. 모든 정부의 정통성은 '국민의 동의'에서 비롯되기 때문에 동의를 얻지 못한 정부는 통치권이 없다는 것이 논지의 기본이었다.

이후에 존 애덤스는 독립선언문에는 '새로운 주장'이 하나도 없다고 했다. 이 부분에서만큼은 제퍼슨도 동의했을 것이다. 그가 유창하게 표현한 내용은 대부분 식민지의 고충을 털어놓는 자리에서 숱하게 나온 이야기들이었다.

핸콕은 대륙회의 의장답게 독립선언문에 가장 먼저 서명하는 영광을 누렸다. 그는 서명을 하면서 이렇게 말했다고 한다.

"우리는 하나된 모습을 보여야 합니다. 어느 방향으로든 흩어지면 안 됩니다. 똘똘 뭉쳐야 됩니다."

이 말에 프랭클린은 이렇게 대답했다고 한다.

"그렇습니다. 똘똘 뭉치지 않으면 분명히 한 명씩 끌려가 교수형을 당할 겁니다."

지어낸 이야기일 가능성이 크지만 ─ 어느 정도 진실이 담겨 있기는 하다. 식민지 주민들은 적어도 식민지 정책을 만든 사람들은 ─ 거국적인 단결의 중요성을 느끼기 시작한 것이다.

물론 독립선언문에는 기존의 각 식민지가 '자유독립정부'라고 적혀 있었다. 하지만 필라델피아에 모인 대표단은 이제 뉴욕 출신, 버지니아 출신, 펜실베이니아 출신이라기보다 아메리카 국민의 입장에서 생각을 하기 시작했다.

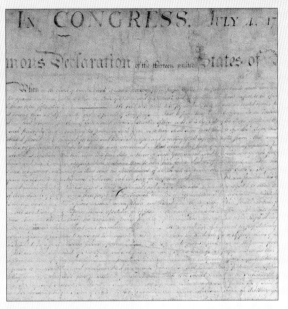

독립선언문 승인
대표단이 제퍼슨의 문구를 여기저기 손보기는 했지만, 아예 삭제된 부분은 아메리카의 노예제도를 조지 왕의 탓으로 돌리는 문구밖에 없었다. 이 문구를 없앤 것은 남부지방의 대표단(특히 사우스캐롤라이나의 대표단)의 지지를 얻은 대가였다. 왼쪽은 트럼벌의 1818년 작품으로, 1776년 7월 4일 펜실베이니아 주의회 의사당에 모인 제2차 대륙회의가 독립선언문 최종안을 승인하는 장면이다.

군사훈련
워싱턴의 군대는 필라델피아를 빼앗긴 뒤 밸리 포지에서 추운 겨울을 보냈다. 위 그림은 프로이센 장교 프리드리히 폰 슈토이벤 남작이 1778년 2월 밸리 포지에서 군사훈련을 시키는 장면이다.

독 립전쟁은 5년 동안 계속되었다. 1776년 전투에서 뉴욕 시 밖으로 밀린 워싱턴의 군대 는 하우에게 쫓겨 뉴저지와 델라웨어 강을 건넜고, 펜실베이니아에 도착한 뒤에야 한 숨을 돌렸다. 하지만 크리스마스날 밤, 워싱턴은 몰래 델라웨어 강을 다시 건너갔고, 술에 취 한 채 잠을 자고 있던 헤센 용병을 트렌턴에서 기습공격했다. 하지만 여기에서 거둔 승리는 사 기를 높이는 역할만 했을 뿐 의미는 없었다.

이듬해에 영국군은 존 버고인(John Burgoyne) 소장의 의견을 받아들여 뉴잉글랜드를 고 립시키는 작전을 동원하기로 했다. 이 작전의 핵심은 3면 공격이었다. 신사 조니가 이끄는 부대는 퀘벡에서 남쪽의 섐플레인 호로 가서 타이콘더로가를 탈환하고, 배 리 세인트레저(Barry St. Leger) 대령이 이끄는 부대는 세인트로렌스 강을 거슬러올 라가 온타리오 호로 진격한 뒤 동쪽으로 기수를 틀어 모호크 계곡을 따라 움직이고, 마지막으로 하우는 뉴욕 시에서 북쪽의 허드슨 강으로 옮겨 올버니에서 버고인, 세인트레저의 부대와 합류하자는 것이었다. 하지만 북아메리카 영국군 총 사령관을 맡고 있던 하우는 자신의 병력을 동원하는 데 몹시 신중한 태도를 보였고, 버고인의 작전 대신 남쪽의 필라 델피아로 진격해 반역군의 대륙회의를 공격하는 쪽을 선 택했다. 그런데 이것이 결정적인 실수였다. 1777년 9월 11일에 벌어진 브랜디와인 전투에서 워싱턴의 군대를 완 패하고 2주 뒤 필라델피아를 점령하기는 했지만, 북부 전투를 거들지 않으면서 생긴 빈자리가 훨씬 컸던 것이 다. 8월에는 식민지 민병대가 포트스탠윅스(오늘날 뉴욕 주 롬에 해당된다)에서 세인트레저의 부 대를 물리쳤다. 새러토가에서 대패한 버 고인은 10월 17일에 거의 6천 명에 이르

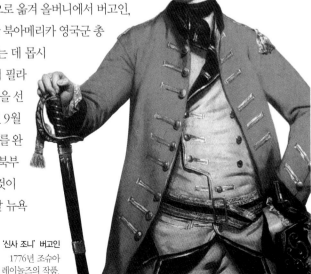

'신사 조니' 버고인
1776년 조슈아 레이놀즈의 작품.

대륙군의 군복에 달려 있던
단추

는 병사들과 함께 미국 지휘관 호레이쇼 게이츠(Horatio Gates)에게 항복했다. 대륙군이 새러토가에서 거둔 승리가 더욱 의미심장한 이유는, 프랑스가 미국의 독립을 인정하고 식민지의 편으로 참전하는 계기가 되었기 때문이다.

영국의 군사지도부는 영국군이 모든 면에서 아메리카군보다 낫다고 생각했다. 따라서 독립전쟁 내내 워싱턴과의 정면대결을 통해 대륙군을 일망타진하는 데 작전의 초점을 맞추었다. 이에 비해 워싱턴은 영국 지도부의 평가와 같은 생각이었기 때문에 모든 수단을 동원해 대규모 전면전을 피했다. 전투를 아예 피하지는 못했지만 질서정연한 후퇴라는 노련한 작전은 주효했다. 덕분에 그는 군대도 살리고 '빛나는 대의명분'도 살리는 성과를 거둘 수 있었다. 휘하 장교들도 종종 지적했다시피 이들에게는 '군대 자체가 혁명'이었다.

요크타운

영국은 유럽의 정치변화 쪽으로 관심이 쏠리면서 1778년부터 한층 방어적인 전략을 쓰기 시작했다. 그해 5월 무렵 북아메리카 영국군 총사령관이 하우에서 헨리 클린턴(Henry Clinton)으로 바뀌었고, 그로부터 한 달 뒤 클린턴은 필라델피아에서 뉴욕 시로 군대를 철수시켰다. 이듬해는 훨씬 조용하게 흘러갔다. 하지만 1779년 12월 26일에 클린턴은 사우스캐롤라이나의 찰스턴 함락을 위해 남쪽으로 대규모 함대를 파견했다. 1780년 2월 11일에 영국 함대는 찰스턴 남쪽 48킬로미터쯤 지점에 군사 8천 명을 상륙시켰고, 그로부터 6주 뒤에 클린턴의 부대는 정식 포위공격을 시작했다. 찰스턴 항에 정박한 영국 군함에서 몇 주 동안 포격이 이어졌고, 결국 찰스턴을 지키던 아메리카군 5,400명은 5월 12일에 항복을 선언했다. 클린턴은 남부원정대와 찰스턴을 찰스 콘윌리스(Charles Cornwallis)에게 맡기고 이내 뉴욕 시로 돌아갔다.

아메리카 병사의 북
1781년 3월 길퍼드
코트하우스 전투에서 어느
아메리카 병사가 들고
다녔던 북이다.

처음에 영국군은 남부전선에서 상당한 성과를 올렸다. 8월 16일에 콘윌리스 장군은 갈팡질팡하는 게이츠의 미국군에게 압승을 거두었다. 9월 초에 콘윌리스는 노스캐롤라이나로 진격했지만, 10월 7일에 킹스 산에서 1천 명의 국왕파를 잃으며 패배하자 캐롤라이나 내륙에서 전투를 벌이는 것이 현명한 판단인지 다시 생각하게 되었다. 이듬해 3월 15일의 길퍼드 코트하우스 전투에서는 승리를 거두었지만 엄청난 희생이 뒤따랐다. 결국 콘윌리스는 캐롤라이나를 포기하기로 결정하고 북쪽의 버지니아로 진격했다. 그는 요크타운에서 뉴욕 시의 클린턴이 파병할 지원군을 기다렸지만, 이후에 도착한 것은 워싱턴이 이끄는 대륙군 5천 명과 로샹보 백작 장 드 비뫼르(Jean de Vimeur)가 이끄는 비슷한 규모의 군대였다. 이들은 이미 요크타운을 포위하고 있던 프랑스-아메리카 연합군과 합류하여 1만 8천 명의 대군을 이루었다. 반면에 콘윌리스가 동원할 수 있는 병사는 1만 명에 지나지 않았다.

"콘월리스의 항복"
트럼벌은 독립전쟁에 참전한
뒤 런던으로 건너가 웨스트
밑에서 그림공부를 했다.
1817년에 의회는 그에게
신축 의사당을 위한 작품 네
점을 의뢰했다. 그중 하나가
"독립선언"이었고, 또 하나는
위의 "콘월리스의
항복"이었다.

　　게다가 버지니아 해안에는 프랑수아 드 그라스(François de Grasse) 제독이 이끄는 프랑스 함대가 정박해 있었다. 그해 여름 일찍 서인도제도에서 출발한 함대였다. 영국 측에서는 콘월리스를 돕기 위해 토머스 그레이브스(Thomas Graves) 제독을 파견했다. 양쪽 함대기 1781년 9월 5일에 빌인 전두는 흐지부지 끝이 났고, 그레이브스는 요크타운에 갇힌 콘월리스를 남겨둔 채 뉴욕 시로 돌아가 버렸다. 콘월리스는 포위망을 뚫으려다 실패하고 10월 19일에 항복을 선언했다. 이 소식이 쾌속 우편선을 타고 런던에 전해지자 노스 경은 "오, 하느님! 이젠 다 끝이로구나." 하고 탄식을 터트렸다. 뉴욕, 사우스캐롤라이나, 조지아에 병사 몇천 명이 아직 남아 있었지만 영국은 전의를 상실했다. 독립전쟁의 군사적인 측면은 이제 끝이 났다. 아메리카 식민지는 모국의 품을 벗어나는 데 성공했다.

인물 촌평

새뮤얼 애덤스
1722–1803년

잭 N. 래코브

애국파 지도자 중 현대 혁명가의 이미지에 가장 어울리는 인물이 새뮤얼 애덤스이다. 다른 지도부 인사들은 정치활동을 일종의 취미생활로 생각했고, 따라서 정치활동에 막대한 시간과 자금을 할애해야 하는 이유를 처음에는 이해하지 못했다. 하지만 애덤스는 인생 전반을 정치에 바쳤다. 보스턴에서 유명 양조업자의 아들로 태어난 애덤스는 열네 살 때 하버드 대학에 입학했고, 1740년에 졸업한 뒤 신문사를 설립했다. 하지만 신문사는 경영난에 허덕였고, 1748년에 아버지가 돌아가신 뒤 가업을 물려받았지만 이쪽 또한 성적이 좋지 못했다. 그 동안 그의 관심은 정치, 그중 특히 고향인 보스턴 주민의 복지문제 쪽으로 쏠렸다. 애덤스가 보기에 아메리카 주민들은 매사추세츠를 다스리는 왕실관리의 정책과 야심 때문에 영국인이라면 누구나 마땅히 누려야 할 권리들이 잠식당하고 있었다.

애덤스가 식민지 인사들 가운데 특히 경계했던 인물은 매사추세츠 정계의 떠오르는 스타이자 어마어마한 권력욕으로 무장한 허친슨이었다. 애덤스는 대부분의 애국파와 마찬가지로 왕실의 입김이 거세어지면서 영국인의 자유가 사장되어 간다고 신랄하게 비판한 18세기 영국 반대파의 인쇄물을 숱하게 접했기 때문에 허친슨과 같은 부류를 잘 알고 있었다. 왕실 정부는 공직임명권과 그 밖의 여러 부정행위를 통해 영국 의회의 독립권을 갉아먹었고, 식민지에서는 허친슨과 같은 사람에게 비슷한 전철을 밟도록 했다.

애덤스는 1750년대 후반과 1760년대 초반에 8년 동안 보스턴의 세무원으로 일하다 영국 의회가 인지세법을 통과시킨 1765년에 매사추세츠 총회에 합류했다. 그는 분쟁의 초기 단계부터 몇몇 지도부 인사들과 함께 보스턴의 저항운동을 조직했고, 해를 거듭하면서 점점 영향력을 더해 갔다. 권력을 다지기 위해 노력했다기보다는 사람들을 거리로 모으는 방법을 잘 알고 있었기 때문이다. 이 과정에서 애덤스는 동포의 자유를 외면하는 제1의 배신자로 허친슨(1770년에 매사추세츠 총독 대리로 임명되었다)을 지목하고 집중 공격을 퍼부었다.

1774년 무렵에 애덤스는 식민지 연대를 가장 열렬하게 지지하는 급진파로 부각되었다. 마침 이 해에 애덤스는 제1차 대륙회의의 대표단으로 뽑혔는데, 그가 조직한 보스턴 차 사건의 책임을 묻는 강제법이 발동되면서 대책 마련을 위해 소집된 회의였다.

제1차 대륙회의가 해산한 1774년 10월, 주둔군이 머무는 보스턴의 불청객이 된 애덤스는 렉싱턴으로 거처를 옮겼다(게이지가 독립전쟁의 시발탄이 된 1775년 4월 기습공격을 감행한 이유 중에는 애덤스와 부유한 동지 핸콕을 체포하겠다는 의도도 깔려 있었다). 애덤스가 언제부터 독립을 염두에 두었는지는 정확히 알 수 없지만, 제2차 대륙회의에서는 이를 위해 적극적으로 노력하는 모습을 보였다.

그는 1780년까지 대륙회의에서 활발한 활동을 벌이다 매사추세츠로 돌아가서 주의원을 지냈고, 이후 부총독을 거쳐 1794년에는 총독이 되었다. 결국 허친슨과 같은 자리에 오른 셈이다.

예전에는 애덤스를 급진적인 선전선동가로 묘사하는 역사학자들이 많았지만, 요즘에는 이런 이미지가 많이 희석되었다. 그는 1776년 4월에 다음과 같은 글을 남겼다.

"우리가 상황을 창조할 수는 없다. 상황을 현명하게 개선하는 것이 우리의 역할이다."

1770년 3월 6일, 영국군의 보스턴 철수를 요구하는 애덤스
코플리가 1770년대 초반에 그린 초상화.
오른손에 진정서를 들고, 왼손으로는 1691년에 윌리엄과 메리 부처가 매사추세츠에게
하사한 특허장을 가리키고 있다.

청교도의 전통에 충실한 사람답게 근면, 조직, 준비
성을 강조한 것이다. 애덤스는 과거의 종교적 미덕과 미

래의 민주주의 전망을 동시에 바라본 미국의 위대한 혁
명가였다.

5

신생 공화국

제헌회의

조지 워싱턴은 1787년 5월 13일 일요일, 아름다운 종소리와 축포가 울려 퍼지는 가운데 필라델피아로 들어섰다. 병사들이 퍼레이드를 거행하느라 자갈길을 저벅저벅 밟는 소리도 들렸다. 사방이 시끌벅적하고 즐거운 분위기였지만, 전직 총사령관이 이 도시를 찾은 목적은 이런 분위기를 즐기기 위해서가 아니라 훨씬 진지했다. 그는 버지니아 평의회 대표로 다음날 열리는 연방회에 참석하려고 나선 길이었다. 필라델피아 회의가 소집된 이유는 쓰러져 가는 중앙정부를 재정비하기 위해서였다. 워싱턴을 포함한 대다수의 대표단이 보기에 지금은 독립 자체가 위기에 직면한 상황이었다.

워싱턴은 성대한 입장식이 끝나자마자 여든한 살의 벤저민 프랭클린을 찾아갔다. 그는 해외 나들이 때문에 집을 비우는 일이 많았지만 마켓 가 근처의 최신식 대저택에 살고 있었다. 펜실베이니아 대표라는 프랭클린의 직책은 명예직에 불과했다. 하지만 전 세계적으로 명성이 워낙 대단했기 때문에 (워싱턴에 버금갈 정도였다) 각 지방의 대의원을 환영하는 임무가 자연스럽게 그의 몫이 됐다. 그뿐 아니라 프랭클린과 워싱턴은 연합헌장의 규정보다 훨씬 강력한 중앙정부를 건설해야 미국의 당면사태를 해결할 수 있다는 점에서 의견을 같이했다.

워싱턴과 비슷하게 부유하고 영향력 있는 대의원들이 가장 걱정했던 부분은 '민주주의의 남용'이었다. 소

1783년 11월, 뉴욕 시에 도착한 워싱턴의 모습
(왼쪽) 이 석판화를 보면 1787년 5월에 필라델피아로 들어섰을 때 어떤 환영을 받았을지 짐작할 수 있다.

수집단, 특히 소수채무집단의 권리를 강탈하는 주의회의 숫자가 점점 많아지고 있었다. 사실 필라델피아를 찾은 대의원 대부분은 '민주주의'라는 단어를 '전제정치'에 가깝게 해석했고, 지나친 세금과 인플레이션, 그 밖에도 채무공제를 통해 무지하고 완고한 사람들의 재산과 자본을 위기로 몰아 넣었다.

문제의 근원은 각 주의 자치권이었다. 독립선언 이후 연방조직의 필요성이 대두되었고, 이에 따라 연합헌장이 만들어졌다. 하지만 대다수의 미국인은 연합헌장을 임시방편으로 생각했다. 안정기로 접어들면 사라질 것으로 간주했다. 정계의 중추세력들은 새로운 주정부를 만드는 데 내달렸다. 토머스 세서슨은 새로운 주정부 건설을 독립의 '전적인 목적'이라고 표현했다. 심지어는 존 애덤스도 나중에 고백하기를 당시 '이 거대한 대륙을 하나의 중앙정부로 통합할 생각을 한 사람은 아무도 없었다'고 이야기했다.

하지만 제퍼슨과 수많은 사람이 기대를 걸었던 주정부는 1780년대 중반부터 우려의 대상이 되었다. 독립전쟁 당시 법의 테두리 밖에서 벌어졌던 애국파의 활동은 좀더 적극적인 대중의 참여로 이어졌다. 군중은 왕실을 무시하고 길거리를 순찰하며 범법자들에게 지역사회의 뜻을 강요했다. 곧 독립 이후 불침번의 필요성이 줄어들었음에도 불구하고 사람들은 대부분 정부기관, 심지어는 자기 마을의 기관까지도 전혀 믿지 않았다. 한편에서는 귀족정치나 군주정치에 기반을 둔 구시대의 공공선 개념이 사라지고, 대중의 요구에 민감하고 충실한

정부가 되어야 한다는 의견이 대세를 이루었다.

독립전쟁이 끝나갈 무렵, 국민들은 거의 대부분 일종의 보상을 기대했다. 채무 농민들은 세금이 낮아지고, 어음의 법정 상환기간이 연장되고, 화폐 발행이 늘어나서 인플레이션으로 부채가 줄어들기를 바랐다. 수공업자들은 농산물의 가격 통제가 이루어지고, 시장 독점이 폐지되고, 국내 생산품과 경쟁하는 해외 수출품에 새로운 관세가 부과되기를 원했다. 상인 채권단은 세금 부담이 지주에게 넘어가고, 사적으로 맺은 계약도 더 많은 법의 보호를 받을 수 있었으면 좋겠다고 생각했다. 다른 사업가들도 저마다 경제적인 특권을 기대했다. 하지만 채권자보다는 채무자가 훨씬 많은 실정이었기 때문에 이들은 주의회에 압력을 행사하기에 유리한 입장이었고, 결국 대다수의 주의회는 화폐를 대규모로 발행하고 채무 농민들에게 불리한 법 집행은 뒤로 미루었다. 이에 화가 난 채권자, 상인, 부유한 지주들은 '민주주의의 남용'을 저지할 방법을 찾기 시작했다. 하지만 연합헌장에 의거하여 탄생된 중앙정부는 이런 일을 맡기에 역부족이었다.

프랭클린
루이 16세 왕실에 파견된 미국 전권대사로 활약하던 1785년 무렵, 파리에서 제작된 초상화이다.

연합헌장 초안
1775년에 연합헌장을 최초로 제안한 주인공은 프랭클린이었다. 아래 보이는 초안에는 제퍼슨의 주석이 달려 있다.

연합헌장

대륙회의는 초기 3년 동안 주나 대중의 압력에 좌우되지 않고 상당히 독자적으로 운영되었다. 이들은 중앙군을 창설하고 화폐를 발행했고, 정해 놓은 절차나 유권자에 대한 의무 없이 외교 활동을 벌였다. 하지만 1776년 7월에 독립이 선포되면서 좀더 공식적이고 합법적인 동맹의 필요성이 대두되었다. 따라서 대륙회의는 연합헌장의 기초 아래 1777년 11월 무렵 미합중국이라는 새로운 존재를 가결했고, 1781년 3월에 각 주의 승인을 받았다. 하지만 애석하게도 연합헌장이 탄생시킨 중앙정부는 워낙 영향력이 없었다. 기껏해야 전시 상황에 대처하는 정도가 고작이었다.

신생 중앙정부는 연방의회라는 일원제를 채택했고, 주마다 한 개씩 투표권을 부여했다. 집행부나 사법부 등 중앙법을 집행할 기구는 전혀 없었다. 연방의회는 각 주에 지원금을 요청하는 데 그칠 뿐, 직접적으로 세금을 징수할 수는 없었다. 게다가 개별적인 미국 국민을 상대로 아무런 권한을 발휘할 수 없었을 뿐 아니라 13개 주의 만장일치를 거쳐야 헌장을 개정할 수 있었다.

한편 정계와 재계의 중추 세력 사이에서는 민족주의 의식이 번지기 시작했다. 대륙회의와 독립전쟁, 연합정부를 거친 경험에 이들의 개인적, 계급적 배경이 더해지면서 각 주의 자치권을 보장한 연합헌장의 조치는 잘못된 선택이었다는 생각이 점점 고개를 든 것이다. 그뿐 아니라 연방예산의 할당액 부담을 거부하는 주가 등장하면서 이로 인해 봉급을 받지 못한 대륙군 사이에서 폭동의 조짐이 생기고, 연방의회가 점점 무력화되더니 1787년 무렵에는 거의 인정을 받지 못하는 기관으로 추락한 것도 경각심을 불러일으키는 데 한몫했다.

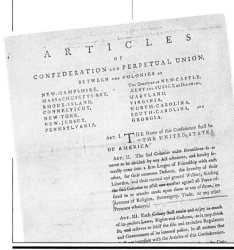

민족주의자들은 1780년대 중반 무렵에 미국의 붕괴를 막을 만한 계획을 마련했다. 연방 의회가 수입품에 5퍼센트의 세금을 부과할 수 있도록 연합헌장을 개정하는 것이 계획의 주요 골자였다. 연합헌장 개정은 수입세로 중앙정부에 독립재원을 마련해 인심 좋은 주를 골라 손을 벌릴 필요가 없게 만들고, 이것으로 전쟁 부채를 갚아 국내와 해외 양쪽에서 채무국으로 낙인이 찍힌 미국의 명예를 회복하자는 의도였다. 이렇게 되면 연합재무부에서 발행하는 국채의 가치가 상승하면서 채무상환에 드는 비용이 줄어들 가능성이 높았다. 하지만 12개 주가 찬성하고도 로드아일랜드 혼자 반대표를 던지는 바람에 이들의 시도는 물거품으로 돌아갔다.

좌절을 겪은 메릴랜드와 버지니아의 상인과 지주층 — 제임스 매디슨(James Madison)과 워싱턴이 대표적인 인물이었다 — 은 1785년 3월에 마운트버넌 회의를 결성했다. 표면적인 결성 목적은 포토맥 강의 선박 운항을 둘러싼 양 주 간의 분쟁 해결이었지만, 메릴랜드와 버지니아가 공동으로 통상법을 제정하면 내륙지역과의 무역이 확대되지 않을까 하는 희망이 숨어 있었다(이 당시에는 해외는 물론 다른 주에서 건너온 모든 수입품에 세금을 부과했고, 심지어는 영토 분쟁에 무력이 동원되는 경우도 있었다).

회의는 성공적으로 끝이 났다. 메릴랜드 의회에서 델라웨어와 펜실베이니아까지 초대해 좀더 폭넓은 2차 통상제도를 만들어 보자고 제안할 정도였다. 버지니아 평의회도 이에 동의했고, 매디슨의 의견을 받아들여 다음해 아나폴리스에서 2차 회의를 열 때 13개 주를 모두 초청하기로 했다. 하지만 1786년 9월 아나폴리스에서 열린 회의에 대의원을 파견한 곳은 5개 주에 불과했다. 저조한 참석률에 실망한 대의원들은 통상문제를 뒤로 젖혀 두고 미국의 정치적인 문제점을 고쳐야 된다고 목소리를 높였다. 아나폴리스의 대의원진은 적극적으로 나선 뉴욕 대표 알렉산더 해밀턴(Alexander Hamilton)의 선동으로 다음해 5월, 필라델피아에서 회의를 개최하자고 요청했다. 연방의회는 그 즉시 대의원진의 제안을 받아들였고, 이렇게 해서 제헌회의가 소집되었다.

필라델피아 회의

필라델피아 회의에 참석한 쉰다섯 명의 남자는 식민지 정부, 그리고 최근에는 주정부에서 잔뼈가 굵은 백전노장들이었다. 대륙회의나 연방의회, 또는 양쪽 모두에 몸 담았던 사람이 서른아홉 명, 주 차원의 제헌회의에 참여했던 사람이 여덟 명이었다. 전현직 주지사가 일곱 명이었고, 3분의 1이 대륙군 참전용사였다. 이 모두가 정치적인 역량을 발휘하여 무력으로 일구어 낸 독립을 수호하기 위해 모인 사람들이었다.

거세게 퍼붓는 봄비를 맞고 흙 길이 진흙탕으로 바뀌는 바람에 제때 도착한 대의원은 워싱턴을 비롯해 몇 명밖에 없었다. 회의가 열리기로 한 5월 14일에 모습을 드러낸 사람은 펜실베이니아와 버지니아의 대표단이 고작이었다. 5월 25일이 되자 7개 주 29명으로 정족수가 간신히 채워졌고, 이후 4주에 걸쳐 대의원들이 띄엄띄엄 도착하면서 7개 주는 12개 주로 불어났다. 하지만 숫자는 12에서 멈추었다. 독립에 집착한 로드아일랜드가 참가를 거부했기 때문이다.

로드아일랜드처럼 특권 보호에 촉각을 곤두세우지는 않았지만, 미국 인구의 거의 절반 정도를 차지하는 펜실베이니아, 버지니아, 매사추세츠를 경계하기는 규모가 작은 다른 주들도 마찬가지였다. 프랭클린이 올버니 회의에서 세금납부 비율에 따라 대의원 숫자를 할당하는 연방의회를 제안한 1754년부터 규모가 작은 주들은 자치권 축소에 반대하는 입장이었다. 일반 대중을 보더라도 미국인들이 기본적으로 애국심을 느끼는 대상은 각 주였다. 대륙군 참전용사를 제외하고는 '우리나라'라고 하면 대부분 자신이 속한 주를 가리키는 표현이었고, 대륙회의에 파견된 대표들은 '대사'라고 불렸다.

토론의 무대는 역사적으로 볼 때 거사를 치르기에 안성맞춤이었다. 제2차 대륙회의가 열렸고 독립선언문에 서명을 한 펜실베이니아 주의회 의사당(오늘날 독립기념관)의 이스트룸에서 토론이 시작되었으니 말이다.

5월 25일에 드디어 정족수가 채워지자 대표단은 먼저 진행의 문제부터 짚고 넘어갔다. 펜실베이니아 대표가 워싱턴을 의장으로 추천했고, 단독 후보로 투표를 치른 뒤 버지니아 출신의 워싱턴이 높다란 의장석에 앉았다. 그는 경험이 부족하다고 겸손하게 이야기한 사람답지 않게 뛰어난 솜씨로 공정하게 토론을 주관했다. 이는 모두가 인정한 부분이었다.

펜실베이니아 주의회 의사당
필은 필라델피아 회의 개최에 맞추어 이 판화를 제작했다. 그 당시 필라델피아는 인구가 4만 3천 명이었고, 미국에서 가장 큰 도시였다.

이후에 대표단은 각 주의 대표들끼리 다수결로 의견을 정한 뒤 주마다 한 표의 투표권을 행사하기로 결정했다. 구버노어 모리스(Gouverneur Morris)를 비롯한 그 밖의 다른 펜실베이니아의 대표들은 인구 비례제로 투표권을 행사해야 된다고 항의했지만, 버지니아 대표단이 얼른 중재에 나섰다. 그랬다가는 규모가 큰 주와 작은 주 사이에서 갈등이 빚어질 수 있기 때문이었다.

버지니아 안

면적과 인구 면에서 최대 규모를 자랑하던 버지니아 대표단은 뒤이어 몇 가지 의제를 내 놓았다. 이 의제는 에드먼드 랜돌프(Edmund Randolph) 주지자가 5월 29일에 제안했기 때문에 랜돌프 결의문이라고 불린다. 하지만 사실 숨은 공로자는 지난 몇 년 동안 정치 이론과 정부의 역사에 관한 모든 책을 섭렵한 매디슨이었다(심지어는 당시 프랑스 주재 미국대사로 있던 친구 제퍼슨에게 '몇몇 연방국의 일반적인 구성과 공법'을 다룬 책이 있으면 보내 달라고 부탁할 정도였다. 제퍼슨은 100여 권의 책을 보내 주었다). 버지니아 안(案)을 구성한 결의문에서는 연합정부의 치명적인 약점을 지적하면서 연합헌장을 개정할 것이 아니라 전혀 새로운 정부를 탄생시켜야 한다고 주장했다.

버지니아 안의 대부분은 오늘날 미국 헌법에 흔적이 남아 있다. 랜돌프가 제안한 새로운 정부 구조는 입법부, 행정부, 사법부의 세 부분으로 나뉘었다. 다시 양원으로 나뉘는 입법부는 법을 제정하고, 행정부는 법을 집행하고, 사법부는 법을 적용하는 기관이었다. 그리고 버지니아 안에서 제시한 입법부의 양원은 인구, 세금 액수 또는 양쪽의 혼합에 따른 비례대표제를 추구했다. 하원의원은 국민의 투표로 선출하고, 이들이 다시 상원의원을 선출하는 식이었다. 그리고 마지막으로 양원이 공동으로 3인의 운영위원회를 선출하고 사법부를 임명하자고 했다.

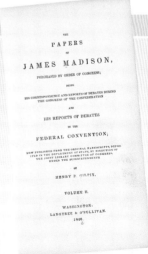

랜돌프
버지니아 대사 랜돌프.

이런 관점에서 볼 때 버지니아 안은 수많은 주정부가 채택한 구조를 전국적인 규모로 확대시켰다고 볼 수 있다. 하지만 각 주의 자치권이라는 문제에 있어서는 급진적인 면을 보였다. 랜돌프의 표현에 따르자면 "주라는 개념 자체가 거의 폐기 처분되어야 한다."는 것이었다. 랜돌프는 이를 위해 신생 정부가 주정부의 간섭 없이 미국 국민을 상대로 직권을 행사하고, '일부 주에서 연방조약에 위배되는 법안을 통과시켰을 때 중앙의회의 의견에 따라 무효화할 수 있는' 사상 유래 없는 권력을 휘두를 수 있어야 한다고 주장했다. 랜돌프가 까맣고 분을 칠하지 않은 머리카락을 뒤로 넘겨 가며 길고 자세한 설명을 마치자 그날의 회의는 끝이 났다. 다음날, 비지니아 안은 어섯 표의 찬성표(코네티컷이 유일하게 반대표를 던졌다)를 얻고 기본 협의안으로 채택되었다. 엄청난 토론이 시작되는 순간이었다.

비밀 토론

필라델피아 회의에 참석한 주 대표단은 1차 회의에서 워싱턴을 의장으로 선출한 직후, 토론 내용을 비밀에 부치자는 제안에 압도적인 숫자로 찬성표를 던졌다. 연합헌장을 전면적으로 폐기하는 자체가 지나친 월권으로 해석될 가능성이 농후할 뿐 아니라 이 사실이 공개되면 공청회의 압력 때문에 미묘한 협의가 불가능하다고 판단했기 때문이다. 또 한편으로 토론 내용을 비밀에 부치면 특정 주제에 대해서 공개적으로 항의가 불거지기 전까지 좀더 자유롭게 협상할 수 있었다.

대표단은 펜실베이니아 주의회 의사당 밖으로 나서면 입단속을 철저히 했다. 하지만 노쇠한 프랭클린은 믿을 만한 인물이 못 됐다. 때문에 회의가 시작되면 대표 한 명이 떠들썩한 디너파티마다 프랭클린을 따라다니면서 진행 상황을 공개할 기미가 보이면 얼른 화제를 다른 곳으로 돌렸다.

매디슨의 일기
서기마저 기록을 남기지 않았기 때문에 필라델피아에서 어떤 토론이 벌어졌는지 알 수 없다. 이에 대해 자세하게 알고 싶으면 매디슨의 일기를 참고하는 수밖에 없다. 그의 일기는 사후 4년째로 접어든 1840년에 출간되었다.

규모가 작은 주의 대표단의 경우 처음에는 랜돌프의 열렬한 민족주의에 휩쓸렸지만, 강력한 중앙정부가 탄생하면 규모가 큰 주의 이익만 대변하게 되는 것이 아닐까 점차 불안해하기 시작했다. 작은 주의 대의원들은 뒤늦게 도착한 뉴저지와 델라웨어의 주도로 존재감이 느껴지도록 애를 썼다. 토론이 진행되면서 새로운 입법부의 구성을 연방의회처럼 균등제로 할 것인가, 버지니아 안의 주장처럼 비례제로 할 것인가 하는 결정적인 문제점에 봉착했다. 6월 9일 토요일에 뉴저지 대표이자 오랫동안 뉴저지 법무장관을 역임한 윌리엄 패터슨(William Paterson)은 비례대표제로 할 경우 인구가 많은 주로 권력이 집중된다는 이유를 들어 절대불가 방침을 통보했다.

"비례대표제가 되면 뉴저지가 의회에서 펜실베이니아와 동등한 권리와 영향력을 누릴 수 있겠습니까?"

뉴저지 대표이자 매디슨과 절친한 친구로 지내던 제임스 윌슨(James Wilson)은 이렇게 물었다.

"물론 그럴 수 없겠죠. 이건 부당한 처사입니다."

방안의 긴장감이 한순간 고조되었다. 윌슨이 자리에 앉은 뒤 대표들은 당분간 그 문제는 접기로 하고 그날의 회의를 끝냈다.

또 한 가지 논란의 여지가 있는 문제는 새로운 의원 선출을 누구에게 맡기느냐 하는 부분이었다. 코네티컷 대표이자 뉴헤이번 시장인 로저 셔먼은 해당 지역의 시민이 아니라 주의회에서 하원의원을 선출해야 된다고 주장했다. 왜냐하면 일반 시민들은 '중앙정부에 대해서 아는 게 전혀 없고 정보가 부족해서 끊임없이 착각할 소지가 많기' 때문이었다. 사우스캐롤라이나 대표 찰스 코츠워스 핑크니(Charles Cotesworth Pinckney)도 일반 투표가 아니라 주의회를 통해 의원을 선출해야 지주의 이익을 보호할 수 있고, '부당한 조치를 방지할 수 있다'는 이유를 들어 셔먼의 입장을 지지했다. 매사추세츠 대표이자 독립선언문 서명에 동참했고 최근에는 보스턴에서 무역상 겸 금융업자로 성공한 엘브리지 게리(Elbridge Gerry)는 일반 투표를 찬성했지만, 국민을 사랑하는 마음에서 내린 판단은 아니었다. 그가 보기에는 주의회의 급진주의가 훨씬 더 무서웠다.

"우리가 겪은 재앙은 민주주의의 남용에서 비롯된 것입니다."

상원의원 문제로 넘어가자 작은 주 대표들은 또다시 주의회에서 선출하자는 주장을 했고, 이번에는 게리도 이 대열에 합류했다. 이전 해 매사추세츠 서부에서 벌어진 대니얼 셰이스(Daniel Shays)의 반란을 접하고 워낙 충격을 받았기 때문에 선거권에 어느 정도

로버트 모리스
필라델피아의 막후에서 가장 막강한 영향력을 행사한 주인공은 금융업자 겸 부동산 투기업자인 로버트 모리스였다. 그는 연합헌장 시절에 재정감독관으로 근무했고, 미국 최고의 갑부였다. 필라델피아 회의 때는 동료 채권자들을 단결시켜 강력한 중앙정부 탄생을 지지하도록 만들었다.

제한을 두어야 된다고 생각한 것이다. 그는 통상과 자본 문제는 일반 대중보다 주의회의 손에 맡기는 쪽이 훨씬 안전하다고 마지못해 인정했다. 사실 대표단은 엘리트로 구성된 상원을 찬성하는 쪽이었다. 버지니아 안에서 주장한 양원제가 평소 흠모해 마지않던 영국의 의회제를 미국식으로 현명하게 수정한 작품이라는 사실이 엿보이는 대목이었다.

셔먼의 초상화
1775년 랠프 얼의 작품을 바탕으로 만들었다. 같은 해에 얼은 은세공사 에이머스 둘리틀에게 스케치 몇 장을 건네 주었고, 둘리틀은 이것을 바탕으로 그 유명한 렉싱턴과 콩코드 판화 시리즈를 탄생시켰다.

이렇듯 대표단은 계급적인 측면에서 공통분모가 많았지만, 6월 초로 접어들면서 회의 속행이 위태로워질 만큼 주별로 나뉘었다. 6월 11일 월요일 아침에 다시 모인 대표단은 균등대표제와 비례대표제를 놓고 여전히 양쪽으로 갈린 모습이었다. 회의가 시작되었을 무렵, 셔먼이 자리에서 일어섰다. 그는 겉으로 허술해 보여도 빈틈없고 능력 있는 정치인답게 멀리 내다본 타협안을 내 놓았다. 하원은 비례대표제로 하고 상원은 균등대표제로 하자는 것이었다. 결국에는 그의 타협안이 받아들여졌지만, 셔먼이 처음 의견을 내 놓았을 때에는 아무런 반응을 얻지 못했다. 양쪽 모두 한 걸음도 양보할 생각이 없었기 때문이다.

타협안이 채택된 이후에도 토론은 계속되었다. 사우스캐롤라이나의 존 러틀리지(John Rutledge)와 피어스 버틀러(Pierce Butler)는 버지니아 안에서 제안한 것처럼 '분담금'에 따라 하원을 비례대표제로 하자는 뜻이냐고 물었다. 이렇게 되면 노예를 시민으로 간주할지 여부를 둘러싼 또 한 가지 난관이 저절로 해결되는 셈이었다. 하지만 인구 비례대표제로 해야 된다는

셰이스의 반란

연합헌장의 전면폐기를 원했던 사람들은 아나폴리스 회의와 필라델피아 회의 사이에 매사추세츠 서부에서 벌어진 사건으로 한층 힘을 얻었다. 셰이스가 채무 농민들을 이끌고 매사추세츠 대법원을 공격한 것이다. 다른 주 의회들은 농민들의 압력에 못 이겨 거의 종잇조각이나 다름없는 지폐를 발행했다. 생활고에 허덕이던 농민들은 덕분에 1달러가 몇 페니로 변한 물가에 따라서 빚을 갚을 수 있었다.

하지만 매사추세츠에서는 빚을 정화(正貨)로 갚아야 했다. 따라서 매사추세츠 주의회가 더 이상의 항의를 듣지 않으려고 1786년 7월에 6개월 정회를 선포했을 때 매사추세츠 서부의 농민들은 자기 손으로 직접 법을 뜯어고치러 나섰다.

셰이스
렉싱턴과 콩코드 소식에 자극을 받고 대륙군에 입대한 셰이스(왼쪽)는 벙커 언덕 전투까지 치렀지만, 10년을 기다려도 밀린 봉급을 받지 못했다.

농민들의 고충은 전국적인 문제였고 사우스캐롤라이나에서 뉴햄프셔까지 모든 주 채무자들이 팔을 걷어붙이고 나서기는 했지만, 매사추세츠 폭동이 그중 가장 심각했다. 폭도들은 대륙군 대위를 지낸 서른아홉 살 셰이스의 지휘 아래 민사법원(담보물 처분을 담당하는 곳이었다)을 장악하고 스프링필드에 있는 연방정부 무기고를 공격했다.

1787년 1월 중순에 벤저민 링컨(Benjamin Lincoln)이 급조한 민병대가 반란을 진압하기는 했지만, 무장폭동의 가능성은 여전히 남아 있었다.

필라델피아에 모인 대표단이 월권을 감행하면서까지 새롭고 강력한 중앙정부를 탄생시키려고 한 배경에는 셰이스의 반란이 가장 큰 영향을 미쳤을 것이다.

주장이 훨씬 많았다. 서부지역의 땅 투기에 관심이 많아서 민족주의 의식이 한층 고취되었던 윌슨은 노예를 5분의 3으로 간주하자고 했다. 4년 전 연방의회가 세금을 부과하려다 실패했을 때 내 놓은 의견이었다. 하지만 분위기가 비례대표제를 찬성하는 대다수 쪽으로 흘러가자 작은 주 대표들은 공동대응에 나섰다.

뉴저지 안

6월 15일에 패터슨은 이른바 뉴저지 안의 아홉 개 조항을 소개했다. 연합헌장을 전면 폐기할 것이 아니라 개정하자는 의견이었다. 뉴저지 안의 내용을 소개하자면 다음과 같았다. 연방의회를 지금과 같은 균등대표제에 따른 일원제로 유지하되 좀더 많은 권한을 부여한다. 수입세, 인지세, 우편요금을 통해 직접 재원을 충당하고, 국내 무역을 규제할 권리도 확대시킨다. 의회에서 정한 조례와 협정은 모든 주가 지켜야 하고, 필요한 경우에는 강제로 시행할 수 있다. 그리고 의회에서 선출한 몇 명으로 운영위원회를 구성한다. 운영위원회는 주에서 만든 법에 거부권을 행사할 수 없지만, 연방대법원의 구성원을 임명하여 탄핵을 처리하고 해사법, 국제협정, 각 주간 무역 규제, 연방세금 징수 등을 관리한다.

뉴저지 안이 1년만 일찍 등장했더라면 필라델피아 회의는 열리지 않았을 것이다. 하지만 일단 강을 건너 버린 대표단은 주라는 개념 자체를 폐기 처분해야 한다는 버지니아 안이 너무 지나치다는 생각을 하면서도 연합헌장 개정 쪽으로 후퇴하려 들지 않았다. 패터슨은 자리로 돌아가기에 앞서 대표단은 새로운 정부를 탄생시킬 권한도 없고 국민의 지지도 얻지 못했다고 지적했다. 그렇지만 그의 이 말은 물론이고 퇴장하겠다는 협박에도 귀를 기울이는 사람이 거의 없었다. 매디슨이 여러 차례 강조했다시피 연방이 해체되면 작은 주에서 받는 타격이 훨씬 컸다. 규모가 큰 이웃과 외국, 양쪽에 맞서 이익을 수호하려면 한층 힘들 것이 분명했다.

필라델피아 회의 의장을 맡은 워싱턴

1823년 미국 역사책에 실린 삽화이다. 후텁지근한 날씨에도 불구하고 소리가 밖으로 새어 나가지 않도록 이스트룸의 창문을 모두 닫았기 때문에 대표들은 고생이 이만저만이 아니었다. 모직 양복을 입은 뉴잉글랜드 대표단의 고생이 특히 심했다.

6월 18일 월요일에 다시 회의가 속개되었을 때 서른 살의 해밀턴은 장장 여섯 시간에 걸쳐, 버지니아 안은 민주주의에 맞서 정부를 보호할 수단을 충분히 갖추지 않았다는 점을 강조했다. 그는 뉴욕 주를 대표하는 다른 선배들을 능가하는 초연한 청년이었다. 해밀턴은 한 명의 행정수반을 종신으로 선출하고 의회에 눌리지 않도록 절대적인 거부권을 부여하자고 건의했다. 그리고 상원의원도 종신직으로 만들고, 모든 주지사는 중앙정부에서 임명하자고 했다.

그는 국민들이 '민주주의의 남용'에 신물을 느끼기 시작했다고 주장했다.

"버지니아 안도 소스에 약간 변화를 준 돼지고기에 불과하지 않습니까?"

다음날 아침에는 매디슨이 중재에 나섰다. 국수주의에 입각한 해밀턴의 발언으로 일부 중도파가 작은 주의 입장을 지지하는 쪽으로 돌아설 수도 있기 때문이었다. 그는 뉴저지 안의 주장대로 연합헌장을 개정한들 해외 열강의 경제적, 군사적 위협은 물론이고 셰이스의 반란과 같은 국내 폭동마저 막을 수 없다고 강조했다. 매디슨의 유창한 설득에 넘어간 대표단은 그날 투표를 치렀고, 7 대 3의 결과(뉴저지, 뉴욕, 델라웨어가 반대했고, 메릴랜드는 기권이었다)에 따라서 버지니아 안을 기본 협의안으로 채택했다.

이제 기존의 느슨한 연맹과는 전혀 다르게 새롭고 강력한 중앙 정부를 구성하기로 결정이 된 셈이었지만, 정부의 형태는 아직 미정이었다. 기본 원칙마저 합의점을 찾지 못한 채 지쳐 버린 대표단은 좀 더 간단한 문제부터 의논하는 쪽으로 방향을 바꾸었다. 후텁지근한 필라델피아 특유의 여름이 시작되면서 대표제 논의가 교착 상태에 빠지는 것이 아니냐는 걱정도 여기저기서 제기되었다. 불쾌지수가 높아질수록 대표단은 기존 입장만 반복했고, 한 걸음도 양보할 기미를 보이지 않았다. 매디슨이 예견한 바에 따르면 규모가 큰 주들은 이해 분야가 다르기 때문에 공조 체제를 유지할 수 없었다. 버지니아 경제의 중심은 담배이고, 펜실베이니아는 밀가루, 매사추세츠는 생선인데, 어디에서 공통점을 찾겠는가? 매디슨이 말하기를 이들은 작은 주를 상대로 보았을 때 동맹이라기보다는 라이벌에 가까운 관계였다. 그래도 셔먼을 비롯한 다른 대표들은 규모가 크다고 해서 투표권을 여러 개 줄 수는 없다고 주장했다.

협상이 결렬될 가능성이 보이지 프랭클린이 자리를 박차고 일어나 관용과 인내를 강조했다.

"4~5주 동안 진척 상황이 고작 이 정도라니 제가 보기에는 이해심의 한계를 입증하는 우울한 증거로 느껴집니다."

그는 필라델피아 목사의 인도 아래 매일 아침 기도를 드리자고 했다. 하지만 해밀턴은 대표단의 불화가 국민들에게 공개될 수 있다는 이유를 들어 그의 제안에 반대했다. 프랭클린은 공개가 되더라도 손해보다는 이득이 더 많다고 차분하게 반박했다. 노스캐롤라이나의 휴 윌리엄슨(Hugh Williamson)은 좋고 나쁘고를 떠나서 목사를 초빙할 돈이 없지 않느냐고 지적했다.

회 의의 첫 달이 끝나갈 무렵의 상황은 이와 같았다. 이후에 메릴랜드의 루터 마틴(Luther Martin)이 회고하기를 대표단은 "실낱 하나로 묶여 있는 셈이었고, 뿔뿔이 흩어지기 직전이었다". 코네티컷을 주축으로 하는 작은 주들이 대표제에 관한 한 꿈쩍할 기미조차 보이지 않자 대표단은 셔먼이 6월 11일에 제안했던 타협안—하원은 비례대표제로 하고 상원은 균등대표제로 하자는 것—쪽으로 관심을 돌리기 시작했다. 하지만 코네티컷의 올리버 엘

해밀턴
1755년 서인도제도의 네비스 섬에서 태어났다. 그는 1772년에 뉴욕 시로 건너간 뒤 사생아라는 신분을 극복하고 미국에서 가장 부유한 가문의 여자를 아내로 맞았다.

매디슨
1751년 버지니아 주 포트콘웨이에서 태어났고, 스스로 표현하기를 '독립적이고 편안한 환경'에서 성장했다.

즈워스(Oliver Ellsworth)가 셔먼의 타협안을 다시 거론하자 매디슨이 단칼에 반대하면서 코네티컷은 독립전쟁 비용도 제대로 부담하지 않은 주가 아니냐고 공격을 퍼부었다. 두말하면 잔소리겠지만 엘즈워스는 벌떡 일어나 고함을 질렀다.

"점호 명부를 보면 알겠지만, 참전 병사는 우리가 버지니아보다 훨씬 많았소!"

구버노어 모리스가 매디슨의 편을 들었다.

"주에 대한 집착과 지나친 자부심이 이 나라의 독약입니다. 주를 폐기 처분할 수는 없겠지만 독사의 이를 뺄 수는 있지 않을까요?"

하지만 대표들은 모리스나 매디슨의 이야기를 듣고도 주에 대한 충성심을 완전히 버리지 못했다. 델라웨어의 거닝 베드퍼드(Gunning Bedford)가 강조했다시피 작은 주들은 버지니아 안 승인말고도 선택의 여지가 있었다.

"규모가 큰 주 마음대로 연방을 해체할 수는 없습니다. 그랬다가는 우리가 명예와 신의를 아는 해외 동맹국의 힘을 빌려 정당한 대가를 치르게 만들 겁니다."

외국의 힘을 빌리겠다는 이야기를 듣고 모리스는 간접적인 협박으로 대응했다.

"이 나라는 하나로 뭉쳐야 합니다. 설득으로 안 되면 무력을 동원해서라도 하나로 뭉쳐야 합니다."

7월 2일에 상원의 균등대표제에 대한 투표가 실시되었다. 마지막으로 표를 공개한 조지아가 기권을 선언하자 결과는 찬성표 다섯, 반대표 다섯이었다. 이렇게 해서 회의는 교착상태로 접어들었다.

대 타협

사태를 해결하기 위해 각 주의 대표 한 명으로 특별위원회가 구성되었다. 특별위원회는 나머지 대표들이 독립기념일을 자축하는 7월 4일에 회의를 열고 7월 5일에 계획안을 내 놓았다. 하원은 인구 4천 명당(5분의 3으로 간주하는 노예 포함) 한 명씩 선출하고 상원은 균등대표제를 적용한다는 내용이었다.

필라델피아 회의에 한 획을 그을 그을 투표가 7월 16일에 실시되었다. 결과는 찬성 다섯 표, 반대 네 표로 상원 균등

대표제 가결이었다. 대 타협안에 찬성한 주는 코네티킷, 델라웨어, 메릴랜드, 뉴저지, 노스캐롤라이나였다. 펜실베이니아, 버지니아, 조지아, 사우스캐롤라이나는 반대했고, 매사추세츠는 기권했다. 뉴욕은 연방반대주의자 두 명이 고향으로 돌아가 버려 정족수를 채우지 못했기 때문에 투표권이 없었다. 결과는 작은 주들의 승리로 돌아갔고, 이들은 이제 강력한 중앙정부에 잠식당하지 않을까 걱정할 필요가 없게 되었다.

결과에 실망한 버지니아 대표단은 그 즉시 휴회를 요청했다. 다음날 아침에 모인 버지니아 대표들은 개별회의 개최 등 여러 대책을 생각하다 '허술하고 바람직하지 못한'(매디슨의 표현이었다) 위원회의 계획안을 따르기로 했다. 하지만 다행스러운 부분이 있다면 균등대표제를 관철시킨 작은 주들이 이제는 대부분의 문제에서 양보할 준비가 되어 있다는 점이었다. 사우스캐롤라이나의 핑크니는 이렇게 말했다.

"결국에는 이런 뜻입니다. 뉴저지한테도 균등한 투표권을 주면 민족주의 체제에 주저 없이 협력하겠다는 거죠."

7월 26일에 회의단은 버지니아의 랜돌프, 펜실베이니아의 윌슨, 코네티킷의 엘즈워스, 사우스캐롤라이나의 러틀리지, 매사추세츠의 너새니얼 고럼(Nathaniel Gorham)으로 세부위원회를 구성하고, 대표단이 이미 승인한 여러 방책과 개정안, 의견들을 모아 조직적이고 현실적인 정부체계를 탄생시키는 임무를 맡겼다. 위원회에게 주어진 시간은 11일이었다. 이 동안 다른 대표들은 필라델피아의 여러 술집에서 즐겁게 여유를 만끽했다. 워싱턴은 시골로 달려가 친구들과 함께 낚시를 즐겼다.

세부위원회는 8월 6일에 다시 모인 대표단 앞에 임시안을 내놓았다. 작성 담당자는 윌슨이었고, 랜돌프가 쓴 초고를 많은 부분 살리고 여기에 뉴저지 안과 핑크니가 개별적으로 내놓은 의견을 첨가한 모습이었다. 연방헌장의 흔적도 보였고, 여러 주의 헌법도 들어 있었다. 대표들이 임시안을 들고 가서 꼼꼼하게 검토하고 생각할 수 있도록 다시 휴회 선언이 내려졌다.

불완전하고 조금은 혼란스러운 권한을 위임 받은 세부위원회는 몇 가지 부분을 신생 정부가 해결할 몫으로 남겨 두었다. 또 어떤 부분에서는 대표단이 생각하지 못했던 해결책을 제시했다. 의회 의원의 자격은 미국에 거주하는 시민권자로 규정하면서 투표권자의 자격 요건은 정해 놓지 않은 식이었다. 일부 항목은 회의에서 곧장 통과되었지만, 나머지는 오랜 토론으로 이어졌다. 예를 들어 의회 의원의 봉급을 주의회에서 부담하자는 의견의 경우, 그랬다가는 주의회에 휘둘릴 수 있다는 이유 때문에 부결되었다.

대표단은 격렬한 논쟁을 벌이기는 했지만 경제적, 정치적으로 이해관계가 일치하는 부분이 많았고, 이 점은 헌법 초안에서 여실히 드러났다. 이들 가운데에는 서부지역에 땅을 사 놓은 사람이 많았기 때문에 주로 승격이 되는지 여부에 개인적으로 관심이 많았다. 일부에

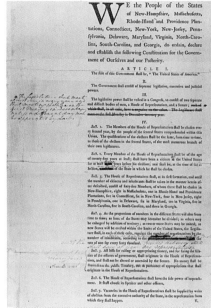

헌법 초안

위의 헌법 초안을 보면 워싱턴이 수정안을 자필로 기록한 부분이 보인다. 이후에 헌법을 비준하지 않는 주가 한 군데 이상 나올지도 모른다는 의견이 제기되면서 서문을 나시 쓰는 우여곡절을 거쳤다.

서는 주로 승격이 되더라도 기존 13개 주에 영원히 종속되어야 한다고 주장하는 대표도 있었다. 이처럼 뻔뻔스러운 의견은 기각이 되었지만, 대표단은 '미합중국의 모든 영토를 자유롭게 처분하고 필요한 경우 관련 규칙과 법규를 제정할 수 있는 권리'를 의회에 부여했다. 그뿐 아니라 대표단의 대부분은 채권자였다. 때문에 독립전쟁 당시 대륙군과 각 주 민병대의 군비 마련을 위해 정부기관이 발행한 채권과 유가증권을 상당수 가지고 있었다. 일부 대표는 신생 정부가 상환의 책임을 헌법에서 규정해 놓아야 한다고 주장했고 이 또한 기각이 되었지만, 대표단은 주의회에서 새롭게 부상하고 있는 채무 농민세력을 저지할 만한 여러 대책을 마련해 놓았다.

드디어 오랜 진통의 시간은 끝이 나고, 헌법 최종안 작성을 위해 기초 및 준비위원회가 구성되었다. 헌법 최종안을 작성하는 데 걸린 기간은 나흘이었다. 연합헌장의 첫 구절은 '아래 서명을 한 우리 미합중국 대표단은……' 으로 시작되었다. 반면에 구버노어 모리스가 작성한 새로운 헌법의 서문은 '우리 미합중국 국민은……' 이었다. 버지니아의 조지 메이슨(George Mason)은 헌법 서문에 권리장전을 추가하는 것이 어떻겠느냐는 의견을 내놓았지만, 10 대 0으로 부결되었다. 각 주에서 쓰고 있는 권리선언만으로도 충분하다는 셔먼의 의견이 받아들여진 것이다.

회의에 참석했던 대표단 55명 가운데 9월 17일, 필라델피아에서 열린 조인식에 참석한 대

소유권 분쟁
연방 초기시절에 서부지역의 소유권 분쟁이 어떤 식으로 처리되었는지 표시한 지도이다.

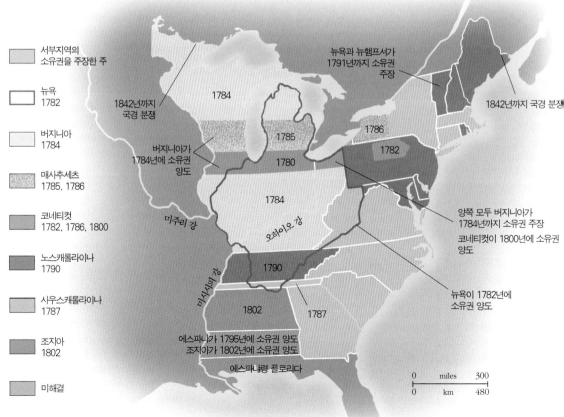

서부지역

연방의회가 물려받은 가장 큰 유산은 서부지역 정책이었고, 그중 1787년 7월에 제정된 노스웨스트 법령은 관례가 되었다. 노스웨스트 법령은 서쪽으로 애팔래치아 산맥, 동쪽으로 미시시피 강, 북쪽으로는 5대호, 남쪽으로 오하이오 강으로 둘러싸인 북서지역에 관한 규정이었다. 독립선언 당시 일곱 개 주는 기존의 왕실칙허장을 근거로 미시시피 강이나 심지어는 태평양까지 이어지는 땅을 모두 제것이라고 주장했다.

'땅 가난뱅이'가 된 나머지 여섯 개 주는 이와 같은 주장을 부당하다고 생각했다. 심지어 메릴랜드는 '땅 부자' 주들이 서부지역 소유권을 신생 연방정부에 넘겨 주지 않으면 연합헌장을 비준하지 않겠다고 했다.

가장 오랜 역사와 가장 넓은 땅을 자랑하는 버지니아가 1780년 무렵 이에 동의했고, 얼마 후 뉴욕과 코네티컷도 버지니아의 전철을 밟았다. 매사추세츠와 조지아, 노스캐롤라이나와 사우스캐롤라이나는 상당히 늦게까지 소유권을 포기하지 않았지만, 메릴랜드로서는 뜻이 충분히 전달된 셈이었기 때문에 1781년 2월 27일에 마지막으로 비준 절차를 밟았다. 그리고 이틀 뒤, 의회는 새로운 정부의 탄생을 선포했다.

이로부터 3년이 흘렀을 때 제퍼슨의 주관으로 북서지역 문제 해결을 위한 의회위원회가 열렸다. 그리고 1년 뒤에 제퍼슨은 초안을 수정하고 살을 붙여 1785년 토지령을 만들었다. 이 법령의 내용을 소개하자면 다음과 같다.

측량기사들을 동원하여 북서지역에 남북과 동서로 선을 그어 각 면이 약 10킬로미터인 정사각형 마을을 만든다. 그리고 각 마을은 다시 각 면이 약 1.5킬로미터인 36개의 구역으로 나눈다. 측량이 끝나면 한 번에 한 구역씩 경매에 내놓되 가격은 1에이커당 최소 1달러 또는 구역당 640달러로 정한다. 하지만 각 마을의 네 개 구역은 연방정부 몫으로 하고, 한 개 구역은 해당 지역의 공공 교육시설을 위해 남겨 놓는다(이같은 측면은 이주민 장려를 위해 땅을 나누어주던 기존의 식민지 정책에 역행하는 발상이었다. 소규모 농민들로서는 640에이커나 되는 땅이 필요 없을 뿐 아니라 640달러를 마련할 여유도 못 되었으니 부유한 투기업자들의 편을 드는 정책이었다).

1787년 노스웨스트 법령은 제퍼슨의 토지령을 많은 부분 차용했고, 북서지역을 하나의 정치권으로 묶어 주지사 한 명과 판사 세 명을 두도록 했다. 그리고 이 지역의 자유 남자시민 인구가 5천 명을 넘기면 양원의회를 구성하고 투표권이 없는 대표를 의회에 파견할 수 있도록 했다. 만약 서부지역 내 한 구역의 자유 남자시민 인구가 6만 명을 넘기면 기존의 주와 모든 면에서 동일한 자격을 갖춘 주로 승격될 수 있었다. 하지만 새롭게 탄생한 주에서는 노예제도가 금지되었다. 노스웨스트 법령은 중앙정부 차원에서 노예제도 확산에 최초로 제동을 건 법률이었다.

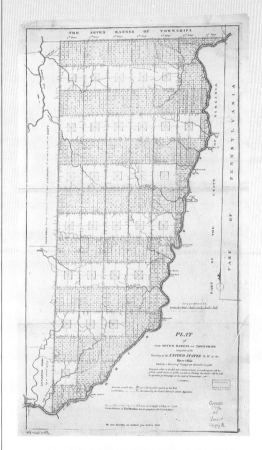

1785년 토지령을 바탕으로 연방 측량기사들이 오하이오 강을 따라 측량한 결과를 담은 도면의 원본

이같은 측량 덕분에 오하이오, 인디애나, 미시건, 일리노이, 위스콘신은 1787년 노스웨스트 법령을 근거로 빠르게 주로 승격될 수 있었다. 새로운 주에게 기존의 주와 똑같은 자격을 부여했다는 점에서 노스웨스트 법령은 중요한 선례를 남긴 셈이다.

헌법 조인식
토머스 로시터가 남북전쟁
당시 그린 작품이다.

표는 42명뿐이었다. 프랭클린은 대표들에게 공개적인 불만 표출을 자제해 달라고 호소하며 만장일치 승인을 촉구했다. 워싱턴도 전원 서명을 강력히 주장했다. 그럼에도 불구하고 대표 세명이 서명을 거부했다. 랜돌프는 신중한 입장을 보이며 서명에 앞서 버지니아 주민들의 생각을 알아보고 싶다고 했다. 대부분 부정적인 반응을 보이지 않을까 싶었던 것이다. 게리는 신생 중앙정부의 권력에 반대하는 국민들이 많아서 비준기간 동안 내전이 벌어지지 않을까 걱정했다. 그리고 메이슨은 권리장전을 넣지 말자고 결정이 난 데 불만을 터트리며 비준을 반대하러 버지니아로 돌아갔다. 나머지 39명은 앞에 놓인 양피지에 서명을 적었다. 이들은 그날 저녁 시티 태번에서 함께 저녁식사를 한 뒤 다음날 짐을 꾸리고 고향으로 돌아갔다. 넉 달 간의 협의를 마치고 각자의 주에서 비준 절차에 참여하기 위해 출발한 것이다.

몇 가지 부분에서 반대를 하기도 했지만, 헌법에 서명한 대표들은 좀더 강력하고 실질적인 정부를 탄생시켰다는 데 대체적으로 만족했다. 이후 '건국 시조'라고 불리게 될 이들은 새로운 중앙정부에 세금을 징수하고, 화폐를 만들고, 차관을 빌리고, 외국과 조약을 맺고, 주와 국가 간의 통상을 규제할 수 있는 권한을 부여했다. 헌법은 모든 연방법원과 주법원이 지켜야 할 '최고법'이었다. 이들은 필라델피아를 떠나는 순간, 마지막 대표가 새로운 정부안에 서명하는 모습을 흐뭇한 표정으로 바라보던 프랭클린의 심정에 공감했다. 그의 심정은 매디슨의 비망록에 이런 식으로 표현이 되어 있었다.

의장석 쪽으로 고개를 돌린 프랭클린 박사는 일출 장면을 담은 뒤편의 그림을 보면서 옆에 있던 사람들에게 일출과 일몰을 제대로 구분할 줄 모르는 화가가 그린 모양이라고 말했다. 그러고는 이런 이야기를 했다. 회의가 진행되는 동안 쟁점에 따라서 희망과 절망이 교차할 때 의장석 뒤를 보면 뜨는 해를 그린 건지, 지는 해를 그린 건지 모르겠다는 생각이 들더군. 그런데 이제는 속 시원하게 말할 수 있겠어. 지는 해가 아니라 뜨는 해를 그린 거라고.

헌법 비준

필라델피아 회의단은 국민의 지지를 유도할 수 있는 최선의 방법을 주제로 마지막 토론을 벌였다. 위원회가 내놓은 헌법 최종안에는 비준에 필요한 주의 숫자가 공란으로 남아 있었다. 연합헌장을 개정하려면 모두의 동의를 거쳐야 했다. 하지만 로드아일랜드가 새로운 헌법을 승인할 리 없었다. 만장일치제를 폐지하면 필라델피아 회의가 기존의 정부 체제를 완전히 바꾸었다는 사실을 인정하는 셈이 됐다(물론 완전히 바꾼 것이 맞기는 하지만).

월슨은 분칠한 가발 위에 철테 안경을 끼우고 과반수인 일곱 개 주만 비준을 해도 충분하지 않겠느냐고 했다. 사우스캐롤라이나의 버틀러가 월슨의 의견에 찬성하면서, 대표단은 시정이 부실할 경우 정부 체제의 변화를 허용한다는 상급법을 따랐을 뿐이라고 주장했다. 대표단은 광범위한 토의를 거친 뒤 3분의 2, 즉 아홉 개 주가 승인하면 충분하다는 쪽으로 결론을 내렸다.

마지막으로 남은 쟁점은 헌법의 운명을 주의회에 맡길 것인지, 국민이 선출한 특별협의회에 맡길 것인지 여부였다. 게리는 셰이스의 반란을 떠올리며 미국 국민은 '전 세계에서 가장 희한한 정부 개념'의 소유자이기 때문에 주의회에 결정권을 주어야 된다고 했다. 하지만 이기적이고 지방정부밖에 모르는 주의회 의원들이 주에서 인정하지도 않은 강력한 중앙정부를 지지할 리 없다는 쪽으로 의견이 모아졌다. 결국 9 대 1의 투표 결과에 따라서 국민에게 비준을 받는 것으로 판가름이 났다. 필라델피아 회의에서 결의한 다른 사안들 못지않게 중요한 결정이었다.

게리의 판화
존 밴덜린의 초상화를 토대로 만들었다.

헌법을 가장 적극적으로 지지한 부류는 미국의 무역 및 통상 부문과 가장 밀접한 연관을 맺고 있는 계층이었다. 이들은 신생 정부에게 통상을 규제할 권한이 주어지면 단일창구가 생기고, 단일창구가 생기면 주와 주 사이에서 벌어지던 분쟁이 끝나고, 무역로가 안정이 되고, 늘어나는 해외무역에 좀더 적합한 환경이 조성될 거라고 생각했다. 이와 같은 계층에는 상인들뿐 아니라 숙련 노동자, 소규모 가게를 운영하는 독립 수공업자들도 포함이 되었다. 예를 들어 통 제조업자와 돛 제조업자는 해운업과 생계가 직결되는 사람들이었다. 이들 가운데 일부는 수출도 했고, 보호관세라는 방패막이를 바라는 사람들이 대다수였다. 심지어 남은 농산물을 수출하는 농민들마저 헌법을 비준하면 거래가 너욱 활기를 띨 거라고 생각했다. 특히 상인계층의 구독자와 상업광고를 통해 수입을 충당하는 신문 같은 경우에는 비준을 적극적으로 지지했다.

연방반대주의 진영에는 영세한 농민과 부채 농민층이 포진했다. 특히 해외시장과의 거리가 가장 먼 서부 변경 지방의 농민들이 가장 많았다. 이들은 셰이스와 함께 행진했던 농민들처럼 신생 정부가 생기면 주의회의 화폐 발행이 줄고 계약서의 내용이 바뀌는 게 아닐까 의심했다. 연방반대주의자들이 보기에 이같은 제약은 독립전쟁의 원인이 되었던 영국의 권력 남용과 다를 바 없었다. 하지만 이들의 주장은 내부 분열 때문에 호소력을 잃었다. 연합헌장을 어떤 식

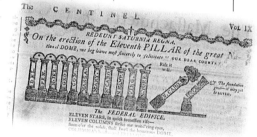

1788년 8월 2일자 《매사추세츠 센티넬》에 실린 목판화
비준 진행 상황을 알리는 시사 만화 시리즈 가운데 한 편으로, 뉴욕의 헌법 승인 소식을 전하고 있다.

으로 개정해야 되는지 내부적으로 의견이 달라서 대안을 제시하지 못했던 것이다.

반면에 헌법을 지지하는 연방주의자들은 비준을 위해 주 경계선을 넘어 손을 잡았고, 워싱턴이나 프랭클린과 같은 독립전쟁 최고 영웅들의 지지가 이들의 방대한 찬성론에 상징적인 힘을 실어 주었다. 찬성론 가운데 압권은 매디슨, 해밀턴, 존 제이(John Jay)가 푸블리우스(Publius)라는 가명으로 출간한 85편의 논평이었다. 원래 비준 논쟁을 거들기 위해 뉴욕의 신문에 실렸던(나중에는 버지니아의 신문으로 옮겨 갔다) 이 논평들은 1788년에 『연방주의자(The Federalist)』 한 권으로 묶여 출간되었다.

비준 논쟁이 가장 치열하게 벌어졌던 곳은 버지니아, 펜실베이니아, 매사추세츠, 뉴욕이었다. 부유한 이 네 개 주의 주민들은 신생 중앙정부가 없어도 잘 살 수 있다고 자신했다. 그뿐 아니라 이곳을 비롯한 여러 주에서 영향력을 행사하던 지방관리들은 대부분 헌법에 명시된 변화를 받아들이고 기득권을 포기할 마음이 없었다. 그 결과, 몇몇 주에서는 손에 땀을 쥐게 하는 투표 드라마가 연출되었다.

권리장전

새로운 헌법을 찬성하는 쪽은 상당히 유리한 입장이었다. 이들은 반대파에 비해 훨씬 탄탄한 조직력과 논리적인 주장을 자랑했다. 새로운 헌법 비준을 제시하는 이유는 언제나 일정했다.

반면에 반대파는 정치적인 배경이 가지각색이었기 때문에 다양하고, 때로는 서로 상반되는 시각을 보였다. 하지만 그중에는 비준을 지지하는 연방주의자들도 무시할 수 없는 비난이 하나 있었다. 국민들은 개인의 자유를 보장하는 문구가 명시된 헌법을 바란다는 비난이었다. 결국 관련 문구 삽입은 헌법 비준의 대가가 되었다.

매디슨을 비롯한 대다수의 대표들은 여러 주의 헌법에서 개인의 자유를 다양하게 보장하는 만큼 국민의 동의를 바탕으로 건설되는 정부에는 권리장전을 넣을 필요가 없다고 생각했다. 그뿐 아니라 매디슨은 새로운 헌법에 권리장전을 넣으면 너무 의미가 좁아져서 헌법에서 명시하지 않은 권리의 침해를 조장하는 결과로 이어지지 않을까 염려했다.

하지만 1789년 4월 무렵 뉴욕에서 제1차 의회가 열렸을 때, 유권자들에게 헌법상의 권리보장을 약속한 대다수의 의원은 약속을 지키려고 했다. 매디슨은 이들의 결심이 워낙 확고한 것을 보고, 의회를 통한 개정작업을 선두 지휘했다.

1789년에 12개의 개정안이 제출되었고, 이 가운데 처음 10개 항목만 비준을 받았다. 이때 비준을 받지 못한 두 개 항목은 대표 숫자와 의원의 보수에 관한 개정안이었다.

매디슨이 보기에 가장 중요한 항목은, 헌법에 열거되지 않은 권리도 보호받아 마땅하다는 9번 개정안과 헌법에 따라 연방정부에게 부여되지 않은 모든 권한은 주정부와 국민에게 있다고 한 10번 개정안이었다.

매디슨이 1789년 6월 8일, 의회에서 연설을 할 때 참고했던 메모
국민이 헌법에 넣어 주기를 바라는 권리를 이곳에 적어 놓았다가 권리장전을 작성할 때 활용했다.

1787년 12월 12일에 펜실베이니아는 5일 전에 이미 비준을 마친 델라웨어의 뒤를 이어서 두 번째로 헌법을 승인한 주가 되었다. 다음달에 뉴저지, 조지아, 코네티컷도 비준 대열에 합류했다. 여기에 1788년 2월 6일, 매사추세츠가 가세하면서 헌법을 비준한 주의 숫자는 여섯으로 늘어났다. 봄이 되면서 메릴랜드와 사우스캐롤라이나가 찬성표를 던졌고, 1788년 6월 21일에는 뉴햄프셔가 아홉 번째로 비준안을 통과시키면서 새로운 정부 탄생의 서곡을 알렸다. 뒤를 이어 버지니아와 뉴욕이 가세했다. 이제 남은 주는 노스캐롤라이나와 로드아일랜드뿐이었다. 노스캐롤라이나는 1년이 지난 1789년 11월 21일에 헌법을 승인했다. 마지막으로 남은 로드아일랜드는 이후로 6개월을 버티다 1790년 5월 29일에 드디어 연방에 합류했다.

워싱턴 대통령

선거인단이 만장일치로 선택한 워싱턴이 1789년 대통령직에 오르면서 신생 정부는 든든한 기반을 확보했다. 워싱턴은 성실하기로 유명했고, 대다수의 미국인은 그가 권력을 남용해 국민의 자유를 짓밟을 인물이 아니라고 확신했다. 그가 다양한 지방과 다양한 계층 출신들로 내각을 구성한 것을 보면 미합중국을 아우르려는 의도를 알 수 있었다. 국무장관 제퍼슨과 법무장관 랜돌프는 워싱턴과 고향이같은 버지니아 출신이었다. 독립전쟁 때 부관을 지낸 뉴욕의 해밀턴은 재무장관 자리에 앉았다. 역시 대륙군 시절을 함께 보낸 매사추세츠의 녹스는 미국 최초의 육군장관으로 임명되었다. 선거인단 투표에서 두 번째로 득표수가 많았던 애덤스는 부통령이 되었다(1804년에 수정헌법 12조가 비준을 거치기 이전에는 모든 선거인단이 두 개의 투표권을 행사했고, 최고 득표자 두 명이 각각 대통령과 부통령 자리에 올랐다).

해밀턴은 대륙회의와 『연방주의자』에서 강력한 중앙정부의 필요성을 역설한 일이 있었다. 비록 결과가 만족스럽지는 않았지만, 그는 재무장관이라는 자리를 이용해 신생 정부의 힘을 늘리기로 결심했다. 미국의 부채를 통합 정리한 뒤 부채를 관리할 전국은행을 만들고 이자를 위해 연방세를 제정하는 것이 그의 계획이었다. 신생 정부가 물려받은 국채는 약 5천 만 달러였고, 독립전쟁 기간 동안 대륙군에게 봉급 대신 지불한 어음이 대부분이었다. 하지만 정부에서 어음을 결제해 주리라고 믿는 병사는 거의 없었다. 이들은 대부분 전쟁이 끝나고 몇 년 사이에 액면가의 몇 분의 일도 안 되는 돈을 받고 투기업자들에게 어음을 넘겼다. 해밀턴은 액면 그대로 어음을 해결할 생각이었다. 그리고 각 주가 독립전쟁으로 진 빚 2,500달러도 연방정부의 책임이라고 여기고, 이것 또한 상환할 계획이었다.

제1차 내각을 소개하는 판화
왼쪽에서부터 차례로
육군장관 녹스,
법무장관 랜돌프,
국무장관 제퍼슨,
재무장관 해밀턴,
대통령 워싱턴이다.

제1차 하원에 몸을 담고 있던 메디슨이 앞장서서 해밀턴의 재정 계획에 제동을 걸고 나섰다. 그는 참전용사들의 생활고를 이용한 투기업자들에게 보상을 한다는 것도 그렇고,

주정부의 빚을 떠맡는다는 발상도 마음에 들지 않았다. 매디슨의 고향인 버지니아를 비롯해 남부 주들은 독립전쟁으로 진 빚을 갚기 위해 이미 세금을 올렸다. 이들이 보기에 주 채무 인수는 북부를 위한 조치였다. 하지만 매디슨의 노림수는 다른 데 있었다. 새로운 수도를 버지니아에 건설하고 싶었던 것이다. 게다가 이 문제는 연방의회에서도 거론된 바 있었다. 해밀턴과 매디슨은 1790년 6월에 제퍼슨이 은밀하게 주최한 디너파티에서 해밀턴과 매디슨은 일종의 거래를 맺었다. 포토맥 강변에 수도를 건설하는 대신 채무 인수에 반대하지 않기로 한 것이다. 두 법안은 한 달 이내에 하원을 통과했고 이후 상원의 승인을 받았다.

한동안은 양쪽 모두 결과에 만족했다. 하지만 시간이 흐르면서 제퍼슨과 매디슨은 두 사람이 얼마나 끔찍한 실수를 저질렀는지 알아차렸다. 채무 인수는 미합중국을 근대 자본주의

수도

연방의회는 1784년 12월 23일 열 번째 회의장소를 뉴욕으로 정했다. 이 무렵 필라델피아 인근의 델라웨어 강변으로 정해진 연방수도는 아직 건설 중이었다. 하지만 수도 건설 계획은 연합정부와 더불어 뒤로 미루어졌고, 이른바 연방정부의 거취 문제는 1789년 9월에 이르러서야 새로운 의회에 상정되었다.

거취를 둘러싼 논쟁은 격렬한 소모전 양상으로 펼쳐졌다. 한쪽 의회에서 낙점자가 결정되면 여타의 후보자를 지지하는 여러 지방 의원들이 다른 쪽 회의에서 손을 잡고 기각하는 식이었다.

매디슨과 해밀턴이 1790년 6월, 제퍼슨의 집에서 열린 운명의 디너파티에 참석했을 무렵에는 이미 열여섯 개 후보지가 수면 위로 부상했다 가라앉은 뒤였다.

"정부 위치 문제가 미궁 속으로 빠졌습니다."

매디슨은 버지니아 주의회에서 이렇게 말했다.

《뉴욕 데일리 애드버타이저(New York Daily Advertiser)》에서는 워싱턴 대통령이 손가락으로 지도를 가리키며 '여기'라고 말하는 만평을 실어

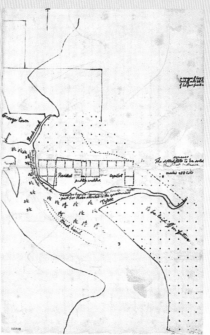

1791년에 제퍼슨이 그린 지도
버지니아와 메릴랜드 주는 컬럼비아 특별구 조성을 위해 포토맥 강 양쪽의 땅을 160평방킬로미터씩 내놓았다. 하지만 1846년에 연방정부는 서쪽 강변의 땅을 원래 주인인 버지니아에게 돌려주었다.

공전만 거듭되는 사태를 풍자했다.

매디슨과 해밀턴이 포토맥 강변에 수도를 건설하기로 합의하면서 교착상태는 해결됐지만, 사실 교착상태가 해결된 것은 수도가 건설될 때까지 필라델피아가 임시 수도 역할을 한다는 조건으로 펜실베이니아가 동의를 한 덕분이었다. 펜실베이니아 의원들은 일단 수도가 뉴욕에서 필라델피아로 옮겨지면 다시는 이전되지 않을 줄 알았는데, 한 마디로 착각이었다.

제퍼슨은 남부가 수도로 선택된 것을 보고 상당히 기뻐했다. 상업주의로 물든 북부의 분위기를 천박하게 여겼기 때문이다. 제퍼슨이 바라는 미국의 이미지는 워싱턴 D. C.였다. 제퍼슨 생전의 워싱턴 D. C.는 도시라고 불릴 만한 곳도 못 되었다. 금융업자들은 찾을 수도 없었고, 의회를 어지럽히는 소음이라고는 근처 의사당 언덕에서 이따금 들리는 칠면조 사냥꾼의 총소리뿐이었다.

위스키 반란

채무 인수 법안을 통과시킨 의회가 늘어난 연방정부의 빚을 갚으려면 자금이 필요했다. 1789년 7월에 승인한 수입세로는 역부족이었다. 때문에 하원과 상원은 해밀턴의 제안에 따라서 1791년 3월, 증류주에 새로운 소비세를 부과하기로 결정했다.

안 그래도 살림살이가 빠듯하던 서부 변경지대의 농민들에게 주류세는 엄청난 부담으로 다가왔다.

서부 변경지대의 농민들은 운송비가 농작물 가격과 거의 비슷하기 때문에 남는 농작물을 동부시장으로 수출할 수 없었다. 남는 농작물이 있으면 쉽고 저렴하게 운송할 수 있는 위스키로 만들어 얼마 안 되는 이익이나마 챙기는 편이 나았다.

그런데 해밀턴이 소비세를 부과했으니 그마저 사라지게

18세기 말 프레데릭 켐멜마이어의 작품
해밀턴이 위스키 반란을 진압하기 위해
민병대를 소집하자 워싱턴이
포트 컴벌랜드에서 열병식을 거행하는 장면이다.

된 형편이었다. 때문에 이들은 법을 무시했고, 1794년 7월에 연방 집행관들이 주류세 실시를 위해 펜실베이니아 서부를 찾았을 때 이 집행관 일행을 공격했다.

서부지역 농민들이 정부의 권위를 무시했다는 소식을 듣고 경악한 해밀턴은 워싱턴을 설득해 '반란'을 진압할 민병대 1만 3천 명을 소집했다. 그뿐 아니라 이들을 이끌고 직접 애팔래치아 산맥을 넘어 100여 명을 체포했다.

물론 이 가운데 재판을 받은 사람은 25명에 불과했고, 유죄 판결을 받은 사람은 고작 두 명이었다. 사형선고를 받은 이 두 사람도 나중에 워싱턴의 사면을 받았기 때문에 위스키 반란은 펜실베이니아 서부 주민들을 연방반대주의자로 만드는 역할을 했을 따름이다.

국가로 만들겠다는 해밀턴의 원대한 포부를 알리는 시발탄에 불과했던 것이다. 해밀턴은 주정부의 빚을 떠맡고 연방정부의 채무를 액면가로 해결하면서 미국 재계의 엘리트층에 해당되는 국채소지자들과 손을 잡았다. 이때부터 국채소지자들은 해밀턴과 함께 강력한 중앙정부를 주장하고 나섰다. 가장 효과적으로 세금을 징수하고 채무를 상환하려면 강력한 중앙정부만한 것이 없었기 때문이다. 워싱턴의 행정부에서 연방의 힘을 키우고 미국을 농업국가가 아니라 상업국가로 만드는 데 가장 크게 이바지한 공로자는 해밀턴의 경제정책이었다.

묵시적인 권한

해밀턴이 세운 기본 계획에서 다음 단계는 전국은행의 건설이었다. 매디슨과 그 밖의 다른 반대세력들은 헌법에 위배되는 월권 행위라며 은행 설립 인가를 저지하려고 애를 썼다. 그들은 주장했다.

"헌법 어느 구절에서 의회에 은행 설립권을 부여했단 말입니까?"

해밀턴은 헌법에서 직접적으로 명시한 권한도 있지만, 1조 8항에서 의회는 "상기의 권한과 헌법이 미합중국 정부에 부여한 모든 권한을 집행하는 데 필요한 법률을 만들 수 있다."고

"공화국의 궁정"
대니얼 헌팅턴의
1861년 작. 워싱턴이
쉰여덟 번째 생일을
치르고 나흘 뒤인
1790년 2월 26일에
주관한 특별 리셉션을
재현했다.

밝혔다시피 '묵시적인 권한'도 있다고 대답했다. 단적으로 상황을 정리하자면 헌법을 좀더 광범위하게 해석하자는 '자유 해석주의자'였고, 매디슨은 원문에 충실하자는 '엄격 해석주의자'였다.

이와 같은 논쟁에도 불과하고 은행 설립 법안은 1791년 2월에 의회를 통과했다. 하지만 아직은 대통령의 승인 절차가 남았다. 워싱턴은 제퍼슨, 해밀턴, 법무장관 랜돌프를 불러 위헌의 소지가 없느냐고 물었다. 제퍼슨은 엄격한 해석을 강력하게 주장했고, 랜돌프는 애매한 입장을 보였다. 결국 그는 묵시적인 권한에 따라 은행을 설립할 수 있다는 해밀턴의 의견을 받아들였다. 2월 25일에 워싱턴은 미합중국 퍼스트 은행에 20년 설립인가를 내렸다. 퍼스트 은행은 기존의 주 은행을 모두 합한 것보다 자본금이 많았고 반민영 기관이었다. 주식의 20퍼센트를 소유한 정부는 중역의 5분의 1을 임명할 권한이 있었다. 공개 매각된 나머지 주식은 대부분 최근 들어 재산이 늘어난 국채소지자들의 차지가 되었다. 통화관리는 연합정부의 몫이었고, 다수에 해당되는 민영 임원들은 대출정책과 다양한 영리활동을 담당했다.

**미합중국 퍼스트 은행의
필라델피아 본점**
비치의 판화로, 1791년
설립 이후 9주년을
맞이하는 은행을 담았다.

위싱턴 행정부는 외교정책 면에서도 여러 가지 중요한 선례를 남았다. 대부분의 미국인은 "신의 도시"를 그린 존 윈스럽과 "아메리카의 대의명분은 인류의 대의명분과 상당 부분 일치한다."고 한 톰 페인의 영향을 받아서 미국이라는 새로운, 그리고 좀더 나은 사회가 부패한 구대륙을 변화시킬 거라고 믿었다. 이와 같은 맥락에서 워싱턴 대통령은 모든 국가를 평등하게 대하는 한편으로 위험한 분쟁에 연루되지 않는 외교정책을 추구했다. 유럽의 정치적, 군사적 대립에 끼어들기에는 신생국가의 힘이 너무 약했다. 하지만 중립을 유지하는 일은 쉬운 문제가 아니었다.

게다가 워싱턴이 대통령직에 오른 1789년 4월 무렵에는 프랑스혁명이 한창이었다. 프랑스 왕실이 전복되면서 군주제의 대륙 유럽은 일대 충격에 휩싸였고, 영국과 프랑스는 1793년 2월부터 다시 전쟁을 벌였다. 1780년대 후반 무렵 프랑스 주재 미국 대사관을 지낸 제퍼슨은 불공평한 프랑스 사회를 직접 체험한 바 있기 때문에 공개적으로 혁명을 지지했다[1793년 1월에 루이 16세(Louis XVI)가 처형당하고 공포정치가 2년 동안 계속되자 생각이 좀 흔들리기는 했다]. 반면에 해밀턴은 영국 편을 들었다. 영국은 미국의 가장 강력한 교역상대였다.

해밀턴은 제1차 유럽 동맹전쟁(1793-1797)에서 미국의 중립을 바랐다. 하지만 워싱턴은 1778년 2월 프랑스와 맺은 동맹협정을 고려해서 프랑스 편을 들어야 한다고 했다. 해밀턴은 프랑스 왕실이 전복되었기 때문에 협정은 무효라고 반박했다. 제퍼슨은 1778년 협정이 아직 유효하기는 하지만 미국의 안전을 위해 참전을 자제해야 된다고 생각했다. 그는 어쩔 수 없이 중립을 지지하면서 미국의 의도를 감추어야 된다고 워싱턴에게 충고했다. 그래야 프랑스와의 우호관계를 유지할 수 있고, 프랑스-미국 동맹의 부활을 염려한 영국이 북서지역에서 군대를 철수시킬 수 있기 때문이었다.

워싱턴은 제퍼슨의 충고를 듣지 않고, 1793년 4월 22일에 공개적으로 중립을 선포하면서 미국은 모든 교전국과 자유롭게 교역할 권리가 있다고 밝혔다. 하지만 영국 해군은 미국의 중립 선언을 무시한 채 프랑스나 프랑스령 서인도제도와 교역하는 미국 선박을 저지하고 수색하고 압수했다. 영국 해군의 미국 선박 공격 소식이 전해지자 여론은 참전 쪽으로 흘러갔지만, 워싱턴은 협상을 위해 대법원장 제이를 파견했다. 하지만 미국은 기본적으로 해군이 없었기 때문에 불리한 입장일 수밖에 없었다. 1794년 11월에 제이가 들고 온 일방적인 협상안을 보고 워싱턴은 거부할 생각까지 했다. 북서지역에서 영국군을 철수시키고 미국에 최혜국지위를 보장

시민 주네 사건

17 78년에 맺은 동맹협정에 따르면 프랑스가 공격을 받았을 때 미국은 프랑스령 서인도제도를 보호하고, 프랑스 사략선이 나포한 선박의 입항을 허락하도록 되어 있었다.

1793년 초빈에 프랑스 혁명정부를 장악했던 온건파 지롱드당은 이 협정이 아직도 유효하다는 판단에 에드몽 주네(Edmond Genet)를 미국으로 보냈다. 혁명당원답게 '시민'이라는 겸손한 칭호를 사용한 프랑스 공사 주네는 4월 8일쯤 찰스턴에 도착했다.

그는 프랑스를 적극적으로 지지하는 그 마을에서 열흘 동안 머물며 사략선을 배치하고 루이지애나와 플로리다의 에스파냐군을 상대로 원정계획을 세웠다(에스파냐는 영국의 동맹이었다).

이후 주네는 4월 18일에 필라델피아를 향해 떠났고, 한 달 동안 여행을 하는 내내 따뜻한 환영을 받았다. 하지만 이 사이 워싱턴 대통령이 중립을 선포했기 때문에 5월 중순 무렵 미국의 수도에 도착한 매력 만점의 서른

살의 신사는 조금 냉랭한 대접을 받을 수밖에 없는 입장이었다.

워싱턴은 참전할 뜻이 없고, 주네의 원정을 묵인하지도 않겠다고 분명히 밝혔다. 하지만 미국 국민들이 프랑스의 편이라고 믿은 주네는 워싱턴의 말을 무시한 채 군대 모집과 모금 활동을 계속했다. 이 모습을 본 미국 내각은 격분했고, 심지어는 제퍼슨마저 주네의 소환을 요구할 정도였다.

하지만 내각이 소환을 요구한 1793년 8월 무렵, 프랑스에서는 산악당이 지롱드당을 축출한 상황이었고, 주네는 프랑스로 돌아가느니 망명객의 자격으로 미국에 눌러 앉는 편이 낫겠다고 결론을 내렸다. 그는 이후에 뉴욕 주지사 조지 클린턴의 딸과 결혼해 미국 시민이 되었다.

주네의 목판 유채화
1809년 에즈라 에임스가 그렸다.

한다고는 되어 있지만, 미국 국민의 자존심을 건드리는 선박 압류를 계속하겠다는 내용도 들어 있었던 것이다. 상원은 1795년 6월에 어쩔 수 없이 제이 조약을 승인했지만, 이로 인해 미국을 감돌던 긴장감은 한층 악화되었다.

정당의 발전

필라델피아 회의의 대표단은 당파주의의 위험성을 아주 잘 알고 있었고, 정당을 만들 생각이 없었다. 워싱턴의 첫번째 임기 동안에는 제휴정치가 대세를 이루었다. 하지만 1793년을 기점으로 워싱턴의 두 번째 임기가 시작되면서 제휴관계가 무너지기 시작했다. 내각에서 힘을 잃은 제퍼슨은 더욱 효과적인 정치비판운동을 벌이기 위해 1793년 말에 사임했다. 제퍼슨이 영감을 얻은 곳은 프랑스혁명이었다. 프랑스를 공포 분위기로 몰고 가기는 했지만, 제퍼슨이 보기에 프랑스혁명은 미국 독립전쟁의 연장선상에 있었다. 그는 '자유, 평등, 우애'를 표방한 프랑스혁명 정신을 적극적으로 옹호했고, 프랑스의 자코뱅당을 모방한 민주단체 결성을 촉구했다. 제퍼슨을 지지하는 사람들은 몇십 개에 이르는 단체신문을 통해 정부의 정책을 신랄하게 공격했다.

이 무렵 미국의 파벌은 해밀턴이 이끄는 연방파와 제퍼슨이 이끄는 민주공화파, 두 가지뿐이었다. 워싱턴이 1792년에 재선된 데 이의를 제기하는 사람은 없었지만, 이후 민주공화당의 일원이 된 사람들은 존 애덤스 부통령을 뉴욕 출신의 조지 클린턴(George Clinton)으로 교체하려는 의도를 보였다. 미국 최초의 대통령 경선을 위한 무대가 마련된 것은 4년 뒤 워싱턴이 정계 은퇴 선언을 하면서부터였다. 그는 퇴임사에서 외교분쟁과 더불어 당파주의의 위험성을 지적했지만, 양쪽 파벌은 그의 충고를 무시한 채 지역, 주, 국가적인 차원에서 선거운동을 시작했다. 이들의 태도는 상당히 공격적이었다. 연방파는 민주공화파가 프랑스의 자코뱅당처럼 정부를 무너뜨리려 한다고 비난했고, 민주공화파는 연방파의 엘리트주의가 미국의 자유를 위협하고 있다고 공격했다. 백중세로 펼쳐진 선거인단 투표에서 애덤스는 제퍼슨을 71대 68로 간신히 눌렀다. 제퍼슨은 차점자의 원칙에 따라 부통령이 되었다.

애덤스는 1796년 선거를 휩쓴 당파싸움을 보고 기가 질렸지만, 어쩔 도리가 없었다. 그는 연방파의 형식적인 수장에 불과했다. 연방파 의원들은 해밀턴을 따랐고, 해밀턴은 애덤스가 너무 나약하고 무난하다고 생각했다. 그 결과, 애덤스는 임기 내내 양쪽의 정치적 공세에 시달렸다. 은퇴한 재무장관의 영향력은 애덤스의 내각(모두 워싱턴 행정부에서 유임된 평범한 사람들이었다)에 고스란히 반영되었다. 다른 분위기에서 대통령을 맡았더라면 어떤 업적을 이루었을지 알 수 없지만, 자신의 파벌마저 제대로 관리하지 못하는 무능력한 모습 때문에 애덤스의 장점은 빛을 잃었다.

루이 16세
1793년 1월 20일, 가족들과 마지막으로 만난 모습이다. 그는 다음날 단두대의 이슬로 사라졌다.

애덤스의 집권 시기에 벌어진 가장 큰 사건은 전쟁 직전까지 치달은 프랑스와의 관계였다. 프랑스는 제이 조약의 비준 소식을 듣고 1778년 프랑스-미국 동맹협정의 파기라며 펄쩍 뛰었다. 게다가 나폴레옹이 제1차 동맹전쟁을 성공리에 마무리지은 덕분에 제1공화국은 약간 우쭐한 상황이었다. 때문에 프랑스 해군은 몇 년 전 영국의 전철을 밟기라도 하는 것처럼 1798년부터 미국의 상선을 저지하기 시작했다. 애덤스는 프랑스를 달래고 여러 문제를 해결하기 위해 게리, 존 마셜(John Marshall), 핑크니를 파리로 보냈다. 세 명의 사절단은 도착하자마자 프랑스 외무장관 샤를 탈레랑(Charles-Maurice de Talleyrand)이 보낸 세 명의 대리인을 만났다. 이들은 25만 달러의 뇌물을 건네야 탈레랑을 만날 수 있다고 전했다. 사절단은 거절했고, 협상은 그 자리에서 끝이 났다. 사절단은 애덤스에게 편지로 상황을 전하면서 프랑스쪽 대리인을 X, Y, Z로 표기했다. 그 결과, 대통령이 1798년 4월에 편지를 공개했을 때 이 일은 XYZ 사건으로 불리게 되었다. 프랑스에 대한 반감은 더욱 고조되었고, 이윽고 미국은 상선을 보호하기 위해 선전포고 없는 해전을 치르는 상황에 놓였다.

해밀턴은 이 기회를 틈타 전쟁은 물론 위스키 반란과 같은 국내 폭동에도 쓸 수 있도록 상선에 무기를 싣고 상비군을 창설해야 된다고 애덤스에게 압력을 넣었다. 해밀턴이 보기에는 프랑스에 대한 반감이 높아질수록 영국과 가까워지고, 영국과 가까워질수록 상업적인 측면에서 이로웠다. 하지만 애덤스는 내각의 압력에도 불구하고 선전포고를 하지 않았다. 오히려 2년 뒤 파리로 다시 사절단을 보내 1800년 협정을 이끌어 냈다. 1800년 협정으로 1778년 동맹협정은 폐지되었고, 양국 간에 새로운 외교관계가 성립되면서 준 교전상태는 끝이 났다. 이것은

샤를 탈레랑
프랑스 외무장관
샤를 탈레랑의 초상화.
현대 작품이다.

**XYZ 사건을 풍자한
영국의 만평**
프랑스 남자들이
'아메리카'라는 여성의
금품을 빼앗고, 존 불(영국의
톰 아저씨에 해당하는
인물)이 '셰익스피어의
절벽'에 앉아서 웃고 있는
광경을 담았다.
1798년 6월에 런던에서
출간된 것이다.

PROPERTY PROTECTED. a la Francoise.

우방국민법의 정식 사본
1798년 6월 22일,
필라델피아에서 제정됐다.

다시 연방파의 내부 분열로 이어졌다. 해밀턴은 프랑스와 사이좋게 지낼 생각이 조금도 없었기 때문이다.

외국인규제법과 보안법

1800년 선거가 끝나갈 무렵, 애덤스는 프랑스와 평화협정을 체결하는 데 성공했지만 정치계에 입문한 이래 가장 힘든 시기를 보냈다. 연방파마저 그의 정책에 반대했고, 다른 때 같으면 1880년 협정으로 누그러졌을 민주공화파는 1798년에 제정된 외국인규제법(Alien Act)과 보안법(Sedition Act) 때문에 그를 증오했다. 연방파가 장악한 의회에서 1798년 7월에 통과시킨 외국인규제법과 보안법은 연방정책 즉, 연방파의 정책에 반대하는 내국인 즉, 민주공화파의 입에 재갈을 물리기 위해 만들어진 법령이었다. 첫번째로 귀화법(Naturalization Act)은 시민권 획득에 필요한 거주기간을 5년에서 14년으로 늘리는 내용이었다(이민자들은 대다수가 민주공화파를 지지했다. 이들의 선거권을 박탈하면 연방파에게 이익이었다). 두 번째로 우방국민법(Alien Friends Act)은 대통령이 판단하기에 위험한 외국인 즉, 민주공화파를 지지하는 외국인은 강제출국시킬 수 있다는 내용이었다. 세 번째로 적국민법(Alien Enemies Act)은 적국 국민의 전시억류와 추방을 허용하는 내용이었다. 마지막으로 보안법은 '미국 정부나 상원, 대통령을 소재로 한 허위 또는 악의적인 출판물 발간' 등의 반정부 활동을 법으로 금지하는 내용이었다. 애덤스는 나라를 위하는 길이라고 생각했기 때문에 위의 네 가지 법안을 비준하고 시행을 허락했다.

연방파는 특히 보안법을 통해 민주공화파의 반대의견을 진압했다. 보안법 위반혐의로 기소되고 처벌을 받은 최초의 인물은 버몬트의 하원의원 매튜 라이언(Matthew Lyon)이었다. 그는 애덤스 행정부의 정책을 격렬하게 반대한 죄로 벌금을 물고 지저분한 교도소에서 4개월을 살았다. 제퍼슨은 라이언의 사건을 접하고 이렇게 말했다.

"생각하는 바를 글로 표현하기가 두려운 것과 이 나라가 이런 지경에 처한 것, 둘 중 어느 쪽이 나를 더 분하게 만드는지 모르겠다."

하지만 연방파의 보안법 남용은 역효과를 불러일으켰고, 제퍼슨과 매디슨의 주도 아래

라이언과 그리즈월드
1798년 2월, 버몬트의
민주공화파 라이언과
코네티컷의 연방파
로저 그리즈월드가
필라델피아의 의사당에서
드잡이를 벌이는 모습을
조잡한 풍자만화에
담았다.

민주공화파는 세력을 넓혀 나갔다.

　1798년 11월에 켄터키 주의회는 제퍼슨이 작성한 결의안을 채택했다. 연방정부가 외국인규제법과 보안법을 통과시킬 권한이 있느냐고 묻는 결의안이었다. 한 달 뒤, 매디슨의 설득에 넘어간 버지니아 주의회는 이보다 더 과감한 모습을 보였다. 모든 주는 연방법을 검토하고 헌법에 위배된다고 생각되는 법안은 폐기할 권리가 있다는 버지니아 결의안을 채택한 것이다. 이같은 항의대열에 동참한 주는 더 이상 없었지만, 여기에서 비롯된 선례는 1832년 연방법 거부 파동과 남북전쟁으로 이어진 정치책동에 많은 영향을 미쳤다.

　후보들은 18세기 선거관행에 따라 침묵을 지키고 당파싸움에 관여하지 않았지만, 1800년 선거 운동 기간 동안 연방파와 민주공화파의 대리인들은 신문, 소책자, 공청회를 통해 별의별 약점을 다 꼬집으며 상대방을 먹칠했다. 연방파는 제퍼슨을 무신론자라고 공격하면서 사랑하는 프랑스가 그랬던 것처럼 종교와 체제를 뒤엎을 인물이라고 했다. 민주공화파는 애덤스를 가리켜 군주제를 지지하는 영국의 아첨꾼이나 다를 바 없다고 맞불을 놓았다. 양쪽 모두 천박하기는 마찬가지였지만, 민주공화파 쪽 신문기자들만 보안법 위반죄로 처벌을 받았다.

　그럼에도 불구하고 민주공화파는 승리를 거두었다. 제퍼슨은 미국의 통치철학이 바뀐 계기라며 선거에서의 승리를 '1800년의 결단'이라고 표현했다. 선거인단 투표에서 제퍼슨과 부통령 후보로 나선 아론 버(Aaron Burr)는 각각 73표를 얻었고, 애덤스는 65표, 핑크니는 64표를 얻었다. 연방파에서는 연방파의 승리로 돌아갈 경우 애덤스가 핑크니를 앞설 수 있도록 미리 정해 놓은 대로 한 명이 제이에게 투표했지만, 민주공화파에서는 그런 약속을 하지 않았기 때문에 동점자가 나오는 결과가 연출된 것이다. 민주공화파의 대통령 후보는 제퍼슨인 줄 삼척동자라도 알고 있었지만 야심만만한 버는 사퇴를 거부했고, 결국 마지막 결정권은 하원의 손으로 넘어갔다. 하원은 여전히 연방파의 무대였고, 대다수의 연방파 하원의원들은 앙심을 품고 버를 대통령으로 선출할 생각이었다. 하지만 해밀턴이 뉴욕 정계

에서 오랜 적수였던 버를 워낙 싫어했기 때문에 지지자들을 동원해 서른여섯 번째 표가 개봉되는 순간 제퍼슨의 승리가 확정되게끔 만들었다.

손으로 그린 리넨 배너
1800년 대통령 선거기간 때 제퍼슨 홍보용으로 쓰인 깃이다.

Eneeshur Nation

Rock

Portage of 1200 yards

rock

rock

Canoe

Portage 457 yards

10 foot regular

Black rock

clefts of

Burgh irregular clear

natural short fall

37 feet 8 In. fall

6

제퍼슨 시대

루이스와 클라크의 탐험

토머스 제퍼슨은 1802년 여름 몬티첼에 머물고 있었을 때 몇 달 전 주문한 책을 받았다. 1770년대 말 캐나다로 건너가 모피 무역업자가 된 스코틀랜드 출신의 알렉산더 매켄지(Alexander Mackenzie)가 1801년에 런던에서 출간한 책이었다. 매켄지는 1788년에 영국의 노스웨스트 사를 대신해 북위 60도의 애서배스카 강에 포트치페위안이라는 교역소를 건설한 인물이었다. 그는 예전의 수많은 유럽 탐험가와 마찬가지로 태평양을 쉽게 건널 수 있고 그러면 동양과의 교역으로 떼돈을 벌 방법이 있다고 믿었다. 때문에 1789년에 탐험대를 이끌고, 애서배스카 강에서 그레이트슬레이브 호까지 오늘날 매켄지라는 이름으로 불리는 강을 따라갔다. 하지만 매켄지 강의 삼각주에 도착했을 때 그를 맞이한 것은 태평양이 아니라 대서양이었다.

불굴의 의지로 무장한 매켄지는 4년 뒤에 다시 도전했다. 이번에는 프랑스 출신의 캐나다 뱃사공(모피 회사의 돈을 받고 머나먼 북부 교역소를 오가며 물건을 나르는 사람들이다)들과 함께 동쪽으로 흐르는 피스 강을 거슬러올라가 로키 산맥 분수령 근처에 자리잡은 상류 쪽으로 떠난 것이다. 그는 '길이가 817걸음' 밖에 안 되는 육로로 로키 산맥 북부의 해발 약 90미터 능선을 넘어서 태평양 분수계로 향했다. 그리고 인디언 가이드의 도움

컬럼비아 강 그레이트폴스의 지도
(왼쪽) 클라크의 일기장 중 1805년 10월 22일~23일 사이에 등장한다.

을 받으며 프레이저 강을 따라 내려갔고, 마지막으로 육로를 통해 오늘날 벨라쿨라에 해당되는 태평양 연안에 도착했다. 그는 이곳에서 주홍색 색소와 기름을 섞어서 커다란 바위 위에 흔적을 남겼다.

"일천칠백구십삼년 칠월 이십이일, 알렉산더 매켄지가 캐나다에서 육로로 찾아오다."

이렇게 해서 매켄지는 멕시코 북부를 동서로 가로질러 태평양에 도착한 최초의 유럽인이 되었다. 그는 1801년에 영국으로 돌아가서 『1789년과 1793년 세인트로렌스 강 연안의 몬트리올로부터 북아메리카 대륙을 횡단, 얼어붙은 태평양까지의 여행(*Voyages from Montreal, on the River St. Lawrence, Through the Continent of North America, to the Frozen and Pacific Oceans, in the Years 1789 and 1793*)』을 출간했다. 그는 1802년에 기사 작위를 받았고, 태평양 북서부 연안을 경제적·정치적으로 더욱 장악하도록 영국을 다그쳤다.

제퍼슨과 보좌관 메리웨더 루이스는 설레고 조금은 불안한 마음으로 매켄지의 책을 읽었다. 제퍼슨은 오래 전부터 북아메리카의 지리학에 관심이 많았고, 그 분야에 관한 한 그의 서재는 세계적으로 손꼽힐 만한 수준이었다. 북아메리카에서 미시시피 강 서쪽은 모두 미지의 땅이라는 사실을 누구보다 잘 아는 사람이 제퍼슨이었다. 미주리 강 그레이트 굽이의 만단 인디언 마을(오늘날 노스다코타 주 비즈마크 위쪽에 해당되는 지역)

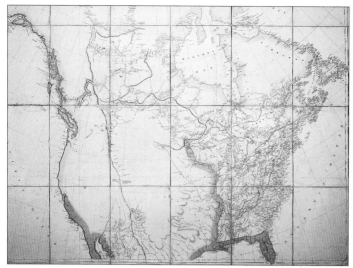

**「북아메리카 내륙의 새로운
발견지를 총망라한 지도」**
제퍼슨과 루이스는
루이스의 탐험을 계획할
때 여러 지도를 참고했다.
위는 애런 애로스미스가
1802년 런던에서 출간한
것이다.

과 약 1,600킬로미터 멀리 있는 컬럼비아
강 사이를 그린 지도는 어디까지나 추측에
불과했다. 로키 산맥 남부를 탐험한 유럽
인이 한 명도 없었기 때문이다. 제퍼슨과
젊은 보좌관은 1802년 당시의 모든 사람처
럼 어떤 환경이 기다리고 있을지 상상만 할
수 있을 따름이었다.

제퍼슨은 19년 전, 독립전쟁이 끝나자
마자 조지 로저스 클라크(George Rogers
Clark)에게 탐험대를 이끌고 미시시피 강
서쪽으로 건너가 에스파냐령 루이지애나
를 탐험할 생각이 없느냐고 편지를 보낸 일
이 있었다. 클라크는 제퍼슨처럼 버지니아

가 고향이었고, 오하이오 밸리에서 영국과 인디언 동맹군에 맞서 1780년까지 그 땅의 주인이
었던 버지니아를 대신해 올드 노스웨스트(이후 북서지역으로 명칭이 바뀌었다)를 지켜 낸 뒤
유명해진 인물이었다. 제퍼슨은 부유한 영국 상인들이 미시시피 강 서쪽을 식민지로 만들려
한다는 소문을 듣고 클라크에게 편지로 이렇게 말했다.

"그 지역을 우리가 조사해야 된다는 주장이 몇몇 사람들 입에서 미약하게나마 나온 바 있
소. 자네가 탐험을 선두지휘 할 생각은 없소?"

클라크는 서부 탐험이야말로 '반드시 해야 할 일'이지만 본업에 매인 몸이라 개인적으로
시작하지 못했다고 밝혔다. 그리고 변경에서 잔뼈가 굵은 사람답게 제퍼슨에게 몇 가지 충고
를 전했다.

"대규모 탐험대로는 성공하지 못할 겁니다. 지나가다 마주친 인디언 부족을 자극할 수
있으니까요. 자격을 갖춘 젊은이 서너 명만 있으면 아주 적은 비용으로 의원님의 소원을 이
루실 수 있을 겁니다."

제퍼슨의 초상화
제퍼슨은 1804년에 딸들의
부탁을 받고 이 초상화를
위해 포즈를 취했다.
초상화를 담당한 화가는
당시 우아하고 세부
묘사에 충실한 화풍으로
유명했던 샤를 드
생메맹이었다.

제퍼슨이 국무장관으로 재직 중이던 1790년에 육군장관 헨리 녹스는 미주리 강 유역 답
사를 위해 비밀 정찰대를 조직하려고 했다. 이 지역에 대해서 아는 것이라고는 영국 모피
업자들을 통해 들은 정보뿐인데, 이들은 믿을 만한 소식통이 못 되었다. 녹스는 미주리
강의 전략적 가치가 이미 분명해진 상황인 만큼 직접 자료를 확보하고 싶었다. 그가 보
기에는 적극적인 장교 한 명, 숲 속 생활에 정통하고 강과 지형을 완벽하게 묘사할 수 있는
하사관 한 명, 건장한 인디언 네댓 명이면 원하는 정보를 얻기에 충분했다. 군대의 지도부 인
사 몇 명은 너무 위험한 임무라고 반대했지만, 녹스는 존 암스트롱(John Armstrong) 중위의
인솔 하에 탐험대를 파견했다. 하지만 암스트롱이 미시시피에 도착하자마자 알아차렸다시피
녹스가 책정한 장비와 자금은 턱없이 모자라는 수준이었다. 그는 녹스에게 110달러의 추가지
원을 요청했지만, 받아들여지지 않았다. 결국 암스트롱은 미시시피 서쪽으로 건너가지 못했다.

제퍼슨은 1792년에 답사를 다시 한 번 직접 시도했다. 그가 회원으로 가입되어 있던 미국

철학회에 태평양 육로탐험을 위한 기부금 마련을 부탁하자 어마어마한 관심이 모아졌다. 조지 워싱턴, 알렉산더 해밀턴, 로버트 모리스(Robert Morris)가 상당한 기금을 내놓았고, 1천 파운드의 기부금이 모였다. 당시 열여덟 살이었던 루이스는 탐험대장을 맡겨 달라고 애원했지만, 앨버말 카운티에서 이웃으로 지내던 제퍼슨은 프랑스 식물학자 앙드레 미쇼(André Michaux)를 선택했다. 미쇼는 루이스와 달리 '미시시피 서쪽 지도 제작과 자연사 연구'라는 탐험 목적에 적합한 과학 지식을 갖추고 있었다. 미쇼는 1793년 6월에 필라델피아를 출발했지만, 켄터키에 도착하지도 못한 채 제퍼슨의 소환을 받았다. 그는 탐험을 핑계로 군대를 모아 에스파냐령 루이지애나를 공격하려던 프랑스 첩자였던 것이다.

메리웨더 루이스
1774–1809년

1794년, 메리웨더 루이스(Meriwether Lewis)가 돌아가신 아버지를 대신해 앨버말 카운티의 플랜테이션 농장을 관리하고 있을 때 위스키 반란이 벌어졌다.

그는 반란 소식을 접하자마자 버지니아 민병대에 입대했고, 전투를 치르지는 않았지만 군 생활이 적성에 맞는다는 사실을 깨달았다. 그는 반란군이 진압된 뒤에도 피츠버그 인근에서 야영하는 소규모 주둔군과 함께 펜실베이니아 서부에 남았고, 1795년 5월에는 기수(旗手)로 정규군에 입대했다. 그리고 6개월 뒤, 클라크 휘하의 사수부대로 옮겨갔다.

1796년으로 접어들자 루이스는 제1보병연대로 배정을 받았고, 3년 뒤에는 연대경리관이 된 덕분에 북서지역 일대를 누빌 수 있었다. 그러다 1801년에 보좌관이 되어 달라는 제퍼슨의 부름을 받았다. 루이스에게 보낸 편지에서 제퍼슨은 이렇게 말했다.

"자네는 서부지역과 군대뿐 아니라 그 안의 모든 이해관계와 상관관계를 잘 알기 때문에 대통령 보좌관으로서 수행해야 할 공적인 임무와 사적인 임무에 적합한 인물일세."

루이스가 태평양 탐험을 마치고 돌아오자 제퍼슨은 1807년 2월 28일에 그를 루이지애나 준주(準州) 지사로 임명했다.

상원은 곧바로 선임을 승인했고, 3월 2일에 루이스는 지사 취임을 위해 보직을 사임했다. 하지만 그는 늦겨울이 되어서야 세인트루이스로 출발했고, 1808년 3월 8일이 되어서야 세인트루이스에 도착했다.

지사 생활은 힘들었다. 그는 클라크와 함께 쓴 일기를 출간하라는 제퍼슨의 압력에 시달렸고, 세인트루이스 미주리 강 모피회사(그는 이 회사의 설립 투자자였다)의 일도 공식 업무시간을 갉아먹었다. 결국 그는 두 마리 토끼를 모두 놓쳤고, 경제적, 정치적 몰락이라는 유령이 어른거리기 시작했다. 늘 불안하던 정신상태도(일부 사학자들은 조울증이 아니었을까 생각한다) 점점 악화되었다.

1809년 10월 11일에 루이스는 머리에 총구를 겨누고 방아쇠를 당겼다. 하지만 총알이 두개골을 스치고 지나가는 데 그치자 이번에는 가슴을 겨누었다. 이 상처로 그는 하루를 꼬박 앓은 뒤에야 이승을 하직할 수 있었다. 그는 하인에게 이렇게 말했다.

"나는 겁쟁이가 아니야. 하지만 워낙 튼튼해서 죽기도 힘이 드는군."

생메맹이 1807년에 수채화로 그린 루이스의 초상화
쇼니족 인디언 추장 카메아화이트에게 선물 받은 짧은 모피 망토를 입고 있다.

탐험대

이와 같은 관점에서 볼 때 매켄지의 『1789년과 1793년 세인트로렌스 강 연안의 몬트리올로부터 북아메리카 대륙을 횡단, 얼어붙은 태평양까지의 여행』에 담긴 지리 정보가 제퍼슨의 호기심을 얼마나 자극했을지 짐작이 되고도 남는다. 물론 이제 스물여덟 살이 된 루이스는 두말할 필요도 없었을 것이다. 매켄지는 책에서 머나먼 북쪽을 공략하면 로키 산맥을 쉽게 넘을 수 있다고 이야기했다. 이

판화 "퀸샬럿 해협의 암초 발견"
조지 밴쿠버가 1792년에서 1794년 사이 북아메리카의 태평양 연안을 탐험한 기록에 실린 작품이다. 하지만 컬럼비아 강어귀의 위도와 경도는 1792년 5월에 로버트 그레이가 이미 확인한 바 있다.

글을 읽고 제퍼슨은 미국과 태평양을 연결하는 수로 발견이라는 오랜 소망이 이루어질지도 모르겠다는 생각을 했다. 매켄지의 책을 보면 야트막한 구릉을 넘어서 태평양 북서부 연안의 젖줄 컬럼비아 강의 지류와 미주리 강의 지류를 잇는 육로가 있을지도 모른다고 되어 있었다. 그뿐 아니라 영국의 모피업자들이 모피 무역 독점을 위해 캐나다에서 조만간 남하할 예정이라고 되어 있었다.

제퍼슨은 매켄지의 책을 다시 한 번 읽은 뒤 루이스에게 태평양 탐험을 맡기기로 결심했다. 남은 기록이 없기 때문에 제퍼슨이 어떤 경로로 또는 정확히 언제 이런 결정을 내렸는지는 알 수 없다. 하지만 제퍼슨이 늦가을에 쓴 편지를 보면 태평양 탐험이 기정 사실로 되어 있다. 그는 루이스말고는 어느 누구와도 의논을 하지 않았고, 탐험대장으로 다른 인물을 생각해 보지도 않았다. 이후의 편지에서 제퍼슨은 루이스를 선택한 이유를 이렇게 설명했다.

> 식물학, 자연사, 광물학, 천문학에 정통한 사람들 가운데 체격과 성품이 믿음직하고, 신중하고, 숲 생활에 알맞고, 인디언의 풍습과 기질을 잘 아는 인물은 찾을 수 없었다. 이번 임무에 필요한 두 번째 자격조건을 루이스 대위는 가지고 있다.

**『1789년과 1793년 ……
얼어붙은 태평양까지의 여행』**
매켄지가 1802년에 출간한, 두 권으로 발행된 판이다.

1802년 늦가을과 1803년으로 넘어가는 겨울 동안 제퍼슨과 루이스는 대통령 관저에서 꽤 많은 시간을 함께 보내며 여행의 세부 사항을 의논했다. 특히 루이스는 필요한 장비와 경비를 아주 자세하게 목록으로 만들었다. 산정 기준은 장교 한 명과 10~12명의 지원병이었다. 루이스의 목록에서 가장 비용이 많이 드는 항목은 '인디언 선물 비용'으로 책정한 696달러였고, 총 예상경비는 2,500달러에 가까웠다. 제퍼슨은 1803년 1월 18일 의회에 비밀지원 요청을 하면서 일부러 인디언 문제 운운하는 애매한 표현을 썼다. 하지만 영국이 장악한 서부의 짭짤한 모피 무역을 강탈하기 위한 탐험이라는 암시를 풍기기는 했다. 연방주의자들은 서부를 위한 지출에 반대했지만 의회는 지원을 승인했고, 탐험대가 결성되었다.

급변하는 미시시피 서부의 분위기도 제퍼슨이 탐험 계획을 비밀로 부치는 데 결정적인 역할을 했다. 사실 제퍼슨은 1주일 전에도 의회에 비밀 교서를 보내 프랑스 땅인 뉴올리언스의 매입 대금을 요청한 바 있었다. 특히 1803년 1월 12일에 보낸 교서에서는 프랑스의 새로운 황제 나폴레옹 1세(Napoleon I)에게 미시시피 항을 매입할 대금으로 937만 5천 달러를 요청했다. 의회의 승인이 떨어지자 제퍼슨은 제임스 먼로(James Monroe)를 전권대사로 임명한 뒤 협상을 위해 파리로 파견했다.

프렌치-인디언 전쟁이 끝난 이후 뉴올리언스와 프랑스령 루이지애나의 나머지 부분은 에스파냐의 관할이 되었다. 하지만 제2차 유럽 동맹전쟁(1799-1802년) 중이던 1800년 10월에 나폴레옹은 카를로스 4세(Carlos IV)에게 압력을 행사한 끝에 루이지애나를 은밀히 돌려 받았다. 이 소식이 전해지자 미국은 깜짝 놀랐다. 기울어 가는 에스파냐라면 루이지애나를 오랫동안 차지할 가능성이 적었지만, 나폴레옹이 이끄는 강력한 팽창주의 국가 프랑스라면 대륙 곳곳으로 확장을 계획하던 미국에게 훨씬 위협적인 존재였다. 대부분의 미국인이 그랬던 것처럼 제퍼슨도 독립선언문에서 밝힌 정치적 원칙이 서부까지 퍼져 나가기를 바랐다. 서로 경쟁관계에 놓인 자치주들로 조각조각 나뉜 아메리카 대륙은 원치 않았다.

애팔래치아 산맥 서쪽에 사는 50만 명의 미

뉴올리언스 전경
1803년 미국의 매입을 자축하기 위해 그려졌다.

국인은 1802년 당시 화물 수송을 위해 미시시피 강을 자유롭게 이용할 권리가 있었다. 토머스 핑크니(Thomas Pinckney)가 1795년 10월에 체결한 산로렌초 조약(핑크니 조약이라고 불리기도 한다)에 따라 미시시피 강을 자유롭게 드나들고 뉴올리언스에 화물을 보관할 권리를 부여받았기 때문이다. 이는 곧 관세를 내지 않고 외양선(外洋船)으로 화물을 운송할 수 있는 권리였다. 하지만 루이지애나가 프랑스의 수중으로 되돌아갔으니 핑크니 조약이 효력을 잃을 가능성도 있었다. 때문에 제퍼슨은 1802년 4월, 프랑스 공사 로버트 R. 리빙스턴(Robert R. Livingston)에게 지시를 내렸다. 뉴올리언스 대신 미시시피 하류 땅을 항구로 사용할 수 있도록 협상을 벌이라는 지시였다.

하지만 리빙스턴의 노력은 헛수고로 돌아갔고, 뉴올리언스 주재 에스파냐 관리는 10월 16일에 화물보관권의 폐지를 선언했다(아직 프랑스의 통제가 시작되기 전이었다). 리빙스턴과

버의 음모사건

제퍼슨은 위스키 반란을 접한 뒤 애팔래치아 산맥 서쪽에 사는 미국인들 가운데 가끔 독립을 꿈꾸는 사람의 숫자가 점점 많아지고 있다는 사실을 알게 되었다. 서부인들은 뉴잉글랜드보다 뉴올리언스에 훨씬 관심이 많았다. 제퍼슨은 19세기 초반의 교통과 상업 수단에서 강이 차지하는 위치가 어느 정도이며, 오하이오-미시시피 하계가 이들의 이해관계에 얼마나 중요한 역할을 하는지 알고 있었다. 만약 미시시피를 통한 운송이 어떤 식으로든 위험에 처하면 이들은 주저 없이 연방을 탈퇴할 가능성이 높았다.

부통령 애런 버(Aaron Burr) 또한 서부의 분리주의에 관심이 많았다. 수완 좋고 야심만만했던 그는 서부를 분리시켜 독립정부를 만들고, 이곳의 수장이 되는 꿈을 꾸었다. 제퍼슨이 1804년 선거에서 민주공화파의 부통령 후보로 클린턴을 선택하자 버는 루이지애나 군부 지사이자 에스파냐에서 봉급을 받는 첩자로 활약하던 제임스 윌킨슨(James Wilkinson) 장군과 손을 잡고 꿈을 현실로 바꿀 음모를 꾸몄다.

하지만 생각을 바꾼 윌킨슨이 이내 등을 돌렸다. 전직 부통령 버는 1807년 2월에 반역 혐의로 체포되었고, 대법원장 존 마셜의 주관 하에 재판을 받았다. 그는 자임 변호사로 능력을 발휘했고, 반역을 입증할 증인 두 명이 나타나지 않자 무죄로 풀려났다.

이후 버는 프랑스에서 몇 년을 지내다 1812년에 뉴욕으로 돌아와서 1836년 눈을 감을 때까지 변호사로 일했다.

생메맹이 그린 버
루이스와 클라크는 1806년 9월 3일, 버밀리언 강어귀에서 상류로 향하는 상인들을 만났고, 2년여 만에 처음으로 '세상 소식'을 들었다. 버가 해밀턴 때문에 뉴욕지사 선거에서 낙선하자 결투 끝에 해밀턴을 살해했다는 소식을 들은 것도 이때였다.

제퍼슨이 보기에는 나폴레옹이 직접 내린 명령인 것 같았고, 조만간 미시시피도 폐쇄되지 않을까 싶었다. 리빙스턴은 프랑스가 계속 비협조적인 자세로 나오면 영국과 화해하는 수밖에 없다고 지적했다. 제퍼슨은 1802년 4월 18일 리빙스턴에게 보낸 편지에 이렇게 적었다.

> "당당하게 주장하고 그럴듯하게 유지하면 무엇이든 법이 된다."
>
> *애런 버,*
> *제임스 파턴이 쓴*
> *『애런 버의 생애와 시대』*
> *(1857년)에서*

우리의 천적이 차지해 버린 땅이 이 대륙에 딱 한 군데 있네. 이 나라에서 생산되는 상품의 8분의 3이 시장에 선을 보이려면 통과할 수밖에 없는 뉴올리언스일세. (중략) 이제 그 관문을 차지한 프랑스는 우리를 무시하는 처사를 보이고 있지. 에스파냐는 오랫동안 조용히 그곳을 지키고 있었건만. 에스파냐의 협조적인 태도와 쇠약해진 국력 덕분에 우리 시설이 많이 늘어났고 에스파냐의 점령 사실을 거의 실감하지 못할 정도였지만, 머지않아 제 값보다 훨씬 많은 대가를 치르고 양도를 받아야 하는 상황이 벌어질 것 같네. 뉴올리언스를 프랑스의 손에 내버려둘 수야 없지 않은가? (중략) 프랑스의 차지가 된 순간부터 뉴올리언스는 물 속에 가만히 잠겨 있을 수 없게 되어 버렸어. 이제는 두 나라가 힘을 합쳐야 바다를 독점할 수 있네. 이제 우리는 영국 함대와 영국이라는 나라를 동반자로 맞이해야만 하네.

루이지애나 매입

1803년 4월 무렵 프랑스와 영국은 일시적인 휴전 상태였지만, 나폴레옹 1세는 또 한 차례의 유럽전쟁이 들이닥칠 조짐을 느끼고 있었다. 게다가 서인도제도의 프랑스 식민지 생도밍그의 반란군 진압도 골칫거리였다. 그는 병력과 국고를 여러 곳으로 분산시키는 데 부담을 느꼈는지 먼로가 도착하기 하루 전인 4월 11일에 외무장관 샤를 탈레랑을 통해 루이지애나 전체 매입을 리빙스턴에게 제안했다.

리빙스턴이나 먼로는 전체 매입을 결정할 권한이 없었지만, 두 사람 모두 이처럼 좋은 기회를 놓치지 않았다. 프랑스 재무장관 프랑수아 드 바르베–마르부아(François de Barbé–Marbois)와의 협상은 급속도로 진행되었다. 5월 2일에 양측은 1,125만 달러를 일시불로 지급하고 프랑스가 그 지역 주민들에게 진 빚 375만 달러를 미국 정부가 떠맡는 조건으로 4월 30일에 작성한 루이지애나 매입 계약서에 서명했다. 그 결과 미국의 영토는 두 배가 되었다.

1801년, 아이티 공화국의 신생 헌법을 공포하는 투생–루베르튀르

생도밍그는 히스파니올라 섬의 서쪽 3분의 1을 차지하던 프랑스 식민지였다. 하지만 자유노예 투생–루베르튀르가 1790년대 후반 무렵 폭동을 일으킨 결과 섬 전체를 수하에 넣었다.

1803년 7월에 계약 소식을 전해 들은 제퍼슨은 국무장관 매디슨을 대신하여 직접 승인을 추진했다. 재무장관 앨버트 갤러틴(Albert Gallatin)은 1,500만 달러를 들여 루이지애나를 매입하면 국채를 뿌리뽑겠다는 선거 공약이 공수표가 된다고 호소했지만, 제퍼슨은 아랑곳하지 않았다. 역사학자 조지프 J. 엘리스(Joseph J. Ellis)에 따르면 "제퍼슨은 재무장관에게 회계원장만 들여다보지 말고 이 계약으로 서부 지평선이 얼마나 넓어질지 상상을 해 보라."고 말했다.

이보다는 헌법상의 문제점이 더욱 중요한 사안이었다. 헌법에서는 연방정부에게 외국영토 매입권한을 부여한 일이 없었다. 엄격한 해석을 주장하는 제퍼슨인 만큼 이 부분에 이르러서는 헌법 개정의 필요성을 인정하는 수밖에 없었다. 하지만 법규를 제정하고 비준하려면 시간이 많이 걸릴 테고, 그 사이 나폴레옹 1세의 생각이 달라질 수도 있는 노릇이었다. 때문에 제퍼슨은 헌법 위반에 따르는 양심의 가책을 무시하고 계약을 진행시켰다. 그는 친구에게 보낸 편지에서 이렇게 밝혔다.

"헌법상의 문제점에 대해서는 말이 나오지 않으면 않을수록 좋겠지. 의회가 '군소리 없이' 필요한 조치를 취해 준다면 더할 나위 없이 고마울 걸세."

상원은 뜻밖에 별다른 소동 없이 10월 20일, 24 대 7로 루이지애나 매입 조약을 승인했다.

프랑스와의 협의 내용은 여러 면에서 상세했지만, 미국이 매입하는 영토가 어디에서부터 어디까지인지는 애매했다. 해당 지역을 자세하게 그린 지도가 없는 데다 실질적으로는 루이지애나와 인접한 영토의 소유권을 주장하는 영국이나 에스파냐와의 협상을 거쳐야 경계선을 확정지을 수 있기 때문이었다. 제퍼슨은 루이지애나 지역을 최대한 확대 해석하여 미주리 강 유역뿐 아니라 플로리다 서부와 오늘날 텍사스에 해당되는 지방도 여기에 포함된다고 주장했다.

루이지애나 매입 조약서

나폴레옹이 직접 서명했다.

정식교육을 받은 루이스

루이스와 클라크의 탐험은 과학적인 기치 아래 정치적, 경제적 야심을 숨긴 계획이었지만, 루이스는 실제로 사전연구를 철저하게 실시했다. 그는 예전부터 자연사에 관심이 많았지만, 제퍼슨의 지시로 1802년 가을부터 탐사준비를 시작하기 전까지는 정식교육을 받은 적이 거의 없었다. 그해 겨울에 제퍼슨은 대통령 관저의 서재로 루이스를 불러 제자로 삼고 지리학, 식물학, 광물학, 천문학, 인류학의 기초를 직접 가르쳤다.

식물표본
루이스와 클라크는 식물표본을 이처럼 표본 종이에 곱게 말려 미국철학회에 기증했다.

1803년 3월 무렵 워싱턴을 출발한 루이스는 연방무기고에 들러 여행에 필요한 무기와 탄약을 확보했다. 이후에는 필라델피아로 건너가서 천문학자 앤드류 엘리코트(Andrew Ellicott), 의학자 벤저민 러시(Benjamin Rush), 식물학자 벤저민 스미스 바턴(Benjamin Smith Barton) 등 미국에서 가장 손꼽히는 과학자들과 함께 두 달 동안 공부했다. 그리고 이들의 도움으로 클라크와 함께 내륙지방의 지도 제작에 필요한 도구를 구입했다.

비터루트
루이스와 클라크가 채집한 식물표본을 보고 그린 작품. 비터루트를 그린 것이다.

비준되던 1803년 10월 20일 무렵, 루이스는 이미 인디애나 지역의 클라크스빌에서 조지 로저스 클라크의 동생, 윌리엄 클라크(William Clark) 중위를 만난 뒤였다. 루이스는 그해 봄, 사전답사 차 하퍼스 페리와 필라델피아를 여행하면서 탐험대에 필요한 장교가 한 명이 아니라 두 명이라는 결론을 내린 바 있었다. 그는 6월에 워싱턴으로 돌아가서 제퍼슨을 설득했고, 6월 19일에 클라크에게 공동 지휘를 제안하는 편지를 보냈다. 한때 루이스의 상관이었던 클라크는 이내 제안을 수락했다.

루이스의 입장에서 보자면 윌리엄 클라크는 완벽한 파트너였다. 그는 측량과 지도 제작, 변경 개척, 선박 조종 면에서 루이스보다 훨씬 뛰어났다. 두 사람은

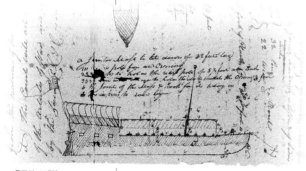

용골선 스케치
클라크는 1804년 1월 21일 관찰 기록장에 용골선 스케치를 실었다. 선체에 표시한 흘수선을 보면 흘수가 120센티미터 정도로 얕다는 사실을 알 수 있다.

10월 15일부터 26일까지 클라크스빌의 수많은 지원병들 가운데에서 인내심, 사격술, 사냥술, 체력, 기질을 근거로 두 명의 중사와 일곱 명의 일병을 1차 탐험대원으로 선발했다. 1차 대원 중에는 클라크와 어린 시절을 함께 보낸 친구 겸 노예, 요크(York)도 포함되어 있었다. 그는 강단 있고 민첩한 인물이었다.

클라크스빌을 출발한 탐험대는 오하이오 강을 타고 내려갔고, 11월 13일 무렵 미시시피에 도착했다. 루이스와 클라크는 두 강이 만나는 지점(오늘날 일리노이 주 카이로에 해당된다)에서 야영을 하며 위도와 경도를 측정하는 연습을 했다. 이 지점의 좌표는 이미 알려져 있었기

때문에 연습 결과를 확인할 수 있었다. 1주일 뒤에 다시 탐험을 시작한 두 사람은 용골선 한 척과 바닥이 평평한 대형 보트 두 척을 몰고 세인트루이스를 향해 물살을 거슬러 올라갔다. 그런데 출발하자마자 탐험대원이 턱없이 부족하다는 사실을 실감했다.

지난 한 달 동안은 오하이오 강물을 따라 떠내려가기만 하면 그만이었지만, 미시시피에 진입한 뒤로는 로키 산맥 분수령에 도착할 때까지 사납고 거센 물살과 싸우며 노를 저어야 하는 상황이었다. 두 척의 배에도 일손이 달렸고, 특별 제작한 용골선은 인원 보충이 시급했다. 육군장관 헨리 디어번(Henry Dearborn)이 허락한 지원병은 열두 명(여기에 통역관 한 명이 추가되었다)뿐이었지만, 제퍼슨은 어려움을 예상하고 추가 지원을 승인한 바 있었다. 루이스와 클라크는 가까운 육군기지에서 열두 명을 보충한 뒤 세인트루이스까지 남은 95킬로미터쯤의 여행을 마무리지었다.

세인트루이스의 에스파냐 총독은 루이지애나의 공식 양도 절차가 끝날 때까지 미주리 강을 거슬러 올라갈 수 없다고 못을 박았다. 루이지애나가 미국 영토로 편입되는 시점은 1804년 3월 9일이었다. 루이스는 서두르지 않기로 했다. 12월 8일이라 미주

세인트루이스의 모습
조지 캐틀린이 1832년에서 1833년 사이에 그린 작품. 세인트루이스 주민이었던 캐틀린은 1830년대 무렵 자신의 고향을 일컬어 '미래의 세계적인 대도시'라고 자신만만하게 소개했다. 미시시피 상류의 모피무역을 주도하던 세인트루이스는 루이스의 계획 아래 미국의 중추도시로 부상했다.

리 강 그레이트 굽이의 만단 인디언 마을까지 약 2,900킬로미터의 여행을 시작하기에는 이미 늦은 데다 사전에 할 일이 많았기 때문이다. 클라크가 미주리 강어귀 맞은편의 미국령 미시시피 강 일대에 겨울용 야영지를 건설하는 동안 루이스는 세인트루이스에서 앞으로 여행하게 될 지역의 지리와 문화에 관한 정보를 수집했다.

세인트루이스에서 포트만단까지

1804년 3월 31일, 루이스와 클라크는 병사 스물다섯 명을 정식으로 일행에 합류시켰다. 그중에는 프랑스 출신의 아버지와 쇼니족 출신의 어머니 밑에서 태어난 민간인 통역관 조르주 드 루이야르(George Drouillard)와 요크도 포함되어 있었다. 그리고 만단 인디언 마을까지 동행할 병사 다섯 명도 선출했다. 이들은 1804년에서 1805년으로 넘어가는 겨울을 만단 인디언 마을에서 보내고, 봄이 되면 그때까지 루이스가 채집한 동식물 표본과 보고서와 함께 병사 다섯 명을 용골선에 태워 돌려보낼 계획이었다. 이후에 미주리 강 역행을 시작한 5월 중순 무렵에는 프랑스와 인디언의 피가 섞인 민간인이 몇 명 더 추가되었다. 세인트루이스에서 이들을 배웅한 미군 장교 에이머스 스토다드(Amos Stoddard)는 육군 장교 디어번에게 보낸 편지에서

**멜라네르페스 루이스
(루이스의 딱따구리) 박제**

루이스가 채집한
표본들 중 유일하게
끝까지 남은 동물이다.

당시 풍경을 이렇게 묘사했다.

"모든 보트에 짐과 사람이 가득했습니다. 루이스의 부하들은 결의가 대단했고, 최상의 건강과 정신 상태를 갖추고 있었습니다."

탐험대는 처음 두 달 동안 거의 1,100킬로미터쯤을 움직였고, 인디언은 한 명도 보지 못했다(미주리 근처에 사는 부족들은 대부분 대평원으로 물소 사냥을 떠난 뒤였다). 탐험대가 아메리카원주민과 처음으로 마주친 것은 8월 2일, 플랫 강 근처의 야영지로 오토족들이 찾아온 때였다. 다음날 루이스는 일대 추장들을 모아 놓고 회의를 열었다. 클라크의 기록에 따르면 루이스는 오랜 연설을 통해 "예전에 아버지 노릇을 하던 프랑스와 에스파냐 사람들"은 "거대한 호수를 넘어 태양이 뜨는 쪽으로 떠나 버렸고, 홍인종 자식들을 만나러 돌아올 생각이 없다"고 밝혔다. 때문에 "아메리카 17개국을 다스리는 위대한 추장"이 "당신들과 이 거친 바다에 사는 여타 홍인종 자식들에게 가르침을 전하고 행복에 이르는 길로 인도하기 위해 많은 수고와 돈을 들여" 탐험대를 파견했다고 전했다. 루이스는 제퍼슨의 지시대로 미주리 인디언들과 평화협정을 맺어 아메리카 대륙을 아우르는 무역 제국을 공동 건설할 계획이었다. 탐험대장의 이야기가 끝나자 오토족 추장 한 명이 입을 열었다. 그는 가르침에 감사하면서 새로운 아버지가 인정 많고 믿음직해서 다행이라고 말을 한 뒤 화약과 위스키를 좀 달라고 했다. 루이스는 기꺼이 내놓았다. 잠시 후 오토족은 자리에서 일어섰고, 탐험대는 여행을 계속했다. 그리고 8월 말에는 얀크톤 수족과, 9월 말에는 테톤 수족과, 10월 초에는 아리카라족과 이와 비슷한 회의를 열었다.

인디언 정책

루이스와 클라크 탐험대의 주요 목표는 서로 싸움을 벌일 때가 많은 여러 인디언 부족 간에 평화 분위기를 조성하여 루이지애나 북부와 태평양 북서부 연안의 상업발전을 도모하는 것이었다.

수족과 블랙풋족은 미주리 상류의 무역을 봉쇄할 수 있을 만큼 세력이 막강했기 때문에 부족 간의 평화가 무엇보다 중요했다.

제퍼슨은 제임스 페니모어 쿠퍼(James Fenimore Cooper)가 1820년대 가죽양말 시리즈('내티 범포' 또는 '호크아이' 라고 불리는 황야의 사나이를 주인공으로 변경에서의 모험을 그린 일련의 작품을 말한다 — 옮긴이)에서 묘사했던 것처럼 아메리카원주민을 일종의 '고상한 야만족' 으로 간주했다. 하지만 루이스는 백인이 '무식한' 인디언들과

평화롭게 공존할 수 있다고 생각하지 않았다. 1806년 2월 무렵 포트클랫솝에서 적은 일기에는 이렇게 쓰여 있다.

"상당히 호의적이기는 하지만 욕심이 많고 약탈을 좋아하기 때문에 믿을 수가 없다. (중략) 아메리카 원주민의 성실함과 우의를 지나치게 믿었다가 배신을 당하는 바람에 파멸한 우리 동포가 몇백 명에 이르지 않는가."

대평원의 부족들이 진압을 당하기 시작한 시점은 루이스와 클라크의 등장과 맥을 같이 하지만, 17세기와 18세기 무렵 대서양 연안의 인디언과 백인들 간의 관계를 보면 대평원 부족들의 운명은 루이스와 클라크가 등장하기 전부터 이미 정해져 있었다. 이들은 동해안의 부족들처럼 오랜 기간 동안 막대한 희생이 뒤따르는 잔인하고 철저한 과정을 통해 정복될 운명이었다.

루이스와 클라크가 들렀던 만단 인디언 마을
젊은 스위스 화가 카를 보드머가 1830년대 후반에 그린 작품이다. 그는 박물학자인 비트 노이비트의 막시밀리안 대공이 1832년에서 1834년까지 미주리 강을 탐험했을 때 수행했다.

10월 말 무렵 탐험대는 오늘날 비즈마크 위쪽으로 97킬로미터쯤 떨어진 미주리 강 그레이트 굽이의 만단 인디언 마을에 도착했다. 만단족은 대평원 북부의 인디언 무역업자들 가운데 가장 손꼽히는 부족이었다. 이들의 마을은 크로, 카이오와, 샤이엔, 아라파호 등 멀리 사는 부족들이 노스웨스트 사(社)와 허드슨베이 사가 대리인을 통해 판매하는 공산품과 모피를 교환하는 유통의 거점이었다. 탐험대는 마침 마을을 방문 중이던 노스웨스트 사의 대리인 휴 매크래큰(Hugh McCracken)과 만났고, 루이스는 이 기회를 살려 어시니보인 강 교역소에 있는 매크래큰의 상사에게 짤막한 편지를 보냈다. 그는 '정부에서 미주리 강과 서부지방 탐험대로 우리를 파견한 이유는 과학 진흥을 위해서'라는 뻔한 핑계로 편지를 시작한 뒤 본론으로 들어갔다. 영국이 미국의 자치권을 인정하는 한 당분간은 기존의 교역관계를 어지럽힐 뜻이 없다고 전한 것이다. 그리고 앞으로 말이 잘 안 통하는 인디언 몇천 명과 5개월을 보내야 하는 상황이니만큼 탐험대가 만단 인디언 마을의 강 건너편에 건설한 겨울용 야영지, 포트만단으로 영국 무역업자들을 초대했다. 그의 초대를 받고 몇몇 무역업자들이 실제로 포트만단을 찾아왔다.

한편 루이스와 클라크는 마흔네 살의 투생 샤르보노(Toussaint Charbonneau)와 안면을 익혔다. 한때 노스웨스트 사의 비상임 대리인으로 일했던 샤르보노는 히다차족(만단족의 이웃이었다) 사이에 자리를 잡고 독립 무역업자로 일을 하는 프랑스계 캐나다인이었다. 샤르보노가 통역관을 자청하자 두 탐험대장은 곧바로 일자리를 내주었다. 그의 두 아내가 미주리 상류 근처에 사는 쇼니족 출신이었기 때문이다. 루이스와 클라크는 샤르보노가 통역관 이야기를 꺼내기 전까지만 하더라도 산악 부족인 쇼니족과 어떻게 의사소통을 하면 될지 고민이었다. 그런데 이제는 쇼니족이 샤르보노의 두 아내에게 쇼니어로 이야기

만단족 전사집단의 수장
보드머가 1834년 4월에 그린 수채화.

인디언에게 발포하는 루이스 대장

탐험대원들 중 탐험 이야기를 가장 먼저 출간한 주인공은 패트릭 개스 중사였다. 1807년에 출간된 초판에는 삽화가 없었지만, 1810년에 출간된 개정판에는 위와 같은 목판화가 몇 장 실렸다.

평화훈장

루이스와 클라크가 가지고 떠난 '인디언용 선물'에는 제퍼슨의 초상화가 새겨진 평화훈장도 있었다. 이 가운데 한 개는 카메아화이트가 선물로 받았다. 그보다 못한 추장들은 워싱턴의 초상화가 새겨진 작은 훈장을 받았다.

하면 두 아내는 샤르보노에게 히다차어로 전하고, 샤르보노가 드루이야르에게 프랑스어로 이야기한 것을 드루이야르가 영어로 바꾸어 주면 고민을 해결할 수 있었다. 샤르보노의 두 아내 중 탐험대를 따라 나선 사람은 사카자웨아(Sacagawea) 한 명이었지만, 그 정도로도 쇼니족과 의사소통을 하기에는 충분했다.

탐험대는 용골선을 세인트루이스로 돌려보내고 1805년 4월 초에 포트만단을 출발하여 미주리 상류로 거슬러올라가기 시작했다. 이번에는 겨울 동안 미루나무 속을 파내 만든 여섯 척의 카누가 두 척의 대규모 마상이에 추가되었다. 6월 3일, 두 명의 탐험대장과 지원병, 요크, 드루이야르, 샤르보노, 사카자웨아, 사카자웨아의 아이는 거대한 강물줄기 두 개가 만나는 합류점에 야영지를 만들었다. 루이스는 일기에 이렇게 적었다.

"이제 흥미진진한 문제점을 해결해야 된다. 둘 중 과연 어느 쪽이 미주리 강일까?"

두 탐험대장은 며칠 동안 정찰한 결과 남쪽 지류가 미주리 강인 것으로 결론을 내리고 그 강을 따라서 남서쪽의 그레이트폴스로 향했다[루이스는 사촌 마리아 우드를 기념하는 뜻에서 북쪽 지류에 마리아스 강이라는 이름을 붙였다]. 폭포 일대를 탐험한 이들은 돌아갈 때를 대비해 배 두 척을 숨기고 폭포 위쪽 야영지로 짐을 옮긴 뒤 커다란 미루나무 두 그루로 배를 대신할 카누를 만들었다.

로키 산맥 분수령을 넘어

이런저런 일들을 마친 뒤 30킬로미터쯤 짐을 옮기는 데 꼬박 한 달이 걸렸고, 탐험대는 7월 중순이 되어서야 다시 물길에 오를 수 있었다. 이 때부터 2주 정도 지난 7월 27일에 루이스와 클라크는 세 갈래의 작은 물줄기가 한데 모여 미주리 강이 되는 스리포크스에 도착했다. 루이스는 세 줄기의 지류에 각각 국무장관 매디슨, 재무장관 갤러틴, 대통령 제퍼슨의 이름을 붙였다. 탐험대는 말이 많다고 알려진 쇼니족을 만날 수 있다는 부푼 꿈을 안고 제퍼슨 상류로 거슬러 올라갔다. 짐을 가지고 로키 산맥을 넘으려면 말뿐 아니라 쇼니족의 도움도 필요했다[두 탐험대장은 산맥을 넘기가 매켄지의 말처럼 쉽지 않은 일임을 이미 간파하고 있었다]. 드디어 8월 8일 오후 무렵, 사카자웨아가 쇼니족의 여름 주거지와 그리 멀지 않은 고지대 평야를 발견했다. 다음날, 루이스는 쇼니족을 만나기 위해 드루이야르와 지원병 두 명을 거느리고 물길을 나섰다. 8월 8일 일기에 그는 이렇게 적었다.

"말을 구할 수만 있다면 쇼니족이든 다른 부족이든 한 달이 걸리더라도 찾아 나설 생각이다."

그가 향한 곳은 로키 산맥 분수령이었다.

루이스는 나흘 동안 걸은 끝에 쇼니족 일행을 만났고, 이들의 추장 카메아화이트(Cameahwait)를 통해 일대 지형을 익혔다. 그리고 며칠 뒤에는 카메아화이트에게 제퍼슨 강 상류의 항해 한계점까지 동행하자고 설득해 함께 움직이기로 했다. 그곳은 클라크와 합류하기로 약속한 지점이었다. 카메아화이트와 전사들은 렘히 고개를 지나 렘히 강에 있는 쇼니족 야영지까지 가는 데 쓸 수 있도록 말 서른 마리를 데리고 나타났다. 일기에도 적혀 있다시피 '이들과 며칠 동안 함께 지내면서 물물교환으로 말을 확보하는 것'이 루이스의 원래 계획이었다.

그런데 8월 17일, 클라크가 샤르보노와 사카자웨아를 데리고 회의장에 나타나는 순간, 분위기는 한층 화목해졌다. 사카자웨아와 카메아화이트가 형제지간이었던 것이다. 루이스의 기록에는 이렇게 적혀 있다.

"그녀는 달려가서 카메아화이트를 끌어안고 모포를 덮어 주더니 펑펑 눈물을 흘렸다."

카메아화이트 일행은 굶주림에 시달렸지만 해마다 미주리 강으로 떠나는 물소 사냥까지 늦추어 가며 짐 운반을 도왔고, 스물아홉 마리의 말을 넘겨 주었다. 게다가 젊은 시절에 네페르세 길을 넘어 그 험하다는 비터루트 산맥까지 다녀온 일이 있는 토비 할아범을 길잡이로 딸려보냈다. 하지만 먼저 로키 산맥 분수령 횡단이 관건이었다. 클라크는 이렇게 적었다.

"덤불을 지나서 (중략) 길을 만들며 바위투성이 산등성이를 지나야 하는데, 가파른 비탈길

'라이플 공기총'
루이스가 필라델피아를 출발하기에 앞서 총포상 아이제이어 루켄스에게 구입한 것이다. 개머리판에 약 400기압으로 공기를 압축할 수 있는 통이 들어 있었기 때문에 루이스는 연기나 소음 없이 총을 발사시켜 인디언들을 깜짝 놀라게 만들 수 있었다.

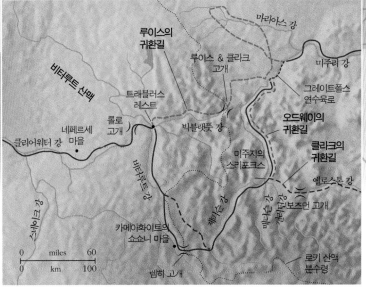

탐험대의 지도
탐험대가 로키 산맥을 넘을 때 택한 길을 확대한 지도.

미주리 강을 건너는 아메리카 들소떼
(뒷면) 1863년 작품.

141

을 오르내리다 말들이 발을 헛디딜 수 있으니 (중략) 아주 어렵고 위험한 일이다."

들꿩 몇 마리만 눈에 띌 뿐, 사냥감은 전혀 보이지 않았다. 탐험대가 마지막까지 남아 있던 소금에 절인 돼지고기를 먹은 9월 3일에는 눈이 내렸다. 그리고 같은날, 이들은 로키 산맥 분수령을 넘어 태평양 연안을 향해 가기 시작했다.

제퍼슨이 루이스에게 준 무제한 신용장
탐험대에게 물자를 댄 상인이 있으면 정부에서 변상한다고 적혀 있다.

루이스(위)와 클라크의 초상화
걸출한 화가 찰스 윌슨 필이 1807년에는 루이스를, 1810년에는 클라크를 그렸다.

다음주 내내 탐험대는 비터루트 강의 계곡을 내려갔고, 이곳에서 그들에게 호의적인 살리시 인디언을 만나 말 몇 마리를 샀다. 이들은 비터루트 강이 롤로 지류와 만나는 곳에서 하룻밤을 보냈는데, 루이스는 이 지점에 '트래블러스 레스트(여행객의 안식처)'라는 이름을 붙였다. 다음날인 9월 10일 아침이 되자 사방으로 떠난 사냥꾼들이 사슴 네 마리, 비버 한 마리, 들꿩 세 마리, 네페르세 인디언 세 명과 함께 돌아왔다. 네페르세 인디언 한 명은 백인들과 함께 비터루트 산맥을 건너기로 했다. 신이 난 루이스는 일기에 이렇게 적었다.

"그의 말로는 (중략) 컬럼비아 강의 산기슭 평야에 사는 친척들이 많은데, 강물이 잔잔해서 바다까지 배를 타고 갈 수 있다고 한다."

하지만 그날밤 사이 말 두 마리가 사라졌다. 오후 늦게 말을 찾을 무렵, 성질 급한 네페르세 인디언은 이미 제 갈 길을 떠난 뒤였다. 토비 할아범이 남아 있기는 했지만, 마지막으로 비터루트를 넘은 것이 워낙 오래 전 일이라 눈 덮인 산 속에서 잠시 길을 잃었고, 덕분에 탐험대는 이틀을 그냥 흘려보내는 수밖에 없었다. 이 와중에 비가 내리고 우박이 퍼붓다 급기야는 눈이 내리는 바람에 안 그래도 험한 네페르세 길을 지나기가 훨씬 힘들어졌다. 9월 16일에 다시 20센티미터쯤 눈이 내리면서 탐험대의 진행 속도는 한층 더디어졌다. 굶주림에 지친 말들은 풀을 찾느라 다시 사라졌고, 9월 17일 아침나절은 흩어진 말을 모으면서 지나갔다. 왕성한 체력을 자랑하던 탐험대도 거의 한계에 다다른 지경이었다. 이들은 루이스와 클라크가 이야기를 나누는 틈을 타서 가장 최근에 산 망아지를 잡아먹었다. 두 탐험대장은 후퇴하느니 죽음을 택할 성격이었지만, 식량이 거의 다 떨어지고 사냥도 불가능한 상황에서 며칠 앞으로 다가온 여행의 끝을 실감하고 있었다. 이들은 클라크와 몇 명을 평야로 먼저 보내 사냥감을 가지고 본부대로 귀환하는 방법을 택했다. 그 사이 루이스 일행은 식량이 도착하기를 기다리며 거추장스러운 짐을 끌고 천천히 움직였다. 드디어 9월 22일, 네페르세 마을 근처에서 얻은 나무뿌리와 말린 생선을 든 클라크와 선발대 한 명이 허겁지겁 달려왔다. 그날 저녁에 탐험대는 다시 뭉쳤다.

네페르세 추장 트위스티드 헤어(Twisted Hair)는 하얀 뱀장어 껍질 위에 서쪽 마을지도를 그려 주었다. 그 지도를 보면 트위스티드 헤어의 마을 옆으로 흐르는 개울이 클리어워터 강으로 흘러 들어가고, 이 강은 다시 스네이크로 흘러 들어가서 컬럼비아 강과 합쳐지는 것으로 되어 있었다. 추장의 말에 따르면 그의 마을에서 컬럼비아의 폭포까지는 열흘이 걸리는데, 폭포 주변에는 많은 인디언이 살고 있고 심지

어느 백인 교역소까지 있다고 했다. 비터루트를 넘느라 기진맥진했던 탐험대원들은 대부분 체력을 회복했고, 클라크의 지휘로 카누를 만들기 시작했다. 트위스티드 헤어는 일손이 달리는 것을 보고 은근한 불 위에 나무 등걸을 얹어 속을 태우는 인디언 방식을 가르쳐 주었다. 그뿐 아니라 다음해 여름까지 말을 관리해 주기로 약속했다. 탐험대는 10월 7일에 다시 물길로 나섰다. 하지만 이번에는 1803년 11월에 오하이오 강을 출발한 이래 처음으로 태평양까지 물살에 몸을 맡기기만 하면 되는 여행이었다.

태평양까지

두 탐험대장은 여행의 마지막 구간을 서둘러 끝내고 싶은 욕심에 연수육로 대신 급류를 선택했고, 이 과정에서 보급품 일부를 잃었

다. 하지만 여행의 속도가 빨라지고 능률도 높아졌다. 높다란 바위 장벽에 둘러싸여 컬럼비아 강이 위험한 급류로 변하는 더댈스의 짧은 해협에 이르렀을 때 수영을 못하는 대원들은 귀중품— 일기, 관찰 기록장, 라이플총, 과학기구—을 들고 배에

클라크의 기록
클라크는 포트클랫솝에서 지낸 1805년의 10월 이후 낱장에 관찰 기록을 남겼다가 나중에 제본을 했다. 1805년 9월 11일부터 12월 31일까지 힘들었던 시기의 기록과 태평양을 처음 본 순간의 감상이 들어 있다.

서 내려 걷기 시작했고, 루이스와 클라크를 비롯한 나머지 일행은 급류를 타고 달렸다. 일대 인디언들이 구경을 하러(그리고 백인들이 물에 빠지면 소지품을 빼앗으러) 높은 강둑으로 몰려들었지만, 이들은 아무런 사고 없이 지나갔다.

2주 후인 1805년 11월 7일에 클라크는 일기에 이렇게 적었다.

태평양이 보이는 야영지에 있으니 아주 기쁘다. 이 얼마나 보고 싶었던 태평양인가! 파도가 바위투성이 해변(아무래도 바위투성이일 것 같다)에 부딪치는 소리가 또렷하게 들린다.

사실 클라크의 생각은 조금 섣부른 판단이었다. 그가 마주친 곳은 컬럼비아 어귀였고, 이후로 1주일 동안 킹물밀고는 아무것도 보이지 않았다. 탐험대는 궂은 날씨와 집채만한 파도 때문에 포인트엘리스에서 발이 묶였고, 머리 위로 드리워진 암벽 때문에 내륙으로 사냥을 나서지도 못했다. 묵직한 카누를 타고 와서 나무뿌리와 생선을 판 클랫솝 인디언들이 없었더라면 굶어죽었을지도 모른다. 11월 15일에 날이 개자 클라크는 인근 만으로 야영지를 옮겼고, 루이스는 해변을 정찰하다 매켄지를 흉내내서 태평양으로 고개를 내민 작은 반도, 디스어포인트먼트 곶의 끝쪽 나무에 자신의 이름을 새겼다.

루이스는 엄청난 만족감을 느끼는 한편으로 뜻밖의 결과 때문에 마음이 착잡했다. 탐험대와 함께 헤친 어려움을 생각하면 자부심을 가질 만도 하지만 가장 중요한 목적을 생각하면 임무는 실패였다. 아메리카 대륙을 가로지르는 수로를 발견하지 못했을 뿐 아니라 비터루트 산맥과 컬럼비아의 위험한 급류를 겪은 결과 통상로의 부재도 확인한 셈이었다.

그리고 또 다른 걱정거리도 있었다. 사냥감이 너무 없어서 대원들과 함께 겨울을 무사히 보내는 것이 문제였다. 클랫솝 인디언들에게 식량을 조금 구할 수는 있다지만 2년 동안 여행을 하느라 교환할 물건이 거의 다 떨어졌고, 이대로는 오래 버티지 못할 가능성이 컸다. 클라크와 함께 태평양에 도착했더라도 겨울을 나고 이듬해 세인트루이스로 돌아가지 못하면 지금까지 배우고 익힌 모든 것이 모두 날아가 버리는 셈이었다.

컬럼비아 어귀의 남쪽 강가에 사는 와피티 떼가 위안거리이기는 했지만, 그해 겨울의 상황은 절망적이었다. 대원들은 끊임없이 쏟아지는 비를 맞으며 클라크의 지휘 아래 겨울용 야영지 포트클랫솝을 지었다. 이들은 약 15평방미터 주변으로 울타리를 만든 엉성한 오두막집에서 사냥을 하고, 가죽을 벗겨 옷과 모카신을 만들고, 훈제실의 불을 지키며 우울한 4개월을 보냈다. 날씨가 어찌나 험상궂었던지 처음 한 달 동안은 천체관측을 전혀 할 수 없었다. 하지만 루이스는 이 지역의 동식물과 클랫솝 인디언의 문화를 소재로 광범위한 기록을 남겼다.

귀환

루이스가 태평양 북서부의 인디언 문화와 자연사를 관찰하느라 바쁘게 지내는 동안 클라크는 포트만단에서부터 거쳐온 지역의 지도를 그렸다. 그리고 루이스와 함께 사흘을 검토한 뒤 2월 11일에 지도 작업을 마쳤다. 루이스는 일기에 이렇게 적었다.

"이제 우리는 북아메리카 대륙을 가장 현실적으로 횡단할 수 있는 길을 발견한 셈이다."

쇼니족 마을을 떠난 이래 여러 인디언에게 들은 정보를 종합해 볼 때, 제퍼슨과 함께 상상했던 수준에는 못 미치더라도 귀향길은 훨씬 수월하고 짧아질 전망이었다.

포트클랫솝을 출발한 탐험대가 컬럼비아 강을 거슬러 올라가기 시작한 것은 3월 23일이었고, 이번에는 급류를 만나면 연수육로를 선택하는 수밖에 없었다. 더댈스에 도착했을 무렵 거센 물살 때문에 지칠 대로 지친 두 탐험대장은 카누를 버린 뒤 짐을 나르는 동물 몇 마리를 샀고, 트위스티드 헤어가 말을 보관하고 있는 비터루트 기슭까지 걷기 시작했다. 그가 지난해 가을에 알리기로는 5월 초면 미주리로 물소사냥을 떠난다고 했다. 그런데 평소보다 많이 내린 눈 때문에 6월 말까지 비터루트 산길을 지나갈 수 없었다.

탐험대는 6월 25일에 네페르세 길잡이 다섯 명과 함께 인디언 본대보다 먼저 롤로 고개로

바다빙어 스케치
클라크가 1806년 2월 25일 일기에 남긴 것이다. 루이스는 "인디언 식으로 나무 꼬챙이에 여러 마리를 꿰어 구워 먹어야 제격"이라고 했다.

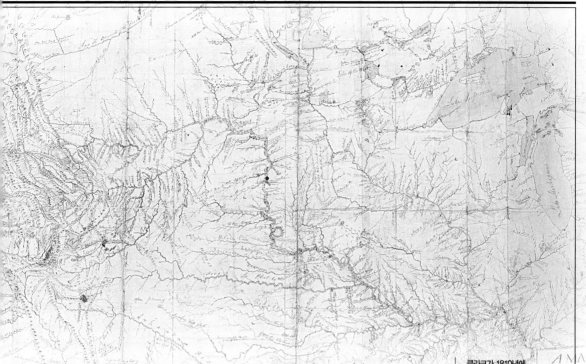

루이스와 함께 1804년에서
1806년까지 탐험을 하며
얻은 정보는 물론이고,
1806-1807년 제뷸런 M.
파이크의 탐험 등 이후의
답사 결과까지 모두
담았다.

출발했다. 아직도 210미터쯤 눈이 쌓여 있었지만, 길이 단단한 까닭에 길잡이가 이끄는 지름
길로 말을 몰기에 충분했다.

6월 30일 무렵 트래블러스 레스트에 도착한 탐험대는 두 그룹으로 나뉘었다. 클라크가 꼼
꼼하게 만든 지도를 들고 저마다 다른 길을 통해 미주리까지 돌아가기로 결정한 것이다.
루이스는 네페르세족이 해마다 사냥을 떠날 때 애용하는 육로로 출발할 예정이었다. 이 길을
따라가면 미주리의 그레이트폴스와 곧장 연결이 되어 있어 지난해 탐험대가 택했던 수
로보다 도착을 며칠 앞당길 수 있었다. 루이스는 일단 그레이트폴스
에 도착하면 두 탐험대장을 헷갈리게 만들었던 미주리의 지류,
마리아스 강을 대원 세 명과 함께 탐험할 생각이었다. 한편 클라
크는 지난해 왔던 길대로 비터루트를 넘은 뒤 제퍼슨 강을 타고
스리포크스로 내려가 카누를 회수하고, 그 사이 식량을 비축할
계획이었다. 그리고 스리포크스에서 대원들을 다시 두 그룹으로
나누어 존 오드웨이(John Ordway) 중사가 이끄는 분대는 루이
스가 마리아스 강 탐험에 앞서 그레이트폴스 연수육로에 남겨 둔
대원들과 합류하기로 했다. 클라크는 샤르보노, 사카자웨아, 17개
월 된 아이, 나머지 대원들과 함께 미주리 강까지 엘로스톤 강의 계
곡을 따라가기로 했다. 두 강이 만나는 지점에서 루이스 일행과 만나는 것이 이들의 계획이
었다.

야심만만한 계획이기는 했지만 탐험대를 방어에 취약한 소규모 그룹으로 나누었다는 점

클라크가 탐험대의 방향을
표시하고 기록하는 데 썼던
나침반

이처럼 방향을 기록하고
거리를 적어 놓은 덕분에
탐험대의 이동 경로를
재구성하고 지도를 만들 수
있었다.

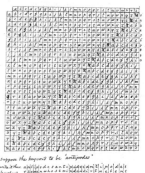

에서 위험한 계획이기도 했다. 실제로 루이스는 드루이야르, 일병 두 명과 함께 마리아스 강을 답사하다 7월 26일에 젊은 블랙풋 전사 여덟 명을 만났다. 이들은 영국과 맺은 교역관계에 따라 무기와 탄약을 거의 무제한 공급받을 수 있기 때문에 대평원에서 가장 위험한 부족이었다. 전사 여덟 명은 경계심을 늦추지 않는 한편, 그날밤 미국인들과 같은 야영지에 머무는 데 동의했고, 부족 간 평화를 강조하고 무역제국 미국의 등장을 알리는 루이스의 이야기를 열심히 경청했다. 하지만 동이 트자마자 라이플총을 훔치려 드는 바람에 탐사 역사상 가장 심각한 무력충돌이 빚어졌다. 블랙풋 전사 한 명이 일병에게 찔려 목숨을 잃었고, 루이스는 복부를 향해 총알을 날렸다. 나머지 전사들은 근처에 머무는 대규모 일당을 부르러 달려갔다. 조만간 백인이라면 누구든 닥치는 대로 죽일 작정을 하고 패거리로 달려올 것이 뻔했다.

루이스와 부하들은 그날 밤새도록 160킬로미터가 넘는 거리를 달렸다. 그러다 두 시간 정도 잠을 청하고 다시 길을 나섰다. 블랙풋의 추적을 따돌리는 것은 물론, 강을 따라 내려오고 있는 동료들에게 알리기 위해서였다. 아침 느지막한 무렵 미주리 상류의 절벽에 도착한 이들은 하류 쪽을 향해 13킬로미터쯤을 달렸다. 바로 그때 라이플총을 쏘는 소리가 들렸고, 루이스는 다가오는 일행의 카누를 보며 말로 표현 못할 만큼 엄청난 기쁨을 느꼈다. 다시 만난 일행은 서둘러 강을 타고 내려갔다. 그리고 1806년 8월 12에는 사냥감을 찾느라 훨씬 아래쪽을 맴돌고 있던 클라크와 재회했다. 이들은 이틀 뒤 만단 인디언 마을에 도착했고, 평화 분위기 조성이 무위로 돌아갔다는 실망스러운 소식을 들었다. 히다차족은 로키 산맥으로 전사부대를 보내 쇼니족 몇 명을 살해했다. 아리카라족은 만단족과 교전 중이었다. 수족도 말썽이었다. 그나마 다행인 부분이 있다면 만단족 추장 빅 화이트(Big White)가 함께 워싱턴까지 가서 위대한 아버지를 만나기로 한 것이었다. 1806년 9월 23일, 탐험대는 무사히 세인트루이스로 돌아갔다. 루이스는 도착하자마자 가장 먼저 집배원이 출발하는 시각을 물었다.

루이스는 그날 제퍼슨에게 보낸 편지에서 태평양까지 연결된 수로는 없다고 못을 박고, 연수육로 이용의 어려움을 밝혔다. 이렇게 나쁜 소식부터 전한 다음에는 미시시피 서부로 뻗어 나가는 무역제국 미국의 가능성을 이야기했다. 그는 미시시피 상류, 로키 산맥, 태평양 북서부 연안의 모피를 컬럼비아 강어귀로 한데 모은 뒤 중국의 광둥으로 싣고 가서 아시아 상품과 맞바꾸자고 제안했다. 말은 네페르세와 쇼니족에게 대량으로 헐값에 구입할 수 있기 때문에 (중략) 연수육로를 통한 운송비를 크게 낮출 수 있었다. 영국은 상법에 따라 모든 상품이 런던을 거쳐야 하기 때문에 미국의 능률적인 시스

템과 경쟁하기 힘들 것이 분명했다.

하지만 이같은 무역로를 안전하게 확보하려면 많은 무기와 자금이 필요했다. 루이스는 미주리 강을 따라 적대적인 수족과 블랙풋족을 경계하는 한편, 교역소 역할도 겸하는 보루를 짓자고 했다. 하지만 건설과 수비에 드는 비용이 만만치 않을 전망이었다. 정부의 적극적인 개입과 이 정도 규모의 지출은 제퍼슨의 엄격한 헌법 해석 원칙에 위배되는 개념이었다. 하지만 널리 알려져 있다시피 서부에 관한 한 제퍼슨의 원칙은 꺾이는 경우가 많았다.

제퍼슨식 민주주의

제퍼슨은 대규모 플랜테이션의 소유주였지만, 민주공화파와 더불어 19세기 당시 미국 인구의 4분의 3을 차지하던 영세농민의 권익을 대변했다. 그는 영세농민을 이상적인 계층으로 간주했다. 도시는 나라의 골칫거리로 치부했고, 자신의 고향 앨버말 카운티처럼 한가한 농경사회야말로 공화국의 건전한 가치관을 전파하기에 가장 완벽하다고 여겼다. 헌법 위반에 따르는 양심의 가책까지 무시하며 루이지애나를 매입한 이유가 바로 이 때문이었다. 루이지애나 매입으로 비옥한 땅이 넓어지면 농촌의 생활 방식이 앞으로 2-3세대 또는 그 이상 유지될 수 있으리라 믿었던 것이다.

루이스와 클라크의 탐험도 제퍼슨의 윤리관에 위배되기는 마찬가지였다. 탐험대가 태평양에 닿으려면 에스파냐, 영국, 러시아 땅을 거쳐 가야 했으니 당시 국제법을 위반하는 처사였다. 하지만 보상은 충분했다. 탐험을 마치고 돌아온 루이스는 9월 23일에 보낸 편지에서 수로와 모피무역의 상황을 자세하게 소개하는 와중에 제퍼슨이 그토록 듣고 싶어하던 소식을 전했다. 동쪽 끝에서 서쪽 끝까지 북아메리카 대륙의 전역을 아우르는 미국의 탄생을 선언한 것이다.

제퍼슨이 구상한 미국은 평등의 제국이었다. 1787년 노스웨스트 법령에 따라 기존 13개

워싱턴 시의 풍경을 담은 1801년 판화
1800년 미국 정부가 이전했을 무렵의 평화롭고 목가적인 분위기가 그대로 느껴진다. 의사당 언덕과 백악관 사이의 펜실베이니아 대로는 깨끗하게 개간이 되었지만, 나무 그루터기와 덤불은 그대로 남아 있었다.

비버

루이스의 보고서를 통해 로키 산맥에 대규모로 거주하는 비버와 수달의 존재가 알려지자 모피업자들의 행렬이 이어졌다. 모피업자의 필수품, 비버를 묘사한 위의 그림은 존 제임스 오두본의 『북아메리카 태생의 네발 짐승』(1845-1848년)에 실린 작품이다.

주와 대등한 권리를 인정받은 변두리의 여러 주에서 소규모 농민들이 독자적인 경제활동을 벌이는 나라였다. 이런 식으로 자급자족하는 농민들은 정치적 압력에도 끄떡없기 때문에 제퍼슨이 그리는 공화국에 안성맞춤이었다. 도시에서는 산업사회의 유혹과 마수 때문에 전제정치가 부활할 가능성이 있었다. 하지만 제퍼슨이 보기에 땅을 일구는 농민들은 민주사회를 유지할 만한 품성을 갖추고 있었다. 그는 1784년에 이런 글을 남겼다.

"흙 위에서 일을 하는 사람들은 신에게 선택받은 자들이다."

당연한 노릇이겠지만 제퍼슨은 유토피아식 농경사회의 꿈을 서부지역 관리에 적용시켰다. 미국의 입장에서 보자면 오히려 득이 된 착각이었다. 제퍼슨은 그 밖의 다른 부분에 관한 한 연방정부의 규모와 영향력을 줄이겠다는 1800년의 선거공약을 지켰다. 그는 재무장관 갤러틴과 긴밀한 공조를 이루며 연방정부 직원을 절반으로 줄이고 그 밖의 여러 예산을 대폭 삭감했다. 그 결과 수많은 연방세가 폐지되었고, 루이지애나 매입에 1,500만 달러가 투입되었음에도 불구하고 1801년에 8,300만 달러였던 국채가 1809년에는 5,700만 달러로 줄었다.

제퍼슨은 여러 면에서 꼼꼼한 면모를 자랑했고, 군부 내외의 공직에서 열성적인 연방파를 몰아내는 데 특히 열심이었다. 역사학자 조이스 애플비(Joyce Appleby)에 따르면 "그는 모든 상징과 공무원, 심지어는 대통령 발안권까지 역동적이고 엘리트 위주였던 예전 정부의 흔적을 없애는 데 사용할 도구로 간주했다." 하지만 두 번째 임기 때에는 외교 정책에 관심을 쏟는 시간이 많아졌다. 1803년 5월에 이르러 나폴레옹 1세와 영국의 전쟁이 재개되면서 미국 선박들은 다시 괴롭힘에 시달렸지만, 제퍼슨은 부당 조치를 근절하는 면에서 애덤스보다 훨씬 무능력한 모습을 보였다. 당시 미국은 오늘날과 마찬가지로 해외무역의 존율이 높았기 때문에 이와 같은 현상은 심각한 문제였다. 해외무역에 지장이 생기면 경제는 물론 사회까지 뒤흔들릴 가능성이 컸다.

가장 큰 골칫거리는 영국의 징병이었다. 영국 해군은 '한 번 영국인은 영원한 영국인'이라는 비공식 이론에 따라 1804년에서 1812년까지 해마다 1천여 명 꼴로 미국 선원을 강제 징집했다. 영국 해군 지도부는 아메리카 대륙에서 태어난 미국인의 징집권을 공식적으로 주장한 일이 없었지만, 탈영이 잇따르면 전력을 유지하는 데 어려움이 따르기 때문에 탈영병의 귀대 조치에 관한 한 국적을 무시했다. 프랑스도 미국 선박을 나포하기는 했지만 영국의 절반 정도였고, 강제 징집은 하지 않았다.

뉴욕 시의 상인 존 제이콥 애스터

그는 1811년, 태평양 연안에 미국 최초의 깃발을 꽂았다. 그후 컬럼비아 강어귀에 세운 모피 교역소에 애스토리아라는 이름을 붙였다.

수출입금지법

1807년 6월 22일, 영국의 프리깃함 레퍼드 호가 버지니아 연안에서 미국의 소규모 프리깃함 체서피크 호를 가로막고 탈영병 수색을 위한 승선을 요구하면서 양국의 긴장관계는 한층 고조

바르바리 해적

모로코, 알제리, 튀니지, 트리폴리와 같은 바르바리 제국은 16세기 이래 200여 년 동안 지중해를 드나드는 유럽 선박을 줄기차게 약탈한 해적들의 피난처 노릇을 했다. 작지만 기세 등등했던 이들 제국은 안전한 통상을 바라는 유럽 여러 나라에게 공물을 받았고, 미국이 독립을 선언하자 비슷한 요구사항을 전달했다. 영국은 막강한 해군을 바탕으로 유일하게 해적의 피해를 면한 나라인데, 독립을 한 이상 미국은 영국의 보호를 받을 수 없는 나라였기 때문이다. 미국은 1786년 6월에 모로코와 조약을 맺고 해마다 공물을 바치기로 했다. 그리고 다른 바르바리 제국들과도 비슷한 조약을 맺었다.

하지만 1801년에 미국이 트리폴리 파샤(pasha, 오스만제국에서 고위직을 가리키는 칭호 — 옮긴이)의 공물 인상 요구를 거절하자 트리폴리는 전쟁을 선포했다. 제퍼슨 대통령이 지중해로 전함을 파병했지만 해적들을 물리치기에는 역부족이었고, 결국

1804년 8월, 트리폴리를 포격하는 미국 전함
너새니얼 커리어가 1846년에 수공으로 색을 입힌 석판화.

1803년 10월에 프리깃함 필라델피아 호를 빼앗겼다. 하지만 1804년 2월에 스티븐 디케이터(Stephen Decatur) 대위가 야간 급습을 감행하여 미국 해군에게 대포를 쏘지 못하도록 필라델피아 호를 태운 결과, 전투는 새로운 국면으로 접어들었다.

이후 트리폴리는 해안을 봉쇄 당하는 고초를 겪었고, 1805년 6월에 공물 납부를 폐기하는 평화협정에 서명했다.

1812년 전쟁 때에는 미국이 정신 없는 틈을 타서 알제리의 데이(dey, 알제리와 튀니지에서 군주를 가리키는 칭호 — 옮긴이)가 파샤처럼 공물 인상을 요구했다. 이번에도 미국은 거부했고, 겐트 조약을 맺은 지 6개월이 지난 1815년 5월에 디케이터 대령이 이끄는 해군이 다시 출정에 나서 알제리군을 격파하고 공물 납부 관행에 매듭을 지었다. 얼마 후 튀니지와 모로코도 공물을 포기했고, 이로써 바르바리 해적의 시대는 끝이 났다.

되었다. 체서피크 호의 함장이 승선을 거부하자 레퍼드 호는 포격을 퍼부어 미국 수병 세 명을 사살하고 열여덟 명에게 부상을 입힌 뒤 탈영 용의자 네 명을 끌고 갔다. 그중 영국인은 한 명뿐이었다. 교전 소식을 접한 제퍼슨은 7월 2일, 모든 영국 전함에게 미국 영해 퇴거 명령을 내렸다. 이에 영국 측은 미국 선박을 더욱 철저하게 수색하겠다는 선언으로 응수했다. 제퍼슨은 대안이 없다는 판단을 내리고 1760년대 무렵 영국의 목을 죄었던 수입거부 법안을 통과시켜 달라고 의회에 요청했다. 그 결과, 모든 수출과 수입을 통제하는 수출입금지법이 1807년 12월에 마련되었다. 엄청난 반발에 시달렸던 이 법안의 목적은 영국과 프랑스가 좀더 예의 바른 태도를 보일 때까지 미국 상품을 공급하지 말자는 데 있었다. 하지만 실질적인 피해자는 미국 상인들이었고, 밀수가 횡행하는 계기가 되었다. 특히 뉴잉글랜드 상인들의 피해가 심각했다.

급기야 1809년 초반에는 제퍼슨마저 수출입금지법의 패착을 인정할 수밖에 없는 상황에 이르렀다. 때문에 그는 임기를 마치기 사흘 전인 3월 1일에 수출입금지법을 폐기하고 영국과 프랑스를 제외한 모든 나라와의 무역을 재개하는 통상금지법에 마지못해 서명했다. 신설된 통

The happy Effects of that Grand System of shutting Ports against the English !!

1808년 10월
영국에 등장한 만평
제퍼슨이 수출입금지법을
옹호하는 발언을 하는
가운데 나폴레옹 1세가
의자 뒤에서 몰래
훔쳐보고 있다.
수출입금지법과 뒤이은
전쟁으로 미국 제조업은
일대 부흥기를 맞이했다.
산업화가 진행되면
노동자들이 공장주에게
매인 몸이 되고 따라서
민주주의가 무너진다고
생각했던(노동조합과
비밀투표가 등장하기
전이었으니 있을 법한
발상이었다)
제퍼슨으로서는 뜻밖의
결과였다.

상금지법에 따르면 영국과 프랑스, 두 적성국가는 대통령이 태도 변화를 공식적으로 인정할 때까지 미국과 교역을 할 수 없었다. 하지만 통상금지법은 시행이 불가능한 것으로 밝혀졌고, 결국 의회는 1810년 5월에 모든 국가와의 통상을 허용하는 메이컨 제2법안을 통과시켰다. 하지만 영국이나 프랑스, 둘 중 하나가 미국의 중립선언을 존중하면 대통령(이제는 제임스 매디슨이었다)의 권한으로 나머지 한쪽에게 다시 통상금지조치를 내릴 수 있다는 조건을 달았다.

나폴레옹 1세는 메이컨 제2법안의 소식을 듣고, 영국을 상대로 통상금지조치를 내리면 미국의 중립선언을 존중하겠다는 전갈을 보내 왔다. 이와 같은 기만 작전에 넘어간 매디슨은 1810년 11월, 영국과의 무역 중단을 선부르게 선언하는 실수를 저질렀다. 1810년 선거로 의회에 진출한 남부와 서부 출신의 젊은 민주공화파는 영국과의 전쟁을 주장하기 시작했다. '매파(War Hawk)'라고 불린 이들은 켄터키 출신의 헨리 클레이(Henry Clay)와 사우스캐롤라이나 출신의 존 C. 칼훈(John C. Calhoun)의 주도 아래 매디슨의 정책을 '평화로운 강압'이라고 비난하며 6개월 복무를 조건으로 10만 민병대를 소집하라고 촉구했다. 이로부터 두 달 뒤, 영국 정부가 서부변경의 인디언을 선동해 공격하는 상황까지 벌어지자 난처한 입장에 처한 매디슨은 하는 수 없이 의회에 전쟁선포를 요청했다. 상원은 17일 동안 고민한 뒤 6월 18일, 전쟁선포를 승인했다. 한편 미국의 여러 가지 수출입금지조치로 경제적 어려움에 직면한 영국 정부는 미국 선박수색 승인조치를 철회했다. 하지만 이같은 소식이 전해졌을 무렵, 미국은 이미 매디슨의 전쟁을 준비하고 있었다.

매디슨의 초상화

(오른쪽) 길버트
스튜어트의 초기작이며
독립기념관에 걸려 있다.

1812년 전쟁

1812년 전쟁이 시작됐을 무렵 미국은 준비가 미비했다. 상원과 하원의 연방파 의원들은 전쟁선포에 반대했고, 뉴잉글랜드의 연방파 유권자들은 전쟁이라는 단어를 질색했다. 모두들 매디슨의 치신을 어리석다고 비난했다. 마지못해 교전을 결정했다고 볼 수도 있는 매디슨 행정부는 한참을 기다린 뒤에야 군대를 정비할 수 있었다. 구두쇠 제퍼슨 행정부가 규모를 축소한 해군은 특히 상황이 심각했다. 결과적으로 각 주의 민병대에 의존할 수밖에 없는 상황이었지만, 연방파가 주의회를 장악한 북서부의 경우에는 연방의 파병 요구에 응하지 않았다.

이와 같은 배경 아래 육군장관 윌리엄 유스티스(William Eustis, 1809-1812년)와 암스트롱(1813-1814년)의 형편없는 작전이 가세하면서 영국군은 캐나다로 쳐들어온 미국군을 세 번 연속 가볍게 해치울 수 있었다. 미국의 입장에서 보면 참으로 다행스러운 노릇이지만 해군의 성적은 이보다 나았다. 디트로이트가 영국-인디언 연합군의 손에 함락되고 사흘 뒤인 1812년 8월 19일, 미국 전함 컨스티튜션 호는 노바스코샤에서 영국 전함 게리에르 호를 격파했다. 의기소침해 있던 미국은 승전보를 듣고 기뻐했지만, 대서양 중부와 남부 연안을 옥죄고 있는 영국 해군의 봉쇄선은 뚫릴 줄 몰랐다(영국 해군은 내부 분열을 조장하고 미국 상품 일부가 암암리에 영국 시장으로 흘러 들어갈 수 있도록 뉴잉글랜드 항구를 1814년 4월까지 봉쇄하지 않았다).

1813년 9월 10일, 이리 호에서는 스물여덟 살의 올리버 해저드 페리(Oliver Hazard Perry)가 임시변통으로 조직한 함대 열 척을 이끌고 영국 함대 여섯 척을 물리치는 전과를 거두었다. 이로써 이리 호를 자유롭게 항해할 수 없게 된 영국군은 디트로이트에 머물던 전방부대를 소환했다. 윌리엄 헨리 해리슨(William Henry Harrison) 소장은 이 때를 놓칠세라 10월 5일, 템스 강에서 퇴각하는 영국-인디언 연합군의 뒤를 쳤고 쇼니족 추장 테쿰세(Tecumseh)를 전사시키는 개가를 올렸다. 하지만 영국이 프랑스와의 전쟁에서 승리를 거두고 1814년 4월, 나폴

미국군의 승리
1813년에 미국군이 온타리오의 템스 강에서 승리를 거두자마자 출간된 판화이다.

레옹 1세가 퇴위하면서 유럽에 묶여 있던 대규모 부대와 군수품이 아메리카 대륙으로 넘어오는 상황이 빚어졌다. 1814년 8월, 든든하게 무장한 영국 함대가 체서피크 만으로 진입하더니 4천 명의 백전노장을 메릴랜드 해변에 내려놓았다. 이들은 8월 24일, 메릴랜드 주 블레이던즈버그에서 미국 수비대를 간단하게 물리치고 그날밤 미국의 수도를 점령했다.

미국의 입장에서 보자면 워싱턴 D. C.가 영국군의 손으로 넘어가고 화염에 휩싸이던 8월 24일과 25일이 가장 우울한 시기였다. 하지만 볼티모어는 아직 건재했고, 9월 11일에는 토머스 맥도너(Thomas Macdonough) 대령이 샘플레인 호 전투를 승리로 이끌었다. 맥도너의 승리로 영국군의 공세는 중단되었고, 런던의 지도부는 평화협정을 맺을 시기가 되었다는 판단을 내렸다. 나폴레옹을 무찔렀으니 이제는 미국과 프랑스의 무역을 막을 필요가 없었고, 국민들도 전쟁이라면 지긋지긋하다는 반응을 보였다. 때문에 영국과 미국은 1814년 12월 24일에 겐트 조약을 맺었다. 여기에서 영국은 징집을 중지하고 북서변경지대의 교역소를 인도한다는 약속을 했다. 애매하던 미국과 캐나다의 국경도 이 조약으로 확정이 되었다. 하지만 2년이 넘게 계속된 전쟁의 결과치고는 빈약하기 짝이 없었다. 5대호의 군대 배치와 오리곤 지역의 소유권 등 가장 민감한 사안은 뒤로 미루어졌고, 중요한 문제점도 거의 미결로 남았다.

테쿰세 동맹

1808년에 고향 오하이오를 출발한 쇼니족 추장 테쿰세는 미시시피 계곡을 오르내리며 인디언 동맹군을 조직했다. 인디언 땅을 자꾸 침범하는 백인들을 물리치기 위해서였다. 그는 영험한 '예지자'로 알려진 남동생 텐스콰타와(Tenskwatawa)의 도움을 빌어 애팔래치아 서쪽에 거주하는 아메리카 원주민의 최고 대변인 자리에 올랐다.

그러다 1811년 11월, 테쿰세가 자리를 비운 사이 티피커누 전투에서 쇼니족을 물리친 윌리엄 헨리 해리슨 소장이 프로피츠타운으로 진격해 마을을 송두리째 불태우는 사건이 벌어졌다. 이 사건을 계기로 테쿰세는 영국과 손을 잡았다. 그는 1812년 전쟁 때 영국군을 도와 디트로이트를 함락시켰지만, 1813년 템스 강 전투에서 목숨을 잃었다.

텐스콰타와
티피커누 전투에서 목숨을 건졌지만, 주술로 백인을 물리치는 데 실패했기 때문에 신임을 잃었다. 쇼니족의 '예지자'는 영국의 연금을 받으며 1834년까지 살았다. 이 초상화는 텐스콰타와가 캔자스에 살던 1830년에 캐틀린이 그린 것이다.

전쟁이 끝난 1812년 뒤에도 미국의 국제적인 위상은 변함이 없었지만 국내 분위기는 상당한 영향을 받았다. 예를 들어 정치적인 측면에서 보자면 1812년 전쟁을 기점으로 연방파의 시대는 막을 내렸다. 뉴잉글랜드에 기반을 둔 연방파는 애초부터 매디슨의 전쟁을 비웃었고, 1814년 봄으로 접어들면서 영국 함대의 해안선 봉쇄가 뉴잉글랜드까지 확대되자 비난의 강도를 한층 높였다. 그해 12월 15일에 매사추세츠, 로드아일랜드, 코네티컷의 대표단은 하트퍼드에서 은밀한 회동을 갖고 지역적인 차원의 작전을 모색했다. 연방 탈퇴 이야기도 나왔고, 뉴잉글랜드 주의회는 연방의회가 승인한 징병법안을 파기했다. 16년 전, 외국인규제법과 보안법이 등장했을 때 매디슨이 주창한 주의 권리를 실행에 옮긴 것이다. 하지만 겐트 조약이 체결되고 1월 8일에 앤드류 색슨(Andrew Jackson)이 뉴올리언스에서 거둔 승전보가 전해지면서 이런저런 이야기들은 잠잠해져 갔다. 결국 1월 5일에 해산한 하트퍼드 회의는 일종의 반역 행위가 되었다. 이미 몰락의 길을 걷고 있었던 연방파는 이것을 계기로 무너졌고, 다시는 예전의 기세를 회복하지 못했다.

　　제퍼슨의 수출입 정책과 영국의 해안선 봉쇄로 미국의 수많은 해운회사가 어려움을 겪었지만, 국내 산업을 자극하는 뜻밖의 성과도 있었다. 뉴잉글랜드를 주축으로 여러 지방의 공장에서 예전에는 영국에서 수입하던 물품들을 생산하기 시작했고, 주와 주 사이에 무역이 붐을 일으켰다. 1812년 전쟁은 다른 면에서도 나라 전체가 단결하는 계기가 되었다. 가장 민 변경의 주민들도 외국의 공세에 맞서 나라를 지키기 위해 나섰다. 민주공화파의 부상으로 이른바 '화합의 시대' 라 불리는 정치적 합의가 이루어진 결과, 먼로 대통령은 단독 후보로 1820년 재선에 임했다. 앞으로 펼쳐질 미래는 알 수 없지만 미국이라는 신생 공화국은 정계 분열과 외세의 압력이라는 1차 관문을 무사히 통과했다. 미국이라는 공화국을 아메리카 대륙 전역으로 확장시키고 루이스와 클라크의 숙명을 완수하는 것이 다음 관문이었다.

인물 촌평

존 마셜
1755-1835년

조지프 J. 엘리스

1801년에서 1835년까지 다섯 명의 대통령이 오가는 와중에도 대법원장은 늘 존 마셜이었다. 그는 애덤스가 임기 말년에 임명했다고 해서 '자정(子正)의 법관'으로 알려진 집단의 일원이었고, 잭슨의 두 번째 임기 말년까지 대법원을 지켰다. 완벽한 타이밍 덕분에 사상 유래 없는 장수를 누린 것이다. 그를 따른 추종자는 이런 표현을 남겼다.

"모든 것이 창조되어야 할 시기에 조물주가 혼돈을 깨트린 것처럼 마셜은 헌법을 깨트렸다."

마셜은 4대 대법원장이었지만, 대법원장직에 불후의 권력을 부여한 최초의 인물이었다. 그는 연방정부의 곁가지에 불과하던 대법원을 거의 혼자서 의회와 대통령의 동격으로 탈바꿈시켰다. 마셜의 중심에는 두 가지 신념이 자리잡고 있었다. 헌법은 자치주들이 만든 협약이 아니라 미국 국민 모두가 지켜야 할 계약이라는 신념과 대법원은 헌법의 궁극적인 심판이 되어야 한다는 신념이었다. 이와 같은 신념은 마셜 덕분에 오늘날 자명한 진리로 자리매김할 수 있었다.

마셜은 일련의 획기적인 판결—시초 격인 '마베리 대 매디슨'(1803년), 중간다리 격인 '플레처 대 팩'(1810년)과 '매컬럭 대 메릴랜드'(1819년)—을 통해 법원의 법률 해석권과 연방정부의 주정부 통제권을 확립했다. 워싱턴이 미국을 건국했다면 마셜은 미국의 틀을 잡았다. 그가 남긴 유산은 논쟁의 여지가 없다.

마셜은 1755년, 버지니아 주 블루리지 산기슭에서 태어났고, 오지의 소총병으로 구성된 정예부대를 이끌고 독립전쟁에 참전하면서 일찌감치 갈 길을 정했다. 이 와중에 평생의 우상이 된 워싱턴을 밸리 포지에서 만났다.

그는 워싱턴처럼 대륙군에서 얻은 경험을 통해 주와 지방정부를 믿지 않게 되었다. 이들은 지원을 약속했다가도 전투지가 경계선 밖으로 옮아 가면 태도를 바꾸기 일쑤였다. 그뿐 아니라 독립전쟁은 단순히 독립을 위한 전쟁이 아니라 자주적인 미국을 건설하기 위한 전쟁이라고 생각하는 점에서도 워싱턴과 입장이 같았다.

이와 같은 맥락에서 마셜은 먼 친척뻘인 제퍼슨과 의견이 엇갈렸다. 그는 사석에서 제퍼슨을 '산 속의 위대한 라마'라고 불렀다. 제퍼슨은 마셜을 '미지근하고 게으른 인간'이라고 표현하는가 하면, 각 주의 자치권을 지지하는 자신의 입장과 정면으로 대치되는 판결을 내리면 '아전인수'라고 하는 등 이보다 더 심한 악담을 서슴지 않았다. 그래도 마셜의 능력은 인정하는 수밖에 없었다.

"워낙 궤변에 능하기 때문에 절대 확답을 하면 안 된다. 그랬다가는 그의 결론을 받아들일 수밖에 없는 상황에 도달한다. 만약 마셜이 지금 낮인지 밤인지 물으면 나는 '모르겠습니다. 분간이 안 됩니다.'라고 대답할 것이다."

제퍼슨은 심지어 마셜이 이끄는 대법원을 가리켜 "우리 연합공화정의 기반을 흔들기 위해 지하에서 열심히 땀을 흘리는 토목공과 광부의 집단"이라고 표현했다. 물론 문제의 핵심은 마셜이 미국을 '연합공화정'이 아니라 공화국으로 생각한다는 데 있었다.

결국 제퍼슨은 마셜을 악마 같은 마술사로 간주하기에 이르렀다. 새롭게 임명된 법관마다 그의 주술에서 헤어 나오지 못했기 때문이다. 대법원의 개정 기간 동안 숙식을 함께 하는 판사들은 대법원장이 주관하는 식사를 하고 후식으로 마데이라를 마시며 의견을 조율했다. 이런 식으로 마셜의 주도 하에 탄생된 판결은 주로 마셜의 목소리를 타고 전 세계에 공표되었다.

마셜의 주술은 재능과 성품, 양쪽에서 비롯된 것이었다. 심지어는 경쟁상대들마저도—제퍼슨은 예외였지만—그를 미워하지 못했다. 어느 법관의 표현에 따르면 그의 웃음소리는 "모략가치고 너무 화통했다." 마셜은 분명 헌법을 둘러싼 동료 법관들의 생각을 배후 조종했지만, 수많은 이의 눈에는 욕심이 전혀 없는 편안한 인물로 비쳐졌다.

마셜의 초상화
W. D. 워싱턴의 그림을 토대로 1880년에 리처드 N. 브룩이 그렸다.

7

잭슨 시대

국민과 함께 한 취임식

1829년 1월 18일 일요일, 증기선 펜실베이니아 호가 테네시 주의 떠들썩한 도시 내슈빌에 도착했다. 대통령으로 선출된 앤드류 잭슨을 싣고 인근 허미티지 사택을 출발한 뒤 피츠버그로 향할 증기선이었다. 잭슨은 피츠버그에 도착하면 역마차로 갈아타고 워싱턴까지 마지막 구간을 움직일 계획이었고, 여행에 소요될 기간은 3주 정도였다. 원래 잭슨은 펜실베이니아 호가 도착한 날 출발할 생각이었지만, 하루 더 기다리기로 했다. 얼마 전에 있었던 대통령 선거에서 잭슨의 민주당측 대리인이 사임하는 존 퀸시 애덤스(John Quincy Adams)를 가리켜 안식일에 자주 여행을 한다고 비난한 일이 있었기 때문이다.

잭슨은 민주당 보도진을 통해 '공개 행사나 환영식 없이 워싱턴으로 향하고 싶다'는 의사를 밝힌 바 있었다. 불과 4주 전에 유명을 달리한 아내 레이첼 잭슨(Rachel Jackson)을 추모하는 뜻에서 한 말이었다. 하지만 잭슨의 추종자들은 자신의 손으로 백악관에 진출시킨 인물을 환영하고 싶어했다. 미국의 보통 사람들은 펜실베이니아 호가 닻을 내리거나 역마차가 말을 바꾸기 위해 멈추어 설 때마다 대통령 당선자에게 다가가서 아무 거리낌없이 악수를 청하거나 말을 걸었다. 잭슨을 수행한 어느 여성동지의 표현에 따르면 계급의식을 망각하고 '천박하게 치근덕거리는 수작'이었다. 하지만 잭슨은 일일이 손을 잡았고, 싫은 내색을 전혀 하지 않았다. 피츠버그에서는 부두 주변에 모인 군중에게 인사를 하느라 한

잭슨의 모습을 담은 1830년 석판화
(왼쪽) 테네시 주 내슈빌 외곽의 사택 허미티지에서 포즈를 취했다.

시간 이상을 지체했다.

2월 11일 무렵 워싱턴에 도착한 잭슨은 《유나이티드 스테이츠 텔레그래프(United States Telegraph)》를 통해 매일 정오부터 오후 3시까지 호텔에서 지지자들을 만나겠다고 알렸다. 하지만 방문객이 워낙 몰려드는 바람에 면담을 일시 중단하고 내각 구상에 집중하기로 했다. 매사추세츠 상원의원 대니얼 웹스터(Daniel Webster)는 2월 19일 편지에 이렇게 적었다.

"이렇게 많은 인파는 처음이야. 잭슨 장군을 보겠다는 일념으로 800킬로미터를 달려온 사람도 있는데, 다들 이 나라가 끔찍한 위기 상황에서 벗어났다고 생각하는 눈치라니까!"

그가 말하는 끔찍한 위기 상황이란 통치권, 그중에서도 국민의 손으로 대통령을 선출할 권리의 상실을 의미했다. 애덤스는 '국민을 위한' 대통령이었을지는 몰라도 '국민의' 대통령은 아니었다. 그는 이와 같은 거리감 때문에 독재자, 특권층이라는 민주당원들의 비난에 시달렸다. 잭슨으로 말할 것 같으면 애덤스만큼 도도했지만, 유럽에서 공부한 대통령의 아들이 아니라 자수성가했다는 이력 덕분에 서민적인 분위기를 풍기며 민중의 진정한 대변인을 자처할 수 있었고, 호스슈 굽이와 뉴올리언스에서 군대를 이끌었던 것처럼 미국을 이끌 인물로 추대되었다.

3월 4일은 맑고 화창했다. 취임식은 의사당의 이스트 포르티코에서 정오에 시작될 예정이었다. 역사학자 로버트 V. 레미니(Robert V. Remini)는 당시 풍경을 이렇게 묘사했다.

"사람들은 잭슨이 등장하는 모습을 조금이라도 가까이에서 보려고 성난 파도처럼 이리 밀고 저리 밀쳤다. 심지어는 포르티코로 향하는 계단까지 차지해 버리는 바람에 3분의 2쯤 되는 지점에 닻줄을 쳐서 통제선을 만들어야 하는 지경이었다. 프랜시스 스콧 키(Francis Scott Key)는 이처럼 굽이치며 꿈틀대는 인파를 감탄하는 눈빛으로 바라보았다. '아름답군. 정말 대단해!'"

잭슨의 지지자들

잭슨은 피츠버그에서 역마차로 갈아타고 내셔널(컴벌랜드) 로드를 따라 수도로 향했다. 위의 그림은 지지자들이 그를 환영하는 모습을 현대에 재현한 작품이다. 내셔널 로드를 버지니아 주 휠링에서 오하이오 주 콜럼버스까지 확장한 것이야말로 잭슨이 재임 당시 유일하게 승인한 도로공사였다.

잭슨은 1767년 3월 15일에 사우스캐롤라이나에서 태어났다. 그의 부모는 얼마 전 아일랜드의 캐릭퍼거스에서 건너온 이민자였다. 하지만 잭슨은 열네 살 때 고아가 되었다. 아버지는 그가 태어나기 직전에 세상을 떠났고, 어머니는 1781년에 영국 손으로 넘어간 찰스턴에서 미군 포로병을 간호하다 콜레라로 목숨을 잃은 것이다. 두 형도 독립전쟁에서 전사했고, 잭슨은 영국군에게 포로병으로 붙잡혀 있을 당시 베인 상처가 영원히 흉터로 남았다.

잭슨은 독립전쟁이 끝난 뒤 노스캐롤라이나에서 3년 동안 법학공부를 했고, 1787년 9월에 변호사 자격증을 취득했다. 하지만 일자리를 찾지 못하고 1788년 초 애팔래치아 산맥을 넘어 내슈빌로 거처를 옮겼다. 9년 전에 건설된 내슈빌은 황야의 끝자락이었고, 인디언의 위협이 여전했다. 취직시켜 주겠다는 친구의 약속을 믿고 말 한 마리, 노예 한 명과 함께 건너간 길이었다. 오랜 도박친구 존 맥네어리(John McNairy)가 노스캐롤라이나 서부지구의 상급법원 판사로 임명이 되었으니 잭슨에게 서부지구의 검찰관을 맡길 수 있는 위치였다. 스물한 살 청년의 법률지식은 해박한 편이 못 되었지만, 변경지방에서 법과 질서를 유지하려면 법정 경험만큼이나 필요한 것이 결단력과 담력이었다. 잭슨은 칼과 라이플총을 들고 순찰을 돌았다. 공소제기에 앞서 손을 봐 주어야 할 용의자가 있으면 그 일까지 맡았다.

키가 크고 호리호리한 모습, 이글이글 타는 듯한 빨간 머리, 빛을 뿜어 내는 파란색 눈은 1796년에 테네시 주로 승격한 서부지구 명물이 되었다. 이웃주민들은 그의 성미를 무서워하는 한편, 배짱 있고 정직한 면모를 존경했다. 그는 1796년 1월에 테네시 주의 신설 헌법제정을 도왔고, 가을에는 테네시 최초의 대표로 하원에 파견되었다. 잭슨은 당시 미국의 수도였던 필라델피아에서 토머스 제퍼슨의 민주공화파를 열렬히 지지하고 연방파를 멀리했다. 그리고 퇴임하는 행정부를 기리고 은퇴하는 워싱턴 대통령의 건승을 빌자는 결의안에 반대표를 던졌다. 제이 조약은 미국의 수치인데, 대통령이 이런 조약을 인정하다니 변명의 여지가 없다고 생각했기 때문이다.

잭슨은 짧은 의정활동을 벌이는 동안 체제 순응을 거부했다. 당시 유행한 분칠한 가발을 쓰지 않고 긴 머리를 뱀장어 껍질로 싸고 다녀 민주공화파 지도층에게 '꼴사납고 무식한 촌뜨기'라는 소리를 듣기도 했다. 잭슨은 4차 의회의 두 번째 회기가 1797년 3월로 막을 내리자 다

노스캐롤라이나 서부지구 지도

테네시가 열일곱 번째 주로 승격되기 몇 달 전인 1795년에 출간된 것이다.

레이첼 잭슨

잭슨이 1788년에 건너갔을 때 내슈빌은 법원 하나, 상점 두 개, 술집 두 개, 양조장 한 개를 갖춘 변경의 마을이었고, 숙박시설도 많지 않았다. 잭슨은 다행히 도넬슨(Donelson)이라는 미망인이 운영하는 하숙집에 방을 잡을 수 있었는데, 그곳에서 미망인의 딸이던 스물한 살의 레이첼을 만났다.

잭슨은 레이첼을 본 순간 첫눈에 반했다. 유부녀였지만 상관없었다. 레이첼은 켄터키 출신의 남편 루이스 로버즈와 이미 별거한 적이 있었고, 오래지 않아 또다시 갈라섰다(잭슨의 역할이 조금 있었다).

그런데 1790년 가을 무렵, 로버즈가 그녀와의 재결합을 위해 켄터키에서 건너올 생각이라는 소문이 들렸다. 로버즈라면 지긋지긋했던 레이첼은 몇 명의 친척들과 함께 에스파냐령 내처즈로 떠날 결심을 했다.

이때 잭슨이 동행을 자청하고 나섰다. 인디언의 공격을 받을 위험도 있고, 당시 도덕관념상 문제의 소지가 있는 동행 제안을 듣고 로버즈가 이혼 소송을 내 주었으면 하는 바람도 있었기 때문이다.

1791년 봄 무렵 내슈빌로 돌아왔을 때 로버즈가 버지니아 주의회에서 이혼 허가를 받았다는 소문이 들렸다. 당시 켄터키 땅은 아직 버지니아 관할이었다. 잭슨은 소문을 확인하지도 않은 채—변호사라는 직업을 생각해 볼 때 수상한 부분이다—내처즈로 달려가서 레이첼과 결혼했다.

여기까지는 잭슨 측근들의 주장이고, 사실 두 사람이 내처즈에서 결혼했다는 기록은 어디에도 존재하지 않는다. 이런 문제에 관한 한 철저하기로 유명한 에스파냐이건만 도넬슨 일행이 1789년에서 1790년으로 넘어가는 겨울에 내처즈로 건너왔다는 기록만 남아 있을 따름이다(민주당이 1827년에 제시한 변호 자료보다 꼭 1년이 앞선다).

잭슨은 레이첼과 동거를 시작한 1791년 무렵, 그녀가 법적으로 아직 로버즈의 아내라는 점을 알고 있었을 가능성이 크다. 그해 가을에 내슈빌로 돌아온 잭슨과 레이첼은 모범적인 부부로 지내다 1793년 말, 1791년에 로버즈가 받은 서류는 이혼 확인서가 아니라 이혼소송신청 허가서였다는 사실을 알게 되었다. 정식으로 이혼이 인정된 것은 1793년 9월 27일이었다. 그러니까 잭슨과 레이첼은 적어도 2년 동안 간통을 저지르고 있었던 셈이다.

1794년 1월, 내슈빌에서 또 한 차례 결혼식을 치르면서 이 사태는 영원히 해결되는 것처럼 보였다. 하지만 30년 뒤인 1828년 대통령 선거에서 레이첼의 간통문제는 자격논쟁의 핵심으로 떠올랐다.

1790년 당시의 정확한 상황은 알 수 없지만, 1828년 잭슨은 부인을 끔찍이 아꼈고 국가공화당이 부인을 조롱하면 불같이 화를 냈다. 분을 이기지 못한 나머지 국무장관 헨리 클레이를 이와 같은 인신공격의 주범으로 지목하면서 "소물주의 이름에 먹칠하는 천하에 몹쓸 악당"이라고 쏘아붙일 정도였다. 클레이에게 결투 신청하겠다는 것을 말리느라 보좌진이 한참 애를 먹었다는 일화도 전해진다.

그러다 잭슨이 선거에서 승리를 거두고 3주도 안 된 시점에서 레이첼이 눈을 감았다. 그는 아내의 죽음을 인정하지 않고 시신 옆에 앉아 꼬박 하룻밤을 보냈다.

그는 대통령 선서 당시 쏟아진 인신공격을 평생 원망했다. 그때 지켜 주지 못한 것이 아내를 죽음으로 내몰았다고 생각한 것이다. 그는 친구에게 이렇게 말했다.

"하느님은 그 작자들을 용서할지 몰라도 나는 죽어도 용서하지 않을 걸세."

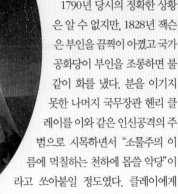

1830년대 초반 무렵의 레이첼 잭슨
동시대를 살았던 어떤 인물은 그녀를 가리켜 '거부할 수 없는 유혹'이라고 표현했다. 그녀의 검은 눈에 빠진 남자들은 그녀가 옥수수 속대로 만든 파이프를 물고 있어도 아랑곳하지 않았다.

잭슨의 초상화
랠프 W. 얼이 1830년대 초반에 그린 '테네시의 신사'. 가난한 고아로 지내던 젊은 시절과 상당히 동떨어진 모습을 담고 있다.

잭슨의 주머니 시계

시는 돌아오지 않겠다는 각오를 하며 필라델피아를 떠났다. 그해 가을에 테네시 의회의 상원으로 뽑혀 다시 필라델피아 땅을 밟기는 했지만, 5개월 만에 의원직을 사임했다. 탁상공론과 복잡한 서류절차가 시간 낭비, 돈 낭비로 느껴졌다.

잭슨이 의회를 떠난 데에는 개인적인 이유도 있었다. 1790년대 초반에 서부의 땅 투기로 재산을 모았는데, 1795년의 금융공황으로 엄청난 빚을 지게 된 것이다.

잭슨 장군

1812년에 의회가 영국을 상대로 전쟁을 선포하자 마흔다섯 살의 잭슨은 2,500명으로 이루어진 테네시 의용군을 이끌고 적극적인 참전의사를 밝혔다. 제임스 매디슨 대통령은 정중하게 감사의 뜻을 전할 뿐 전장으로 부르지는 않았다. 잭슨은 영문을 모른 채 화를 내다 매디슨이 거리를 두는 이유를 깨달았다. 테네시 민병대의 소장으로 재직하던 1806년에 애런 버의 서부독립음모에 연루된 일이 있었던 것이다. 다혈질로 소문이 난 버의 옛 친구에게 육군성에서 지휘권을 맡길 리 없었다.

매디슨은 디트로이트가 함락되고 두 달이 지난 1812년 10월 무렵에야 테네시 주지사 윌리 블라운트(Willie Blount)에게 뉴올리언스 방어를 위한 의용군 1,500명을 요청했다. 블라운트는 절친한 측근 잭슨에게 부대 통솔을 일임했다. 원정대는 1813년 1월에 내슈빌을 출발했지만, 진군 속도가 더디기 짝이 없었다. 오하이오 강은 얼음투성이였고, 엄청난 뉴마드리드 지진(1811~1812년)으로 미시시피 강의 물살이 바뀌는 바람에 어떤 곳은 항해가 어려웠다. 한 달 뒤 내처즈에 도착했을 때 잭슨을 맞이한 것은 뉴올리언스의 사령관 제임스 윌킨슨이 잇따라 보낸 공문이었다. 육군성에서 잭슨에 관한 명령을 들은 바 없고 그의 부대를 먹일 만한 식량도 없으니 멀리서 대기하라는 내용이었다.

잭슨은 명령을 기다리며 몇 주 동안 내처즈에 머물렀다. 그러다 3월 15일에 드디어 신임 육군장관 존 암스트롱의 편지가 도착했다. 그 안에는 의용군을 해산하라는 명령이 들어 있었다. 암스트롱은 2월 5일자 공문에서 이렇게 밝혔다.

"자네 부대가 뉴올리언스로 진격해야 할 이유가 사라졌다. 이 편지를 받자마자 해산 명령에 따라 소지하고 있던 모든 공공물품을 윌킨슨 소장에게 귀속조치하기 바란다."

공문에 담긴 의미야 분명했지만 그러자면 음식도, 의약품도, 집으로 돌아갈 교통 수단도 없고 사나운 인디언이 우글대는 땅에서 봉급도 못 받은 부대원들을 내팽개쳐야 된다는 뜻이었다. 잭슨이 보기에는 그의 부대를 윌킨슨의 정규군으로 편입시키기 위해서 이런 식으로 오도가도 못하게 만드는 것 같았다. 사실 암스트롱은 잭슨의 부대에게 에스파냐령 플로리다 공격 명령을 내릴까 하다가 에스파냐는 공식적으로 중립을 선언한 상황이라는 외교 문제를 감안해서 작전을 바꾼 것에 불과했다. 어쨌거나 잭슨은 암스트롱의 명령에 따를 생각이 없었다. 그는 자비를 대는 한이 있더라도 부대를 이끌고 내슈빌로 돌아갈 작정이었다.

내처즈에서 내슈빌로 돌아가는 먼 길에서 잭슨은 과감하고 용기 있고 꿋꿋하고 의지가 강한 모습을 보였다. 레미니에 따르면 잭슨은 '평범한 인물'이 아니었다.

"범상하거나 정상적인 인물이 아니었다. 초인이었다. 거의 악마에 가까웠다. 목표를 이루고야 말겠다는 집념과 의지와 집착이 대단했다. 부하들을 내슈빌에 데려다 놓겠다고 마음을 먹으면 일일이 업고 가는 한이 있더라도 기꺼이 감당할 인물이었다."

잭슨은 말 세 마리를 모두 걷지 못하는 병사에게 내주고, 식량 배급을 직접 감독하고 앞뒤로 용기를 북돋워 가며 부하들과 함께 걸어갔다. 부하들이 보기에 잭슨은 강인한 사람이었다. 억세기로 유명한 히코리보다 더 강인한 사람이었다. 때문에 이들은 잭슨을 히코리 장군이라고 부르다가 나중에는 더욱 존경하는 뜻을 담아서 올드 히코리라고 불렀다.

"인정 많고 너그러운 아버지와 다름없었던 장군의 보살핌은 웨스트테네시 의용군들의 기억 속에 오래도록 남을 것이다. 감사와 사랑으로 잭슨 장군에게 보답할 길이 있기를."

부대가 귀환하고 얼마 안 있어 《내슈빌 휘그(Nashville Whig)》에는 이런 기사가 실렸다. 훗날 이들은 투표로 보답했다.

초창기 잭슨 전기에 실린 삽화
장군 시절, 폭동을 일으키지 말고 자신과 함께 내슈빌로 돌아가자며 내처즈의 야영지에서 부하들을 설득하는 모습이다.

포트밈스 대학살 이후에 잭슨은 두 번째로 1812년 전쟁에 참전할 기회를 잡았다. 1813년 8월 30일, 레드 스틱스(Red Sticks)라고 알려진 크리크 인디언 분파가 당시 미시시피 지역의 일부였던 앨라배마의 포트밈스에서 백인 이주민들을 무차별 학살하는 사건이 벌어진 것이다. 레드 스틱스는 백인들과 적대관계였고, 1811년 10월에 이들을 찾아간 테쿰세는 미국인들에 맞서 싸울 영국산 총을 전달했다. 테쿰세는 레스 스틱스에게 말했다.

"백인종을 멸종시킵시다! 그들은 여러분의 땅을 빼앗고, 여자들을 더럽히고, 망자의 뼈를 짓밟습니다! 피를 밟으며 이들이 온 곳으로 돌아가게 만들어야 합니다!"

허미티지의 1856년 모습
잭슨은 1804년에 이 저택을 구입했다.

이로부터 두 달 뒤에 엄청난 뉴마드리드 지진 1호가 미시시피 계곡을 뒤흔들었고, 걸프 연안에 거주하던 크리크족들은 테쿰세의 말대로 전쟁을 시작하라는 신의 계시로 받아들였다. 이후 2년 동안 경계선 습격이 이어졌고, 양쪽은 피해를 주거니 받거니 했다. 하지만 모빌 북쪽으로 48킬로미터쯤 떨어져 있는 새뮤얼 밈스의 요새 저택이 공격을 당하면서 분위기가 급격하게 고조되기 시작했다. 요새로 몸을 피한 250명의 백인 대부분이 크리크족의 손에 잔인하게 목숨을 잃은 것이다. 이들은 남자의 경우 산 채로 불에 태웠고, 여자는 머리 껍질을 벗겼고, 임신부는 산 채로 배를 갈랐고, 어린아이들은 머리가 깨져 뇌가 쏟아질 때까지 요새 벽에 거꾸로 매달아 놓았다.

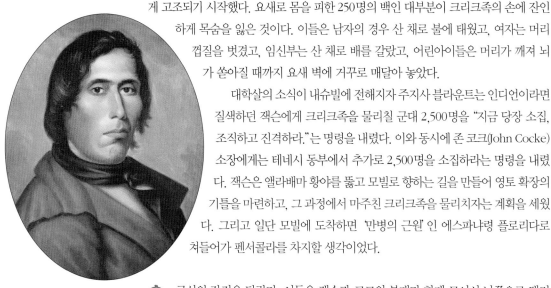

대학살의 소식이 내슈빌에 전해지자 주지사 블라운트는 인디언이라면 질색하던 잭슨에게 크리크족을 물리칠 군대 2,500명을 "지금 당장 소집, 조직하고 진격하라."는 명령을 내렸다. 이와 동시에 존 코크(John Cocke) 소장에게는 테네시 동부에서 추가로 2,500명을 소집하라는 명령을 내렸다. 잭슨은 앨라배마 황야를 뚫고 모빌로 향하는 길을 만들어 영토 확장의 기틀을 마련하고, 그 과정에서 마주친 크리크족을 물리치자는 계획을 세웠다. 그리고 일단 모빌에 도착하면 '만병의 근원'인 에스파냐령 플로리다로 쳐들어가 펜서콜라를 차지할 생각이었다.

테쿰세의 유일한 초상화로 추정되는 작품
무명의 화가가 그린 것으로, 조지 로저스 클라크와 윌리엄 클라크 형제 집안에서 대물림되다 19세기 후반에 시카고 자연사박물관의 소장품이 되었다.

육군성의 작전은 달랐다. 이들은 잭슨과 코크의 부대가 한데 모여서 남쪽으로 탤러푸사와 쿠사 강이 만나는 지점(오늘날 몽고메리에 해당된다)까지 진격한 뒤 그곳에서 존 플로이드(John Floyd)가 이끄는 조지아 의용군, 퍼디넌드 L. 캘리본(Ferdinand L. Claiborne)이 이끄는 미시시피 의용군과 합류해 주기를 바랐다. 하지만 육군성의 바람은 이루어지지 않았다. 10월 7일에 사령관으로 임명된 잭슨은 웨스트테네시 부대를 이끌고 룩아웃 산맥을 넘어 앨라배마에서 코크의 부대와 만났지만, 아무리 기다려도 플로이드와 캘리본은 나타나지 않았다. 두 사람 모두 인디언과의 전투에서 참패를 기록하고, 크리크 인디언 전쟁을 테네시인들의 손에 맡긴 채 후퇴해 버린 것이다.

보병 37연대까지 합류한 잭슨의 부대가 1814년 3월 27일, 탤러푸사 강 호스슈 굽이에 위치한 크리크 본거지를 공격하면서 크리크 인디언 전쟁은 일대 전기를 맞이했다. 잭슨은 4천 명(이 중에는 우호적인 입장의 크리크 인디언 전사들도 들어 있었다)을 이끌고 1천 명의 크리크 전사들을 상대했다. 이들은 3면이 탤러푸사로 둘러싸이고 숲이 울창한 반도에서 300명의 부녀자, 어린이들과 야영을 하고 있었다. 너비가 320미터 정도 되는 반도의 목 부분에 굵직한 나무로 180미터에서 240미터 되는 높이의 벽을 쌓아 놓았기 때문에 안심할 수 있는 상황이었다. 잭슨은 3월 31일에 블라운트에게 보낸 편지에서 호스슈 굽이는 "자연적인 요건상 요새로 안성맞춤인데, 인간의 손길이 가해지면서 더욱 든든한 요새가 되었다."고 적었다. 하지만 잭슨의 부대는 불을 뿜는 인디언의 포화를 무시한 채 흉장으로 돌진했고, 해질녘까지 체계적인 학살을 감행했다. 호스슈 굽이에서의 승리가 더욱 값진 이유는 영국이 남부에서 본격적인 전투를 시작하려는 시점에 크리크 인디언의 위세를 꺾었기 때문이다.

이제 매디슨 행정부는 잭슨의 능력을 더 이상 무시할 수 없게 되었다. 육군장관 암스트롱이 연달아 참패를 기록한 상황이니 더욱 그럴 수밖에 없었다. 올드 히코리에게 주어진 포상은 정규군의 여단장 자리와 소장으로 명예진급, 그리고 테네시, 루이지애나, 미시시피지역, 크리크 부족을 아우르는 7군관구의 사령권이었다. 잭슨은 적어도 소장 임관 정도를 기대했지만, 그 정도가 최선이라는 암스트롱의 말을 듣고 6월 18일에 포상을 받아들였다. 이 무렵 영국은 걸프 해변 원정준비를 끝마쳐 가는 참이었다. 루이지애나와 웨스트플로리다에서 미국인들을 몰아 내기 위한 준비였다. 영국군의 원래 계획은 모빌에서 에스파냐, 인디언 동맹군과 함께 육로로 내처즈까지 진격하여 뉴올리언스를 고립시키는 것이었다. 내처즈를 차지하면 미시시피 계곡을 건너서 캐나다의 전투부대에 합류하기도 편리했다. 하지만 잭슨의 부대가 모빌로 이동했다는 소식을 듣고 영국 지휘부는 공격 목표를 뉴올리언스로 수정했다. 뉴올리언스는 무방비 상태일 것이라는 정확한 판단을 내렸기 때문이다.

뉴올리언스의 영웅

잭슨은 호스슈 굽이에서 거둔 승리로 테네시에서 전설적인 인물이 되었지만, 그를 명실상부한 전국의 영웅으로 만든 사건은 뉴올리언스에서 영국군을 상대로 거둔 승리였다. 잭슨은 11월 초에 펜서콜라를 함락시킨 에스파냐령 무단침략으로 서부에 충격을 선사하고, 모빌로 돌아가서 방어가 충실한지 점검했다. 그런 다음 차비를 서둘러 12월 1일 무렵 뉴올리언스에 도착했다.

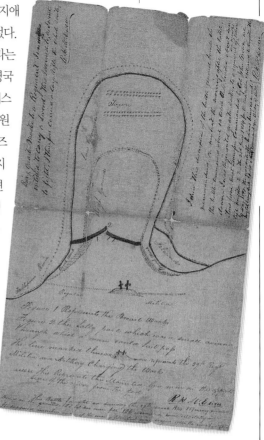

매큐언의 지도

호스슈 굽이 전투를 치른 다음날, 잭슨의 병참장교 로버트 매큐언은 이런 지도를 그렸다. 함께 참전한 매큐언의 어린 사촌 샘 휴스턴은 선두에 서서 흉장으로 달려들다 크리크 인디언의 화살이 허벅지에 꽂히는 바람에 절름발이가 되었다.

그로부터 몇 주가 지났을 무렵, 암스트롱을 대신해서 육군장관의 일까지 겸하는 국무장관 제임스 먼로의 다급한 전갈이 날아들었다. 최근 쿠바를 출발한 영국 침략군이 뉴올리언스로 향하고 있다는 소식이었다.

"영국 정부가 보기에 모빌은 시시하게 여겨지는 모양일세. (중략) 1년에 걸쳐 준비한 영국군이 프랑스와 에스파냐를 당당하게 무찌른 백전노장들을 이끌고 우리 연방의 이곳저곳을 공격하더니 뉴올리언스에 마지막 결정타를 날리려 하고 있다네."

당시 잭슨이 뉴올리언스로 끌고 온 부대는 2천 명에 불과했다. 반면에 먼로가 추정하는 영국군은 모두 1만 4천 명이었다. 그런데 얼마 후, 예상하지도 못했던 곳에서 1천 명의 지원병이 도착했다.

9월 초에 영국은 뉴올리언스 남서쪽으로 110킬로미터쯤 떨어져 있는 바러테리아 만에 슬루프 한 척을 보냈다. 이곳은 장 라피트(Jean Lafitte)가 이끄는 해적단의 본거지였다. 영국은 에스파냐 선박을 주로 공격하던 해적단에게 영국이나 에스파냐 선박을 괴롭히지 않겠다고 약속하고 영국 해군에 협조하면 그 대가로 땅을 주겠다고 제안했다. 라피트는 생각할 시간을 달라고 한 뒤 곧바로 뉴올리언스의 미국 친구들에게 이 사실을 알렸다. 뉴올리언스의 크리올

(Creole) 지도층은 예전부터 라피트를 너그럽게 대했고, 그의 장물을 매물로 인정했다. 하지만 잭슨은 바러태리아 만의 해적단을 파렴치한 족속으로 간주하며 질색했고, '가증스러운 도적떼'라고 불렀다. 그는 예전에 플로리다 주지사를 만난 자리에서 에스파냐의 애매한 태도 때문에 이곳의 인디언들이 미국 땅을 침범하지 않느냐고 따졌다가 미국은 바러태리아 만의 해적단을 눈감아 주지 않느냐고 신랄한 공격을 당한 일도 여러 번 있었다.

하지만 뉴올리언스 지도부는 라피티 옹호론을 펼쳤고, 결국 잭슨은 사면을 대가로 해적단의 도움을 받아들이기로 양보했다. 게다가 라피티는 부족하던 화약과 탄환, 인력을 제공했다. 이와 같은 시기에 잭슨은 자유흑인 2대대도 받아들이기로 했다. 아프리카계 미국인들에게 무기를 지급할 수 없다는 일부 루이지애나 주민들의 반대를 무릅쓰고 내린 결정이었다. 흑인 병사들은 봉급, 배급, 복장 면에서 백인 지원병과 똑같은 대우를 받았다. 하지만 백인 장교의 통솔에 따라야 했고, 이들 중에서는 오직 하사관만 선출할 수 있었다.

에드워드 패컨햄(Edward Pakenham) 중장은 최근 종결된 나폴레옹 전쟁에서 혁혁한 전과를 올렸고, 덕분에 12월 13일 보르뉴 호 입구에 도착한 침략군의 사령관으로 임명을 받았다. 그는 자신을 루이지애나 총독으로 임명하는 영국 왕실의 위임장을 들고 있었다. 위임장에 따르면 미국인들을 내쫓고 '나폴레옹 보나파르트가 부정하게 미국으로 양도한' 루이지애나를 에스파냐 대신 다스리는 것이 그의 임무였다. 그러자면 뉴올리언스 함락이 우선이었는데, 미시시피 삼각주의 뒤엉킨 늪지와 지류를 통과하기가 여간 어려운 일이 아니었다. 패컨햄의 선발대는 열흘이 지난 12월 23일이 되어서야 뉴올리언스 남쪽 약 14미터 지점에 야영지를 확보할 수 있었다.

선발대 1,800명은 비앵브뉘 지류와 마장 지류를 워낙 조용히 움직였기 때문에 기습 공격을 감행하면 뉴올리언스를 함락시킬 수도 있었다. 하지만 생포한 미국 병사와 선원들이 잭슨군의 병력을 실제보다 네 배로 부풀려 이야기했기 때문에 선발대를 지휘한 존 킨(John Keane) 소장은 섣부른 공격을 삼가기로 했다.

하지만 잭슨의 생각은 달랐다. 그는 데리고 온 정규군을 신속하게 집결시키고 여기에 뉴올리언스 민병대와 자유흑인 대대를 추가시켰다. 모두 3천 명이었다. 이틀 전에 도착한 테네시 의용군 3천 명은 루이지애나 주 민병대와 남아서 뉴올리언스를 지키기로 했다. 이윽고 벌어진 야간전투에서 양쪽은 비슷한 사상자를 내며 무승부를 기록했다. 영국 측은 미국에 밀리지 않은 자신들의 승리라고 주장했지만, 잭슨이 공격적인 태도를 통해 영국 선발대를 저지하

뉴올리언스의 영웅
너새니얼 커리어가 1837년에 뉴올리언스의 영웅을 기념하여 제작한 석판화.

고 본대가 도착할 때까지 귀중한 시간을 벌었다는 사실이 훨씬 중요한 측면이었다. 킨은 그 정도 공격을 감행하다니 소문대로 병력이 1만 5천 명은 되는 모양이라고 여기며 패켄햄의 부대가 모두 도착할 때까지 기다리기로 했다. 그렇게 며칠이 흘렀다.

12월 28일에 패켄햄은 미시시피 동안을 따라 천천히 진격을 명령했지만, 미국 해군 루이지애나 호와 로드리게스 운하라 불리는 물줄기에 늘어선 포병대의 십자포화에 밀려 후퇴했다. 그는 미국 화력에 맞설 포병대를 앞세우고 정월 초하루에 다시 돌파를 시도했다. 하지만 라피트의 동생 도미니크 유(Dominique You)의 지휘 아래 놀라운 솜씨를 선보인 해적단 포병대 때문에 이번에도 고배를 마셨다. 호되게 당한 패켄햄은 야영지로 돌아가서 지원군을 기다렸다. 한편 잭슨 측 진영에서는 1815년 1월 4일, 2천 여 명의 켄터키 민병대가 추가되었다.

1월 8일 동이 트자마자 영국 측 진영에서 쏘아 올린 콩그리브 로켓 두 개가 하늘 위로 섬광을 그렸다. 최후의 공격을 알리는 신호였다. 영국군의 진격을 기다리는 동안 올리언스 대대의 군악대는 "양키 두들(Yankee Doodle)"을 연주했다. 잭슨은 영국군이 사정거리 안으로 들어왔다고 판단을 내린 뒤에야 비로소 발포 명령을 내렸다. 그는 부대를 4열 횡대로 배치한 뒤 1열이 뒤로 가서 재장전을 하는 동안 2열이 앞으로 나가 머스킷총을 발사하는 작전을 구사했다. 이와 동시에 바러태리아 포병대는 질서정연하던 적진에 커다란 구멍을 냈다. 패켄햄의 부대는 '지구상의 어느 누구도 감당 못할 수준의 포화'에 그대로 무너졌다. 이들이 나약했다

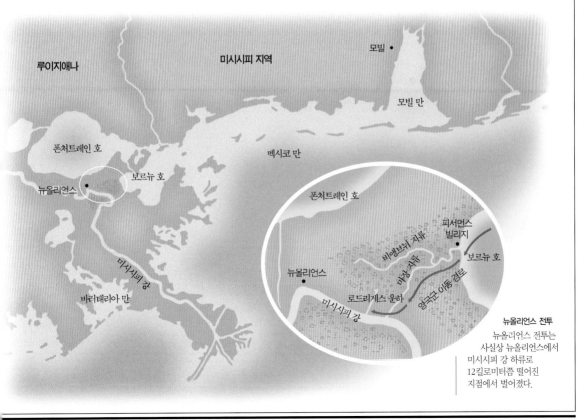

잭슨이 뉴올리언스에서 거둔 승리를 묘사한 판화
(뒷면) 루이지애나 민병대의 보조 공병으로 전투를 직접 목격한 하이언신스 래클롯의 스케치가 바탕이 되었다. 1815년 작.

뉴올리언스 전투
뉴올리언스 전투는 사실상 뉴올리언스에서 미시시피 강 하류로 12킬로미터쯤 떨어진 지점에서 벌어졌다.

모빌

미시시피 지역

루이지애나

모빌 만

폰처트레인 호

보르뉴 호

멕시코 만

뉴올리언스

바러태리아 만

미시시피 강

폰처트레인 호

피셔먼스 빌리지

비앵브뉴 지류

마장 지류

보르뉴 호

뉴올리언스

영국군 이동 경로

로드리게스 운하

미시시피 강

...l of the British Army, 12,000 strong, under the Command of Sir Edward Packenham

... of the American Lines defended by 3,600 Militia commanded by Major General

Jackson January 8th 1815, on Chalmette plain, five miles below New Orleans, on the left bank of the Mississippi

Drawn on the Field of Battle—and painted by H. Laclotte arch.t and ass.t Engineer in the Louisiana Army the Year 1815.

Défaite de l'Armée Anglaise, forte de 12,000 hommes Commandée par Sir Edward Packenham du 8 Janvier 1815 de la ligne de retranchement de l'Armée Americaine défendue par 3,600 miliciens sous les ordres Général Andrew Jackson dans la plaine de l'habitation Chalmette, rive gauche du Mississipi, a 5 milles Est de la Nouvelle Orleans. Relevé sur le champ de Bataille et dessiné par P.the Laclotte Arch.te et assistant Ing.r dans l'Armée de la Louisiane. L'an 1815.

기보다는 강과 늪지를 양쪽에 끼고 형성한 잭슨의 방어선이 워낙 탄탄했다. 패켄햄은 새벽녘에 미시시피 서안의 측면 공격을 시도했지만, 측면 공격부대가 제때 목표를 완수하지 못하는 바람에 나머지 부대의 정면 공격이 자살행위가 되고 말았다. 패켄햄은 진열을 갖추려고 애를 쓰다 포도탄 두 발을 맞고 전사했다. 그의 부대는 후퇴했고, 영국 예비역 사령관 존 램버트(John Lambert) 소장은 공격 중지 명령을 내렸다.

전투가 끝난 오전 8시 무렵, 영국 측 사상자는 2천 명이 넘었다. 반면에 미국 측 희생자는 71명에 지나지 않았다. 그중 네 명은 목숨을 잃은 흑인병사들이었다. 전의를 상실한 영국군은 열흘 뒤에 전우의 시신을 묻은 뒤 미시시피 야영지를 뒤로 하고 수송선이 기다리는 보르뉴 호로 돌아갔다. 램버트는 수송선을 타고 모빌로 가서 원래 계획을 수정할 생각이었다. 영국군은 2월 11일 무렵 모빌 만 입구에 해당되는 포트보이어를 포위했지만, 내륙 공격을 시작하기에 앞서 12월 24일 겐트 조약으로 종전되었다는 소식이 전해졌다.

잭슨은 뉴올리언스를 여전히 군법으로 다스리고 있던 2월 중순에 종전 소식을 들었다. 이후 일각에서는 2주 전에 이미 전쟁이 끝난 마당에 잭슨이 거둔 승리는 무의미하다는 이야기가 나왔지만, 하나만 알고 둘은 모르는 발상이었다. 패켄햄을 루이지애나 총독으로 임명하는 위임장을 보면 알 수 있다시피 뉴올리언스가 영국 손에 넘어갔더라면 겐트 조약이고 뭐고 간에 절대 되돌려받지 못했을 것이다.

미국 체제

전쟁이 끝나자 잭슨은 허미티지로 돌아가서 여유를 만끽하며 플랜테이션 생활에 다시 적응했다. 한편 워싱턴에서는 의회 대변인 클레이가 가장 유력한 동지 존 C. 컬훈과 손을 잡고, 이제 초강력의 대열에 오른 민주공화당의 정책을 수정하는 작업에 돌입했다. 클레이는 1812년 전쟁이 끝나면 유럽에 대한 경제 의존도를 조금씩 줄여야 한다는 생각으로 이른바 미국 체제라는 일련의 정책을 마련했다. 이 정책의 핵심은 북동부 공장 건설 장려, 보호관세 제정, 그리고 연방자금에 따른 기반시설 개선이었다. 클레이는 상업 발전에 따르는 자금을 충당할 수 있도록 의회에서 전국은행의 추가설립을 인가해야 한다는

윌리엄 콩그리브의 「로켓 장치」(1814년)에 실린 도판

1808년에 발명한 '로켓 창' 설명이다. 운반하기 간편하도록 로켓의 앞부분만 따로 제작한 뒤 쇠고리로 나무 막대에 고정시키고, 절반이 관으로 이루어진 장치로 발사하는 방식이다.

보스턴 시민들에게 잭슨의 승전보를 알린 전단

(오른쪽)1812년 전쟁의 성적이 대부분 처참한 상황에서 잭슨의 승전보는 미국인들을 황홀경으로 몰고 갔다. 18개 주의회는 감사의 뜻을 전하자는 결의문을 모두 통과시켰다.

의견도 내놓았다.

1816년 3월에 상원과 하원은 근소한 차이로 미합중국 세컨드 은행의 20년 설립 인가안을 통과시켰다(퍼스트 은행의 설립인가는 1811년에 종료되었다). 세컨드 은행의 임무는 분명했다. 연방정부의 상당한 전쟁부채를 처리하는 한편, 미국의 경제성장을 촉진하는 것. 매디슨 대통령은 정책에서 풍기는 해밀턴 분위기를 미심쩍게 생각했지만 따르는 수밖에 없었다. 그로부터 한 달 뒤, 미국 기업 보호를 위해 전시체제의 높은 관세를 유지하자는 1816년 관세조약이 의회를 통과했다. 1816년 관세조약에

따르면 남부의 플랜테이션 농장주(컬훈의 지지기반이었다)들은 경제적인 타격을 입을 것처럼 보였지만, 이들은 조약을 찬성했다. 이로 인한 세입이 기반시설 개선과 국가안보를 약속하기 때문이었다(남부의 변경지대에서는 인디언과 플로리다 에스파냐인의 위협이 여전했다).

하지만 클레이와 컬훈의 정책은 기반시설 개선 부분에 이르러 기세가 꺾였다. 1817년 2월에 의회는 공공사업 비로 150만 달러를 책정했지만, 매디

매사추세츠 주 메수언의 공장
전기가 실용화되기 50년 전에 스피곳 강의 수력을 동력으로 사용했던 곳이다.

슨이 퇴임 전 마지막 조치로 거부권을 행사한 것이다. 이미 승인한 은행 인가와 관세조약은 어쩔 수 없다 치더라도 제퍼슨의 수제자로서 그 이상은 허용할 수 없었기 때문이다. 그는 연방정부가 묵시적으로 도로와 용수로 건설권을 가지고 있다는 클레이의 주장을 받아들이지 않고, 3월 3일 거부 통지서를 통해 헌법을 개정해야 되는 사안이라고 못을 박았다. 거부권의 파장이 어찌나 심각했던지 이후 60년 동안 각 주는 공공사업을 개별적으로 추진했다.

제1차 세미놀 전쟁

매디슨의 임기가 끝나고 먼로의 임기가 시작될 무렵, 잭슨은 남부 변경지대에서 호스슈 굽이 전투 이후 크리크족과 맺었던 조약의 시행을 꾀했다. 그런데 플로리다가 눈엣가시였다. 에스파냐인들이 그곳에서 계속 인디언을 후원하고 인정하는 한 적대관계는 사라질 수 없었고, 변경지대의 평화는 영영 불가능한 이야기였다.

가장 큰 골칫거리는 조지아의 정착촌을 주기적으로 습격하는 세미놀족이었다. 제1차 세미놀 전쟁은 1817년 11월에 시작되었다. 미국군이 플로리다 경계선 북쪽의 소규모 세미놀 마을에 불을 지르자 세미놀족이 40명의 병사와 부녀자, 어린이들을 태우고 가던 대형 무갑판선

을 매복공격한 것이다. 육군성은 소식을 듣고 인근 포트스콧의 주둔군에게 필요한 경우 플로리다 안까지 세미놀족을 추격해도 좋다는 허가를 내렸다. 그리고 열흘 뒤, 육군장관 컬훈은 잭슨에게 원정대 지휘를 맡겼다.

컬훈이 잭슨을 포트스콧으로 파견한 배경에는 두 가지 이유가 있었다. 첫째로 잭슨은 사령관의 자질을 이미 검증 받은 인물이고, 둘째로는 무슨 수를 써서라도 플로리다를 빼앗고야 말겠다는 결연한 의지가 있었기 때문이다. 컬훈은 어떤 작전을 써도 무방하다는 특권을 부여했다. 잭슨이 듣기에 이것은 플로리다를 차지해도 좋다는 뜻이었다. 그는 1818년 5월 말까지 플로리다 북부를 깨끗하게 청소하고 펜서콜라를 점령했다. 그리고 앞으로도 계속 '부당하게' 미국을 공격할 생각이면 다시는 돌아오지 말라는 명령과 함께 에스파냐 총독을 배에 태워 쿠바로 내쫓았다. 사실 에스파냐 제국의 상황으로 볼 때 총독은 되돌아올 가능성이 전혀 없었다. 건강이 악화되지만 않았더라면 잭슨은 총독을 쫓아가서 에스파냐 식민지인 쿠바까지 차지하고도 남았을 것이다.

잭슨의 결투
잭슨은 결투를 즐기기로 유명했다. 세 번의 권총싸움의 마지막을 장식한 사건은 1813년 9월 4일, 내슈빌에서 제시 벤턴과 토머스 하트 벤턴(나중에 미주리의 유력한 상원의원이 되었다) 형제를 상대로 벌인 결투였다. 이때 잭슨은 어깨에 총을 맞았고, 1832년이 되어서야 총알 제거수술을 받았다.

한편 워싱턴의 분위기는 좋지 않았다. 먼로 대통령과 컬훈은 적절한 압력을 가해서 에스파냐로 하여금 플로리다를 포기하게 만들 생각이었다. 그런데 잭슨이 너무 거세게 몰아붙인 결과, 국제적인 논란에 휩싸이게 된 것이다. 에스파냐 혼자라면 별 걱정이 없었지만, 잭슨이 전투 도중에 세미놀족을 도왔다는 이유로 영국인 두 명을 처단하는 바람에 영국까지 연루가 되고 말았다. 먼로는 7월 중순에 내각회의를 열었다. 잭슨한테 당했다는 생각에 화가 난 컬훈은 그의 책임으로 돌리며 중징계를 요구했다. 재무장관 윌리엄 H. 크로퍼드(William H. Crawford)가 컬훈의 의견에 찬성했고, 법무장관 윌리엄 워트(William Wirt)도 마찬가지였다. 세 사람은 플로리다를 에스파냐에게 돌려주어야 한다고 주장했다. 국무장관 애덤스 혼자 잭슨을 옹호하며 플로리다는 미국 땅이 되어야 한다고 말했다. 그는 국제법 전문가였기 때문에 잭슨을 정당화하고 미국의 외교적 입장을 변호할 방법이 있다고 대통령을 설득했다. 먼로는 애덤스의 의견을 받아들이면서 양다리 작전을 구사했다. 플로리다를 차지하는 한편, 잭슨의 행동이 너무 지나쳤다고 나무란 것이다.

애덤스는 화가 난 에스파냐 대사 루이스 데 오니스(Luis de Onís)에게 잭슨의 행동은 세미놀의 공격이 계속되지 않을까 하는 우려에서 비롯된 것으로 정당한 공격이었다고 이야기했다. 그는 1818년 7월 23일 오니스에게 보낸 편지에서 이렇게 밝혔다.

"에스파냐는 어서 빨리 선택을 해야 합니다. 플로리다를 지킬 만한 병력을 지금 당장 파견할 것인지, (중략) 미국에게 양도할 것인지. 사실 에스파냐는 명목상 플로리다를 보유하고 있

었을 뿐 합중국의 온갖 적군들이 들어와 살도록 방치하여 도발의 온
상지 외에는 아무런 목적이 없기끔 만들지 않았습니까?"

이윽고 플로리다 매입을 위한 협상이 시작되었다. 1819년 2월,
애덤스-오니스 조약을 통해 플로리다는 미국 땅이 되었다. 미국이
5천 만 달러의 부채를 인수하고 텍사스 소유권을 포기하는 조건이
었다.

한편 클레이는 장군의 행동을 심사하기 위한 의회 청문회 일정
을 잡았다. 나날이 커 가는 잭슨의 정치적 입지에 신경이 쓰였던 것
이다. 여러 파벌은 온갖 이유에서 청문회를 찬성했다. 정적들은 대
통령과 장군을 양쪽 다 공격하고 싶어했다. 엄격한 헌법 해석을 고
집하는 부류는 의회의 전쟁선포권을 빼앗긴 데 분노했다. 또 어떤
부류는 제퍼슨이 한때 지적했던 것처럼 신경질적이고 자신만만한 군
부의 실세 잭슨이 공화국을 위협하는 '위험한' 인물이라고 생각했다.
1819년 1월 12일에 시작된 의회 공방은 27일 동안 계속되었다. 내슈빌에 있던 잭슨은 겨울눈
밭을 뚫고 속히 워싱턴으로 달려가 1월 23일에 도착했다. 필요한 경우 자신의 권익을 보호하
고 변론을 펼치기 위해서였다.

클레이는 잔뜩 기대를 모았던 1월 20일 연설을 통해 먼로 행정부의 세미올 전쟁 처리방식

먼로 행정부가 벌인 사교행사의 하이라이트
국무장관 애덤스가 잭슨 상원의원을 위해서 연무도회 광경이다.

먼로 독트린

애덤스의 외교 수완이 가장 화려하게 빛을 발한 곳은 1823년 12월 2일, 먼로 대통령이 의회에서 발표한 연두교서였다.

당시 애덤스는 오리건 땅을 노리는 러시아의 음모와 예전 남아메리카의 식민지들이 독립을 선언하자 이곳을 다시 정복하려 드는 에스파냐의 움직임을 염려하고 있었다.

영국의 외무장관 조지 캐닝(George Canning)은 1823년 8월, 남아메리카 문제를 놓고 애덤스에게 압력을 행사했다. 남아메리카를 다시 식민지로 만들려는 에스파냐와 프랑스 동맹국에게 경고하지 않으면 에스파냐의 무역독점이 반복될 테니 공동성명서를 만들자는 것이었다.

하지만 그런 식의 공동성명서를 발표했다가는 미국이 '영국 군함의 뒤를 졸졸 따라다니는 거룻배' 처럼 비쳐지고,

시몬 볼리바르
에스파냐가 나폴레옹 전쟁에서 패하자 시몬 볼리바르, 호세 데 산 마르틴과 같은 남아메리카의 민족해방주의자들은 이 틈을 타서 에스파냐의 식민지였던 조국을 해방으로 이끌었다.

영국이 원조의 대가로 미국의 대륙 확장을 저지할 수도 있는 노릇이었다. 때문에 애덤스는 먼로에게 독자적인 행동을 건의했다. 대통령은 애덤스의 충고대로 연두교서에서 이렇게 선언했다. "앞으로는 유럽의 어떤 열강도 미대륙에 식민지를 건설할 수 없다."

먼로 독트린(Monroe Doctrine)은 외교분쟁의 위험성을 경고한 워싱턴의 퇴임사, 존 헤이(John Hay)의 대(對)중국 문호개방 정책과 더불어 미국 외교정책의 초석으로 꼽힌다.

을 비난하고, 알렉산드로스 3세(Alexandros Ⅲ), 율리우스 카이사르(Julius Caesar), 나폴레옹 1세와 같은 전쟁영웅이 민주주의에 가하는 위협을 역설했다. 잭슨은 헌법과 민주적인 시민정부의 가치에 공감하는 인물이었기 때문에 자신을 잠재적 폭군으로 모는 클레이의 발언에 분노를 터트렸다. 그는 클레이의 연설 내용을 글로 접한 뒤 친구에게 악담을 퍼부었다.

"친구인 척하면서 나를 통해 대통령을 짓밟으려는 클레이의 가증스럽고 비열한 처사를 보면 악당이 따로 없다는 생각이 드는군."

이같은 돌출 반응에도 불구하고 잭슨은 모습을 드러낸 것만으로도 입지를 다질 수 있었고, 상원과 하원에 든든한 친구들이 많았기 때문에 견책 동의서는 107 대 63으로 부결되었다. 행정부의 도움도 한몫 거들었다.

정치인 잭슨

뉴올리언스 전투가 끝나고 몇 달 뒤에 출간된 판화
나폴레옹 1세를 많이 닮은 모습이다. 1797년에서 1798년까지 잭슨과 함께 상원에 몸을 담았던 제퍼슨은 이렇게 말했다. "지금은 성격이 많이 차분해졌고 예전에 내가 알던 것보다 믿음직스러운 모습이지만, 그래도 위험한 인물이다."

이렇게 해서 오명을 씻은 잭슨은 테네시로 돌아갔다. 그는 이제 장군직에서 물러나고 싶었지만, 온 나라를 뒤덮은 금융공황 때문에 그럴 수가 없었다. 1819년의 공황은 이후 1929년까지 약 20년을 주기로 미국을 괴롭힐 경제 몰락의 최신판이었고, 세 돌을 맞은 세컨드 은행이 대출금을 회수하고 신용 대출을 대폭 축소하면서 시작되었다. 세컨드 은행의 이사진이 이같은 조치를 취한 이유는 서부지역의 투기가 심각한 인플레이션과 지나친 화폐유통으로 이어졌기 때문이다. 세컨드 은행의 신용 대출 정책이 1819년 1월 들어 180도 달라지자 전국의 금융 체계에 엄청난 충격이 전해졌다. 지나치게 규모를 불렸던 은행들이 문을 닫고, 파산하는 사람들이 줄을 잇고, 물가가 폭락했다. 잭슨도 세컨드 은행에 비난의 화살을 퍼부었고, 몇 군데 주의회는 세컨드 은행의 지점에 과중한 세금을 부과하려는 움직임을 보였다. 하지만 3월 6일에 대법원은 '매컬럭 대 메릴랜드' 판결을 통해 그와 같은 조치는 헌법에 위반된다는 해석을 내렸다. 헌법이 연방정부에 부여한 권리를 주정부가 제한

할 수 없다는 것이었다.

한편 잭슨은 1821년에 장군직을 사임하고 플로리다의 1대 준 주지사가 되었다. 그는 준 주정부의 기틀이 잡힐 때까지 머물러 있다가 1821년 11월에 준 주지사 자리마저 사임했다. 이렇게 해서 잭슨의 군부 시절은 막을 내렸다. 미국의 영토 확장에 잭슨만큼 이바지한 사람은 제퍼슨과 제임스 녹스 포크(James Knox Polk)밖에 없었을 것이다. 그가 영국과 에스파냐를 상대로 거둔 승리 덕분에 미국은 영토 분쟁에서 해방되었고, 크리크, 체로키, 치카소, 촉토, 세미놀을 끊임없이 괴롭힌 결과 1814년에서 1820년 사이 동남부의 거대한 인디언 구역이 미국 차지가 되었다.

잭슨의 또 다른 인생은 1823년 12월에 워싱턴 땅을 다시 밟으면서 시작되었다. 이번에는 테네시 상원의원 겸 대통령 후보로 나선 길이었다. 백악관 자리를 놓고 경쟁을 벌이는 라이벌

미주리 타협

금융공황으로 국가 경세가 흔들리던 1819년 무렵, 미 의회는 미주리의 주 승격 문제를 놓고 교착상태로 접어들었다. 그해 2월에 의회는 정해진 순서대로 미주리 지역이 헌법 초안을 마련하고 주로 승격할 준비를 시작해도 좋다는 법안을 통과시켰다.

그런데 뉴욕의 하원의원 제임스 탤매지(James Tall-madge)가 노예제도 금지조항 두 개를 덧붙이자고 했다. 그의 의견은 받아들여지지 않았지만, 이로 인해 1787년 이후 노예문제를 둘러싸고 불안하게 유지되던 휴전 분위기가 깨졌다. 미주리 승인 문제는 이듬해까지 해결되지 않았고, 갈등의 골만 깊어졌다.

문제의 핵심은 상원의 균형 유지였다. 북부의 자유 주들은 많은 인구를 바탕으로 하원을 장악했다. 하지만 상원에서는 열한 개의 자유주와 열한 개의 노예주로 권력이 분산되었다.

따라서 미주리가 자유주와 노예주, 어느 쪽으로 편입되던 상관없이 균형이 깨지기 때문에 의회는 이러지도 저러지도 못하는 상황이었다. 노예제도에 반대하는 측에서는 정부가 새로운 주의 노예제도를 금지시켜야 한다고 주장했고, 노예제도를 허용하는 남부인들은 자치권을 가지고 있는 각 주에서 알아서 처리할 문제라고 반박했다.

1820년 초순 무렵 메인이 주 승격 신청을 하면서 협상의 물꼬가 트였다. 클레이가 마련한 타협안에 따라 남부는 미주리를 노예주로 받아들이는 대신, 자유주가 될 것이 분명한 메인의 주 승격을 승인하기로 했다. 그리고 36도 30분 이북의 루이지애나 매입지에서는 노예제도를 금지하기로 합의했다.

이렇게 해서 미주리 문제와 타협안의 합헌성 논란은 금세 잦아들었다. 하지만 논쟁의 불씨는 사라지지 않았다. 퇴임하고 몬티첼로에서 지내던 제퍼슨은 "이처럼 중대한 사태를 접하고 한밤중에 화재경보를 들은 사람처럼 공포에 휩싸였다."고 밝혔다.

"연방의 불길한 조짐이 느껴졌다. (중략) 이것은 임시방편일 뿐 궁극적인 해결책은 아니었다."

은 모두 네 명이었고, 하나같이 그보다 정치 경험이 풍부했다. 제퍼슨 지지세력과 제퍼슨 전 대통령의 후광을 주장하는 조지아 출신의 재무장관 크로퍼드, 뉴잉글랜드의 목표를 등에 업은 매사추세츠 출신의 국무장관 애덤스, 사우스캐롤라이나 출신답게 남부의 지지를 한 몸에 받는 육군장관 컬훈, 서부 변경지대가 지지기반인 켄터키 출신의 의회 대변인 클레이. 그런데 선두주자로 꼽히던 크로퍼드가 뇌졸중으로 당분간 움직이기는커녕 말조차 하지 못하는 상황이 되면서 선거의 판도는 한순간에 달라졌다. 급기야 몇 달 뒤에는 컬훈을 후원하기 위해 열린 펜실베이니아 회의가 의장에게 압력을 넣어 잭슨을 지지하는 쪽으로 돌아서는 상황까지 벌어졌다. 잭슨의 전국적인 인기를 실감한 컬훈은 대통령의 야심을 접고 잭슨의 부통령 쪽으로 방향을 바꾸었다. 그래도 경쟁은 여전히 치열했고, 당파에 충실한 사람들은 올드 히코리를 상대로 연대체제를 구축했다.

애덤스
2대 대통령이었던 아버지처럼 완고하고 고집스러웠다. 그는 유능한 사람만 정부에 몸을 담아야 된다고 생각했기 때문에 한평생 대통령을 목표로 준비했다.

1824년에는 선거일이 따로 없었기 때문에 각 주에서는 개별적으로 정한 날에 다양한 방법으로 선거인단을 선출했다. 그런데 초반의 혼전 양상이 계속 이어지면서 선거인단 투표에서 과반수 이상을 기록한 후보가 한 명도 나타나지 않았다. 이제는 헌법에 따라 하원에서 상위 득표자 세 명 가운데 한 명을 선출해야 되는 상황이었다. 1800년 선거에서도 알 수 있다시피 이런 경우에는 하원을 장악한 클레이가 유력했다. 하지만 클레이는 37표로 4위를 기록했다. 반면에 잭슨은 99표, 애덤스는 84표, 조금 회복된 기미를 보이는 크로퍼드는 41표었다. 열쇠를 쥔 클레이는 자신의 미국 체제와 가장 비슷한 정책을 내세운 애덤스를 선택했다. 대통령에 당선된 애덤스는 클레이를 국무장관으로 임명했다.

잭슨을 지지하던 사람들은 펄쩍 뛰었다. 과반수에는 못 미치더라도 선거인단 투표에서 1위를 기록한 잭슨이 낙선할 때부터 속은 기분이었는데, 이제 숨은 이유를 알 것 같았다. 애덤스와 클레이가 '부정한 거래'를 통해 국무장관과 대통령 자리를 맞바꾼 것이다.

"서부의 유다가 이제 계약대로 은화 30닢을 받겠군."

잭슨은 클레이를 겨냥해 악담을 퍼부었다. 그는 애덤스의 취임 직후에 상원의원을 사임하고 1828년 선거를 준비하기 시작했다. 뉴욕 출신의 마틴 밴 뷰런(Martin Van Buren) 상원의원 등 의회에 남은 잭슨의 친구들은 애덤스 행정부가 내놓는 법안마다 딴죽을 걸었다. 민주당은 애덤스가 재임 중에 하는 일이 없다고 공격했다. 하지만 사실은 애덤스가 클레이와 부정한 거래를 했다는 비난만으로도 충분했다. 잭슨 지지세력들은 전국의 당파성 신문을 통해 기회가 있을 때마다 애덤스와 클레이를 공격했고, 가끔은 중상모략도 서슴지 않았다. 국가공화당(애덤스는 예외였다)은 잭슨의 부인을 놓고 비슷한 인신공격을 펼쳤다. 사상 최초로 쓰레기 정치 양상을 보인 선거운동이었다.

국민의 대통령

1828년 선거에서 잭슨이 승리를 거두자 워싱턴의 관리들은 긴장감을 달래며 새로운 대통령을

정당 정치

화합의 시대로 들어서면서 연방파의 세력이 약해지자 대다수의 미국인은 파벌정치가 끝난 것으로 생각했다. 하지만 얼마 지나지 않아 잭슨이 양당체제를 들고 나타났다.

1824년, 1828년, 1832년 대통령 선거를 치르는 동안 잭슨의 지지세력은 민주당을 결성했고, 반대세력은 이들을 저지하기 위해 국가공화당을 결성했다. 국가공화당은 이후에 휘그당으로 바뀌었다.

잭슨의 민주당은 제퍼슨의 민주공화파와 달리 파벌정치를 찬성했다. 민주주의의 필수 부산물인 의회 갈등을 해결하는 데 정당만큼 좋은 수단이 없다고 생각했다. 민주당은 후보자 지명대회를 개최하거나 정강을 작성하지는 않았지만, 민주적인 절차를 강조하는 정치 분위기를 조성하는 데 이바지했다.

1828년 이전까지만 하더라도 대부분의 대통령 후보는 의원 총회에서 선출되었다. 즉, 특정 당파의 일원들이 개별적인 모임을 갖고 후보를 선택하는 방식이었다. 이런 식으로 지목받은 후보들은 '비민주적'이라는 비난에 시달릴 수밖에 없었고, 1824년에 크로퍼드가 고배를 마신 것을 계기로 — 그는 의원 총회에서 선출된 마지막 후보였다 — 이와 같은 관행은 사라졌다.

대안으로 등장한 후보자 지명대회는 겉보기로나마 훨씬 민주적인 분위기를 풍겼다. 프리메이슨 반대파는 1831년 9월에 사상 최초로 후보자 지명대회를 개최하고 워트를 대통령 후보로 내세웠다. 국가공화당은 석 달 뒤 후보자 지명대회에서 클레이를 선택했다.

〈워싱턴 글로브〉
잭슨은 정당과 정부의 명실상부한 수장이었다. 양쪽의 입지는 동반 상승효과를 일으켜 무소불위의 권력을 만들었다. 민주당원들은 신임을 잃지 않으려면 프랜시스 P. 블레어의 〈워싱턴 글로브〉에 날마다 실리는 정강을 따라야 했다.

기다렸다. 지금까지 워싱턴을 거쳐 간 대통령 여섯 명은 익히 아는 인물들이었다. 그런데 잭슨에 대해서 아는 것이라고는 소문뿐이었다. 불안해하던 어느 관리는 이런 글을 남겼다.

"2월 15일 무렵 잭슨 장군이 도착하면 어떤 지시를 내릴지 아무도 모른다. 돌풍을 몰고 올 것 같은데, 그 바람이 어느 쪽으로 불지 모르겠다."

잭슨이 몰고 온 것은 돌풍 수준이 아니었다.

"나는 각양각색의 엄청난 인파가 기대에 찬 눈으로 존경하던 지도자를 쳐다보던 그 광경, 그 전율의 순간을 평생 잊지 못할 것이다."

1829년 취임식에 참석했던 사람은 이렇게 말했다. 이스트 포르티코에 등장한 올드 히코리는 허리를 깊이 숙여 인사하고 취임사를 시작했다.

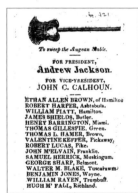

국무장관 임명장
1825년 3월 7일에
클레이에게 수여됐다.

"친애하는 시민 여러분. 저는 국민의 선택에 따라 벅찬 임무를 맡게 된 지금, 이 엄숙한 자리를 빌어 믿어 주신 국민 여러분께 감사의 뜻을 전하고 이 자리에 따르는 책임을 받아들이려고 합니다."

제퍼슨의 1801년 취임사 첫 구절을 변형한 내용이었다. 청중은 우레와 같은 박수갈채를 보냈다.

연설의 나머지 부분과 선서가 끝나자 감정에 북받친 청중은 닻줄을 뚫고 잭슨에게 달려들었다. 당직 경찰서들이 땀을 뻘뻘 흘리며 흥분한 군중을 떼어 냈고, 잭슨은 의사당 안으로 잠시 피신했다. 하지만 잠시 후면 백악관에서 공식 환영회가 열리는데, 주인공 격인 신임 대통령이 빠질 수는 없는 노릇이었다. 잭슨은 늠름한 백마를 타고 펜실베이니아 대로를 따라 천천히 움직이기 시작했고, 취임식 참석 인파 대부분이 뒤를 따랐다. 메릴랜드 상원의원의 부인 마거릿 베이어드 스미스가 외쳤다.

"저 행렬들 좀 봐요! 농부, 신사, 남자아이, 부녀자, 백인아이들, 흑인아이들이 대통령 관저까지 따라가고 있어요!"

제퍼슨은 1801년 취임식을 마친 뒤 머물던 숙소로 돌아가서 투숙객들과 함께 점심을 먹었다. 하지만 잭슨은 관저 안으로까지 따라 들어가 성원과 축복을 보내려는 사람들 사이를 빠져나갈 재간이 없었다. 백악관이 공식 환영회는 상류층 인사들만 출입할 수 있는 자리였지만, 잭슨은 부류가 다른 국민의 대통령이었고 국민들은 그와 함께 축하 행사를 벌이고 싶어했다. 대법원 판사 조지프 스토리(Joseph Story)는 백악관을 삽시간에 메운 사람들을 보고 이렇게 말했다.

"가장 우아하고 고상한 계층에서 가장 남루하고 천박한 계층에 이르기까지 (중략) 모인 인

잭슨의 취임 환영회

가장 믿음직한 기록에 따르면 취임 환영회에 참석했던 인파는 대략 2만 명이었다. 이들은 잭슨이 사라진 뒤에도 발 디딜 틈 없는 관저에서 축하 행사를 계속했고, 백악관 직원들은 건물이 무너지지나 않을까 마음을 졸였다. 남아 있던 다과를 밖으로 옮겼더니 작전 성공이었다. 몇천 명이 창문을 넘어 술이 있는 곳으로 달려갔다.

파 모두 의기양양한 분위기였다. 그 자리를 최대한 빨리 빠져나올 수 있어서 얼마나 다행이었는지 모른다."

목이 말랐던 군중은 준비된 오렌지 펀치를 알아서 찾아 마셨다. 웨이터들이 서빙을 할 겨를도 없었다. 이 와중에 펀치가 바닥 위로 쏟아졌고, 몇천 달러어치의 유리와 사기잔이 깨졌다. 신임 대통령을 조금이라도 더 잘 보려는 마음에 진흙투성이 부츠를 신고 공단이 덮인 의자 위로 올라가는 사람들도 있었다. 잭슨은 오후 4시 무렵에 이르러서야 호텔로 돌아갈 수 있었다. 마지막 '손님'이 언제쯤 사라졌고 백악관 문이 몇 시쯤 닫혔는지에 대해서는 남은 기록이 없지만, 잭슨은 엿새에 걸친 청소와 정리작업 끝에 백악관으로 거처를 옮길 수 있었다.

잭슨식 민주주의

올드 히코리는 백악관에서 8년을 지내는 동안 대통령의 입지를 굳건하게 다졌고, 정부의 기능을 획기적으로 바꾸었다. 1820년대 이전의 미국 정계는 비교적 점잖은 분위기였다. 재산이 있는 남성에게만 선거권을 부여한 주가 많았기 때문에 공직은 북부의 부유한 상인들과 남부의 대규모 지주들의 차지였다. 이들 계층이 완전히 장악한 상황이라 경쟁이라고는 찾아볼 수가 없는 주가 대부분이었다. 그런데 잭슨의 인기가 벽을 허물었다.

잭슨의 집무는 인사조치와 함께 시작되었다. 예전의 대통령들은 전임자가 임명한 인사를 경질하지 않았다. 당파주의자라는 비난을 두려워했기 때문이다. 따라서 먼로가 임명한 체신부장관 존 매클린(John McLean)만 하더라도 노골적으로 잭슨의 편을 들었음에도 불구하고 존 퀸시 애덤스의 집권 때에도 자리를 보전했다. 하지만 잭슨은 생각이 달랐다. 그는 취임 후 첫 1년 동안 연방직원의 10퍼센트를 민주당 충성파로 교체했다. 일부 민주당원들은 잭슨식 '교대제'를 써야 정부의 엘리트주의와 특권의식이 줄어든다는 주장을 내세웠지만, 정작 대통령은 변명할 필요조차 느끼지 않았다. 뉴욕 상원의원 윌리엄 L. 마시(William L. Marcy)의 표현대로 '전리품(spoils)은 승자의 몫'이었기 때문이다. 이후부터 적극적인 성원을 보낸 당원들에게 관직으로 보답하는 관행은 엽관(獵官, spoils) 제도라고 불리게 되었다.

올드 히코리는 사회정책에 관한 한 기본적으로 공화주의자였다. 그는 전국은행을 질색했고, 연방자금으로 기반시설을 확충하는 데 반대했다(합헌성을 부인하지는 않았다). 따라서 그의 정책은 제퍼슨이나 매디슨, 먼로와 다를 바 없었지만, 밀어붙이는 힘이 남달랐다. 제퍼슨의 첫번째 임기가 끝날 무렵부터 꾸준히 입지를 구축해 온 의회도 적수가 되지 못했다.

잭슨은 자신의 생각에 동조하지 않는 의원이 있으면 당장에 연방의 후원을 끊었다. 마음에 들지 않는 법안이 통과되면 주저 없이 거부권을 행사했다. 1789년에서 1829년 사이에 대통령 여섯 명이 거부권을 행사한 법안은 도합 열 개였다. 그런데 잭슨은 혼자서 거부권을 열두 번이나 행사했다. 그가 가장 애용한 방법은 의안 묵살이었다. 예전의 대통령들은 위헌의 소지가 있는 법안에만 거부권을 행사했다. 하지만 잭슨은 위헌 여부를 떠나서 법안이 마음에 들지 않으면 거부했다.

잭슨이 도입한 또 한 가지 혁신이 있다면 '식당 내각(kitchen cabinet)'이었다. 1829년 이전의 대통령들은 주로 내각의 충고를 따랐지만, 각 부서의 장관들이 자신의 정치적 이해관계를 먼저 따질 때마다 문제가 생겼다. 내문에 색슨은 에이머스 켄들(Amos Kendall)이나 프랜시스 P. 블레어(Francis P. Blair) 같은 신문기자들이 주류를 이루는 비공식 고문단을 결성하고, 백악관의 식당에서 개인적인 만남을 추진했다. 이들은 사회정책과 정당정책을 주제로 토론을 벌였고, 대통령의 교서작성을 도왔다.

연방법 거부 파동

잭슨의 우격다짐을 가장 단적으로 보여 주는 사건은 1832–1833년의 연방법 거부 파동이었다. 보호관세를 둘러싼 논란은 잭슨이 취임한 이래 점점 과격해지는 양상을 보였다. 1828년 5월 19일에 애덤스 대통령은 수입공산품에만 높은 관세를 부과하는 새로운 법안을 제정한 바 있었다. 그런데 남부의 지주들은 이를 혐오관세라고 불렀고, 12월 19일에 사우스캐롤라이나 주의회는 《설명과 항의(Exposition and Protest)》라는 인쇄물에서 부당하고 헌법에 위배되는 조치라고 비난했다. 익명으로 출간된 《설명과 항의》는 사실 부통령 칼훈의 작품이었다. 그는 한때 보호관세를 적극 지지했지만, 가장 강력한 지지세력들의 이해관계에 맞춰 입장을 바꾼

법복을 입은 대법원 판사 매클린

1850년대 초반의 은판 사진. 매클린은 잭슨이 대법원으로 인사조치한 첫번째 인물이었고, 1829년부터 1861년까지 판사로 재직했다. 1857년의 '드레드 스콧 대 샌드퍼드' 당시 대법원장 로저 B. 토니가 이끈 다수 판결에 반대한 것으로 유명하다.

참이었다. 아무튼 《설명과 항의》의 주장에 따르면 주정부는 버지니아-켄터키 결의안에 의거하여 부당한 연방법을 파기하거나 실행을 거부할 권리가 있었다(매디슨은 제퍼슨과 공저한 결의안을 근거로 그런 해석을 내릴 수는 없다고 반박했지만, 사우스캐롤라이나는 아랑곳하지 않았다). 미주리의 주 승격을 둘러싼 논란이 불과 몇 년 전 일이었기 때문에 이와 같은 견해와 노예제도의 상관관계는 누구라도 알아차릴 수 있었다.

잭슨은 첫번째 임기 때 절충안을 만들어 보려고 몇 번 시도는 했지만 시급하게 생각하지는 않았다. 일방적인 조치를 취하겠다고 으름장을 놓는 사우스캐롤라이나가 못마땅했기 때문이었을 것이다. 1830년 4월, 제퍼슨의 생일을 축하하는 디너 파티에서 잭슨은 건배를 제안하며 파기 운운하는 컬훈의 주장에 도전장을 내밀었다.

"연방이여, 영원하라!"

이에 컬훈은 "자유 다음으로 소중한 연방을 위하여!"라고 응수했다. 세율이 대폭 삭감된 새로운 관세법이 1832년 7월, 의회에서 통과되었지만, 사우스캐롤라이나는 이 정도로 만족하지 않았다. 주의회의 요청에 따라 11월 24일에 특별협의회가 열렸고, 1828년과 1832년의 관세법을 파기하고 사우스캐롤라이나 내에서 관세징수를 금지하는 포고령이 채택되었다. 여기에는 연방정부가 관세를 강요하면 연방을 탈퇴하겠다는 내용도 들어 있었다. 사우스캐롤라이

> "연방이 존재하는 한 어느 주도 미합중국의 법을 파기할 권한이 없다."
>
> *잭슨, 1832년 12월*

이턴 사건

워싱턴 사교계로 말할 것 같으면 난잡한 취임식은 참을 수 있었을지 몰라도 페기 이턴(Peggy Eaton) 사건을 보고는 잭슨한테서 등을 돌리는 수밖에 없었다. 테네시 상원의원 존 H. 이턴(John H. Eaton)은 잭슨의 절친한 친구였다. 올드 히코리는 대통령에 당선되자 친구를 육군장관으로 임명했다.

이턴은 몇 달 전에 미망인 마거릿 오닐 팀버레이크와 결혼식을 올렸다. 그녀는 이턴이 머물던 하숙집의 주인 딸이었다. 그런데 사실 두 사람은 페기의 남편이 죽기 오래 전부터 잠자리를 같이하던 사이였다. 죽은 남편 존 팀버레이크가 해군 사무장이라 집을 비울 때가 많았던 것이다.

"그러니까 이턴이 정부하고 결혼을 한 셈인데, 이 여자를 정부로 둔 남자가 한두 명이 아니었대!"

워싱턴에서는 이런 쑥덕공론이 오갔다.

소문이 확산되면서 이턴 부부는 사교계에서 매장당했고, 여기에 잭슨이 개입하면서 문제는 국책 차원으로 확대되었다. 이턴을 아낀 잭슨이 이같은 푸대접에 노여워하면서 1829년 내각회의까지 열어 장관과 이들의 부인을 나무랐

육군장관으로 재직하던 당시 존 이턴과 부인
부인의 초상화는 존의 그림보다 한참 뒤의 작품이다.

던 것이다. 그래도 이턴 말라리아(국무장관 밴 뷰런의 표현이었다)는 사라지지 않았다.

잭슨은 인신공격으로 아내를 잃었다고 생각한 만큼, 절친한 친구의 부인마저 비슷한 소문에 시달리는 광경을 보고 가만있을 수 없었다. 때문에 이번 상황을 계기 삼아 각료들의 충성심을 시험했다. 홀아비로서 운신의 폭이 넓었던 밴 뷰런은 이턴 부부에게 의도적으로 접근하여 대통령의 환심을 샀다.

이에 비해 부통령 컬훈—그의 아내 플로라이드 컬훈이 소문의 진원지로 지목되었다—은 점점 잭슨의 신임을 잃었다. 결국 내각의 전반적인 개편이 이루어지던 1831년 4월에 이턴이 육군장관을 사임하면서 이턴 사건은 끝이 났다.

나는 한편으로 전투 준비에 착수했다.

잭슨은 재선에서 클레이를 상대로 승리를 확정짓고 5일 뒤인 12월 10일, 사우스캐롤라이나를 상대로 모든 연방법의 준수를 촉구하는 성명서를 발표하면서 '무력에 의한 연방 탈퇴는 반역'이라고 못을 박았다. 그리고 윈필드 스콧(Winfield Scott) 장군과 군함, 밀수 감시정 몇 척을 찰스턴으로 파견해 연방 주둔군을 보강했다. 무력충돌이 예상되는 상황이었기 때문이다. 또 한편으로는 의회에 강제법안 통과를 요구했다. 관세징수에 연방군을 쓸 수 있도록 특별권한을 달라는 것이다. 일각에서 클레이는 앞으로 10년 동안 공산품의 관세를 단계적으로 낮추는 새로운 관세법안을 내놓았다. 그는 비록 상원의원으로 물러났지만 타협 주선에는 언제나 열심이었다. 두 법안은 3월 1일에 의회를 통과했고 24시간도 못 돼서 대통령의 승인이

State-Rights & Nullification
TICKET.
FOR STATE CONVENTION.
SAMUEL E. NELSON,
THOMAS G. M'FADDEN,
JOHN L. FELDER,

1832년의 선거 후보 명단
연방법 거부를 지지하는
사우스캐롤라이나
특별협의회에 입후보한
의원들의 이름이
적혀 있다.

떨어졌다. 1833년 타협관세법은 실제로 연방법 거부 파동을 잠재우는 역할을 했다. 남부의 호응을 얻지 못한 사우스캐롤라이나가 3월 15일에 연방법 거부 포고령을 철회한 것이다. 하지만 3일 뒤에는 주 협의회에서 강제법의 파기를 선언했다. 아마 체면 유지를 위한 조치였을 것이다. 잭슨은 이들의 태도를 무시했다. 위기를 딛고 사상 초유의 권력과 위세를 휘두르게 되었으니 그래도 되는 상황이었다.

하지만 연방법 거부 파동이 끝나자마자 또다시 복잡한 사태가 고개를 들었다. 세컨드 은행과의 '전쟁'이 시작된 것이다. 잭슨은 취임 초기부터 세컨드 은행장 니콜러스 비들 (Nicholas Biddle)의 빡빡한 신용 대출 정책이 서부 확장을 가로막고 있다고 불만이 많았다. 이와 같은 불만은 시간이 지날수록 수위가 높아졌고 급기야는 세컨드 은행의 설립인가 갱신이 1832년 대통령 선거의 주요 쟁점으로 떠올랐다. 잭슨은 비들의 은행이 '부자는 더욱 돈이 많은 부자로, 권세가는 더욱 막강한 권세가'로 만들고 있다고 비난했다. 잭슨은 왜 그렇게 전국은행을 싫어했을까? 1795년과 1819년의 금융공황으로 못마땅한 일을 몸소 경험한 탓도 있겠지만, 제퍼슨주의에 입각한 사고방식 때문에 대규모 전국은행이라는 중앙집중식 제도를 불신한 까닭도 있을 것이다. 대법원이 '매컬럭 대 메릴랜드' 판결로 세컨드 은행의 합헌성을 인정했다지만, 잭슨으로서는 받아들일 수 없었다. 때문에 잭슨은 재선을 기회 삼아 세컨드 은행 분쇄에 나섰다. 그는 선거유세에서 이렇게 선포했다.

"밴 뷰런 의원, 세컨드 은행이 나를 죽이려 합니다. 하지만 내가 은행을 죽일 겁니다."

그는 1833년 9월 23일, 재무장관 윌리엄 듀에인(William Duane)에게 세컨드 은행의 연방예금을 모두 인출하라고 지시했다. 하지만 듀에인은 대통령의 말을 듣지 않았다. 연방법상

1836년 만평

잭슨은 1832년 7월, 세컨드 은행의 설립인가 갱신 안을 거부하는 교서에서 세컨드 은행을 '부패의 히드라'로 표현했다. 위 만평은 잭슨이 뷰런 부통령(가운데)의 도움 아래 '머리 여럿 달린 괴물'을 죽이는 광경을 담았다.

연방예금을 인출하려면 의회에 통보해야 되는데, 의회가 휴회 중이었기 때문이다. 그러자 잭슨은 듀에인을 경질하고 법무장관 로저 B. 토니(Roger B. Taney)를 그 자리에 앉혔다. 토니는 휴회한 상원의 임명 승인을 기다리지도 않은 채 사흘 뒤부터 예금인출이라는 길고 지루한 작업을 시작했다. 이 작업은 1833년 가을과 겨울을 모조리 잡아먹은 뒤에야 끝이 났다. 토니는 잭슨의 명령에 따라 엄선된 몇 군데 주은행으로 예금을 옮겼다. 대부분 민주당원이 주인이라 '애완 은행(pet bank)'이라고 불리는 곳이었다. 12월로 접어들어 상원의 회기가 시작되었을 때 클레이는 토니와 대통령을 비난하는 결의안을 내놓았다. 결의안이 상원을 통과하자 잭슨은 국정을 이끄는 국민의 유일한 대표로서 그 정도 권한은 있다고 '항의서'를 전달했다. 그 사이 토니는 이체를 마무리지었다.

그러자 비들이 반격에 나섰다. 신규 대출을 중단하고 미해결 대출금을 회수하기 시작한 것이다. 이같은 조치는 경제침체로 이어졌고, 비들은 득의양양한 태도로 사태를 지켜보았다.

"부정적인 여파가 여실히 드러나지 않으면 의회는 꿈쩍하지 않을 것이다."

잭슨의 조치가 너무 심했다고 생각하는 사업가(주요 민주당원들도 많았다)들의 근심 어린 진정서가 의회에 빗발쳤다. 세컨드 은행의 설립인가를 갱신해 달라는 내용이었다. 잭슨은 개인적으로 부탁하는 사람이 있으면 이런 식으로 대꾸했다.

"왜 나를 찾아왔나? 우린 돈이 없다네. 비들이 다 가지고 있거든."

잭슨의 고집을 꺾을 수 있다고 생각한 것은 비들의 착각이었다. 결국 상황은 잭슨의 고집대로 흘러갔다.

은행 지지파는 의회 안에서 거부권 걱정이 없는 합동작전을 펼치기로 했다. 1834년 중간선거에서 뜻이 맞는 후보들을 지지하기로 한 것이다. 은행 지지파는 상원과 하원 양쪽에서 이미 과반수를 넘겼지만, 1832년 7월에 은행법안을 거부한 바 있는 잭슨이니만큼 앞으로도 비슷한 법안이 나오면 거부권을 행사할 것이 분명했다. 은행 지지파는 국가공화당이 혼란에 휩싸인 틈을 타서 휘그당을 결성했다. 휘그당의 구성원은 예전의 국가공화당원, 이런저런 문제에서 대통령과 이견을 보이는 민주당원, 연방

비들

상당히 유능하고 자존심이 강했던 그는 미국 대통령보다 세컨드 은행장의 힘이 더 강하다고 자랑하기를 좋아했다.

법 거부파동으로 고립된 남부 출신, 그리고 대통령의 오만한 정부 운영에 반대하는 사람들이었다. 하지만 이들은 겨울 내내 계속된 경제침체에도 불구하고 의석을 확보하는 데 실패했다. 비들이 보기에도 은행전쟁은 이것으로 끝이었다.

잭슨의 인디언 정책

잭슨은 장군 시절에 남동부의 여러 인디언 부족을 정복했고, 대통령의 자리에 오른 뒤에는 그들을 쫓아냈다. 1830년 5월의 인디언 이주법에 따르면 미국 정부는 미시시피 동부의 인디언 땅을 서부의 미개척지와 맞바꿀 권리가 있었다. 그런데 잭슨은 한술 더 떠서 5대 문명부족(체로키, 치카소, 촉토, 크리크, 세미놀)에게 서부로 거처를 옮기라고 강요했다.

잭슨의 인디언 정책에 대한 반발은 법률적인 측면과 군사적인 측면, 두 가지로 이루어졌다. 19세기 초반 무렵 조지아의 체로키족은 문자와 자주적인 대의정부를 갖추고 근대적인 농경사회를 건설해 놓은 상황이었다. 그런데 조지아 주정부는 이들의 1827년 헌법을 무시한 채 땅을 빼앗아 백인 개척민들에게 나누어주려고 했다.

체로키족은 연방법원에 소송을 제기했다. 조지아는 이들이 연방정부와 맺은 조약을 파기할 권리가 없다는 내용이었다. 존 마셜이 이끈 대법원은 이들의 손을 들어 주었고, '우스터 대 조지아 주(1832년) 판결'을 통해 주법은 인디언 영토 안에서 "아무런 효력을 발휘하지 못한다."고 천명했다. 하지만 조지아는 잭슨 행정부와의 공모 아래 대법원의 판결을 무시하고 땅을 빼앗았다. 잭슨은 이렇게 말했다.

"존 마셜이 내렸던 판결이니 존 마셜더러 시행하라고 하시오!"

1835년 12월, 극소수의 체로키 인디언이 뉴 이코타 조약에 서명했다. 500만 달러에 조지아 북서부의 체로키 땅을 내주고, 의회가 인디언 이주를 목적으로 18개월 전에 마련한 신설 인디언 특별보호구(지금의 오클라호마)의 황무지로 옮겨가겠다는 내용이었다.

체로키 인디언 1만 6천

세쿼이아의 1837년 초상화
말을 기록하고 백인들과 어깨를 나란히 하기 위해 직접 고안한 체로키 문자를 들고 있다.

명 가운데 1만 5천 명이 조약의 폐기를 주장하는 진정서에 서명했지만, 상원에서는 조약을 비준했다. 1838년에는 연방군이 무력을 동원하여 체로키족을 인디언 보호구역으로 끌고 갔다. 겨울 내내 1,900킬로미터쯤을 걷다 몇천 명이 기아와 질병으로 사망했기 때문에 이 여행은 '눈물의 길(Trail of Tears)'이라고 불렸다.

반면에 플로리다의 세미놀족은 쉽게 항복하지 않았다. 오세올라가 이끈 세미놀족은 여러 탈출노예들의 도움을 받으며 6년여 동안 완강하게 저항했다. 플로리다의 늪지를 엄호물 삼아서 잭슨이 파견한 연방군을 상대로 게릴라식 전쟁을 펼친 것이다.

하지만 1837년 10월, 세인트오거스틴에서 휴전협상에 나섰던 오세올라가 인질로 잡히고 말았다. 이후 세미놀족의 사기는 서서히 떨어졌고, 1842년 초반 무렵에 전쟁은 끝이 났다.

전쟁에서 패한 블랙 호크와 아들 휠링
미국군은 1830년대 무렵 예전의 북서지역에 속했던 주에서도 인디언들을 청소하기 시작했다. 1832년 블랙 호크 전쟁은 추방당한 소크족과 폭스족이 일리노이 북부 땅을 되찾으러 나서면서 시작되었고, 8월 무렵 배드액스 강가에서 블랙 호크(Black Hawk, 인디언 소크족과 폭스족의 지도자 — 옮긴이)의 추종자들이 대거 학살당하면서 막을 내렸다. 이 초상화는 블랙 호크와 아들 휠링을 담은 1833년 작품이다.

1837년 공황

잭슨의 승리로 신용 대출이 지나치게 수월해지면서 미국 경제는 과부하 상태에 이르렀다. 정부로 쏟아져 들어오는 세입이 어찌나 많았던지 1790년에 해밀턴의 채무 인수 법안이 통과된 이래 처음으로 국채가 사라졌다. 하지만 잭슨은 전반적인 금융 체계와 서부의 투기 열풍이 이미 통제권을 벗어났다는 사실을 이내 깨달았다. 미국이라는 미개발 시장을 간파한 유럽의 투자자들 덕분에 새로운 자금이 유입되기는 했지만, 통화 공급량의 팽창 속도를 감당할 수 있는 수준에는 한참 못 미쳤다.

잭슨은 투기 열풍을 잠재우기 위해서 1836년 7월 11일, 재무장관 레비 우드베리(Levi Woodbury)를 통해 정화(正貨) 유통령을 선포했다. 금화나 은화(즉, 정화)로만 공유지를 매입할 수 있도록 규정한 것이다. 덕분에 투기 열풍이 잦아들면서 1819년 세컨드 은행의 대출 축소 때와 비슷한 디플레이션이 등장했고, 당시와 비슷한 결과가 뒤를 이었다.

1836년 당시 잭슨의 인기는 엄청난 수준이어서 그가 직접 고른 후계자 밴 뷰런이 휘그당 후보 셋을 아무 문제 없이 물리칠 수 있을 정도였다. 하지만 3월에 취임한 밴 뷰런을 맞이한 것은 사상 최악의 금융공황이었다. 5월이 되자 전국의 은행들이 정화 지급을 일시 중단했다. 즉, 지폐와 정화의 교환을 거부하기 시작한 것이다. 이와 더불어 파산율과 실업률이 하늘로 치솟았다. 밴 뷰런은 은행이 준비금보다 많은 금액을 대출해 준 데서 비롯된 위기 상황으로 판단하고, 정부기금의 보유와 배분을 담당하는 독립금고창설 법안을 마련했다. 밴 뷰런의 '분고(分庫)'가 퍼스트 은행이나 세컨드 은행과 다른 점이 있다면 민간영업을 하지 않는다는 점이었다. 하지만 이 법안은 휘그당원들과 보수 민주당원들의 반대에 부딪쳐 1840년에야 의회를 통과했고, 이 무렵 가장 심각한 불황은 이미 지나간 뒤였다.

화폐
정화 유통령이 선포되었을 때 유통된 것으로 추정되는 화폐.

밴 뷰런의 초상화
(오른쪽) 대니얼 헌팅턴이 그린 작품. 밴 뷰런이 올바니 섭정단의 수장으로 전국에 유명세를 떨친 뉴욕 주의회 의사당에 걸려 있다.

밴 뷰런의 첫번째 임기가 끝나갈 무렵, 휘그당은 민주당의 의석을 빼앗는 데 총력을 기울였다. 이들의 뒤에는 부유층, 잭슨의 퇴임 후 밴 뷰런을 버린 민주당원, 날로 늘어나는 가톨릭 이민에 반감을 품은 원주민 보호파가 자리잡고 있었다. 휘그당은 클레이와 웹스터의 지휘 아래 이 나라는 강력한 전국은행과 적극적인 정부만이 탄생시킬 수 있는 경제발전이 필요하다고 주장하고 나섰다. 이들은 티피커누의 영웅 해리슨의 깃발 아

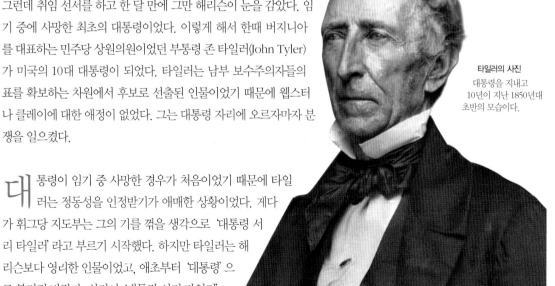

래 하나로 뭉쳐 최근의 경제 불황을 민주당의 탓으로 돌렸고, 밴 뷰런 대통령의 번드르르한 태도와 옷차림을 비웃었다. 그리고 자신들이 내세운 후보를 잭슨의 판박이라고 홍보했다. 서부 출신, 전쟁 영웅, 국민의 사나이.

근대 선거 운동의 모태가 된 유세 활동에서 해리슨은 비교적 손쉽게 승리를 따냈고, 드디어 휘그당의 시대가 도래하는 것처럼 보였다. 후보자 경합에서 탈락한 지도급 인사들도 기뻐할 이유가 있었다. 웹스터는 국무장관이 되었고, 클레이는 상원에서 국정을 맡기로 했고, 해리슨은 분쟁을 싫어하는 성격이었다. 그런데 취임 선서를 하고 한 달 만에 그만 해리슨이 눈을 감았다. 임기 중에 사망한 최초의 대통령이었다. 이렇게 해서 한때 버지니아를 대표하는 민주당 상원의원이었던 부통령 존 타일러(John Tyler)가 미국의 10대 대통령이 되었다. 타일러는 남부 보수주의자들의 표를 확보하는 차원에서 후보로 선출된 인물이었기 때문에 웹스터나 클레이에 대한 애정이 없었다. 그는 대통령 자리에 오르자마자 분쟁을 일으켰다.

대통령이 임기 중 사망한 경우가 처음이었기 때문에 타일러는 정통성을 인정받기가 애매한 상황이었다. 게다가 휘그당 지도부는 그의 기를 꺾을 생각으로 '대통령 서리 타일러'라고 부르기 시작했다. 하지만 타일러는 해리슨보다 영리한 인물이었고, 애초부터 '대통령'으로 불리길 바랐다. 심지어 '대통령 서리 타일러'

난관에 봉착한 밴 뷰런의 분고 법안을 꼬집은 1838년 만평
은퇴한 잭슨의 품에서 벗어나지 못하는 모습을 풍자했다.

타일러의 사진
대통령을 지내고 10년이 지난 1850년대 초반의 모습이다.

185

라고 적힌 우편물은 열어 보지도 않을 정도였다. 해리슨의 사후에 최초로 열린 내각회의에서 휘그당 각료들이 중대한 사안을 결정할 때마다 각료의 동의를 거쳐야 한다고 말했을 때 타일러는 즉각적으로 반발했다.

"여러분처럼 능력 있는 내각을 거느리게 돼서 아주 기쁘게 생각하지만 이래라저래라 휘둘릴 생각은 없습니다. (중략) 나는 대통령입니다. (중략) 여기에 동의하지 않는 분들은 사임해도 좋습니다."

타일러가 휘그당이 내놓은 은행법안의 승인을 거부하자 이틀 뒤인 1841년 9월 11일에 내각은 사표를 제출했다(단, 웹스터는 영국과의 협상을 마무리지은 뒤에야 사임했다. 1842년 웹스터-애슈버턴 조약으로 캐나다 동부의 국경선이 정해졌고, 오리건 준주만 분쟁거리로 남았다).

노예제도 문제

타일러의 특징은 1841년 9월 이후 주요 정당의 후원 없이 독자적인 행정을 펼쳤다는 점이다. 휘그당은 공식적으로 그를 제명했고, 민주당도 그를 다시 받아들일 마음이 없었다. 때문에 그는 국내에서 별다른 영향력을 발휘하지 못했다. 하지만 외교 면에서는 훨씬 자유롭게 일방적인 정책을 펼칠 수 있었기 때문에 이 방면에 주력하기로 했다. 그는 '우연히 얻은' 대통령의 임기를 텍사스 합병에 쏟아 부었고, 퇴임하기 1주일 전인 1845년 2월 말에 목표를 이루었다. 정당이 없는 대통령도 이만큼 할 수 있다는 증거였지만, 여기에는 대가가 따랐다. 노예제도와 관련한 각 당파 간의 아슬아슬한 휴전 협정이 깨지기 시작한 것이다.

밴 뷰런은 잭슨의 선거운동원으로 활동하던 1827년에 버지니아로 건너가서 이른바 리치먼드 결사단을 만났다. 밴 뷰런의 올버니 섭정단이 뉴욕을 주름잡는다면 버지니아는 리치먼드 결사단이 주름잡는다고 할 만큼 막강한 정치 조직이었다. 밴 뷰런은 이들에게 뉴욕과 버지니아가 힘을 합쳐 남북동맹을 결성하고, 적극적인 연방정부를 건설하려는 애덤스와 클레이를 물리치자고 제안했다. 그는 각 주의 권리를 극단적으로 주장하지는 않지만, 제한적인 중앙정부를 지지하는 데다 거의 100명에 이르는 노예를 거느린 올드 히코리가 당선되어야 적극적인 연방정부 창설을 저지할 수 있다고 강변하는 한편, 노예제도 유지를 국책으로 삼겠다고 보장했다.

이와 같은 계약관계는 거의 20년 동안 유지되었지만, 잭슨의 시대가 저물면서 민주당의 내분이 시작됐다. 남부 출신의 당원들은 텍사스 합병에 반대하는 당의 정책에 분개하면서 점점 자기들끼리 뭉쳤다. 반면에 북부 출신들은 당 지도부가 노예매매를 너무 묵인한다고 비난하면서 어떻게 수도에서까지 인간을 사고 팔 수 있느냐고 따지고 들었다. 이같은 분열 양상 때문에 밴 뷰런은 1840년 선거에서 패배했고, 그것은 서막에 불과했다.

8

남북전쟁 이전 남부의 노예제도

냇 터너의 반란

버지니아 주 사우샘프턴 카운티의 깊은 숲 속에서 흑인 남자 여섯 명이 모닥불 주변에 둘러앉아 돼지를 구우며 훔친 애플 브랜디를 마시고 있었다. 때는 1831년이었고, 여섯 명 모두 노예였다. 이들은 8월 21일 일요일 정오 무렵 캐빈 연못 근처의 집결지에 도착한 뒤 기다렸다. 오후가 중반으로 접어들었을 때, 주변 숲 속에서 한 노예가 난데없이 등장하더니 공터 안으로 들어섰다. 서른 살의 냇 터너(Nat Turner)의 키는 약 170센티미터, 몸무게는 68킬로그램쯤이었다. 거구에 속하지는 않았지만 조지프 트래비스(Joseph Travis)의 대규모 농장에서 다진 단단한 체격을 자랑했고, 움푹 들어간 눈 때문에 위압적이고 생각에 잠긴 늦한 분위기를 연출했다.

냇의 어머니 낸시 터너는 1790년대 중반 무렵 아프리카에 살다가 유럽 노예선으로 끌려가 미국으로 건너왔고, 1799년 사우샘프턴 카운티의 벤저민 터너에게 팔렸다. 그리고 약 1년 뒤인 1800년 10월 2일에 낳은 아들이 냇 터너였다. 냇은 태어나자마자 벤저민 터너의 재산이 되었고, 그의 성을 따랐다.

냇 터너는 어렸을 때부터 남달리 머리가 좋았고, 흑인과 백인 아이들 사이에서 단연 두각을 나타냈다. 그는 서너 살 무렵부터 스스로 '위대한 목적을 위해' 하느님

사우스캐롤라이나 보퍼트의 스미스 플랜테이션
(왼쪽) 1862년의 사진. 노예 일가족이 함께 사는 경우는 극히 드문데, 이들은 5대가 함께 살고 있었다.

에게 선택을 받은 사람이라고, 분명 '선지자'가 되리라고 생각했다. 그의 부모는 아이에게 엄청난 칭찬과 애정을 퍼부으며 자긍심을 북돋워 주었다. 노예치고는 보기 드문 현상이었다. 주인 벤저민 터너도 마찬가지 반응을 보이며 냇 터너에게 글을 가르쳤다(그의 부모는 문맹이었다). 냇 터너의 학습 능력은 어린 시절부터 도드라졌고, 일대에서 '감탄의 대상'이 되었다.

어린아이의 재주에 탄복한 벤저민 터너는 성경 공부를 하자면서 감리교 기도회에 데리고 다녔고, 손님들에게 자랑삼아 냇 터너를 소개할 때가 많았다. 하지만 1810년 10월에 벤저민 터너가 세상을 떠나면서 냇은 터너의 장남 새뮤얼 터너의 재산이 되었는데, 그는 누가 보아도 뻔한 노예의 지능계발에는 전혀 관심이 없었다. 냇 터너는 2년 뒤인 열두 살부터 목화밭 일을 시작했다.

이제는 공부하고 기도할 시간이 훨씬 줄었지만, 그래도 냇 터너는 벤저민 터너가 심어 준 믿음을 버리지 않았다. 그리고 1825년부터 흑인과 백인 유령들이 싸움을 벌이고 '피가 바다를 이루는' 환영이 보였다. 냇 터너는 심판의 날이 다가왔다는 생각에 '찬송회'에서 설교를 시작했다. 찬송회는 일대 노예들이 주인의 허락 아래 안식일마다 갖는 모임이었다. 전해 내려오는 몇몇 기록을 종합해 보면 냇 터너는 신비로운 동시에 카리스마 넘치는 인물이었던 것 같다.

동료 노예들은 냇 터너를 초연하고 수수께끼 같은

친구로 간주했고, 백인들은 그의 속을 이보다 훨씬 더 이해하지 못했다. 대부분의 평가에 따르면 유머감각과 호기심, 오만과 겸손이 뒤섞인 인물이었다. 그는 사우샘프턴 카운티 일대에서 '똑똑한 깜둥이'라고 유명했고, 심지어 백인들마저 그의 이름을 아는 경우가 많았다. 1822년에 새뮤얼 터너마저 사망하자 냇 터너는 토머스 무어의 재산이 되었다가 다시 조지프 트래비스의 재산이 되었는데, 그때까지 터너라는 성을 그대로 썼다. 노예로서 보기 드문 특권이었다. 1831년의 어느 일요일, 숲 속에서 그를 기다리고 있던 여섯 명 가운데 자신의 성을 가지고 있는 사람은 한 명도 없었다.

냇 터너의 천년 계획

냇 터너는 마지막 식사를 함께 하면서 하느님이 그에게 내린 위대한 과업의 마지막 세부 사항을 점검하기 위해 샘(Sam), 넬슨(Nelson), 하크(Hark), 헨리(Henry), 잭(Jack), 윌(Will)을 한자리에 모았다. 하느님이 내린 위대한 과업이란 백인 몰살이었다. 냇 터너는 1828년 5월 12일, 엄청난 예언이 담긴 환영을 경험하면서 일대 전환기를 맞이했다. 그의 고백에 따르면 "하늘에서 엄청나게 큰소리가 들리더니" 하느님이 나타나서 "나중 된 자가 먼저 되고 먼저 된 자가 나중에 될 시기가 다가오고 있다."고 말씀하신 것이다. 하느님은 곧이어 징조가 보이면 "내가 일어나서 차비를 하고 적들을 저들의 무기로 처단하리라."고 약속했다. 이후 정말 징조가 나타났다. 1831년 2월에 월식이 벌어진 것이다. 바로 그 달에 터너는 선택받은 네 명—하크, 헨리, 넬슨, 샘—에게 계획을 털어놓았다. 그리고 이들의 도움 아래 사우샘프턴 노예사회를 최대한 자극했다. 하지만 이 지역 백인들이 보기에 그의 모습은 예전과 똑같았다.

이후 6개월 동안 냇 터너와 선택받은 네 명은 찬송회를 빌미로 만나서 반란 계획을 세웠다. 가브리엘 프로서(Gabriel Prosser)나 덴마크 비지(Denmark Vesey) 때처럼 비밀이 새어 나가지 않도록 했다. 하지만 냇 터너의 계획은 아직 모호했다. 독실한 신자답게 살인을 저질러도 되는 건지 확신이 서지 않았던 것이다. 그가 표적으로 삼은 백인들은 낯선 이방인이 아니라 평생 동안 알고 지내온 이웃이었고, 대부분 인정이 넘치는 이들이었다. 조지프 트래비스도 냇 터너의 표현에 따르면 "나를 철석같이 믿는 다정한 주인이었다. 나는 내가 받는 대접에 아무런 불만이 없었다."

하지만 1831년 8월 13일 토요일에 또 다른 징조가 나타났다. 찰스턴과 뉴욕 시를 연결하는 동해안에 살던 미국인들은 태양이 희미해지면서 노란색에서 초록색으로, 다시 파란색에서

종교의 역할

남북전쟁 이전 시기의 남부에서 종교, 그중 특히 성경은 주인과 노예, 양쪽 모두의 이데올로기에서 중요한 역할을 했다. 백인들이 성경 구절을 취사선택해 내린 해석에 따르면 노예들은 주인이 모질게 굴더라도 운명을 받아들이고 얌전하게 충성을 바쳐야 했다. 주인을 벌하는 것은 하느님의 몫이라는 것이다. 하지만 노예들의 찬송회에서 터너와 다른 흑인 설교사들은 다른 입장을 보였다. 이들은 노예를 고대 이스라엘인에 비유하면서 노예제도의 사악한 면모를 강조하고 해방을 약속했다. 노예들은 구약에 등장하는 하느님의 정의를 믿으며 고통을 참을 수 있었다. 물론 천국의 보상을 기다리지 않은 노예들도 있었고, 이들은 종교에 대한 열의를 저항의 원동력으로 바꾸었다.

줄리언 제인 틸먼 부인
그녀는 필라델피아 아프리카 감리교 감독교회의 목사였다.
신도들에게 예수의 재림을 준비하라고 설교하는
1844년 당시 모습을 담은 초상화이다.

노예 폭동

노예 주인들은 항상 반란이라는 단어를 염두에 두었지만 남부 주민들이 폭동의 가능성을 심각하게 생각하기 시작한 것은 1791년 생도밍그(아이티) 반란이 성공을 거둔 이후부터였다.

1800년 8월, 리치먼드에서 노예 1,100명이 가담한 음모의 전말이 밝혀지자 백인들은 한층 불안한 마음을 떨쳐 버릴 수가 없었다. 독립전쟁의 기치를 접한 뒤 정치에 눈을 뜨고 투쟁 루베르튀르(Toussaint-Louverture, 아이티 독립운동의 지도자—옮긴이)를 보고 자극을 받은 도시의 숙련공 노예들이 반란 계획을 세웠다가 두 노예(집안 일을 하는 하인이었다)가 주인을 보호할 생각으로 배신을 하는 바람에 들통이 난 것이다.

이들의 지도자 가브리엘 프로서는 대장장이로 일을 하는 노예인 동시에 성경을 독학한 설교사였고, 찬송회와 여러 가지 종교 모임을 통해 자신의 생각을 전했다. 그는 리치먼드에 불을 지르고 주지사 제임스 먼로를 생포할 계획이었다. 하지만 노예제노에 반대한 퀘이커교도와 감리교도들은 처단할 생각이 없었다.

1822년 5월에 비지가 세운 두 번째 대규모 반란 계획은 냇 터너도 소문으로 알고 있었을 것이다. 사우스캐롤라이나 주 찰스턴에서 목수로 일하던 비지는 온갖 뜨내기 일을 하면서 받은 수당을 모아 몸값을 치른 자유흑인이었다. 하지만 몇 명의 아내와 숱하게 많은 아이는 아직 노예였다.

비지는 프로서처럼 독서광이었고, 미주리 타협 내용을 담은 의회 기록에서 노예제도에 관련된 부분을 읽고 또 읽었다. 그는 종교 모임을 방패막으로 삼고 도시와 농촌의 노예와 자유흑인 9천 명을 선동하려다 겁을 먹은 노예의 고발로 발각되었다.

백인 후견인

흑인의 숫자가 백인을 압도하는 사우스캐롤라이나 남부지방은 특히 폭동에 신경을 많이 썼다. 때문에 비지의 음모가 알려졌을 때 신속하고 효과적인 대응을 보였다. 백인 지도부는 135명을 체포하고 비지를 포함한 36명을 교수형에 처했다. 그뿐 아니라 노예교육을 범죄로 간주하고 모든 자유흑인에게 '덕망 있는' 백인 후견인을 두도록 규정하는 법안을 주의회에서 통과시켰다.

하얀색으로 바뀌는 광경을 넋 놓고 쳐다보았다. 마침내 검은 점이 태양의 표면을 가로질렀다. 냇 디너는 드래비스 농장에서 점을 보며 검은 손 같다는 생각을 했다. 이후에 그는 부관 네 명에게 "검은 점이 태양을 가로질렀던 것처럼 흑인들도 이 땅을 가로질러야 한다."고 말했다.

다음주에 구체적인 계획이 떠올랐다. 그는 돌아오는 일요일 밤에 폭동을 일으키기로 결정했다. 사우샘프턴 카운티의 백인들은 보통 여름이면 일요일 내내 누군가의 집에 놀러가서 먹고 마시느라 분위기가 흐트러지기 십상이었다. 게다가 노예들도 안식일에는 일을 하지 않기 때문에 이들 일당이 사라지더라도 월요일 아침까지 들통나지 않을 가능성이 높았다. 결사단은 규모가 아주 작았지만, 일단 반란이 시작되면 다른 노예와 자유흑인들도 합류할 것이 분명했다. 사우샘프턴 카운티의 흑인 인구는 백인의 갑절이었기 때문에 숫자로 따지면 유리했다. 하지만 그의 계획은 군청소재지 예루살렘 습격이 시작이자 끝이었다. 일부 역사학자들은 냇 터너가 동쪽으로 320킬로미터쯤 떨어져 있는 디즈멀 대습지로 가서 탈출노예들의 피난처를 만들려고 했다는 추측을 제기한다. 또 다른 역사학자들은 냇 터너가 일단 반란을 일으키기만 하면 하느님의 인도가 뒤따르리라 생각했다고 주장한다. 진실은 어느 누구도 알 수 없다.

8월 하순의 어느 일요일 늦은 오후, 모닥불 가에 앉은 냇 터너는 새롭게 합류한 신참, 잭과 윌을 쳐다보았다. 잭은 하크의 처남이기 때문에 믿을 수 있었지만, 잔인한 짓을 일삼는 윌은 이야기가 달랐다.

"무슨 이유로 이 자리에 참석한 건가?"

터너가 물었다. 윌은 "내 목숨이 아까우면 남들 목숨도 아까운 것이고, 내 자유가 소중하면 남들 자유도 소중하기 때문"이라고 대답했다. 터너는 다시 물었다.

"자유를 쟁취할 생각인가?"

윌은 목숨을 내놓을 각오가 되어 있다고 말했다. 터너는 잔인한 성격을 무조건 나쁘게 볼 필요는 없다는 판단 아래 그를 받아들이기로 했다. 노예 일곱 명은 계획을 점검하고 식사를 마친 뒤 해질 무렵 숲을 떠났다. 그리고 담배밭 몇 군데를 지나 트래비스 소유의 대규모 목조 가옥이 있는 공터로 들어섰다. 터너가 남긴 기록에 따르면 이 무렵에 여덟 번째 노예인 오스틴(Austin)이 합류했고, 터너를 제외한 나머지 일곱 명이 사과술 압축실로 가서 술을 마셨다.

자정이 지났을 무렵, 이들은 트래비스 집 앞에 다시 모였다. 터너가 창문을 타고 넘어가 문을 열었고, 안에 있던 총을 부하들에게 나누어 주었다. 이들은 터너가 "첫번째 피를 흘려야 한다."고 주장했다. 그는 윌과 함께 트래비스의 침실로 들어가서 잠을 자고 있던 주인에게 도끼를 휘둘렀다. 하지만 도끼는 머리를 스치는 데 그쳤고, 벌떡 일어난 주인은 부인을 불렀다.

"그것이 마지막 외침이었다. 윌이 도끼로 트래비스의 목숨 줄을 끊었고, 트래비스 부인도 침대 위에서 똑같은 운명을 맞이했다." 터너는 이렇게 적었다.

열네 살 견습공과 두 아이도 잠을 자다 죽임을 당했다. 이와 더불어 미국 역사상 가장 피비린내 나는 노예반란이 시작되었다.

냇 터너
『냇 터너의 고백』(1831년)
초기본에 실린 스케치.

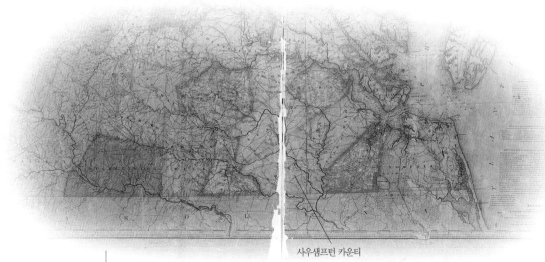

사우샘프턴 카운티

사우샘프턴 카운티와 일대를 담은 1826년 판 버지니아 지도
미국 남동부의 버지니아는 19세기 초반 무렵,
몇 군데의 대규모 목화 플랜테이션과 수많은 소규모 농장에서 노예를 노동력으로 활용하는 농업 중심지였다.

남부 노예제도의 기원

역사를 보면 알 수 있다시피 의회간 협상으로는 남북전쟁 이전 시기 남부의 노예제도에서 비롯되는 복잡한 사회적, 경제적 문제를 해결할 수 없었다. 백인들은 흑인을 미국 사회에 편입시킬 수 있는 최선의 방법을 200여 년 동안 찾았지만 별다른 진전이 없었다.

영국령 북아메리카 대륙에서 언제부터 흑인 노예를 사용하기 시작했는지 정확한 시기는 알 수 없다. 1619년 무렵 네덜란드 배를 타고 제임스타운에 최초로 등장한 '20명의 깜둥이'가 버지니아인들에게 팔렸다는 기록은 있지만, 이들이 노예가 아니라 계약 일꾼이었을 가능성도 있기 때문이다. 하지만 버지니아 평의회는 흑인들에게 법적으로 동등한 권리를 부여하던 짧은 기간을 마감하고 1660년 이후에는 이들을 영원한 노예로 강등시키는 법안을 여러 차례 만들었다. 예를 들어 1662년의 경우, 노예 어머니와 백인 아버지 밑에서 태어나는 아이들의 숫자가 점점 많아지자 버지니아 식민지 의회는 아이에게 아버지와 동등한 지위를 부여하는 영국의 코먼 로(Common law)를 폐기하고 이후로 버지니아에서 태어나는 아이들은 모두 어머니의 지위를 따른다고 선언했다. 이로부터 7년 뒤에는 '우발적인 노예살해 관련법'을 제정하여 주인이나 십장이 처벌을 거부하는 노예를 죽여도 죄가 되지 않는다고 규정했다.

1807년 출간작에 삽화로 실린 쇠 마스크와 족쇄
반항하는 노예를 다룰 때 사용했던 도구이다. 남부의 거의 모든 백인은 흑인을 열등한 계층으로 간주했기 때문에 잔인하기는 해도 이런 도구의 사용이 정당하다고 생각했다(북부의 백인들도 대부분 마찬가지 생각이었다).

17세기 후반 버지니아에서 아프리카 노예가 널리 쓰였던 데에는 기존의 인종차별과 더불어 경제적인 이유도 자리잡고 있었다. 사망률이 높았던 식민지 초기에는 언제 죽을지 모르는 노예를 쓰느니 가난한 백인을 계약 일꾼으로 고용하는 쪽이 훨씬 이익이었다. 하지만 몇 가지 요인으로 점차 상황이 달라졌다. 공중위생이 정착되고, 영국의 경제 상황이 나아지면서 아메리카 대륙으로 건너오는 백인 실업자가 줄어들고, 무역 증가로 노예의 가격이 상당히 낮아진 것이다. 1700년 무렵에는 평생 동안 노동력을 활용할 수 있는 아프리카 노예를 쓰지 않으면 농장주가 오히려 바보로 취급되는 분위기였다. 플랜테이션 식민지의 담배, 쌀, 목화 재배는 상당히 힘든 일이었고, 백인 지주들은 이와 같은 고역을 손수 감당할 생각이 없었다. 따라서 끊임없이 제공되는 아프리카 노예들은 신이 내린 축복이었다.

한때 영국의 부유층은 농민을 가리켜 '선천적으로' 열등한 계층이라고 헐뜯은 일이 있었다. 그런데 이제 버지니아에서는 모든 백인이 계층을 막론하고 흑인을 상대로 똑같은 주장을 펼쳤다. 심지어는 노예를 부릴 형편이 못 되는 가난한 소작농마저 남부의 '특이한 제도'를 한 몫 거들었다. 그래도 흑인들보다는 낫다는 데 위로를 받았기 때문이다. 로저 B. 토니 대법원장은 그 유명한 1857년 '드레드 스콧 대 샌드퍼드' 판결에서 흑인에게는 "백인이 존중해 주어야 할 권리가 전혀 없다."는 의견을 밝혀 이들의 태도에 힘을 실어 주었다.

삼각무역

삼각무역은 17세기와 18세기 무렵 아메리카 식민지와의 교역을 주도했던 영국령 서인도제도, 영국, 아프리카 연안을 간단하게 지칭하는 표현이다. 사실 이들이 맺은 수지 맞는 '삼각관계'는 많았다.

식료품을 가득 싣고 뉴잉글랜드를 출발한 미국 상선들은 서인도제도에서 설탕과 맞바꾸고, 이것을 영국으로 가지고 가서 공산품과 맞바꾼 뒤 본국으로 돌아왔다.

미국에서 생산된 간단한 공산품을 서아프리카로 싣고 가서 노예와 교환하고, 이들을 다시 서인도제도에서 당밀과 교환한 뒤 미국으로 가지고 와서 럼의 원료로 판매하는 경우도 있었다.

이 밖에 삼각무역으로 거래된 상품을 소개하자면 서아프리카의 상아와 은, 서인도제도의 커피와 카카오, 영국의 소형 화기와 가구, 아메리카식민지의 담배와 목재 등이 있었다.

18세기 중반 에스파냐 노예 무역선의 내부
영국 해군장교가 그린 것이다.

아프리카에서 서인도제도로 향하는 길은 중간 항로라고 불렸다. 초창기에 이 길을 오가던 선박들은 대부분 갑판이 3층이었고, 아래 두 층에 노예를 실었다. 높이가 150센티미터쯤밖에 안 되는 최하층 갑판의 경우에는 노예들을 나란히 엎드리게 만들어 공간 활용의 극대화를 꾀했다. 중간층 갑판의 경우에는 가장자리를 빙 둘러 설치된 선반의 아래, 위층을 노예들(대부분 2인 1조로 족쇄를 채웠다)로 빼곡이 채웠다. 중간 항로를 거쳐 간 노예들의 사망률은 15~20퍼센트였다.

1700년대에는 영국의 몇몇 상인들이 아프리카에서 아메리카 식민지로 노예를 수송(이것 또한 삼각무역의 일부였다)하는 전용 선박을 만들었다. 전용선은 길고 좁고 빠른 것이 특징이었고 일반 화물선의 두 배에 해당되는 400명의 노예를 한꺼번에 실을 수 있었다.

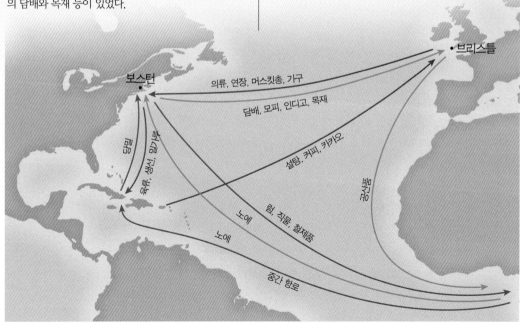

보스턴
브리스틀
의류, 연장, 머스킷총, 가구
담배, 모피, 인디고, 목재
설탕, 커피, 카카오
당밀
목류, 생선, 럼기름
럼, 직물, 철제품
노예
노예
공산품
중간 항로

해외 노역무역 금지령
연방의회는 제퍼슨 대통령의 주도 아래 1808년 1월 1일부터 해외 노예무역 금지령을 내렸다.
헌법의 한도 내에서 가장 빠른 시일에 조치를 취한 것이다.

물론 노예들의 생각은 달랐고, 1776년 이후로 백인과 흑인의 의견 차이는 더욱 심화되었다. 독립선언문에서는 "모든 인간이 평등하게 태어났다."고 자랑스럽게 외쳤건만, 노예들이 보기에 모든 인간이 평등한 대접을 받지는 않았던 것이다. 따라서 독립전쟁의 평등사상은 미국 역사상 최초로 대규모 노예제도 폐지운동이 벌어지는 계기가 되었다. 코네티컷, 로드아일랜드, 매사추세츠는 일찍이 1774년에 노예 수입을 금지하는 법안을 통과시켰고, 제1차 대륙회의도 영국 상품 불매운동을 제안할 때와 비슷한 금지조항을 넣었다. 렉싱턴과 콩코드의 전투가 벌어지기 1주일 전인 1775년 4월 14일에는 필라델피아의 퀘이커교도들이 노예제도 폐지를 위한 펜실베이니아 협회를 창설했다. 북아메리카 대륙 최초의 노예제도 폐지협회였다. 이후에 뉴욕과 로드아일랜드 주는 노예를 해방시켜 대륙군에 힘을 실어 준 주인들에게 보상금을 지급했고, 버지니아를 비롯한 여러 주에서는 참전한 노예들에게 대가로 자유를 선사했다.

독립전쟁이 한창일 무렵, 미국의 노예는 약 50만 명이었다. 모든 식민지마다 노예가 인구의 일정 부분을 차지했지만, 대부분은 해안지방에 집중되어 있었다. 버지니아가 차지하는 비율이 40퍼센트에 가까웠고, 버지니아와 노스캐롤라이나, 사우스캐롤라이나, 메릴랜드를 합하면 약 85퍼센트였다. 이에 비해 북부에서 노예가 가장 많은 뉴욕 주의 노예인구는 2만 5천 명, 비율로 따지면 5퍼센트였다. 그리고 펜실베이니아의 경우에는 6천 명에 불과했다. 이런 상황이다 보니 북부에서는 노예제도를 폐지하기가 훨씬 손쉬웠다. 1780년 3월에 펜실베이니아는 노예의 자손이라 하더라도 스물한 살이 되면 자유시민의 자격을 부여하는 점진적 해방법을 통과시켰다. 3년 뒤에 매사추세츠 대법원은 1780년 인권선언에 의거하여 노예제도를 불법으로 규정했다. 코네티컷, 로드아일랜드, 뉴욕, 뉴저지는 1787년 필라델피아 제헌회의가 소집되기 이전에 노예제도를 아예 폐기하거나 점진적으로 폐지하는 법안을 통과시켰다. 심지어 토머스 제퍼슨은 1787년 노스웨스트 법령에 북서지역의 노예제도를 금지하는 항목을 넣었다.

『미국의 노예무역』(1822년)에 실린 판화
붙잡히느니 고층 건물 창밖으로 뛰어내리는 쪽을 택한 탈출노예의 모습이다.

킹 코튼

하지만 남부의 상황은 전혀 달랐다. 남부는 전체 인구의 35퍼센트가 흑인이었고, 이들은 거의 대부분 노예였다. 이들을 모두 해방시키면 남부 사회는 어떻게 될까? 남부인들로서는 생각만 해도 소름이 끼쳤다. 심지어 노예제도의 점진적인 폐지를 지지하는 온건파 백인들도 엄청나게 많은 자유흑인들과 어울려 살 마음은 없었고, 해방된 노예들은 다른 곳으로 '이주'시켜야 한다고 생각했다. 19세기로 접어들면서 노예제도가 훨씬 수지맞는 방편으로 둔갑한 것도 노예제도 폐지에 영향을 미쳤다.

식민지 시기에 남부의 주요 작물은 담배, 쌀, 인디고, 그리고 목화였다. 이 가운데서도 목화

노예밀매
(왼쪽) 1808년부터 해외 노예무역이 금지되면서 국내 노예밀매가 성행했다.

미시시피 강의 목화 플랜테이션을 담은 커리어와 아이브즈의 석판화
19세기 들어 최남부 지방의 목화 재배가 번창하자 버지니아, 조지아, 노스캐롤라이나, 사우스캐롤라이나 등 해안지방의 인구가 이곳으로 몰려들었다.

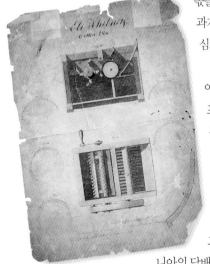

특허장
휘트니의 목화 기계 특허장 원본.

는 씨를 하나하나 손으로 따야 하니 노예를 동원하더라도 비용이 많이 들었다. 그런데 1793년에 엘리 휘트니가 씨를 자동으로 제거하는 목화 기계를 발명하면서 노예 하나가 예전의 50명 몫을 감당할 수 있게 되었다. 이전까지만 하더라도 남부의 노예제도는 별다른 성과가 없었다. 그런데 목화의 상품화 방안이 등장하면서 특히 최남부 지방을 중심으로 노예제도가 붐을 이루었다.

1790년 미국의 목화 수출량은 3천 곤포였다. 그런데 냇 터너의 반란이 벌어진 1831년에는 80만 곤포로 껑충 뛰었다. 1860년에는 이 숫자가 500만 곤포를 넘겼다. 목화가 수출의 3분의 2를 차지하게 된 것이다. 이 무렵 미국 남부는 세계에서 으뜸가는 목화 생산지였다.

조지아나 사우스캐롤라이나와 같은 기존의 목화 생산지보다는 앨라배마, 미시시피, 루이지애나, 텍사스, 아칸소와 같은 새로운 얼굴이 수출의 주역이었다. 연방의회에서는 1808년부터 수입을 금지했지만, 1810년에서 1850년 사이 미국의 노예인구는 120만 명에서 320만 명으로 껑충 뛰었다. 그리고 노예제도의 중심지도 버지니아에서 최남부 지방으로 옮아 갔다. 버지니아의 담배 생산은 정체기로 접어든 반면, 새로운 목화 플랜테이션이 속속 등장한 최남부 지방의 노예 수요는 점점 늘어났던 것이다. 1850년 인구 조사에서 320명으로 집계된 노예들 가운데 목화 생산에 투입된 인력은 180만 명이었고, 담배에 투입된 인력은 35만 명에 지나지 않았다.

노예들의 생활 환경은 주마다 달랐다. 버지니아의 대접은 비교적 점잖은 편이었지만, 최남부 지방의 목화 농장은 몹시 가혹했다. 노예는 값비싼 재산이었기 때문에 목숨을 잃을 만큼 잔인하게 학대하지는 않았다. 하지만 노예를 험하게 다룬다고 해서 법률기관이나 이웃주민들의 제재가 가해지지는 않았다. 남부 출신 정치인들은 그래도 북동부 산업도시의 노동자들보다는 노예의 처지가 훨씬 낫다고 주장했다. 일주일에 하루씩 휴일이 있고, 공휴일도 가끔 챙길 수 있다는 이유에서였다.

충성심 때문이었는지 두려움 때문인지 아니면 여러 요인의 복합 작용인지 알 수 없지만 대부분의 노예들은 자신의 처지를 받아들였다. 백인들에게 반란 계획을 자세히 알리는 쪽도 노예들이었다. 프로서와 비지의 경우에도 내부 밀고자 때문에 탄로가 났다. 주인의 신임과 사랑을 받는 노예들, 그중 특히 집안일을 돕는 하인과 기능공은 다른 흑인들의 희생을 발판으로 자신의 특권을 보호하려 했다. 하지만 또 한편으로 생각해 보면 거듭된 역사를 통해 알 수 있다시피 피지배 계급 가운데 특권을 누리는 층이 오히려 압제를 뼈저리게 실감하고 해방을 위해 나설 때가 많다. 노예 설교사, 기능공, 집안일을 돕는 하인, 자유흑인 등이 특권 박탈을 감수하고 프로서, 비지, 터너의 계획에 동참한 이유도 그 때문이었다.

반란의 진행 과정

트래비스 농장을 출발한 냇 터너 일행은 예루살렘을 향해 걷기 시작했다. 이들은 민가를 지날 때마다 급습해서 칼로 백인들을 처지하고(총을 쏘면 시끄러워서 인근 주민들이 깰 염려가 있었다) '군대'에 합류할 노예를 모집했다. 월요일의 해가 뜰 무렵에 부대는 열다섯 명으로 늘어났고, 냇 터너 장군을 비롯한 아홉 명은 말까지 확보했다.

동이 트고 얼마쯤 지났을 때 하크는 보병과 함께 노예주 브라이언트의 집으로 향했고, 냇 터너와 기병대는 화이트헤드 플랜테이션으로 출발했다. 화이트헤드 가족은 칼과 도끼로 여러 차례 찔려 목숨을 잃었고 대부분 목이 잘렸다. 기병대는 목화밭에서 노예를 감독하고 있던 리처드 화이트헤드를 찾아가 이야기 좀 하자고 불렀다.

"무슨 일이야?"

화이트헤드는 수상하다는 듯이 물었다. 윌은 대답 대신 도끼를 휘둘렀다. 리처드의 누이 마거릿 화이트헤드는 두 지붕 사이 창고로 숨으려다 터너에게 목숨을 잃었다. 그가 사람을 살해한 것은 이번이 처음이자 마지막이었다.

"그녀는 나를 보자마자 도망쳤지만 금세 따라잡을 수 있었다. 나는 칼을 몇 번 휘두르다 울타리 막대로 머리를 때려 죽였다."

잠시 후 헨리 브라이언트 가족을 처치한 하크와 보병대가 합류했고, 반란군은 예루살렘으로 다시 행진을 시작했다. 중간에 터너는 몇 차례 부하들을 나누어 노예가 있는 주인집을 습격했다. 하지만 리처드 포터의 집으로 쳐들어갔더니 이들은 이미 달아나고 없었다. 터너는 훗날 이렇게 설명했다.

"경보가 사방으로 퍼진 것을 그때 알아차렸다."

남부의 노예
남부의 법률제도상 백인들은 노예를 일부러 해치거나 죽이더라도 가벼운 처벌을 받으면 그만이었다. 노예의 법정 증언이 허용되기는 했지만(자유흑인들도 누리지 못하는 권한이었다) 이들은 필요하다 싶으면 언제든지 회초리와 주먹을 휘두를 수 있었다.

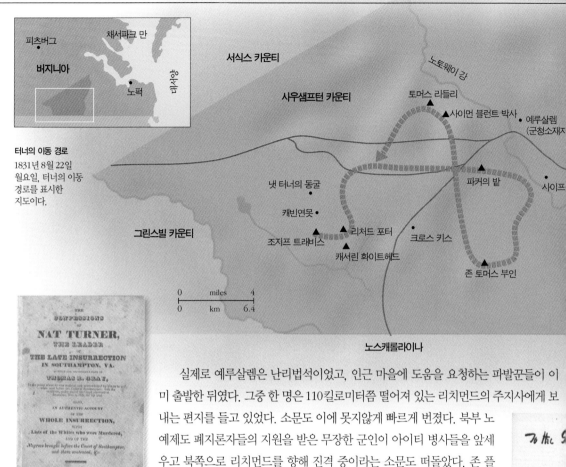

버지니아

피츠버그

채서피크 만

서식스 카운티

노퍽

노토웨이 강

사우샘프턴 카운티

토머스 리들리

사이먼 블런트 박사

예루살렘 (군청소재지)

터너의 이동 경로
1831년 8월 22일 월요일, 터너의 이동 경로를 표시한 지도이다.

냇 터너의 동굴

캐빈연못

파커의 밭

사이프

그린스빌 카운티

조지프 트래비스

리처드 포터

크로스 키스

캐서린 화이트헤드

존 토머스 부인

```
0        miles      4
0         km      6.4
```

노스캐롤라이나

THE CONFESSIONS OF NAT TURNER, THE LEADER OF THE LATE INSURRECTION IN SOUTHAMPTON, VA.

ALSO, AN AUTHENTIC ACCOUNT OF THE WHOLE INSURRECTION, WITH Lists of the Whites who were Murdered, AND OF THE Negroes brought before the Court of Southampton, and there sentenced, &c.

RICHMOND: PUBLISHED BY THOMAS R. GRAY. 1832.

『냇 터너의 고백』
본 책에서 터너가 한 말로 인용된 구절은 『냇 터너의 고백』(1831년)에 실린 것이다. 이 책은 변호사 토머스 R. 그레이의 작품인데, 그는 의뢰인의 유창한 말솜씨에 감동을 받은 나머지 대화를 기록하기로 했다. 그레이의 표현에 따르면 터너는 "내가 만난 이들 가운데 몇 손가락 안에 꼽을 만큼 머리가 좋고 이해가 빠른 인물이었다."고 한다.

실제로 예루살렘은 난리법석이었고, 인근 마을에 도움을 요청하는 파발꾼들이 이미 출발한 뒤였다. 그중 한 명은 110킬로미터쯤 떨어져 있는 리치먼드의 주지사에게 보내는 편지를 들고 있었다. 소문도 이에 못지않게 빠르게 번졌다. 북부 노예제도 폐지론자들의 지원을 받은 무장한 군인이 아이티 병사들을 앞세우고 북쪽으로 리치먼드를 향해 진격 중이라는 소문도 떠돌았다. 존 플로이드 주지사는 황급히 주 민병대를 소집했지만, 선발대가 사우샘프턴 카운티에 도착했을 무렵 반란군은 이 마을 백인들에게 거의 진압된 상태였다.

터너는 포터의 가족들이 도망친 것을 보고 가능한 한 빨리 예루살렘을 습격해야겠다는 생각을 했다. 그는 기병대에게 먼저 앞장서서 보이는 사람마다 무조건 처치하라는 명령을 내렸다. 그리고 자신은 보병대와 함께 뒤를 따라가며 선발대가 명령대로 백인들을 몰살하는 동안 병사를 충원했다. 결국 반란군은 70여 명으로 늘어났고, 이들 가운데에는 자유흑인도 몇 명 끼여 있었다.

배로 가를 따라 움직이던 터너의 부대는 정오 무렵, 예루살렘 고속도로와 만나는 교차로에 도착했다. 여기에서 예루살렘까지는 5킬로미터쯤이었다. 지금까지 반란군에게 습격을 당한 집은 열다섯 군데였고, 이들의 손에 목숨을 잃은 백인은 60명쯤이었다. 터너는 대열의 선두에게 예루살렘 행을 지시했다. 그런데 800미터쯤 이동했을 무렵, 몇몇 부하들이 제임스 파커의 농장에 다녀오면 안 되겠느냐고 물었다. 그곳에 사는 친척이 있는데 반란군에 합류할지도 모른다고 했다. 내키지 않더라도 허락하는 수밖에 없었다. 그런데 한참을 기다려도 오지 않기에 직접 파커의 농장으로 찾아가 보았더니 본채에서 술을 마시고 있는 것이었다. 터너는 이들을 끌고 다시 출발했지만, 예루살렘에 도착하기도 전에 예루살렘 민병대장 알렉산더 피트(Alexander Peete)가 지휘하는 무장 백인 열여덟 명에게 공격을 받았다. 첫번째 총성에 피트의 말이 도망쳤다. 숫자가 많은 흑인에게 유리한 상황이었다. 하지만 이들은 훔친 무기가 워낙 조잡하고 군대 교육을 받은 일도 없는 데다 대부분 술에 취한 상태였다. 따라서 피트의 부대 또한 허술했지만 지원 민병대가 도착할 때까지 버틸 수 있었다. 든든하게 무장한 지원병이 공격을 감행하자 반란군은 숲 속으로 뿔뿔이 흩어졌다. 터너는 열여섯 명의 기병대와 함께 달아났다. 이들은 대부분 부상병이었다. 하지만 그는 아랑곳하지 않고 사람들이 잘 모르는 길을 따라 사이프러스 다리 쪽으로 향했다. 하지만 다리마저 백인들의 차지가 된 것을 보고 포기하는 수밖에 없었다.

그는 남쪽의 크로스 키스로 가서 반란군을 충원하는 쪽으로 계획을 수정했다. 그러다 존 토머스 부인의 인적 없는 농장에서 다시 북쪽으로 기수를 돌려 토머스 리들리의 농장으로 향했다. 리들리의 농장은 딸린 노예가 145명이었고 일대에서 규모가 가장 컸다. 하지만 해질 무렵 도착하고 보았더니 주요 건물들마다 민병대로 북적거렸다. 그는 부하 40여 명과 함께 숲 속에서 야영을 했다. 그런데 겁에 질린 보초병이 한밤중에 거짓 경보를 울리는 사건이 일어났다. 그 결과, 일대 혼란이 빚어졌고 절반 쯤이 달아나 버렸다.

다음날 아침에 터너와 반란군 20명은 인근 사이먼 블런트(Simon Blunt) 박사의 농장으로 향하다 매복 공격을 당했다. 이 와중에 몇 명이 목숨을 잃었고, 나머지는 산산이 흩어졌다. 터너는 숲 속에 숨어 화요일 밤을 보냈고 그 사이 민병대는 도로와 숲 속 오솔길을 순찰하며 반란군을 색출했다. 이렇게 해서 터너의 반란은 이틀 만에 끝이 났지만, 그는 거의 두 달 동안 도피 행각을 펼쳤다.

반란에 따른 반응

터너의 반란군에 목숨을 잃은 백인의 숫자는 60명이 못 되었지만, 이로 인한 정신적인 충격은 5천 명이 살해된 것에 버금갔다. 이들은 터너의 소문을 듣고 다른 지방에서도 폭동이 벌어질까 두려운 마음에 잔인한 방식으로 복수를 하기 시작했다. 150년 전, 너새니얼 베이컨의 부대는 인디언 약탈족을 찾지 못하자 평화롭게 지내는 인디언들을 살해하며 분을 달랜 일이 있었다. 그의 후손 격인 사우샘프턴 카운티의 백인들은 베이컨처럼 터무니없는

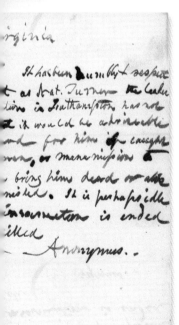

토머스 소장
1863년 9월에 북부연방의 조지 H. 토머스 소장은 치카모가에서 보인 용맹스러운 모습으로 유명세를 떨쳤다. 하지만 열다섯 살이던 1831년 8월에는 어머니 존 토머스 부인과 함께 노예반란군을 피해 달아난 전적이 있다.

8월 28일에 익명의 시민이 플로이드 주지사에게 보낸 쪽지
(가운데) 아직 체포되지 않은 터너에게 거액의 현상금을 내거는 것이 어떻겠냐고 제안하며 "주동자를 죽이기 전까지는 폭동이 끝났다고 생각하면 안 됩니다."라고 적었다.

SLAVERY RECORD.

INSURRECTION IN VIRGINIA!

Extract of a letter from a gentleman to his friend in
Baltimore, dated

'RICHMOND, August 23d.

An express reached the governor this morning,
informing him that an insurrection had broken out
in Southampton, and that, by the last accounts,
there were seventy whites massacred, and the mili-
tia retreating. Another express to Petersburg says
that the blacks were continuing their destruction;
that three hundred militia were retreating in a body,
before six or eight hundred blacks. A shower of
rain coming up as the militia were making an at-
tack, wet the powder so much that they were com-
pelled to retreat, being armed only with shot-guns.
The negroes are armed with muskets, scythes, axes,
&c. &c. Our volunteers are marching to the scene
of action. A troop of cavalry left at four o'clock,
P. M. The artillery, with four field pieces, start in
[...]

터너의 반란 이야기
윌리엄 로이드 개리슨이
《리버레이터》에 실은 내용.

분풀이를 했다. 반란군 가담 여부를 알아보지도 않은 채 흑인 몇십 명을 무참하게 살해한 것이다. 무차별 학살이 어찌나 횡행했던지, 플로이드가 사우샘프턴 카운티에 파견한 주 민병대장 리처드 엡스(Richard Eppes) 준장은 8월 28일을 기해서 흑인들을 상대로 '잔인하고 끔찍한 짓'을 저지르다 붙잡힌 병사가 있으면 총살형에 처하겠다는 명령을 내렸다.

남부의 주의회 의원들은 안 그래도 핍박 받던 노예들에게 더욱 단단한 족쇄를 채웠다. "리치먼드 인콰이어러(Richmond Enquirer)"의 표현대로 사우샘프턴 카운티의 '교훈' —흑인에게 설교사 자격을 주어서는 안 된다는 것— 을 깨달은 버지니아 평의회는 노예나 자유흑인이 주관하는 '모든 집회와 모임'을 금지하는 법안을 통과시켰다. 이후로 설교사는 백인만 맡을 수 있고, 노예들은 주인이 동행하는 경우에만 예배에 참석할 수 있다는 내용이었다. 그뿐 아니라 자유흑인들의 무기 휴대를 금하고, 백인에게 폭행을 가한 흑인의 형량을 늘리고, 노예를 상대로 주류 판매를 금하고, '불손한' 사상을 표현하는 흑인에게 채찍질을 허용하는 법안도 신설했다.

터너가 캐빈 연못 근처에 동굴을 파고 숨어 있는 동안 자유흑인 다섯 명을 비롯한 반란군 마흔아홉 명은 예루살렘으로 끌려가서 재판을 받았다. 이들 가운데 자유흑인 한 명을 포함해 서른 명은 교수형을 받았고, 이 가운데 열 명은 플로이드 주지사에게 감형을 받아 최남부 지방으로 추방당했다. 나머지 열아홉 명은 무죄로 풀려났는데, 버지니아 주 법률상 노예를 살해하면 주인에게 보상금을 지불해야 하기 때문이었다. 마흔네 명의 노예를 전부 다 교수형에 처하면 부담이 너무 컸다. 하크 한 사람의 몸값만 하더라도 450달러였으니 말이다.

플로이드 주지사
그는 예루살렘 재판과 다른 노예폭동 소문에 어찌나 집착했던지 1831년 말엽의 일기를 보면 온통 그 이야기뿐이다.

재판이 시작된 시점은 9월 8일이었고, 10월 1일로 교수형은 모두 끝이 났다(터너와 한 명만 예외였다). 플로이드 주지사는 정치 생명이 달려 있다는 판단 아래 이 기간 동안 적극적으로 반란 해결에 나섰다. 그는 재판이 공정하게 진행되었는지 확인할 수 있도록 집행관이 인증한 법정 기록을 모두 리치먼드로 보내달라고 했다.

남부의 주지사가 재판의 공정성 여부에 관심을 보인 이유는 무엇이었을까? 존 C. 칼훈을 지지하고 정치적인 동맹을 맺기는 했지만 노예제도에 관한 한 칼훈과 생각이 달랐기 때문이다. 플로이드는 비경제적이라는 이유를 들어 노예제도에 반대했고, 백인들의 이익을 위해 점진적인 폐지를 지지했다. 한편 10월 30일에 체포된 터너는 11월 5일에 재판을 받았고, 사우샘프턴 카운티의 교수대 역할을 하던 옹이투성이 고목에서 11월 11일에 교수형을 당했다. 처형장에는 수많은 구경꾼이 몰려들었다. 하지만 하고 싶은 이야기가 있으면 하라는 집행관의 말에 터너는 "진행하십시오."
하고는 그만이었다. 집행관이 그의 목
에 올가미를 두르는 동안 터너는 아무
말이 없었고 차분했다. 그리고 백인
몇 명이 줄을 끌어올리는 동안에도
"손가락 하나 움직이는 법이 없었다."

반란 이후

냇 터너의 처형 소식이 전해지자 그의
체포에 촉각을 곤두세웠던 남부인들
은 반란의 동기 쪽으로 관심을 돌렸
다. 플로이드를 비롯한 대다수 남부
인은 북부의 노예제도 폐지론자들이
날이 갈수록 심한 공격을 퍼붓고 있기

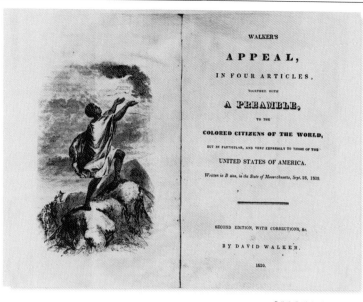

때문이라고 생각했다. 이들이 잔잔하던 남부를 휘젓고 있다고 생각했다. 보스턴의 자유흑인 투
사 데이비드 워커(David Walker)는 1829년에 널리 배포한 소책자를 통해서 터너와 비슷한 반
란을 주장한 바 있었다. 워커가 쓴 『세계 유색인종을 향한 호소(Appeal to the Colored Citizens
of the World)』를 접하고 버지니아와 여러 주는 노예들의 문자교육을 법으로 금지시켰다. 그
런데 이 정도로는 부족했다. 좀더 극단적인 조치가 필요했다.

　　플로이드와 동지들은 노예제도를 완전히 폐지하고 버지니아에서 흑인들을 모조리 몰아내야

노예반란을 막을 수 있다고 적극 주장하고
나섰다. 플로이드는 일기에 이렇게 적었다.

　　"임기를 마치기 전까지 이 주에서 노예
제도를 점진적으로 폐지하거나 블루리지
산맥 서쪽 지방에서 노예 사용을 금지하는
법안을 마련하고야 말 것이다."

　　보상금을 지불하고 해방시킨 노예들을
다른 지방으로 이주시켜 버지니아를 백인
들만의 천국으로 만드는 것이 플로이드의
계획이었다. 노예제도 찬성론자들과 마찬
가지로 플로이드 또한 대규모 흑인들과 함
께 살 생각이 없었다.

　　1831년 12월에 플로이드는 점진적인
해방을 통해 노예제도를 폐지하도록 버지
니아 주의회에 압력을 넣었다. 그로부터 한
달 뒤, 정식 토론이 시작되었다. 이후 3주

노예 소유 인구

　주인과 노예의 관계는 남부의 경제와 사회
구조에 결정적인 영향을 미쳤지만 사실
상 남부에서 노예를 쓰는 백인은 그리 많지 않
았다. 그뿐 아니라 노예를 쓰더라도 몇 명에 지
나지 않았고 주인도 이들과 함께 밭에서 일을
했다.

　　1860년 무렵 남부의 백인 인구는 700만 명,
약 140만 가구였다. 이 가운데 노예를 쓰는 인
구는 38만 3635명이었다.

　　다르게 표현하자면 남부의 백인사회에서 네
가구 당 세 가구는 노예를 전혀 쓰지 않는다는
뜻이었다. 나머지 중에서도 노예를 20명 이상 보
유한 사람은('농장주'의 최소 기준이 노예 20명
이었다) 겨우 4만 8천 명이었다.

식민지 건설 정책

제퍼슨에서 플로이드에 이르기까지 남부에서 노예제도의 점진적 폐지를 주장하는 사람들은 식민지 건설 정책을 찬성했다. 미국의 흑인들을 다른 곳으로 이주시켜 식민지를 건설하자는 뜻이었다. 19세기 미국인들은 노예제도에 반대하더라도 대부분 두 인종이 공존할 수 없다고 생각했다. 때문에 최선의 해결책으로 식민지 건설안을 내놓은 것이다. 식민지 건설 기관 중 가장 유명한 것은 뉴저지 출신의 장로교 목사 로버트 핀리(Robert Finley)가 1817년에 설립한 미국식민협회였다. 이 기관은 설립되고 5년 뒤, 아프리카 서안에 몬로비아를 건설했다. 그리고 이후 40년 동안 1만 2천 명의 아프리카계 흑인을 그곳으로 이주시켰다(몬로비아는 원래 먼로 대통령의 이름을 딴 지명인데, 나중에 라이베리아로 명칭이 바뀌었다). 대다수의 백인이 보기에는 식민지 건설이 적극적인 노예제도 폐지운동의 첫 걸음이었

다. 하지만 윌리엄 로이드 개리슨(William Lloyd Garrison)과 같은 급진파의 경우, 처음에는 식민지 건설 정책에 찬성했지만 이후에는 흑인의 평등권을 인정하지 않으려는 수법이라며 반대했다.

1830년에 작성된 아프리카 서안의 라이베리아 식민지 지도
1822년에서 1861년까지 1만 2천 명의 과거 노예가 이곳으로 건너갔지만, 식민지 건설 운동은 대중적인 호응과 지속적인 통솔 부재로 계속 이어지지 못했다.

1841년에 선을 보인 이중 서판의 반쪽
노예제도의 이상적인 풍경을 위와 같이 표현하고, 나머지 반쪽에서는 영국 공장에서 혹사당하는 '백인 노예들'의 모습을 담았다.

동안 열띤 논쟁이 이어졌다. 남부에서 노예해방 문제를 놓고 이렇게 공개적이고 허심탄회한 대화가 이루어지기는 처음이었다. 버지니아 주 서부에서는 노예를 쓰는 백인이 거의 없었고 노예제도로 생기는 소동을 아주 질색했다. 이곳에 사는 플로이드의 동지들은 주지사를 위해 열심히 로비 활동을 벌였다. 하지만 버지니아 주의 재산과 힘과 위세가 집중된 동부 저지대 쪽에서 딴죽을 걸었다. 버지니아 사회가 그들에게 불리한 상황으로 재편될까 두려워했던 것이다. 의회는 공공안전을 위해 흑인의 법적 제재를 한층 강화하는 쪽으로 결론을 내렸다.

18 32년 이후에는 버지니아를 비롯한 남부의 모든 주에서 노예제도 폐지론이 자취를 감추었다. 1832년 후반과 1833년 초반의 연방법 거부파동을 거치면서 남부의 백인들은 대부분 북부에 맞서 노예제도를 옹호하는 쪽으로 태도를 바꾸었다. 1832년 이전만 하더라도 대다수의 남부 의원들은 노예제도를 경제체제상 어쩔 수 없이 물려받은 '필요악'으로 간주했다. 하지만 1832년 이후로 접어들면서 노예제도 찬성론자들은 컬훈의 주도 아래 노예제도를 '절대 선(善)'으로 표현하기 시작했다. 온건파들은 터너의 반란과 날이 갈수록 불쾌해지는 폐지론자들의 공격에 중압감을 느낀 나머지 이들의 노선을 따랐다.

컬훈은 1832년에 쓴 글에서 인식의 변화를 이런 식으로 설명했다.

"태생과 피부색, 여러 신체조건, 지적 능력이 다른 두 인종이 함께 사는 지역의 경우, 현재

노예를 보유한 여러 주에서 설정한 관계가 바람직하다. 절대선이다."

즉, 흑인이라는 인종 자체가 지적인 면에서나 도덕적인 면에서나 열등하기 때문에 노예라는 지위가 알맞다는 뜻이었다. 따라서 흑인들을 노예로 삼고 돌보아 주는 주인들은 사실상 이들을 '돕는' 셈이었다. 그뿐 아니라 칼훈은 인간사회에서 계급 차별은 예전부터 존재했고, 이와 같은 계급 차별 덕분에 부가 축적되어 발전과 지적 성장을 이룩할 수 있었으니 백인들의 입장에서도 노예제도는 이익이라고 주장했다.

칼훈의 주장은 1830년대 내내 남부 백인들의 이데올로기를 지배했고, 남북전쟁과 그 이후까지 집요하게 따라다녔다. 1840년대 초반 무렵 사우스캐롤라이나 주지사를 지낸 제임스 헨리 해먼드는 이렇게 말했다.

"모든 사회에는 비천한 일, 천한 일을 담당하는 계급이 있기 마련이다. 그래야 다른 계급이 발전과 개화와 순화를 선도할 수 있다."

이와 비슷한 시기에 노예제도 찬성론자 조지 피츠휴는 이런 식으로 표현했다.

"어떤 사람들은 등에 안장을 얹고 태어나고, 다른 사람들은 장화와 박차를 가지고 태어난다. 안장을 얹고 태어난 사람들은 이들을 업고 달리는 게 상책이다."

물론 이들의 주장은 주류에서 한참 어긋난 발상이었다. 다른 주의 백인들은 기본적으로 낙관적으로 민주적인 사고방식을 가지고 있었다.

사우스캐롤라이나 주 찰스턴의 1838년 모습
식민지 시대부터 항구도시로 번영을 구가했던 찰스턴은 남북전쟁 이전 남부의 문화적인 중심지였다. 다른 식민지에서는 음악회, 강연, 연극, 도서관을 모르던 시절에 이 도시의 농장주들은 이와 같은 문화생활을 후원했다.

온건파의 종말

1830년대는 남부의 호전적인 분위기가 급격하게 치솟은 시기이기도 하다. 이 시기에 백인들은 무기를 갖추고 노예 순찰대를 조직하여 시골의 질서를 유지했다. 1840년대 무렵에는 플로이드와 같은 온건파들이 더 이상 공직 후보로 나서지 못했고, 차츰 교회나 대학, 신문사의 수뇌부가 온건파의 자리를 메웠다. 보상금을 지급하는 방식의 노예해방은 더 이상 정치토론에 알맞은 주제가 되지 못했다.

1837년에 사망한 플로이드는 칼훈의 '절대선' 이데올로기를 절대 지지하지 않았지만, 이후 세대들은 이것을 적극적으로 받아들였다. 버지니아 주지사를 지내다 제임스 뷰캐넌(James Buchanan)이 대통령으로 당선되면서 1857년, 육군장관 자리에 오른 플로이드의 아들 존 뷰캐넌 플로이드도 마찬가지였다. 그는 노예제도의 우수성을 어찌나 철석같이 믿었던지 1860년 무렵 뷰캐넌 내각에서 사임할 때 북부의 무기를 몰래 빼서 남부의 연방무기고로 옮길 정도였다.

인물 촌평

윌리엄 로이드 개리슨

1805-1879년

아이러 벌린

윌리엄 로이드 개리슨은 19세기 미국에서 인종 평등을 급진적으로 주장하는 역할에 어울리지 않는 인물이었다. 개리슨은 매사추세츠가 노예제도를 폐지하고 20여 년이 지난 1805년에 이곳의 어느 항구에서 태어났고, 노예제도를 직접 체험하거나 흑인들과 어울린 일이 거의 없었다. 젊은 시절에는 자유와 평등보다 체제와 위계질서를 강조하는 연방파 쪽으로 생각이 많이 기울었다. 하지만 1831년 1월 1일에 노예제도 폐지를 주장하는 급진적인 신문 《리버레이터》를 발간하면서부터 노예제도의 철천지 원수가 되었다. 그는 창간 사설에서 다음과 같이 선포했다.

"나는 진실만큼이나 냉정하고 정의만큼이나 타협을 모르는 사람이 될 것이다. 이 문제에 관한 한 온건하게 생각하거나 이야기하거나 글을 쓸 마음이 없다. (중략) 나는 진심으로 말할 것이다. 나는 애매한 표현을 쓰지 않을 것이다. 나는 한 걸음도 물러서지 않을 것이다. 그리고 나는 내 주장을 반드시 관철시킬 것이다."

개리슨은 노예들말고는 노예제도 반대운동을 벌이는 사람이 거의 없을 무렵에 폐지론자가 되었다. 1780년대에 시작된 북부의 노예해방 조치는 거의 50년이 지난 뒤에도 여전히 진행 중이었고, 남부의 노예 숫자는 날이 갈수록 급격히 늘어만 갔다. 노예해방에 관심을 보인 소수의 백인남녀는 거의 대부분 아프리카로 떠나보내야 노예를 해방시킬 수 있다고 생각했다.

식민지 건설 정책의 전성기 때, 개리슨은 벤저민 런디(Benjamin Lundy)와 함께 일을 했다. 그는 퀘이커교도였고 이름도 거창한 비정기 간행물 《국제해방정신(The Genius of Universal Emancipation)》의 발간인이었다. 개리슨은 1820년대에 런디와 함께 여행을 하면서 수많은 흑인 지도층 인사를 만났고, 식민지 건설 정책은 미국에서 자유흑인들을 제거하고 노예제도 폐지론을 잠재우기 위해 만든 흉계라는 이야기를 숱하게 들었다. 식민지 건설 정책을 끔찍이 싫어하고 평등주의 원칙 수립에 헌신하는 이들의 모습을 보면서 개리슨은 깊은 감동을 받았다. 흑인들이 아프리카에서 자유롭고 평등한 대접을 받을 수 있다면 미국에서도 마찬가지가 되어야 하는 것 아닐까?

《리버레이터》는 흑인 지도층 인사들의 이의 제의를 꽤 많이 반영했다. 개리슨은 '점진적 폐지'라는 사악한 정책'을 지지했던 과거의 모습을 사과하면서 이제는 '얼마나 소심하고 부당하고 불합리한 조치'인지 알겠노라고 했다. 노예제도의 즉각적인 폐지와 독립선언 정신의 부활을 요구했으며 노예제도를 죄악으로 간주하면서 도덕의 칼날을 뽑아들고 노예제도를 공격했다.

그는 타협의 가능성을 흘리며 비굴하게 정치계의 원조를 바라지 않았다. 노예제도의 부도덕한 속성상 타협의 여지가 없기 때문이었다. 하지만 그는 쇠사슬을 던져버리고 당장 일어서라며 유혈투쟁을 촉구하지 않았다. 폭력은 폭력을 부르기 때문이었다. 대신에 인류평등의 원칙을 강조하고 또 강조했고 노예제도의 부도덕성을 사정없이 비난했다.

1831년에 개리슨이 싹 틔운 불씨는 30년 뒤, 내전이 아니고서는 꺼지지 않을 불꽃으로 번졌다. 하지만 개리슨의 영향은 애퍼매턱스(남군이 북군에게 항복한 곳 — 옮긴이)와 함께 끝나지 않았다. 그의 개혁정신은 프레더릭 더글러스(Frederick Douglass)에서 마틴 루터 킹(Martin Luther King)에 이르는 사회운동가들의 도덕성 각성 운동을 통해 자랑스럽게 이어졌다. 그뿐 아니라 미

개리슨
1857년 어느 무렵, 화실에서.

국인 최초로 사회개혁 활동을 하나의 직업으로 만들어 수 전 B. 앤서니(Susan B. Anthony), 제인 애덤스(Jane Addams), 랠프 네이더(Ralph Nader)와 같은 사회복지사

의 탄생에 이바지했다. 개리슨의 주장은 정말로 관철되었다.

9

남북전쟁 이전
미국의 사회개혁

세니카폴스 회의

유럽에서는 '개혁의 해'라 불리고 미국에서는 노예제도 폐지 운동이 점점 거세어 가는 1848년이었지만, 뉴욕 주의 북부 마을 워털루에서 한여름 오후에 벌이는 다과회는 보통 조용한 만남이기 십상이었다. 하지만 7월 13일 목요일 오후, 제인 헌트(Jane Hunt)의 응접실에서 만난 다섯 명의 여성은 역사를 창조하려는 찰나였다.

이 날의 손님을 소개하자면 다음과 같았다. 미국 노예제도 폐지 운동 사상 가장 유명한 여성이라고 볼 수 있는 루크리셔 모트, 모트의 여동생 마서 라이트(Martha Wright), 제인 헌트의 이웃 메리 앤 머클린턱(Mary Ann M'Clintock), 인근 세니카폴스에서 건너온 모트의 오랜 친구 엘리자베스 케이디 스탠턴. 모트의 집은 필라델피아였지만 여행을 자주 했고 지난 몇 주 동안은 뉴욕 주 북부에 사는 퀘이커 친구들을 만나러 다녔다. 그녀는 얼마 전, 교파를 초월한 노예제도 폐지 운동기관에 퀘이커교도들이 참여하는 문제를 둘러싼 뉴욕 주 북부의 분파 논쟁을 거들었고, 지금은 헌트와 머클린턱이 폐지 운동에 더욱 적극적으로 동참하는 '진보적인 친구들' 모임을 새롭게 만들 수 있도록 돕는 중이었다.

스탠턴은 퀘이커교도가 아니었지만 종교만큼 단단

1850년대 초반에 촬영한 은판 사진 속의 모트
(왼쪽) 1833년 12월에 필라델피아 여성노예제도폐지협회를 창립하는 데 기여한 루크리셔 모트. 당시 여성들은 노예제도 폐지 운동에서 주인공 역할을 할 수 없었다.

한 끈으로 모트와 맺어져 있었다. 8년 전에 스탠턴은 남편 헨리 스탠턴(Henry Stanton)과 함께 신혼여행 차 1840년 세계 노예제도 반대회의에 참석한 일이 있었다. 이들 부부는 미국 대표단과 같은 배를 타고 갔는데, 헨리 스탠턴은 물론이고 제임스와 루크리셔 모트 부부도 미국 대표단이었다. 중년의 모트 부인은 젊고 활달한 스탠턴 부인에게 끌렸고 두 사람은 금세 친구가 되었다. 이후 모트는 스물네 살의 친구에게 '개방적이고 정이 많고 남을 잘 믿는 성격이 보기 좋다'고 칭찬하는 편지를 썼다. 한편 스탠턴은 모트의 자신감에 반했다. 이후에도 밝혔다시피 모트를 만나면 커다란 행성에서 건너온 존재를 만나는 기분이었다. 스탠턴은 모트가 《런던 타임스(London Times)》의 사설을 비판하는 것처럼 자유롭게 교황, 국왕, 교회, 의회의 의견에 의문을 제기했다고 말했다.

처음에는 성격 때문에 친해진 두 사람이지만 나중에는 역사적인 정치 동맹으로 관계가 발전했다. 런던 회의 당시 노예제도 폐지 운동계는 여성도 남성과 동등한 자격으로 참여하는 문제를 놓고 양쪽 진영으로 나뉘었다. 다른 분야에서도 여성의 참여를 제한하는 사회 분위기를 반영하는 대립이었다. 여성들은 남북전쟁 이전 시기 미국에서 거의 모든 진보 운동에 참여했지만 남들을 위한 운동이었을 뿐, 정작 이들은 동등한 권리를 누리지 못했다. 예를 들어 1840년 미국의 여성들은 참정

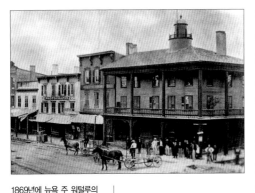

1869년에 뉴욕 주 워털루의 중심가를 촬영한 사진

1848년 이래 거의 변함이 없는 메인 가의 모습이 담겨 있다.

권이라고 부를 만한 것이 아예 없었고, 미시시피의 여성들을 제외하고는 시민권도 없었다. 미시시피가 기혼녀의 재산권을 인정하는 법안을 사상 유래 없이 통과시키기 전까지 미국의 기혼여성들은 물려받은 재산마저 남편의 이름을 빌리지 않고서는 소유할 방법이 없었다. 미국 여성들은 직업과 사회생활 면에서도 입지가 몹시 좁았다. 오벌린대학이 1837년부터 여학생의 입학을 허용하기는 했지만, 대학원은 여전히 남성의 전유물이었고 모든 여성의 사회활동은 결혼과 함께 끝이 났다. 남편이 바깥활동을 하는 동안 살림을 하고 아이들을 키우는 것이 여성의 의무였다.

하지만 노예제도 폐지운동에 적극적으로 참여하던 여성들은 1830년대 후반부터 좀더 의미 있고 능동적인 역할을 요구하기 시작했다. 이로 인해 수많은 남성과 여성은 인종과 성이 뒤섞인 청중 앞에서 여성의 발언을 금지하는 법안이 과연 타당한지 다시 한 번 생각하게 되었다. 루이스 태펀(Lewis Tappan)이 이끄는 한쪽 진영은 여성들을 가리켜 기도나 개인적인 설득과 같은 부드러운 일에 좀더 적합하다고 주장했고, 대다수의 성직자들이 이쪽 편을 들었다. 하지만 윌리엄 로이드 개리슨, 웬델 필립스(Wendell Phillips), 게릿 스미스(Gerrit Smith), 새뮤얼 그리들리 하우(Samuel Gridley Howe)를 비롯한 급진적 폐지론자들은 여성의 평등권을 부인하는 것은 흑인의 평등권을 부인하는 것과 마찬가지로 잘못된 발상이라고 반박했다. 런던 회의 때에는 미국 여성대표들의 자리문제를 놓고 싸움이 벌어지면서 논쟁이 새로운 국면으로 접어들었다. 결국에는 신랄한 설전이 오간 끝에 태펀 쪽이 승리를 거두었고, 모트 부인은 회의가 끝날 때까지 위층 관람석의 커튼 달린 창살 뒤에서 지켜보는 수밖에 없었다.

모트는 아무리 교양 있는 남자라도 희생양이 여자인 상황이 되면 가장 어처구니없는 반응을 보인다는 사실을 오랜 사회개혁 운동 경험을 통해 알고 있었다. 하지만 화를 내고 실망스러워하는 스탠턴의 모습에서 자극을 받았다. 두 사람은 해가 저물어 호텔로 돌아가는 길에 그날의 사건을 곱씹으면서 미국으로 돌아가면 여권 신장에만 주력하는 모임을 결성하기로 약속했다. 하지만 고향으로 돌아간 뒤에는 여성으로서의 일상이 되풀이되면서 결심이 시들해졌고, 약속은 결국 백지로 돌아가 버렸다. 모트는 필라델피아로 돌아가서 무기력한 연설과 설교 생활을 다시 시작했고, 스탠턴은 보스턴에서 신혼살림을 꾸리다 1842년에 7남매의 맏이를 낳았다.

세계 노예제도반대대회의

1840년은 사회운동이 하나의 직업으로 등장하기 시작한 시점이었다.

스 탠턴은 여권 신장 운동을 잊어버리기는 했어도 1840년대 보스턴의 지 식인 사회에 적극적으로 동참했다. 집안 살림을 담당하는 하인이 여 럿이라 다양한 행사에 참여할 시간이 많았던 것이다. 1840년대의 보스턴은 개리슨, 랠프 월도 에머슨(Ralph Waldo Emerson), 프레더릭 더글러스, 호 레이스 맨(Horace Mann) 등이 정기적으로 추진하는 지식인 운동과 사회개혁의 독보적인 중심이었다. 이들의 자극을 받은 스탠턴 은 금주와 노예제도 폐지운동 기관에서 활발한 활동을 벌였다. 하지만 1847년에 남편 헨리가 세니카폴스로 거처를 옮겼다. 그녀의 친척들하고는 가까워진 셈이 었지만 세련되고 국제적인 보스턴 생활과는 거리가 벌었다. 유능한 하인도 구하기 어려웠고 아이들이 늘어나다 보니 신경 쓸 일들도 많았다. 게다가 헨리 는 사업 때문에 집을 비울 때가 많았다. 엘리자베스 는 생활에 치이는 기분이었다. 미국에서 정규 교육 을 받은 소수의 여성이라는 지위가 지금까지는 바람 막이가 되어 주었다. 하지만 세니카폴스로 이사온 뒤 로는 쌓인 일감에 시달리는 대다수 평범한 여성들의 밑바닥 삶이 드디어 이해되기 시작했다. 1848년 초반에 스탠턴은 짬을 내서 뉴욕 주 기혼여성 재산권 법안의 통과를 주장하는 진정서 를 배포했지만 — 미시시피와 비슷한 법안이었고 그해 4월에 승인되었다 — 헌트의 집에 도착 했을 무렵 그녀는 생활에 불만이 많았고 더 많은 것을 경험하고 싶었다.

스탠턴과 두 아들
스탠턴은 아버지가 뉴욕 주 북부의 판사였기 때문에 올버니 법조계의 개혁주의자들을 많이 알고 있었다. 1848년에 포즈를 취한 모습.

도로시어 딕스
1802-1887년

미 국 사회에서 1840년대 들어 최초로 광범위하게 주목을 받은 분야가 있 다면 정신질환자 대우였다.

보스턴의 교사였던 도로시어 딕스 (Dorothea Dix)는 1841년 무렵 인근 교 도소에서 주일학교를 시작했다. 그러다 수많은 정신질환자가 범죄인들과 함께 그곳에 수용되어 있다는 사실을 알게 되었다.

이들의 처우를 보고 충격을 받은 딕 스는 이후 18개월 동안 정신질환자 치 료를 전문으로 하는 매사추세츠의 여러 기관을 방문했다. 하지만 그곳의 상황도 열 악하기는 교도소와 마찬가지였다. 그녀의 기록에

따르면 환자들은 "우리, 벽상, 지하실, 마구간, 축사에서 알몸으로 쇠사슬에 묶인 채 말 을 듣지 않는다며 회초리와 채찍질을 당했다." 그녀가 1843년에 매사추세 츠 주의회에 제출한 보고서에는 이 밖에도 많은 폭행 사실이 적혀 있었다.

딕스는 맨과 찰스 섬너의 후 원 아래 대중적인 인식 확산에 힘썼고, 그녀의 집념은 결국 15 개 주의 정신병원 건설로 결실 을 맺었다. 예전에는 미국에 정 신병원이 하나도 없었다.

모트와 만나는 순간, 스탠턴은 답답하던 가슴이 뻥 뚫렸다. 그녀의 자서전에는 이렇게 적혀 있다.

"나는 그날, 오랫동안 쌓여 있던 불만을 봇물처럼 터트렸다. 어찌나 열심히 울분을 토했던지 나는 물론이고 나머지 사람들마저 무엇이든 할 수 있을 만큼 흥분이 됐다."

다섯 명의 여성은 모트와 스탠턴이 8년 전 구상했던 여권 회의 비슷한 모임을 충동적으로 조직했다. 그리고 그날 오후에 당장 광고를 작성하고 다음날 《세니카 카운티 커리어(Seneca County Currier)》와 다른 지방신문에 실었다.

라이트

여권 회의

여성의 사회적, 시민적, 종교적 지위와 권리를 의논하는 회의가 7월 19일과 20일, 수요일과 목요일에 뉴욕 주 세니카폴스의 웨슬리 예배당에서 열립니다. 개회 시각은 오전 10시입니다.

첫날에는 여성들만 참석이 허용되며 둘쨋날에는 일반인들도 참석할 수 있습니다. 이날에는 필라델피아의 루크리셔 모트를 비롯한 신사, 숙녀의 연설이 예정되어 있습니다.

헌트

여권선언문

이후 스탠턴은 『여성 참정권의 역사(The History of Woman Suffrage)』(1881-1886년) 용으로 쓴 원고에서 그녀를 비롯한 다섯 명의 여성이 얼마나 순진했는지를 삼인칭 화법으로 밝혔다.

"그들은 회의를 개최해 본 경험이 전혀 없었고, 증기기관이라도 만들어야 하는 것처럼 무능력한 구제불능이 된 듯한 심정을 느꼈다."

하지만 이와 같은 표현은 약간 억지였다. 사실 다섯 명은 모두 오랜 기간 동안 교회와 사회운동계에서 실력을 갈고 닦은 단체 조직의 귀재였다. 모트의 능력은 특히 걸출했고 최근의 퀘이커교도 분리 논쟁에서 보았다시피 라이트, 헌트, 머클린턱 또한 수줍은 여성의 이미지와는 거리가 멀었다. 소심한 성격들이었다면 단 6일 만에 그렇게 말도 많고 탈도 많은 회의를 마련할 수 없었을 것이다.

머클린턱

이들은 신문에 광고를 싣고 일대에 배포할 전단지 문구를 만든 뒤 회의 일정을 세우기 위해 7월 16일 일요일에 다시 만났다. 이번 모임 장소는 머클린턱의 집이었다. 이들은 회의 목적을 알리는 성명서와 참석한 사람들끼리 논의하고 채택할 결의안을 만들기로 했다(참석할 사람이 있느냐가 문제이기는 했다). 그런데 여권이라는 주제를 다룬 자료가 워낙 없었기 때문에 머클린턱이 우연히 가지고 있던 노예제도 반대 회의, 평화 회의, 금주 회의 등 다른 개혁 모임의

평화주의

래드

메인의 윌리엄 래드(William Ladd)는 선장과 농부라는 직업을 차례대로 거친 뒤 1819년부터 세계평화에 인생을 바쳤다.

완벽한 인간을 지향하는 수많은 운동이 그랬던 것처럼 평화주의 운동은 남북전쟁 이전 미국 사회에서 큰 호응을 얻었고, 특히 래드가 1828년에 미국평화협회를 창설한 이후에는 더욱 열띤 호응을 얻었다. 하지만 몇 년 뒤, 국가가 자주방어를 위해 합법적으로 무력을 사용할 수 있는지 여부를 놓고 분열이 생기면서 세력이 상당히 약화되었다.

어떠한 경우에도 무력 사용은 안 된다고 주장한 진영에는 개리슨이 있었다. 그는 미국평화협회보다 규모가 훨씬

작기는 해도 뉴잉글랜드 무저항협회까지 만들었다.

노예제도 논쟁에 불이 붙으면서 평화주의 운동은 더욱 힘을 잃었고, 대부분 '정당한 전쟁'이라고 생각한 남북전쟁이 시작되면서 자체 붕괴했다. 평화주의 운동의 지도급 인사들은 대부분 노예제도에 반대했고, 심지어 개리슨마저도 노예제도 종식이 평화보다 훨씬 중요하다고 생각했던 것이다.

래드의 미국평화협회가 남긴 기록은 스워스모어 대학에 보관되어 있다.

소책자를 뒤졌다. 미국 여성들의 현재 상황과 미래의 목표를 밝히는 선언문을 작성하는 데 기본 틀로 쓸 만한 자료가 있나 싶었던 것이다.

하지만 이들은 최근 문헌이 아니라 오래된 독립선언문을 모델로 삼아서 여권선언문을 만들기로 했다. 여권선언문은 이렇게 시작되었다.

"인류가 살아가는 과정에서 한 가족의 일원이 이 땅의 사람들 사이에서 지금까지 누려 왔던 지위를 벗어나 자연과 조물주의 법칙이 부여한 지위를 주장하게 되었을 시에는 인류의 의견을 존중하여 그와 같은 과정에 이를 수밖에 없었던 원인을 선언해야 할 것이다."

여권선언문은 '절대권력', '독재', '강탈'이라는 단어를 사용했다는 점에서 그해 초 파리, 빈, 베를린에서 반란을 일으켰던 공화주의자들의 주장과 비슷했다. 하지만 남성의 불공평한 처사를 강조했다는 점에서 전혀 새로운 내용이었다.

"인류의 역사는 남성이 절대권력 확립을 목적으로 여성을 향해 부당한 대우와 강탈을 반복한 역사이다."

이들이 예로 든 것은 건국 이후에도 식민지 시대 영국의 코먼 로가 그대로 남은 보호법이었다. 이 원칙에 따르면 여성은 아버지나 남편이 법정 '보호자'이기 때문에 아무런 권리도 없었다. 그 결과, 여성은 자신의 이름으로 된 소득이나 재산을 가질 수 없었다(이 때문에 기혼여성 재산권이 등장한 것이다). 여권선언문에서 기혼여성은 "남편에게 순종을 약속하기 때문에 남편은 사실상 주인이 된다. 법에 의거하여 아내의 자유를 빼앗고 처벌할 권리를 부여받는다."라고 부당함을 강조한 부분을 보면 아내와 남편의 관계를 노예와 주인의 관계에 빗댄 의도가 여실히 드러난다.

프랑스 왕좌를 불태우는 파리 시민들
1848년 미국 대통령 선거 때 등장한 커리어와 아이브즈의 석판화. 그해 2월 25일의 모습을 담았다.

하지만 여권선언문은 보호법의 폐지를 강력하게 주장했을 뿐, 개선책은 막연하기 짝이 없었다. 선언서에 첨부된 결의안 12개 중 처음 세 개는 '여성이 남성과 평등하다는 자연의 계율에 위배되는' 모든 법안의 폐기를 조금씩 다른 방식으로 요구했다. 이후 두 개는 여성들의 성의식 확대를 촉구하는 내용이었다. 여섯 번째와 일곱 번째 결의안은 각각 남성들도 여성들처럼 예의를 갖추어야 하고, 여성들도 남성들처럼 활발한 사회 활동을 할 수 있어야 한다는 내용이었다. 결의안 8조에서는 '썩은 관습과 성경 왜곡에서 비롯된 굴레'를 비판하고 '조물주가 선물한 넓은 세계'로 옮아 가자고 여성들을 자극했다. 아홉 번째 결의안은 '참정권이라는 신성한 권리를 확보하는 것이 이 나라 여성들의 의무'라고 주장했다.

투표권이라니! 이 소리를 듣고 사람들은 앉은 자세를 바로 했다. 계속해서 결의안 11조는 '종교계의 독점 폐지'(다섯 명 모두 교인이었기 때문에 중요한 문제였다)와 '다양한 매매업과 직업, 무역업에 남성과 동등하게 참여할 수 있는 권리'를 요구했다. 하지만 가장 과감한 요구사항은 결의안 9조였고 여기에는 스탠턴이 기여한 바가 컸다. 지금껏 미국에서는 여성의 참정권이 공론화된 일이 없었다. 뉴욕 주의회에 기혼여성 재산권 제정 진정서를 접수시킬 때 대의원 없이 실시되는 과세를 불평한 여성이 몇 명 있기는 했다. 하지만 그 이상 논의를 발전시키지는 않았다. 여성들이 보기에도 여성의 참정권 제한은 일상적이고 정상적인 조치였다. 역사학자 크리스틴 스탠셀(Christine Stansell)의 표현에 따르면 "여성들은 정치계 밖으로 완전히 밀려나 있었기 때문에 아무도 정치 참여를 거론할 생각조차 하지 못했다."

회의 전날, 남편과 함께 세니카폴스에 도착한 모트는 9조 결의안을 빼자고 했다. 헨리 스탠턴도 이미 이야기한 부분이었다. 하지만 모트 부인의 제안은 성에 따른 편견이 아니라 전략적인 데서 비롯된 것이었다. 9조 때문에 선언서의 다른 부분, 특히 보호법을 거론한 부분이 묻힐 수 있으니 조심하자는 뜻이었다.

"리지, 사람들이 비웃을 거예요. 한 단계씩 고칠 생각을 해야죠."

하지만 스탠턴은 고집을 꺾지 않았고 다음날, 그녀가 정확하게 표현한 대로 '사상 최초의 여권 회의'가 열린 자리에서 열두 개의 결의안이 모두 상정되었다.

제2의 대각성 운동

회의가 열린 세니카폴스는 뉴욕 주 서부에서 '화재 지역'이라고 불리는 곳에 있었다. '화재 지역'은 19세기 초반 그곳에서 신앙부흥 운동의 불길이 워낙 거세게 일었기 때문에 붙은 이름이었다. 다소 지루한 시기를 보내던 복음주의 개신교는 1790년대부터 기지개를 켜기 시작했고, 1830년대에 이르러서는 로체스터와 버펄로 등지에서 대각성 운동이 아메리카 대륙을 흔들던 1740년대에 버금가는 제2의 황금기를 맞이했다. 당시처럼 교파싸움은 뒷전으로 밀려났고, 낡고 관습적인 교리는 새롭고 활기찬 신앙심에 자리를 내주었다.

순회전도사들이 부흥회를 통해 개종과 구원의 감동적인 복음을 전하며 다시 한 번 신도들

여권선언문을 실은 신문
세니카폴스 회의가 끝난 뒤, 수많은 보수신문은 회의의 내용을 비웃고 대표단을 당황시키기 위해 여권선언문 전문을 실었다. 하지만 이들의 작전은 대부분 역효과를 낳았다. 스물여덟 살의 수전 B. 앤서니는 신문을 오려 스크랩북에 넣었다. 그리고 21년 뒤에 스탠턴을 도와 전국여성참정권협회를 만들었다.

을 사로잡았다. 이 중에서도 단연 손꼽히는 설
교사는 찰스 그랜디선 피니(Charles
Grandison Finney)였다. 한때 변호사
로 일을 하다 1826년에 목사로 선회
한 피니는 뉴욕 주 중심부의 작은 마
을을 돌며 날이 갈수록 많은 청중을
모았고 날이 갈수록 많은 사람을 개
종시켰다. 그는 제2의 대각성 운동
('대부흥 운동'이라 불리기도 한다)
을 주도한 여타의 전도사들과 함께
선행을 베풀어야 구원을 받을 수
있다고 강조했다. 그는 노예제도
폐지론자였다.

피니의 신학과 노예제도 반대 철학의
관계는 네 명의 여성 퀘이커교도들—모트, 라이트, 헌트, 머클린턱—의 종교적 신념과 여권 신
장 운동의 관계와 비슷했다. 사실 남북전쟁 직전의 몇십 년 동안, 미국의 종교와 사회개혁 운
동은 불가분의 관계였다. 노예제도 폐지, 여권 신장, 금주, 평화운동을 벌였던 미국의 개혁주
의자들은 종교의 자극을 받은 경우가 많았고, 추구하는 사회개혁이 정당한 이유로 성경을 자
주 인용했다. 성경을 궁극의 도덕 지침으로 삼는 사회였으니 당연한 일이었다. 미국의 주권 확
립기라 볼 수 있는 독립전쟁에서 남북전쟁 사이 80년 동안 기본적으로 프로테스탄트였던 미
국인들은 사상 유래가 없을 만큼 종교에 많은 관심을 쏟았다. 예외
가 있다면 정통파 청교도의 전성기 무렵과 요즘뿐일 것이다.

제2의 대각성 운동은 청교도를 무겁게 짓누르던 왜곡
된 칼뱅주의의 족쇄를 제거하여 미국 프로테스탄트의 시
각 변화에 많은 영향을 미쳤다. 피니와 동료들의 주장에
따르면 인간의 운명은 하느님에게 좌우되지 않았다. '도
덕적으로 자유행위자'인 신도들은 태어날 때부터 '성인
의 옆자리'에 앉을 수 있을지 여부가 정해져 있다기보다
는 하느님에 헌신하고 선행을 베풀면 언제라도 스스로 구
원이 도구가 될 수 있었다.

대부흥 운동의 또 한 가지 중요한 측면이 있다면 지옥의 불
과 천벌로 상징되던 청교도식 하느님을 사랑의 화신으로
바꾸었다는 점인데, 이를 중심으로 새로운 교파가 탄생했다. 이 중에서 가장 영향력이 컸던 유
니테리언파는 18세기 후반에 보스턴 일대의 회중교회를 장악했고 정규 교육을 받은 중산층 사
이에서 많은 신도를 확보했다. 유니테리언파와 정통 개신교의 차이가 있다면 삼위일체와 원죄

모르몬교

조지프 스미스(Joseph Smith)가 1830년에 설립한 말일성도 예수 그리스도 교회는 '화재 지역'의 산물 중에서도 약간 인습을 벗어난 교파에 속했다.

1805년, 버몬트에서 태어난 스미스는 크게 출세한 축에는 끼지 못했지만 정력적인 인물이었다. 하지만 1820년부터 이 땅에 그리스도 교회를 복원할 사람으로 하느님에게 선택을 받았다는 계시를 접했다. 그리고 7년 뒤에는 모로니 천사가 나타나서 진정한 미국 교회의 역사가 이상한 상형문자로 적힌 금판의 위치를 알려주었다. 스미스는 초자연적인 존재의 힘을 빌어 상형문자를 해독했고 이를 바탕으로 『모르몬경(The Book of Mormon)』(1830년)을 출간했다. 그는 같은해, 세니카폴스의 몇 킬로미터 남쪽에 위치한 뉴욕 주 페이어트에 교회를 설립하고 『모르몬경』을 성전(聖典)으로 삼았다.

인근 비신도들의 비웃음에 시달리던 스미스와 '성인 집단'은 1831년에 뉴욕을 떠났고, 경제적인 풍요로움과 종교적인 자유를 찾아 서부를 여행했다. 이들은 오하이오 주 커클런드와 미주리 주 인디펜던스에 잠시 머물렀지만, 모르몬교의 지독한 비밀주의와 일부다처제에 반감을 품은 인근 주민들 때문에 '새로운 예루살렘'을 세우려는 계획은 번번이 좌절되었다. 스미스는 1839년에 신도들과 함께 일리노이 주의 미주리 강가 마을 코머스로 옮겨 정착을 하고 마을 이름도 노부로 바꾸었다. 노부는 스미스의 지도 아래 5년 뒤 인구 2만 명을 구가하며 일리노이 주의 최대 도시로 부상했다.

하지만 하느님의 가르침을 운운하며 독재를 펼치는 스미스의 성격과 철저한 배타주의 때문에 인근 프로테스탄트의 반감을 샀고, 심지어는 일부 교도들마저 최근에 받은 '계시'라며 추가되는 새로운 정책에 반발했다.

스미스가 1844년 2월, 대통령 선거에 출마하겠다는 뜻을 비치자 이에 반대하는 모르몬교 신문은 사설을 통해 그의 정치적 야심을 신랄하게 비난했다. 스미스는 신문사 인쇄기를 부수어 상황을 더욱 악화시켰다.

스미스는 통치권 보호를 목적으로 군

조지프 스미스

노부의 도시 위 언덕에 높다랗게 자리잡은 모르몬교 예배당
1850년 5월에 폭풍으로 무너졌다.

모르몬교 예배당
스미스가 사망하자 교회 통솔권은 브리검 영에게 넘어갔다.
그는 전임자와 마찬가지로 독재 체제를 구가했고,
1847년에 모르몬교도들을 이끌고 그레이트솔트 호로 건너와서
이같은 예배당을 만들었다.

대를 동원하다 반역 혐의로 체포되었고 비(非)모르몬교도의 마을인 카시지 시립교도소에 수감되었다. 그러다 6월 27일에 모르몬교의 영향력과 이들의 풍요로운 생활을 시기한 폭도들에게 동생과 함께 목숨을 잃었다.

를 부인한다는 부분이었다. 이들은 예수 그리스도를 인정하기는 해도 신격을 부여하지는 않았고 성선설을 믿었다. 따라서 유니테리언파 교도들은 인간의 도덕성을 향상시킬 수 있는 여지를 강조했다. 유니테리언파의 가장 탁월한 지도자로 꼽히는 윌리엄 엘러리 채닝(William Ellery Channing) 목사는 부흥의 열정보다 절제와 이성을 높이 쳤고, 명쾌하고 자상한 설교를 통해 전국적인 유명인사로 발돋움했다.

에머슨

(왼쪽) 에머슨의 주요 저서로는 『자연』(1836년)과 1841년, 1844년에 출간한 수필집 두 권이 있다.

이후 유니테리언파에서 초절주의가 비롯되었는데, 중심 인물 격인 에머슨은 사실 유니테리언파 성직자였다(보스턴 제2교회 목사로 잠시 재직하다 1832년에 성찬식 주재를 거부하며 물러났다). 에머슨은 1830년에서 1850년 사이 뉴잉글랜드에서 꽃을 피웠던 낭만파 작가 겸 개혁주의자 모임 초월주의 클럽[헨리 데이비드 소로(Henry David Thoreau), 에이머스 브론슨 올콧(Amos Bronson Alcott), 마거릿 풀러(Margaret Fuller), 조지 리플리(George Ripley) 등이 회원이었다]의 지도부로 지내며, 제도권 종교의 구체적인 부분을 자아 신뢰와 '내 안의 하느님'에 근거를 둔 개인적이고 직관적인 신앙심으로 대체하려 시도했다. 초월주의자들은 그리스도교 안에 담긴 진실보다 역사적으로 유명한 그리스도교도의 숭배에 더욱 집착하는 미국인들을 보며 걱정스러워했다. 자신의 권위를 외부 세력에 내어 주는 것이야말로 소외의 전형적 모습이기 때문이었다. 에머슨과 여러 사람을 통해 표출된 초월주의 세계관은 허먼 멜빌(Herman Melville), 너새니얼 호손(Nathaniel Hawthorne), 월트 휘트먼(Walt Whitman), 에밀리 디킨슨(Emily Dickinson) 등 전 세대의 미국 작가들에게 영향을 미쳤고, 에머슨은 19세기 미국 철학자들 가운데 가장 유명한 인물이 되었다.

인간의 진보를 강조하는 초월주의 철학은 대중에게도 영향을 미쳤다. 선조 격인 청교도와 마찬가지로 초월주의자들은 '신의 도시' 건설을 꿈꾸었다. 하지만 에머슨을 비롯한 초월주의자들은 청교도들과 달리, 위계 질서를 강조하는 사회 체제를 무시하고 '우주와의 본질적인 관계' 발견을 강조했다.

사회개혁운동

피니의 선행(善行) 이론과 더불어 개인의 의무가 새롭게 강조되면서 미국의 사회개혁운동은 1830년대와 1840년대에 개화기를 맞았다. 보스턴에서 지내던 시절, 스탠턴의 마음을 사로잡은 것도 사회개혁운동의 열풍이었다. 하지만 이런 운동에 동참했던

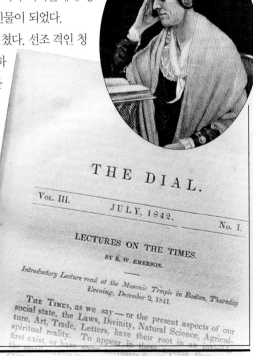

THE DIAL.

VOL. III. JULY, 1842. No. I.

LECTURES ON THE TIMES.

BY R. W. EMERSON.

Introductory Lecture read at the Masonic Temple in Boston, Thursday Evening, December 2, 1841.

THE TIMES, as we say — or the present aspects of our social state, the Laws, Divinity, Natural Science, Agriculture, Art, Trade, Letters, have their root in an invisible spiritual reality. To appear in any of these aspects, they must first exist, or have the potential reality...

《다이얼》과 풀러
초월주의자들은 1840년대 초반에 문학, 예술, 사상잡지 《다이얼(The Dial)》을 출간했다. 위는 1840년에서 1842년까지 편집장을 맡았던 풀러의 모습이다.

예수 재림파

대부흥 운동기의 많은 설교사들은 개종을 확산하기 위해 예수 그리스도의 재림이 임박했다고 강조했다. 심지어 개인적인 노력을 통해 구원을 받을 수 있다고 주장했던 피니도 시간이 없으니 서둘러야 된다고 했다.

하지만 "요한의 묵시록(Revelation to John)"에 입각하여 천년왕국을 이야기한 예수 재림파에 비하면 이 정도는 아무것도 아니었다.

예수 재림파 목사 중에서 가장 유명한 인물은 윌리엄 밀러(William Miller)였다. 1812년 전쟁 당시 군 장교로 복무했던 밀러는 종교에 회의를 느끼다 전쟁 이후 회심의 계기를 겪고 아버지가 믿던 침례교회의 설교사가 되었다.

그는 "다니엘서(Book of Daniel)"와 "요한의 묵시록"을 집중 연구하다 재림이 임박했다는 결론을 내렸다. 그리고 확실한 날짜를 언급하지 않았던 동시대 인물들하고는 다르게 예수 그리스도가 1843년 3월 21일과 1844년 3월 21일 사이에 재림한다고 발표했다.

1843년 3월 21일 가까워지자 신도의 숫자는 10만 명으로 불어났다. 이들은 주로 뉴욕 부 북부에 집중되었지만 뉴잉글랜드 전역에서 영향력을 발휘했다. 1844년 3월 21일 이후 밀러의 예언이 실패로 돌아가자 당연한 결과로 재림파의 세력은 약화되었다.

하지만 천년왕국운동은 지금까지도 명맥을 유지하고 있는데, 일요일 대신 토요일(제7일)을 지켜야 재림을 앞당길 수 있다는 교리 때문에 제7안식일 예수 재림 교회라 불리기도 한다.

1843년의 캐리커처
세상의 종말을 기다리며 음식으로 가득 채운 금고 속에 숨어 있는 밀러교도의 모습을 담고 있다.

사람들의 공통적인 목표는 내세의 구원이 아니라 인간과 사회의 결점을 바로잡아 지금 당장 미국 사회를 완벽하게 만드는 데 있었다.

1840년대에 여세를 모으기 시작한 금주 운동을 보면 이와 같은 특징이 여실히 드러난다. 식민지 시대와 독립 초창기 무렵의 미국인들은 술고래였다. 서부에서 남는 농작물로 만든 술은 풍부하고 가격도 저렴했다(19세기의 탄탄한 농가에서는 제분소와 양조장이 필수였다). 1820년대 미국에서 알코올의 생산과 소비를 제한하기란 노예 소유권을 제한하는 것만큼이나 어려운 일이었다. 하지만 부흥전도사의 설교와 개인적인 신앙 경험에서 영감을 얻은 미국금주촉진협회(1826년에 설립되었다) 회원들은 신도들에게 금주를 권했고, 실제로 많은 사람이 금주를 약속했다. 1830년대 중반 무렵 금주촉진협회의 회원 수는 100만 명을 웃돌았다. 하지만 과음의 악령은 사방을 맴돌았다. 금주의 맹세를 하지 않은 사람들은 모두 알코올중독자인 것 같았다.

1830년대 후반에 사업가 닐 다우(Neal Dow)는 고향인 메인 주 포틀랜드에서 지나친 음주가 가정폭력에서부터 범죄, 노동자들의 낮은 생산력에 이르기까지 여러 사회 문제로 이어지는 광경을 목격했다. 그는 다른 금주 운동가들과 마찬가지로 처음에는 1838년 무렵 메인 주 금주연맹을 만들어 자발적인 금주를 홍보했다. 하지만 포틀랜드의 상황이 나아질 기미를 보이지 않자 활발한 정치활동을 시작했다. 1851년에 다우는 포틀랜드 시장이 되자마자 메

노예제도 폐지운동 관련 그림이 그려진 모트의 반짇고리
여러 사회개혁운동에 참여한 그녀의 면모를 알 수 있다.

크리스천 사이언스

녀의 전기를 쓴 질리언 질(Gillian Gill)의 표현에 따르면 메리 베이커 에디(Mary Baker Eddy)는 "생전에 미국 역사상 가장 영향력 있고 논쟁의 소지가 있는 여성으로 꼽혔다." 에디는 크리스천 사이언스를 설립하고 거의 50년 동안 이 교회의 수장을 지내면서 복잡하던 19세기 미국 종교 운동계에서 가장 주요한 여성 지도자가 되었다. 그녀는 모든 방면에서 철저하게 여성의 순종을 강요하던 시대에 혼자 힘으로 크리스천 사이언스의 교리와 개념을 만들었다.

1821년에 태어난 메리 모스 베이커(Mary Morse Baker)를 보고 성공을 예측한 사람은 아무도 없었다. 그녀는 엄격하고 빈곤한 회중주의교도 부모와 함께 뉴햄프셔의 시골에서 성장기를 보내다 1843년에 건설업자 조지 워싱턴 글로버와 결혼했다. 그녀는 남편을 따라 노스캐롤라이나로 건너갔지만 1년 뒤 임신한 몸으로 땡전 한푼 없는 미망인이 되었다. 그녀는 어쩔 수 없이 친정으로 돌아갔고, 여기에서 태어난 아들은 형편이 나은 친적 집에 맡겼다. 그녀는 당시 건강이 안 좋았거니와 경제적으로도 힘든 상황이었다. 그러다 1853년에 치과의사 대니얼 패터슨과 재혼했는데,

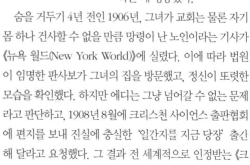

메리 베이커 에디
오늘날 심신의학이라고 불리는 분야의 선구자였다.
위는 1850년의 모습이다.

패터슨은 날이 갈수록 건강에 집착하는 메리와 관심사가 같았다. 하지만 패터슨이 1866년에 유부녀와 달아나면서 두 사람은 파경을 맞이했다. 메리 베이커의 인생에서 1866년은 이것말고도 중요한 의미를 가지고 있다.

그녀는 예전까지 친구들의 도움 아래 이런저런 하숙집을 전전하며 살았고 병치레에 시달릴 때가 많았다. 메인 주 포틀랜드에서 질병을 '정신적으로 치료'하는 의사 피니어스 쿰비(Phineas Quimby)를 만나 학생 겸 환사가 된 것도 이 당시의 일이었다. 1866년 1월에 쿰비가 숨을 거두고 2주가 지났을 무렵, 당시 매사추세츠 주 린에 살고 있던 메리 베이커는 빙판을 걷다 심하게 미끄러지면서 불구가 되는 조

짐을 보였다. 그런데 전기작가 질의 표현에 따르면 회복의 기미가 전혀 없더니 "놀랍게도 어느 누구의 도움 없이 일어나 정상적인 생활을 계속했다. 그녀는 이 사건으로 크리스천 사이언스를 발견했다고 이야기한다."

초기작 『크리스천 사이언스와 건강(Science and Health)』은 이로부터 9년 뒤에 첫선을 보였다. 오늘날에도 여전히 출간되는 이 책에서 베이커는 질병과 죽음이 환상이고, 기도를 드리며 하느님의 가르침에 따라 살아야 병을 고칠 수 있다고 말했다.

1877년에 그녀는 학생으로 두었던 에이서 길버트 에디와 결혼식을 올렸고 2년 뒤에 크리스천 사이언스 교회를 설립했다. 하지만 교회 관리는 생각보다 훨씬 어려웠고 수많은 내부 분열이 신도들을 괴롭혔다. 이 무렵 가장 큰 위안거리는 에이서 에디와의 결혼 생활이었을 텐데, 두 사람의 결혼생활은 1882년 에디의 죽음으로 막을 내렸다.

한편 의료계와의 갈등과 이전 교리를 둘러싼 논쟁이 끊이지 않았지만 크리스천 사이언스는 19세기 후빈과 20세기 초반 무렵에 여러 경쟁상대들보다 많은 교인을 확보하는 데 성공했다.

숨을 거두기 4년 전인 1906년, 그녀가 교회는 물론 자기 몸 하나 건사할 수 없을 만큼 망령이 난 노인이라는 기사가 《뉴욕 월드(New York World)》에 실렸다. 이에 따라 법원이 임명한 판사보가 그녀의 집을 방문했고, 정신이 또렷한 모습을 확인했다. 하지만 에디는 그냥 넘어갈 수 없는 문제라고 판단하고, 1908년 8월에 크리스천 사이언스 출판협회에 편지를 보내 진실에 충실한 '일간지를 지금 당장' 출해 달라고 요청했다. 그 결과 전 세계적으로 인정받는 《크리스천 사이언스 모니터(Christian Science Monitor)》가 탄생되었다.

유토피아 공동체

남북전쟁 이전 시기 미국의 이상주의를 가장 여실히 보여 주는 증거를 들라면 1800년에서 1850년 사이 곳곳에서 등장한 몇십 개의 유토피아 공동체를 꼽을 수 있을 것이다. 그중 규모나 지속기간 면에서 가장 깊은 인상을 남겼던 축은 종교를 중심으로 건설된 공동체였다. 북아메리카에서 이와 같은 사회의 역사는 1663년 델라웨어 주 루이스 근처에 정착한 네덜란드계 메노파 교도들로 거슬러 올라간다. 1774년에 앤 리(Ann Lee)가 미국에 설립한 셰이커교는 18세기에 상당한 성공을 거두었다. 하지만 유토피아 사상, 즉 완벽한 사회를 지구상에 건설하려는 욕망은 1824년, 영국의 몽상가 로버트 오언(Robert Owen)이 미국으로 건너오면서 새로운 전기를 맞이했다. 오언은 사업에서 생긴 자금을 바탕으로 맨체스터 뉴래너크의 여러 직물공장을 개선된 작업환경, 유급 병가, 노년보험, 심지어 오락시설까지 갖춘 모범적인 사업장으로 탈바꿈시킨 바 있었다.

미국에서 오언은 좀더 급진적인 사회주의 이론을 실행에 옮겼다. 그는 이미 개간이 끝난 인디애나 땅을 사서(전 주인은 펜실베이니아로 이주하고 싶어 안달이 난 독일 출신의 공동체 사회주의자들이었다) 1825년에 뉴하모니 시를 탄생시켰다. 오언이 밝힌 뉴하모니의 목적은 땅과 노동의 관계를 변화시킬 '전혀 새로운 사회체제의 도입'이었지만, 1828년까지 그의 어마어마한 재산으로 생활이 간신히 유지되는 수준을 면치 못했다. 하지만 오언의 사상은 프랑스의 사회이론가 샤를 푸리에(Charles Fourier)와 함께 1830년대와 1840년대까지 영향을 미쳤고, 전직 유니테리언교회 목사인 리플리가 브룩 농장을 건설하기에 이르렀다. 브룩 농장은 1841년에서 1847년까지 보스턴 서쪽으로 몇 킬로미터 떨어진 곳에서 초월주

번영을 누린 오나이다 공동체 일원들의 1860년대 모습
이들이 성공을 거둔 배경에는 노이스(왼쪽)의 선견지명이 큰 역할을 했다.

의자들이 모여 살던 공동체였다.

유토피아 마을 중에서 자급자족의 수준에까지 도달한 곳은 존 험프리 노이스(John Humphrey Noyes)가 1848년에 설립한 오나이다 공동체였다. 뉴욕 주 중심에 자리잡은 오나이다 공동체는 원래 '자유연애'를 주장하다 1846년에 구속된 노이스의 피난처였다. '성서 공산주의자' 추종자들과 함께 공동체의 모든 남녀가 서로의 남편과 아내가 되는 '복혼(複婚)'을 실행에 옮기다 체포된 것이었다. 오나이다 공동체는 전반적으로 재산 공동소유를 비롯한 초기 그리스도교회의 관행을 따랐다. 하지만 이보다 더 중요한 점이 있다면 노이스의 공동체 조직안이었다. 그는 농업보다 경공업이 훨씬 든든한 경제적 바탕이 된다는 발상 아래 덫, 가구, 그 밖의 여러 소비재 생산에 주력하는 공장을 설립했다. 이와 같은 전략은 풍요로운 환경으로 이어졌고, 오나이다 공동체는 오랫동안 존속되었다. 하지만 외부의 압력으로 복혼을 포기하고 2년 뒤인 1881년에는 은그릇을 전문적으로 제조하는 주식회사로 재편되었다.

1832년 뉴하모니

인 주 전역을 대상으로 한 금주법을 제정했고, 6월 2일에 메인 주의회의 승인을 받았다. 미국 최초의 금주법으로 꼽히는 이른 바 메인법은 증류주 제조와 판매를 금지시켰다. 1855년 무렵에는 메인 주의 뒤를 이어 13개 주(당시 미국은 31개 주였다)가 비슷한 법률을 제정했다. 하지만 다우의 승전보는 오래 가지 못했다. 남부는 금주 운동을 무시했고, 1856년에 뉴욕 주 법원이 적법한 절차 없이 뉴욕 주민의 재산인 술을 박탈했다는 이유를 들어 금주법을 위헌으로 규정하면서 반(反) 금주 운동이 등장하기 시작했기 때문이다.

술주정뱅이의 변화 과정
'친구와 한 잔'에서 '자살'로 발전하는 9단계를 담았다. 1846년 작.

한 편 교육(특히 세금의 지원으로 이루어지는 초등교육)을 통한 인류 발전을 주장했던 여러 운동은 프로테스탄트 전도 활동의 산물이라고 보기 어렵다. 학교 교육을 사회 통제의 우수한 도구로 간주한 개혁운동가들의 근본적인 표적은 문맹이었다. 이들이 보기에는 문맹이야말로 지나친 음주 못지 않은 사회악이었다. 19세기 전반 미국의 문맹률은 유럽의 여러 나라에 비해 낮은 수준이었지만 미국 시민의 절반쯤이 글을 읽거나 쓰지 못했다. 개혁운동가들은 좀더 많은 사람에게 글을 가르치기 위해 여러 작전을 전개했는데, 그중 가장 큰 성과를 꼽으라면 여러 주(남부는 예외였다)에서 모든 어린이를 대상으로 하는 무료 공립초등학교를 설립한 것이었다. 남북전쟁 이전 시기 남부에서는 부유한 집안의 자녀들만 사설학원이나 가정교사를 통해 교육의 혜택을 누렸다.

북부에서 공립학교운동의 1인자는 매사추세츠의 맨이었고, 인근 코네티컷과 로드 아일랜드에서는 유능한 2인자 헨리 버나드(Henry Barnard)가 활발한 활동을 펼쳤다. 식민지 시기에 뉴잉글랜드의 몇몇 지역은 정부 보조금으로 운영되는 공립학교를 설립했지만 이용할 수 있는 계층에 한계가 있었고, 1830년대 무렵에는 시스템의 한계가 여실히 드러났다. 가난하거나 인색한 마을에는 학교가 전혀 없었고, 다른 곳도 쓰러져 가는 건물에 형편 없는 시설을 갖추어 놓고 박봉에 시달리는 교사가 아이들을 가르치는 수준이었다. 1837년에 맨은 신설 매사추세츠 주 교육위원회의 초대 간사로 취임하면서 매사추세츠 주의 교육 시스템을 재정비하고, 교사의 봉급을 갑절로 높이고, 학년을 늘리고, 교과 과정과 교사 연수를 강화했다(중등학교의 중요성도 이 시기에 거론되었지만 제2차 세계대전 이전까지는 대부분의 미국인이 누릴 수 없는 호사였다).

이와 동시에 고등교육도 확대되었다. 남부와 중서부의 일부 주에서는 존 퀸시 애덤스의 적극적인 후원에 힘입어 공립대학교를 설립했고, 유력한 교육자들도 개인적으로 몇십 개의 대학을 설립했다. 1831년에서 1850년 사이 미국 대학의 숫자는 46개에서 119개로 껑충 뛰었다. 그럼에도 불구하고 남북전쟁 이전 시기에 대학 교육을 받는 인구는 전체의 5퍼센트에 지나지 않

휘그당 대표 호레이스 맨
맨은 1848년, 노예제도에 반대하는 휘그당 대표로 하원에 선출되자 매사추세츠 주 교육위원회 간사직을 사임했다.

여성의 교육

여성들은 19세기 후반까지 비슷한 처지의 남성들에 비해 교육의 기회가 훨씬 적었다. 남북전쟁 이후에 이와 같은 환경이 개선된 배경에는 남북전쟁 이전 시기 여러 개혁운동가의 역할이 컸다.

19세기 초반의 경우, 좋은 집안의 규수들은 초등학교 수준의 교육을 받았지만 더 이상은 공부를 계속하지 못했다. 1837년에 오하이오의 오벌린대학이 사상 최초로 여학생의 입학을 허락하기 전까지는 대학교에 발을 들여 놓을 수도 없었다.

오벌린대학은 남녀공학이 자유연애와 다름없다는 항의를 무릅쓰고 신설 '여성학과'에 여학생 네 명의 입학을 허락했다. 그리고 같은해에 메리 라이언(Mary Lyon)은 매사추세츠 주 사우스해들리에 여학교를 설립했고, 이 학교는 이내 마운트 홀리오크 대학이 되었다.

하지만 남북전쟁 이후 바서(1865년), 웰즐리(1875년), 스미스(1875년)가 설립되기 전까지 여자대학은 극소수에 불과했고, 남녀공학은 더욱 드물었다. 심지어는 맨이나 버너드와 같은 교육개혁운동가들도 여성의 고등교육을 확대할 생각은 하지 않았다.

에머 윌러드

18세기 후반 무렵 초등교육을 받은 여성들이 늘어나면서 19세기 초반 들어 중등교육의 필요성이 대두되었다. 이에 부응하여 설립된 기숙학교에서 신흥 중산층 집안의 딸들은 종교와 학문을 배웠다. 이와 같은 여학교 중 가장 유명했던 곳이 1821년 에머 윌러드가 뉴욕 주 트로이에 설립한 학교였다. 엘리자베스 케이디는 어린 시절에 이곳에서 교육을 받았다.

1855년 오벌린대학의 여학생을 담은 은판 사진
앞줄에 피니 오벌린대학장(신학과 교수를 지내다 1851년에 학장으로 승진했다)의 부인이 앉아 있다.

았고, 이 당시 성인 교육은 주로 문화회관을 통해 이루어졌다. 문화회관은 소규모 도서관이 딸린 마을 회관으로 역사, 문학, 과학, 예술, 철학 분야의 독서회와 토론회를 지원했다. 하지만 문화회관의 꽃은 뭐니뭐니해도 두둑한 보수를 받으며 전 지방, 심지어는 전국을 순회하는 저명인사들의 강연회였다. 에머슨과 대니얼 웹스터는 강연회의 단골손님이었다. 제1호 문화회관은 1826년, 매사추세츠 주 밀버리에서 문을 열었다. 1836년 무렵에는 북부와 중서부 지역에서 운영되는 문화회관이 3천여 개에 달했다. 이 시기의 수많은 사회운동과 마찬가지로 문화회관운동은 개인의 발전을 장려했고, 이와 같은 분위기에서 모트와 스탠턴은 여권 회의를 계획했다.

맥거피의 독본 시리즈
교육자 윌리엄 맥거피는 19세기 중반에 독본 시리즈로 1억 2천어만 부의 판매고를 올렸다.

회의의 진행 과정

회의를 주관한 다섯 명은 어떤 결과가 나타날지 알 수 없었지만, 문화회관의 인기와 '화재 지구'의 열렬한 학구적인 분위기로 볼 때 반응이 있으리라고 기대했다. 스탠턴이 7월 19일 아침, 웨슬리 예배당에 도착했을 때 교회 옆에는 마차가 몇십 대 서 있었다. 고급스러운 마차도 보였고 농장에서 쓰는 짐마차도 보였다. 예배당 바깥쪽에서는 많은 사람이 입장하기만을 기다리고 있었다. 여성들이 대부분이었지만 남성들도 몇 명 눈에 띄었다. 그들은 세니카폴스 부인들의 이야기를 듣기 위해 뉴욕 주 서부 전역에서 건너온 '대의원'들이었다. 샬럿 우드워드라는 젊은 침모의 말을 들어 보자.

"처음에는 우리밖에 없더니 몇 킬로미터 안 가서 한가득 여자들을 태우고 같은 방향으로 가는 마차가 등장했다. 조금 있다 다른 교차로에 도착했더니 사방에서 다가오는 마차가 보였고, 세니카폴스에 도착하기 훨씬 전부터 행렬이 늘어섰다."

원래 첫날에는 남성들의 입장을 제한할 생각이었지만 사회를 보겠다는 여성이 한 명도 없었기 때문에 계획이 바뀌었다. 짤막한 간부회의 끝에 제임스 모트가 의장으로 선출되었다. 이후 이틀 동안 웨슬리 예배당을 가득 메운 여성 250여 명과 40여 명의 남성(서른한 살의 더글러스도 이 중 한 명이었다)

은 이야기를 듣고 토론을 벌였다. 루크리셔 모트는 완벽한 기조 연설을 선보였지만 이날의 주인공은 여권선언문과 12개의 결의안을 낭독한 풋내기 스탠턴이었다.

청중은 여성의 평등권과 정당한 대우를 주장하는 연설에 열광적인 반응을 보였다. 대의원

자유시민 더글러스
더글러스는 1838년에
자유시민이 되었다. 위는
10년 뒤 뉴욕 주
로체스터에 살며 노예제도
폐지운동을 벌이는 지역
일간지 《노스 스타》를
발간하던 당시의
모습이다.

들은 여권선언문에 주저 없이 찬성했고 여러 결의안도 만장일치로 통과시켰다. 하지만 여성의 참정권을 거론한 9조는 예외였다. 일부 대의원들은 참정권처럼 지나친 요구 사항을 내놓으면 비웃음거리가 될 뿐 아니라 회의의 성과가 빛을 잃을 수 있다고 모트와 비슷한 반박을 제기했다. 꽤 설득력 있는 주장이었기 때문에 스탠턴이 참정권 문제를 제기하기까지 상당한 영향력을 행사한 더글러스(스탠턴과 보스턴에서 알고 지낸 사이였다)가 아니었더라면 9조 결의안은 자칫 물거품으로 돌아갈 수도 있었다. 더글러스의 생각에 따르면 여권의 열쇠는 투표권이었다. 선거를 통해 정치적인 영향력을 행사한 뒤에야 다른 목표도 이룰 수 있는 법이었다. 결국 투표 결과, 결의안은 아슬아슬한 차이로 통과가 되었다. 하지만 이후 몇 주, 몇 년, 몇십 년 동안 세니카폴스 회의의 가장 중요한 업적으로 꼽힌 것이 9조 결의안이었다.

역사학자 스탠셀은 이렇게 말했다.

"스탠턴이 제안한 결의안이 없었더라면 세니카폴스 회의는 당시 대서양 연안을 휩쓴 분위기 속으로 녹아들어 여성들의 일회성 항의에 그치고 말았을 것이다. 하지만 참정권 요구는 미국 여성들의 정치 활동을 자극했다. 이후 50년 동안 여성의 참정권 획득 투쟁은 강력하고 혁신적인 대중운동의 중심이 되었다".

이렇게 해서 참정권 운동은 시작되었다. 남북전쟁 이전 시기의 사회개혁 운동에서 참정권 운동은 노예제도 폐지운동 이래 가장 많은 논란을 불러일으켰다. 아이러니컬하게도 초기에는 논쟁의 소지가 많은 점이 중요한 역할을 했다. 세니카폴스 회의를 대대적으로 혹평한 언론 덕분에 뉴욕 주 서부의 지방신문이나 노예제도에 반대하는 정기 간행물보다 훨씬 많은 인지도를 확보할 수 있었던 것이다. 《뉴욕 헤럴드(New York Herald)》의 제임스 고든 베넷(James Gordon Bennett)을 비롯한 전국의 일간지 논설위원들은 세니카폴스의 대의원들을 가리켜 '여성스럽지 못하다'고 비난했고, 그와 같은 행동은 도덕성 붕괴와 가정 파괴로 이어진다고 경고했다. 그뿐 아니라 《뉴욕 헤럴드》는 세니카폴스 회의를 한껏 조롱하기 위해 여권선언문 전문을 실었다. 이것을 보고 스탠턴은 편지에서 '내가 바라던 바'라고 밝혔다.

"《뉴욕 헤럴드》처럼 광범위하게 배포되는 신문이라면 얼마나 많은 홍보 효과를 누릴 수 있겠어요? 신문을 보고 여자는 물론 남자들도 생각을 하게 되겠지요. 그리고 남녀가 새로운 문제점을 생각하는 것이 발전의 첫걸음 아니겠어요?"

이후 몇 년 동안 매사추세츠, 오하이오, 인디애나, 펜실베이니아의 운동가들은 지역별로 여권 신장을 위한 모임을 결성했다. 그리고 1850년 10월에는 우스터에서, 몇 달 뒤에는 애크런에서 각각 전국 회의가 열었다. 그럼에도 불구하고 여성들이 투표권을 손에 넣기까지는 72년이라는 세월이 걸렸다. 1848년 세니카폴스 회의에 참석한 여성들 가운데 9조 결의안의 승리를 목격한 사람은 우드워드뿐이었다. 당시 열아홉 살이었던 우드워

《뉴욕 헤럴드》의 설립자 베넷
베넷의 1851년 또는
1852년 모습.

소저너 트루스
1797(?)-1883년

대중 선동 면에서 1840년대와 1850년대 내내 전국을 누비며 노예해방과 여권 신장을 외친 소저너 트루스(Sojourner Truth)만큼 탁월한 기량을 선보인 사회개혁 운동가는 없었다. 트루스는 1797년 무렵 뉴욕 주에서 노예로 태어났지만 1827년에 뉴욕 주가 노예제도를 폐지하면서 자유의 몸이 되었고, 이후 1843년까지 노예시절 이름인 이사벨라로 살다 이름을 바꾸고 순회 설교사가 되었다. 그녀의 가장 큰 장점은 풍부하고 힘있는 목소리였다. 화가 난 청중도 이 목소리를 들으면 고개를 끄덕이고는 했다. 트루스는 개리슨의 노선을 따르는 노예제도 폐지론자들과 밀접한 관계를 맺다 1850년부터 여권

I Sell the Shadow to Support the Substance.
SOJOURNER TRUTH.

트루스의 명함 사진
트루스는 키가 약 180미터였고 네덜란드 억양이 섞인 영어를 구사했다. 첫번째 주인이 저지(低地) 독일어를 썼기 때문이다. 그녀는 순회강연 비용을 마련하기 위해 위와 같은 명함 사진을 판매했다.

운동에도 관심을 갖게 되었다. 1851년 5월, 애크런 여권 회의에서 했던 발언은 가장 대표적인 연설로 꼽는다.

"저쪽 남자분은 여자들이 마차에 타려면 도와주어야 하고, 도랑이 나오면 건너 주어야 하고, 어딜 가든 가장 좋은 자리를 양보해야 된다고 말씀하셨지요. 하지만 나는 어딜 가든 가장 좋은 자리에 앉아 본 일이 없습니다. 나는 여자가 아닌가요? 나를 보십시오! 내 팔을 보세요! 나는 쟁기질을 하고 씨를 뿌리고 긴초를 헛간으로 나르며 살아왔습니다. 나는 여자가 아닌가요? 나는 남자만큼 일하고 남자만큼 먹고 남자만큼 채찍질을 당했습니다. 나는 여자가 아닌가요? 내가 낳은 아이들이 노예로 팔려 가는 모습을 보며 어머니의 비통한 심정으로 울부짖었을 때 예수 그리스도말고는 어느 누구도 내 목소리를 듣지 않았습니다. 나는 여자가 아닌가요? (중략) 하느님이 만드신 최초의 여자가 세상을 거꾸로 뒤집을 만큼 힘이 세었다니 이 여자들도 힘을 모으면 세상을 다시 바로잡을 수 있다는 뜻이 됩니다. 지금 이 여자들이 세상을 다시 바로잡겠다는데, 남자들은 가만히 계시는 게 좋지 않을까요?"

드는 웨슬리 예배당의 뒷자리에 얌전히 앉아서 남녀 평등을 약속하는 회의 속으로 빨려들었다. 그녀는 훗날 이렇게 적었다.

"그래봐야 내 몫이 되지도 못할 푼돈벌이를 위해 장갑을 기워 가며 드는 내내 온몸의 신경 조직이 소리 없이 반항하는 기분이었다. 나는 일을 하고 싶었다. 내가 하고 싶은 일을 골라서 아버지나 남편이 아닌 내 손으로 수입을 챙기고 싶었다."

우드워드는 일어나서 발언을 하지는 않았지만 회의가 끝났을 때 용감하게 앞으로 나가서 여권선언문과 12개의 결의안에 서명했다. 서명을 한 사람은 겨우 100명(여성 68명, 남성 32명)에 지나지 않았다. 으르렁대는 가족, 목사, 이웃주민들의 압력에 못 이겨 이름을 지운 사람들도 있었지만 우드워드는 그렇지 않았다. 그녀는 끝까지 여권 신장이라는 대의명분을 지지했고 1920년 11월, 19조 수정안의 승인 결과 난생 처음으로 대통령 선거에 참여할 수 있었다.

> "여성들이 지금보다 많은 권리를 누리고 싶으면 말만 할 게 아니라 권리를 차지하면 되는 것 아닐까요?"
>
> 트루스, 1850년 10월에 열린 전국 여권회의 연설에서

인물 촌평

해리엇 비처 스토
1811-1896년

조앤 헤드릭

1862년 11월, 백악관에서 해리엇 비처 스토 (Harriet Beecher Stowe)를 만났을 때 에이브러햄 링컨(Abraham Lincoln) 대통령은 이렇게 말했다.

"이 위대한 전쟁의 시발점이 된 책의 저자를 드디어 만났군요!"

링컨이 말한 책은 『톰 아저씨의 오두막(Uncle Tom's Cabin)』(1851-1852년)이었다. 이미 1850년 탈출노예 송환법을 놓고 시끌벅적하던 미국은 이 책을 읽고 민주주의를 표방한 사회와 노예제도의 모순을 완벽하게 깨달았다.

1811년에 목사의 집안에서 태어난 해리엇 비처는 논쟁의 기술을 익히는 남자형제들과 유명한 아버지 라이먼 비처(Lyman Beecher)가 이단 재판에서 세 번 연속 이기는 모습을 보며 펜을 사회적, 정치적 무기로 활용하는 방법을 일찌감치 터득했다. 아버지 비처는 조숙한 딸을 보고 해리엇을 아들로 바꾸고 아들 헨리 워드 비처를 딸로 바꿀 수만 있다면 100달러가 아깝지 않겠다고 말을 한 일이 있었다.

그리스도교가 사회개혁의 원동력이 되어야 한다고 믿던 스토는 1851년, 그리스도교 정신에 분명 위배되는 탈출노예 송환법을 놓고 미지근한 반응을 보이는 프로테스탄트 목사들을 대하고 분노를 터뜨렸다. 그녀는 비인간적인 탈출노예 송환법의 내용을 접하고 눈물을 흘리기도 했다. 스토는 '여성 특유의 무기'로 부당한 법안과 싸우겠다는 결심을 하고 얼마 전에 아이를 떠나 보낸 경험을 살려 노예매매로 뿔뿔이 흩어진 일가족의 이야기를 실감나게 묘사했다. 노예제도와 탈출에 얽힌 가슴 찡한 소설을 읽고 미국인들은 시민불복종 운동을 펼쳤다. 스토는 도덕률과 미국의 근본인 자유정신을 들어 이 운동에

정당성을 부여했다.

원래 노예제도 폐지운동을 벌이는 주간지에 연재되었던 『톰 아저씨의 오두막』은 독자들을 웃겼다 울렸다 했고, 작품에 등장한 주인공들은 전국적인 보통명사가 되었다. 1852년에 소설로 묶여 나온 뒤에는 성경 다음으로 많이 읽힐 만큼 단숨에 베스트셀러 반열에 올랐다. 그런가 하면 연극으로 만들어졌고, 몇십 개의 외국어로 번역이 되었고, 장식 컵, 촛대, 벽지 등 19세기 사업가들이 상상할 수 있는 모든 상품으로 둔갑했다.

하지만 이보다 더 중요한 것은 노예제도 폐지운동에 힘을 실어 준 면이었다. 더글러스는 이 작품의 정치적인 가치를 간파하고 "날카로운 한편으로 잔잔한 유머, 논리의 힘, 고귀한 정의감, 현명하고 포괄적인 철학이 담겨 있다."고 칭찬을 아끼지 않았다. 한편 남부인들은 『톰 아저씨의 오두막』을 노예제도 폐지론에 입각하여 지나치게 과장한 작품이라고 깎아 내렸다. 노예제도를 찬성하는 메리 이스트먼(Mary Eastman)의 『필리스 아주머니의 오두막(Aunt Phyllis's Cabin)』(1852년)이 재빠르게 출간되는가 하면 스토의 진실성을 공격하는 책들도 선을 보였다. 스토는 『톰 아저씨의 오두막』이 허구가 아니라 역사적인 사실로 받아들여지고 있다는 점을 깨닫고, 『톰 아저씨 오두막의 열쇠(The Key to Uncle Tom's Cabin)』(1853년)를 통해 소설 속 등장인물과 장면에 관한 풍부한 자료를 공개했다.

『톰 아저씨의 오두막』은 영국에서 발간 첫해에 150만 부가 팔렸고, 영국은 스토를 초대하여 두둑한 돈주머니와 성대한 파티를 선물했다. 얼마 후 코네티컷으로 돌아온 그녀는 이 돈을 캔자스-네브래스카 법에 반대하는 탄원운동에 썼다. 캔자스-네브래스카 법은 미주리 타협으

로 정한 선보다 북쪽에 있는 지역까지 노예제도를 허용하는 법안이었다. 그리고 한편으로는 노예제도에 반대하는 두 번째 소설 『드레드(Dred)』(1856년)를 발표했는데, 1822년 사우스캐롤라이나에서 노예반란을 일으킨 덴마크 비지의 아들을 주인공으로 설정했다.

스토가 여러 장르에서 발표한 서른 권의 작품은 『톰 아저씨의 오두막』의 인기 덕분에 많은 호응을 얻었다. 스토는 《인디펜던트(Independent)》나 《애틀랜틱 먼슬리(Atlantic Monthly)》와 같은 사상지에 영향력 있는 정치 칼럼을 싣기도 했다. 하지만 남북전쟁이 끝나고 '고급 문화'를 표방한 여러 잡지에서 열정적으로 정의를 부르짖는 그녀의 작품은 지나치게 감상적이고 '예술'로 불릴 가치가 없다는 주장을 제기하면서 스토의 인기는 하락세로 접어들었다. 하지만 『톰 아저씨의 오두막』은 여전히 전 세계 독자들의 사랑을 받았고 압제와 해빙을 그린 감동적인 이야기로 꼽힌다. 어쩌면 우리 문화에서 거국적인 서사시에 가장 가까운 작품일지도 모른다.

1853년 판화에서의 스토
노예제도 폐지론자를 불신하고 1850년이 타협에 동의했던 북부인들도 톰이 순교하는 『톰 아저씨의 오두막』의 마지막 부분에 이르러서는 눈물을 흘렸다. 톰의 죽음을 접하고 많은 독자는 가슴 아파했지만 스토가 보기에는 사악한 사회에서 결국 승리를 거둔 그리스도교의 상징이었다.

10

깊어 가는
파벌 간 갈등

1850년의 타협

1849년 12월 3일, 31차 의회를 위해 워싱턴 D.C.에 모인 의원들 위로 싸늘한 포토맥 강바람이 불었다. 의원들은 의사당 언덕에 닿으려면 진흙탕 길을 걸어 수많은 하숙집, 호텔, 반쯤 완공된 공공건물을 지나야 했다. 공사가 시작된 대형 석조탑은 사나운 여름폭풍 때문에 무너진 사일로(Silo, 목초의 저장, 발효를 위한 탑 모양의 건물 — 옮긴이)처럼 보였다. 심지어는 의사당마저 아직까지 임시 돔을 얹은 채 공사 중이었다. 해마다 넓어져만 가는 나라를 다스리려면 새롭게 추가되는 의원들을 수용할 공간이 필요했던 것이다.

워싱턴은 원래 새로운 의회가 소집될 때마다 술렁이는 마을이었지만, 1848년의 이례적인 대통령 선서 때문에 1849년 12월은 평소보다 이야깃거리가 많았다. 미국 역사상 처음으로 노예제도가 거론된 대통령 선거가 끝나고 미국은 이제 의회의 반응을 기다리는 중이었다. 많은 정치인은 차분한 모습을 보였지만, 비관론자들은 얼마 전 멕시코에게 건네 받은 서부 지역으로 노예제도가 확산된 결정적인 문제 때문에 합중국이 무너질지도 모른다고 생각했다.

미국의 1, 2세대 지도부는 노예제도 언급을 애써 피했다. 이 문제를 거론하면 갈등으로 이어질 줄 알고 있었기 때문이다. 미주리 타협(1819~1820년)에 이어 연방법 거부파동(1832~1833년)이 잇따라 벌어지기는 했지만, 지금까지 대통령과 의원들은 신생국 미국의 내부 분열을 막는 면에서는 놀라운 성과를 거두어 왔다. 하지만 1845년에 노예를 쓰는 텍사스가 합병되고 북부에서 노예제도 폐지론이 더욱 기승을 부리면서 노예제도는 다시 전국적인 관심사가 되었다. 1848년 무렵에는 대통령 후보라면 이 문제를 짚고 넘어가지 않을 수 없었다.

휘그당은 1848년에 멕시코 전쟁의 영웅 재커리 테일러(Zachary Taylor)를 후보로 지명했다. 그는 켄터키 토박이였고(따라서 남부인이라고 볼 수 있었다) 얼마 전 루이지애나에 노예로 운영하는 플랜테이션을 구입한 일이 있었다. 민주당은 퇴임하는 제임스 K. 포크를 대신할 인물로 루이스 캐스(Lewis Cass)를 선택했다. 그는 미시간 출신이었고 정치색이 없는 편에 속하는 팽창주의자였다. 1848년 선거를 장식한 제3의 인물은 노예제도 폐지를 표방하는 신생 자유토지당 후보자이자 전직 대통령을 지낸 마틴 밴 뷰런이었다. 테일러와 캐스는 선거에서 승리를 거두려면 남북과 동시에 손을 잡아야 한다는 점을 알고 있었기 때문에 연방정부가 다스리는 지역 내에서 노예제도가 허용되어야 하는지 여부는 밝히지 않은 채 양쪽 모두에게 호감을 살 만한 입장을 취했다.

테일러는 가능한 한 언급을 피했지만 당선되면 부직질한 정도를 넘어서 헌법에 위배된다 싶은 거부권 행사는 자제하겠다고 약속했다. 과거 멕시코 땅에서 노예

증축 공사 전의 의사당
(왼쪽) 오늘날 하원의사당과 상원의사당 건물의 증축 공사를 시작하기 직전의 의사당 모습이다. 1850년의 석판화.

균형 잡는 테일러
테일러가 남부와 북부의 이해관계 사이에서 균형을 잡으려는 모습을 담았다. 왼쪽 접시 위에 놓인 클레이에 '월멋 단서'라는 설명이 붙어 있다. 오른쪽 접시의 칼훈 위에는 '남부의 권리'라고 적혀 있다. 1850년의 만평.

제도를 금지하는 월멋 단서가 어서 빨리 의회를 통과하기 바라는 북부인들을 겨냥한 맹세였다(하원에서는 이미 두 번씩이나 통과된 단서인데, 만에 하나 상원까지 통과하는 경우 대통령이 거부하지 말았으면 하는 것이 북부인들의 바람이었다). 그가 이 정도 맹세까지 할 수 있었던 이유는 노예를 100여 명이나 거느리고 있다는 사실이 남부에서는 그만큼 든든한 바람막이가 되어 주었기 때문이다.

반면에 캐스는 '주민주권론'을 내건 선거 유세에서 좀더 자유롭게 의사를 표현했다. '주민주권론'은 의회가 아니라 각 지역 주민이 노예제도 허용 여부를 결정해야 된다는 주장이었다. 세 후보 중 노예제도의 서부 확산을 분명하게 반대한 사람은 승산이 전혀 없는 밴 뷰런뿐이었다. 하지만 밴 뷰런이 뉴욕 주에서 거둔 26.4퍼센트의 득표율이 캐스에게는 악재로 작용했고, 결국에는 후보 중에서 유일하게 노예를 쓰는 테일러가 승리를 거두었다.

18 48년 총선 결과도 혼란스러운 양상을 보이기는 마찬가지였다. 난전이 펼쳐진 끝에 상원과 하원을 모두 장악하고 있던 민주당의 아성에 금이 간 것이다. 첫번째 회기 동안 화려한 논쟁이 펼쳐질 상원에서는 민주당의 득세가 여전했다. 두 명의 자유토지당이 휘그당의 소수파와 손을 잡기는 했지만 그래도 민주당이 33 대 27로 여전히 유리했다. 하지만 파벌에 대한 충성심이 날이 갈수록 깊어지면서 당의 입장을 일관적으로 고수하기 어려워졌고 투표 결과를 예측하기 불가능한 경우가 점점 많아졌다.

다수당이 없는 하원의 상황은 더욱 복잡했다. 민주당원 112명과 휘그당원 109명 사이에서 자유토지당원 아홉 명이 결정권을 쥐고 있었다. 하원이 새롭게 꾸려지면 가장 먼저 하는 일이 의장 선출이었고, 의장 선출은 보통 다수당의 진행으로 이루어지기 마련이었다. 다수

윈스럽
(오른쪽) 그는 하원의장직 투표에서 패배하자마자 매사추세츠 주의회의 임명에 따라 상원으로 승진되었다.

당이 간부회의를 통해 후보를 정하고 이후 몰표로 해당 후보의 의장 선출을 담보하는 식이었다. 하지만 1849년 12월은 어느 당도 표를 몰아 줄 수 없었기 때문에 한 달 내내 혼란이 거듭되었다. 정치계의 파벌 전쟁을 걱정한 사람들의 우려가 현실로 나타나는 순간이었다.

하원에서 휘그당은 매사추세츠의 로버트 C. 윈스럽(Robert C. Winthrop)을 재임명했다. 그는 지난 두 차례의 회기 때 연달아 의장을 맡은 바 있었고 지금은 테일러의 측근이었다. 그리고 새로운 영토로 노예제도가 확대되는 데 반대했지만 노예제도 폐지를 주장하지는 않았다. 동료 의원들은 대부분 윈스럽에게 호감을 가지고 있었지만 자유토지당원들은 너무 미적지근한 인물이라고 생각했고, 남부에서 목화농장을 운영하는 휘그당원 여섯 명은 윈스럽이 서부 노예 소지자들의 권리 보장에 난색을 보이자 간부회의 참석을 거부했다. 이후 3주 동안 예순

여섯 번의 의장 선출 투표가 열렸다. 하지만 윈스럽은 102표 이상을 확보하지 못했다.

민주당원들은 서른네 살의 원내총무이자 조지아 출신인 하우얼 코브(Howell Cobb)를 후보로 내세웠다. 그는 남부의 권리를 철저하게 대변하는 한편, 노예제도 문제는 파벌이 아니라 국가적인 차원에서 해결해야 된다는 입장도 철저하게 고집했다. 그는 존 C. 컬훈이 노예제도

와 관련해 북부의 '간섭'을 호되게 비난할 때 동참하지 않는 모습을 보여 북부 출신 대표들의 지지를 얻었지만, 예순여섯 번의 투표에서 거둔 최고 성적이 103표에 불과했다. 자유토지당과 휘그당의 반항파는 어느 쪽에도 승리를 안길 수 없다는 이유를 들어 다수당에서 내놓은 양쪽 후보를 모두 거부했다. 따라서 의장이 선출되기 전까지 아무것도 할 수 없는 하원은 마비정국으로 치달았다.

코브와 윈스럽이 여러 차례 사퇴해도 교착상태는 풀리지 않았다. 마침내 양당은 과반수가 아니라 최다 득표한 사람에게 의장을 맡기기로 합의를 보았다. 이렇게 해서 12월 22일에 예순세 번째 투표가 열렸고 코브

가 윈스럽을 102 대 99로 물리쳤다. 신임 의장직에 오른 코브는 유머감각이 아주 뛰어나고 온화한 성품이었다. 그는 갈등을 치유할 생각에서 각 위원회장을 여러 파벌에게 골고루 맡겼다. 하지만 어느 쪽도 과반수를 차지하지 못한 하원은 1849년과 1850년 내내 절름발이 신세를 면치 못했다.

명백한 운명

이같은 살얼음판 정국의 근원을 따지자면 1848년 선거 훨씬 이전으로 거슬러 올라갔고, 미국의 국가관과도 연관이 있었다. 미국인들은 식민지 시대부터 아무도 살지 않는 땅(즉, 백인들이 살지 않는 땅)은 미국의 것이라는 생각이 점점 더 짙어 갔다. 토머스 제퍼슨과 메리웨더 루이스는 미국의 북아메리카 대륙 생득권을 강력하게 주장한 대표인물이었다. 하지만 다수의 미국인이 생득권을 가장 강하게 느낀 시대는 미시시피 강과 로키 산맥 너머로까지 빠르게 진출하기 시작한 1840년대였다. 어떤 사람들은 멕시코령 캘리포니아로 향했다. 또 어떤 사람들은 미국과 영국이 공동으로 소유하는 오리건으로 향했다.

민족주의 정치인과 이들의 제휴 신문은 여세를

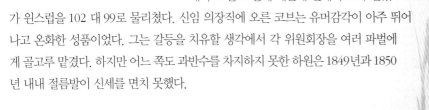

하우얼 코브

(왼쪽) 코브는 1851년에 네 번째 하원의원 임기를 마치고 워싱턴을 떠났다가 1857년, 뷰캐넌 내각의 재무장관으로 다시 돌아왔다.

개척자 가족
1870년 오리건 통로에서 포즈를 취한 모습.

오리건 통로

18^{24년 2월, 크로 인디언들이 어느 모피 사냥꾼 일행}에게 로키 산맥을 비교적 쉽게 넘을 수 있는 길을 알려 주면서 서부 개척의 경로가 확정되었다. 사우스 고개에서 로키 산맥 분수령을 관통하는 이 길은 오리건과 캘리포니아로 향할 때 거의 모든 이주민이 이용하는 육로로 자리잡았다.

미주리 주 인디펜던스에서 시작되는 오리건 통로는 캔자스를 가로지르고 플랫 강과 노스플랫 강을 따라서 와이오밍으로 이어졌다.

그리고 사우스 고개에서 로키 산맥을 넘은 뒤 포트브리저에서 캘리포니아 통로로 향하는 남쪽 길과 스네이크 강으로 향하는 북쪽 길로 나뉘었다.

1855년의 인디펜던스

인디펜던스는 대형 포장마차 행렬이 낯익은 마을이었다.
1843년에 오리곤으로 향하는 개척자들이 도착하기 이전부터 샌타페이 통로의 출발점 역할을 했기
때문이다. 윌리엄 베크넬이 멕시코 독립에 발맞추어 1822년에 개척한
샌타페이 트레일은(이전에는 에스파냐가 미국과 뉴멕시코의 무역을 막았다)
금세 남서부를 오가는 주요 통로가 되었고, 남북전쟁 이후 애치슨, 토피카, 샌타페이 철도가
마차를 밀어내기 전까지 제몫을 다했다.

북쪽 길의 경우, 블루 산맥의 가파른 오르막길을 건너면 포트월라월라에 도착하고 여기에서 서쪽으로 컬럼비아 강을 따라가면 오리건 통로의 종착지에 해당되는 윌래멋 계곡의 북쪽 끝, 포트밴쿠버가 나왔다.

'오리건 열풍'에 전염된 최초의 대규모 이주민 행렬은 1843년 인디펜던스를 출발한 뒤 약 6개월에 걸쳐 포트밴쿠버까지 3,200킬로미터쯤을 이동했다. 이후 30년 동안 이 길을 이용하는 여행객은 꾸준히 이어졌다. 뻥 뚫린 황야에서는 뿔뿔이 흩어지던 마차들도 강을 따라가다 고개를 넘으면 오늘날까지 바퀴자국이 남은 하나의 길에서 만날 수 있었다.

몰아서 기회가 있을 때마다 영토 확장을 장려했다. 이들의 의도를 상징하는 구절이 '명백한 운명'이었다. '명백한 운명'은 민주당 측 잡지편집자 존 L. 오설리번(John L. O'Sullivan)이 《미국 잡지 및 민주당 논평》 1845년 7월호에서 하느님은 미국이 태평양 연안까지 프로테스탄트 종교와 민주주의 정치, 자본주의 경제를 전파하기 바란다고 쓴 데서 비롯된 표현이었다. 오설리번은 "해마다 늘어나는 민중이 자유롭게 개발하도록 하늘이 내리신 이 대륙의 사방으로 뻗어 나가는 것이 우리의 명백한 운명"이라고 주장했다.

당시 관심의 초점은 에스파냐령 캘리포니아에서부터 러시아령 알래스카에 이르기까지 로키 산맥 서쪽을 아우르던 오리건 카운티였다. 원래 오리건의 소유권을 주장하던 나라는 네 군데였다. 하지만 1825년으로 접어들어 에스파냐와 러시아가 물러나면서 경쟁자는 미국과 영국으로 좁혀졌다. 1818년 러시-배것 협정은 캐나다 국경을 5대호에서 로키 산맥 분수령을 잇는 북위 49도 선으로 정하는 한편, 미국과 영국에 10년 동안 오리건 동시 소유권을 부여한 바 있

었다. 그리고 1827년에 공동소유권
은 무기한으로 늘어났다.

미 국인들이 1843년부터 대규
모 오리건 러시를 시작한 데
에는 일대 인디언들을 개종시키기 위
해 1830년대 무렵 그곳으로 건너간
선교사들의 영향이 컸다. 1834년에
감리교도 제이슨 리(Jason Lee)와 대
니얼 리(Daniel Lee)는 플랫헤드 인
디언들에게 설교할 목적으로 냇 와이
어스(Nat Wyeth) 상단과 함께 로키
산맥을 건넜다. 하지만 이들은 포트

1837년에 열린 집결식
로키 산맥 중심부로 이주한 최초의 백인은 비버가 많다는 루이스의 말을 믿고 비버를 찾아 나선
사냥꾼들이었다. 이들은 1년에 한 번씩 '집결식'을 열고 모피와 생필품을 교환했다.

밴쿠버의 컬럼비아 강 교역소에 도착했을 때 계획을 바꾸었다. 플랫헤드 인디언들이 구제할
수 없을 만큼 잔인하다는 소리를 듣고 윌래멋 계곡의 비옥한 땅에 농사를 짓기로 작정한 것이
다. 두 사람의 농장은 미국인이 오리건에 최초로 건설한 정착지가 되었다.

1년 뒤, 똑같은 육로를 따라서 산을 넘은 마커스 휘
트먼은 계획대로 오늘날 월라월라 인근에 장로교 전도
시설을 세웠다. 그는 이후에 동쪽으로 돌아가서 아내 나
시아 휘트먼을 데리고 1836년에 다시 오리건으로 출발
했다. 이번에는 선교사 헨리 하먼 스펠딩과 일라이저 부
부, 생필품을 실은 톰 피츠패트릭의 마차와 함께 떠나는
길이었는데, 백인여성을 태운 마차가 태평양 북서부 연
안에 등장한 것은 이때가 처음이었다. 1843년에 최초
의 대규모 이주민들을 이끌고 오리건을 찾은 사람도
휘트먼이었다. 이미 오리건에 살고 있던 미국인들은
의회에 합병과 주 승격 신청을 하기 위해 바로 그해에
지방정부 구성을 시작했다. 이제 영구 거주하는 미국인
들의 숫자가 캐나다 모피업자를 훨씬 웃돌게 되자 영국은
공동 소유권이 더 이상 아무 의미 없다는 사실을 깨달았다.

당연한 현상이겠지만 오리건과 텍사스 합병은 1844년
대통령 선거 운동의 주요 쟁점이 되었다. 이때 휘그당 후보 헨리
클레이는 미지근한 태도를 보였지만, 민주당의 제임스 K. 포크는 영
토 확장을 유세의 초점으로 삼았다. 포크의 슬로건 '54도 40분 아니면
전투를!'은 영국에게 북위 54도 40분까지 뻗은 오리건 카운티 전역을 내놓
으라는 뜻이었다. 하지만 막상 당선이 되고 남부 전쟁이 임박하자 그는 로키

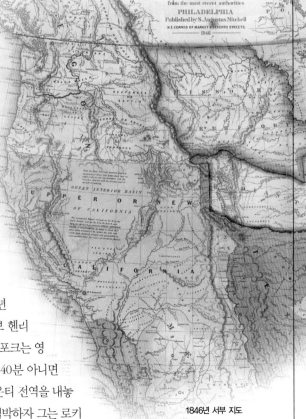

1846년 서부 지도

스티븐 F. 오스틴
1833년 아이보리 페이퍼에 그린 오스틴의 세밀 초상화.

산맥 동쪽에서 미국과 캐나다의 경계선에 해당되는 북위 49도로 오리건을 나누자는 영국 측 협상안을 받아들였다.

텍사스

텍사스도 또 하나의 쟁점이었다. 미국은 1819년 애덤스-오니스 조약에 따라 에스파냐에게 플로리다를 양도받으면서 텍사스 소유권을 포기했다. 하지만 에스파냐는 관리들에게 아주 엉성한 수준으로 맡겨 놓기만 했을 뿐 텍사스에 거의 관심을 보이지 않았다. 멕시코가 1821년 2월, 에스파냐를 상대로 독립을 선포한 뒤에도 텍사스는 방치된 오지였다.

멕시코가 독립하기 이전에 미주리 출신의 모제스 오스틴(Moses Austin)은 에스파냐 당국을 상대로 브래저스 계곡의 대규모 토지를 양도받은 바 있었다. 그는 정권이 바뀌는 사이 숨을 거두었지만 아들이 양도권을 물려받아 신생 멕시코 정부의 승인을 받았다. 스티븐 F. 오스틴(Stephen F. Austin)은 식민지 건설과 지역경제 발전 작업에 착수했다. 식민지 건설과 지역경제 발전은 그와 멕시코의 궁극적인 목표였다. 1830년 무렵 텍사스의 미국 인구는 최소 2만 5천 명이었다. 이들은 거의 대부분 목화재배에 관심을 둔 남부 출신이었기 때문에 노예숫자도 2천 명에 달했다.

이 즈음 자신감을 다진 멕시코 정부는 더욱 강력한 텍사스 관리에 나섰고 필연적으로 문제가 불거졌다. 원래 오스틴이 받은 토지양도 계약서에는 미국 이주민들(거의 전부가 프로테스탄트였다)이 멕시코의 국교인 로마 가톨릭으로 개종해야 된다는 조건이 있었다. 그런데 이들이 멕시코에 동화되기를 거부하고 개종 조건마저 무시하자 멕시코 지도층은 브래저스 계곡의 오만한 미국인들에게 본때를 보여 주어야겠다는 결론에 이르렀다. 이미 노예제도를 폐지한 멕시코 중앙정부는 노예 수입을 금지시켜 백인 이민에 한층 제동을 걸었고 미국 상품에 높은 수입세를 부과했다. 하지만 실행이 잘 되지 않았기 때문에 이주민들의 태도는 달라지지 않았고 이들을 자극하는 결과만 낳았다. 1833년, 오스틴이 텍사스를 멕시코 연방에 속한 자치주로 만들어야 한다고 주장한 죄로 멕시코시티에서 체포되자 분위기는 한층 험악해졌다.

1836년 초반 무렵, 새로이 독재정권을 수립한 안토니오 로페스 데 산타 안나(Antonio López de Santa Anna)가 직업군인 6천 명을 거느리고 반항하는 텍사스인들을 진압하기 위해 북부로 진격했다. 이주민들은 산타 안나의 진격소식을 듣고 3월 2일, 워싱턴온더브래저스에서 텍사스 독립을 선포했다. 이들은 한 걸음 더 나아가서 노예제도를 합법화하는 헌법을 제정하고, 지방정부를 구성하고, 샘 휴스턴(Sam Houston)에게 군대 지휘를 맡겼다. 한

알라모 유적
초창기 사진.

편 산타 안나는 2월 23일에 텍사스의 최대 도시 산안토니오의 심장부에 자리잡은 알라모를 포위했다. 200명도 안 되는 텍사스인들을 지휘하던 윌리엄 배럿 트래비스(William Barret Travis) 대령은 항복하라는 산타 안나의 요구에 포격으로 대응했다. 포위 상태는 얼마동안 계속되었지만, 3월 6일에 이르러 알라모는 멕시코 군대에게 함락되었다. 하지만 트래비스와 데이비 크로켓(Davy Crockett), 짐 보이(Jim Bowie) 등이 버텨 준 덕분에 휴스턴은 2주라는 준비 기간을 벌 수 있었고, 이 시간은 결정적인 역할을 했다. 휴스턴이 이끄는 텍사스 의용군 800명은 4월 21일, 산하신토에서 숫자가 두 배에 이르는 멕시코 군대를 물리쳤다. 산타 안나의 생포로 마감된 승리 결과, 텍사스는 독립을 선포했다. 하지만 사태는 이쯤에서 끝나지 않았다.

샘 휴스턴
1793–1863년

샘 휴스턴은 190센티미터의 거구에다 말투나 태도나 옷차림이 화려했다. 그는 머리 부분에 금장식이 달린 지팡이, 퓨마 가죽으로 만든 조끼, 커다란 솜브레로(sombrero, 펠트 또는 밀짚으로 만든 넓고 높은 모자 — 옮긴이), 멕시코 모포의 조합을 즐겼다. 산하신토 전투가 있고 10년 뒤, 그가 신생 텍사스 주를 대표하는 상원의원 자격으로 워싱턴을 찾았을 때 어떤 사람은 쉰두 살의 휴스턴을 가리켜 '문명의 영향으로 약간 누그러진 거구의 야만인'이며 '사자 비슷한 표정으로 격렬한 열정을 표현하는 인물'이라고 표현했다.

젊은 시절에 테네시 변경으로 가출한 휴스턴은 거의 3년 동안 체로키 인디언들과 함께 지내며 블랙 레이번(Black Raven)이라는 인디언식 이름으로 불렸다. 그는 체로키 인디언들과 이처럼 돈독한 관계를 쌓은 덕분에 1817년 연방정부를 도와 이간소 지역의 특별보호 구역으로 체로키족을 옮기는 일에 참여할 수 있었다. 이후에는 내슈빌에서 변호사로 변신했고, 앤드류 잭슨의 측근으로 지내다 1827년 테네시 주지사 자리에 올랐다. 하지만 2년 뒤 결혼 생활의 실패를 계기로 주지사직을 사임하고 다시 체로키 인디언들과 함께 지내면서 공식적으로 부족의 일원이 되었다. 그리고 3년 동안 정부 관리가 체로키 인디언을 상대로 저지른 사기사건을 고발하기 위해 두 번 워싱턴을 찾았다. 1832년에는 잭슨 대통령의 부름을 받고 아직 멕시코 땅이었던 텍사스로 건너가서 국경을 넘나드는 무역업자 보호를 위해 인디언들과 협상을 벌였다. 결국 텍사스에 새로운 보금자리를 마련한 휴스턴은 이주민들과 멕시코 정부 사이에서 벌어지는 권력싸움에 깊이 연루되었다. 그는 텍사스가 독립한 뒤 공화국 대통령을 두 차례 지냈고, 1846년 미국 상원의원 선거에서 승리를 거두어 민주당원이 되었다.

텍사스는 노예주였고 휴스턴도 노예를 썼지만 상원에서는 어느 파벌에도 가담하지 않았다. 그는 이런 말을 남겼다.

"나는 남부도 모르고 북부도 모른다. 나는 합중국밖에 모른다."

그는 1850년의 타협을 위해 상원에서 내놓은 다섯 개의 타협안에 모두 찬성했지만(모두 찬성한 쪽은 남부 출신들뿐이었다), 1854년에는 또 한 명의 남부 출신 상원의원과 더불어 캔자스–네브라스카 법에 반대하는 바람에 텍사스 주의회의 공식 비난을 받았다. 이처럼 연방주의에 충실한 결과 1852년과 1856년에는 대통령 후보 지명에서 탈락했고, 1859년에는 상원의원직마저 잃었다. 그는 예순여섯 살에도 여전히 원기 왕성한 모습을 보이며 그해 가을 텍사스 주지사 선거에서 승리를 거두었지만, 연방 탈퇴를 반대하고 남부연합에 충성을 거부하다 1861년 3월에 관직에서 쫓겨났다.

휴스턴의 초상화
1860년 12월, 사우스개롤라이나가 연방을 탈퇴하기 직전에 제작됐다.

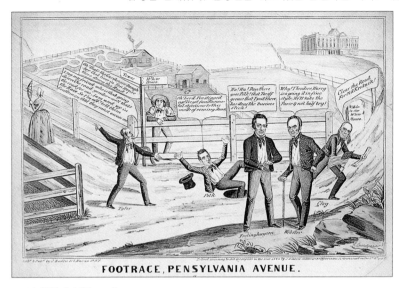

FOOTRACE, PENSYLVANIA AVENUE.

1844년 대통령 선거 관련 만평
타일러가 4월 20일에 공식 사퇴하기 이전에 등장한 것이다.

ANTI-TEXAS MEETING
AT FANEUIL HALL!
Friends of Freedom!

1838년 1월의 포스터
텍사스 합병을 파벌을 내포한 시책 이라고 표현하고 있다.

텍사스는 1836년 말엽에 미합중국에 합병 의사를 밝혔지만 의회에서 논란이 오가느라 승인이 지연되었다. 노예제도에 찬성하는 남부인들은 텍사스가 노예주로 등록되리라는 예상 하에 합병을 찬성했고 북부의 노예 폐지론자들은 노예제도에 반대하는 마찬가지 이유로 합병을 반대했다. 결정권을 쥐고 있는 온건파는 텍사스 합병 문제가 정치폭탄이 될 줄 알고 있었기 때문에 최선을 다해 관심을 분산시켰다. 잭슨과 밴 뷰런 대통령은 노예제도 논란이 파벌 간 대립을 더욱 증폭시키지 않기를 바라는 마음에서 온건파를 지원했다.

하지만 1844년이 되면서 지도부의 입장이 바뀌었다. 존 타일러 대통령은 텍사스 합병을 적극 찬성했고, 포크의 선거운동을 주도한 민주당도 마찬가지였다. 그뿐 아니라 텍사스 공화국이 유럽의 인정과 원조를 받으려 한다는 소식이 전해지면서 많은 의원은 목화에 굶주린 영국과 목화 생산으로 유명한 텍사스가 밀접한 동맹관계를 맺게 되는 것이 아닌가 걱정하는 뜻을 보였다. 타일러는 1844년 3월 초에 칼훈을 신임 국무장관으로 임명했고, 6주 뒤에는 칼훈이 텍사스와 재빠르게 협상을 벌여 완성한 합병 조약을 상원에 제출했다. 6월 8일 투표 결과 합병조약은 대다수의 반대로 부결되었지만, 1844년 선거에서 포크가 승리를 거두면서 팽창주의 정책이 대세로 떠올랐다. 의회는 태도를 바꾸었고 1845년 2월 28일에 양원 공동 결의(양원 공동 결의는 타일러가 마련한 재치만점 전략으로, 조약비준은 3분의 2가 찬성을 해야 되는 반면에 양원 공동 결의는 과반수 찬성이 원칙이었다)로 합병을 승인했다. 나흘 뒤 포크는 대통령 자리에 올랐고 취임 연설을 통해 텍사스 합병 절차 완수를 다짐했다. 화가 난 멕시코는 이틀 뒤에 미국과의 외교 관계를 단절했지만, 텍사스는 1845년 12월 29일자로 미국의 스물여덟 번째 주가 되었다.

포크는 취임 첫해에 멕시코 정부를 달래기 위해 여러 차례 조치를 취했다. 그에게는 캘리포니아 매입이라는 목표가 있었던 것이다. 하지만 멕시코 정부는 그의 사절단을 냉대했다. 1846년 1월 초에 마지막으로 보낸 사절 존 슬라이델(John Slidell)이 멕시코 안에서 텍사스 탈환 움직임이 확산되고 있다고 알리자 포크는 테일러 장군과 '감시부대' 3,500명을 뉴에이서스 강과 리오그란데 사이의 분쟁지역으로 파견했다. 멕시코군은 5월 초에 리오그란데를 넘어 순찰기병대를 매복공격하고 미국인 열여섯 명을 살해했다. 포크는 습격 소식을 듣고 즉시 전쟁선포를 요청했고, 의회는 5월 13일에 승인했다.

멕시코 전쟁

포크는 커다란 모험을 감행하는 셈이었다. 1846년 당시 멕시코군은 10년의 내전으로 다져진 3만 2천 명이었다. 이에 비해 7천 명밖에 안 되는 미국군은 지난 30년 동안 병력 면에서 훨씬 뒤떨어지는 인디언을 상대한 경험이 전부였다. 의회에서는 5만 명의 의용군 모집을 승인했지만, 1812년 전쟁 때도 이와 비슷하게 새파란 신병에 의존하다 전력의 악화를 초래한 일이 있었다. 포크는 명예에 목마른 지원병 연대와 좀더 경험이 많은 직업군인 대대를 섞어서 편성하는 수완을 발휘했다. 그래도 출발은 불안했다. 미국이 병력과 군수품 면에서 확실하게 우위를 보인 것은 나중의 일이었다.

1847년 2월의 부에나비스타 전투에서 포병대에 발포 명령을 내리는 테일러
부에나비스타를 비롯한 다른 전투에서 결정적인 역할을 한 주인공은 상대적으로 우위를 점한 미국군의 포병대였다.

사실 미국군은 전투에서 패배한 일이 없었다. 테일러는 팔로알토(5월 8일)와 리오그란데 북쪽에서 벌어진 레사카 데 라 팔마(5월 9일) 등 초기 전투에서 승리를 거두었다. 이후에는 남쪽으로 진격하여 9월 25일에 멕시코 북부의 중심지 몬터레이를 점령했다. 하지만 이와 같은 성과에도 불구하고 테일러는 독립적이고 불손한 태도 때문에 대통령의 미움을 샀고, 몬터레이 이후 멕시코시티 공격을 준비하던 윈필드 스콧 장군에게 대부분의 지휘권을 빼앗겼다. 스콧은 1847년 3월 9일에 약 1만 명의 병사들을 이끌고 요새 도시 베라크루스를 공격했다. 이것은 미국 역사상 최초의 대규모 육·해군 합동작전이었다. 3월 29일에 베라크루스가 함락되자 스콧은 코르테스의 발자취를 따라 멕시코의 수도를 향해 육로로 진격했다. 4월 18일 무렵 그의 부대는 세로고르도 고개에 포화를 퍼부으며 산타 안나의 군대를 호되게 괴롭혔다. 이후 8월 19일에는 콘트레라스에서, 다음날은 추루부스코에서 또다시 미국군이 완벽한 승리를 거두자 멕시코군은 휴전을 요청했다. 하지만 몇 차례 휴전 회담이 결렬되면서 9월 7일에 다시 전투가 시작되었다. 1주일 뒤, 스콧은 마지막 방어선을 무너뜨린 뒤 멕시코시티로 입성하여 사실상 전쟁을 마무리지었다.

한편 미국군은 뉴멕시코와 캘리포니아까지 이미 섬령한 상황이었다. 1854년 여름에 포크가 뉴에이서스 강으로 테일러를 파견하면서 태평양 함대 함장에게 멕시코의 전쟁선포 소식이 들리거든 캘리포니아 항구로 진격하라는 비밀명령을 동시에 전달한 덕분이다. 그뿐 아니라 그는 몬터레이 주재 미국 영사 토머스 O. 라킨(Thomas O. Larkin)에게 편지를 보내 미국 이주민과 친미 멕시

1847년 9월 14일, 멕시코시티로 입성하는 스콧
칼 네블의 1851년 작품이다.

코인들을 선동하여 '자발적인' 폭동을 일으켜달라고 당부해 놓았다.

라킨이 지시대로 폭동을 준비하려는 찰나, 1846년 1월 무렵 뜻밖의 인물이 캘리포니아에 도착했다. 루이스와 클라크처럼 탐사라는 핑계를 둘러대며 지난 몇 년 동안 미국 지형병 부대를 대신해서 서부 지도를 제작한 존 C. 프리몬트(John C. Frémont)가 나타난 것이다. 멕시코인들은 그의 출현을 접한 뒤 경계태세로 돌입했고 라킨의 계획은 수포로 돌아가고 말았다.

캘리포니아 정부는 프리몬트와 일행에게 철수를 요구했다. 이들은 3월에 오리건 접경지대로 순순히 물러났다. 하지만 미국 이주민들은 7월 14일, 서노마에서 회의를 열어 캘리포니아 독립을 선포하고 베어플래그 폭동을 일으켰다. 프리몬트는 재빨리 남쪽으로 이동하여 반란군에 합류하고 7월 5일에 사령관직을 수락했다. 이 무렵 존 슬롯(John Sloat) 제독이 이끄는 미국 함대가 7월 7일에 몬터레이를, 7월 9일에 샌프란시스코를 점령했다. 프리몬트는 병이 난 슬롯의 후임 로버트 F. 스톡턴(Robert F. Stockton) 제독과 손을 잡고 8월 13일에 로스앤젤레스를 정복했다. 나흘 뒤에 스톡턴은 캘리포니아 합병을 선포했다.

성격이 신중한 포크는 이처럼 제멋대로 움직이는 스톡턴과 프리몬트를 보며 불안해했고, 즉시 스티븐 W. 커니(Stephen W. Kearny) 대령을 보내 위태위태한 캘리포니아 주둔군의 지휘를 맡겼다. 얼마 전에 아무런 무력 충돌 없이 샌타페이를 점령하고 뉴멕시코를 합병한 커니가 도착하고 보니 캘리포니아는 대부분 멕시코의 수중으로 다시 돌아간 뒤였다. 미국 편에서 싸웠던 멕시코인들이 이번에는 캘리포니아 정부와 손을 잡고 샌디에이고와 로스앤젤레스 탈환을 도운 것이다. 커니는 캘리포니아를 다시 점령하고 1847년 1월 13일, 마지막 멕시코군에게 항복 선언을 받았다. 이제 남서부는 모두 미국 차지였고, 이같은 상황은 1848년 2월 2일의

과달루페이달고 조약으로 영원히 확정되었다. 이 조약으로 멕시코는 1,500만 달러의 현금을 받고 미국 시민들의 배상 청구를 미국이 떠맡는 조건으로 85만 제곱킬로미터에 달하는 뉴멕시코와 캘리포니아를 포기했다. 뿐만 아니라 텍사스 합병을 인정하고, 리오그란데로 정한 국경선을 받아들였다.

멕시코 양도에 따른 정치적 문제

하지만 멕시코 양도는 정치계에 엄청난 골칫거리를 선사했다. 바라지도 않았고 예상치도 못했던, 명백한 운명론의 결과였다. 뉴멕시코의 상당 부분은 텍사스 땅이었다. 그런데 멕시코 양도 결과 생긴 새로운 영토가 노예주가 되느냐 자유주가 되느냐, 그것이 관건이었다. 펜실베이니아의 상원의원이자 포크의 당원인 데이비드 윌멋(David Wilmot)은 멕시코가 양도한 지역에서 노예제도를 금지하는 조항을 멕시코 전쟁 예산안에 덧붙여야 된다고 1846년 8월 8일에 이미 제안한 바 있었다. 하원에서는 1846년 말과 1847년 초에 법안을 통과시켰지만 두 번 모두 상원의 반대에 부딪쳤다. 하지만 대다수의 북부인과 '양심적인' 휘그당원들은 법안이 통과되리라는 희망을 버리지 않았다.

1848년에는 독립적으로 활동하던 노예제도 폐지론자들이 양심적인 휘그당원, 노예제도에 반대하는 민주당원들(윌멋도 여기에 속했다)과 대거 손을 잡고 자유토지당을 결성했다. '자유로운 땅, 자유로운 언론, 자유로운 노동, 자유로운 사람들'이 자유토지당의 슬로건이었다. 이와 동시에 남부 출신 의원들도 나름대로 연합을 결성하고 명목상으로는 각 당에 속해 있지만 지역 문제, 특히 노예제도 문제를 놓고 투표권을 행사할 때는 초당적인 모습을 보였다.

이와 같은 상황에서 테일러가 1849년 3월, 백악관의 주인이 되었다. 신임 대통령은 유세 당시 캘리포니아나 뉴멕시코를 거의 언급하지 않았지만 나름대로 계획이 있었다. 둘 다 조만간 주로 승격시킬 생각이었던 것이다. 캘리포니아의 경우에는 1848년 1월에 금광이 발견되면서 한몫 잡으려는 사람들의 행렬이 꼬리에 꼬리를 물고 이어졌기 때문에 한시가 급했다. 지금은 임시로 군부가 다스리고 있지만 어서 빨리 민간정부를 수립해야 하는 상황이었다. 캘리포니아의 주 승격 문제를 거론하면 노예제도 허용 여부를 놓고 의회에서 논란이 빚어질 것이 뻔했다. 하지만 캘리포니아와 뉴멕시코가 준주 단계를 건너뛰고 바로 주로 승격되면 노예제도 허용 여부를 스스로 결정할 수 있었다. 모든 주는 그럴 권리가 있었다. 그런데 문제는 캘리포니아와 뉴멕시코가 노예주를 선택할 가능성이 없다는 점이었고(경제구조상 노예 노동력의 매력이 없었다), 남부는 이 부분을 너무나도 잘 알고 있었다.

테일러는 새로운 의회가 12월 초에나 열린다는 점을 이용해 조지아 대표 T. 버틀러 킹(T.

멕시코 전쟁의 장교들
미국군은 멕시코 전쟁을 치를 때 사관학교에서 훈련을 받은 젊은 장교들의 도움을 많이 받았다. 율리시스 S. 그랜트, 조지 B. 매클렌런, 토머스 J. 잭슨, 로버트 E. 리도 이들의 일원이었다. 위는 멕시코시티 함락에 참여한 모습이다.

헨리 데이비드 소로
노예제도 폐지론자들은 정복지가 새로운 노예주 탄생으로 이어질까 걱정하며 멕시코 전쟁에 반대했다. 소로와 같은 몇몇 폐지론자들은 세금 납부를 거부하다 감옥 신세를 졌다. 1856년의 모습.

캘리포니아 골드러시

19세기 전반에 미국인들은 에스파냐령 캘리포니아 (이후에는 멕시코령 캘리포니아)에 별다른 관심을 보이지 않았다. 1846년 멕시코 전쟁이 시작되었을 때 캘리포니아에 거주하는 미국 인구는 고작 800명이었다(전체 인구가 1만 4천 명에 불과했다). 하지만 1852년 무렵에는 인구가 거의 30만 명으로 껑충 뛰었다. 1848년 1월에 제임스

마셜이 아메리칸 강에서 금을 발견한 덕분이었다.

캘리포니아 골드러시가 시작되기까지는 9개월이라는 시간이 걸렸다. 마셜이 금을 발견했다는 소식이 8월 19일에 이르러서야 《뉴욕 헤럴드》를 통해 최초로 동부에 알려졌기 때문이다. 하지만 이후에도 미래의 골드러시단은 포크 대통령이 12월 5일에 공식적으로 기사를 확증한 뒤에야 떠날 차비를 서둘렀다. 최초의 시굴업자들을 태운 배는 1849년 2월 28일, 샌프란시스코에 도착했다[여기에서 '포티나이너(49er)'라는 별명이 비롯되었다]. 이들이 타고 온 캘리포니아 호는 6개월 전에 뉴욕을 출발할 때만 하더라도 거의 비어 있다시피 했지만, 1,500명의 포티나이어들이 파나마까지 쾌속 범선을 타고 가서 열차로 해협을 넘은 뒤 1월 무렵 파나마의 태평양 연안에서 북쪽으로 향하는 캘리포니아 호에 올랐다.

샌프란시스코와 항구
1855년 무렵의 사진.

Butler King)을 조용히 캘리포니아로 파견했다. 그곳의 정계 지도 인사들에게 헌법을 제정하고 즉시 주 승격을 신청해 주었으면 좋겠다는 뜻을 전하기 위해서였다. 캘리포니아 의회는 대통령의 뜻대로 1849년 9월, 몬터레이에서 제헌회의를 열고 노예제도에 반대하는 헌법을 11월 11일에 승인했다(테일러는 샌타페이의 과두정치권 인사들에게도 여러 차례 비슷한 뜻을 전했지만 뉴멕시코 내부의 혼란스러운 상황 때문에 제헌회의 소집이 어려웠다).

테일러는 하원에서 아직 의장 선출 싸움이 한창이던 12월 4일에 특별교서를 통해 캘리포니아의 자유주 승인을 공식적으로 지지한다는 뜻을 밝혔다. 테일러에게 표를 던졌던 남부 출신들은 귀를 의심했다.

윌리엄 슈어드
그가 1838년에 뉴욕 주지사로 당선되면서 20년에 걸친 올버니 섭정단의 시대는 막을 내렸다.

탈출노예 문제도 의회의 또 다른 골칫거리였다. 버지니아의 상원의원 제임스 M. 메이슨(James M. Mason)은 1850년 1월 초에 탈출노예를 더욱 쉽고 확실하게 체포하는 법안을 제안했다. 그러자 노예제도에 반대하는 뉴욕 출신의 휘그당원 윌리엄 H. 슈어드(Willi-am H. Seward)가 이에 대응해 탈출노예로 추정되는 사람은 해당 지방의 배심원 재판을 반드시 거치는 쪽으로 메이슨의 법안을 수정하겠다고 으름

장을 놓았다. 순간, 의사당은 두 파로 나뉘었고 욕설이 오 갔다. 미시시피의 상원의원 헨리 S. 풋(Henry S. Foote) 은 남부를 괴롭힐 생각밖에 없는 미치광이라고 슈어드를 비난했다. 클레이의 입장에 서 보자면 절호의 기회였다.

일흔두 살의 클레이는 1844년 대통령 선거에서 패 배한 이후 거의 은퇴한 상황 이었지만, 1849년에 때마침 상원으로 돌아가 오랜 의원 생활에서 세 번째로 기록될 타협안을 내놓았다(1820년 에는 하원의장을 지내면서

미주리 타협을 추진했고 1833년에는 관세 타협안을 제시했다). 그는 대 타협가라는 별명에서 알 수 있다시피 중재를 잘하기로 유명했고, 이번 이 마지막 정치 투쟁의 기회라는 생각을 가슴속에 품고 있었다. 테일러 대통령이 의회에 캘리포니아 문제 해결을 다시 한 번 촉구하고 8일이 지난 1월 19일, 클레이는 의석에서 일어섰고 모두가 기다리던 연설을 통해 여덟 개의 결의안을 내놓았다.

1. 캘리포니아는 즉시 주로 승인되어야 한다.
2. 의회는 노예제도에 관한 아무런 단서 없이 뉴멕시코에 타 당한 준 주정부를 건설해야 한다.
3. 텍사스와 뉴멕시코 간의 경계선 분쟁은 뉴멕시코의 의견 에 따라 해결되어야 한다.
4. 텍사스는 영토권을 포기하는 대가로 주 승격 이전에 진 채무에 해당되는 금액(일부러 정확한 액수를 정하지 않았다)을 받는다.
5. 컬럼비아 특별구 내에서 노예 소유 여부에 제한을 두어서는 안 된다.
6. 컬럼비아 특별구 내에서 노예매매는 금지되어야 한다.
7. 좀더 효과적인 탈출노예 송환법이 제정되어야 한다.
8. 의회는 노예주 내부에서 이루어지는 노예매매를 규제할 권리가 없음을 인지해야 한다.

여덟 개 결의안의 원문

클레이가 1850년 1월 29일, 의회에 제출한 것이다.

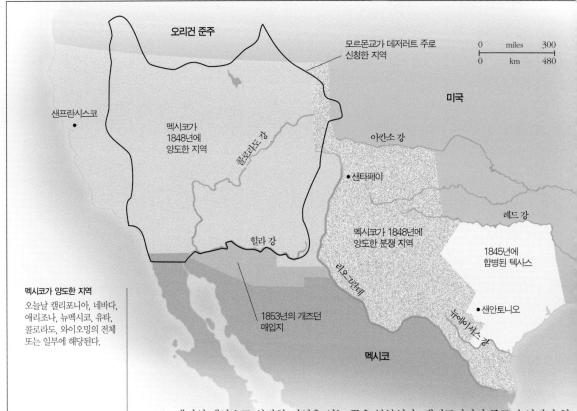

멕시코가 양도한 지역
오늘날 캘리포니아, 네바다, 애리조나, 뉴멕시코, 유타, 콜로라도, 와이오밍의 전체 또는 일부에 해당된다.

제퍼슨 데이비스와 부인
데이비스는 1845년 4월에 배리나 하우얼(오른쪽)과 결혼했다. 전 부인인 테일러의 딸 새러 녹스 테일러 데이비스는 1835년에 사망했다.

클 레이의 제안으로 상당한 이익을 얻는 쪽은 북부였다. 캘리포니아가 주로 승인되면 현재 노예주와 자유주가 15 대 15로 팽팽하게 맞선 상원의 상황이 북부 쪽으로 유리하게 기울기 때문이었다. 그뿐 아니라 인구가 많은 북부가 이미 장악하고 있던 하원에서도 자유주의 대의원 숫자가 늘어날 것이었다. 클레이는 남부를 위해 탈출노예 송환법 신설이라는 큼지막한 미끼를 준비했지만, 미시시피의 상원의원 제퍼슨 데이비스(Jefferson Davis)가 조심스럽게 지적했다시피 이것 또한 북부의 협조가 없으면 시행이 불가능했다.

클레이는 데이비스의 반대 의견을 듣고 전혀 놀라지 않았다. 노예제도를 극단적으로 찬성하는 쪽의 그 정도 반응은 충분히 예상하던 일이었다. 하지만 클레이가 상원의 온건파를 상대로 지지를 호소하는 동안 그의 오랜 동맹 컬훈은 응답을 준비했다. 3월 4일에 그가 메이슨 의원에게 대리 낭송을 부탁한 연설문 안에는 그 어느 때보다도 단호하고 강경한 의지가 담겨 있었다.

데이비스와 남부 출신의 소장파 정치인들은 감정에 호소했다면 컬훈은 이와 반대로 남부의 확실한 특권을 논리적으로 요구했다. 임시방편으로 해결될 문제가 아니지 않느냐고 했다. 그는 북부의 백인 숫자가 남부의 백인보다 두 배 이상 많은 상황이지만 헌법 개정을 통해 남북의 정치적인 균형을 담보해야 된다고 주장했다. 그리고 캘리포니아와 뉴멕시코의 주 승격 문제에 대해서는 타협을 거부했다. 모든 미국인과 마찬가지로 남부의 노예주인들도 서부를 개척할 권리가 있기 때문이었다. 칼훈은 연설 말미에서 만약 북부인들이 생각이 다르면 "각 주가 원하는 쪽으로 평화롭게 갈라설 수 있도록 알려 주시기 바랍니다. 만약 평화롭게 갈라지기 싫으면 그때도 역시 알려 주시기 바랍니다. 항복이냐 저항이냐 묻는다면 우리의 선택은 분명하니까요."라고 말했다.

3월 7일 연설

칼훈의 강경한 입장은 클레이가 구축한 타협의 분위기를 일시적으로나마 흩어 놓았고 북부의 답변을 촉구했다. 이처럼 중대한 임무를 떠맡은 사람은 3일 7일에 상원 연설이 예정되어 있던 매사추세츠의 대니얼 웹스터였다.

드디어 1850년 3월 7일. 체구가 당당한 웹스터는 책상 옆으로 일어서서 조끼 매무새를 가다듬고 고개를 들어 연극배우 같은 자세로 연설을 시작했다.

"나는 오늘 매사추세츠나 북부 출신이 아니라 한 사람의 미국인, 한 사람의 미국 상원의원으로 이야기하고자 합니다. (중략) 합중국의 존속을 위해 이야기하고자 합니다. 부디 나의 의도를 알아주시기 바랍니다."

이후에 웹스터는 남북대립의 역사를 짚으며 북부 폐지론자와 남부 찬성론자들의 위험한 극단주의를 꾸짖었다. 그리고 서부느 땅의 성격과 경제환경이 '선천적으로' 노예 노동력과 맞지 않기 때문에 노예제도가 뿌리를 내릴 리 없는데, 윌멋 단서와 같은 반 노예제도 법안은 남부를 자극할 뿐 아니라 불필요한 처사라고 주장했다.

"수고스럽게 자연의 법칙을 다시 확인하고 하느님의 뜻을 다시 법률로 제정할 필요가 어디 있습니까?"

웹스터의 이 말은 이후에도 자주 인용되는 구절이 되었다. 웹스터는 심지어 메이슨의 탈출노예 송환법안을 조심스럽게 지지했다. 북부인들이 보기에 노예제도가 아무리 혐오스럽더라도 남부의 정치적 권리를 존중해야 된다는 이유에서였다. 하지만 결론에서는 평화로운 분리가 가능하다고 말한 칼훈을 냉엄하게 꾸짖었다.

"분리라니요! 평화로운 분리라니요! 의원님도 알고 저도 알다시피 그런 기적은 불가능합니다."

그는 어떤 사태가 '각 주의 분열'로 이어질지 구체적으로 언급하지는 않았지만 이렇게 단정지었다.

대니얼 웹스터
1845년에서 1849년 사이 브래디의 스튜디오에서 촬영한 사진.

존 F. 케네디의 소장품에서 발견된 웹스터의 연설문
웹스터의 3월 7일 연설문은 12만 부 이상 인쇄되었다. 심지어는 《찰스턴 머큐리》도 "웹스터 의원의 기개를 볼 때 파벌 경쟁의 해결도 불가능하지만은 않은 것 같다."고 밝혔다.

존 컬훈
컬훈은 훌륭하고 야심만만했지만, 유머감각은 전혀 없는 인물이었다.

"각 주의 분열은 언급하기조차 싫은 전쟁으로 이어질 겁니다. 저 하늘의 태양만큼이나 분명합니다."

일찍부터 어렵사리 의원석에 앉아 있던 컬훈은 이렇게 반박했다.

"합중국이 해체될 수 없다는 이야기에는 동의하지 않습니다. 아무리 압제가 심하고, 분노가 하늘을 찌르고, 신뢰가 깨져도 미합중국은 파괴되지 않는다는 겁니까? 합중국은 깨질 수 있습니다."

컬훈은 이 말을 마지막으로 상원 의사당을 떠났다. 그리고 3월 말에 숨을 거두었다.

이후 한 주 동안 북부의 상원의원 두 명이 추가로 기억에 남을 연설을 했다. 데이비스는 노예제도를 극단적으로 찬성하는 쪽을 대변했고, 3월 11일에 슈어드는 노예제도를 미개한 시대의 야만적인 유물로 간주하는 북부의 소장파 정치인들을 대변했다. 그의 연설은 예상했던 대로 북부의 강경 노선을 반영했지만 주목할 만한 반전이 한 군데 있었다. 하느님도 노예제도에 반대한다는 발언이었다.

"헌법보다 높은 법이 있습니다."

슈어드의 이야기는 계속 이어져서 이같은 주장을 부적절하다고 생각하는 동료 의원들의 심기를 불편하게 만들었다. 하지만 이틀 뒤 상원의 분위기는 달라졌다. 일리노이 출신인 민주당의 스티븐 A. 더글러스(Stephen A. Douglas)가 클레이에게 전적으로 협조할 뜻이 있다는 당의 의사를 밝혔기 때문이다. 더글러스는 지역으로 나뉜 정당을 재편하려는 노력이 예전부터 있어 왔지만 국민들은 "그와 같은 노력의 성향과 위험성을 익히 알기 때문에 찬성하지 않을 것"이라고 밝혔다. 웹스터의 3월 7일 연설이 언론의 대대적인 호평을 받은 데다 ― 남부와 북부 모두 화해의 필요성을 유창하게 강조한 발언으로 평가했다 ― 더글러스가 민주당 차원에서 클레이를 지지하고 나서자 화해의 분위기가 무르익었고, 대 타협가는 다시 임무에 착수했다.

이제 의회의 실질적인 업무는 위원회의 손으로 넘어갔다. 상원은 4월 중순에 13인 위원회를 결성하고 클레이 회장에게 구체적인 타협안 작성을 맡겼다. 클

재커리 테일러
군 장교 출신답게 그에게는 당파적인 성향이 전혀 없었다. 사실 1848년 이전에는 대통령 선거에 참여한 일도 없을 정도였다.

레이는 이후 3주 동안 찰스 B. 캘버트의 메릴랜드 저택에 칩거하면서 성명서 작성에 몰두했고, 동료 상원의원들은 대부분 소강 상태를 틈타 고향으로 돌아가거나 유권자 관리에 나섰다. 드디어 5월 8일, 클레이는 의사당을 빽빽이 메운 사람들 앞에서 일곱 개 안으로 이루어진 성명서를 낭독했다. 성명서는 1월 19일의 결의안과 상당 부분 흡사했다. 5월 13일부터 공식 토론이 시작되었고, 거의 모든 상원의원이 한 번 이상 자신의 입장을 이야기했다. 하지만 가장 엄

청난 발언을 한 사람은 테일러 대통령이었다. 캘리포니아와 뉴멕시코의 주 승격에 탈출노예나 텍사스의 채무와 같은 자극적인 문제를 결부한 일괄 법안은 무조건 거부하겠다고 밝힌 것이다. 테일러의 거부 선언은 일괄 법안을 교착상태로 몰고 갔고, 반대측은 13인 위원회의 성명서를 공격하고 이에 역행하는 개정안을 잇따라 내놓으며 6월의 거의 대부분을 흘려보냈다. 웹스터는 앞날을 다음과 같이 예측했다.

"따뜻한 여름을 맞이하게 될 전망이다. 날씨야 어떻든 간에 정치권이 후끈 달아오를 테니까. 나는 각오를 다지며 대책을 마련할 생각이다."

그런데 7월 9일에 테일러가 숨을 거두었다. 아직 공사가 덜 끝난 워싱턴 기념비 밑에서 이글거리는 햇볕을 쪼이며 장시간 독립기념행사에 참석한 것이 화근이었다. 그는 백악관으로 돌아가서 시원한 음료수와 여러 가지 신선한 과일, 야채를 먹었다. 그리고 5일 뒤에 급성 위장염으로 눈을 감았다. 부통령 밀러드 필모어(Millard Filmore)가 대통령직을 이어받았다. 그는 뉴욕 출신의 평범한 인물이었고, 슈어드와 함께 반(反)프리메이슨 정당과 휘그당에서 계단을 밟고 올라왔지만 슈어드보다 늘 몇 단계 뒤지고는 했다. 미국에서 노예제도 폐지운동의 물결이 가장 거센 뉴욕 주 서부 출신이었기 때문에 남부인들은 그를 믿지 않았다. 하지만 의회에서 필모어의 본심을 아는 사람은 거의 없었다. 테일러가 보여 주었다시피 출신을 기준으로 대통령의 성향을 짐작하는 것은 위험한 발상이었다.

대 타협

필모어는 1850년 4월 무렵에 테일러 행정부의 정책을 지지한다는 뜻을 밝혔지만 이내 생각을 바꾸었다. 이후에 주장하기를 사신은 테일러가 사망하기 직전에 상원이 정확하게 반으로 갈리면 타협에 찬성하는 쪽으로 투표권을 행사하겠다는 의사를 밝혔다는 것이다. 아닌 게 아니라 필모어는 대통령의 자리에 오른 뒤 타협안 통과를 위해 혼신의 노력을 다했고, 13인 위원회의 성명서를 '파벌대립의 치유책'이라고 치켜세웠다. 하지만 타협의 기미는 여전히 보이지 않았다. 7월 31일, 상원의 복잡한 투표 과정 끝에 일괄 법안의 여러 조항이 하나씩 제거되었고, 결국에는 지금까지 뉴멕시코의 일부였던 유타의 준주 승인안만 남았다. 의원들은 누구나 모르몬 이주민들에게 연방의 권위를 보여 주고 싶어했기 때문에 유타 법안은 금세 통과되었다. 하지만 캘리포니아의 주 승격이나 노예문제 관련 결의안은 그렇지 못했다.

클레이로 말할 것 같으면 체면이 말이 아니었다. 그는 8월 2일 금요일에 상원이 주말 동안 휴회 선언을 하자 부글부글 끓는 속을 달래며 지친 몸을 이끌고 로드아일랜드의 뉴포트 휴양지로 떠났다. 그의 세대의 영향력도 이제는 수명이 다한 것 같았다. 클레이는 8월 27일 무렵에야 워싱턴으로 복귀했고, 배짱 있고 재치 있는 더글러스는 그 사이 클레이의 타협안을 한 개씩

밀러드 필모어

아이러니컬하게도 1848년 휘그당 전당대회에서 남부인들이 걱정한 사람은 대통령 후보로 지명된 테일러가 아니라 부통령 후보로 지명된 필모어였다.

일치단결

1852년에 위와 같은 단체 초상화를 선보인 사람은 대 타협안 제정에 따른 낙관적 분위기를 이용하려는 생각이었던 것 같다. 단순하게 "일치단결"이란 제목이 붙은 이 작품은 대 타협안 탄생의 주인공들을 담았는데, 대부분 이미 고인이 된 인물이었다.

CAUTION!!

COLORED PEOPLE
OF BOSTON, ONE & ALL,
You are hereby respectfully CAUTIONED and advised, to avoid conversing with the
Watchmen and Police Officers
of Boston,
For since the recent ORDER OF THE MAYOR & ALDERMEN, they are empowered to act as
KIDNAPPERS
AND
Slave Catchers,
And they have already been actually employed in KIDNAPPING, CATCHING, AND KEEPING SLAVES. Therefore, if you value your LIBERTY, and the Welfare of the Fugitives among you, Shun them in every possible manner, as so many HOUNDS on the track of the most unfortunate of your race.
Keep a Sharp Look Out for
KIDNAPPERS, and have
TOP EYE open.
APRIL 24, 1851.

1851년의 전단

보스턴의 흑인들에게 신설 탈출노예 송환법의 제정을 경고하는 전단이다.

상원에서 통과시켰다. 부류에 따라서 각기 다른 법안의 지지를 호소한 결과였다. 예를 들어 8월 13일에 통과된 캘리포니아 주 승격안의 경우만 하더라도 찬성표를 던진 상원의원이 민주당 17명, 휘그당 15명, 자유토지당 2명(북부 출신 28명, 남부 출신 6명)이었다. 반면에 민주당원 14명과 휘그당원 4명(모두 남부 출신이었다)이 법안에 반대했고, 남부 출신 민주당원 2명과 남부 출신 휘그당원 4명, 북부 출신 휘그당원 2명은 투표를 하지 않았다. 8월 23일에 통과된 탈출노예 송환법의 경우에는 남부 출신 민주당원 15명, 남부 출신 휘그당원 9명, 북부 출신 민주당원 3명의 지지를 받았다. 북부 출신 민주당원 3명, 북부 출신 휘그당원 8명, 자유토지당원 1명은 반대했고, 21명의 다른 의원들은 의사 표시를 하지 않는 불길한 조짐을 보였다. 이와 같은 결과를 놓고 보면 알 수 있듯이 타협안을 제안한 사람은 휘그당원 클레이였을지 몰라도 그것을 법으로 만든 주인공은 더글러스와 민주당이었다.

이렇게 해서 다섯 개의 개별 법안으로 이루어진 대 타협안이 탄생했다. 위에서 소개한 두 가지에 덧붙여 텍사스-뉴멕시코 법은 텍사스의 경계선과 채무 문제는 물론 뉴멕시코의 노예제도 허용 여부도 해결했다. 텍사스의 현재 서쪽 경계선을 확정지어 뉴멕시코의 손을 들어 주는 대신, 이런저런 대가로 텍사스에게 1천만 달러를 주기로 한 것이다. 이 결과 오늘날 뉴멕시코와 애리조나, 콜라로도와 네바다의 일부를 아우르는 거대한 뉴멕시코 준주가 탄생했고, "상기 준주나 또는 그 일부가 주로 승격되면 승인 당시 해당 지역의 헌법에 따라 노예세도 시행 여부에 괘계없이 합중국의 일부로 받아들이기로 한다."는 구절이 덧붙여졌다. 이것은 더글러스가 분쟁 해결에 임하는 기본 원칙을 대변하는 구절이었고, 노예제도는 연방이 아니라 각 주의 주민들이 결정할 문제라는 뜻이었다. 그는 이와 같은 원칙을 '대중 주권론'이라고 불렀지만 사실은 캐스가 1848년 대통령 선거유세에서 내세운 주민 주권론과 같은 맥락이었다. 대 타협안의 네 번째 법안은 유타 준주의 탄생을 알리는 내용이었고(노예제도에 대해서는 뉴멕시코와 같은 조건이었다), 마지막 법안은 1851년 1월 1일부터 컬럼비아 특별구의 노예매매를 금지하는 내용이었다.

대 타협안에서 가장 논란의 여지가 있는 부분은 기존의 1793년 법안에 탈출노예 송환을 전담하는 연방위원 임명을 추가한 탈출노예 송환법이었다. 북부인들이 이 법안을 접하고 분노한 이유는 탈출노예로 추정되는 흑인들에게 몹시 불리한 내용 때문이었다. 연방위원들은 탈출노예를 주인에게 돌려주면 10달러의 상금을 받는 반면에 잘못 기소된 흑인을 석방시키면 고작 5달러를 받았다. 게다가 탈출 혐의로 기소된 흑인들은 배심원 재판은 물론 스스로 변론할 권리마저 박탈당했다. 따라서 북부의 흑인들은 주인이라고 주장하는 남부인의 진술서만 있으면 남부로 송환될 수 있는 처지였다.

탈출노예 송환법을 둘러싼 논란에도 불구하고 1850년의 타협은 격한 분위기를 당분간 누그러뜨리는 역할을 했고, 남부와 북부의 여론이 온건한 쪽으로 흘러갔다. 1852년 대통령 선거에서는 뉴햄프셔 출신의 민주당원 프랭클린 피어스(Franklin Pierce)가 비교적 손쉽게 승리를 거두었고, 양쪽 정당은 공개적으로나마 노예문제의 궁극적인 해결책으로 환영 받은 타협안을 승인했다. 피어스는 타협의 일환으로 선택된 대통령이었다. 북부 출신이면서도 노예제도에 관한 한 남부의 입장에 동조하는 인물이었던 것이다. 그의 선거유세를 보면 알 수 있다시피 국민 대다수는 노예문제를 덮어 버리고 정치 싸움에서 다시는 등장하지 않기를 바랐다. 하지만 민주당의 노력에도 불구하고 국민들의 바람은 불가능한 것으로 밝혀졌다.

노예제도에 반대하는 북부인들은 1852년 선거가 끝난 뒤에도 서부 준주의 노예 허용 저지를 위해 계속 노력했다. 신설 탈출노예 송환법의 무리한 시행으로 북부가 거센 반발을 하면서 이들의 대의명분에는 힘이 실렸다. 송환법은 실질적이라기보다는 상징적인 의미에 불과했지만 ─ 탈출하는 노예는 매년 평균 5천 명당 한 명꼴에 불과했고, 이들을 되찾는 데 혈안이 된 주인은 거의 없었다 ─ 뉴잉글랜드와 중동부 지방에서 활동하는 '노예잡이'들은 남부에 대한 반감을 벌집 쑤시듯 자극했다. 북부인들은 흑인을 차별대우하면서도 대담무쌍한 탈출노예와 이들을 돕는 노예제도 폐지론자들을 영웅 취급했다.

피어스 대통령은 공격적인 외교를 펼쳐 국민들의 관심을 다른 곳으로 돌리려 했다. 1853년 말, 멕시코 주재 미국대사 제임스 개즈던(James Gadsden)은 당시 미국과 멕시코의 국경이었던 힐라 강에서 남쪽으로 오늘날 애리조나와 뉴멕시코의 경계선에 이르는 땅을 매입했다. 휘그당은 여기에 쓰인 1천만 달러 ─ 어마어마하게 많은 액수였다 ─ 를 '속죄 헌금'으로 간주했지만, 이 땅을 대상으로 야심만만한 계획을 세운 개즈던과 남부인들이 보기에는 적당한 금액이었다. 이후에는 미국 최초의 대륙횡단철도 건설지를 놓고 또다시 엄청난 파벌갈등이 빚어졌다. 개즈던과 측근 사업가들은 철도가 남부를 가로지르기 바랐고, 이들이 피어스에게 개즈던 매입 승인을 촉구한 이유도 그 땅이 남부에서 태평양을 오가기에 가장 적합한 길이었기 때문이다. 한편 더글러스는 최초의 대륙횡단철도가 자신의 고향 일리노이를 통과하도록 만들기 위해 계획을 세우는 중이었다.

멕시코 전쟁의 **백전노장 피어스**

그는 1852년 선거운동 때 알코올중독자라는 비난에 시달렸고 '애써 쟁취한 수많은 술병의 영웅'이라는 놀림을 받았다.

오스텐데 선언

피어스의 외교 정책은 미국 땅이 쿠바와 중앙아메리카까지 확장되어야 한다고 호소한 것이 특징이었지만, 그의 노력은 파벌주의라는 좌초에 걸려 비틀거렸다. 그는 집권 초기에 에스파냐 주재 미국대사 피에르 술레(Pierre Soulé)에게 쿠바 매입 협상을 벌이라는 지시를 내렸다. 에스파냐가 매도를 거절하자 국무장관 윌리엄 L. 마시는 영국 주재 대사 뷰캐넌과 프랑스 주재 대사 존 Y. 메이슨(John Y. Mason)에게 벨기에 오스텐데에서 술레를 만나 대안을 강구해 달라는 부탁을 했다. 세 외교관은 1854년 10월 18일, 국무성에 보내는 비밀 서신을 통해 에스파냐가 계속 고집을 부리거든 땅을 빼앗아 버리면 그만이라고 말했다.

오스텐데 선언의 내용이 언론으로 새어 나가자 논쟁이 불거졌다. 노예제도에 반대하는 북부인들은 이 문서(특히 과격한 표현을 가리켜)를 가리켜 노예제도를 확산시키려는 남부의 음모라고 몰아붙였고, 이로 인해 피어스는 쿠바를 차지할 수 있는 기회를 영영 잃어버렸다.

캔자스-네브래스카 법

더글러스가 1854년 1월에 캔자스와 네브래스카의 준주 설립 법안을 제안한 이유는 사실 철로 문제 때문이었다. 인적이 드문 대평원에 철로를 건설하려면 준주로의 승격이 전제조건이었다. 그는 루이지애나 매입지에 대중 주권론의 원칙을 적용시켜 남부노선 제창자들을 꺾으려 했다. 이 지역을 두 개의 준주로 나누어 노예제도 실시를 주민 투표에 맡기자고 했다. 이렇게 되면 네브래스카는 자유주가 될 가능성이 높았지만 캔자스는 이웃 미주리의 영향을 받아 노예제도를 허용할 가능성이 컸다. 의회는 유타와 뉴멕시코 준주를 승인할 때 이와 똑같은 조치를 내린 바 있었지만, 루이지애나 매입지인 캔자스와 네브래스카는 1820년 미주리 타협의 조건을 따라야 하기 때문에 경우가 달랐다. 따라서 더글러스는 북위 36도 30분 이북에서 노예제도를 금지하는 미주리 타협의 폐기를 주장한 셈이었지만, 피어스 대통령의 후원으로 캔자스-네브래스카 법은 5월 말에 정식 법령이 되었다.

하지만 이후 격렬한 논쟁이 벌어지면서 1850년부터 아슬아슬하게 유지되던 휴전 분위기가 와해되었다. 그뿐 아니라 법령 제정은 양심적인 휘그당원과 더글러스에 반대하는 민주당원, 자유토지당원들이 모여 공화당을 결성하는 계기가 되었다. 신생 정당은 모든 연방 준주에서 노예제도 완전 철폐를 주장했고 관련된 여러 문제에 대해서도 강경한 입장을 보였다.

캔자스-네브래스카 법이 제정되자 양쪽 진영의 운동가들은 노예제도 관련 투표를 장악하기 위해 지지자들의 캔자스 이주를 적극 권장했다. 노예제도 폐지론자들은 뉴잉글랜드 이민원조협회를 비롯한 여러 기관을 통해 폐지론자들의 캔자스 이민을 재정적으로 지원했고, '접경지대의 불한당'들은 노예제도 찬성론자의 숫자를 불리기 위해 미주리 주 경계선을 넘어 캔자스로 건너왔

앨러게니 산맥을 관통하는 최초의 열차

1850년대 초반의 사진.

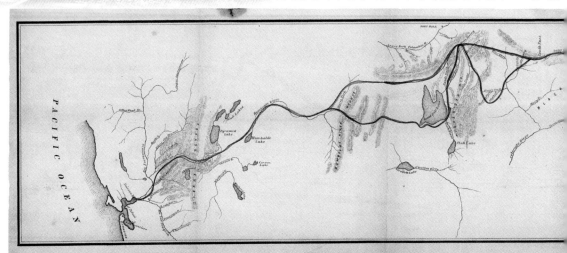

이민 배척주의

휘그당은 1850년대 초반 무렵 누가 보아도 수명이 다해 가고 있었고, 당원들은 다른 둥지를 찾기 시작했다.

이때 대부분은 공화당원이 되었지만 전직 대통령 필모어를 비롯한 몇 명은 신생 아메리카당의 일원이 되었다. 이들은 정강을 비밀에 부치고 누가 물으면 "모릅니다."라고 대답했다고 해서 부지당(不知黨)이라고 불리기도 했다.

부지당원들은 1840년대에 이르러 급증한 이민을 반대했다. 이민이 '미국 원주민'들의 지위를 위협한다고 생각했기 때문이다(물론 여기에서 '미국 원주민'은 인디언이 아니라 자신들과 같은 백인 개척민의 후손을 가리키는 표현이었다).

부지당원들은 최근 들어 몇십만 명이 이민 온 가톨릭교

1854년의 비누 상표
부지당원들이 표방한 '순수주의' 를 소재로 삼았다.

도를 특히 경멸했다. 이들 중에는 경제적으로 어려운 독일에서 건너온 사람도 있었고, 그 유명한 감자 기근을 피해 1845년 이후 아일랜드에서 건너온 사람도 있었다.

그 결과, 1830년에는 30만 명으로 비교적 소수에 불과하던 미국의 가톨릭교도 인구가 1860년에는 300만 명으로 껑충 뛰었다. 헌법에서는 종교의 자유를 보장했지만 묵인이 진정한 수용으로 이어지지는 않았고, 가톨릭교도들의 대대적인 음모를 두려워 한 나머지 심지어는 묵인조차 이루어지지 않는 경우도 있었다. 이 때문에 북동부 도회지에 거주하는 가톨릭 노동자들은 심한 차별은 물론, 때로는 폭행에까지 시달렸다.

다. 노예의 땅을 청소하기 위해 캔자스로 건너온 사람들 가운데에는 열혈 폐지론자 존 브라운(John Brown)도 있었다. 그 결과, 호레이스 그릴리(Horace Greeley)가 《뉴욕 트리뷴(New York Tribune)》에서 표현한 대로 '피의 캔자스' 사태가 빚어졌다. 툭하면 무장군이 충돌하고 어느 쪽도 안정된 준주 정부를 결성하지 못하는 교전지대로 바뀐 것이다. 경쟁적으로 대표자 회의가 소집되었고 부정 투표로 여러 헌법이 승인되었다. 하지만 유혈사태가 계속되면서 피어스는 대학살의 책임자로 비난의 초점이 되었다.

1849년에 작성된 지도
빨간 선은 세인트루이스와 샌프란시스코를 잇는 철도 노선으로 제안된 것인데, 1843년에 프리몬트가 걸었던 궤적(녹색 선)과 비슷하다.

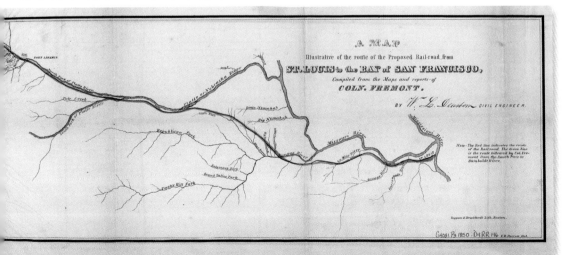

인물 촌평

매튜 C. 페리
1794–1858년

존 W. 다우어

1853년 7월 8일, 봉건 일본의 얼기설기 퍼진 수도 에도의 외곽 우라가의 주민들은 놀라운 광경을 목격했다. 검은 연기에 가려 돛조차 보이지 않는 외국 군함 네 척이 항구로 들어선 것이다. 일본인들이 재빠르게 파악한 바에 따르면 이들은 석탄을 연료로 쓰는 증기선 두 척과 여기에 예인되어 오는 슬루프 두 척이었다. 함대의 사령관은 무뚝뚝하고 고압적인 미국인 매튜 C. 페리(Matthew C. Perry)였고, 오랫동안 고립되어 있던 일본의 문을 여는 것이 그의 목적이었다.

페리 제독은 1813년 이리 호 전투에서 영국을 물리친 바다의 영웅 올리버 해저드 페리의 동생이었다. 그는 최근 멕시코에서 소함대로 몇몇 항구를 점령하고 스콧의 베라크루스 포위 공격을 도와 명성을 날린 바 있었다. 이 전쟁의 승리로 미국은 캘리포니아와 그 밖의 영토를 멕시코에게 양도받았을 뿐 아니라 훨씬 서쪽, 그러니까 수수께끼로 뒤덮인 '아시야' 시장과 이교도들을 향해 진출하는 계기를 마련했다.

미국 상사들은 18세기부터 광둥을 중심으로 이루어지는 중국 무역에 참여하고 있었다. 1839년에서 1842년 사이에 벌어진 아편전쟁에서 영국이 승리를 거두자 미국은 중국의 항구를 외국 상인들에게 추가로 개방하는 불

평등조약 체계에 가담했다. 이에 따라 높다랗고 빠르고 우아한 쾌속 범선들이 무럭무럭 성장하는 미국 동안의 항구로 비단, 도자기, 차와 같은 동양의 사치품을 이미 실어나르고 있었다. 페리가 느릿느릿 일본인들에게 전한 바에 따르면 이제는 미국 서안의 새로운 항구들(샌프란시스코가 선두주자였다)도 개설이 되었고, 증기선의 시대가 도래하면서 캘리포니아와 일본의 거리가 18일로 줄어든 상황이었다. 제독이 보기에는 이처럼 새로운 시대와 분위기를 고려할 때 일본에 대한 요구가 그다지 지나치지 않았다. 하지만 일본인들 입장에서는 침략 자체가 충격이었고, 오랫동안 누리던 섬나라 특유의 안전한 자급자족 생활의 종말을 알리는 전조였다.

19세기 중반의 미국은 허먼 멜빌의 『모비 딕(Moby-Dick)』식 미국이었다. 고래기름 램프가 집안을 밝히고, 고래수염은 치마의 틀을 잡아 주고, 레비아탄 기름은 기계 윤활유로 쓰였다. 따라서 페리의 1차 목표 가운데 일본 주변의 바다를 오가는 고래잡이와 그 밖의 선원들이 석탄과 물자를 얻을 수 있도록 주선하는 것도 있었다. 그는 난파당한 미국인들에게의 너그러운 대우와 교역관계 확립을 바라는 필모어 대통령의 서신도 전달했다.

페리가 일본에 머문 기간은 짧았다. 그는 필모어의

서신을 받아들이도록 일본인들을 설득하는 한편, 일대 바다를 둘러보았고 일본 관리들이 경악을 금치 못하며 구경하는 가운데 에도 만까지 둘러보았다. 얼마 후에 더욱 대규모 함대를 끌고 와서 정부의 대답을 듣고 가겠다는 경고와 함께 일본을 떠났다. 그는 6개월 뒤에 정말로 다시 등장했다. 이번에는 군함아홉 척과 대포 120여 개, 수병 1,800명과 함께였다. 이렇게 해서 페리의 조건을 모두 받아들이는 가나가와 조약이 체결되었다. 일본은 이에 따라서 시모다와 하코다테, 두 항구를 미국에 개방하고 내키지는 않지만 미국 '영사'를 받아들이기로 했다. 미국 영사는 훗날 남아 있던 일본의 장벽을 허물고 국제시장으로 떠미는 역할을 했다.

당시 7세기 동안 일본을 장악하고 있던 사무라이 중심의 봉건체제는 이같은 압력을 견디지 못한 나머지 1868년에 무너졌지만, 일본인들이 페리를 통해 깨달은 모진 교훈은 계속 살아남았다. 이후에 밝혀진 사실이지만 일본은 페리의 '포함외교(砲艦外交)'의 의미를 동양의 그 어떤 이교도 국가보다 빠르게 파악했다. 현실정책과 사회진화론에 의거한 국제질서의 거부할 수 없는 물결을 알아차린 것이다.

하지만 한편으로 일본인들은 만만치 않은 신세계에서 살아남으려면 없어서는 안 되는 기술을 페리에게 배웠다. 이들은 페리의 초청을 받고 '검은 배'에 올라 어마어마한 엔진과 총포를 살펴보았다. 콜트식 권총의 회전식 약실이 어떤 식으로 총알 여러 발을 연달아 발사하는지 장교들을 통해 배웠다. 미국이 일본 정부에게 정식으로 건넨 선물에는 모형 전신기계와 기관차, 탄수차, 객차, 340미터쯤의 선로를 완벽하게 갖춘 4분의 1 축소 철도가 들어 있었다.

이로부터 90년 뒤, 미국은 핵무기로 일본의 두 도시를 파괴했고, 미국의 또 다른 전쟁영웅 더

글러스 맥아더(Douglas MacArthur) 장군은 페리와 똑같은 항구 도쿄 만으로 진격하여 일본의 항복을 받아 냈다. 이 무렵에는 어마어마한 미국 함대가 맥아더 장군을 호위했고 공군 항공기가 하늘을 수놓았다. 페리와 그 시대 사람들로서는 상상할 수 없을 만큼 달라진 세상이었다.

무명의 일본 화가가 그린 페리의 목판화
(왼쪽) 제목의 1853년 일본 방문 직후에 에도(도쿄)에서 선을 보인 작품이다.

페리의 명함 사진
(오른쪽) 1850년대 중반에 찍은 것이다.

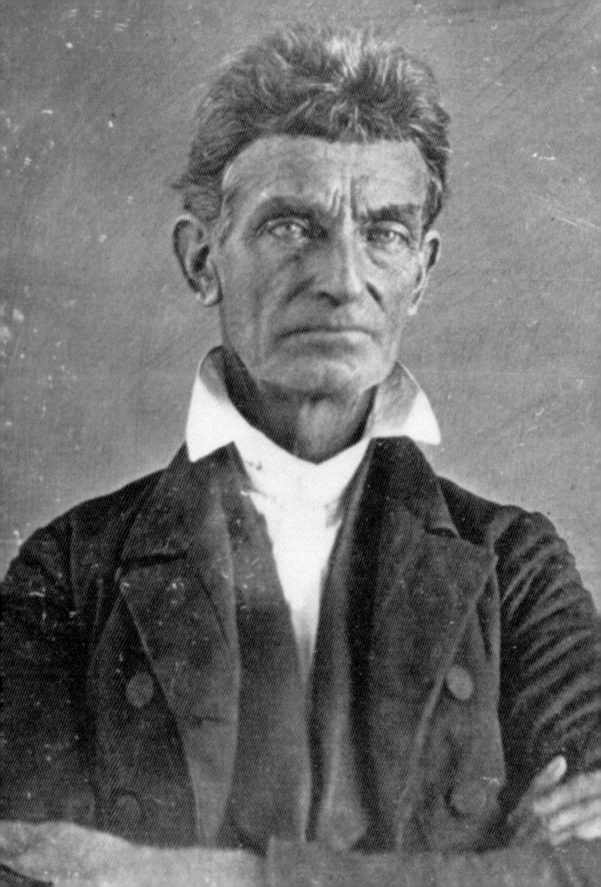

11

남북전쟁으로 향하는 길목

존 브라운 습격 사건

사건은 터무니없는 판단 착오에서 비롯되었다. 1859년 8월 말, 육군징관 존 B. 플로이드(John B. Floyd)는 버지니아에서 휴가를 즐기다 "캔자스 출신의 '존 브라운'이 남부에서 노예폭동을 일으킬 생각으로 비밀 단체를 조직 중"이라는 익명의 편지를 받았다. 8월 20일 날짜가 적힌 그 편지에는 브라운이 메릴랜드의 은신처에서 무기를 축적한 과정과 몇 주 뒤 포토맥 강을 건너기 위해 세운 계획이 자세하게 적혀 있었다. 심지어 포토맥 강을 건너 연방군의 무기고가 있는 버지니아 주 하퍼스페리로 향할 생각이라고, 진격 목표까지 폭로했다. 발신인—아이오와 주 스프링데일에 사는 퀘이커교도 데이비드 J. 구로 밝혀졌다—은 하퍼스페리로 지금 당장 군대를 파견하라고 다그쳤다.

하지만 플로이드는 믿을 수 없는 이야기로 간주하고 편지의 내용을 무시했다. 브라운이라는 이름을 들어본 일이 없을뿐더러(제임스 뷰캐넌 대통령이 최근 250달러의 현상금을 내건 인물인데도 모르고 있었다) 몇 가지 작은 오류 때문에 더더욱 진위가 의심스러웠다. 편지에는 브라운이 메릴랜드의 연방 무기고로 파견할 첩자를 모집했다고 적혀 있었다. 하지만 플로이드가 아는 한 메릴랜드에는 연방 무기고가 없었다(하퍼스페리를 이야기하는 줄 알아차리지 못한 것이다).

하지만 1860년 3월, 상원 위원회의 증언에서 밝혔다시피 플로이드가 편지를 트렁크 깊숙이 내팽개친 가장 근본적인 이유는 '미국 시민이 그렇게 사악하고 엄청

난 계획을 꾸미리라고는' 상상도 못했기 때문이었다. 플로이드도 잘 알다시피 1831년 이후에는 노예들이 이렇다 할 만한 폭동을 벌인 일이 없었다. 1831년이면 그의 아버지가 버지니아 주지사로 재직하던 당시이고 냇 터너의 반란이 벌어진 해였다. 그로부터 30년이 지난 지금, 또 다른 반란이 임박했다니 플로이드로서는 믿을 수 없었다. 때문에 그는 아무런 조치도 취하지 않았다. 그가 생각하기에 노예제도는 군사적인 문제가 아니라 정치적인 문제였다.

한편 메릴랜드 서부에서는 쉰아홉 살의 브라운이 정말로 폭동을 준비하고 있었다. 그는 이미 7월 3일에 하퍼스페리로 건너가서 첩자 존 에드윈 쿡(John Edwin Cook)을 만났다. 동조자들을 집합시키기에 알맞은 장소가 있는지 오언(Owen)과 올리버(Oliver), 두 아들과 함께 이후에 인근 메릴랜드 시골을 정찰까지 했다. 브라운은 북부의 후원자들이 대준 기금을 가지고 110킬로미터쯤 떨어져 있는 케네디 농장을 임대한 참이었다. 그는 아직 스미스라고 이름을 속이고 이웃들에게는 뉴욕에서 건너온 소 매매업자라고 밝혔다.

플로이드가 휴가를 즐기고 브라운이 지도를 연구하던 8월 한 달 동안 몇몇 청년들이 케네디 농장으로 모였다. 이들은 이웃 주민들의 의심을 사지 않도록 2층 다락방에 몸을 숨겼다. 8월이 거의 끝나갈 무렵 케네디 농장으로 모인 신병들의 숫자는 모두 열다섯 명이었다. 브라운의 셋째 아들 윗슨(Watson)과 브라운이 캔자스에서 투쟁을 벌이던 시절에 만난 젊은 노예제도 폐

존 브라운
(왼쪽) 캔자스 주 오서와터미에 살던 1856년 초에 촬영한 사진.

올리버 브라운과 아내 마서
올리버가 하퍼스페리를
습격하다 숨을 거두기
불과 몇 달 전에 촬영한
사진이다.

지론자 몇 명, 스프링데일에서 건너온 형제 두세 명. 브라운 다음으로 나이가 많은 공범은 마흔여덟 살의 데인저필드 뉴비(Dangerfield Newby)였다. 그는 노예 출신 자유시민이었지만 아직도 버지니아 플랜테이션에 발이 묶인 아내와 일곱 아이들을 위해 음모에 가담했다. 브라운은 좀더 평범한 농장으로 보일 수 있도록 열일곱 살의 며느리 마서(올리버의 부인)와 열다섯 살의 딸 애니까지 불러모았다.

한편 브라운은 북부의 급진적인 노예제도 폐지론자들에게 꾸준히 편지를 보내 추가 자금과 지원병을 요청했다. 지금까지 약속만 많았을 뿐 실행으로 옮겨진 일이 거의 없었기 때문에 걱정이 앞섰다. 8월 19일에는 펜실베이니아 주 체임버즈버그로 건너가서 친구 프레더릭 더글러스를 만났다. 이때 더글러스는 하퍼스페리 습격 계획을 듣고 충격을 받았다. 브라운은 친구에게 동참을 간청했지만 거절당했다(습격 이후 두 사람의 친분 관계가 알려지자 버지니아 주의회는 더글러스를 '살인, 강도, 노예반란 선동' 혐의로 고발했다. 더글러스는 뉴욕 주지사가 자신을 인도하려고 준비 중이라는 소식을 듣고 캐나다로 도피했다).

브라운의 병사들은 늦여름과 초가을 내내 메릴랜드에서 초조한 시간을 보냈다. 다락방이라는 좁은 공간 때문에 제대로 된 운동이 불가능했고 들통날지 모른다는 공포심이 이들을 괴롭혔다. 가끔은 긴장감을 견디기 힘들 때도 있었다. 그래도 이들은 대의명분에 충실했고 결심을 바꾸지 않았다. 9월 8일에 윗슨은 아내에게 이런 편지를 썼다.

"낮이면 계속 당신 생각을 하고 밤이면 당신 꿈을 꿔. 당장이라도 집으로 달려가서 당신과 함께 지내고 싶지만 나만의 행복을 위해 살지 않기로, 다른 사람들을 위해 무언가를 하기로 결심한 마당이니 그럴 수 없지."

그 동안 무기를 담은 나무상자들이 수도 없이 케네디 농장으로 배달되었다. 캔자스에서 사

케네디 농장
브라운은 메릴랜드에 있는
이 농장을 임대해서 습격
준비장소로 삼았다. 당시
메릴랜드는 노예주였다.

용할 샤프스 소총이 198자루, 메이너드 리볼버가 200자루였고, 끝에 쇠를 단 창 950자루는 노예군을 대비해 미리 준비한 무기였다. 브라운은 이 무렵 부하들에게 기본 계획을 알렸다. 부하들은 대부분 브라운이 1년 전 미주리에서 벌였던 습격 사건처럼 노예 몇 명을 구출해 캐나다로 안전하게 인도하려는 줄 알고 있었다. 세 아들은 아버지가 하퍼스페리 운운하며 한층 더 야심 만만한 계획을 이야기할 때 들은 기억이 있었지만 그것이 얼마나 엄청난 일인지 알지 못했다.

존 브라운의 계획

존 브라운은 지난 한 해 동안 하퍼스페리에 살며 무기고를 연구한 쿡의 자극을 받고 계획을 점점 더 거창하게 키워 나갔다. 처음에는 무기고를 재빠르게 습격한 뒤 버지니아 서부의 산악지대로 얼른 후퇴할 생각이었다. 그런데 지금은 도시 전체를 점령하고 주변 마을의 노예, 자유흑인, 체제에 반대하는 백인들이 한 깃발 아래 모이는 곳으로 만들고 싶었다. 하퍼스페리를 습격하면 즉각 대규모 폭동으로 이어질 테고, 속속들이 도착하는 의용군은 무기고의 도움을 받으면 연방이나 주 차원의 반격이 시작되기 이전에 준비를 갖출 수 있었다. 이후에는 반란군과 함께 남부로 진격하면서 가는 길목마다 노예를 해방시키는 것이 브라운의 계획이었다.

존 브라운은 철저한 준비성을 강조하기 위하여 부하들에게 일곱 개의 남부 지도를 보여 주었다. 각 지도에는 1850년 인구 조사에 따른 노예 통계가 꼼꼼하게 적혀 있었다. 브라운은 미래의 반란군을 이끌고 표시한 각 마을을 지그재그로 거쳐 멕시코 만 연안까지 행진할 생각이었다. 멕시코 만까지 가지 못하더라도 반란으로 남부가 히스테리에 걸려서 파벌 간의 갈등이 불거지고 내전이 벌어지면 그것 또한 나쁘지 않았다.

올리버 브라운은 몇몇 동료들과 함께 스무 명도 안 되는 인원으로 2,500명이 사는 마을을 점령할 수 있겠느냐며 강도 높게 반대했다. 하지만 아버지가 '총사령관' 자리를 내놓겠다고 심리전을 쓰며 협박하자 입씨름은 끝이 났다. 존 브라운은 이렇게 설명했다.

"내가 만약 버지니아를 쓰러뜨리면 노예 숫자가 월등히 많은 남부는 저절로 무너질 것이다."

브라운도 습격 시기가 적절한지 나름대로 고민이었지만 —노예제도 폐지론자들이 왜 더욱 적극적으로 지원을 하지 않는지 알 수가 없었다— 10월 15일 토요일에 자원병 세 명이 추가로 도착하면서 상당히 용기를 얻었다. 신병 가운데 두 명은 오벌린 구조대(Oberlin Rescuers, 탈출노예들을 피신시키기 위한 비밀결사조직인 지하철도에 적극적으로 가담한 대학생)였고, 나머지 한 명은 보스턴 출신의 젊은 노예제도 폐지론자 프랜시스 잭슨 메리엄(Francis Jackson Meriam)이었다. 그는 자유흑인에게 브라운의 이야기를 듣고 물어물어 게네디 농장까지 찾아온 인물이었다(일부 추측에 따르면 브라운의 계획을 사전에 간파한 사람

이 육군장관말고도 100여 명은 되었다고 한다). 브라운의 입장에서는 메리엄이 들고 온 600달러도 위안거리였다. 마서와 애니도 2주 전에 뉴욕주 노스엘바의 고향으로 돌려보냈으니 이제는 작전을 개시할 시간이었다. 브라운은 하느님이 더 이상 지원을 하지 않는 것으로 미루어볼 때 현재 자원으로 공격하기 바라는 모양이라고 결론을 내렸다.

오벌린대학

오벌린대학은 여학생 입학을 허락하기 2년 전인 1835년에 흑인도 받아들이기로 결정을 내려 미국 최초로 인종평등을 이룩한 대학의 반열에 올랐다. 이 학교와 노예제도 폐지론의 밀접한 관계는 1850년대까지 이어졌고, 오벌린 구조대는 지하철도의 일원이 되어 탈출한 노예들이 캐나다로 피해 자유를 얻을 수 있도록 도왔다.

브라운의 사고방식에서 하느님이 차지하는 부분은 지대했다. 그는 목사를 꿈꾸며 성경을 자주 인용할 만큼 독실한 그리스도교 신자였고, 하느님이 자신을 통해 노예의 땅을 깨끗이 청소하기 바란다고 생각했다. 때문에 브라운은 자잘한 부분을 걱정하지 않았다. 필요한 때가 되면 길잡이가 되어 주시리라 믿으며 나머지는 하느님에게 맡겼다. 브라운이 하퍼스페리 일대를 꼼꼼하게 정찰하지 않은 이유도 그 때문이었다. 그는 은신처로 향하는 길도 제대로 살펴보지 않았다. 습격이 실패했을 경우를 대비한 탈출 계획을 마련하지도 않았다. 전지전능한 힘이 알아서 해결해 주리라 믿었다. 그는 물론이고 부하들도 목숨을 잃을지 모른다고 생각했지만 노예제도 철폐라는 대의명분에서 힘을 얻었다. 브라운은 이렇게 말했다.

"목숨은 하나요, 죽는 것도 한 번이다. 우리가 설령 목숨을 잃더라도 대의명분을 위한 것이니 그 무엇보다 값진 죽음이 될 것이다."

최근에 도착한 세 명까지 합하면 브라운의 임시군은 모두 스물한 명이었고, 흑인이 다섯 명, 백인은 열여섯 명이었다. 브라운은 일요일 오전에 이들을 모아 놓고 마지막 예배를 드렸다. 그리고 오후에 임무를 할당했다. 열여덟 명은 네 개 소대로 나뉘어 브라운과 함께 하퍼스페리로 진격하고, 오언 브라운, 메리엄, 스프링데일 형제 중 한 명은 후위 부대로 농장에 남기로 했다. 포토맥 강 근처에 있는 학교 건물로 총과 창을 옮기는 것이 후위 부대의 임무였다. 학교 건물은 브라운이 메릴랜드의 탈출노예와 체제에 반대하는 펜실베이니아 백인들의 집결지로 정한 곳이었다.

브라운이 쓰던 것으로 보이는 십자가

브라운의 오서와터미 오두막집에서 발견됐다.

하퍼스페리

하퍼스페리는 포토맥 강과 세넌도어 강이 만나는 전략적 요충지였다. 여기에서 B&O 철도 노선을 따라 동쪽으로 130킬로미터쯤 가면 볼티모어가 나왔다. 고속도로를 타고 90킬로미터 정도를 달리면 워싱턴이었다. 하퍼스페리의 주요 산업은 무기제조업이었다. 이곳에는 연방 무기고도 있었고, 세넌도어 강의 섬에는 하청을 받아 군에 무기를 납품하는 홀스 소총공장도 있었다. 하퍼스페리를 비롯한 버지니아 서부는 산악지형이기 때문에 대규모 농업이 발달하지 못했고, 따라서 노예도 거의 없었다. 기껏해야 대접을 잘 받으며 집안일을 거드는 노예들뿐이었다.

브라운은 하퍼스페리가 보이자마자 전선부터 끊었다. 그 다음에는 야경꾼을 제압하고 마을로 향하는 다리 두 개를 점령했다. 그는 올리버 브라운, 뉴비, 그리고 두 대원에게 다리를 맡긴 뒤 나머지 열네 명과 함께 무기고 구내로 진입했다. 무기고를 지키고 있던 단 한 명의 경비병은 급습으로 완전히 무너졌다. 브라운은 경비병에게 이렇게 말했다.

"나는 캔자스에서 노예주인 이곳으로 건너왔다. 나는 이 주의 모든 검둥이를 해방시킬 작정이다. 이제 미합중국 무기고가 내 차지다. 귀찮게 구는 사람이 있으면 마을에 불을 지르고 피를 보여줄 테다."

이렇게 해서 무기고를 확보한 브라운은 1개 소대를 이끌고 홀스 소총공장을 장악하는 데 성공했고, 세 명을 뽑아 섬 수비를 맡겼다. 한편 다른 대원들은 거리에서 만난 사람들을 무기고로 끌고 가 인질로 삼았다.

이제 자신감이 충만한 브라운은 인질을 더욱 확보하기 위해 변두리로 일부 병력을 파견했다. 이들의 1차 목표는 워싱턴 대통령의 조카손자이자 노예 주인인 루이스 W. 워싱턴(Lewis W. Washington)이었다. 브라운이 워싱턴을 지목한 이유는 '그의 이름이 인질 명단에 끼어 있어야 우리의 대의명분이 더욱 커다란 도덕적 효과를 발휘할 수 있기 때문'이었다. 파견대원들은 자정이 지나고 얼마 지나지 않아 워싱턴과 인질 두 명, 노예신분에서 해방된 열 명을 데리고 돌아왔다.

이 무렵, 휠링에서 볼티모어로 향하는 급행열차의 경적소리가 들렸다. 철교가 봉쇄되어 있

뉴비
버지니아 농장주와 흑인 사이에서 태어난 혼혈이었다.

1862년 당시 하퍼스페리 무기고 정문
왼쪽으로 기관실이 보인다.

**1859년 5월의
브라운**

사업에 완전히 실패하고
인생의 거의 막바지에
이르렀을 무렵이다.
브라운은 아이 20명을
키우기 위해 제혁업자, 양
매업자, 양모장수, 토지
투기업자 등 여러 직업을
바꿔 가며 몇십 년 동안
열심히 일했지만 남은
것이라고는 빚뿐이었다.

**노예제도 폐지론을
저지하려는 1837년의 전단**

(오른쪽) 노예제도 폐지론
강연자를 '사악한
광신도의 앞잡이'로
몰아붙이며 시민들에게
'평화로운 방식으로
폐지론을 잠재우자'고
촉구하고 있다. 하지만
노예제도 반대 모임을
저지하기 위해 동원되는
방법들은 사실 상당히
폭력적이었다.

는 것을 보고 기차는 멈추었고, B&O 직원 두 명이 검사차 선로 쪽으로 걸어왔다. 반란군은 소총 몇 방으로 이들을 끌고 가는 데 성공했지만 이 소리에 마을 전체가 잠에서 깨어났다. 주민들은 무기가 될 만한 것을 닥치는 대로 들고 거리로 나섰다가 대규모 노예폭동이 벌어졌다는 소문을 듣고 하퍼스페리 뒤편의 볼리버 하이츠로 피신했다(아이러니컬하게도 많은 흑인이 따라갔다). 하지만 날이 밝고 교회 종이 울리기 시작하면서 — 폭동이 벌어졌다는 신호였다 — 인근 찰스턴, 셰퍼즈타운, 마틴즈버그의 주민들이 모두 전시체제로 돌입했다.

노예제도 폐지론자

만약 브라운이 30년 전에 무기고를 습격했더라면 북부의 거의 전역이 남부와 손을 잡고 충격과 분노를 표현했을 것이다. 1829년 무렵에도 북부의 모든 주가 노예제도를 폐지했고 많은 북부인이 노예 활용에 대해 반감을 가지고 있었지만, 남부의 노예제도 실시에 간섭해도 된다고 생각하는 사람은 거의 없었다. 북부인들은 대부분 미주리 타협을 지지했고 남부의 노예제도를 합중국 유지에 필요한 정치적 도구라고 생각했다.

하지만 1820년대에서 1850년대 사이 북부의 태도는 꽤 큰 변화를 거쳤고, 여기에는 집요하고 헌신적이고 아주 독실한 반(反)노예제도권의 핵심 운동가들이 기여한 바가 상당히 컸다. 이들 가운데 매사추세츠에서 가장 유명한 인물을 꼽으라면 《리버레이터》의 편집자 윌리엄 로이드 개리슨, 개리슨의 부관 웬델 필립스, 1840년대 후반에 로체스터로 거처를 옮긴 더글러스였다. 뉴욕에서 가장 손꼽히는 노예제도 폐지론자는 루이스 태편, 아시 태편(Arthur Tappan) 형제와 게릿 스미스였다. 오하이오의 대표 인물은 시어도어 웰드(Theodore Weld)였다. 시어도어의 부인 앤젤리나 그림케 웰드(Angelina Grimké Weld)와 처형 새러 그림케(Sarah Grimké)는 전국의 문화회관에서 노예제도에 반대하는 강연을 했고 이후에는 여권 운동까지 강연 주제로 삼았다. 급진적인 노예제도 반대론자들은 처음에 배척을 당했

OUTRAGE.

Fellow Citizens,

AN
ABOLITIONIST,

of the most revolting character is among you, exciting the feelings of the North against the South. A seditious Lecture is to be delivered

THIS EVENING,

at 7 o'clock, at the Presbyterian Church in Cannon-street. You are requested to attend and unite in putting down and silencing by peaceable means this tool of evil and fanaticism. Let the rights of the States guaranteed by the Constitution be protected.

Feb. 27, 1837. *The Union forever!*

지만, 노예제도는 자제하면 되는 것이 아니라 없어져야 한다는 이들의 견해는 차츰 인정을 받았다.

완고하고 유머감각이 전혀 없는 개리슨은 1830년대에 《리버레이터》를 통해 노예제도 폐지 운동의 야심만만한 목표를 제시했다. 노예를 통한 식민지 건설 정책을 단호하게 반대하고

함구령

함구령(gag rule, 개그룰)은 원래 의회에서 특정 주제에 대한 토의시간을 단축시키거나 토의 자체를 배제할 때 쓰이는 수단이다. 그런데 이 가운데 가장 유명한 조치는 1836년 5월에 하원에서 채택한 노예제도 관련 함구령이었다.

미국 노예제도폐지협회가 벌인 캠페인 결과, 북부 출신 의원들은 1830년대 중반부터 봇물처럼 밀려드는 반(反)노예제도 진정서를 받아들이기 시작했다.

남부 출신 의원들은 노예제도 논의가 불거지면 그들의 파벌에 대한 공격으로 받아들였기 때문에 진정서 관련 토론을 저지하기 위해 노예제도 관련 진정서는 아무런 토의 없이 자동적으로 보류 처리하자는 함구령을 들고 나왔다. 많은 북부 출신 의원도 여기에 동참했는데, 의회는 노예제도를 규제할 권리가 없다고 생각하거나 정치적인 편의를 도모하기 위해서였다.

전직 대통령 존 퀸시 애덤스(1831년부터 1848년 사망하기 직전까지 의원으로 활동했다)는 시민의 권리를 무참히 제한하는 조치라는 이유를 들어 애초부터 함구령을 반대했다. 그는 해마다 법률 개정을 요구했고 조금씩 지지 기반을 넓혀 나갔다. 결국 함구령은 1844년 12월에 폐지되었다.

하지만 아직 시행되던 당시에 노예제도 폐지론자들은 함구령을 선전의 일환으로 적극 활용했다. 노예 세력이 연방정부를 장악하고 있다는 증거로 제시한 것이다. 덕분에 노예제도에 관한 한 중립적이던 북부인들 가운데 대다수가 헌법에서 보장하는 시민의 권리를 남부가 위협하고 있다고 믿게 되었다.

1839년에 등장한 만평
휘그당 의원이자 사우스캐롤라이나 대표인 왜디 톰슨 2세 앞에서 애덤스가 반(反)노예제도 관련 진정서를 끌어안고 있다.

즉각적이고 무조건적인 해방을 주장한 것이다. 1832년 1월에 그는 뉴잉글랜드 노예제도폐지협회를 설립했다. 설립 당시 동조한 사람들은 10여 명에 불과했지만 개리슨은 2년 만에 이와 유사한 전국조직, 미국 노예제도폐지협회를 만들 수 있었다. 1833년 12월, 필라델피아에서 열린 미국 노예제도폐지협회의 1차 집회에는 태펀 형제와 시어도어 웰드를 비롯한 60명의 대표단이 참석했고 이후 꾸준히 몸집을 불려 나갔다. 이 기관은 노예제도 폐지운동의 주축이 되었고 1839년 무렵에는 회원 숫자가 20만 명에 가까웠다. 하지만 노예제도 폐지운동은 그해에 이데올로기와 개인적인 성향, 지역에 따라 분열되는 양상을 보이기 시작했다.

개리슨이 애용한 표적은 미국이라는 공화국과 헌법이었다. 그는 설립 이상에 부합하지 못한다며 공화국을 비난했고, 흑인을 차별대우한다고 헌법을 공격했다. 이와 같은 태도는 다른 운동을 벌이다 노예제도 폐지운동 쪽으로 넘어온 많은 사람을 불편하게 만들었다. 이들은 개리슨과 달리 미국의 정치제도를 인정했기 때문이다. 그뿐 아니라 이들은 개리슨이 흑인해방을 지지하지 않는 프로테스탄트의 여러 교파를 공격하는 것도 불만이었고, 그가 주장하는 남녀평등에 반대

북부 아프리카계 미국인들의 생활상을 왜곡한 1829년의 만화
필라델피아의 흑인전용 스타킹 가게를 그린 것이다. 사실 이곳의 자유흑인들은 광범위한 폭력과 차별에 시달리는 경우가 많았다.

서른 살 무렵의 개리슨

개리슨과 폐지론자들이
노예제도에 반대한 가장
근본적인 이유는
비도덕적인 측면
때문이었다. 따라서
그들의 견해를
납득시키기만 하면
미국인들이 노예제도
종식을 요구할 거라
생각했다.

했고, 고압적인 그의 태도를 싫어했다.

분열 이후에 개리슨을 지지하는 쪽은 여전히 보스턴을 중심으로 모여서 《리버레이터》를 발간하고 소책자를 쓰고 노예제도의 극악무도한 측면에 초점을 맞추는 공개집회를 열었다. 다른 파벌인 '정치적 폐지론자'들은 뉴욕 시 본부에서 비슷한 작전을 펼치는 한편으로 정치적인 조직을 결성하여 미국 정치체제 안에서 입법상으로 노예제도를 타도할 수 있도록 제휴활동을 벌였다. 이들은 먼저 주요 정당의 후보들에게 물어 가장 만족스러운 답변을 한 사람에게 표를 몰아 주었다. 하지만 선거가 끝나고 이들의 연합투표권이 소멸되면 당선자는 말로만 대의명분에 충실할 뿐 실질적인 행동을 보이지는 않았다.

정치적 폐지론자들은 더욱 대담한 행동을 보이기로 결심하고 1839년 말에 자유당을 결성했다. 이들이 두 차례 대통령 후보로 내세운 제임스 G. 버니(James G. Birney)는 켄터키에서 노예를 쓰다 시어도어 웰드의 설득에 힘입어 노예제도 폐지론자로 전향한 인물이었다. 1840년에 버니의 득표수는 6,797표, 총 투표수의 0.3퍼센트에 불과했다. 하지만 4년 뒤에는 62,103표로 총 투표수의 2.3퍼센트를 얻었다. 이 가운데 뉴욕 주에서 얻은 15,812표는 휘그당 후보 헨리 클레이의 몫을 빼앗은 것이었다. 결국 클레이는 6천 표 미만의 차이로 뉴욕을 민주당 후보 제임스 K. 포크에게 내주고 말았다. 만약 버니가 출마하지 않았더라면 클레이는 뉴욕 주의 선거인단 투표 36표와 대통령 자리를 차지할 수 있었을 것이다. 정치적 폐지론자들로서는 짜릿한 결과였다.

노예제도 폐지론자들에 대한 반응

18 30년대에 노예제도 폐지를 주장한 사람들은 사회적인 비난뿐 아니라 법률적인 제재와 육체적인 폭행까지 감수해야만 되는 상황이었다.

남부의 여러 주는 북부 출신의 운동가들을 잡아서 넘기면 상을 내렸다. 예를 들어 조지아 주 같은 경우에는 윌리엄 로이드 개리슨을 체포하여 명예훼손죄로 법정에 세우는 사람에게 5천 달러의 포상금을 약속했다.

심지어는 북부에서도 보수적인 사람들은 전국적인 단결을 와해시킨다는 이유에서 노예제도 폐지론자들을 멀리 했고, 보수주의 폭

도들이 이들의 생명과 재산을 위협할 때가 많았다. 1835년 10월에 개리슨이 겪은 그 유명한 사건만 보더라도 잘 알 수 있다.

개리슨은 보스턴에서 폭도들에게 납치되어 집단폭행으로 목숨을 잃을 뻔하다 간신히 경찰의 보호감독을 받았다. 폭도들은 폐지론자들의 모임을 훼방 놓고 인쇄기를 박살내기도 했다.

엘리자베스 케이디 스탠턴의 남편이자 노예제도 폐지론 강연자인 헨리는 200여 차례에 걸쳐 공격을 받았다고 한다.

1837년 11월 일리노이 주 올턴의 폭동을 묘사한 1838년의 목판화
노예제도 폐지를 주장한 신문 편집자 일라이저 P. 러브조이는
이 폭동으로 목숨을 잃었다.

공화당의 등장

개리슨은 계속 타협을 거부했지만 자유당원들은 1844년 선거에서 버니가 기둔 성과를 접하고 더욱 야심만만한 반(反)노예제도 연합전선 구축을 계획하기 시작했다. 1846년에 뉴햄프셔 자유당은 노예제도에 반대하는 민주당원들과 손을 잡고 존 P. 헤일(John P. Hale)을 상원에 진출시켰다. 2년 뒤에 전국 자유당은 독립활동을 포기하고, 반버너(쥐를 잡으려다 헛간을 태운 우화 속 네덜란드 사람처럼 군다고 해서 민주당 골수 당원들이 붙인 별명이었다)파 민주당원들과 양심적인 휘그당원들의 지지를 등에 업고 1848년 뉴욕에서 결성된 자유토지당에 합류했다. 자유토지당원들은 1848년 8월 버펄로에서 전당대회를 열고 마틴 밴 뷰런을 대통령 후보로 선출하는 한편, 새로운 노예주 탄생에 반대하는 정강(개리슨은 이들의 정강을 비웃었다)을 채택했다. 하지만 노예제도가 존속되고 있는 남부에 대해서는 입을 다물었다. 정치적 폐지론자들이 보기에도 너무 많은 것을 양보한 상황이었다.

브라운의 사진 가운데 가장 오래 된 은판 사진
매사추세츠 주 스프링필드에서 양모업을 하던 1847년 무렵에 찍은 것이다.

　이후에 양대 주요 정당이 1852년의 타협을 승인하고 반버너파마저 민주당으로 다시 돌아가자 자유토지당은 좀더 급진적인 운동을 펼치기 시작했다. 이들은 1850년의 타협에 반대한 헤일 상원의원을 대통령 후보로 내세우는 한편, 1852년에는 "노예제도는 하느님에 반하는 죄악이며 인간에 반하는 범죄이다. (중략) 그리스도교와 인도주의와 애국의 차원에서 노예제도는 폐지되어 마땅하다."는 정강을 선포했다. 당연한 결과이겠지만 헤일의 득표수는 1848년 밴 뷰런의 절반에 그쳤다. 하지만 1852년 대통령 선거 결과로 15만이라는 강경파의 규모가 드러났고, 1854년 2월에 스티븐 A. 더글러스가 내놓은 캔자스-네브래스카 법안에 대한 반발로 공화당이 등장하자 이들은 고스란히 공화당 지지자가 되었다.

1848년의 만평
양심적인 휘그당원과 보수적인 민주당원 사이를 잇지 못하는 밴 뷰런의 무능력을 비웃었다.

　공화당의 깃발 아래 뭉친 여러 파벌은 노예제도가 서부로 확산되면 안 된다는 점에서 의견을 같이했다. 하지만 노예해방에 대한 입장과 견해는 파벌마다 크게 달랐다. 호레이스 그릴리가 《뉴욕 트리뷴》에서 설명했다시피 "공화당 안에는 노예세도 폐지론자들도 있고 노예복지를 위해 애쓰는 사람들도 있지만, 자유시민이건 노예이건 흑인의 권익에는 거의 관심이 없고 준주를 백인 자유 노동자의 땅으로 확보하는 것이 목표인 사람들이 더 많은" 실정이었다. 그럼에도 불구하고 신당 설립으로 불어닥친 노예해방의 열풍은 남부를 위협했다.

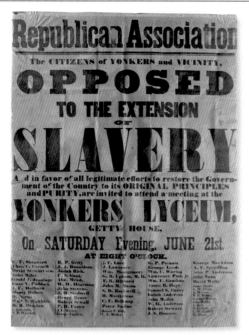

미국의 정당

미국 최초의 정당체제에서는 연방파와 민주공화파가 격돌했다. 1820년대 후반부터 1850년대 초반까지 유지된 두 번째 정당체제에서는 휘그당과 민주당이 경쟁을 벌였다. 하지만 1854년 이후에는 민주당의 새로운 라이벌, 공화당이 등장했다.

프리몬트

(오른쪽) 1856년 대통령 선거 당시 공화당이 내세운 슬로건은 '자유로운 땅, 자유로운 언론, 프리몬트'였다.

공 화당 최초의 대통령 후보 존 C. 프리몬트는 조금 기대에 못 미쳤다. 그는 1856년 경선에서 민주당 후보 뷰캐넌을 상대로 뉴잉글랜드를 휩쓸고 중서부에서 선전했지만, 12개의 남부 주에서는 한 표도 얻지 못했다. 남부에서는 전직 대통령이자 부지당 후보인 밀러드 필모어가 뷰캐넌의 유일한 적수였다. 일반 투표에서 필모어가 승리를 거둔 곳은 메릴랜드 한 군데였고, 프리몬트가 승리를 거둔 곳은 열한 군데였다. 결국 대통령 자리는 피어스처럼 북부 출신이면서도 노예제도에 관한 한 남부의 입장에 동조하는 뷰캐넌의 몫으로 돌아갔다. 공화당의 지도부 인사는 이렇게 말했다. "우리가 비록 패배는 했지만 악당들을 크게 혼쭐낸 셈이다."

이처럼 남부 출신과 공화당원들은 각각 한 사람에게 표를 몰아 주고 북부 출신 민주당원들만 중간 다리 역할을 하는 상황에서는 협박과 협상의 기술이 걸출하고 민족주의 정신이 투철한 대통령이라야 나라를 통합할 수 있었다. 하지만 안달복달하는 노총각에 듣기 좋은 말밖에 할 줄 모르는 뷰캐넌은 이런 인물이 못 되었다. 그는 1857년 3월 4일의 취임 연설에서 대법원 판결을 기다리는 '드레드 스콧 대 샌드퍼드' 사건을 언급하며 파벌간 화합을 처음으로 도모했다. '드레드 스콧 대 샌드퍼드' 사건은 서부 준주로의 노예제도 확장과 밀접한 관계를 가지고 있었는데, 뷰캐넌은 대법원 판결이 어느 쪽이든지 인정하자고 촉구했다. 하지만 뷰캐넌은 같은 펜실베이니아 출신이자 대법관인 로버트 C. 그리어(Robert C. Grier)에게 남부의 손을 들어 주기로 결정했다는 이야기를 들은 뒤였다.

그로부터 1년 뒤에 스티븐 더글러스는 일리노이 상원의원 선거에 다시 출마했다. 공화당에서 내세운 경쟁 후보는 멕시코 전쟁 때 휘그당 의원을 지낸 스프링필드 출신의 변호사 에이브러햄 링컨이었다. 온건파 공화당원들이 대부분 그렇듯이 링컨은 노예제도가 합법적이기는 하지만 옳지 않은 조치로 간주했고, 지금 당장 폐지할 수 없다면 점차 자연스럽게 소멸되도록 서부에서는 노예제도를 실시하지 말아야 된다고 생각했다. 링컨은 여러 지방을 돌며 유세를 펼치는 동안 드레드 스콧 판결을 놓고 더글러스에게 거북한 질문을 퍼부었다. 특히 준주의 주민들이 노예제도를 금지시켰는데— 더글러스의 대중 주권론에 따르면 노예제도 허용 여부는 주민들이 결정할 몫이었다—어떻게 대법원에서 모든 지역의 노예제도를 합법화시킬 수 있느냐고 집중 공격했다. 답변할 방법이 막막해진 더글러스는 결국 노예제도에 반대하는 주의회는 노예 소유주의 권리

를 보호하는 법률 제정을 거부하면 노예제도를 금지할 수 있다고 대답하는 수밖에 없었다. 더글러스는 이처럼 궁색한 변명으로 간신히 상원의원 자리를 지켰지만, '드레드 스콧 대 샌드퍼

'드레드 스콧 대 샌드퍼드'

1846년 4월, 문맹인 미주리 주의 노예 드레드 스콧이 세인트루이스 지방법원에 자유를 달라는 진정서를 제출했다. 그는 군의관인 주인을 따라서 자유주인 일리노이에서 잠시 산 적이 있었다. 미주리 법에는 자유주에서 잠시라도 거주했던 노예는 자동적으로 자유시민이 된다는 조항이 있었다.

하지만 재판은 수많은 전문적인 문제 때문에 차일피일 미루어지다 1850년 1월에 이르러서야 드레드 스콧의 승리로 마감되었다. 그러자 주인의 상소가 잇따랐고 다시 재판이 열리기까지 몇 년의 시간이 흘렀다.

그 사이 1850년의 타협안이 의회를 통과하면서 남부인들은 더욱 강력한 노예제도 보호조치를 요구하기 시작했다. 스콧의 재판은 이와 같은 정치적 대혼란 속에서 치러졌고, 미주리 대법원은 1852년 3월에 판례를 무시한 채 지방법원이 내린 원심을 파기하고 스콧이 그래도 노예라는 판결을 내렸다. "지금은 기존의 판례가 내려졌던 때와 시대가 다르다."는 것이 대법관 윌리엄 스콧(William Scott)의 설명이었다.

드레드 스콧의 후원자들은 1년 뒤, 부당한 억류에 항의하는 새로운 소송을 연방 지방법원에 제기했다. 그런데 판사가 배심원들에게 미주리 법원의 판결을 존중할 수밖에 없다는 이야기를 하면서 분위기는 스콧에게 불리한 쪽으로 흘러갔다.

이번에는 스콧이 상소했고 1857년 3월 6일에 대법원이 판결문을 발표했다. 여기에서 7 대 2의 다수파 의견을 가장 단적으로 대변한 인물은 메릴랜드 출신의 대법원장 로저 B. 토니였다. 일흔아홉 살의 토니는 스콧의 신분 여부를 넘어서 더욱 총체적인 판

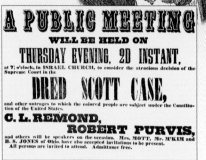

드레드 스콧(위)의 노예판결에 따른
항의집회를 알리는 포스터
루크리셔 모트도 이 집회의 연사로 나섰다.

결을 내릴 목적으로, 흑인들은 자유시민이건 노예이건 미합중국의 시민이 아니기 때문에 연방정부에 소송을 제기할 권리가 없다고 선언했다. 그리고 한 걸음 더 나아가서 노예는 개인의 재산이고 헌법의 보호를 받기 때문에 의회는 준주의 노예제도를 금지할 권리가 없다고 주장했다.

토니의 판결에 담긴 의미는 실로 엄청난 것이었다. 1858년 상원의원 선거에서 링컨은 판결의 합법성을 종종 거론했다. 링컨은 그 유명한 '내분이 있는 집' 연설에서 대법원이 자유주에서 살았던 스콧을 노예로 판정하다니 전국의 노예제도를 합법화한 셈이라고 지적했다.

"드레드 스콧의 주인이 자유주인 일리노이에서 드레스 스콧을 거느리고 있었던 것이 적법이라면, 일리노이나 그 밖의 모든 자유주에서 1천 명의 노예를 거느리더라도 적법이 됩니다."

'드레드 스콧 대 샌드퍼드' 판결은 1857년 3월의 기준으로 보더라도 악법이었다. 그리고 조만간 밝혀진 바로는 정치상으로도 악재였다. 역사학자 숀 윌렌츠(Sean Wilentz)는 이렇게 말한다.

대법원장 토니

"토니는 단호한 일격을 가하면 노예제도 문제를 한 번에 영원히 잠재울 수 있을 줄 알았다. 하지만 노예제도 문제를 잠재우기는커녕 바로 다음날 《뉴욕 트리뷴》에서 (중략) '워싱턴의 어느 술집에 모인 사람들이 다수결로 정한 판결이나 다름없을 정도로 무책임하다'고 혹평을 내릴 만큼 너무나도 일방적인 판결을 내리고 말았다."

토니의 이름은 오늘날까지 오명에서 벗어나지 못했다.

드' 판결을 무시할 수 있다는 발언을 듣고 남부인들은 분개했고 그 결과 더글러스의 전국적인 인기는 곤두박질쳤다. 반대로 링컨은 공화당의 1860년 대통령 후보감으로 떠올랐다.

캔자스의 존 브라운

1859년 10월에 하퍼스페리를 습격했을 당시 브라운은 노예제도 반대를 위한 캔자즈 준주에서의 습격 사건 때문에 법망을 피해 쫓겨 다니는 신세였다. 그는 이 사업, 저 사업에서 실패를 거듭하다 1855년 초가 되자 얼마 전 오서와터미로 건너간 다섯 아들을 찾아갔다. 오서와터미는 자유주의 본거지 격인 캔자스 주 로렌스에서 50킬로미터 정도 떨어진 마을이었다. 브라운은 애초부터 노예제도 폐지론자였다. 오하이오에 있는 그의 집은 지하철도의 정거장 역할을 했

에이브러햄 링컨
1809-1865년

켄터키 변경지대의 가난하고 무지한 부모 밑에서 태어난 에이브러햄 링컨은 이후 가족들과 함께 인디애나를 거쳐 일리노이로 건너갔다. 그리고 많은 책을 통해 독학을 하며 어린 시절을 보냈다.

1830년에 집을 떠나 뉴세일럼이라는 마을로 거처를 옮긴 링컨은 6년 동안 점원, 방적공, 우체국장 등 다양한 직업을 거쳤고, 그러는 한편으로 휘그당원이 되었다.

1832년에는 주의원 선거에 나섰다가 고배를 마셨지만 2년 뒤에 승리를 따내면서 네 번 연속 의원직을 맡았다. 그는 헨리 클레이를 우상처럼 생각했고 신분 상승의 기회가 있다는 점에서 클레이의 미국 체제를 지지했다.

그러는 한편으로 링컨은 법률 공부를 시작했다. 지금도 그렇듯이 당시에도 변호사가 되면 생계와 정치 활동에 많은 도움이 되기 때문이었다. 그는 1836년에 일리노이에서 변호사 자격증을 획득하고 이듬해 스프링필드로 옮겨 변호사로 명성을 떨쳤다. 링컨은 그때

까지만 하더라도 노예제도에 관한 생각을 공개적으로 내비친 일이 없었다. 하지만 1854년에 캔자스-네브래스카 법이 제정되자—그의 표현에 따르면 그때만큼 흥분한 때가 없었다고 한다— 수많은 연설을 하기 시작했다. 이후 6년 동안 175차례에 걸쳐 서

링컨의 수학 계산집 낱장
링컨이 1820년대 중반, 10대 무렵에 들고 다니던 것이다.

을 보인 연설의 주제는 서부 준주에서 노예제도를 금지해야 되는 당위성이었다. 링컨은 1856년에 일리노이 공화당 창당을 도왔고, 2년 뒤에는 '내분이 있는 집' 연설과 함께 상원의원 후보 지명을 수락했다. 그는 이 연설에서 다음과 같은 말을 남겼다.

"내분이 있는 집은 오래 갈 수 없습니다. 절반이 '노예'이고 절반은 '자유'인 이 정부는 영원히 계속되지 못할 겁니다."

에이브러햄 링컨
1860년 6월 3일에 촬영한 사진.

다. 그는 심지어 뉴욕 주 북부로 찾아가서 스미스가 기증한 땅에 건설된 자유흑인마을, 노스엘바에서 잠시 살기도 했다. 그리고 노예제도 찬성파와 지유주 지지파가 준주 정부를 놓고 격렬하게 맞서는 캔자스에서는 게릴라전쟁의 준(準)사령관 역할을 했다.

1856년 5월 말에는 노예제도에 찬성하는 미주리 민병대('접경지대의 불한당'이라고 불렸다) 800명이 로렌스를 습격하여 상점을 털고, 프리스테이트 호텔에 불을 지르고, 인쇄기를 파괴했다. 로렌스의 주민들은 자기방어마저 하지 않았으니 브라운으로서는 기가 찰 노릇이었다. 그는 이틀 뒤에 오서와터미 의용군을 직접 이끌고 포타와토미 계곡으로 쳐들어가서 노예제도에 찬성하는 다섯 남자를 살해하고 팔다리를 잘랐다. 브라운은 이후 3년 동안 이번 달에는 미주리를 습격하고 다음 달에는 보스턴의 부유한 후원자를 구슬리는 식으로 캔자스와 동부지방을 은밀히 오갔다. 이 사이 포부는 점점 커져 갔고, 1858년 초에는 '대다수 지방의 노예제도를 타도할 새로운 계획'을 언급할 정도가 되었다.

브라운의 가장 든든한 후원자는 이후 '배후의 6인'이라 알려진 북동부의 노예제도 폐지론자들이었다. 이 중에서 스미스만 뉴욕 주에 살았고, 콩코드의 교사 프랭클린 B. 샌본(Franklin B. Sanborn), 유니테리언 목사 시어도어 파커(Theodore Parker)와 토머스 웬트워스 히긴슨(Thomas Wentworth Higginson), 자선사업가이자 매사추세츠 캔자스 위원회장 조지 루터 스턴스(George Luther Stearns), 새뮤얼 그리들리 하우 박사 등 나머지 다섯 명은 매사추세츠에 살았다. 이들은 브라운의 계획을 자세히 캐묻지는 않았지만 유혈사태를 벌일 줄은 알고 있었다.

게릿 스미스
'배후의 6인'은 하퍼스페리 습격 사건 이후 대부분 처형을 피해 캐나다로 달아났다. 하지만 스미스는 신경쇠약증을 일으키는 바람에 병원에 입원했다.

ㅂ 라운은 인질들을 하퍼스페리의 기관실에 가두어 놓고 탈출노예와 폭동에 동조하는 백인들이 몰려오기를 기다렸다.

월요일 새벽이던 이 무렵만 하더라도 주민들은 1831년에 터너가 일으킨 것과 비슷한 노예폭동이 벌어진 줄 알았다. 그런데 아침이 밝으면서 반란군이 백인이고, 초반의 기세가 많이 꺾였다는 사실이 밝혀졌다. 브라운은 더 많은 인질을 확보하거나 산악지대로 재빨리 후퇴하지 않고 시간을 흘려 보냈다. 그러다 안 그래도 소수인 병력을 더욱 쪼개서 대원 셋과

캔자스 문제로 토론중인 상원
캔자스 문제를 놓고 상원에서 토론이 벌어지고 있던 1856년 5월 19일에 매사추세츠 대표 찰스 섬너는 사우스캐롤라이나 대표 앤드류 P. 버틀러가 노예제도를 옹호하자 호되게 비난했다. 사흘 뒤 비틀러의 사촌이자 하원의원인 프레스턴 브룩스가 상원 의사당으로 들어와서 지팡이로 섬너를 어찌나 심하게 폭행했던지 부상이 낫기까지 3년 반이라는 시간이 걸렸다.

피의 캔자스

1854년에 의회는 캔자스 준주를 공식적으로 승인했다. 캔자스는 미주리 타협에서 정한 36도 30분 이북에 해당되었기 때문에 이전까지만 하더라도 자유주였다. 하지만 캔자스-네브래스카 법의 제정으로 미주리 타협이 폐지되고 스티븐 더글러스의 주민주권론이 그 자리를 대치했다. 더글러스의 주장에 따르면 노예제도 허용 여부는 캔자스가 스스로 결정할 문제였다. 듣기에는 그럴 듯했지만 사실은 이것이 재앙의 시초였다.

캔자스가 초미의 관심사로 떠오르자 노예제도 허용을 좌우할 목적으로 외지인들이 쏟아져 들어왔다(혹은 돈이나 무기를 보냈다). 캔자스 준주 최초의 선거가 치러진 1855년 3월에는 몇천 명에 이르는 접경지대의 불한당들이 미주리에서 건너와 노예제도에 찬성하는 후보들을 위해 불법 투표권을 행사했다. 자유주 진영에서는 유권자가 1,500명밖에 안 되는 준주에서 총 투표수 6만 표가 웬 말이냐고 반발했지만, 피어스 대통령은 노예제도 찬성 쪽으로 나온 결과를 인정했다. 자유주 진영에서는 독자적인 선거를 치르고 준주 정부를 구성했다. 하지만 피어스는 1856년 1월 24일에 노예제도 폐지론자들의 선거를 '반역'으로 규정하고 노예제도에 찬성하는 정부를 승인했다. 북부 출신 의원들은 대통령의

일방적인 편들기에 분노하며 7월 3일, 노예제도에 반대하는 헌법제정을 조건으로 캔자스의 주 승격을 승인한다는 법안을 통과시켰다. 남부 출신들이 장악한 상원에서는 이 법안을 인정하지 않았다.

명백한 운명론이 등장하면서 캔자스의 불안한 정국은 한층 더해 갔고 이로 인해 피어스는 재임의 기회를 잃어버렸다. 하지만 신임 뷰캐넌 대통령의 대처 방안도 나을 바 없었다. 그는 1858년 2월, 노예제도에 찬성하는 르컴프턴 헌법의 승인을 의회에 요청했고 지난해 12월의 부정선거 결과를 인정했다. 이번에는 상원이 찬성하고 하원이 반대하는 양상을 보였다. 1861년 1월 29일에 캔자스가 드디어 자유주로 승인을 받았을 때 사우스캐롤라이나는 이미 연방을 탈퇴한 뒤였다.

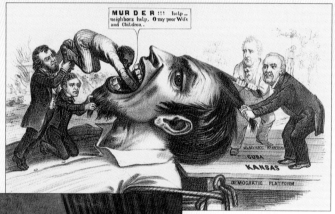

1856년의 만평
민주당의 유력인사들에게 캔자스 유혈사태의 책임을 묻고 있다.

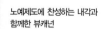

노예제도에 찬성하는 내각과 함께한 뷰캐넌
뷰캐넌이 르컴프턴 헌법을 옹호하자 동료 격인 북부 출신의 민주당원 더글러스마저 그를 공격하고 나섰다. "대통령이 이 헌법을 억지로 강요하더라도 나는 끝까지 저항하겠다." 민주당 내부의 분열은 점점 깊어 가는 양상을 보였다.

해방된 노예 몇 명을 포토맥 강을 너머 오언이 지키는 학교 건물로 보냈다.

오전 11시 무렵에 브라운은 포위를 당했다. 교회 종소리를 듣고 달려온 변두리 농민과 마을 주민들이 하퍼스페리의 길거리에 모여서 무기고를 향해 사격을 퍼붓기 시작한 것이다. 이 때문에 반란군은 옴짝달싹 못하는 상황이 되었고, 설령 동맹군이 도착하더라도 합류할 방법이 없었다. 이 무렵 메릴랜드 민병대가 다리를 탈환하면서 브라운과 후위 부대의 연결선마저 끊겼다. 뉴비는 다리 위에서 맹공이 펼쳐지는 동안 저격병의 총에 맞고 브라운 부대 최초의 사망자가 되었다. 그의 시신은 길거리에 내동댕이쳐졌다. 술에 취한 민병 하나가 그를 흠씬 두들겨 패고 시신의 팔다리를 잘라 돼지들의 먹이로 주었다. 뉴비의 주머니에는 부인한테 받은 편지가 들어 있었다.

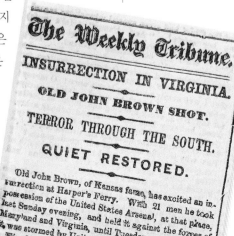

브라운이 썼다는 리볼버
현재는 캔자스 주
역사학회의 소장품이다.

"여보, 돈 못 벌어도 좋으니까 이번 가을에 돌아와요. 나는 당신을 만날 수 있는 날만 기다리면서 살아요."

이 즈음에 이르러서야 브라운은 탈출구를 찾기 시작했다. 그는 하퍼스페리를 무사히 빠져 나갈 수 있도록 공격을 멈추면 30여 명의 인질을 풀어 주겠다고 제안했지만, 그가 보낸 사절은 이미 반쯤 취해서 흥분한 마을 주민들에게 인질로 잡혔다. 더욱 다급해진 브라운은 아들 윗슨과 또 한 명의 대원에게 백기를 쥐어 주고 거리로 내보냈다. 하지만 주민들은 총 알세례를 퍼부었다. 부상을 당한 윗슨은 간신히 무기고로 기어 돌아가 아버지의 발치에서 쓰러졌다. 이후 브라운은 저녁 무렵에 세 번째 협상을 시도했다. 이번에는 똑같은 내용을 종이에 적고 '존 브라운'이라는 서명을 덧붙였다. 지금까지 마을 주민들은 그를 수수께끼 같은 인물 '아이작 스미스'로 알고 있었다. 그런데 본명이 밝혀지자 하퍼스페리발(發) 속보에 악명 높은 존 브라운의 이름이 등장하기 시작했다.

브라운과 대원들은 기관실에 바리케이드를 쌓으며 월요일 밤을 보냈다. 전등도 없고 난방 기구도 없었지만, 치명상을 입은 윗슨과 올리버 브라운이 바닥에 누워 울부짖는 소리 때문에 조용하지는 않았다. 브라운까지 포함해 목숨을 부지한 대원 일곱 명 중에서 방어가 가능한 숫자는 넷에 불과했다. 이들은 기관실 안에 남은 인질 열한 명을 교대로 감시했다. 올리버 브라운은 아버지에게 총으로 고통을 끝내 달라고 밤사이 몇 번이고 애원했다.

"이왕 죽을 거면 남자답게 죽어야지."

브라운은 이렇게 대답하고 인질들에게 말했다.

"여러분도 내 이력을 들으면 왜 여기까지 왔는지 욕하지 못할 거요. 내가 캔자스로 건너갈 때만 하더라도 평화주의자였는데, 노예제도에 찬성하는 작자들이 늑대처럼 나한테 달려들더군."

1859년 10월 18일 화요일 아침에 기관실 창 밖을 내다본 브라운이 목격한 것은 초라하고 술에 취한 어제의 민병대가 아니라

하퍼스페리 습격 관련 기사
호레이스 그릴리가
발간하는 주간지
《뉴욕 트리뷴》에 실렸다.

> **The Weekly Tribune.**
> **INSURRECTION IN VIRGINIA.**
> **OLD JOHN BROWN SHOT.**
> **TERROR THROUGH THE SOUTH.**
> **QUIET RESTORED.**
>
> Old John Brown, of Kansas fame, has excited an insurrection at Harper's Ferry. With 21 men he took possession of the United States Arsenal, at that place, last Sunday evening, and held it against the forces of Maryland and Virginia, until Tuesday morning, when it was stormed by United States marines. His object is not quite clear; it is said that he made his first appearance in Harper's Ferry more than a year ago, accompanied by his two sons—all three of them assuming the name of Smith. He inquired about land in the vicinity, and made,

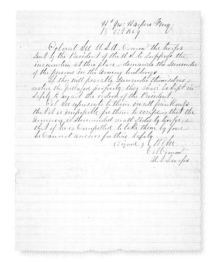

항복요구서
리와 스튜어트가 기관실
안쪽의 브라운에게 전한
것이다.

말쑥하게 차려입은 해병대 중대였다. 간밤에 도착한 병사들이었다. 뷰캐넌 대통령은 월요일에 폭동소식을 접하고 3개 포병중대를 소집했다. 하지만 포병중대가 집결하려면 시간이 걸리기 때문에 워싱턴 병영의 해병대 90명에게도 즉시 하퍼스페리로 출발하라는 명령을 내렸다. 총검 소총과 대형 해머로 무장한 이들의 사령관은 로버트 E. 리 대령과 J. E. B. 스튜어트 소령이었고, 두 사람 모두 버지니아 출신이었다.

리가 10미터쯤 멀리서 지켜보는 동안 스튜어트는 백기가 꽂힌 엔진실 쪽으로 다가가 리의 쪽지를 전했다. 쪽지에는 무조건 항복하면 주민들의 공격을 받지 않도록 해병대가 보호해 주겠다는 내용이 적혀 있었다 (1856년에 캔자스에서 복무했던 스튜어트는 '엄청난 골칫거리를 선사했던' 오서와터미 브라운을 한눈에 알아보았다). 브라운이 거부하자 인질들 몇 명은 리 대령이 직접 와서 설득해 달라고 애원했다. 스튜어트는 리 대령이 오더라도 쪽지에 적힌 조건은 변함없다고 대답한 뒤 옆으로 펄쩍 뛰면서 모자를 흔들었다. 해병대들에게 기관실로 돌진하라는 신호였다. 포토맥 가에 늘어선 구경꾼 2천 명은 박수갈채를 보내며 응원했다.

해병대는 몸이 성한 두 대원을 생포하고 총검으로 다른 두 명의 대원을 살해했다. 브라운은 이즈리얼 그린 소령이 휘두른 칼에 소총을 떨어뜨렸다. 허리띠 버클이 아니었더라면 이 칼이 그의 몸을 관통했을지도 모른다. 브라운이 쓰러지자 그린은 칼자루로 때려 기절시켰다. 잠시 후 기관실은 완전히 진압되었고, 볼티모어 민병대는 반란군이 모여 있다는 메릴랜드 학교 건물을 샅샅이 뒤졌다. 후위 부대는 존 쿡의 경고를 듣고 이미 달아난 뒤였지만 섬뜩한 광경은 여전했다. 폭동에 가담하는 노예들에게 주려고 마련한 무기들이 몇십 상자씩 쌓여 있었던 것이다. 이후에 해병대 일부분을 이끌고 케네디 농장을 습격한 스튜어트는 배후 6인과 그 밖의 다른 공범들이 연루된 서류뭉치를 발견했다.

존 브라운의 재판

의식을 되찾은 브라운은 상처를 소독한 뒤 무기

《프랭크 레슬리스 일러스트레이티드 뉴스페이퍼》
(가운데) 1859년 10월 29일자 습격기사에 이 삽화를 곁들였다. 기관실로 돌격하는 해병대를 담은 판화인데, 덧붙인 설명에 따르면 '전문화가가 즉석에서 그린 스케치'를 바탕으로 만든 작품이라고 한다.

고 경리관 사무실로 옮겨졌다. 오후가 되자 버지니아 주지사 헨리 A. 와이즈(Henry A. Wise)와 버지니아 상원의원 제임스 M. 메이슨을 비롯한 의회대표단의 심문이 이어졌다. 리는 심문을 거부하면 참관인들을 내치겠다고 했지만, 브라운은 '동기가 분명히 전달될 수 있도록' 남아 있어도 좋다고 했다.

브라운은 상당한 교란작전을 펼쳤다. 그는 배후의 6인의 정체를 숨기려고 메이슨에게 습격자금을 대부분 직접 조달했다고 말했다. 그리고 계획의 규모를 축소하기 위해 '노예들을 해방하러 왔을 뿐'이라고 대답했다. 보수적인 민주당원이자 1863년에 반역죄로 구금되는 오하이오의 하원의원 클레멘트 L. 벌랜디검이 좀더 구체적인 질문을 던졌다.

"습격에 성공하면 대규모 노예폭동이 벌어질 거라고 기대했나?"

"아닙니다. 폭동을 기대하지도 않았고 바라지도 않았습니다. 그저 때때로 노예들을 모아 해방시킬 생각이었습니다."

브라운은 거짓말을 했다. 마지막으로 어느 기자가 브라운에게 말했다.

"더 하고 싶은 이야기가 있으면 하시오. 신문에 실어드릴 테니."

브라운은 잠시 생각을 하다 자세를 추스르고 입을 열었다.

달리 할 말은 없소. 나는 불을 지르거나 약탈을 하기 위해서가 아니라 부적절하게 고생하는 사람들을 도우러 이곳에 왔소. 남부 사람들은 이 문제의 해결책을 얼른 준비하는 게 좋을 거요. 생각보다 빨리 그 시점이 찾아올 테니까. (중략) 나는 이제 죽은 목숨이나 다름 없으니 간단하게 처리할 수 있겠지만 이 문제, 그러니까 흑인 문제는 아직 남아 있단 말이요. 이 문제는 아직 끝나지 않았소.

심문을 받고 있는 브라운
《하퍼스 위클리》의 포트 크레용이라는 화가가, 경리관 사무실에서 버지니아 주지사 와이즈 등 여러 관리에게 심문을 당하던 무렵의 브라운의 모습을 담았다. 화요일 늦은 오후인 이때만 하더라도 행방이 묘연한 반란군이 있었지만 이내 밝혀졌다. 이 사건으로 목숨을 잃은 사람은 열일곱 명이었다. 이 가운데 브라운의 대원이 열 명이었고, 세 명은 하퍼스페리 주민, 한 명은 노예 주인, 두 명은 풀려난 노예, 그리고 나머지 한 명은 해병이었다. 브라운말고도 여섯 명의 반란군이 체포되었고, 오언 브라운을 포함한 나머지는 날아났다.

기관실
이곳은 1891년에 분해되어 컬럼비아 박람회가 열리는 시카고로 옮겨졌다. 하지만 열흘 동안 이곳을 찾은 관람객은 열한 명에 불과했다. 이후에는 워싱턴 D.C. 출신의 기자가 하퍼스페리로 원상복구할 기금을 마련할 때까지 공터에 내팽개쳐져 있었다.

브라운은 그날 오후부터 12월 2일에 교수형을 당할 때까지 동료 북부인들에게 하퍼스페리를 습격한 이유를 전하기 위해 끊임없이 노력했다. 케네디 농장에서 발견된 서류 때문에 메이슨과 벌랜디검에게 한 이야기와 상반되는 부분들이 밝혀졌지만, 사실 중요한 문제는 배후의 정체나 계획의 규모가 아니라 평화로운 방식으로는 노예제도에 대항할 수 없다는 브라운의 확신이었다.

북부의 온건파는 습격의 의미를 축소하기 위해 브라운을 광신도로 간주했다. 그런 식으로 폭력을 동원하면 어지간한 미국인들의 지지를 전혀 얻지 못할 거라고 했다. 특히 공화당 지도부는 브라운의 극단주의와 멀찌감치 거리를 두었다.

에이브러햄 링컨은 "존 브라운은 공화당원이 아닙니다."라고 주장하면서 "하퍼스페리 계획에 연루된 공화당원은 단 한 명에 불과합니다."라고 강조했다. 하지만 남부인들의 의견은 달랐다. 그들은 브라운의 행위가 공화당이 벌이는 노예제도 반대운동의 확장선상에 있다고 생각했다. 심지어 스티븐 더글러스는 남부와의 관계를 회복할 생각에 하퍼스페리 습격 사건을 가리켜 "공화당의 신조와 교리가 낳은 당연하고 논리적이고 불가피한 결과"라고 표현했다.

와이즈 주지사의 주장대로 반란군의 재판은 연방법원이 아니라 주법원에서 열렸다. 찰스턴의 대배심원진은 10월 26일, 브라운과 체포된 반란군에게 살인, 공모, 버지니아 주에 대한 반역 혐의를 인정했다. 피고 다섯 명은 각각 상소했고 이들의 변호사는 개별 재판을 요구했다. 리처드 파커(Richard Parker) 판사는 요구를 받아들였고 다음날, 브라운의 재판이 시작되었다. 그의 국선 변호사 로슨 보츠(Lawson Botts)는 애크런의 어떤 남자에게 받은 전보를 증거로 제시하며 놀랍게도 정신이상설을 제기했다. 전보에는 "그 집안은 정신병이 대대로 유전된다."는 주장과 함께 현재 수용시설에서 머무는 브라운의 여러 친척 명단이 들어 있었다. 보츠는 정신병원행이 브라운을 살릴 수 있는 유일한 방법이라고 생각했던 모양이지만, 브라운이 받아들이지 않았다. 그는 사실 순교를 환영했다. 배후의 6인이었던 토머스 W. 히긴슨은 당시 "무죄로 석방되거나 불법으로 탈출하느니 처형당해 엄청난 동정심을 유발하는 쪽이 두 배 이상의 효과를 거둘 수 있을 것이다."라고 밝혔다. 헨리 워드 비처 목사도 비슷한 생각이었다.

"브라운이 석방되기를 기도하지 맙시다. 버지니아가 그를 순교자로 만들도록 그냥 내버려 둡시다!"

브라운의 재판에 걸린 시간은 고작 나흘이었고, 배심원진은 45분 만에 모든 혐의에 대해 유죄 판결을 내렸다. 파커 판사는 11월 2일 무렵 사형일자를 선포하기에 앞서 브라운에게 변론의 기회를 주었다. 그는 자신의 발언이 다음날 전국 신문에 실릴 줄 알고 있었기 때문에 5분 동안 천천히, 유창하게 말을 이어 나갔다. 그는 하퍼스페리 사건의 정당성을 주장하면서 노예제도에 반대하는 북부에게 직접적으로 애원했다.

**찰스턴
교도소의 열쇠**
브라운은
처형되기 전까지
이곳에 갇혀 있었다.

사람들이 어떤 책에 대고 입을 맞추더군요. 『성경』 아니면 『신약성서』였을 겁니다. 성

Mrs. John Brown + two of her children, from daguerreotype —

경에서는 저더러 무엇을 하든 받은 만큼 갚으라고 가르쳤습니다. 속박 당한 이들을 기억하라고 가르쳤습니다. 저는 그 가르침을 따르려고 노력했습니다. 제가 너무 무지해서인지는 모르겠지만 하느님이 인간을 차별했다는 소리는 들어 본 일이 없습니다. 무시당하는 가난한 사람들을 대신해 중재에 나선 것이 잘못되기는커녕 올바른 일이었다고 생각합니다. 정의로운 목표를 추진한 대가로 제 목숨을 내놓아야 한다면, 이 노예의 나라에서 사악하고 잔인하고 부당한 제도 때문에 권리조차 빼앗긴 몇백만 명의 피와 제 피를 섞어야 한다면 그렇게 하겠습니다.

존 브라운의 죽음

브라운은 대중에게 비치는 이미지를 쇄신하며 생애 마지막 한 달을 보냈다. 그는 복수심에 불타는 포타와토미 대학살의 주범 이미지를 떨쳐 버리고 훨씬 너그러운 그리스도교도로 탈바꿈했다. 가족, 친구, 북부의 여론 주도층과 주고 받은 편지에는 죽음을 '기꺼이' 맞이하겠다는 의지와 자신이 순난이 노예해방을 앞당기리라는 믿음이 묻어 있었는데, 이 편지는 브라운의 인기를 상당히 끌어올리는 역할을 했다.

드디어 사형 예정일인 12월 2일이 다가왔다. 브라운은 새벽녘에 일어나서 성경을 읽었고,

브라운의 가족
브라운의 두 번째 부인 메리 앤이 1851년, 딸 애니(왼쪽), 새러와 함께 포즈를 취했다. 하퍼스페리 사건이 벌어졌을 때 그녀와 어린 아이들은 노스엘바에서 살고 있었다.

그의 시신과 윗슨, 올리버의 시신을 수습해 노스엘바의 고향으로 가지고 가기 위해 내려온 부인 메리에게 짤막한 마지막 편지를 썼다. 잠시 후 간수들이 독방의 문을 열었고 마차에 태워 교수대로 데리고 갔다. 관을 깔고 앉아야 할 만큼 작은 마차였다. 그는 밖으로 나서기에 앞서 간수 한 명에게 유언을 전했다.

"나, 존 브라운은 피를 흘리지 않으면 죄로 얼룩진 이 땅이 저지른 범죄를 속죄할 수 없다고 확신한다. 예전에는 피를 거의 흘리지 않고도 속죄할 수 있다고 생각했지만 착각이었다."

사형장은 찰스턴 외곽의 뻥 뚫린 들판이었고, 소문대로 브라운을 구출하려는 사태가 벌어질 경우를 대비해 1,500명의 연방군과 버지니아 주 병력이 배치되어 있었다. 처형 장면을 목격하기 위해 찾아온 구경꾼이 몇백 명이었다. 이 가운데 버지니아 육군학교 교수로 재직 중이던 토머스 조너선 잭슨(Thomas Jonathan Jackson)은 브라운이 "조금도 흔들림이 없더라"고 감탄했다. 하지만 리치먼드의 버지니아 제1연대 소속으로 그 자리를 지켰던 존 윌크스 부스(John Wilkes Booth)는 브라운을 어찌나 혐오했던지 좋은 소리를 한 마디도 남기지 않았다. 처형이 거행되는 동안 사방은 쥐 죽은 듯 고요했고 이후에도 얼마 동안 침묵이 흘렀다. 그러다 부스처럼 버지니아 제1연대 소속이었던 프레스턴 대령이 큰소리로 외쳤다.

"버지니아의 적, 합중국의 적, 인류의 적들은 모두 사라지거라!"

"존 브라운의 마지막 순간"(1884년)
토머스 호벤던은 브라운이 죽고 사흘 뒤에 실린 《뉴욕 트리뷴》 기사를 토대로 작품을 그렸다. 그의 죽음을 한껏 낭만적으로 묘사한 이 작품에서 브라운은 노예 어린이에게 입을 맞추고 있지만 실제로는 없었던 일이다.

이제 의회에는 어떤 협상거리가 남아 있을까? 남부는 노예제도에 찬성하는 북부 출신 대통령 덕분에 한동안 정치적으로 무적의 지위를 누렸다. 하지만 브라운 습격 사건을 접한 뒤에는 그만한 조치로 폐지론자들의 공격을 적절하게 막을 수 있는지 다시 한 번 생각하게 되었다. 대다수는 그 정도로 충분하지 않다는 결론을 내렸고 그 결과, 남부의 많은 주에서 전쟁까지는 아니더라도 연방 탈퇴를 위한 준비를 서두르기 시작했다. 한편 북부에서는 개리슨이 《리버레이터》를 창간한 1831년 이후로 노예제도에 대한 시각이 상당히 달라졌다. 뉴욕 시의 변호사이자 얼마 전까지만 하더라도 노예제도에 관한 한 보수주의자를 자처하던 민주당원 조지 템플턴 스트롱(George Templeton Strong)의 이야기를 들어 보자.

브라운의 모습은 깊은 감동을 선사했다. 꾸밈없고 확고하며, 야단법석이나 과장이나 허세가 전혀 없는 태도와 단호하고 분명한 편지는 말만 앞세우기 십상인 노예제도 폐지론자답지 않게 상당한 믿음을 주었다. 노예제도에 대한 내 생각이 이렇게 흔들리기는 처음이다. 어떤 제도를 찬성하는 사람들은 항의의 표현으로 목숨까지 내놓을 만큼 제도의 사악함과 부당함을 확신하는 사람이 있으면 깜짝 놀라며 동요하기 마련이다. 그 제도를 비난하고 나무라며 기꺼이 교수형을 자처하는 사람이 있으면 믿음이 상당히 흔들리기 마련이다.

노예제도 확산을 놓고 과격한 무력충돌이 빚어지던 시대는 브라운 습격 사건과 함께 막을 내렸다. 이제는 덮어 두는 식으로 문제를 피할 수 없게 되었고, 북부의 자극으로 협상의 가능성마저 무너졌다. 폐지론자와 찬성론자들이 모두 동의했다시피 서부로의 확산을 저지하면 결국에는 남부에서마저 노예제도가 사라질 게 분명했다. 따라서 협상의 여지가 없었다. 브라운은 하퍼스페리 습격으로 정치권의 붕괴를 가속화시켰지만 그의 사건이 없었더라도 정치권은 분열될 운명이었다.

에버렛의 웅변

존 벨이 1860년 선거에서 부통령 후보로 선택했던 에드워드 에버렛은 그 시절 최고의 웅변가로 꼽혔다. 그는 1863년 11월 19일, 게티즈버그에서 두 시간 동안 연설을 한 뒤 링컨 대통령에게 연단을 넘겼다.

연방 탈퇴

1860년 4월 말에 민주당은 사우스캐롤라이나 찰스턴에서 전당대회를 개최했다. 그런데 4월 30일에 이르러 북부 의원들이 준주의 노예제도는 연방의 보호를 받는다는 정강을 파기하자 남부 측이 퇴장하면서 휴회 선언이 내려졌다. 북부 측 민주당원들은 6월 중순에 다시 전당대회를 열어 스티븐 더글러스를 대통령 후보로 지명했다. 남부 측 민주당원들은 1주일 뒤에 개별 만남을 갖고 켄터키 출신의 부통령 존 C. 브레킨리지(John. C. Breckinridge)를 지명했다. 한편 보수적인 휘그당원, 경계주(북부의 자유주와 접해 있던 남부의 여러 주— 옮긴이)의 온건파, 부지당의 잔여파가 뒤섞인 신생 입헌연방당은 테네시 출신의 전직 상원의원 존 벨(John Bell)을 대통령 후보로 낙점했다. 공화당에서는 링컨이 뉴욕 주 상원의원 윌리엄 H. 슈어드를 근소한 차로 물리쳤다. 선거가 시작되자 민주당의 표는 더글러스와 브레킨리지에게 분산되었고 벨은 세 곳의 경계주를 차지했다. 링컨은 4년 전에 프리몬트가 그랬던 것처럼 남부 주 아홉 개의 일반 투표에서는 단 한 표도 얻지 못했지만(그리고 버지니아와 켄터키에서는 1퍼센트의 득표율에 머물렀다) 인구가 많은 북부를 휩쓴 덕분에 과반수 이상의 선거인단 투표를 확보할 수 있었다.

남부의 극단론자들은 링컨이 승리하면 연방을 탈퇴하겠다고 맹세한 바 있었다. 그런데 남부 선거인단의 지지를 전혀 받지 못한 공화당 후보가 당선되자 온건파들마저 정치와 경제 주도권이 북부의 손으로 완전히 넘어가는 게 아닌가 불안해했다. 선거가 끝난 뒤 연방 해체 논란이 사방에서 불거지면서 남부 파벌주의의 보루 역할을 하던 사우스캐롤라이나가 이윽고 첫걸음을 내딛었다. 사우스캐롤라이나 주의회는 1832년 연방법 거부파동 때 그랬던 것처럼 특별 협의회를 소집했고 12월 20일에 투표를 통해 연방 탈퇴를 실시했다. 이들이 내세운 이유는 대통령 당선자의 노예주의 확산 반대 발언이었다.

대통령으로 당선된 링컨이 취임하기까지 4개월이라는 결정적인 시간이 흐르는 동안 뷰캐넌 행정부는 연방 탈퇴 저지를 위해 아무런 조치도 취하지 못했다. 퇴임하는 대통령은 뒤늦게나마 남부의 분리시도를 비난했지만 워낙 신임을 잃은

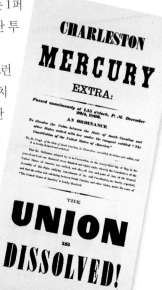

《찰스턴 머큐리》 호외판

사우스캐롤라이나의 연방 탈퇴 선언을 싣고 있다.

1861년 초에 선을 보인 커리어와 아이브즈의 판화
뷰캐넌 대통령(오른쪽)이 "안 돼! 피컨스 주지사, 쏘지 마시오! 내가 퇴임할 때까지 쏘지 말아요!"라고 외치고 있다. 하지만 피컨스의 손에 들린 대포는 그의 복부를 겨누고 있다.

뒤라 아무런 효과가 없었다. 그런데 뷰캐넌은 일대의 연방시설이 남부인들의 손에 넘어간 뒤인데도 찰스턴 항의 포트섬터를 포기하지 않았고, 덕분에 섬터의 주둔군은 보급품 조달에 어려움을 겪었다. 찰스턴 항에 미 해군 전함이 등장하면 안 그래도 흥분한 사우스캐롤라이나 주민들을 자극할 것이 분명했기 때문에 육군장군은 민간선 스타 오브 더 웨스트 호를 통해 보급품 지급을 시도했다. 하지만 미시시피가 두 번째 주자로 연방 탈퇴를 선언한 1861년 1월 9일, 찰스턴 항 외곽의 모리스 섬에 주둔 중이던 시타델 사관학교 생도들이 스타 오브 더 웨스트호를 향해 포격을 시작했다. 스타 오브 더 웨스트호는 아무런 피해를 입지 않았지만 포트섬터에 도착하기도 전에 기수를 돌리는 수밖에 없었다.

이 무렵 의회에서는 남부를 진정시키기 위한 여러 제안이 등장했다. 그중 가장 그럴듯한 것은 켄터키 상원의원 존 크리튼던(John Crittenden)이 12월 18일에 제기한 수정헌법안이었다. 크리튼던 타협안이라고 불린 그의 의견은 미주리 타협에서 정한 선의 적용 범위를 전국으로 넓혀 36도 30분 이북의 준주에서는 노예제도를 금하고 이남에서는 노예제도를 허용하자는 내용을 담고 있었다. 그리고 이미 노예를 쓰고 있거나 앞으로 쓰게 될 주에 대해서는 의회가 노예제도를 불법으로 규정하지 말자고 했다. 하지만 남부인들은 노예제도에 대한 조건을 더 이상 받아들일 마음이 없었고 북부인들도 타협을 원하지 않았다. 북부에서는 여론이 서서히 둘로 나뉘었다. 연방주의자들은 남부를 상대로 북부의 뜻을 관철시키자고 했다. 반면에 《뉴욕 트리뷴》의 편집자 그릴리가 이끄는 방관파는 북부가 남부의 연방 탈퇴를 저지하면 정부의 정통성은 국민의 동의에서 비롯된다는 제퍼슨의 원칙을 위반하는 셈이라고 주장했다.

1월 10일에서 1월 26일 사이 플로리다, 앨라배마, 조지아, 루이지애나가 사우스캐롤라이나와 미시시피의 뒤를 이어 연방에서 탈퇴했다. 여섯 개 주의 대표는 2월 4일, 앨라배마 주 몽고메리에서 만나 남부연합을 결성했다. 이들은 헌법 초안을 마련한 뒤 2월 9일에 미시시피 출신의 제퍼슨 데이비스를 신생 대통령으로 선출했다. 2월 23일에는 텍사스도 남부연합에 합류했다.

3월 4일, 대포가 워싱턴의 요지를 보호하고 일급 사수들이 의사당에 모인 인파를 감시하는 가운데 쉰두 살의 링컨은 취임사를 낭독했다. 그는 모든 미국인이 물려받은 국가유산을 강조하며 상황을 타개하기 위해 노력했다.

"아무리 분노가 넘치더라도 애정의 끈을 놓으면 안 됩니다. 이 넓은 땅에서 사는 모든 국민과 가정은 과거의 전장이나 순국선열의 무덤과 신비로운 추억의 현으로 연결되어 있습니다. 우리 가슴속에 존재하는 천사가 이 현을 건드리면 연방의 합창이 다시 울려 퍼질 것입니다."

신임 대통령은 노예제도의 확산을 저지하겠다는 뜻을 다시 한 번 밝히는 한편, 이미 여러 주에서 실시하는 노예제도를 불법으로 규정할 생각은 없다고 강조했다. 하지만 말미에서는 남부를 겨냥한 발언을 했다.

스티븐 더글러스
섬터가 함락된 뒤 더글러스는 백악관으로 찾아가 링컨 대통령을 만난 자리에서 연방 회복을 위해 지원을 아끼지 않겠다고 맹세했다. 하지만 그는 지쳐 버린 마음과 상처받은 영혼을 달래며 두 달 뒤 숨을 거두었다.

"내전이라는 중요한 사안의 열쇠를 쥐고 있는 사람은 제가 아니라 불만을 품은 동포 여러 분들입니다. 정부는 여러분을 공격할 생각이 없습니다. 여러분이 먼저 도발을 하지 않는 한 충 돌은 벌어지지 않을 겁니다."

남북전쟁의 시작

링컨은 남부의 모든 연방시설을 포기하지 않겠다고 다짐했고, 이로 인해 포트섬터 문제가 신 임행정부의 1차 과제로 떠올랐다. 하지만 남부의 북쪽에 해당되는 지역의 민심을 잃지 않으려 면 조심스럽게 움직일 필요가 있었다. 최남부 지방에 비해 버지니아, 노스캐롤라이나, 켄터키, 테네시에는 연방주의자들이 많았지만 '존 브라운 습격 사건' 때문에 연방에 반대하는 쪽으로 분위기가 기울었고, 사우스캐롤라이나에서 실제 전쟁이 시작되면 어떻게 될지 아무도 장담할 수 없었다. 전쟁이 벌어지면 더욱 많은 주가 연방을 탈퇴할 것이 분명했다. 링컨은 연방을 탈퇴 한 주에서 연방정부의 권위를 유지하는 한편 전쟁을 피할 방법이 있는지 한 달 동안 고심했다.

마침내 4월 6일에 링컨은 사우스캐롤라이나 주지사 F. W. 피컨스(F. W. Pickens)에게 서 신을 보냈다. 포트섬터 주둔군에게 식량과 식수를 공급하겠다는 연방정부의 계획을 알리는 내 용이었다(포트섬터 지휘관 로버트 앤더슨 소령의 계산에 따르면 4월 15일 무렵에 식료품이 모 두 바닥날 전망이었다). 링컨은 보급품 지급이 원활하게 이루어질 수 있도록 협조하면 더 이상 의 지원병을 파견하지 않겠다고 약속했다. 피컨스는 4월 8일에 링컨의 교서를 받자마자 찰스 턴에 주둔하는 남부연합군 지휘관 P. G. T. 보러가드(P. G. T. Beauregard) 준장에게 통보했 고, 그는 다시 남부연합 육군성에 알렸다. 육군성은 보러가드에게 당장 섬터의 항복을 받아 내 고 "만약 항복을 거부하거든 진압하라."는 명령을 내렸다. 4월 11일, 세 명의 남부연합 장교로 이루어진 상륙부대가 포트섬터에 항복을 요구했다. 앤더슨 소령은 거부 했다. 다음날 새벽 4시 30분, 보러가드의 포병대가 포격을 시작했다. 이 후 링컨은 재임연설에서 당시 상황을 이렇게 이야기했다.

"전쟁에 반대하기는 양쪽 모두 마찬가지였습니다. 히 지만 한쪽은 나라를 살리는 대신 전쟁을 택했고 나머지 한 쪽은 나라를 살리기 위해 전쟁을 받아들였습니다. 그렇 게 해서 전쟁은 시작되었습니다."

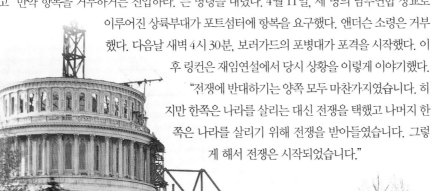

링컨의 취임식
1861년 3월 4일에 거행된 링컨의 취임식은 우울하게 치러졌다. 이 사진에서 볼 수 있다시피 모인 사람들도 적었고 축제의 분위기가 전혀 느껴지지 않았다. 의사당 증축과 반쯤 완공된 돔 작업을 중단해야 되지 않겠느냐는 의견도 제기되었지만 링컨은 상징성을 위해 강행하라는 지시를 내렸다.

인물 촌평

해리엇 터브먼

1820(?)-1913년

캐서린 클린턴

1860년 4월 27일, 뉴욕 주 트로이 법원청사를 동 그렇게 에워싼 사람들은 탈출노예 찰스 낼(Charles Nalle)의 판결을 초조하게 기다렸다. 주관 판사는 1850년에 제정된 탈출노예 송환법의 적용을 이미 시사한 일이 있었다. 만약 그렇게 된다면 낼은 노예잡이의 손에 넘겨져 버지니아의 주인에게 돌아가야 하는 운명이었다. 법정 뒤쪽에는 숄을 두른 작달막한 흑인 여성이 바구니를 들고 서 있었다. 집에서 구운 빵과 과자를 팔러 나온 모양이었다. 하지만 낼이 등장하자 이 여성은 간수들의 손아귀에서 그를 빼냈고, 공범들이 기다리는 곳을 향해 법원계단을 달렸다. 어느 목격자의 증언에 따르면 "경찰관들의 곤봉이 끊임없이 그녀의 머리를 내리쳤기" 때문에 쉽지 않은 일이었다. 허드슨 강 너머까지 숨막히는 추격전이 이어졌지만 낼은 캐나다로 향하는 마차에 무사히 몸을 실을 수 있었다. 그는 이렇게 해서 해리엇 터브먼(Harriet Tubman) 덕분에 자유를 쟁취한 노예 몇백 명의 일원이 되었다.

트로이 법원 습격 사건이라는 예외도 있었지만 터브먼은 보통 주어진 임무를 은밀하게 수행했다. 남북전쟁이 일어나기 전에 열아홉 번 운행을 하면서 노예 300여 명을 해방시킨 지하철도에서 그녀는 가장 유명하고 수완 좋은 '차장'이었다. 포트섬터 사건 이후에는 북부연방군을 위해 적진에서

첩자로 활동하거나 흑인 밀고자와 접촉하는 중간다리 역할을 했다. 북부연방군이 거의 600명에 이르는 사우스캐롤라이나의 노예를 해방시킨 1863년 6월의 컴바히 강 습격에도 가담했다.

터브먼과 그가 직접 해방시킨 노예들
노예제도 폐지론자들은 일찍이 1780년대부터 탈출노예들을 안전한 곳으로 대피시켰지만 지하철도가 등장한 것은 1830년대로 접어들면서부터였다. 남부에서 도주한 노예들을 북부로 탈출시키는 것이 지하철도의 목적이었다. 노예잡이의 손이 미치지 않는 '약속의 땅' 캐나다로 도피시킬 수 있으면 더욱 좋았다. 이들의 이동경로는 흔히 '노선'이라 불렸고, 안전한 집은 '정거장', 길잡이는 '차장', 도주 노예들은 '짐' 또는 '화물'이라 불렸다.

터브먼은 1820년쯤에 메릴랜드 도체스터 카운티에서 노예로 태어났다. 하지만 1849년에 최남부 지방의 목화농장으로 팔려간다는 소문을 듣고 그 길로 달아났다(터브먼은 형제 세 명이 오래 전에 '강을 따라 팔려 내려가는' 광경을 보고 형제들과 같은 운명이 되지 않겠다고 다짐했다). 그녀는 퀘이커교도들의 도움을 받으며 필라델피아에 무사히 도착했고, 그곳의 호텔에서 일을 하다 아프리카계 미국인 노예제도 폐지론자 윌리엄 스틸(William Still)을 만나면서 지하철도의 일원이 되었다. 터브먼은 1850년 12월부터 몇 번씩이고 위험을 무릅쓰며 메릴랜드로 다시 건너가 먼저 가족을 구출하고 이어서 많은 노예를 도왔다. 이후에는 인근 노예주들까지 넘나들기 시작했다.

터브먼이 탈출시킨 노예들은 대부분 뉴욕 주 북부에 숨어서 캐나다로 향하는 안전한 조치가 마련될 때까지 기다렸다. 1859년 브라운의 하퍼스페리 습격

으로 정치권의 분위기가 어두워지자 친구들은 그녀에게 자제하라고, 4만 달러에 이르는 현상금을 건 남부당국을 자극하지 말라고 했다. 하지만 터브 '장군'(브라운이 지은 호칭이었다)은 고삐를 늦추지 않았고, 남북전쟁 이후에는 오히려 두 배로 바짝 쥐었다.

터브먼은 전쟁이 끝난 이후에도 사회개혁운동권에서 활약하며 아프리카계 미국인의 민권과 여성의 참정권을 위해 노력했다. 새로운 고향이 된 뉴욕 주 오번에서 미망인, 고아, 가난한 참전용사들을 위해 모든 수입과 저축을 쏟아 부은 것을 보면 자선사업 면에서도 으뜸이었다. 터브먼은 많은 사람의 애도 속에 숨을 거둔 1913년 이후에도 나이 들고 가난한 사람들을 위해 마련한 보금자리를 통해 박애주의 정신을 계속 이어나갔다.

12

남북전쟁과 재건

바다를 향한 셔먼의 진격

1864년 11월 16일 이른 아침에 북군 6만 2천 명은 지난 두 달 동안 머물렀던 조지아 주 애틀랜타를 4열 종대로 출발했다. 이들의 행선지는 기밀사항이었지만, 잠시 후 약 480킬로미터 멀리 있는 해변도시 서배너로 밝혀졌다. 북군 지휘관 윌리엄 티컴서 셔먼(William Tecumseh Sherman) 소장은 도시 외곽의 높은 언덕에 도착하자 고개를 돌리고, 어젯밤에 부하들이 감행한 방화 작전으로 아직까지 연기가 가시지 않은 애틀랜타를 쳐다보았다. 셔먼은 회고록에서 당시 풍경을 이렇게 묘사했다.

> 시커먼 폐허로 변한 애틀랜타가 우리 뒤로 보였다. 까만 연기가 황폐한 도시를 장막처럼 덮고 있었다. 저 멀리 맥도너 길 위에서는 하워드 소장이 이끄는 종대의 마지막 행렬이 움직이고 있었다. 햇빛을 받고 반짝이는 포신과 새하얀 지붕을 씌운 마차들이 남쪽 멀리까지 이어졌다. 우리 바로 앞에서는 14군단이 빠른 속도를 유지하며 행진하고 있었다. 유쾌한 표정과 힘찬 걸음걸이를 보고 있으려니 리치먼드까지 1,600킬로미터의 거리가 가뿐하게 느껴졌다. 어느 군악대에서 우연히 "존 브라운의 영혼은 행진을 계속한다"의 연주를

시작하자 병사들이 분위기에 편승했다. "영광, 영광, 할렐루야!"가 이보다 더 힘차게, 이보다 더 시간과 장소에 알맞게 들린 일은 이전에도, 이후에도 없었다. 잠시 후 우리는 말머리를 동쪽으로 돌렸다. 애틀랜타는 이내 숲에 가려 보이지 않았고 과거의 기억이 되었다.

이처럼 '맑은 햇살'과 '상쾌한 공기'가 돋보이는 날에 셔먼은 바다를 향한 진격을 시작했다. 그의 계획을 실행에 옮기자면 더 이상 늘릴 수 없는 보급선(채터누가에서 애틀랜타까지 연결된 철도)을 버리고, 북부연방의 해군에게 신선한 식량을 얻을 수 있는 대서양 연안까지 독립적인 작전을 이어 나가야 했다. 셔먼의 부대는 장기전을 대비해 탄약은 넉넉히 챙겼지만 식량이나 가축용 사료는 그렇지 못했다. 셔먼이 내린 야전 특별령 120호에 따르면 식량과 사료는 징발로 해결한다고 되어 있었다.

"행군 도중 어떠한 지역에서라도 자유롭게 징발한다. 이를 위해 각 여단장은 징발부대를 넉넉하게 구성하고 한 명 이상의 지각 있는 장교에게 지휘를 맡겨 이동 경로와 가까운 마을에서 옥수수나 모든 종류의 사료, 육류, 채소, 옥수수 가루 등 필요한 식량을 조달한다."

그뿐 아니라 기병대와 포병대는 '민간인이 소유한 말, 노새, 마차 등을 (중략) 무제한으로 자유롭게' 사용할 수 있다고 적혀 있었다.

4열 종대는 매일 아침 7시에 약 25킬로미터의 행군

찰스턴 중심가
(왼쪽) 1865년 4월 14일, 포트섬터의 국기 게양식을 기록으로 남기기 위해 찰스턴을 찾은 북부 사진작가가 두 달 전 셔먼의 부대가 지나간 이곳을 사진에 담았다.

셔먼의 애틀랜타 전투를 위해 특별히 제작된 야전지도
피난민, 첩자, 인질이 전한 정보를 토대로 만들었기 때문에 꽤 정확했고, 전투에서도 견딜 수 있도록 내구성이 강한 천에 그렸다.

을 시작했고 징발부대는 필요한 경우 머나먼 시골까지 흩어져 식량을 찾았다. 타이밍은 완벽했다. 셔먼은 가을걷이가 막 시작될 무렵 애틀랜타를 출발했고, 1860년 인구조사를 토대로 조지아 주에서 식량 생산이 가장 많은 지역을 골라서 지나갔던 것이다. 그는 징발부대에게 '성실하고 중립적이며 심지어는 우호적인' 가난한 농부들보다 부유한 농장주의 창고를 먼저 뒤지도록 했다. 하지만 '불한당'이라고도 불린 이들은 상사의 지시를 귀담아 듣지 않고 무엇이든 눈에 띄는 대로 가져가기 일쑤였다. 어찌나 징발한 식량이 많았던지 북군이 지나간 야영지 옆에서는 날마다 버린 음식들이 썩어 갔다.

셔먼은 120호 특별령을 통해 병사들의 민가 출입을 금하고 군단장만 '공장, 집, 조면기 등등을 파괴'할 수 있도록 했다. 하지만 병사들은 특별령의 목적이 조지아 주 파괴임을 간파했기 때문에 그럴 듯한 포장을 무시하고 소기의 목적을 충실히 이행했다. 셔먼이 지휘하는 북군은 남군을 추격하러 나선 길이 아니었다. 존 벨 후드(John Bell Hood) 중장이 이끄는 반군은 애틀랜타에 명색뿐인 저항군을 남겨둔 채 북쪽의 테네시로 철수했다. 따라서 셔먼은 조지아의 경제기반을 공격 목표로 삼고, 바다를 향한 그의 진격이 의미심장한 일대 사건으로 기록된 이유도 이처럼 예리하고 혁신적인 작전 때문이었다. 셔먼은 전쟁이 양측 군대가 이따금 교전을 벌이는 수준을 한참 넘어섰다고 판단했다. 이 점에서는 그의 사령관 율리시스 S. 그랜트(Ulysses S. Grant) 중장도 마찬가지였다. 이것은 두 라이벌이 벌이는 경쟁이었고, 승리는 상대방의 전투 능력 또는 의지를 거세하는 쪽의 몫이었다.

셔먼은 이와 같은 '전면전' 작전으로 조지아에서 승리를 거두었기 때문에 대다수의 전쟁사학자들은 그를 현대전의 서막을 알리는 최초의 사령관으로 꼽는다. 셔먼은 1864년 12월 24일, 서배너에서 헨리 W. 핼럭(Henry W. Halleck) 참모장에게 보내는 편지를 통해 자신의 생각을 다음과 같이 밝혔다.

셔먼
부대가 아직 애틀랜타에 머물던 1864년 9월 또는 10월의 모습.

제가 보기에는 적진 깊숙이 파고드는 것이 훨씬 중요합니다. 이 전쟁은 유럽에서 벌어진 여러 전쟁하고 다릅니다. 적군뿐 아니라 적대적인 시민들도 상대해야 되기 때문에 저들이 조직한 군대는 물론이고 남녀노소까지 전쟁의 참상을 느끼게 해야 합니다. 저는 최근 조지아를 지나면서 이 점에서 놀라운 성과를 거두었다고 생각합니다. 거짓말을 늘어놓는 신문 때문에 우리가 늘 쫓겨 다니는 줄 알았던 사람들이 이제는 진상을 알아차렸고, 앞으로는 그 비슷한 경험을 두 번 다시 반복하고 싶지 않을 겁니다. 데이비스는 시민들 훈련을 상당히 잘 시켜 놓았지만 조지아에서는 그에 대한 믿음이 크게 흔들린 분위기입니다. 사우스캐롤라이나는 우리가 조지아를 해치우기 전부터 저항을 포기할 듯싶습니다.

셔먼의 초토화 전술이 주력한 곳은 철도, 공장, 주조장, 창고, 그 밖의 남부연합군의 전투력에 도움이 될 만한 건물들이었다. 하지만 실제로는 조지아 전역이 피해를 입었다.

북군의 만행은 몇 세대 동안 사람들의 입에 오르내렸다. 이들이 실제로 조지아 주민을 살해하고 강간했는지 여부는 알 수 없지만 — 셔먼은 강력하게 부인했다 — 방화와 약탈이 일상적으로 자행되었던 것만은 분명하다. 이따금 남군의 소규모 기병대가 본대에서 이탈한 북군을 괴롭히기도 했지만, 이와 같은 습격은 셔먼의 작전 수행에 아무런 영향을 미치지 못했고 조지아는 기본적으로 무방비 상태였다.

북부 연방군은 징발부대이건 일반부대이건 매일 아침 도보로 행진을 시작하면서, 기회가 있을 때마다 마차를 빼앗고, 값나가는 물건을 발견하는 족족 마차에 실었다. 셔먼의 부관이었던 헨리 히치콕(Henry Hitchcock) 소령은 전형적인 어느날의 풍경을 일기에 담았다.

행진을 하면서 이것저것 징발했다. 옥수수, 사료, 알이 굵은 고구마, 돼지, 닭, 등등. 하루 종일 다른 부대와 마주쳤다. 일부는 행진을 하는 중이었고 일부는 철도를 완전히 파괴하는 중이었다. 불에 탄 조면기 두 대가 길가에 나와 있었고 그중 하나는 시커멓게 탄 목화를 얹고 있었다. 코니어스는 조지아 중에서도 쾌적한 마을이다. 고급 주택 몇 채가 길가에 서 있다. 모든 병사가 징발에 나선다. 하지만 징발에 그칠 뿐 폭력을 휘두르는 병사는 지금까지 보지도 듣지도 못했다. 마차 뒤 여물통에 앉은 돼지, 배낭 속에서 흔들거리는 닭을 보면 웃음이 나온다. 주민 몇 명도 만났다. 백인들은 언짢아하고 흑인들은 좋아하는 듯한 표정이다.

11월과 12월 동안 셔먼의 부대는 조지아의 심장부에 너비 60~95킬로미터의 길을 만들었고, 이 과정에 얽힌 가족들은 모두 나름대로 시련을 겪었다. 집은 약탈당하거나 불에 탔고, 음식과 귀중품은 빼앗겼고, 가보는 불길 속으로 내던져졌고, 조면기와 공공건물은 잿더미 신세를 면치 못했다. 메이컨의 어느 신문은 이렇게 표현했다.

최초의 현대전

남북전쟁은 최초의 현대전으로 꼽히는 경우가 많다. 전쟁 후반에 그랜트와 셔먼이 개발한 독창적인 작전 때문이기도 하고, 처음으로 등장한 신식 무기 때문이기도 하다.

일찍이 조면기와 윤전기를 발명한 미국인들은 19세기 중반에 이르러 세계 최초의 연발식 소총과 기관총, 철갑선은 물론 잠수함까지(목적지에 도착하지 못하고 가라앉는 경우가 대부분이기는 했지만) 선을 보였다. 심지어는 가장 기본적인 보병용 무기라 할 수 있는 단발식 머스킷총도 총신에 강선(탄알이 회전하면서 나갈 수 있도록 총신이나 포신 내부에 나사 모양으로 파놓는 홈 —옮긴이)을 새겨 사정거리와 정확도 면에서 예전의 활강총과는 비교도 할 수 없을 만큼 발전했다.

전신주 혁명
전신주는 군 통신망에 일대 혁명을 불러일으켰다. 일각의 추측에 따르면 북부연방의 통신대는 전선 2만 5천여 킬로미터를 설치하고 이곳으로 전보 600만 통을 보냈다고 한다.

북군 징발부대가 쓴 모자

"모든 것이 화염에 휩싸였다. 일대가 이제는 폐허의 잔재만 남았다."

메리 존스 맬러드(Mary Jones Mallard)는 리버티 카운티에 있는 어머니의 플랜테이션에 북군 '약탈자'가 들이닥치던 순간을 일기에 담았다. 1차 징발부대가 등장한 날은 12월 15일이었다. 이들은 집 안을 뒤지더니 가보를 몇 개 가지고 갔다. 이후 2주 동안 거의 날마다 불한당들이 찾아와 집 안을 다시 뒤지고 남아 있던 물건을 닥치는 대로 앗아갔다. 12월 17일에 맬러드 부인은 이렇게 적었다.

양키들이 검둥이들더러 소와 수레를 가져오라고 하더니 닭과 칠면조를 있는 대로 실었다. 훈제실에 있던 당밀도 모두 빼앗아 갔다. 이제 남은 고기는 새끼돼지 한 마리뿐이다. 나머지는 양키들이 모두 가지고 갔다. 어머니는 할 말을 잃은 채 집 안의 모든 식료품이 사라져 가는 광경을 지켜볼 따름이었다. 저들은 마지막으로 마차를 끌고 가서 한가득 닭을 실었다. 마차, 짐차, 수레, 말, 노새, 하인, 식료품, 비상식량 할 것 없이 가지고 갈 수 있는 것이라면 무엇이든 가지고 갔다. 우리는 이제 굶어죽을 판이다.

전쟁의 초기 과정

북부 연방군은 처음부터 막강한 힘을 발휘하지는 않았다. 사실 북군은 3년 반 동안 참패를 면치 못했다. 남북전쟁이 시작된 1861년 무렵만 하더라도 정규군은 1만 8천 명밖에 되지 않았고, 그마저도 대부분 남부연합군에 합류하기 위해 부대를 이탈했다. 따라서 1861년 4월 13일에 포트섬터가 항복하고 양측이 처음으로 직면한 과제가 병력 동원이었다. 4월 15일에 링컨 대통령은 7만 5천 명의 주 민병을 상대로 3개월 소집령을 내렸다. 기간을 짧게 잡은 이유는 남부와 북부 모두 장기전을 예상하지 않았기 때문이다. 남부는 북부가 전쟁을 감행할 만한 배짱이

포트섬터의 포격
포격 소식이 전해지자 북부인들은 정치색을 잊고 다 함께 분노했다. 이들은 대통령의 소집령을 환영했고, 지원병들은 북부의 거의 모든 마을에서 조직된 연대로 속속 합류했다. 아래는 커리어와 아이브즈의 1861년 석판화이다.

없을 거라 추측했고, 자원 면에서 볼 때 비교 우위에 있던 북부는 남부를 적수로 여기지 않았다. 그런데 양쪽의 짐작은 크게 어긋났다.

섬터사건으로 양자택일의 기로에 놓인 버지니아는 4월 17일에 연방 탈퇴를 선택하고 남부연합에 합류했다. 5월 6일에는 아칸소가, 5월 20일에는 노스캐롤라이나가 합류했고, 테네시는 6월 8일에 열두 번째이자 마지막으로 연방을 탈퇴한 주가 되었다. 버지니아가 연방을 탈퇴하면서 미 육군에도 사직서가 줄을 이었다. 버지니아는 인구에 비해 장교의 비율이 높은 주였다. 이후 몇 주 동안 약 1천 명의 현역 장교 중 286명이 보직을 내놓고 남부연합군에 합류했다. 이 중에서 최고위직은 4월 18일에 병참감을 사임한 조지프 E. 존스턴(Joseph E. Johnston) 준장이었다. 그로부터 이틀 뒤에 로버트 E. 리 대령은 남부연합군 총사령관 제의를 받고 북부 연방군 총사령관 윈필드 스콧에게 유감의 뜻을 담은 편지를 보냈다.

"18일에 장군님과 면담을 한 순간, 보직을 사임해야겠다는 생각이 들었습니다. 그래서 이렇게 사직의 뜻을 밝히니 받아 주시기 바랍니다. 진작에 사직서를 제출해야 마땅한 일이었지만, 제 생애 전반과 모든 능력을 바친 자리와 작별하기가 쉽지 않았습니다."

양쪽 모두 애국심이 하늘을 찌르던 전쟁 초기에는 지원병 모집이 비교적 쉬웠다. 하지만 장기전으로 돌입한 이후에는 보조금을 내걸어도 지원병이 많이 모이지 않았다. 1862년 초반으로 접어들면서 사상자 명단이 길어지기 시작하자 남부연합 쪽에서 먼저 강제징집을 실시했다. 1862년 4월 16일에 징병법이 남부연합 의회를 통과하면서 미국 역사상 최초의 일반징집이 시작된 것이다(하지만 공무원, 집배원, 사공, 제철공, 대학생, 약사는 제외한다는 수많은 예외조항이 하나씩 붙기 시작했다). 북부 연방은 1862년 7월 17일에 제한적인 징병안을 마련했다. 이후에 병력이 점점 달리는 상황이 되자 징집 규칙은 더욱 확대되고 엄격해졌다. 하지만 남부이건 북부이건 부유한 특권층은 전쟁 내내 대리인을 사서 병역을 면할 수 있었다. 예를 들어 미래의 대통령 그로버 클리블랜드(Grover Cleveland)의 경우에는 서른두 살의 폴란드 이민자에게 150달러를 주고 대신 전장으로 내보냈다.

섬터가 함락되고 6일 뒤인 4월 19일에 에이브러햄 링컨은 남부연합 전역의 해안 봉쇄령을 내렸다. 처음만 하더라도 해안선 봉쇄령은 희망사항에 불과했다. 들쭉날쭉한 남부의 해안선 약 1,600킬로미터는 천연 아지트가 많았고, 이곳을 중심으로 밀항선들이 법망을 교묘히 빠져나가며 활동을 벌였다. 그뿐 아니라 해안선 봉쇄의 합법성도 불분명했다. 국제법에 따르면 봉쇄령은 오로지 자치국가를 상대로 취할 수 있는 조치인데, 링컨 행정부는 남부연합의 자치권을 인정할 생각이 없었다. 하지만 링컨은 훌륭한 판단이라는 생각 아래 그대로 강행했다. 남부는 산업 기반이 워낙 취약하기 때문에 대규모 전쟁을 치르려면 무역에 의존하는 수밖에 없었다. 따라서 남부의 면직물이 영국이나 그밖의 다른 시장으로 흘러 들어가지 못하도록 저지하면 반군은 무너질 것이 분명했다. 1861년에서 1862년 사이 남부연합의 상선운항은 곳곳에서 계속되었다. 밀항선 여섯 척 중 다섯 척은 북

벤 하딘 헬름
남북전쟁으로 많은 가정이 남북으로 나뉘는 아픔을 겪었고, 링컨도 예외는 아니었다. 영부인 메리 토드 링컨의 가족은 대부분 켄터키에 살았고 그녀 또한 켄터키에서 어린 시절을 보냈다. 그녀의 제부 헬름은 링컨의 재임 초기에 백악관에서 며칠 머문 일도 있었다. 링컨은 웨스트포인트 사관학교를 졸업한 헬름에게 북부 연방군의 소령 자리를 약속했지만, 그는 남부연합을 선택했고 치카모가에서 전사했다.

조지아 지원부대
포트섬터에 배치된 신설 조지아 지원부대가 1861년 4월에 새로운 군복을 뽐내고 있다.

군의 경비정을 성공적으로 따돌렸다. 하지만 1863년 이후에는 봉쇄선이 더욱 단단해지면서 취약한 남부 경제를 질식시키는 데 한몫 거들었고, 면직물 수출과 무기를 비롯한 여러 군수품의 수입을 철저하게 차단했다.

**"부동의 묘기" 또는
"포토맥에서 버틴 6개월"**

1862년 2월 1일자
《프랭크 레슬리스
일러스트레이티드
뉴스페이퍼》에 실린 위
만평의 제목을 보면 알 수
있다시피 남북전쟁은
대기시간이 길었다.

철벽장군

(오른쪽) 잭슨은
불런 전투에서
'철벽장군'이라는 별명을
얻었다. 그가 헨리하우스
언덕 꼭대기에서 방어선을
유지하며 전투의 흐름을
바꾸어 놓자 남군의
버너드 비 준장은 "저기
버지니아 친구들과 함께
서 있는 잭슨을 보게! 마치
철벽 같지 않은가!"라고
감탄했다.

위와 같은 초반 조치를 취했을 뿐 군대를 준비하고 조직하는 면에서는 양쪽 모두 별다른 움직임을 보이지 않았다. 1861년 5월 말에 남부연합 정부는 수도를 앨라배마 주 몽고메리에서 버지니아 주 리치먼드로 옮기기로 결정했다. 리치먼드는 규모도 크고 철도 연결편도 낫기 때문에 점점 팽창해 가는 남부연합의 거점으로 삼기에 적합한 장소였다. 수도 변경은 정치적인 의미도 결부되어 있었다. 남부연합 정부가 남부의 북쪽에 해당되는 지역과 버지니아의 중요성을 인정한다는 뜻이었다. 북부의 관점에서 보자면 수도 변경의 의미는 간단했다. 이제는 리치먼드가 북군의 1차 목표로 바뀌었고, 남부와 북부의 수도 사이에 놓인 약 160킬로미터 지역이 전쟁의 주요 무대가 되는 셈이었다.

'3개월'을 이야기한 북군의 소집령 시한이 거의 끝나가던 1861년 7월 21일에 남북전쟁 최초의 대규모 전투가 벌어졌다. 어빈 맥도웰(Irvin McDowell) 소장이 지휘하는 3만 7천 명의 북군이 며칠간의 이동을 마무리짓고 불런(남부에서는 머내서스라고 불렀다)에서 3만 5천 명의 남군을 공격한 것이다. 맥도웰은 오전 9시에 1만 3천 명의 북군을 이끌고 불런 강을 넘어 버지니아 주 머내서스 북쪽의 벌판과 낮은 언덕으로 반군을 밀어냈다. 하지만 조직을 재정비한 남군은 이내 북군의 대열을 무너뜨렸다. 질서정연하게 퇴각하던 북군은 이후 뿔뿔이 흩어지기에 이르렀다. 겁에 질린 북군 병사들은 북부 연방의 고위 공무원과 민간인들 속으로 황급히 달아났다. 민간인들은 불런 전투와 함께 남북전쟁이 끝나는 줄 알고 구경 삼아 인근 워싱턴에서 나들이 나온 인파였다. 북군 입장에서 보면 다행스러운 노릇이었지만, 기력을 다한 데다 경험이 부족한 남군은 더 이상 추격하지 않았다. 북군이 2,896명, 남군이 1,982명을 기록한 사상자 수는 당시 기준으로 보면 상당히 많은 편이었지만 이후와 비교하면 비교적 양호한 수준이었다.

링컨은 불런의 치욕적인 참패 소식을 접하고 사령관을 바꾸었다. 전쟁 초기 링컨의 특징은 몇 차례에 걸친 사령관 교체였다. 그는 전투가 끝나고 엿새 뒤, 맥도웰을 경질하고 두 달 전에 소장으로 진급한 서른 네 살의 조지 B. 매클렐런(George B. McClellan)을 포토맥 사단장으로 임명했다. 그는 여기에 그치지 않고 11월에는 나이가 든 스콧의 후임으로 총사령관 자리에까지 올랐다. 절도 있고 천성이 신중한 매클렐런은 장기전의 조짐을 알아차리고, 신설 심사위원회를 통해 무능력한 장교를 솎아 내고 경험이

모니터와 메리맥 전투

1862년 3월 9일, 북군의 모니터 호와 남군의 버지니아 호(원래 이름인 '메리맥' 호로 불릴 때가 더 많다)가 벌인 전투는 남북전쟁뿐 아니라 해군 역사의 신기원으로 기록된다. 버지니아 주 노퍽 인근의 햄프턴로즈 해협에서 치러진 이 전투는 철갑선끼리 최초로 맞붙은 현장이었다.

스웨덴 출신의 해군 기관장교 존 에릭슨(John Ericsson)이 설계한 모니터 호는 흘수(선체가 물에 잠기는 깊이— 옮긴이)가 얕고 선체 중심부에 회전식 소형 포탑이 달린 게 특징이었다. 그때 살았던 인물의 표현에 따르면 '지붕널 위에 깡통을 얹은' 모습이었다. 버지니아 호는 1861년 4월 말에 남군 수병들이 노퍽 해군기지에서 후퇴하면서 흘수선까지 태워 버린 미 해군의 프리깃함을 건져 장갑판을 씌운 전함이었다.

북군 봉쇄선 파괴라는 임무를 맡고 출격한 버지니아 호는 3월 8일, 네 시간 동안 펼쳐진 전투에서 북군 전함 네 척을 격파했다. 그리고 그날 저녁, 모니터 호가 햄프턴로즈에 등장했다. 이튿날인 3월 9일 아침에 두 배는 세 시간이 넘

북군 모니터 호의 갑판과 포탑
모니터 호는 여섯 달 뒤 해터러스 곶 근처에서
폭풍을 만나 난파당했다.
1862년 7월 9일에 촬영한 사진.

도록 포격을 주고받았고, 모니터 호의 1등 기관사에 따르면 '침몰 위기에 놓인' 버지니아 호가 결국 노퍽으로 후퇴했다. 이로써 북군 봉쇄선은 뚫리지 않았다.

부족한 대다수 신병을 대상으로 혹독한 훈련 프로그램을 만들며 1861년의 가을과 겨울을 보냈다. 리치먼드 함락이라는 원대한 계획을 세운 것도 이 무렵이었다. 이에 따라 매클렐런의 병사들은 1862년 3월 중순 무렵 알렉산드리아로 건너가 수송선에 오르기 시작했고, 이때부터 활발한 반도회전이 펼쳐졌다.

반도회전

매클렐런은 군대 조직이라는 측면에서 보자면 누가 뭐래도 뛰어난 인물이었다. 하지만 전투 지휘 면에서는 부족한 점이 많았다. 그는 제임스 강과 요크 강으로 형성된 버지니아 반도의 소중한 거점, 포트먼로에 대규모 상륙작전을 감행하고 이후 제임스 강 상류에 자리잡은 리치먼드로 진격한다는 계획을 세웠다. 하지만 병력 규모에서 우위를 점하고 있는데도 어찌나 더디게 움직이는지 오히려 열세라고 생각하는 것은 아닌지 의심스러울 지경이었다. 이에 실망한 링컨 대통령은 4월 9일에 공격을 촉구하는 뜻을 전했다.

"다시 한 번 강조하지만 이제는 진격이 불가피한 시점에 이르렀소. (중략) 국민들은 방어선을 굳힌 적군을 앞에 두고 지금처럼 공격을 주저하면 머내서스의 상황이 되풀이된다는 점을 간과하지 않을 것이오."

그럼에도 불구하고 매클렐런은 굼벵이 작전을 고수했고, 요크타운의 남군을 몰아내고 9만 명에 이르는 북군이 치카호미니 강을 따라 리치먼드 반경 9.5킬로미터 이내로 접근하려면 두

> "매클렐런이
> 군대를 쓰지 않을
> 생각이거든
> 나한테 잠시 빌려
> 주었으면 좋겠다."
>
> *링컨,*
> *1862년 4월 9일*

리볼버
매클렐런의 것이다.

치카호미니 강의 다리
반도회전 중이던 1862년
5월 말에 뉴햄프셔
제5보병대가 강 위에
건설한 것이다.

달을 더 기다려야 된다고 주장했다.

반도회전의 시작을 알리는 최초의 대규모 교전은 5월 31일, 세븐파인스(페어오크스라고도 한다)에서 벌어졌다. 다섯 명으로 이루어진 남군 측 대장단의 일원인 존스턴은 매클렐런의 부대가 리치먼드에 가하려는 위협을 감지하고 치카호미니의 남쪽 강변을 이동 중이던 북군의 2개 군단을 공격했다. 하지만 연락이 원활하게 이루어지지 않으면서 남군 측 공격은 기껏해야 교착상태를 만드는 정도에 그쳤고, 존스턴이 부상을 당하는 바람에 버지니아군 야전사령관을 교체해야 되는 상황이 벌어졌다. 남부연합의 대통령 데이비스는 군 선임고문으로 있던 리에게 이처럼 중대한 임무를 맡겼다.

리는 매클렐런이 준비 없이 성급하게 서두르다 실수를 저지르는 인물이 아닌 줄 알고 있었다. 그리고 또 한편으로는 남군의 병력을 과대평가하는 성격인 줄도 알고 있었다. 그는 6월 12일에 기병장교 중에서 가장 용감한 J. E. B. 스튜어트 준장에게 매클렐런의 주변을 어지럽히는 임무를 맡겼다. 스튜어트는 기병대를 이끌고 포토맥군 주변을 맴돌며 북군의 병력 배치를 살피는 한편, 간간이 소규모 전투를 벌였다. 스튜어트의 기병대가 이후 나흘 동안 어찌나 도처에서 출몰했던지 북군은 수세에 몰렸고 사기가 한참 꺾였다. 남부연합의 신문들은 이들의 활약을 가리켜 용감한 남부군의 전형이라고 선전했다.

리는 스튜어트가 수집한 값진 정보를 바탕으로 6월 25일, 공격을 감행하면서 7일 전투의 서막을 알렸다. 북군은 병력 면에서 남군을 조금 앞질렀지만, 매클렐런은 오크그로브에서 벌어진 전초전 소식을 듣고 괜히 부대의 안위를 걱정하기 시작했다. 그는 워싱턴에 지원병을 요청했고 화가 난 링컨은 다음날 답장을 보냈다.

"우리 군이 적에 비해 20만 명 모지랄 것 같다는 예측을 하면서 책임 소재를 운운하는 장군의 전보를 보니 마음이 무겁소. 있는 병력을 가지고 최선을 다할 것으로 믿고 모든 병력을 맡겼는데, 장군은 더 이상의 지원병이 남아 있다고 생각하는 모양이구려."

한편 리가 이끄는 부대는 6월 26일, 미캐닉스빌에 주둔하고 있던 북군을 공격하다 재빨리 질서정연하게 퇴각했다. 다음날인 6월 27일에는 남군이 게인즈밀에 새롭게 형성된 북군의 방어선을 뚫었고, 피츠 존 포터(Fitz John Porter) 소장은 치카호미니 강을 넘어 매클렐런의 주력 부대가 있는 곳까지 후퇴하는 수밖에 없었다. 북군 측 장군 몇 명은 리가 남겨 놓은 방어 병력이 소수에 불과할 것이라는 정확한 판단 아래 리치먼드로 빠르게 진격하자고 재촉했다. 하지만 위험 부담을 느낀 매클렐런은 제임스 강으로 총퇴각하라는 명령을 내렸다. 북군은 2년이라는 시간이 흐른 뒤에야 리치먼드에서 이렇게 가까운 지점까지 다시 진격할 수 있었다.

반도회전이 실패로 돌아가자 북군연맹 최고 사령부는 매클렐런이 이끄는 포토맥군(지원병 덕분에 이제는 12만 명이었다)에게 반도를 버리고 인근 알렉산드리아로 건너가서 존 포프(John Pope) 소장이 이끄는 6만 3천 명의 버지니아군과 합류하라는 명령을 전했다. 명령이 하달된 날짜는 8월 16일이었다. 리는 휴전회담을 벌일 수밖에 없을 만큼 결정적인 승리를 거두고 싶었다. 그러자면 북군의 두 부대가 합쳐져서 그가 이끄는 소규모의 북 버지니아군을 세 배로 압도하기 전에 공격을 감행해야 했다. 그는 '철벽장군' 토머스 J. 잭슨 소장에게 라파하노크 강에 주둔 중인 포프 주변으로 이동해서 13개월 전에 1차 불런 전투가 치러졌던 머내서스의 대규모 북군 보급창을 8월 26일에 공격하라는 지시를 내렸다. 예상했던 대로 포프는 잭슨을 공격하러 움직였고(8월 29일), 이 사이 리는 제임스 P. 롱스트리트(James P. Longstreet)가 이끄는 2차 부대를 불런 산맥 너머로 은밀히 보내 포프의 왼쪽 측면을 치도록 했다. 8월 30일에 감행된 롱스트리트의 기습공격으로 북군은 다시 한 번 불런을 넘어 허둥지둥 퇴각했다. 포프는 그 즉시 북서 군관구로 쫓겨났고 수도 방어군을 포함한 버지니아의 북군 지휘권은 다시 매클렐런에게 넘어갔다.

워싱턴 주민들은 조만간 리가 들이닥치는 게 아닌가 공포에 떨었지만, 그는 여세를 몰아서 포토맥 강을 건너 북쪽의 메릴랜드로 진격하는 쪽을 택했다. 하지만 9월 13일에 메릴랜드 주 프레더릭 동쪽의 목초지에서 잠시 쉬고 있던 북군 두 명이 남군의 현재 병력 배치를 상세히 알리는 리의 9월 9일자 지령 사본을 우연히 발견했다. 길을 잃은 지령은 나흘 뒤 미국 역사상 가장 끔찍한 유혈사태로 꼽히는 앤티텀 전투로 연결되었다.

역사학자 제임스 M. 맥퍼슨(James M. McPherson)이 지적했다시피 '리 사령관의 두 가지 특징은 적의 본질을 판단하는 능력과 위험을 기꺼이 감수하는 자세'였다. 1862년 9월에 그는 적군을 앞에 두고 병력을 나누는 위험을 감수했다. 3분의 1은 메릴랜드에 남겨 두고 나머지는 철벽장군 잭슨에게 맡겨 하퍼스페리를 함락하도록 보낸 것이다. 리는 매클렐런이 워낙 신중한 성격이기 때문에 이런 작전을 감행할 만하다고 판단했다. 리는 이렇게 적었다.

"매클렐런의 부대는 현재 사기가 몹시 떨어진 데다 혼란스러운 상황이다. 따라서 앞으로 서너 주 동안 공격을 벌이지 못할 것이다. 나는 그 전에 서스쿼해나까지 진격할 생각이다."

어쩌면 그의 바람대로 이루어졌을지 몰라도, 길을 잃은 지령이 북군의 손으로 넘어가면서 모든 게 달라지고 말았다. 매클렐런은 리의 전투계획을 입수하고도 여전히 느릿느릿 진격했지

매클렐런
매클렐런의 군대 조직 능력에 의문을 제기하는 역사학자는 거의 없지만, 많은 역사학자는 남북전쟁이 1862년에 끝나지 못한 이유가 그의 우유부단한 성격 때문이었다고 입을 모은다.

만, 예전보다는 훨씬 빨라진 모습을 보였다.

9월 14일, 북군의 3개 군단이 하퍼스페리를 포위한 남군 사단의 후미로 이동했다. 다음날, 하퍼스페리가 잭슨의 손에 함락되자 리는 북 버지니아군을 즉각 재편성하라는 명령을 전했다. 아니나다를까 매클렐런은 재편성이 끝나기 전에 총공격을 퍼붓는 신속한 모습을 보이지 못했다. 하지만 9월 17일에는 7만 5천 명의 북군에게 메릴랜드 주 샤프스버그 서쪽의 앤티텀 강에 배치된 4만 명의 남군을 공격하라는 명령을 내렸다(매클렐런은 북군 병력이 거의 갑절인데도 적군의 숫자가 더 많다고 생각했다). 남군의 왼쪽과 오른쪽을 동시에 공격하는 것이 북군

에머슨이 본 링컨

워싱턴을 방문한 랠프 월도 에머슨은 1862년 1월 31일에 링컨을 보고 다음과 같은 평가를 내렸다.

대통령은 생각했던 것보다 인상이 훨씬 좋았다. 그는 솔직하고 진지하고 악의가 없으며 변호사다운 이성의 소유자였고, 천박하지 않은 선에서 사실을 있는 그대로 분명하게 전달할 줄 아는 인물이었다. 그뿐 아니라 졸업식날 같은 반 친구들과 옛날 이야기를 하는 남학생처럼 명랑하고 솔직하며 구김 없이 밝은 구석도 있었다. 이야기를 할 때면 만족스러운 표정으로 상대방을 올려다보면서 하얀 치아를 드러내고 활짝 웃는다.

링컨
알렉산더 가드너가 1863년 11월 8일에 촬영한 사진.

의 작전이었지만 타이밍이 잘 맞지 않았다. 덕분에 리는 후방에 있던 병력을 미래의 저지선으로 옮길 수 있었다. 이후 콘필드, 블러디레인, 웨스트우즈, 던커드 교회에서 잇따라 처절한 전투가 벌어졌고 6천 명 사망, 1만 6천 명 부상이라는 어마어마한 사상자가 발생했다. 다음날 매클렐런은 공격을 다시 시작하지 않았고, 리는 지친 군대와 함께 버지니아로 퇴각했다.

노예 해방령

링컨 대통령은 전혀 바라지 않던 결과로 이어지기는 했지만 앤티텀 전투가 북군에게 의미 심장한 승리를 안겨 주었다고 재빨리 선언했다. 그가 이렇게 미심쩍은 주장을 펼친 배경에는 여러 이유가 있었다. 7일 전투 이후에 북군의 사기는 땅바닥으로 추락했다. 리치먼드를 손에 넣을 수 있을 것 같더니 1주 만에 승리마저 까마득히 멀게 느껴지는 상황으로 돌변했기 때문이었다. 1862년 초에 북군은 미주리, 테네시, 켄터키와 여러 서부 전선에서 수많은 승리를 거두었지만, 사람들의 입에 오르내린 대상은 버지니아에서의 패배였다. 링컨은 "반 년 동안 연전연승하면서 이 나라의 16만 평방킬로미터를 청소한 것은 별로 위안이 되지 않고, 7일 전투에서 단 한 번 절반의 패배를 기록한 것이 우리 가슴을 너무나도 아프게 만들다니 말도 안 된다."고 투덜거렸지만 그것이 현실이었다.

이와 더불어 반도회전마저 무위로 돌아가면서 클레멘트 L. 벌랜디검이 이끄는 평화민주

Semi-Weekly Tribune.

NEW-YORK, TUESDAY, AUGUST 26, 1862.

PRESIDENT LINCOLN'S LETTER
EXECUTIVE MANSION,
WASHINGTON, August 22, 1862.

Hon. Horace Greeley:

DEAR SIR : I have just read yours of the 19th, addressed to myself through THE N. Y. TRIBUNE. If there be in it any statements or assumptions of fact which I may know to be erroneous, I do not now and here controvert them. If there be in it any inferences which I may believe to be falsely drawn, I do not now and here argue against them. If there be perceptible in it an impatient and dictatorial tone, I waive it in deference to an old friend, whose heart I have always supposed to be right.

As to the policy I "seem to be pursuing," as you say, I have not meant to leave any one in doubt.

I would save the Union. I would save it the shortest way under the Constitution. The sooner the National authority can be restored, the nearer the Union will be "the Union as it was." Yet

당원들은 링컨의 전쟁방침을 비난하는 수위를 높였다. '카퍼헤드(Copperhead)'라는 경멸조의 별명으로 불린 평화민주당원들은 협상을 통한 해결을 주장했다. 이들은 무력으로 연방을 유지하겠다는 링컨의 고집을 비웃었고, 최근 들어 군대가 무기력한 모습을 보이자 자신들의 생각이 맞다는 증거로 삼았다. 링컨은 어떠한 상황에서도 연방 해체는 있을 수 없다는 입장이었기 때문에 북부의 장점인 인구와 산업시설을 적극 활용하기로 결정하고 7월 1일, 1만 명의 지원병을

대통령의 8월 22일자 서한
(왼쪽) 《뉴욕 트리뷴》이 주2회 발행하는 신행물의 8월 26일 판에 실렸다.

추가로 소집하면서 이들에게 보조금을 지불하기 위해 사상 최초로 연방소득세 징수를 승인했다. 그리고 또 한편으로는 북부연방의 전쟁 목표를 수정하기 시작했다. 북부의 노예제도 폐지론자들은 애초부터 노예해방을 전쟁 목표에 포함시켜야 한다고 주장했지만, 링컨은 이들의 주장을 받아들이지 않았다. 연방 유지라는 그의 이상과 노예제도 폐지는 상관관계가 거의 없었기 때문이다.

《뉴욕 트리뷴》 편집자 호레이스 그릴리는 1862년 8월 19일에 '2천만 명의 기도'라는 기사를 통해 노예해방을 다시 한 번 촉구했다. 링컨은 사흘 뒤에 답변을 보냈다.

북군의 흑인들

북부의 자유흑인들은 포트섬터 함락 소식이 전해지자마자 북군에 입대할 방법을 찾기 시작했다. 남북전쟁 이전의 경우 흑인들은 병역이 면제되었고 이같은 정책은 이후 1년여 동안 계속되었다. 의회는 1862년 7월 17일에 이르러서야 1792년부터 실행되던 입대금지 조항을 폐지했다(신기하게도 해군은 입대금지 조항이 없었기 때문에 극심한 병력 부족에 시달리던 해군은 1861년 9월부터 아프리카계 미국인들을 받아들였다).

1863년 1월에 노예해방령이 선포되자 북군은 적극적으로 흑인 유치에 나섰고 결국에는 38만 6천 명의 지원병을 모집했다. 18만 6천 명은 전투연대 소속이었고 20만 명은 보급부대 소속이었다. 흑인으로만 이루어진 최초의 연대 중에서 가장 유명했던 곳은 매사추세츠 자원보병 54연대였다. 1863년 7월 18일에 매사추세츠 54연대는 찰스턴 항을 철옹성처럼 지키던 모리스 섬의 포트바그너에 맹공을 퍼부었다. 이 전투로 600명의 절반이 사망하고 요새 함락에는 실패했지만, 용감하게 목숨을 건 이들의 활약상이 언론을 통해 널리 소개되면서 북부인들은 흑인도 싸울 기회를 누릴 만하다는 쪽으로 생각을 많이 바꾸었다.

이름 모를 북군 일병
(위) 병사들은 사랑하는 사람을 위해 이처럼 값싼 앰브로타이프를 품에 넣고 다녔다.

1863년의 징병 포스터
(왼쪽) 필라델피아 흑인징병 관리위원회에서 발간한 이 포스터를 보면 알 수 있다시피, 흑인연대 지휘관은 보통 백인장교였다.

이번 전투에서 내가 거두고자 하는 1차 목표는 노예제도 유지나 파괴가 아니라 연방 유지입니다. 노예를 단 한 명도 해방시키지 않아야 연방을 유지할 수 있다면 그렇게 할 것입니다. 노예를 일부만 해방시키고 나머지는 그대로 두어야 연방을 유지할 수 있다면 역시 그렇게 할 것입니다. 나는 연방 유지에 도움이 된다는 판단이 서면 노예제도와 흑인에 대해서 어떤 조치를 취할 것입니다. 연방 유지에 아무런 도움이 안 된다는 판단이 서면 아무런 조치도 취하지 않을 것입니다.

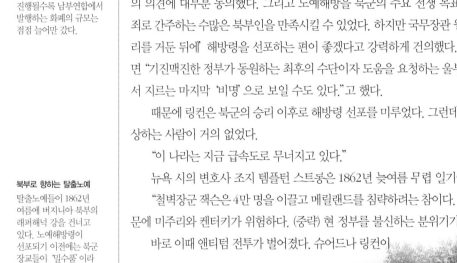

남부연합의 화폐
당연한 소리겠지만 전쟁이 진행될수록 남부연합에서 발행하는 화폐의 규모는 점점 늘어만 갔다.

하지만 사실 링컨은 노예해방이 연방 유지에 도움이 되겠다는 판단을 내린 뒤였다. 그는 한 달 전인 7월 22일에 노예해방령 초안을 내밀어 내각을 깜짝 놀라게 만든 일이 있었다. 내각은 "노예는 현역병들에게 분명 힘이 될 텐데, 이 힘이 우리에게 유리한 쪽으로 작용할 것인지 불리한 쪽으로 작용할 것인지 판단을 내려야 한다."는 링컨의 의견에 대부분 동의했다. 그리고 노예해방을 북군의 주요 전쟁 목표로 삼으면 노예제도를 죄로 간주하는 수많은 북부인을 만족시킬 수 있었다. 하지만 국무장관 윌리엄 H. 슈어드는 '승리를 거둔 뒤에' 해방령을 선포하는 편이 좋겠다고 강력하게 건의했다. 해방령을 미리 선포하면 "기진맥진한 정부가 동원하는 최후의 수단이자 도움을 요청하는 울부짖음, (중략) 후퇴하면서 지르는 마지막 '비명'으로 보일 수도 있다."고 했다.

때문에 링컨은 북군의 승리 이후로 해방령 선포를 미루었다. 그런데 북부에서는 승리를 예상하는 사람이 거의 없었다.

"이 나라는 지금 급속도로 무너지고 있다."

뉴욕 시의 변호사 조지 템플턴 스트롱은 1862년 늦여름 무렵 일기에서 이렇게 말했다.

"철벽장군 잭슨은 4만 명을 이끌고 메릴랜드를 침략하려는 참이다. 점점 다가오는 반군 때문에 미주리와 켄터키가 위험하다. (중략) 현 정부를 불신하는 분위기가 도처에 팽배하다."

바로 이때 앤티텀 전투가 벌어졌다. 슈어드나 링컨이

북부로 향하는 탈출노예
탈출노예들이 1862년 여름에 버지니아 북부의 래퍼해넉 강을 건너고 있다. 노예해방령이 선포되기 이전에는 북군 장교들이 '밀수품'이라 불린 이들을 원래 주인에게 돌려보내는 경우가 많았다.

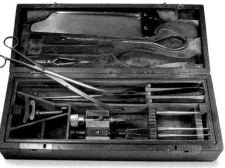

군의관의 의료기구
남북전쟁 당시 군의관들은 이같은 기구를 들고 다니면서 격전이 벌어진 날에는 하루에 몇백 명씩 절단수술을 했다. 노련한 군의관은 2분이면 팔이나 다리를 자를 수 있었다.

바라던 수준의 결정적인 승리는 아니었지만, 앞으로 당분간은 이만한 성과를 올리기 힘들다는 판단 아래 링컨은 계획을 실행에 옮기로 했다. 그는 전투가 벌어지고 닷새 뒤, 남부연합이 항복하지 않으면 1863년 1월 1일을 기해 반군이 통제하는 지역의 노예를 해방시키겠다는 예비 노예해방령을 선포했다. 노예제도 폐지론자들은 환호성을 지르겠지만 인종차별 성향이 강한 북부의 일반시민과 경계주의 노예 주인들은 강력하게 반발할 수도 있는 내용이었다. 링컨이 초안과 확정안에서 경계주와 북군이 점령한 땅이 아니라 남군이 점령한 땅의 노예들만 해방시키는 조치라고 강조한 이유도 이 때문이었다. 총괄적인 노예해방은 의회의 손에 맡겨졌고, 의회는 1865년 1월에 노예제도를 폐지하는 수정헌법 13조를 통과시켰다.

한편, 진격과 교전을 망설이는 매클렐런의 태도는 날이 갈수록 링컨의 심기를 건드렸다. 그는 말의 추가 지원을 요청하는 전보를 받고 10월 25일에 다음과 같은 답장을 보냈다.

"여러 말의 혓바닥에 염증이 생기고 피곤해한다는 장군의 전보는 잘 읽어 보았소. 그런데 앤티텀 전투 이후로 도대체 무엇을 했기에 말들이 피곤해하는지 알려주시겠소?"

그는 2주 뒤에 매클렐런을 다시 한 번 파면하고, 내키지 않아 하는 앰브로즈 번사이드(Ambrose Burnside) 소장을 사령관 자리에 앉혔다.

한 달 뒤인 1862년 12월 13일, 번사이드는 버지니아 주 프레더릭스버그에서 리를 상대로 특이한 겨울전투를 벌이며 사령관직을 마다한 이유를 만천하에 공개했다. 포토맥군 13만 명을 이끌고 배다리로 래퍼해넉 강을 넘어서 7만 5천 명의 탄탄한 방어진을 공격하다 참담한 패배를 기록한 것이다. 링컨은 1863년 1월에 번사이드를 원치 않던 자리에서 해방시키고, 조지 프 후커(Joseph Hooker) 소장을 후임 사령관으로 임명했다. 하지만 후커도 1863년 5월 1일에서 4일까지 벌어진 버지니아 주 챈슬러즈빌 전투에서 마찬가지로 무능력한 모습을 보였다. 철벽장군 잭슨은 이 전투에서 남북전쟁 사상 가장 빛나는 작전을 수행하다 5월 2일, 아군이 잘못 발사한 총에 부상을 입었다. 그는 당일에 절단수술을 받았지만 목숨을 부지하지 못하고 5월 10일에 눈을 감았다. 이제 능력 있는 사령관 발굴은 링컨의 영원한 숙제로 남았다.

철벽장군 잭슨이 챈슬러즈빌 전투에서 입었던 비옷
세 군데에 뚫린 구멍을 보면 총알이 어느 부위에 꽂혔는지 알 수 있다.

서부에서 벌어진 전투

이 시기 내내 남군의 전략은 단순했다. 데이비스와 리는 북부의 정치 상황을 잘 알고 있었기 때문에 북부에서만 전투를 벌여 고통스러운 분위기를 조성하고, 여론이 등을 돌리면서 휴전협상을 벌일 수밖에 없는 상황으로 링컨을 몰고 가는 것이 최선의 방법이라고 생각했다. 리는 메릴랜드 습격을 준비하던 1862년 9월 8일, 데이비스에게 보내는 전갈에서 이렇게 밝혔다.

"현재 상황으로 미루어볼 때 남부의 독립을 인정해 달라고 제안할 권한은 (중략) 우리가 쥐고 있습니다. 휴전 협상을 제안하면 (중략) 미합중국 국민들은 앞으로 다가오는 (1862년 11월의) 의원선거에서 전쟁의 연장을 바라는 사람을 뽑을 것인지, 전쟁의 종결을 바라는 사람을 뽑을 것인지 선택할 수 있을 겁니다."

반면에 북군은 세 가지 1차 목표를 동시에 추구하는 작전을 구사했다. 첫번째 목표는 해군의 해안선 봉쇄를 통한 남부연합의 경제 붕괴였고, 두 번째 목표는 포토맥군이 아무리 노력해도 이루어지지 않는 리치먼드 함락이었고, 세 번째 목표는 미시시피 계곡, 특히 미시시피 강과 테네시 강의 장악이었다. 두 강만 간단히 점령하면 북군은 남군을 둘로 쪼개고 승리의 순간을 훨씬 앞당길 수 있었다.

서부 최초의 전투는 1861년 여름에 미주리에서 펼쳐졌다. 이 전투에서는 너새니얼 라이언(Nathaniel Lyon) 대위가 이끄는 북군이 급조된 연방탈퇴주의자 부대를 물리치고 북군의 주도권을 다졌다. 이후에 전장은 또 다른 노예주 켄터키로 옮겨갔다. 켄터키는 원래 중립을 선포한 지방이었다. 그런데 1861년 9월 3일에 남군의 기디언 필로(Gideon Pilow) 준장이 미시시피 강가의 히크먼과 컬럼버스를 점령하면서 중립 선포를 무시했다. 필로와 부대장 리오니더스 포크(Leonidas Polk) 소장은 북군이 테네시 서부를 위협하려고 두 마을을 점령할 계획이었기 때문에 침공이 불가피한 조치였다고 주장했다. 켄터키 주의회는 남군의 즉각 철수를 요구하다 포크에게 거절당하자 북군에 합류했다. 이후 4년 동안 켄터키 주민 7만 5천여 명은 북군의 상징인 파란색 군복을 입었고, 2만 5천여 명은 남군의 상징인 회색 군복을 입었다. 남북전쟁 당시에 흔한 일이었지만 켄터키에서도 노선에 따라 가족이 분열되는 양상을 보였다.

사이먼 볼리바 버크너
그는 남북전쟁 이후에
《루이스빌 쿠리어》의
편집을 담당했고,
1887년부터 1891년까지는
켄터키 주지사를 맡았다.

서부전선에서 가장 공격적인 지휘관으로 꼽히던 북군의 그랜트 준장은 1862년 1월 초, 반군이 점령한 켄터키로 위력수색을 떠날 차비를 서둘렀다. 그리고 이 작전에서 거둔 성공을 서곡 삼아 2월 초부터는 테네시 강 전투를 시작했다. 그랜트의 1차 목표는 테네시 강을 방어하는 포트헨리와 컴벌랜드 강을 방어하는 포트도넬슨이었다. 켄터키와 테네시의 접경지대에서 만나는 두 강의 합류점 남쪽에는 방어가 탄탄한 반도가 하나 있었고, 두 요새는 이 반도를 사이에 두고 마주보고 있었다. 그랜트의 부대는 2월 6일에 비교적 쉽게 포트헨리를 무너뜨렸지만 도넬슨은 이보다 훨씬 더 완강하게 저항했다. 2월 14일에 네 척의 철갑함을 보내도 헛수고였다. 다음날, 필로와 사이먼 볼리바 버크너(Simon Bolivar Buckner), 전직 육군장관 존 뷰캐넌 플로이드가 지휘하는 남군 수비대 1만 5천 명은 그랜트의 포위선을 뚫고 내슈빌로 도피하는 길을 마련했다. 하지만 북군이 바로 역습을 가했기 때문에 우유부단한 반군은 그 길을 활용할 기회조차 누리지 못했다. 그날 밤에 필로와 플로이드는 몰래 요새를 빠져나갔고 혼자 남은 버크너는 다음날, 웨스트포인트 사관학교 동기인 그랜트에게 휴전 협정을 제안했다. 그랜트는 다음과 같은 답장을 보냈다.

"휴전을 하고 위원회를 만들어 항복 조건을 협의하자는 편지 잘 받았다. 하지만 무조건적이고 즉각적인 항복 외에는 어떤 조건도 받아들일 수 없으니 즉시 절차를 밟아 주기 바란다."

이 결과, 그랜트는 '무조건 항복'이라는 새로운 별명을 얻었다. 그뿐 아니라 북군 언론에서 영웅으로 추대되었고, 소장으로 진급했다. 한편 포트도넬슨 함락으로 켄터키 서부를 지킨 덕분에 최 북군은 남부 지방으로 진격하는 교두보를 마련했다.

1862년 3월 초, 북쪽으로 흐르는 테네시 강을 타고 미시시피로 이동하라는 명령이 그랜트에게 전달되었다. 앨버트 시드니 존스턴(Albert Sidney Johnston)과 P. G. T. 보러가드가 이끄는 남군에게 공격을 받을 가능성도 있었지만, 그랜트가 짐작하기에 두 사람은 전략적 요충지이자 철로의 중심인 미시시피 주 북동쪽 구석의 코린스에 머물고 있을 가능성이 컸다. 그런데 존스턴과 보러가드는 4월 6일, 미시시피와 테네시의 접경 바로 북쪽이자 테네시 강변에 위치한 작은 마을, 피츠버그랜딩에서 그랜트를 기습 공격했다. 이틀 동안 펼쳐진 실로 전투(그랜트의 부대가 야영한 교회에서 비롯된 명칭이다)는 그 진의 어느 교전보다 피비린내 나는 양상을 보였다. 6만 2천 명의 북군은 1만 3천 여 명의 사상자와 행방불명을 기록했다. 남군의 피해도 끔찍하기는 마찬가지라 참전한 4만 병력의 4분의 1을 잃었다. 그랜트는 너무 경솔했다고 이후에 추궁을 당했지만, 그의 발빠른 대응 덕분에 보러가드와 존스턴(전투 도중 치명상을 입었다)은 기대했던 것만큼 결정적인 승리를 거두지 못했다. 하지만 4월 11일에 서부지역 연방군의 총사령관을 맡고 있던 핼럭 준장이 피츠버그랜딩으로 건너오면서 그랜트는 부사령관으로 강등되었다. 그는 몇 달을 기다린 뒤에야 다시 부대를 직접 통솔할 수 있었다.

한편 미시시피 강에서 북군이 벌인 육군과 해군 합동작전은 두 가지 중요한 전과를 올렸다. 먼저 1862년 4월 8일에는 포프 소장이 10번 섬의 항복을 받아냈다. 뉴마드리드 굽이의 카이로에서 남쪽으로 65킬로미터쯤 멀리 있는 10번 섬은 전략적으로 중요한 병목지점이었다(널리 홍보가 된 이 전투 덕분에 포프는 짧은 기간이나마 버지니아군 사령관으로 진급했다). 이로부터 16일 뒤에는 함대 사령관 데이비드 G. 패러것(David G. Farragut)이 마찬가지로 육·해군 합동작전을 펼쳐 뉴올리언스의 저지선을 무너뜨렸다. 이제 서부지역 북군의 다음 목표는 미시시피 주의 빅스버그였다. 요새로 철저하게 무장한 빅스버그는 남군이 미시시피 강에 구축한 방어선의 급소에 해당되는 지점이었다. 그랜트는 1862년 10월에 부대이동을 시작했다. 그는 3만 2천 명을 거느린 군단장 셔먼에게 멤피스에서 배를 타고 빅스버그 북쪽의 집결지로 이동하고, 코린스에서 육로로 이동한 자신의 부대와 그곳에서 합류하라는 지시사항을 전달했다. 하지만 그랜트는 네이선 베드퍼드 포레스트(Nathan Bedford Forrest)가 지휘하는 반군 기병대의 공격을 받고 계획과는 다르게 테네시로 임시 후퇴하는 수밖에 없었다.

북군의 박격포
남북전쟁 당시 철로는 여러 용도로 쓰였다. 병사와 보급품을 신속하게 수송하는 것은 물론이고 무기로도 사용되었는데, 독재자라는 별명이 붙은 위의 박격포는 북군이 피터즈버그에서 남군 전선을 공격할 때 동원되었다.

미시시피 소함대
(왼쪽) 포터 소장이 이끄는 함대가 1863년 4월 16일, 빅스버그 포대를 돌파하는 모습. 커리어와 아이브즈의 석판화이다.

1863년 4월에 그랜트는 다시 한 번 무서운 기세로 빅스버그를 향해 진격했다. 이번에는 벤저민 그리어슨(Benjamin Grierson) 대령의 기병대를 적진 뒤로 보내 16일 동안 대공세를 퍼붓도록 하고, 자신은 빅스버그 포대의 남쪽에서 데이비드 딕슨 포터(David Dixon Porter) 소장의 미시시피 소함대와 합류하는 작전이었다. 그랜트는 4월 말과 5월 초에 걸쳐 빅스버그 시와 가장 가까운 지점까지 접근했고, 5월 19일에 처음으로 직접적인 공격을 시작했다. 하지만 이 날과 5월 22일의 공격으로도 남군의 견고한 방어를 뚫지 못하자 포위공격 쪽으로 전술을 바꾸었다. 이후 6주가 흘러 7월 4일에 빅스버그는 항복을 선언했다. 그리고 7월 8일에는 남군이 미시시피 강에 건설한 마지막 수비진이라 할 수 있는 루이지애나의 포트허드슨마저 함락되었다. 북군의 완벽한 승리였다.

게티즈버그

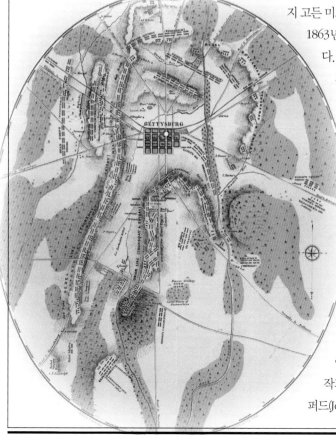

1863년 7월에 벌어진 또 하나의 중요한 사건을 들라면 당연히 게티즈버그 전투이다. 리가 다시 공세적인 입장을 보이자 링컨은 후커를 파면하고 그의 자리에 조지 고든 미드(George Gordon Meade) 소장을 앉혔다. 미드는 1863년 6월 28일에 포토맥군 사령관으로 정식 임명되었다. 그 무렵 리의 선발대는 이미 펜실베이니아 남부까지 진격한 상황이었다.

리는 전장을 북부로 한정시키고 휴전 협상을 강요하는 것이 남부의 유일한 희망이라고 믿었기 때문에 래퍼해넉에 진을 친 후커 주변으로 부대를 이동시킨 뒤 재빨리 북쪽으로 기수를 돌렸다. 섀넌도어 계곡을 지나고 포토맥 강을 건너서 메릴랜드 서부로 진격한 것이다. 그러다 6월 28일 무렵 포토맥군이 즉각 이동을 시작했다는 소문이 들리자 위험하게 흩어져 있던 군사들에게 게티즈버그-캐시타운 지역에서 조직을 재편성하라는 명령을 내렸다. 게티즈버그에서 사흘 동안 벌어진 역사적인 전투는 7월 1일, A. P. 힐(A. P. Hill) 중장이 이끄는 남군 사단이 경장비 민병대로 보이는 북군을 공격하면서 시작되었다. 그런데 사실 이들은 도보로 이동하던 존 버퍼드(John Buford) 준장의 기병대였고 후장(後裝)식 소총

을 가지고 있었다. 힐 중장
이 엄청난 착각을 한 셈이
있다. 시간이 지나면서
교전을 벌이는 양측군은
점점 늘어 갔고, 결국에
는 17만 명을 넘기는 어
마어마한 숫자를 기록했
다. 상황이 이렇게 되자
리는 원하지 않았던 지형
과 조건에서 대규모 전투
를 치르는 수밖에 없었다.
　게티즈버그 전투가 시작

게티즈버그 국립묘지 준공식
1863년 11월 19일, 링컨
대통령의 짤막한 연설을
듣기 위해 많은 이가
참석했다.

될 무렵 남군 측 기병대장인 스
튜어트는 멀리서 포토맥군과 대치하고 있었기 때문에 이틀째인 7월 2일에야 리의 주력부대에
합류할 수 있었다. 하지만 이 무렵 미드가 지휘하는 북군은 이미 낚시바늘 모양의 유리한 고지
를 점령하고 강력한 방어선을 구축한 뒤였다. 남군은 막대한 희생을 감수하고 공격을 퍼부었
지만 연방군을 고지에서 몰아내지 못했다. 7월 3일, 조지 피켓(George Pickett)의 유명한 돌격
작전마저 실패로 돌아가자 리의 운명은 판가름이 났다. 그는 다시 한 번 군대를 이끌고 남부로
돌아가는 수밖에 없었다.
　땅바닥으로 추락했던 북군의 사기는 빅스버그와 게티즈버그에서 연거푸 거둔 승리 덕분

뉴욕 시 징병 폭동

북군은 꾸준히 입대하는 의용군들 덕분에 인력난을 심각하게 겪지 않았지만, 징병군들이 불만을 터트리는 경우도 가끔 있었다. 이들의 분풀이 대상은 대부분 흑인이었다.
　이 가운데 최악의 사건이 벌어진 시기는 1863년 여름이었다. 리가 게티즈버그에서 패배하고 이와 동시에 빅스버그가 함락된 지 1주일이 지나 7월 11일 토요일이 되었을 때, 링컨이 3월에 승인한 신설 연방 징병법이 뉴욕 시에서 시행되기 시작했다. 이렇게 해서 일요일자 신문에 첫 징병 대상자 명단이 실렸다. 하지만 월요일 아침에는 징병 추첨이 시작되지 못했다.
　화가 난 시민들이 중앙징병본부로 들이닥쳤고 다른 곳에서도 폭동이 벌어졌던 것이다. 시민들은 일시적으로나마 경찰을 압도하고 심지어는 군인들과 총력전까지 벌였다. 폭도들은 대부분 가난한 아일랜드 출신 이민자였다. 이들은

부유한 이웃주민들과 달리 돈을 내고 면제받을 형편이 못 되었기 때문에(법이 신설된 결과, 300달러만 내면 병역을 피할 수 있었다) 자신들만 부당하게 표적이 되고 있다고 생각했다.
　이들은 가난하고 편견이 심한 백인이었기 때문에 요즘 들어 부쩍 많아진 자유노예들에게 일자리를 빼앗기지 않을까 그것도 걱정이었다. 이들은 나흘에 걸쳐 폭동을 벌이는 동안 흑인들을 주요 표적으로 삼으면서 수많은 아프리카계 미국인을 심하게 폭행했고, 때로는 가로등 기둥에 묶어 린치를 가한 뒤 시신을 훼손했다(경찰, 폭도, 흑인 피해자 모두 합해서 120명이 목숨을 잃었다). 백인 노예제도 폐지론자와 부유한 뉴욕 주민들도 공격을 당했지만 훨씬 가벼운 수준이었다. 전쟁기간 동안(그리고 그 이후에도) 흑인에 대한 반감이 높아지면서 특히 중서부를 중심으로 북부의 다른 도시에서도 이와 비슷한 인종 폭동이 벌어졌다.

에 생생하게 되살아났다. 두 전투 중 어느 쪽이 남북전쟁의 진정한 분기점이냐 하는 문제에 대해서는 역사학자들끼리도 의견이 분분하다. 하지만 1863년 7월을 기점으로 남군의 사기가 추락한 것만큼은 분명한 사실이다.

"빅스버그가 결딴나고, 그 결과 미시시피도 결딴나고, 이곳의 많은 사람은 남부연합도 결딴났다고 생각합니다."

미시시피의 어느 농장주는 7월 말, 남부연합의 대통령 데이비스에게 같은 편지를 보냈다. 2년이라는 시간이 흐르면서 북부의 풍부한 자원은 결국 뚜렷한 우세로 이어졌고, 남부는 회복 불가능한 내리막길로 접어들었다. 남부가 직면한 인력난과 보급난은 1863년 말과 1864년을 거치면서 점점 더 심각해졌지만 호황을 맞이한 북부의 산업은 선박, 총포, 탄약, 의류, 식료품 등을 대거 쏟아내기 시작했다.

빅스버그를 함락한 그랜트의 서부 병력은 테네시 주 채터누가를 다음 목표로 삼았다. 채터누가는 남부연합의 주요 철도가 주로 지나가는 길목이었다. 브랙스턴 브래그(Braxton Bragg)의 테네시군을 털러호마에서 쫓아낸 북군의 윌리엄 S. 로즈크랜스(William S. Rosecrans) 소장은 1863년 8월 중순에 컴벌랜드군을 이끌고 채터누가로 후퇴한 브래그의 뒤를 천천히 쫓았다. 브래그는 지원병을 요청했지만 감감무소식이었다. 이런 상황에서 로즈크랜스가 들이닥치자 그는 철수하는 수밖에 없었고, 로즈크랜스는 아무런 희생 없이 9월 9일에 채터누가를 차지하게 되었다. 하지만 바로 그날, 데이비스는 리의 부내에 속해 있던 롱스트리트의 군단을 파견해 브래그를 돕기로 결정했다. 북군이 컴벌랜드 협곡을 장악한 상황이라 직행이 불가능했기 때문에 롱스트리트의 군단은 조지아 북서부를 통과하는 열차를 타고 우회해서 채터누가 근처까지 접근했다. 이처럼 특이한 방식으로 이동하는 데에는 열흘이 걸렸고, 그 무렵 로즈크랜스는 브래그의 행방을 추적하느라 채터누가 남쪽을 뒤지고 있었다. 9월 19일, 조지 H. 토머스(George H. Thomas) 소장이 이끄는 로즈크랜스의 선발대가 5미터 길이의 치카모가 강 옆에서 도보로 이동 중이던 포레스트 소장의 기병대와 마주쳤다. 롱스트리트가 도착한 줄 몰랐던 토머스는 교전을 선택했고, 게티즈버그 때처럼 양쪽 모두 다른 부대들까지 합류했다.

체로키 원주민어로 '치카모가'는 '피의 강'이라는 뜻이었다. 치카모가 강변에서 이틀 동안 벌어진 전투는 이에 걸맞게 남북전쟁 역사상 몇 손가락 안에 꼽힐 만큼 처절한 결과를 낳았다. 북군의 사상자와 행방불명자는 16,170명이었고 남군은 18,454명이었다. 하지만 브래그와 롱스트리트는 귀중한 승리를 챙겼다. 교전 이틀째인 9월 20일에 롱스트리트가 연방군의 중심에서 빈틈을 발견하고 파고든 덕분이었다. 당황한 북군 병사들은 줄행랑을 놓았고, 자리를 지키며 반군의 추격을 저지하고 대량학살을 막은 부대는 토머스의 군단뿐이었다. 로즈크랜스는 치카모가 전투 이후 지휘권을 잃었고, 토머스는 '치카모가의 바위'라는 별명으로 유명인사가 되었다. 한편 브래그는 채터누가를 포위하고 룩아웃 산과 미셔너리 산맥에 든든한 진지를 구축했다. 1863년 10월 16일에 링컨은 그랜트를 신설된 미시시피 육군부의 사령관으로 임명했다. 오하이오와 테네시군, 조만간 지휘관이 로즈크랜스에서 토머스로 바뀔 컴벌랜드군을 아우르는 조직이었다.

네이선 베드퍼드 포레스트

그 즉시 채터누가로 달려간 그랜트는 10월 23일에 도착하자마자 직접 시찰에 나섰다. 그는 일주일 만에 한시가 급하던 보급선을 뚫고 남군 진지를 향해 정기적으로 포격을 시작했다. 그리고 셔먼의 테네시 군에게 채디누가로 합류하라는 명령을 전했다. 그는 11월 23일에 총공격을 퍼부어 남군의 포위를 뚫고 브래그의 부대를 조지아로 쫓아냈다. 가장 결정적인 전투는 11월 25일, 미셔너리 산맥에서 벌어졌다. 롱스트리트의 군단이 11월 4일에 떠나면서 전력이 약화된 브래그는 그랜트의 합동공격을 버틸 재간이 없었다. 이때 토머스의 부하들은 남군 소총부대가 자리잡은 미셔너리 산맥 기슭의 도랑을 점령하려고 계곡 너머로 돌격을 했다가 머리 위로 엄청난 포화가 퍼붓자 울며 겨자 먹기 식으로 계속 전진을 하는 수밖에 없었

북부의 번영

북부의 산업화는 남북전쟁이 벌어지기 훨씬 이전부터 '로웰 시스템(Lowell System)'의 도입과 더불어 본격적으로 시작되었다. 로웰 시스템은 1820년대부터 미혼여성 — 이전에는 노동시장에서 소외된 인력이었다 — 을 쓰기 시작한 매사추세츠 주 로웰의 여러 섬유공장에서 따온 이름이었다.

하지만 북부의 산업화가 급속도로 빨라진 것은 전시체제로 인한 수요 덕분이었다. 예컨대 1860년에서 1870년 사이 북부의 공장 수는 14만 개에서 25만 개로 거의 두 배 가까이 증가했다. 막대한 규모의 정부보조금 덕분에 철도의 길이도 갑절로 늘어났다.

전쟁 이전에는 남부 출신 민주당원들이 보호관세, 전국금융시스템, 기반시설 확충 등 경제성장을 위한 연방법 제정을 대부분 방해했다. 하지만 남부가 연방에서 탈퇴한 이후에는 북부 출신 공화당원들이 폭넓은 경제발전 조치를 마련할 수 있었다.

1861년 3월에 모릴 관세법이 통과되면서 최초로 관세율이 정해졌고, 1863년 2월에는 전국통화법 제정으로 획일화된 전국금융시스템이 도입되었다. 한편 1862년 5월에는 홈스테드법이 마련되면서 농사를 지을 의향이 있는 가족은 서부의 공유지를 무상으로 받았다(남부인들은 노예제도의 서부 확산에 걸림돌이 된다는 이유로 강력하게 반대했다).

북부의 공산품과 병기
북부는 남부보다 훨씬 대량으로 공산품과 병기를 생산할 수 있었고, 이것이 남북전쟁에서 승리를 거두는 데 결정적인 역할을 했다.

다. 그랜트는 멋대로 진격하는 이들을 보고 처음에는 화를 냈지만, 뒤죽박죽 돌격이 미셔너리 산맥에서 남군을 몰아내고 그들의 저지선을 무너뜨리는 모습을 접한 뒤에는 감탄하는 표정으로 바뀌었다.

그랜트, 총사령관이 되다

링컨은 전투의지와 능력을 겸비한 총사령관을 3년째 찾아 헤매는 중이었다. 그런데 이제 동부의 교착상태를 끝낼 만한 인물이 등장했다. 1864년 3월 9일, 그랜트는 백악관에서 기념식을 치르고 중장으로 진급했다. 그리고 사흘 뒤에는 북군 총사령관 자리에 올랐다. 이와 동시에 윌리엄 T. 셔먼은 그랜트를 대신해서 미시시피 육군부를 맡았고 핼럭은 육군참모총장이 되었다. 그랜트는 곧바로 리치먼드를 겨냥한 봄 전투 계획을 세우기 시작했고, 4월 17일에는 이에 못지않게 중요한 결단을 내렸다. 포로 교환을 전면 중단한 것이다. 남부와 북부의 언론은 비인도적인 처사라고 비난을 퍼부었지만, 그의 결단이 병력 상황에 미치는 영향은 상당했다. 북군은 포로의 빈자리를 비교적 쉽게 메울 수 있었지만 이미 인력난에 허덕이던 남부는 그럴 수 없었다. 포로 교환 중단 조치는 몇천 명의 죽음으로 이어졌지만(비좁고 식량이 부족한 포로수용소에서 많은 희생자가 발생했다), 덕분에 전쟁기간을 많이 단축할 수 있었다.

그랜트는 포토맥군 사령관 미드와 긴밀한 공조관계를 유지하며 1864년 5월 3일에 래피단 강을 넘었고, 리의 왼쪽 측면을 뚫고 곧장 리치먼드로 진격했다. 그랜트의 병력은 12만 2천 명으로 리(6만 6천 명)의 두 배에 가까웠지만, 숲이 워낙 빽빽해서 윌더니스라고 불리는 일대 지형이 평형추 역할을 했다. 정확히 1년 전에 후커가 챈슬러즈빌 근처에서 겪었던 것과 비슷한 상황이었다. 5월 5일에 벌어진 윌더니스 전투는 치열한 접전 끝에 흐지부지 막을 내렸고 양측은 참호를 파고 하룻밤을 보냈다. 다음날에 교전이 다시 시작되었지만 결과는 비슷했다. 그랜트는 이틀 동안 1만 7천만 명(이에 비해 남군 측 사상자는 7천 명이었다)을 잃고도 물러설 기미를 보이기는커녕 측면 포위공격을 시도했다. 롱스트리트는 이렇게 경고했다.

"저 작자는 전쟁이 끝날 때까지 날마다 매시간 우리를 괴롭힐 겁니다."
롱스트리트는 이렇게 경고했다.

콜드하버의 전사자
북군 소속 아프리카계 미국인들이 콜드하버에서 전사한 병사들의 유품을 챙기고 있다. 북군은 1864년 윌더니스 전투에서 한 달 동안 4만 5천 명의 사상자를 기록했다. 4만 5천 명이면 남군 병력의 3분의 2에 해당하는 숫자였다. 하지만 북군은 병력과 장비를 금세 보충할 수 있었던 데 비해 남부는 두 가지 모두 여분이 달렸다.

윌더니스의 난타전이 끝나자 그랜트는 전략적으로 중요한 스폿실베이니아 코트하우스 앞 교차로 쪽으로 방향을 틀었다. 하지만 눈치 빠른 리가 5월 8일에 야간습격을 감행했다. 양측은 이후 2주 동안 같은 장소에서 주기적으로 교전을 펼쳤고, 5월 21일에 그랜트가 동남쪽으로 병력을 이동시키면서 전투는 마무리가 되었다. 이번에도 사상자는 천문학적인 숫자를 기록했다. 스폿실베이니아에 참전한 11만 명의 북군 가운데 사상자가 무려 17,500명(남군은 전쟁 후반기로 접어들면서 정확한 기록을 남기지 않을 때가 많기 때문에 정확한 사상자 숫자를 알 수 없다)에 달했던 것이다. 6월 1일에 리는 그랜트의 진격을 다시 한 번 저지했다. 이번 무대는 7일 전투의 전장과 가까운 콜드하버였다. 궂은 날씨와 탄약 문제, 피로에 시달리던 연방군은 6월 3일에야 제대로 된 공격을 펼칠 수 있었다. 하지만 이들의 입장에서 보자면 조금 더 기다리거나 대응을 하지 않는 편이 나을 뻔했다. 그랜트는 리치먼드가 바로 눈앞에 있는 상황에서 어떻게든 남군의 전선을 뚫어 보려고 했지만, 3개 군단이 아무리 애를 써도 남군의 절벽 방어선은 무너질 줄 몰랐다. 10분에도 못 미친 본 공격시간 동안 북군 7천 명이 목숨을 잃었다. 하지만 콜드하버는 리가 마지막으로 승리를 거둔 전장이었다.

콜드하버의 끔찍한 악몽이 끝나고 9일이 지난 6월 12일, 그랜트는 어마어마한 대군을 소용히 제임스 강 너머로 이동시켰고, 벤저민 버틀러(Benjamin Butler)의 제임스군과 함께 리치먼드의 남쪽 길목에 해당되는 피터즈버그를 기습 공격했다. 피터즈버그는 버틀러가 이끄는 1만 6천 명 병력의 공격을 받고 그날(6월 15일) 무너질 수도 있었다. 하지만 북군이 소심하게 꾸물대는 바람에 보러가드는 3천 명에 불과하던 수비대를 보강할 시간을 벌었다. 그 결과, 원래는 기습공격이었던 계획이 장기 포위공격으로 발전했다. 포토맥군의 도착과 더불어 드디어 전면공격이 시작되었지만 남군의 방어는 흔들림이 없었다. 양측은 6월 18일부터 교착상태에 돌입했고 이런 상황은 1865년 4월까지 계속되었다. 그 사이 그랜트는 셔먼에게 애틀랜타 함락이라는 임무를 맡겼다.

1864년 6월의 그랜트
콜드하버 전투가 끝나자 몇몇 고문들은 링컨에게 그랜트를 경질해야 한다고 주장했다. 엄청나게 많은 사상자 때문이었다. 하지만 링컨은 일찍이 이렇게 말한 일이 있었다. "그랜트 장군이 없으면 안 되오. 공격을 한다는 게 중요하니까."

그랜트와 리가 스폿실베이니아 교차로를 향해 달리고 있던 1864년 5월 7일, 셔먼은 10만 명의 병력을 이끌고 채터누가를 출발했다. 토머스의 컴벌랜드군, 제임스 B. 맥퍼슨(James B. McPherson)의 테네시군, 존 M. 쇼필드(John M. Schofield)의 오하이오군이 모두 그의 휘하였다. 셔먼에게 맡겨진 임무는 애틀랜타 함락이었고, 임무를 완수하려면 부상에서 회복된 존스턴이 다시 사령관으로 복귀한 테네시군을 격파하는 것이 필수조건이었다. 이후 3주 동안 셔먼은 계속 공격을 펼쳤다. 존스턴은 셔먼의 병력 규모를 알고 있었기 때문에 계획적으로 후퇴하는 작전을 구사했다. 반군은 애틀랜타 남동쪽으로 약 40킬로미터 거리의 뉴호프처치에서 셔먼을 거의 2주 동안 묶어 놓는 데 성공했다. 하지만 6월 4일에 이르러서는 다시 한 번 전략상 후퇴를 하고 방어를 더욱 다지는 수밖에 없었다. 셔먼은 6월 27일에 이례적으로 전면공격을 시도했다. 그런데 케네소 산에 형성된 남군의 방어선을 너무 얕잡아 본 것이 화근이었다. 군역사학자들의 추측에 따르면 셔먼은 7개월 전에 직접 목격한 미셔너리 산맥의 승리를 염두에 두었던 모양이다. 하지만 존스턴의 병사들은 브래그의 병사들보다 훨씬 침착했고, 그 결과 연방군은 완패를 당했다.

물론 셔먼은 금세 진력을 회복했고 애틀랜타를 향해 꾸준히 다가갔다. 존스턴

존 벨 후드
게티즈버그와 치카모가에서 연달아 중상을 입고도 용감하게 이겨낸 것으로 유명해졌다.

은 측면을 노리려는 셔먼의 의도를 알고 있었기 때문에 질서정연한 퇴각 행진을 계속했다. 하지만 리치먼드의 데이비스는 아무리 의도적인 것이라고는 해도 이처럼 초라한 작전을 더 이상 참을 수가 없었다. 그는 7월 17일에 쉰일곱 살의 존스턴을 경질하고 그 자리에 서른세 살의 후드 중장을 앉혔다. 이제 적군이 애틀랜타 외곽까지 접근한 상황이니 그의 공격적인 성향을 믿어 보기로 한 것이다. 후드는 셔먼의 3개 군을 각개격파하자는 판단을 내리고 7월 20일, 피치트리 강에서 토머스의 컴벌랜드군을 공격했다. 하지만 컴벌랜드군 하나만으로도 감당하기가 어려웠다. 반군은 두 시간에 걸쳐 비효율적인 광란의 돌격작전을 구사하다가 5천 명에 가까운 사상자를 내고 물러났다. 북군 측 사상자는 2천 명이었고, 양쪽 병력은 대략 2만 명으로 비슷했다. 후드는 이에 굴하지 않고 다음날, 윌리엄 J. 하디(William J. Hardee) 중장에게 약 25킬로미터의 야간 이동령을 내렸다. 이번에는 맥퍼슨의 테네시군을 후위 공격하는 것이 목적이었다. 하디는 7월 22일에 공격을 시작했지만 4만 명의 병력에서 거의 1만 명 정도를 잃으며 이틀 전보다 훨씬 뼈아픈 패배를 기록했다. 하지만 후드는 "바라던 대로 멋진 결과를 손에 넣지는 못했지만 전사한 맥퍼슨과 쇼필드의 진격을 막고 병사들의 '사기'를 크게 높였기 때문에 부분적으로는 성공"이었다고 평가를 내렸다.

셔먼은 8월 내내 기병대로 괴롭히다 대부분의 병력을 애틀랜타 남단으로 보냈다. 이들은 두 개 남아 있던 남군의 보급선 가운데 하나를 끊고(8월 30일) 나머지 하나마저 위협했다. 애틀랜타 전투의 마지막을 장식할 다음날이 되자 걱정이 된 후드는 하디가 이끄는 2개 군단에게 테네시군을 공격하도록 명령했다. 하지만 존즈버러에서 대패했다는 소식이 들리자 애틀랜타를 포기하는 수밖에 없었다. 남군은 9월 1일 늦은 오후부터 철수하기 시작했다. 다음날, 셔먼의 부대가 애틀랜타에 입성했다.

애틀랜타에 도착한 셔먼

남북전쟁 초반이던 1861년에 애틀랜타는 주도가 아니라 인구 1만 2천 명의 작은 도시였다. 1만 2천 명의 대다수는 셔먼의 포위공격이 시작된 1864년 7월 말 무렵에 애틀랜타를 떠났고, 또 일부분은 8월 말에 후드의 군대와 함께 피난길에 올랐다. 하지만 애틀랜타를 북군의 진지로 만들려는 셔먼이 보기에는 아직도 많은 주민이 남아 있었다. 그는 "애틀랜타를 군사적인 목적으로 쓸 생각이기 때문에 주거용으로는 알맞지 않다."고 선언하고 모든 민간인에게 퇴거 명령을 내렸다. 시장과 시의회의 반발에는 이렇게 대답했다.

전쟁은 잔인한 것이고 전쟁을 순화시킬 방법은 없소. 전쟁을 일으킨 자는 인간이 퍼부을 수 있는 모든 저주와 비난을 받아 마땅하오. (중략) 전쟁으로 인한 고충을 원망하는 것은 폭풍우를 원망하는 것이나 다름없소. 둘 다 불가피한 현상이니까. 집에서 조용히, 평화롭게 살고 싶거든 전쟁이 끝나기를 바라는 수밖에 없고, 그러려면 잘못 시작한 전쟁이라고 인정하는 수밖에 없소. 우리는 당신들이 가지고 있는 흑인이나 말이나 집이나 땅을 빼앗으려는 것이 아니오. 미합중국의 법을 따라 주기를 바랄 따름이오. 이 도시를 파괴해야 미합중국의 법을 지킬 수 있다면 어쩔 수 없는 일이오.

셔먼은 이후 한 달 동안 휴식을 취했다. 하지만 10월 초부터는 테네시군을 이끌고 북서쪽으로 건너간 후드를 예의 주시하기 시작했다. 후드가 북서쪽으로 향한 이유는 채터누가와 애틀랜타를 연결하는 셔먼의 제1보급선 철도를 끊기 위해서였다. 그는 보급품 지급이 원활하게 이루어지지 않으면 셔먼도 철수할 수밖에 없지 않을까 생각했다. 후드의 공격은 별다른 성공

서배너 부두
셔먼에게 함락된 이후의 모습.

을 거두지 못했지만, 셔먼은 여기에 영향을 받았는지 보급선을 포기하고 서배너를 향해 단독 행진하기로 결정했다. 그는 토머스를 내슈빌로 보내 후드를 꼼짝 못하게 만든 다음 나머지 부대를 이끌고 바다로 진격할 준비를 시작했다. 그랜트는 11월 2일에 전보로 승인을 내렸다.

"후드의 뒤를 쫓아 테네시로 후퇴하려면 그 지역에서 얻은 소득을 모두 포기해야 된다. 따라서 귀관의 생각대로 진격하는 편이 좋을 것이다."

11월 15일, 셔먼의 부대는 앞날을 예고라도 하는 것처럼 애틀랜타의 철도역과 기계공장에 불을 질렀다. 불길은 당연히 주거지역으로까지 옮겨갔고 애틀랜타의 거의 대부분을 태웠다. 그리고 다음날 아침, 셔먼은 진격을 시작했다.

셔먼은 조지아의 변두리를 지나가는 동안 남군의 공격을 거의 받지 않았지만, 몇만 명의 탈출노예가 입대를 하겠다고 나서는 바람에 진땀 깨나 흘렸다. 일부는 '선발 공병대대'로 편성해 도로의 개·보수를 맡겼지만, 나머지는 어떻게는 놀려보냈다. 탈출노예들을 먹이고 재우고 책임질 생각이 없기 때문이었다.

"나라면 노예제도를 폐지하거나 수정하지 않겠다."

셔먼은 전쟁 이전에 루이지애나 육군사관학교의 교장으로 있을 때 이런 글을 남겼다.

"주인과 노예의 관계를 실질적으로 바꿀 수 있을까? 이 나라의 흑인들은 대부분 노예가 될

윌리엄 T. 셔먼
1820–1891년

윌리엄 T. 셔먼은 오하이오에서 나고 자랐지만 남부를 잘 알았다. 1840년에 웨스트포인트를 졸업한 뒤 플로리다와 사우스캐롤라이나에서 복무하다 멕시코 전쟁 때 캘리포니아 행정장교로 보직을 옮겼기 때문이다.

그는 1853년 9월에 군복을 벗고 금광 열풍이 분 샌프란시스코에서 금융업자로 변신했지만 성공을 거두기는커녕 1만 3천만 달러의 빚만 졌다. 이때 복직의 희망마저 꺾이자 오랜 친구 보러가드와 브래그가 루이지애나 주립 고등교육소 겸 육군사관학교의 교장으로 일을 할 수 있도록 주선해 주었다.

그는 교장이라는 새로운 직업을 재미있어 했지만, 1861년 1월에 루이지애나가 연방을 탈퇴하자 사직서를 제출했다.

북부로 돌아간 뒤에는 남동생 존 셔먼(John Sherman) 상원의원의 힘을 빌어

1861년 5월에 대령으로 다시 군 생활을 시작했다. 이후에는 그랜트가 1869년에 대통령으로 당선되자 그의 뒤를 이어 총사령관 자리를 맡았다가 1884년에 퇴임했다.

그는 총사령관을 지낸 15년 동안 대평원과 남서부의 인디언을 정복할 때도 조지아에서 개발한 전면전 작전을 구사했다. 1870년대 인디언과의 전쟁에서 승승장구하면서 셔먼의 명성은 날이 갈수록 하늘을 찔렀지만, 그랜트하고는 다르게 정계로 진출하지 않았다. 1884년 전당대회에서 제임스 G. 블레인(James G. Blaine) 지명에 불복한 공화당원들 때문에 잠깐 동안이나마 셔먼 열풍이 일었지만 그는 "후보로 지명되더라도 수락하지 않겠다. 대통령으로 당선되더라도 취임하지 않겠다."는 말로 단칼에 거절했다.

셔먼의 전보
셔먼이 1864년 12월 22일, 링컨에게 보낸 전보.

수밖에 없다. 인도주의나 종교적인 차원에서 아무리 이야기를 해도 이들이 없어서는 안 될 귀중한 노동력이라는 실리적인 측면은 바뀌지 않는다. (중략) 지구상의 어떤 의회도 흑인을 흑인이 아닌 다른 인물로 바꾸지는 못한다."

셔먼의 부대에 합류한 흑인은 모두 3만여 명이었다. 하지만 이들은 대부분 쫓기는 입장이었기 때문에 12월 10일, 서배너에 도착했을 때 남은 이는 1만 명에 불과했다. 제퍼슨 C. 데이비스(Jefferson C. Davis) 군단장은 탈출노예들을 떼어낼 생각으로 강 건너편에 남겨 두고 다리에 불을 지른 적도 있었다. 이들은 주인에게 돌아가느니 헤엄을 쳐서 강을 건너려고 하다가 대거 목숨을 잃었다.

셔먼은 서배너에 도착하자마자 오기치 강의 포트매캘리스터를 공격하기 시작했다. 요새는 12월 3일에 함락되었고, 이로써 해안에서 기다리고 있던 존 달그렌(John Dahlgren) 소장의 함대와 연결되는 보급선이 뚫렸다. 셔먼은 하디에게 물자를 잔뜩 실은 수많은 함선을 통해 보급품을 지급받는 중이라고 알리면서 "나는 이미 당신네 도시의 심장부까지 묵직하고 강력한 탄환을 날릴 수 있는 대포를 보유하고 있소. 그뿐 아니라 서배너의 주민과 수비대에게 식량이 지급되는 모든 길목을 며칠째 점령하고 있소. 그러니 항복하시오."라고 전했다. 하디는 말도 안 되는 소리라고 반박하면서 항복 요구에 응하지 않았다. 하지만 셔먼이 공격 준비를 하고 있던 12월 20일 무렵, 하디는 그가 무방비로 내버려 둔 길을 통해 서배너를 빠져나갔다. 남군 수

비대 1만 명과 함께 서배너 강을 넘어 조용히 사우스캐롤라이나로 후퇴한 것이다. 이틀 뒤, 셔먼은 링컨 대통령에게 서배너를 '크리스마스 선물'로 바친다는 그 유명한 전보를 보냈다. 이렇게 해서 바다를 향한 진격은 끝이 났다. 셔먼은 공식 보고서에서 조지아에 입힌 경제적 피해가 1억 달러 이상이라고 추정했다. 1864년 기준으로 볼 때 어마어마한 금액이었다. 이 가운데 20퍼센트는 그의 부대가 사용했고 나머지는 잿더미로 사라져 버렸다.

셔먼의 뒤를 따라온
노예 가족

해방된 노예의 문제점

군사적인 측면에서 볼 때 서배너 함락은 상당한 업적이었지만 탈출노예 처리 면에서는 아무런 도움이 되지 못했다. 오히려 셔먼에게 가해지는 압박이 더욱 심해졌을 뿐이다. 핼럭은 '친구처럼 사사로운 입장'에서 쓴 12월 30일 편지를 통해 셔먼의 노예 처리를 놓고 워싱턴에서 불만의 목소리가 점점 커져 가고 있다고 알렸다.

> 자네가 조지아를 가로지르고 서배너를 함락한 점에 대해서는 다들 입을 모아 칭찬하지만, 내각 교체를 바라는 대통령 측근들은 자네에 대해서 안 좋은 소리를 하고 있다네. '어쩔 수 없는 검둥이'들 때문에 말일세. 자네가 흑인을 거의 '극단적으로' 혐오하는지라 정부의 방침에 따라 대하기는커녕 무시하면서 내친다는 거야! 서배너까지 5만 명만 데리고 왔더라면 조지아에서 그만큼 노동력이 줄었을 테고 그 뒤를 따라서 더 많은 노예가 탈출할 수 있었을 텐데, 병사로 받아들이지 않고 강을 건너지 못하게 다리까지 없애버려서 휠러의 기병대에게 무차별 학살당하도록 내버려 두었다는 거지.

셔먼은 '흑인 문제' 해결이 아니라 반군 진압이 자신의 임무라고 항변했다. 하지만 서배너 주변의 농촌들까지 평정되면서 그의 주장은 설 자리를 잃었고, 셔먼은 무슨 조치라도 취하지 않으면 안 될 상황에 이르렀다. 그는 육군장관 에드윈 M. 스탠턴(Edwin M. Stanton)의 방문을 받고 1865년 1월 16일에 야전 특별령 15호를 통해 해방된 노예에 관한 새로운 정책을 밝혔다. 이후부터 "찰스턴 이남의 시아일랜즈, 바다에서부터 48킬로미터쯤까지 강을 따라 이어진 주인 없는 논, 플로리다 주 세인트존스 강과 접한 마을은 전쟁과 미합중국 대통령의 선언으로 해방된 흑인들의 정착지로 삼는다."는 내용이었다. 그뿐 아니라 신설 공동체에 백인은 살 수 없고 흑인 주민들은 미 육군의 명령과 의회에서 정한 법률에만 복종할 것이며, 이주를 신청한 흑인은 한 가족당 '40에이커 이하의 농경지'를 받고 '스스로 공동체를 지킬 수 있을 때까지 육군의 보호를 받는다.'고 되어 있었다.

이 무렵 북진을 하고 싶어 몸이 근질거리던 셔먼은 루퍼스 색스턴(Rufus Saxton) 준장에게 스탠턴의 강요로 만들어진 특별령의 시행을 맡겼다. 색스턴은 집을 잃은 흑인들이 할당지

색스턴 준장

매튜 브래디가 리

(오른쪽) 리는 애퍼매턱스에서 리치먼드로 돌아온 뒤 1865년 4월 16일이 되어서야 비로소 하루 종일 집 안에 머물 수 있었다. 오른쪽은 그날 리를 촬영한 여섯 장의 사진 가운데 한 장이다.

로 이동할 수 있도록 교통편을 주선하고, 이들이 첫 수확을 거둘 때까지 필요한 식량과 그 밖의 생필품을 해결할 수 있도록 북부인들에게 편지를 보내 도움을 청하는 등 많은 임무를 열심히 수행했다. 색스턴과 부관들은 1865년의 상반기 6개월 동안 자유노예 4만여 명에게 새로운 보금자리를 선사했다. 자유노예들은 많은 어려움을 겪었지만 — 땅은 황무지가 되었고 장비는 부족했고 좋은 종자도 확보하기 힘들었다 — 열심히 일한 덕분에 목화와 다양한 농산물을 제법 풍성하게 수확했다. 한편 북부에서는 교사와 선교사를 중심으로 자원봉사단이 꾸려졌고, 이들은 남부까지 내려와서 도울 일을 찾았다.

시범 사례가 성공했다는 소식이 전해지자 의회에서는 다른 지역의 자유노예들도 혜택을 받을 수 있도록 좀더 광범위한 토지개혁안을 만들 수밖에 없었다. 땅이 없던 자유노예들은 정착에 성공한 4만 명의 동료 이야기를 들으면서 비슷한 기회를 누릴 수 있겠구나 생각했다. 당시로서는 그런 기대를 품는 것도 당연한 일이었지만 사태는 엉뚱한 방향으로 흘러갔다.

존스턴과 셔먼

존스턴은 4월 26일, 셔먼에게 항복하기 전에 똑같은 목적으로 4월 18일에 한 번 더 만난 일이 있었다. 이때 두 사람은 남부의 기존 주정부를 인정하고 일반사면을 약속한다는 각서에 서명했다. 하지만 존슨 대통령은 이를 거부하고 리와 똑같은 조건으로 항복할 것을 요구했다.

18 65년 1월 21일에 서배너를 출발한 셔먼은 파괴로 얼룩진 캐롤라이나 전투를 시작했다. 2월 17일에 함락된 사우스캐롤라이나의 수도 컬럼비아가 불길에 휩싸이면서 전투는 정점에 달했다. 한편 피터즈버그 외곽에서는 그랜트가 힘이 떨어진 남군 방어진을 마지막으로 두들길 준비를 하고 있었다. 3월 31일에 필립 H. 셰리든(Philip H. Sheridan) 소장은 1만 2천 명의 기병대와 보병 2개 군단을 이끌고 남쪽의 딘위디 코트하우스로 진격하여 리의 오른쪽 측면과 파이브포크스라 불리는 교차로를 동시에 위협했다.

"무슨 일이 있더라도 파이브포크스는 지켜야 하네."

리는 4월 1일, 피켓 소장에게 이런 명령을 내렸지만 그날 오후에 피켓의 방어선은 무너졌다. 엄청난 숫자의 북군이 달려들었고, 리는 노스캐롤라이나의 존스턴과 합류할 생각으로 피터즈버그와 리치먼드를 포기했다.

1865년 4월 2일 오전 4시 40분에 피터즈버그 전역을 공격하기 시작한 그랜트는 곳곳에서 승리를 거두었다. 리는 소수의 병사들만 남겨 놓은 채 애퍼매턱스 강을 건너 서쪽으로 향했다. 한편 데이비스 대통령과 내각은 특별 열차를 타고 버지니아 남부의 댄빌로 건너가서 임시수도로 삼았다. 리치먼드는 4월 3일에 무너졌다. 우회로를 따라 댄빌로 향하던 리는 4월 6일, 세일러스 강가에서 그랜트의 추격군을 처음으로 만났다. 리는 그날 전투에서 8천 명을 잃었다. 8천 명이면 급속도로 줄어들어 가는 병력의 3분의 1에 해당하는 숫자였다. 그는 4월 7일부터 그랜트와 서신을 주고받기 시작하다 4월 9일에 항복을 선언했다. 4월 26일에는 — 링컨의 암살범 존 윌크스 부스가 붙잡히고 처형 당한 날이었다 — 존스턴이 셔먼에게 항복했다. 이로부터 한 달 뒤인 1865년 5월 26일에 미시시피 서부구의 E. 커비 스미스(E. Kirby Smith) 중장이 마지막으로 항복하면서 남북전쟁은 끝이 났다.

재건시대

20세기에 내전을 치른 러시아, 에스파냐, 중국, 캄보디아가 보복성 조치로 몸살을 앓은 것에 비하면 남북전쟁의 여파는 비교적 가벼운 편이었다. 남부의 지도층 인사들은 총살형을 당하거나 추방되지 않고 대부분 전쟁 이전의 신분을 회복했다. 수감된 사람은 데이비스를 비롯한 소수에 불과했고 데이비스의 경우에도 여장을 하고 달아나다 5월 10일, 조지아에서 체포되었다 1867년 5월에 석방되었다. 재산을 몰수하거나 부를 재분배하는 조치도 이루어지지 않았다.

《프랭크 레슬리스 일러스트레이티드 페이퍼》에 실린 데이비스와 아내
기병대로 이루어진 북군의 추격부대는 조지아 주 어윈즈빌에서 소수의 수행원과 도주 중이던 데이비스와 아내 베리나 데이비스를 체포했다. 《뉴욕 트리뷴》 기자에 따르면 데이비스는 페티코트와 홈드레스 차림으로 두건을 쓰고 있었다.

　이처럼 평화롭게 사태가 해결된 이유는 링컨 대통령이 남부를 너그럽게 용서하기로 1863년부터 방침을 굳혔기 때문이었다. 링컨은 그해 12월 8일에 사면 및 재건에 관한 성명서를 발표하고, 반란에 가담했던 사람이라도 이제는 미합중국에 충성을 맹세하면 사면을 하겠다고 약속했다. 그뿐 아니라 연방을 탈퇴했던 주의 경우에도 (1860년 선거인 명부를 기준으로) 유권자 10퍼센트의 지지 아래 신생 정부를 수립하면 다시 받아들이겠다고 했다. 당시 극단적인 공화당원들은 남부를 예속적인 준주로 만들어야 한다고 주장했고, 보수적인 민주당원들은 노예해방을 취소하고 남부를 전쟁 이전으로 돌려놓기를 바랐다. 따라서 링컨의 성명서는 중도적인 입장이었다고 볼 수 있다.

　북부연맹의 손으로 넘어간 루이지애나와 아칸소는 1864년 초에 링컨의 연방 복귀 조건을 충족시켰지만, 공화당의 급진파 의원들은 링컨의 입장을 너무 후하다고 생각했기 때문에 두 주 대의원들의 의사당 진입을 저지했다. 의회를 통과한 웨이드-데이비스 법안은 '자살' 이론을 바탕으로 한결 모진 조건을 내걸었다. 남부연합은 합중국과의 계약을 저버렸기 때문에 대통령의 재가에 따라 저절로 예전의 지위를 회복시켜 줄 것이 아니라 의회가 보기에 합당한 절차를 거쳐 연방에 재편입되어야 한다고 주장한 것이다. 오하이오 상원의원 벤저민 F. 웨이드(Benjamin F. Wade)와 메릴랜드 하원의원 헨리 윈터 데이비스(Henry Winter Davis)가 제창한 이 법안에 따르면 연방을 탈퇴했던 주는 백인남성 유권자의 과반수가 좀더 엄격한 충성의 다짐을 하고 의회와 대통령이 인정하는 헌법을 제정해야 연방으로 복귀할 수 있었다. 그뿐 아니라 남부연합의 고관과 남군 장교만 예외로 두었던 링컨과는 달리, 자발적으로 반군에 참여했던 남부인은 '굳은' 맹세를 하더라도 사면대상이 될 수 없다고 했다. 링컨은 남부연합이 정식으로 연방을 탈퇴한 일이 없다는 이론에 따라 법안에 반대했고, 마지막 순간까지 엄청난 압

링컨의 암살

War Department, Washington, April 20, 1865,
$100,000 REWARD!
THE MURDERER
Of our late beloved President, Abraham Lincoln,
IS STILL AT LARGE.
$50,000 REWARD
$25,000 REWARD
$25,000 REWARD

EDWIN M. STANTON, Secretary of War.

1865년 4월 14일 저녁에 링컨 대통령 부부는 포드 극장에서 로라 킨 주연의 유명한 코미디 "우리 미국인 사촌"을 관람하고 있었다. 그리고 10시가 지났을 무렵, 스물일곱 살의 배우 존 윌크스 부스는 경비가 허술한 특별석으로 들어가서 링컨을 쏘았다. 한 명뿐이던 경호원이 잠시 자리를 비운 사이였다.

부스는 이후에 관객석으로 뛰어내리며 "영원한 폭군! 남부의 복수이다!"라고 외쳤고, 뛰어내리다 대통령석을 장식하는 깃발에 오른발이 걸리는 바람에 왼쪽 다리가 부러졌다. 그런데도 깜짝 놀라서 멍하니 서 있는 배우들 사이를 누비고 무대 뒤로 절뚝절뚝 뛰어간 뒤 골목길에 숨겨 놓았던 말을 타고 달아났다.

44구경 단발 데린저식 권총에 뒤통수를 맞은 링컨은 길 건너편 피터슨 하숙집으로 실려갔다. 링컨은 190센티미터가 넘는 장신이었고 그 때문에 사람들은 그를 빈 방 침대 위에 대각선으로 누일 수밖에 없었다. 결국 링컨은 의식을 회복하지 못한 채 다음날 아침 7시 22분에 숨을 거두었다.

밤새도록 머리맡을 지킨 수많은 정부관리 가운데 육군장관 에드윈 스탠턴(Edwin Stanton)은 "이제 대통령은 역사 속으로 사라졌다."는 표현을 썼다. 나중에 밝혀진 사실이지만 링컨 암살은 북부연맹의 고위 관리들을 살해하려는 음모의 일부분이었다. 그랜트 장군과 존슨 부대통령도 그중 한 명이었고, 부상으로 사경을 헤매고 있던 국무장관 슈어드는 침대에 누워 있다 칼에 찔렸다.

암살자 부스
부스는 3막이 시작되고 에이서 트렌처드라는 등장인물의 가장 재미있는 대사가 등장할 때까지 기다렸다. "당신 속셈을 내가 모를 줄 알고? 남자 잡아먹는 왕 끈끈이 같으니라고!" 링컨이 마지막으로 들은 말이었다.

력이 쏟아졌음에도 불구하고 1864년 7월에 승인을 거부했다.

링컨은 행정부에서 재건을 추진해야 된다고 생각했던 데 비해, 전시체제라는 특수상황 때문에 대통령의 권한 확대를 용납해 왔던 의회는 의회의 주도 아래 이루어져야 된다고 생각했다. 링컨의 입장이 관철되면 남부는 연방정부의 간섭을 거의 받지 않으면서 예전의 지위를 회복할 수도 있었다. 하지만 의회의 입장이 관철되면 흑인의 민권을 인정하는 등 기본적인 정치 변화를 거친 뒤에야 연방으로 재편입될 수 있었다. 이와 같은 긴장관계는 링컨의 사후에도 계속되었다.

링컨의 후임 앤드류 존슨(Andrew Johnson)은 테네시 동부 산맥지방 출신의 굳건한 연방주의자였고, 남부를 사랑했지만 그보다는 플랜테이션의 특권계급을 증오하는 마음이 더 컸다. 1861년 6월에 테네시가 연방을 탈퇴하자 연방을 이탈한 주의 대의원 중에서 연방정부에 남은 상원의원은 존슨밖에 없었다. 링컨은 충성심에 보답하는 뜻에서 1862년 3월에 존슨을 테네시 군정 주지사로 임명했고, 1864년 6월에는 전국연방(공화당) 전당대회에서 왕년의 민주당원 존슨을 부통령 후보로 선택해 당의 지지기반을 넓혔다. 링컨이 사망하자 존슨은 전임 대통령의 온건한 재건정책을 그대로 이어받았지만 자유노예에 대한 연민의 정이 전혀 없기 때문에—노예제도에 아무런 문제가 없다고 생각했다—한계가 있었다. 이것을 보고 북부인들은 남북전쟁이 무위로 돌아가는 것이 아닌가 걱정을 했다.

"백인의 정부"
토머스 내스트가 1868년에 선보인 캐리커처. 의회 주도의 재건이 시작된 이후에도 자유노예들을 여전히 억압하는 남부의 실상을 고발했다.

39차 의회의 1차 회기가 1865년 12월 초에야 시작되었기 때문에 존슨은 링컨 암살 이후 8개월 동안 대통령이 주도하는 재건시대의 서막을 열었다. 그는 1865년 5월 말에 연방 탈퇴를 철회하고, 노예제도를 폐지하고, 남부연합의 전쟁부채 상환에 관여하지 않는 조건으로 흑인의 참여 없이 백인들로만 남부의 새로운 주정부를 구성할 수 있도록 허락했다. 워낙 수월한 조건이었기 때문에 연방을 탈퇴했던 거의 모든 주가 오래지 않아 자격요건을 갖추었다. 그런데 '존슨이 비호하는 주정부'들이 '이름만 달라졌을 뿐 예전의 노예제도와 다를 바 없는' 흑인법을 제정한 것이 문제였다. 흑인법에서는 노예 출신들에게 투표권을 부여하지 않는 것은 물론이고 행동에 여러 제한을 두었다. 토지 소유를 불법으로 규정하고, 특정 직종으로의 진출을 불허하고, 이들에게만 적용되는 엄격한 형법을 도입하고, 무기 소지를 금지시켰다. 특히 흑인들은 무기 소지 금지 조항 때문에 전직 남군 병사들이 잇따라 결성한 준(準)군사조직의 표적이 되면 속절없이 당하는 수밖에 없었다.

남부의 백인들은 노예해방으로 생긴 혼란을 미연에 방지하려면 정치, 사회, 경제적 통제가 불가피하다고 주장했다. 하지만 흑인법의 진상을 파악한 북부인들은 비난을 퍼부었고, 진심으

큐 클럭스 클랜

남부의 백인이 결성한 준(準)군사조직 가운데 가장 악명이 높았던 곳은 1865년 12월에 남군 참전병들이 테네시 주 펄래스키에서 조직한 큐 클럭스 클랜(Ku Klux Klan, KKK단)이었다. 이들은 선거권을 얻은 흑인들을 폭행하고 협박하여 재건을 방해하는 것이 목적이었다.

큐 클럭스 클랜의 창립회원 중에는 1864년 4월에 테네시 서부에서 남군의 포트필로 공격을 지휘했던 불굴의 기병대 장교 네이선 베드퍼드 포레스트도 있었다. 진위 여부는 확실히 알 수 없지만 들리는 풍문에 따르면 포레스트의 부하들은 포트필로에서 항복한 이후에도 북군의 흑인 병사를 몇백 명 학살했다는 이야기가 있었다.

늘 그런 것은 아니지만 클랜 회원들은 두건이 달린 하얀색 옷을 자주 입었다. 미신을 잘 믿는 흑인들을 위협할 수 있고 연방 주둔군에게 신분을 감출 수 있기 때문이었다.

19세기 때 클랜은 1870년 무렵에 전성기를 누렸지만, 1871년에 큐 클럭스 클랜 법안이 제정되면서 연방정부의 진압이 시작되자 회원수가 크게 줄었다. 하지만 이때 클랜은 남부에서 백인의 패권을 확보하려는 당초 목표를 이미 달성한 뒤였다.

1870년쯤 뉴욕 주 워터타운에서 모인 큐 클럭스 클렌 단원들

19세기의 큐 클럭스 클렌 단은 남부를 주요 무대로 삼았지만 전국적인 조직이었다.

로 회개하는 정부가 등장할 때까지 연방정부 차원에서 '정복지'[펜실베이니아의 하원의원 새디어스 스티븐스(Thaddeus Stevens)의 표현이었다]를 엄격하게 관리해야 된다고 촉구했다.

해방노예 관리국

노예제도를 폐지하는 수정헌법 13조는 1865년 12월에 비준되었지만 해방노예들의 불안한 미래에 대해서는 아무런 언급이 없었다. 노예들은 이제 자유로운 신분이었지만 누릴 만한 자유가 없었다. 재산 하나 없고 사회의 온갖 편견에 시달려야 하는 사람들에게 자유가 무슨 소용이 있을까? '이름만 달라졌을 뿐 예전의 노예제도와 다를 바 없는' 상황이었다. 예전 노예들은 대부분 예전 주인집에 머물며 수확의 일부나 생활비를 받는 형식으로 예전에 일하던 농장에서 구슬땀을 흘렸다. 집을 떠난 흑인들의 미래는 더욱 암담했다.

38차 의회는 연방정부에서 이들을 책임져야 한다는 판단 아래 1865년 3월 3일─마지막 회기의 마지막 날이었다─육군부 안에 난민, 자유시민, 주인 없는 토지 관리국을 창설하는 법안을 통과시켰다. 보통 해방노예 관리국이라고 불린 이 기구는 해방된 노예들의 의식주와 교육, 직업문제 해결에 도움을 주고 장기적인 권익을 보호하는 법적 후견인 역할을 자임했다. 법안의 발기인들은 백인 사회가 자유흑인들에게 이 정도 보상은 해 주어야 된다고 주장했다. 하지만 해방노예 관리국은 사실상 끊임없는 공격에 시달렸다. 남부인들은 보상이 너무 과하다고 생각했고 북부인들은 너무 부족하다고 생각했다.

존슨 대통령이 해방노예 관리국장으로 임명한 사람은 전직 테네시군 사령관이자 서배너 진격과 뒤이은 캐롤라이나 전투에서 셔먼을 수행한 하워드 소장이었다. 그는 자유노예들을 진심으로 걱정하는 인물이었기 때문에 부하들을 동원하여 학교 및 병원 건설과 노동조건 협상을 돕고, 몇십만 명의 굶주린 흑인에게 먹을 것을 제공했다. 하지만 해방노예 관리국은 인력난과 재정난에 허덕이다 1872년 7월에 해체되었다.

하워드 소장
반도회전의 세븐파인스 (페어오크스)에서 오른팔을 잃은 그는 전쟁이 끝나고 1867년에 자신의 이름을 딴 하워드 대학교의 설립을 지원했다.

노예들
해방노예 관리국이 버지니아에 건설한 학교에 예전 노예들이 모여 있다.

하워드의 후원 하에 놓인 자유흑인 400만 명 중에는 색스턴이 야전 특별령 15호에 따라서 정착시킨 예전 노예들도 있었다. 그런데 이들의 처지는 1865년 5월을 기점으로 180도 달라졌다. 존슨의 새로운 재건정책으로 남부의 백인들 대부분이 부동산은 물론 정치적 입지와 민권을 회복했기 때문이다. 존슨은 셔먼의 전시령으로 압류되었던 토지를 원주인에게 모두 돌려주도록 했다. 그는 과거의 노예제도를 부활시키지는 못했지만 흑인들에게 땅을 즉시 반납하라는 뜻을 분명히 전했다.

하워드와 해방노예 관리국 부국장 색스턴은 육군장관 스탠턴의 도움을 받아 가며 존슨이 내린 지시사항의 실행을 늦추거나 저지했다. 하지만 셔먼의 특별령은 1865년 6월에 폐기처분되었고, 3개월 뒤에는 사우스캐롤라이나 해변의 시아일랜즈에 속하는 에디스토 섬의 전 주인들이 토지 반환을 요구하는 진정서를 제출했다. 존슨은 하워드를 에디스토 섬으로 파견하고 '양측 모두 만족스러운 해결방안'을 받아들이도록 자유시민을 설득하는 임무를 맡겼다. 즉, 짐을 싸서 떠나라는 뜻이었다. 직무와 연민 사이에서 오도가도 못하게 된 하워드는 10월 말, 에디스토 섬의 어느 교회에서 흑인 주민들과 만났다. 사태의 진행 방향에 분노한 주민들은 교회로 몰려들어 소란을 부리다 한 여자가 "그 누가 나의 괴로움 알며"를 부르기 시작한 뒤로 잠잠해졌다.

하워드는 농장을 내놓고 예전 주인 밑에서 일을 해야 된다고 이야기했다. 절망한 사람들의 고함소리가 가끔 말허리를 잘랐지만 셔먼의 특별령에 따른 '점유권'이 폐지되었다고 설명했다. 그는 이후에 세 명의 자유흑인과 세 명의 전 주인, 세 명의 해방노예 관리국 직원으로 위원회를 구성하여 심판을 맡겨도 좋다는 허락을 받아 냈다. 이것은 일종의 지연작전이었다. 1865년 12월에 새로운 의회가 소집되면 존슨의 명령이 철회될 수도 있다고 생각했던 것이다. 하지만 그의 바람은 이루어지지 않았다.

1866년 1월에 존슨은 재산 몰수를 저지하는 색스턴을 경질하고 해방노예 관리국 직원으로 있던 데이비스 틸슨(Davis Tillson)을 부국장 자리에 앉혔다. 그는 대통령의 정책에 찬성하는 입장이었다. 틸슨은 부임하자마자 몰수된 재산을 환수하라는 명령을 공포했고, 흑인들이 제대로 따르는지 알아보기 위해 배를 빌려 원주인들과 함께 시찰에 나서기까지 했다. 백인들 밑에서 일할 의사가 있는 흑인들은 남았다. 나머지는 북부연맹군이나 백인이 결성한 자경단에게 쫓겨났다.

수정헌법 14조

39차 의회는 예정대로 1865년 12월 4일에 열렸다. 하지만 존슨이 비호하는 주정부에서 상원과 하원으로 파견한 대의원들의 면모는 충격과 경악

알렉산더 H. 스티븐스
1865년 12월, 국회당에 등원한 남부의 대의원들 가운데에는 남부연합에서 부통령을 지낸 스티븐스를 비롯하여 데이비스 내각에 몸담았던 사람이 여섯 명, 남부연합의 의원을 지낸 사람이 쉰여덟 명, 남부연합군의 장군을 지낸 사람이 네 명이었다.

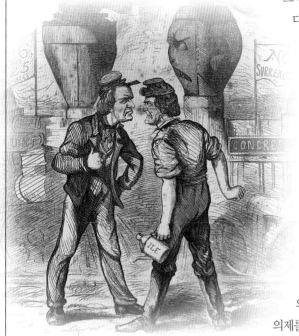

1866년 11월의 만평
새디어스 스티븐스가
이끄는 급진파 공화당원과
존슨 대통령의 갈등
양상을 그렸다. 1866년
중간선거에서 과반수
의석을 확보한 급진파는
나름의 재건안을
통과시켰고 존슨의 수많은
거부권을 묵살했다.
심지어는 대통령이 9개월
동안 자신의 뜻대로
정책을 펼치지 못하도록
40차 의회를 1867년 3월에
개최하는 초강수까지
동원했다(보통 의회는
12월에 개회되었다).

그 자체였다. 반군의 지도부 인사가 한두 명이 아니었던 것이다. 심지어 조지아 대표는 8개월 전까지만 하더라도 남부연합의 부통령이었던 알렉산더 H. 스티븐스(Alexander H. Stephens)였다. 스티븐스와 전직 연방 탈퇴파는 인종차별주의가 뿌리박힌 존슨의 후광으로 각 주의 정치계를 장악했고, 이와 같은 사태는 의회의 일대 반발을 불러일으켰고. 급진파 공화당원들은 1866년 선거 이후 의회를 장악하게 되지만 아직은 과반수에 못 미쳤다. 하지만 존슨이 비호하는 주정부의 태도를 보고 심기가 거슬린 온건파 공화당원들마저 급진파 대열에 합류했고, 이들은 새로운 남부 대의원들의 등원을 저지했다. 존슨은 이런 저런 문제의 타협을 거부하면서 사태를 악화시켰다.

급진파의 원내총무 새디어스 스티븐스는 존슨이 비호하는 주정부의 해체를 요구하고, 남성 유권자 전체의 동의와 평등주의 원칙에 입각한 새로운 정부 구성을 촉구하는 의제를 내놓았다. 이 가운데 평등주의 원칙은 1866년 4월에 제정되어 2개월 뒤 의회의 승인을 받은 민권법과 수정헌법 14조의 기초가 되었다. 흑인법에 대한 반발로 등장한 민권법은 인종을 막론하고 모든 미국인이 누릴 수 있는 권리를 나열했다. 이 가운데에는 계약서를 작성하고, 소송을 제기하고, 개인의 신변과 재산을 보호할 권리도 포함되어 있었다(심지어는 1865년 존슨의 특별령으로 땅을 받았다가 빼앗긴 자유시민들에게 정부 소유의 시아일랜드 땅을 20에이커씩 임대해 주고 저렴한 가격에 구입할 수 있도록 주선하는 조항까지 있었다). 존슨은 거부권을 행사했지만 의회에서는 그 즉시 다시 법안을 통과시켰다. 이렇게 해서 1866년 민권법은 대통령의 거부에도 불구하고 통과된 최초의 법률이 되었다. 존슨은 거부권을 행사하는 바람에 온건파의 지지마저 잃어버렸고, 급진파들은 새로운 법안에서 명시한 권리를 헌법에 영원히 새겨 넣어야 된다고 생각하게 되었다.

역사학자 에릭 포너(Eric Foner)가 말하기를 수정헌법 14조의 목적은 "해방된 노예들에게 동등한 민권을 부여하고 충성스러운 남부 정부를 건설하여 북부연방이 남북전쟁에서 거둔 승리의 결실을 안전하게 지키는 것"이었다. 수정헌법 14조에서는 법이 부여한 평등권을 어느 주도 박탈하지 못하도록 규정했다. 그뿐 아니라 남부연합의 헌법에 대고 맹세했던 사람들은 주나 연방정부의 직책을 맡지 못하고, 남부연합 부채의 상환을 금지하고, 남성 유권자의 투표권을 제한하는 주는 대의원 숫자를 삭감하도록 규정했다(하지만 흑인에게 투표권을 주지 않는 남부 주를 달리 처벌할 방법은 마련하지 않았고, 이 마지막 조항은 실제로 시행되지도 않았다). 따라서 수정헌법 14조는 개인의 자유를 전혀 새로운 방식으로 보호한 셈이었다. 1세기 전에 토머스 제퍼슨은 연방정부가 개인의 자유를 위협할 수 있다고 경고했다. 하지만 이제는 매사추세츠의 상원의원 찰스 섬너도 표현했다시피 바로 그 연방정부가 '자유의 후견인'이 되었다.

존슨 대통령은 정치적 위기를 타개하기 위해 1866년 여름에 '전국일주'라 불린 순회연설을 강행했다. 자신의 전국연맹파와 연대한 북부 출신 민주당원들을 중심으로 뜻을 같이하는 의원 후보들에게 지지를 호소하고, 각 주의 권리를 상호 존중하는 자세를 바탕으로 남북의 화합을 도모하자고 역설하기 위해서였다. 하지만 북부인들은 그의 설득에 넘어가지 않았다. 오히려 1866년 중간선거는 급진파의 압승으로 이어졌다. 급진파가 상원과 하원 양쪽에서 과반수를 확보한 것이다. 스티븐스와 동조자들은 이후 2년 동안 재건관련 의회합동위원회를 통해 대통령 주도의 재건정책을 의회 주도의 재건정책으로 바꾸었다.

과거 남부연합에 속했던 주들이 존슨의 강권 아래 수정헌법 14조의 승인을 거부하자 의회는 전혀 새로운 재건정책을 펼치기 시작했다. 존슨의 거부에도 불구하고 1867년 3월에 의회를 통과한 1차 재건법은 남부를 다섯 개의 군정지구로 나누고 지방관리 경질, 제헌회의 소집, 선거권 부여의 적합성 판단, 계엄령 선포, 흑인들의 권리 보장 등 광범위한 권한을 소유하는 연방사령관이 다스리도록 했다. 그리고 해방노예들에게 참정권을 부여해야 연방에 재편입될 수 있다는, 좀 더 엄격한 조건을 내걸었다. 1867년 3월에는 존슨의 거부에도 불구하고 관직보유법과 수정헌법 15조가 의회를 통과했다. 관직보유법은 상원이 승인한 행정부 관리를 대통령이 경질할 수 없다는 내용이었고, 재건 시대 헌법 개정의 마지막을 장식한 수정헌법 15조는 어느 주도 인종 때문에 시민의 투표권을 제한할 수 없다는 내용이었다.

히럼 R. 레블스

1870년 2월, 미시시피 출신의 히럼 R. 레블스는 1861년까지 제퍼슨 데이비스의 차지였던 상원의원 자리를 물려받으면서 아프리카계 미국인 최초로 의회에 진출했다. 급진적인 재건시대 동안 두 명의 흑인이 상원의원으로, 열네 명의 흑인이 하원의원으로 선출되었다.

1차 재건법에서 밝히기를 군정의 지배를 받는 주가 연방에 재편입되려면 모든 남성의 선거권을 보장하는 헌법을 신설하고, 신설된 헌법에 따라서 주정부를 구성하고, 재건정책에 따른 수정헌법을 승인해야 했다. 예전에 꽤 많은 노예를 거느리고 있었고 백인들 대부분이 반군에 참여한 전적 때문에 민권을 박탈당한 다섯 개 주에서는 새로운 법안으로 흑인 유권자가 과반수를 넘기게 되었다. 따라서 연방의 비호 아래 해방노예들이 최초로 참여한 선거를 통해 수많은 흑인이 지방과 주는 물론 연방정부로까지 진출했다. 남부의 다른 주에서는 흑인 유권자들이 알맞은 백인들(당연히 연방주의자였다)과 손을 잡고 마음에 드는 급진파 공화당원들을 선출했다. 연방군의 후원을 받는 급진주의 정부가 구성되자 의회는 드디어 남부의 여러 주를 다시 받아들이기 시작했다. 1868년 6월에는 앨라배마, 플로리다, 조지아, 루이지애나, 노스캐롤라이나, 사우스캐롤라이나를 연방에 새편입하는 일괄법안이 통과되었다. 유일하게 제외되었던 텍사스는 1870년 3월에서야 재편입되었다.

앤드류 존슨의 탄핵

앤드류 존슨과 의회가 벌인 마지막 전쟁은 1868년 2월, 관직보유법 위반과 여러 가지 중, 경죄를 저지른 혐의로 탄핵안이 의회에서 통과되면서부터 시작되었다. 존슨은 1867년 8월에 말을 듣지 않는 육군장관 스탠턴을 해임하려 했고, 상원의 군사위원회는 존슨에게 관직보유법에 저촉된다는 통보를 했다. 하지만 스탠턴이 자신의 재건정책을 계속 방해하자 화가 난 존슨은 1868년 2월에 스탠턴을 다시 한 번 해임조치했다.

3월 13일부터 상원에서 기나긴 공판이 시작되었다. 주요 정황은 양쪽 모두 인정한 뒤였기 때문에 존슨이 헌법에 대고 한 맹세를 위반했는지 여부를 판가름하는 것이 공판의 핵심이었다. 5월 16일, 상원은 11개 탄핵안의 결정판이라 할 수 있는 마지막 안을 놓고 투표를 치렀다. 결과는 35 대 19로 존슨의 패배였지만, 3분의 2 찬성이라

는 탄핵 요건을 만족시키기에는 한 표가 모자랐다. 존슨이 몇 가지 타협안을 내놓고 의회의 재건정책에 지나치게 개입하지 않겠노라고 개인적으로 약속한 덕분이었다.

하지만 탄핵에 반대한 상원의원들은 존슨의 타협안과 개인적인 약속이 없더라도 똑같은 입장을 보였을 것이다. 이들은 바람직하지 못한 선례를 남길 생각이 없었다. 무능력하고 눈치 없는 존슨이 못 미덥기는 했지만, 그래도 대통령의 권위에 영원히 금이 가는 모습은 보기 싫었던 것이다.

앤드류 존슨
그는 솔직하지만 독선적이고 융통성이 부족한 성격이었기 때문에 미국 역사상 가장 어려운 위기 상황을 헤쳐나가기에 적합한 인물은 되지 못했다. 데이비스의 표현에 따르면 그는 '자랑거리가 없는 것이 자랑'이었다.

카펫배거와 스캘러왜그

남부 주정부를 장악한 급진파는 어떤 사람들이었을까? 양탄자 천으로 만든 여행용 가방 안에 모든 소지품을 챙길 수 있다고 해서 '카펫배거(carpetbagger)'라고 불린 뜨내기 북부 출신들이었다. 전쟁이 끝난 뒤 남부에는 이와 같은 정상배들이 몇만 명씩 몰려들었다. 해방노예들의 어려움이 걱정돼서 건너간 부류도 일부 있었지만, 대부분은 순전히 개인적인 이윤을 추구하려는 사람들이었다. 이 시절에 남부로 파견된 군정 주지사들은 광범위한 권력을 부여받았기 때문에 부정부패를 저지르기가 쉬웠고 대가도 짭짤했다.

프랭클린 피어스 대통령의 여행용 가방
19세기 중반 카펫백의 전형이다.

카펫배거와 손을 잡은 남부인들은 '스캘러왜그(scalawag)'라 불렸다. 이들은 대부분 목화농장을 운영하며 연방 탈퇴에 반대했던 휘그당원이거나, 흑인을 싫어하지만 '부자들이 벌인 전쟁에 가난뱅이들만 싸우게 만드는' 대농장주들을 더 싫어했던 소작농 집단이었다. 남부연합이 무너지자 이들은 자연스럽게 급진파 정부의 편이 되었고, 북부인들에게 투자를 받아서 무너진 남부 경제를 재건하려고 열심이었다. 하지만 한몫 잡을 생각으로 끼어든 부류도 많았다.

물론 1870년대에는 북부와 서부에서도 정부의 부정부패

가 많았다. 그랜트는 남북전쟁에서 보인 뛰어난 활약상 덕분에 1868년과 1872년에 연거푸 대통령으로 당선되었지만, 장군 시절에 발휘한 솜씨가 행정 능력으로 연결되지는 않았다. 그는 재임 시절에 친구나 친척, 그것도 아니면 전우가 공금을 유용했다는 추문에 끊임없이 시달렸다. 그런데도 명백한 증거가 드러났을 때조차 매번 사기꾼 쪽의 설명을 믿었고 이들의 처형을 막는 경우가 많았다. 1869년 9월에는 제이 굴드(Jay Gould)와 제임스 피스크(James Fisk)가 금시장에서 사재기를 하다 적발되었다. 1874년 6월에는 국무장관 윌리엄 A. 리처드슨(William A. Richardson)이 세무서원 존 D. 샌본(John D. Sanborn)과 결탁하여 징수한 세금의 절반을 착복하도록 방조하다 사임했다. 이 밖에 110명의 정부 공무원이 몇백 만 달러의 주류세를 빼돌렸던 위스키 도당 사건과 육군장관 윌리엄 W. 벨크냅(William W. Belknap)과 그랜트의 남동생이 인디언과의 교역권을 보장해 주는 대가로 리베이트를 받았던 인디언 도당 사건도 있었다.

그랜트 행정부는 애초에 급진파의 재건정책을 채택했고, 급진파 의원들은 1870년 5월에 수정헌법 14조와 15조에서 보장한 흑인의 권리를 보호하기 위하여 최초의 강행법을 통과시켰다(조지아, 노스캐롤라이나, 테네시에서는 백인들이 조직적인 폭력행사로 흑인 투표를 방해하는 바람에 백인으로 이루어진 민주당 정부가 들어섰다). 강행법에 따르면 연방정부는 인구 2만 이상의 도시에서 선거를 감독하고, KKK단과 같은 테러조직을 진압하는 데 필요한 경우에는 군대를 동원할 수 있었다. 1871년 10월에 그랜트 대통령은 세 번째 강행법(1871년 4월에 제정된 KKK법)에 의거하여 클랜의 폭력행사가 특히 심한 사우스캐롤라이나에 계엄령을 선포했다.

하지만 사면법이 통과된 1872년 5월을 기점으로 북부인들은 재건사업에 지친 모습을 역력히 드러내기 시작했다. 신설 사면법으로 남부의 백인들은 민권을 회복했다. 남부연합의 최고위층 몇 명을 제외하고는 모두 선거권과 공직 임명권을 돌려받은 것이다. 그 결과, 반군에 몸을 담았던 몇십만 명이 선거인 명부에 다시 등장하면서 급진파를 몰아내고 거의 대부분의 남부 주정부를 장악했다. 3년 뒤에 의회는 강행법의 마지막인 1875년 민권법을 통과시켰다. 이번 민권법은 배심원 선정에서 흑인을 제외하지 못하도록 하고, 호텔이나 식당과 같은 공공장소에서 인종차별을 금지하는 내용이었다. 하지만 집행장치가 없었기 때문에 대부분 지켜지지 않았다. 이런 식으로 북부의 무관심과 남부의 적개심이 한데 어우러지면서 해방노예들의 정치, 경제적 입지는 날이 갈수록 좁아졌다. 그랜트 대통령의 표현대로 "국민들은 남부에서 벌어지는 폭력사태에 신물을 내고 있었다."

연방정부의 영향력이 점차 사라지고 백인들이 테러조직이 빈자리를 채우면서 의회의 민권법 시행은 막을 내렸다. 한편, 제이 쿡(Jay Cooke)의 뉴욕 시 금융중개회사가 1873년 9월에 도산하면서 5년의 불경기가 시작되었다. 당연한 노릇이겠지만 경제상의 악재는 민주당원들에게 호재로 작용했고, 이들은 1874년 중간선거에서 공화당 의석 85개를 빼앗는 데 성공했다. 제임스 뷰캐넌 대통령 이래 민주당이 의회를 장악하기는 처음이었다. 리가 항복하고 링컨이 암살당한 지 10년. 이제 남부의 해방노예 문제를 심각하게 걱정하는 미국인은 거의 없었다.

1877년의 타협

1873년 10월 4일, 《프랭크 레슬리스 일러스트레이티드 뉴스페이퍼》 1면에 실린 삽화
사상 최악의 금융공황으로 잠시 문을 닫은 뉴욕 증권거래소의 모습을 담고 있다.

1876년 대통령 선거는 그랜트가 행정부의 추문과 관련해 대국민 사과문을 발표하는 것에서부터 시작되었다. 민주당은 추문 사태를 적극 활용할 생각으로 능력이 닿는 한도 내에서 가장 깨끗한 후보를 골랐다. 이렇게 해서 선택된 뉴욕 주지사 새뮤얼 J. 틸던(Samuel J. Tilden)은 뉴욕 시 태머니 홀(Tammany Hall, 뉴욕 시 민주당의 중앙위원회 — 옮긴이)의 타락한 우두머리로 꼽히는 윌리엄 마시 트위드(William Marcy Tweed)를 가볍게 눌렀다. 공화당은 틸던에 대적할 상대로 부패한 하원의장 블레인은 적합하지 않다는 판단을 내리고, 나름대로 가장 깨끗하다 싶은 오하이오 주지사 러더퍼드 B. 헤이스(Rutherford B. Hayes)를 선택했다. 틸던은 부패 문제를 효과적으로 공략했고, 공화당은 헤이스를 남북전쟁의 용사라고 선전했다(공화당은 19세기 후반 내내 '피로 얼룩진 셔츠 흔들기' 작전을 구사했다. 북부의 유권자들에게 민주당은 연방 탈퇴와 관계 있는 당이라고 다시 한 번 일깨워 주기 위한 작전으로, 제법 효과가 있었다).

치열한 각축전이 펼쳐졌고 선거가 끝난 뒤에도 승부는 알 수 없었다. 틸던이 일반 투표에서 앞선 것은 분명했지만, 선거인단 투표 결과는 안개 속이었다. 선거가 끝나고 다음날, 틸던은 선거인단 투표에서마저 헤이스를 184 대 165로 앞질렀다. 하지만 네 개 주의 개표 보고서에 문제가 생겼기 때문에 20표의 행방이 아직 묘연했다. 이 가운데 19표는 아직까지 급진파가 장악한 남부의 세 개 주, 플로리다, 루이지애나, 사우스캐롤라이나의 몫이었다. 그런데 각주의 카펫백 정부와 선거관리위원회가 제출한 개표 보고서가 달랐다. 여기에 오리건의 선거인단 가운데 한 명은 자격 논란에 휩싸였다.

의회는 분쟁을 해결하기 위해 상원의원 다섯 명, 하원의원 다섯 명, 대법원 판사 다섯 명으로 특별선거위원회를 구성했다. 민주당원과 공화당원이 일곱 명씩이었고, 나머지 한 명인 데이비드 데이비스(David Davis) 판사는 무소속이었다. 그런데 이때 데이비스가 일리노이를 대표하는 상원의원으로 임명되는 바람에 자격을 상실했다. 그를 대신할 인물로 지목된 조지프 P. 브래들리(Joseph P. Bradley)는 공화당원이었다. 대법원의 민주당원들이 브래들리를 대안으로 받아들인 이유는 남아 있는 네 명의 판사(모두 공화당원이었다) 가운데 그나마 가장 당파심이 적어 보였기 때문이다. 하지만 브래들리는 끝까지 같은 당원의 편을 들었다. 그 결과, 위원회의 분위기는 문제의 선거인단 표를 모두 헤이스가 차지하는 쪽으로 서서히 흘러갔다. 찬성은 여덟 명, 반대는 일곱 명이었다.

위원회의 결정이 불리하게 굳어지는 양상을 보이자 민주당 의원들은 선거인단 개표를 중단시키고 헤이스의 당선을 무제한 저지하는 방해 전술을 펴겠다고 협박했다. 하지만 헤이스 측에서 남부의 민주당원들과 협상을 맺었다. 방해 전술에 반대하면 그 즉시 남부에서 모든 연방군을 철수시키고 몇 가지 양보를 하겠다고 약속한 것이다. 그리고 또 한편으로는 헌법에서 명시한 흑인들의 권리를 존중하겠다는 다짐도 받아냈다(물론 지켜질 리 없는 다짐이었다). 이렇게 해서 재건시대는 막을 내렸다.

18 77년 3월 2일 오전 4시에 상원은 헤이스의 당선을 공포했고, 헤이스는 그날 당장 워싱턴으로 건너갔다. 3월 4일은 일요일이었다. 때문에 신임 대통령은 토요일 오후에 비공개로 선서를 하고 월요일 아침에 취임식을 거행했다. 국민들은 헤이스의 당선과 연방군 철수를 받아들였다. 계속되는 불황, 대평원의 적대파 인디언, 조지 암스트롱 커스터(George Amstrong Custer, 인디언을 상대로 벌인 리틀빅혼 전투에서 전사한 기병대 장교 — 옮긴이)의 복수 등 더 시급한 문제들이 많았기 때문이다. 연방군이 사라지자 남부의 민주당 주정부는 잽싸게 흑인의 투표권을 철회하기 시작했고, 해가 갈수록 흑인 유권자의 숫자는 줄어들었다. 이후 보수적인 백인들은 구타에서부터 살인에 이르기까지 온갖 폭력을 동원해 가며 거의 100년 동안 해방노예들을 잔인하게 억압했다. 이들은 노예도 아니고 완벽한 자유시민도 아니었다.

플로리다 투표 결과의 적법성을 놓고 투표위원회가 의견을 듣는 광경 1879년, C. A. 패싯이 아주 자세하게 담았다. 위원회 위원 열다섯 명은 좌측 연단에 앉아 있다.

인물 촌평

새디어스 스티븐스
1792-1868년

에릭 포너

새디어스 스티븐스는 남북전쟁과 재건시대의 급진파 공화당원 가운데서도 가장 급진적인 인물이었고, 지금까지도 미국 역사상 가장 논란의 여지가 많은 인물 중 한 명으로 꼽힌다.

그는 전통적인 평가에 따르면 남부에 대한 증오심 때문에 존슨의 관대한 재건정책에 반대했던 사악한 천재로 간주된다. 하지만 최근 역사학계는 아프리카계 미국인의 권익을 위해 평생 헌신했던 면모와 해방노예들이 최소한의 경제 기반이나마 확보할 수 있도록 토지 재분배를 지지했던 점을 강조하는 등 그를 좀더 긍정적으로 조명하는 분위기이다.

1792년에 버몬트에서 태어난 스티븐스는 젊은 시절 펜실베이니아 주 랭커스터로 건너가서 변호사 겸 철제 제조업자로 일했다. 1833년에는 펜실베이니아 주 의원으로 당선되어 8년 동안 프리메이슨 반대파로 활약하면서 무료 공교육의 대변자가 되었다. 그는 또 한편으로 흑인의 고충에 강한 연민을 품고 있었다. 따라서 1838년, 새로운 주헌법을 기초하는 협의회에 몸을 담고 있을 무렵에는 흑인들에게 주었던 투표권을 몰수한다는 이유를 들어 최종안에 서명하지 않았다.

스티븐스는 휘그당원으로 연방의회에 입성했다 (1849-1853년). 하지만 1854년에 공화당 창당의 일원이 되면서 이후(1859-1868년)에는 공화당원으로 활약했다. 그는 의회에서 무뚝뚝한 웅변가이자 토론의 대가로 명성을 떨쳤다. 솔직한 성격은 정적들마저 인정하는 부분이었고, 날카로운 입담은 공포의 대상이었다. 어느 동료의원은 "조만간 고슴도치의 공격을 받겠군."이라고 표현할 정도였다.

독신을 고집한 스티븐스는 사람들의 이목에 아랑곳하지 않은 채 오랫동안 흑인 가정부와 함께 지냈다. 두 사람의 관계를 둘러싼 수많은 소문에 대해서는 가타부타 말을 하지 않았다.

스티븐스는 남북전쟁 이전에는 노예제도의 확산에 반대했다. 연방 탈퇴의 위기가 불거졌을 때에는 남부와의 타협을 거부했다. 전쟁 당시에는 일찍부터 노예해방과 흑인들의 북부연방군 입대를 주장했다. 그리고 전쟁이 끝난 뒤에는 당시 미국 특파원으로 있던 프랑스 기자 조르주 클레망소(Georges Clemenceau, 이후 프랑스 수상이 되었다)가 표현하기를 '2차 독립전쟁'의 '로베스피에르(급진적인 자코뱅당 지도자로 프랑스 혁명의 주요인물—옮긴이)'가 되었다. 그는 공화당의 원내총무를 지내면서 1866년의 민권법, 1867년의 수정헌법 14조와 재건법 등 평등의 원칙에 충실한 주요 법안들이 의회를 통과하는 모습을 지켜보았다. 그의 기준에는 못 미치는 내용이었지만 "나는 천사가 아니라 인간들과 함께 살고 있다."는 말과 함께 찬성표를 던졌다. 그리고 1868년에는 존슨 대통령의 탄핵을 적극적으로 주도했다.

스티븐스는 재건을 통해 인종차별이 없는 '완벽한 공화국'의 가능성이 열리고, 흑인이 자유를 누릴 수 있는 경제적 기반이 마련되어야 한다고 생각했다. 실패로 돌아가기는 했지만 토지를 옛 노예주와 옛 노예들에게 분배하자는 의견을 열심히 주장한 것도 그런 이유에서였다.

"남부는 모든 조직이 달라져야 합니다. 지금이 아니면 앞으로 기회가 없습니다."

하지만 그의 의견은 대부분의 공화당원들이 보기에도 너무 급진적이었고 따라서 법률로 제정되지 못했다.

1868년 8월, 재임 도중에 사망한 스티븐스는 펜실베이니아에서 몇 개 안 되는 흑백합동묘지에 묻혔다. 비석에는 그가 직접 작성한 비문이 적혀 있다.

"죽음을 통해 한평생 주장했던 원칙을 증명해 보이노니 조물주 앞에서 모든 인간은 평등하다."

새디어스 스티븐스
1858년의 사진.

13

미국 서부의 개척

리틀빅혼 전투

수부족은 그 땅을 '파하사파(Paha Sapa)'라고 불렀다. 백인들은 블랙힐스라고 불렀다. 수족은 그 땅을 성지(聖地)로 간주했다. 백인들은 일대를 탐험하고 싶어했다. 그런데 1868년 포트래러미 조약에 따르면 블랙힐스는 영원히 수족이 독점하는 땅이었다.

연방정부는 포트래러미 조약에 분명히 명시되어 있음에도 불구하고 1874년 3월에 블랙힐스로 측량기사단을 파견했다. 탐사대장은 제7기병대 소속의 조지 암스트롱 커스터 중령이었다. 그는 지난해 여름에 노던퍼시픽 철도회사가 길이 있는지 알아보기 위해 옐로스톤 강을 따라 정찰을 할 때 참여했던 인물이었다. 연방정부는 옐로스톤 강을 수족 땅의 북쪽 경계선이라고 생각했다. 하지만 인디언들의 생각은 달랐다.

육군이 블랙힐스를 탐험한다는 소식이 전해지면서 1874년 봄과 초여름 동안 수많은 민간인이 커스터를 에워싼 채 따라가고 싶다고 졸랐다. 블랙힐스를 구경해 본 백인이라고는 소수의 변경개척자뿐이었다. 그렇기 때문에 과학자, 신문기자, 언덕에 금이 묻혀 있다는 소문을 들은 채굴업자들에게는 군침이 당기는 탐험이었다. 커스터는 예일대학교의 유명한 고생물학자 오스니엘 찰스 마시(Othniel Charles Marsh)를 개인적으로 초청했지만 이루어지지 않았다. 대신에 그는 젊은 동료학자 조지 버드 그린넬(George Bird Grinnell)을 보냈다(그린넬은 들

사우스다코타 주 파인리지 인근 브륄레 수족의 야영지
(왼쪽) 존 C. H. 그레이빌이 1891년 1월 중순에 촬영한 사진인데, 운디드니 대학살이 벌어지고 얼마 후에 근처를 촬영한 것이다.

고 다닐 수 없을 정도로 많은 공룡의 뼈를 발견했다). 이 밖에도 제7기병대 소속 10개 중대, 보병 2개 중대, 인디언 정찰병 몇십 명, 8센티미터쯤 되는 로드먼 포 한 대, 개틀링 포 세 대가 그의 뒤를 따랐다. 사람 1천 명, 동물 2천 마리, 마차 100여 대로 이루어진 행렬이었다.

커스터는 미주리 강 상류의 포트에이브러햄링컨으로 대부대를 소집했다. 제7기병대가 1년 동안 본거지로 활용했던 포트링컨은 다코타 준주 비즈마크의 철도 종착역 바로 남쪽에 자리잡은 요새였다. 생각보다 준비 기간이 길었기 때문에 커스터는 7월 2일에서야 포트링컨을 출발할 수 있었다. 그는 시간을 벌충하기 위해 이글거리는 태양과 먼지로 뒤덮인 대평원 너머로 강행군을 실시했다. 새벽 3시면 사람들을 깨워 4시에 행진을 시작하고, 어떤 날에는 자정 무렵에야 천막을 치는 식이었다. 제7기병대와 손님들은 이런 속도로 움직인 결과, 3주 만에 블랙힐스에 도착할 수 있었다. 커스터는 7월 22일 무렵, 파하사파의 북서쪽 가장자리에 야영지를 건설했다. 대부분 아리카라족으로 이루어진 인디언 정찰병들은 수족의 보복을 걱정하며 너무 깊숙이 들어왔다고 이야기했다. 하지만 커스터가 블랙힐스 안으로 들어가겠다는 뜻을 밝히자 길잡이 노릇을 거부하며 다들 떠나 버렸다.

커스터는 말로 표현할 수 없을 만큼 아름다운 계곡 사이를 길잡이 없이 거뜬히 통과했다.

"조물주가 만드신 푸른 땅 위에서 가장 눈부신 곳이다. 인디언이 이곳을 위대한 영혼의 거처로 간주하고 조심스럽게 지키는 이유를 알 것 같다."

《비즈마크 트리뷴(Bismarck Tribune)》의 기자 네이

선 내편(Nathan Knappen)은 이렇게 표현했다.

한편 블랙힐스 여행이 시작되고 이틀이 지난 7월 27일에 금광이 발견되었다. 최초로 발견된 곳은 프렌치 강변(오늘날 사우스다코타 주 커스터 근처이다)이었고, 이후 여기저기에서 금광이 모습을 드러냈다. 커스터는 속달 편지에서 흥분한 어조로 밝혔다.

"어떤 시내에서는 흙을 한 접시 퍼낼 때마다 금이 나옵니다. 채굴업자들 말로는 풀뿌리 속에도 금이 섞여 있다고 합니다."

커스터와 연방정부도 직감했다시피 1873년의 공황으로 전국이 불경기의 늪에 빠진 당시 상황에서는 금광 발견 소식이 전해지면 이곳으로 들이닥칠 채굴업자들의 행렬을 어느 누구도 막을 수 없었다. 게다가 경제상황으로 집중된 이목을 돌리기 위해 블랙힐스 강탈을 계획한 정부로서는 이들의 행렬을 막을 생각이 없었다. 커스터가 지질학자 뉴턴 윈첼(Newton Winchell)을 동행시켜 표본의 순금 여부를 확인하고 1차 보고서에서 금광 발견을 강조한 이유도 그 때문이었다. 제7기병대가 포트에이브러햄링컨으로 돌아온 8월 말, 동부의 여러 신문은 이미 다코타의 금을 대서특필했고 아이오와 주 수시티는 '수시티야말로 미래의 채굴업자들이 여행을 시작하기 알맞은 곳'이라고 대대적인 선전을 시작했다.

1874년 가을과 1875년 봄 사이 금 사냥꾼 몇천 명이 수족의 땅으로 건너갔다. 정부에서는 형식적으로나마 블랙힐스가 수족의 땅이라는 경고문을 공포했지만, 군대에서는 인디언과 맺은 조약을 지키려는 의지를 거의 보이지 않았다. 수족에 호의적인 관리들마저도 이 문제에 있어서만큼은 자신의 주장을 고집하기 어려웠다. 미국 경제는 심각한 상황이었고, 채굴업자들은 대부분 실업자였다. 따라서 블랙힐스의 귀금속을 찾아 나선 사람들은 정부의 제재를 거의 받지 않았다. 커스터는 1874년 9월, 육군장관과 기자들에게 보낸 편지에서 이렇게 밝혔다.

"내가 만약 인디언이라면 뻥 뚫린 평원을 아끼는 사람들과 기꺼이 운명을 함께 하겠다."

커스터

다코타 평원을 지나는 커스터 탐험대
1874년 7월 중순 무렵 W. H. 일링워스가 촬영한 사진이다. 7월 중순이면 블랙힐스에 도착하기 1주일 전쯤이다.

"인디언들은 블랙힐스를 차지하고 있는 게 아닙니다. 이들은 블랙힐스를 차지하거나 이용하지 않으며, 그 누구도 블랙힐스를 차지하거나 이용해서는 안 된다고 생각합니다."

당연한 현상이겠지만 수족과 이들의 동맹인 북 사이엔족은 수많은 채굴업자를 접하고 분노를 터트렸다. 커스터는 제7기병대와 함께 포트링컨으로 돌아오는 길에 아내 엘리자베스 커스터에게 쓴 편지에서 '적대파 인디언들'에게 도둑이라는 새로운 별명을 얻었다고 밝혔다. 그의 행렬에 이어서 다른 백인들이 지나간 길은 인디언들 사이에서 도둑길이라고 불렸다. 수족은 커스터 일행을 직접적으로 위협하지는 않았지만—그러기에는 너무 막강했다—이동을 방해할 생각으로 길가 풀밭에 불을 질렀다. 하지만 말들에게 먹일 풀은 언제 어디서나 넉넉했고 커스터는 행군을 계속했다. 이처럼 평화로운 분위기는 1874년이 끝날 때까지 이어졌지만 오래지 않아 종말을 고했다.

수 부족

아메리카 대륙의 백인들은 수어(語)를 쓰는 인디언들을 가리켜 수 부족이라고 불렀다. '수'는 오지브와 말로 '적'을 의미하는 '나두수'에서 비롯된 단어였다. 18세기 이전에 수족은 대부분 5대호 연안에서 살았다. 그러다 숙적 오지브와족에게 밀려 서쪽으로 쫓겨났다. 수족의 주요 파벌은 세 개였다. 이 가운데 샌티족은 오늘날 미네소타에 해당되는 지점으로 건너가서 같은 어족에 속하는 얀크톤족과 테톤족을 대평원 서쪽 깊숙한 곳으로 몰아냈다(샌티, 얀크톤, 테톤의 수어에 해당되는 이름은 각각 '다코타', '나코타', '라코타'였다). 이전까지만 히더라도 얀크톤과 테톤족은 카누를 타고 나가 작살로 물고기를 잡고, 줄(wild rice, 북미 북동부의 물가에서 나는 풀— 옮긴이)과 콩을 채집하며 숲 속에서 살았다. 하지만 대평원에서는 가장 기본적인 농사도 불가능했기 때문에 북쪽 목초지를 뒤덮을 만큼 엄청난 버펄로 떼에 전적으로 의존하는 기마 유목민이 되었다.

테톤 수족은 미주리 강가에 정착했다. 메리웨더 루이스와 윌리엄 클라크는 1804년, 이곳에서 수족과 마주치고 피한 일이 있었다(테톤족이 언제 블랙힐스로 건너왔는지 정확한 시기는 알 수 없지만 1770년 정도가 아니었을까 싶다). 호전적인 테톤족은 1820년대부터 미주리를 오르락내리락하기 시작한 백인들을 호의적으로 대했고 심지어는 모피 무역을 하는 변경 개척자와 거래도 했다. 하지만 다른 부족과의 싸움은 계속되었고 1840년대 무렵 대평원의 중심부는 이들의 차지가 되었다.

연방정부는 1843년부터 오리건 통로로 건너오기 시작한 대규모 개척민들을 보호하기 위해 사세가 기운 아메리카모피회사가 더 이상 쓰지 않는 포트래러미를 사들였다. 포트래러미는 노스플랫 강변에 자리잡은 교역소였다. 인디펜던스에서 오리건으로 향하는 길의 3분의 1 지점에 해당되기 때문에 개척자들이 로키산맥을 횡단하기에 앞서 휴식을 하기 좋았고, 군인들이 테톤 수속을 감시하기에도 안성맞춤이었다. 테톤 수족의 입장에서는 정부가 그들의 지역에 일방적으로 군사를 배치한 것이 기분 좋을 리 없었다.

긴 머리 커스터
키가 크고 호리호리하고 체격이 탄탄한 커스터는 어느 모로 보나 눈에 띄는 인물이었다. 그는 금발을 길게 길렀고 전투 중에는 사슴가죽으로 만든 군복을 입었다. 수족이 그를 지칭한 여러 별명 가운데 파후스카, 즉 긴 머리도 있었다.

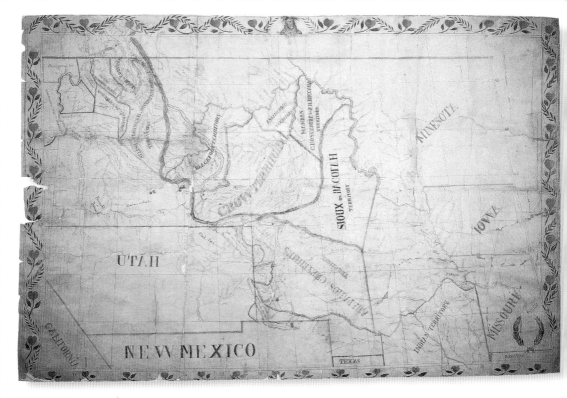

연방정부는 오리건 통로가 뚫리기 전까지 미시시피 서부의 광활한 땅에서 인디언들이 무얼 하든지 관심이 없었다. 1830년대에 앤드류 잭슨 대통령은 인디언 이주법과 총구를 들이대며 남동부에 살던 5대 문명부족을 황량한 인디언 보호구역으로 쫓아내고, 보호구역 안에서 죽든 살든 전혀 신경 쓰지 않았다. 이른바 아메리카원주민에게 특정 지역을 할당하는 정책의 시초였다. 보호구역 관리는 인디언사무국의 몫이었다. 1824년에 설립된 인디언사무국은 원래 육군성 소속기관이었다가 1849년에 신설 내무성으로 옮겨졌다.

하지만 캘리포니아 골드러시와 오리건 열풍으로 오리건 통로를 드나드는 백인들이 워낙 많아지자 근처에 살던 인디언들은 반발할 수밖에 없었다. 불안한 분위기가 확산되는 것을 보고 연방정부에서는 더 이상의 사태를 미연에 방지하기 위해 1851년 9월, 포트래러미에서 회의를 소집했다. 어림잡아 인디언 1만 명이 참석했고 수, 샤이엔, 아라파호, 크로, 어시니보인, 그로방트르, 만단, 아리카라족의 대표들도 모습을 보였다. 연방정부 측 책임자는 위대한 아버지가 사는 워싱턴에서 건너온 인디언 사무국 감독관 D. D. 미첼(D. D. Mitchell)이었다. 보좌관으로 따라온 토머스 피츠패트릭(Thomas Fitzpatrick)은 최초의 변경 개척자 출신으로, 지금은 인디언 사무국에서 보호구역 관리원으로 일했다.

미첼과 피츠패트릭은 여러 부족을 상대로 인디언 땅에 도로와 군대 주둔지를 추가로 건설하겠다는 허락을 받아 냈다. 5만 달러의 연금을 지급하고(식료품과 교역물자를 각 부족에게 나누어 주는 형식이었다) '조약 체결 이후에 미국인들이 약탈을 하지 못하도록' 군대를 동원해 보호해 주는 대가였다. 그리고 이들은 각 부족에게 특정 지역, 즉 보호구역을 할당했다(대평원

부족의 방랑벽을 이해 못하는 연방정부에게 잘 보이기 위한 조치였다). 수족에게 할당된 땅은 '블랙힐스로 알려진 능선'을 포함한 노스플랫 강과 옐로스톤 강 사이 지역이었다.

샌드크리크 학살사건

포트래러미 조약으로 맺어진 평화 분위기는 10여 년 동안 계속되었지만 1864년 11월, 존 M. 치빙턴(John M. Chivington) 대령이 콜로라도 의용군 1,200명을 이끌고 샌드크리크의 남샤이엔 마을을 공격하는 순간 갑작스럽게 깨어졌다. 1859년에 시작된 파이크스 봉의 골드러시는 당시 캔자스의 일부이던 로키 산맥의 중심부로 백인 몇십만 명을 끌어들였다. 그 땅의 주인인 아라파호와 남샤이엔족은 노란 금속을 찾아 헤매는 채굴업자들을 처음에는 신기하게 생각했다. 아라파호족의 추장 리틀 레이번(Little Raven)은 1859년에 덴버 시가 건설되자마자 찾아가서 시가 피우는 법과 포크, 나이프 쓰는 법을 배웠다. 그리고 금은 모조리 가져가도 상관없지만 얼른 챙기고 떠나 줬으면 좋겠다는 뜻을 전했다. 두말하면 잔소리겠지만 백인들은 떠나지 않았다. 오히려 더 많은 사람이 건너와서 1861년 2월에는 콜로라도 준주가 만들어지기에 이르렀고, 이들은 인디언들을 쫓아 내기 위한 작전을 세우기 시작했다.

1861년 2월 18일 포트와이즈에서 남샤이엔과 아라파호족의 추장은 토지권과 이동의 자유를 보장하는 새로운 조약에 동의했다. 하지만 이들이 이름 대신 ×표로 승인한 조약은 사실 1851년에 할당받은 땅의 대부분을 백인들에게 양도하고 훨씬 좁은 지역에서 살겠다는 내용을 담고 있었다. 두 사람 모두 영어를 모르기 때문에 통역관의 말만 믿고 받아들인 것이었는데, 백인들은 아메리카원주민들을 상대로 이런 수법을 자주 동원했다. 포트와이즈 조약에 동의의 흔적을 남긴 인디언 측은 아라파호족의 리틀 레이번과 남샤이엔의 블랙 케틀(Black Kettle)이 대표 인물이었다. 증인으로 서명한 군 장교 측의 대표인물은 제1기병대 소속의 J. E. B. 스튜어트 중위였다(그는 이로부터 두 달 뒤에 남북전쟁이 시작되자 직책을 사임했다).

포트와이즈 조약에 따르면 남샤이엔족은 아칸소 강 일대의 삼각형 모양 보호구역에서 지내기로 되어 있었지만 예전의 사냥터를 꾸준히 드나들었다. 사냥감을 잡으려면 어쩔 수 없거니와 이들이 생각하기에 그 지역은 남샤이엔족의 땅이었다. 하지만 이들의 잦은 출현은 일대에 사는 백인들의 노여움을 샀다. 1864년 여름 무렵, 애시크리크 일대에서 무력 충돌을 유도한 기병 몇 명이 목숨을 잃으면서 문제는 한층 심각해졌다. 백인들의 보복을 두려워한 블랙케틀은 부하들을 이끌고 보호구역 관리소가 있는 포트라이언 근처로 거처를 옮겼다. 관리소에서는 걱정 말라는 소리를 거듭 반복했다. 하지만 11월 29일, 포트라이언 사령관의 묵인 아래 치빙턴 대령이 블랙 케틀의 마을을 급습했다. 블랙 케틀은 몇 년 전 위대한 아버지가 대리인을 통해 감사의 뜻으로 전한 미국 국기를 열심히 흔들었다. 백기도 흔들었다. 하지만 부질없는 짓이었다. 치빙턴은 콜로라도 병사들을 이끌고 남샤이엔족 400명을 잔인하게 학살했다. 이중에는 부녀자와 아이들도 많았다. 대학살은 백인과 남샤이엔, 아라파호족이 벌이는

치빙턴 대령
샌드크리크 학살사건 이후에 예편한 그는 덴버로 건너갔고, 샌드크리크에서 학살한 인디언 100여 명의 머릿가죽을 극장에 전시했다.

덴버 인근의 캠프웰드
1864년 9월, 남샤이엔과 아라파호족의 여러 추장과 함께 새로운 평화회담에 참석하기 위해 덴버 인근의 캠프웰드에 도착한 블랙 케틀. 카메라의 저속 셔터 때문에 흐릿해지기는 했지만 선두마차에 꽂힌 대형 미국 국기가 보인다.

금이 묻힌 변경지대

파이크스 봉 근처에서 1858년에 금이 발견되자마자 10년 전 캘리포니아 때만큼이나 많은 채굴업자가 이 지역으로 몰렸다. 덩치 큰 금광이 있는 곳마다 하룻밤 사이에 벼락도시가 등장했고, 식당, 미장원, 상점, 시금사무소, 매음굴, 도박장 등 채굴업자들을 상대하는 업체들이 삽시간에 도시를 가득 메웠다.

인디언들이 자유롭게 돌아다니던 한적한 지역은 금이 발견될 때마다 싸늘한 분위기로 바뀌었다. 조약에 따라 인디언들에게 할당된 땅인데도 백인들은 떠나라고 등을 떠밀었다. 미국 육군이 만족스러운 대책을 세워 주지 않으면 지역 민병대가 적극적으로 나섰다. 샌드크리크도 그런 경우였다. 이렇게 해서 빚어진 무력 충돌이 1860년대와 1870년대에 걸쳐 여러 차례 벌어진 인디언 전쟁의 가장 큰 원인이었다.

1867년 또는 1868년 무렵 컴스톡 갱도에서 손수레가 나오는 모습
미국 최초의 대규모 실버러시는 1859년, 네바다(유타 준주의 일부였다)에 사는 헨리 컴스톡의 땅에서 시작되었다. 컴스톡 광맥은 1880년대까지 해마다 미국 은 생산의 절반 이상을 담당하는 놀라운 능력을 발휘했다.

레드 클라우드
그의 인디언 이름은 마피우아 루타였다.

전면전으로 발전했고 1년 동안 치열한 전투가 이어졌다. 리가 애퍼매턱스에서 항복한 뒤 병력이 서부로 이동하면서 인디언들은 백기를 드는 수밖에 없었다. 하지만 샌드크리크 학살사건은 예의 주시하고 있던 수족의 태도에 많은 영향을 미쳤다.

1865년 말, 이번에는 테톤 수족이 존 M. 보즈먼(John M. Bozeman)이라는 채굴업자가 벌인 일로 골치를 앓았다. 보즈먼은 1861년 무렵 콜로라도의 금광에서 한몫 잡을 생각으로 고향 조지아를 떠났다. 하지만 1년 뒤에 골드러시가 몬태나로 건너가자 다시 거처를 옮겼다. 이곳에서 보즈먼은 동부 채굴업자들이 몬태나의 금광으로 넘어오려면 직행로가 필요하겠다는 사실을 알아차렸다. 그는 동업자와 손을 잡고 1862년 말에 길을 개척했다. 몬태나 주의 배녁을 출발하여 동쪽으로는 로키 산맥을, 남쪽으로는 빅혼 산맥을 거쳐 포트래러미까지 연결되는 길이었다. 그런데 이 길은 조약에 따라 거의 대부분 수 부족에게 할당된 땅으로 이루어져 있었다. 두 사람이 몰랐는지 아니면 신경을 쓰지 않았는지 알 수 없지만, 수족으로서는 심기가 불편할 수밖에 없는 일이었다. 1863년에 보즈먼이 대형 포장마차 대열을 이끌고 이 길을 지나가려고 하자 수족의 전사들이 앞을 가로막고 돌아갈 것을 요구했다. 하지만 보즈먼은 1864년에 다시 한 번 도했고 이번에는 몬태나에 무사히 도착했다. 이듬해부터는 연방군이 보즈먼 통로를 지나 다니는 여행객들을 보호하기 시작했다.

테톤 수족은 이처럼 뻔뻔한 토지 강탈을 그냥 넘어가지 않고 전쟁을 벌여 승리를 거두었다. 지휘관은 오글라라족의 추장 레드 클라우드(Red Cloud)였다(테톤 수족의 분파로는 브릴레, 헝크파파, 미니콘주, 샌즈아크 등이 있었다). 이들은 1866년 여름 내내 보즈먼 통로를 오가는 대형 포장마차 대열을 상대로 무자비한 게릴라 전술을 펼쳤다. 그러던 중 12월에 포트필커니에서 결정적인 교전이 펼쳐졌다. 빅혼 산맥 기슭에 위치한 포트필커니는 보즈먼 트레일을 보호하기 위해 그해 여름에 건설된 세 개의 군대 주둔지 중 하나였다. 포트필커니의 벌목반 병사들은 요새 밖에서 일을 하는 것이 얼마나 위험한지 알고 있었다. 공격을 자주 당하기 때문이었다. 12월 21일 아침에도 인디언 전사들이 또다시 벌목반을 공격했다.

총소리가 들리자마자 구출부대가 급파되었다. 그러자 오글라라 전사 크레이지 호스(Crazy Horse)를 비롯한 바람잡이들이 기다렸다는 듯이 나타나서 요새 안에 남아 있던 병사들을 자극하기 시작했고, 도발에 넘어간 병사들은 추격전을 벌이기 위해 밖으로 뛰쳐나갔다. 이들을 이끈 사람은 윌리엄 J. 페터먼(William J. Fetterman) 대령이었다. 그는 로지트레일 능선 너머로는 인디언을 추격하지 말라는 명령을 받은 바 있었지만, 크레이지 호스의 욕설에 흥분한 상황이라 앞뒤 따질 겨를이 없었다. 페터먼은 눈에 보이는 열 명이 전부라고 생각하고 로지트레일 능선을 넘었다. 덫에 걸려든 셈이었다. 능선 저편 나무 뒤에는 몇백 명의 아라파호, 북샤이엔, 수족의 전사들이 숨어 있었다. 페터먼과 80명은 비탈길을 내려오자마자 목숨을 잃었다. 미국 육군이 인디언 전쟁을 벌인 100년 동안 이보다 처참한 패배는 없었다.

포트래러미 조약

레드 클라우드의 전쟁은 다음해에도 계속되었고 이 무렵 연방정부는 태도를 누그러뜨렸다. 마침내 1868년 봄, 당시 미주리군 사령관이던 윌리엄 T. 셔먼이 평화협의단을 이끌고 포트래러미를 찾았다. 그는 수족과 평화롭게 지낼 수 있도록 파우더 강의 여러 요새를 포기하라는 명령을 받은 상황이었다. 하지만 레드 클라우드는 셔먼의 제안에 관심을 보이지 않았고, 군대가 철수하는 모습을 직접 확인하기 전까지는 휴전 회담을 하지 않겠다고 거부했다. 그는 사자를 통해 이렇게 전했다.

"산 위에서 내려다보면 병사와 요새들이 그대로 있소. 병사들을 이동시키고 요새를 비우면 내려와서 회담을 하겠소."

자존심이 상한 육군성은 몇 달 동안 속을 끓이다 7월에 이르러서야 주둔군들에게 철수 명령을 내렸다. 7월 29일에 포트 C. F. 스미스를 방어하던 연대가 짐을 챙겨들고 떠났다. 다음날, 레드 클라우드가 이끄는 오글라라족은 요새를 잿더미로 만들었다. 한 달 뒤에는 포트필커니가 비워졌고 이 건물을 무너뜨리는 영광은 북샤이엔족에게 돌아갔다. 그로부터 며칠 뒤에는 포트리노가 문을 닫고 보즈먼 통로가 폐쇄되었다. 레드 클라우드의 승리였다.

하지만 레드 클라우드는 11월 6일이 되어서야 포트래러미로 건너와서 평화협상을 시작했다. 그날 레드 클라우드가 서명한 조약은 성명서로 시작되었다.

"이 협정에 서명한 당사자들은 오늘부터 영원히 모든 전쟁을 중단한다. 미합중국 정부는

1868년 포트래러미 조약의 인디언 측 서명 페이지
추장들 모두 영어를 모르기 때문에 자신의 이름이 적힌 곳 옆에 x자를 적었다.

평화를 원하며, 미합중국의 명예를 걸고 평화를 지킬 것을 맹세한다. 인디언들은 평화를 원하며, 인디언의 명예를 걸고 평화를 지킬 것을 맹세한다."

정부는 평화유지를 위해 '백인들 가운데 (중략) 인디언들의 신체나 재산에 해를 가하는 악한이 있으면 즉각 체포하고 처벌하겠다'고 약속했다.

그리고 새로운 보호구역의 경계선을 확정하면서 "조약에 참여한 인디언들이 어느 누구의 방해도 받지 않고 전적으로 사용하는 땅이 될 것이며 (중략) 조약에서 정한 사람이나 법으로 정한 임무수행을 위해 인디언 보호구역 출입을 허가받은 공무원, 관리원, 정부직원 외에는 어느 누구도 상기 지역을 통과하거나 상기 지역에서 거주할 수 없다."고 했다. 따라서 커스터가 1874년에 벌인 블랙힐스 탐험은 포트래러미 조약을 분명히 어긴 셈이었고, 1874년과 1875년에 걸쳐 몰려든 백인 채굴업자들은 어겨도 한참 어긴 셈이었다.

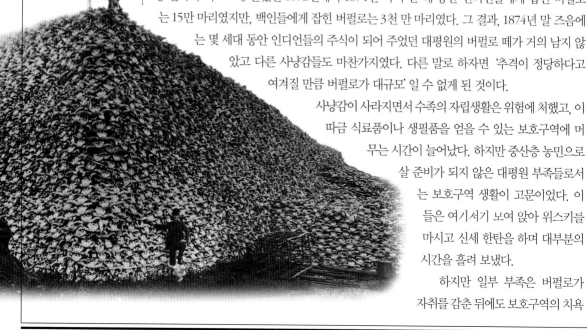

미시건 카본웍스로 향하기 위해 디트로이트 선로가에 산더미처럼 쌓여 있는 버펄로의 머리뼈
1866년에 서부 군대 주둔지를 시찰한 셰리든 소장은 플랫 강 이남의 버펄로가 1억 마리쯤 되는 것으로 추정했다. 다른 장교들은 길이 약 16킬로미터, 너비 약 80킬로미터의 버펄로 떼가 대평원을 새까맣게 덮은 광경도 본 일이 있었다. 하지만 1883년 탐사가 시작되었을 때 남은 버펄로는 200마리에 불과했다.

사실 포트래러미 조약은 커스터의 블랙힐스 탐험 이전부터 문제점을 드러냈다. 늘 그랬던 것처럼—1861년의 포트와이즈 조약을 예로 들 수 있겠다—인디언들의 짐작과 조약의 실제 내용에는 거리가 있었던 것이다. 수족은 마음대로 사냥감을 쫓아갈 권리가 있다고 생각했다. 하지만 포트래러미 조약에는 노스플랫 강 위쪽 지역에서만 사냥을 할 수 있고 "추격이 정당하다고 여겨질 만큼 버펄로가 대규모일 때에만 예외로 한다."고 적혀 있었다.

정부가 원하는 방향은 수족이 정착을 하고 보호구역 관리원의 철저한 감시를 받으며 농사를 짓는 것이었다. 하지만 방랑을 즐기는 수족이 자발적으로 따라올 리 없었기 때문에 이들의 주식인 버펄로를 공략하기로 했다. 1860년대 후반부터 버펄로 청소를 시작한 전문 사냥꾼들에게 힘을 실어 준 것이다. 이들 가운데 일부는 새로운 대륙횡단철도 공사를 하는 인부들의 단백질 공급용으로 버펄로를 잡았다. 일부는 가죽만 벗겨서 동양의 제혁업자에게 넘겼다. 대량 살육이 최고조에 달했던 1872년에서 1874년 사이 한 해 동안 인디언들에게 잡힌 버펄로는 15만 마리였지만, 백인들에게 잡힌 버펄로는 3천 만 마리였다. 그 결과, 1874년 말 즈음에는 몇 세대 동안 인디언들의 주식이 되어 주었던 대평원의 버펄로 떼가 거의 남지 않았고 다른 사냥감들도 마찬가지였다. 다른 말로 하자면 '추격이 정당하다고 여겨질 만큼 버펄로가 대규모'일 수 없게 된 것이다.

사냥감이 사라지면서 수족의 자립생활은 위험에 처했고, 이따금 식료품이나 생필품을 얻을 수 있는 보호구역에 머무는 시간이 늘어났다. 하지만 중산층 농민으로 살 준비가 되지 않은 대평원 부족들로서는 보호구역 생활이 고문이었다. 이들은 여기서기 모여 앉아 위스키를 마시고 신세 한탄을 하며 대부분의 시간을 흘려 보냈다.

하지만 일부 부족은 버펄로가 자취를 감춘 뒤에도 보호구역의 치욕스러운 생활을 거부했다. 이들은 얼마 안 되는 사냥감으로나마 생계를 유지하며 머나먼 계곡에서 살았고 될 수 있는 한 백인들과의 접촉을 피했다. 이와 같은 '방랑족'은 테톤 수족의 20퍼센트밖에 되지 않았지만, 대평원 북부를 평정하려는 정부의 모든 관심은 이들에게 쏠렸다.

수 전쟁

커스터가 블랙힐스를 침범하자 레드 클라우드가 다시 한 번 앞장서서 백인들과 협상을 벌이기로 하고, 1875년 봄에 율리시스 S. 그랜트 대통령을 만나러 워싱턴으로 향했다. 사실 초행길은 아니었다. 그는 1870년에도 정부의 요청으로 워싱턴을 찾은 일이 있었다. 하지만 이번에는 그다지 환영을 받지 못했다. 대통령은 레드 클라우드와 대표단이 도착하자마자 블랙힐스를 사고 싶다는 의향을 내비쳤다. 이후로 며칠 동안 여러 관리가 매각에 동의하라는 압력을 행사했다. 결국 레드 클라우드는 사안이 워낙 중요하기 때문에 수 부족의 추장들이 모두 모이는 회의에서 결정해야 한다고 인디언 사무국장을 설득했다. 그리고 추장 회의는 해마다 가을에 열리니 그때에 맞추어서 매각 협상을 위한 평화협의단을 보내달라고 했다. 1868년 포트래러미 조약 12조에 따르면 '모든 인디언 성인 남성의 최소 4분의 3이 동의하고 서명을 한 경우에만' 보호구역의 땅을 양도할 수 있기 때문에 미국 정부에서는 마다할 이유가 없는 제안이라고 생각했다. 하지만 수족의 분노를 미처 계산하지 못하고 내린 판단이었다.

그해 여름 들어 파하사파를 출입하는 채굴업자들이 더욱 많아지면서 심지어는 보호구역에 머물던 인디언들까지 들고 일어섰고, 몇몇 수 일당은 백인 채굴업자들이 블랙힐스에 건설한 정착촌을 이미 공격하기 시작했다. 정부협의단이 포트래러미에 도착한 1875년 9월에는 항의의 뜻을 전하려는 2만여 명의 인디언들이 근처에 모였다. 레드 클라우드는 자제를

1876년 수 전쟁
10년 전 레드 클라우드의 전쟁과 똑같은 곳에서 벌어졌다.

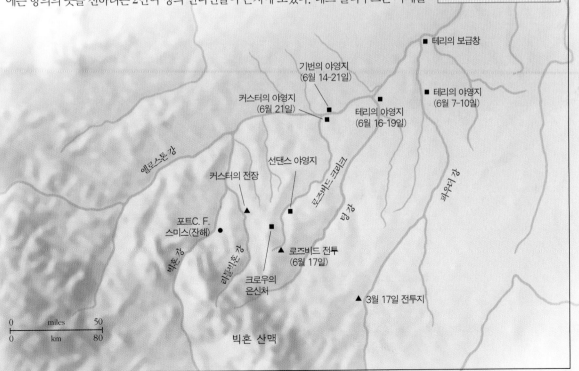

325

1870년 6월, 워싱턴에서 촬영한 인디언 대표단

1870년에 미국 정부는 레드 클라우드, 스포티드 테일 등 여러 수 부족장을 워싱턴으로 초대해 대통령과의 면담을 주선했다. 이때 관리들은 백인의 군사력을 과시하며 겁을 주려고 했지만, 레드 클라우드는 수족을 보호구역으로 강제 이주시키는 문제를 놓고 내무성이나 군 관계자와 의논할 때 한치의 양보도 없었다. 왼쪽에 앉은 레드 클라우드의 옆모습이 보인다.

촉구했지만, 그의 입지는 젊고 호전적인 오글라라족과 헝크파파족의 병을 고치는 마술사 시팅 불(Sitting Bull, 웅크린 황소) 때문에 많이 약해진 뒤였다. 오글라라족의 대표격인 크레이지 호스와 시팅 불은 백인들과 어떠한 조약도 맺을 생각이 없었다. 몇 차례 회의가 열렸지만 긴장감만 고조될 뿐이었고, 이 시점에서 워싱턴으로 철수한 협의단은 그랜트 대통령에게 좀더 강경한 정책을 써야 한다고 보고했다. 이들은 무력을 동원해서 방랑족만 보호구역 안으로 몰아놓으면 나머지 수족은 훨씬 고분고분해질 거라고 생각했다.

물론 그랜트는 1868년 포트래러미 조약에서 약속한 대로 법을 어긴 채굴업자들을 잡아들일 수도 있었다. 하지만 1875년의 상황에 걸맞은 대처 방안은 아니었다. 때문에 그는 보좌진이 유언비어 유포로 인디언에 대한 여론을 악화시킬 때까지 기다렸다가 토벌군을 보냈다. 1875년 11월, 백악관 비밀 회의에서는 인디언사무국을 통해 모든 방랑족에게 1876년 1월 31일까지 보호구역으로 돌아가라는 지시를 내리기로 결정했다. 겨울 중에서도 가장 추운 달이기 때문에 이들의 지시에 따르고 싶더라도 따르지 못하리라는 예상을 하고 꾸민 계획이었다. 하지만 사실은 인디언들이 어떤 태도를 보이든지 별 상관이 없었다. 정부로서는 방랑족들이 겁을 먹고 보호구역으로 돌아가면 돌아가서 좋고, 그렇지 않으면 파병의 완벽한 구실을 만들어 주기 때문에 좋은 작전이었다.

18 76년의 수 전쟁은 1637년의 피쿼트 전쟁 이래 백인들이 서부로 진출할 때마다 수없이 반복된 양상을 그대로 답습했다. 새로운 지역에 처음으로 정착한 백인들은 그곳에 살고 있던 인디언들에게 식료품과 생활의 지혜를 얻었다. 필그림 파더스와 왐파노아그족이 그런 관계였다. 만약 왐파노아그 추장 마사소이트의 환대가 없었더라면 필그림 파더스는 살아남지 못했을 것이다. 마사소이트는 마음만 먹으면 왐파노아그족의 우세한 군사력을 바탕으로 초기 식민지를 언제라도 깨끗이 쓸어 버릴 수 있었지만, 플리머스 식민지의 식량난 해결을 돕고 여러 충고를 해 주었다. 따라서 이주 초기에 백인들은 인디언을 인정했고 심지어는 여러 방면에서 환심을 사려고 애를 썼다. 하지만 백인의 군사력이 인근 인디언들을 앞지르는 시점이 되자 억압이 시작되었고 날이 갈수록 점점 더 심해졌다. 너 이상 참을 수 없게 된 인디언들이 대항하면 이들이 먼저 전쟁을 시작했다는 이유를 들어 몰살했다.

변경이 서쪽으로 이동하면서 이같은 양상은 여러 번 반복되었고 1832년의 블랙 호크 전쟁은 대표적인 예에 불과했다. 1876년 무렵 연방군은 정부의 의지를 실행에 옮길 수 있을 만큼 많은 병력을 대평원 북쪽에 소집해 놓았다. 명백한 운명론에 따르면 수족은 제거되어야 할

조지 암스트롱 커스터
1839~1876년

미시건 주 먼로의 소박한 가정에서 자란 열여섯 살의 '오티(Autie)' 커스터는 웨스트포인트 사관학교 입학이 꿈이었다. 그는 야심만만한 청년이었다. 부모님의 능력으로는 더 이상의 뒷받침이 불가능했지만 웨스트포인트에 입학하면 무료로 교육을 받으면서 자동적으로 신분 상승의 기회를 누릴 수 있었다. 다행스럽게도 아버지는 발이 넓었다. 그는 연줄을 동원해 오티를 웨스트포인트에 넣고 차표를 마련해 주었다.

조지 암스트롱 커스터는 1861년 꼴찌의 성적으로 웨스트포인트를 졸업했지만 그해 여름에 연방군의 장교 수요가 급증했기 때문에 금세 매클렐런의 참모로 임관되었다. 하지만 그의 대담한 성격이 빛을 발한 것은 기병연대를 직접 지휘하기 시작하면서부터였다.

그는 천성이 공격적이었고 숱하게 거둔 승전보 덕분에 초고속 진급가도를 달렸다. 1863년 6월에는 버지니아 주 브랜디스테이션에서 혁혁한 전과를 올리고 의용군 여단장으로 진급했다. 비록 임시 명예직에 불과하기는 했지만 미국 역사상 최연소 장군으로 기록되는 순간이었다.

남북전쟁이 끝난 뒤에는 인디언 전사 겸 서부 생활의 전령사로 더욱 악명을 떨쳤다. 자원부대가 대거 해체된 이후에 그는 대위로 계급이 바뀌고 텍사스에 잠깐 머물렀지만, 1866년 7월에 준장으로 진급하면서 제7기병대 사령관이 되었다. 제7기병대는 인디언 전쟁을 목적으로 그해에 신설된 부대였다. 그는 1867년에 아내 엘리자베스와 함께 캔자스 주 포트라일리로 합류했고 남샤이엔, 오글라라, 아라파호족을 상대로 여러 차례 전투를 벌였다.

포트라일리에서 제7기병대가 치른 가장 중요한 전투는 1868년 11월에 와시토 강둑에서 벌인 전투였다. 이때 커스터는 부대를 과감하게 네 갈래로 나누어 인디언 마을을 공격했다. 공격 명령을 내릴 당시 커스터는 그 마을에 어떤 인디언들이 몇 명이나 살고 있는지 알지 못했다(사실 이곳은 블랙 케틀이 이끄는 남샤이엔족의 야영지였다).

하지만 기습공격으로 한 시간 만에 온갖 저항을 무너뜨리면서 과감한 결단이 오히려 득이 되었다. 블랙 케틀이 가장 먼저 목숨을 잃었고, 몇십 명의 부녀자와 아이들, 수많은 전사들이 그 뒤를 이었다.

젊은 전사들이 최근에 캔자스의 백인 정착촌을 습격한 증거가 은판 사진과 편지 등으로 발견되었기 때문에 이번 공격을 샌드크리크 학살사건과 성격이 달랐다.

언론의 잇따른 대서특필로 커스터의 유명세는 하늘을 찔렀고, 동부의 여러 잡지에 기고한 자기홍보식 기사도 한몫

제5연대의 커스터 대위
포로이자 웨스트포인트 동창인 남부연합군의
제임스 B. 워싱턴 중위와 함께 1862년 5월,
버지니아 주 페어오크스에서 포즈를 취했다.

거들었다. 커스터는 『대평원에서 보낸 인생(My Life on the Plains)』이라는 자서전을 1874년에 출간하기도 했다.

대상이었다. 제거 시기가 늦추어졌을 뿐, 피할 수 없는 운명이었다. 미국인들은 플로리다의 에스파냐 정부도, 캘리포니아의 멕시코 정부도, 오리건의 영국 정부도 인정한 일이 없었다. 그런데 다코타에서 가장 풍요로운 땅을 수족이 차지하도록 내버려 둘 이유가 어디 있겠는가?

1876년 2월 중순 무렵, 여러 방랑족에게 11월의 명령을 전하러 떠났던 마지막 전령들이 돌아왔다. 인디언사무국의 집계에 따르면 몇백 명의 전사를 비롯한 수족 3천 명이 보호구역으로 돌아가지 않았다. 서먼의 뒤를 이어 미주리군 사령관으로 부임한 필립 H. 셰리든 중장은 이들을 보호구역에 가두기 위하여 두 갈래 작전을 세웠다. 조지 크룩(George Crook)이 이끄는 플랫 군관구는 와이오밍의 포트페터먼에서 북동쪽으로 진격하고, 앨프레드 H. 테리(Alfred H. Terry)가 이끄는 다코타 군관구는 커스터의 지휘 아래 포트에이브러햄링컨에서 서쪽으로 진격하는 계획이었다. 셰리든은 두 부대가 동시에 출발하기를 바랐지만, 이들 또한 방랑족들의 발목을 잡은 한파와 폭설에 발이 묶였다. 특히 변경지대 요새에 있던 커스터의 부대는 상황이 더욱 심각했다. 크룩은 3월 1일이 되어서야 와이오밍을 출발했다. 다코타군은 이보다 더 늦은 5월 17일에야 이동을 시작했다. 하지만 출발이 지체되는 동안 몬태나 지구 사령관 존 기번 대령과 제7보병대가 합류할 수 있었다. 테리는 존 기번 대령에게 제7보병대를 이끌고 포트엘리스를 출발하여 옐로스톤 계곡으로 향하고, 빅혼 강어귀에서 커스터와 합류하도록 했다.

크룩 준장
그는 수족을 상대로 형편없는 성적을 거두었지만, 이후 제로니모가 이끄는 치리카후아 아파치족을 제물로 체면을 살렸다. 1888년에 소장으로 진급했다.

다코타 부대의 출발이 늦어진 데에는 커스터가 인디언 도당 스캔들의 증인으로 의회에 불려간 점도 일부 작용했다. 커스터는 1875년에서 1876년으로 넘어가는 겨울 동안 뉴욕 시에서 휴가를 즐기다 민주당의 오랜 친구들과 만난 자리에서 서부의 인디언 관리지부와 군 교역소의 부패상을 이야기한 일이 있었다. 부유한 편이 못 되었던 커스터는 강 건너 비즈마크보다 값을 두 배로 받는 포트링컨의 교역업자들을 생각하면 부아가 치밀었다(군법상 모든 군인은 교역소 상인을 통해 물건을 구입해야 했다). 커스터는 친구들에게 육군장관 윌리엄 W. 벨크냅이 정치적으로 연계를 맺은 상인들에게 교역권을 주는 대가로 뇌물을 받는다는 공공연한 비밀과 대통령의 남동생 오빌 그랜트(Orvil Grant)의 적극적인 역할을 폭로했다. 1876년 2월 10일, 커스터의 절친한 친구이자 그랜트에 반대하는 《뉴욕 헤럴드》 발행인, 제임스 고든 베넷이 자극적인 사설을 실었다. 대통령더러 남동생에게 '수 마을에서 부녀자와 어린이들을 굶긴' 대가로 얼마나 벌었느냐고 물어 보라는 내용이었다.

베넷의 주장을 조사하기 위해 의회 위원회가 구성되었고 커스터는 3월에 워싱턴으로 불려갔다. 그는 공모 내용을 소상하게 밝힌 뒤 연대를 이끌고 수족을 치러 나갈 수 있도록 포트링컨으로 떠날 준비를 했다. 하지만 그랜트 대통령이 워싱턴을 떠나도 좋다는 허락을 내리지 않았다. 제7기병대가 단독으로 움직이면 어떻게 하나 걱정이 된 커스터는 2주 뒤에 허락 없이 출발을 했다가 명령에 불복종한 죄로 시카고에서 체포되었다. 게다가 앞으로 수족과의 교전에도 참전을 금지한다는 지시가 내려졌다. 커스터의 입장에서 보자면 가장 잔인한 형벌이었다.

　다행스럽게도 — 최종 결과를 놓고 따지면 불행한 일인지도 모른다 — 민주당계 언론에 몸을 담고 있던 커스터의 친구들이 그의 체포 소식을 대대적으로 다루는 한편 '공권력을 독단적으로 남용한다'며 그랜트를 공격했고, 중장의 복직을 주장하는 여론을 조성했다. 한편 커스터는 세인트폴까지 여행 허가를 받고 그곳에서 테리 장군을 만났다. 테리는 커스터와 절친한 사이는 아니었지만 다코타 부대의 지휘를 맡길 수 있도록 부하가 돌아오기를 바랐다. 그는 말 잔등 위보다 책상 앞을 더 편하게 생각하는 인물이었고, 커스터의 경험과 용기와 활력에 기대는 부분이 많았다. 커스터가 이 사실을 간파했는지는 알 수 없지만 아무튼 눈물을 글썽이며 테리에게 도움을 청했다. 테리가 중재에 나서자(셰리든도 조심스럽게 거들었다) 그랜트는 명령을 번복하고 커스터를 제7기병대 사령관으로 복귀시켰다. 하지만 다코타 부대의 전반적인 지휘권은 테리에게 맡겼다. 테리는 커스터를 데리고 떠날 수 있다는 것만으로도 다행스럽게 생각했다. 커스터는 기뻐서 어쩔 줄 몰랐다. 야전에서 테리의 명령을 따라야 한다는 사실은 전혀 신경 쓰지 않았다. 공병 윌리엄 러들로(William Ludlow) 대령에게 털어놓았다시피 '테리 장군의 굴레를 벗어나서 단독으로 작전을 지휘할 계획'이기 때문이었다. 1주일 뒤에 다코타 부대는 포트링컨을 출발했다.

시팅 불이 본 환영

크룩의 선발대는 3월 17일 예비공격을 통해 와이오밍 부대의 등장을 알렸다. 크레이지 호스는 오글라라 전사들을 동원하여 조지프 J. 레이놀즈(Joseph J. Reynolds)가 이끄는 기병대 6개 중대를 물리치고, '와시추', 즉 백인들과의 여름전쟁에 동참하라는 전갈을 사방의 방랑족과 수족, 북샤이엔족의 보호구역에 보냈다(시팅 불이 이미 2월에 비슷한 내용의 통지를 보냈다). 5천여 명의 인디언이 여기에 응했고, 덕분에 관리지부 관할 인디언의 숫자가 절반으로 줄었다. 역사학자 스티븐 E. 앰브로즈(Stephen E. Ambrose)는 이렇게 적었다.

　"이들은 대부분 장기적인 미래에 대한 환상이 없었다. 군대가 전투를 준비 중이라는 소문이 레드 클라우드와 스포티드 테일(Spotted Tail) 관리지부의 백인들 사이에서 공공연하게 돌았고, 관리지부 관할 인디언은 백인의 성격과 능력을 알기 때문에 종말을 직감했다. (중략) 수족의 모든(또는 대다수의) 인디언은 백인들에게 항복하

1880년대 무렵의 시팅 불
인디언식 이름은 타탄카 이요타케이다.
　무릎 위에 평화의 담뱃대(인디언들이 화해의 상징으로 피우는 담뱃대— 옮긴이)가 놓여 있다.

기에 앞서 마지막 여름을 근사하게 보내기로 결심한 것처럼 보였다."

적대파 인디언들은 몬태나 동부의 로즈버드크리크 둔덕에 야영지를 건설했다. 1천~2천 개의 거처가 마련되었고 여기에 2천~4천 명의 전사들가 묵었다. 인구가 가장 많은 부족은 테톤 수족이었다. 오글라라, 헝크파파, 브륄레, 미니콘주, 생즈아크 족도 원형구역을 별도로 할당받았다. 북샤이엔도 숫자가 많았고 샌티 수, 얀크톤 수, 블랙피트, 아라파호 족의 모습도 보였다. 전투관은 오글라라의 크레이지 호스, 헝크파파의 갈(Gall), 북샤이엔의 투 문스(Two Moons)가 맡기로 했다.

토마호크
시팅 불의 것.

1876년 6월 초, 동쪽(테리-커스터)과 서쪽(기번)과 남쪽(크룩)의 진격 소식을 접한 인디언들은 우주의 영적인 의미를 다시 확인하기 위해 '선댄스(Sun Dance)'를 열기로 했다. 선댄스는 수많은 대평원 부족들이 행하는 성스러운 의식이었다. 참가하는 사람들은 자신의 몸에 상처를 내기도 했고, 의식을 통해서 초자연적인 힘을 느꼈다. 이번 선댄스를 주관하는 사람은 시팅 불이었다. 그는 성스러운 나뭇가지에서 자른 의식용 막대를 한가운데 꽂고 그 앞에 조용히 앉았다. 형제인 점핑 불(Jumping Bull)이 그의 팔뚝 살을 올빼미로 조심스럽게 뜬 다음 날카로운 칼로 도려냈다. 잠시 후 양쪽 팔에서 50군데씩 살을 도려낸 시팅 불이 피를 뚝뚝 흘리며 일어나 춤을 추기 시작했다. 그는 해가 저물고 밤이 깊을 때까지 신성한 막대 주변을 돌며 춤을 추다 열여덟 시간 만에 지쳐 쓰러졌다. 수족의 부축을 받으며 의식을 되찾은 헝크파파족 추장은 조금 전에 경험한 환영을 설명했다. 먼저 "너희에게 이것을 주는 이유는 저들에게 귀가 없기 때문이다."라는 소리가 머리 위에서 들렸다. 이 소리에 고개를 들었더니 말을 탄 병사들이 "고개를 숙이고 모자를 날리며 우리 야영지 쪽으로 메뚜기처럼 달려들었다." 인디언들은 조만간 백인들의 마을 공격이 시작되지만 인디언의 손에 몰살당한다는 쪽으로 시팅 불의 환영을 해석했다. 선댄스를 끝낸 적대파 인디언들은 리틀빅혼 강 옆 계곡으로 야영지를 옮겼다. 수족 사이에서는 그리지 그래스라고 부르는 곳이었다.

**크룩이 다코타 준주의
화이트우드 근처에 세운
야전사령부**
로즈버드 전투 이후에
촬영한 위 사진을 보면
마차덮개를 벗겨 만든
천막들이 눈에 띈다.

6월 16일, 북샤이엔족의 정찰병이 로즈버드 상류 근처에서 야영하는 크룩의 부대를 발견했다. 크룩은 부하 1천 명과 몇백 명의 크로족, 쇼니족 정찰병을 거느리고 있었다(크로족과 쇼니족은 수족의 숙적이었다). 그날, 적대파 인디언 추장들은 회의를 열었다. 회의가 끝난 뒤 크레이지 호스는 병력의 절반쯤에 해당하는 전사 500명을 이끌고 두 계곡 사이 경계선을 따라서 약 48킬로미터의 야간행군을 시작했다. 부녀자와 아이들이 많은 마을로 쳐들어오기 전에 선제공격을 감행하려는 것이 그의 계획이었다. 다음날 아침 크룩의 야영지에 도착한 크레이지 호스는 부하들을 언덕 뒤편에 숨겨 놓고 점점이 흩어져 있는 적군의 동태를 파악했다. 하지만 전술을 세우기도 전에 크로의 정찰병에게 탄로가 났고, 이렇게 해서 로즈버드 전투는 시작되었다.

인디언들이 백인을 상대로 그렇게 대규모 공격을 감행한 일은 처음이었지만 크룩도 깜짝 놀랄 만큼 탄탄한 조직력을 선보였다. 예전만 하더라도 대평원 인디언들은 백인과 싸울 때 주로 둥그렇게 에워싸고 뱅글뱅글 도는 작전을 구사했다. 적의 자존심에 상처를 입히는 것을 가장 중요하게 간주했기 때문이다. 따라서 이들은 적을 죽이기보다 건드리는 쪽에 중점을 두었다. 하지만 이 날, 수족과 샤이엔족은 여러 차례 크룩의 부대 사이로 돌진했고 백인 기병대만큼이나 적극적으로 공격에 가담했다. 몇 시간 동안 계속된 전투는 앤슨 밀스(Anson Mills) 대령의 기병대가 인디언의 측면으로 파고들어 밀어 내면서 끝이 났다. 크룩 측 희생자는 84명이었다. 인디언 측 희생자는 99명이었다. 크룩은 인디언들이 먼저 후퇴했기 때문에 자신의 승리라고 주장했다. 하지만 하루쯤 뒤에 남쪽으로 이동하더니 지원군이 도착할 때까지 한 달 동안 야영지 밖으로 움직이지 않았다. 크레이지 호스의 공격이 와이오밍 부대를 무용지물로 만든 셈이었다. 적대파 인디언들에게 가로막혀 옐로스톤으로 진격할 수 없게 된 크룩은 커스터, 테리, 기번에게 인디언의 위치와 숫자를 알릴 방법이 없었다.

커스터의 판단

6월 둘째 주, 그러니까 시팅 불이 선댄스를 치렀을 무렵 테리와 기번의 부대는 한 지점에서 만났다. 이제 회의를 열 수 있는 시점이었다. 테리는 6월 9일에 증기선 파 웨스트 호를 타고 기번의 야영지로 향했다. 그의 야영지는 옐로스톤이 텅, 파우더, 두 강과 만나는 양쪽 지점의 중간쯤에 자리잡고 있었다. 테리나 기번은 석대파 인디언들이 옐로스톤을 건넌 흔적을 찾고 못했기 때문에 크레이지 호스와 시팅 불이 어느 강의 남쪽 지류 근처에서 야영을 하고 있는 모양이라고 결론을 내렸다. 6월 10일에 테리는 커스터의 부관 마커스 A. 리노(Marcus A. Reno) 소령에게 제7기병대의 절반을 내주고 텅과 파우더의 계곡을 정찰하도록 했다. 커스터는 인디언들이 이틀 정도면 도착할 수 있는 로즈버드나 리틀빅혼에 있을 거라며 강력하게 반대했다. 하지만 테리의 고집은 꺾이지 않았고 커스터는 기다리는 수밖에 없었다.

크룩이 로즈버드 전투를 치르고 사흘이 지난 6월 20일, 테리는 드디어 커스터에게 야전 특별령 14호를 내렸다. 대규모의 인디언이 리틀빅혼으로 향한 흔적을 찾고 귀대 중인 리노와 합류하라는 명령이었다. 6월 22일 아침에 서면으로 자세하게 알린 명령에는 제7기병대를 이끌고 로즈버드로 가서 리틀빅혼 상류의 계곡으로 건너가라는 내용이 적혀 있었다. 테리는 기번의 몬태나 부대와 나머지 다코타 부대를 이끌고 옐로스톤과 빅혼을 지나 6월 26일쯤 리틀빅혼에 도착할 예정이었다. 즉, 커스터와 힘을 합쳐 인디언을 포위하는 것이 테리의 계획이었다. 커스터와 647명[인디언 정찰병, 베넷이 발행하는 《뉴욕 헤럴드》 기자, 커스터의 어린 조카 오티 리드까지 포함한 숫자였다]은 6월 22일 오후에 로즈버드를 향해 출발했다.

이틀 동안 열심히 행군한 커스터는 6월 24일 느지막한 무렵에 널따란 인디언의 흔적을 발

커스터

커스터는 여러 잡지에 실은 기사와 그 밖의 많은 홍보물을 통해 변경생활의 대명사로 자리매김했다. 하지만 뛰어난 사냥꾼이라는 소문은 과장된 부분이 많았다. 사실 그의 사격 솜씨는 형편없었다. 그는 1874년 블랙힐스 탐험 때 이 곰을 잡았다고 주장했지만 실제로 처치한 사람은 정찰병 블러디 나이프였다.

견했다. 테리는 로즈버드를 따라 남쪽으로 내려가서 텅 강의 상류에 도착하면 리틀빅혼 쪽으로 건너가라고, 아주 구체적으로 지시 사항을 전달했다. 하지만 '합당한 이유'가 있는 경우에는 독자적으로 행동해도 좋다는 허락을 내렸다. 얼마 되지 않은 흔적의 방향으로 미루어볼 때 인디언들은 텅이 아니라 리틀빅혼 근처에 있는 것이 분명했다. 때문에 커스터는 제7기병대를 이끌고 당장 뒤를 쫓기로 했다(커스터의 경험과 과거 전적으로 미루어볼 때 이 정도 권한 부여는 당연한 일이었지만, 이후 테리의 명령을 따르지 않았다가 패배한 커스터를 놓고 일각에서 비난이 불거졌을 때 많은 논란거리가 되었다).

커스터, 테리, 기번이 모두 알고 있었다시피 이번은 인디언 전쟁의 마지막이 될 가능성이 컸기 때문에 세 사람 모두 자신의 부대와 함께 적대적인 수족의 마지막을 장식하는 인물이 되고 싶었다. 인디언들이 아무리 많다 하더라도 미국군의 집중포화를 견딜 수는 없었다. 커스터가 무모하게 움직인 배경에는 이런 확신이 자리잡고 있었다. 그는 병력을 30퍼센트 보충할 수 있는 기회인데도 제2기병대를 데리고 가라는 테리의 제안을 받아들이지 않았다. 승리의 영광을 제2기병대와 나누고 싶지 않았던 것이다.

커스터는 6월 24일 저녁 동안 지친 부하들을 잠시 쉬게 한 뒤—그날 하루 이동한 거리가 약 43킬로미터였다—로즈버드와 리틀빅혼 계곡의 경계선을 향해 밤새도록 달렸다. 제7기병대는 다시 20킬로미터쯤을 행진한 끝에 6월 25일 오전 9시 무렵 크로스네스트에 도착했다. 능선 위에 자리잡은 크로스네스트는 발 밑 지형을 많은 부분 살필 수 있는 일종의 전망대였다. 커스터는 가장 아끼는 정찰병 블러디 나이프(Bloody Knife) 옆에 서서 휴대용 망원경을 눈에 대고 서쪽 강둑을 따라 몇 킬로미터 펼쳐진 인디언 마을을 훑어보았다. 블러디 나이프의 표현에 따르면 하얀색 티피(tepee, 대평원 인디언들이 쓰는 높은 천막—옮긴이)가 너무 많아 계곡이 눈으로 덮인 것처럼 보였다고 한다. 이때, 중사 한 명이 숨어 있는 북샤이엔족 몇 명을 발견하고 방아쇠를 당겼다. 원래 커스터는 테리-기번 부대가 합류할 때까지 하루 동안 숨어서 기다릴 생각이었다. 그런데 놀란 인디언들이 달아날지도 모르는 상황에 직면하자 공격 명령을 내렸다.

크로스네스트에서 마을이 보이기는 했지만 그래도 20킬로미터쯤은 되는 거리였다. 이들이 출발한 시점은 정오 무렵이었다. 기병대의 이동 속도는 빨리 달리는 경우 한 시간에 10킬로미터 정도였다. 따라서 중간에 쉬는 시간까지 합치면 세 시간쯤 뒤 마을에 도착한다는 계산이 나왔다. 마을의 규모를 과소평가한 커스터는 중간에 부대를 3개 대대로 나누는 실수를 저질렀다. 프레더릭 벤틴(Frederick Benteen) 대위는 3개 중대를 이끌고 남쪽으로 가서 그 길로 달아나는 인디언들이 있으면 처단하기로 했고, 리노 소령은 3개 중대를 이끌고 리틀빅혼을 건너 마을의 남쪽 끝에서 공세를 퍼붓기로 했다. 커스터는 5개 중대와 함께 북쪽으로 가서 마을 중심

블러디 나이프
커스터의 1873년 옐로스톤 탐험에 동행했다.

부를 공격하기로 했다. 짐을 나르는 동물 보호는 나머지 12개 중대의 몫이었다.

인디언들이 커스터의 진격을 언제 알아차렸는지 정확한 시점은 알 수 없지만 제7기병대는 조용히 이동한 편이 아니었다. K부대(벤틴의 대대였다)에 소속된 에드워드 S. 고드프리 (Edward S. Godfrey) 중위가 일기에 남긴 기록에 따르면 말발굽과 각종 비품들이 부딪치는 소리 때문에 가끔 명령을 전달하기 어려울 정도였다. 특히 무쇠 프라이팬은 부딪칠 때마다 징 소리를 냈다. 소음도 소음이거니와 말 600여 마리가 달리면서 일으키는 먼지는 멀리서도 훤히 보였을 것이다. 사실 여러 명의 인디언 정찰병이 이들의 소리와 모습을 접했지만 마을이 워낙 넓고 분주해 경보를 울리는 데 시간이 걸렸다.

1875년의 보이어

전투

여울로 강을 건넌 리노는 오후 3시 무렵 커스터가 지시한 대로 돌격을 시작했지만 인디언의 숫자가 워낙 많았기 때문에 즉시 공격을 멈추고 방어적인 형태로 진영을 바꾸었다. 사방에서 병사들이 쓰러졌고 그의 마음은 갈수록 불안해졌다. 20분 동안 생지옥이 펼쳐지고 인디언의 숫자가 점점 더 불어나자 리노는 공격을 전면 중단하고 인근 숲 속으로 후퇴를 명령했다. 이 과정에서 본대와 흩어진 병사들은 대거 죽임을 당했다. 가까스로 강을 건넌 병사들은 이후 리노 언덕이라는 이름이 붙은 고지대를 향해 계곡을 올라갔다. 하지만 목적지에 도착하자마자 포위를 당했다.

한편 리틀빅혼의 동쪽 강둑에서는 커스터의 대대가 마을과 나란히 놓인 절벽 위에서 이동을 하고 있었다. 이들은 조금 전에 리노의 위치를 지나쳤고, 후퇴하는 리노의 모습을 목격한 정찰병이 적어도 두 명은 됐다. 정찰병들은 커스터보다 높은 곳을 달리고 있었기 때문에 시야가 훨씬 넓었다. 미치 보이어라는 혼혈 정찰병이 리노의 부하들을 향해 열심히 모자를 흔들었다. 하지만 리노의 부하들은 모자를 흔든 사람이 커스터인 줄 알았다. 아무튼 이들이 커스터 대대가 생존 당시 모습을 본 것은 이때가 마지막이었다.

보이어는 리노의 상황을 알리는 비보를 들고 전방으로 달려갔다. 이 무렵 전방부대는 2열 종대로 메디신테일이라 불리는 협곡을 달려 내려가고 있었다. 협곡 기슭의 얕은 여울 옆에 서 있던 커스터는 강을 건너 돌격하라는 명령을 내렸다. 하지만 인디언들이 퍼붓는 소총 세례가 워낙 심했기 때문에 선발대는 물가에 접근하지도 못한 채 말머리를 돌렸다. 보이어가 다가갔을 때 커스터는 이미 후퇴 명령을 내린 뒤였다. 하지만 메디신테일을 되짚어 올라간 것이 아니라 북쪽으로 방향을 바꿔 강이 구부러지는 지점 위에 자리잡은 고원으로 향했다. 여러 군역사학자가 지적했다시피

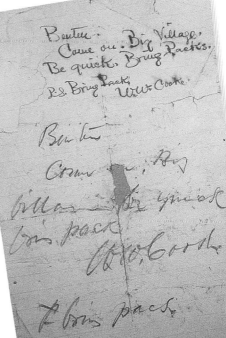

커스더의 전언
3시 30분 무렵, 커스터는 W. W. 쿡 부관을 통해 여분의 탄약을 들고 얼른 오라고 급히 휘갈겨 쓴 쪽지를 벤틴에게 전했다. 잉크로 된 부분은 무슨 뜻인지 알아보기 쉽도록 벤틴이 옮겨 적은 내용인 것 같다.

제7기병대의 트럼펫
관광객과 기념품
사냥꾼들은 먼지가
가라앉자마자 리틀빅혼
전장을 찾았다. 위는 그중
한 사람이 발견한
트럼펫이다.

커스터가 부하들을 이끌고 리노와 벤틴이 있는 곳으로 합류했더라면
목숨을 부지할 수 있었을지도 모른다. 하지만 어차피 마찬가지가 아
니었을까 싶다. 이들의 숫자는 너무 적었고 인디언의 숫자는 너무 많
았다.

커스터의 부대는 인디언들보다 조금 먼저 강을 출발했다. 인디언 전사들은 — 주로
갈이 이끄는 헝크파파족과 크레이즈 호스가 이끄는 오글라라족이었다 — 말을 모
으느라 시간이 지체되었다. 하지만 차이가 벌어질 만한 정도는 아니었다. 그날 보이어의 동행
은 스무 살의 크로족 정찰병 컬리(Curley)였고, 그의 증언에 따르면 인디언들은 커스터의 병사
들을 '말 떼처럼' 몰았다. 높은 지대를 찾던 커스터의 눈에 띈 곳은 양쪽이 언덕으로 막힌 산
등성이였다. 그는 부하들을 이끌고 가까운 언덕을 향해 전속력으로 달렸다. 이후 컬리가 통역
관을 통해 말했다.

"산등성이로 가는 동안 죽은 사람이 있는지 어떤지는 모르겠습니다. 그런데 총알이 워낙
빗발쳐서 희생자가 분명 있었을 거예요. 강에서부터 위쪽까지 앞면
을 빼고는 사방이 수족이었으니까요."

산등성이의 남동쪽 끝에서 언덕 위로 향한 커스터의 병사
들은 210명이었다. 반면에 이들 옆으로 따라붙은 인디언은 몇
천 명이었다. 5개 중대는 산등성이를 따라서 질서정연하게
서쪽으로 달렸고, 커스터와 장교들은 말에서 내려 짧은 회
의를 열었다. 보이어의 통역을 통해 회의 내용을 알게 된
컬리가 말하기를, 커스터는 병사들에게 한 걸음도 물러
서지 말라는 명령을 내렸다. 조만간 지원부대—벤틴의 중
대를 가리키는 모양이었다—가 도착할 거라고 했다. 하지
만 보이어는 믿지 않았다. 리노는 도와 주러 올 입장이 못
되었고 벤틴이 '겁이 나서' 달아난 게 분명하다고 생각했
기 때문이다(사실 그 무렵 벤틴은 리노 언덕에 도착
했다).

보이어는 커스터에게 남쪽을 돌파한 뒤 깊
은 골짜기를 지나고 강을 건너 리노, 벤틴과 합
류하는 편이 낫지 않겠느냐고 물었다. 인디
언들이 추격전을 펼치느라 마을이 텅 비
었을 거라는 계산을 한 뒤 내놓은 의
견이었다. 적의 총성이 갑자기 잦아들
자 커스터는 돌파 명령을 내렸다. 하
지만 장교들이 다시 말 위로 오르기
도 전에 100여 명의 전사가 골짜기를

크로족 정찰병 컬리
스튜디오에서 촬영한 사진이다.

메웠다. 1908년에 당시를 회상하던 컬리는 서툰 영어로 "탕, 탕, 탕" 하며 빠르게 손뼉을 쳤다.

남쪽 돌파가 불가능해지고 대열이 무너지기 시작하자 톰 커스터(Tom Custer, 커스터 중장의 동생이었다) 대위는 정찰병들에게 얼른 도망치라고 말했다. 수족이 있는 곳까지 길을 안내해 달라고 했을 뿐 함께 죽자고 돈을 준 것은 아니라고 했다. 컬리는 보이어의 통역으로 이 말을 전해 듣고 혼자서는 가지 않겠다고 대답했다. 하지만 보이어는 부상을 당한 몸이라 달아나 봐야 소용이 없다고 했다. 커스터 부대의 전멸을 예상했던 것이다. 상황을 대충 파악한 컬리는 주변에서 서성이던 조랑말을 잡아탄 뒤 수족의 일원인 것처럼 위장하고 천천히 전장에서 멀어졌다. 그러다 잠시 후 뒤를 돌아보았더니 뿔뿔이 흩어진 병사들이 오늘날 래스트스탠드 언덕이라 불리는 산등성이 저쪽으로 달아나고 있었다. 말을 잃지 않은 병사들은 말 잔등 위로 오르려고 애를 썼고, 나머지는 뛰어서 도망쳤다.

컬리의 증언은 이 시점에서 끝이 났다. 사문위원회와 학자, 리틀빅혼 전문가들은 이후의 상황을 놓고 의견이 분분한 모습을 보여 왔다. 커스터의 5개 중대는 허둥지둥 달아났을까 아니면 끝까지 싸웠을까? 수족과 샤이엔족의 기록은 여러 면에서 훌륭한 참고자료 역할을 하지만, 이 부분에서만큼은 서로 어긋나는 부분이 많고 믿을 만한 증거가 거의 없다. 하지만 산불로 1876년 이래 초목으로 덮여 있던 땅이 드러나면서 1984년, 고고학자들이 사상 최초로 전장을 발굴하는 데 성공했다. 이들은 금속탐지기를 동원해 총탄, 탄피, 총신의 일부, 버클, 단추, 반합, 뼈만 남은 발이 고스란히 들어 있는 기병대용 부츠 등 몇천 가지 유물을 발견했다. 이들이 파악한 탄약의 종류와 위치를 토대로 추측건대 기병대 일부는 자신의 위치를 사수했고, 이후에 술집 벽과 영화 스크린을 장식한 풍경처럼 '최후의 저항'을 벌였던 것 같다. 놀랍게도 커스터는 명령 체계가 무너지고 죽음이 코앞으로 다가온 상황에서도 이길 수 있다고 믿었던 모양이다.

커스터가 언제, 누구의 손에 목숨을 잃었는지는 알 수 없다. 자신의 공로라고 주장한 전사들이 몇 명 있었지만, 커스터는 1876년 전투를 위해 그 유명한 머리카락을 잘랐기 때문에 인디언 쪽에서는 어느 누구도 알아보지 못했을 가능성이 크다. 아무튼 커스터의 대대는 한 시간도 안 되는 사이에 전멸을 당했다. 이후 수족과 샤이엔족의 전사들은 한 사람도 살아가지 못하도록 쓰러진 병사들 위로 총알과 화살을 퍼부었다. 이윽고 마을에 남아 있던 부녀자들이 건너와 쓸 만한 물건을 거두고 대평원 전통에 따라 시신의 팔다리를 잘랐다.

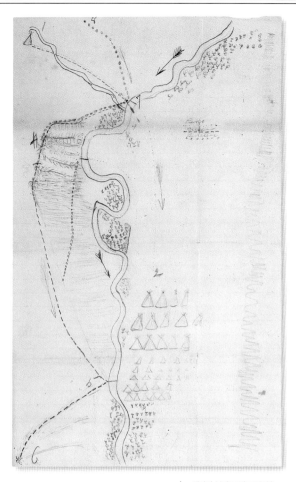

테리의 부관 로버트 패터슨 휴스 중위가 1876년 6월 30일의 전투 상황을 그린 지도

휴스는 지도에 첨부한 여덟 쪽의 편지에서 커스터가 테리의 부대를 기다리지 않고 무모한 공격을 감행했기 때문에 패배했다고 비난했다. 지도를 보면 리노가 돌격한 지점(위)과 커스터가 절벽을 따라 이동한 길(왼쪽)이 그려져 있다.

**래스트스탠드 언덕 위에
점점이 흩어진
인간과 동물의 흔적**

커스터의 시신은 매장
담당반이 확인하였다.
하지만 1876년 전투
직전에 긴 머리를 짧게
잘랐기 때문에 수족은
알아보지 못했을 가능성이
크다. 인디언들에게 모두
빼앗기고 알몸으로 변한
그의 시신은 머리와 몸에
각각 한 군데씩 총상이
있을 뿐 다른 부분은
멀쩡했다. 1877년의 사진.

**커스터의 패전을 처음으로
알린 《비즈마크 트리뷴》**

(오른쪽) 전투가 벌어지고
11일 뒤인 7월 6일 패전
소식이 전해졌다. 테리의
보고가 아직 워싱턴에
도착하지 않은 시점이었기
때문에 군 관리들은
기사를 보고 소식을
접했다.

리노는 커스터의 운명을 알지 못한 채 6월 25일 오후 내내 방어진을 구축했다. 오후 4시 20분쯤 벤틴이 도착하고 얼마 안 있어 북쪽에서 엄청난 총성이 들렸다. 북쪽이면 커스터가 향한 방향이었다. 인디언과 교전을 벌이는 것이 분명했다. 오후 5시가 막 지났을 무렵, D부대의 토머스 B. 위어(Thomas B. Weir) 대위가 대원들을 이끌고 절벽을 따라 북쪽으로 이동을 시작하자 여기저기서 허둥지둥 리노 언덕을 탈출하려는 병사들이 등장했다. 리노의 위신이 어느 정도인지 짐작할 수 있는 대목이었다. 하지만 잠시 후 총성이 사라졌고, D부대 쪽으로 돌진해 오는 대규모 수족의 모습이 보였다. 위어는 말머리를 돌렸다. 남아 있던 제7기병대는 대열을 재정비하고 끊임없는 포화에 시달리며 리노 언덕에서 버텼다. 이튿날 아침, 테리와 기번이 가까이 왔다는 소식이 전해지자 인디언들은 천막을 거두고 남쪽의 빅혼 산맥으로 이동했다. 리노와 벤틴은 나중에서야 상상도 못했던 커스터의 운명을 알게 되었다.

반응

복수는 분명한 선택이었지만 빠르게 실행으로 옮겨지지는 않았다. 테리는 지원군이 도착하기 전에는 추격전을 벌일 생각이 없었기 때문에 커스터의 대원들을 얼른 묻고 옐로스톤의 보급창으로 돌아갔다. 한편 미국인들은 그 즉시 시기 적절한 반응을 보였다. 크룩과 커스터가 수족와 북샤이엔족에게 패한 시점은 대통령 선거가 있을 뿐 아니라 미국 탄생 100주년을 기념하는 해였다. 국민들은 어쩌면 커스터가 하등한 인디언들에게 패할 수 있느냐며 분을 삭이지 못했다. 이들로서는 받아들이기 힘든 현실이었기 때문에 여러 가지 분석이 나왔다. 이 가운데 압도적인 지지를 얻은 것은 시팅 불이 젊은 시절에 정체를 숨기고 웨스트포인트에 입학했다는 이야기였다. 그렇지 않고서는 미개인들이 제7기병대의 자존심을 쓰러뜨릴 수 없는 일이었다.

워싱턴에서는 희생양 색출작업이 시작되었다. 의회는 인디언을 신속히 처단하지 않은 군부를 비난했다. 군부의 고위관리들은 보호구역을 이탈하여 적대파 무리에 가담한 전사들의 숫자를 제대로 알리지 않았다고 인디언 관리원들을 나무랐다. 또 한편으로는 명령을 따르지 않고 욕심에 취해 무모하게 행동한 커스터에게 비난의 화살을 돌렸다. 리노에게는 더욱 많은 비난이 빗발쳤다. 돌격을 진행해서 인디언 병력의 숫자를 줄이든지 아니면 진작에 후퇴하고 메

Price 25 Cents.

MASSACRED

GEN. CUSTER AND 261 MEN
THE VICTIMS.

NO OFFICER OR MAN OF 5
COMPANIES LEFT TO
TELL THE TALE.

3 Days Desperate Fighting
by Maj. Reno and the
Remainder of the
Seventh.

Full Details of the Battle.

디신테일 절벽 근처에서 커스터에게 합류해야 되는데, 좀더 적극적으로 지원하지 않았다는 이유에서였다. 총사령관 셔먼은 전투에서 패배한 이유를 '판단 착오'로 돌렸다. 테리가 인디언 전사를 기껏해야 1천 명으로 파악한 것이 잘못이었다고 했다.

가을에 전투를 재개한 미국군은 잔인한 보복전을 펼쳤다. 거대하던 적대파 마을은 소규모 겨울 야영지로 쪼개졌고, 이나마도 끊임없이 이어지는 공격 때문에 남아나지 못했다. 사냥감도 보기 힘든 데다 쫓기는 생활에 지친 수족과 북샤이엔족은 봄까지 식량과 주거문제를 해결하기 위해 사무국으로 발길을 돌렸다. 하지만 크레이지 호스, 시팅 불, 갈과 손을 잡은 것으로 의심되는 부족의 사무국은 총과 탄약과 말을 몽땅 털린 뒤였다. 그뿐 아니라 커스터의 참사소식을 듣고 화가 난 의회에서는 사무국 지원자금의 책정을 연기했고, 결국에는 수족이 블랙힐스뿐 아니라 파우더 강과 빅혼 산 일대까지 양도한다는 새로운 조약에 서명하기 전까지는 지원을 중단한다는 법안을 통과시켰다.

시팅 불과 갈은 백인들을 최대한 따돌리기 위해 헝크파파족을 이끌고 북쪽의 옐로스톤으로 향했다. 옐로스톤에는 버펄로 떼가 조금 남아 있지 않을까 싶었다. 하지만 이들을 기다리고 있었던 것은 텅 강어귀에 새로운 요새를 건설 중인 병사들이었다. 요새 이름은 6월에 커스터와 함께 전사한 마일스 키오(Myles Keogh) 대위의 이름을 따서 포트키오였다. 시팅 불은 10월 22일과 23일, 이틀에 걸쳐 넬슨 A. 마일스(Nelson A. Miles) 대령을 설득했다. 인디언들을 가만히 내버려 두기만 하면 더 이상의 전투는 없을 거라고 했다. 그러자 마일스는 모든 인디언이 보호구역으로 돌아가지 않는 한 평화는 있을 수 없다고 대답했다. 이 말에 화가 난 시팅 불은 위대한 영혼은 헝크파파족이 관리지부 관할 인디언으로 살기를 바라지 않는다고, 자신은 그런 인디언으로 살 생각이 없다고 대꾸했다. 그는 이 말을 끝으로 회담을 마치고 전사들에게 돌아가서 얼른 도망치도록 조치를 취했다. 곧이어 들이닥칠 공격을 직감한 조치였고 그의 예상은 적중했다. 이후 6개월 동안 시팅 불과 헝크파파족은 몬태나 북부를 오르락내리락하며 추격군을 따돌리려고 했지만 허사였다. 결국 이들은 도주 생활을 정리하고 캐나다 국경을 넘었다. 몇백 명의 헝크파파족은 복수의 손길이 미치지 않는 그곳에서 살다 1881년 7월, 미국으로 돌아와서 항복했다. 혹독한 겨울과 식량난을 견디지 못한 데다 캐나다 정부가 영국 국민이 아니라는 이유로 땅을 내어 주지 않았기 때문이다.

시팅 불이 캐나다로 떠났을 때 크레이지 호스가 이끌던 반항적인 오글라라족은 레드 클라

1887년의 제로니모
1871년에서 1886년 사이 연방군은 남서부에서 여러 아파치 부족을 상대로 간헐적인 전쟁을 벌였다. 양측의 갈등은 1886년 9월에 제로니모가 항복하면서 막을 내렸다. 연방군은 제로니모에게 치리카후아족을 애리조나 고향에서 쫓아내지 않겠다고 약속했지만, 절대 약속을 지키지 않았다.

네페르세 전쟁

시팅 불은 캐나다로 도주하고 크레이지 호스는 항복한 1877년 봄, 모든 방랑족에게 랩와이 보호구역으로 당장 돌아가라고 한 정부의 요구사항을 놓고 네페르세족은 부족회의를 열었다. 랩와이는 오늘날 아이다호 주에 해당되는 클리어워터 강 일대의 지역이었다. 네페르세 최고의 외교관인 조지프 추장이 요구를 관철시키기 위해 찾아온 올리버 O. 하워드 준장과 교섭할 인물로 선출되었다. 모두들 해방노예 관리국장을 지낸 인물이니만큼 인디언의 고충을 이해하지 않을까 기대했지만 하워드는 냉정하게 최후통첩을 전했다. 30일 이내에 보호구역으로 돌아가지 않으려거든 불쾌한 결과를 각오하라는 것이었다(하워드는 독실한 그리스도교도답게 메시아를 믿는 네페르세 방랑족의 몽상류 신앙을 경멸했고, 그 때문에 한층 모질게 굴었다).

관할지역을 떠나 있던 무리들은 하는 수 없이 요구에 응할 준비를 시작했다. 하지만 이 과정에서 불만이 쌓이자 젊은 전사 몇 명이 잔인한 습격을 몇 차례 감행했고, 미국 정부에서는 급조된 1개 대대를 네페르세족의 본거지로 파견했다. 그 결과 1877년 1월 17일에 벌어진 화이트버드캐니언 전투에서 네페르세족은 승리를 거두었지만 하워드의 본 병력은 감당할 만한 수준이 아니었기 때문에 줄행랑을 놓았다.

이후 4개월 동안 네페르세족은 하워드를 따돌리며 서부에서도 가장 험준한 지역을 약 2,400킬로미터나 이동했지만, 자유를 찾겠다는 꿈은 물거품으로 돌아갔다. 엘리엇 웨스트는 이 과정을 버지니아 주의 작은 마을에 사는 남자들이 아내, 아이들, 노인, 가축을 이끌고 연방군에 쫓기며 덴버까지 건너간 것에 비유했다. 네페르세족은 도중에 마주

친 연방군을 상대로 연전연승을 거두었지만 마지막 교전은 예외였다. 1877년 9월 29일에 조지프 일당은 몬태나 북부의 스네이크크리크에서 잠시 쉬어 가기로 했다. 이제 64킬로미터쯤만 더 가면 캐나다였다. 조금만 참으면 시팅 불이 이끄는 헝크파파족과 합류할 수 있었다. 하지만 다음날 아침, 마일스의 정찰병이 이들의 흔적을 발견했다. 네페르세는 병사들을 막다른 궁지로 몰아넣었지만 타고 온 말들이 놀라서 달아나 버렸고, 하워드의 부대가 빠르게 다가오고 있었다.

10월 5일에 조지프 추장이 하워드와 마일스에게 항복하면서 교착상태는 끝이 났다. 조지프가 항복하면서 남긴 말은 — 하워드의 부관인 C. E. S. 우드(C. E. S. Wood) 중위의 번역을 거쳐 그럴듯하게 편집되었을 가능성이 크다 — 인디언의 전통적인 생활방식에 바치는 통렬한 고별사로 오늘날까지 전해진다.

네페르세 전쟁이 끝난 뒤 가족들과 함께
조지프의 부족사람들은 그를 헤인모트 투알라케트 또는 선더 라이징 투 로프티어 마운틴 하이츠(더 높은 산을 오르는 천둥 — 옮긴이)라고 불렀다.

이제 싸우는 것도 지쳤다. 여러 추장이 목숨을 잃었다. 룩킹 글래스(Looking Glass)도 죽었다. 투홀홀조트(Too-hoolhoolzote)도 죽었다. 노인들도 모두 죽었다. 가타부터 말하는 쪽은 젊은 사람들이다. 젊은 사람들을 인도하던 이도 죽었다. 이렇게 날씨가 추운데도 우리는 담요 한 장 없다. 어린 아이들은 얼어 죽어 가고 있다. 우리 부족들 가운데 몇 명은 담요도 없이, 먹을 것도 없이 언덕으로 도망쳤다. 이들이 어디 있는지는 아무도 모른다. 얼어 죽어 가고 있을 것이나. 우리 아이들이 몇이나 남았는지 둘러볼 시간이 필요하다. 어쩌면 시체들 중에 들어 있을지도 모르겠다. 추장들은 내 말을 들으시오. 나는 이제 지쳤소. 가슴이 아프고 슬프구려. 태양이 서 있는 지금 이곳에서부터 나는 영원히 더 이상 싸우지 않을 것이오.

우드 관리지부에서 백인들에게 항복했다. 레드 클라우드는 4월 27일, 크룩의 제안을 크레이지 호스에게 직접 전달했다. 즉시 항복하면 파우더 강의 보호구역을 내주겠다는 제안이었다. 900명의 부족민이 굶주림에 시달리고 탄약도 거의 다 떨어져 가는 상황이라 크레이지 호스로서는 선택의 여지가 없었다. 게다가 파우더 강의 보호구역만 보장받으면 더 이상 바랄 것이 없었다. 크레이지 호스는 봄과 여름 동안 잠자코 기다렸다. 하지만 8월 30일, 연방군이 달아난 네 페르세족을 색출하고 항복시키는 데 협조하라고 오글리라족에게 압력을 행사한다는 소식을 듣고서도 가만히 있을 수는 없었다. 그는 크룩이 승인을 하건 말건 부족민들을 데리고 파우더 강으로 이동하겠다고 공공연하게 이야기하기 시작했다.

크룩은 인디언 첩자를 통해 크레이지 호스의 공공연한 비난을 전해 듣고 구금명령을 내렸다. 결국 크레이지 호스는 9월 5일에 체포되었지만 포트로빈슨 유치장으로 끌려가던 도중에 반항을 시작했다. 역사학자 디 브라운(Dee Brown)의 서술을 들어 보자.

"창문은 쇠창살로 막혀 있었고 창살 뒤에 갇힌 사람들은 다리가 쇠사슬에 묶여 있었다. 그것은 짐승에게 씌우는 올가미였고 크레이지 호스는 덫에 걸린 짐승처럼 몸부림쳤다. (중략) 하지만 반항은 오래 가지 않았다. 누군가 명령을 내리자 호위병인 윌리엄 젠틀스 일병이 크레이지 호스의 복부 깊숙이 총검을 꽂았다."

크레이지 호스는 그날밤 서른다섯의 나이로 눈을 감았다.

리틀빅혼 전장의 시신에서 벗긴 기병대 부츠로 만든 주머니. 어느 인디언 여성이 만든 것이다.

변경의 의미

18 90년대 미국인들은 지도 위에 '서부'를 그리려면 애를 먹었을 것이다. 서부는 상상 속에 존재하는 공간이었기 때문이다. 하지만 경계를 알 수 없는 이 지역은 1세기 동안 미국의 정치, 사회, 경제, 문화에 많은 영향을 미쳤다.

서부의 영향을 가장 설득력 있게 주장한 주인공은 위스콘신 대학교의 사학과 교수 프레더릭 잭슨 터너(Frederick Jackson Turner)였다. 그는 1893년에 발표한 논문 『변경지방이 미국사에서 차지하는 의미(The Significance of the Frontier in American History)』를 통해 최근 사라진 변경 지방이 미국식 민주주의 특유의 가치관을 형성하는 데 기여했다는 주장을 처음으로 제기했다.

"미국 지성의 두드러진 특징은 변경 지방에서 비롯되었

학생들과 함께한 터너
1893년과 1894년 위스콘신대학교에서 역사연구 수업을 들은 학생들과 함께한 사진으로, 오른쪽에서 두 번째가 터너이다.

다는 것이다. 날카롭고 호기심 많은 성격과 거칠고 강인한 면모의 조합, 독창성과 융통성, 본질을 제대로 파악하는 능력, (중략) 가만히 있지 못하고 흥분을 잘하는 에너지, 눈에 띄게 두드러진 개인주의, (중략) 게다가 자유와 결부된 활기차고 풍요로운 분위기.

미국식 민주주의는 어느 이론가의 몽상에서 탄생된 것이 아니다. 수전 콘스턴트 호와 함께 버지니아로 실려오거나 메이플라워 호와 함께 플리머스로 실려온 것도 아니다. 미국식 민주주의는 미국의 삼림에서 비롯되었고 새로운 변경 지방과 접촉할 때마다 새로운 힘을 얻는다. 헌법이 아니라 합당한 사람들에게 공개된 자유로운 땅과 풍요로운 천연자원이 3세기 동안 미국에 민주적인 사회를 건설했다."

**1901년 오클라호마 주
애너다코의 리버사이드
인디언학교 여학생들**

동화정책의 일환으로
인디언 아이들은 가족과
떨어져 기숙학교에
입학했고, 인디언 고유의
문화를 버리고 그리스도
교리를 따르도록 교육을
받았다. 당연한
노릇이겠지만 부족 중심의
집단생활을 부르주아식
개인주의로 교체하는
고통스러운 변태 과정에
성공한 사람은 거의
없었다.

18 70년대를 끝으로 미국의 변경 지방은 사라졌다. 1850, 1860, 1870, 1880년의 인구조사를 보면 대평원과 로키 산맥을 넘어 이주한 사람들과 이들이 건설한 사회와 마을이 꾸준한 상승곡선을 그리고 있다. 하지만 1890년부터 상황이 달라졌다. 1890년 인구 조사 국장의 말을 들어보자.

"1880년까지는 변경 지방이 확실하게 존재했다. (중략) 하지만 지금은 기존의 미개척지가 여러 개의 외딴 정착촌으로 나뉘어 변경이라고 말할 수 없는 상황이다."

미국의 인디언 정책도 이 시기에 새로운 국면으로 돌입했다. 대평원 부족들이 경제활동에 가하던 위협이 사라지고 동부의 자유주의자들이 인디언 권리단체를 결성하여 아메리카원주민 학대에 항의하자 정부에서는 인디언 정복사업을 접고 백인사회에 동화시키는 정책을 펴기 시작했다. 가장 큰 걸림돌은 인디언 부족문화 특유의 유목생활과 토지 공동소유였다. 이와 같은 관행을 바꾸기 위해 의회에서는 1887년 2월, 도스 토지단독소유법을 통과시켰다. 정부는 잭슨 시대부터 인디언들을 보호구역에 분리수용하는 데에만 초점을 맞추었다. 하지만 도스법에서는 부족의 땅을 개인에게 나누어 주자고 했다. 부족과 절연한 가장은 보호구역의 토지 160에이커를 할당받을 수 있었다. 미혼의 성인과 고아는 80에이커를, 가족이 있는 아이들은 40에이커를 받을 수 있었다. 그뿐 아니라 토지 소유자는 모두 미국 시민이 되었다.

의원들은 부족의 존립 근거를 없애고 부족민들을 지작농으로 변화시키면 인디언들이 백인과 좀더 비슷해질 수 있다고 생각했다. 도스법은 예상대로 부족의 생활 기반을 약화시켰다. 하지만 그 덕분에 인디언들이 백인사회로 수용되거나 격리상태가 끝나지는 않았다. 그리고 한편으로는 무능하고 한편으로는 부패한 정부 때문에 1887년에는 1억 3,800만 에이커에 이르던 부족 농경지가 1900년에는 7,800만 에이커로 추락했다. 정부는 획기적인 인디언 재조직법이 1934년에 의회를 통과한 이후에서야 비로소 아메리카원주민의 전통적인 문화를 존중하고 부족 소유의 토지보호에 앞장섰다.

키킹 베이

(오른쪽) 고스트댄스를
네바다에서 대평원으로
전파한 주인공은 미니콘주
수족의 키킹 베어였다.
하지만 그의 고스트댄스는
워보카의 원래 의식보다
훨씬 호전적이었다.

고스트댄스

역사학자 웨스트에 따르면 "백인 침략자는 인디언들에게 그들의 방식을 받아들이든지, 보호구역 체제에 복종하든지, 파

괴당하든지 셋 중 하나를 선택하라고 강요했다." 그럼에도 불구하고 대평원 부족들은 1880년
대 후반에 자존심과 문화를 지키기 위한 마지막 시도를 감행했다. 이들이 선택한 도구는 고스
트댄스(Ghost Dance)라는 종교였다. 고스트댄스는 파이우트족의 예언자 워보카(Wovoka)가
네바다에서 창설한 것으로, 인디언과 그리스도교의 요소를 결합시킨 메시아 신앙이었다. 워보
카는 고스트댄스를 믿으면 옛 방식을 되살릴 수 있다고 강조했다.

　　형제들이여, 나는 인디언의 말고삐에 손을 대는 백인이 모두
사라지는 날, 초원의 인디언들이 세상을 지배하는 날을 약속하
노라. (중략) 너희들의 아버지인 영령들에게 들은 이야기를 전
하노니, 그들은 한때 이 땅에 살다 백인들에게 죽임을 당한 메
시아의 인도로 우리와 함께 하기 위해 걸어오고 있도다.

　　워보카가 설립한 종교의 주요 의식은 고스트댄스였다. 신도
들은 술과 폭력을 삼가고 몸을 정갈하게 한 뒤 대형 원을 이루
어 춤을 추며 조상의 영령을 찬양했다. 워보카는 믿음이 강하면
아버지의 영령들이 돌아와 백인의 땅을 정화하고 초원에 버펄로
를 부활시킬 거라고 맹세했다. 고스트댄스는 삽시간에 대평원으
로 전파되었다. 관리지부의 관할에 놓인 채 굴욕적인 삶을 살던 수
족은 지푸라기라도 잡고 싶은 심정이었다. 하지만 그리스도교 선교

D. F. 배리가 시팅 불의
사망 직전에 촬영한 사진
시팅 불을 살해한
보호구역 경관 세 명의
모습이 담겨 있다.
가운데가 치명타를 날린
레드 토마호크이다.

사의 영향을 받은 듯한 비폭력주의는 전파되는 도중에 사라져 버리고 분노한 수족의 투지로
교체되었다. 예컨대 수족의 젊은층 일부는 고스트댄스 옷을 입으면 총에 맞아도 다치지 않는
다고 믿었다. 시팅 불을 비롯한 연장자들은 얼마나 위험한 일인지 알고 있었지만, 고스트댄스
를 막을 방법이 없었다. 새로운 종교의 힘은 이 지역 군사령관들까지 바짝 긴장시켰다. 이들은
보호구역의 인디언들이 문제를 일으킬 경우에 대비해 경계 명령을 내렸다.

　　1890년 11월 12일, 파인리지의 사무관 대니얼 로이어가 병사들에게 도움을 청하는 전보
를 보냈다.

　　"인디언들이 눈 속에서 미친 듯이 춤을 추고 있습니다. (중략) 지금 당장 보호책이 필요합
니다."

　　이제 소장이 된 마일스는 재편성된 제7기병대를 포함한 5천 명을 이끌고 시카고 사령부를
출발했다. 그는 12월 12일에 시팅 불 체포 명령을 내렸다. 시팅 불은 얼마 전에 생각을 바꾸고
고스트댄스를 지지하는 쪽으로 돌아선 상태였다. 사흘 뒤 불 헤드(Bull Head) 중위가 스탠딩
록 보호구역에 있는 시딩 불의 오두막집을 찾아갔다. 노쇠한 주장을 체포하기 위해서였다. 시
팅 불이 끌려가는 순간, 추종자 한 명이 헤드의 옆구리에 대고 소총을 발사했다. 그러자 헤드
는 시팅 불의 가슴을 쏘았고, 레드 토마호크(Red Tomahawk) 중사가 시팅 불의 머리에 두 번
째 총상을 남겼다. 잠시 후 근처에서 대기 중이던 기병대가 들이닥치면서 소규모 접전은 끝이
났다. 시팅 불은 이미 숨을 거둔 뒤였다.

시팅 불의 스탠딩록 주민들은 조만간 찾아올 마일스의 공격을 피하기 위해 빅 풋(Big Foot)의 미니콘주족이 사는 샤이엔 강 보호구역으로 대피했다. 잠시 후 레드 클라우드는 빅 풋에게 주민들을 모두 이끌고 파인리지로 건너오라고 했다. 더 이상의 충돌을 피하기 위한 조치였다. 하지만 마일스는 빅 풋의 대규모 일당이 이동하는 이유를 오해하고 제7기병대를 파견했다. 제임스 W. 포사이스(James W. Forsyth) 대령이 이끄는 제7기병대는 12월 28일, 니크리크에서 빅 풋의 미니콘주족과 스탠딩록의 헝크파파족을 맞닥뜨렸고, 350명의 인디언(성인 남성은 120명뿐이었다)에게 그날밤 머물 천막을 만들도록 했다.

야영지가 내려다보이는 언덕에 호치키스 대포를 배치하기는 했지만, 병사들은 다음날이 되어서야 무기를 빼앗을 만큼 여유를 보였다.

이튿날 아침이 되자 포사이스는 수족에게 가지고 있는 무기를 모두 내놓으라고 했다. 하지만 인디언들이 내놓은 무기는 생각보다 적었다. 부하들을 동원해 천막을 뒤졌더니 여러 자루의 자동 연발총이 나왔다. 그런데 수색

작업을 벌이는 동안 한 발의 총성이 들렸다. 제7기병대가 사격을 개시할 구실로는 이 정도면 충분했다. 제7기병대의 역사를 아주 잘 알고 있던 병사들은 수족 350명 가운데 적어도 150명이 사망할 때까지 소총과 호치키스 대포를 난사했다. 아직까지 크리스마스 장식이 걸려 있던 파인리지의 성공회 성십자가 교회도 숱한 총알세례에 시달렸다. 교회의 설교단 위에는 조잡한 현수막이 걸려 있었다. '땅 위에 평화를, 인류에게 축복을'.

현수막의 문구는 인디언 진정의 부차적인 아이러니를 단적으로 보여 주었다. 미국은 겉으로만 자유를 부르짖었을 뿐, 자주적으로 생활하는 사람들을 가두고 이들의 생활 방식을 억압하기 위해 전쟁을 벌인 나라였다. 하지만 인디언 전쟁의 또 한 가지 아이러니는 웨스트의 표현을 빌자면 다음과 같다.

한편 미국의 백인들은 한때 정복하려고 애를 썼던 땅과 동물과 사람들에게 동질감을 느끼게 되었다. 이들은 옐로스톤(국립공원)을 비롯한 여러 야생의 섬을 만들어 놓고, 이 땅은 과거에 서부로 전파시키려고 애를 썼던 문명이 닿지 못하도록 단속했다. 이들은 인디언들에게도 동질감을 느끼게 되었다. 한때는 정복 대상이었던 인디언들이 이제는 야성적인 고귀함이라는 국민성의 상징으로 바뀐 것이다.

물론 미국 역사의 면면을 볼 때 위와 같은 모순은 전혀 새로운 것이 아니었다.

식량 배급

오글라라 수족의 여성 600명이 파인리지 관리지부에서 나누어 주는 배급 식량을 받기 위해 줄을 지어 기다리고 있다. 배급 식량은 보통 밀가루, 옥수수가루, 설탕, 베이컨, 커피였다. 하지만 분량이 넉넉하지 않았기 때문에 1880년에서 1890년대 사이 많은 인디언이 기아로 사망했다.

인물 촌평

쿠아나 파커
1845(?)–1911년

엘리엇 웨스트

1836년 5월 19일, 이스트텍사스의 나바소타 강 근처에서 코만치와 카이오와 전사들이 포트파커를 덮쳐 이주민 네 명을 살해하고 다섯 명의 부녀자와 아이들을 끌고 갔다. 이들에게 끌려간 아이들 가운데에는 당시 아홉 살이던 신시아 앤 파커도 있었다. 변경지방에서는 납치사건이 종종 벌어졌다. 일부는 몸값을 주고 풀려났지만 나머지는 전쟁과 질병으로 인구가 격감한 부족에 입양되었다. 신시아 앤은 코만치족의 일원이 되었고 페타 노코나(Peta Nocona) 추장과 결혼해 아이 셋을 낳았다. 하지만 그녀는 서른네 살이던 1861년, 세 살 난 딸 아이와 함께 텍사스 순찰대에게 다시 끌려갔다. 딸은 얼마 뒤에 눈을 감았다. 새로운 가족이 된 사람들과 헤어진 데다 딸까지 잃고 상심하던 신시아 앤은 1870년에 숨을 거두었다.

신시아 앤이 다시 끌려갔을 때 그녀의 아들 쿠아나 파커(Quanah Parker)는 열여섯 살 정도였다. 그는 코만치족 콰하디 분파의 베테랑 전사였고, 코만치가 거주하는 웨스트텍사스의 버펄로를 떼죽음으로 몰고 가는 백인 사냥꾼 마을을 습격하며 1860년대 후반과 1870년대 초반을 보냈다. 버펄로는 코만치족에게 식량과 숙소 재료, 옷, 성물(聖物)은 물론 아이들의 장난감까지 되어 주는 존재였다. 버펄로라는 든든한 버팀목이 없으면 평원에서 살아갈 방법이 없었다. 보호구역에 갇혀 백인들에게 기대어 사는 수밖에 없었다(1871년에 펜실베이니아의 제혁업자가 새로운 무두질 방법을 고안하면서 버펄로 가죽의 수요는 한도 끝도 없이 늘어났고, 사냥꾼이 저지르는 폐해는 한층 심각해졌다).

1874년 6월에 쿠아나는 700명의 카이오와, 코만치, 남샤이엔족을 이끌고 어도비월즈에 모여 있던 사냥꾼 서른 명을 공격했다. 어도비월즈는 텍사스 팬핸들의 오래된 보급창이었다. 배트 매스터슨(Bat Masterson, 미국 서부지대에서 이름을 날린 도박사, 술집주인, 보안관, 신문기자 — 옮긴이)을 비롯한 사냥꾼들은 숫자상의 열세에도 불구하고 장거리 소총으로 이들을 쫓아냈다. 이 과정에서 10여 명의 인디언이 목숨을 잃었고, 쿠아나를 비롯해서 부상을 입은 인디언의 숫자는 그보다 훨씬 많았다. 물론 연방정부는 복수를 위해 군대를 파견했고, 그 결과 빚어진 레드 강 전쟁은 전형적인 술래잡기 양상으로 펼쳐졌다. 대규모 부대가 인디언 색출에 총력을 기울였지만 기동력이 뛰어난 전사들은 잘도 피해 다녔다. 그러던 중 1874년 9월, 무자비한 래널드 매켄지(Ranald Mackenzie) 대령은 팰러듀러캐니언에서 쿠아나의 코만치족과 카이오와 동맹군을 궁지로 몰아넣었다.

인디언들은 대부분 탈출했지만 말까지 데리고 가지는 못했다. 이들의 독립에서 말이 차지하는 위치는 버펄로만큼이나 중요했다. 이 사실을 알고 있었던 매켄지는 1,500마리에 이르는 인디언들의 교통 수단을 도살했다. 쿠아나는 죽어 가는 말들이 울부짖는 소리를 들으며 깨달은 바가 있었다. 버펄로 전쟁에서 코만치족이 패배한 이유는 백인들의 힘이 강해서가 아니라 인디언들의 삶의 토대가 파괴당했기 때문이었다. 용감한 전사였던 쿠아나는 평화로운 시기에 더욱 위대한 지도자가 되었다. 그는 코만치족이 받아들여야만 하는 새로운 현실을 금세 알아차렸다.

카이오와족이 포트실에서 항복하고 석 달이 지난 1875년 6월 2일, 쿠아나는 콰하디 분파를 이끌고 인디언 지역(오늘날 오클라호마에 해당된다) 남서부 구석의 보호구역에서 살기로 결정했다. 그리고 일단 정착한 뒤에

는 발 빠르게 임대협상을 벌여 코만치족의 토지소유권을
보호했다. 이후 방목지의 일부를 백인 목장주에게 매각
할 수밖에 없는 시점이 되었을 때에는 끈질기게 협상해
상당한 값을 받아냈다. 쿠아나는 금박시대 정치인에 맞
먹는 수완을 발휘하며 인디언과 백인의 이해관계를 조절
하는 한편, 코만치족의 전통을 최대한 조정하는 등 훌륭
한 문화 브로커 노릇을 했다.

　예컨대 쿠아나는 간섭이 심한 인디언범죄법원의
재판관을 12년 동안 지냈다. 백인들이 인디언범죄법
원을 만든 이유는 일부다처제처럼 '상스러운' 인디
언 문화를 짓밟기 위해서였다. 하지만 적어도 다
섯 명의 아내를 거느리고 있던 쿠아나는 백
인과 코만치족의 원칙을 골고루 섞어 보
호구역 내의 분쟁을 해결하는 데 인
디언범죄법원을 이용했다. 그는 페
요테교의 독실한 신자이기도 했다. 페
요테교의 주요 의식은 페요테 싹(페요테 선
인장에서 나는 환각제)을 먹는 것과 함께 이루어졌다.
일부 백인들은 싹을 압수하면서 페요테교를 탄압하려고
애를 썼지만 쿠아나는 훌륭하게 대처했다. 심지어는 오
클라호마 의회에서 지지세력까지 확보했다.

　1905년에 쿠아나는 시어도어 루스벨트(Theodore
Roosevelt)의 취임 퍼레이드에 동행했고, 이후에는 대통
령과 함께 코요테 사냥을 나서기도 했다. 한편 자녀 19명
과 손자 114명(적게 잡아서 이 정도이다)은 백인과 인디
언 사회의 여러 분야로 진출해 쿠아나의 정신을 계승했
다. 그는 이승과 하직하기 한 달 전인 1910년 12월, 텍사
스에 묻혀 있던 어머니의 유해를 오클라호마로 옮겼다.
그리고 이장식에 모인 사람들에게 코만치어와 영어로 이
렇게 말했다.

　"죽을 때가 되면 다시 한 번 모두 다 함께 늙는 셈입
니다."

쿠아나 파커
1890년대 초반, 오클라호마 코만치 보호구역의 티피 앞에 서 있다.

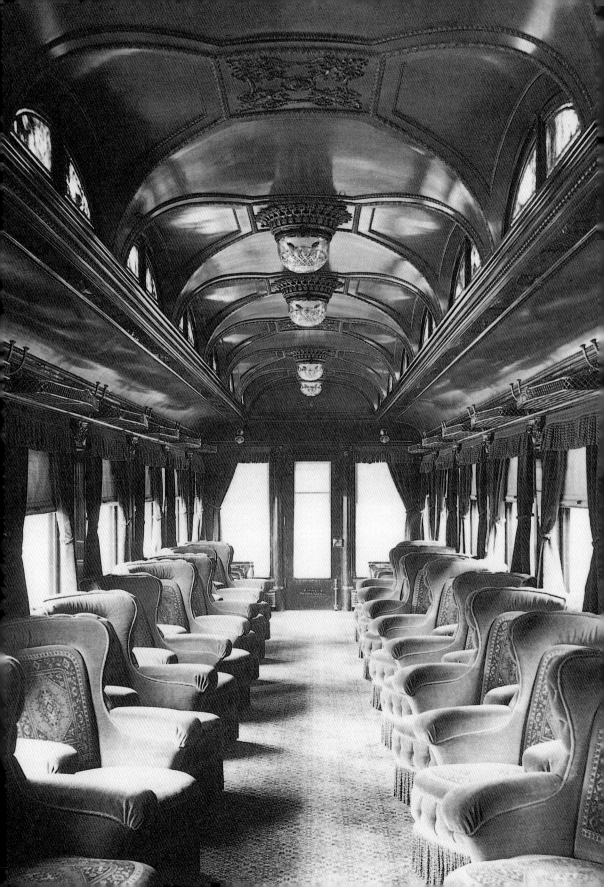

14

금박시대

풀먼 사 파업

조지 모티머 풀먼(George Mortimer Pull-man)이 사업에서 추구한 목표는 편안함이었다. 그는 풀먼팰리스 객차회사 회장으로서 최대한 쾌적하고 여유 있는 장거리 여행을 보장하는 객차를 만드는 데 힘썼다. 풀먼팰리스에서 생산하는 침대차와 식당차는 19세기 후반 무렵 판매되는 제품 중에서 가장 고급스러웠다. 그는 승객들이 편안한 여행을 할 수 있도록 지속적인 관심을 기울여야 사업이 번창할 수 있다는 일념 하에 정기적으로 새로운 특징을 추가했다. 그뿐 아니라 직원들의 기본적인 욕구를 헤아려야 회사가 성공한다고 생각했기 때문에 직원 복지에도 정성을 기울였다.

남북전쟁 이후 미국의 산업화는 한층 가속화되었고, 풀먼 사의 본사가 있는 시카고와 같은 경우에는 폭발적인 추세를 보였다. 사실 누가 보더라도 속도가 너무 빨랐다. 도시 주변의 빈곤지역은 골칫거리 빈민촌이 되었다. 콜레라와 결핵 같은 감염성 질환이 대책 없이 퍼졌다. 범죄와 알코올 중독을 비롯한 사회적 병폐가 사람들을 공격했다. 생활력을 잃은 농민과 외국 이민자들이 시카고로 몰려들면서 노동자 계급은 허름하고 비좁은 주택에 만족하는 수밖에 없었다. 이 때문에 1870년대 시카고의 노동계는 상당히 불안했다. 풀먼은 어떻게 해서라도 노동분쟁만큼은 피하고 싶었다. 1870년대 후반 들어 미국 철도가 어마어마하게 확대되면서 객차의 수요는 폭발적으로 증가했다. 이처럼 수지 맞는 구조는 다행스럽게도 안정적인 회사 분위기로 이어졌다. 1879년 초반에 풀먼 사는 수요를 감당하기 위해 새로운 공장을 건설해야 되는 상황에 이르렀다. 여러 도시가 거론되었지만 풀먼은 부지 가격이 너무 비싸다거나 직원들이 살아야 하는 주변환경이 몹시 열악하다는 이유를 들어 모두 반대했다. 그는 쓸 만한 주거공간을 만드는 비용보다 병가와 결근이 가져오는 손실이 더 크다는 사실을 간파했기 때문에 일급 노동자들이 건강하게, 열심히 일할 수 있도록 공장뿐 아니라 아예 새로운 마을을 건설하기로 마음을 먹었다.

1880년 7월, 풀먼팰리스 객차회사는 시카고의 사우스사이드에 위치한 하이드파크 읍에서 부지 4천 에이커를 매입하고 시범단지를 건설하기 시작했다. 일리노이 주 풀먼은 그가 생각했던 것만큼 혁신적인 발상은 아니었을지 몰라도 분명 사회적인 실험이었다. 1812년 전쟁이 끝나고 뉴잉글랜드가 미국 최초의 산업화를 경험했을 때 수많은 공장주는 시골에서 올라온 처녀 직원들에게 숙소를 제공하는 것이 얼마나 현명한 처사인지 깨달았다. 남북전쟁 이후 남부의 수없이 많은 섬유공장에서는 직원들에게 사택을 강요하고 높은 집세를 봉급에서 공제했다. 한편 애팔래치아 탄광촌의 일부 고용주는 폭리를 취하는 회사 소유의 상점에서만 쓸 수 있는 딱지로 임금을 대신했다. 이런 지역의 광부들은 보통 2달러에 판매되는 발파약 한 통을 울며 겨자 먹기로 3달러 25센트에 사곤 했다.

경제적 노예제도에 가까울 만큼 구속이 심한 다른

1890년대 후반, 시카고-올턴 철도를 달렸던 풀먼 사의 '응접실' 모델
(왼쪽) 플러시 천을 씌운 회전의자에 앉아 여행할 수 있도록
풀먼이 고안한 작품이다.

일리노이 주 풀먼의 직원용 주택

1890년대 모습을 담은 사진이다. 모두 수도와 가스시설을 갖추었고, 조금 나은 곳은 배관이 딸린 욕조와 증기난방 시설까지 있었다. 1894년 무렵 이 마을의 인구는 1만 2천 명을 웃돌았다. 각 거리는 유명한 발명가의 이름을 따서 붙였고, 조지 풀먼은 공공도서관 건립 당시 5천 권을 기증했다.

사업장에 비하면 풀먼식 가족주의는 훨씬 따뜻했다. 최소한 1880년대까지는 그랬다. 그는 가로수가 늘어선 널찍한 길 위에 근사한 단독주택을 세우고 공원과 운동장까지 만들었다. 집세는 투자한 금액의 6퍼센트 선에서 저렴하게 설정했다. 하지만 풀먼은 로버트 오언식 몽상가라고 볼 수는 없었다. 그는 '철저하게 사업적인 목적에서' 자신의 이름과 똑같은 마을을 건설했고, 그 대가로 유능한 직원—빠르고 열심이고 지각 있고 노동조합 결성에 무관심한 사람—들을 끌어들일 수 있기를 원했다. 1881년 1월 1일, 디트로이트 공장에서 건너온 작업반장 가족이 풀먼 마을 최초의 주민이 되었다. 4월 2일에는 열한 살 난 풀먼의 딸 플로런스 풀먼이 새로운 제조시설에 전력을 공급할 콜리스 엔진의 스위치를 올렸다. 그로부터 1년 뒤, 일리노이 주 풀먼은 호텔, 교회, 쇼핑센터, 도서관(조지 풀먼이 기증한 5천 권의 책으로 가득했다), 극장, 은행, 채소농장, 급격한 인구 증가를 자랑하는 마을이 되었다.

하지만 1885년으로 접어들면서 풀먼이 노동자들을 위해 건설한 유토피아는 불안한 조짐을 보이기 시작했다. 가장 단적인 예를 들자면 직원들은 대다수가 미혼의 젊은 남자들이었기 때문에 한시라도 빨리 짝을 찾고 싶어 안달이었지만 풀먼은 남초(男超) 현상이 극심했다. 그리고 인종분포도 또 다른 문제점이었다. 풀먼 사는 기본적으로 미국 토박이를 고용할 생각이었지만 1880년대 중반 무렵 이 도시의 인구는 실망스럽게도 대부분 외국 출신이었기 때문에 긴장감이 한층 고조되었다. 이 밖에도 다른 이유들이 겹쳐지면서 안정적인 노동력을 구축하겠다는 풀먼의 목표는 실패로 돌아갔다. 1880년대 후반과 1890년대 초반에는 주민에게

조지 M. 풀먼
1831–1897년

뉴욕 서부에서 태어난 조지 모티머 풀먼은 근면하고 가족과 종교에 충실한 태도를 강조하는 전형적인 미국 가정에서 성장했다. 그는 열네 살 때 정규 교육을 중단하고 잡화점의 점원으로 취직했다. 그러다 1853년에 돌아가신 아버지의 사업을 물려받아 당시 확장공사 중이던 이리 운하 주변의 주택 철거를 맡았다. 6년 뒤에는 시카고로 건너가서 이와 비슷하게 시카고 강과 미시건 호숫가의 건물을 다른 곳으로 옮기는 사업을 했다. 그러는 사이 오랜 꿈을 실현에 옮길 만한 자본금이 조금씩 모아졌다. 그의 꿈은 고급 침대차 생산이었다.

1857년에 촬영한 풀먼의 은판 사진
뉴욕에 살던 스물여섯 살 무렵의 모습이다.

1850년에서 1860년에 이르는 10년 동안 미국의 철도 길이는 세 배 이상 늘어났고, 대서양과 태평양을 연결하는 힘든 여행이 조만간 일상화될 전망이었다. 풀먼의 표현을 빌자면 시카고와 뉴욕까지 사흘 반이 걸리는 여행은 벌써부터 '악몽'이었다.

그는 장거리 출장을 자주 하다 보니 좀더 편안한 여행에 관심을 가지게 되었다. 이미 침대차를 갖춘 장거리 열차가 기존에도 운행이 되고는 있었다. 하지만 침대라고 해 보아야 나무 선반 위에 얇고 딱딱한 매트리스를 얹은 것에 불과한 실정이었다. 그뿐 아니라 야간용에서 주간용으로 용도 변경이 자연스럽게 이루어지지 못했다(반나절밖에 못 쓰는 객차를 끌고 다닐 수는 없었기 때문에 침대차는 일반 객차로의 전환이 필수였다).

야간 여행객들은 1860년까지만 하더라도 주간용 좌석 두 개를 붙여 만든 1층 침대, 쇠기둥이 아슬아슬하게 받쳐 주는 2층 침대 위에서 비좁고 불편하게 잠을 청하는 수밖에 없었다.

풀먼은 쇠기둥을 없애고 천장에 널찍한 2층 침대를 매다는 방법을 고안했다. 낮에는 2층을 접으면 근사한 1등 객차로 탈바꿈했다. 밤에는 철도회사 직원들이 침대를 내려 주기만 하면 침대차로 변신했다.

이뿐만 아니라 풀먼의 객차는 벚나무로 반질반질하게 꾸민 실내, 플러시 천을 씌운 의자 등 호화로운 시설을 자랑했다. 1867년에 풀먼은 왕년의 동업자 벤 필드(Ben Field)의 지분을 인수하고 풀먼팰리스 객차회사를 설립하여 여러 철도회사에 침대차를 공급했다. 이후에는 식당차와 '응접실 차도 추가되었다. 풀먼 사의 객차는 철도회사에 판매되는 경우도 있었고 기차표 판매 수입의 일부를 받는 형식으로 임대되는 경우도 있었다.

고용상의 특혜를 주었음에도 불구하고 직원들의 평균 근속연수는 4년에 불과했다.

풀먼 사는 자기 집을 마련하고 싶어하는 고소득 연봉자에게 주택을 매각하지 않았다. 게다가 풀먼이 마을 행정에 깊숙이 관여한 것도 악재로 작용했다. 그는 오랫동안 자치정부 관리를 직접 임명했다. 마을회관은 그의 기준에 적합한 용도로만 사용이 되었고, '급진적인' 인물들은 그곳에서 강연을 할 수 없었다. 당연한 현상이겠지만 화가 난 주민들은 사우스사이드의 다른 마을로 거처를 옮겼다. 다른 마을의 주거환경은 풀먼에 비해 떨어지는 편이었지만 그래도 집세가 훨씬 저렴했다. 남은 직원들은 회사의 고압적인 태도 때문에 풀먼에 산다는 자부심을 잃었고 점점 더 의기소침해졌다.

그래도 이와 같은 불만은 수면 밑으로 숨고 겉으로는 평온한 상태가 유지되었다. 하지만 1893년 초반의 금융공황이 경제붕괴로 이어진 뒤 상황은 시간이 지나면 지날수록 악화일로로 치달았다. 여행객이 줄고 새로운 객차 주문이 취소되면서 1893년 늦여름 동안 풀먼의 사세는 급격하게 기울었다. 풀먼은 결단력 있게 대처하는 모습을 보였다. 그는 과감하게 디트로이트 공장의 문을 닫고 직원을 800명쯤 해고했다. 그리고 풀먼에서 시간제로 근무하는 직원들의 급료를 줄이기 시작했다. 그는 생산비 절감이 유일한 해결책이라는 주장을 펼치며 1893년 8월에서 1894년 5월 사이 임금의 25퍼센트를 삭감했다. 하지만 경영진의 봉급과 주주 배당금을 줄이거나 집세를 낮추지는 않았다. 근로자의 2주일치 급료에서 집세가 공제되면 남는 금액은 1달러도 채 되지 않았다. 근무시간마저 단축되면서 절망한 풀먼 사 직원 상당수는 1894년 3월부터 대규모로 미국철도노동조합(American Railway Union : ARU, 이하 철도노조)에 가입하기 시작했다.

미국철도노동조합

풀먼 사의 숙련 노동자들은 오래 전부터 미국노동총연맹(American Federation of Labor :

노동조합주의

동업조합은 식민지 시대 때부터 존재했지만 현대적인 의미의 노동조합주의가 등장한 것은 앤드류 잭슨 시대 들어 임금노동자 시장이 확대되면서부터였다.

초기 노동조합에 가장 적극적으로 가담한 사람들은 재화의 가치가 생산에 투입된 노동량에 따라 결정된다는 영국 경제학자 데이비드 리카도(David Ricardo)의 노동가치설을 굳게 믿었다. 이들은 노동이 자본에 예속되어 가는 현상 때문에 노동의 가치가 낮아지고 독립전쟁을 통해 쟁취한 평등사상이 위협을 받고 있다고 불안해했다.

노동조합결성운동의 중심이 숙련 기능직에서 비숙련 또는 반숙련 산업직으로 옮아 간 남북전쟁 이후에도 노동의 신성함을 강조하는 분위기는 계속되었다.

1869년 12월에는 의류재단사 유라이어 S. 스티븐스(Uriah S. Stephens)가 '땀을 흘려 생계를 해결하는 모든 이의 존귀함을 강조하기 위해' 노동기사들의 고결한 동맹(Noble Order of the

Attention Workingmen!

GREAT

MASS-MEETING

TO-NIGHT, at 7.30 o'clock,

AT THE

HAYMARKET, Randolph St., Bet. Desplaines and Halsted.

Good Speakers will be present to denounce the latest atrocious act of the police, the shooting of our fellow-workmen yesterday afternoon.

Workingmen Arm Yourselves and Appear in Full Force!

THE EXECUTIVE COMMITTEE.

Achtung, Arbeiter!

Große

Massen-Versammlung

Heute Abend, ½8 Uhr, auf dem

Heumarkt, Randolph-Straße, zwischen Desplaines u. Halsted-Str.

Gute Redner werden den neuesten Schurkenstreich der Polizei, indem sie gestern Nachmittag unsere Brüder erschoß, geißeln.

Arbeiter, bewaffnet Euch und erscheint massenhaft!

Das Executiv-Comite.

1886년 5월 4일 헤이마킷 집회를 2개 국어로 알리는 전단

이 날, 정체 모를 테러리스트가 경찰늘을 향해 폭탄을 던지는 바람에 집회는 폭동이 되었다.

Knights of Labor, 이하 노동기사단)을 결성했다. 이 단체는 모든 직종을 망라한 사상 최초의 대규모 전국조직이었고, 처음에는 회원들이 경영진의 보복을 받지 않도록 비밀단체로 시작되었다. 하지만 1879년에 테런스 V. 파우덜리(Terence V. Powderly)가 단장으로 선출되면서 하루 여덟 시간 노동, 미성년자 고용규제, 노동자 협동조합에 바탕을 둔 준(準)사회주의 경제체제로의 전환 등 여러 사회개혁운동을 벌이는 공개기관으로 탈바꿈했다.

1886년 무렵 노동기사단의 회원수는 70여만 명에 육박했고, 회원 대다수가 노동자 소유의 공장과 상점으로 이루어진 나라를 꿈꾸는 중산층 자영업자들이었다. 하지만 안타깝게도 1886년은 노동기사단의 영향력이 약해진 시점이기도 했다. 한 해 동안 1,600건의 파업이 미국 경제를 어지럽히면서 노동조합에 대한 반발이 거세게 일었고, 기사단의 대표 인물들이 표적이 된 것이다.

그중에서도 파업의 규모가 가장 컸던 곳은 시카고의 매코믹 수확기 회사였다. 5월 1일, 수확기 생산공장 앞에 모인

AFL, 이하 노총) 산하의 동업조합에 가입되어 있었다. 하지만 설립 1년을 맞은 철도노조의 성격은 전혀 달랐다. 철도노조는 조합원의 자격을 고소득 숙련공으로 제한하지 않고 철도산업에 종사하는 모든 백인 노동자에게 문호를 개방했다(흑인에게는 문호를 개방하지 않았다). 그리고 최소 인원 10명이라는 조건만 갖추어지면 지역별 노조설립을 허용하는 분권정책을 채택했다. 철도노조는 하루 여덟 시간 노동, 작업장 안전확보, 일요일 근무제한을 위해 로비 활동을 벌였다. 그뿐 아니라 저렴한 생명보험과 상해보험을 제공하고, 실업자들의 구직을 돕고, 산업경제와 관련 주제의 강연을 후원했다. 이들은 평화주의 노선을 채택했다. 파업대신 조정과 중재를 장려했다. 고충이 있으면 경영진과 협의할 수 있도록 각 지역노조에 조정위원회 선출을 권했다.

노동자 계급의 우애를 강조하던 철도노조는 설립 8개월째인 1894년 4월, 그레이트노던 철도회사의 제임스 J. 힐(James J. Hill)과 갈등을 빚으면서 일대 위기를 맞이했다. 미니애폴리스에서 시애틀까지 운행하는 그레이트노던 철도회사는 직원 수가 약 9천 명이었고 절반 이상이

8만 명의 노동자들은 하루 여덟 시간 노동을 촉구하는 전국운동의 일환으로 평화행진을 시작했다. 하지만 이틀 뒤 파업노동자와 대체인력 사이에서 싸움이 벌어졌다. 경찰이 발사한 총에 파업노동자 네 명이 목숨을 잃었고, 많은 사람이 경찰봉 세례를 당했다.

5월 4일, 오거스트 스파이스(August Spies)가 이끄는 무정부주의 노동조합장 몇 명이 그날 저녁 헤이마킷 광장에서 항의집회가 열린다는 공고를 배포했다. 하지만 워낙 촉박하게 마련된 행사라 참석 인원이 1,300명에 지나지 않았고, 그나마도 가랑비가 내리기 시작하자 대거 자리를 떴다. 따라서 진압경찰 200명이 들이닥쳤을 때 헤이마킷 광장에 남아 있던 시위대는 300명에 불과했다. 이때 누군가 경찰들 쪽으로 폭탄을 던져 여덟 명에게 치명상을 입혔다. 총기난사로 화답한 경찰은 열여덟 명의 목숨을 빼앗고 100여 명에게 부상을 입혔다(100여 명 가운데 절반은 동료 경찰이었다).

무정부주의자의 노동운동계 장악을 '폭로'한 신문 보도 때문에 전국적으로 불안감이 더욱 고조되었고 스파이스와 일곱 명은 기소되었다. 이들은 폭탄 투척 혐의를 받지도 않았고, 폭탄 투척과 관련 있는 증거물도 제시되지 않았다. 이들이 기소된 이유는 모살죄였다.

스파이스를 비롯한 네 명은 1887년 11월에 교수형을 당했다(나머지 네 명 가운데 한 명은 교도소에서 스스로 목숨을 끊었고 세 명은 장기 징역형을 받았다).

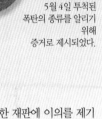

납 탄피
헤이마킷 재판에서 5월 4일 투척된 폭탄의 종류를 알리기 위해 증거로 제시되었다.

한편 파우덜리는 누가 보아도 부당한 재판에 이의를 제기하지 않았다. 이로 인해 양분된 노동기사단은 급격히 세력이 약해졌고 1886년 12월에는 모든 정치연대를 배제하고 노동자의 경제적인 목표에만 집중하겠다고 선언한 미국노동총연맹이 창설되었다.

시카고 경찰반장의 경찰봉
헤이마킷 폭동 때 사용되었다.

노조원이었다. 그런데 1893년 금융공황이 들이닥치자 7개월 사이 세 차례 임금 삭감을 단행하여 다른 대륙간 철도회사에 훨씬 못 미치는 수준으로 만들었다. 철도노조는 불만을 품은 조합원들을 대신해서 힐에게 면담을 요청하는 편지를 보냈다. 힐은 이들의 요청을 완전히 무시했다. 결국 철도노조는 파업을 선포했다. 역장이나 구내 주임처럼 경영진에 충성하던 사람들마저 파업에 동참했고 그레이트노던 사의 업무는 마비되었다. 우편차와 몇몇 지방열차는 운행이 계속되었지만 장거리 열차와 화물차는 전면 중단되었다.

힐은 파업 방해 세력을 끌어들여 업무에 투입시켰지만 그레이트노던 사의 독점식 가격책정에 분개하던 일대 농민과 상인들의 반감만 불러일으키는 결과를 낳았다. 결국 힐은 파업이 시작된 지 18일 만에 철도노조장 유진 V. 데브스와 만나서 사태를 중재하기로 합의했다. 미니애폴리스와 세인트폴의 상인 열여덟 명으로 구성된 배심원진은 양쪽의 진술을 듣고 노동자들의 손을 들어 상당한 임금인상 판정을 내렸다. 이번 승리로 철도노조의 위신은 높아졌고 조합원도 크게 늘었다. 파업을 성공적으로 마무리하고 몇 주 동안 날마다 2천 명꼴로 새로운 사람들이 노조에 가입했다. 철도노조는 데브스의 지휘 아래 1894년 중반 무렵 미국에서 가장 큰 노동조합으로 성장했다. 지역노조가 425개였고 조합원 숫자는 15만 명을 웃돌았다.

데브스가 철도근로자들과 포즈를 취한 모습
정확한 연도는 알 수 없지만 1890년대 중반에 촬영한 사진이 아닐까 싶다.

철도노조가 그레이트노던 사를 상대로 거둔 승전보가 전해지자 풀먼의 근로자들은 봇물처럼 철도노조 안으로 밀려들었다. 4월 말이 되었을 때 풀먼의 19개 지역노조는 모두 합해서 4천여 명의 조합원을 자랑하는 규모로 성장했다. 철도노조 관리들은 극심한 경제침체기에 직면한 노동자의 약점을 잘 알기 때문에 파업 대신 협의를 통한 중재를 적극 권장했다. 46명으로 구성된 고충처리위원회는 중앙노조의 충고에 따라 5월 7일, 풀먼 사의 부회장 토머스 위크스(Thomas Wickes)와 만났다. 이들은 집세를 전면 삭감하든지 아니면 불황 이전 수준으로 임금을 높여 달라고 요구했다. 그리고 생산성을 높이기 위해 직공들을 혹사시키는 작업반장에 대한 불만을 이야기했다. 위크스는 진지하게 생각해 보겠다고 대답했고 다음 면담 일정이 잡혔다. 5월 9일에 열린 면담에는 풀먼도 참석했다.

풀먼은 예전의 동업조합 같은 경우에는 크게 상관하지 않았지만, 이렇게 많은 직원이 철도노조에 가입한 사실에 대해서는 기분 나쁘게 받아들였다. 그는 가족 같은 분위기를 추구하는 사람답게 직원들의 불만사항은 알아서 처리해 줄 수 있다고 생각했다. 애초에 풀먼이라는 시범 마을을 건설한 이유도 그 때문이었다. 따라서 철도노조 가입은 일종의 배신이었다. 그는 5월 9일 면담에서 직원들의 복지 수준에 지대한 관심을 가지고 있다고 밝힌 뒤 회사 분위기상 임금인상은 불가능하다고 전했다. 하지만 직공 혹사 문제는 조사해

지역노조 설립 신청 서류
(오른쪽) 철도산업 근로자들은 철도노조에서 제공하는 간단한 서류만 작성하면 지역노조를 설립할 수 있었다.

보겠노라고 했고, 노조활동으로 해고당하는 직원은 없을 테니 걱정 말라고 다짐했다.

직원들은 그의 말을 믿지 않았다. 회사 사정이 어렵다는 소리는 거짓말이었다. 그는 핑계를 대려고 장부를 고치고도 남을 인물이었다. 어쩌면 이미 고쳤을지도 모르는 일이었다. 엎친 데 덮친 격으로 이튿날인 5월 10일에 고충처리위원 세 명이 한꺼번에 해고를 당했다. 해고를 통보한 작업반장은 일거리가 줄었기 때문이라고 핑계를 둘러댔다. 풀먼은 해고 조치에 대해 모르는 일이라고 잡아떼면서 공장을 유지하려면 일시 해고 조치가 불가피하다고 말했다(경제불황 초기에 5,500명이었던 풀먼 사의 직원수는 1894년 5월 무렵 3,300명으로 줄어든 상황이었다). 그날 저녁, 지역노조들은 투표로 파업을 결정했다.

산업화

풀먼과 데브스는 농업과 프로테스탄트 중심이던 미국이 완전히 변모하는 과정을 직접 목격한 세대였다. 남북전쟁이 일어나기 전에는 대부분의 미국인이 농사를 짓거나 농업에 기대어 생계를 해결했고, 사회적으로 가장 큰 딜레마는 노예문제였다. 전쟁이 끝나고 노예제도가 사라진 뒤에는 자본가와 노동자의 갈등으로 온 국민의 관심이 쏠렸다. 1870년대와 1880년대에 걸쳐 대규모 산업이 발전하면서 반숙련 또는 비숙련 노동자 몇백만 명(대부분 얼마 전 외국에서 건너온 이민이었다)이 일대 붐을 이룬 제조업 분야에서 일거리를 찾았다. 하지만 이들이 몸담은 공장과 도시는 위험하고 열악한 곳이라 발전의 여지가 없었다.

미국과 해외의 산업혁명은 몇 세대 동안 이어져 내려온 기존의 노사관계를 바꾸어 놓았

1894년의 풀먼

19세기 후반 매사추세츠 로웰의 공장
당시 공장 노동자들은 대부분 1주일에 6일, 하루 열 시간씩 일을 했다.

이민

금박시대 들어 급속도로 발전한 산업은 지칠 줄 모르는 노동력의 수요를 낳았고, 이것은 다시 엄청난 이민의 물결로 이어졌다.

건국 초기 미국 인구는 노예와 인디언을 제외하면 놀라울 정도로 단일민족에 가까웠다. 식민지 시대부터 1840년대까지 백인 미국인의 대다수는 잉글랜드 또는 스코틀랜드계였고 그 다음으로 많은 독일계는 고작 10퍼센트에 불과했다. 하지만 감자기근이 아일랜드를 강타한 1845년부터 세 차례의 대규모 이민 행렬이 시작되면서 미국 사회는 이른바 인종의 '도가니'로 탈바꿈했다.

첫 번째 이민 열풍은 1840년대 중반에서 남북전쟁 때까지 이어졌고, 100만여 명의 아일랜드인들(감자기근 이전 인구의 약 15퍼센트에 해당되는 숫자였다)이 대서양을 건너왔다. 이들 대부분은 보스턴, 뉴욕, 필라델피아 등 배가 도착한 해안도시에 정착했다. 이들은 빈민가의 비좁은 주택에서 셋방살이를 했고, 가난한 데다 가톨릭교도라는 이유로 상당한 차별을 받았다.

첫 번째 이민 행렬에는 1848년의 혁명으로 인한 정치적 불안과 1850년대의 경제적 어려움을 피해 건너온 독일인들도 일부 섞여 있었다. 하지만 이들은 아일랜드 출신들과 다르게 중서부에 정착했고, 토지를 개간해 농사를 짓고 작은 마을을 건설하며 비교적 쉽게 미국 사회의 일원이 되었다.

두 번째 이민 열풍은 남북전쟁의 종결과 함께 시작되었다. 이후 최고 절정기인 1882년 한 해에만 78만 9천 명이 건너오는 등 4반 세기 동안 1천 만여 명의 외국인이 미국으로 유입되었다. 이번에도 주로 북유럽과 서유럽 출신들이었다.

하지만 1890년부터 시작된 세 번째 이민 열풍 때에는 인종의 분포가 크게 달라졌다. 1차 세계대전으로 흐름이 끊기기 전까지 미국으로 건너온 1,700만 명은 대부분 남유럽과 동유럽 출신이었다. 언어, 문화, 신체적인 특징이 확실히 다른 이탈리아, 헝가리, 폴란드, 러시아, 그리스, 터키인들은 대도시에 정착해 임금이 낮은 공장 노동자가 되었고, 무시당하던 저소득층이 아일랜드인에서 이들로 바뀌었다.

1902년 미국으로 향하는 이민 행렬
이민자들은 대부분 가장 큰 걸림돌로 꼽히는 언어의 장벽을 비교적 빠르게 극복했다. 많은 공립학교와 사회복지관이 무료 강좌를 운영했고, 정당이나 노동조합에서도 이민자들을 미국에 동화시키기 위해 개인적으로 영어교육을 실시했다.

다. 산업화 이전의 임금노동자들은 대부분 소규모 공장에서 기술을 연마하며 아는 사람들, 주기적으로 만나는 사람들을 위해 제품을 생산했다. 장인들은 공장주와 긴밀한 관계를 맺었고 가끔은 한집에 머물며 허물없이 지냈다. 하지만 대량생산의 신기술이 도입되면서 이와 같은 분위기는 깨어졌다. 많은 직공이 평가절하를 당했고, 전문견습생의 역할은 언제든지 대체 가능한 시간제 노동자들이 대신했다. 1801년에 엘리 휘트니가 소형화기 생산 속도를 높이기 위해 발명한 호환성 부품들과 비슷하게 된 것이다.

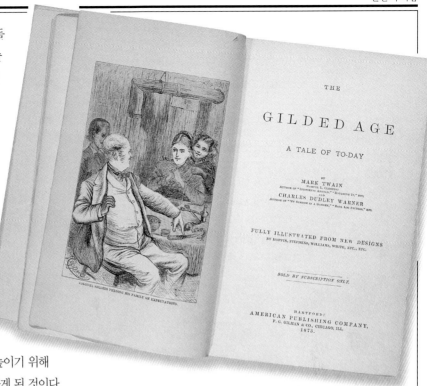

THE

GILDED AGE

A TALE OF TO-DAY

BY

MARK TWAIN

AND

CHARLES DUDLEY WARNER

FULLY ILLUSTRATED FROM NEW DESIGNS

SOLD BY SUBSCRIPTION ONLY.

HARTFORD:
AMERICAN PUBLISHING COMPANY,
1873.

「금박시대 : 오늘날의 이야기」 초판

마크 트웨인과 찰스 더들리 워너가 1873년에 공저한 작품. 정계와 재계의 부패로 악명이 높던 이 시대에 명칭을 부여한 작품이다. 정계의 거물 윌리엄 M. 위드 등 작품 속 등장인물들은 대부분 당시 미국의 유명인사들을 서의 그대로 풍자했다.

산업화 이전의 공장에서는 노동자들이 중심이었다.

하지만 산업화 이후의 공장은 기계가 장악했다. 공장 노동자들은 고용주와 허물없이 지내기는커녕 얼굴을 아는 경우도 드물었고, 자신이 생산한 제품을 사용하는 몇천 또는 몇백만 명의 소비자들과 주기적으로 만나는 노동자는 없었다. 예를 들어 풀먼 사의 경우만 하더라도 자신의 회사에서 생산하는 호화로운 침대차를 이용할 수 있는 직원은 극소수에 불과했다. 노동자들은 산업화가 진행될수록 노동의 결과물과 점점 멀어졌다.

미국의 공장 노동자들은 낮은 임금과 비인간적이고 단조로운 작업환경뿐 아니라 민족과 인종 간 갈등에도 시달렸다. 민족과 인종 간 갈등을 약삭빠르게 이용한 자본가들 때문이었다. 일부 공장에서는 서로 반목이 심한 국적과 인종을 일부러 나란히 배치했다. 집단교섭의 가능성을 줄이기 위한 조치였다. 흑인들은 정상적인 상황에서는 공장 취직이 불가능하기 때문에 파업을 방해하거나 미국에서 태어난 백인 인종차별주의자가 노조활동을 벌이지 못하도록 주의를 흩어 놓는 용도로 동원되었다. 이 점에 있어서는 외국 출신 이민자들도 마찬가지였다. 대부분 경제적인 이유로 국경을 넘은 이민자들은 제대로 된 임금이나 대우를 받아 본 일이 없었기 때문에 가장 가혹한 조건도 마다하지 않았다. 같은 일거리를 놓고 경쟁을 벌여야 할 뿐 아니라 덩달아 임금까지 깎이게 되었으니 미국 출신 노동자들은 이들에게 반감을 품을 수밖에 없었다.

남북전쟁 이후 세대가 볼 때 산업발전의 혜택과 폐단을 가장 단적으로 상징하는 것이 철도였다. 미국의 선로 길이는 1865년까지만 하더라도 약 5만 6천 킬로미터에 지나지 않

이민배척주의자들의 반발

남북전쟁 이후 가톨릭과 유대교 이민자들이 급증하자 미국인의 대다수를 이루는 프로테스탄트교도들은 문화적, 정치적 이유에서 반발하고 나섰다. 이민자들은 생활방식이 이질적일 뿐 아니라 정치 쪽에서도 급진적인 성향을 보였기 때문이다.

물론 극단적인 정치활동에 가담한 사람은 극소수에 불과했지만, 도시 인구가 외국 출신으로 메워지다 보니 재계의 엘리트층으로서는 골칫거리일 수밖에 없었을 것이다.

하지만 서부 해안을 중심으로 1880년대에 번진 반(反)중국인 정서는 이해가 잘 되지 않는다. 다른 나라에 비하면 중국 출신은 아주 적었다. 1882년 5월, 의회가 10년 동안 중국 출신 이민을 거부하는 중국인배제법을 통과시켰을 때 전국을 통틀어 중국 이민자는 10만 명에 지나지 않았다.

샌프란시스코에서 1860년대 후반에 등장한 이민배척주의 만평
아일랜드와 중국 이민이 미국인을 집어삼키고, 이후에는 중국 이민자가
아일랜드 이민자를 집어삼키는 모습이다.

남북전쟁 이후 농업기술의 발달로 일터에서 밀려난 농촌 노동력이 저소득 공장 노동자로 처지가 바뀌었을 때 많은 사람은 이민자 쪽으로 비난의 화살을 퍼부었다. 이민자 때문에 노동인구가 많아져서 급여 수준이 낮아졌다고 생각한 것이다. 특히 캘리포니아의 아일랜드 출신 노동자들은 철도건설 일을 중국인들에게 빼앗겼다고 분통을 터트렸다.

그 결과 1870년대 후반에는 샌프란시스코의 아일랜드 폭도들이 중국인들을 공격하는 사건이 종종 벌어졌다. 한편 캘리포니아 주의회는 중국인의 투표권을 박탈하고 법인 취직을 금지하는 새로운 법안을 통과시켰다.

있다. 하지만 1890년 무렵에는 전 세계 철도의 3분의 1에 해당되는 약 26만 3천 킬로미터로 껑충 뛰었다. 기회를 직감한 유럽 투자가들이 건설자금의 3분의 1 이상을 지원했다. 최고 전성기를 누리던 1880년대 무렵, 철도건설 분야에 종사하는 인구는 20여 만 명이었다. 정부 차원의 막대한 대출과 토지양도도 중요한 자금줄 역할을 했다. 예를 들어 센트럴퍼시픽과 유니언퍼시픽의 경우에는 건설한 대륙횡단철도의 길이에 따라서 선로 인근 공유지를 할당받고(주 소유지에 놓인 철로는 약 1.5킬로미터당 15평방킬로미터씩, 연방 소유지에 놓인 철로는 약 1.5킬로미터당 30평방킬로미터씩 할당받는 식이었다), 화물차 이용객이 될 이주민들에게 매각했다. 1850년에서 토지양도 정책이 끝난 1871년 사이 의회가 철도회사에 교부한 공유지는 1억 7,500만 에이커였다. 1억 7,500만 에이커면 홈스테드법에 따라 이주민들에게 분배한 땅의 1.5배에 해당하는 면적이었다. 그 결과, 서부의 몇몇 주에서는 철도회사와 일부 투기업자들이 토지의 4분의 1 이상을 소유하는 현상이 빚어졌다.

이와 같은 출자가 뒷받침되었다 하더라도 이민 노동력이 없었더라면 미국의 철도망은 남북전쟁 이후에 폭발적인 증가를 보이지 못했을 것이다. 특히 대륙횡단철도회사의 경우에는 미국에 갓 도착한 이민자들을 몇만 명 고용했다. 센트럴퍼시픽은 '쿨리'라고 불린 중국 출신 노

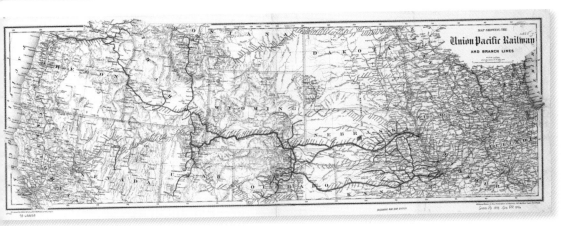

1888년의 지도
유니언퍼시픽 철도와
지선(支線)을 표시했다.

동자들의 힘을 빌어 캘리포니아에서부터 동부로 선로를 확장시켜 나갔다. 반면에 유니언퍼시픽은 주로 아일랜드 출신들을 동원해 네브래스카와 와이오밍을 건너는 선로를 만들었다. 1869년 5월에 최초로 등장한 대륙횡단철도는 장거리 여행에 걸리는 시간을 상당히 단축시켰다. 이제 대륙횡단에 소요되는 기간은 7일이었다. 7일이면 많은 승객을 유혹하기에 충분할 만큼 짧지만, 풀먼이 호황을 누릴 수 있을 만큼 긴 시간이기도 했다.

한동안 철도회사의 가장 큰 적은 다른 철도회사였다. 과다 건설을 한 뒤 출혈경쟁을 벌이다 많은 수가 문을 닫는 식이었다. 경제적인 관점에서 볼 때 철도산업은 터무니없을 정도로 비효율적이었다. 경쟁이 치열한 노선의 경우에는 고객을 유혹하기 위해 원가 이하의 가격을 제시했다. 그리고 인기 없는 노선을 이용하는 승객의 주머니를 털어 손실을 만회했다. 파산의 물결이 지나간 뒤 정신이 번쩍 든 철도회사들은 '카르텔' 협정을 통해 살인적인 경쟁을 마감하려고 했다. 화물차 운행을 합리적으로 배분하고 일정한 가격을 정해 철도산업의 안정성과 수익성을 동시에 꾀한 것이다. 당연한 노릇이겠지만 이와 같은 정책은 이미 철도라면 질색하던 서부 해운업자들의 반발을 불러일으켰고, 결국 1887년에는 주간(州間) 통상법이 제정되어 연방위원회에서 철도 이용료를 합리적이고 합당한 수준으로 조절했다. 한편 파산을 이기고 살아남은 주요 노선들은 작은 마을을 도시로 만들고 곳곳으로 승객과 화물을 실어나르며 사상 최초로 전국경제시장시대를 열었다.

사상 최초의 대륙횡단철도가 준공되는 역사적인 순간을 담은 사진
센트럴퍼시픽 노선과 유니언퍼시픽 노선이 1869년 5월 10일, 유타 주 프로모토리포인트에서 만나는 자리에는 은 썰매가 싣고 온 황금 대못이 등장했다.

철도회사 합병

미국 기업들이 자금조달을 위해 주식을 발행하기 시작하자 이에 따라 은행의 역할도 예치금 대출에서 국내외 다양한 경로를 통한 자본 조성으로 달라졌다. 즉, 한쪽에는 기업, 다른 쪽에는 개인투자가와 기관투자가를 둔 중개인이 된 것이다. 새롭게 출범한 투자금융계에서 가장 눈부신 활약을 보인 인물이 존 피어폰트 모건(John Pierpont Morgan)이었다. 그는 런던의 은행 주식을 상당수 보유한 코네티컷의 부유한 사업가 집안에서 태어났고, 큰 키와 당당한 태도가 돋보이는 인물이었다.

미국 대기업 대출 전문이었던 모건은 1870년대와 1880년대에 줄줄이 도산하는 철도회사를 보며 절호의 기회를 포착했다. 그가 보기에 출혈경쟁은 염가로 운행되는 경쟁노선을 합병하면 해결될 수 있는 문제였다. 관건은 필요

모건
1902년 사진.

한 자금 마련이었지만 모건처럼 탄탄한 인맥을 자랑하는 사람으로서는 식은 죽 먹기였다.

1885년에 모건은 뉴욕센트럴과 펜실베이니아철도회사의 과다경쟁에 개입했다. 그리고 이후 15년 동안 점점 더 많은 노선을 재편하여 부채율을 낮추고 이윤을 남기는 수준으로 요금을 상향 조정했다(지나치게 상향 조정하는 경우도 많았다).

모건은 또 한편으로 철강 등 다른 산업에서도 재능을 유감 없이 발휘했다. 1890년대 가격전쟁으로 철강산업이 일시적인 사양길로 접어들자 모건은 세계 최초로 10억 달러의 자본금을 갖춘 유나이티드스테이츠철강회사를 설립했다. 1901년에 앤드류 카네기(Andrew Carnegie) 철강회사의 자산을 매입한 유나이티드스테이츠철강회사는 이윽고 미국 철강생산의 60퍼센트를 장악하는 기업으로 성장했다.

과도기 정치

철도산업의 입지가 날로 확대되면서 철도업계의 거물들은 조지 워싱턴 정부와 연줄을 만들려고 애를 썼다. 이들은 새로운 선로를 건설할 때 연방 차원에서 보조금을 대 주던지, 철도산업에 호의적인 인물을 주간통상위원으로 임명하는 식의 특혜를 바랐다. 공무원들은 몇백만 달러 상당의 주식, 현금, 그 밖의 다양한 뇌물을 받는 대가로 기꺼이 특혜를 베풀어 주었다. 양쪽 대정당 모두 여물을 받아먹었지만, 남북전쟁 이전에 정부 후원의 경제성장을 지지하던 공화당이 가장 큰 수혜자였다.

수많은 철도 관련 스캔들이 금박시대를 오염시켰지만, 그중 최악은 유니언퍼시픽 철도회사의 대주주들이 새로운 노선 건설을 위해 설립한 크레디 모빌리에 관련 사건이었다. 크레디 모빌리에의 주식을 받고 엄청난 보조금 지급을 찬성한 의원들이 한두 명이 아니었다. 유니언퍼시픽은 재정난에 허덕였음에도 불구하고 그레디 모빌리에가 투자가들에게 해마다 지불하는 배당금은 300퍼센트를 웃돌 때도 있었다. 이에 따라 1872년 선거 직전에 《뉴욕 선》을 통해 뇌물 스캔들이 터졌고, 의회 조사 결과 전직 부통령 스카일러 콜팩스(Schuyler Colfax), 신임 부통령 헨리 윌슨(Henry Wilson), 하원의장 제임스 G. 블레인의 연루사실이 밝혀졌다(대표인물이 그 정도였다). 하원의원 제임스 A. 가필드(James A. Garfield)는 혐의를 완강하게 부인한 덕분에 의원직을 보전했고 8년 뒤에는 대통령 자리에까지 올랐다.

"철도는 사랑하는 국민을 위해 운행되지 않는다. (중략) 철도는 투자한 자금에 상응하는 이윤을 바라는 사람들을 위해 건설되었다."

윌리엄 H. 밴더빌트가 1882년 10월 8일에 기자들에게 한 말

물론 금박시대의 정치부패는 중앙정부와 공화당만의 이야기가 아니었다. 북부의 여러 대도시에서는 민주당 간부들이 훨씬 더 뻔뻔스럽게 시민들을 갈취했다. 예를 들어 뉴욕 시 같은 경우에는 윌리엄 마시 트위드를 '두목'으로 떠받드는 태머니홀이 사상 유래 없는 부패행각을 펼쳤다. 1860년대 후반 동안 트위드 도당이 횡령한 공금은 자그마치 2천만 달러였다. 하지도 않은 작업대금으로 트위드 소유의 회사에 지불하는가 하면 뒤를 봐준 계약업자에게 리베이트를 받는 식이었다. 그 가운데서도 가장 악명 높은 사기극은 사치스러운 법원청사 신축관련 사건이었다. 1871년 7월에 트위드 도당의 부패상을 폭로한 《뉴욕타임스(New York Times)》에 따르면 '미장업계의 황태자'로 불린 앤드류 가비(Andrew Garvey)가 미장공사로 받은 대가가 무려 280만 달러였다.

트위드를 기소하고 유죄 판결을 받아내 전국적인 명성을 얻은 인물은 개혁파 법률가 새뮤얼 J. 틸던이었지만, 트위드는 1869년부터 자신을 소재로 삼기 시작한 《하퍼스 위클리》의 만평가 토머스 내스트(Thomas Nast)를 원흉으로 지목했다. 그는 언젠가 중개인을 통해 내스트에게 1만 달러의 뇌물을 제시한 일이 있었다. 내스트는 몸값을 50만 달러까지 올리다 거절하는 기지를 발휘했다. 내스트를 왜 그렇게 눈엣가시처럼 여기느냐는 질문을 받았을 때 트위드는 민주당 지지자들이 글은 못 읽어도 '망할 놈의 그림은 볼 수 있기 때문'이라고 대답했다.

1876년 7월 《하퍼스 위클리》에 실린 내스트의 만평

1876년 7월이면 '두목' 트위드가 석방된 지 1년 만에 추가 혐의로 다시 수감되기 직전이다.

정당 간부들이 재산과 입지를 쌓을 때 활용한 도구는 공직 임명권이었다. 따라서 트위드 도당의 행각과 그랜트 행정부의 여러 스캔들이 폭로되었을 때 공무원 개혁은 중요한 정치 현안으로 자리잡았다. 러더퍼드 B. 헤이스 대통령은 재직 당시 공무원 개혁을 국내 문제 가

이민정책

금박시대 때 도시를 기반으로 하는 정당의 힘은 이민 유권자에 따라 좌우되었다. 따라서 정당 간부들은 갓 도착한 이민자들을 상대로 정기적인 구애작전을 펼쳤다. 할당받은 구역 곳곳을 신발이 닳도록 걸어다닌다고 해서 '워드 힐러(ward heeler, ward는 구역, heeler는 구두 뒤축을 대는 사람이라는 뜻 — 옮긴이)'라고 불린 선거운동원들은 이들에게 주택에서 식료품, 보조금, 일자리에 이르기까지 온갖 지원을 약속했다. 선거일이 다가오면 수혜자들이 친구와 가족까지 동원해 고마운 마음을 표현해 줄 것이라고 생각했기 때문이다. 남북전쟁 이후에는 도시의 정당 간부들이 북부에서 민주당의 세력을 유지하는 데 가장 중요한 역할을 했고 '남부 결속(Solid South, 민주당을 전통적으로 지지한 남부의 여러 주 — 옮긴이)'과 더불어 여러 세대 동안 민주당의 중심세력으로 활동했다.

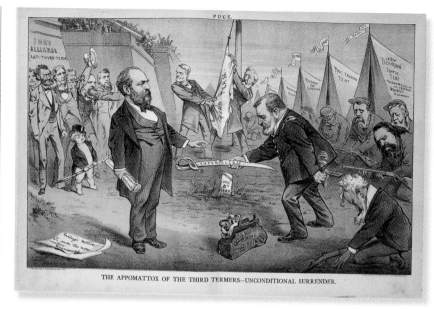

THE APPOMATTOX OF THE THIRD TERMERS—UNCONDITIONAL SURRENDER.

운데 가장 시급한 과제로 꼽았다. 그는 1877년 6월, 연방공무원의 정당활동 참여를 금지하는 행정 명령을 내렸다. 그리고 1년 뒤에는 뇌물을 수수했다는 이유로 뉴욕 항 세관원 체스터 A. 아서(Chester A. Arthur)를 해고했다. 그가 몇 년 동안 '부수입'으로 챙긴 5만 달러는 당시 대통령 봉급에 해당되는 금액이었다. 하지만 의회의 반항이 워낙 거셌기 때문에 포괄적인 공무원 관련 법안을 제정하지는 못했다. 강력한 개혁법안은 1883년에 이르러서야 대통령의 책상에 올려졌다. 이 펜들턴 공무원법에 서명한 인물은 아이러니컬하게도—미국 역사상 몇 손가락 안에 꼽히는 아이러니였다—아서였다.

1880년에 헤이스가 재출마를 거부하자 공화당은 갈피를 잡지 못했다. 이미 하원을 장악한 민주당은 1878년 중간선거에서 상원까지 차지했다. 따라서 공화당은 이번 대통령 선거에 특별히 희망을 걸 수밖에 없었다. 뉴욕 주 상원의원 로스코 콩클링(Roscoe Conkling, 우연의 일치이겠지만 아서의 후원자였다)이 이끄는 보수적인 스톨워트 파는 율리시스 S. 그랜트의 삼선을 원했다. 좀더 온건한 하프브리즈(Half-Breeds, 잡종이라는 뜻—옮긴이) 파는 메인 주 상원의원 블레인을 지지했다.

공화당 전당대회는 서른다섯 차례나 투표를 벌인 끝에 교착상태로 접어들었다. 이때 그랜트에 반대하는 여러 파벌이 다크호스 가필드를 중심으로 뭉쳤다. 그는 스톨워트 파의 환심을 사기 위해 콩클링의 측근 아서를 부통령 후보로 선택하고 연방정부의 관직을 약속했다. 암시를 흘렸을 수도 있고 좀더 직접적으로 약속했을 수도 있다. 하지만 콩클링이 이끄는 뉴욕 간부들의 도움으로 당선이 된 가필드는 두목과의 관계를 끊고 예전에 아서가 맡았던 뉴욕 세관직에 블레인의 측근을 앉혔다. 배신감에 분노한 콩클링은 상원에서 임용반대 운동을 펼쳤고 승리를 거두었다.

하지만 결론적으로 말을 하자면 콩클링은 공직 임명권 때문에 파멸의 나락으로 떨어졌다.

콩클링과 갈등을 빚고 몇 달 뒤, 저지 해변에서 여름휴가를 보내기 위해 워싱턴을 떠나던 대통령은 볼티모어-포토맥 철도역에서 정신 나간 스톨워트 파 찰스 J. 기토(Charles J. Guiteau)의 총에 등을 맞았다. 지난 몇 달 동안 백악관을 찾아가 공직을 부탁했다가 매번 거절당하자 가필드를 없애고 아서를 대통령으로 만들겠다는 생각으로 1881년 7월 2일에 벌인 사건이었다. 총상 자체는 치명상이 아니었지만 총알을 제거하지는 못했다. 게다가 비위생적인 탐침(探針) 때문에 상태가 더욱 악화되었다. 가필드는 두 달 동안 병석에 누워 있다 9월 19일에 패혈증으로 눈을 감았다.

이제 기토의 의도대로 아서가 대통령이 되었다. 아서(또는 스톨워트 파)가 기토를 사주했다고 생각한 사람은 아무도 없었지만 일각에서는 조만간 콩클링이 정부를 장악하지 않겠느냐는 예상을 내놓았다. 하지만 가필드는 살아 있을 때보다 죽은 뒤에 더 큰 힘을 발휘했다. 그의 피살을 접하고 경악한 국민들이 권력욕으로 인한 정신착란을 원인으로 규정하고 공무원 개혁을 소리 높여 외치기 시작한 것이다. 그 결과물이 바로 펜들턴법이었다. 한편 대통령 자리에 오른 아서는 달라진 모습을 보였다. 펜들턴법을 위해 적극적으로 로비 활동을 벌이는가 하면 지역구민의 환심을 사려는 수작이 뻔히 보이는 1882년의 하천과 항만법 등 여러 국고보조안에 거부권을 행사했다(하천과 항만법은 그의 거부에도 불구하고 의회의 승인을 받았다). 펜들턴법은 초당적인 공무원위원회가 주관하는 시험을 통해 능력으로 공무원을 선발한다는 내용이었다. 공직자가 소속 정당에 봉급의 일정액을 기부하는 관행도 펜들턴법에 의거하여 금지되었다.

가필드의 달력
가필드가 백악관에서 쓴 탁상용 달력. 그가 피격당한 날에 멈추어 있다.

이 같은 개혁조치는 환영을 받았지만 금박시대를 수놓은 여러 불공평한 조치를 없애는 데에는 아무런 도움이 되지 못했다. 정치인들은 노예시대 때 그랬던 것처럼 이민, 도시화, 산업화 등 복잡한 문제는 가능한 한 피하려고 했다. 이들의 회피 작전은 1865년에서부터 1890년대까지 계속되었다. 정계는 경제불황과 인민주의의 압력이 거세어진 뒤에야 30년 동안 덮어 두었던 문제를 조금씩 거론하기 시작했다.

금박시대 정치인들이 신생 산업사회에 신경을 쓰지 않은 이유는 무엇이었을까? 한 가지 이유로 지목할 수 있는 것이 얼마 전에 끝이 난 전쟁과 엄청난 정신적 여파였다. 남북전쟁은 이들의 인생에서 가장 충격적인 사건이었고, 1877년으로 재건시대가 끝이 난 이후에도 많은 정치인은 다른 곳으로 관심을 돌리지 못했다. 유권자들도 마찬가지였다. 그로버 클리블런드만 예외였을 뿐 에이브러햄 링컨에서 시어도어 루스벨트 사이에 당선된 대통령들은 모두 북부연방 장군으로 혁혁한 전과를 거둔 공화당원이었다. 헤이스와 가필드는 소장이었다. 벤저민 해리슨(Benjamin Harrison)은 준장이었다. 윌리엄 매킨리(William McKinley)는 젊은 소령이었다. 심지어는 아서마저 뉴욕 주 민병대의 병참장교 출신이었다. 금박시대 정치인들이 도시와 이민문제에 관심을 쏟지 않은 또 다른 이유를 들자면 대부분 소도시 출신이라 대도시 특유의 문제점을 접해 보지 못한 탓도 있었다.

이 시기의 인재들은 대부분 재계로 뛰어들었기 때문에 정부 공무원들은 급속한 산업화로 생기는 난관을 해결할 만한 능력이 없었다. 그뿐 아니라 경제 분야를 효과적으로 제재하자니

매킨리
1861년부터 1865년까지 오하이오 제23자원보병대에서 복무했다. 연대장은 헤이스였다.

도시화

남북전쟁 이후에 미국의 도시가 매우 빠른 속도로 성장한 이유는 외국에서 유입된 이민 때문이지만, 내국인의 이동도 19세기 후반의 도시화에 기여한 부분이 크다. 유담보(流擔保, 저당채무자가 합의한 채무를 이행하지 못하는 경우, 저당재산에 대한 저당권설정자의 권리를 소멸시킬 수 있는 법적 절차— 옮긴이), 가뭄, 농업의 기계화로 일거리를 잃은 농민들이 전후시대에 대거 농촌을 등지기 시작하면서 1860년에 20퍼센트였던 도시인구는 1900년에 이르러 40퍼센트로 증가했다.

이런 현상이 집중된 1880년대에는 101개 도시의 규모가 두 배로 늘었고, 그중 일부는 가히 극적인 면모를 보였다. 캔자스시티는 인구가 열 배로 늘어났다. 미니애폴리스는 4만 7천 명에서 16만 4천 명으로, 오마하는 3만 명에서 14만 명으로 불어났다. 미끼 역할을 한 것은 물론 공장이었다. 노동자의 숫자가 많아지면서 더욱 많은 공장이 등장했고, 이로 인해 농촌경제는 기반이 한층 약해졌다. 도시화와 산업화는 이렇게 서로 주거니 받거니 하는 쌍둥이였다.

기술혁신도 1880년대 도시화에 많은 역할을 했다. 토머스 앨바 에디슨(Thomas Alva Edison)이나 조지 웨스팅하우스(George Westinghouse), 니콜라 테슬라(Nikola Tesla)와 같은 인물들이 전기를 대량 생산하지 않았더라면 뉴욕이나 시카고 등지의 성장 속도는 훨씬 더디었을 것이다. 외곽에 사는 사람들은 전차 덕분에 도심지의 상업지구나 쇼핑지구를 자유롭게 오갈 수 있었다. 마차를 대신한 전차는 말똥이라는 심각한 공중위생 문제도 해결했다. 그뿐 아니라 강철생산의 증가로 고층건물이 등장하면서 도시는 수평과 수직, 양쪽으로 확장을 거듭했다.

1899년의 사우스워터 거리
20세기 초 시카고 시민들은 사우스워터 거리가 세계 최대의 번화가라고 자랑했다. 다른 도시와 마찬가지로 이 무렵 혼란스러운 수준으로 팽창한 시카고도 비효율적인 모습과 부패가 만연했다. 이 시기에는 공중위생이 공통의 문제점으로 부각되었고, 새로운 담수시설 공사가 거의 모든 지방정부의 우선과제였다.

기업가들에게 받은 혜택이 너무 많았다. 미국의 정치인들은 정계와 재계의 분위기가 바뀐 1890년대에 이르러서야 기업의 사회적 책임을 묻기 시작했다.

주식회사의 등장

금박시대에 정치권의 제재를 전혀 받지 않은 재계의 관행이 있다면 거대 제조주식회사의 결성이었다. 1860년 무렵 미국의 제조업은 세계 4위였다. 하지만 1900년에는 산업 열강으로 꼽히는 영국, 프랑스, 독일을 모두 합한 것보다 많은 공산품을 생산했다. 가족 중심의 상회 대신 주식회사가 사업체의 기본 형태로 자리잡은 결과 빚어진 초고속 성장이었다.

물론 주식회사는 전혀 새로운 개념이 아니었다. 식민지 시대에 버지니아와 매사추세츠의

정착촌 건설을 후원한 합자회사도 일종의 주식회사였다. 하지만 남북전쟁 이전에 설립된 주식회사들은 주의회의 신세를 졌고 공금의 지원을 받았다. 즉, 지역사회 발전의 일익을 담당하는 준(準)공기업이었다. 이 무렵 자금을 축적한 부유층은 투자처를 물색하다 미국세컨드은행처럼 공기업과 사기업의 역할을 병행하는 '혼합' 주식회사에 출자를 하기 시작했다. 그리고 기업가들은 1830년대와 1840년대에 발전한 이와 같은 추세를 발판으로 주정부나 사회에 대한 의무를 전혀 지지 않는 회사설립법을 제정하기 위해 주의회를 상대로 로비 활동을 벌였다. 회사설립법 제정의 목적은 대륙횡단 철도건설처럼 개인이나 몇몇 동업자가 감당하기 불가능한 대규모 사업에 주식매각을 통해 자금을 댈 수 있는 대기업 건설이었다.

증권 증서
풀먼팰리스 객차회사가 1884년 3월에 발행한 증권.

철도에서 시작된 바람은 철강, 정육, 석유생산 등 다른 산업으로 확산되었다. 이같은 출자 형태의 가장 매력적인 특징은 유한책임제였다. 미국인들로서는 이처럼 개인적인 접촉이 배제된 투자 방식이 처음이었지만 원금 손실만 감수하면 된다는—다른 말로 하자면 회사의 모든 부채를 책임지지 않아도 된다는—사실에 안심했다. 그 결과, 신생 주식회사로 자금이 몰리면서 현대적인 의미의 주식시장이 탄생했고 예전 같으면 상상도 못했을 규모의 사업체가 등장했다. 주식회사의 발전은 두 가지 방식으로 이루어졌다. 하나는 합병이나 인수를 통해 거의 독점에 가까운 시장점유율을 확보하는 수평통합방식이었고, 또 하나는 원료뿐 아니라 유통망까지 장악하는 수직통합방식이었다.

카네기의 1896년 모습
그의 지수성가 이야기는 재능을 바탕으로 열심히 노력하면 누구든지 부자가 될 수 있다는 자신감을 미국인들에게 심어 주었다.

수 직통합 분야에서 가장 성공을 거둔 선구자는 19세기 후반 철강시장을 장악한 카네기였다. 스코틀랜드 출신의 가난한 이민집안에서 태어난 카네기는 철도산업에서 차근차근 계단을 밟아 나가다 전 재산을 철강에 투자한 인물이었다. 그는 1873년, 피츠버그 외곽에 공장을 건설하고 베서머법[공기분사로 선철(銑鐵)의 불순물을 제거하는 방법—옮긴이], 평로법(노가 발산하는 폐열을 이용해 용광로 내부의 온도를 높이는 제강법—옮긴이)과 같은 신기술을 동원해 저렴하고 질 좋은 철강을 생산했다. 그리고 여기에서 얻은 수익과 추가 주식매각에서 생긴 엄청난 자금을 바탕으로 보완사업망을 구축하기 시작했다. 그는 용광로의 연료로 쓰이는 인근 탄전을 매입하고 미네소타 주 메사비 산맥의 대규모 철 생산지를 임차했다. 홈스테드 머난거힐라 강의 공장까지 원광을 옮길 수 있도록 5대호를 오가는 선단을 매입했다. 또 한편으로는 철도회사를 매입하여 제품 운송에 이용할 뿐 아니라 다리와 선로건설 시장까지 확보했다.

카네기는 전 세계적인 수준은 못 되라도 전국적인 철강시장은 구축할 수 있다고 믿었다. 남북전쟁 이전의 운송과 통신 사업 체계라면 꿈도 꾸지 못할 일이었겠지만 카네기와 여러 선구자가 정교하게 가다듬은 기업모델이 있기 때문에 현실로 이루어질 수 있는 포부였다.

통신

철도가 전국적인 시장발전에 미친 영향은 지대하지만 이에 못지 않게 중요한 역할을 한 것이 통신의 발달이었다. 한 기업이 다른 도시로 사업을 확장하려면 반드시 필요한 도구가 각 지사와 효과적으로 정보를 교환하는 수단이었다. 새뮤얼 F. B. 모스(Samuel F. B. Morse)가 1830년대에 발명한 전신기는 한동안 유용하게 쓰였고 1866년 7월에 사이러스 W. 필드(Cyrus W. Field)가 최초의 대서양 횡단 전선 부설에 성공하면서 사용 범위가 넓어졌다. 하지만 1870년대에 이르러서는 한계에 부딪쳤다.

차세대 신기원을 이룩한 주자는 스코틀랜드 출신의 알렉산더 그레이엄 벨(Alexander Graham Bell)이 발명한 전화였다. 1872년, 스물다섯 살의 나이로 보스턴에 정착한 벨은 농아학교를 열었고 이후에는 보스턴 대학교에서 웅변과 음성생리학 교수로 재직했다. 이 과정에서 농아인 학생들이 말을 배울 수 있도록 전신기술과 음파를 가지고 여러 실험을 벌였다.

그는 1874년에 '소리가 날 때 나타나는 공기의 밀도 변화와 강도가 정확히 일치하는 전류 변화를 일으켜 소리를 전신기로 전송하는' 기계를 고안했고, 1876년 3월 7일에 전화 특허신청을 냈다. 그로부터 사흘 뒤, 그는 연구실에서 전화로 다음과 같은 최초의 완벽한 문장을 전송했다.

"왓슨 군, 자네 도움이 필요하다네. 이리로 건너와 주겠나?"

벨의 발명품은 그해 필라델피아에서 거행된 100주년 기념 박람회에서 과학기술이 이룩한 가장 놀라운 '기적'으로 꼽혔다. 2년 뒤, 전 도시를 잇는 최초의 전화 교환국이 업무를 시작하면서 미국의 기업 운영과 사회 문화적인 양상은 크게 달라졌다.

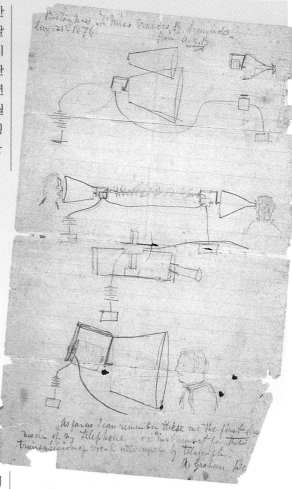

1876년 여름에 그린 전화 초안
남북전쟁 이전부터 같은 분야에서 연구한 발명가가 많았기 때문에 벨의 성공 소식은 수많은 특허소송을 낳았다. 벨이 전화 발명의 주인공으로 확실하게 인정 받은 것은 600건의 소송이 이어진 뒤였다.

전국시장의 확대는 경제발전의 기회가 되었고, 이것은 다시 삶의 수준을 높이는 계기가 되었다. 하지만 경제발전은 탐욕을 낳았고 이익을 소수가 독점했기 때문에 부작용도 낳았다. 이윽고 미국 산업 전반을 장악한 대기업은 동맹을 통해 가격과 임금을 통제했다. 대기업 동맹은 철도회사들이 맺은 카르텔 형식을 취할 때도 있었고 '트러스트' 형태를 보일 때도 있었다. 어찌됐건 경쟁을 억제하고 장악력을 더욱 다진다는 목적에는 변함이 없었다.

트러스트

1882년 1월에 트러스트 형태의 사업체를 최초로 선보인 인물은 존 D. 록펠러(John D. Rockefeller)였다. 그는 정유소를 처음으로 건설한 1863년부터 석유산업을 길들이고 미친 듯이 요동하는 가격을 안정시킬 방법이 없을지 고심했는데, 이때 착안한 것이 수요를 장악하는 작전이었다. 록펠러는 오하이오의 스탠더드 석유회사를 통해 가능한 한 많은 정유소를 매입하기 시작했다. 결국 1880년 무렵에는 전국 정유소의 90퍼센트가 그의 수중으로 들어왔다. 하지만 나머지 10퍼센트가 여전히 통제권 밖에 머물러 있을 때 스탠더드 석유회사의 변호사 새뮤얼 C. T. 도드(Samuel C. T. Dodd)가 근사한 작전을 내놓았다. 한 사람이 다른 사람들을 대신해 자산을 관리하는 트러스트를 결성하면 어떻겠느냐고 한 것이다. 트러스트 관련 법령은 개인과 개인의 관계에만 적용이 되었지만, 기업이 트러스트를 결성하면 안 되는 이유는 어디에서도 찾아볼 수 없었다(4년 뒤인 1886년, '샌타클래라 카운티 대 서던퍼시픽철도'의 재판에서 대법원은 주식회사가 '법인'이기 때문에 사람과 똑같은 권리와 특전을 누릴 수 있다는 판결을 내렸다).

도드의 발상은 경쟁 정유사의 주식을 모두 이사회의 관리 아래 두고 — 이 경우 이사회는 거의 록펠러의 독무대였다 — 공동으로 기업을 경영하되 지분에 따라 이윤을 배분하자는 것이었다. 이런 식으로 광범위하게 시장을 장악하기 시작하면서 이윤은 천정부지로 치솟았다. 하지만 소비자와 소규모 생산업자의 항의가 빗발치자 의회에서는 1890년 7월에 셔먼 독점금지법을 통과시켜 록펠러의 신생 권력집단에 제동을 거는 수밖에 없었다. 셔먼 독점금지법에서는 트러스트를 불법적인 거래 제한으로 규정했지만 표현이 애매하고 구속력이 약했다. 게다가 해리슨이 이끄는 법무부는 어떠한 '연합'도 기소할 생각이 없었다. 5년 뒤 클리블랜드 내각의 법무장관이 셔먼 독점금지법에 따라 소송을 제기했지만, 대법원은 '연방정부 대 E. C. 나이트' 재판에서 E. C. 나이트는 셔먼 독점금지법을 위반한 것으로 볼 수 없다는 판결을 내렸다. 시장

정부는 기업의 수하라는 대중적인 인식을 표현한 1990년의 만평

'트러스트 거인의 시각'. 공장으로 변한 국회의사당이 연기를 내뿜는 가운데 백악관을 손바닥 위에 얹어 놓은 록펠러의 모습을 담았다. 금박시대의 재계 거물들은 정치도 원자재 값이나 임금과 다를 바 없는 비용의 일부로 간주했다. 예를 들어 록펠러는 1880년, 중서부에만 몇천 명이 존재하는 영업사원에게 공화당을 적극 지지하라는 지시를 내렸다. 덕분에 가필드는 중서부 전체의 표를 가져갈 수 있었다.

의 98퍼센트를 장악한 설탕 트러스트이기는 하지만 제조업 자체는 주간통상에 포함되지 않기 때문에 제조업 트러스트는 주의 법규를 따른다는 이유에서였다.

하지만 주정부도 트러스트 규제에서 거두는 성적이 신통치 않기는 마찬가지였다. 예를 들어 1892년 3월, 오하이오 대법원이 스탠더드석유 트러스트의 해체 판결을 내렸을 때에도 록펠러는 꿈쩍하지 않았다. 뉴저지로 거점을 옮겨 지주회사라는 새로운 형태로 트러스트를 다시 결성하고는 그만이었다. 록펠러가 뉴저지를 선택한 이유는 주정부가 새로운 기업을 유치할 목적으로 1889년에 혁신적인 회사법을 제정했기 때문이었다. 이 회사법에는 한 기업이 다른 기업의 주식을 소유할 수 있다는 조항이 있었다. 따라서 지주회사는 제품 생산은 전혀 하지 않지만 다른 기업의 정책에 관여할 수 있을 만큼 다량의 주식을 확보한 회사였다. 록펠러는 이렇게 밝혔다.

"대기업의 성장은 적자생존의 결과이다. 자연의 법칙, 조물주 법칙의 구현이다."

호레이셔 앨저 2세의 작품
호레이셔 앨저 2세는 처녀작 『누더기를 입은 딕 : 구두닦이들과 함께 보낸 뉴욕 거리생활』(1867년) 때부터 미국에서 최고의 인기를 누린 작가 반열에 올랐다. 유니테리언 주의 목사인 그는 청소년용 소설을 주로 썼고, 착한 천성 덕분에 세계의 부와 권력을 거머쥐는 신문팔이나 구두닦이를 자주 등장시켰다. 1888년에 발표한 위 책의 경우만 하더라도 부제가 '멜 브렌트가 성공한 방법'이었다. 그는 1867년에서부터 숨을 거둔 1899년까지 119권의 작품을 썼고 2천만여 권의 판매고를 올렸다.

트러스트를 장악한 재계의 거물들은 하나같이 자기 자신을 경제라는 무대의 치열한 생존경쟁에서 살아남은 승자로 간주했다. 사회진화론이라는 새로운 사상에 입각한 발상이었다. 영국의 생물학자 찰스 다윈(Charles Darwin)의 자연도태설을 모태로 탄생한 사회진화론에 따르면 성공한 기업이 약한 경쟁사를 매입하거나 파산시키거나 그 밖의 갖가지 방법으로 제압하는 것은 '자연스러운' 현상이었다. 그뿐 아니라 정부가 자유로운 시장활동에 개입하는 것은 무분별할 뿐 아니라 '비정상적인' 처사였다. 자유방임주의에 맡기면 무능력한 생산업자는 금세 탈락하고 가장 유능한 사업가들이 국가경제를 관리할 테니 누가 보아도 좋은 일이었다.

이와 같은 생각은 18세기에 애덤 스미스(Adam Smith)가 출간한 저서에 단단히 뿌리를 박고 있었기 때문에 새로운 발상은 아니었다. 하지만 사회진화론자들의 그럴듯한 과학이론이 추가되면서 신선하고 근사하게 느껴졌다. 사회진화론자들은 금박시대의 적나라한 탐욕과 전후 산업화가 낳은 빈부의 엄청난 격차를 빈틈없이 합리화시켰다. 영국의 철학자 허버트 스펜서(Herbert Spencer)나 미국의 사회학자 윌리엄 그레이엄 섬너(William Graham Sumner)와 같은 사회진화론자들의 주장에 따르면 인간은 경제적인 운명을 스스로 선택할 수 있는 존재이기 때문에 가난은 개인적인 결함에서 비롯되는 결과였다. 카네기처럼 입지전적인 인물이 대표적인 증거였다.

하지만 사회진화론이 등장했을 때 미국의 대기업들은 이미 국내 경쟁사를 거의 제서하고, 수입품에 높은 보호관세를 부과하는 등 정부가 자신들에게 유리한 쪽으로 개입할 수 있도록 적극적으로 방법을 모색하는 중이었다. 그리고 파업노동자를 진압할 때 공무원과 군대의 힘을 빌지 않는 공장주가 없었다.

홈스테드 파업

파업은 금박시대 노사관계의 공통적인 특징이었다. 1880년대만 놓고 보더라도 2만 4천여 건의 파업에 600만 명이 넘는 노동자가 참여했다. 이처럼 파업이 자주 벌어진 이유로는 수많은 고용주의 태도를 꼽을 수 있었다. 재계의 거물들은 부와 권력을 축적해 나가는 과정에서 직원들의 관심사와 애로사항을 외면하기 시작했다. 카네기의 경우에는 자수성가한 전적 때문에 이와 같은 성향이 더욱 극단적으로 두드러졌다. 그는 1890년대 초반부터 오른팔 헨리 클레이 프릭(Henry Clay Frick)에게 홈스테드 공장의 일상적인 업무를 맡긴 채 머나먼 스코틀랜드의 대저택에서 대부분의 시간을 보냈다. 홈스테드의 문제점이 불거지기 시작한 1892년 초여름 무렵에도 카네기는 스코틀랜드에 있었다.

1889년에 제철 · 철강노동자연합회(노총의 지부였다)는 홈스테드에서 파업을 일으켜 3년 계약과 상당한 임금인상을 따낸 바 있었다. 그런데 3년 계약이 만료되기 직전인 1892년 봄, 아직까지 화가 안 풀린 카네기는 노조를 없애기로 결심했다. 카네기가 스코틀랜드로 떠나고 6월 25일, 프릭은 합동계약을 갱신하지 않고 개인별로 협상을 벌이겠다는 방침을 발표했다. 그는 집단협약을 주장하는 노동자들의 파업을 예상하고 홈스테드 공장 주변에 날카로운 철조망이 달린 울타리를 365센티미터쯤의 높이로 설치했다. 그리고 7월 2일, 3,800명의 근로자 앞에서 공장을 폐쇄한 뒤 비조합원들과 함께 조업을 재개하겠다고 선포하는 한편, 핑커튼 탐정사무소(범인 조사가 아니라 파업 방해가 전문이었다)의 무장경비원 300명에게 공장과 비조합원 보호를 맡겼다.

7월 6일의 태양이 뜨기도 전에 너벅선을 타고 머난거힐라 강둑에 도착한 핑커튼 요원들은 홈스테드 직원과 가족으로 구성된 1만 명의 파업단과 마주쳤다. 이들은 대부분 무기를 들고 있었다. 곧이어 벌어진 전투는 거의 온종일 계속되었다. 경비원 세 명과 파업단 아홉 명이 목숨

> "아직까지는 동포애라는 끈을 통해 빈부가 조화로운 관계를 유지하고 있을지 몰라도 우리 시대의 문제점은 부의 적절한 배분이다."
>
> 카네기,
> 『부의 복음』(1889년)

카네기 철강공장
1905년 무렵의 펜실베이니아 주 홈스테드에 위치해 있었다.

을 잃었고, 양쪽 모두 이보다 더 많은 사람이 부상을 입었다. 마침내 핑커튼 측이 항복했지만 전쟁은 거기서 끝나지 않았다. 프릭의 요청으로 펜실베이니아 주지사가 주민병대를 파견한 것이다. 150여 명의 노조원이 체포되고 살인혐의로 기소되었다가 모두 풀려났다. 버팀목이 되어 주던 노동자연합회의 파업기금은 11월 말에 바닥이 났다. 결국 이들은 늘어난 근무시간과 줄어든 임금, 노조 해체를 감수하며 공장으로 되돌아가는 수밖에 없었다.

〈하퍼스 위클리〉에 실린 목판화
핑커튼 요원들이 타고 온 너벅선이 머난거힐라 강 위에서 불에 타는 광경이다. 공장에서는 이처럼 '탐정'과 무장경비원들을 동원해 노동자 조직을 방해하거나 아예 해체시키는 경우가 많았다.

2년이 흐르고 1894년 6월 12일, 데브스가 시카고에서 미국철도노동조합 최초의 협의회를 개최했다. 풀먼 사의 파업은 이 협의회의 주요 안건이었다. 6월 15일, 철도노조 대표단이 풀먼 사의 부회장 위크스를 찾아갔지만 그는 협상을 거부했다. 그로부터 1주일 뒤에 철도노조는 근로자들의 불만사항을 즉시 수렴하지 않으면 6월 26일부로 풀먼 사의 객차가 딸린 열차의 운행을 거부하겠다고 통보했다. 한편 위크스는 6월 25일, 시카고에 종점을 둔 20여 개 철도회사가 결성한 경영자협회 회의에 참석했다. 협회원들은 풀먼 사의 상황을 잘 활용하면 철도노조를 무너뜨릴 수도 있겠다는 판단 아래 풀먼 사에 적극적인 지원을 약속하면서 매일같이 대책회의를 열었다.

6월 26일이 되었는데도 위크스 쪽에서는 타협의 기미가 없었다. 데브스는 풀먼 사의 객차가 딸린 열차를 옆으로 치우라고 노조원들에게 지시를 내렸다. 그날 저녁 9시, 풀먼이 시카고의 12번 거리 정거장에 나타났다. 세인트루이스로 출발하는 다이아몬드 특별열차를 점검하고 보이콧이 어느 정도인지 직접 확인하기 위해서였다. 열차는 제 시간에 출발했지만 잠시 후 전철기 조작 담당의 제지를 받았다. 풀먼 사의 객차가 딸린 열차는 통과시킬 수 없다는 것이었다. 이후 보이콧은 빠르게 확산되었다. 경영자협회에서 보이콧에 동참한 직원은 해고하고 블랙리스트에 올리겠다고 엄포를 놓아도 소용없었다. 며칠 사이 철도근로자 25만여 명이 합류했다. 시카고를 드나드는 거의 모든 열차는 물론 전국의 철도교통을 상당 부분 마비시키기에 충분한 숫자였다. 조만간 철도노조의 세상이 펼쳐질 것 같았다. 그런데 이때 법무장관 리처드 올니(Richard Olney)가 개입했다.

올니는 전직 철도회사 소속 변호사답게 경영진의 편이었고, 철도회사의 요청대로 연방법원에 보이콧 금지명령을 내리라는 지시사항을 전달했다. 우편물 배달을 방해한다는 것이 그가 제시한 이유였다(사실 맞는 말이기는 했지만 우편열차에 풀먼 사의 객차를 달지 않으면 해결되는 문제였다). 미국 역사에 한 획을 긋는 보이콧 금지명령은 7월 2일에 공포되었다. 다음날, 클리블랜드 대통령은 올니의 요청에 따라 연방군을 시카고로 파견하고 금지명령의 시행을 맡겼다.

예전까지는 사소한 충돌이 고작이었지만, 7월 4일 자정을 갓 넘긴 시각에 연방군이 도착하면서 며칠 동안 폭동이 벌어졌다. 첫날에는 연방군을 동원해 운행 재개를 시도한 록아일랜드철도가 공격을 받았다. 다음날에는 센트럴 열차 48대가 불길에 휩싸였다. 7월 6일에는 사우스시카고의 패핸들 조차장에 불이 났다. 7월 7일에는 49번가와 루미스 철도가 만나는 교차로에서 작은 접전이 벌어졌고, 파업 가담자 네 명이 주 민병대의 손에 목숨을 잃었다. 같은날, 경찰은 연방법을 어긴 혐의로 데브스와 철도노조의 유명인사들을 모조리 체포했다.

올니가 내린 금지명령에 따르면 데브스와 철도노조 지도부는 열차운행을 방해하거나 보이콧 참여를 촉구하거나 파업에 동조할 수 없었다. 연방정부와 경영자협회의 포위공격 아래 놓인 철도노조는 중압감을 견디기 힘들었다. 여기에 데브스와 지도부마저 일시 구속되고 투입되는 연방군 숫자마저 점점 더 늘어나자 보이콧은 결국 와해되었고, 7월 12일 무렵에는 전국

> "많습니다!"
>
> *곰퍼스. 의회 청문회에서
> 노조가 바라는 것이
> 무엇이냐는 질문을 받고*

유진 V. 데브스
1855-1926년

인디애나 주 테리호트에서 나고 자란 유진 빅터 데브스는 알자스 이민 출신으로 식료품 가게를 하는 아버지에게 좋은 책과 신성한 노동의 가치를 존중하는 방법을 배웠다.

그는 어려운 가정형편 때문에 10대 무렵 학교를 그만두고 열차의 페인트 벗기는 일을 했다. 이후에는 기관차의 보일러와 증기공급을 관리하는 기관조수로 자리를 옮겼다. 그는 아들의 안전을 걱정한 부모 때문에 1874년, 식료품 도매점의 점원으로 직업을 바꾸었다. 하지만 급여와 작업환경 향상을 위해 노력하는 철도회사 노동자들을 계속 후원했다.

그는 1875년 2월에 기관조수협회 지부의 간사로 선출되었고, 1880년에는 전국조직을 운영하며 경제불황으로 위축된 분위기를 살릴 수 있도록 애를 썼다(1년치 봉급을 조합기금으로 내놓기도 했다).

1885년에는 테러호트 노동자 계층의 강력한 지지를 등에 업고 주 하원의원으로 낙선되었다. 스물아홉 살의 나이에 전도유망한 정치인의 길로 접어든 셈이었지만, 부패한 정치체제에 환멸을 느끼고 단임으로 끝을 냈다.

전국의 철도노동자를 한 깃발 아래 모으고 싶다는 데브스의 소망은 미국철도노동조합이라는 밑싱으로 이어졌다. 데브스가 보기에 숙련 노동자들은 전문화된 동업조합을 결성하고 비숙련 노동자들은 찬밥 취급당하는 현 체제는 단결이 아니라 경쟁으로 이어질 가능성이 컸다.

때문에 1892년에 열린 기관조수협회 전국협의회에서 모든 철도 노동자를 아우르는 단일 노동조합을 결성하자는 의견을 내놓았다. 이렇게 해서 1년 뒤에 미국철도노동조합이 결성되었고, 데브스는 초대 조합장 자리에 올랐다.

**블루아일랜드에서 파업을
일으킨 철도노동자들**
이들은 7월 2일에
법무장관 올니가 공포한
금지명령의 내용을
듣고 있다.

1897년의 곰퍼스
(오른쪽) 노총 연맹장
곰퍼스는 보수적인
동업조합 출신답게
풀먼 사 파업에
개입하기를 꺼렸다. 전국
산업별 노동조합 결성을
추진한 데브스와 다르게
노총의 목표는 단 한 가지,
숙련 노동자들의 경제력
향상이었다.

대부분의 열차가 다시 정상 운행을 시작했다.

데브스 판결

노총연맹장 새뮤얼 L. 곰퍼스(Samuel L. Gompers)는 상
황을 점검하고 노선을 정하기 위해 노총 지도부 20여 명
과 함께 시카고로 향했다. 지도부 가운데 몇몇은 전국 모든
사업장의 파업을 호소하는 데브스의 편을 들었지만 대다
수는 신중한 입장이었다. 1만 달러를 주고 보석으로
풀려난 데브스는 그날 저녁에 곰퍼스와 노총 지도
부를 만났다. 철도노조원들이 파업을 끝내고 평
화롭게 직장으로 돌아갈 수 있도록 철도노조
와 경영자협회 사이에서 중재해 달라고 부
탁하기 위해서였다. 하지만 파업이 실패로
돌아가는 모습을 보고 한층 보수적인 입장
으로 돌아선 곰퍼스는 중재자 역할을 거부
했다. 경영자협회와 철도노조대표단이 만
나는 자리에 노총간부도 참석시키겠다고
약속할 따름이었다. 데브스는 철도회사 경

영진이 철도노조 대표단과 만날 리 없다는 사실을 너무나도 잘 알고 있었기 때문에 옹색한 제안을 거절했다.

　그로부터 닷새 뒤, 데브스와 철도노조 지도부는 7월 2일에 발부된 금지명령을 계속 위반한 죄로 다시 체포되었다(서부의 철도노조지부에 계속 전보를 보내 주간통상을 불법적으로 방해한 혐의였다). 데브스는 보석 신청을 거부하고 1894년 12월 재판 때까지 구치소에 머물렀다. 재판 결과, 그는 법정 모독죄로 6개월형을 선고받았다. 서른일곱 살의 클래런스 대로(Clarence Darrow)를 비롯한 변호인단은 1895년 3월, 대법원에 항소장을 제출했다. 대로는 항소장에서 철도노조와 같은 노동조합은 통상을 방해하는 음모단체이기 때문에 셔먼 독점금지법에 따라 파업을 벌일 수 없다는 예심 판결을 소목조목 반박했다. 하지만 대법원은 유죄 판결을 확정했다. 대법원과 정부는 2개월 전의 '연방정부 대 E. C. 나이트' 재판과 데브스 판결을 통해 자본가의 손을 분명히 들어준 셈이었다.

　풀먼 사 파업은 이제 완벽한 실패로 돌아갔다. 연방정부는 미국 역사상 처음으로 파업 진압에 개입했고 대법원은 연방정부에 그럴 권리가 있다고 선언했다. 1894년 8월 2일, 잔뜩 위축된 직원들에게 아무런 양해도 구하지 않은 채 풀먼팰리스 객차회사는 조업을 재개했다. 경영자협회가 장담했던 대로 노조 간부의 이름은 블랙리스트에 올라갔고, 다시 일터로 돌아간 직원들은 풀먼 사에서 근무하는 한 노조에 가입하지 않겠다는 굴욕적인 계약서에 서명했다.

경 영진의 전횡에 용감하게 저항한 데브스는 노동세의 영웅이 되었다. 형기를 마치고 1895년 11월, 일리노이 주 맥헨리 카운티 교도소에서 석방되었을 때 데브스는 정거장에서 50여 개 노조의 대표들과 만났고 시카고로 건너간 뒤에는 10만여 명의 환영을 받았다.

　데브스는 수감되어 있는 동안 자신이 처한 상황을 곰곰이 생각하다 두 가지 결론을 내렸다. 연방정부가 자본의 편을 드는 한 동업조합으로는 대기업의 아성을 무너뜨릴 수 없고, 유일한 해결책은 민주사회주의라는 결론이었다.

데브스 왕
《하퍼스 위클리》는 1894년 7월 14일호 1면에 데브스 왕 캐리커처를 실었다. 그 무렵 시카고에 파견된 연방군은 미국 전 병력의 2분의 1에 해당하는 1만 2천 명이었다.

인물 촌평

존 피스크
1842-1901년

데이비드 레버링 루이스

재건시대가 1870년대 후반으로 끝나고 30년에 걸쳐 전국 통합이 진행되는 동안 존 피스크(John Fiske)는 미국 지식인층의 훈계, 전도, 교육을 담당하며 1인 대학교와 다름없는 활약을 보였다. 그는 『미국 인명사전(Dictionary of American Biography)』 1930년 판의 '존 피스크' 항목에도 적혀 있다시피 140킬로그램에 가까운 몸집에서 뿜어져 나오는 우렁찬 목소리를 무기로 '미국 역사상 가장 인기 있었던 역사강사'의 반열에 오른 인물이었다.

일부 역사학자들은 1879년에서부터 피스크가 유명을 달리한 1901년까지 20여 년의 기간을 '질서 모색기'라고 불렀다. 피스크가 사회진화론, 치유신학, 앵글로색슨 불멸론을 독특하게 조합한 강연으로 미국 동서남북의 모든 상류층을 사로잡은 덕분이었다. 그는 '미국 예외주의'라는 단어가 역사학계에 등장하기 훨씬 전부터 1885년 3월 《하퍼스 위클리》의 '명백한 운명' 기사나 『뉴잉글랜드의 시초(The Beginnings of New England)』(1889년) 등을 통해 미국은 남다르다는 신조를 널리 퍼뜨렸다.

피스크는 1873년 영국 여행에서 스펜서, 다윈, 토머스 헉슬리(Thomas Huxley), 그 밖의 여러 과학계의 많은 선각자와 친분을 쌓은 덕분에 영국에서도 훌륭한 사상가 대접을 받았다. 사실 서른두 살의 하버드 법학과 대학원 졸업생은 1874년 미국으로 돌아오기 이전에 스펜서의 진화론을 멋지게 해설한 두 권의 명저 『우주철학의 개요(Outline of Cosmic Philosophy)』(1874년)를 완성해 놓은 상태였다. 그는 1879년에 하버드 대학 부(副)사서직을 그만두고, 북동부를 휩쓴 사회진화론의 화신 겸 스펜서의 북미 담당 대변인으로 변신했다. 역사학자 리처드 호프스태터(Richard Hofstadter)가 지적했다시피 피스크는 '진화를 긍정적인 시각에서 조명하는 운동'을 주도했다.

예일의 사회학자 섬너는 스펜서의 냉혹한 적자생존 법칙을 들어 자유방임주의를 옹호하고 카네기의 홈스테드 철강공장 파업 진압을 합리화시켰지만, 피스크는 그리스도교의 개선설(改善說, 세계는 인간의 노력에 따라 개선될 수 있다는 학설— 옮긴이)을 가미시켜 좀더 관대하고 너그러운 사회진화론을 제기했다. 그는 이렇게 말했다.

"만물이 조물주의 작품인 인간의 영혼을 탄생시키기 위해 진통과 산고를 겪어 왔다는 사실을 알아차린 사람이 바로 다윈설에 통달한 사람이다."

피스크는 조물주의 입장에서 보면 '자유와 평화의 새 천년'을 건설하기에 미국처럼 '준비된' 나라가 없기 때문에 인간의 영혼은 영국식 의회민주주의가 아니라 미국식 연방제도를 통해 완전해질 것이라고 내다보았다. 이와 같은 주장은 종교계의 거센 반발을 불러일으켰지만[하버드 대학장 찰스 엘리엇(Charles Eliot)은 이 때문에 피스크의 교수 임용을 보류했다], 그가 주장한 스펜서식 진화론은 무신론이나 불가지론과는 거리가 멀었다. 오히려 피스크는 강연장을 가득 메운 상류층 인사들에게 종교와 과학은 공존이 가능하며 지식을 위해 믿음을 희생시킬 필요는 없다고 역설했다.

하지만 앵글로색슨 문화가 평화롭게 확산될 수밖에 없다는 피스크의 낙관적인 전망은 1890년대 이후 힘을 잃었다. 그는 20년 동안 명백한 운명을 선전한 주인공이었지만, 1898년에 미국이 에스파냐 땅을 무력으로 강탈하는 모습을 보고 당황할 수밖에 없었다. 그뿐 아니라 날이 갈수록 거세어지는 이민의 물결도 그의 세계관을 위협하는 또 다른 요소였다. 에머 래저러스[Emma Lazarus, 미국의 작가. 자유의 여신상에 붙여 쓴 "새로운 거상(The New Colossus)"이라는 소네트로 유명하다—옮긴이]의 표현대로라면 이민들은 '자유롭게 숨쉬기 위해 모인 사람들'이지만, 피스크가 보기에는 앵글로색슨계 프로테스탄트교도들로 이루어진 소중한 미국이 소멸하는 광경일 따름이었다.

피스크는 1894년에 이민규제협회의 회장직을 수락한 데 이어 하버드와 펜실베이니아 대학교에서 명예박사 학위를 받았다. 그리고 앵글로색슨계 미국인의 우월성을 널리 알린 공로로 앨프레드 대왕(Alfred, 남서부 잉글랜드의 색슨족 왕국, 웨식스의 왕—옮긴이)을 기념하며 윈체스터에서 거행되는 왕실 주관 새 천년 축하 행사에 초청받았다. 하지만 피스크는 대가족을 부양하느라 끊임없는 집필과 강연으로 거구를 혹사하다 행사 한 달 전에 눈을 감았다. 그가 사망한 1901년 7월 4일은 미국의 125번째 생일이었다.

1878년의 피스크
피스크는 대표작으로 꼽히는 『미국 역사의 분기점, 1783-1789』(1888년)에서 인류는 진화론에 따라 발전할 수밖에 없다는 논리를 미국 역사에 적용시켰고, '미국편'은 인류 발전의 마지막 단계라고 주장했다.

15

1890년대의 위기

1896년 대통령 선거

1896년 7월 둘째 주 내내 시카고 파머하우스 호텔의 로비와 복도가 어찌나 소란스러웠던지 벨 보이들은 이제 아예 관심을 끊었다. 장발을 자랑하는 남부인과 음색 낮은 중서부인들이 잘 차려입은 동부인들을 앞에 놓고 밤낮으로 입씨름을 벌이는 가운데 양쪽 모두 지원군이 추가되었다. 호텔 경영진이 나서서 토론 장소를 옮겨달라고 하지 않더라면 자칫 주먹이 오갈 수도 있는 상황이었다.

주제는 늘 똑같았다. 지루하고 전문적인 경제 논쟁이었다. 현재 연방정부의 체제는 금본위제였다. 지폐를 재무부로 들고 가면 누구든지 금으로 바꿀 수 있었다. 남부와 중서부 출신의 민주당원들은 복본위제를 지지했다. 즉, 은도 화폐가치의 기준이 되기를 희망했다. 동부 출신 민주당원들은 통화량이 지나치게 증가하면 급속한 인플레이션과 화폐가치 하락으로 이어진다고 주장했다. 그런데 복본위제를 지지하는 남부와 중서부 출신들이 노리는 표적이 바로 인플레이션이었다. 이들은 대부분 부채가 많은 농장주였기 때문에 인플레이션을 바랐다. 화폐가 '헐값'이 되어야 빚을 갚기가 쉬웠다. 반면에 예금 이자를 중요시하는 동부인들은 인플레이션을 경계했다.

은 지지파는 잭슨 시대의 선배들 못지않게 큰 소리를 내며 깜짝 놀란 지도부를 밀어내고 1896년 시카고에서 열린 민주당 전당대회를 장악했다. 농장주와 동맹세력으로 구성된 이들은 마을 집회를 통해 남부와 중서부

1896년 9월호 《저지(Judge)》의 표지

(왼쪽) 일리노이 주지사 올트겔드는 1896년 초, 친구 클래런스 대로에게 "브라이언은 겉만 번드르르한 사상가라 민주당 대통령 후보로 적합하지 않다."고 말한 일이 있었다.

의 주를 하나씩 차례로 점령했고, 시카고 전당대회에서는 한 가지 목표 아래 단결력을 과시하며 과반수를 이루었다. 이들은 도심과 인도를 누비며 여러 경선 출마자가 동원한 밴드에 맞춰 노래를 불렀다. 하늘을 찌를 듯한 기세였다.

하지만 강력한 대통령 후보가 없다는 점이 문제였다. 은 지지파 가운데 가장 두드러진 인물은 일리노이 주지사 존 피터 올트겔드(John Peter Altgeld)였다. 그는 1894년 풀먼 사 파업 때 그로버 클리블런드 대통령의 연방군 파견에 반대하면서 떠오른 영웅이었다. 하지만 독일 태생이었기 때문에 대통령 출마 자격이 없었다. 올트겔드가 제외되자 눈치 빠른 은 지지파 의원들은 내부 분열로 교착상태가 야기되는 것은 아닌지 걱정하기 시작했다. 전당대회 규칙상 대통령 후보의 조건은 3분의 2 이상의 득표율이었다. 분열된 복본위제 지지의원들 내에서 중도파 후보를 선출하자고 금본위자들을 몰아붙이려면 여유가 없었다.

은 지지파들이 두려워한 금본위자는 전직 해군장관 윌리엄 C. 휘트니(William C. Whitney)였다. 그는 능력과 두뇌회전 면에서 올트겔드와 어깨를 나란히 했다. 시골소년에서 대도시 변호사로 변신한 이력도 같았다. 하지만 올트겔드는 시카고로 자리를 옮겨 개혁정치에 몸을 담은 반면, 휘트니는 뉴욕 시에서 재산 증식의 기회를 노렸다. 그리고 밴더빌트 가를 비롯한 여러 철도 거물들의 일을 처리하며 약 4천 만 달러에 달하는 재산을 모은 뒤에야 정계로 발을 들여놓았다. 휘트니는 놀라운 한편으로 인정사정 없는 사업가 자질을 발휘하여 1884년,

1888년, 1892년 잇따라 클리블랜드의 대통령 선거운동을 총지휘했고, 그중 두 번을 승리로 이끈 결과 미국 정계에서 가장 유능한 조직가라는 명성을 얻었다.

휘트니는 동부의 엘리트 민주당원들을 위해 직접 마련한 '황금 열차'를 타고 시카고로 향했다. 그는 내각과 상원의 실세, 뉴욕 주의 민주당 지도부와 함께 일품요리와 와인을 즐겼다. 예전 전당대회에서는 이들이 정강을 좌우하고 대통령 후보를 지목했다. 과거 대통령 후보 여덟 명 가운데 일곱 명이 뉴욕 출신이었던 것도 우연의 일치는 아니었다(나머지 한 명은 펜실베이니아 출신이었다). 하지만 이번 여행길에 오른 파워브로커들은 불안한 심정이었다. 쉰네 살의 휘트니가 이번에도 마법을 발휘하여 체면을 살려줄지 걱정이었다.

올트겔드 주지사
농민과 노동자 연대의 힘으로 1892년에 당선된 올트겔드는 1893년, 헤이마킷 폭동 사건을 일으키고 수감 중이던 무정부주의자 세 명을 석방했다. 이후에는 연방군을 동원한 클리블랜드 대통령의 파업 진압에 반대했다.

휘트니가 기울인 노력의 결과는 베일에 가려진 채 7월 7일, 전당대회가 시작되었다. 전 세계 상설전시회장 가운데 최대 규모를 자랑하는 시카고 콜리시엄으로 인파 1만 5천 명이 몰려들었다. 서른여섯 살의 전직 네브래스카 하원의원 윌리엄 제닝스 브라이언(William Jennings Bryan)도 이 중 한 사람이었다. 그는 어느 파벌에도 속하지 않았고 나름대로 생각한 대통령 후보가 있었다. 그는 전당대회 이틀째가 끝나고 하룻밤 숙박요금이 2달러인 클리프턴하우스의 허름한 숙소로 돌아가기 직전에 부인과 친구한테 털어놓았다.

"두 사람 모두 오늘밤 단잠을 잘 수 있도록 솔직히 고백할게. 후보로 지명될 만한 사람은 나 하나뿐이야. 상황에 알맞은 인물이 나밖에 없거든."

다음날! 7월 9일, 웅변술이 뛰어나기는 하지만 주요 후보로 거론되지 못하던 브라이언이 정강토론 막바지 무렵 단상에 오르자 은본위제를 지지하는 대의원들은 우레와 같은 박수갈채를 보냈다. 그는 지금까지 금본위자들의 논리가 훨씬 설득력이 있었다고 판단했기 때문에 애교와 겸손이 어우러진 태도로 연설을 시작했다.

"만약 여기가 능력을 저울질하는 자리였다면, 지금까지 연단에 오르신 훌륭한 분들에 비하면 저는 주제넘은 인물로 비쳐질 수 있습니다. 하지만 우리는 지금 개인별 경쟁을 벌이려고 이 자리에 모인 것이 아닙니다. 정당한 대의명분의 갑옷을 입으면 이 땅에서 가장 초라한 시민도 흉악범보다 강해질 수 있습니다."

휘트니
1880년대 후반 해군장관으로 재직하던 때의 모습이다.

이런 식으로 운을 뗀 브라이언은 은본위제 운동이 최근 거둔 성공담을 소개하면서 복본위제는 미국의 경제를 '교란'시킨다는 '대서양 연안 주민들'의 주장을 정면으로 반박했다. 그런 다음 분위기를 바꾸며 목소리를 높였다.

"저들은 우리가 아무리 간청해도 비웃었습니다. 아무리 탄원해도 무시했습니다. 아무리 애원해도 저들은 불행(1893년 경제 공황)이 닥쳤을 때 우리를 업신여겼습니다. 이제 우리는 더 이상 애원하지 않을 겁니다. 더 이상 간청하지 않을 겁니다. 우리는 더 이상 용납하지 않을 것입니다!"

박수갈채가 중간중간에 터져 나왔다. 브라이언은 점점 더 기세 등등하게 금본위주의자들의 논리를 공격하며 전시회장의 서까래를 뒤흔들었다. 연설이 마침내 결론으로 치닫고 청중의 흥분이 정점에 다다랐을 때 전당대회는 거의 부흥회 분위기였다. 따라서 브라이언이 말미에 꺼낸 비유가 이보다 더 적절할 수는 없었다.

"우리는 금본위제를 주장하는 저들의 요구에 싫다고 할 것입니다. 노동자의 이마에 가시관을 씌울 수는 없습니다. 인류를 금 십자가에 못 박을 수는 없습니다!"

미국 역사상 가장 유명한 맺음말을 선보인 브라이언은 십자가에 못 박힌 사람처럼 두 팔을 뻗은 채 이후 5분 동안 단상에 서 있었다. 은본위제에 가장 격렬하게 반대하던 대의원들마저 나중에 인정할 수밖에 없었다시피 브라이언은 잠시나마 전당대회를 대관식으로 바꾸어 놓는 놀라운 능력을 발휘했다.

시카고 콜리세움은 아수라장이 되었다. 근엄한 판사와 의원들마저 통로에서 비명을 지르고 춤을 추었다. 찬양자들은 네브래스카 출신의 앳된 웅변가를 무등에 태웠고 수많은 대의원이 지지를 약속하며 그 옆을 따랐다. 이렇게 해서 은본위제 정강을 바탕으로 브라이언이 대통령 후보로 선출되자 민주당의 간부급 인사들은 환영의 뜻을 보였다. 하지만 두 명의 킹메이커는 서로 다른 이유에서 불만을 품었다. 수많은 동부의원의 대변인 휘트니는 시카고를 떠나기에 앞서 재정적인 면에서나 실질적인 투표 면에서나 후보자를 지지하지 않겠다고 밝혔다. 올트겔드는 은 지지파가 승리를 거둔 데 기뻐했지만 브라이언의 능력을 의심했다. 그는 폐회하는 전당대회를 바라보며 친구에게 말했다.

"말을 잘한다고 선거에서 이기는 건 아니거든. 브라이언의 연설을 줄곧 생각해 봤는데 말이지, 뭐라고 했더라?"

서부 개발

브라이언은 분명히 밝혔다시피 남북전쟁 이후 등장한 도시화와 산업화, 여기에 경기침체와 디플레이션으로 심각하게 타격을 입은 농민들의 고충을 십분 공감했다. 그는 7월 9일에 이렇게 못을 박았다.

공화당 전당대회가 열린
1908년 6월
시카고 콜리세움의 동굴 같은 내부를 담은 사진.

1896년 민주당 전당대회
입장권
보관용 반쪽이 그대로 달려 있다.

"당신들(동부 출신의 민주당원들)은 우리에게 와서 대도시에서는 금본위제를 지지한다고 말을 합니다. 그러면 우리는 대도시도 우리의 넓고 풍요로운 초원이 없으면 살 수 없다고 대답할 것입니다. 당신들의 도시는 태워 없애도 요술이라도 부린 것처럼 다시 고개를 듭니다. 하지만 우리 농가를 태우면 모든 시골길마다 풀로 뒤덮일 겁니다."

농민들의 가장 큰 불만은 경제적 차별이었지만 사실 불만의 뿌리는 훨씬 깊은 데 자리잡고 있었다. 청교도주의가 낭랑하게 울려 퍼지던 시절에 토머스 제퍼슨은 농민층을 '선민(選民)'이라고 불렀고, 이들은 아주 오래 전부터 나라의 근간으로 여겨졌다. 1870년대 이전까지만 하더라도 미국 인구는 절반 이상이 농업에 종사했고, 이들 가운데 대부분은 작은 농장을 가꾸며 살았다. 미국의 상징은 농업이라는 발상은 영원히 변하지 않을 것처럼 보였다.

제퍼슨이 루이지애나를 매입하며 예견했다시피 미시시피 서부는 미국식 농경생활이 몇 세대 동안 존속되고도 남을 만큼 넓은 땅을 공급해 주었다. 처음에는 그레이트아메리카 사막이라고 불릴 만큼 기후와 토양이 열악한 대평원에 도전하는 이주민이 많지 않았다. 하지만 남북전쟁 이후로 분위기가 달라졌다. 홈스테드법 덕분에 넓은 땅이 무상으로(또는 무상에 가깝게) 제공되었고, 철제 쟁기와 같은 기술 발달로 황무지 개간이 좀더 수월해졌다. 군대에서는 백인 이주민들에게 격렬하게 반발하는 인디언들을 '진압'할 채비를 서둘렀다. 양도받은 대지 위에 건설된 철도도 대평원 이주를 촉진한 또 한 가지 요인이었다. 토지 홍보는 선로 건설 사업의 중요한 측면으로 자리잡았다. 홍보를 잘해야 매각으로 자금을 마련할 수 있고 화물과 승객도 새롭게 확보할 수 있기 때문이었다. 철도회사들은 서부의 여러 신문사와 손을 잡고 동부인들을 대평원으로 유혹하기 위한 홍보전을 벌였다. 이에 따라 이주민이 불어났고 땅 투기도 늘어났다.

"젊은이들이여,
서부로 가서
농촌과 함께
성장하길."

호레이스 그릴리

홈스테드법

미국인들은 공화국 건설 초기부터 연방정부의 도움 없이 서부로 건너갔지만 1862년 5월에 홈스테드법이 통과되면서 서부 진출은 가속화되었다. 홈스테드법에 따르면 성인이자 세대주인 미국 시민(또는 미국 시민이 되고자 하는 이민자)은 등록비만 내면 160에이커의 공유지를 가질 수 있었다. 조건은 단 하나, 해당 공유지에 5년 연속 거주해야 된다는 것뿐이었다. 이런 조건이 싫으면 6개월 동안 거주한 뒤 1에이커당 1달러 25센트의 가격에 매입하는 방법도 있었다.

남북전쟁 동안 1만 5천 명이 홈스테드법의 혜택을 받았고 전쟁 이후에는 더 많은 가족이 대평원으로 떠났다. 홈스테드법에 따라 8천여만 에이커의 공유지에 정착한 인구는 총 50만 명이었다. 하지만 이후에 대부분 땅을 담보로 대출을 받았기 때문에 변덕스러운 투기바람에 휘둘렸고 1880년대 후반에는 대출금을 변제하지 못해 유담보의 위기에 몰렸다.

땅값이 뛰자 수많은 이주민은 더 많은 땅을 소유하려 들었다. 이들은 동부와 유럽의 투자자들(모두들 투기바람으로 한몫 잡으려고 혈안이 되어 있었다)에게 기존의 땅을 저당 잡히고 그 돈으로 새로운 땅을 매입했다. 좋은 시절이 영원히 계속되리라는 기대심리에서 내린 결정이었다. 1880년대에는 수월한 대출과 풍년으로 다들 주머니 사정이 넉넉했기 때문에 부채를 점점 늘려 나갔다. 농경지가 넓어지면서 이에 따라 농기계 구입에도 비용이 많이 들었다. 땅값이 높았기 때문에 서류상으로는 농민들이 부자로 느껴졌다. 하지만 1880년대 후반으로 접어들면서 거품이 꺼지기 시작했다.

대평원에 자리잡은 한 가족
(오른쪽) 대평원의 농민들은 목재가 부족했기 때문에 뗏장으로 집을 지었고, 버펄로나 쇠똥을 말려 땔감으로 썼다.

그런데 이와 같은 분위기는 두 가지 이유 때문에 곤두박질을 치기 시작했다. 첫 번째는 갑자기 달라진 자연환경이었고, 두 번째 이유는 꾸준한 경제성장이었다. 예전부터 아무리 좋은 시절에도 골칫거리이던 대평원의 기후는 1886년과 1887년 들어 더욱 험악한 양상을 보였다. 건조하고 땡볕이 내리쬐는 여름이 지나가면 살을 에는 혹독한 겨울이 찾아왔다. 긴 가뭄은 곡식 농사에 엄청난 타격을 안겼고, 지독한 추위는 수많은 가축의 목숨을 앗아갔다. 파산 지경에 몰린 수많은 이주민은 소중한 땅을 팔아서 빚을 갚는 데 쓰려고 했다. 하지만 매물이 많을수록 땅값은 떨어졌다. 소극적인 투자자들이 이내 발을 뺄 방법을 찾으면서 시장은 바닥을 때렸다.

수많은 이주민이 파산했고, 살아남은 농민들은 여전히 어려움을 겪었다. 비가 내리고 농작물이 다시 풍성하게 자라도 상황은 마찬가지였다. 농기계와 화학비료의 발달로 수확량이 많아지면 가격이 떨어지기 때문에 농사로는 이윤을 얻기가 힘들었다. 많은 농민은 지푸라기라도 잡는 심정으로 더 많은 땅에 농사를 지었고 이로 인해 농산물 가격은 한층 곤두박질쳤다. 예를 들어 1881년에는 1달러 19센트였던 밀 1부셸(bushel, 미국 관례 도량형과 영국 법정 표준도량형의 기준에 따르는 용량의 단위 — 옮긴이)이 1894년에는 고작 49센트에 팔리는 식이었다. 척박한 땅에서 거둔 성공담으로 전 세계를 깜짝 놀라게 했던 대평원의 농민들이었지만 이제는 자승자박에 가까운 결과였다. 옥수수의 경우에는 어찌나 가격이 폭락했던지 팔러 내놓느니 연료로 쓰는 집도 있었다. 대다수의 농민들은 "우리는 하느님을 믿었지만 캔자스에서 버림받았다."는 식의 표지판을 들고 동부로 돌아갔다. 1890년대 초반 무렵 농민들은 깨닫지 못한 사실이지만, 의회가 남북전쟁 이후에 갖가지 통화안정대책을 마련하면서 전국적인 디플레이션이

쇠고기 산업

1860년대 후반 들어 텍사스에서 신생 쇠고기 산업이 등장하고 이후 대평원으로 확산된 데에는 몇 가지 이유가 있었다. 인디언들이 보호구역에 갇힌 것이 첫 번째 원인이었고, 예전까지 엄청난 목초를 먹어 치우던 버펄로 떼가 사라진 것이 두 번째 원인이었다. 철도부설로 동부시장에 쇠고기를 운송할 새로운 방법이 등장한 것이 세 번째 원인이었다.

미국 최초의 카우보이는 텍사스에서 에스파냐 소를 기르던 멕시코 목축업자들이었다. 에스파냐 소들은 1850년대 무렵 사라졌지만 후손 격인 롱혼 품종은 여전히 텍사스 남부와 서부의 풀밭을 누볐다.

남서부 쇠고기의 시장 수요가 많지 않던 남북전쟁 이전에는 소 한 마리가 3~5달러에 팔렸다. 하지만 1865년 이후에는 미주리퍼시픽의 종점인 시데일리아에서 팔면 열 배를 받을 수 있다는 소문이 목축업자들에게 전해졌다. 이렇게 해서 '머나먼 대이동'이 시작되었다.

1866년 봄에는 텍사스의 목축업자 일당이 26만 마리의 소 떼를 이끌고 미주리로 건너갔다. 다음해에는 정찰병 제시 치점(Jesse Chisolm)이 이끄는 무리가 캔자스 주 애빌린의 새로운 종점으로 떠났다(이들이 거쳐간 치점 통로는 널리 애용되는 길로 자리잡았다). 사업가들은 속속 도착하는 소 떼를 관리하고 더 많은 주목을 끌기 위해 종점에 대규모 사육장과 호텔, 축사, 외양간, 활송장치를 건설했다. 이런 식으로 발전한 캔자스의 '소 마을'로는 애빌린 외에도 엘즈워스, 도지시티, 위치토가 있었다.

1885년까지 텍사스에서 캔자스의 여러 종점으로 건너간 소 떼는 700만 마리로 추정된다. 이들은 대부분 시카고나 캔자스시티에서 최후를 맞이했고, 시카고와 캔자스시티는 미국 정육산업의 중심지가 되었다. 두 도시에서 도살당한 쇠고기는 냉장시설을 갖춘 기차를 타고 수요가 점점 늘어만 가는 동부의 여러 대도시로 건너갔다. 1877년에 시카고의 정육업자 거스테이버스 스위프트(Gustavus Swift)는 얼음 위를 통과한 신선한 냉기를 이용하는 냉장열차를 개발해 소중한 쇠고기의 변질을 막았다.

카우보이 장비
채찍, 앞이 튀어나온 안장, 올가미 밧줄과 같은
미국 카우보이 장비들은 멕시코 목축업자에서 비롯된 것이다.

발생했고 농산물 가격폭락은 이와 같은 현상의 일부분이었다. 특히 은화 주조를 중단하고 남북전쟁 시대의 '그린백(greenback, 남북전쟁 당시 발행된 화폐— 옮긴이)'을 액면가로 태환한 조치 때문에 화폐공급이 상당히 줄어들면서 유통 중인 화폐의 가치는 점점 더 높아졌다(1868년 당시 1부셸에 2달러 50센트였던 밀의 가격은 해마다 추락했다). 1860년대의 화폐가치로 토지를 매입한 농민들은 1890년대의 화폐가치로 빚을 갚아야 하는 상황이었으니 엎친 데 덮친 격이었다.

정착을 위해 열심히 노력했던 농민들로서는 배신감을 느낄 수밖에 없었다. 이들은 진정한 제퍼슨 신봉자답게 도시인, 특히 철도회사 사주들을 범인으로 지목했다. 대부분의 시골마을은 통과하는 노선이 하나였고 철도회사에서 요구하는 운송료는 상상을 초월했다. 두 개 노선과 인접한 지역이라 하더라도 철노회사끼리 맺은 결탁 때문에 가까운 쪽 노선 외에는 이용권이 없었다. 농민들의 비난은 담합으로 높은 가격을 유지하는 농기계회사로도 쏠렸다. 가격담합은 1887년 주간통상법으로 금지되었지만 적극적으로 개입하는 연방공무원은 없다. 대부분 철도회사의 이윤 챙기기에 급급할 따름이었다. 따라서 농민들은 자력으로 문제를 해결하기로 했다.

농민공제조합과 농민동맹

미국 농민들은 일찍이 1860년대부터 농민공제조합이라는 협동조합운동조직을 건설했다. 미국 농무국 말단 공무원이던 올리버 H. 켈리(Oliver H. Kelley)는 남북전쟁 직후 남부를 시찰하다 황량하고 고립된 시골생활을 접하고 충격을 받았다. 1867년에 관직을 사임한 켈리는 농무국 동료 여섯 명과 함께 농업 후원을 위한 전국농민공제조합을 결성하고 농가 지원을 시작했

통화정책

연방정부는 1870년대 동안 동부를 편애했고, 이 사실을 입증하는 대표적인 증거가 통화정책이었다. 의회에서는 연방정부가 남북전쟁 비용을 감당할 수 있도록 1862년에 법정통화법을 통과시켰다. 이에 따라 재무부는 금이나 은으로 태환되지 않는 '그린백'을 4억 5천만 달러 발행했다.

전쟁이 끝나자 가치가 수시로 변하는 이 지폐의 처리 문제가 정계의 논란거리로 떠올랐다. 서부의 농민과 채무자들은 좀더 부담 없이 빚을 갚을 수 있도록 더 많은 그린백이 발행되기를 바랐고, 채권자와 '건전화폐' 지지자들은 그린백 유통이 중단되기를 원했다.

결국 사태는 채권자들에게 유리한 쪽으로 해결되었다. 1875년 1월, 의회가 태환법을 통과시켜 재무부에서 1879년 1월 1일을 기해 그린백을 금으로 태환하도록 결정으로 내린 것이다. 하지만 공화당이 추진한 이 밖의 여러 가지 건전화폐 정책으로 화폐에 대한 신뢰도가 높아졌기 때문에 태환일이 되어도 그린백을 반환하는 사람이 거의 없었고, 그린백은 계속 통용되었다.

경화(硬貨)에 반대하는 채무자들은 태환법 이후 그린백당을 만들어 그린백 폐지와 불환지폐 발행을 촉구했다. 이들은 1876년에 발명가 겸 자선사업자 피터 쿠퍼(Peter Cooper)를 대통령 후보로 내세우기도 했다. 하지만 1877년 대규모 파업사태 이후 노동조합에 대한 관심이 높아지면서 그린백당은 1878년에 그린백 노동당으로 재편되었다. 그린백 노동당은 정부 정책에 아무런 영향도 미치지 못했지만 득표율 부분에서 미미하게나마 발전을 보였고 장차 도래할 인민당의 기틀을 마련했다.

다. 이들은 새로운 농경기술을 소개하는 강연회를 주최하는 한편, 각 지방조직을 연결하는 네트워크를 구성하여 농민들 사이에서 유대감을 고취시켰다. 그리고 1873년 경제공황 이후에는 사회조직에서 정치기구로 변모했다.

농업의 심장부에 해당되는 남부와 중서부에서는 1873년 이후 농미공제조합원 숫자가 급격히 불어났고 1875년에는 지부 2만 개와 회원 80만 명을 거느린 기구로 발돋움했다. 이 정도면 협동조합 설립이 가능할 만한 규모였기 때문에 농민들은 가증스러운 중개상을 건너뛰고 직거래로 농산물을 판매할 수 있었다. 농민공제조합은 협동조합에서 한 걸음 더 나아가 양곡 설비를 갖춘 곡물창고, 유제품 제조 및 판매소, 농기계 공장, 심지어는 자체 보험사까지 설립했다. 또 한편으로는 적극적인 정치활동을 통해 중서부 몇몇 주의회를 장악하고 철도화물 운임을 규제하는 농민공제조합법을 통과시켰다. 당연한 이야기이겠지만 철도회사들은 연방법원에 소송을 제기했다.

처음에 대법원은 농민공제조합법의 손을 들어 주었다. 특히 '먼 대 일리노이 주' 재판(1877년)에서는 일리노이 주정부가 시카고의 곡물창고업을 규제할 권리가 있다고 인정했다. 하지만 이후 10년 동안 조직이 개편되면서 농민공제조합법에 대한 의견도 달라졌다. 대법원은 '워배시, 세인트루이스, 퍼시픽 철도회사 대 일리노이 주'(1886년) 재판에서부터 조금씩 이견을 보이기 시작했다. 철도화물 운임을 규제한 일리노이 법은 연방의회의 주간통상제재권을 강탈했다는 점에서 위헌에 해당된다고 판결을 내린 것이다. 4년 뒤 '시카고, 밀워키, 세인트폴 철도회사 대 미네소타'(1890년) 재판에서는 한층 더 나아가서 '먼 대 일리노이 주' 판결을 완전히 번복했다. 주정부에서 운송료를 정해 철도회사의 '정당한 이윤'을 박탈하는 것은 수정헌법 14조에서 명시한 '인간'으로서의 권리를 박탈하는 것에 해당된다고 했다(1886년 샌타클래라 판결에 따르면 주식회사는 법인이기 때문에 인간과 같은 권리를 누릴 자격이 있다고 했다).

미국 최초의 통신판매사업에 이용된 카탈로그

에런 몽고메리 워드는 세인트루이스에서 외판원으로 일하던 당시 원하는 물건을 구하지 못해 애를 먹는 시골 소비자들의 고충을 직접 목격하고 여기에서 영감을 얻어 미국 최초의 통신판매사업을 시작했다. 그는 농민공제조합원들을 주고객으로 정하고 1872년 8월, 농민공제조합 주소록을 참고로 한 장짜리 '카탈로그'를 발송했다.

하지만 이와 같은 농민공제조합 판례는 농민공제조합 운동에 아무런 영향을 미치지 못했다. 농민공제조합이 순진한 정치적 발상과 농산물 가격 상승으로 여세를 이어 가지 못하고 1880년 무렵 이미 빈사상태에 놓여 있었기 때문이다.

하지만 예전의 조합원들은 각 지방의 농민동맹에 적극적으로 가담했다. 농민동맹은 농민공제조합과 마찬가지로 지역의 문제점을 해결하기 위해 결성되었다가 강력한 정치조직으로 발전한 경우였다. 시조이자 가장 영향력이 막강한 남부농민동맹은 1877년에 탄생되었고 1890년에는 회원수가 400여 만 명이었다. 미시시피 서부의 농민들로 구성된 북서부농민동맹은 남부동맹과 많은 목표를 공유했지만 규모 면에서는 비교가 되지 않았다. 남부에서 결성된 유색농민동맹은 1880년대 동안 125만 명의 회원을 자랑했다. 농민공제조합은 일리노이, 미네소타, 아이오와, 위스콘신과 같은 대규모 중서부 주에 집중되었던 반면, 농민동맹의 영향력은 훨씬 깊고 광범위했다.

농민동맹은 농민공제조합과 마찬가지로 협동조합, 공동마케팅회사와 같은 경제기구를 통해 회원들의 이익을 극대화하는 한편, 농민들에게 정치 상황과 그 뒤에 깔린 배경을 인지시켰다. 그리고 많은 주에서 농민동맹의 목표 달성에 도움이 되는 법안을 통과시킨 의원을 선출했다. 하지만 전국적으로 막강한 철도회사를 상대하기에는 역부족이었다.

한편 농민동맹이 벌인 경제사업 또한 성적이 신통치 않았다. 도매상과 중개상의 반발이 거세었고 경영도 허술했기 때문이다. 이렇게 해서 탄생된 것이 수적인 강세와 진지한 이데올로기를 전국적으로 결합시키는 작전이었다.

유능한 지도부의 인도 아래 1890년, 전례 없는 규모로 정계에 입문한 농민동맹은 12개 주의회의 상원과 하원 또는 어느 한쪽의 과반수를 확보했다. 이 중 남부의 여덟 개 주에서는 과거 실세였던 보수파를 밀어내고 민주당이 장악했다. 남부의 민주당 하원의원 40여 명은 농민동맹의 견해를 지지하는 성명을 발표했고, 남부동맹의 지도부 두 명 신임 사우스캐롤라이나 주지사이자 '갈고리 벤'으로 불린 애꾸눈 벤저민 R. 틸먼(Benjamin R. Tillman)과 호리호리하지만 화끈한 조지아 10번 선거구 하원의원 톰 웟슨(Tom Watson)은 전국적으로 유명한 정치인이 되었다.

인민주의의 성장

대평원의 북서부농민동맹은 양대 정당을 버리고 독자후보를 내세웠다. 독자후보들은 뙤약볕이 내리쬐는 수많은 마을광장에서 변화를 요구했고, 민주당과 공화당은 철도라는 동전의 양면과 같다고 비난했다. 변호사이자 다섯 아이의 엄마인 메리 엘리자베스 리스(Mary Elizabeth Lcase)는 1890년 선거기간 동안 160번이나 연설을 하며 가장 적극적으로 활동한 인물이었다. 그녀는 캔자스 농민들이 모인 자리에서 거듭 강조했다.

"여러분과 같은 농민들은 이제 옥수수만 키울 것이 아니라 호된 질책을 퍼부어야 합니다!"

사이러스 H. 매코믹 수확기
1850년대와 1860년대에 이루어진 농업의 기계화로 미국의 농산물 생산량은 눈에 띄게 증가했다. 1830년에는 1에이커 경작에 61시간 필요했던 노동량이 1900년에는 세 시간 이하로 떨어지면서 농지면적도 이에 걸맞게 확대되었다. 이 시기에 등장한 농기계 중 가장 획기적인 발명품은 아래 보이는 사이러스 H. 매코믹 수확기였다.

북서부농민동맹은 자매 격인 남부동맹만큼 성공을 거두지는 못했지만 정치적 독립을 주장했다는 면에서 선견지명을 발휘했다. 남부동맹은 1890년에 선출한 몇십 명의 의원을 믿을 수 없었다. 그 결과 일부 회원들은 북서부동맹 대표들과 1891년 5월부터 만남을 가지며(쇠퇴기에 접어든 노동기사단 대표들도 동참했다) 전국적인 농민-노동자 정당의 창당 가능성을 타진하기 시작했다. 여기에서 비롯된 결과물이 인민당이었다.

신생 인민당의 근본은 농민이었지만 도시의 급진개혁파도 즉각적인 관심을 보이며 입당을 서둘렀다. 산업이 아니라 토지만 과세대상으로 삼아야 된다고 주장한 헨리 조지(Henry George)의 단일과세파와 에드워드 벨러미(Edward Bellamy)가 1888년 유토피아 소설 『과거를 돌아보다(*Looking Backward*)』에서 표현한 사회주의를 실현하려는 민족주의자들도 이 대열에 합류했다.

1892년 7월, 대표단 1,300명이 오마하에 모여 정강을 마련하고 인민당 최초의 대통령 후보를 선출했다. 정강은 서문에서 "우리는 이 나라가 정치적, 도덕적, 물질적으로 붕괴하려는 찰나에 만났다. 투표함, 주의회, 연방의회에 만연한 부패가 심지어는 정의의 전당마저 오염시키고 있다."고 경고하며 상당한 변화가 필요하다고 강조했다. '국민이 철도회사의 노예가 될 것인지, 철도의 주인이 될 것인지 판가름나는 시점'이 도래하고 있기 때문이었다. 이후 나열된 항목을 소개하자면 자유로운 은화 주조와 수입에 따른 누진세, 기업과 해외투자자의 땅 투기금지, 하루 여덟 시간 노동을 지지하는 내용이 있었다. 한편 "핑커튼 체제로 알려진 고용제 상비군은 자유의 적"이라고 반대했고, "전 세계의 극빈자와 범죄계층에게 밀려 이 나라의 임금노동자가 설 땅이 없다."면서 이민 세새를 촉구했다.

인민당은 농민들이 산업발전으로 생긴 불이익을 극복할 수 있도록 돕는 것을 제1목표로 삼은 만큼 농민동맹이 몇 년 전에 세운 계획을 적극적으로 지지했다. 농민동맹은 가격이 떨어졌을 때 농산물을 비축해 놓을 수 있도록 연방정부 차원에서 '분고(分庫)'라는 전국 곡물창고를 설립하고, 농민들은 현 시세의 80퍼센트까지 대출을 받은 뒤 가격이 합당한 수준으로 올라가면 저장해 놓은 작물을 판매해 대출금을 상환하자는 의견을 내놓은 일이 있었다.

1892년 전당대회에 모인 대표단은 분고안과 그 밖의 인민당 정강을 널리 알릴 수 있도록 제임스 B. 위버(James B. Weaver)를 대통령 후보로 선출했다. 그는 남북전쟁 장군 겸 하원의원 출신으로 1880년, 그린백 노동당 후보로 대통령 선거에 출마한 일이 있었다. 높은 인지도를 갖춘 위버는 인민당의 기수로 알맞은 인물이었고, 예상했던 것처럼 적극적으로 선거운동을 벌였다.

남부동맹의 지도부 대다수는 1892년을 기점으로 민주당과의 제휴관계를 중단했다. 이 때문에 빚어진 농민과 민주당 지도부 간의 갈등은 전직 대통령 클리블런드를 통해 여실히 드러났다. 그는 1888년 선거에서 패배한 뒤 J. P. 모건(J. P. Morgan)의 담당변호사와 함

메리 엘리자베스 리스
농민동맹에서 뛰어난 활약을 보인 여성들은 리스 외에도 많았다. 대부분의 농민동맹지부는 애초부터 여성을 정식회원으로 인정했다.

윗슨
(오른쪽) 윗슨은 역사학자 존 D. 힉스가 표현하기를 "게걸스러운 산업의 입 속으로 빨려 들어가지 않도록 농업을 보호하려는 운동"을 이끈 인물이었다.

께 월 가에서 변호사로 활약하고 있었다. 농민들은 이와 같은 협력관계도 그렇거니와 금본위제에 입각한 '건전화폐'를 끈질기게 주장하는 태도도 못마땅하게 여겼다(그는 공화당의 숙적 벤저민 해리슨 대통령보다 훨씬 단호하게 건전화폐를 지지했다). 그런데 클리블런드가 1892년 6월 말에 다시 대통령 후보로 선출되자 남부동맹은 선택의 기로에 놓였다. 틸먼이 이끄는 소

존 G. 페인터의 농장
페인터는 네브래스카 주 커스터카운티의 유명한 인민당원이었다. 솔로몬 D. 부처가 1892년에 촬영했다.

수는 개인적인 취향을 접고 민주당에 남았다. 반면에 윗슨이 이끄는 나머지는 민주당을 탈되하고 인민당이 내세운 후보들을 지지했다.

남부는 언제나 그렇듯이 인종문제 때문에 상황이 한층 복잡했다. 남부의 민주당은 '백인을 위한 당'이있지만, 남부농민동맹은 유색농민동맹을 통해 흑인조직 결성에 깊숙이 관여해 왔다. 당시 남부의 흑인들은 한결같이 공화당을 지지했기 때문에 처음에는 흑백농민의 관계가 정치적으로 별다른 의미를 갖지 않았다. 그런데 1892년 민주당의 분열로 인민당-흑인-공화당의 연대가능성이 제기되자 틸먼 일파는 윗슨 일파를 백인의 배신자로 몰아붙였다.

인민당원들은 이와 같은 비난을 무시한 채 인종차별은 부유층이 대다수 노동자를 억압하기 위해 마련한 또 하나의 도구에 불과하다고 주장하며 아프리카계 미국인들의 지지를 호소했다. 이와 같은 논지로 인해 남부의 인민당원들은 한층 서센 공격에 시달렸다.

위버가 남부에서 유세를 벌일 때면 민주당의 자경단원들이 훼방을 놓곤 했다(지난 일을 환

남부의 농업

남부의 농민들은 경제적으로 어렵다는 점에서 대평원의 홈스테드 농민들과 마찬가지였지만 상황을 놓고 보면 조금 달랐다. 플랜테이션 체제는 남북전쟁의 종식과 함께 붕괴되었고, 붕괴의 여파로 몇백만 에이커의 농경지가 매물로 나왔다. 하지만 땅에 목이 마른 백인과 자유노예들 중에서는 당장 매입할 만큼 여유 있는 사람이 없었다. 해외투자자들은 캔자스와 네브래스카의 투기 붐을 부추기느라 정신이 없었기 때문에 이들에게 대출을 받을 만한 상황도 못 되었다.

따라서 남부의 가난한 농민들은 소작농이 되었다. 소작농의 몫은 많아야 절반이었고 그보다 못한 경우도 허다했다. 게다가 가을에 추수를 하면 농사를 짓는 동안 인근 가게에 진 외상을 먼저 갚아야 했다(땅 주인과 가게 주인이 동일 인물일 때가 많았다). 빚을 말끔히 해결할 수 있을 만큼 수확이 풍성한 해가 극히 드물었기 때문에 소작농들은 땅

주인과 가게 주인에게 붙들린 채 꼼짝 없이 발이 묶일 수밖에 없었다. 가난한 흑인과 내나수의 백인이 보기에는 계약 일꾼이나 노예로 지낼 때에 비해 나을 바가 없었다.

그뿐 아니라 땅 주인들은 대부분 소작농들에게 목화 재배를 강요했다. 쉽게 현금으로 바꿀 수 있는 작물이기 때문이었다. 하지만 목화만 재배하다 보면 식료품 조달이 힘들었고, 토양도 금세 황폐해지기 때문에 화학비료를 많이 써야 수확량을 유지할 수 있었다. 엎친 데 덮친 격으로 남북전쟁 이후 전국을 휩쓴 농산물 가격 폭락은 목화농장에도 엄청난 타격을 입혔다. 1871년에는 최고 16달러 57센트였던 1톤의 가격이 1878년에는 7달러 32센트로 추락했다.

갈고리 틸먼의 1905년 모습
미국 상원의 유력인사로
발돋움한 이후이다.

기시키기로 유명한 리스의 주장에 따르면 조지아에서는 시위대가 인민당 후보들을 '걸어다니는 오믈렛'으로 만들기도 했다). 어떤 후보는 총격을 당하는가 하면 어떤 후보는 경제적인 협박에 시달리기도 했다. 민주당원들은 선거당일 외출을 못하도록 흑인을 집 안에 가두어 놓거나 투표장에서 총으로 위협해 민주당 후보를 찍게 했다. 수많은 인민당원이 용감하게 최선을 다했다. 윗슨은 협박을 당하는 흑인 지도자의 집 주변에 백인 당원 몇십 명을 배치한 일도 있었다. 하지만 반대파의 작업에 비하면 이들의 노력은 댈 바가 아니었다.

대평원의 인민당원들은 인종문제에 시달릴 필요 없이 1892년 선거유세를 비교적 수월하게 치렀다. 대부분 인민당의 정강을 인정한 해당 지역 민주당원들(브라이언도 이 중 한 명이었다)과 공조관계를 유지했다. 심지어 클리블랜드를 지지하는 강경파의 경우에도 캔자스와 네브래스카에서는 승산이 없다는 사실을 깨닫고 공화당보다는 인민당이 낫다는 판단 하에 위버의 편을 들었다.

선거 결과는 한마디로 단정지을 수 없었다. 클리블랜드가 당선되기는 했지만 위버는 일반투표에서 100만여 표를 기록했고, 네 개 주 전부와 두 개 주 일부를 확보한 결과 선거인단 투표에서는 22표를 얻었다. 인민당은 세 명의 주지사, 다섯 명의 상원의원, 열 명의 하원의원, 1,500명에 가까운 주의원을 배출했다.

하지만 이와 같은 성과는 불경기에 시달리는 미시시피 서부에 집중되었고, 남부와 노동자들 사이에서는 생각보다 호응을 얻지 못했다. 기존 정당의 지지기반을 무너뜨리지 못한 신생 정당의 한계가 있기 때문이다. 하지만 이보다 더 중요한 이유는 적어도 노동자 계층을 흡수하는 데 실패한 부분에서만큼은 동부와 도시와 유대인에 반대하는 인민당 특유의 논조였다. 유대인 이민이 극에 달한 도시지역에서는 이민 제재를 요구하는 이들의 입장이 인기를 얻을 리 없었다. 그럼에도 불구하고 인민당이 1892년에 거둔 성적은 전국을 놀라게 했고, 엘리트 의식에 젖어 있던 동부에게는 충격을 선사했다.

금화와 은화
1890년에 주조된 것.

은화 문제

1892년 선거 이후 인민당의 눈치 빠른 지도층 인사들은 노동자들의 지지를 얻을 수 있도록 더욱 많은 노력을 기울여야 한다고 강조했다. 하지만 인민당은 주요 지지기반인 농민층에 한결 집중하기 시작했다. 농민동맹을 통해 정치 교육을 받은 농민들 사이에서는 은화를 다시 주조하는 문제가 1896년 선거의 쟁점으로 떠올랐다. 은화는 예전부터 미국의 법정통화로 쓰였다. 정부에서는 16 대 1(은화 16온스 당 금화 1온스)이라는 공식환율까지 정하고 이에 따라 금화와 은화를 주조했다. 하지만 1860년대 들어 은의 시장가치가 치솟자 광산업자들은 재무부를 외면하고 값을 훨씬 후하게 쳐 주는 보석업자들만 상대했다.

은화 주조를 중단하는 1873년 화폐주조법이 의회를 통과했을 때만 하더라도 기정사실을 공식화하는 절차에 불과했다. 반대하는 사람이 아무도 없었다. 하지만 같은해 서부산악지대에서 매장량이 상당한 은광이 발견되면서 은의 가격이 떨어지는 상황이 빚어졌다. 농민들은 통화량을 늘리고 디플레이션을 뒤집을 기회가 사라진 것을 그제야 알아차렸다. 이들은 화폐주조법을 철도회사, 곡물창고회사, 동부의 금융업자, 해외투자자 등의 담합으로 규정하고 '73년의 범죄' 폐지와 은화 무제한 주조를 주장하는 운동을 벌이기 시작했다. 이 배경에는 인기가 추락한 은이 예전처럼 16 대 1의 환율을 회복하기 바라는 은광업자들이 도사리고 있었다.

1878년 2월, 은화 주조를 둘러싼 치열한 공방전을 예고라도 하는 듯이 의회는 러더퍼드 B. 헤이스 대통령의 거부에도 불구하고 블랜드-앨리슨법(Bland-Allison Act)을 어쩔 수 없이 승인했다. 은화를 다시 법정통화로 사용하고, 정부가 매달 200만 달러 이상 400만 달러 이하의 은을 매입해 화폐로 만들도록 하는 법안이었다(헤이스, 제임스 가필드, 체스터 아서, 클리블랜드, 해리슨 내각의 내무장관은 모두 '건전화폐 주의자'였고 은 매입을 하한선 수준으로 유지했다). 1878년의 총 통화량은 10억 달러였고 한정 주조된 은화가 미친 영향은 미미했다. 게다가 1879년 1월에 시작된 정화지불 재개로 그린백마저 '경화'로 둔갑하면서 은화 주조의 영향은 한층 상쇄되었다.

블랜드-앨리슨법은 1890년 7월까지 시행되다 셔먼 은매입법(Sherman Silver Purchase Act)으로 대체되었다. 셔먼 은매입법은 서부가 높은 관세를 받아들이는 대신 마련된 타협안의 일부였고, 정부가 매달 450만 달러 상당의 은을 매입한다는 내용이었다(450만 달러면 국내 총 산출량이었다). 광산업자들은 기뻐했지만(물론 16 대 1의 환율이면 더욱 기뻐했겠지만), 농민들은 배신감을 느꼈다. 이것으로 은화가 주조된 것이 아니라 그저 비축되었기 때문이다. 한편 재무부에서 은 매입자금으로 발행한 금본위 지폐는 금으로 태환되자마자 다시 더욱 많은 은을 구입하는 데 쓰였다. 이로 인해 1890년 1억 9천만 달러에 달했던 정부의 금 보유량은 클리블랜드가 백악관으로 복귀한 1893년 3월 무렵 1억 달러로 곤두박질쳤다. 관련법규상 금 보유량이 1억 달러 이하가 되면 재무부는 화폐를 금으로 대환해 줄 의무가 없었다. 6주 뒤, 이미 1893년 금융공황이 시작된 시점에서 금 보유량이 1억 달러 미만으로 떨어졌다.

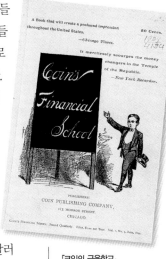

『코인의 금융학교』
윌리엄 호프 하비는 1894년, 급진적인 논지와 파급효과 면에서 『상식』에 버금가는 소책자를 발간했다(유머 면에서는 『상식』을 능가했다). 이 책은 단순하면서 쉬운 문장과 풍부한 만화를 통해 불황의 원인을 설명하고 은화의 무제한 주조를 홍보했다. 예를 들어 아래 소개한 만화의 경우에는 서부라는 젖소에서 돈을 뽑아 내는 동부 금융업자들을 담았다.

만 성적자에 시달리던 필라델피아&리딩 철도회사가 1893년 2월에 도산하면서 천천히 공황이 시작되었다. 하지만 클리블랜드의 대통령 취임식 무렵이 되자 주식시장은 한층 불안한 모습을 보였다. 가장 큰 원인은 금 보유상황이었다. 서부에서 6년 동안 계속된 지역불황, 높은 관세로 인한 해외무역 감소, 끔찍할 정도로 치솟은

개인부채 등 다른 요인도 있었지만 클리블랜드는 금 고갈 문제에 집중했다. 정부가 겪는 경제적 어려움은 모두 은 매입에서 비롯되었다고 확신했기 때문이다. 그는 과다출혈 저지를 목적으로 8월 7일, 서먼법 폐기를 위한 특별의회를 소집했다.

인민당 의원들은 협조를 거부했고 인민당의 도움으로 선출된 서부의 민주당원들도 마찬가지였다. 이들은 민주당이 장악한 53차 의회에서 폐기해야 할 대상은 셔먼 은매입법이 아니라 매킨리 관세라고 주장했다. 하지만 클리블랜드는 점점 늘어만 가는 도산 기업과 공직 임명권을 무기로 머뭇거리는 의원들을 계속 몰아붙였다. 결국 그는 엄청난 결단력을 증명이라도 하는 듯이 11월 1일, 정치싸움에서 승리를 거두었다. 그러나 이 과정에서 민주당의 심각한 분열과 대통령직의 위기를 초래했고, 빠르게 진행되는 금 고갈속도를 멈추지 못했다. 남부와 서부의 민주당원들은 행정부에 충성할 이유도 없었고 유권자들의 끊임없는 압력에 시달렸기 때문에 재빨리 '자유로운' 은화 주조를 주장하고 나섰다.

미주리 상원의원 리처드 P. 블랜드의 1896년 여름 모습

그는 1878년 블랜드-앨리슨법의 주창자이자 의회 내 은화 자유주조파의 수장으로 1896년 민주당의 유력한 대통령 후보였지만 브라이언에게 그 자리를 빼앗겼다.

1895년 2월, 금 보유량이 4,100만 달러로 곤두박질치자 다급해진 클리블랜드는 모건과 협상을 맺었다. 모건은 해외 신디케이트를 결성하고 금 보유량이 1억 달러를 넘길 수 있도록 재무부에 6,200만 달러의 금을 대부해 주었다. 하지만 이와 같은 조치는 임시방편이었고, 금 보유량은 협상 후 6개월 만에 다시 6,100만 달러 수준으로 추락했다. 재무부는 모건의 신디케이트에 꽤 높은 이자를 지불하고 있었기 때문에 클리블랜드는 금융업자들과 결탁한 것처럼 보일 소지가 다분했고, 이로 인해 그의 정치적 입지는 한층 더 위기에 처했다.

한편 미국은 사상 최악의 불황을 겪고 있었다. 처음 6개월 사이 150개의 철도회사와 400개의 은행을 비롯한 8천여 개의 사업장이 문을 닫았다. 그 결과 실업률은 최고치를, 농산물 가격은 최저치를 갱신했다. 불황이 극에 달한 1894년 무렵, 미국인 다섯 명 가운데 한 명이 실업상태였고 다섯 명 가운데 네 명이 최저 생활수준을 유지하지 못했다. 굶어죽었다는 사람들도 등장하는 실정이었다. 이에 고용주들은 임금을 깎았고 성난 조합원들은 파업으로 대응했다.

관세

19세기 후반에 미국 정부가 대기업을 편애한 증거로 꼽을 수 있는 것이 건전화폐와 높은 관세율이었다. 관세 공방은 미국이라는 나라 자체만큼이나 오랜 역사를 자랑했지만 산업시대의 등장과 더불어 새로운 국면을 맞이했다.

1820년대에 헨리 클레이는 아직 걸음마 단계에 있는 미국 산업보호라는 이유를 들어 관세를 정당화했다. 하지만 해외기업과의 경쟁을 걱정할 필요가 없게 된 1880년대에 이르러서도 관세는 낮아질 줄 몰랐다.

높은 관세로 가장 타격을 입는 계층은 농민들이었다. 농산물은 개방된 세계시장의 가격대로 판매하고, 관세의 보호를 받는 공산품은 비싼 값에 구입해야 되는 실정이었기 때문이다.

공화당만 보호무역을 주장한 것은 아니었지만, 1888년 대통령 선거 당시 클리블랜드가 관세 인하를 공약으로 내걸고 재선 운동을 펼쳤기 때문에 높은 관세는 공화당의 대명사가 되었다. 하지만 대기업이 모두 해리슨을 후원한 결과 클리블랜드는 재선에 실패했다.

공화당은 이 기회를 놓치지 않고 1890년, 관세율을 평균 38퍼센트에서 48퍼센트로 높이는 매킨리 관세법을 제정했다. 관세법의 여파로 해외 무역량이 곤두박질쳤고, 이것은 다시 세입 감소로 이어져 금 보유량을 한층 위태롭게 만들었다.

1892년에 해리슨이 물러나고 다시 대통령직을 차지한 클리블랜드는 공화당의 반대에도 불구하고 1894년 8월, 윌슨-고먼 관세법(Wilson-Gorman Tariff)을 통과시켜 관세율을 평균 41퍼센트로 낮추었다(소득이 4천 달러 이상인 국민을 대상으로 2퍼센트의 소득세를 거두어 세입 손실분을 메우기로 했지만, 1895년 5월 대법원에서 위헌판결이 내려졌다).

관세를 둘러싼 팽팽한 줄다리기는 이쯤에서 쉽게 끝나지 않았다. 1897년 7월, 매킨리 대통령이 딩리 관세법(Dingley Tariff)에 서명하고 관세율을 다시 평균 46퍼센트 수준으로 인상한 것이다. 매킨리와 유력한 공화당원들이 보기에는 복본위제보다 보호무역이 훨씬 중요한 사안이었다.

대통령 후보가 된 매킨리

이런 상황에서 1894년 중간선거가 시작되었다. 예상했던 것처럼 민주당은 호된 질책에 시달렸고 상원과 하원 모두를 공화당에게 내주었다. 특히 심각한 타격을 입은 쪽은 356명의 의석을 거느린 하원이었다. 공화당의 하원의원수가 127명에서 244명으로 거의 갑절 가까이 뛰면서 민주당은 아수라장이 되었다.

하지만 인민당은 불황의 늪이 가장 심각한 남부와 대평원의 상황 개선을 위해 더욱 열심히 노력했다. 이들이 주장한 타개책은 은화 자유주의였다. 금융업자와 실업가들은 유럽의 교역국이 은본위 화폐를 받아들일 리 없다고 강조했지만, 인민당 지도부는 통화량 부족으로 디플레이션이 계속되는 상황에서 금본위제를 지지할 이유가 없다고 단정지었다. 은화의 무제한 공급으로 인플레이션이 초래되면 농민들의 부채 부담도 덜 수 있고 농산물 가격도 상승할 것이라고 생각했다. 이들이 보기에 현 상황은 탐욕스러운 동부와 고생하는 남부, 서부의 대결구조였다. 캔자스 출신이자 '맨발의 제리'라 불리던 인민당 하원의원 제리 심프슨(Jerry Simpson)은 "약탈하는 자와 약탈당하는 자의 사투"라고 표현했다.

한편 공화당은 평화로운 행보를 이어 나갔다. 어느 신문기사에 따르면 1896년 6월 세인트루이스에서 열린 공화당의 전당대회는 사상 최고로 지루한 행사였다. 3주 뒤에 열린 민주당 전당대회하고는 다르게 왁자지껄한 모습을 전혀 찾아볼 수 없었다. 마커스 앨런조 해나(Marcus Alonzo Hanna)가 바라던 그대로였다. 해나는 오하이오 주지사로 있는 친구 윌리엄 매킨리가

콕시의 대군
1894년, 제이콥 S. 콕시는 연방정부 차원의 실업자 지원을 요구하기 위해 초라한 '정화 신은 탄원대'를 이끌고 워싱턴으로 향했다. 하지만 콕시의 대군(역설적으로 사용된 단어였다)은 대군이라는 단어가 부끄러운 수준이었다.

공화당 대통령 후보로 지목될 수 있도록 3년 동안 열심히 노력한 인물이었다. 그런 만큼 일사천리로 계획이 진행되길 바랐다.

운 송업과 금융업계에 몸담고 있던 실업가 마크 해나는 점점 커져 가는 대기업의 영향력을 상징하는 인물이었다. 부유한 집안 출신인데다 결혼으로 더욱 부유해진 해나는 석

탄과 철광으로 밑천을 마련한 뒤 해운업, 시가전차, 은행, 심지어는 오페라 극장 쪽까지 사업을 확장시켜 나갔다. 엄청난 성공으로 짐작할 수 있다시피 그는 새로운 산업체제에 통달했고 이 체제의 영속성을 믿었다. 그는 1893년 공황이 닥쳤을 때 안절부절못하는 클리블랜드 유니언리그클럽 회원들에게 이렇게 말했다.

"이런 한심한 인간들 같으니라고. 혁명 같은 것은 벌어지지 않을 테니 걱정 마시오."

해나는 1880년 무렵 공화당 측근으로 정계에 진출했고, 주로 동료 실업가들에게 기금을 모아 실업가들의 편에 선 후보에게 전달하는 일을 했다. 매킨리를 특히 후원했던 이유는 관세위원회장을 지내던 1890년에 관세율을 인상했기 때문이다. 이후 해나는 자금과 영향력과 정치적 수완을 동원하여 매킨리의 경력 쌓기에 나섰다. 그는 일단 1892년에 매킨리를 오하이오 주지사로 만들었다. 그리고 1896년 공화당 전당대회가 시작되기 훨씬 전부터 몇십만 달러의 사재를 털어 매킨리를 대통령 감으로 홍보하고 나섰다. 그 결과, 매킨리는 1차 투표에서 대통령 후보로 지명되었다.

해나가 모험을 건 부분이 있다면 은화 문제였다. 남부와 서부의 공화당원들은 상당수가 자유주조를 지지했고 매킨리는 엇갈린 행보를 보여 왔다. 이후 브라이언이 입증했다시피 매킨리는 1877년에서 1891년까지 은화에 찬성하는 쪽이었다. 심지어 1890년에는 오하이오 주 스타크 카운트의 농민동맹에 이런 편지를 보내기도 했다.

"나는 미국에서 생산되는 모든 은을 화폐로 만들어 유통시켜야 한다고 생각하는 입장입니다. 은본위제와 금본위제, 양쪽 모두를 찬성합니다."

전당대회에서 매킨리의 유일한 맞수였던 하원의장 토머스 B. 리드(Thomas B. Reed)는 그의 애매한 태도를 비웃었다.

"매킨리는 금본위주의자도 아니고 은본위주의자도 아닙니다. 매킨리는 양다리주의자입니다."

해나는 세계적인 합의가 이루어질 경우 복본위제를 지지한다는 조항을 정강에 넣어 더 이상의 논란을 막았다. 즉, 영국과 다른 교역국들이 찬성할 경우 복본위제로 바꾸겠다는 뜻이었다. 가능성이 희박한 이야기였지만 대부분의 대의원들이 흡족해했다. 은화를 지지하는 당원들이 자리를 박차고 나갔지만 매킨리는 상관하지 않았다. 그는 친구에게 "앞으로 30일만 지나면 은 이야기는 들리지 않을 걸세."라고 말했다. 친구는 생각이 달랐다.

"앞으로 30일만 지나면 모든 이야기가 들리지 않을 걸세."

해나와 함께 등장한 1899년 만평
대통령으로 당선된 매킨리는 오하이오 상원의원 존 서먼을 국무장관으로 임명했다. 이것은 상원의원이 평생 소원이었던 해나가 꿈을 이룰 수 있도록 상원에 공석을 마련하기 위하여 취한 조치였다.

풍뎅이 핀
1896년 선거기간에 등장한 매킨리의 '풍뎅이' 핀.

인민당 전당대회

1896년이라는 특별한 해에는 민주당원들이 시카고에서 만난 이후에도 또 한 정당의 전당대회가 남아 있었다. 바로 인민당 전당대회였다. 7월 22일 세인트루이스에서 회의를 개최한 인민당원들은 난처한 입장에 놓였다. 브라이언을 대통령 후보로 추대하는 문제 때문이었다. 민주당과 손을 잡으면 은본위제가 전국을 휩쓸 수 있었다. 독자 후보를 내세우면 은 지지파가 나뉘기 때문에 해나가 이끄는 공화당에게 손쉬운 승리를 안길 가능성이 컸다. 하지만 인민당 지도부도 느끼고 있다시피 브라이언을 지명하면 당의 존립 자체가 위험했다.

세인트루이스는 공화당 전당대회가 열렸던 곳이기도 하지만 인민당과 공화당은 공통점이 전혀 없었다. 인민당은 미국 정계의 어중이떠중이들이 모인 집단이었다. 고생하는 농민들, 예전에 농민공제조합과 그린백 당에서 활동했던 사람들, 사회주의자, 여기에 도시의 급진파와 노동운동가까지. 이들은 대부분 세인트루이스까지 걸어 가거나 끼니를 굶고 참석할 만큼 가난한 계층이었다. 심지어 말끔한 면도가 유행인 시대에 가지각색으로 수염을 기른 사람들마저 보였다.

브라이언을 지지하는 층은 일부 파벌에 불과했다. 지방선거에서 민주당과 연대하는 데 워낙 익숙한 중서부와 서부의 대의원들은 '연합'을 바랐다. 하지만 남부의 대의원들은 흑인조직을 결성하려고 했을 때 폭행과 사기를 일삼던 남부 민주당원들을 똑똑히 기억하고 있었기 때문에 어떠한 동맹도 거부했다. 따라서 전당대회는 난항을 거듭할 수밖에 없었다. 세인트루이스에는 교감을 나눌 만한 '비밀 회의실'이 없었기 때문에 타협안이 등장하려면 시간이 필요했다. 결국 인민당은 브라이언을 대통령 후보로 선택했다. 하지만 부통령 후보로는 메인 주 출신의 민주당원 아서 슈얼(Arthur Sewall)이 아니라 윗슨을 내세우기로 했다(연합을 바라는 측이 배신을 하지 못하도록 이례적으로 부통령 후보부터 선출한 결과였다). 이렇게 해서 1896년 선거운동이 공식적으로 시작되었다.

라펠 배지
1896년 선거 때
브라이언이 사용했다.

민주당과 인민당이 보기에 브라이언은 보통사람 이미지가 민생 현안과 완벽하게 맞아떨어지는 후보였다. 매킨리는 캔턴의 자택 베란다에서 느긋하게 선거 운동을 펼쳤지만 브라이언은 사상 유래 없는 전국유세에 착수했다. 지금까지 공개석상에 나선 대통령 후보들은 많은 관심을 받는 자리에 오를 수 있어서 기쁘고 행복하다는 이야기를 하고는 그만이었다. 자기 입으로 직접 유세를 벌이기에는 민망하다는 이유를 들어 나머지 까다로운 부분은 정당 대리인들에게 맡겼다. 하지만 7월에 후보가 된 브라이언은 11월 3일 선거일까지 넉 달 동안 2만 9천 킬로미터쯤을 움직이며 500만 명의 사람들에게 600차례 연설을 했다. 지금까지 이처럼 체계적으로 전국을 순회하거나 작은 마을까지 찾아다닌 후보는 없었다. 그 결과 브라이언은 비우호 지역으로 분류된 동부에서까지 그의 열성에 맞먹는 호응을 얻을 수 있었다. 뉴잉글랜드 유세를 성공리에 마쳤을 때 한 친구가 그렇게 열렬한 반응은 처음이라고 말하자 브라이언은 "자네가 오하이오, 인디애나, 캔자스를 함께 갔어야 하는 건데."라며 곧 덧붙였다.

"동부 사람들도 열렬한 반응을 보이기는 했지만 서부는 정말 뜨거웠거든."

윌리엄 제닝스 브라이언
1860-1925년

일 리노이 주 세일럼의 중산층 가정에서 태어난 윌리엄 제닝스 브라이언은 고향에서 대학과 법과대학을 졸업했다. 하지만 일리노이에서는 별다른 미래를 기대할 수 없다는 판단 아래 가족을 이끌고 네브래스카 주 링컨으로 거처를 옮겼다. 법과대학 동기가 법률회사의 한 자리를 약속했기 때문이다. 당시만 해도 네브래스카는 굳건하게 공화당을 지지하는 쪽이었지만 상황이 급속도로 달라졌고, 3년 뒤에는 링컨에게 표를 던진 유권자들이 평생 민주당에 몸담은 브라이언을 하원의원으로 선출했다. 그는 연임한 뒤 1894년에 사임하고 상원의원으로 출마했다.

하지만 상원의원 선거에서 패배하자 중대한 결단을 내려야 하는 시점이 찾아왔다. 혼자 아이를 키우다 지친 아내는 남편이 집 안에서 많은 시간을 보낼 수 있도록 다시 법률회사로 돌아가기를 바랐다. 그는 아내에게 이렇게 대답했다.

"메리, 솔직히 당신 말이 다 맞긴 하지만 나한테는 불가능한 일이야. 나는 정치를 하려고 태어난 사람이라는 기분이 들어. 내가 옳다고 생각하는 일을 위해 투쟁을 계속 할 거야. 나 혼자 싸워야 된대도 상관없어."

의원 봉급을 받지 못하게 되었으니 생계를 해결할 대안이 필요했다. 그는 《오마하 월드-헤럴드(Omaha World-Herald)》에 사설을 기고하는 한편, 50달러에서 100달러를 받고 여러 단체의 연사로 활약했다. 강연 솜씨가 워낙 훌륭했기 때문에 그의 명성은 사방으로 퍼져 나갔다. 블랜드-앨리슨 법의 공동발기인인 공화당원 리처드 P. 블랜드가 병으로 은화 관련 강의를 그만두게 되었을 때 후임으로 지목된 사람도 브라이언이었다. 브록웨이 강연국은 회당 200달러를 약속하면서 1주일에 네 번 부탁했다.

브라이언은 대가를 환영했지만 1차 목표는 은화라는 복음과 브라이언이라는 이름의 전파였다. 그는 적은 보수나 무보수로 강의를 할 때도 많았고 한 번은 후원단체의 자금이 모자라자 자비로 강당을 빌린 일도 있었다. 그는 1896년 7월, 전당대회의 연단에 올랐을 때 1년 동안 종횡무진 활약한 덕분에 전국에서 가장 유명한 은화 자유주조 주창자 대열에 합류할 수 있었다.

해나는 당황하지 않았다. 그렇다고 운에 맡기지도 않았다. 그는 브라이언에게 쏟아진 호응을 빌미로 실업가들에게 몇백만 달러의 후원금을 받고 매킨리를 대신해서 사상 유래 없는 선거운동을 펼쳤다. 그레이트노던 철도회사의 제임스 J. 힐과 함께 뉴욕 시와 그 밖의 여러 곳의 기업을 찾아가 브라이언이 얼마나 위험한 인물인지 경각심을 불러일으킨 것이다. 존 D. 록펠러와 모건은 25만 달러씩 내놓았고 시카고의 정육업자 네 명은 10만 달러씩 내놓았다. 은행과 보험회사는 총 자산의 0.25퍼센트를 기부하라는 압력에 시달렸다. 공화당 전국위원회 장부에는 해나가 거두어들인 후원금이 350만 달러였다고 되어 있지만, 실제로 해나가 관리한 금액은 700만 달러에서 1,600만 달러 사이였다. 그는 이 돈으로 수많은 연사를 고용해(민주당으로 갈아탄 의원들도 상당수였다) 브라이언을 앞지르거나 뒤따를 수 있도록 전국으로 파견했다(몇몇 변절자가 매수하는 데 들인 돈 값을 못한다고 불평을 늘어 놓아 물의를 빚기도 했다). 한편 해나에게 봉급을 받는 선거 운동원 1,400명은 여름과 가을 내내 전국 유권자들에게 몇백만 통의 전단을 발송했다. 독일어, 스웨덴어, 폴란드어, 이탈리아어, 이디시어 등 많은 이민자가

1896년 선거기간 동안 뉴욕 시 브로드웨이에 걸린 매킨리의 현수막
11월에 공화당은 전국 최다 인구를 자랑하는 뉴욕 주에서 20퍼센트에 가까운 차이로 승리를 거두었다.

사용하는 언어로도 적힌 전단이었다. 해나가 이끈 1896년 공화당 선거 운동은 비용이 예전과는 비교도 안 될 정도였고 보는 관점에 따라서는 가장 훌륭한 작품으로 꼽힐 만했다. 젊은 시어도어 루스벨트의 경우 "매킨리가 특허 의약품이라도 되는 것처럼 선전한다."고 감탄했을 정도이다.

반면에 민주당이 모은 후원금은 고작 50만 달러였고(대부분 은광업자들이 기부한 돈이었다) 브라이언은 당에 얽힌 온갖 어려움에 맞닥뜨려 있었다. 민주당을 지지하는 동부의 주요 신문사는 휘트니의 주도 아래 브라이언을 거부했다. 당내 금본위파는 9월에 개별 전당대회를 개최하고 일리노이 주 상원의원 존 M. 파머(John M. Palmer)를 대통령 후보로, 전직 켄터키 주지사 사이먼 볼리바 버크너를 부통령 후보로 지명했다. 남북전쟁에 참전했던 두 용사는(한 명은 북부연방의 장성, 또 한 명은 남부연합의 장성이었다) 클리블랜드의 후원을 등에 업고 적극적인 유세전을 펼쳤다. 이들의 목적은 당선이 아니라 민주당 측 유권자들이 브라이언 쪽으로 쏠리지 않도록 저지하는 것이었다. 선거 운동이 막바지로 접어들었을 무렵 파머는 '친애하는 민주당원들'을 향해 "매킨리에게 한 표를 행사해도 그리 잘못된 일은 아니다."라고 선언했다. 한편 내무장관 호크 스미스(Hoke Smith)가 브라이언을 지지하고 나서자 클리블런드는 사임을 요구했다.

노동계 유권자

마침내 브라이언의 약점을 파악한 사람은 해나였다.

"늘 은화 이야기만 하고 다니니 그 부분을 공략해야 된다."

민주당은 노동조합을 찬성하는 정강을 채택했기 때문에 새뮤얼 L. 곰퍼스나 유진 V. 데브스와 같은 노동계 지도부는 기본적으로 브라이언을 지지했다. 하지만 브라이언은 이들 계층을 깊숙이 파고들지 못했다. 심지어 노동자들 앞에서 연설을 할 때도 직업이나 연봉, 근무조건보다 화폐라는 주제에 할애하는 시간이 더 많았다. 심각한 부채에 허덕이는 농민들이라면 모를까 하루 열두 시간씩 근무하는 철강노동자들은 은화야 어떻게 되건 관심조차 없었는데, 브라이언은 호소력을 넓일 필요성을 느끼지 못했다. 일각에서 이야기했다시피 그는 제대로 이해도 못한 상황에서 정치혁명을 주도하는 셈이었다.

브라이언의 유세
1896년 선거 당시 브라이언이 서부에서 벌인 연설은 유세라기보다는 부흥회에 가까웠다. 청중이 어찌나 빽빽했던지 연단으로 다가가기 힘든 경우도 있었다. 인구가 적은 시골에서는 나무 그루터기가 연단을 대신할 때도 있었다. 하지만 브라이언은 소규모 집회에서도 최선을 다했다.

브라이언이 도시 유권자들을 더욱 적극적으로 공략했다 하더라도 문제점은 여전히 남아 있었을 것이다. 이들은 대부분 최근 미국으로 건너온 이민자들이었고 이들이 겪는 어려움은 그가 경험하지 못한 세계에 속했다. 브라이언은 시골의 고상한 복음주의로 무장한 열성 프로테스탄트답게 담배나 술이나 도박에 손을 댄 일이 없었다. 이와 같은 성격에 중서부 특유의 비음과 전도사 비슷한 말투가 더해지면서 도시 노동자들, 특히 가톨릭교도들은 이질감을 느꼈다. 이에 비해 매킨리와 해나는 수많은 노동단체와 원활한 관계를 유지했다. 매킨리는 오하이오 주지사 시절에 노동자를 옹호하는 법안을 여러 차례 승인했고, 최근에는 파업진압용 주 민병대 파견을 거부한 결과 《시카고 헤럴드(Chicago Herald)》에서 올트겔드에 비유되는 영광을 누린 바 있었다. 한편 해나는 여러 분야의 기업을 운영하는 동안 노동분쟁을 요령 있게 피했고, 한번은 대규모 파업이 불거졌을 때 "직원들하고 타협할 줄 모르는 사업가는 바보"라고 호통을 친 일이 있었다.

그렇다 하더라도 많은 실업가는 노동계 유권자에게 보복성 협박을 들이대며 원하는 방향으로 유도했다. 몇몇은 직원들에게 이런 말까지 했다고 전해진다.

"마음에 드는 사람한테 투표해도 좋아. 하지만 화요일에 브라이언이 당선되면 수요일부터 출근 못 할 줄 알라고."

집안에서 선거운동을 한 매킨리

"브라이언에 대항해 유세를 펼치느니 앞마당에 그네를 만들어 놓고 운동선수들과 실력을 겨루는 편이 낫겠다." 1896년 선거운동을 대부분 집에서 치른 매킨리의 말이었다. 그래도 브라이언이 국민들을 만나러 돌아다니는 사이 75만 명이 매킨리의 연설을 듣기 위해 캔턴의 집 앞으로 찾아왔다. 공화당 측근인 철도회사에서 요금을 할인해 준 덕분에 가능했던 일인데, 민주당측 신문에서는 집 안에 있는 것보다 매킨리의 연설을 들으러 나가는 쪽이 훨씬 돈을 아낄 수 있다고 비아냥거렸다.

노동자들이 주장하기로는 작업반장과 봉급 봉투를 통해서도 비슷한 경고가 전달되었다고 한다.

이와 같은 여러 이유 때문에 브라이언은 50만 표 차로 선거에 패배했다. 그는 과거 남부연합에 속했던 주와 대평원(노스다코타는 예외였다), 서부 산악지대에서 승리를 거두었지만, 과거 농민공제조합 지역에 속하는 중서부 이북의 도시 노동자들에게 지지를 얻지 못하고 선거인단 투표에서 271 대 176으로 밀린 것이 결정타였다. 예를 들어 올트겔드의 고향이자 남부에서는 농민들의 힘이 강한 일리노이 주만 하더라도 일반 투표에서 브라이언의 지지율은 42.7퍼센트였던 데 비해, 매킨리의 지지율은 55.7퍼센트였다. 민주당 측에서는 공화당이 금전 공세를 펼쳤다고 비난했지만, 사실 결정적인 패배 요인은 은화 자유주조가 훨씬 심각한 금융붕괴를 초래하지 않을까 걱정한 노동자 계층의 심리를 브라이언이 파악하지 못한 데 있었다.

매킨리가 당선된 이후 급진론은 대부분 잠잠해졌다. 선거기간 동안 시작된 경제회복이 마침내 뿌리를 내렸기 때문이다. 농산물 가격이 상당히 올랐고 콜로라도에서 금광이 발견되면서 당장 통화량을 늘릴 필요가 사라졌다. 매킨리를 '번영의 전령사'로 홍보한 해나의 문구가 맞는 것처럼 보였다.

매킨리는 평화와 번영을 구가하는 시대에 정부를 맡았다는 사실에 감사하며 찬물을 끼얹지 않도록 최대한 조심했다. 한 가지 예외가 있다면 평생을 추구한 높은 관세를 포기하지 않았다는 점이다. 그가 높은 관세를 주장한 배경에는 경제적인 이유와 민족주의적인 이유가 동시에 자리잡고 있었다. 매킨리가 주장하기로 보호관세는 노동자들에게는 번영을, 농민들에게는 고가(高價)를, 국내 제조업자와 소매업자들에게는 안정적인 시장을 약속하는 도구였다.

민족주의는 지난 30년 동안 민주당을 남북전쟁의 원흉으로 몰았던 공화당의 새로운 화두였다. 그리고 돌이켜보면 수많은 계층 구분을 넘어 단결을 창출했다는 점에서 1896년 선거의 가장 오랜 특징이기도 하다. 매킨리가 승리를 거둔 이유는 공장주와 도시의 중산층 덕분이지만 대다수 산업노동자 덕분이기도 했다. 이들은 농사에 집착하는 시골 출신 민주당원보다 재계에 호의적인 공화당원이 훨씬 이롭다고 결론을 내렸다. 그 결과 기진맥진한 인민당은 예측하지 못했던 방향으로 미국 정계가 재편되었다.

매킨리는 4년 뒤 1900년 대통령 선거에서 다시 브라이언과 맞붙었다. 매킨리는 1898년 미국-에스파냐 전쟁을 어쩔 수 없이 찬성한 전적이 있었지만 폭넓은 인기의 덕을 보았고, 브라이언은 대통령을 제국주의자로 규정짓고 필리핀의 독립을 요구했지만 거의 효과를 거두지 못했다. 그뿐 아니라 매킨리와 트러스트의 밀접한 관계를 거듭 공격해도 공화당이 내세운 슬로건 '풍성한 만찬을 4년 더 누립시다' 만큼 민심을 얻지 못했다. 평화와 번영이 대세를 장악하면서 매킨리는 4년 전보다 훨씬 큰 표차로 재집권했다.

매킨리 피격사건

하지만 미국 사회 저변에는 불안한 기류가 도사리고 있었다. 이같은 분위기를 가장 충격적으로 표출한 예가 1901년 9월, 버펄로의 범미주박람회에서 벌어진 대통령 저격사건이었다. 9월 6일 오후, 지지자들이 대통령과 악수할 순간을 기다리며 몇 시간째 줄을 선 가운데 매킨리는 음악의 전당에서 열린 환영행사에 참석했다. 그런데 매킨리가 다음 지지자를 향해 손을 내민 4시 7분, 첩보부 요원 세 명이 두 발의 총성을 들었다. 제분소에서 일하다 실업자가 된 스물여덟 살의 리언 F. 촐고츠(Leon F. Czolgosz)가 커다란 손에 손수건을 감고 그 뒤에 총신을 자른 리볼버를 숨겨 가지고 온 것이다(날씨가 워낙 더웠기 때문에 맨손 검문을 생략한 결과였다). 첫 번째 총알은 매킨리를 비껴갔지만 두 번째 총알이 복부를 강타했다. 매킨리는 당시 목숨을 부지했지만 두 번의 수술에도 총알을 제거하지 못한 결과 일주일 뒤 숨을 거두었다. 아이러니컬하게도 후임자 루스벨트는 정치계 일탈을 목적으로 1900년 부통령 후보에 오른 인물이었다.

디트로이트의 폴란드계 이민 집안에서 태어난 촐고츠는 1890년대 경제혼란의 피해자였다. 그는 정치단체나 정당에 가입하지 않았지만, 무정부주의 신문을 즐겨 읽었고 이들의 주장을 신봉했다. 그러는 한편 중서부 북부의 이 도시, 저 도시를 떠돌며 노동자 계급 특유의 증오심을 키워 오다 조치를 취하기로 결정을 내렸다.

"대통령은 모든 국민, 선량한 노동자의 적이기 때문에 죽이려고 했다."

촐고츠는 총격 사건 후 이렇게 진술했다. 사실 매킨리는 강력한 상징이었다. 역사학자 모턴 켈러(Morton Keller)에 따르면 그는 '산업화된 도시대중사회에서 비롯된 사회적 아노미의 희생양'이었고 '19세기 후반에서 20세기 초반으로 넘어가는 과도기 시대의 인물'이었다. 다른 말로 표현하자면 촐고츠는 브라이언과 인민당이 쉴 곳을 찾지 못한 미국 태동기의 심란한 부산물이었다.

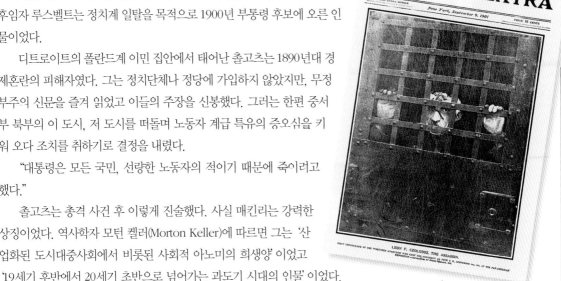

1901년 9월 9일 《프랭크 레슬리스 위클리》
특별호는 매킨리 암살범 촐고츠가 수감 이후 처음으로 촬영한 사진을 표지에 실었다.

16

세계 열강으로
향하는 길

필리핀 봉기

에스파냐가 미국을 상대로 전쟁을 선포한 1898년 4월 24일, 싱가포르 주재 미국 영사 E. 스펜서 프랫(E. Spencer Pratt)은 스물아홉 살의 에밀리오 아기날도(Emilio Aguinaldo)를 우아한 래플스 호텔로 불렀다. 래플스 호텔은 동남아시아의 온갖 음모가 탄생하는 전설적인 무대였다. 당시 아기날도는 카티푸난(Katipunan)에 가담한 대가로 필리핀에서 쫓겨나 망명생활을 하는 중이었다. 카티푸난은 1896년에서 1897년 사이 에스파냐의 식민통치에 반대하여 벌어진 필리핀 독립운동이었다. 프랫의 계획은 뻔했다. 미국 정부는 미국–에스파냐 전쟁이 벌어진 이상 전장을 카리브 해로 국한시킬 것이 아니라 태평양의 에스파냐 식민지까지 눈독을 들였다. 프랫은 아기날도의 협조를 구하려는 참이었다.

래플스에서 어떤 이야기가 오갔는지 프랫과 아기날도의 진술은 거의 모든 면에서 엇갈린다. 심지어는 이후에 한 번을 더 만났는지, 두 번을 더 만났는지도 알 수 없다. 하지만 프랫이 아기날도에게 미국아시아함대와 함께 필리핀으로 건너가서 반란을 다시 일으켜 달라고 부탁한 것만큼은 분명하다. 아기날도는 긍정적인 반응을 보였지만 서면으로 필리핀의 독립을 보장해 달라고 요구했다. 아기날도의 주장에 따르면 프랫은 이 말에 애매한 태도를 보였다. 미국 정부의 약속은 '신성'하기 때문에 서면협약이 필요 없다고 했다는 것이다. 그는 걱정 말라는 말만 계속 반복했다.

면담이 끝난 뒤 프랫은 홍콩에서 전투 준비 중인 아시아함대장 조지 듀이(George Dewey)에게 전보를 보냈다. 아기날도가 원정대에 합류하고 '반란을 일으켜 협조하기로' 약속했다는 사실을 알리기 위해서였다. 듀이의 답장은 간단명료했다.

"아기날도를 최대한 빨리 보내주기 바람."

이틀 뒤 싱가포르를 출발한 아기날도는 홍콩으로 향했다. 하지만 홍콩에 도착했을 때 듀이는 이미 마닐라로 떠난 뒤였다.

나중에 밝혀진 사실이지만 이것은 프랫이 독자적으로 처리한 일이었다. 설령 그가 아기날도의 주장대로 "해군의 보호령 아래 필리핀의 독립을 인정해 주겠다."고 말했다 하더라도 미국 영사가 그런 약속을 할 권한은 없다. 이후 프랫은 "미국의 대의명분에 이바지하고자 아기날도의 협조를 확보했다."고 워싱턴에 자화자찬식 공문을 보냈다. 하지만 프랫의 보고서를 접한 국무장관 윌리엄 R. 데이(William R. Day)는 아기날도가 이루어지지 못할 희망을 품지 않도록 "필리핀 반군과 독단적인 협상을 자제하라"는 지시를 내렸다.

프랫과 미국 정부의 여러 대리인이 아기날도의 협조를 받는 조건으로 필리핀 독립을 약속했는지는 이후 매우 중요한 논쟁거리로 부각된다. 하지만 에스파냐가

필리핀 마을을 수색중인 미국 제3보병대
(왼쪽) 병사들은 3년에 걸친 진압 작전의 일환으로 인적 없는 마을과 인구수 1천 명 단위의 도시에 불을 질렀다.

에밀리오 아기날도
1869–1964년

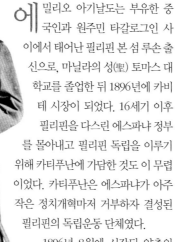

에밀리오 아기날도는 부유한 중국인과 원주민 타갈로그인 사이에서 태어난 필리핀 본 섬 루손 출신으로, 마닐라의 성(聖) 토마스 대학교를 졸업한 뒤 1896년에 카비테 시장이 되었다. 16세기 이후 필리핀을 다스린 에스파냐 정부를 몰아내고 필리핀 독립을 이루기 위해 카티푸난에 가담한 것도 이 무렵이었다. 카티푸난은 에스파냐가 아주 작은 정치개혁마저 거부하자 결성된 필리핀의 독립운동 단체였다.

1896년 8월에 시작된 양측의 무력 충돌은 1년여 동안 계속되었다. 그러다 결국 카티푸난은 사상자가 많아지고 에스파냐 정부는 쿠바로 병력을 돌려야 하는 상황이 펼쳐지자 양측은 화평회담에 돌입했다. 1897년 12월 14일 비아크나바토에서 아기날도(카티푸난 임시 정부의 대통령 서리였다)와 에스파냐 총독 미구엘 프리모 데 리베라(Miguel Primo de Rivera)는 휴전협정을 맺었다. 프리모 데 리베라는 막연하게 개혁을 약속하며 80만 달러를 건네기로 했고, 아기날도와 30명의 카티푸난 지도부는 자발적으로 망명길에 올랐다.

하지만 개혁의 조짐은 보이지 않았고 불만이 극에 달한 필리핀 국민들은 카티푸난 지도부가 반란군을 배신한 것이 아닌가 의심하기 시작했다(이것이 바로 프리모 데 리베라가 바라던 바였다). 그 결과 아기날도는 1898년 5월 필리핀으로 돌아갔을 때 예전과 같은 신임을 얻기까지 시간이 걸렸다. 다행스럽게도 그는 프리모 데 리베라에게 받은 돈(그나마도 약속한 금액의 일부분에 불과했다)을 한푼도 쓰지 않고 남겨 두었기 때문에 투쟁을 다시 시작할 때 필요한 무기를 구입할 수 있었다.

필리핀을 통치하는 지금 상황에서 아기날도는 구두상의 암묵적인 약속을 믿고 미국과 손을 잡을 의사가 있었다.

아기날도가 도착하기도 전에 떠난 것을 보면 듀이는 필리핀 반군이 안중에도 없었던 모양이다(사실 그는 아기날도를 '키 작고 보잘것없는 남자'라고 표현했고 카티푸난 지도부는 '키 작은 갈색인종'이라고 불렀다). 하지만 중립을 선포한 영국이 4월 25일, 일곱 척의 전함으로 이루어진 듀이 함대에게 홍콩을 떠나 달라고 통보한 것도 출정을 서두른 이유였다. 듀이는 중국 해안의 미르 만에 들러 연료를 공급받고 며칠 전 마닐라로 배치 받은 미국 대사를 실은 뒤 4월 27일, 필리핀으로 출발했다. 그는 4월 30일 오전 무렵 필리핀의 본 섬 루손에 도착했고, 방어가 허술한 마닐라 만 입구를 그날밤 11시에서 이튿날 새벽 2시 사이에 통과했다.

듀이의 1차 목표는 마닐라 시가 아니라 10킬로미터쯤 거리의 카비테에 자리잡은 에스파냐 해군기지였다. 에스파냐 제독 파트리시오 몬토(Patricio Montojo) 호는 최선을 다해 공격에 대비했지만 함대 규모가 워낙 작고 낡았다(함대라고 부를 만한 수준도 아니었다). 부둣가에서 썩어 가거나 엔진을 제거하고 아예 뭍으로 내보낸 배가 한두 척이 아니었다. 10여 년 전에 건조된 전함이 최신식이었고 가장 큰 군함이라고 해 봐야 선체가 나무라 미국의 강철 함선과는 비교가 되지 않았다.

1898년의 석판화로, 커츠와 앨리슨이 마닐라 만 전투를 화려하게 재현한 작품이다.

카비테 해변의 함포는 5월 1일 오전 5시를 넘기자마자 다가오는 미국 함대를 향해 포화를 퍼부었다. 듀이는 5시 41분, 올림피아 호 함장 찰스 V. 그리들리 (Charles V. Gridley)에게 "준비되면 포격을 시작하라."는 그 유명한 명령을 전달했다. 아시아함대는 에스파냐의 방어선을 따라 다섯 번 오가며 사정거리를 약 4,600미터에서 1,800미터로 줄였다. 하지만 7시 35분, 올림피아 호의 속사포 탄약이 일제사격 15회분밖에 안 남았다는 소식이 전해졌다. 듀이는 공격을 멈추고 만 중심부로 후퇴하여 병력을 점검하고 탄약을 다시 배급하라는 명령을 내렸다. 잠시 후 밝혀진 바에 따르면 탄약 운운은 잘못된 정보였다. 올림피아 호의 탄약은 전혀 부족하지 않았다. 그뿐 아니라 연기가 걷히면서 아시아함대가 에스파냐 기함을 침몰시키고 전함 두 척을 파괴하고 만을 장악했다는 사실도 밝혀졌다. 듀이는 공격을 재개하는 대신 마닐라 주둔 에스파냐 총독에게 포격을 중단하지 않으면 마닐라를 쑥대밭으로 만들겠다는 전갈을 보냈다. 그러는 한편으로 "병사들에게 아침을 먹여라."는 신호를 각 함장에게 전달했다.

듀이는 아침이 소화될 때까지 잠시 기다렸다 오전 11시 16분에 공격을 다시 시작했다. 남은 에스파냐 병력은 전함 네 척뿐이었고 저항은 미미했다. 오후 12시 30분, 카비테 무기고 위로 백기가 등장하면서 모든 포격이 멈추었다. 마닐라 만 전투는 이렇게 막을 내렸다. 에스파냐의 태평양함대는 모두 파괴되었지만 미국 측 인명 희생은 전혀 없었고 심각한 손상을 입은 배도 없었다. 듀이는 임무를 완수했지만 필리핀에서의 전쟁이 끝나려면 아직 한참 남았다.

5월 2일, 듀이 총독은 에스파냐 측에게 마닐라와 홍콩을 잇는 해저 전선을 공동으로 사용하자고 제안했고, 에스파냐 측이 거절하자 전신선을 잘라 버렸다. 하지만 이미 마드리드로 건너간 승전보는 대서양을 건너 워싱턴으로 전해졌다. 윌리엄 매킨리 대통령은 승전보를 접하자마자 지도로 달려가 사방 3만 2천 킬로미터쯤을 뒤져도 필리핀이 어디 있는지 못 찾겠다고 이야기했다고 한다. 사실 대부분의 미국인들은 태평양에 에스파냐 식민지가 있는지도 몰랐다. 신문 칼럼니스트 핀리 피터 던(Finley Peter Dunne)은 우스꽝스러운 등장인물 둘리 씨를 통해 필리핀이 나도해인지 아니면 음식인지 잘 모르는 미국인을 묘사하기도 했다. 하지만 아직까지는 정보가 불충분했다. 듀이는 5월 5일에야 통보함 매컬럭 호를 홍콩으로 보내 완벽한 전투보고서를 전달했다. 보고서가 전선을 타고 5월 7일, 미국 본토에 닿자 듀이는 전국적인 영웅이 되었다. 매킨리는 기쁜

1899년 모습이다.

올림피아 호의 사병식당
프랜시스 벤저민 존스턴이 1899년 촬영한 사진으로, 수병들이 밧줄로 천장에 매단 식탁 앞에서 식사를 하고 있다.

마음에 그날 오후 듀이를 해군소장으로 진급시켰다.

한편 듀이는 마닐라 만에서 명령을 기다렸지만 전달될 조짐이 보이지 않았다. 대통령이나 선임고문단은 기회가 생길 때까지 필리핀 정복을 진지하게 생각해 본 일이 없었다. 매킨리는 1899년 10월 연설에서 "듀이에게 내린 명령은 마닐라에서 적함을 침몰시키는 것이지 필리핀 함락이 아니었습니다. 우리나라와 교전 중인 에스파냐 함대를 파괴하도록 명령을 내린 이유는 에스파냐의 전투력 파괴가 종전에 이르는 지름길이라고 생각했기 때문입니다. 그래서 듀이를 보낸 것입니다."라고 말했다. 매킨리의 이야기를 뒷받침이라도 하는 듯 워싱턴 주재 외국대사는 미국의 고위 공직자들이 "지원군을 보내 달라는 듀이의 요청을 듣고 놀란 눈치였다. 대기시켜 놓은 병력도 없었거니와 육군부 내에서 지원군 규모를 결정하는 데에만 며칠이 걸렸다."고 기술했다.

하지만 해군부의 경우에는 필리핀 점령이 오랜 목표였다. 1898년 미국 해군은 야심만만한 조직이었고, 에스파냐의 마닐라 만 비슷한 주요 기지를 태평양에 건설할 계획을 은밀히 품

해상권

1890년대 미국의 팽창주의를 대변한 인물은 해군장교 출신이자 해전 대학총장인 앨프레드 세이어 매헌(Alfred Thayer Mahan)이었다. 그는 당대 외교정책 관련서 기운데 최고 길작으로 꼽히는 『제해권이 역사에 미친 영향, 1660-1783(The Influence of Sea Power upon History, 1660-1783)』(1890년)을 비롯한 여러 대표작을 통해 자신의 견해를 피력했다.

매헌은 역사를 돌이켜볼 때 해상권을 장악한 나라들이 위대한 제국의 반열에 올랐다고 믿었다. 따라서 미국도 상선을 보호하고 대규모 전투에서 승리를 거둘 수 있을 만큼 강력한 해군을 대거 구축해야 된다고 주장했다. 그뿐 아니라 지역기지를 통해 연료 보급과 철수가 원활하게 이루어질 수 있도록 영토 확장을 강조했다.

1897년에 매헌은 매킨리 내각의 해군차관으로 임명된 절친한 친구 시어도어 루스벨트에게 '가장 빼어난 제독'을 태평양에 주둔시켜야 한다고 이야기했다. 루스벨트의 책략에 따라 듀이가 1897년 10월, 태평양으로 파견되었다. 이후 메

앨프레드 세이어 매헌

인 호가 아바나 항에서 폭발하는 사고가 벌어지고 열흘 뒤인 1898년 2월 25일, 루스벨트의 상관인 해군부장 존 D. 롱(John D. Long)은 오전 근무만 하고 집으로 돌아가는 일이 있었다.

루스벨트를 해군부에 강력 추천한 인물은 매사추세츠 상원의원 헨리 캐벗 로지였지만, 매킨리는 원래 무모해 보인다는 이유를 들어 반대했다. 롱은 루스벨트가 차관 자리에 오른 이후에도 단독 정책을 펼치지는 않는지 감시의 눈초리를 거두지 않았다. 하지만 1898년 2월 25일 오후, 피곤에 지친 롱이 경계를 늦춘 사이 루스벨트는 해군 정책의 상당 부분을 고쳐 놓았다. 아마 그날 오후 적어도 몇 시간 동안 루스벨트 사무실에 머문 로지의 도움이 있었을 것이다. 다음날 아침 해군부로 출근한 롱은 루스벨트가 독단적으로 내린 여러 지령과 맞닥뜨렸다. 무기를 대량으로 주문했는가 하면 아시아 함대에게 일본에서 홍콩으로 이동하라는 명령을 내리기도 했다. 그뿐 아니라 듀이에게는 에스파냐와 전쟁이 벌어지면 필리핀을 공격하라는 지시를 전달했다.

고 있었다. 매킨리 내각은 태평양 기지의 타당성을 금세 깨달았다. 듀이가 5월 13일 '언제라도 마닐라를 함락시킬' 수 있지만 점유하려면 5천 명의 병력이 필요하다는 전보를 보내자 육군은 필요한 조치를 서두르기 시작했다. 하지만 5월 25일에서야 샌프란시스코를 출발한 선발 호송 선이 호놀룰루에 잠시 들른 뒤 마닐라에 도착한 시점은 거의 두 달 뒤인 6월 30일이었다.

듀이와 아기날도

아기날도가 다시 등장하는 시점이 바로 이 무렵이다. 듀이는 에스파냐 함대를 대파했지만 항복할 의사가 없는 육군은 어쩔 도리가 없었다. 전함의 대포를 동원하여 카비테의 에스파냐 해군기지를 점령하는 데 성공했을 뿐, 할당받은 해병대 숫자가 워낙 적었기 때문에 더 이상의 지상 작전을 펼치기에는 무리가 따랐다. 지원군은 바다 멀리 있는 상황이었으니 잠시 동안이라도 우군의 인력을 빌리는 수밖에 없었다. 듀이는 필리핀 원주민들이 당연히 미국과 손을 잡을 것이라고 생각했지만 착각이었다. 에스파냐 측은 반란을 포기하고 익숙한 식민정부를 도와 미군을 물리치자고 수많은 타갈로그족을 이미 설득해 놓은 참이

U.S.S. Olympia

1895년 2월에 건조된 올림피아 호

올림피아 호는 1883년에 시작된 강철 함선 건설의 일환이었다. 체스터 A. 아서 대통령은 남북전쟁 시대의 낡은 목조선을 현대식으로 고쳐야 한다고 주장하며 강철 함선 건설을 추진했다.

었다. 때문에 듀이는 아기날도를 불렀고 그는 5월 19일, 매컬럭 호를 타고 필리핀에 도착했다.

그날 오후에 아기날도는 올림피아 호로 건너가서 듀이를 만났다. 프랫의 경우와 마찬가지로 듀이와 나눈 대화 내용도 중요한 부분에서는 양측의 이야기가 엇갈린다. 아기날도의 주장에 따르면 듀이는 "토지와 재화가 풍부한 미국은 식민지가 필요 없기 때문에 필리핀의 독립을 인정하지 않을 이유가 없다."면서 프랫이 장담한 내용을 거듭 반복했다. 이후 듀이는 아기날도의 주장을 공개적으로 부인했다. 설령 듀이가 그런 약속을 했다 하더라도 워싱턴의 지시 없이 단독으로 진행한 일이었다. 5월 20일, 전보로 아기날도의 도착 소식을 전해 들은 해군장관 롱은 5월 26일에 답장을 보냈다.

"필리핀의 반군이나 그 어떤 파벌과 정치적 제휴를 맺었다가는 이후 책임지지 못할 사태가 벌어질 수 있으니 자제하는 것이 바람직하오."

6월 3일에 듀이는 "처음부터 해군부의 지시에 따라 행동했고 반군이나 그 어떤 파벌과도 제휴를 맺지 않았으니 안심하라."는 전보를 보냈다.

이 무렵 에스파냐가 장갑 순양함과 전함으로 이루어진 지원군을 마닐라로 파견했다는 소문이 워싱턴과 듀이에게 닿았다. 해군부가 더욱 신경 쓴 부분은 필리핀의 정치 상황이 아니라 함대의 안위였고, 이에 따라 듀이는 운신의 폭이 넓어졌다. 이런 상황이었으니만큼 그는 필리핀 측의 협조를 얻기 위해 아기날도에게 공수표를 남발했을 가능성이 크다.

듀이가 어떤 약속을 했는지 알 수는 없지만 아기날도는 최대한 빨리 반란군을 조직하기 시작했다. 망명생활을 하다 매컬럭 호를 타고 아기날도와 함께 돌아온 반란군 지도부는 카비테의 해군기지 외곽에 본부를 설치하고, 필리핀 독립을 위해 미국과 손을 잡았다는 소식을 각지로 퍼트렸다. 반군 부활에 무엇보다 중요한 역할을 한 것이 미국 원조설이었다. 아기날도는 필리핀을 점령하려는 미국의 생각을 눈치챈 이후에도 몇 달 동안 듀이와 여러 미국 함장의 든든한 지원을 받고 있는 듯한 인상을 풍겼다.

한편 아기날도는 독립운동의 올바른 방향 설정을 위해 노력했다. 그는 카비테로 돌아온 지 하루가 지난 5월 20일, '필리핀 혁명지도자'들에게 편지를 썼다.

"미국 제독뿐 아니라 내가 지금까지 만난 여러 나라의 대표들은 이 나라에서 치러질 전쟁이 최고 문명국 간의 전쟁이 되어야 한다고 믿고 있소. 우리가 문명인다운 태도를 보이면 저들도 독립을 인정할 수밖에 없을 것이오."

아기날도는 반군의 행동으로 미국이나 다른 나라에 식민통치를 정당화할 빌미를 제공해서는 안 된다고 생각했다.

아기날도는 5월의 마지막 주 동안 듀이에게 받은 에스파냐 소총을 반란군에게 지급하고 루손의 중앙에 자리잡은 대규모 계곡을 재빨리 장악했다. 이후에는 마닐라 포위 공격이 시작되었고, 6월 1일부터는 날마다 시 외곽에서 총성이 들렸다. 하지만 성벽으로 방어가 탄탄한 마닐라의 에스파냐군 1만 3천 명을 무너뜨리기에는 역부족이었다.

아기날도의 1차 목표는 반군 결성이었지만 정치 상황에도 지속적인 관심을 기울였다. 5월 24일에는 자신의 주도 아래 '임시정부'를 구성한다고 선포할 정도였다. 그는 임시정부가 필리핀 제도를 "완전히 정복하고 제헌의회를 소집하여 대통령과 내각을 선출할 때까지 필리핀을 통치하며, 이 시점이 되면 나는 마땅히 사임할 것"이라고 밝혔다. 뒤이어 6월 12일에는 카비테에서 '필리핀 국기' 공개식을 거행했다. 이 행사는 정식 독립선언이라고 볼 수 없었지만, 많은 필리핀 국민은 아기날도의 의도대로 정식 독립선언이라고 생각했다(듀이도 초청을 받았지만 '우편물이 도착하는 날'이라는 이유를 들어 참석하지 않았다). 6월 23일에 아기날도는 새로운 중앙정부의 역할을 맡게 될 필리핀 혁명정부의 탄생을 알렸다. 그리고 이후부터 '지도자' 대신 '대통령'이라는 호칭을 쓰기 시작했다.

필리핀 정복

아기날도가 8월 1일, 독립을 정식으로 선포했을 때 미국 육군은 이미 필리핀에 상륙해 있었다.

카비테 레알 거리의 1899년 모습

필리핀은 3세기 동안 에스파냐의 지배를 받으면서 상당히 서구화되었지만 미국은 이들을 야만인으로 간주했다. 휴스 준장의 경우 "이들은 독립이 뭔지도 모른다."고 잘라 말했다. "이들은 독립이 먹는 것인 줄 안다. 독립이 무슨 뜻인지 양치기 개만큼이나 아는 게 없다."

토머스 M. 앤더슨(Thomas M. Anderson) 준장이 이끄는 선발대는 괌에 잠깐 들러 소규모의 에스파냐 주둔군을 진압한 뒤 6월 30일, 마닐라에 도착했다(괌은 군 간부 한 명이 상선을 타고 유럽으로 건너가 1년 동안 몰래 살다 보직 변경 직진에 돌아갔더니 부관이 "아무 일 없었다."는 말과 함께 맞이하더라는 소문이 떠돌 만큼 오지 취급을 받았다). 2,500명을 거느리고 도착한 앤더슨은 쉽게 카비테를 점령할 수 있을 줄 알았다. 하지만 이후에 직접 털어놓았다시피 "제독이 아기날도를 끼여들이는 바람에 상당히 복잡한 상황"이었다.

앤더슨이 워싱턴으로 보낸 첫 번째 공문에서 분명히 밝혔다시피 필리핀 반란군은 독립을 기대하고 있었고, 미국이 이곳에 식민정부를 건설하면 충돌이 불가피했다. 그뿐 아니라 미국 병력이 해군 위주에서 육군 위주로 바뀌면서 불안해진 반군은 지원군을 위해 해변 지역을 조금도 양보하지 않았다. 대부분의 경우 이들의 저항은 소극적인 수준에 머물렀지만 점점 커져 가는 분노와 적개심의 반증이었다.

필리핀으로 향하는 지원군은 점점 늘어만 갔다. 7월 말 들어 프랜시스 V. 그린(Francis V. Greene) 준장과 아서 맥아더(Atrhur MacArthur) 준장, 웨슬리 E. 메릿(Wesley E. Merritt) 소장이 이끄는 추가 병력이 속속 등장하면서 필리핀에 주둔하는 미국군의 숫자는 1만 1천 명이 되었다. 신설 태평양군 사령관으로 임명된 메릿은 도착하자마자 마닐라 함락작전을 세우기 시작했다. 아기날도에 대한 협조 요청은 협조 요구로 바뀌었고, 반군이 마닐라 주변에 만들어 놓은 참호는 미국군의 차지가 되었다. 에스파냐군은 잠깐 저항의 기미를 보이더니 8월 13일에 금세 항복했다. 미국은 에스파냐에게 반군이 마닐라로 입성해 약탈하지 못하도록 막을 테니 걱정 말라고 일찌감치 약속한 뒤였다. 아기날도는 마닐라 공동점령을 요구했지만 받아들여지지 않았다.

사실 미국-에스파냐 전쟁은 마닐라가 항복하기 여섯 시간 전에 끝났다. 지구 반대편 워싱턴에서는 국무장관 데이와 에스파냐 대리인 자격의 프랑스대사 쥘 M. 캉봉(Jules M. Cambon)이 8월 12일, 휴전협상에 서명했고 매킨리 대통령은 모든 전투를 즉각 중단하라는 명령

필리핀 혁명정부 탄생
아기날도(앞줄 가운데)와 필리핀 혁명정부 일원이 포즈를 취했다.

1896년 11월호 《퍽》의 표지
(왼쪽) 에스파냐 여왕이 달아나려는 두 아이―한 명은 "쿠바", 또 한 명은 "필리핀제도"라는 명찰을 달고 있다― 를 붙잡아 놓느라 애를 먹는 모습을 담았다.

을 내렸다. 하지만 마닐라로 향하는 전선이 끊긴 상태였기 때문에 매킨리의 명령은 8월 16일 오후가 되어서야 듀이에게 전달되었다. 이 무렵 마닐라는 이미 미국군의 차지가 된 뒤였다.

이후 필리핀의 운명은 누구도 장담할 수 없었다. 워싱턴의 고위 공직자들은 미국의 영토 확장에 찬성하는 파와 반대하는 파 사이에서 애를 먹었다. 가장 골치 아픈 인물은 매킨리였다. 유럽의 제국주의 열강들에게 미국의 '숭고한 정신'을 과시하고 싶어하는 한편, '확보한 영토 는 포기하지 않는다는 일반론'에 찬성했기 때문이다. 이후 매킨리는 여론과 사건의 진행상 어 쩔 수 없다는 인상을 풍기려고 노력했지만 그는 가지고 싶은 것을 내줄 만큼 어수룩한 정치인 이 아니었다.

매킨리는 1898년 12월 파리 조약에 앞서 필리핀의 운명을 놓고 측근들과 여러 차례 의견 을 교환했다. 휴전협정의 조항을 의논하기 위해 8월 초, 내각과 함께 여행을 떠났을 때에는 그 렇게 먼 곳에 식민지를 건설할 필요가 있는지 의문을 제기하면서도 "에스파냐에게 되돌려준다 면 국민들이 가만 있지 않을 것"이 라고 시인했다. 이후 몇 주 동안 종 교계 신문들이 합병을 강력히 주장 하는 세력으로 등장했다. "뱁티스티 유니언(Baptist Union)"은 8월 27일 신문에서 "무력 정복은 반드시 그리 스도를 위한 정복으로 이어져야 한 다."고 주장했다(에스파냐가 필리핀 국민들을 대부분 로마가톨릭교도로 개종시켜 놓았다는 사실을 무시한 발상이었다). 재계도 합병을 지지했 다. 필리핀을 이용하면 아시아 시장, 특히 중국을 오가는 길이 수월해지 기 때문이었다. 로지 상원의원은 마

1898년 8월 12일, 에스파냐와 휴전 협정에 서명하는 모습
매킨리 대통령은 테이블 앞쪽에 서 있고 그의 왼쪽으로 조지 B. 코틀유의 모습이 보인다. 개인 보좌관이었던 코틀유는 미국-에스파냐 전쟁 기간 동안 비공식적으로나마 최초의 대통령 공보관 역할을 수행했다.

닐라를 가리켜 '앞으로 동양무역에 미칠 영향을 볼 때 엄청난 선물'이라고 표현했다.

매킨리는 9월 16일 파리로 휴전협정단을 파견하면서 미국은 필리핀에서 에스파냐와 교전 을 시작할 당시 '일부분이라도 점령할 생각이 조금도 없었지만' 전쟁에서 승리를 거둔 결과 루 손 섬이나마 합병해야 할 의무가 생겼다는 점을 강조했다. 파리 조약이 마무리 단계로 접어들 었을 무렵 매킨리는 합병 대상을 제도 전체로 확대했다.

봉기의 전조

에스파냐와 미국 간의 협상이 진행되고 있을 무렵 아기날도는 혁명정부가 전 세계적인 인정을 받을 수 있도록 필사적으로 노력했다. 8월 6일에는 필리핀 반군을 전면적으로 인정하기에 앞 서 교전국 지위를 부여해 달라고 여러 외국에 각서를 발송했다. 그는 혁명정부가 15개 군을 다 스리는 데다 포로로 억류하고 있는 9천 명의 에스파냐인에게 '문명국에 걸맞은 대우'를 하고

있다고 강조하면서 필리핀은 "자치정부를 수립할 수 있고 수립해야만 하는 시점에 봉착했다."는 선언으로 각서의 말미를 장식했다. 하지만 혁명정부를 인정하겠다는 나라는 없었고, 미국은 필리핀의 일방적인 독립선언을 받아들일 생각이 전혀 없었다.

미국과 필리핀의 갈등은 차츰 수위가 높아졌다. 파리 조약에 서명한 매킨리는 마닐라 주둔군의 사령관으로 임명된 엘웰 S. 오티스(Elwell S. Otis) 소장에게 미국의 지휘권을 제도 전역으로 확대하라는 명령을 내렸다. "미국은 선의의 동화를 바란다."는 점을 원주민들에게 널리 알리라는 당부도 함께 곁들였다. 하지만 "미국이라는 자유의 깃발 아래 필리핀 제도의 국민들에게 훌륭하고 안정적인 정부를 선물하려는 데 장애물이 등장하거나 소동이 벌어질 경우 주저 없이 공권력을 동원하라."는 이야기도 적었다.

이 무렵 필리핀의 유력인사들은 미국에 대한 판단을 유보하고 의도가 무엇인지에 대한 공식 논평을 자제했다. 오티스는 미국의 통치권을 분명하게 주장하는 매킨리의 성명서를 필리핀 국민들이 어떻게 받아들일지 알고 있었기 때문에 상당 부분 손을 본 뒤 마닐라에 공포했다. 하지만 매킨리의 성명서는 일로일로의 미국군 기지에도 전송되었고 마커스 P. 밀러(Marcus P. Miller) 준장은 원문 그대로 공포했다. 편집된 성명서를 보고 이미 동요를 일으켰던 필리핀의 민족주의자들은 오티스의 수법을 깨달은 뒤 분노했고, 이들의 의혹과 불신은 한결 깊어졌다.

필리핀 봉기가 시작됐을 무렵 정치풍자잡지 《저지》의 1899년 2월호 표지
아기날도와 필리핀 반군을, 매킨리 대통령을 괴롭히는 모기로 묘사했다. 설명에는 "쿠바보다 필리핀 모기가 훨씬 지독한 것 같다."고 적혀 있다. 1899년 2월은 러드야드 키플링이 『백인의 짐』을 발표한 시점이기도 하다. 그는 유명한 이 시에서 충고와 경고를 섞어 제국주의의 난관을 표현했다.

아기날도는 1월 초, 미국의 통치권을 거부하고 신의를 저버린 미국을 비난하는 성명서를 발표했다. 그는 이 성명서에서 약소국인 필리핀에 무력을 동원하면 개인의 자유와 국민의 동의에 따른 정부를 강조하는 미국의 이념을 스스로 위반하는 것이 아니냐고 날카롭게 지적했다. 그리고 폭발 직전인 현재 상황으로 미루어볼 때 의도적이거나 충동적인 사건 하나가 전쟁을 일으킬 수도 있다고 경고했다.

1899년 2월 4일, 우려했던 사건이 마닐라 외곽에서 벌어졌다. 미국 보초병 하나가 필리핀 사람에게 정지 명령을 내렸는데 무시하고 지나가자 총으로 살해한 것이다. 필리핀 사람은 명령을 못 들었거나 못 알아들었을지 모른다. 아니면 미국 보초병을 시험해 보려고 작정한 인근 반란군 사령관의 지시대로 움직였을지도 모른다. 아무튼 이 사건으로 제도 전역에서 교전이 벌어졌다. 필리핀 봉기가 시작된 것이다.

미국 제국주의의 근원

필리핀 제도의 일부라도 점령하겠다는 미국의 의도가 분명해지자 새롭게 결성된 반 제국주의 연맹은 질문 공세를 펼쳤다. 누구를 위해 지구 반대편에 병력 몇만 명을 배치하느냐는 질문이었다. 해답은 가까운 과거와 먼 과거, 양쪽 모두에 있었다.

지금까지 미국인들은 아메리카 대륙의 천연자원을 개발하는 데 만족했고 다른 곳으로 눈을 돌린 사람은 거의 없었다. 해외무역은 식민지 시대부터 미국 경제의 중요한 부분으로 자리잡았지만, 연방정부는 외교분쟁에 휘말리지 말라는 초대 대통령의 퇴임사를 기억했다. 미국은 100여 년 전 독립전쟁 때 대륙회의가 프랑스의 도움을 받았을 뿐, 단 한 번도 외국의 힘을 빌린 일이 없었다.

그런데 두 가지 이유로 이와 같은 태도가 달라졌다. 첫 번째 이유로 꼽을 수 있는 것은 19세기 후반 미국 산업의 고속성장과 더불어 생산력이 초과되면서 추가 시장의 필요성이 대두된 점이었다. 1900년쯤 미국은 세계에서 손꼽히는 경제대국으로 자리잡았다. 해외로 눈을 돌리지 않으면 더 이상의 성장을 기대할 수 없었다.

미국이 해외 식민지 건설에 관심을 가지게 된 두 번째 이유로 꼽을 수 있는 것은 극에 달한 유럽의 제국주의였다. 경제적인 면에서 주요 경쟁자였던 영국, 프랑스, 독일은 아시아와 아프리카에 독점시장을 건설하느라 바쁘게 움직였다. 따라서 일부에서는 미국도 얼른 뛰어들지 않으면 수지 맞는 기회를 놓칠지 모른다는 주장을 펼쳤다. 국내 시장이 포화지경에 이르자 잉여 생산물을 수출할 만한 해외시장 확보 여부에 따라 미국의 미래가 좌우된다는 데 누구도 이의를 제기하지 않았다.

하지만 미국인들은 아시아나 다른 지역에 식민지를 건설하는 문제를 놓고 의견이 분분했다. 일부 소수는 독립국가에 미국 통치권을 강요하는 행위는 잘못이라고 생각했다. 이보다 더 많은 사람은 '야만인'을 교화하는 데 따르는 부담을 걱정하거나 세계화에 반대하며 미국은 정치적으로나 지리적으로나 유럽 및 그 일당과 분리되기를 바라는 심정에서 식민지 건설에 반대했다. 그리고 나머지 대다수는 입장을 정하지 못했다.

대부분의 미국인은 어느 정도 모순을 느꼈고 앞서 밝혔던 것처럼 심지어는 매킨리 대통령도 갈등을 겪었다. 하지만 짐작할 수 있다시피 결국에는 팽창주의가 대세를 이루었다. 미국인들은 팽창주의를 받아들이자마자 그 안에서 명백한 운명론을 만들어 냈고, 식민지라는 단어를 더 이상 불편하게 느끼지 않았다. 이들은 인종과 문화 면에서 우월한 앵글로색슨 민족이니만큼 미개한 종족을 교화하고 계몽할 도덕적인 의무가 있다고 생각했다. 이기적인 측면과 인도주의적인 측면이 어우러진 논리였다. 쿠바에서 145킬로미터 정도 떨어진 근해에서 벌어진 사건 덕분에 이와 같은 생각의 변화는 훨씬 빠르게 이루어졌다.

미국 정치인들은 몇 세대 동안 쿠바를 예의 주시하고 있었다. 1818년에 앤드류 잭슨은 에스파냐의 손아귀에서 쿠바를 거의 빼앗을 뻔했고 1854년의 오스텐데 선언도 비슷한 시도를 감행한 일이 있었다. 1898년 무렵 에스파냐가 한층 더 쇠퇴기로 접어들자 라틴아메리카에 대한 관심의 일환으로 쿠바 문제가 미국 정계에 다시 한 번 등장했다. 1889년에 벤저민 해리슨 행정부는 교역관계를 개선하고 라틴아메리카 내정에 더욱 깊숙이 관여할 수 있도록 제1차 범미주회의를 개최했다. 관세개혁은 공화당 의원들에게 막혀 실패로 돌아갔지만(이들은 관세 인하에 반대했다) 미국 정부는 라틴아메리카에서 적극적인 활약을 보일 수 있었고 1890년대 동안 많은 기업이 대규모 자금을 투자했다.

"사실 저는
필리핀을
바란 적이
없었습니다.
하느님이
선물로
우리에게
주셨을 때
어떻게 하면
좋을지
모르겠더군요."

*매킨리, 1899년 11월 21일
감리교감독교회의
총회선교위원회에서*

쿠바

쿠바 국민들은 탄압과 부패로 얼룩진 에스파냐 정부를 혐오했다. 이들은 1868년에서 1878년까지 이미 10년 전쟁을 벌였고, 쿠바의 정치와 경제체제를 개혁하겠다는 에스파냐의 약속과 함께 종지부를 찍었다. 하지만 사소한 개혁이 민족주의자들의 성에 찰 리 없었다. 쿠바 독립운동은 1890년대 들어 다시 투쟁에 돌입했고, 1895년 2월에는 20만 에스파냐군을 상대로 전쟁을 재개했다. 양측 모두 민간인을 사살하고, 사유재산을 파괴하고, 마을과 농장에 불을 지르고, 쿠바 경제의 토대를 이루는 미국과의 설탕무역을 중단하게 만들었다.

하지만 필리핀이 그랬던 것처럼 쿠바도 에스파냐를 완전히 몰아내기에는 역부족이었다. 때문에 이들은 게릴라 전술로 에스파냐군을 괴롭혔고, 에스파냐군은 반란군과 반란군에 협조했다고 의심되는 사람들을 '레콘센트라도', 즉 강제수용소에 가두는 방식으로 대응했다. 몇천 명이 강제수용소에서 목숨을 잃었다. 영양실조, 비위생적인 환경으로 인한 질병, 치료부족 등 원인은 다양했지만 몇천 명이라는 숫자만으로도 발행 부수에 목을 맨 미국 신문사의 시선을 사로잡기에는 충분했다.

경쟁관계에 있는 두 신문사 윌리엄 랜돌프 허스트(William Randolph Hearst)의 《뉴욕 저

1900년 9월 《퍽》에 실린 만평.

제국주의에 반대하는 사람들이 거구의 엉클 샘(Uncle Sam, 미국이나 미국인을 의인화하는 인물―옮긴이)에게 '지방 분해제'를 권하지만 엉클 샘이 거절하는 모습을 담았다. 한편 재단사로 둔갑한 매킨리는 제국주의 옷감으로 새 옷을 만들어 주기 위해 엉클 샘의 치수를 재고 있다.
이 만평이 등장한 1900년 대통령 선거 기간 동안 민주당 후보 브라이언은 필리핀 합병 문제를 놓고 매킨리를 공격했다.

널 (New York Journal))과 조지프 퓰리처(Joseph Pulitzer)의 《뉴욕 월드》는 에스파냐의 폭정을 선정적인 투로 다루었고, 이로 인해 내정 간섭론의 열풍이 불었다. 양쪽 신문은 날이 갈수록 충격적인 기사를 앞다투어 보도하면서(일부는 허위기사였다) 에스파냐의 만행을 고발하고 반군의 성실한 태도를 찬양했다. 이들의 기사는 다른 지역 신문으로 전해졌고, 징고이즘 (jingoism, 이 신조어는 1878년의 대중가요에서 비롯되었고, 1898년부터 요즘처럼 호전적인 외교정책에 바탕을 둔 극렬 민족주의를 가리키는 의미로 쓰이기 시작했다)이 전국을 강타했다. 매킨리 대통령은 "징고 어쩌고"라고 부르며 징고이즘에 반발했고, 쿠바 문제에 개입해야 된다는 팽창주의자 ─매헌, 로지, 루스벨트가 대표인물이었다 ─ 들의 주장에 반대했다. 하지만 사태는 이미 그의 손을 벗어난 상황이었다.

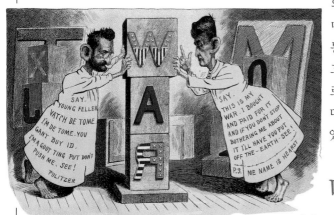

퓰리처와 허스트를 묘사한 1898년 만평.
퓰리처(왼쪽)와 허스트가 리처드 F. 아웃콜트의 만화주인공 옐로 키드의 의상을 입고 있다. 퓰리처의 《뉴욕 월드》가 1896년 2월에 처음으로 아웃콜트의 만화연재를 시작했을 때 옐로 키드의 인기가 어찌나 하늘을 찔렀던지 허스트는 재빨리 아웃콜트를 빼갔다. 한편 허스트와 퓰리처의 사기극은 선정적이고 비양심적인 출판을 일컫는 '황색 저널리즘'이라는 용어를 낳았다.

매킨리는 외교적인 압력을 동원하여 '레콘센트라도'를 만든 장본인으로 악명이 자자한 군부 출신의 쿠바 총독 발레리아노 웨일레르 이 니콜라우(Valeriano Weyler y Nicolau)를 소환하도록 에스파냐를 설득했다. 그리고 강제수용소를 폐쇄하고 좀 더 많은 개혁을 추진하겠다는 약속을 받아냈다. 매킨리가 보기에 이 정도면 공화당 내의 내정 간섭론자들을 잠재우기에 충분할 것 같았다. 그런데 1898년 2월 9일, 허스트의 "뉴욕 저널"은 아바나 우체국에서 빼돌린 편지를 공개했다. 미국주재 에스파냐 대사 엔리케 두푸이 데 로메 (Enrique Dupuy de Lome)가 매킨리를 '대중의 찬양만 추구하는 나약한 인물, 자기 당의 징고이즘 파와 좋은 관계를 유지하는 한편, 뒷문을 열어 놓는 사이비 정치인'으로 매도한 편지였다. 많은 부분 사실이었기 때문에 매킨리는 궁지에 몰렸다. 따라서 이로부터 6일 뒤 메인 호가 아바나 항에서 폭발했을 때 그는 전 국민을 따라서 전쟁을 외쳤다.

에스파냐는 그 즉시 미국 해군 266명의 목숨을 앗아가고 전함을 침몰시킨 폭발 사건의 진상 조사에 착수했고 내부 폭발로 결론을 내렸다. 미국 조사단은 외부 요인을 발견할 수 없었음에도 불구하고 동의하지 않았다. 미국 국민들은 양측이 뭐라 하건 상관하지 않았다. 이들은 에스파냐 어뢰가 전함을 침몰시켰다고 결론을 내렸기 때문에 보복을 원했다.

"메인 호를 기억하라!"

주전론자들은 이렇게 외쳤다. 매킨리는 전쟁을 바라지 않았지만 3월 27일에는 식민정부와 쿠바 반군의 휴전협정과 에스파냐 측의 양보를 요구할 수밖에 없었다.

국내 보수파의 입력에 시달리던 에스파냐 성부는 제면을 살리는 차원에서 3월 31일, 매킨리의 요구사항 가운데 휴전협정을 제외한 모든 부분에 동의했다. 마드리드 주재 미국 공사의 방문이 몇 차례 이어진 뒤 4월 9일에는 휴전협정마저 받아들였다. 하지만 이미 준비를 마친 매킨리는 4월 11일 의회에서 전쟁을 선포했다. 공화당 내 징고이즘 파를 어찌나 두려워했던지 에스파냐가 이미 모든 부분을 양보했음에도 불구하고 전쟁을 선포한 것이다. 의회는 4월 25일에 정식 선언문을 채택했다. 그리고 순수한 목적을 밝히기 위해 쿠바의 독립을 보장하는 텔러 수정안(Teller Amendment)도 통과시켰다(프랫과 듀이는 필리핀을 차지할 생각이 없다고 아기날도를 안심시킬 때 텔러 수정안을 거론했을 것이다).

미국－에스파냐 전쟁

당시 영국주재 미국대사였던 존 헤이는 이후 벌어진 교전을 가리켜 "더할 나위 없이 훌륭한 소규모 전쟁"이라고 표현했다. 비록 상대가 유럽의 약체로 꼽히는 에스파냐이기는 했지만 불과 몇 달이라는 기간 동안 미국의 막강한 군사력을 유감 없이 과시했기 때문이다. 열대병으로 몇천 명이 목숨을 잃기는 했어도 전사자는 소수에 불과했다.

쿠바의 에스파냐 주둔군은 1898년 4월 기준으로 정규군이 2만 8천 명에 불과했던 미국보다 숫자가 훨씬 많았기 때문에 미국은 해상 봉쇄선을 구축하고 그 동안 군대를 모집하기로 했다. 6월 초에 매킨리는 윌리엄 R. 섀프터(William R. Shafter) 소장이 이끄는 제5군단을 산티아고데쿠바로 파병했다. 그곳에서는 윌리엄 T. 샘슨(William T. Sampson) 제독이 파스쿠알 세르베라(Pascual Cervera) 에스파냐 제독의 소함대를 꼼짝 못하게 묶어 놓고 있었다. 6월 20일, 다이커리와 시보네이에 상륙한 섀프터는 내륙의 길을 따라 서쪽의 산티아고 외곽으로 향했다. 산티아고의 에스파냐 사령관은 1만 명의 주둔군으로 세 개의 방어선을 구축했다. 그는 주력을 산티아고 근처에 배치할 생각이었기 때문에 산후안 언덕의 제1방어선은 병력이 500밖에 되지 않았다. 7월 1일에 제1방어선을 격파한 섀프터는 산후안 언덕을 차지하고 포위공격을 시작했다.

산후안 언덕에 진을 친 미국군을 보고 신임 쿠바총독 라몬 블랑코(Ramón Blanco)는 불

매킨리가 징고이즘 파를 달래기 위해 아바나로 보낸 메인 호의 잔해
최근 실시된 진상 조사에 따르면 에스파냐 측의 판단이 옳았다. 1898년 2월에 메인 호가 침몰한 이유는 내부 폭발이었을 가능성이 가장 높다.

황열병

미국-에스파냐 전쟁 당시 쿠바에서 사망한 미국인은 5,462명이었지만, 이 중에서 전사자는 379명에 불과했다. 나머지는 황열병(yellow fever)을 비롯한 질병으로 목숨을 잃었다. 군의관과 간호병은 감염된 병사들을 살리려고 열심히 노력했지만 황열병이나 원인에 대해 아는 바가 거의 없었기 때문에 아무런 효과를 거두지 못했다. 대부분의 의학 전문가들은 환자의 침구나 옷을 통해 전염되는 접촉성 질환이라고 생각했다.

1900년 초, 아바나에 주둔하는 미국 병사들 사이에서 황열병이 번지자 육군은 월터 리드(Walter Reed)에게 위원장을 맡기고 제임스 캐럴(James Carroll), 아리스티데스 아그라몬테(Aristides Agramonte), 제시 W. 라지어(Jesse W. Lazear)로 구성된 조사위원회를 파견했다. 리드 소령과 위원회는 벌레에 물리면 황열병에 걸린다는 쿠바 역학자의 연구 결과를 토대로 사실인지 아닌지를 판가름하기 위해 혼신의 노력을 다했다.

월터 리드 소령

1900년 8월 27일, 범인으로 지목된 모기에게 일부러 물린 캐럴이 심한 황열병에 걸렸다. 얼마 후에 물린 라지어는 훨씬 심한 증상을 보이다 눈을 감았다.

11월에 리드는 훨씬 광범위한 대조실험을 벌였다. 한쪽 건물의 지원자들은 황열병 환자들이 썼던 침구에서 잠을 잤다. 다른 쪽 건물의 지원자들은 깨끗한 침구를 사용하되 범인으로 지목된 모기와 함께 머물렀다. 그런데 모기에 물린 사람들만 황열병 증상을 보였다. '스테고미아 파시아타[Stegomyia fasciata, 이후 아에데스 아이집티(Aedes aegypti)로 학명이 바뀌었다]' 모기에게 물리면 전염된다는 사실이 입증된 셈이었다.

쿠바 주둔 위생병 대장 윌리엄 C. 고거스(William C. Gorgas) 소령은 실험 결과를 토대로 1901년 2월, 숙주를 모두 제거하는 사업을 시작했다. 덕분에 황열병은 90일 만에 쿠바에서 자취를 감추었다. 그는 1904년, 파나마에 파병되었을 때에도 구충작업으로 파나마 운하 공사를 가능하게 만들었다.

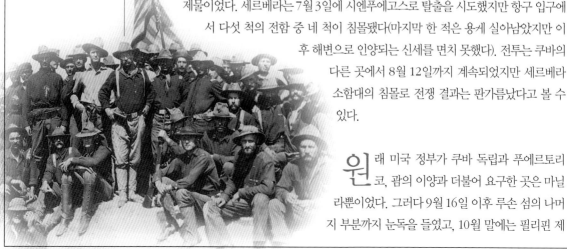

안해했다. 그는 세르베라의 소함대마저 섀프터에게 무너지지 않을까 두려워한 나머지 산티아고에서 당장 철수하라는 명령을 내렸는데, 이것이 실수였다. 세르베라가 이끄는 목조선은 산티아고 항 안에 머물면 비교적 안전했다. 하지만 항구 밖으로 나서면 손쉬운 제물이었다. 세르베라는 7월 3일에 시엔푸에고스로 탈출을 시도했지만 항구 입구에서 다섯 척의 전함 중 네 척이 침몰됐다(마지막 한 적은 용케 살아남았지만 이후 해변으로 인양되는 신세를 면치 못했다). 전투는 쿠바의 다른 곳에서 8월 12일까지 계속되었지만 세르베라 소함대의 침몰로 전쟁 결과는 판가름났다고 볼 수 있다.

원래 미국 정부가 쿠바 독립과 푸에르토리코, 괌의 이양과 더불어 요구한 곳은 마닐라뿐이었다. 그러다 9월 16일 이후 루손 섬의 나머지 부분까지 눈독을 들였고, 10월 말에는 필리핀 제도 전체를 요구했다. 에스파냐로서는 순순히 따르는 수밖에 없었다. 에스파냐는 12월 10일에 최종 서명한 파리 조약에서 200만 달러와 경제적인 이권을 받는 대가로 쿠바를 해방하고 푸에르토리코와 괌, 필리핀을 양도했다. 매킨리는 1899년 11월, 감리교 목사들 앞에서 이렇게 말했다.

"우리는 그저 받는 수밖에 없었습니다. 필리핀 국민을 훈육하고 계몽하고 교화하고 그리스도교도로 개종시키고, 그리스도가 저들을 위해서도 희생하신 만큼 우리의 동포로 인정하며 하느님의 영광에 따라 최선을 다하는 수밖에 없었습니다."

대부분의 미국인은 에스파냐와의 전쟁에 찬성했지만, 탐욕스럽고 제국주의로 물든 파리 조약의 내용은 반감을 불러일으켰다. 필리핀 합병은 논쟁의 초점으로 떠올랐다. 제국주의 반대파는 합병이 미국 민주주의에 오점을 남기지 않을까 두려워했다. 일부는 도덕적인 이유를 들었고, 일부는 인종적인 이유를 들었고, 또 일부는 두 가지 모두를 이유로 들었다. 미국 같은 나라가 저항할 힘이 없다는 이유로 약소국을 지배해서는 안 된다는 것이 도덕파의 주장이었다. 백인종도 아닌 필리핀을 다스리려면 엄청난 책임감이 뒤따른다는 것이 인종파의 주장이었다. 양쪽 모두 설득력 있는 견해였다.

공화당의 냇냇 빈질자와 피리 조약에 반대한 민주당의 상원의원들은 합병을 저지할 수 있

하와이

1898년 7월, 의회가 양원 합동결의로 합병한 하와이의 역사를 들여다보면 미국-에스파냐 전쟁이 세계 열강이라는 미국의 자부심에 어느 정도 영향을 미쳤는지 알 수 있다. 1893년 1월까지만 하더라도 하와이 제도는 독립왕국이었다. 하지만 1월 16일, 변호사 샌퍼드 B. 돌이 이끄는 미국 사탕수수 농장주들이 미국공사 존 L. 스티븐스(John L. Stevens)의 명령으로 상륙한 해병대를 등에 업고, 릴리우오칼라니(Liliuo-kalani) 여왕이 이끄는 원주민 정부를 전복시키자마자 그 길로 합병 신청을 했다[하와이는 1875년부터 최혜국대우를 받았지만, 합병하면 1890년 매킨리 관세법(McKinley Tariff)에 따라 국내 설탕 생산업자들이 주는 보상금을 받을 수 있었다]. 2월 15일, 해리슨 행정부는 합병 협약을 황급히 상원에 제출했다.

하지만 해리슨은 상원 투표가 시작되기도 전에 퇴임했고, 신임 대통령 그로버 클리블런드는 부도덕하다는 이유를 들어 협약을 철회했다. 그리고 하와이에 파견한 외교관을 통해 스티븐스가 부적절하게 개입한 이야기를 접한 뒤에는 폐위 당한 여왕의 복권을 추진했다. 클리블런드는 비록 복권에 실패했지만 연임하는 동안 합병을 저지하는 데에는 성공했다.

매킨리는 도덕적인 이유로 갈등하지 않았고, 국무장관 존 셔먼은 취임 3개월 만에 하와이를 다스리는 미국인들과 새로운 합병 협정을 맺었다. 하지만 협정은 상원에서 1년 여 동안 제자리걸음을 하다 쿠바와 필리핀 사건 이후 전격 승인되었다. 미국 식민지 제국에 하와이까지 추가되면 훨씬 더 근사해 보였기 때문이다.

릴리우오칼라니 여왕

을 만큼 강력해 보였다. 하지만 1899년 2월 6일에 치러진 마지막 투표 결과는 57 대 27이었다. 비준에 필요한 3분의 2를 한 표 넘긴 셈이었다. 이후 반대파가 이야기했다시피 이틀 전 필리핀과 미국 점령군 사이에서 교전이 벌어지지 않았더라면 투표 결과는 다른 양상을 보일 수도 있었다.

필리핀 진압

필리핀 봉기가 시작되었을 때 오티스 소장은 3만 명에 가까운 병력이 있으니 몇 주면 반란을 진압할 수 있다고 장담했다. 그리고 이후 15개월 동안 똑같은 장담을 주기적으로 반복했다. 육군장관 엘리휴 루트(Elihu Root)는 추가 병력을 지원 받으라고 했지만 오티스는 계속 거부했다. 이것을 보면 알 수 있다시피 오티스의 낙관적인 전망과 실제 상황 사이에는 상당한 거리가 있었다. 부하 헨리 로턴(Henry Lawton) 소장이 필리핀을 진압하려면 10만 명이 필요하다고 언론에 이야기했을 때에도 압력을 넣어 그런 말을 한 일이 없다고 부인하게 만들었다. 사실 아서 맥아더가 필리핀 군부총독으로 1900년 5월, 오티스를 도우러 나섰을 때 요구한 병력이 정확히 10만 명이었다.

필리핀 반군은 특이한 방식으로 전투를 전개했기 때문에 진압에 장애가 많이 뒤따랐다. 1899년 초에 오티스는 에밀리오 아기날도의 부대를 대규모 마을에서 몰아내는 데 성공했지만 늦봄 들어 우기가 시작되자 공격을 중단했다. 우기가 이어지는 동안 아기날도는 일대 변화를 단행했다. 앞으로는 민간인과 힘을 합쳐 게릴라전을 펼치기로 한 것이다. 1899년 10월에 공격을 재개한 미국군은 소수의 전투원과 다수의 비전투원을 구분하는 데 꽤 큰 어려움을 겪었다. 로버트 P. 휴스(Robert P. Hughes) 준장은 이렇게 표현했다.

1900년 행군 때 미국군이 동원한 마카베베 용병
미국에 끝까지 저항한 필리핀의 다른 부족들은 심한 학대에 시달렸다. 이들을 에스파냐의 '레콘센트라도'와 비슷한 '보호시설'에 가두었다는 소식이 몇 달 뒤 미국에 전해지자 비난의 화살이 빗발쳤다.

"정식 교전이 벌어지는 경우는 극히 드물다. 전투다운 전투를 치를 수가 없다. 소규모 충돌이 벌어지고 열 명 또는 열두 명 정도가 사망하는 식이다."

소규모 충돌은 미국 정찰병의 목숨을 숱하게 앗아 갔다. 반란군은 점령군을 지치게 만들 생각으로 정찰병을 매복 공격했다.

한편 매킨리는 1899년 1월에 다섯 명으로 이루어진 필리핀위원회를 결성하고, 필리핀의 유력 인사들과 협의하고 여러 섬의 현황을 연구하고 민간정부 설립에 조언하는 역할을 맡겼다. 위원장은 코넬 대학교 학장 제이콥 G. 슈어먼(Jacob G. Schurman)이 맡았고, 조지 듀이와 오티스 외에도 외교관 찰스 덴비(Charles Denby), 학창시절에 필리핀 제도를 두 번 견학한 미시건 대학교 동물학과 부교수 딘 C. 우스터(Dean C. Worcester)가 위원으로 임명되었다. 슈어먼은 아기날도를 솔직하고 진지한 인물로 평가했지만, 1900년 1월에 제출한 보고서에서는 필리핀의 상황을 왜곡한 구석이 많았다. 대통령 선거가 벌어진 해였기 때문에 어찌 보면 당연한 현상이었다. 필리핀위원회는 즉각적인 자치정부 설립을 불가능한 일로 간주하고 평화와 질서 유지를 위해 미국군이 주둔해야 된다고 강조했다.

"필리핀의 미래가 어찌될 지 알 수 없지만 지금 당장은 반란군이 항복할 때까지 전쟁을 계속하는 방법밖에 없다."

매킨리는 상당히 기뻐했다.

윌리엄 하워드 태프트
3년 동안 필리핀 총독으로
재직하던 당시의 모습.

매킨리는 보고서에서 권한 대로 2차 필리핀위원회를 발족하고 제한적인 자치정부 구성 권한을 부여했다. 위원장으로 임명된 연방대법원 판사 윌리엄 하워드 태프트(William Howard Taft)는 1901년 7월 4일, 필리핀 최초의 미국 민간인 총독이 되었다. 그는 아버지 같은 태도로 필리핀 국민을 대했고, 도착 직후 대통령에게 보낸 편지에서 "우리 갈색 형제들이 앵글로색슨족 비슷한 정치 원칙과 기술을 갖추려면 50년에서 100년이 필요하다."고 밝혔다.

태프트가 민간정부를 구성하는 동안 맥아더는 아기날도 체포 계획을 세우며 게릴라병을 괴롭혔다. 아기날도의 행방은 묘연했고 오티스는 "사망한 것으로 추정된다."고 발표했다. 하지만 맥아더에게 뜻밖의 행운이 찾아왔다. 1901년 2월, 아기날도가 형제에게 지원병을 요청하는 편지를 가로챈 것이다. 프레더릭 펀스턴(Frederick Funston) 대령은 '물 고문'을 동원한 끝에 아기날도가 루손 북부 산악지대의 팔라난 마을에 머물고 있다는 사실을 알아냈다(《뉴욕 월드》에 따르면 '물 고문'은 포로의 몸이 '거의 터지려고 힐 때까지' 소금물을 먹이는 방법이었다. 군 장교들은 한사코 부인했지만 태프트는 '소위 말하는 물 고문'을 '몇 번' 쓴 일이 있다고 나중에 실토했다).

펀스턴은 타갈로그어를 아는 마카베베(Macabebe) 정찰병 81명을 지원병으로 위장하기로 했다. 그는 이들에게 반란군복을 입히고 빅스버그 호에 태워 루손 북동부 해안의 카시구란 만으로 옮겼다. 편지를 들고 가다 붙잡힌 파발꾼도 동행했고, 반란에 가담했다 변심한 전직 에스파냐 첩보원은 지원병 인솔자로 변장했고, 펀스턴을 비롯한 미국군 장교 다섯 명이 포로 역할을 했다. 일행이 80킬로미터쯤의 험난한 정글을 뚫고 3월 23일에 도착했을 때 팔라난에서는 아기날도의 서른두 번째 생일잔치가 한창이었다. 미국군을 '생포'했다는 소식을 듣고 아기날도의 막사에 있던 반란군 몇 명은 위장한 마카베베 정찰병들에게 소총으로 축포를 선사했다. 정찰병들은 답례하는 척 총을 들고 일제사격을 퍼부었다. 이들은 아기날도를 생포한 뒤 게릴라군의 추격을 따돌리기 위해 서둘러 해변으로 달려갔다. 습격단은 3월 28일에 마닐라로 돌아왔고 아기날도는 총독관저에 수감되었다.

미국군은 필리핀 반란군이 포로를 학대한다고 대대적인 선전을 벌였기 때문에 여러 신문

미국군에게 항복하는
필리핀 반란군
필리핀 반란군
대장(가운데)이 병사들을
이끌고 1901년 미국군에게
항복하고 있다.

마닐라로 호송중인 아기날도
생포된 아기날도가 1901년 3월, 빅스버그 호를 타고 마닐라로 향하고 있다. 미국군 장교들은 필리핀 봉기 내내 국민들에게 아기날도가 빼앗은 돈으로 호사를 누리는 산적이라고 몰아붙이며 그를 깎아내리기 위해 애를 썼다.

에서 아기날도의 재판과 처형을 주장했다. 하지만 맥아더와 태프트는 아기날도를 순국선열로 만들 생각이 없었다. 이들은 대신 미국에 충성을 맹세하도록 아기날도를 설득하고 다른 반란군 대장들에게도 똑같은 조건을 내걸기로 했다. 아기날도는 더 이상의 유혈사태를 피하기 위해서라는 명분을 내걸고 4월 19일에 성명서를 발표했다. 그의 성명서는 반란군의 사기에 엄청난 영향을 미쳤다. 이후에도 전투는 끊이지 않았지만 점차 횟수가 줄었고 1902년 4월, 마지막 무장군이 루손의 바탕가스 군에서 항복했다. 3년여 동안 계속된 필리핀 봉기로 미국은 1억 6천만 달러의 군비가 들었다. 미국-에스파냐 전쟁의 여덟 곱절에 해당되는 금액이었다. 하지만 이제 미국은 제국의 반열에 올랐다.

빅스틱 정책

의화단(Boxer Rebellion)이 중국에 거주하는 미국인과 서양인들의 생명을 위협하던 1900년 여름 무렵, 극동지방 식민지의 효용성은 진가를 발휘했다. 전 세계의 여러 무역 강국은 몇십 년 동안 중국을 여러 조각으로 나누어 차지하고 경제와 정치 면에서 영향력을 발휘해 왔다. 아시아의 정치에 개입하지 않고서는 중국으로 접근할 수 없다고 결론을 내린 미국은 1899년 9월, 모든 나라가 중국과 평등한 조건으로 교역을 하자는 제안을 내놓았다. 매킨리 내각의 신임 국무장관 존 헤이는 영국, 프랑스, 독일, 이탈리아, 러시아, 일본에 보낸 일련의 외교문서를 통해 평등교역안을 홍보했다. 그리고 1900년 3월, 여러 나라에서 자신의 '문호개방' 정책을 받아들였다고 자신 있게 선포했다.

그로부터 3개월 뒤, 농촌지방에서 그리스도교 선교사를 공격한 중국의 민족주의자 일당이 모든 외국인을 몰아내겠다며 전면전을 시작했다. 이들은 자신의 일당을 '의화단'이라고 지칭했지만 체조 비슷한 의식이 권투를 닮았기 때문에 서양인들은 '복서(Boxer)'라고 불렀다(고스트 댄서들이 그랬던 것처럼 의화단원들도 이런 의식을 거행하면 총에 맞아도 다치지 않는다고 믿었다). 서태후는 6월 18일에 의화단을 전폭적으로 지지한다는 교서와 함께 중국의 모든 외국인을 처단하라는 명령을 내렸다. 이에 따라 6월 20일에 베이징으로 진격한 의화단은 독일 공사를 살해하고, 바리케이드를 쌓은 영국 공사관 안에 몇백 명의 서양 외교관과 중국인 그리스도교도들을 가두었다. 제국주의의 통치권을 회복하기 위해 결성된 다국적군이 톈진 항을 출발하여 8월 14일, 베이징에 도착했다. 영국, 프랑스, 러시아, 일본, 그리고 필리핀에서 황급히 파견된 미국군 2,500명으로 조직된 군대였다.

　　미국이 세계 열강이라는 자부심을 얻게 된 배경에는 시어도어 루스벨트의 적극적인 팽창 정책도 어느 정도 영향을 미쳤다. 1901년 9월에 매킨리가 저격을 당하자 마흔둘이라는 나이로 사상 최연소 대통령이 된 루스벨트는 빅스틱 정책(Big Stick Diplomacy)으로 알려진 공격적인 외교 정책을 펼쳤다[루스벨트가 가장 좋아한 속담이 '말은 부드럽게 하되 압력(압력에 해당되는 용어가 big stick이다 — 옮긴이)을 가하면 성공을 거둘 수 있다'였다]. 루스벨트는 매킨리하고 다르게 미국의 힘을 해외에서 활용하는 데 조금도 거리낌이 없었고, 기회가 있을 때마다 미국의 세력을 넓혀 나갔다. 그런 기회가 되어 준 곳이 파나마였다.

　　미국 정부는 캘리포니아 골드러시 이후 50년 동안 동해안과 서해안을 좀더 빠르게 오가는 방법이 없을까 고심했다. 세계 최강의 해양제국 영국도 미국과 같은 생각을 하고 있었기 때문에 두 나라 정부는 1850년 클레이턴-불워 조약(Clayton-Bulwer Treaty)을 통해 중앙아메리카를 횡단하는 운하를 건설하면 공동 소유하기로 합의했다. 운하 건설에 가장 알맞은 후보는 니카라과와 파나마 지협(당시 파나마 지협은 콜롬비아의 땅이었다)이었다.

베이징 대궐을 에워싼 연합군
1900년의 석판화. 의화단 운동 당시 서태후가 머무는 베이징의 대궐을 연합군이 에워싸고 있다.

　　하지만 1901년 무렵 제국의 맛을 본 미국은 독점 관리하는 운하를 건설하고 싶다는 생각이 점점 강해졌다. 이에 따라 1901년 11월, 국무장관 헤이는 영국 외교관 줄리언 폰스펏(Julian Pauncefote)과 새로운 조약을 체결했다. 클레이턴-불워 조약을 폐기하고 미국이 중앙아메리카의 운하를 '독점적으로 관리하고 규제'하되 모든 나라의 선박이 동일한 조건으로 이용할 수 있도록 한다는 것이 새로운 조약의 내용이었다.

　　다음 단계는 운하 건설지 선정이었다. 위원회에서는 니카라과를 추천했지만 뉴파나마운하회사는 파나마에 운하를 건설하도록 루스벨트를 상대로 로비를 벌였다. 수에즈 운하를 담당했던 페르디낭 드 레셉스(Ferdinand de Lesseps)는 프랑스 기업의 수주를 받고 1881년부터 파나마에 수평식 수로공사를 시작했지만 정치적, 재정적 난관에 부딪치면서 1888년에 포기했다. 이후 운하 건설권을 프랑스에게 넘겨받은 뉴파나마운하회사는 1억 900만 달러에 내놓았

**그레이트화이트함대를 향해
경례하는 루스벨트**

그레이트화이트함대는
미국의 힘을 널리 과시할
수 있도록 2년 일정의
'친선 세계일주'를 떠났다.

다. 루스벨트는 가격이 400만 달러까지 내려갈 때까지 기다렸다 건설권을
매입했다. 운하위원회는 이에 따라 추천지를 바꾸었고, 의회는 1902년 6
월에 스푸너 수정안(Spooner Act)을 통과시켜 콜롬비아가 적당한 면적의
토지를 미국에 이양할 경우(프랑스의 임대기간이 종료되기 직전이었다) 정
부는 파나마 해협에 운하를 건설해도 좋다는 승인을 내렸다.

1903년 1월, 국무장관 헤이와 콜롬비아의 외무상관 토마스 에란
(Tomás Herrán)은 너비 16킬로미터쯤의 파나마 땅을 미국으로 넘기는 조
약에 서명했다. 미국은 100년 동안 임대하는 조건으로 1천만 달러를 건네
고 9년 후부터 해마다 25만 달러씩 추가 지불하기로 했다. 미국 상원은 즉
시 비준했지만 콜롬비아 상원은 더 많은 금액을 바라며 차일피일 미루었
다. 루스벨트가 더 이상은 줄 수 없다고 못을 박자 콜롬비아 상원은 한 나
라의 자존심과 '양키 제국주의'를 들먹이며 1903년 8월, 비준을 거부했다.

화가 난 루스벨트는 콜롬비아를 배제하고 운하 건설에 찬성하는 파나
마의 반대파 정치인들을 지원하기 시작했다. 먼저 10월에는 군함 세 척을 이 지
역으로 파견했다. 그리고 11월 3일에 기다리던 반란이 일어나자 군함을 이용해 콜롬비아군의
상륙을 방해하고 11월 6일에 파나마의 신생 독립정부를 허겁지겁 승인했다. 헤이는 그 즉시 프
랑스의 공학자 필립 뷔노-바리야(Philippe Bunau-Varilla)와 계약을 체결했다. 뷔노-바리야
는 뉴파나마운하회사의 대리인이자 미국 주재 파나마 대사였고, 계약조건은 헤이-에란 때와

루스벨트식 해석

시어도어 루즈벨트가 라틴아메리카에 보인 관심은 파
나마 사태가 불거지기 이전부터 전 세계를 상대로
모습을 드러냈다. 1902년 말 베네수엘라 정부가 유럽 은행
에 진 빚의 일부를 체납하자 영국, 독일, 이탈리아는 전함
을 보내 베네수엘라 해안을 봉쇄했다. 심지어 독일 함선은
베네수엘라 항구에 포격까지 퍼부었다. 이때까지만 해도 루
스벨트는 전혀 신경을 쓰지 않았다. 그러다 독일이 베네수
엘라에 영구 해군기지를 건설할 속셈이라는 소문이 워싱턴
에 전해지자 베네수엘라의 영토를 조금이라도 강탈할 경우
듀이 제독과 미국 해군을 파병하겠다고 독일에게 경고했다.
이 말을 듣고 독일군은 물러났다. 루스벨트의 임기 내내
지속된 내정 간섭주의 정책이 정착되는 순간이었다. 먼로
독트린(Monroe Doctrine)의 루스벨트식 해석이라고 불린
이 정책은 1904년 12월 대통령의 의회 연설에서 확연히 드
러났다. 1823년의 먼로 독트린은 유럽인들에게 서반구의
식민지 건설을 용납하지 않겠다고 경고하는 내용이었다. 그

런데 루스벨트식 해석에서는 유럽의 침략이 아니라 라틴아
메리카 여러 나라의 '상습적인 비행'이 라틴아메리카를 위
기에 빠트리고 있다며 경고의 범위를 확대했다. 즉, 권리를
침해 당한 유럽 대신 미국이 '국제 경찰'로 나서 문제를 바
로잡을 의무와 책임이 있다고 주장한 것이다.

루스벨트식 해석은 태프트가 벌인 달러 외교(Dollar
Diplomacy)의 근본 원리가 되었고, 루스벨트는 이와 같은
정책 아래 1905년 도미니카 공화국의 재정을 장악하고 프
랑스와 이탈리아에 진 국채를 갚도록 주선했다. 하지만 이
후 20년 동안 숱하게 자행된 내정 간섭은 미국 국고에 상당
한 부담을 주었을 뿐 아니라 서반구 다른 국가와의 관계에
도 악영향을 미쳤다. 결국 국무성은 1930년에 루스벨트식
해석을 철회했다.

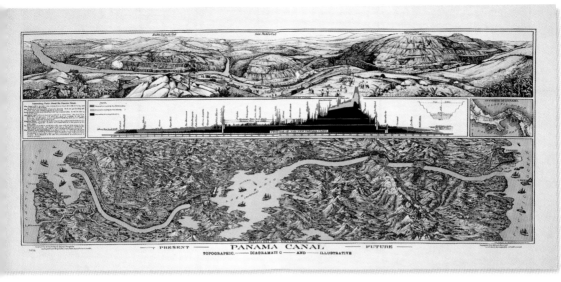

파나마 운하 공사 계획도
공사 계획을 궁금해하는
미국인들을 위해 1903년에
제작되었다. 위쪽은
레셉스가 이미 파 놓은
수로이고, 가운데 부분은
공사 현장의 종단면이며,
아래쪽은 완성된 운하의
모습을 예상한
조감도이다.

같았다. 일부 의원들은 운하 지역을 차지하고야 말겠다는 대통령의 고압적인 자세를 못마땅하게 여겼지만, 루스벨트는 들은 척도 하지 않았다. 그는 1911년 연설에서 이렇게 말했다.

"운하 지역을 넘겨 받고 설전은 의회에 맡겼습니다. 설전이 진행되는 동안 운하 공사도 진행될 테니까요."

달러 외교

루스벨트가 손수 뽑은 백악관의 새 주인은 1904년 필리핀에서 돌아오자마자 육군장관으로 임명된 윌리엄 하워드 태프트였다. 태프트는 라틴아메리카와 극동을 무대로 미국의 세력을 넓히려고 한 점에서 루스벨트와 같았지만, 무력보다는 경제적인 수단을 선호했다. 태프트가 추구한 정책은 경제적으로 침투하되 필요한 경우 무력을 동원하는 이른바 달러 외교였다. 미국의 자본가들은 신임 대통령의 부추김에 따라서 카리브 해를 중심으로 하는 해외 사업에 몇 억 달러를 투자하기 시작했다. 태프트는 이들의 투자가 월 가를 살찌우고, 서반구의 후견인 역할을 하는 미국의 위상을 높여 주며, 라틴아메리카 국민들에게 정치적 안정과 경제적 성장을 선물할 수 있다고 확신했다.

그런데 니카라과의 호세 셀라야(José Zelaya) 대통령이 미국에 반대하는 중앙아메리카 연대를 구축하려고 시도하면서 달러 외교는 최초의 위기를 맞이했다. 1909년에 셀라야는 미국의 어느 채광회사에 부여한 경제특권을 일부 취소했다. 이후에는 채광회사가 선동한 쿠데타에 가담했다는 이유를 들어 미국인 두 명을 처형했다. 그러자 태프트는 미국 해병대를 보내 셀라야 정부를 전복시키고 미국에 훨씬 우호적인 정권을 수립했다. 전직 기업 변호사인 국무장관 필랜더 C. 녹스(Philander C. Knox)는 은행 업계의 친구들을 통해 니카라과에 대규모 차관을 제공했다. 워싱턴의 영향력을 한층 강화하기 위한 조치였다. 또 한편으로는 미국의 자금력을 동원하여 아이티의 국채를 인수하고, 러시아와 일본이 교통수단을 독점하지 못하도록 중국의 새로운 철로 건설을 지원했다.

1912년 대통령 선거 기간 때 민주당의 우드로 윌슨(Woodrow Wilson)은 달러 외교를 지적하며 공화당의 제국주의를 비난했고, 자신이 집권하면 "다른 나라의 영토를 단 1푸트도 추가 점령하지 않겠다."고 약속했다. 태프트와 루스벨트 연대를 물리치고 승리를 거둔 윌슨은 철저한 반(反)제국주의자 윌리엄 제닝스 브라이언을 국무장관 자리에 앉히고, 앞으로는 라틴아메리카에서 '독단적이거나 변칙적인 세력이 아니라 법을 바탕으로 건설된 합법적인 정부의 질서정연한 조치'를 후원하겠다고 밝혔다. 하지만 니카라과, 아이티, 도미니카 공화국의 경제가 불안해지고 미국은행에 진 빚을 체납하자 군대를 보내 채무상환을 요구했다. 이상주의자이던 윌슨이지만 재임 말기에 이르러서는 역사학자 월터 레이퍼버(Walter LaFeber)의 말마따나 '미국 역사상 가장 위대한 무력 간섭주의자'로 탈바꿈했다.

판초 비야가 뉴멕시코의 콜럼버스를 공격한 1916년 3월 10일, 클리퍼드 베리먼이 선보인 만평

첫 번째 취임식을 위해 뉴저지를 떠날 때 "이번 행정부가 주로 외교 문제만 처리한다면 운명의 아이러니가 될 것"이라고 말했던 윌슨 대통령이었으니 미국이 멕시코에 무력으로 개입하게 되는 상황을 전혀 예상하지 못했을 것이다(이후 무대가 유럽으로 바뀌었을 때도 마찬가지였을 것이다).

그런데 윌슨이 초임 시절 가장 결정적으로 내정에 간섭한 사건은 채무와 전혀 상관이 없었다(금전적인 부분하고는 상관이 있었다). 지난 몇십 년 동안 멕시코 투자 면에서 꾸준히 상승 곡선을 그린 결과, 미국은 멕시코 부동산의 40퍼센트 정도를 보유하기에 이르렀다. 그런데 1910년에 시작된 무장봉기로 1년 뒤 독재자 포르피리오 디아스(Porfirio Díaz)가 물러나고, 1911년 11월에 프란시스코 마데로(Francisco Madero)가 대통령으로 선출되었다. 마데로는 포괄적인 민주 개혁을 약속했지만 좌익과 우익의 공격으로 정부 운영 자체가 불가능했다. 우익 세력의 배후에는 마데로의 개혁정책이 몇십 억 달러에 이르는 투자금을 위협한다고 생각한 미국 기업가들이 포진하고 있었다. 1913년 2월 19일, 정부군 사령관인 빅토리아노 우에르타(Victoriano Huerta) 장군은 미국 대사의 동의 아래 마데로를 체포하고 대통령 자리에 올랐다. 그리고 사흘 뒤, 퇴임을 앞둔 태프트가 우에르타 정부의 승인 준비를 하는 동안 마데로는 탈출을 시도하다 총살 당했다.

분개한 윌슨은 미국 투자가들에게 아무리 호의적인 태도를 보인다 하더라도 '살인마 정부'는 승인하지 않겠다고 선언했다. 그리고 취임 2주일 뒤에는 우에르타에게 대통령직을 사임하고 자유선거를 실시하도록 요구했다. 우에르타는 당연히 거부했지만 "남아메리카의 여러 공화국에게 훌륭한 인물 선출하는 방법을 가르치겠다."는 윌슨의 태도는 단호했다. 그는 우에르타 정부에 대한 지지를 거두도록 영국을 설득하고, 베누스티아노 카란사(Venustiano Carranza)가 이끄는 멕시코 입헌파에게 무기를 판매하기 시작했다. 1914년 4월, 우에르타 측 군장교가 탐피코 항에 하선한 미국 수병들을 체포하면서 사태는 더욱 확대되었다. 그는 수병들을 재빨리 석방하고 돌핀 호 함장에게 직접 사과했지만, 함장은 미국 국기를 향해 스물한 발의 예포를 쏘는 공개적인 사과를 요구했다. 멕시코 측에서 거부하자 윌슨은 이 사건을 빌미 삼아 멕시코 해안에 머무는 미국 해군의 숫자를 늘렸다.

며칠이 지나고 4월 21일, 윌슨은 독일 선박이 우에르타군에게 군수품을 조달하지 못하도록 베라크루스 항을 점령하라는 명령을 내렸다. 윌슨 쪽에서는 무혈입성을 예상했겠지만 베라크루스를 점령하는 도중 거리에서 교전이 벌어졌고, 이 과정에서 126명의 멕시코인이 목숨을 잃었다. 이제 입헌파를 비롯한 전국이 미국의 고압적인 자세에 분노했고, 뜻밖의 반격을 당한 윌슨은 주춤했다. 이후 'ABC 나라'—아르헨티나, 브라질, 칠레—의 중재로 미국군은 철수했다.

1914년 8월에 카란사가 멕시코시티를 점령하고 우에르타를 망명길로 내보내면서 멕시코 문제는 끝이 나는 것처럼 보였다. 하지만 새로운 정부 구성에 착수한 카란사가 미국의 지침을 거부한 것이 윌슨의 심기를 건드렸다. 카란사는 미국 대통령의 반응에 신경 쓸 겨를이 없었다. 이보다 훨씬 시급한 문제들이 많았기 때문이다. 우에르타를 축출했던 동맹관계가 무너지면서 불만을 품은 두 일파가 카란사의 자리를 위협했다. 쿠에르나바카를 중심으로 뭉친 세력의 지도자는 에밀리아노 사파타(Emiliano Zapata)였다. 북부를 무대로 활동하는 또다른 세력의 사령관은 프란시스코 '판초' 비야(Pancho Villa)였다. 멕시코 내전 초기에 윌슨은 잠시 비야를 지지했지만 라틴아메리카 대사들의 설득에 넘어가서 카란사 쪽으로 돌아섰고, 결국 1915년 10월에 카란사 정부를 예비 승인했다.

배신감을 느낀 비야는 미국을 역습하기로 결심했다. 양국의 긴장감이 고조되면 카란사에 대한 지지가 흔들리지 않을까 생각했던 것이다. 1916년 1월에 그는 멕시코 북부의 어느 열차에서 열일곱 명의 미국 채광기사를 끌어내 총격을 퍼부었다(한 명은 죽은 척하고 쓰러졌다가 달아났다). 두 달 뒤에는 500명에 가까운 반란군을 이끌고 국경을 넘어 펄롱 막사의 미국 제13기병대를 공격하고, 뉴멕시코의 콜럼버스에 불을 질렀다. 여기에서 미국 병사 열네 명과 콜럼버스 주민 열 명이 목숨을 잃었다. 윌슨은 미국군을 멕시코 북부로 보내 비야를 체포하겠다고 통보했고, 카란사는 승낙하는 수밖에 없었다.

존 J. '블랙 잭' 퍼싱(John J. 'Black Jack' Pershing) 준장이 이끄는 '토벌대'는 대부분 기병대로 구성된 4,800명의 병력이었고, 급조되기는 했지만 전동 차량과 항공기의 지원을 받았다(전동 차량과 항공기라는 신기술이 미국 역사상 최초로 전투에 투입되는 순간이었다). 토벌대는 비야의 반군을 찾지 못하고 1916년 6월 21일, 카리살에서 비야의 반군으로 착각한 카란사의

판초 비야

농장 노동자의 아들로 태어난 판초 비야(가장 앞쪽)는 어린 나이에 고아가 되었다. 그러다 10대 무렵 일하던 농장의 주인이 누이를 강간하자 보복으로 살해하고 산 속으로 도망쳤다. 그는 산 속을 떠돌며 청소년기를 보내다 1910년, 마데로가 포르피리오 디아스를 상대로 벌인 폭동에 가담했다.

병력과 피비린내 나는 교전을 치렀다. 멕시코와의 전쟁으로 번질 수도 있는 사건이었지만, 유럽의 정황이나 독일과의 관계 악화로 미루어볼 때 미국군의 해외 파병 가능성을 염두에 두어야 하는 상황이었다. 때문에 윌슨은 멕시코의 불만을 국제위원회에 회부했고 '카리살 사태'는 퍼싱의 잘못이라는 판결을 받았다.

한편 비야는 수색망에 좀처럼 걸려들지 않았다. 이제는 멕시코 안으로 480킬로미터쯤까지 진입한 미국군이 우습고 위험해 보이는 지경이었다. 결국 윌슨은 1917년 1월 말에 모든 미국군을 철수하고 10개월에 걸친 작전을 마무리지었다. 전 세계의 거의 모든 나라가 그랬던 것처럼 이 무렵 그의 관심사는 오로지 유럽이었다.

대전

1815년 나폴레옹 1세의 패배 이후 1세기 동안 유럽 대륙은 비교적 평화로운 시대를 누렸다. 1870년의 프랑스-프로이센 전쟁과 같은 무력충돌이 벌어지기는 했지만 몇 차례에 불과했고 비교적 국지전이었다. 하지만 1914년 6월, 사라예보에서 세르비아의 어느 민족주의자가 오스트리아-헝가리 제국의 황태자 프란츠 페르디난트(Franz Ferdinand) 대공을 암살하면서 최후통첩이 연쇄반응으로 이어졌고, 결국 8월 초에는 전면전이 시작되었다. 제국주의로 무장한 전 세계 열강들의 경쟁관계로 볼 때 예견된 일이었다. 대전의 한쪽은 독일, 오스트리아-헝가리, 터키가 포진한 동맹국(Central Powers)이었다. 상대편은 프랑스, 영국, 그리고 세르비아의 오랜

1차 세계대전
1917년 말 미국이 참전했을 무렵, 대전은 이미 3년째로 접어들고 있었다. 몇천만 명에 이르는 유럽인이 죽거나 다치거나 아사 직전이었다. 몇 킬로미터고 이어지는 비참한 참호 속에서 병사들이 다닥다닥 붙어 지내는 최전선은 몇 년째 움직일 줄 몰랐다.

동맹 러시아로 이루어진 연합국(Allied Powers)이었다.

윌슨은 전쟁에 개입할 생각이 없었다. 미국인들 사이에서는 고립주의 정서가 팽배했고, 독일 이민이 워낙 많았기 때문에 1914년 기준으로 보자면 연합국으로 참전하기도 조심스러운 상황이었다. 윌슨은 공정한 중재자 역할을 자청했다. 영국이 독일을 상대로 선전포고를 하고 하루가 지난 8월 5일, 그는 미국의 중립을 선언하고 국민들에게 '행동은 물론이고 생각에서도' 편을 가르지 말아 달라고 요구했다. 하지만 말처럼 쉬운 일이 아니었다.

독일과 미국의 관계가 틀어진 가장 결정적인 이유는 잠수함이었다. 1차 세계대전이 시작될 무렵 독일의 육군은 지상 최강이었지만 해군은 부족한 부분이 많았다. 따라서 천하무적 영국 해군은 독일의 모든 항구를 숨막힐 정도로 봉쇄할 수 있었다. 물 위에서 영국을 상대할 방법이 없다고 깨달은 독일은 비교적 새로운 해군 기술을 개척하기 시작했다. 바로 잠수함이었다. 물 속에서도 작전 수행이 가능한 전함이라는 발상은 16세기부터 존재했지만 실제 무기로 자리잡은 것은 20세기로 접어든 이후였다. 1900년에 미국 발명가 존 홀런드(John Holland)는 실질적인 추진 장치를 갖춘 최초의 잠수함(부상 중에는 내연기관을 쓰고 잠수 중에는 배터리용 전기모터를 추진기로 사용하는 방식이었다)을 미국 해군에 팔았다. 전쟁 시작 당시 독일의 잠수함은 고작 38대였다. 하지만 이후 4년 동안 거의 400대가 늘었다.

처음에는 적함이 보이면 어뢰로 공격히는 것이 독일의 작전이었다. 하지만 어떤 배를 적함으로 규정하는지가 분명하지 않았다. 예를 들어 1915년 5월에 독일의 '운터시부트(Unterseeboot)', 즉 U-보트는 아일랜드 해안에서 영국의 여객선 루시타니아(Lusitania) 호를 침몰시켜 1,198명의 목숨을 앗아 갔는데, 이 가운데 128명이 미국인이었다. 이후 독일이 지적했다시피 루시타니아 호는 상당량의 군수품을 싣고 있었지만 독일의 '야만적인 행위'를 거세게 비난하는 여론에 묻혔다. 분개한 윌슨은 독일과 주고받은 외교 문서에서 민간 선박에 대한 공격을 중단하고 중립국의 권리를 보호해 달라고 요청했다. 독일은 미국이 연합국 측으로 합류하지 않기를 바라는 마음에서 잠수함 동원을 자제하겠다고 한 걸음 물러섰다.

하지만 말로만 중립을 내세운 미국 때문에 팽팽한 긴장감은 여전히 지속되었다. 전쟁이 시작되고 영국이 독일을 봉쇄했을 때 미국은 불법이라고 비난만 할 것이 아니라 봉쇄가 풀릴 때까지 영국과의 교역을 중단할 수 있었다. 하지만 윌슨은 입출항 금지조치를 묵인하고 독일과 자유롭게 교역할 수 있는 중립국 고유의 권리를 포기했다. 영국과 비교하면 독일과의 무역량은 대수롭지 않은 수준이었기 때문에 경제적인 입장에서 보면 합당한 태도였다. 영국은 전쟁 이전부터 미국의 최대 교역국이었고 영국의 군수품 주문은 미국 경제에 엄청난 혜택을 선사했다. 1914년에서 1916년 사이 연합국의 미국 상품 수입량은 네 배로 증가했다. 윌슨이 미국의

1914년의 독일 포스터

사나운 U-보트에 둘러싸인 영국의 모습이다. 결국 영국과 미국은 상선이 잠수함의 공격을 받지 않도록 호위체제를 개발했다.

치머만 전보의 원본

(오른쪽) 독일 외무장관 아르투르 치머만이 멕시코시티의 대사관에 보낸 전보로, 영국이 가로채 해독했다.

통상을 위협한다고 독일을 비난한 것도 영국의 금지령을 생각해 보면 표리부동한 자세였다. 국무장관 브라이언은 루시타니아 호가 침몰 당한 이후 영국의 해안선 봉쇄에 대해서도 똑같이 강경한 입장을 보여야 한다고 주장했다. 하지만 윌슨이 자신의 의견을 거부하자 국무장관직을 사임했다.

1916년 초로 접어들면서 연합국은 무장한 상선으로 잠수함을 공격하기 시작했다(잠수함은 배터리 용량의 한계 때문에 부상해 있을 때가 많았다). 독일 정부는 모든 적함을 경고 없이 공격하겠다고 다시 한 번 공포했다. 그로부터 몇 주 뒤 해협을 횡단하던 증기선 서식스(Sussex) 호가 U-보트의 공격으로 침몰하면서 미국 승객 몇 명이 부상을 입었다. 윌슨은 '불법' 전술을 포기하라고 독일을 다시 한 번 다그쳤고, 독일은 또다시 양보했다.

하지만 1917년 초, 벌써 3년째 같은 참호를 지키는 상황이 계속되자 독일의 인내심은 한계에 달했다. 독일군은 승리를 위해 모든 것을 포기하기로 결심하고 지상군을 프랑스로 집결시키는 한편, 연합국으로 향하는 수송선을 차단하는 쪽으로 모든 U-보트를 배치했다. 준비가 끝났을 때 미국 주재 독일 대사는 적국이건 중립국이건, 전함이건 상선이건 가릴 것 없이 영국 일대를 지나가는 모든 배는 U-보트의 공격을 받게 된다고 윌슨에게 알렸다. 미국 선박도 이

해변으로 인양된 U-보트

U-보트의 선원들은 영국 남쪽 해안에서 암초에 걸리자 항복했다.

지역에 들어서면 공격을 면할 수 없다는 뜻이었다. 독일은 이와 같은 선언이 미국의 참전으로 이어지리라는 사실을 알고 있었지만, 대규모 미국군이 파병되기 이전에 프랑스를 정복하는 쪽으로 모험을 걸었다.

참전을 선언한 미국

윌슨은 의회에 선전 포고를 요청할 준비를 마친 상태에서 국민의 지지를 극대화할 수 있을 때까지 기회를 노리며 기다렸다. 윌슨의 선택은 현명한 판단이었다. 2월과 3월에 잇따라 발생한 사건으로 그의 입장에 한결 힘이 실렸던 것이다. 2월 24일, 영국 대사는 윌슨에게 영국이 얼마 전 가로채 해독한 전보의 사본을 보여 주었다. 독일의 외무장관 아르투르 치머만(Arthur Zimmermann)이 멕시코시티의 대사관에게 보낸 전보였고, 미국과 독일 사이에서 교전이 벌어지면 멕시코는 동맹국 편으로 참전하여 텍사스와 남서부의 '잃어버린 영토'를 되찾으라는 내용이었다. 며칠 뒤 미국 언론에 사본이 공개되었다. 그로부터 2주 후 U-보트가 사전 경고 없이 미국의 상선 다섯 척에 어뢰를 발사했다.

1917년 4월 2일, 의회는 윌슨에게 선전포고를 요청했다. 윌슨은 선전포고에서 미국식 도덕관에 입각한 만국의 평화를 강조하고 자치원칙이야말로 모든 정치분쟁의 해결책이라고 주장했다.

"우리는 가장 소중히 여기는 것들을 위해 싸울 것입니다. 민주주의를 위해, 자신의 정부에서 제 목소리를 내기 위해 권력에 굴복한 사람들을 위해, 약소국의 권리와 해방을 위해, 자유인들이 타협한 정의의 확산으로 모든 국가에 평화와 안전이 깃들고 세계가 마침내 자유로워지는 날을 위해 (중략) 세계는 민주주의의 안전한 터전이 되어야 합니다."

이른바 14개 조항(Fourteen Points)이라고 통칭된 세부 내용은 1918년 1월 8일 의회 연설에서 구체적으로 명시되었다.

미국-에스파냐 전쟁이 끝나고 20년 사이 세계 열강이라는 지위에 익숙해진 미국인들은 윌슨의 신조에 열띤 호응을 보냈다. 쿠바 '해방'을 마무리짓고 다시 소규모 평시체제로 유지되던 미국군은 의용군 몇십만 명 덕분에 막대한 충원을 성공리에 끝마쳤다. 징병도 별다른 저항 없이 실시되었다. 전쟁이 끝났을 무렵 해외로 파병된 미국군은 400만 명 이상이었다.

퍼싱
1918년 10월, 프랑스 쇼몽의 본부에서.

19 17년 말부터 수송이 시작된 미국해외파견군(American Expeditionary Force : AEF)의 사령관은 최근 멕시코에서 소환된 퍼싱이었다. 그는 멕시코에서 뛰어난 활약을 보이지 못했지만 좋은 평판을 유지한 채 빠져나올 수 있었다. 연합국의 최고사령관 페르디낭 포슈(Ferdinand Foch)는 미국군을 기존의 프랑스 병력과 합치려고 했지만 퍼싱은 자신이 지휘하는 독립 부대로 운용되어야 한다고 주장했다. 그 결과 미국 해외 파견군은 전방의 일부분을

1919년 5월 27일, 파리의 크리용 호텔에서 만난 4대국 왼쪽에서부터 차례로 로이드 조지, 오를란도, 클레망소, 윌슨이다.

할당받았고, 3월과 7월에 부분적으로 성공한 독일의 공격에 이어 1918년 8월 초에 시작된 역공에서 개별 역할을 부여받았다. 이후 독일 장군 에리히 루덴도르프(Erich Ludendorff)가 '암울한 날'이라고 표현한 8월 8일, 450대의 탱크와 함께 솜 강을 따라 진격한 영국군은 독일군의 제1선을 위협했다. 9월 14일에는 1914년부터 독일군이 점령하고 있던 생미엘이 퍼싱의 손으로 넘어갔다. 10월 3일에 빌헬름 2세(Wilhelm II)의 독재 정권을 대체한 독일의 신생 의회정부는 그날밤, 윌슨에게 14개 조항에 기초한 휴전 협정과 평화 회담을 제안했다.

11월 11일에 정식으로 휴전협정이 맺어진 이후 윌슨은 평화 유지를 위한 중개인 역할에 전력을 쏟았다. 1919년 1월 중순 베르사유에서 열린 평화회담에는 윌슨, 영국 총리 데이비드 로이드 조지(David Lloyd Geroge), 프랑스 수상 조르쥬 클레망소 등 3대국 수장이 모두 참석했다. 윌슨은 새로운 세계질서의 일환으로 전전(戰前) 시대의 특징인 극한 정책(brinkmanship, 사태를 유리하게 이끌기 위해 위험한 한계까지 추진하는 정책— 옮긴이)을 국제협력으로 대체할 방법을 모색했다. 그는 14개 조항의 마지막 부분에서 '국가 간 연합기구'를 통해 국제분쟁을 해결하자고 제안한 바 있다. 클레망소와 로이드 조지의 경우 적극 찬성했지만 민족자결권을 주장한 부분은 탐탁지 않게 받아들였다. 뒤늦게 참전한 미국이야 승리의 대가를 포기할 수 있을지 몰라도 영국과 프랑스는 그럴 마음이 없었다. 두 제국은 4년 동안 끔찍한 전쟁을 치렀으니 모든 전리품을 차지하는 것이 정당하다고 생각했다.

프랑스의 안위에 집착하는 클레망소와 기울어 가는 대영제국을 부활시키려는 로이드 조지의 태도는 가장 큰 걸림돌이었다. 윌슨은 '공개적인 평화회담과 공개적인 협약'을 요구했지만 협상은 주로 비밀리에 열렸고, 연합국의 준회원 격인 이탈리아의 비토리오 오를란도(Vittorio Orlando) 총리는 이 자리에 끼지 못할 때가 많았다. 결국 윌슨은 민족자결권을 포기한 채 로이드 조지와 클레망소가 유럽의 지도를 다시 그리고 독일의 해외 점령지를 원주민의 의사에 관계없이 나누는 모습을 지켜보는 수밖에 없었다. 영국과 프랑스는 한 걸음 더 나아가 독일에 어마어마한 배상금을 부과하며 또 다른 화근을 낳았다. 하지만 윌슨은 14개 조항이 최종 합의안에 일부 포함된 정도면 목적을 달성했다고 생각했다. 특히 국제연맹 창설 조항은 값진 성과였다.

비준에 따른 갈등

1919년 7월, 윌슨은 베르사유 조약(Treaty of Versailles)을 들고 귀국했지만 상원에서 '강경파' 열네 명의 반대에 부딪혔다. 이들은 국제연맹 가입이 고립주의 원칙에 어긋난다는 이유를 들어 비준을 거부했다. 하지만 대다수의 상원의원은 베르사유 조약이 미국의 주권을 침해하는 것이 아니냐는 의구심만 해결해 주면 찬성하겠다는 입장을 보였다. 로지가 의장을 맡은 상원외교위원회는 두 달에 걸친 기나긴 토론 끝에 49개 조항의 '단서'를 수정안 형식으로 제출했다. 고문단은 일부만이라도 수용해야 비준을 받을 수 있다고 충고했지만 줄곧 오만한 태도를 보인 윌슨은 거부했다.

1919년 9월 클리퍼드 베리먼의 만평
로지가 베르사유 조약을 호위하는 그림 밑에 "도살을 면한 양"이라는 제목을 달았다.

"조금도 양보할 생각이 없소. 상원이 약을 거부하면 안 되지."

윌슨은 국민들의 지지를 얻기 위해 전국을 누비며 힘든 연설을 벌였다. 그런데 1919년 9월 25일, 콜로라도 주 푸에블로에서 열정적인 연설을 하고 다음날 아침부터 심한 안면경련 증세를 보이더니 이후 뇌졸중으로 온몸의 왼쪽이 마비되었다. 곧바로 워싱턴으로 돌아온 윌슨은 6주 동안 침대 신세를 지면서 국정을 대신한 두 번째 부인 이디스 윌슨(Edith Wilson)과 의사 외에는 어느 누구도 만나지 않았다.

윌슨이 부분적으로나마 공식 일정을 재개한 11월 중순, 상원은 투표를 통해 로지의 단서 가운데 열네 개를 채택했다. 윌슨은 여전히 고집을 꺾지 않고 행정부를 지지하는 민주당 상원의원들을 동원하여 11월 19일, 수정안을 부결시켰다. 단서가 달리지 않은 원안은 상원투표에서 다시 기각되었다. 따라서 미국은 베르사유 조약을 비준하거나 국제연맹에 가입하지 않았던 셈이다. 윌슨은 1920년 대통령 선거가 국제연맹 가입을 바라는 '엄숙한 투표의 장'이 되기를 기대했다. 하지만 1920년 대통령 선거는 오히려 전 방위에 걸친 윌슨의 관심사를 평가하는 투표의 장이 되었다. 이 무렵 국제분쟁 개입에 신물이 난 국민들은 대거 민주당을 저버리고 '일상'으로의 복귀를 약속한 공화당 후보 워런 G. 하딩(Warren G. Harding)을 선택했다. 그는 처음으로 선거권을 부여받은 여성 표를 등에 업고 기록적인 압승을 거두었다. 제국주의는 여전했지만 세계주의는 무너졌다.

로지
상원외교위원회 의원들과 함께 포즈를 취한 로지(오른쪽에서 세 번째).

인물 촌평

헨리 캐벗 로지

1850–1924년

토머스 플레밍

헨리 캐벗 로지는 역사적으로 볼 때 불운한 인물이었다. 미국을 국제연맹의 창설회원으로 만들겠다는 윌슨의 계획을 상원에서 저지할 때 주모자로 나선 결과 고립주의자의 전형으로 낙인이 찍혔기 때문이다. 사실 로지는 미국의 국제분쟁 개입을 적극적으로 찬성했다. 그는 매사추세츠 대표로 상원에 진출한 1893년부터 미국의 위상을 발전시키려면 적극적인 외교정책이 필요하다고 생각했다.

1850년에 태어난 로지는 그 세대의 수많은 인물과 마찬가지로 남북전쟁의 영향을 상당히 많이 받았다. 그는 남북전쟁을 선과 악의 대립으로 해석했고 미국은 바다 넘어 국제무대에서도 악에 맞서 싸워야 한다고 생각했다.

악에 맞서 싸우려면 국력 배양이 우선과제였다. 따라서 로지는 무력 확장을 추진했고 '옳고 그름이 충돌하는 광범위한 사안'이라는 논리 아래 미국–에스파냐 전쟁을 지지했다. 심지어는 이견이 분분했던 필리핀 제도와 푸에르토리코 합병도 '미국은 이제 세계 열강의 반열에 올랐다'는 이유를 들어 찬성했다.

그는 이상주의로 무장한 미국의 등장이 세계에 '신선한 에너지'를 공급하고 당시 지구의 3분의 2를 장악한 영국, 프랑스, 독일, 러시아의 '천박한' 제국주의를 한 단계 끌어올릴 것으로 기대했다.

공화당의 동료 루스벨트가 1901년 대통령의 자리에 올랐을 때 로지는 루스벨트의 세계주의와 파나마 운하 건설과 러일전쟁을 적극적으로 지지했다. 그리고 국무장관 헤이가 중국을 상대로 추구한 문호개방 정책도 마찬가지로 적극 지지했고, 애국심 고취 차원에서 전 세계 일주에 나선 그레이트화이트함대의 행보도 크게 환영했다.

로지가 보기에 최악의 외교정책은 복지부동 정책이었다. 때문에 그는 1차 세계대전 초기 3년 동안 윌슨 대통령이 보인 나약한 중립정책을 받아들일 수 없었다. 로지는 영국과 프랑스가 '정의'를 위해 싸우고 있고 독일은 잘못된 정도가 아니라 사악한 나라인 만큼 미국이 연합국 쪽으로 즉각 참전해야 된다고 생각했다. 심지어 나폴레옹 1세의 패배 이후 유럽을 재편한 1815년의 빈 회의를 모델 삼아서 전후 평화유지연맹(League to Enforce Peace)을 창설하자는 의견에도 동의했다.

한편 윌슨이 '승자가 없는 평화'를 거듭 주장하자 로지는 그를 나약하고 우유부단한 인물로 치부했다. 1917년 4월, 윌슨이 의회에 선전포고를 요청한 뒤에도 그의 생각은 달라지지 않았다.

윌슨이 사랑해 마지않은 베르사유 조약에서 로지가 특히 반대한 부분은 미국이 국제연맹 회원국으로서 향후 국제연맹이 치르는 모든 전쟁에 참전해야 된다는 조항이었다. 반대한 이유는 의회에 선전포고권을 부여한 헌법에 위배될 뿐 아니라 미국군은 국민의 동의 아래 동원되어야 한다는 자신의 신념에도 어긋났기 때문이다.

윌슨이 보기에 로지는 당파심 때문에 '전 인류의 가슴을 아프게 만드는' 속 좁고 비열한 인물이었다. 사실 두 사람의 정치 공방은 개인적인 원한으로 얼룩졌기 때문에 타협의 가능성이 전혀 없었다. 결국 미국은 국제연맹에 가입하지 않았고 윌슨의 민주당은 1920년 대통령 선거에서 완패를 면치 못했으니 승리를 거둔 쪽은 로지였다.

하지만 사료 편찬 부분에서 승리한 쪽은 윌슨 파였다. 로지는 어찌나 매도를 당했던지 미국을 국제사회에서 이상주의의 원천으로 그린 긍정적인 전망마저 역사의

1900년대 무렵 로지

뒤안길로 묻혔다.

17

진보주의 시대

트라이앵글 사 화재 사건

뉴욕 시 트라이앵글셔츠웨이스트 사의 사장 아이작 해리스(Issac Harris)와 맥스 블랭크(Max Blanck)는 1909년 9월 27일 월요일, 유대인과 이탈리아 출신의 젊은 여성 200명이 일을 하지 못하도록 공장을 폐쇄했다. 이민 여성이 주류를 이루는 근로자 가운데 일곱 명을 제외한 전원이 지난주 목요일, 국제여성의류노동조합(이하 여성의류노조)의 간사들이 트라이앵글 사의 노동조합설립 가능성을 의논하는 자리에 참석했기 때문이다. 《서베이(The Survey)》는 다음과 같이 보도했다.

"'셔츠웨이스트 업계의 제왕'이라 불리는 해리스와 블랭크는 9월 24일 금요일에 여공들을 모아 놓고 화를 내기보다 인정에 호소하며 타일렀다. 그리고 노동자 대표단과 회사는 다음날 다시 한 번 근로조건에 합의하고 모두들 평소처럼 일을 시작했다. 하지만 월요일에 출근을 하고 보니 공장 문이 닫혀 있었다. 다음날 공장 문이 열렸지만 노동조합에 가입한 여공들은 일터로 복귀하지 못했고 (중략) 공장 폐쇄가 시작되었다."

셔츠웨이스트, 그중에서도 몸에 꼭 맞는 블라우스는 20세기 초반 젊은 여성들 사이에서 선풍적인 인기를 누렸다. 상업화가 찰스 데이너 기브슨(Charles Dana Gibson)이 미화시킨 셔츠웨이스트는 사회생활을 갓 시작한 몇백만 여성 근로자들의 유니폼이나 다름없었다. 수많은 원단과 디자인으로 출시되는 셔츠웨이스트는 깔

피켓 시위
(왼쪽) 1910년 2월, 여성노조원 두 명이 피켓 시위를 하던 도중 신문기자를 위해 포즈를 취했다. 이들이 뉴욕 시 의류업계를 상대로 벌인 파업은 2만 인의 봉기로 알려졌다.

끔한 지미와 함께 입었고, 업계 최대 기업인 트라이앵글 사에서 내놓는 셔츠웨이스트는 대중을 겨냥한 중간급 품질이었다.

노동조합의 물결을 감지한 해리스와 블랭크는 트라이앵글 근로자 상호부조조합이라는 어용조합을 설립했다. 하지만 특권층으로 조직된 이 단체는 임금인상, 노동시간 단축, 근로조건 개선을 요구하기 시작한 다른 직원들에게 전혀 관심을 기울이지 않았다. 트라이앵글 노동자들은 1908년에서 1909년 사이 여성의류노조 25지구의 인근 본부를 찾아가 도움을 청했다. 하지만 여성의류노조가 해 줄 수 있는 일은 아무것도 없었다. 이들은 회원수가 400명밖에 되지 않았고 거의 땡전 한푼 없는 상황이었다.

이같은 관점에서 볼 때 의류업계는 당시 미국의 다른 분야와 닮은꼴이었다. 조직원들은 지난 4반 세기 동안 많은 노력을 기울였지만 강력한 산업별 노동조합을 건설하지는 못했다. 20세기가 시작될 무렵 공장근로자 수는 미국 노동력의 3분의 1에 해당되는 1천만 명이었다. 그런데 노동조합원은 4퍼센트에도 못 미쳤다. 유진 V. 데브스의 미국철도노동조합도 있다시피 노동자 단결을 위한 대규모 노력이 계속되어 왔지만 고용주의 공동대응에 속속들이 무너졌다. 예전의 모든 노력이 실패로 돌아간 상황에서 여성의류노조는 의류업계의 노동자 단결을 위한 마지막 시도였다.

공장 노동자들은 도움이 절실한 실정이었다. 뉴욕 시의 다른 의류공장도 마찬가지였지만 트라이앵글의 근로자들은 도난 방지를 위해 창문이나 출입구를 못으로

막아 놓은 데다 비좁고 지저분하며 숨이 막힐 정도로 습도가 높은 다락방에서 일을 했다. 1892년에 노동력을 착취하는 공장을 가리키는 뜻에서 '스웨트숍(sweatshop)'이라는 신조어가 탄생한 이유도 이 때문이 아니었을까 싶다. 대부분 1주일에 6일 동안 56시간을 땀 흘리는 대가가 고작 3달러였고, 밀려 오는 주문을 감당하느라 수당도 받지 못한 채 야근과 휴일 근무에 시달렸다. 게다가 바느질을 하다 실수하면 수당에서 깎고 잡담을 하거나 담배를 피우거나 노래를 부르면 벌금을 물리는 공장도 있었다.

트라이앵글의 공장 폐쇄가 시작되자 여성의류노조 25지부는 곧바로 파업을 선포하고 피켓 시위대를 조직했다. 민족끼리 거리를 두던 당시 분위기하고는 다르게 트라이앵글 사의 유대계와 이탈리아 출신의 여성 노동자들은 끈끈한 단결력을 과시했기 때문에 피켓 시위대는 뉴욕 시의 명물이 되었다. 사실 뿌리가 다른 이민 노동자들이 불안과 의심을 거두고 공동의 이익을 위해 뭉친 일은 그때가 처음이었다. 예전까지는 유대인들이 파업하면 이탈리아 출신들이 빈자리를 메우거나 그 반대의 경우가 관행이었다(1909년에는 이민 노동자의 공급이 수요

다락방 공장의 탄생

20세기 초반 무렵 전국 의류업계를 장악한 뉴욕 시의 여러 의류공장에 새로운 유행이 등장했다. 직원들을 한 지붕 아래 모아 놓고 일을 시키는 유행이었다.

1900년 이전의 이민 노동자들은 바느질 일감을 자기 집으로 들고 가서 처리했다. 건당 얼마씩 수당을 받는 일이었기에 온 식구가 모두 매달려 일감을 처리했다. 그런데 전기시설을 갖춘 다락방 건물이 등장하면서 한 공간 근무가 효율적인 방식으로 자리잡았다. 이 때에도 온 가족의 협동은 계속되었다. 어머니, 딸, 이모, 사촌이 같은 공장에 취직했기 때문이다.

뉴욕 시 법률에 따르면 노동자 한 명에게 할당되어야 하는 공간은 약 76세제곱미터였다. 천장이 낮은 맨해튼의 낡은 건물에서는 이와 같은 조건 때문에 한 방에 몰아 넣을 수 있는 직원의 숫자가 적었다. 하지만 천장이 높은 신식 건물은 직원들을 훨씬 빼

유대계 이민자들
제이콥 A. 리스가 1889년,
뉴욕 시 로어이스트사이드 러들로 거리의 공동 주택에서 일하는
이민자들의 모습을 촬영했다.

곡하게 채울 수 있었고 고용주의 입장에서 보자면 효율성도 높아졌다. 게다가 전기 설비 덕분에 일의 속도가 빨라졌고 단위 비용에 따른 생산량도 늘어났다.

이와 같은 새로운 체제에서 젊은 여성들은 의류의 최종 생산 전단계에 해당되는 여러 가지 단순작업을 맡았고, 기계를 조작하는 숙련공(대부분 남자였다)들이 이들을 감독했다. 트라이앵글과 같은 대규모 공장의 사장들은 생산한 의류의 숫자와 종류에 따라 하청업자라고 불리는 감독관들에게 임금을 지급했다. 그러면 감독관들은 여자 조수들에게 적당하다고 생각하는 금액을 나누어 주었다. 그러면 조수들은 당시 관례에 따라서 액수가 얼마이건 간에 군소리 없이 감사하며 받았다.

1907년 11월에 1차 전국집회를 개최한 여성노조연맹의 지도부

왼쪽에서 세 번째, 앞사람에게 얼굴이 가린 인물이 드라이어이다. 그녀의 언니 로빈스는 밝은 색 드레스를 입고 가운데 서 있다.

를 훨씬 앞질렀기 때문에 비숙련, 반숙련 노동자들은 언제라도 해고할 수 있는 분위기였다). 하지만 트라이앵글 노동자들의 태도는 그리고 이로 인해 전 산업계로 번진 대규모 파업은 협동의 모범답안을 제시하면서 노동운동 발전의 견인차 역할을 했다. 유대계 조직원들은 이탈리아어를 배웠고 이탈리아 출신 조직원들은 이디시어를 배웠다. 그리고 공동으로 파업의 타당성을 소리 높여 외쳤다. 이 중에서도 가장 두드러진 활약을 보인 인물은 마이어 런던(Meyer London)과 피오렐로 라 과디아(Fiorello La Guardia)였다. 런던은 1914년에 사회당 최초의 의원이 되었고 라 과디아는 1916년, 의회에 진출한 뒤 뉴욕 시장을 세 차례나 역임했다.

트라이앵글셔츠웨이스트 사의 파업은 부유한 여성들이 여성 노동자들과의 결속력을 과시하기 위해 동참했다는 점에서도 눈길을 모았다. 이들 '부유층'은 미국노동총연맹이 여성노조 건설에 소극적인 태도를 보이자 1903년, 전국여성노동조합연맹(이하 여성노조연맹)의 결성을 도운 바 있었다. 여성노조연맹의 뉴욕 지부 회원들은 피켓시위에 대거 참여했고 파업노동자들과 함께 구속되었다. 여성노조연맹장 마거릿 드라이어 로빈스(Margaret Dreier Robins)의 동생이자 뉴욕 지부장인 메리 드라이어(Mary Dreier)가 체포되자 이들의 동참 소식은 엄청난 주목을 받았다.

12월 중순에는 앨버 벨몬트(Alva Belmont) 부인이 보석 핀 여섯 개를 동원해야 고정이 될 만큼 커다란 모자를 쓰고 야간법정에 나타나 구속된 파업 노동자 네 명을 응원했다. 그녀는 재판이 시작될 때까지 거의 여섯 시간을 기다린 뒤 매디슨 가의 대저택을 보석 담보물로 내놓았다. 주관판사 버츠(Butts)는 보석금이 800달러인데 집 값으로 되겠느냐고 농담조로 물었다. 그녀는 이렇게 대답했다.

"그럴 겁니다. 40만 달러짜리이니까요. 셔츠웨이스트 노동자와 여성 참정권 운동을 후원하느라 10만 달러 저당이 잡혀 있기는 하지만."

"소방훈련을 권했더니 이렇게 대꾸하더군요. '불타 죽더라도 상관없소. 어차피 떼거리로 있으니까.'"

화재예방전문가 H. F. J. 포터, 트라이앵글 사 화재사건 이후 《뉴욕타임스》에서

여성 참정권

앨리스 폴
여성참정권
운동에 전격적으로
뛰어들기에
앞서 런던의
사회복지관에서
3년 동안
사회복지상담원으로
일했다.

엘리자베스 케이디 스탠턴의 아홉 번째 결의안이 1848년 세니카폴스 회의에서 채택된 이래, 여성의 참정권 문제는 여권운동의 핵심이었다. 하지만 이후로 별다른 진전이 없었다. 1869년 와이오밍을 시초로 서부의 몇몇 주에서 여성에게 선거권을 부여했지만 정착민과 뜨내기가 벌인 세력 다툼의 결과에 불과했다(여성도 투표권을 행사하면 농민이 잠시 머물다 떠나는 카우보이, 광부, 철도 노동자들에 비해 우위를 점할 수 있었다). 1900년에 캐리 채프먼 캣(Carrie Chapman Catt)이 회원 200명을 거느린 전국여성참정권협회(National American Woman Suffrage Association : NAWSA)의 회장으로 선출되면서 여성계는 완벽한 단결력을 과시했지만 의회는 여전히 투표권 부여를 거부했다.

캣은 전국여성참정권협회장 자격으로 각 주를 돌며 캠페인을 벌였다. 그녀는 1910년에서 1914년까지 천천히 조직적인 운동을 벌인 결과 여성 투표가 가능한 지역에 여덟 개 주를 추가시켰다. 하지만 1915년 매사추세츠, 뉴저지, 뉴욕, 펜실베이니아에서는 실패했다.

술을 즐기는 남자들은 여성에게 투표권이 주어지면 금주법이 제정되지 않을까 걱정했다. 공장주들은 유년 노동이 금지될지 모른다고 생각했다. 정치조직 소속인들은 지부가 흩어지지 않기를 바랐다. 이 밖에도 많은 사람은 여성이 선거권을 행사하면 기존의 사회질서가 무너질 거라고 우려했다.

캐리 채프먼 캣
수전 B. 앤서니에 의해 그녀는 1900년에 전국여성참정권협회장 후임으로 캣을 직접 선택했다.

하지만 앨리스 폴(Alice Paul)은 캣과 접근 방식이 달랐다. 그녀는 모든 미국 여성에게 일괄적으로 투표권을 부여하는 헌법 수정을 목표로 삼고 당시 여당이던 민주당을 공격했다. 1917년 1월 10일부터는 전국여성당(National Woman's Party : NWP)원 10만 명을 동원하여 백악관 앞에서 날마다 피켓 시위를 벌이기 시작했다. 이들이 내건 현수막 가운데에는 이런 구절도 있었다.

"대통령 각하, 얼마나 더 기다려야 자유를 누릴 수 있습니까?"

캣은 폴의 방식을 너무 호전적이라고 간주했고 미국이 세계대전에 참전한 1917년 4월 이후부터는 질색하며 반대했다. 폴은 캣과 같은 전략을 쓰면 아무런 성과도 거둘 수 없다고 생각했다. 하지만 역사학자 낸시 콧(Nancy Cott)이 말했다시피 "충격적일 만큼 공격적이었던 전국여성당과 숙녀처럼 다소곳했던 전국여성참정권협회, 어느 한쪽을 일등 공신으로 볼 수는 없다. 두 단체는 역효과를 낸다며 상대방을 비난했지만 사실 그렇지도 않았다. 이들은 서로 상반된 목적을 추구한다고 생각했지만 돌이켜 보면 상호보완적인 역할을 했다."

1918년 1월 10일에 수정헌법 19조가 하원을 통과했을 때 두 단체는 자신의 공이라고 주장했다. 이들은 신례를 따르도록 상원을 함께 다그쳐 1919년 6월 4일에 승인을 받아내고야 말았다. 그리고 1920년 8월 18일, 테네시 주가 근소한 차이로 수정헌법 19조를 찬성하면서 비준 절차가 모두 끝났을 때 함께 축배를 들었다. 1920년 11월 2일, 캣과 폴, 그리고 몇백만 미국 여성들은 난생 처음 대통령 선거에 참여했다.

버츠가 보석 보증서를 승인한 시각은 새벽 2시 45분이었다.

해리스와 블랭크의 뒤에는 경찰이 버티고 있었기 때문에 트라이앵글 사의 파업 노동자들은 각계각층의 도움이 필요한 상황이었다. 트라이앵글 사의 경리 보조 조지프 플레처(Joseph Flecher)의 말을 들어 보자.

"담뱃갑에 100달러를 넣어서 순찰 담당을 매수한 다음 창녀를 불러서 마음껏 행패를 부리게 만드는 겁니다. 피켓 시위를 벌인다고 때릴 수는 없으니까 창녀를 동원하는 거죠. 이 여자들은 제대로 시비 거는 방법을 아니까."

이렇게 해서 싸움이 벌어지면 경찰이 나타나서 시위대를 연행해 갔다. 11월 13일자 《서베이》에는 이런 기사가 실렸다.

"여공들은 아주 예의가 발랐지만 경찰 측 생각은 달랐다. 경관들은 이야기를 나누는 여공들 사이를 헤집고 들어가서 (중략) 묻는 말에 대답을 하지 않으면 즉시 체포했다. 부당한 대우는 여기에서 끝나지 않았다. 판사들은 심리를 거치지도 않은 채 무더기로 구속 판결을 내렸다."

2만 인의 봉기

트라이앵글 사태를 지켜보던 다른 셔츠웨이스트 공장의 근로자들도 여성의류노조에 도움을 청하기 시작했다. 급기야 11월 22일에는 뉴욕 시 전역의 여러 강당에서 노동조합결성회의가 열렸다. 최대 규모를 자랑한 쿠퍼유니언 대강당 모임에서는 여성의류노조에 힘을 실어 주기 위해 찾아온 미국노총의 새뮤얼 L. 곰퍼스와 드라이어가 연사로 등장했다. 하지만 셔츠웨이스트 노동자이자 25지부회원인 클래러 렘리치(Clara Lemlich)가 일어나 토론은 그만하

2만 인의 봉기 때 피켓 시위대를 연행하는 뉴욕 시 경찰
여성노조연맹 뉴욕지부가 나서서 보석을 신청하고 벌금을 냈지만 일부는 블랙웰스 섬의 감화원에 갇혔다.

고 총파업을 벌이자고 주장하면서 분위기는 절정에 치달았다. 모인 사람들은 박수갈채로 그녀의 제안에 찬성했다.

당시 뉴욕 시의 600개 의류공장의 직원 수는 3만여 명이었고 그중 80퍼센트가 여성이었다. 여성의류노조가 '2만 인의 봉기'라고 선전한 11월 22일의 총파업은 겨울 내내 500개 공장을 강타했다. 뉴욕 시의 이민 노동자들이 전 사업장에서 파업에 동참하기는 처음이었고 여성계가 벌인 운동 중 최대 규모였다. 피켓 시위대의 4분의 3이 열여섯 살에서 스물다섯 살 사이의 젊은 여성들이었다. 대부분 외국 태생이거나 이민 가정의 딸이었고 유대계 아니면 이탈리아 출신이었다.

많은 고용주가 피켓 시위대를 등지고 일터에 남은 직원들의 임금을 주당 20달러로 인상하고 점심 무료 제공 등 여러 선심을 베풀었다. 해리스와 블랭크는 공장에 축음기를 설치하고 점

여성의류노조 25지부
회원들이 영어, 이디시어, 이탈리아어로 파업 의도를 설명한 《뉴욕 콜》 특별판을 들고 있다.

심시간에 댄스파티를 열었다. 충성파의 이야기를 들어보자.

"블랭크 씨는 베스트 댄서를 뽑아서 상을 주기도 했어요. 하지만 파업이 끝난 뒤에는 댄스파티도, 상도, 축음기도 자취를 감췄죠."

크리스마스 무렵 검거자 숫자는 723명이었지만 시위대는 얇은 옷으로 추위를 견디며 사기를 잃지 않으려고 최선을 다했다. 체포된 사람들은 여성노조연맹 뉴욕지부가 마련한 보석금 덕분에 대부분 이튿날 풀려나오면 다시 시위 대열에 동참했다.

언론인, 사회복지사, 학자 등 전문직에 종사하는 사람들도 파업의 성공을 위해 시간과 돈과 수고를 아끼지 않았다. 이들 대부분은 몇 세대 이전에 미국을 찾은 독일계 유대인이었고, 최근 동유럽에서 건너온 가난한 유대인들을 돕는 취지에서 파업을 지원했다. 처음에는 노동조합 결성을 반대했지만 1890년대의 소용돌이를 접하고 계급갈등 해소의 필요성을 느낀 뉴욕인들도 여성의류노조의 후원자였다.

이민사회 내에서는 다른 노동조합 간사, 사회당 간부, 성직자, 라비, 지방신문 편집자, 평범한 노동자들도 최선을 다해 여성의류노조의 피켓 시위를 도왔다. 12월 5일에 열린 공개 모임의 참석자 8천여 명은 여론을 공장주들에게 아주 불리한 쪽으로 돌려 놓았고, 공장주들은 분쟁을 해결하라는 시청의 압력에 시달렸다.

중재가 시작되면서 몇 가지 타협안이 나왔지만 노동자들이 받아들이지 않았다. 그러자 생

20세기 초 뉴욕 시의 멀베리 거리
로어이스트사이드의 전형적인 생활상을 보여 준다.

산 재개를 원하는 소규모 업자들이 여성의류노조와 개인적으로 사태를 해결하기 시작했다. 노동조합을 인정하는 사업장의 숫자가 많아지면서 1910년 2월 15일, 여성의류노조는 공식적으로 파업 종료를 선언했다. 하지만 1천 명 이상을 고용한 열세 개의 대규모 기업은 타협을 거부했다. 그중 하나가 트라이앵글 사였다.

의류업계 노동자들은 노동조합 설립과 함께 몇 가지 키다란 소득을 얻었다. 근로시간이 52시간으로 단축되었고 최대 두 시간이라는 야근 상한선이 생겼다. 12–15퍼센트 인상된 임금은 하청업자를 거치지 않은 채 직접 전달되었다. 그 결과 '봉기' 이후 몇 달 사이 여성의류노조원의 숫자는 몇백 명에서 6천 명으로 늘어났다. 하지만 여성의류노조의 공식잡지인 《저스티스(Justice)》의 전직 편집자 리언 스타인(Leon Stein)이 지적했다시피 "정작 진원지인 트라이앵글 사에서는 승리를 거두지 못했다." 트라이앵글의 두 사장은 노동조합을 인정하지 않았고 어떠한 타협도 거부했다.

그로부터 1년 뒤, 트라이앵글 사의 공장에서 불이 났다. 생존자의 말에 따르면 "(피켓 시위대를) 곤봉으로 진압하던 그때 그 경찰들이 (1911년) 3월 25일에는 워싱턴 광장에 모인 몇천 명이 시신을 밟지 못하도록 저지하고, 앰뷸런스를 부르고, 시신을 한 명씩 관 속에 누이는 일을 맡았다".

19세기 후반의 사회개혁 운동

트라이앵글 노동자들의 사고 소식을 접하고 뉴욕은 물론 다른 도시의 시민들도 경악을 금치 못했다. 지금까지 로어이스트사이드의 생활상에 관심을 기울이는 사람은 없었고, 새로운 산업환경에 대해서도 알려진 바가 거의 없었다. 하지만 앞서 밝혔다시피 몇몇 개혁 작가들은 전 분야로 혼란의 폭풍이 번지기 이전인 19세기 후반 무렵부터 신생 산업사회의 문제점을 진지하게 고민하기 시작했다.

선두주자 격인 사회주의 계열의 작가들은 방법론으로 넘어가면 이견을 보였지만 공장과 토지 등 여러 자원을 공동체 차원에서 관리해야 된다는 기본 발상에는 동의했다. 그리고 미국 경제와 정치조직의 완벽한 재점검을 촉구하는 여러 기념비적인 저

《퍽》 1904년 9월호에 실린 만평

다리로 철강, 구리, 해운업, 주의회 의사당, 국회의사당을 감싸고 백악관을 향해 촉수를 뻗는 문어로 스탠더드 석유회사를 묘사했다.

서를 통해 견해를 밝혔다. 단일과세(Single Tax)를 주장한 헨리 조지는 『진보와 빈곤(Progress and Poverty)』(1877–1879년)에서 불공평한 토지 사유제와 산업도시의 폐해를 공격했다. 그로부터 10년 뒤에 에드워드 벨러미는 베스트셀러 소설 『과거를 돌아보다』에서 물질적 평등에 기반을 둔 사회주의식 유토피아를 그렸다. 언론인 헨리 디메어리스트 로이드(Henry Demarest Lloyd)는 1894년에 『공공의 이익을 해치는 부(Wealth Against Commonwealth)』를 통해 존 D. 록펠러의 스탠더드 석유회사가 발전시킨 독점과 여러 부패한 사업 관행의 철폐를 촉구했다.

19세기 후반의 개혁론자들은 빈민가와 공장의 끔찍한 환경을 획기적으로 개선하지 않으면 미국이 조만간 계급 전쟁의 희생양이 될 것이라는 위기 의식을 느꼈다. 하지만 일각에서는

이보다 낙관적인 견해를 보이는 집단도 등장했다. 대학 교육을 받은 젊은 여성들은 가난한 이민자들의 생활을 점진적으로 개선하기 위해 1880년대 후반부터 조직과 협회를 결성했다. 그 중 가장 효과가 있었던 기관은 미국 생활 적응에 어려움을 겪는 외국 출신 근로자들에게 여러 프로그램을 제공한 사회복지관이었다. 이민자들이 몰리는 동부와 중서부의 대도시에서 운영되는 사회복지관은 1910년 기준으로 400여 곳에 달했다. 가장 유명했던 곳은 릴리언 월드(Lillian Wald)가 맨해튼의 로어이스트사이드에 만든 헨리 거리 사회복지관과 제인 애덤스가 세운 시카고 헐 하우스였다. 설립 연도는 두 곳 모두 1889년이었다.

제인 애덤스
1860-1935년

제인 애덤스는 1880년대 후반 무렵 친구와 함께 유럽을 여행하던 도중에 런던의 산업지구 이스트엔드의 토인비 홀을 방문했다. 새뮤얼 오거스터스 바넷(Samuel Augustus Barnett)이 1884년에 설립한 토인비 홀은 최초의 사회복지관 혹은 복지회관이었다. 원래 토인비홀은 옥스퍼드와 케임브리지를 졸업한 뒤 노동자 계급의 생활을 체험하려는 부유층 학생들에게 숙소를 마련해주기 위하여 만들어진 건물이었다. 그런데 이들은 자료수집과 더불어 인근 주민들을 대상으로 성인 교육을 실시하는 등 생활환경 개선 방법을 찾기 시작했다.

토인비 홀의 역할에 감동을 받은 애덤스와 여행 친구 엘런 게이츠 스타(Ellen Gates Starr)는 시카고로 돌아가면 사회복지관을 세우기로 결심했

다(바넷의 두 제자 찰스 B. 스토버(Charles B. Stover)와 스탠턴 코이트(Stanton Coit)는 1886년에 이미 뉴욕 시의 로어이스트사이드에서 유니버시티 사회복지관의 전신인 네이버후드 협회를 열었다).

애덤스와 스타는 가난한 이민자들이 모여 사는 시카고의 빈민가 한복판에서 쓰러져 가는 헐 저택을 발견하고, 최고의 적임지로 판단을 내렸다. 두 사람은 1889년 9월 18일에 이 집으로 거처를 옮겼고, 젊은 남녀 몇 명이 이내 두 사람의 뒤를 따랐다. 이들은 이웃주민들을 초청했다. 주민들은 얼마 뒤부터 헐 하우스에서 열리는 강

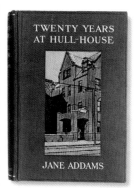

의에 참석하고 동호회에 참여하기 시작했다.

이후 4년 동안 헐 하우스는 보육원, 체육관, 진료소, 운동장, 미혼 여성 노동자를 위한 협동 하숙집을 추가시켰다. 그뿐 아니라 요리와 바느질 강좌, 미술, 음악, 어학수업, 심지어는 연극 제작까지 지원했다. 그 결과, 매주 2천 명의 사람들이 헐 하우스의 문을 드나들었다.

헐 하우스는 애덤스의 지휘 아래 진보 개혁의 중심지 역할도 병행했다. 유년노동, 공장감사, 노동조합인가 등 주요 사안을 놓고 주의회와 연방의회에 압력을 행사한 것이다. 사실 애덤스는 1903년 전국여성노동조합연맹 창설에 동참한 인물이기도 하다.

한 편 또 다른 개혁론자들은 지방 정계 쇄신에 전력을 기울였다. 전국시민연맹(National Civic Federation)과 같은 기관의 회원들은 도시의 정치 조직들이 야기하는 부패상을 혐오했고 시정부가 좀더 효과적으로 운영되어야 한다고 생각했다. 뉴욕 시만 하더라도—부유한 프로테스탄트 사업가들이 가톨릭계 태머니홀을 상대로 구애 작전을 펼쳤다—별다른 소득을 거두지 못했다.

하지만 개혁론자와 이민자들은 기본적인 문화의 차이 때문에 공조 관계를 유지하기가 어려웠다. 예를 들어 이민자들 대부분은 도박과 음주를 너그럽게 받아들이지만 프로테스탄트 상류층은 좀더 엄격한 윤리관을 고집했다. 경제적인 요인도 두 계층을 갈라 놓았다. 개혁론자들은 정치후원 제도를 없애려고 했지만 최근 미국으로 건너온 이민자들은 여기에 기대어 일자리를 찾았다.

두 계층의 장벽을 허무는 데 지대한 역할을 한 것이 정보였다. 로이드의 영향을 받은 언론인들은 공론화가 문제 해결의 첫걸음이라는 생각으로 사회 병폐를 점검하고 고발하기 시작했다. 시어도어 루스벨트도 말했다시피 이들은 부정과 불법의 '진흙탕 헤집기'를 임무로 삼았기 때문에 '인간 갈퀴'라고 불렸다. 루스벨트 대통령은 아이다 타벨(Ida Tarbell)이 《매클루어스 매거진(McClure's Magazine)》에 기고한 록펠러 관련기사를 접하고 스탠더드 석유회사를 상대로 반(反)트러스트 소송을 제기했다. 링컨 스테펀스(Lincoln Steffens)가 《매클루어스 매거진》에 실은 부패한 지방정계 시리즈는 훗날 『노시의 수치(The Shame of the Cities)』(1904년)라는 책으로 출간되었다. 데이비드 그레이엄 필립스(David Graham Phillips)는 연방정부의 부패상을 폭로한 『상원의 배신(The Treason of the Senate)』을 통해 루스벨트의 인내심을 실험했다. 그 결과, 1910년 무렵 많은 미국인은 무절제한 산업자본주의의 위험을 인식하게 되었고 이로 인해 여러 개혁론자는 한데 뭉치기가 훨씬 수월해졌다. 역사학자들은 이들이 벌인 운동을 진보주의(Progressivism)라고 명명했다.

PITTSBURG: A CITY ASHAMED

McCLURE'S MAGAZINE

MAY

LINCOLN STEFFENS'S exposure of another type of municipal grafting; how Pittsburg differs from St. Louis and Minneapolis.

THE END OF THE WORLD, by Professor Newcomb. A powerful story, yet a scientific prediction; pictures by the famous French artist, Henri Lanos.

IDA M. TARBELL on the Standard tactics which brought on the famous oil crisis of 1878.

SIX SHORT STORIES

1903년 5월호 《매클루어스 매거진》
《매클루어스 매거진》은 20세기 초반 '인간 갈퀴'들의 주요 기관지였다.

진보주의 운동

19세기 후반의 개혁론자들과는 달리 20세기 초반의 진보주의자들은 코 앞에 닥친 사회 대변혁을 두려워하지 않았다. 이들은 오히려 튼튼한 민족주의와 낙관적인 전망으로 무장했다. 민족주의와 개혁 운동은 두 가지 모두 미국의 잠재력을 긍정적으로 인식하는 데서 비롯되었기 때문에 함께 가는 관계였다. 진보주의자들은 대부분 건실한 사회를 꿈꾸었고 꾸준한 노력과 점진적인 발전을 통해 건실한 사회를 이루어야 한다고 생각했다. 이들이 보기에 조지나 벨러미식의 급진적인 변화는 불필요할 뿐 아니라 분규의 소지가 많았다.

진보주의자들은 대개 그리스도교리에 충실했고 윤리적인 틀 안에서 정치 개혁을 추구했다. 훗날 프랭클린 델러노 루스벨트(Franklin Delano Roosevelt, 별칭은 F. D. R.) 내각에서 노동장관을 맡은 프랜시스 퍼킨스(Frances Perkins)는 '가난은 예방이 가능하고 유해하며 비경제적이고 부정적이며, 수많은 가능성이 존재하는 상황에서의 가난은 그리스도교와 민주주

1903년 10월호 《퍽》에 실린 만평

뉴욕 시의 개혁론자 로가 태미니홀을 정복하기 위해 '깨끗한 기록', '능력 있는 행정부', '세금의 올바른 환원'이라고 적힌 포탄을 준비하고 있다.

의 사회에서 용납할 수 없는 존재'라는 입장이 진보주의 철학이라고 표현했다. 진보주의자들은 마찬가지로 그리스도교의 맥락에서 경제력의 집중을 규제하고 천연자원을 보존하고 정부의 신뢰도를 회복시킬 방법을 강구했다.

하지만 진보주의 이데올로기 뒤에는 힙리주의도 자리잡고 있었다. 예컨대 진보주의자들은 공무를 바람직하고 효율적으로 집행하는 '전문가'들의 능력을 굳게 믿었다. 충분한 시간과 돈만 투자하면 사회복지사나 사회학자와 같은 전문 인력들이 미국의 모든 문제점을 합리적이고 과학적인 방식으로 해결할 수 있다고 생각했다. 이와 같은 엘리트주의는 이민자들이 만든 정치 조직의 힘을 빼놓으려는 논리로 쓰이기도 했지만 진보주의자들은 대부분 비민주적인 면을 보지 못한 채 엘리트주의를 철저하게 믿었다.

한편 진보주의자들은 예전의 지방정치 개혁론자들처럼 지방정부 부패 근절을 위해 초당적인 조사 기관을 설치하자고 주장했다. 그리고 기업의 운영을 감독하는 규제 기관을 마련하고 전문위원단에게 개혁 프로그램 고안을 맡기자고 했다. 1890년대 후반의 선거에서 성공을

'멀러 대 오리건 주' 사건

1900년대 무렵 여러 주는 공장노동자, 특히 여성과 유년 인력의 임금과 근로시간을 규제하기 위해 다양한 법률을 제정했다. 예컨대 메릴랜드 주는 1902년에 사상 최초의 산업재해보상법을 통과시켰고, 1903년 2월에 오리건 주는 여성 근로자의 일일 근무를 최장 열 시간으로 제한하는 조치를 통과시켰다. 그로부터 1년 반이 지났을 때 증기세탁소 주인 커트 멀러(Curt Muller)가 이 법을 어긴 혐의로 기소되었다. 여직원 에머 고처(Emma Gotcher)에게 할당량을 채울 때까지 야근을 시킨 죄였다.

대법원은 1905년에 있었던 '로크너 대 뉴욕 주' 사건에서 제빵사의 근로시간을 제한한 뉴욕 주법을 번복한 바 있었다. 때문에 멀러는 승산이 크다고 생각했고 오리건 주 법정에서 두 번이나 패소한 뒤에도 대법원에 항고심을 제기했다. 대법원에서는 그의 항소를 기각하지 않았다. 전국소비자연맹(National Consumers' League : NCL)의 사무국장 플로런스 켈리

플로런스 켈리

(Florence Kelly)는 역량이 달리는 오리건 주 사법관을 보좌할 인물로 하버드 대학교 법학과 교수 루이스 브랜다이스(Louis Brandeis)를 선임했다. 브랜다이스는 전국소비자연맹의 입법실장이자 처제인 조세핀 골드마크(Josephine Goldmark)의 도움을 빌어 113쪽에 이르는 브랜다이스 보고서를 만들었다. 브랜다이스 보고서는 장시간 노동이 모성에 치명적인 악영향을 미친다는 사회학적 근거를 제시했다.

'로크너 대 뉴욕 주' 사건 당시 대법원은 고용인에게 고용주와 자유롭게 계약할 권리를 부여한 헌법에 위배된다는 이유를 들어 주정부는 근로 시간을 제재할 수 없다는 판결을 내렸다. 하지만 켈리, 골드마크, 브랜다이스는 여성의 출산과 양육을 사회적인 차원에서 보호해야 하기 때문에 이런 관점에서 오리건 주는 여성의 자유를 규제할 권리가 있다고 주장했다. 브랜다이스는 승소했지만 그의 논지는 이후 여권을 제한하는 법안 신설에 악용되었다.

거둔 이들은 지방정부를 장악하고 착상을 실행에 옮기기 시작했다. 예를 들어 1901년 뉴욕 시에서는 컬럼비아 대학교 학장 세스 로(Seth Law)가 시장으로 선출되면서 잠시나마 태미니홀을 권좌에서 밀어냈다. 그는 정치 후원을 규제하고 주택법을 강화하고 공원과 운동장을 확충하고 빈곤층을 위한 의료 혜택을 확대하는 등 2년 동안 열심히 노력했다. 하지만 트라이앵글 사 화재 사건을 보면 알 수 있다시피 뉴욕 시의 생활환경은 개선할 부분이 너무 많았다.

디 트로이트 공공시설의 국유화를 주장한 헤이즌 핑그리(Hazen Pingree), 털리도의 일하는 엄마들을 위해 무료 탁아를 제공한 새뮤얼 M. '골든 룰' 존스(Samuel M. Jones) 등 다른 도시의 시장들도 로와 함께 개혁법안을 제안하고 제정했다. 위스콘신의 로버트 M. 러폴렛(Robert M. La Follette), 뉴욕의 찰스 에번스 휴스(Charles Evans Hughes), 조지아의 호크 스미스, 캘리포니아의 히럼 존슨(Hiram Johnson), 뉴저지의 우드로 윌슨 등 여러 주지사도 진보의 기틀을 마련했다. 하지만 이들의 영향력은 젊고 참신하고 진보적인 대통령 시어도어 루스벨트에 비할 바가 아니었다.

훌륭한 대통령들은 모두 그랬던 것처럼 루스벨트도 연방 정부를 유능하고 현대적인 미국 사회의 운영자로 탈바꿈시키려고 했다. 그는 트러스트부터 칼을 들이대기로 하고 법무장관 필랜더 C. 녹스에게 셔먼 독점 금지법을 들어 노던 증권회사를 상대로 소송을 제기하라는 지시를 내렸다. 자본금 4억 달러의 북부 증권회사는 J. P. 모건, 제임스 J. 힐, 에드워드 H. 해리먼이 북서부의 3개 주요 철도회사—그레이트노던, 노던 퍼시픽, 시기고, 벌링턴 & 퀸시—를 합병한 카르텔이었다. 모건은 소송 이야기를 접하자마자 백악관으로 날려갔다.

"저희한테 잘못이 있다면 저희 대리인이 백악관 측 대리인과 만나서 문제를 해결하겠습니다."

루스벨트는 모건의 제안을 거절하고 녹스에게 말했다.

"모건은 나를 경쟁 기업가로 생각하는 모양일세. 자기 재산을 모조리 빼앗으려 작정했으니 털끝 하나 건드리지 못하도록 타협을 해야 할 사람으로 말이지."

사실 루스벨트는 중도를 고수했다. 부유층 출신인 루스벨트는 이윤에 반대할 이유가 없었고, 기업 간의 제휴와 합병을 뿌리뽑을 생각도 없었다. 다만 경제와 재계의 엘리트가 번창할 수 있도록 '잘못되었다 싶은' 기업들을 단속하고 싶었을 따름이다. 대법원이 북부 증권회사에 불법 판정을 내리고 해체를 명령한 1904년 3월 이후 법무부는 부정이 의심되는 트러스트를 상대로 40여 건의 추가 소송을 제기했다. 하지만 묵인된 독점기업이 훨씬 많았고, 모건의 또 다른 사업체 미국철강의 경우에는 대통령과의 개인면담을 통해 재편을 승인받았다. 루스벨트는 이런 글을 남겼다.

"우리는 대기업이 아니라 처신이 잘못된 기업에 반대한다."

루스벨트의 자연보호

야외 스포츠광 테디 루스벨트는 미국의 자연을 보존하려고 애를 썼던 사람으로도 유명하다. 그는 1891년 삼림보호법을 통해 2억 에이커의 땅을 보호구역으로 만들었는데, 이전 세 명의 대통령이 선포한 보호구역을 모두 합한 것보다 넓은 면적이었다.

워싱턴과 두 보이스

부커 T. 워싱턴
1856년 노예로 태어난 워싱턴은 해방노예 관리국이
버지니아 남동부에 설립한 햄프턴 대학을 졸업했다.

진보주의 진영에서는 아프리카계 미국인들의 민권도 중요한 사안으로 간주했다. 시어도어 루스벨트는 전직 대통령들과 달리 이 문제에 관심이 많았고, 1901년 10월에는 부커 T. 워싱턴(Booker T. Washington)을 백악관 만찬에 초청하기도 했다. 하지만 그 시대의 수많은 백인처럼 더 이상의 개입은 꺼렸다.

위대한 주선자라 불린 워싱턴은 흑인들이 성실한 노력을 통해 경제력을 쌓은 뒤에야 정치적으로 평등한 권리를 누릴 수 있다고 생각했다. 그는 부유한 북부 백인들의 후원 아래 1881년 앨라배마에 설립한 터스키기대학에서 직업교육과 자기계발을 강조했다. 그리고 1896년에 대법원이 '플레시 대 퍼거슨' 사건에서 '평등한 분리정책'의 합헌성을 인정했을 때도 크게 걱정하지 않았다. 인종분리로 인한 사회적, 정신적 결과보다는 흑인의 교육과 경제발전이 훨씬 중요하다고 생각했기 때문이다.

반면에 교육 수준이 높은 북부의 흑인들은 예속관계를 조장한다는 이유를 들어 많은 이가 워싱턴의 사상을 격렬하게 반대했다. 이들 가운데 일부는 1905년 11월, 나이애가라 폭포에서 만나 아프리카계 미국인의 동등한 권리 즉각 보장, 분리정책의 종결 등과 같은 요구 사항을 작성했다(아이러니컬하게도 미국 땅에 해당되는 지역에서는 받아 주는 호텔이 없었기 때문에 캐나다 쪽으로 건너갔다). 이후 나

이애가라 운동(Niagara Movement)이라 불린 이들 조직의 수장 격인 애틀랜타 대학교수 윌리엄 에드워드 버가트 두 보이스(William Edward Burghardt Du Bios)는 정치평등을 이룬 뒤에야 부커 워싱턴이 바라는 경제력을 손에 넣을 수 있다고 주장했다.

1909년 5월, 대부분 백인으로 이루어진 사회운동조직의 후원 아래 로어맨해튼의 채러티 오거니제이션 홀(트라이앵글셔츠웨이스트 사에서 걸으면 몇 분 안 되는 거리였다)에서 사상 최초로 두 인종이 만나는 전국흑인회의가 열렸다. 이 자리에는 넉 달 뒤에 열릴 의류노동자 파업 때 눈부신 활약을 보일 백인들이 대거 참석했다. 의미심장하게도 부커 워싱턴은 연사로 초청받지 못했지만 W. E. B. 두 보이스는 연단에 올랐다.

노예제도 폐지론이 전성기를 구가하던 1850년대와 초기 참정권 운동 이래 처음으로 만난 흑백남녀는 아프리카계 미국인들의 시민권 확산이라는 깃발 아래 뭉쳤다. 이 모임을 통해 전국흑인지위향상위원회가 설립되었고, 이 조직은 1910년에 최초의 민권운동기관인 전국유색인종지위향상협회(National Association for the Advancement of Colored People : NAACP)로 발전했다.

두 보이스
두 보이스는 1895년에 아프리카계 미국인
최초로 하버드에서 박사학위를 받았다.
논문 주제는 아프리카 노예무역이었다.

스퀘어 딜

1902년에 무연탄광 파업 사태가 벌어지자 연방정부가 개인의 경제적 이익을 규제하는 방식으로 공익을 추구할 또 한 번의 기회가 찾아왔다. 광산노동자연합이 벌인 이번 파업은 하루 여덟 시간 근무, 20퍼센트 임금 인상, 노동조합 인가가 목표였다. 하지만 광산 소유주들은 조금도 양보할 생각이 없었기 때문에 폭력으로 얼룩진 파업이 몇 달 동안 계속 이어졌다. 이 때문에 겨울철 석탄 수급에 적신호가 켜지자 중재에 나선 루스벨트는 양측 대표를 백악관으로 불러 연방정부 차원의 중재를 제안했다. 노동자들은 동의했지만 소유주들은 거부했다. 이에 루스벨트는 연방군을 동원해 광산을 압수하고 생산을 재개하겠다고 협박했다. 여기에 J. P. 모건의 압력까지 더해지자(그는 루스벨트의 협박을 진지하게 받아들였다) 광산 경영자들은 태도를 누그러뜨리고 중재에 동의했다. 10퍼센트 임금 인상, 하루 아홉 시간 근무, 노동조합 불허가 타협안이었다.

일리노이 북부의 광부들
안전등을 불빛 삼아 저녁을 먹고 있다. 1903년에 지하 약 4킬로미터에서 촬영한 사진이다.

루스벨트는 재임 기간 동안 진보주의자만큼이나 열심히 정치적, 사회적 변화의 필요성을 역설했다. 대통령이라는 '높다란 단상'에 올라 트러스트뿐 아니라 정계의 거물, 철도회사, 목재회사 등 미국의 사회조직을 어지럽히거나 천연자원을 약탈하는 모든 이를 가리켜 '엄청난 부를 거머쥔 악한'으로 묘사하며 비난했다. 1904년 재선운동 때 루스벨트는 사회적, 경제적 지위를 뛰어넘은 '공평한 대우'를 약속했다. 이후에는 철도요금을 규제할 수 있도록 주간통상위원회의 권한을 강화한 1906년 6월의 헵번법 등을 통해 공약을 실행에 옮겼다(하지만 최종안은 원안보다 훨씬 강도가 덜했고 '싸움닭'이라 불린 라 폴렛은 한 걸음 물러선 루스벨트를 절대 용서하지 않았다).

인간 갈퀴에 해당되는 업턴 싱클레어(Upton Sinclair)가 1906년에 『정글(The Jungle)』을 통해 당시 시카고의 도살장과 정육업체의 열악한 환경을 폭로하면서 개혁 법안들이 또 한 차례 뒤를 이었다. 대중의 분노를 이용한 루스벨트 대통령은 정부에 식료품 규제권을 부여하는 육류 검사법과 약물법을 통과시키도록 의회에 압력을 넣었다. 그런데 싱클레어의 작품에서는 시카고에 사는 가난한 이민자들의 끔찍한 생활상도 묘사되어 있었지만 대부분의 독자들—루스벨트도 이 중 한 사람이었다—은 이 부분을 간과했고, 뉴욕 시에 사는 이민자들의 상황도 열악하기는 마찬가지였다.

1906년 『정글』의 출간을 알리는 포스터
(왼쪽) 『정글』은 인기와 정치적 파장 면에서 『톰 아저씨의 오두막집』에 버금갔다.

1912년 대통령 선거

태프트 내각의 법무부는 사실 반(反)트러스트 법안을 루스벨트보다 많이 만들었다. 하지만 태프트는 저돌적이고 솔직한 루스벨트보다 훨씬 보수적이고 친(親)기업적인 성향이 강한 인물로 평가받았고, 여기에는 밸린저-핀쇼 사건이 미친 영향이 컸다.

미국 삼림청장이자 루스벨트의 측근이었던 지퍼드 핀쇼(Gifford Pinchot)는 1910년에 알래스카의 정부 소유 탄광을 불법 처분했다는 이유로 상관인 리처드 밸린저(Richard Ballinger) 내무장관을 고발했다. 그런데 태프트가 반항죄로 핀쇼를 해임한 데 이어 1년 뒤에는 조지 W. 위커섐(George W. Wickersham) 법무장관이 미국철강(1907년에 그가 재편을 승인한 조직이었다)을 상대로 반트러스트 소

송을 제기하자 루스벨트의 분노는 극에 달했다. 그는 1912년 공화당의 대통령 후보 선출에서 왕년의 친구를 상대로 경쟁을 벌이겠노라고 공식 선언했다. 루스벨트가 여행을 즐긴 4년 동안 태프트는 대

통령 자격으로 공화당을 건사했기 때문에 손쉽게 승리를 거두었다. 하지만 루스벨트는 물러나지 않고 급조된 진보당 후보로 나섰다. 루스벨트의 돈키호테식 출마를 지지한 사람으로는 당시 위스콘신 상원의원이었던 로버트 러폴렛, 제인 애덤스, 트라이앵글 사 화재사건 이후 여성노조연맹 뉴욕지부가 설립한 안전위원회원이었던 조지 W. 퍼킨스(George W. Perkins) 등이 있었다.

1908년에 유진 V. 데브스를 후보로 내세워 50만 표를 획득한 사회당은 데브스를 다시 후보로 지명했다(1900년과 1904년을 합하면 이번이 네 번째 도전이었다). 민주당은 뉴저지 주지사 우드로 윌슨을 지명했다.

이번에 데브스는 100만에 가까운 득표수를 기록했지만, 승자는 공화당의 분열로 일반 투표에서 득표율 41.8퍼센트를 기록한 윌슨이었다. 그는 40개 주와 선거인단 투표 435표를 차지했지만 실제로 과반수를 넘긴 주는 열 군데에 불과했다. 만약 태프트나 루스벨트가 경쟁에서 물러났더라면 둘 중 한 명이 승리를 거두었을 가능성이 컸다. 하지만 루스벨트는 우드로 윌슨보다 한참 뒤진 2위에 머물렀고, 그 뒤를 태프트가 바짝 뒤쫓으며 3위를 기록하는 데 그쳤다.

트라이앵글셔츠웨이스트 사는 워싱턴 가와 그린 거리의 북서쪽 모퉁이에 자리잡은 아슈 빌딩의 꼭대기 세 층을 썼다. 아슈 빌딩은 천장 높이가 300센티미터쯤에 달했고 한 면의 길이가 30미터에 조금 못 미치는 넓은 공간을 자랑했다. 조지프 J. 아슈(Joseph J. Asch)가 1900년 7월에서 1901년 1월 사이 건설한 아슈 빌딩은 로어맨해튼에 불어닥친 1억 5천만 달러짜리 건설 호황의 수혜자였다. 같은 시기에 건축된 다른 공장들과 마찬가지로 불연성 벽돌로 지어졌지만 관련법규상 높이 약 45미터 미만의 건물은 철제 창문이나 철제 창틀, 콘크리트 바닥을 갖출 필요가 없었기 때문에 약 40미터 높이의 아슈 빌딩은 비용 절감 차원에서 나무 창문과 나무 바닥을 썼다.

해리스와 블랭크가 1909년에 화재보험을 추가로 신청하자 보험회사 측에서는 컬럼비아 대학교의 화재예방전문가 P. J. 매키언(P. J. McKeon)에게 공장 점검을 의뢰했다. 매키언은 트라이앵글 사 중 8층과 9층의 작업장을 가득 메운 대규모 노동자들에게 주목했다(10층은 주로 운송이나 사무실로 쓰였다). 그는 정기적으로 소방훈련을 실시하느냐고 물었을 때 단 한 차례도 실시한 일이 없다는 대답을 듣고 비상사태가 발생하면 직원들이 공황을 일으킬 수 있다고 지적했다. 그는 소방훈련전문가 H. F. J. 포터(H. F. J. Porter)를 추천하고 포터를 통해 소방

훈련 제안서까지 보냈지만 해리스와 블랭크는 묵묵부답이었다. 매키언은 보험회사에 보내는 보고서에서 '여공들이 하도 많아서 관리가 힘들기 때문에' 워싱턴 가 쪽 계단을 '항상 잠가 놓는다'고 알렸다. 그런데 트라이앵글 사는 1909년 한 해 동안에도 몇 차례 작은 화재사건을 겪었지만 매키언이 추천한 안전조치를 전혀 따르지 않았다.

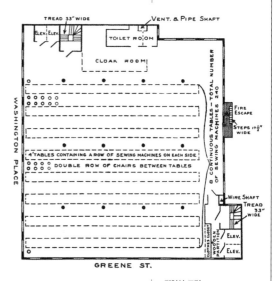

1911년 3월 25일 토요일의 퇴근시간이 가까워올 무렵, 8층에서 근무하던 직원 225명은 일과를 마무리짓고 그린 거리 쪽 문으로 퇴근할 준비를 했다. 그때가 네시 반쯤이었고 초봄의 오후답게 바깥 날씨는 상쾌하고 화창했다. 그린 거리 쪽 문을 지키는 수위는 슬쩍한 물건이 없는지 여직원들의 핸드백을 검사하려고 차비를 서둘렀다. 테이블, 선반, 바닥 위에는 여느 때처럼 옷감, 종이 옷본, 자투리 천들이 산더미처럼 쌓여 있었다. 바닥은 재봉틀에서 새어 나온 기름으로 축축했고 기름통이 벽을 따라 늘어서 있었다.

화재

퇴근종이 울렸을 때 8층에서 일하는 아가씨 한 명이 "불이 났어요."라고 소리를 지르며 생산주임 새뮤얼 번스타인(Samuel Bernstein)에게 달려왔다. 번스타인은 2주 전에도 작은 화재를 잠운 일이 있는 남자 몇 명과 함께 달려갔고, 그린 거리 쪽 창가 테이블 밑 상자에서 불길에 휩싸인 자투리 천 위로 물을 부었다. 하지만 얇은 면직물과 종이 옷본으로 옮겨 붙은 불길은 삽시간에 번져 나갔다. 몇 분 뒤 역부족임을 깨달은 번스타인은 직원들을 그린 거리 쪽 문으로 대피시키고 기계 기술자 루이스 브라운(Louis Brown)을 보내 워싱턴 가 쪽 문을 열게 했다. 겁에 질린 직원들은 워싱턴 가 쪽 문 앞으로 점점 더 모여들었다.

아슈 빌딩
모퉁이를 돌면 뉴욕 대학교가 나오고 한 블록 걸어 가면 워싱턴 광장에 도착한다.

뉴욕 주 노동법 80항에 따르면 '사용이 가능한' 공장 문은 모두 열어 놓도록 되어 있었지만 아슈 빌딩의 층계참은 워낙 좁기 때문에 규칙의 적용을 받지 않았다. 그런데 워낙 많은 직원이 빠져나가려고 애를 쓰다 보니 워싱턴 가로 향하는 문을 여는 것 자체가 불가능했다. 브라운의 이야기를 들어 보자.

"여직원들을 밀었습니다. 그렇지 않으면 문을 열 수가 없었거든요. 어찌나 빽빽하게 모여 있던지 발 디딜 틈조차 없었습니다. 있는 힘껏 문을 잡아당겼더니 조금 열렸습니다. 하지만 문틈이 벌어지면 몰려든 직원들 때문에 다시 닫히는 식이었습니다."

마침내 문이 열렸고 여직원들은 50센티미터쯤 너비의 문 밖으로 한 명씩 건너가기 시작했다. 워낙 좁아서 그 이상은 불가능했다.

불길과 함께 공포와 혼란의 분위기도 번졌다. 직원들은 열기와 연기를 피해 달아나면서 함께 근무하는 친척들의 이름을 불렀다. 8층의 젊은 여공 디나 리프시츠는 사내 텔레타이프로 10층의 관리실에 급전을 보냈지만 늘 그랬듯이 수신기가 먹통이었다. 다음번에는 사내 전화로

작업실 도면
아슈 건물 9층에 자리잡은 트라이앵글 사 작업실.

**폐허로 변한 아슈 빌딩
8층의 트라이앵글 사 작업실**
화재 이튿날 촬영한
사진이다.

조지프 지토
15명 정원의 엘리베이터
관리인 지토 덕분에 일부는
목숨을 건졌다. 그는
엘리베이터 천장을 덮은
시신들의 무게를 더 이상
감당할 수 없을 때까지
7-8번을 오르락내리락했다.

해리스의 사촌이자 교환수인 메리 올터에게
8층의 화재 소식을 전했지만 올터는 "알았어,
알았다고."라는 대답만 하고 아무 조치도 취
하지 않았다. 때문에 9층 직원들은 다가오는
위협을 알 수 없었다.

아슈 빌딩은 불연성 재료로 만들어졌기
때문에 불길이 벽이나 바닥을 넘지는
못했다. 하지만 8층 창문 너머로 치솟은 화염
은 먼저 창틀을 태우고 9층과 10층 내부로 번
졌다. 리프시츠의 경보를 접한 10층 직원 70
명은 그린 가 쪽 계단을 타고 여유 있게 지붕
으로 올라가서 옆 건물 지붕으로 피신했다. 하지만 9층 직원 260명에게 경보가 전해졌을 무렵,
불길은 이미 지옥불로 변했고 직원들은 대부분 갇힌 상황이었다.

몇 명은 겁에 질린 채 기계 앞에 앉아 불타는 바닥을 멍하니 바라보았다. 대부분은 온몸을
그을리기 시작한 열기를 피해 미친 듯이 달려나갔다. 워싱턴 가로 향하는 문은 9층도 잠겨 있
었기 때문에 직원들은 그린 거리 쪽 계단으로 향했다. 일부는 폭이 76센티미터쯤밖에 안 되는
나선형 계단을 무사히 통과했지만 8층 층계참으로 불길이 번지는 바람에 더 이상은 앞으로 갈
수 없었다. 또 일부는 녹이 슨 철제 셔터를 부수고 건물 뒤편의 비상계단으로 대피했지만, 늘
닫혀 있는 셔터 뒤로 비상계단이 있는 줄 모르는 직원들이 대부분이었다. 이들이 보기에는 워
싱턴 가 쪽에서 운행되는 승객용 엘리베이터 두 대가 유일한 탈출구였다. 엘리베이터 관리인
조지프 지토(Joseph Zito)는 이렇게 말했다.

"9층에서 엘리베이터 문을 열었더니 구름처럼 몰려 있는 사람들 바로 뒤로 엄청난 불꽃과
연기가 보이더군요. 세 번째로 도착했을 때는 사방이 불길로 휩싸인 창턱에 여공들이 서 있었
어요."

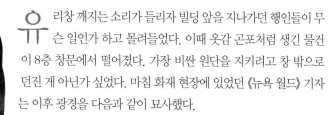

잠시 후에는 화염을 피하느라 엘리베이터 위로 뛰어내린 9층 직원들 때문에 더 이
상 운행을 할 수 없는 지경에 다다랐다(이후 차곡차곡 쌓인 시신 열아홉 구가 발견되었
다). 다른 쪽 엘리베이터는 8층에서 빠져나온 열기로 선이 구부러지는 바람에 작
동이 되지 않았다. 4시 45분 무렵 9층은 폐쇄되었다.

유리창 깨지는 소리가 들리자 빌딩 앞을 지나가던 행인들이 무
슨 일인가 하고 몰려들었다. 이때 옷감 곤포처럼 생긴 물건
이 8층 창문에서 떨어졌다. 가장 비싼 원단을 지키려고 창 밖으로
던진 게 아닌가 싶었다. 마침 화재 현장에 있었던 《뉴욕 월드》기자
는 이후 광경을 다음과 같이 묘사했다.

모여 있던 500명이 한꺼번에 비명을 질렀다. 바람이 불면서 석조 보도에 부딪쳐 즉사한 여공의 모습이 드러났기 때문이다. 미처 사태를 파악할 겨를도 없이 또 한 명의 여공이 창턱으로 올라왔다. 주먹으로 유리창을 깬 모양이었다. 허리까지 내려오는 머리카락과 옷이 활활 불타고 있었다. 그녀는 팔을 뻗고 잠시 서 있더니 뛰어내렸다. 이와 동시에 다른 유리창에서 여공 세 명이 몸을 던졌다. 다른 여공들은 창틀에 매달린 채 숨을 몰아쉬며 공장 안에서 죽을 것인가, 발 밑 인도 위에서 죽을 것인가 고민을 했다.

달려온 소방대원들이 구명 그물을 펼쳤지만 워낙 높은 곳에서 떨어지다 보니 그물도 소용없었다. 모두들 석조 보도 위로 쿵 하고 부딪치거나 건물 지하실에 빛이 들도록 인도에 설치한 유리블록을 깨고 추락하기 일쑤였다. 가끔은 여러 명이 손에 손을 잡고 뛰어내리기도 했다.

소방대가 도착하고 18분 뒤 불길은 잡혔지만 살아 있는 사람은 아무도 없었다. 46명이 추락사를 선택했고 검게 그을린 100여 명의 시신이 공장 안에서 발견되었다. 시신 일곱 구는 워낙 훼손이 심해 신원 확인이 불가능했기 때문에 이름 대신 번호를 적은 관에 안치되었다. 21명을 제외한 나머지 희생자가 여성이었다.

시신 안치실

살아남은 부상자 400명은 충격을 이기지 못하고 흐느끼다 이웃과 슬픔을 나누기 위해 로어이스트사이드의 공동주택으로 돌아갔다(일부는 인근 병원을 거쳤다). 트라이앵글 사의 사망자들을 인도 위에 쌓아 놓은 채 소방대원들은 아슈 빌딩에 물을 뿌렸고, 경찰 임원들은 146구의 시신을 담기 위해 관을 조달했다. 검시관은 이스트26번 거리의 부두에 임시로 대형 시신 안치실을 만들고 저녁 내내 시체를 이곳으로 운반했다. 일부는 쥐꼬리만한 봉급을 옷 속에 단단히 챙겼고 일부는 손에 쥐고 있었다. 경찰은 귀중품을 봉투에 넣어 시신의 꼬리표 번호를 적고 친척들을 통해 신원 확인이 이루어질 수 있도록 기다렸다.

로어이스트사이드의 유대인들은 친구나 가족이 트라이앵글 사에서 일한 경우가 많았기 때문에 그날밤 이스트26번 거리의 시신 안치실은 실종자를 찾으러 나온 몇만 명의 유대인으로 장사진을 이루었다. 이탈리아 출신들도 여기에 합류했다. 이들은 한 번에 몇십 명씩 들어가서 일렬로 정리해 놓은 관 속에 사랑하는 사람이 누워 있는지 확인했다. 싸늘하게 변한 딸의 모습을 접하고 울부짖는 어머니들의 울음소리가 밤새도록 이어졌다. 일부는 부두에서 뛰어내려 목숨을 끊으려고 했다. 경찰에게 제지당한 사람만 10여 명이었다.

4월 5일, 대부분 로어이스트사이의 주민들로 이루어진 군중 10만여 명이 엄숙한 장례 행진을 벌였다. 이들은 비를 맞으며 다섯 시간 동안 아무 말 없이 걸었다. 행렬이 아슈 빌딩에 도착하자 선봉대가 오열을 터트렸고 어느 신문의 기사는 이렇게 표현했다.

"심장을 관통하듯 길게 이어지는 몇천 명의 울부짖음은 인간이 내는 천둥소리와 같았다. 지금까지 이 도시에서 인간의 슬픔이 이처럼 강렬하게 표현된 때는 없었다".

이스트26번 거리의 시신 안치실
이곳을 지킨 경찰들은 친구와 가족들이 자세히 볼 수 있도록 일요일 해가 떠까지 희생자들의 시신 위로 랜턴을 비추었다. 신원이 확인된 시신은 관 뚜껑을 닫고 옆으로 옮겼다.

누구의 살못이었을까? 참사가 끝나고 몇 주 동안 이 질문은 뉴욕 시민들을 따라다녔다. 《뉴욕타임스》는 이렇게 말했다.

"누군가의 잘못이라고 말하기는 쉽겠지만, 이와 같은 인명 피해의 책임자를 지목하기는 쉽지 않다."

뉴욕 시 소방서의 경우 일정 부분 책임을 면할 수 없었다. 30만 명을 웃도는 인구가 고층 다락방 공장에서 일을 하는데 장비상 6층 이상의 화재는 진압할 수 없기 때문이었다(가장 긴 사다리도 길이가 짧았고 소방호스들도 대부분 수압이 낮아서 그 이상은 물을 뿌릴 수 없었다). 아슈 빌딩 감사 결과 법규 위반 사례가 발견되었음에도 불구하고 개선을 종용하지 않은 뉴욕 시 건설부는 책임론이 제기되자 겨우 마흔 일곱 명의 검사관으로 5천여 곳의 건물을 점검해야 한다는 변명을 늘어놓았다.

하지만 가장 엄청난 비난에 시달린 사람은 4월 11일에 고살죄로 기소된 해리스와 블랭크였다(번스타인과 브라운은 하루 전 대배심 증인들을 매수하려다 형사법원에서 쫓겨났다). 두 사람의 재판은 1911년 12월 4일에 열렸다. 이후 3주 동안 날마다 법정을 찾은 여성 시민들은 밖에서 "살인마! 살인마!"라고 외쳤다. 경찰은 피고인 보호 차원에서 경관을 배치했다.

지방검사는 사건 설명을 간소화하기 위해 해리스와 블랭크에게 마거릿 슈워츠의 목숨을 앗아간 책임만 묻기로 결정했다. 슈워츠는 워싱턴 가로 향하는 계단 문이 열려 있었더라면 무사히 빠져나왔을지 모르는 9층 노동자였다. 검찰 측 증인 103명의 증언은 세 부분으로 초점이 모아졌다. 첫째, 워싱턴 가로 향하는 계단 문은 늘 잠겨 있었는가? 둘째, 그 문은 화재 당시 잠겨 있었는가? 셋째, 해리스와 블랭크는 문이 잠겨 있다는 사실을 알고 있었는가? 피고 측에서는 두 사람의 친척 또는 인척에 해당되는 관리직 임원들을 증인으로 내세웠다. 그리고 워싱턴 가로 향하는 문은 화재 당시 '열려' 있었는데 불길로 인한 열기 때문에 이용을 하지 못했을 따름이며 슈워츠는 침착하게 그린 거리 쪽 계단을 이용했더라면 목숨을 건질 수 있었다고 주장했다.

배심원단은 두 시간 만에 평결을 결정했다. 이들은 셔츠웨이스트 업계의 두 거물에게 고살죄의 책임이 없다고 했다. 화재 자체는 끔찍한 비극이지만 해리스와 블랭크의 잘못은 아니라는 피고측 변호사 맥스 D. 스토이어(Max D. Steuer)의 주장을 받아들인 것이다. 한 배심원은 기자에게 이런 말을 했다.

"화재 당시 문이 잠겨 있었던 것은 분명한데 해리스와 블랭크가 그 사실을 알고 있었다고 단정지을 수 없었습니다."

지방검사는 1년 뒤 일곱 가지의 새로운 기소를 제기했지만, 스토이어는 일사부재리의 원칙에 어긋난다고 반발했다. 재판관은 스토이어의 주장을 받아들여 공소를 기각했다.

아슈 빌딩의 좁은 나선형 계단
그린 가 쪽으로 향해 있는 곳이었다.

트라이앵글 사 화재 사건 이후

대다수의 뉴욕 시민들은 유죄 판결로 트라이앵글 사의 비극을 심정적으로나마 해결해 주기를 바랐다. 그런데 해리스와 블랭크가 12월 27일에 석방되자 수많은 죽음이 무의미한 희생으로 돌아갔다. 아직까지 불안과 슬픔에 젖어 있던 시민들로서는 받아들일 수가 없었고 다른 방식의 분출구라도 필요했다. 사실 역사학자 리처드 B. 모리스(Richard B. Morris)도 말했다시피 "만약 재판에서 유죄 판결이 내려졌더라면 트라이앵글 사의 화재 사건이 사회에 그토록 엄청난 영향을 미쳤을지 장담할 수 없다."

뉴욕 주의회는 여성노조연맹 뉴욕지부, 전국소비자연맹, 여러 노동조합, 대중의 압력으로 1911년 6월에 뉴욕공장심사위원회를 조직했고, 이 기관을 통해 화재사건의 파장이 여실히 드러났다. 위원회 지도부는 뉴욕 시 민주당의 두 거물이 맡았다. 한 명은 상원에서 다수파를 이끄는 로버트 F. 와그너 1세(Robert F. Wagner Sr.)였고, 또 한 명은 하원에서 소수파를 이끄는 앨프레드 E. 스미스(Alfred E. Smith)였다. 그리고 메리 드라이어와 새뮤얼 L. 곰퍼스를 비롯한 아홉 명이 위원으로 임명되었다. 위원회의 원래 임무는 화재의 원인을 연구, 보고하는 것이었고 뉴욕 주의회는 이를 위해 1만 달러의 예산을 책정했다. 유능한 변호사 한 명을 통해 기본적인 사무를 처리하면 남는 게 없을 만큼 적은 금액이었다. 때문에 와그너와 스미스는 부동산 업계의 거물이자 안전위원회장을 맡고 있는 헨리 모겐소 1세(Henry Morgenthau Sr.)에게 도움을 청했다. 안전위원회는 트라이앵글 사 화재 사건이 벌어진 직후 여성노조연맹 뉴욕지부가 공장근로환경 개선 운동을 벌이기 위해 조직한 시민단체였다.

트라이앵글웨이스트 사의 두 사장 블랭크(왼쪽)와 해리스
1911년 12월 재판 당시 모습이다.

모겐소는 두 의원을 만나고 몇 시간 만에 위원회 사무를 무료로 담당할 일급 변호사를 두 명이나 마련해 주었다. 이뿐만 아니라 1909년 트라이앵글 사에 소방훈련을 제안했던 포터, 최근 전국유색인종지위향상협회의 설립을 도운 사회사업가 헨리 모스코비츠

(Henry Moskowitz), 얼마 전 주지사 선거와 대통령 선거에서 스미스의 고문을 맡았던 모스코비츠의 아내 벨 모스코비츠(Belle Moskowitz), 트라이앵글 사 화재 사건 당시 워싱턴 광장에서 친구를 만나다 뛰어내리는 몇십 명의 여공을 직접 목격한 퍼킨스 등 고집과 능력을 겸비한 조사위원들도 합류했다.

1913년, 뉴욕 시 하원의장으로 선출된 직후 스미스

스미스 집안의 앨범에 보관되어 있다 1928년 대통령 선거운동 때 언론에 배포된 사진이다.

이렇게 진영을 갖춘 공장심사위원회는 예비보고서에서 "공장의 전반적인 생활조건을 철저하고 광범위하게 조사한다."고 밝혔다시피 화재의 원인을 연구하는 데 그치지 않았다. 첫해에만 1,836개의 공장을 시찰하며 뉴욕 주 노동문제의 거의 모든 분야를 점검하고 주 전역에서 공청회를 열어 위험한 기계, 부적절한 위생시설, 유년 노동, 질병 감염 관련 진술을 들었다. 조사위원들은 새벽 5시면 일어나서 열 시간 근무를 마치고 피곤한 몸으로 퇴근하는 여성들과 이야기를 나누었고, 다섯 살밖에 안 되는 어린아이들이 곳곳의 통조림 공장에서 상근직으로 일하는 광경을 지켜보았다. 사실 수많은 사업장의 환경이 워낙 열악해 새로운 노동법을 제정해야 해결이 되지 않을까 싶었다.

공장심사위원회는 1911년부터 1914년 사이에 60여 건의 건의사항을 내놓았고 그중 56개가 새로운 법안의 기초가 되었다. 태머니홀의 정치적 위상이 일구어 낸 결과였다. 새로운 법안을 전체적으로 살피면 뉴욕 주 노동부를 정비하고, 노동부 인력을 두 배로 늘리고, 법적 효력을 갖춘 산업과를 신설하자는 내용이었다. 이에 따라 위험한 기계 사용이 금지되고, 위생 및 조명 기준이 강화되고, 노동부의 가내노동 감독권이 크게 확대되었다. 그뿐 아니라 화재예방국이 설립되고, 6층이 넘는 공장건물에서는 소방훈련과 자동 스프링클러 설치가 강제조항이 되었다.

공장심사위원회의 노력으로 탄생된 노동법은 일종의 선구자 역할을 했다. 수많은 다른 주에 모범답안을 제시한 것은 물론이고, 와그너 상원의원과 퍼킨스 노동장관이 뉴딜 체제 하에서 연방정부 차원의 노동법을 제정할 때 밑바탕이 되었다. 퍼킨스는 트라이앵글 사 화재 사건이 있고 오랜 시간이 지난 뒤에 이런 말을 했다.

"우리는 여공들이 뛰어내리기 시작할 무렵 그곳에 도착했다. 손으로 목을 감싸쥔 채 어쩔 도리 없이 끔찍한 광경을 쳐다보던 그때의 충격은 절대 잊지 못할 것이다. 뉴욕 주의 시민들은 이처럼 엄청난 사건을 겪은 뒤에야 양심의 가책을 느꼈고, 뛰어내리거나 화재로 목숨을 잃은 146명이 얼마나 가치 있고 소중한 존재인지 난생 처음 깨달았다."

민주당에 몸을 담은 뉴욕 주의 젊은 상원의원도 '양심의 가책'을 느낀 부류 가운데 한 사람이었다. 그는 1912년의 어느날, 여성의 주 노동시간을 54시간으로 규정하자는 스미스와 그녀의 법안을 지지하는 의회연설을 했다. 예전에 이 법안은 한 표 차이로 기각된 일이 있었다. 와그너는 한 표를 추가 확보해 놓았지만, 로어이스트사이드 민주당 수장이자 법안 찬성파인 팀 설리번(Tim Sullivan)이 마침 외유 중이었다. 설리번이 올버니로 달려와서 소중한 한 표를 행사할 수 있을 때까지 시간을 끄는 것이 젊은 상원의원의 몫이었다. 서른 살의 의원은 새 이야기를 늘어놓았다. 공화당 지도부가 법안과 아무 상관없는 발언이라고 반발하자 그는 "자연계도 장시간 노동은 원하지 않는다는 점을 부각시키려는 의도"라고 대답했다. 설리번이 회의장으로 등장하자마자 프랭클린 D. 루스벨트는 자리로 돌아갔고 투표가 시작되었다.

퍼킨스
1918년 모습.

신자유주의

19 12년 대통령 선거 기간 때 우드로 윌슨은 시어도어 루스벨트의 신민족주의(New Nationalism)에 맞서기 위한 방편으로 신자유주의(New Freedom)라는 구호를 내세웠다. 이후 신자유주의는 윌슨이 상당히 좋은 성적을 거둔 초임시절에 추구한 반(反)독점, 친(親)규제성향의 법률제정을 가리키는 용어가 되었다.

외교 면에서는 도덕성을 고집한 윌슨이지만 국내 문제에서는 능수능란한 현실주의자의 모습을 보였다. 그는 트러스트를 해체하겠다는 선거 공약을 재빨리 취소하고 그 대신 대기업을 좀더 광범위하게 규제해도 좋다는 의회의 승인을 받았다. 그리고 1914년에는 연방통상위원회법(Federal Trade Commission Act)을 제정해 부당 경쟁을 조사하고 개선할 준(準)사법기관을 신설했다. 같은해에 통과된 클레이턴 독점금지법(Clayton Arti-Trust Act)은 의도대로 셔먼 독점금지법을 강화하지는 못했지만, 1920년대에 대법원의 철퇴를 맞기 전까지 노동조합을 반독점법 적용대상에서 제외시키는 데에는 성공했다.

한편 민주당원들로 재편된 의회는 언더우드 관세법(Underwood Tariff Act)과 연방준비법(Federal Reserve Act)을 일찌감치 통과시켰다. 1913년 10월에 제정된 언더우드 관세법은 수입세를 평균 27퍼센트로 내폭 인하하는 한편, 1913년 2월에 승인된 수정헌법 15조에 의거하여 사상 최초로 헌법에 입각한 수입세를 징수했다. 글래스-오언법(Glass-Owen Act)이라고도 불린 연방준비법은 1913년 12월에 제정되었는데, 개별 운영되던 분고(分庫) 제도를 현재의 은행제도로 대체하고 12개의 지역별 연방준비은행이 각 지역의 국법(國法)은행을 감독하도록 규정했다. 연방준비은행은 할인율에 따라 다른 은행에 대출해 주었고 할인율을 통해 금리를 조절했다.

윌슨 대통령
초임 당시의 모습이다.

인물 촌평

시어도어 루스벨트

1858-1919년

마이클 배런

시어도어 루스벨트는 20세기의 서막을 여는 시기에 공무를 수행하면서 오늘날과 같은 대통령상(像)을 정립한 인물이었다.

1858년 뉴욕에서 네덜란드계 집안의 자손으로 태어난 루스벨트는(외할아버지가 조지아 플랜테이션 소유주였다) 애초부터 특권을 누리며 다채로운 인생을 시작했다. 1880년에 하버드 대학을 졸업한 이후에는 뉴욕 시로 돌아가서 1881년에 주 하원의원으로 당선되었다. 하지만 3년 뒤 어머니와 아내가 한날, 한집에서 숨을 거두자─부인의 경우에는 첫아이 앨리스를 낳다 합병증으로 눈을 감았다─젖먹이를 친척들에게 맡긴 채 다코타 준주로 건너가서 소를 키우고 남아 있는 버펄로를 사냥하며 정신적 충격을 달랬다. 1886년에 고향으로 돌아온 루스벨트는 같은해에 이디스 커밋(Edith Kermit)과 재혼하고 뉴욕 주지사 선거에 출마하여 3위를 기록했다. 그래도 성적에 굴하지 않고 계속 정계에 머무른 결과 1889년에 인사위원회 위원으로 선출되었고, 1895년에는 뉴욕 시 경찰청장에 올랐다.

1897년에 윌리엄 매킨리 내각의 해군차관으로 임명된 루스벨트는 이듬해에 미국-에스파냐 전쟁을 강력히 주장했다. 하지만 막상 전쟁이 시작되자 해군 차관직을 사임하고 쿠바에서 싸울 의용대를 조직했다. 아이비리그 졸업생과 서부 목장노동자, 알고 지내던 불한당들이 대원이었다. 언론에서는 대서특필했다. 러프 라이더(Rough Rider)라는 별명으로 불린 제1 의용기병대가 1898년 6월에 산티아고로 출발할 무렵, 루스벨트 중령은 언론을 조종하고 자신의 뜻대로 주무르는 방면에서 이미 탁월한 능력을 검증 받은 뒤였다.

루스벨트는 언제나 그랬던 것처럼 쿠바에서도 언론의 반응을 호의적인 쪽으로 유도했다. '황색 언론'의 비위를 맞춰 주면 든든한 아군이 되지만 심기를 거스르면 위험한 적으로 돌변하던 20세기 초반의 정치인들 입장에서는 언론과 돈독한 관계를 유지하는 것이 지금보다 훨씬 중요했다.

루스벨트는 만족스럽고 다채로운 기삿거리 제공법을 본능적으로 아는 사람이었기 때문에 언론을 적으로 만들 가능성이 거의 없었다. 미국에서 가장 유명한 종군기자 리처드 하딩 데이비스(Richard Harding Davis)는 쿠바에서 러프 라이더를 언제든지 드나들 수 있었고, 이와 같은 혜택을 누린 대가로 루스벨트와 러프 라이더를 영웅으로 만들었다(데이비스는 러프 라이더와 어찌나 긴밀한 관계를 유지했던지 그 유명한 산후안 언덕 돌격 때에는 직접 무기를 들고 나서기까지 했다). 전쟁이 끝나자 루스벨트는 추문으로 얼룩진 공화당의 뉴욕 주지사 대표로 자연스럽게 추대되었고, 1898년 11월에 근소한 차이로 승리를 거두었다.

루스벨트는 20세기 초반이 아니라 지금 시대에 더 어울림직한 언론 활용력을 과시하며 무용담과 다채로운 개인사를 이용하여 인지도를 쌓아 나갔고, 1900년 선거에서 고인이 된 개럿 호버트(Garret Hobart)를 대신하는 부통령 후보로 자리를 굳혔다. 루스벨트를 불신한 마크 해나는 후보 지명에 반대했지만, 테디(시어도어 루스벨트의 별명─옮긴이) 추대운동이 워낙 강력했다. 공화당 지도부는 루스벨트가 뉴욕에서 추진하던 개혁정책을 저지할 생각으로 후보 지명에 찬성했다. 하지만 매킨리가 재임 6개월 만에 숨을 거두자 루스벨트는 대통령이 되었다. 해나는 매킨리 저격소식을 듣고 분통을 터트렸다.

"이것 보라고! 망할 카우보이가 이제 미국 대통령이

되지 않았는가 말일세!"

루스벨트는 원래 매킨리의 정책을 계승하겠노라고 맹세했지만, 쿠바에서 그랬던 것처럼 언론의 반응을 호의적으로 유도하는 능력을 발휘하며 이내 180도 다른 대통령이 되었다. 그는 절친한 기자들에게 극비사항을 흘리고 단독회견을 주선하는 영리한 방식으로 그들의 입을 빌어 자신의 견해를 전했다. 직접 인용을 거부한 경우에도 모든 기사가 적절한 내용을 갖추고 있는지 확인했다. 그가 정한 규칙을 어긴 기자들은 성서에 등장하는 거짓말쟁이의 이름을 딴 아나니아 클럽의 일원이 되었고 백악관 출입을 할 수 없었다.

윌슨의 중립정책을 바꾸는 데 실패하고 미육군 항공부의 조종사이던 아들 퀜틴 루스

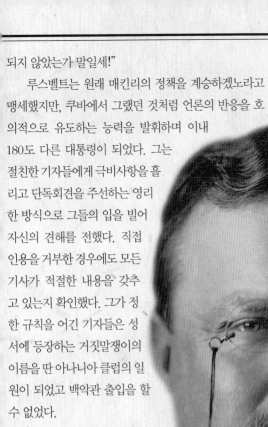

벨트(Quentin Roosevelt)가 전투 중 프랑스 상공에서 전사하면서 시어도어 루스벨트의 인생은 비극적인 종말을 맞이했다. 하지만 그의 열정과 적극적인 실천주의, 산업계의 새로운 현실을 깨닫고 미국의 세계열강진입을 인식한 면모는 현대 지도자가 갖추어야 할 덕목이 무엇인지를 알려 주었고, 덕분에 그는 명실상부한 20세기 최초의 미국 대통령이 되었다.

루스벨트
1904년 당시 모습이다.

18

대서양 횡단

린드버그의 비행

찰스 오거스터스 린드버그는 대서양의 궂은 날씨 때문에 1927년 5월의 셋째 주 내내 롱아일랜드에서 발이 묶였다. 그는 숙소인 가든시티 호텔과 비행기를 세워 놓은 커티스 비행장 사이를 날마다 오갔지만 날씨가 좋아질 때까지 기다리는 수밖에 없었다. 그 사이 긴장감이 고조되었고 언론의 관심도 덩달아 높아졌다. 이미 유명 비행사 여섯 명이 든든한 재정 지원을 등에 업고 뉴욕 시에서 파리까지 논스톱 비행을 시도하다 목숨을 잃었다. 경쟁 상대는 여전히 남아 있었지만 이제 스포트라이트의 중심에 선 사람은 린드버그였다. 이름 없는 스물다섯 살의 우편항공기 조종사는 지난 몇 주 동안 벌떼처럼 몰려든 기자들 덕분에 전국적인 이야깃거리로 탈바꿈했다. 그저 '린디'로 불릴 때가 대부분이었지만 조종석의 무게를 줄이기 위해 파리까지 약 5만 8천 킬로미터 단독 비행을 시도한다는 이유 때문에 '하늘 위의 바보'라는 별명도 얻었다.

수많은 흥행업자도 키가 크고 호리호리한 세인트루이스 출신에게 주목했다. 이들은 비행에 성공한다는 가정 하에 여러 가지 짭짤한 계약을 제시했다. 영화제작이 25만 달러, 무대출연이 5만 달러였고, 도서출간 조건 또한 이에 못지 않았다. 린드버그는 모든 제안을 거절하고 《뉴욕타임스》에 비행담을 독점 게재하자는 후원자들의 의견만 받아들였다. 그래도 다른 신문사의 기자들과 계속 만났지만 상관하는 사람은 아무도 없었다.

1927년 5월 12일 목요일, 커티스 비행장에 도착한 직후의 린드버그
(왼쪽) 린드버그는 5월 16일 월요일 새벽 무렵 파리로 출발할 준비를 모두 마쳤지만 기상악화로 5월 20일 금요일까지 기다려야 했다.

5월 19일 목요일에는 가랑비가 내렸다. 아무래도 조만간 이륙하기는 틀린 것 같았나. 린드버그는 뉴저지 주 패터슨의 라이트 항공기 공장을 둘러보며 하루를 보냈다. 라이트의 수석 엔지니어 켄 레인, 라이트 사에서 린드버그를 돕기 위해 고용한(린드버그의 비행기에 라이트 사의 엔진이 탑재되어 있었다) 홍보담당 딕 블라이스와 함께 나선 길이었다. 이들은 저녁 일찍 뉴욕 시로 자리를 옮겼다. 블라이스가 그 시즌 최고의 히트작인 브로드웨이 뮤지컬 "리우 리타" 표를 사 놓았기 때문이다. 그런데 42번 거리를 지나갈 무렵 레인이 제임스 H. 킴볼 박사에게 잠시 들렀다 가자고 했다. 킴볼은 뉴욕 주 기상청의 연락담당이었고, 브로드웨이 남쪽의 화이트홀 빌딩 꼭대기에서 근무했다. 맨해튼의 스카이라인 위로 드리워진 안개는 여전했지만, 킴볼은 새로운 고기압이 빠르게 움직이면서 대서양 상공을 조금씩 청소하는 중이라고 알렸다. 린드버그 일행은 뮤지컬 생각을 완전히 잊고 롱아일랜드로 향했다. 도중에 요기를 하러 퀸스에 들렀을 때 린드버그가 식사를 하는 동안 레인은 커티스 비행장으로 달려가 비행기를 최종 점검했고, 블라이스는 가까운 잡화점에 들러 비행 도중에 먹을 샌드위치를 샀다.

9시가 지났을 무렵 커티스 비행장의 격납고에 도착한 린드버그는 뜻밖의 불안한 상황과 맞닥뜨렸다. 주요 경쟁 상대인 리처드 E. 버드(Richard E. Byrd)와 클래런스 체임벌린(Clarence Chamberlin)도 예전부터 비행 준비를 마쳤는데, 다음날 새벽에 떠날 차비를 서두르는 사람은 린드버그뿐이었다. 둘 다 킴볼의 예보를 듣지 못한 것이 분명했다.

5월 10일 세인트루이스에서 기자들을 위해 포즈를 취한 린드버그

그는 스피릿 오브 세인트루이스 기가 조립된 샌디에이고에서 세인트루이스를 거쳐 뉴욕 시로 건너갔고, 전국 언론의 호감을 사는 데에 어느 누구도 따를 수 없는 놀라운 능력을 발휘했다. 그는 1920년대 무렵 미국에서 번영기를 구가한 홍보와 광고를 효과적으로 활용하는 데 뛰어난 면모를 보였다.

린드버그는 몇 시간 동안 정비사들과 일을 하다 잠시 눈이라도 붙일 생각에 가든시티 호텔로 돌아갔다. 하지만 격납고의 움직임을 접한 기자들이 로비에서 기다리고 있었다. 객실에 들어가고 보니 이미 자정에 가까운 시각이었다. 그는 새벽 2시 15분에 깨워 달라고 부탁하고 친구를 보초병으로 세운 뒤 잠자리에 들었다.

이제는 자야 한다. 세 시간 전에 잠이 들었어야 하는데 계획에서 한참 어긋났다. 대륙 횡단 비행이라는 공전의 기록을 남기려면 산뜻하게 비행을 시작해야 한다. 잠이 부족하면 올바른 판단을 내릴 수 없다.

하지만 막 잠이 들려는 찰나, 요란한 노크 소리가 들렸다. 친구가 들어오더니 "어이, 자네가 출발하고 나면 난 뭘 하지?"라고 물었다. 린드버그는 다시 눈을 감았지만 잠이 오지 않았다.

막 잠이 들려는 순간이었는데 왜 그렇게 멍청한 질문을 한 걸까? 아무래도 잠을 자기는 그른 것 같다. 밤을 꼬박 샌 다음 대륙횡단 비행이라니 시작이 영 좋지 않다.

그런데 친구가 노크를 하지 않았더라면 과연 잠을 잘 수 있었을까? (중략) 뉴욕에서 보낸 지난 며칠은 피곤했다. 하지만 전혀 도움이 되지 않는 분주함이었다. 만약 비행기를 손보고 탱크에 연료를 넣고 외관을 살피느라 이리저리 걸어다녔더라면 지금쯤 잠이 들었을 것이다. 신문사와 이들이 몰고 온 인파가 아니었더라면 그럴 수 있었을 텐데…… 하지만 언론의 주목을 받고 싶었다. 언론 홍보는 내가 세운 계획의 일부였다. 나는 신문사의 도움을 받고 싶었다. 1면에 실리고 싶었다. 1면에 실리면 인파가 몰릴 줄 알고 있었다. 그런데 이제 와서 불평하는 이유는 뭘까? (중략)

아무튼 오늘 아침이면 이 모든 것과 작별이다. 물론 날이 개야 가능한 일이겠지만 하늘 위로 날아오르기만 하면 모두 끝이다.

린드버그가 의도했던 것처럼 신문사와 홍보회사는 미국의 심장부에서 태어난 청년을 진작부터 영웅으로 만들었다. 이들의 이야기에 따르면 린드버그는 조종사 자격증을 딴 누더기를 입은 딕[Ragged Dick, 호레이셔 앨저(Horatio Alger)의 작품 주인공]이었고, 골리앗 바다에 대항하는 다윗이었고, 날개를 펼치는 이카로스였다. 그의 유명세는 신문 판매고를 높이기 위해 만들어진 반짝 상품이었지만 어떻게 보면 당연한 결과였다. 어디에선가 나타나더니 저렴한 단엽기로 무시무시한 대서양을 건너겠다며, 든든한 후원자를 등에 업고 전 세계에서 가장 비싼 최첨단 비행기로 무장한 조종사들을 무찌르러 나섰으니 말이다.

뉴욕에 머무는 8일 동안 대중의 눈에 비친 린드버그는 수줍음 많은 시골청년이었다. 현대기술을 터득한 대가이지만 겸손, 위엄, 용기와 같은 과거의 미덕을 간직한 인물이었다. 국민들은 뉴욕 시 언론의 눈을 통해 린디를 보았다. 그의 이미지는 매력적이었고 어느 정도는 정확했지만 100퍼센트 일치하는 것은 아니었다. 당시 린드버그는 기운차고 단순하고 근면한 이민집안 출신으로 알려졌다. 하지만 전기작가들이 이후 밝혀 낸 바에 따르면 그의 가족사에는 몇 가지 윤색된 부분이 있었다. 린드버그라는 성도 가짜였다.

린드버그의 할아버지 올라 몬손은 스웨덴의 금융업자 겸 유력한 의원이었다. 그런데 1859년 6월에 횡령 혐의로 기소되자 재판을 받은 뒤 정부와 젖먹이 아들 카를 아우구스투스를 데리고 스웨덴을 빠져나왔다. 그는 10주에 걸쳐 여행을 하는 동안 이름을 바꾸기로 결심했다. 이렇게 해서 오거스트, 루이저, 찰스 오거스트로 구성된 린드버그 집안이 탄생되었고, 이들은 1859년 8월에 미네소타 법원을 찾아가 미국 이민 신청을 했다.

오거스트 린드버그는 미국으로 건너오자마자 19세기 중반 자작농 특유의 검소한 생활을 시작했다. 그는 미네소타 중심부의 소크센터 근처에 통나무집을 만들고, 왕년의 유권자들에게 받은 금메달과 맞바꾼 쟁기를 가지고 홈스테드법에 따라 할당받은 160에이커의 땅을 일구었다. 그로부터 2년 뒤, 집을 증축하려고 나무를 자르던 도중에 옷자락이 회전톱날에 끼었다. 톱날은 그의 왼쪽 팔을 짓이기고 심장과 폐 일부가 보일 만큼 깊숙이 등을 베었다. 97킬로미터쯤 떨어져 사는 의사가 사흘 뒤에서야 도착했음에도 불구하고 오거스트 린드버그는 목숨을 잃지 않았다. 의사는 상처에 붕대를 묶고 한쪽 팔을 절단하며 버틴 그의 정신력에 감탄했다. 위기를 침착하게 극복한 오거스트 린드버그의 태도는 후손들에게 본보기를 제시했다.

오거스트 린드버그가 미국으로 데리고 온 아들은 소크센터에서 남서쪽으로 80킬로미터쯤 떨어져 있는 리틀폴스에서 변호사가 되었다. C. A.라고 불린 찰스 오거스트 린드버그의 주요 고객은 잘 나가는 지방 사업가와 일대 농지를 매입한 동부 투자가들이었다. 그는 1887년에 결혼했지만 두 딸을 낳은 첫 번째 아내가 1898년에 복부종양으로 눈을 감자 3년 뒤 대학 교육을 받은 이밴절린 로지 랜드와 재혼했다. 그녀의 아버지는 **디트로이트 출신의 괴짜** 치과의사였고, 고등학교에서 과학을 가르치기 위해 리틀폴스로 건너온 인물이었다. 1902년 2월 4일에 태어난 두 사람의 외동아이는 아버지와 할아버지의 뒤를 이어 찰스 오거스트라는 이름이 붙여졌다. 하지만 결혼생활은 순탄하지 않았고 찰스가 태어난 이후에는 갈등이 더욱 심해졌다.

1906년에 진보주의 공화당원으로 출사

오거스트 린드버그
1873년에 촬영한 그의 명함사진.

오거스트 린드버그의 생가
미네소타 주 멜로스에 자리잡은 1880년 모습이다.

C. A. 린드버그 부자
1910년 워싱턴 D. C.에서
촬영한 사진이다.

표를 던져 승리를 거둔 C. A.는 워싱턴으로 거처를 옮겼고, 나머지 가족들은 디트로이트에서 이밴절린의 부모와 함께 살았다. 손가락질에 시달릴 필요 없이 별거를 한 셈이었다. 이후에 찰스 린드버그는 "한 곳에서 몇 달 이상 살아본 일이 없었다."고 옛 기억을 털어놓았다.

"겨울은 워싱턴에서, 여름은 미네소타에서 지내고, 중간에 디트로이트를 들르는 식이었다."

어린 찰스는 주로 어머니와 살았지만 선거유세에 따라나설 만한 나이가 된 이후에는 아버지와 함께 보낸 시간도 많았다. 열네 살이던 1916년에는—이때 벌써 키가 180센티미터가 넘었다—색슨 라이트 식스 자동차에 아버지를 태우고 몇 주 동안 미네소타 일대를 누비기도 했다(아버지가 1912년에 구입한 포드의 모델 T로 운전을 배운 찰스말고는 집안에서 운전을 할 줄 아는 사람이 없었다). 하원의원을 다섯 번 연임한 C. A.는 1916년, 공화당 상원의원 공천에 도전했지만 면목 없는 4위에 그쳤다. 미국의 1차 세계대전 참전을 공공연하게 비난했기 때문이었다. 중서부의 개혁론자들이 그랬던 것처럼 C. A.도 무력 충돌을 바라지 않았고 금융업자, 군수품 제조업자, 전쟁으로 부당이익을 챙기는 유럽과 미국의 여러 기업가에게 무력 충돌의 책임을 물었다. 하지만 워낙 급진적인 고립주의를 표방했기 때문에 미국의 참전이 점점 더 불가피해지는 상황에서 애국심이 넘치는 미네소타의 공화당원들을 불편하게 만들었다.

1918년에 C. A.는 비당파연맹 후보로 주지사 선거에 출마했다. 비당파연맹은 농산물 트러스트를 국유화하기 위해 사회주의 농민들이 결성한 조직이었다. 이 무렵 C. A.를 이단아로

린드버그
그는 내연기관을 사랑했다.
열한 살 때 운전을 배웠고,
1921년(위스콘신 대학교에
다니던 무렵이었다)에
촬영한 위의 사진에서는
열여섯 살 때 산 오토바이를
타고 있다.

낙인찍은 사람들은 유세를 방해하고 총을 쏘고 인형을 불태우고 린치를 가하며 협박했다. 어느 유세에서는 운전사에게 주먹 세례를 퍼붓기까지 했다. C. A.는 다친 운전사를 부축하고 차로 돌아가서 출발하라는 지시를 내렸다. 하지만 총소리가 들리는 와중에도 속력을 너무 내지는 말라고 당부했다. "그러면 우리가 겁을 먹은 줄 알 것 아닌가." 그는 15퍼센트 차이로 고배를 마셨고 이후 울분을 참으며 여러 사업에 손을 대다 1924년 5월에 뇌종양으로 눈을 감았다. 그 사이 리틀폴스의 농장을 아들에게 양도하는 절차를 밟았다.

찰스 린드버그는 고등학교의 마지막 1년을 채우기 위해 리틀폴스로 돌아간 1917년부터 1920년 가을까지 아버지의 농장에서 일을 하다 위스콘신 대학교의 기계공학과에 입학했다. 하지만 수업에 별반 흥미를 느끼지 못하고 3학기 만에 자퇴했다. 그는 농장으로 다시 돌아가지 않고 1922년 4월, 링컨스탠더드 항공사에서 운영하는 비행학교에 등록했다. 네브래스카 주 링컨 소재의 링컨스탠더드 항공사는 낡은 비행기 개조가 전문이었다. 린드버그는 수업료를 내고 4주 동안 교습을 받았다. 1주는 비행장에서, 나머지는 상공에서 훈련이 이루어졌다.

항공기 산업

항공기 산업의 역사는 찰스 린드버그의 나이와 다를 바 없었다. 오빌 라이트(Wrville Wright)와 윌버 라이트(Wilbur Wright)가 1903년 12월 노스캐롤라이나 주 키티호크에서 최초의 동력 중(重)항공기를 띄웠을 때 린드버그는 두 살이었다. 오빌은 12초 동안 떠 있었다. 같은날 윌버가 조종한 플라이어 1호는 59초 동안 약 260미터를 비행했다. 이듬해에 만든 플라이어 2호는 5분 동안 하늘을 누볐다. 1905년의 플라이어 3호는 30분 동안 거의 40킬로미터를 날며 옆으로 기울기, 방향 바꾸기, 회전까지 선보였다. 1910년대로 접어들면서 라이트 형제와 다른 인물들이 여러 발전을 이룩했지만, 1차 세계대전 발발 당시만 하더라도 비행기는 나무틀을 철사로 고정시키고 리넨으로 덮은 빈약한 기계에 불과했다.

1차 세계대전이 시작되었을 때 전 세계에 존재하는 비행기는 몇백 대뿐이었고 양 진영의 장군들은 활용 방법을 찾지 못했다. 처음에 비행기는 오로지 정찰용으로 쓰였다. 그러다 누군가 무기를 실어 적의 정찰대를 공격하는 방법을 생각해 냈다. 전투기의 시초였다. 전쟁 당시 방어와 연관 있는 기술 분야는 연구와 개발이 가속화되었고 정부에서도 상당한 금액을 투자했다. 영국의 경우 1914년에서 1918년 사이 기술력이 월등한 비행기가 5만여 대 생산되었고, 항공기 산업 종사인구가 몇백 명에서 35만 명으로 급증했다.

라이트 형제의 비행

1903년 12월 17일, 형 윌버가 지켜보는 가운데 오빌 라이트가 사상 최초의 동력 비행기 플라이어 1호를 조종하고 있다. 오하이오 주 데이턴에서 자전거 가게를 운영하던 두 사람은 아우터 둔덕의 바람을 찾아서 노스캐롤라이나 주 키티호크까지 장비를 운반했다.

하지만 상업용 항공기 산업은 전쟁 이후에도 시작되지 않았다. 공중전이 헤드라인을 장식하며 중항공기의 존재를 널리 알렸지만 여러 차례 대서특필된 비행사고로 대대수의 사람들은 하늘과 거리를 두었다. 예컨대 1922년 당시 미국의 민간 항공기는 1,200대에도 못 미쳤고 대부분 설비가 미비한 군용기였다. 링컨스탠더드 항공사는 이와 같은 비행기의 개조를 맡았고 린드버그는 첫 주 동안 엔진을 교체하고 승객 두 명을 태울 수 있도록 조종실을 바꾸는 일을 했다. 그리고 이후에 직접 수리한 미육군 항공부의 연습기를 타고 비행기술을 배웠다.

린드버그는 반사신경과 순발력을 타고난 비행사였지만 비행 기회가 좀처럼 찾아오지 않았다. 때문에 그는 곡예비행사 에롤드 G. 발(Erold G. Bahl)을 찾아가 무보수라도 좋으니 조수로 써 달라고 간청했다. 곡예 비행사를 가리키는 'barnstormer'는 원래 1880년대 무렵 전국 헛간(barn)을 누비며 공연을 선보이던 배우를 가리키는 단어였다. 하지만 20세기 초반에 급성장한 항공기 업계로 건너와서는 여러 도시를 순회하며 공중묘기를 선보이고 관광비행을 담당하는 사람들을 지칭하는 용어로 쓰였다. 1922년 네브래스카 남동부에서는 5분당 요금이 5달러였다. 반면에 링컨스탠더드 항공사의 말단직원들은 주급으로 약 15달러를 받았다.

얼마 안 있어 린드버그는 새로운 도시에 도착하면 고객을 끌어들이기 위해 벌이는 공중묘기를 맡기 시작했다. 날개 위를 걷거나 풀밭으로 직하하는 등등의 묘기였다.

우리는 날개 걷기부터 시작했다. 조종실에 있던 연기자가 날개를 타고 바깥쪽 기둥까지 걸어 간 다음 윗날개로 올라가서 물구나무를 서는 묘기이다. 이 과정이 끝나면 바퀴 쪽으로 가서 비행기가 공중제비를 그리는 동안 한가운데 앉는다. (중략)

다음 차례인 탈출 묘기를 위해 바퀴에 선을 묶었다. 연기자가 날개 끝으로 걸어 가서 안전장치를 선의 한쪽 끝과 연결하고 뛰어내렸다. 땅에서는 선이 안 보이기 때문에 난리였다.

이런 식으로 린드버그는 모험에 길들여졌다. 곡예 비행사로 활약하던 시절에는 추락하는 비행기에서 낙하산을 타고 탈출한 경험이 적어도 두 번 이상 되었다(우편항공기 조종사로 일하던 때에도 두 번 겪었다).

비행교습을 받기 시작한 지 1년이 지나고 1923년 4월이 되었을 때 린드버그는 아버지를 졸라 비행기를 한 대 샀다. 제니라는 애칭으로 불리던 커티스 JN4-D 군용기를 500달러에 구입한 것이다. 복엽기인 제니는 군용 연습기로 인기가 높았고 린드버그의 목적에도 잘 어울렸다. 그는 제니를 몰고 중서부의 북쪽에서 곡예 비행을 선보였고, 심지어는 아버지가 1923년 미네소타 상원의원 보궐선거에서 생애 마지막 유세를 벌였을 때에도 제니를 동원했다. 한번은 아버지를 태우고 전단 몇백 장을 시내에 뿌리기도 했다.

"아버지가 전단을 한꺼번에 뿌릴 줄은 몰랐다. 전단 뭉치가 쿵 하는 소리와 함께 수평 꼬리날개에 부딪쳤고 덕분에 살포지역이 넓지 않았다."

곡예 비행사 린드버그
린드버그가 1925년 시험 비행에 앞서 낙하산 끈을 조절하고 있다. 저돌적인 곡예 비행사로 활약하던 이 무렵 그의 장기는 '비행기 바퀴 타기'였다. 비행기 두 대가 관중석 위를 나란히 움직이면 린드버그는 한쪽 비행기의 윗 날개에서 뛰어내려 다른 쪽 비행기의 밧줄 사다리를 타고 조종실로 올라갔다. 그는 이렇게 적었다. "일부러 두 번을 실패하고 세 번째에 이르러서야 성공하는 모습을 보여 주었다. 그래야 훨씬 어려운 묘기인 것처럼 보이기 때문이었다."

그는 자기자신을 '저돌적인 린드버그'라고 부르면서 1923년 한 해 동안 곡예 비행으로 꽤 많은 수입을 올렸다. 하지만 군용으로만 쓰이는 첨단 비행기를 조종해 보고 싶었기 때문에 워싱턴의 미육군 항공부장에게 임관을 부탁하는 편지를 보냈다. 그는 1924년 1월, 지능검사와 신체검사를 받고 사관생도가 되었다. 그리고 두 달 뒤부터 텍사스 주 샌안토니오의 브룩스 비행장에서 1년짜리 훈련을 시작했다. 린드버그는 1924년 5월에 아버지의 부음을 듣고 잠깐 휴가를 받았을 때를 제외하고는 1년 내내 학업에 열중했고 1925년 3월에 수석으로 졸업했다. 어찌나 훈련이 혹독했던지 104명으로 출발했던 사관생도들 가운데 졸업생은 19명에 불과했다.

린드버그는 훈련을 마치면 실전에 투입될 줄 알았지만 1925년 당시에는 빈 자리가 많지 않았기 때문에 항공부 예비역의 소위로 군생활을 시작했다. 그는 생활비를 충당하기 위해 곡예 비행을 다시 시작했고(이제는 자칭 '하늘 위의 바보'라는 별명을 붙였다) 세인트루이스 외곽의 램버트 비행장에서 테스트 조종사 역할도 맡았다. 이때 로버트슨 항공사를 위해 테스트했던 비행기가 군용관측기 디 해빌런드(De Havilland) DH-4였다. 당시 로버트슨은 정부 항공우편 입찰에 나섰는데 DH-4를 우편기로 쓸 생각이었다. 로버트슨은 1925년 10월에 세인트루이스에서 시카고 사이 구간을 할당받자마자 린드버그를 수석 조종사로 고용했다.

항공우편

연방정부는 항공기 산업의 잠재력을 간파하지 못했다. 1905년에 육군부는 신기술을 공동개발하자는 라이트 형제의 제안을 세 차례나 거절했다. 미국 정부는 1908년 8월, 라이트 형제가 프랑스에서 최신형 플라이어 기로 유럽인들의 박수갈채를 받은 이후에도 낙후된 비행기를 한 대 이상 보유할 필요를 못 느꼈다. 그런데 1911년에 체신부가 롱아일랜드와 가든시티, 미니올라를 오가는 우편항공기의 시범운행을 처음으로 승인하면서 정부의 태도가 달라졌다. 매일 아침 가든시티를 출발한 조종사 얼 오빙턴(Earle Ovington)이 미니올라에서 행낭을 부리면 우체국장이 가지고 갔다. 이런 식으로 항공우편의 가능성이 입증되자 체신부는 1912년에 지원을 요청했지만 의회는 4년이 지난 뒤에야 좀더 광범위한 테스트를 위해 5만 달러의 예산을 책정했다. 하지만 체신부의 예산 집행에는 어려움이 따랐다. 적합한 비행기가 턱없이 모자랐고 매사추세츠와 알래스카에서 조종사를 양성하자는 제안에 반응을 보이는 회사가 한 군데도 없었다.

하지만 1918년에 의회는 10만 달러를 추가로 책정했고 육군부는 비행기(커티스 제니 기)와 조종사(비행경험이 필요한 사관생도)를 단기임대 해 주기로 합의했다. 정기 항공우편은 1918년 5월 15일, 뉴욕 시와 워싱턴을 오가는 노선을 시작으로 첫발을 내디뎠다. 1918년 8월에는 군 소속 조종사와 비행기가 민간인 조종사와 주문 생산한 우편항공기 여섯 대로 교체되었다.

이후 항공우편은 뉴욕 시와 샌프란시스코를 오가는 대륙횡단 노선으로 이목을 집중시키며 새로운 전기를 이룩했다. 뉴욕 시에서 클리블랜드, 클리블랜드에서 시카고 사이의 1차 구

1925년 무렵의 사진이다. 그는 임관 직후 1년 동안 조지아에 살충제 뿌리는 일을 제안받았지만 보수가 너무 적었기 때문에 중서부에서 가장 바쁜 램버트 비행장으로 건너갔다. 램버트 비행장은 곡예 비행사 시절에 즐거운 시간을 보낸 추억의 장소였다.

간은 1919년에 개통되었다. 1년 뒤에 시카고-오마하, 오마하-샌프란시스코를 잇는 구간이 추가되었다. 물론 1920년에는 오마하에서 샌프란시스코 사이는커녕 클리블랜드에서 시카고까지도 논스톱으로 비행 가능한 항공기가 없었기 때문에 체신부에서는 노선을 따라 비행장을 건설했다. 예를 들어 오마하에서 샌프란시스코까지 비행하는 조종사들은 노스플랫, 샤이엔, 롤린스, 록스프링스, 솔트레이크시티, 엘코, 리노에서 잠시 숨을 돌렸다. 여기에 기상이 악화되거나 엔진이 고장나면 다른 목초지에서도 쉬었다. 불시착은 다반사였지만 치명적인 사고는 거의 없었다. 초창기 복엽기는 작고 조작이 간단하고 비교적 느린 속도로 착륙했기 때문이다.

지금까지의 성과를 접하고 감동한 의회는 1925년 2월에 '상업용 항공기 산업 진흥'을 위한 중대법안을 최초로 통과시켰다. 전 조직 민영화의 전초단계로 체신장관의 주도 아래 추가 노선을 개설하도록 한 것이다. 사기업과 최초로 계약한 두 노선은 CAM-1, CAM-2로 불렸고 기존의 연결망을 확대하는 역할을 했다. CAM-1은 뉴욕 시와 보스턴을, 로버트슨이 따낸 CAM-2는 세인트루이스와 시카고를 연결했다.

CAM-2의 운행을 시작하려면 노선을 점검하고, 비행장을 정하고, 비상시 착륙할 만한 지점을 물색하는 일이 우선이었다. 린드버그는 약 460킬로미터의 노선을 따라 아홉 개의 간이역을 결정하는 등 대부분 근처에 전화가 있는 방목지였다. 맡은 바 임무에 충실했지만 날마다 똑같은 곳을 오가는 지겨운 미래가 기다려지지는 않았다. 1925년 말에 해군장교 버드가 북극 비행을 계획 중이라는 소식을 듣고 부조종사로 지원한 이유도 그 때문이었다. 린드버그는 지원서에서 "30종의 항공기를 1,100시간 비행한 경험이 있고 미네소타 북부에서 거의 한평생을 보냈다."고 강조했다. 하지만 안타깝게도 빈 자리가 남아 있지 않았다.

린드버그는 1926년 4월 15일, 로버트슨 밑에서 이후 첫 비행을 시작하자마자 전기작가 A. 스콧 버그가 표현했다시피 세인트루이스 '항공우편의 대변인'이 되었다. 그는 지면광고에 등장했고, 상공회의소 오찬에 참석했고, 사업가들을 상대로 설명회를 벌여 새로운 서비스 이용을 권했다. 하지만 항공우편으로 부치면 15센트가 추가되는 데다 비행기가 추락하면 우편을 분실할 위험이 뒤따랐기 때문에 반발이 있었다.

린드버그의 적극적인 홍보에도 불구하고 개통 6주가 지나도록 CAM-2의 우편량은 2,500통의 절반을 넘기지 못했다. 적자에서 흑자로 넘어 가는 기준이 2,500통이었다. 시범 사업은 여기에서 끝이 날 수 있었지만 애향심 넘치는 세인트루이스의 몇몇 은행이 손실액 일부를 도시의 미래 번영을 위한 투자로 대체해 주었다.

우편항공기 개통
1926년 4월 15일, 린드버그가 CAM-2 우편항공기 개통에 앞서 행낭을 싣고 있다. 그가 운전한 DH-4는 은색 천을 씌운 날개와 합판으로 만든 적갈색 동체가 특징이었다. 조종사는 앞좌석의 행낭을 관리할 수 있도록 뒤쪽 조종석에 앉았다.

오티그의 상금

린드버그는 우편물을 나르면서 종종 상상에 잠겼다. 1926년 9월부터는 연비가 탁월한 신종 단엽기 라이트 벨랑카(Wright Bellanca)를 가지고 싶다는 상상이 시작되면서 '벨랑카만 있으면 세인트루이스 사업가들한테 현대 항공기의 진가를 제대로 보여 줄 수 있을 텐데' 하는 생각이 들었다. 벨랑카는 미주리에서 뉴욕 시 사이를 여덟아홉 시간 만에 주파할 수 있었다. 속도를 줄이고 연료 외에는 아무것도 싣지 않으면 '항속 시간 세계 기록을 갱신하고 항속 거리, 속도, 중량 면에서 모범답안을 제시할 수도 있겠다. 어쩌면 (중략) 뉴욕-파리간 논스톱 비행도 가능할지 몰라.' 하는 생각도 들었다.

1919년 5월에 레이먼드 오티그(Raymond Orteig)가 '뉴욕에서 파리로 또는 파리에서 뉴욕으로 대서양을 논스톱 횡단하는 최초의 연합국 조종사'에게 2만 5천 달러를 포상하겠다고 밝힌 이후부터 뉴욕-파리간 비행은 특별한 의미를 가지게 되었다. 프랑스 출신으로 뉴욕 시의 부유한 호텔업자였던 오티그는 종전을 축하하는 의미에서 이같은 발표를 했다가 1924년에 모든 나라의 조종사로 대상을 바꾸었다. 린드버그가 논스톱 횡단을 심각하게 고려하기 시작한 1926년에는 대서양을 넘나드는 비행기가 숱하게 많았지만 — 대부분이 비행선이었고 일부는 여러 차례 이착륙을 거듭하는 항공기였다 — 상금에 도전하는 사람은 아무도 없었다. 예컨대 1919년에 뉴펀들랜드와 아일랜드 사이를 이동한 영국 조종사 두 명이 비행한 거리는 3,098킬로미터였다. 오티그가 내건 조건은 그 두 배인 5,818킬로미터였다.

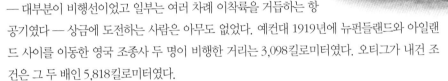

시코르스키 S-35
아랫날개가 윗날개보다 훨씬 짧은 복엽기였다. 1926년 9월에 촬영한 사진 속의 대형 시코르스키 S-35는 무게가 1만 4,500킬로그램쯤이었다.

린드버그가 보기에 엄청난 비용을 들여 특별 개조를 하지 않는 한 파리까지 논스톱으로 날아갈 수 있는 비행기는 없었다. 라이트 벨랑카도 예외는 아니었다. 때문에 그는 이고르 시코르스키(Igor Sikorsky)의 업적을 열심히 연구하기 시작했다. 시코르스키는 1차 세계대전에서 프랑스 측 에이스(적기를 다섯 대 이상 격추시킨 조종사—옮긴이)로 활약한 르네 퐁크(René Fonck)를 위해 비행기를 특수 제작한 인물이었다. 그는 러시아 출신의 미국인으로 1913년에 세계 최초의 멀티엔진 항공기를 탄생시켰고, 오티그의 상금에 눈독 들인 미국 신디케이트의 후원을 받고 퐁크를 위해 만든 S-35는 엔진이 세 개였다. 그뿐 아니라 부조종사, 항법사, 무전기 기사, 무전장치 두 대, 불시착에 대비한 구명튜브, 침대, 가죽커버, 따뜻한 음식까지 딸려 있었다. 1926년 9월에 제작을 마친 시코르스키는 광범위한 테스트를 원했지만 퐁크와 후원자들은 겨울이 찾아오기 전에 비행을 시도하고 싶어서 몸이 달아 있었다. 1926년 9월 15일 아침, 풀면 객차의 고급장치와 연료를 잔뜩 실은 S-35는 롱아일랜드의 루스벨트 비행장에서 이륙을 시도했다. 하지만 비행기는 날아오르지 못한 채 활주로 끝 제방에 부딪치면서 폭발했다. 살아남은 사람은 조종사와 부조종사뿐이었다.

1926년 가을 동안 린드버그는 퐁크의 교훈을 곱씹어본 끝에 지나치게 무거운 기체가 실패의 원인이라고 결론을 내렸다. 대서양 횡단에 필요한 연료를 대량으로 싣고 이륙할 수 있도록 부속품을 최대한 줄이는 것이 성공의 관건이었다. 기체의 무게를 줄일수록 많은 연료를 실을 수 있었다. 그뿐 아니라 연비도 훨씬 높아졌다. 린드버그는 행낭을 싣고 세인트루이스와 시카고를 왔다갔다하는 동안 파리 비행을 꿈꾸었고, 만약 시도를 한다면 필수 장비만 싣

해럴드 빅스비

해리 F. 나이트

해리 H. 나이트

A. B. 램버트

우스터 램버트

E. 랜싱 레이

윌리엄 B. 로버트슨

얼 톰슨

린드버그의 모험을 후원한 여덟 명

빅스비는 스테이트내셔널 은행의 부은행장이었다. 해리 F. 나이트는 해리 H. 나이트의 아버지이자 증권중개회사 나이트, 다이서트 & 갬블의 창립주였다. 앨버트 본드 램버트 소령은 램버트 비행장 경영주이자 린드버그에게 가장 처음 후원을 약속한 인물이었고, 그의 형제 우스터 램버트는 두 번째로 후원을 약속한 주인공이었다. E. 랜싱 레이는 《세인트루이스 글로브 데머크랫》 편집장이었다. 윌리엄 B. 로버트슨은 린드버그의 직장상사였고, 얼 톰슨은 린드버그에게 비행교습을 받은 보험사 간부였다.

기로 계획을 세웠다. 무전기, 히터, 낙하산은 물론이고 시코르스키가 S-35에 잔뜩 채워 넣었던 특별 항법 장치도 포기하기로 했다. 엔진도 하나, 조종사도 한 명이면 족했다. 그는 마침내 파리 비행을 결심하고 10월 30일, 어머니에게 편지를 썼다. "세인트루이스에서 새 임무를 맡았더니 눈코 뜰 새 없이 바빠요."

가장 시급한 문제는 자금이었다. 경쟁자들은 이미 특수 비행기 제작에 10만여 달러를 쏟아 부었지만 린드버그는 고작 1만 5천 달러를 모을 방법조차 없었다. 그는 자금을 직접 조달할 형편도 못 되었고 대규모 항공기 제작사의 후원을 받을 만큼 유명한 인물도 아니었기 때문에 세인트루이스의 재계를 두드려 보기로 했다. 비행 교습이나 항공우편을 홍보하는 자리에서 상공회의소의 지도급 인사들을 만난 일이 있기 때문이었다. 항공기 산업에 관심이 많고 세인트루이스를 널리 알리고 싶어하는 이들이 보기에 린드버그는 안성맞춤인 인물이었다.

몇천 달러를 모으는 데 성공한 린드버그는 11월 말, 새로 산 양복을 입고 뉴욕행 열차에 올랐다. 그리고 펜실베니아 역에 도착한 이튿날, 뉴저지의 라이트 사무실에 들러 벨랑카 구입 의사를 밝혔다. 실망스럽게도 라이트 사는 벨랑카를 추가 생산할 계획이 없었다. 기존의 벨랑카는 신형 엔진 휠윈드를 과시하기 위해 제작한 것이었다. 하지만 린드버그와 이야기를 나눈 중역은 벨랑카를 만든 디자이너 주세페 벨랑카(Giuseppe Bellanca)를 소개시켜 주었다.

다음날 저녁, 린드버그는 벨랑카를 만났다. 벨랑카는 라이트 사가 소유권 이전에 관심을 보이는 몇몇 업체와 아직 협상 중이라고 밝히면서 협상이 끝나면 알려주겠노라고 했다. 이 말에 희망을 얻은 린드버그는 자금 확보에 갑절로 열심히 매달렸다. 그로부터 몇 주 뒤에는 해리 F. 나이트(Harry H. Knight)에게 전화를 걸었다. 나이트는 세인트루이스에서 손꼽히는 증권중개회사 집안의 한량이었고 세인트루이스 비행클럽 회장이자 린드버그의 제자였다. 나이트는 '말라깽이'(램버트 비행장에서 일하던 시절 린드버그의 별명이었다)에게 얼마나 필요한지 묻고 세인트루이스 상공회의소장 해럴드 빅스비(Harold Bixby)에게 전화를 걸어 자신의 사무실로 불렀다. 나이트와 빅스비는 몇 분 동안 이야기를 나눈 뒤 린드버그에게 앞으로는 기술적인 측면에만 전념하라고 이야기했다. 1만 5천 달러를 마련해 주겠다는 것이었다.

비행기 제작

1926년 늦가을 무렵 린드버그는 오티그의 상금을 노리는 경쟁자들을 세 명으로 압축했다. 첫 번째 주자 버드는 이듬해 여름에 비행을 시도할 수 있도록 10만 달러짜리 3발 포커 기를 준비 중이라고 10월 말에 발표한 바 있었다. 두 번째 주자는 노엘 데이비스와 스탠턴 우스터로 이루어진 미국 팀이었다. 이들은 재향군인회의 후원 아래 봄을 기약하고 있었다. 세 번째 주자는 샤를 늉게세르(Charles Nungesser)와 프랑수아 콜리(Francois Coli)가 결성한 프랑스 팀이었다. 1차 세계대전 에이스 출신인 두 사람은 파리에서 출발할 계획이라는 소문이 들렸다.

시간이 관건이건만 벨랑카는 몇 주째 소식이 없었다. 다른 비행기 제조업체에 문의해도 소득이 없었다. 결국 린드버그는 샌디에이고의 라이언 항공사를 두드려 보기로 했다. 라이언 항공사는 항공우편 서부 노선에 쓰이는 단엽기를 만드는 회사였다. 그는 1927년 2월 3일에 라이언 사로 전보를 보냈다. "뉴욕에서 파리 사이를 논스톱으로 비행할 수 있는 휠윈드 엔진 장착 비행기 제작이 가능하면 비용과 소요 기간을 알려 주시기 바람."

린드버그의 스물다섯 번째 생일인 다음날에 답장이 도착했다. "유사모델 제작 가능. 비행 가능한 대형 날개 장착시 비용은 엔진 제외 6천 달러. 소요기간 3개월."

린드버그는 비행기의 사양과 제작 기간을 단축할 수 있느냐고 물었다. 라이언 사에서는 380갤런의 연료를 싣고 시속 160킬로미터로 비행할 수 있으며 50퍼센트를 선금으로 지불하면 두 달 만에 만들 수 있다고 대답했다.

린드버그가 라이언 사 쪽으로 마음을 굳히고 있을 때 2월 6일, 벨랑카의 전보가 도착했다. "파리까지 논스톱 비행 가능한 벨랑카 기를 좋은 조건으로 인도할 용의 있음. 조속히 처리할 수 있도록 최대한 빨리 뉴욕을 방문해 주기 바람."

알고 보니 벨랑카는 스물여덟 살의 백만장자 찰스 레빈(Charles Levine)과 손을 잡은 참이었다. 입담 좋은 레빈은 컬럼비아 항공사의 새로운 사장이었다. 레빈과 벨랑카는 단 한 대 남은 벨랑카 기를 1만 5천 달러에 팔겠다고 제안했다. 린드버그는 세인트루이스로 돌아가서 후원자들과 의논한 뒤 조건을 수락했다. 빅스비는 자기앞수표를 끊으며 비행기 이름을 '스피릿 오브 세인트루이스'라고 지으면 어떻겠느냐고 물었다.

린드버그는 2월 19일, 레빈에게 수표를 건넸다. 그런데 레빈은 이 자리에서 새로운 조건을 제시했다. 파리까지 비행할 조종사를 직접 선발하겠다는 것이었다. 놀란 린드버그는 협상을 파기하고 세인트루이스로 돌아갔다. 레빈은 처음부터 파리 비행에 직접 뛰어들 계획이었고, 세인트루이스 팀한테는 명명권만 팔아 넘길 생각이었다. 이제 상황은 2월 5일로 되돌아간 셈이었다. 린드버그는 후원자들과 짤막한 회의를 마친 뒤 다음 열차를 타고 캘리포니아로 향했다.

버드의 1925년 모습
북극 대륙이 있음직한 지점을 지구본에서 가리키고 있다. 그는 1926년 5월 8일에 플로이드 베넷과 함께 북극 상공을 사상 최초로 비행했다.

2월 25일 정오 무렵 샌디에이고에 도착한 린드버그는 택시를 타고 항구 근처의 라이언 공장으로 달려갔다. 주변에 비행장은 보이지 않았고 건물은 약간 초라해 보였지만 젊고 활기 넘치는 직원들은 시험 항공기 업계에서 쓰는 은어를 구사했다. 린드버그는 공장을 잠시 둘러본 다음 벤저민 프랭클린 머호니 사장과 수석 엔지니어 도널드 홀을 만났다. 기본 사양 이야기가 끝났을 때 홀이 뉴욕과 파리 간 거리가 얼마나 되느냐고 물었다. 린드버그도 정확하게는 알지 못했기 때문에 두 사람은 도서관을 찾아갔다. 확인을 마치고 공장으로 돌아왔더니 머호니가 계산서를 내밀었다. 라이트 사의 휠윈드 J-5 엔진과 계기를 원가로 장착했을 때 제작비

**레빈(왼쪽)과
체임벌린(오른쪽)**
1927년 초, 로이드 베르토와 함께 포즈를 취했다. 만약 레빈이 운명의 금요일 아침에 이륙 허가를 내렸더라면 베르토가 체임벌린의 부조종사로 활약했을 것이다.

용이 1만 580달러였다. 린드버그는 머호니의 사무실에서 나이트에게 전보를 쳤다. 다음날 나이트가 보낸 전보에는 계약하라고 적혀 있었다.

린드버그는 샌디에이고에 남아서 홀과 직접적인 공조관계를 유지하며 비행기의 디자인과 제작에 관련된 모든 면을 감독했다. 그는 이렇게 적었다. "이 비행기는 모든 부분이 한 가지 목적을 추구해야 한다. 나는 천이 씌워지고 외형이 조정되기 이전에 모든 세부항목을 점검할 수 있다. 내 비행기의 장점과 단점을 정확히 알면 상황에 따라서 장점을 살리고 단점을 없앨 수 있을 것이다." 4월이 되면 경쟁자들이 언제 이륙할지 모르는 상황이었기 때문에 라이언 사의 직원들은 완성 날짜를 앞당기기 위해 저녁은 물론 주말까지 반납했다. 린드버그도 말했다시피 "24시간 연속으로 일을 하기가 다반사였다. 수석 엔지니어 홀의 경우에는 36시간 동안 제도 테이블에 매달린 날도 있었다." 기계공 더글러스 코리건에 따르면 "모두들 비행기 주인이 될 사람에게 홀린 것처럼 기꺼이 일에 매달렸다." 린드버그는 홀에게 연비를 최우선으로, 조종사의 안전을 두 번째로, 조종사의 편안함을 가장 나중으로 생각하는 디자인을 부탁했다. 이렇게 해서 탄생된 조종석은 버드나무로 만든 정원용 의자를 축소시킨 모양새와 비슷했지만 린드버그가 보기에는 몇 킬로그램이라도 가벼워졌다는 사실이 훨씬 중요했다.

공장작업은 4월 25일에 끝이 났다. 그날 오후에 동체는 샌디에이고 외곽의 더치플래츠 비행장에 자리잡은 라이언 사 격납고로 옮겨졌다. 하지만 개별 제작된 날개는 운반이 훨씬 까다로웠다. 그기 때문이었다. 가로가 14미터쯤으로 라이언 사에서 기존에 만든 날개보다 3미터쯤 긴데, 제작소로 쓰인 다락 층의 문 크기를 감안한 사람이 아무도 없었다. 린드버그의 이야기를 들어 보자. "처음에는 벽을 일부 뜯어 내야 할 것 같았다. 하지만 조심스럽게 계산을 하고 보니 날개를 기울이고 양쪽으로 여닫는 다락 층 문을 없애면 가능하다는 결론이 나왔다."

더치플래츠에서 사흘 동안 최종 조립이 이루어졌다.

샌디에이고에서 뉴욕까지

한편 동쪽 해안에서는 경쟁자들이 대서양의 날씨가 좋아지기만을 초조하게 기다렸다. 전문가들이 보기에 린드버그는 한참 뒤처진 상황이었다. 버드는 북극 탐험으로 세계적인 유명인사의 반열에 올랐다. 전성기를 구가하는 넝게세르와 콜리는 전 세계에서 가장 훌륭하고 용감한 비행사로 꼽혔다. 심지어는 컬럼비아 항공사의 테스트 조종사 체임벌린마저 4월 14일, 벨랑카를 타고 실시한 시험비행에서 항속 시간 세계기록을 갈아 치우며 헤드라인의 주인공이 되었다. 부조종사 버트 어코스타(Bert Acosta)와 함께 51시간이 넘도록 상공에 머물며 예전 기록을 여섯 시간 가까이 갱신한 것이다. 사실 오티그의 상금을 노리는 경쟁자들 가운데 낯설고 검증을 받지 못한 무명은 린드버그뿐이었다.

라이언 항공사 직원들
화차를 버팀목 삼아서 스피릿 오브 세인트루이스 기의 날개를 조심스럽게 빼내고 있다.

하지만 날이 개자마자 사고가 잇따르면서 후보자 명단이 대폭 짧아졌다. 4월 16일에는 뉴저지에서 시험비행을 하던 버드의 거대한 3발 포크 기가 착륙 도중 뒤집혔다. 탑승자 두 명이 중상을 입었다. 버드는 손목이 부러졌고 비행기는 엔진 하나와 프로펠러, 조종석이 완전히 박살났다. "이 사고로 버드 중령은 올봄 계획했던 대서양 횡단 비행을 포기할 전망이다." 다음 날 린드버그가 읽은 신문에는 이런 기사가 실렸다.

4월 26일에도 사고가 터졌다. 버지니아 주 랭글리 비행장에서 대형 키스톤 패스파인더 기를 앞세우고 시험 비행에 나선 데이비스와 우스터는 대서양 횡단에 필요한 분량의 연료를 싣고 출발했다. 하지만 중량이 초과하는 바람에 활주로 끝에 늘어선 나무를 넘지 못했다. 데이비스가 가지를 피하느라 급하게 오른쪽으로 트는 순간 비행기는 고도가 떨어지면서 인근 늪지대로 추락했다. 이 사고로 두 사람 모두 목숨을 잃었다.

이틀 뒤에 린드버그는 스피릿 오브 세인트루이스 기를 타고 처음으로 하늘을 날았다. 이 무렵 전국 언론은 '대서양 열병'에 걸린 상황이었기 때문에 우편항공기 조종사도 어느 정도 기삿거리가 되었다. 린드버그는 이후 열흘 동안 20여 차례 시험 비행을 하면서 항속 시간과 적재량을 조금씩 늘렸다. 5월 4일에는 300갤런의 가솔린을 싣고 이륙해 보았다. 300갤런이면 뉴욕에서 파리로 비행하는 데 필요한 425갤런의 4분의 3 정도에 해당되는 양이었다. 사소한 부분 하나만 고치면 될 정도로 비행기는 잘 버텨 주었지만 착륙 때 타이어에 워낙 무리가 가기 때문에 시험 비행을 중단했다. 린드버그는 이렇게 적었다. "원래는 400갤런을 싣고 이륙할 생각이었지만 강행하다가 타이어에 펑크라도 나면 모든 계획이 물거품으로 돌아간다. 안전을 더하려다 위험만 가중시키는 시점이 되면 테스트를 중단해야 된다."

1921년 3월 넝게세르의 모습
(왼쪽) 1차 세계대전 때 45차례의 공중전에서 승리를 거둔 넝게세르는 프랑스의 서열 3위 에이스였다.

5월 6일 목요일에 린드버그는 세인트루이스로 떠날 준비를 했지만 로키 산맥의 궂은 날씨 때문에 발이 묶였다.

린드버그가 아직 샌디에이고에 머물러 있던 5월 8일 일요일, 넝게세르와 콜리가 파리의 르 부르제 비행장을 출발했다. 계획대로 진행된다면 두 사람이 뉴욕 시에 도착하는 시점은 월요일이었다. 린드버그는 대안 삼아 서쪽으로 태평양을 건너려고 시도해 보았지만 뜻대로 되지 않았다. 월요일 저녁이 되어도 넝게세르와 콜리의 모습은 보이지 않았다. 연료 부족으로 어딘가에 착륙했다는 뜻이었다. 린드버그는 태평양 지도를 치우고, 어두울 때 미지의 땅을 비행하는 연습을 할 수 있도록 5월 10일 늦은 오후 무렵에 세인트루이스로 출발했다. 열네시간 반(그 정도 거리를 논스톱으로 비행한 신기록이었다) 만에 도착한 린드버그는 아침을 먹고 넝게세르, 콜리 팀과 벨랑카 팀에 대한 상황 보고를 들었다. 넝게세르와 콜리는 여전히 행방불명이었고 벨랑카 팀은 아직 출발 전이었다. 그는 램버트 비행장에서 옛 친구들과 어울리며 하루를 보낸 뒤 일찍 잠자리에 들었고 이튿날 아침에 롱아일랜드로 출발했다. 커티스 비행장에 도착하고 보니 어느새 린드버그도 유명인사였다.

그는 잘생긴 편이었고 인기 배우처럼 소년풍의 매력을 풍겼지만 전적으로 외모 때문에 인기가 있었던 것은 아니다. 린드버그는 '포효하는' 1920년대 미국의 특징이 되어 버린 수많은 모순을 구현하고 초월하는 인물이었다. 그는 기술 발전에 신물이 난 미국인들에게 아직도 정복할 신기술이 남아 있고, 인생은 스스로 만들어 나가는 것이라는 인식을 심어 주었다. 그뿐 아니라 기자들과 대중이 보기에는 풍요롭고 자아 도취적인 중산층과 상류층의 쾌락주의자들이 공공연하게 지배한 사회에서 미국의 전통적인 가치관을 지키는 모습이 한층 매력적이었다.

린드버그는 전직 의원의 아들이었기 때문에 '촌스러운 시골뜨기'로 포장될 수는 없었다. 하지만 언론에서는 만인의 영웅으로 떠오를 수 있도록 이 부분을 최대한 얼버무렸다. 재즈 시대 특유의 냉소주의와 도덕적 해이를 들먹이며 순수하고 본받을 만한 청년이라고 떠들어 댔다.

"낭만적인 분위기와 기사도 정신과 헌신, 갤러해드(Galahad, 아서 왕 이야기에 나오는 고결한 기사—옮긴이)를 외면한 세대 앞에 등장한 현대판 갤러해드는 이 모든 것의 상징이다."

이 시대에 가장 예리한 필자로 꼽히던 프레더릭 루이스 앨런(Frederic Lewis Allen)은 이렇게 표현했다.

라이언항공 사장 머호니와 1927년에 함께한 린드버그
린드버그는 샌디에이고에 머무는 동안 스포츠용품제조업체 A. G. 스폴딩 & 브러더스 사에 방수 비행복을 주문했다. 비행기에 히터가 없을 테니 모직으로 두툼하게 안감을 대고 긴 지퍼를 하나 달도록 특수 제작한 비행복이었다. 하지만 린드버그가 가장 만족스러워 했던 부분은 4킬로그램쯤밖에 안 되는 무게였다.

금주법

1920년대의 부유한 미국인들은 젊은 세대의 방탕한 분위기를 한탄했지만—엉뚱하게도 방탕한 분위기를 조장한 주범은 자동차의 등장이었다—새로운 시대의 가장 큰 범죄는 불법음주였다.

복음주의파의 성장으로 탄력을 얻은 금주운동은 1917년 12월, 각 주에 '주류의 제조, 판매, 운송'을 금지하는 헌법 수정안을 발송하도록 의회를 설득하는 데 성공했다. 그로부터 13개월 뒤에 수정헌법 18조가 승인되었고, 1919년 10월에는 시행지침 격인 볼스테르법안(Volstead Act)이 통과되었다(물론 이 무렵 많은 주에서는 예전부터 금주를 시행한 지 오래였다).

하지만 수많은 미국인은 '고귀한 실험'에 동참하기를 거부했고, 도시 범죄 조직의 주도 아래 '밀주' 시장이 번영기를 구가했다. 시카고의 악명 높은 알 카포네(Al Capone) 일당을 비롯해 여러 범죄 조직은 외국에서 들여온 증류주로 대담하게 무허가 술집을 차렸고, 세련된 성인문화를 바라는

도시인들은 이곳을 기분 전환의 장소로 삼았다. 뉴욕 시 경찰부장에 따르면 뉴욕 시에만 3만 2천 개의 무허가 술집이 성행했다. 금주법 실시 이전의 정식 업소에 비해 갑절로 늘어난 숫자였다.

볼스테드법안의 시행으로 전국의 알코올 소비량은 상당히 줄어들었고(맥주와 증류주의 가격이 다섯 배로 치솟은 덕분이기도 했다), 교도소 인구와 알코올 관련 질병의 발병률도 덩달아 낮아졌다. 하지만 무법천지로 인한 사회적, 경제적 대가가 워낙 컸기 때문에 수정헌법 18조는 1933년 12월에 폐지되었다.

불법 양조장
디트로이트 경찰이 불법 양조장을 급습했다.

당시 미국인들이 보기에 린드버그는 '새로운 시대'의 자유와 번영뿐 아니라 급변하는 사회 속에서도 흔들리지 않는 미국의 가치관을 대변하는 인물이었다.

자동차 산업

1920년대 미국의 가장 큰 변화는 새롭게 등장한 기계 장치에서 비롯되었다. 1920년대 초만 하더라도 전기를 동력으로 사용하는 산업체는 전체의 3분의 1에 불과했다. 그런데 린드버그가 비행을 감행했을 무렵에는 전력 보급률이 3분의 2에 육박했다. 한편 대량생산 기술도 미국 생산업에 일대 혁명을 일으키며 소비재를 훨씬 넉넉하고 부담 없이 구입할 수 있게 만들었다. 이같은 열풍의 선두주자는 자동차 산업이었다.

상무부의 조사가 시작된 1900년 당시 미국의 자동차 수는 8천 대였고 대부분이 부유층의 장난감이었다. 헨리 포드(Henry Ford)가 디트로이트에 포드자동차회사를 건설한 1903년에는 2만 3천 대의 자동차가 몇 안 되는 대로를 달렸다. 5년 뒤 포드 사가 저렴한 T모델을 선보였을 때만 하더라도 19만 4천 대 수준이었다. 그런데 1918년 무렵으로 접어들면서 555만 4천 대라

포드가 조립라인을 도입한 1913년에 T모델을 조립하는 직원들

포드 사는 저렴한 틴 리지로 자동차의 진정한 대중화시대를 열고 '많은 사람이 이용할 수 있는 자동차를 생산하겠다."던 약속을 지켰다.

는 폭발적인 증가세를 보인 이유는 포드 사가 도입한 조립 라인 때문이었다. 제조공정을 기능에 따라 나눈 결과 작업 속도가 빨라지고 인건비가 현저히 줄었던 것이다.

최초의 T모델은 850달러였다. 1908년 기준으로는 적절한 가격이었고 그해 판매량은 1만 607대였다. 효율적인 조립 라인 덕분에 가격이 꾸준히 떨어지면서 판매고가 늘었다. 생산공장에 조립 라인이 도입되고 3년이 지난 1916년에 T모델은 360달러에 73만 41대가 팔렸다. 포드 사는 할부 제도로 자동차 구입의 부담을 한층 덜었다. 이제는 자동차와 360달러를 맞바꾸는 것이 아니라 마음껏 이용하면서 대금은 얼마씩 나누어 내면 그만이었다.

한편 자동차의 폭발적인 증가는 미국 사회에 엄청난 변화를 불러일으켰다. 먼저 전국을 교차하는 도로가 수없이 건설되면서 1900년 이전에는 상상도 할 수 없을 만큼 이동이 자유로워졌다. 그 결과 철도를 비롯한 대중교통 수단은 사양길로 접어들었다(자동차 회사 측에서는 시가전차를 매입한 뒤 폐쇄하여 버스나 승용차를 이용할 수밖에 없도록 만드는 등 이와 같은 추세를 은밀히 부추겼다).

20세기 초반 자동차업계가 거둔 성공은 고무, 유리, 석유, 도로 건설, 식당, 주차장이 딸린 모델 등 협력산업의 발전으로 이어졌다. 여기에 유럽의 전시 특수가 더해지면서 몇 년 동안 고생하던 미국 경제는 일대 부흥기를 맞이했다. 대기업들은 진보주의 시대에 잃었던 체면을 회복했고, 기업의 가치관이 문화를 습격했다. "공장이 곧 신전이다. 그곳에서 일하는 사람들은 그곳에 찬양을 바친다."

공화당의 부통령 후보 캘빈 쿨리지(Calvin Coolidge)는 1920년에 이렇게 말했다. 이와 같은 이미지 쇄신에 가장 흥미진진한 역할을 한 주인공은 신생 광고산업이었다. 1920년대 들어 기업의 광고비가 세 배로 증가하면서 자생적으로 등장한 매디슨 가의 광고대행사들은 새로운 판매 방식을 개발했다. 그뿐 아니라 미국의 전통적인 근검절약 풍조가 지칠 줄 모르는 소유욕으로 바뀌는 데 따르는 죄책감을 최소한으로 줄였다. 이처럼 폭발적인 수요는 엄청난 경제 에너지를 분출했다. 이에 따라 돈벌이가 쉽게 느껴지고 특권 계층은 오만해지기 시작했다.

THE NEW FORD CABRIOLET

A convenient, convertible car. In summer, the airy freedom of the roadster. In winter, the comfort and protection of a coupe. The side windows, as well as the windshield, are made of Triplex shatter-proof glass. Rumble seat is included as standard equipment.

포드 캐브리올레이 광고

(오른쪽) 린드버그의 비행과 비슷한 시기에 등장했다. 1920년대 미국에서 자동차와 광고업계는 공생 관계였다.

특히 도시인들은 새로운 시대를 기업 자본주의의 승리로 해석했고 이로 말미암아 사회의 모든 계층이 득을 본다고 생각했다. 이들은 재계의 거물을 우러러 보고 정계의 급진론을 혐오하는

잃어버린 세대

린드버그가 1927년 5월에 착륙한 파리는 상업 중심의 미국과 분위기가 전혀 달랐다. 따라서 1920년대에 잠시라도 살았던 미국인들이 보기에는 상당히 매력적인 도시였다. 고국을 등지고 파리로 대거 망명한 유명 작가와 화가들은 거트루드 스타인(Gertrude Stein)의 표현에 따르면 '잃어버린 세대'였다. 즉, 1차 세계대전의 참상을 접하고 윌슨식 이상주의가 베르사유에서 실패한 데 환멸을 느낀 집단이었다. 원래 참전차 대서양을 건넜던 어니스트 헤밍웨이(Ernest Hemingway) 같은 경우에는 새로운 시대의 공격적인 자본주의 사회로 되돌아가느니 남는 쪽을 선택했다.

헤밍웨이는 "나는 거룩하다, 명예롭다, 불경스럽다는 표현과 희생이라는 단어를 접하면 항상 당황스럽다. 귀에 못이 박히도록 들어 왔고 (중략) 독립선언문에도 쓰였던 단어이지만 (중략) 이제는 거룩한 것이 보이지 않는다. 예전에는 명예로웠던 것들이 이제는 빛을 잃었고 희생은 고기를 버릴 수밖에 없는 시카고의

헤밍웨이
1918년에 헤밍웨이는 이탈리아 전선에서 적십자 앰뷸런스를 운전하는 의용병으로 활약하다 몇 주 만에 중상을 입었다.

도살장이나 어울림직한 단어가 되었다."라고 말했다. 시인 에즈라 파운드(Ezra Pound)는 1차 세계대전을 가리켜 '실패한 문명'을 위해 싸운 전쟁이라고 비난했다. 모든 것이 증오의 대상이었고 전쟁, 지배계급, 고국, 자기 자신으로 향하던 이들의 적개심은 존 더스 패서스(John Dos Passos)의 『3인의 병사(Three Soldiers)』(1921년), T. S. 엘리엇(T. S. Eliot)의 『황무지(The Waste Land)』(1922년), 헤밍웨이의 『해는 또다시 떠오른다(The Sun Also Rises)』(1926년), 『무기여 잘 있거라(A Farewell to Arms)』(1929년)와 같은 불후의 명작으로 탄생되었다.

한편 미국에서도 젊은 작가들이 소외와 환멸을 문학에 담았다. 1914년 이전 미국 문학의 특징이었던 풍요와 낙관주의가 사라지고 F. 스콧 피츠제럴드(F. Scott Fiztgerald)식의 무(無)목적성이 등장했다. 피츠제럴드는 1920년에 발표한 소설 『낙원의 이쪽(This Side of Paradise)』에서 '신은 모두 죽고 전쟁은 모두 끝이 나고 인간에 대한 믿음은 모두 깨져 버린 것을 깨달은' 화려한 젊은이들을 대거 등장시켰다. 망명파 작가들의 소설에서도 그렇듯이 피츠제럴드의 작품에 등장하는 쾌락주의자들도 도덕적인 갈등을 겪고 구시대의 의무와 새로운 욕망 사이에서 어찌할 바를 모른다. 피츠제럴드는 이렇게 표현했다. "그렇게 우리는 헤쳐나간다. 파도에 부딪친 배는 계속 과거로 떠밀려 간다."

한편 정부의 '안정적인 정책'을 요구했다(재계의 방침을 제재하거나 단속하지 말라는 뜻이었다). 여기에 동조한 쪽은 민주당이라기보다 공화당이었고 그 결과는 선거에서의 승리로 이어졌다. 쿨리지는 또 이런 말을 했다. "두뇌는 재산이고, 재산은 모든 남자의 궁극적인 목표이다."

1925년, 광고회사 간부 브루스 바턴(Bruce Barton)이 쓴 『아무도 모르는 남자(The Man Nobody Knows)』가 베스트셀러 목록에 오른 것을 보면 재계의 복음이 종교계에까지 미친 현실을 짐작할 수 있었다. 예수 이야기를 현대판으로 각색한 이 책에서 예수는 '말단직원 열두 명을 선발하여 조직을 건설하고 세계를 정복하는' 모범 사업가로 둔갑했다. 바턴에 따르면 예수의 설교는 '역사상 가장 강력한 광고'였다.

재계와 정계

그리스도교를 통속화한 바턴의 작품이 엄청난 성공을 거둘 수 있었던 것은 사기업을 떠받든 1920년대 연방정부의 태도를 여실히 보여 주기 때문이었다. 대기업의 위험성을 경고하던 진보주의는 우드로 윌슨과 함께 사라졌고, 1921년부터 주식시장이 붕괴한 1929년 10월 이후까지 10여 년 동안 백악관과 의회는 공화당의 차지였다. 특히 쿨리지 대통령은 미국식 자본주의를 아주 긍정적으로 생각했다. 그는 재력가들을 존경했고, 기업을 알맞은 방향으로 이끌어 나 갈 줄 아는 이들의 능력에 따라 경제적 번영이 좌우된다는 사회진화론을 전적으로 믿었다.

따라서 공화당의 방임주의자들이 장악한 1920년대의 규제기관들은 합병이나 가격담합 등 자유경쟁에 어긋나는 관행을 보아도 아무런 제재를 가하지 않았다. 심지어 쿨리지가 연방통상위원회장으로 임명한 윌리엄 T. 험프리(William T. Humphrey)는 통상위원회가 가혹하고 사회주의적인 성향을 보인다는 비난까지 서슴지 않았다.

쿨리지는 엄청난 주식투기 열풍을 접하고 심란해하면서도 아무런 제재조치를 취하지 않았다. 재무장관 앤드류 멜런—미국에서 세 번째로 꼽히는 재력가였다—은 오히려 주식투자를 '장려'했다. 워런 하딩 내각에서도 재무장관을 맡았던 멜런은 방임주의가 최선의 경제정책이라고 믿었다. 그러면서도 대규모 감세(減稅)가 경제에 얼마나 악영향을 미치는지는 깨닫지 못했다. 그가 최고 누진 세율을 절반으로 깎고 상속세도 대폭 절감하는 감세법안을 1924년과 1926년에 연거푸 제의하자 의회에서는 군소리 없이 승인했다. 이로써 윌슨 내각의 진보주의 세금정책은 자취를 감추었고, 재산이 갑자기 불어난 부유층은 뜻밖의 횡재를 폭등하는 주식시장에 투자했다.

1920년대 내내 주식시장은 상승세를 보였다. 새로운 투자가 줄을 이은 데다 기업 배당금이 치솟았기 때문이었다. 1920년대 말에는 더욱 많은 주식을 확보하려고 중개업자에게 돈을 빌리는 사람들까지 등장했다. '신용매입'은 주가를 터무니없는 수준으로 띄우는 역할을 했다. 예상수익률이 하늘로 치솟았고, 기업이윤이 생산수익을 두 배 이상 초과하는 등 몇몇 불길한 조짐이 나타나기 시작했다. 하지만 미국의 중류와 상류층 눈에는 어마어마한 액면가만 보일 따름이었다. 지독한 열병에 걸린 일부 기업들은 신기술 개발이나 공장 확장이 아니라 주식시장에 투자하는 양상을 보였다. 생산보다 투기에서 얻는 소득이 훨씬 크다고 내다보았기 때문이다.

이처럼 무모한 분위기를 부추긴 주인공은 재계의 이익이 곧 공공의 이익이라고 착각한 정치권이었다. 이들의 착각은 '겉보기에' 번영을 구가하는 것 같지만 실상은 왜곡되고 불안정한 금융구조를 낳았다. 이와 같은 상황에서는 생산수익으로 장비를 개선하거나 임금을 올려주기보다는 주식배당금을 인상하는 쪽이 훨씬 이치에 맞는 판단인 것처럼 보였다. 하지만 이러한 조치는 멜런의 감세법안에서 비롯된 소득의 불균형을 한층 심화시켰고, 1920년대 경제부흥의 원인이었던 구매력을 무너뜨렸다. 연방정부는 기업의 모든 정책을 지지했고 노동조합의 힘은 약했기 때문에 견제와 균형을 이루어 줄 반대 급부가 존재하지 않았다.

백악관에서 촬영한 쿨리지
1923년 8월에 서거한 하딩의 뒤를 이어 대통령 자리에 올랐다. 그는 말재주와 사교성이 뛰어났던 전임자 시어도어 루스벨트의 딸 앨리스 루스벨트 롱워스의 표현에 따르면 "나쁜 사람은 아니지만 (중략) 게으름뱅이"였다와는 다르게 딱딱하고 금욕적인 중역의 이미지를 풍겼다.

19 27년 5월 20일 금요일 밤 12시 30분, 친구 때문에 잠을 설친 린드버그는 새벽 2시까지 누워 있다 커티스 비행장으로 향했다. 그날 아침에 정말 출발할 수 있을지, 비행기를 완전히 수리한 체임벌린이나 버드가 이륙 준비를 하고 있지는 않는지 아직은 알 수 없는 상황이었다. 린드버그는 새로운 기상 예보를 들었다. 북아메리카 해안과 대서양 상공은 맑게 개었고 유럽의 일부 지역에서만 폭우가 쏟아지고 있다는 소식이었다. 그는 스피릿 오브 세인트루이스 기를 인근 루스벨트 비행장으로 옮기라는 지시 사항을 전달했다. 루스벨트 비행장은 커티스보다 활주로가 길고 양호해서 버드가 함께 쓰자고 제안한 곳이었다. 느릿느릿 이동하는 비행기의 뒤로 신문기자, 정비공, 경찰들이 따랐고 가는 빗줄기가 이들의 머리를 끊임없이 적셨다. 이후에 린드버그는 "파리행 비행의 시작이라기보다는 장례 행렬 같았다."고 표현했다.

이윽고 날이 밝았다. 린드버그는 연료를 가득 채운 스피릿 오브 세인트루이스 기의 조종석에 앉아 엔진의 공회전 소리를 듣다 이륙 결정을 내렸다. "이성이 아니라 직감을 따른" 판단이었다. 풍크와 데이비스는 연료 무게를 감당하지 못하고 추락했다. 이에 비해 벨랑카와 프랑스의 르바쇠르 기는 연료를 가득 채우고도 이륙에 성공했다. 내 비행기도 해낼 수 있을까? 그는 정비공들에게 바퀴 굄목을 치워 달라는 수신호를 보내고 엔진을 활짝 열었다. 무거운 기체가 관성을 극복할 수 있도록 동료들이 날개기둥을 밀었다. 스피릿 오브 세인트루이스 기는 천천히 앞으로 나아가기 시작했다. 91미터쯤 움직였을 때 사람들은 옆으로 물러섰고 비행기는 속력을 높였다. 하지만 린드버그는 활주로의 절반을 달린 뒤에도 이륙할 수 있을지 확신이 서지 않았다.

스로틀을 닫을 것인지 이륙을 시도할 것인지 몇 초 안에 결정해야 한다. 판단을 잘못 내렸다가는 비행기가 추락하고 어쩌면 불이 날지도 모른다. 조종간을 뒤로 세게 당겼더니 바퀴가 땅에서 떨어진다. 좋아, 이륙해 보자! 그런데 바퀴가 다시 땅에 닿는다. 조종간을 조심스럽게 앞으로 움직인다. 이제 거의 비행속도에 가깝고 활주로는 앞으로 610미터 정도 남았다. 얕은 웅덩이를 지나면서 보조날개를 밀쳤더니 날개가 오르락내리락한다. 충격으로 온 기체가 떨린다. 다시 이륙을 시도하자 오른쪽 날개가 처진다. 조심조심 다시 활주로 위로 올리자 방향타가 왼쪽으로 쏠린다. 가운데로 고정하여 일직선을 유지해야 한다. 다시 물웅덩이. 물방울이 천을 때린다. 이번 도약은 좀더 길게—이대로 이륙할 수도 있겠지만 다시 한 번 바퀴를 땅에 댄다—인사를 하듯이 가볍게, 겸손의 뜻을 표현할 수 있도록 하자. 이렇게 무거운 기체를 움직이려면 충분한 컨트롤이 필요하고 컨트롤은 속도가 전제조건이다. 스피릿 오브 세인트

"문명과 이윤은 함께 가는 관계입니다."

쿨리지,
1920년 11월 27일 연설에서

견인중인 스피릿 오브 세인트루이스

5월 20일 새벽, 트럭이 스피릿 오브 세인트루이스 기를 커티스 비행장에서 루스벨트 비행장으로 견인하고 있다.

**롱아일랜드 상공을 통과하는
스피릿 오브 세인트루이스**
린드버그는 이런 글을
남긴 일이 있다. "비행은
정말 자유롭다. 신에
버금가는 힘을 누릴 수
있다. 뱃사람들은
해안선을 따라,
뭍사람들은 도로를 따라
움직이지만 나는 마음대로
날 수 있다. (중략)
마법약을 만드는 마술사가
된 기분이다."

루이스는 다음 도약 때 이륙할 것이다.

린드버그가 활주로 끝에 늘어선 전신주 위를 610센티미터 간격으로 통과한 시각은 오전 7시 54분이었다. 신문기자들은 서둘러 기사를 전송했다. "하늘 위의 바보가 파리로 출발하다."

뉴욕 시에서 파리까지

린드버그는 북아메리카 해안선을 따라 캐나다까지 갔다가 동쪽으로 기수를 돌려 대서양을 건넜다. 구름이 낮게 깔려 있었기 때문에 지표를 보며 경로를 확인하려면 저공으로 비행하는 수밖에 없었다. 얼마 동안은 전세기에 탄 신문기자들이 린드버그를 배웅하며 사진을 찍었다. 그러다 롱아일랜드 해협에 도착했을 무렵 마지막 호위기가 작별의 뜻으로 한쪽 날개를 기울이며 사라졌다. 낮 동안에는 해변으로 나온 고기잡이배와 사람들이 이따금 목격담을 미국과 전 세계에 라디오로 전했다. 하지만 어둠이 깔린 이후에는 성공을 바라며 무사하기를 기도하는 수밖에 없었다. 윌 로저스(Will Rogers)는 5월 21일 토요일자 신문 칼럼을 "오늘만큼은 우스갯소리를 삼가자."는 말로 시작했다. "키 크고 호리호리하며 숫기 없고 미소가 아름다운 미국 청년이 지금 어느 누구도 도전하지 못한 대서양 상공을 날고 있다."

노바스코샤로 향하는 길에 케이프코드 만을 거칠 때 린드버그는 가끔 수면 위 305센티미터밖에 안 될 정도로 낮게 비행했다. 뉴욕 시간으로 오후 7시 15분쯤 되었을 때 뉴펀들랜드 세인트존스에 도착한 린드버그는 북대서양을 향해 동쪽으로 기수를 틀었다. 이때부터 새로운 위험

요소들이 기다리고 있었다. 앞으로는 불의의 상황이 닥치더라도 착륙할 만한 곳이 없었고 축축한 바다공기 때문에 밤이면 날개 위로 얼음이 쌓일 수도 있었다. 그렇게 되면 중심을 잃고 바다 속으로 추락하기 십상이었다. 한순간도 긴장을 늦추지 않으려니 상당한 고역이었다. 하지만 린드버그는 졸지 않았고 지표가 보이지 않아도 항로를 잘 지켰다.

뉴욕 시간으로 8시 15분 무렵 어둠이 깔렸고 나지막이 드리운 얇은 안개 사이로 새하얀 빙산이 선명하게 모습을 드러냈다. 3,048미터 상공의 폭풍 구름 꼭대기 층을 지나는 두 시간 사이 안개는 두께와 높이를 점점 더해 갔다. 이 정도 높이에도 두터운 안개가 깔려 있어 보이는 것이라고는 머리 위 별빛뿐이었다.

달은 보이지 않았고 사방이 칠흑 같았다. 가끔은 내 위로 몇백 미터까지 폭풍 구름으로 덮여 있었다. 한번은 제법 커다란 구름 사이를 통과하려다 날개 위로 싸라기눈이 쌓이려는 바람에 맑게 개인 쪽으로 급히 방향을 돌린 일도 있었다. 이후로 넘지 못할 구름은 돌아가는 쪽을 택했다.

어둠이 깔리고 두 시간쯤 지났을 때 달이 떴다. 이후로는 비행이 한결 쉬웠다.

뉴욕 시간으로 오전 1시 무렵 새벽이 찾아오면서 진눈깨비 걱정을 하지 않아도 될 만큼 기온이 올라갔다. (중략)

제법 맑은 하늘이 몇 킬로미터쯤 펼쳐지더니 운저고도(항공 기상에서 육지가 보이는 최대고도―옮긴이)가 0으로 떨어졌고, 이후 거의 두 시간 동안 약 460미터 고도로 장님처럼 안개 사이를 헤치며 날았다. 그러다 안개가 사라지면서 다시 바다가 보였다.

이후로 짧게나마 계기비행에 의존하다 군데군데 안개가 걷히는 상황이 몇 번 더 반복되었다. 안개에 뚫린 구멍은 모양새가 가지각색이었다. 수많은 해안선이 나타나는가 하면 수평선을 배경으로 나무들이 완벽한 윤곽을 그렸다. 어찌나 신기루가 자주 등장하던지 대서양 한가운데 뭍이 있을 리 없다는 점을 깜빡했더라면 진짜 섬인 줄 착각했을 것이다.

매스커뮤니케이션

린드버그는 라디오를 비롯한 신종 매스미디어가 탄생시킨 제1세대 영웅이었다.

알렉산더 그레이엄 벨이 1876년에 전화를 발명한 이래 통신기기가 또 한 단계 도약하는 계기가 된 것은 이탈리아의 물리학자 굴리엘모 마르코니(Guglielmo Marconi) 등이 20세기 초반에 개발한 '무선 전신'이었다.

1920년대 무렵 라디오는 전화와 더불어 미국 중산층의 필수품이 되었다. 린드버그는 공중파를 통해 유창하고 자신 있는 모습을 선보인 결과 유명세를 한층 더했고, 라디오 방송국은 북아메리카 해안을 건너 파리로 향하는 비행 과정을 여러 차례 속보로 전했다.

행운아 린디 모자와 외투
미네소타 주 세인트폴의 어느 의류업체에서는 미국 전역을 휩쓴 '대서양 열병'의 특수를 누릴 생각으로 이것들을 출시했다.

유럽 대륙이 가까워졌음을 알리는 최초의 신호탄은 작은 고기잡이배 한 척이었다. 린드버그는 15미터쯤 위로 다가가서 스로틀을 닫고 조종실 창 너머로 고개를 내밀며 외쳤다. "아일랜드가 어느 쪽입니까?" 몇 번 더 물었지만 아무 대답이 없었다. 결국 린드버그는 가던 방향대로 계속 비행했다. 그렇게 몇십 분이 지나고 현지시간으로 오후 3시(뉴욕 시간으로는 오전 11시)를 갓 넘겼을 때 울퉁불퉁한 해안선이 보였다. 뒷바람 덕분에 예정보다 두 시간

스피릿 오브 세인트루이스 기의 조종실
조종석에서 본 모습이다. 앞창 없이 엔진이 시야를 가리고 있지만 대신 현창이 달려 있다.

일찍 도착한 것이었다. 린드버그는 무릎 위에 지도를 펼쳐 놓고 몇 번씩이나 확인한 끝에 현재 위치가 아일랜드 남서부 해안의 딩글 만이라는 결론을 내렸다. 놀랍게도 석 달 전 샌디에이고에서 뭍 진입지로 정한 곳과 불과 5킬로미터 거리였다. 이제 파리까지는 960킬로미터였다.

이후에 린드버그는 세인트루이스 해협, 영국 남부, 마지막으로 영국 해협을 차례차례 지났다. 잠깐씩을 제외하고는 발 밑으로 언제나 배나 육지가 보였다. 도빌을 통해 프랑스로 진입했을 무렵 해가 지기 시작했고, 이후에는 파리-런던 간 항공로의 신호등을 따라갔다.

현지 시간으로 오후 10시, 뉴욕 시간으로는 오후 5시 조금 못 미쳤을 때 파리의 불빛들이 보이기 시작했다. 스피릿 오브 세인트루이스는 몇 분 뒤 고도 약 1,220미터로 에펠탑 위를 선회했다.

르 부르제 비행장의 불빛들이 또렷이 다가오는 것이 파리와 아주 가깝게 느껴졌다. 하지만 그렇게 가까울 리 없었기 때문에 북동쪽으로 7-8킬로미터 더 날아가서 다른 비행장이 없는지 살펴보다 다시 돌아가서 불빛 위로 바짝 다가가 빙글빙글 돌았다. 이내 길게 늘어선 격납고가 보였다. 도로는 차량들로 메워져 있는 것 같았다.

나는 비행장 위로 나지막이 날아가서 맞바람을 받도록 방향을 바꾼 뒤 착륙했다. 좌우 흔들림이 멈춘 뒤에는 불빛이 보이는 쪽으로 활주를 시작했다. 그런데 비행장을 가득 메운 몇천 명이 한꺼번에 내 쪽으로 달려오기 시작했다.

도착

린드버그의 도착 소식이 전해지자 10만여 명이 르 부르제 비행장으로 달려갔다. 이미 군부대와 경찰이 배치되어 있었지만 흥분한 대규모 군중을 통제하기에는 역부족이었다. 린드버그가 오후 10시 24분에 착륙하자 환영 인파 몇천 명은 그의 이름을 부르며 바리케이드를 뚫고 달려갔다. 프랑스 주재 미국대사 마이런 T. 헤릭(Myron T. Herrick)이 공식 환영 행사를 위해 몇몇 프랑스 각료와 함께 나와 있었지만 조종사 곁으로 접근조차 하지 못했다.

린드버그는 오랜 시간 잠을 자지 못한 데다 혼자 이런저런 생각을 하며 좁은 비행기 안에 갇혀 있었기 때문에 열광적인 환영식에 응할 마음의 준비가 되어 있지 않았다. 깜짝 놀랐다는 표현으로는 모자랄 지경이었다. 나무가 뜯기고 천이 찢기는 소리로 미루어보건대 기념품 사냥꾼들이 이미 행동을 개시한 모양이었다. 그는 다치는 사람이 없도록 엔진을 끄고 프로펠러를 멈춘 다음 사람들의 관심을 다른 곳으로 돌리기 위해 비행기에서 내렸다.

"조종실 밖으로 나가려는데 한 발을 내밀자마자 삽시간에 끌려나왔다. 이후 30분 동안 내 발은 땅을 딛지 못했고 온갖 자세로 허공을 이리저리 옮겨다녔다."

결국 린드버그는 프랑스 비행사 두 명 덕분에 간신히 풀려날 수 있었다. 이들은 린드버그의 헬멧을 벗겨 근처에 있던 미국 기자 해리 휠러에게 던졌고, 휠러는 본능적으로 헬멧을 잡았다.

"린드버그가 저기 있다! 린드버그가 서기 있다!"

휠러는 수많은 머리 위를 거쳐 헤릭 대사와 프랑스 고관들이 기다리는 곳으로 옮겨졌다.

"저는 린드버그가 아닙니다."

헤릭이 빨간 장미 꽃다발을 건네자 휠러가 말했다.

"그럴 리가."

헤릭은 설명할 틈도 주지 않았다.

한편 구원병 미셸 데트로이아와 조르주 들라주는 린드버그를 르노 자동차에 태우고 인근 격납고로 달려갔다. 린드버그는 그곳에서 숨을 돌리고 매무새를 가다듬자마자 비행기 소식을 물었고, 최대한의 보호 조치가 취해졌다는 이야기를 듣고 안심했다. 다음 차례로는 비자를 받지 않았는데 세관이나 입국 심사 문제가 없겠느냐고 물었다. 데트로이아와 들라주는 한참 동안 웃음을 터트리다 프랑스는 이제 그의 땅이나 다름없다고 말했다.

르 부르제
린드버그가 착륙한 날 밤
르 부르제의 광경.

린드버그의 훈장
1927년 12월 둘째 주에 벌인 투표 결과 의회는 린드버그에게 명예훈장을 수여하기로 결정했다. 지금까지 명예훈장은 전쟁영웅만 받을 수 있는 상이었다. 쿨리지 대통령은 백악관에서 기념식을 열고 린드버그에게 훈장을 수여했다.

한 시간쯤 지났을 때 린드버그는 프랑스 공군 소령의 안내를 받으며 군용 사무실로 자리를 옮겼고, 다시 한 시간을 기다린 끝에 드디어 헤릭을 만났다. 헤릭은 아일랜드 상공에서 스피릿 오브 세인트루이스가 보였다는 말을 듣기 전까지는 성공 가능성을 믿지 않았기 때문에 황급히 환영 행사를 준비했다. 그는 잠깐 동안 린드버그를 훑어보더니 입을 열었다.

"자네를 우리집으로 데리고가서 돌봐 주겠네."

린드버그는 대사의 제안을 고맙게 받아들였지만 먼저 비행기부터 살펴보겠다고 했다.

"나는 비행기를 보고 엄청난 충격을 받았다. 동체 양옆이 온통 커다란 구멍이었고 엔진의 한쪽 로커 암은 감마 장치마저 뜯기고 없었다. 하지만 자세히 살펴보니 겉모습은 엉망이 되었어도 심하게 망가진 부분은 없었다. 몇 시간만 손을 보면 다시 비행이 가능할 것 같았다."

린드버그는 새벽 2시가 다 되어서야 미국 대사관저에 도착했고, 따로 출발한 헤릭은 르 부르제 인근의 교통체증 때문에 훨씬 시간이 많이 걸렸다. 잠시 후 등장한 헤릭은 다른 방에서 기다리는 미국 기자들과 간단하게 이야기를 나누겠냐고 물었다. 린드버그는 독점 기사를 기다리는 《뉴욕타임스》 국장의 허락을 받은 뒤에야 대사관 침실에서 열린 즉석 기자회견에 참석했다.

"스피릿 오브 세인트루이스 기가 좀더 멀리까지 비행할 수 있었을까요?"

"1,600킬로미터, 적어도 800킬로미터쯤은 가능했을 겁니다."

"당신은 어떠십니까? 계속 조종할 수 있었습니까? 피곤하지 않았습니까?"

"지금까지 온 거리의 절반은 더 비행할 수 있었을 겁니다. 좋은 비행기 조종은 자동차 운전보다 훨씬 덜 피곤합니다."

이런 식의 대화가 10분쯤 오갔을 때 헤릭이 기자회견을 마무리지었다. 린드버그는 현지시간으로 새벽 4시 15분에 드디어 잠을 잘 수 있었다.

다음날 파리와 미국에서는 엄청난 반응이 쏟아졌다. 냉소주의로 악명이 높던 재즈 시대의 지식인층마저 그의 업적을 기뻐했고 가는 곳마다 축하 인사가 이어졌다. 린드버그는 공식석상에서 최대한 말을 아꼈고 항공기의 미래에 거는 희망, 성공의 기쁨, 국제친선의 필요성 등 조심스럽게 정한 주제를 벗어나지 않았다.

당연한 이야기이겠지만 린드버그는 귀환길에 대해서 생각해 놓은 바가 거의 없었다. 스피릿 오브 세인트루이스를 직접 몰고 돌아가겠다는 계획을 세워 놓은 정도였다. 하지만 쿨리지 대통령은 비행기와 조종사를 최대한 안전하게 모실 수 있도록 해군 순양함을 보냈다. 6월 11일 동이 트고 얼마 안 있어 멤피스 호가 워싱턴 해군 조선소에 도착했다. 내각의 장관들과 군 수뇌부가 육군 항공대 예비역 소속 린드버그 대위를 기다리고 있었다. 이후 몇 달 동안 린드버그는 스피릿 오브 세인트루이스 기를 몰고 미국의 각 주를 누볐고 어디에서나 열렬한 환영을 받았다.

그는 홍보 관련 제의를 거의 예외 없이 거절했다. 영화 제작이나 아슬아슬한 순회 곡예 비행은 물론 유명세를 이용해 돈을 벌려는 생각이 전혀 없었다. 하지만 《뉴욕타임스》에 독점 기사를 연재하겠다는 약속은 지켰다. 그해 여름 몇 주 동안 집 안에 틀어박혀 진솔하게 적어 내려간 회고록 『우리(We)』는 베스트셀러가 되면서 든든한 수입원 역할을 했다.

린드버그는 1928년부터 상업용 항공기 홍보에 많은 시간과 애정을 쏟았다. 미국 최초로 대륙횡단 노선을 선보인 팬아메리카와 트랜스월드 등 여러 기업과 손을 잡고 공동으로 노력했다. 훗날 린드버그는 세간의 이목을 가능한 한 피하려고 했지만 몇십 년 동안 사람들의 입에 오르내렸고, 다른 비행사들도 대서양 논스톱 횡단에 성공하고 언론의 관심이 새로운 화젯거리로 옮아 간 뒤에도 그의 업적이 갖는 의미는 변하지 않았다.

1928년 대통령 선거

언론의 관심이 쏠린 새로운 화젯거리란 미국 역사상 몇 손가락 안에 드는 열전으로 꼽히는 1928년 대통령 선거였다. 1927년 8월에 쿨리지가 퇴임 의사를 밝히자 공화당은 상무장관 허버트 C. 후버(Herbert C. Hoover)를 후보로 선출했다. 스탠퍼드 대학교 1회 졸업생인 후버는 지질학을 전공하고 광산기사로 전 세계에서 근무했다(1900년 중국에서 의화단 사건이 벌어졌을 때는 아내 루와 함께 톈진의 외국인사회를 방어했다). 마흔 살인 1914년 무렵에는 억만장자 대열에 올랐고, 1차 세계대전 때에는 미국의 선두에 서서 기아로 고생하는 유럽을 도왔다. 1914년부터 1919년까지는 벨기에 구제위원장으로, 1919년부터 1920년까지는 미국구제연합국장으로 활약하며 전쟁난민들에게 3,400만 톤의 음식과 의복과 갖가지 필수품을 제공했다. 그는 효율적인 일 처리 방식으로 유명했고 스스로 밝히기를 광산기사와 사업가 생활에서 터득한 기술이라고 했다. 위대한 엔지니어 후버는 쿨리지 대통령의 완벽한 후계자로 보였다. '과학적인' 경제 관리로 번영을 유지할 기술자 출신 관료인 데다 인도주의자라니!

민주당 측 경쟁자는 뉴욕공장심사위원회원 출신으로 뉴욕 주지사를 네 번 역임한 스미스였다. 그런데 두 후보는 이보다 더 대조적일 수 없었다. 후버는 린드버그처럼 구시대와 시골의 가치관을 상징하는 인물이었다. 이에 비해 스미스는 도시 깍쟁이에 가톨릭교도였다. 가톨릭교도가 주요 정당의 후보로 선출된 것은 사상 최초였고, 이처럼 이민 정책이나 도시 정치 기구의 대명사로 간주된 후보도 처음이었다. 새롭게 부활한 큐 클럭스 클랜은 흑인 못지않게 가톨릭교도와 유대인을 증오했기 때문에 민주당 집회장 밖에서 십자가를 태우고 스미스 인형의 목을 매달았다. 스미스가 쓰는 뉴욕 억양은 빈민가 출신이라는 증거였고, 북동부 이외 지역의 유권

멤피스 호에 실린 린드버그의 비행기 앞에서 포즈를 위한 네 명의 수병
멤피스 호가 워싱턴 해군 조선소에 도착하고 다음날인 1927년 6월 12일에 촬영한 사진이다.

479

큐 클럭스 클랜의 부활

앨 프레드 E. 스미스는 1928년 유세기간 동안 여러 가지 어려움에 부딪쳤는데, 이 중 하나가 새롭게 부활한 큐 클럭스 클랜의 공격이었다. 물론 큐 클럭스 클랜은 가톨릭교도와 유대인을 증오했지만 이보다는 흑인을 경멸하는 태도가 더욱 심했다. 재건시대 말기에 이르러 연방정부의 기센 압력이 이어지자 큐 클럭스 클랜의 활동은 휴지기로 접어들었다. 하지만 남부연합의 대의명분을 내세우는 정서가 되살아나면서 남부와 그 밖의 지역에서 다시 부활의 조짐을 보이기 시작했다.

1910년대 말과 1920년대 초에는 남북전쟁 이전의 남부와 재건시대의 역사를 왜곡하는 분위기가 문화 전반을 주도했다. 예를 들어 D. W. 그리피스(D. W. Griffith)는 극단적인 인종차별주의자 토머스 딕슨 2세(Thomas Dixon Jr.)가 1905년에 발표한 소설『문중 사람(A Clansman)』을 바탕으로 1915년에 "국가의 탄생(Birth of a Nation)"을 제작했다. 그런데 이 영화가 백악관에서 비공개 상영되었을 때 윌슨은 매우 사실적이라며 칭찬을 아끼지 않았다("번갯불로 쓴 역사 같다."고 표현할 정도였다).

이와 같은 인종차별주의와 1차 세계대전 동안 전국을 휩쓴 극단적인 애국심으로 큐 클럭스 클랜의 행동은 점점 대담해졌다. 이들은 1920년대 내내 수많은 행진을 벌이며 이민배척주의자들의 불안감을 부추겼고, 1924년 5월에 출산국법안(National Origins Act)이 의회를 통과했을 무렵에는 전국적으로 300만 명의 회원을 규합했다. 이들은 대부분 소도시 중심의 프로테스탄트 질서가 무너지는 데 동요한 사람들이었다. 조직의 지도자 히럼 W. 에번스(Hiram W. Evans)는 1926년에 "큐 클럭스 클랜은 (중략) 개척자 집단에 뿌리를 둔 대규모 인구 대변인이 되었다."고 적었다.

아프리카계 미국인들이 백인들 때문에 겪는 수모는 여전했다. 남부에서는 인종분리정책과 폭력사태가 계속되었다. 이와 같은 상황은 남부의 몇십 만 흑인들이 최근 건너간 북부도 마찬가지였다. 미국해외파견군(많은 흑인병사도 참여했다)이 프랑스에서 싸우는 동안 세인트루이스 동부, 휴스턴, 필라델피아, 시카고 등지에서는 끔찍한 인종폭동이 벌어졌다. 대부분 일거리를 둘러싼 경쟁 때문에 빚어진 사태였다. 인종차별이 전혀 없는 프랑스를 경험하고 귀환한 흑인 참전용사들은 공평하고 합당한 대우를 좀더 공격적으로 요구하기 시작했다. 백인들은 폭력으로 대응했고 1918년에서 1927년 사이 416명의 흑인들이 린치를 당해 목숨을 잃었다.

덴버의 오비룩 경주장에서 열린 클랜 데이에 참석한 큐 클럭스 클랜 단원들
큐 클럭스 클랜은 1920년 내내 뜻이 맞는 정치인들의 유세활동에 공개적으로 나섰고 전국의 '번듯한' 백인들에게 폭넓은 지지를 받았다. 이들의 의상이 어찌나 선풍적인 인기였던지 지도부 인사 몇 명은 1920년대 중반에 의상판매로 재미를 보았다.

자들은 여기에서 후견인, 밀실정치, 매킨리의 목숨을 앗아간 도시의 아노미 현상을 떠올렸다.

남동부 유럽에서 건너온 이민자들에 대한 반감은 1920년대 들어 다시 고개를 들었다. 의회는 1921년과 1924년에 출신국을 근거로 입국을 제한하는 이민법을 승인했다. 1921년 5월의 긴급할당법안(Emergency Quota Act)은 각 나라의 연간 이민 수를 1910년 현재 미국에 거주하는 해당 국가 출신의 3퍼센트 이내로 제한하고 총 이민 허용치를 35만 7천 명으로 규정했다. 1924년 5월의 출신국법안은 상한선을 3퍼센트에서 2퍼센트로 낮추고 기준 연도를 1910년에서 1890년으로 바꾸었다. 그뿐 아니라 총 이민 허용치를 15만 명으로 삭감하고 1890년 이후에야 대규모 이민 행렬이 이어진 이탈리아 출신과 유대인들을 공개적으로 차별했다. 쿨리지는 신설 법안에 서명을 하면서 "미국은 미국답게 보존되어야 한다."는 말을 남겼다.

가톨릭이라면 질색하는 이민배척주의자들은 스미스를 업신여겼다. 금주론자들은 그가 수정헌법 18조 폐지를 주장한다는 이유로 반대했고, 일부 유권자들은 태머니홀과의 유대관계를 질색했다. 하지만 정치칼럼니스트 월터 리프만이 지적했다시피 이것이 전부는 아니었다.

내가 보기에 반대파의 논리는 찬성파 못지않게 설득력과 호소력을 갖추고 있다. 이들이 스미스를 반대하는 바탕에는 교황을 백악관 의자에 앉힐 수는 없다는 정서가 아니라 (중략) 도시의 화려한 생활이 미국의 이상으로 자리잡아서는 안 된다는 정서가 깔려 있다. 이 부분은 사소한 문제가 아니다. 미국 안으로 편입시켜 달라고 외치는 새로운 계층과 관습을 수호하려는 기존 계층의 갈등이기 때문이다.

그 결과, 1928년 대통령 선거는 윌리엄 매킨리와 윌리엄 제닝스 브라이언이 맞붙은 1896년 이래 가장 상징적인 선거가 되었다. 그런데 소도시와 대도시가 정면 충돌한 이 전투에서 대도시는 사상 최후의 패배를 기록했다. 후버가 뉴욕을 비롯한 40개 주를 차지한 데 이어 산업 노동자들의 표까지 휩쓴 것이다(이들은 공화당 정권 덕분에 미국이 "빈곤을 상대로 최후의 승리를 거두기 직전에 이르렀다."는 후버의 주장을 믿었다). 이번에도 공화당이 승리했다는 소식이 전해지자 주식시장은 다시 한 번 아찔한 폭등세를 보였다. 선거일에는 257.58이었던 다우존스산업평균지수가 1929년 9월 3일에는 381.17을 기록하면서 최고치를 갱신했다. 신용 매입으로 인한 부채도 마찬가지로 치솟았지만 번영의 끝은 보이지 않는 듯했다.

인물 촌평

로버트 A. 밀리컨

1868-1953년

대니얼 J. 케블스

아이오와 주 머쿠오케타에서 목사의 아들로 태어난 로버트 A. 밀리컨(Robert A. Millikan)은 원자를 구성하는 벽돌 격인 전자 연구로 1923년에 노벨 물리학상을 받았다. 그리고 몇 년 뒤에는 《타임》 특집 기사를 통해 과학계에서 거둔 업적과 종교관을 이야기했다(편집자는 그의 외모를 가리켜 "재치 있고 능력 있는 금융업자를 닮았다."고 표현했다). 한마디로 말해서 그는 규율의 힘이 점점 강조되던 시대, 과학, 산업, 방위기관, 문화단체 간의 상호작용이 꽃피던 시대에 미국에서 가장 유명한 과학자였다.

1868년 생인 밀리컨은 1895년의 X선, 1897년의 전자, 1898년의 방사능 등 잇따른 발견으로 지축이 흔들리던 무렵 물리학계에 입문했고, 1900년에 막스 플랑크(Max Planck)가 창시한 양자론의 모순에 직면했다. 그는 1910년, 교직원으로 시카고 대학교에 몸담고 있을 무렵 노벨 수상작을 준비하기 시작했다. 그 유명한 '기름방울' 실험으로 단일 전하의 값을 측정하고 모든 전자는 별개이면서도 동일한 원자 구성 입자라는 이론을 증명한 것이다. 밀리컨의 연구는 갓 싹을 틔운 전화, 라디오 업계의 지대한 관심사와 맞닿는 부분이 많았다. 그는 AT&T 사의 고문 역할을 했고 그의 제자들은 전화, 라디오업계의 연구소에 취직했다.

1차 세계대전이 벌어지자 밀리컨은 과학자들의 전시동원을 선두지휘하고 이들의 연구를 국방 분야로 유도했다. 그리고 국립과학아카데미(National Academy of Science) 산하 국립연구회의(National Research Council)의 후원 아래 잠수함 탐지, 계기비행, 미국 해외파견군 보호에 힘썼다. 1921년에는 신설 캘리포니아공과대학장으로 임명되었지만 사무행정이나 후원금 조성에 매달리기

보다는 양자방사선과 우주선 연구를 계속했다. 과학계를 선도한 데다 자선사업가와 경제인들 사이에서 넓은 인맥을 자랑한 밀리컨 덕분에 캘리포니아공과대학은 설립 몇년 만에 세계적인 수준의 교육기관이 될 수 있었다.

그뿐 아니라 밀리컨의 사고방식은 당시의 보수적인 분위기와 완벽하게 맞아떨어졌다. 그는 1920년대에 과학적인 합리주의를 옹호하는 대표인물로 떠올랐고, 그리스도교 근본주의자들의 공격에는 최근 '화해'한 과학계와 종교계의 모습을 가리키며 대응했다.

그는 과학보다 더 중요한 것이 '도덕과 종교에 대한 믿음'이라고 강조하면서 후버, 열여섯 명의 프로테스탄트 신학자, 국립과학아카데미의 몇몇 지도급 인사 등 마흔다섯 명의 저명한 미국인을 이끌고 과학과 종교의 조화뿐 아니라 양쪽 모두의 가치를 인정한다는 선언서에 서명했다. 그의 주장에 따르면 미국의 유명 과학자 10여 명도 신의 존재를 이미 시인한 바 있었다.

밀리컨은 과학과 기술이 인간성을 말살하고 전쟁의 파괴력을 증폭시켜 문명을 위협한다는 인도주의자들의 비난에도 반론을 제기했다. 문명의 가장 큰 적은 과학이 아니라 '감상적이고 파괴적이며 성(性)이 범람하는' 현대 문학과 예술이라고 반박한 것이다.

그는 이런 관점에서 "사회 재정비와 부의 재분비를 위한 여러 시도가 인류복지에 기여한 부분은 자연

을 이해하고 통제하기 위해 노력한 물리학자, 화학자, 생물학자들이 기여한 부분의 1000분의 1에도 못 미친다"고 주장했다.

그의 보수적인 삼단논법 — 기업은 미국에 유익하다, 과학은 기업에 유익하다, 고로 과학은 미국에 유익하다 — 은 기업이 어느 누구에게도 유익한 역할을 하지 못한 대공황기에 빛을 잃었다. 하지만 밀리컨은 친구인 후버 대통령처럼 끝까지 보수적인 입장을 고수했고, 심지어는 정치색을 띨 위험성이 존재한다는 이유를 들어 연방정부의 과학계 지원을 반대했다.

1953년에 눈을 감은 밀리컨은 로스앤젤레스 포리스트 론 공동묘지에 묻혔다. 포리스트 론 공동묘지의 경영진은 그의 유해를 안치하는 대가로 캘리포니아 공과대학에 몇천 달러의 기부금을 내기로 약속했다. 모두에게 유익한 거래였다.

밀리컨
시카고 대학교 재직 당시 모습.

19

뉴딜 정책

운명의 100일

"이제 우리가 극복해야 할 존재는 두려움뿐입니다." 프랭클린 델러노 루스벨트는 첫 번째 취임사에서 이렇게 선포했다. 미국의 절망적인 경제상황 앞에서 왜 그렇게 당찬 선언을 내리는지 부연 설명은 전혀 없었다. 하지만 당분간은 자신감만으로도 두려움을 잠재우고 공포를 덜기에는 충분했다. 루스벨트의 정치적 매력 때문이겠지만 미국 국민들은 허버트 후버 때와는 다르게 그의 말을 듣고 안심했다. 사실 루스벨트 집권기의 가장 큰 특징은 자신감 고취였다. 법안이나 행정 명령만큼 중요하게 생각한 것이 자신감 고취였다.

루스벨트가 취임한 1933년 3월 4일, 미국은 사상 최악의 경제위기에서 허우적대고 있었다. 가장 심각한 곳은 금융계였다. 4년 동안 계속된 불황으로 취약한 기관들은 이미 쓰러졌고 연쇄 반응이 이세는 가장 튼튼한 기관마저 위협하고 있었다. 미국인들은 옆집, 그리고 또 옆집에서 평생 저축한 돈을 날리는 광경을 보면서 금융 조직을 불신하게 되었고 혹시나 하는 마음에 예금을 인출하기 시작했다.

이같은 인출 행렬은 일단 시작되면 막을 방법이 없었기 때문에 1932년 말부터는 더욱 가속화되었다. 미시건 주지사는 즉각적인 도산을 막기 위해 모든 은행을 폐쇄했고 곧이어 다른 주들도 잇따라 은행 휴일을 선포했다.

노리스 댐의 스크롤 케이싱 내부를 점검하고 있는 인부
(왼쪽) 테네시 강 유역 개발공사는 노리스를 비롯한 다섯 개 댐을 건설하고 20개 댐을 개조했다.

1933월 3월 4일 무렵에는 38개 주의 은행이 문을 닫았다. 뉴욕 증권거래소와 시카고 상공회의소도 문을 닫았다.

"미국은 막다른 궁지에 몰렸다."

후버 대통령은 퇴임 직전에 자포자기식으로 이렇게 말했다.

루스벨트는 행동파답게 행동을 개시했다. 그는 취임 다음날, 3월 6일부터 9일까지 전국 은행의 휴일을 선포하고(적법성 여부에는 문제의 소지가 있었다) 전문위원단에게 안정성 심사를 맡겼다. 회계장부 심사를 통과한 은행은 연방자금을 지원 받았다. 자격 미달 판정을 받은 은행은 보유잔고를 예금주들에게 모두 돌려주고 문을 닫았다. 그리고 이와 동시에 73차 의회가 특별 소집되었다.

루스벨트가 특별회기 첫날인 3월 9일에 제안한 은행법은 당시 상황으로 미루어볼 때 비교적 온건한 조치였지만, 내용 자체는 사실 중요하지 않았다. 전국이 위기에 처한 상황에서 유권자들은 정부가 '아무런' 조치라도 취해 주기를 바랐다. 공화당 지도부의 하원의원은 이렇게 선언했다.

"집이 불타고 있을 때 미국 대통령이 나서서 진화 방법을 알려주고 있다."

루스벨트가 3월 5일에 실시한 조치는 긴급은행법안을 통해 비준을 받으면서 탄탄한 은행이 영업을 재개할 수 있는 기틀을 마련했고, 대통령에게 폭넓은 재량권을 부여했다. 3월 10일로 접어들면서 일부 은행이 다시 문을 열었다. 3월 12일에는 대통령의 '담화문'이 최초로 라디오 전파를 탔다(담화문은 이후에도 몇 차례 계속되었다). 그는 침착하고 자신 있는 말투로 영업을 재개한 은행들은 안전하기 때문에 지레 걱정할 필요가 없다고 밝혔다. 칼럼니스트 월터 리프만은 "아무것도, 어느 누구도 믿지 않던 나라가 1주일 만에 정부와 국가에 대한 믿음을 회복했다."며 놀라워했다. 이후 두 달 동안 전국 예치금의 90퍼센트를 보유한 1만 2천여 개 은행이 다시 문을 열었고, 예금액이 인출액을 앞지르는 믿기 어려운 현상이 벌어졌다.

잠정 휴업에 들어간 은행

1933년 3월 4일, 뉴욕 주 경찰이 예금자들에게 은행의 잠정 휴업을 알리고 있다. 운명의 100일의 마지막 날인 6월 16일에 의회는 연방예금보험공사를 신설하는 글래스-스티걸법안을 통과시켜 예치금을 5천 달러까지 보장했다. 그리고 연방준비제도에 가입한 상업은행들로 하여금 투자은행 계열사를 양도하도록 했다.

루스벨트는 금융 위기를 성공적으로 해결하면서 대공황 타개를 위한 뉴딜 정책의 중요한 기틀을 마련했다. 새로운 행정부에 대한 신뢰를 확보했을 뿐 아니라 수많은 보수주의자의 우려와는 달리 전혀 새로운 체제를 강요하기보다 기존 체제 회복에 전념하는 면모를 과시한 것이다. 만약 루스벨트가 은행 국영화를 시도했더라도 4년 동안의 위기 상황으로 얌전해진 의회는 군소리 없이 따랐을 것이다. 하지만 오히려 온건한 정책을 제시하면서 다른 시급한 문제들도 해결할 시간을 벌었다. 그는 3월 9일부터 6월 16일까지 계속된 특별회기 때 여러 법안을 통해 수많은 해결책을 제시했다. 정확히 100일이었던 운명의 기간 동안 의회와 대통령은 '1차' 뉴딜 정책의 기틀이 될 법률—사실 법률이라기보다 실험에 가까웠다—을 승인하고 서명했다.

프랭클린 루스벨트는 주식시장이 폭락하던 1929년 당시 마흔일곱 살의 뉴욕 주지사였고 쉰한 살에 대통령이 되었다. 즉, 세계관이 상당히 정립된 이후였기 때문에 사고방식이 좀더 유연해졌다면 모를까 주지사나 대통령이 되었다고 해서 크게 달라질 것은 없었다.

루스벨트는 기본적으로 전통주의자였고 그럴 수밖에 없었다. 그는 부유한 특권층 출신으로 그로턴과 하버드를 졸업했고, 사랑해마지 않은 하이드파크의 허드슨밸리 저택에서 취미 삼아 농사를 짓곤 했다. 게다가 온순하고 밝고 자신만만한 귀족 정치가로 탄탄대로를 달렸다(서른아홉 살이던 1921년에 척수성 소아마비에 걸린 사건은 엄청난 예외였다). 그런 만큼 미국의 사회적, 경제적 관습을 쉽사리 받아들일 수밖에 없었다. 리프만은 1932년 대통령 선거 때 이렇게 지적했다.

"프랭클린 D. 루스벨트는 십자군 전사가 아니다. 평민의 친구도 아니다. 단단히 성을 쌓은 특권층의 적도 아니다. 그는 특출한 자질 없이 대통령이 되고 싶어하는 호남이다."

하지만 루스벨트는 특권층 특유의 자신감이 있었기 때문에 혁신을 두려워하지 않았다. 늘 모든 일이 잘 될 거라고 생각했다. 그뿐 아니라 미국의 가치관과 관습에 내재된 힘을 믿었기 때문에 체제를 전면 폐지하지 않는 한 모든 개혁안을 기꺼이 수렴했다. 그는 불황의 심각성을 통감했지만 조만간 경제가 회복되리라고 믿었다. 따라서 단기적으로는 연방자금으로 경제활동을 자극하는 데 집중하고, 장기적으로는 1920년대의 치명적인 실수가 되풀이되지 않도록 법안과 제도를 마련하는 데 집중했다.

대공황의 기원

1920년대는 겉보기에 번영기를 구가하는 것 같았지만 경제의 적신호가 곳곳에서 느껴졌다. 한 가지 예로 들 수 있는 것이 국부(國富)가 소수에게 집중된 현상이었다. 할부제도가 있다고는 하지만 대부분의 소비자는 이미 1920년대 초반에 구매력의 한계에 다다랐다. 그리고 또 한 가지, 저축률이 한없이 낮았다. 때문에 직장을 잃은 노동자나 농사를 망친 농민들은 금세 중산층에서 빈곤층으로 추락했고, 자동차나 라디오는 물론 할부금을 낼 돈조차 없었다.

그중 농촌은 최악이었다. 전시 보조금과 애국심에 취한 미국 농민들은 굶주린 유럽인들을 먹이기 위해 1910년대 말부터 산출량을 대폭 늘렸다. 그 결과, 1차 세계대전이 끝나고 유럽에서 농사가 다시 시작되었을 때 농산물 가격은 수직으로 떨어졌다. 그런데도 농민들은 산출을 줄이지 않고 맥네리-호건농촌법안(McNary-Haugen farm bill)에 따른 추가 보조금을 요구했다.

프랭클린 델러노 루스벨트
1882-1945년

루스벨트
처음으로 출마한 1932년 대통령 선거 유세에서 자동차 문에 기대고 서 있다.

프랭클린 루스벨트는 오랫동안 준비를 다진 대통령이었다. 그는 시어도어 루스벨트의 12촌이지만 집안이 민주당 계열이었기 때문에 1912년, 우드로 윌슨이 당선된 뒤에야 연방정부에 합류했다.

그는 1913년부터 1920년까지 해군 차관(시어도어 루스벨트가 거쳐간 자리였다)으로 근무하다 사임하고 민주당의 부통령 후보로 나섰다. 1921년, 소아마비에 걸린 뒤에는 3년 동안 요양을 하다 1924년 민주당 전당대회에서 앨버트 스미스 지명 연설을 통해 미국 정치 역사상 가장 화려하게 복귀했다.

그로부터 4년 뒤에는 스미스의 뒤를 이어 뉴욕 주지사 자리에 올랐는데, 연임하는 동안 규합한 학자와 사회정책 전문가 집단은 기자들에게 '브레인 트러스트(brain trust)'라는 별명으로 불리기도 했다.

프랜시스 퍼킨스와 해리 홉킨스(Harry Hopkins)를 비롯한 브레인 트러스트 구성원들은 새로운 시대의 경제 방향을 불신했고 사회복지 정책의 효능을 굳게 믿었다.

1924년에 처음 거론된 맥네리-호건농촌법안은 정부기관이 잉여 곡식, 면화, 가축, 담배를 지정된 고가에 매입한 뒤 가격이 오를 때까지 비축해 두거나 원가 이하로 외국에 '떠넘겨' 농가를 돕자는 내용이었다. 이 법안은 생산량에 제한을 두지 않았기 때문에 농촌 유권자들 사이에서 인기가 꽤 높았고, 농촌의 대의원들은 1927년과 1928년에 연거푸 법안을 통과시켰다. 하지만 캘빈 쿨리지 대통령은 정가 조치가 지나치게 '사회주의적'이라는 이유를 들어 두 번 모두 거부권을 행사했다. 그는 동부의 상류층 출신답게 중서부나 서부 농민들의 고충에는 대개 무관심했다.

물론 1920년대 하면 빼놓을 수 없는 것이 무모한 주식투자 열풍이었고, 이로 인해 몇백만 명의 평범한 미국인이 투기 대열에 합류했다. 1923년에서 1929년 사이 뉴욕 증권거래소의 거래량은 네 배로 폭등했고, 주가도 이에 발맞추어 가파른 상승곡선을 그렸다. 재무부, 연방준비은행, 그 밖의 정부기관들이 내놓은 저(低)과세, 손쉬운 신용 대출 정책도 이런 분위기를 부추겼다. 돈을 빌려 주식을 추가로 매입하는 것은 일반적인 관행으로 자리잡았다. 자금줄 노릇을 한 곳은 거래 증가로 수수료 수입을 노린 증권중개업소였다.

이와 같은 '콜 론(call loan)'의 근거는 고객이 보유한 주식의 시세였다. 따라서 주가가 상승할수록 대출 한도도 높아졌다. 1920년대 초반에는 콜 론의 총액이 15억 달러 근처였다. 그런데 1926년으로 접어들면서 두 배인 30억 달러가 되더니 1928년에는 60억, 1929년 10월 폭락 직전에는 85억으로 한없이 불어나기만 했다.

콜 론의 금리는 보통 5퍼센트 수준이었지만 수요가 급증하고 중개업소 사이에서 불안감이 조성되면서 1928년 12월에는 12퍼센트, 1929년 3월에는 20퍼센트로 뛰었다. 1929년 초에는 많은 중개업소가 위탁 보증금을 50퍼센트로 인상했다. 이제는 신규 주식의 절반을 현금으로 매입해야 된다는 뜻이었지만 그래도 주가는 떨어질 줄 몰랐다.

경제를 낙관한 쿨리지 내각
재무장관 멜런(가운데), 상무장관 후버(오른쪽)와 1928년, 워싱턴 D. C.의 상원의원회관 앞에서 포즈를 취한 쿨리지 대통령.

모두들 1929년 가을까지 경제의 미래를 낙관했다. 금융업계의 귀재 버너드 바루크(Bernard Baruch)는 6월 논평에서 "세계 경제가 엄청난 상승기로 접어든 것 같다."고 이야기했다. 경제학계의 권위자 어빙 피셔(Irving Fisher)도 동의했다.

"주가가 영원한 고지에 도달했다."

후버 대통령과 앤드류 멜런 재무장관(공화당 내각에서 세 차례 연임 중이었다), 그 밖의 고위 공무원들도 같은 생각이었다. 1929년 여름 동안 미국전신전화(AT&T) 주식의 다우지수는 209에서 304로 뛰었고, 제너럴모터스도 268에서 391로 똑같은 상승률을 기록했다. 그런데 주식시장이 최고 기록을 갱신한 9월 3일 이후부터 천천히 내림세가 시작되더니 10월 말에는 가속도가 붙기 시작했다. 문학평론가 에드먼드 윌슨(Edmund Wilson)은 "주식시장의 붕괴는 최후 심판의 날을 앞두고 땅이 갈라지는 것과 같았다."고 표현했다.

수직 하락은 1929년 10월 24일 목요일에 시작되었다. 그날 하루 동안 1,300만 주가 팔렸고, 모든 기업의 주가가 폭락했다. 제너럴일렉트릭, 미국철강, 웨스팅하우스와 같은 우량주도 예외는 아니었다. 이 소식에 주식을 보유한 150만 명의 미국인은 할 말을 잃었다. 워싱턴과 월가의 수뇌부는 민심 안정 차원에서 공식 성명을 발표했다. 대통령은 "이 나라의 근본산업인 생산과 유통업계는 안정과 번영을 구가하고 있습니다."라고 단언했다. J. P. 모건은 "증권거래소에서 매각을 둘러싸고 사소한 문제가 발생했지만 위험하거나 비관적인 상황은 아닙니다."라고 말했다.

그리고 뉴욕 증권거래소 역사상 최악의 날로 꼽히는 10월 29일, 악몽의 화요일이 찾아왔다. 그날 거래 규모는 160만 주였고 폐장 무렵 상장기업들의 시장가치는 870억 달러에서 550억 달러로 3분의 1 이상 추락했다. 설상가상으로 중개업소에서 몇십억 달러 규모의 콜 론 상환을 요구하고 나섰으니 투자자들은 더 많은 주식을 매각할 수밖에 없었고 이로 인해 주가는 더욱 곤두박질쳤다.

록펠러나 모건처럼 재력 있는 투자자들은 주가 추락을 막기 위해 시류에 역행하며 매입에 나섰지만 아무 소용 없었다. 이후 몇 달 사이 신용 불량자가 속출했고 구매력이 급격히 감소했다. 소비가 위축되면서 기업도 무너지기 시작했다. 기업 도산은 실업률 증가로, 실업률 증가는 소비 위축으로, 소비 위축은 더욱 많은 기업의 도산으로 이어졌다. 이와 같은 악순환이 몇 년 동안 반복되면서 상황은 점점 악화되었다. 사실 주식시장이 최저치를 기록한 시점은 1932년 7월 8일이었다. 이날 폐장 무렵 다우지수는 41.22로, 1929년 9월 3일 최고치인 381.17에 비해 89퍼센트 하락한 셈이었다. 같은 기간 동안 AT&T의 다우지수는 304에서 72로, 미국철강은 262에서 22로, 몽고메리워드는 138에서 4로 떨어졌다.

대공황

추락세로 접어든 경제는 되돌릴 길이 없게 느껴졌고 그 어떤 분야도 마수를 피하지 못했다. 대공황이 시작되고 3년 사이 은행 5천 곳이 쓰러지면서 몇백만 명의 예치금이 사라졌다. 개인소득 총합계는 1929년 859억 달러에서 1933년 47억 달러로 뚝 떨어졌고 1929년 70억 달러에서 1933년 24억 달러로 감소한 해외무역은 이보다 더 가파른 추락세를 보였다. 같은 시기에 46퍼센트 줄어든 산업 생산은 1913년과 비슷한 수준을 기록했다. 거의 날마다 어딘가에서 공장이 문을 닫았고 매주 평균 10만 명이 일자리를 잃었다.

가장 큰 문제는 실업이었다. 1929

"10월은 주식투자를 하기에 특히 위험한 달이다. 그리고 또 위험한 달은 7월, 1월, 9월, 4월, 11월, 5월, 3월, 6월, 12월, 8월, 2월이다."

마크 트웨인,
『바보 윌슨』(1894년)에서

공황의 절정기
이 때는 주식을 내놓는 사람이 너무 많아서 시세표지판의 상황 전달이 실제보다 두 시간씩 늦었다.

년 4월 당시 미국의 실업 인구는 전체 노동력의 3.2퍼센트에 불과한 160만 명이었다. 그런데 1930년 4월에는 8.9퍼센트인 430만 명이 일자리를 찾지 못했다. 하지만 이 정도는 시작에 불과했다. 1년 뒤에는 16.3퍼센트인 800만 명이, 1932년 4월에는 무려 21.1퍼센트에 해당되는 1,210만 명이 생계 수단을 잃은 것이다. 모든 도시가 실업자로 뒤덮인 것처럼 보였다. 클리블랜드에서는 전체 노동력의 50퍼센트가, 애크런에서는 60퍼센트가, 털리도에서는 80퍼센트가 실직 상태였다. 일을 하고 싶어도 못하는 인구가 뉴욕 시에서만 100만 명이었다.

1931년, 굶어죽는 사람들이 여기저기에서 등장했다. 이 무렵 굶주린 실업자들은 가게, 물품창고, 심지어는 배달 트럭까지 털기 시작했다. 노동자들은 집주인이 생활고에 찌든 세입자를 내쫓지 못하도록 이웃과 손을 잡고 조직적인 집세 거부 파동을 벌였다(폭력 수단이 동원되는 경우가 대부분이었다). 루스벨트가 취임한 1933년 3월에는 넷 중 한 명이 실업자였다.

사람들은 새로운 시대 특유의 낙관주의를 오랫동안 버리지 않았고 위기가 곧 지나간다는 기업가, 정치가, 경제학자들의 이야기를 믿었다. 후버는 "조금만 참으면 번영이 다시 찾아온다."고 몇 번이나 강조했다. 하지만 악화일로가 몇 년 동안 계속되자 '긍정적인 절망'은 자포자기로 바뀌었고 실업자들은 대부분 가난을 자신의 탓으로 돌렸다.

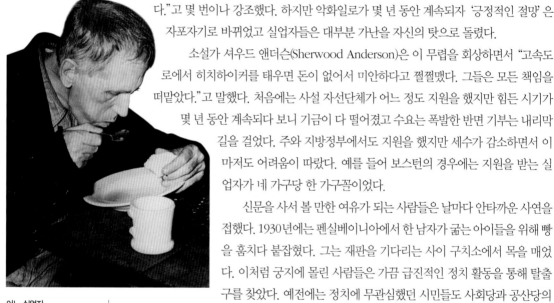

소설가 셔우드 앤더슨(Sherwood Anderson)은 이 무렵을 회상하면서 "고속도로에서 히치하이커를 태우면 돈이 없어서 미안하다고 쩔쩔맸다. 그들은 모든 책임을 떠맡았다."고 말했다. 처음에는 사설 자선단체가 어느 정도 지원을 했지만 힘든 시기가 몇 년 동안 계속되다 보니 기금이 다 떨어졌고 수요는 폭발한 반면 기부는 내리막길을 걸었다. 주와 지방정부에서도 지원을 했지만 세수가 감소하면서 이마저도 어려움이 따랐다. 예를 들어 보스턴의 경우에는 지원을 받는 실업자가 네 가구당 한 가구꼴이었다.

신문을 사서 볼 만한 여유가 되는 사람들은 날마다 안타까운 사연을 접했다. 1930년에는 펜실베이니아에서 한 남자가 굶는 아이들을 위해 빵을 훔치다 붙잡혔다. 그는 재판을 기다리는 사이 구치소에서 목을 매었다. 이처럼 궁지에 몰린 사람들은 가끔 급진적인 정치 활동을 통해 탈출구를 찾았다. 예전에는 정치에 무관심했던 시민들도 사회당과 공산당의 주도 아래 '기아 행진'을 벌이며 주와 지방정부의 지원 확대를 요구했고 여러 방식으로 정치 변화에 관심을 보였다. 예컨대 1932년 경우에는 한 해 동안 10만여 명이 소비에트연방 근무를 자청했다.

어느 실업자
1936년 6월,
워싱턴 D. C.의
미국독지군
무료급식소에서 식사를
하고 있다. 대공황이
이어지는 동안 전국은
영양실조를 앓았다.
1931년에는
뉴욕 시에서만 매일 평균
서른한 군데에서 무료로
빵을 받는 행렬이
이어졌다.

후버는 전임자인 워런 하딩이나 쿨리지보다 적극적인 실천주의를 훨씬 더 지지하는 편이었지만, 1921년부터 1928년까지 상무장관으로 재직하면서 직접 입안한 자유방임주의와 친기업정책은 고스란히 물려받았다. 게다가 미국 경제가 선반적으로 탄탄하다는 착각에 젖어 있었기 때문에 구조 변화를 외면한 채 낙관주의를 널리 전파하는 데 전력을 투구했다(대공황도 처음에는 경제가 아니라 심리적인 이유에서 비롯된 현상으로 생각했다). 그는 주식시장이 붕괴되자마자 기업가, 노동계 지도부, 정치인들을 백악관으로 불러 여러 차례 회의를 열었다. 그는 이처럼 민간부문과 정부가 힘을 합하면 단기간에 번영의 시대로 다시 돌아갈 수 있다고 믿었지만 안타깝게도 그렇지가 않았다.

후버는 미국 경제의 문제점을 이상하리만큼 과소평가하고 있었다. 1929년 12월에 내린 감세 조치는 정작 필요한 직업 창출이나 개인 소득 증가에 미치는 효과가 거의 없었다. 그래도 의회가 다음 해결책으로 마련한 스무트-홀리 관세법(Smoot-Hawley Tariff)보다는 나았다. 미국 기업 보호차원에서 관세율을 평균 42퍼센트로 인상하자는 취지가 오히려 엄청난 부작용만 불러일으켰던 것이다. 경제학자 1천 명이 승인에 반대하는 진정서를 제출했지만 후버는 이들의 공통적인 조언을 무시했고, 스무트-홀리법안은 1930년 6월 17일에 정식으로 입법되었다. 그런데 이 무렵 전 세계로 번진 불황 때문에 미국의 최대 교역상대인 유럽의 형편도 별로 나을 바 없다는 점이 문제였다. 결과적으로 벌어진 무역 전쟁은 모든 이에게 상처를 남겼고, 그중에서도 과잉생산에 이존하던 미국 농가의 피해는 심각했다. 관세법안으로 수출길이 아예 막히면서 1929년 당시 1부셸당 1달러 5센트였던 국내 밀 가격이 1932년에는 39센트로 폭락했다.

1931년 말이 되어서야 환상에서 깨어난 후버는 뒤늦게 사태의 심각성을 깨달았다. 하지만 독립심을 강조하는 미국의 전통적인 가치관에 어긋날 뿐 아니라 국민들이 지나치게 정부를 의지하게 된다는 이유를 들어 연방정부의 직접적인 지원에는 계속 반대했다. 공공사업을 확대하여 민간 부문의 혼란 양상이 수습될 때까지 일시적으로나마 일자리를 마련할 수 있도록 주와 지방정부를 지원하는 쪽이 오히려 바람직하다고 생각했다. 후버는 또 한편으로 부흥금융공사(Reconstruction Finance Corporation) 신설법안을 마련했고 1932년 1월에 의회의 승인을 받았다. 부흥금융공사는 5억 달러의 초기 자본에 면세채권 판매로 15억 달러를 추가 조성하여 보험사, 농민융자조합, 농업신용조사소, 저축대출조합, 상업은행 등 비틀거리는 금융기관에 대규모 신규 융자를 주선하는 임무를 맡았다. 민간 부문 강화로 투자와 성장을 유도하자는 것이 후버의 계획이었다. 부흥금융공사는 50개 도시에 사무소를 개설하고 처음 6개월 동안 5천 개 기관에 12억 달러를 대출해 주었다. 그런데 후버의 계획에는 한 가지 맹점이 있었다. 부흥금융공사의 융자로 개인의 구매력을 끌어올릴 수는 없었던 것이다. 소비 심리가 되살아나지 않으면 경기 회복은 불가능했다.

헨리포드
1929년 11월, 미국의 경제 상황을 논의하자는 후버 대통령의 부름을 받고 도착했다.

1932년 대통령 선거

그래도 후버는 직접 원조를 끝까지 반대했다. 1932년 7월에 하원의 민주당원들은 의장 존 낸스 가너(John Nance Garner, 얼마 전 루스벨트의 부통령 후보로 지명되었다)와 뉴욕 상원의원 로버트 F. 와그너의 후원에 힘입어 자체 제도가 없는 주를 대상으로 연방정부 차원의 취업 교육을 실시하자는 법안을 통과시켰다. 하지만 후버는 '미국 의회 역사상 가장 터무니없는 선심성 법안'이라고 표현하며 거부권을 행사하고 그 대신 부흥금융공사가 주와 지방정부에게 공공사업 진행금 15억 달러

연금 행진

후버의 정치생명에 가장 큰 타격을 입힌 사건은 1차 세계대전 참전용사들이 1932년 봄과 여름에 벌인 연금 행진(Bonus March)이었다. 8년 전에 의회는 재향군인연금법(Soldiers' Bonus Act)을 통과시켜 참전용사들에게 1945년 지불예정인 보상금정산증권(Adjusted Compensation Certificate)을 발행한 일이 있었다.

그런데 1932년 5월이 되자 1차 연금파견대(Bonus Expeditionary Force), 즉 연금군(Bonus Army)이 조기 지급 로비를 벌이기 위해 워싱턴으로 건너오기 시작했다. 굶주린 시위대는 아무나 붙잡고 이대로 가다가는 1945년까지 살 수 없을지도 모른다고 호소했다. 결국 궁지에 몰린 1만 7천여 명의 참전용사는 워싱턴에 모여 새로운 연금법 제정을 요구했다.

워싱턴을 '습격'한 연금군은 평화로운 시위를 벌였지만 그래도 시민들은 불안에 떨었다. 당시 여섯 살이었던 고어 비달은 이렇게 표현했다.

"어른들은 생활고가 이어지더니 드디어 폭동이 벌어졌다며 걱정했다. 러시아 혁명이 불과 15년 전 일이었다. 모두들 미국에서도 그런 일이 벌어질 수 있다고 생각했다."

1928년 7월 13일
육군 참모총장 더글러스 맥아더는 연금군을
'반란정신으로 물든 폭도'로 매도하며 자신의 행동을
변명했다.

하지만 폭력 사태가 벌어진 것은 정부의 자극 때문이었다. 하원에서 승인한 24억의 연금법안이 6월 17일, 상원에서 가로막히자 정부는 집으로 돌아가는 연금군에게 차비를 주겠다고 선언했다. 몇천 명이 정부의 제안을 받아들였지만 나머지는 워싱턴 중심부에서 포토맥 강 건너에 있는 애너코스티아 여울에다 후버빌(대공황 때는 대통령의 이름을 따서 빈민촌을 '후버빌'이라고 불렀다)을 짓고 야영을 하기 시작했다.

7월 28일, 워싱턴 D. C.의 경찰들이 퇴거에 나서자 드디어 폭동이 벌어졌고 참전용사 두 명이 목숨을 잃었다. 후버는 빈민촌을 확보하고 참전용사들을 봉쇄하라는 명령과 함께 연방군을 파병했다. 사령관 더글러스 맥아더(Douglas MacArthur, 아서 맥아더의 아들이었다)는 이 과정에서 최루탄을 쏘고 판잣집에 불을 질렀다.

역사학자 데이비드 M. 케네디(David M. Kennedy)는 "군대가 탱크와 횃불로 비무장 시민들을 위협하는 모습을 접하고 많은 미국인은 분노를 금치 못했다."고 기록했고 이 사건은 '후버가 실업자들의 고통에 무감각하다는 증거'가 되었다.

를 추가로 융자해 주는 절충법안에 서명했다. 그리고 이 법안에 따라 파산 직전에 놓인 여러 주에게 3억 달러를 직접지원하기로 했다.

사실 후버는 재임 기간 동안 새로운 시대의 환상에서 불황기 위기관리 쪽으로 먼 길을 이동했다. 그의 방침 가운데는 상당히 혁신적인 것이 많았고 기업만 철석같이 믿었던 사람치고는 엄청난 변화를 보였다. 그가 내놓은 발상들은 뉴딜 정책의 여러 야심 찬 조치를 앞당기는 역할을 했다. 하지만 정부의 개입을 조심스러워하고 꺼리는 기본 성향은 버리지 못했다. 대다수 국민의 눈에 비친 후버는 기업 살리기에만 급급하고 개인이나 가정의 생존에는 관심이 덜한 대통령이었다.

1932년에는 어떤 후보를 내세워도 후버를 이길 수 있는 상황이었지만 민주당은 뉴욕 주지사 루스벨트를 선택했다. 루스벨트는 시카고까지 날아가서 직접 후보지명을 수락하는 등 전례 없는 태도를 보였다.

"미국을 위해 새로운 처방(뉴딜)을 내리겠다고 여러분들께, 저 자신에게 굳게 맹세합니다."

그는 7월 2일, 대의원들 앞에서 이렇게 말했다. 12촌인 시어도어 루스벨트의 스퀘어 딜과 비슷한 뉴딜은 새 출발을 다짐하는 프랭클린 루스벨트의 상징으로 자리잡으며 삽시간에 유행어가 되었다. 하지만 맹세를 뒷받침할 만한 구체적인 내용은 없었다. 민주당의 정강은 공화당과 거의 같았다. 양 진영은 정부 지출 축소, 적자 없는 연방예산 집행, 고환율 정책을 똑같이 내세웠다. 한 가지 차이점이 있다면 민주당은 금주법 철폐를 주장하고 공화당은 각 주에 재량권을 주자고 제안한 정도였다. 양측 모두 새로운 정책을 제시하지 않았기 때문에 선거는 여느 때처럼 연설과 당을 보고 선택하는 양상으로 진행되었다. 후버의 당선 가능성을 점친 사람은 아무도 없었다. 하지만 그를 가장 신랄하게 비판한 사람들조차 루스벨트를 오십 보 백 보라고 생각했다.

한편 국민들은 선거를 기회 삼아 정치적, 경제적 울분을 토했다. 농민들은 '농민 휴일' 운동을 통해 헐값에 팔리는 농산물을 시장에서 거두었고 경매 처분을 강제로 저지하며 폭동을 벌이겠다고 협박하기 시작했다. 농업국연맹(Farm Bureau Federation)장은 상원 위원회를 향해 "미국 농민들을 위해 조치를 취해 주지 않으면 12개월 안으로 전국 시골에서 혁명을 일으키겠다."고 선포했다.

도시에서는 노동자들의 항의 시위가 날이 갈수록 회수와 강도를 더해 갔다. 공산당이 주도하는 자동차노동자연맹(Auto Workers' Union)은 1932년 3월, 시위대 3천 명과 함께 '포드기아 행진'을 벌이고 미시건 주 디어번 소재의 포드자동차 리버루지 공장을 습격했다. 일시 해고된 노동자들의 복직과 실업사 퇴거 중단이 이들의 요구 사항이었다. 지방 경찰과 회사의 무장 경비원들이 시위를 저지하러 나서면서 싸움이 벌어졌고 경찰과 포드 사에서 고용한 '탐정'들은 시위대를 향해 총을 발사했다. 심지어 일부 경찰관은 기관총까지 동원했다. 이 과정에서 60여 명이 부상을 입었지만 다행스럽게도 사망자는 네 명에 그쳤

다. 어느 시위 가담자는 당시를 회상하며 "밀러 거리 위로 쏟아지는 피를 보는 순간 나도 모르게 과격해지더라."고 말했다. 베들레헴철강의 사장 찰스 M. 슈와브(Charles M. Schwab)는 1932년에 많은 사람의 심정을 대변하는 말을 남겼다.

"두렵다. 나뿐만 아니라 모든 이들이 두려워하고 있다."

예상대로 선거 결과는 민주당의 압승이었다. 루스벨트는 전체 유권자의 57.4퍼센트에 해당하는 2,300만 표를, 후버는 39.6퍼센트인 600만 표를 얻었다. 사회당 후보 노먼 토머스(Norman Thomas)는 100만 표 고지를 넘어서지 못했고 공산당 후보 윌리엄 Z. 포스터(William Z. Foster)는 10만 표를 가까스로 넘겼다. 한편 민주당 후보들은 하원에서 432석 가운데 310석

"루스벨트는 방금 전에 딴 샴페인 같은 인물입니다."

윈스턴 처칠,
1946년 하이드 공원을
방문한 자리에서

선거 유세에 쓰인 모자
1932년 루스벨트는 시카고까지 날아가서 후보 지명을 직접 수락했지만 예전까지만 하더라도 전당대회에서 지명자가 수락 연설을 하는 것은 품이 없는 행동으로 간주되었다.

을 확보했고 공화당에게 빼앗겼던 상원에서도 96석 가운데 60석을 차지했다. 변화를 요구하는 바람이 이보다 더 거셀 수는 없었다. 취임 직후 루스벨트 측근은 정책이 성공을 거두면 미국 역사상 가장 위대한 대통령으로 남겠지만, 실패하면 최악의 대통령이라는 오명을 벗지 못할 것이라고 했다. 루스벨트는 친구의 말을 듣고 이렇게 대답했다.

"내가 실패하면 성공할 사람이 아무도 없다는 뜻이야."

Mar. 4, 1933 Price 15 cents
THE NEW YORKER

peter Arns

〈뉴요커〉 표지

피터 아노가 1933년 취임식 주간 때 미리 만들어 놓은 것. 그런데 2월 15일, 주세페 쟁거러가 마이애미를 지나는 대통령 당선자의 자동차 퍼레이드에 대고 총을 발사하는 사건이 벌어졌다. 루스벨트는 다치지 않았지만 시카고 주지사 앤턴 서믹이 중상을 입었다. 이후 〈뉴요커〉는 좀더 차분한 분위기로 표지를 교체했다.

3월 9일에 긴급은행법안이 통과되자 의회와 국민들은 행정부의 다음 조치를 열심히 기다렸다. 그런데 사실 프랭클린 루스벨트와 고문단은 준비해 놓은 것이 없었다. 선거유세 때 루스벨트는 민주당의 노선을 따라서 지출 축소와 적자 없는 예산 집행을 선전했지만 이제 와서 생각해 보니 부적절한 정책이었다. 때문에 루스벨트는 급한 대로 임시변통을 시작했다. 지금은 뉴딜이 한 가지 철학을 바탕으로 하는 포괄적인 입법안으로 보이지만, 사실은 여러 실험과 시행착오를 거치며 발전한 짜깁기였다. 알맞은 개정안을 찾을 때까지 이런 정책, 저런 정책을 시도해 보는 식이었다. 하지만 이와 같은 갈지자형 시험은 미국 정부의 본질과 미국의 생활 구조를 크게 바꾸어 놓았다.

루스벨트는 1차 담화문을 발표하고 8일 뒤, 절약 법안에 서명하고 연방공무원의 임금을 삭감하고 연방정부의 경상비를 줄이겠다던 선거공약을 지켰다. 그로부터 이틀 뒤에 의회는 맥주와 포도주를 허용하는 쪽으로 볼스테드 법안을 수정했다(사실 여러 주의회는 금주법을 완전 폐기하기를 바랐다). 그리고 이후에는 한참 동안 뜸을 들이다 3월 31일에 삼림복구구제법안을 통과시켜 민간자원보존단(Civilian Conservation Corps : CCC)을 창설했다. 국민들 사이에서 인기가 높았던 민간자원보존단은 창설 즉시 열여덟 살부터 스물다섯 살 사이의 청년 실업자 25만 명에게 일자리를 제공했다. 이들은 군대식 막사에서 생활하며 삼림복구, 관개, 홍수관리 등의 일을 했고 정부에서는 임금의 일부를 고향의 가족들에게 보냈다.

4월로 접어들면서 루스벨트는 금본위제를 폐지하기로 결심했다. 이제 금으로 태환되지 못하는 달러는 국제무역시장에서 급격한 하락세를 보였다. 이로 인해 무역은 위축되었지만 인플레이션으로 이어지면서 국내 경기는 활성화되었다. 한편 행정부에서 내놓은 여러 법안을 심사숙고하던 의회는 역사적인 날로 기록될 5월 12일에 연방긴급구제법안을 승인했고 루스벨트는 이미 의회를 통과한 농업조정법안에 서명했다. 연방긴급구제법안으로 신설된 연방긴급구제국(Federal Emergency Relief Adminstration : FERA)은 5억 달러를 국민들에게 직접 지원했고 이후에 추가 지원을 승인받았다.

1차 구제기금

민간자원보존단이 창출한 일자리 25만 개가 도움이 되기는 했지만, 여성 최초로 내각에 임명된 퍼킨스 노동장관과 루스벨트 주지사 시절에 뉴욕 주 긴급구제활동을 이끌었던 사회사업가 홉킨스는 그 정도로는 부족하다고 생각했다. 두 사람은 민주당의 막강 상원의원 세 명—와그너, 위스콘신 대표 로버트 M. 러 폴랫, 콜로라도 대표 에드워드 코스티건(Edward Costigan)—의 도움을 빌어 적자 없는 예산 집행의 환상을 버리고 이들의 의견을 따르도록 대통령의 팔을 비틀었다. 1933년의 마지막 7개월 동안 연방긴급구제국은 1,700만 명의 빈민이 식료품과 의복을 구입할 수 있도록 주기관을 통해 15억의 구제기금을 살포했다. 이처럼 엄청난 지원에 화들짝 놀란 보수주의자들은 경솔한 판단이라며 행정부를 비난하고 홉킨스를 집중 공격했다. 그렇게 예산을 남발하지 않아도 결국에는 경제가 제자리를 찾는다는 것이 이들의 주장이었다. 홉킨스는 이렇게 쏘아붙였다.

"그때까지 굶고 있으란 말입니까?"

농업조정법안은 공화당의 새로운 시대 정책보다 훨씬 더 도발적인 성격을 띠었고 생산 증가로 가격 하락을 막으려는 농민들의 잘못된 습성을 바꾸려는 것이 목적이었다. 루스벨트의 주도 아래 신설된 농업조정국(Agricultural Adjustment Administration : AAA)은 헐값에 팔리는 농산물의 재배를 중단하고 일부 가축의 판매를 자제하도록 농민들을 설득했다. 법안이 제정되었을 때는 이미 파종이 끝난 뒤였기 때문에 농업조정국에서는 1933년 한 해 동안 2억 달러의 비용을 들여 1천 에이커의 농경지를 갈아엎고 600만 마리의 돼지를 도축했다. 몇백만 명이 배를 곯는 시점에서 이같은 조치는 엄청난 논란을 불러일으켰지만 농가 총수입을 1932년 19억 달러에서 1935년 46억 달러로 높이는 성과를 이룰 수 있었다(최고 전성기를 누린 1차 세계대전 당시 농가 총 수입은 98억 달러였다).

이 시절에는 거의 모든 지역의 주민들이 고생했지만 테네시 강 유역은 불황의 고통이 한층 심했다. 이 주변의 일곱 개 주는 애초부터 몹시 가난했기 때문이다. 연평균 130센티미터쯤에 이르는 강우량으로 테네시 강은 거의 해마다 범람했고 이 때문에 약 6만 6천 평방킬로미터에 이르는 주변 땅에서 농사를 짓기가 아주 힘이 들었다. 게다가 산업이라고 할 말한 것도 많지 않았으니 수입이 전국 평균의 절반에도 못 미칠 수밖에 없었다. 그런데 5월 18일, 의회에서 테네시 강 유역 개발공사를 만들었다. 미국 역사상 가장 독창적이고 광범위한 지역개발 정책이 등장한 것이다. 독립공사 형식을 띤 테네시 강 유역 개발공사는 테네시 강과 주요 지류를 따라 댐을 건설하여 홍수를 관리하고 신설 수력발전소에 전력을 공급하기로 했다. 값싼 전력 공급으로 산업 발전과 고용 증가, 생활 수준 향상을 꾀하자는 복안이었다. 이들의 의도는 적중했고 테네시 강 유역 개발공사는 학교 확충, 의료 시설 개선, 여가 선용 기회 확대를 비롯한 여러 사회편익을 제공했다.

운 명의 100일의 마지막 날인 6월 16일, 의회는 초기 뉴딜 정책의 초석이 될 전국산업부흥법안(National Industrial Recovery Act)을 통과시켰다. 전국산업부흥법안은 노사정이 함께 경제회복을 일구어 내자는 루스벨트의 원대한 포부를 담고 있었고, 경제 정책을 좀더 자유롭게 입안할 수 있도록 전국산업부흥국(National Recovery Administration : NRA)이라는 신설 연방기구에게 반(反)독점법 유보권을 부여했다. 가격 경쟁의 종식을 의미하는 조치였지만 경제 활동이 워낙 부진한 상황이다 보니 행정부는 시장 안정, 이윤 증가, 임금 인상을 위해 경쟁을 희생시킬 용의가 있었다. 전국산업부흥국이 대기업을 위해 마련한 '공정거래법'에 따라 가격 담합이 합법화되었다. 그 대가로 임금이 인상되고 유년 노동이 끝을 맺고 노동자들의 단체협상권이 인정되었다. 전국산업부흥국은 노동자 2천만 명에게 영향을 미치는 750개의 법안을 마련했다. 대부분은 노사의 도움 아래 입안이 되었지만 산업계에서 협조를 거부하면 직접 만들기도 했다.

스타이너스 가게
테네시 강 리드마인드 굽이의 이곳에서 1933년 11월, 테네시 강 유역 개발공사 직원이 노리스 댐 구직 신청자들을 면접 심사하고 있다. 뒤에 선 사람들은 무거운 물건을 저울 위에 올려놓고 끌어올리기 경쟁을 벌이는 모습이다.

전국산업부흥국은 요란한 팡파르와 함께 법안 실행의 서막을 열었다. 법안에 찬성한 기업은 파란색 독수리로 깃발을 받았다. 파란색 독수리는 전국산업부흥국의 상징이었고 하늘 위로 높이 날아 애국심을 발휘하겠다는 뜻을 담고 있었다. 하지만 여기에는 반발이 따랐다. 대기업계는 다수가 참가를 거부했고(포드자동차가 가장 대표적이었다) 중소기업계는 대기업들의 가격 담합에 밀려 문을 닫아야 할 판이라고 아우성쳤다. 그뿐만 아니라 여러 법안으로 소비자 물가가 폭등했다. 결국 1934년에 클래런스 대로가 회장을 맡은 위원회는 전국산업부흥국이 독점을 조장하고 있다는 결론을 내렸다. 1년 뒤에는 대법원도 논쟁을 한몫 거들었다.

윌슨 댐
테네시 강 1호 댐으로 1918년에 공사가 시작되었다. 테네시 강 유역 개발공사는 이 일대에서 가장 강력한 수력발전댐으로 쓰일 수 있도록 13개의 발전기를 추가시켰다.

한편 전국산업부흥법안으로 탄생된 또 하나의 기관이 있다면 해럴드 이커스(Harold Ickes) 내무장관을 국장으로 하는 공공사업국(Public Works Administration : PWA)이었다. 뉴딜 정책의 '노동 구제' 제도들이 대부분 그렇듯이 공공사업국도 공공 부문의 건설 사업을 추진했다. 이곳에서 야심차게 추진한 사업으로는 뉴욕 시의 트라이버로우 다리(Triborough Bridge)와 퀸스-미드타운 터널(Queens-Midtown Tunnel)과 워싱턴 주 컬럼비아 강의 보너빌 댐(Bonneville Dam)과 그랜드쿨리 댐(Grand Coulee Dam)이 있었다. 공공사업국은 다리, 터널, 댐뿐 아니라 하수도, 상수도, 공영주택, 발전소, 공항을 짓는 데 50억 달러의 예산을 집행했다.

뉴딜 정책에 대한 반발

운명의 100일의 실효성은 한참 뒤에나 평가를 내릴 수 있겠지만, 루스벨트는 일찌감치 미국인들의 마음을 사로잡았다. 미소가 떠나지 않는 자신만만한 얼굴은 전국 가정의 벽을 장식했고 언론에서 추정한 대통령 지지율은 90퍼센트에 다다랐다.

"우리 상사가 얼마나 망나니인지 알아줄 대통령은 루스벨트뿐입니다."

홍보용 플래카드
기업에서 전국산업부흥국의 법안에 찬성한다는 뜻을 홍보하기 위해 사용했다.

어느 추종자는 이렇게 말했다. 하지만 루스벨트에게도 적은 있었고 1934년 봄 무렵 실업인구가 전체 노동인구의 22퍼센트 수준인 1,130만 명으로 줄고 소비가 조금 상승하는 등 위기가 조금씩 가시는 조짐을 보이자 좌익과 우익 양측에서 행정부를 비난하기 시작했다.

사회당과 공산당은 1932년 대통령 선거에서 참패를 면치 못했지만 1934년부터 좌익은 착실한 부흥기를 맞이했다. 후버의 임기 말년에는 노동조합(지도부가 대부분 공산당원이었다)들이 파업에 소극적인 모습을 보였다. 실업자가 난무하는 상황에서 일자리를 담보로 파업을 벌이기가 부담스러웠기 때문이다. 하지만 1934년부터 과감한 노동조합들을 필두로 전국에서 준법투쟁이 벌어지기 시작했고 샌프란시스코에서는 총파업까지 등장했다. 하지만 루스벨트에게 가장 큰 타격을 입힌 좌익 측 인물은 마르크스주의자가 아니라 뉴딜 정책이 한참 부족하다고 주장한 휴이 P. 롱(Huey P. Long) 루이지애나 주 상원의원이었다.

한편 보수 진영에서는 뉴딜 정책이 너무 지나치다고 비난하며 1934년 8월에 우익 규합을

민간자원보존단
페히너 막사에서 지내던
이 단체 일꾼들이 공동
식탁 상석에 앉은
대통령에게 갈채를 보내고
있다. 루스벨트가
버지니아 소재
민간자원보존단의 다섯 개
막사를 시찰하던 1933년
8월 12일에 촬영한
사진이다.

위한 미국자유연맹을 결성했다. 원래 뒤 퐁(Du Pont) 집안의 후원으로 발족되었던 이 기관은
이내 제너럴모터스, 제너럴푸즈, 몽고메리워드 경영진의 열렬한 지지를 얻었다. 회원들은 대
부분 공화당원이었지만 1924년 대통령 후보였던 존 W. 데이비스(John W. Davis)와 1928년
후보였던 앨프레드 E. 스미스 등 민주당의 지도급 인사 두 명도 포함되어 있었다. 1932년 후
보 자리를 루스벨트에게 빼앗겼다는 데 감정이 상한 스미스는 기존의 이력과 정치 신조를 버
리면서까지 자유연맹을 적극 홍보했다. 그는 "세계의 수도는 워싱턴과 모스크바, 둘 중 하나가
될 수밖에 없다."고 국민들에게 경고했다.

이처럼 사방에서 불쾌한 비난이 쏟아지자 행정부는 불안한 심정으로 1934년 중간 선거를
기다렸다. 하원에서 40석 정도를 잃지 않을까 싶었다. 그런데 뚜껑을 열고 보니 뜻밖의 희소식
이 기다리고 있었다. 민주당이 하원에서 9석, 상원에서도 9석을 '추가로' 확보하여 상하 양원
에서 거부권을 무시할 수 있을 만한 거대정당으로 발돋움한 것이다. 하지만 대법원에서는 아
직 한 자리도 얻지 못했고 재판관들은 대부분 공화당원이었다.

대법원의 아홉 명 재판관 가운데 일곱 명은 공화당 출신 대통령들이 임명한 인물이었다. 이
가운데 가장 연장자이자 초보수파인 윌리스 밴 디밴터(Willis Van Debanter)는 1911년
에 윌리엄 하워드 태프트가 승진시킨 인물이었다. 하딩의 낙점을 받은 조지 서덜런드(Geroge
Sutherland)와 피어스 버틀러는 경제제재 법안 대부분을 위헌으로 규정지었다. 유일하게 쿨리
지의 사람인 할런 피스크 스톤(Harlan Fiske Stone)은 개혁주의자에 가까웠지만 후버의 3인방
—벤저민 카도조(Benjamin Cardozo), 오언 J. 로버츠(Owen J. Roberts), 찰스 에번스 휴스 대법
원장—은 속을 알 수 없었다. 우드로 윌슨이 임명한 두 명의 민주당원 가운데 루이스 D. 브랜다
이스는 대법원에서 가장 개혁 성향이 강한 인물이었고 제임스 C. 맥레이놀즈(James C.
MacReynolds)는 알고 보니 가장 고집이 센 보수주의자였다. 언론에서는 보통 이런 식으로 분류

했다. 뉴딜 정책에 철저하게 반대하는 사람 네 명(밴 디밴터, 서덜런드, 버틀러, 맥레이놀스), 찬성 쪽에 가까운 사람 세 명(스톤, 카도조, 브랜다이스), 어느 쪽으로든 합류할 수 있는 사람 두 명(로버츠, 휴스).

뉴딜 정책 관련 소송이 대법원에 처음으로 접수되기까지 걸린 시간은 2년이었다. 문제의 소송은 브루클린의 영세기업이 전국산업부흥국의 조류법안을 위반한 혐의로 기소된 '섹터가금회사 대 연방정부' 사건이었다. 그런데 1935년 5월 27일의 판결에서 대법원은 만장일치로 섹터의 손을 들어 주었을 뿐 아니라 전국산업부흥법안에 철퇴를 가했다. 대법원장 휴스는 판결문을 통해 전국산업부흥법안이 두 가지 이유에서 위헌이라고 못박았다. 주간통상을 규제한다는 것이 첫 번째 이유였고, 대통령에게 법안을 '자유롭게' 강요할 수 있는 권한을 부여하여 행정기관이 의회의 입법권을 부당하게 남용했다는 것이 두 번째 이유였다. 휴스는 "특별상황이 발생했다고 해서 헌법상의 권한을 창조하거나 확대할 수는 없다."고 밝혔다.

어떻게 보면 대법원 판결은 루스벨트에게 득이 되었다. 전국산업부흥국이 1933년과 1934년에는 비난의 화살을 피할 수 있었을지 몰라도 1935년에는 이미 효력을 상실했다. 여기에서 비롯된 불만들 때문에 행정부의 지지율은 금이 갔고 머지않아 법안을 폐지해야 될 입장이었다. 따라서 섹터가금회사 판결을 이용하면 체면을 살릴 수 있었다. 하지만 루스벨트의 생각은 달랐다. 그는 주간통상이라는 단어를 '구닥다리'로 해석한다며 대법원을 비난했다. 그럼에도 불구하고 행정부는 새로운 입법을 제안했다. 칼자루는 대법원이 쥐고 있기 때문이었다.

> "프랭클린
> 루스벨트는
> 제 몫을 다했으니
> 이제 여러분이
> 나설 차례입니다.
> 지갑을 엽시다.
> 부엌에
> 페인트를 칠하고,
> 전보를 보내고,
> 파티를 열고,
> 자동차를 사고,
> 공과금을 납부하고,
> 아파트를 빌리고,
> 지붕을 고치고,
> 공연을 관람하고,
> 집을 짓고,
> 결혼을 합시다."
>
> *1933년 어느 공장에 붙은 벽보*

휴이 P. 롱
1893-1935년

암살당하지 않았더라면 휴이 P. 롱은 미국의 정치 제도에 얼마나 위협적인 인물로 떠올랐을까? 대공황 시절의 가장 유능한 선동가로 손꼽히는 롱은 '모든 국민을 왕으로'라는 매력적인 슬로건 아래 부의 재분배 방안을 내세워 고향인 루이지애나 주 밖에서까지 상당한 지지를 얻었다. 그는 뉴딜 정책을 가리켜 지나치게 소심하다고 공격하며 '국부 함께 나누기' 정책과 함께 1935년까지 인기몰이에 나섰다. 루스벨트의 정치 고문들은 그가 제3당 대통령 후보로 몇백만 표까지 얻을 수 있을 것으로 내다보았다. 그러자 루스벨트는 롱을 지지하는 루이지애나 정치조직에 연방후원금 지급을 중단하고 루이지애나 주지사 시절 소득세 신고를 감사하도록 재무부 관리를 파견하는 등의 보복성 조치를 취했다(한 관리는 "롱과 일당이 루이지애나의 모든 재산을 훔쳐가고 있다."고 보고했다).

하지만 1935년 9월 10일, 롱의 정치적 생명과 인생은 끝이 났다. 배턴루지의 루이지애나 주 의사당 복도에서 총을 맞은 지 이틀 뒤의 일이었다.

"그자가 왜 나를 쏘았는지 모르겠군." 롱은 이 말을 남기고 혼수상태에 빠졌다. 경호원들이 그 자리에서 범인을 사살했기 때문에 이유는 끝내 밝혀지지 않았다. 범인은 롱의 손에 처가가 몰락한 의사 칼 바이스(Carl Weiss)였다.

물론 롱이 1936년 선거에서 루스벨트를 물리쳤을 가능성은 희박하지만, 살아 있었더라면 얼마나 많은 분란을 일으켰을지 아무도 모르는 일이다.

2차 뉴딜 정책

74차 의회(1935-1937년)가 통과시킨 법안은 좀더 체계적이고 개혁적인 성향을 보인다는 점에서 운명의 100일에 등장한 법안과 상당히 달랐다. 대법원의 판결과 미국자유연맹의 공격을 접하고 움찔한 루스벨트는 퍼킨스와 홉킨스, 아내 일리노어 등 개혁파를 대변하는 고문들의 충고를 더욱 귀담아듣기 시작했다. 이 중에서도 특히 일리노어는 좀더 많은 구제기금을 지원하도록 남편을 설득하는 데 결정적인 역할을 했다. 루스벨트의 초기 목표는 안정과 협력이었다. 하지만 이제 그는 대기업이야 협조하긴 말긴 가난하고 힘없는 국민들의 생활을 개선하는 데 많은 노력을 기울였다.

대법원 퇴출

대법원의 공격은 섹터 사건으로 끝나지 않았다. 1936년 1월에는 급기야 '연방정부 대 버틀러' 판결에서 주와 지방정부의 권리를 침해한다는 이유를 들어 농업조정법안에 위헌의 소지가 있다고 선언한 것이다. 루스벨트는 1936년 선거운동 기간 내내 분을 삭이지 못했고 대통령에 당선된 이후 드디어 복수의 칼을 들었다.

1937년 2월 5일에 그는 어리둥절해하는 내각을 앞혀 놓고 의회에 연방사법부의 구조개편을 요구하겠다고 선언했다. 내세운 명분은 효율성 개선이었다. 그는 대법원을 비롯하여 연방사법부에 근무하는 70세 이상의 법관 한 명당 판사 한 명씩을 추가하자고 주장했다. 그의 계획대로 된다면 대법원 재판관은 지금 당장 15명으로 불어나고, 와그너 법안이나 사회보장법안 등 사법심사를 기다리는 뉴딜

1937년 대법원의 모습
왼쪽 아래부터 시계방향으로 브랜다이스, 로버츠, 버틀러, 스톤, 카도조, 서덜런드, 맥레이놀즈, 휴스, 밴 디밴터이다.

정책의 찬성표를 과반수 이상 확보할 수 있었다.

루스벨트의 속 보이는 권력욕을 접하고 전국은 할 말을 잊었다. 뉴딜 정책에 가장 적극적이었던 의원들마저 공화당과 손을 잡고 법안을 반대하고 나섰다. 심지어 하원법사위원회(House Judiciary Committee)장은 동료의원들에게 "여러분, 저는 이번에 모든 것을 걸겠습니다."라고 말했다.

설상가상으로 유권자들마저 자유연맹의 말이 맞지 않을까 의구심을 품기 시작했다. 프랭클린이 이탈리아의 베니토 무솔리니(Benito Mussolini)나 독일의 아돌프 히틀러(Adolf Hitler)와 비슷한 독재자를 꿈꾸는 것은 아닐까? 유럽에서 파시즘이 기승을 부리자 국민들은 독립기관에 더욱 집착했다. 독립기관들 중에서 가장 높은 곳이 대법원이었다.

루스벨트는 자신의 계획을 강하게 밀어붙였지만 사법부의 대응도 만만치 않았다. 대법원에서 가장 나이가 많고 가장 개혁 성향이 강한 여든 살의 브랜다이스는 개인적인 로비 활동까지 벌였다.

암투는 3개월 동안 계속되다 위원회에 다시 회부한다는 투표 결과로 막을 내렸다. 루스벨트는 결국 대법원 '퇴출'에 실패했지만, 중도파 재판관들을 움직이는 데에는 성공했다. 1937년 4월, '연합뉴스 대 전국노사관계위원회' 판결에서 대법원은 와그너 법안을 인정했다. 그리고 한 달 뒤에는 사회보장법안에도 합헌 판정을 내렸다.

1935년 4월에도 실업인구가 1,060만 명 선에서 머무르자(전체 노동인구의 20.3퍼센트였다) 루스벨트는 적자 없는 예산집행이라는 허울을 벗어 던지고 1934년 선거로 모은 정치자금을 동원하여 긴급구제지출법안을 승인받았다. 금액은 48억 달러. 전시를 제외하고는 사상 최대 규모였다. 이 기금으로 여러 노동 구제 제도가 등장했다. 이 가운데 가장 중요한 조직으로 꼽히는 공공사업진흥국(Works Progress Administration : WPA)은 홉킨스의 주도 아래 실업자의 3분의 1에 해당되는 350만 명에게 일거리를 제공했다. 이들이 추진한 사업은 대부분 병원, 학교, 경기장, 시립수영장과 같은 공공시설건설이었기 때문에 가장 눈에 띄고 인기 있는 뉴딜 기관으로 자리잡았다.

그해 여름에는 뉴딜 입법 역사에 한 획을 긋는 두 개의 법안이 통과되었다. 하나는 7월에 의회를 통과한 전국노사관계법안이었고 다른 하나는 8월에 루스벨트의 서명을 받은 사회보장법안이었다. 만약 루스벨트가 전국산업부흥국이 제시한 협력제도의 실효성을 믿었더라면 이처럼 논란이 많은 조치를 강행하지 않았을 것이다. 하지만 그는 섹터 판결과 재계의 공격으로 화가나 있었기 때문에 협력제도를 재개할 수 없다고 생각했다. 때문에 그는 전국노사관계법안과 사회보장법안을 입법 '필수품'으로 규정짓고 즉각적인 승인을 요구했다.

홉킨스
그는 루스벨트 행정부에서 대통령 다음으로 막강한 인물이었다. 호리호리하고 안색이 창백하며 담배와 블랙커피가 주식이었던 홉킨스는 항상 폐결핵으로 임종을 앞둔 환자처럼 보였지만 사회사업을 향한 열정은 변함 없었다.

뉴딜 법안 가운데 미국의 권력 구조에 가장 많은 영향을 미친 조치가 전국노사관계법안이었다. 이 법안은 발기인 와그너의 이름을 따서 와그너법안이라고 불릴 때가 많았다. 노동계가 루스벨트를 포기한 상황에서 등장한 와그너법안은 고용주에게 고용인 다수가 동의를 얻은 노동조합을 승인하도록 요구했다. 그리고 단체교섭권 실시적용을 위해 전국노사관계위원회(National Labor Relations Board : NLRB)를 설치하고 노동조합 선거 감독과 부당 노동행위 규제라는 두 가지 임무를 맡겼다. 노사관계위원회는 조사와 소송제기 권한을 갖춘 기관이었고, 이론적으로는 노조활동까지 제한할 수 있었지만 적어도 1930년대에는 노조를 조직하고 이를 통해 사측과 협상할 수 있도록 노동자들을 돕는 역할을 했다.

이후 6년 사이 미국의 노동조합원은 1935년 380만 명에서 1941년 870만 명으로 갑절 이상 늘었다. 하지만 이처럼 놀라운 수준으로 규모가 확대되면서 노동계의 분열은 그 어느 때보다 심화되었다. 노동계의 쇠퇴로 꼽히던 20세기 초반 무렵 새뮤얼 곰퍼스가 이끄는 미국노총은 숙련 노동자들의 직업별 노조 결성에 전념했다. 심지어 1934년까지도 미국노총 전국총회에 참석한 조합원 70퍼센트는 비숙련 노동자들의 노조 결성에 반대했다. 때문에 존 L. 루이스(John L. Lewis)가 이끄는 광산노동자연합, 시드니 힐먼(Sidney Hillman)이 이끄는 합동의류직물노동자조합, 데이비드 두빈스키(David Dubinsky)가 이끄는 여성의류노조는 1935년,

일리노어 루스벨트
1884~1962년

탄 광노동자들이 지하 깊숙한 곳에서 일을 하고 있다. 그런데 헬멧에 달린 안정등이 어둠을 밝히는 순간 모두들 입을 떡 벌린 모습이 드러난다. 이윽고 한 사람이 외친다.

"으악! 영부인이잖아!"

일리노어 루스벨트(Eleanor Roosevelt)가 실제로 지하 갱도를 찾아갔는지 여부를 확인할 방법은 없지만 1930년대를 풍미했던 이 만화는 시사하는 바가 컸다. 대공황이라는 가장 끔찍한 시기에 그녀는 지금껏 어느 영부인도 다녀간 적이 없는 곳을 찾아가서 어느 누구도 생각하지 못한 일을 했다.

일리노어 루스벨트는 애팔래치아, 최남부 지방의 시골, 푸에르토리코로 건너가서 최악의 가난을 두 눈으로 직접 확인했다. 의사당에서 평생을 보내는 의원들조차 발을 들여놓지 않는 컬럼비아 특별구의 빈민가와 뒷골목을 샅샅이 살펴보았다.

영부인과 대면할 줄은 꿈에도 상상 못했던 사람들과 만났고, 회원으로 가입한 여성노조연맹을 통해 여성 노동자들의 애환을 들었다. 그녀는 민권 운동 지도부를 백악관으로 초청했고 남편을 상대로 이들을 위한 로비 활동을 벌였다. 전국유색인종지위향상협회장 월터 화이트(Walter White)는 영부인을 생각하면 백인들에 대한 증오심이 사라진다고 말했다.

남편의 외도로 결혼생활은 힘이 들었지만 일리노어 루스벨트는 피지배계층의 고통을 남편에게 끊임없이 일깨워 주는 데서 삶의 위안을 얻었다. 그녀는 여러 사람과 주고받은 편지 중에서 특별히 감동적인 편지가 있으면 따로 골라 놓았다가 쪽지와 함께 남편의 책상에 올려놓았다.

"여보, 읽어보세요."

영부인 일리노어 루스벨트
그녀는 대통령의 부인이라는 단순한 지위를 넘어서 처음으로 공식 역할을 수행한 영부인이었다. 일간지에 칼럼을 기고했고, 라디오에 종종 출연했고, 여성 기자들만 참석할 수 있는 기자회견을 열었다. 그녀는 전국에서 남편 다음으로 유명한 인물이었다. 위는 1936년 비행기 안에서 촬영한 사진이다.

미국노총 산하 산업별조직위원회를 결성했다. 그리고 1936년, 미국노총에서 제명되자 1938년에 산업별노동조합회의를 창설했다.

산업별노동조합회의의 초대 의장 루이스는 유진 V. 데브스가 40년 전에 주장한 식의 산업노동자연맹을 적극 추진했다. 하지만 노조를 가장 반대한 철강과 자동차회사에 거센 반발에 부딪쳤다. 그는 기득권층에 대항하는 무기로 '연좌농성'을 선택했다. 이렇게 해서 가장 유명한 연좌농성이 1936년 12월 30일, 미시건 주 플린트에서 시작되었다.

플린트 연좌농성
당시 세계 최대기업이었던 제너럴모터스의 고향 플린트는 기본적으로 기업도시였다. 플린트의 노동자 다섯 명 가운데 네 명은 수많은 제너럴모터스의 공장에서 근무했고, 시장과 경찰서 장에서부터 교육위원에 이르는 시 공무원들은 대부분 한때 제너럴모터스 직원이었다. 그런데 12월 30일에 피셔바디(Fisher Body) 2번 공장의 간부들이 노조원 몇 명을 징계하려다 오히려 50명의 직원들에게 건물을 빼앗기는 사건이 벌어졌다. 다음날, 1천 명에 가까운 노동자들은 자 동차노동연합회관에 모여 피셔바디 1번 공장으로 행진을 벌였고 결국 이 건물마저 폐쇄시켰 다. 이들의 준법투쟁은 셰브롤레와 뷰익 공장을 넘어 전국의 제너럴모터스 공장으로 번졌고 플린트 연좌농성은 1930년대에 한 획을 긋는 노동투쟁으로 발전했다.

원래 노동자들의 불만사항은 잦은 해고(제너럴모터스의 공장은 1년이 아니라 분기별 계 획에 따라 운영되었다), 경영진 마음대로 고용하고 해고하는 관행(작업반장이 노동조합의 '말 썽꾸러기'들을 차별하는 편애를 일삼았다), 그리고 '초고속 가동'(바쁜 철이 되면 조립라인을 초고속으로 가동시켜 생산을 늘렸다)이었다. 제너럴모터스의 간부들은 법원 명령을 통해 파업 노동자들을 내쫓으려 실패하자 공장의 히터를 꺼 버렸다(이때 기온이 영하 9.4도였다). 그럼

에도 불구하고 노동자들은 꿈쩍하지 않았고 급기야는 플린트 경찰이 들이 닥쳤다. 부보안관은 1월 11일 하루 동안 세 번씩이나 진입을 시도했지 만, 렌치 등 급조한 무기로 무장한 파 업노동자들에게 가로막혀 번번이 실 패했다.

이와 같은 대치 양상이 2월 3일 까지 계속되자 마침내 제너럴모터스 는 협상에 응했다. 그로부터 1주일 뒤, 제너럴모터스는 산업별노조회의 산하 자동차노조를 인정하고, 파업 노동자들을 사면했다. 그리고 조만간 전국 노사협의회를 열어 파업 노동자 들의 요구 사항을 논의하기로 약속했 다. 자동차노조와 산업별노조회의

파업 노동자들
1937년 1월 초 피셔바디 3번 공장에서 연좌농성을 벌이고 있다. 플린트에는 이 밖에도 셰브롤레, 뷰익, AC 스파크플러그스의 공장이 있었다.

(1939년 당시 회원수가 200만 명을 넘어섰다)로서는 엄청난 수확이었다. 루스벨트 대통령은 연방정부가 개입해야 된다는 루이스의 조언을 받아들이지 않았지만(연좌농성이라는 작전을 못 마땅하게 여겼다) 그가 전례를 깨며 친노동자 성향의 와그너 법안에 서명하지 않았더라면 산업 별 노조는 이 정도 성과를 거둘 수 없었을 것이다. 와그너 법안의 위력은 루스벨트의 예상을 뛰 어넘었고, 정치계의 불가항력으로 변모한 '대형 노동조합'은 자금과 인력동원 면에서 막강한 힘 을 발휘하며 1936년 선거를 민주당의 압승으로 이끌었다. 그해 민주당의 일등 공신은 몇천 명의 선거운동원과 46만 9천 달러를 지원한 광산노동자연합이었다. 상공회의소는 1935년 9월의 투 표에서 35 대 1로 뉴딜 정책에 반대했지만 재계의 반발보다는 노동계의 힘이 훨씬 강했다.

사회보장제도

캘리포니아 주 롱비치에 살던 예순여섯 살의 의사 프 랜시스 에버렛 타운센드(Francis Everett Townsend)는 1933년 9월, 지방신문에 편지를 한 통 보냈 다. 정부차원에서 전국의 노년층에게 연금을 지급해야 된 다는 것이 투고문의 내용이었다. 당시 에는 나름대로 불황 타개책을 내 놓는 일반 국민이 몇천 명에 달했 지만 타운센드의 의견은 확실히 합 리적이었다. 그중에서도 특히 합리 적이라고 평가를 받은 점은, 60세 이상의 노인들에게 매달 200달러의 연금을 지급하되 두 가지 부대조건 을 달자는 부분이었다. 첫 번째 조건 은 수혜대상자를 퇴직자로 제한한다 는 것이었고, 두 번째 조건은 연금을 비축하지 말고 그달 안으로 모두 써야 한다는 것이었다.

국민들은 엄청난 호응을 보였다. 1935년으로 접어들었을 무렵 200여만 명의 회원을 거느린 5천 개의 타운센드 클럽이 전국적으로 자리를 잡았고 2,500 만 명이 타운센드의 의견을 법으로 제정해 달라는 진정서 에 서명했다.

1935년 1월에 74차 의회가 열리자 캘리포니아의 몇몇 의 원들(타운센드 지지자들이 선출한 인물들이었다)은 타운센 드의 의견을 반영한 법안을 제출했다. 하지만 루스벨트 행 정부가 도입하려는 연금안과 상충되는 부분이 있었기 때문 에 이들의 노력은 여기에서 끝이 났다.

1935년 8월에 정식 입법된 사회보장 법안은 노사가 수입의 일부를 공동기금 에 적립하고 1942년부터 노후 연금과 그 밖의 연금으로 지급 받는다는 내용 을 담고 있었다. 그리고 수혜대상자는 퇴직자뿐 아니라 산업재해를 입은 노 동자, 사망한 노동자의 가족도 포함 되었다. 월 지급액은 타운센드가 주 장한 200달러보다 훨씬 적었고 농민 이나 가내수공업자 등 연금이 가장 필요한 계층이 제외된 점은 아쉬웠 지만, 사회보장법안은 연방정부가 최초로 내놓은 장기 재정 복지안이 었다.

사회보장제도
유럽은 정부가 100퍼센트 지원하는 연금제도를 거의 대부분 이미 실시하고 있었다. 하지만 루스벨트는 제도의 장기 존속을 위해 노동자들이 협조해야 된다고 주장했다. "거기 들어간 세금을 생각하면 어떤 정치인도 내 사회보장제도를 폐기처분하지 못할걸?"

공화당은 관료주의와 볼셰비즘의 마수에서 미국을 구하겠다는 일념으로 1936년, '앨프' 라는 애칭으로 불리는 캔자스 주지사 앨프레드 M. 랜던(Alfred M. Landon)을 대통령 후보로 지명했다. 랜던은 1934년 당시 공화당에서 유일하게 재선에 성공한 주지사이기는 했 지만 격렬한 뉴딜 반대론자들을 대변하기에는 약한 인물이었다. 그는 뉴딜 정책에 일부 찬 성한 데다 말주변이 전혀 없었다. 그의 유일한 업적은 주예산을 적자 없이 집행했다는 것인데, 민주당에서는 캔자스 주예산이 뉴욕 시 공중위생과보다 적다는 식으로 비웃었다.

랜던은 좀더 저렴하고 효율적인 연방정부를 약속했고, 자유연맹은 루스벨트의 정책이 사 회주의를 닮은 데다 전혀 미국적이지 않다는 흑색선전을 펼쳤다. 그뿐 아니라 프랭클린이 소 아마비로 뇌를 다쳤고 늦은 밤이면 집무실에서 미친 듯이 웃는 소리가 새어 나온다는 헛소문 까지 퍼트렸다. 그중 유대인을 혐오하는 무리들은 그를 프랭클린 로젠펠드(Franklin Rosenfeld)라고 불렀고 또 어떤 이들은 '계급의 배신자'라고 매도했다.

경제회복 조짐에 용기를 얻은 루스벨트는 1936년 대통령 선거에서 가장 집요한 정적들의 도전을 기꺼이 받아들였다. 그의 표적은 랜던이 아니라 미국자유연맹의 금권 정치인들이었다. 그는 1936년 1월의 의회연두교서에서 '탐욕으로 똘똘 뭉친 세력의 적'이 되었다고 자랑스럽게 선언했다. 또 다른 연설에서는 재계의 비평세력들을 향해 '물에 빠진 것을 구해 주었더니 모자를 빠트렸다고 화를 내는 늙은이'에 비유했다. 선거운동조직은 뉴딜 정책에 공감하는 공화당원들이 참여할 수 있도록 당외 조직을 결성했고 노동조합은 민심을 얻을 수 있도록 백방으로 뛰어다녔다.

루스벨트 연대

루스벨트의 제1작전사령관을 맡은 제임스 A. 팔리(James A. Farley) 민주당전국위원회장 겸 체신장관은 루스벨트가 메인과 버몬트를 제외한 나머지 모든 주를 휩쓸 것으로 예상했다. 루스벨트조차 믿지 않았지만 팔리의 예언은 맞아떨어졌다. 48개 가운데 46개 주에서 승리한 데다 60.8퍼센트의 득표율을 기록해 1920년 하딩이 세운 60.3퍼센트의 기록마저 갱신한 것이다. 여기에 민주당원들의 승리까지 가세하면서 상원의 공화당 의석수는 16석, 하원은 89석으로 줄어들었다.

1936년의 선거 결과는 압승 이상의 의미를 가지고 있었다. 이후 점차 분명해졌다시피 루스벨트의 승리로 미국 정계는 조직개편을 마무리지었다. 일부 지각 있는 사람들은 앨 스미스(Al Smith)의 1928년 선거 결과를 보면서 투표 양상의 중대 변화를 감지했다. 예를 들어 1928년에는 여성 노동자들의 투표율이 크게 증가했고 이들은 대부분 스미스를 지지했다. 가톨릭교도들도 민주당 후보의 뒤로 줄을 섰고 도시의 이민자들도 마찬가지였다. 루스벨트는 이들 계층과 '남부 결속(재건 시대 이후 민주당의 확실한 표밭이 된 데서 비롯된 별명이었다)'에다 유대인을 중심으로 하는 여타 이민사회, 노조원, 아프리카계 미국인들의 지지까지 확보한 셈이었다.

1932년만 하더라도 흑인 유권자들은 대부분 링컨의 정당에 충성을 바쳤지만, 불황이라는 난관의 가장 큰 희생자가 되면서 결국 정치적 입장을 바꾸었다. 루스벨트 대통령은 민권법안을 단 한 개도 서명하지 않았고, 흑인을 단 한 명도 정부 요직에 임명하지 않았다(하지만 가톨릭교도와 유대인들에게는 새로운 기회를 제공했다). 흑인들을 돌아서게 만든 요인은 뉴딜 정책의 구제기금이었다.

주정부가 인색하고 차별을 일삼기로 악명이 높은 남부에서 대공황 이전부터 가난에 시달리던 몇백만 명의 아프리카계 미국인들은 구제기금을 발판 삼아 궁핍에서 벗어날 수 있었다. 예컨대 홉킨스는 연방긴급구제국의 취업 제도를 기획할 때 시간당 최소 임금을 30센트로 정했다. 워싱턴의 관리들이 보기에 그 정도면 최저생계비 수준이었다. 그런데 알고 보니 남부의

루스벨트

가톨릭교도와 유대인들은 예전에도 민주당을 지지했지만, 이들 사이에서 정부 고관의 확실한 상징으로 난생 처음 자리잡은 인물은 루스벨트였다. 위는 1937년 7월의 모습이다.

흑인들은 몇십 년 동안 시간당 5달러밖에 안 되는 임금으로 생활하고 있었다. 따라서 연방긴급구제국과 공공사업진흥국이 제공한 일자리는 진정한 기회였고 흑인들은 투표를 통해 고마운 마음을 표현했다.

처음에는 루스벨트 연대에서 민주당을 강력하게 지지하는 집단이 거의 없었다. 이들이 충성을 바치는 대상은 대통령 아니면 영부인이었다. 민주당 의원, 민주당 주지사, 민주당 주 의원들을 위해서 한 표 행사한 것은 루스벨트의 간청 때문이었다. 하지만 얼마 지나면서 민주당 지지는 일종의 습관이 되었다. 공화당이 윌리엄 매킨리와 마크 해나 덕분에 1896년부터 반 세기 동안 다수당의 지위를 누렸다면 이번에는 민주당의 차례였다.

흑인들의 애도
1945년 4월 14일, 대통령의 운구 행렬이 워싱턴 D. C.를 지나가자 길가에 늘어선 흑인 조문객들이 슬퍼하는 모습을 보면 알 수 있다시피 이들은 루스벨트를 진심으로 사랑했다.

루스벨트는 첫 번째 임기 4년이 거의 끝나갈 무렵 존 메이너드 케인스(John Maynard Keynes)의 이론을 접했지만, 두 번째 임기를 시작할 무렵까지도 정부가 경제에서 항구적인 역할을 해야 된다고 믿지 않았다. 영국의 경제학자 케인스는 최신작 『고용, 이자 및 화폐에 관한 일반이론(*The General Theory of Employment, Interest, and Money*)』(1936년)에서 정부가 공공사업을 통해 소비를 자극하고 화폐 공급을 늘려 투자를 유발하면 경제 사이클상의 침체기를 줄일 수 있다고 주장했다. 하지만 루스벨트는 엄청난 예산 적자가 뻔하다는 이유에서 케인스식 치료법을 선뜻 채택하지 않았다. 정부는 가계와 마찬가지로 지출이 수입을 초과하면 못쓰는 법이었다. 첫 번째 임기 때는 나라가 워낙 위기 상황이었으니 적자가 나더라도 참았다. 하지만 1937년 3월부터 경제의 많은 지표가 불황 이전 수준으로 접근하자 루스벨트는 한 걸음 물러서기로 결심했다. 실업 인구가 여전히 770만 명에 달했지만 그래도 구제예산을 급격히 삭감하고 정부의 경기부양 정책을 끝내다시피 했다.

그러자 눈 깜짝할 순간에 회복세가 바닥을 쳤다. 루스벨트의 두 번째 취임식이 있던 날 191.63을 기록했던 다우지수는 연말 무렵 120.85로 떨어졌다. 같은 기간 동안 전체 노동인구의 5퍼센트에 해당하는 300만 명이 일자리를 잃었다. 언론에서는 이같은 하락세를 '루스벨트 불경기'라고 부르기 시작했다. 루스벨트는 1937년 11월에 75차 의회를 다시 소집했지만 짧은 회기 동안 이루어진 일은 아무것도 없었다. 그는 1933년부터 1936년 사이 그랬던 것처럼 임청나게 예산을 집행할 마음이 없었다. '정신 바짝 차리고 조용히 있으면 모든 게 잘 될' 거라고 후버 비슷한 소리를 늘어놓을 따름이었다.

한편 뉴딜 지지자들은 대통령을 사이에 두고 내전을 치렀다. 재무장관 헨리 모겐소 2세

(Henry Morgenthau Jr.)가 이끄는 파벌은 경기부양 정책의 재개를 반대했다. 모겐소는 종국에는 경기가 저절로 회복된다고 믿었다. 이에 비해 퍼킨스와 홉킨스는 케인스식의 적자 예산 집행을 주장하면서 이들의 설전은 몇 달 동안 계속되었다. 하지만 루스벨트 불경기가 계속되고 중간선거가 다가오자 1938년 4월에 루스벨트는 개혁주의자들에게 승복했다. 그는 의회에 긴급구제지출법안의 승인을 다시 한 번 요구했고 6월에 40억 달러를 들여 공공사업진흥국과 공공사업국을 부활시켰다. 경기는 천천히 반전세를 보이기 시작했다.

뉴딜 정책의 끝

하지만 1938년 11월의 중간선거에서 루스벨트는 불경기, 연좌농성, 대법원 퇴출 법안을 접하고 중산층이 얼마나 불안해하는지 실감할 수밖에 없었다. 민주당은 이번에도 여유 있게 과반수를 확보했지만 하원의원 75석과 상원의원 7석을 공화당에게 빼앗겼다. 결과적으로 행정부는 몇몇 법안을 수정하지 않으면 등을 돌리겠다고 으름장을 놓는 남부의 보수적인 민주당원들에게 훨씬 많은 관심을 쏟아야 했다.

한편 파시즘이 등장한 유럽, 에스파냐 내전, 극동에서 침략을 일삼는 일본 때문에 루스벨트는 외교 분야에 할애하는 시간이 예전보다 훨씬 많아졌다. 그는 일찌감치 추세를 파악하고 전쟁 준비를 서둘렀다. 하지만 남부의 의원들이 국내 개혁의 강도를 줄이지 않으면 협조할 수 없다고 나섰다. 루스벨트는 전혀 고민하지 않았다. 좌익 맛보기는 이 정도면 되었기 때문에 국가 안보를 국내 방침보다 시급한 과제로 삼고 다시는 뒤돌아보지 않았다.

민간자원보존단의 1941년 포스터

1941년은 루스벨트가 나무부대 라고 부른 민간자원보존단이 드디어 해체된 연도였다. 그때까지 이 기관을 거쳐간 젊은이들의 숫자는 300명에 달했고 노동기간은 대부분 6개월에서 1년 사이였다.

인물 촌평

짐 브래덕 & 조 루이스

1905-1974년   1914-1981년

제프리 C. 워드

19 37년 봄, 스물세 살의 조 루이스(Joe Louis)는 가족상 자타가 공인하는 헤비급 세계권투챔피언 감이었다. 그는 지금까지 서른다섯 명의 상대 선수 가운데 서른네 명을 때려눕혔고 전직 챔피언 세 명을 비롯해 서른 명을 상대로 KO승을 거두었다. 여기에 훌륭한 코치, 일류 스파링파트너, 연줄 든든하고 눈치 빠른 매니저까지 딸려 있었다. 그런데 한 가지 문제점은 흑인이라는 사실이었고, 미국 스포츠계는 아직까지 인종차별이 심했다. 흑인 야구선수는 메이저리그에서 뛸 수 없었다. 흑인 기수는 유명 경마대회에 참가할 수 없었다. 그리고 루이스가 한 살이던 1915년부터 흑인 권투선수는 세계챔피언에 도전할 수 없었다. 1915년은 현란한 기술을 자랑하던 잭 존슨(Jack Johnson)이 '위대한 백인 교황' 제스 윌러드(Jess Willard)에게 벨트를 빼앗긴 해였다. 이때부터 헤비급 챔피언들은 아프리카계 미국인 선수의 도전을 받아들이지 않았다. 따라서 현 챔피언 짐 브래덕(Jim Braddock)이 루이스만 특별 대우할 이유가 없었다.

챔피언 벨트를 따려고 브래덕만큼 열심히 땀을 흘린 사람도 없었고 타이틀을 지켜야 할 이유가 브래덕처럼 많은 사람도 없었다. 1906년 맨해튼의 헬스키친에서 태어나 뉴저지 주 노스버건의 험한 동네에서 자란 브래덕은 열세 살 때 싸움을 벌인 탓에 교구 학교에서 쫓겨났고, 사환과 인쇄소 견습공 일을 하다 권투계에 입문했다. 그런데 챔피언을 향해 차근차근 계단을 밟아 가던 1929년 무렵부터 모든 게 어긋나기 시작했다. 라이트헤비급 챔피언 도전에 실패한 데 이어 수입을 투자했던 택시회사가 파산을 하더니 이후 서른세 차례의 경기에서 23패를 기록한 것이다. 여기에 손까지 부러지자 브래덕은 부두노동자로 전락했고, 급기야는 자존심을 접은 채 구제연금

으로 아내와 세 아이를 먹여 살리는 수밖에 없었다. 이 무렵 프로모터들이 보기에 브래덕은 젊고 유망한 선수를 근사하게 포장할 때 동원하는 퇴물에 불과했다. 그런데 그는 어찌어찌 상황을 반전시키더니 정상급 선수 세 명을 꺾고 챔피언 맥스 베어(Max Baer)에게 도전장을 내미는 상황까지 만들었다. 1935년 6월 13일에 경기가 시작되었을 때 사람들은 10 대 1로 브래덕의 열세를 점쳤다. 하지만 브래덕은 상대방을 과소평가하고 훈련을 게을리 한 베어를 판정승으로 누르고 타이틀을 거머쥐었다. 헤비급 세계챔피언대회 역사상 최대의 이변이었고, 신문 칼럼니스트 데이먼 러니언은 그에게 신데렐라라는 별명을 선사했다.

브래덕은 집요한 한편으로 편견이 없는 성격이었다. 따라서 루이스의 도전을 기부할 이유가 없었다. 그는 매니저에게 조건이 맞으면 계약을 성사시키라고 전했다.

두 선수는 1937년 6월 22일, 시카고의 코미스키 경기장에서 만났다. 디트로이트 스포츠기자는 당시 분위기를 이렇게 표현했다.

"부인과 아이들까지 딸려 있지만 생활비가 부족한 아일랜드 출신의 신데렐라를 응원하는 분위기다."

하지만 분위기는 별다른 영향을 미치지 못했다. 브래덕은 1라운드에서 도전자를 다운시켰지만 이후로는 완전히 루이스의 페이스였다. 결국 브래덕은 8라운드까지 버티다 KO패 당했고, 스물세 바늘을 꿰매는 대수술을 받았다.

루이스는 이후 12년 동안 챔피언 자리에 머물며 헤비급 최장수 기록을 세웠고 아프리카계 미국인과 수많은 백인의 영웅으로 자리매김했다. 브래덕은 변명하지 않았다. 기자들에게 너무 버거운 상대였다고 인정했다. 그는

브래덕(왼쪽)과 루이스
1937년 2월, 시카고에서 타이틀매치를 치른다는 계약서에
서명을 한 뒤 악수를 하고 있다.

이후 한 경기에서 승리를 거둔 뒤 은퇴했고, 짧은 기간 동
안 이나마 스포트라이트를 받으며 모은 돈으로 작은 식당
을 차린 뒤 구제기금을 한푼도 남김없이 갚았다.

20

2차 세계대전

진주만 공습

1941년 12월 7일 오전 7시 2분. 오실로스코프를 쳐다보던 조지 엘리엇 일병의 눈에 거대한 '반사파'가 잡혔다. 북쪽으로 220킬로미터쯤 떨어진 곳에서 레이더망에 걸린 물체가 있었다. 이때 엘리엇은 조지프 로커드 일병에게 하와이에서 시험 중인 신종 레이더 장비 사용 교육을 받고 있었다. 이들 앞에는 SCR-270B 이동식 탐지기가 놓여 있었다. 진주만 해군기지가 위치한 오아후 섬에서 가동되는 이동식 탐지기는 모두 여섯 대였다. 이들이 사용 중인 기기는 얼마 전 트럭 넉 대에 나누어 남아서 섬 북쪽 끝에 자리잡은 카후구 곶 근처의 오파나 언덕으로 나른 것이었다.

전파로 멀리 있는 물체를 감지하고 추적한다는 발상은 전파만큼이나 오랜 역사를 자랑했지만 아직까지는 기술이 발전단계였다. 사실 미국 해군은 1942년에 이르러서야 '전파 탐지 및 거리측정(radio detection and ranging)'의 약칭으로 '레이더(RADAR)'라는 단어를 쓰기 시작했다.

좌표가 두 사람이 서 있는 지점으로 빠르게 다가오는 모습이 심상치 않았다. 엘리엇과 로커드는 오아후 남쪽 해변의 진주만 해군시설본부 인근에 자리잡은 포트 섀프터의 정보부대에게 이 사실을 알렸다. 하지만 이 무렵 임무교대가 진행 중이었기 때문에 남아 있는 장교는

전투기조종사 커밋 타일러뿐이었다. 아이러니컬한 일이지만 엘리엇과 로커드가 오실로스코프에 매달려 있던 이유도 오전 7시에 데리러 온다던 트럭이 아직 나타나지 않았기 때문이었다. 타일러 중위는 정보부대 근무가 처음이었다. 12월 7일이 부임 이틀째였다. 그는 로커드의 보고를 듣고 오늘 아침 캘리포니아에서 건너온다던 B-17 폭격기 중대가 도착하는 모양이라고 결론을 내리고, 로커드와 엘리엇에게 신경 쓰지 말라고 전했다. 두 일병은 워낙 경험이 없었기 때문에 B-17이 하늘의 요새로 불릴 만큼 거대한 폭격기라 하더라도 비행중대로 보기에는 반사파가 너무 크다는 사실을 짚어 내지 못했다.

로커드와 엘리엇은 접근하는 비행기들을 계속 관측했다. 전파 방해로 좌표가 사라진 것이 7시 39분이었다 (오파나 남쪽의 산악지형 때문에 비행물체가 오아후 반경 32킬로미터쯤 이내로 진입하면 더 이상 관측이 불가능했다). 그런데 바로 이때 드디어 수송 트럭이 도착했다. 두 사람은 장비를 챙겨들고 카와일로아의 막사로 향했다. 로커드의 회상을 들어 보자.

"절반쯤 갔을 때 병사들을 싣고 오파나로 쏜살같이 달려가는 트럭과 만났습니다. 우리 쪽으로 열심히 손을 흔들면서 고함을 지르는데 뭐라고 하는지 모르겠더라고요. 아무튼 계속 가다 보니 진주만 쪽에서 커다랗고 시커면 연기가 하늘 위로 뭉게뭉게 솟아오르는 게 보였습니다. 무슨 일이 벌어졌구나 싶었죠. 막사에 도착했을 때 일본의 공습 소식을 들었습니다. 우리 레이더에 잡혔던 물체가 일본측 폭격기였던 거죠."

전시정보국의 포스터
(왼쪽) 전시정보국에서는 1942년 초, 버너드 펄린이 제작한 이 포스터를 배포했다. 2차 세계대전 당시 미국인을 선동할 때 가장 자주 쓰였던 슬로건은 '진주만을 기억하라!'였다.

일요일이던 그날, 오아후 중심부 휠러 비행장의 미국 공군 조종사들은 대부분 잠을 자고 있었다. 하지만 조지 웰치(George Welch) 중위와 켄 테일러(Ken Taylor) 중위는 일찌 감치 일어나 장교클럽에서 아침식사를 하고 있는데, 일본 측 급강하 폭격기들이 모습을 드러 냈다. 얼른 자동차를 집어탄 두 사람은 일본군 몰래 한 시간 동안 160킬로미터쯤을 달려 보조 활주로로 달려갔고, 대기 중이던 전투기에 탑승하는 데 성공했다. 이들은 1진 세 기를 격추시 키고 연료 공급을 위해 상륙했다. 공중전을 벌이는 동안 테일러는 두 차례 부상을 당했다.

오아후 동쪽 해안에 자리잡은 카네오헤 해군 비행장의 사령관은 모닝커피를 마시고 있을 때 비행기 소리를 들었다. 고개를 들었더니 놀랍게도 여러 비행편대가 규정을 어긴 채 저 공 비행을 하고 있었다. 이들은 오른쪽으로 방향을 틀어 새 비행정 서른세 척이 정박 되어 있는 카네오헤 만으로 향했다. 사령관은 벌떡 일어서며 고함을 질렀다.

"우회전은 안 된다고 그렇게 일렀건만! 멍청이들 같으니라고!"

이때 어린 아들이 외쳤다.

"아빠, 날개에 빨간 색 동그라미가 있어요!"

아들의 말이 맞았다. 이들은 일본군 비행기였다. 사령관은 황급히 본부 로 달려가서 대공포 발사명령을 내렸다.

미국태평양함대 총사령관 허즈번드 E. 킴멜(Husband E. Kimmel) 제 독과 하와이의 지상기지에 소속된 모든 항공기를 책임지는 월터 C. 쇼트 (Walter C. Short) 소장은 가깝거나 친한 사이가 아니었다. 이날 아침에 함께 골프를 치기로 되어는 있었지만 사실은 서로 만난 일이 거의 없었다. 7시 30분 무렵, 킴멜은 휘하 장교에게 구축함 워드 호가 조금 전 진주만으로 잠입하려는 일 본 측 2인 잠수함을 공격했다는 전화 연락을 받았다. 킴멜은 전체 경보를 울려야 할 만큼 중요한 사안은 아니라고 생각했지만 그래도 집무실로 향하기로 했다. 그런데 막 출발 하려는 찰나에 전화벨이 다시 울렸다. 수화기 건너편의 장교는 극소형 잠수함에 대한 추가 정 보를 자세히 전하다 잠시 말을 멈추더니 일본군이 진주만을 침공했다고 큰 소리로 외쳤다. 황 급히 밖으로 달려나간 킴멜은 눈앞의 광경을 접하고 할 말을 잊었다. 사택에서 내려다보이는 항구 위 하늘이 온통 폭격기의 물결이었다. 함선들의 운명은 불을 보듯 뻔했다.

킴멜 제독

11개월이라는 짧은 기간 동안 미국태평양함대 총사령관을 맡던 시절의 모습이다. 그는 12월 7일 공격이 한창 정점에 달했던 8시 10분 무렵 본부에 도착했다. 하지만 창가에 서서 쳐다보기만 할 뿐 속수무책이었다. 유리창을 깨고 들어온 유탄이 가슴 옆을 스치고 지나갔을 때에는 "차라리 탄피에 맞고 죽었더라면 고마웠을 텐데." 하는 심정이었다. 그는 12월 17일에 총사령관 자리에서 물러났고 얼마 후 전역했다.

중립법

일본군이 대담하게 기습을 감행하기 전까지만 하더라도 미국은 고립주의와 간섭주의가 첨예하 게 대립하는 상황이었다. 어설픈 베르사유식 평화는 환상이 깨진 지 오래였다. 우드로 윌슨은 1차 세계대전을 가리켜 '전 세계 민주주의 수호에 바친' 성전에 비유했지만 많은 미국인이 보 기에는 미국은행에서 빌려준 차관을 안전하게 지키고 무기 제조업자들을 살찌우기 위해 벌인 전 쟁에 불과했다. 노스다코타의 공화당원 제럴드 P. 나이(Gerald P. Nye) 상원의원은 1930년대 중 반 무렵 1차 세계대전의 군수품 판매를 조사하는 청문회에서 이같은 시각을 널리 퍼뜨렸다.

나이가 이끄는 상원특별위원회 감사 결과 터무니없는 부당이익과 모든 교전국에게 상품 을 판매한 무기 제조업자—나이와 여러 사람들은 이들을 '죽음의 상인' 이라고 불렀다—들의

실태가 드러났다. 특별위원회는 영국과 프랑스의 경제 대리인 역할을
한 J. P. 모건의 금융제국이 의회에 선전포고를 요청하도록 윌슨
대통령에게 압력을 행사했다는 의혹도 조사했지만, 이 부분에
서는 별다른 성과를 거두지 못했다. 하지만 여론을 조성하고
1차 중립법(Neutrality Act)을 통과시키도록 의회를 설득하는
데에는 성공했다. 중립법은 모두 네 차례 등장했다.

1935년 8월의 중립법은 정부와 국민 양쪽 모두를 통해 미
국의 중립을 지키려는 것이 목적이었다. 이 법안에 따르면 대통
령은 교전 중인 나라로 향하는 무기 수출을 금지시킬 의무가 있었다
(그리고 루시타니아 호 침몰사건도 있다시피 교전국의 배를 타고 여행
하려는 국민들에게 사전에 경고할 의무도 있었다). 하지만 1935년의 중립법
은 침략을 한 쪽과 당한 쪽의 구분을 짓지 않았기 때문에 동아시아에서 맹위를 떨치는 일본 등
외국의 팽창주의에 대응할 방법을 상당히 제한하는 경향이 있었다.

1936년 2월에 개정된 중립법에는 교전국들에게 차관을 금지하는 조항이 추가되었다. 1937년
5월에는 내용이 한층 더 엄격해졌다. 공화당 정부와 프란시스코 프랑코(Francisco Franco) 장군이
이끄는 파시스트들이 충돌한 에스파냐 내전 때문이었다. 1937년 5월의 중립법은 적용
대상에 내전을 추가시키고, 수출금지 품목에 강철이나 석유와 같은 전략 물품을 덧붙
이고, 교전국 선박 여행을 불법으로 규정했다. 그뿐 아니라 미국에서 비전투용 물품을
구입하는 교전국은 대금을 현금으로 지불하고 자국 선박으로 직접 운송하도록 했
다(이른바 현금판매, 배달불가 정책이었다). 중립법의 요구 사항이
너무 엄격하고 거추장스러웠기 때문에 1937
년 7월, 중국군과 일본군 사이에서 교전이 벌
어졌을 때 루스벨트 대통령은 전쟁을 공
식적으로 인정하지 않는 방법을 동원했
다. 공식 인정했다가는 수출금지조치
가 침략국 일본보다 피해국 중국에게
훨씬 악영향을 미치기 때문이었다.

19 04-1905년의 러일전쟁에서 승리를 거둔 이래 일본에서는 군국주의가 점점 더 기승
을 부렸다. 특히 대공황 시기에 일본의 육군과 해군 장교들은 영토 확장이 고질적인
경제 문제의 유일한 해결책이라고 생각했다. 1930년 무렵 일본은 23만 5천 평방킬로미터쯤의
영토(사우스다코타와 노스다코타를 합한 정도의 면적이다)에 6,500만 명이 빼곡하게 살고 있
었다. 본토에는 농경지가 부족했기 때문에 해마다 식료품 수입량은 늘어만 갔다. 설상가상으
로 매장된 광물마저 거의 없는 터라 군국주의자들로서는 걱정이 이만저만이 아니었다. 경제는
고도로 산업화되었으니 믿음직한 원료 공급처를 확보하고 열심히 노력하면 세계에서 세 번째
나 네 번째로 강력한 나라가 발전할 수 있을 터였다. 군국주의자들은 이런 상상을 행동으로 옮

기자들과 만난 나이 상원의원
독일의 폴란드 침공
소식이 전해지고
2주 뒤의 사진이다.
그는 기자회견을 열고
중립법의 무기수출 금지
조항을 고수하겠다고
밝혔다.

**매디슨 스퀘어 가든 집회에
참석한 찰스 린드버그**
(왼쪽) 1941년, 고립주의
진영의 주요 조직인
미국우선위원회 회원들과
함께했다(왼쪽에서 두
번째). 미국우선위원회는
2차 세계대전이 미국과는
아무 상관없는 전쟁이라고
주장했다.

워싱턴 회의

미국은 국제연맹에 가입하지 않았지만 1921년에서부터 1925년까지 국무장관을 역임한 미래의 대법원장 찰스 에번스 휴스의 주도 아래 세계평화와 안정에 기여할 대안을 강구했다.

예를 들어 1921년에서 1922년으로 넘어가는 겨울만 하더라도 워싱턴 회의를 열어 미국, 영국, 일본의 해군군비 확장 경쟁을 완화시킬 방법을 모색했다.

휴스는 광범위한 군축을 제안했지만 대표단은 결국 해군 톤수의 상한선을 정하고 조인국 간의 무기 비율을 정하는 수준으로 마무리지었다. 미국과 영국의 군함 5톤당 일본은 3톤, 프랑스와 이탈리아는 1.75톤이 허용되었다.

그런데 영국과 미국의 함대는 전 세계로 분산되었기 때문에 이 협정으로 태평양은 일본의 차지가 되었다. 그뿐 아니라 일본의 군국주의자들은 협정 내용을 세계가 일본을 열등국으로 생각하는 증거로 삼고 민간정부를 향해 한층 거센 공격을 퍼부었다.

졌다. 관동군—1905년 러시아에게 빼앗은 만주 남부 랴오둥 반도(遼東半島)의 주둔군이었다—은 1931년 9월, 중국군이 남만주철도 폭격을 계획했다는 터무니없는 주장을 내세우며 만주의 나머지 땅까지 빼앗았다. 무능력한 중국은 물론이고 일본의 힘없는 민간정부도 수수방관할 수밖에 없는 입장이었다. 이후 관동군은 정부에 압력을 넣은 결과 관동군의 지배를 받는 만주 '녹립' 국으로 만주를 재편했다. 미국과 서유럽의 여러 나라들이 강력하게 비난하고 나섰지만 아무 소용없었다. 국제연맹이 만주괴뢰정권의 승인을 저지하기 위해 회원국을 소집하자 일본은 1933년 3월에 국제연맹을 탈퇴했다.

이후 몇 년 동안 총리와 고위 관리들이 암살을 당하는 등 국내 정계에서 유혈사태가 벌어지자 관동군의 확장주의는 잠깐 소강기를 맞았다. 하지만 1937년 7월 7일, 만리장성과 베이징 사이의 비무장지대에서 일본군과 중국군의 교전이 벌어졌다. 교전은 전면전으로 발전했고, 일본은 중국의 주요 항구와 내륙 대부분을 점령했다. 이때 난징에서는 무려 30만 명의 민간인이 잔인하게 죽임을 당하는 '난징 대학살' 사건까지 벌어졌다. 서방세계는 다시 한 번 일제히 비난을 퍼부었지만 공허한 메아리에 불과했다.

격리 수용 연설

1937년 10월, 프랭클린 루스벨트 대통령은 시카고에서 미국의 고립주의 진영을 직접적으로 공격하는 외교정책 관련 연설을 했다.

"현대는 기술적으로나 도덕적으로나 결속과 상호의존이 강조되는 시대입니다. 이런 시대에는 어떤 나라도 다른 지역의 경제와 정치상의 격변을 외면한 채 완벽한 고립정책을 추구할 수는 없습니다. 격변이 점점 확산되는 상황에서는 더욱 그렇습니다."

그는 미국이 '대규모 상비군이나 전시용품이 아니라 다리, 도로, 댐, 삼림복구'에 투자할 수 있는 것이 얼마나 다행이냐고 말했다.

> "날이 갈수록 악화되어 가는 세계정세를 보면 심각한 걱정과 우려를 금할 수 없습니다."
>
> 루스벨트,
> 1937년 10월 5일의 격리
> 수용 연설에서

"하지만 여러분, 저 또한 여러분과 마찬가지로 미래를 생각하게 됩니다. 현재 세계는 10퍼센트의 인구가 국제질서와 법칙을 무너뜨리며 나머지 90센트의 평화와 자유와 안전을 위협하고 있습니다."

그는 끝으로 세계의 무법자들을 전염병에 비유하며 "전염병 확산을 막고 공동체의 건강을 보호하기 위해 환자들을 격리 수용해야 된다."는 상식적인 해결책을 제시했다. 그는 좀더 융통성 있게 피해국을 돕고 침략국을 저지할 수 있도록 중립법을 개정해 달라고 의회에 요청했다.

"미국은 달아날 것이라고, 미국은 자비를 구할지 모른다고, 서반구는 공격을 받지 않을 것이라고 상상하는 사람이 없도록 말입니다.”

하지만 '격리 수용'이라고 교묘하게 표현한 요구 사항은 받아들여지지 않았다. 국민들은 그의 연설에 반발했고 이로 인해 의회 내 고립주의 진영이 더욱 굳건해지면서 루스벨트는 물러서는 수밖에 없었다. 하지만 고립주의자들이 평화주의를 주장하는 것은 아니었다. 이들은 재무장과 대규모 태평양, 대서양 함대 건설을 찬성했다. 이들은 자신들의 전략을 '미국 요새화' 작전이라고 불렀고, 드넓은 대서양과 태평양을 건너 군대와 군수물자를 수송하기가 어렵기 때문에 무장만 든든히 하면 유럽과 아시아의 군사위협을 물리칠 수 있다고 생각했다.

중국 포로
1937년, 일본군에
끌려가는 중국 포로들.

적지만 점점 세력을 넓혀 가고 있던 의회 내 간섭주의파는 1936년 10월에 독일과 이탈리아가 결성한 베를린-로마 추축을 가만히 내버려두면 미국을 위협할 것이라고 경고했다. 그런데 날로 확산되는 유럽의 완화정책 때문에 전쟁이 임박한 상황인데도 대다수의 미국인은 이들의 주장을 귀담아듣지 않았다. 1936년에 독일 총통 아돌프 히틀러는 1925년의 로카르노 조약을 어기고 라인란트에 군대를 파견했다. 1938년 3월에는 오스트리아를 병합했다. 그러더니 이제는 체코슬로바키아에 눈독을 들였다. 전부가 안 되면 독일계가 다수 거주하는 서부의 주데텐란트만이라도 차지하려고 했다. 체코슬로바키아 국민들은 전쟁 준비를 서둘렀지만 유럽의 동맹국들은 수수방관했다. 외교적으로 열세였던 체코슬로바키아 정부로서는 어쩔 방법이 없었다.

위기 해결을 위해 1938년 9월, 뮌헨 회의가 열렸고 히틀러, 네빌 체임벌린(Neville Chamberlain) 영국 총리, 에두아르 달라디에(Edouard Daladier) 프랑스 수상이 만났다. 체임벌린과 달라디에는 유럽전쟁을 어떻게 해서라도 피하고 싶은 입장이었기 때문에 "유럽에서 더 이상 영토 분쟁을 일으키지 않겠다."는 히틀러의 약속을 믿고 분쟁지역을 내주었다. 하지만 양보는 또 다른 양보로 이어지기 마련이었다. 뮌헨 회의가 끝난 지 겨우 6개월 만에 히틀러는 약속을 어기고 체코슬로바키아의 나머지 땅마저 뻔뻔스럽게 점령했다. 그로부터 다시 6개월 뒤에는 폴란드를 침공했다.

한편 독일과 소련의 외무장관 요아힘 폰 리벤트로프와 뱌체슬라프 M. 몰로토프는 1939년 8월 23일에 독-소 불가침조약을 맺었다. 세계를 충격의 도가니로 몰아넣은 이 조약 덕분에 나치는 소련의 간섭을 걱정할 필요 없이 9월 1일, 폴란드 침공작전을 개시할 수 있었다(이 조약에는 나머지 동유럽을 양국이 나누어 갖는 비밀 의정서가 첨부되어 있었다). 영국과 프랑스는 폴란드와 맺은 상호방어협정에 따라 독일에 전쟁을 선포했고 이로써 2차 세계대전이 시작되었다.

후방

일본이 진주만을 공습했을 때 미국의 실업인구는 거의 400만 명에 다다랐다. 그리고 공공사업진흥국과 같은 정부기구에 기대어 일을 하는 인구도 몇백만 명이었다. 미국 가정 40퍼센트의 연간 소득은 4인 가정의 최소생계비인 1,500달러에 못 미쳤다. 한 마디로 대공황은 아직 끝나지 않았다.

그런데 전쟁을 치른 4년 동안 연방정부는 모두 3,060억을 지출했고, 이 가운데 3분의 2가 전시 국채와 같은 제도를 통해 국민들에게 차용한 돈이었다. 그 결과, 미국 국민의 연산 소득은 1940년 780억에서 1945년 1,710억으로 껑충 뛰었고 실업률은 사상 최저치인 1.2퍼센트를 기록하게 되었다.

후방은 하나의 거대한 공장으로 변모했다. 처음에는 1년에 비행기 6만 대, 탱크 4만 5천 대, 선박 800만 톤을 만들어야 된다는 루스벨트의 계산을 듣고 가능하다고 생각하는 사람이 거의 없었다. 그런데 수많은 공장이 끊임없는 교대로 24시간 가동되면서 1944년 무렵 미국은 9만 6천 대의 비행기를 생산했고 다른 부문도 비슷한 수준에 이르렀다.

중공업계에 진출한 여성들
전시기간에는 실업자가 거의 없었고 공장에서는 일손이 늘 부족했기 때문에 연방정부는 여성들에게도 중공업계 취직을 촉구했다. 예전에 중공업계는 남성들만의 전유물이었다.

영미 관계

루스벨트는 뮌헨 회의 때까지만 하더라도 체임벌린 영국 총리의 유화정책을 지지했다. 하지만 1939년 초부터는 반대편으로 돌아섰다. 그는 중립법의 폐지 또는 완화를 더욱 적극적으로 촉구했지만 별다른 진전이 없었다. 의회는 9월에 전쟁이 시작되고 나서야 영국과 프랑스에 무기와 군수품을 수출할 수 있도록 법을 개정했다. 하지만 현금판매 정책과 배달불가 정책은 여전했다. U보트가 미국 상선을 공격하면 다시 한 번 참전하게 될지도 모르기 때문이었다.

수많은 미국인은 연합국에 무기를 판매하는 정도로 추축국을 물리칠 수 있기를 바랐다. 그런데 1940년 6월에 불가능한 일이 벌어졌다. 독일이 프랑스를 점령한 것이다. 파리를 차지한 히틀러의 모습은 미국의 중립 선포를 시험대에 올려놓았다. 저지대 3국과 스칸디나비아마저 넘어가자 이제 서유럽에서 나치에 대항하는 보루는 영국뿐이었다. 미국 국민들은 영국이 얼마나 버티어 줄지, 나치가 영국을 상대로 승리를 거두면 영국 해군을 가지고 무슨 짓을 벌일지 생각하고 싶지 않았다. 때문에 최대한 무시하는 쪽을 선택했다. 한편 루스벨트 대통령과 의회 내 간섭주의파는 미국이 참전할 때까지(루스벨트는 참전이 불가피하다고 생각했다) 영국이 민주주의 국가로 남을 수 있도록 전력을 다해 영국을 도왔다.

영국에서는 1940년 5월에 체임벌린이 되임하고 윈스턴 처칠(Winston Churchill)이 신임 총리 자리에 올랐다. 이후 영미 공조가 더욱 강화될 수 있었던 데에는 처칠과 루스벨트의 돈독한 관계에서 비롯된 부분이 컸지만, 1940년은 미국에서 대통령 선거가 열린 해였고 루스벨트는 사상 최초로 3선에 도전하는 중이었다. 그 때문에 처음에는 정치적으로 가능한 부분과 법적으로 허용되는 부분, 양쪽 모두에 신경을 쓰면서 영국 원조에 신중한 입장을 보였다. 9월 3일에 뉴펀들랜드, 버뮤다, 영국령 서인도제도 등 서반구에 자리잡은 영국 해군기지와 공군기지를 사용하는 조건으로 노쇠한 미국 구축함 50척(대서양 수송함으로 쓰일 예정이었다)을 양도하는 수준이었다.

1940년 7월에 에펠탑을 방문한 히틀러
히틀러가 파리라는 새로운 장난감을 시찰하는 모습은 많은 미국인을 자극했고 간섭주의파와 고립주의파의 균형을 상당히 무너뜨렸다.

하지만 1940년 선거에서 웬델 L. 윌키(Wendell L. Willkie)를 혼쭐낸 뒤에는 국고가 바닥나기 시작한 영국을 위해 더욱 적극적인 지원에 나섰다. 루스벨트는 1940년 12월 17일에 열린 기자회견에서 중립법의 무기 매매조건 완화를 조만간 의회에 요청할 계획이라고 밝혔다. 특히 영국이 무기대금 지급을 전쟁 이후로 미룰 수 있도록 동의를 구할 생각이라며 이유를 다음과 같이 표현했다.

"집에 불이 난 이웃주민이 호스를 빌려달라는 데 가격흥정을 하시겠습니까? 불이 꺼지면 돌려줄 텐데 그냥 빌려주지 않겠습니까?"

루스벨트는 "이제 다들 제 뜻을 아시겠지요?" 하고 말했다.

그는 12일 뒤에 가장 명문으로 꼽히는 담화문에서 미국 국가안보정책의 기본 원리를 장황하게 설명했다.

"영국이 무너지면 유럽, 아시아, 아프리카, 오스트레일리아 대륙과 공해가 추축국의 손으로 넘어갑니다. 그들이 거대한 육군과 해군력을 바탕으로 서반구를 노리게 됩니다. 아메리카 대륙의 모든 국민이 총구의 위협 아래 놓입니다. (중략) 지금 정도의 노력으로는 부족합니다. 지금보다 배도 많고, 총도 많고, 비행기도 많고, 모든 것이 많아야 합니다. '늘 하던 대로

감시병의 하루
감시병이 세인트폴 대성당 꼭대기에 서서 독일 폭격기가 나타나지 않는지 살펴보고 있다. 하지만 무기대여법 이후 영국 공습은 대서양 전투로 바뀌었고, 이 기간 동안 히틀러의 목표는 영국과 미국을 오가는 상선의 화물이었다.

하면 된다'는 생각을 버려야 가능한 일입니다. (중략) 우리는 민주주의의 위대한 보고(寶庫)가 되어야 합니다."

루스벨트는 한시가 급하다고 덧붙이면서 다시 말을 이었다.

"그래야 우리 아이들은 다른 이들이 겪는 전쟁의 고통을 피할 수 있습니다."

루스벨트는 '유럽 전역을 노예로 만들고 유럽의 자원을 바탕으로 세계를 정복하려는 것'이 나치의 의도라고 강조했지만, 마지막 발언을 보면 알 수 있다시피 그는 미국이 비교전국으로 남아야 한다는 공론을 저버리지 않았다. 심지어는 자신이 해외파병을 계획 중이라는 소문을 가리켜 '계획적인 거짓말'이라고 주장했다. 하지만 무기대여법과 같은 여러 조치는 그의 주장과 앞뒤가 맞지 않았다.

고립주의 진영의 거센 반발에도 불구하고 1941년 3월에 무기대여법은 의회의 승인을 받았다. 이제 루스벨트는 의회에서 책정한 예산에 따라 무기와 그 밖의 여러 군수품을 '미국의 방어에 없어서는 안 된다고 판단한 나라'에 양도할 수 있었다. 무기대여법은 영국을 지원하는 주요 통로가 되었고, 얼마 안 있어 소비에트연방과 중국을 비롯한 연합국의 여러 나라로 확대 실시되었다(소비에트연방은 1941년 6월에 독일의 침공을 받은 뒤로 연합국이 되었다). 무기대여법을 통해 지원된 무기와 군수품은 500억 달러를 넘겼다.

대서양 전투

루스벨트는 여전히 유권자들의 반응에 민감했다. 많은 미국 국민은 유럽에서 벌어진 사건을 접하면서 경악을 금치 못했고, 뉴스와 영화를 통해 독일군의 야간폭격에 용감하게 저항하는 영국의 모습을 보면서 연합국 원조에 동조했다. 1941년 4월 중순에 루스벨트 대통령은 대(對)잠수함 순찰 범위를 서경 25도까지 확대하여 영국 해군이 자국 인근의 전투에 전념할 수 있도록 북대서양 거의 전역을 담당하겠다고 발표했다.

루스벨트가 이같은 조치를 내린 이유는 독일 잠수함 문제가 워낙 심각하기 때문이었다.

1941년 4월 한 달 동안 U보트는 연합국 화물 65만 톤을 침몰시켰다. 무기대여법에 따라 몇십 억 달러를 지원하더라도 유럽까지 전달이 되지 않으면 아무 소용이 없었다. 독일의 잠수함은 매달 네 척씩 추가되었다. 덕분에 U보트 함대 사령관 카를 되니츠(Karl Donitz)는 '잠수함 떼(wolf pack)'라는 공격적인 작전을 구사할 여력이 충분했다. 순찰 잠수함 한 척이 연합국 수송함을 발견하면 브르타뉴의 되니츠 본부에서는 무선 암호를 통해 다른 잠수함들에게 공격 합류 명령을 전달했다. 잠수함 한 대가 수송함을 향해 어뢰를 발사한 뒤 달아나고 호위를 담당하는 연합국 구축함이 추격에 나서면 나머지 잠수함 떼가 무방비인 수송함을 공격하는 방식이었다.

이 작전이 어찌나 효과적이었던지 영국 상선은 새 배가 건조되는 속도보다 독일 잠수함에

침몰 당하는 속도가 세 배나 빨랐다. 처칠은 루스벨트에게 "1941년의 전투 결과는 해전에 달려 있다."고 정확히 예측했다. 루스벨트는 무기대여법이면 충분하다고 주장한 발언으로 정적들에게 공격을 당하기 쉬운 입장이었기 때문에 미국의 순찰구역을 아이슬란드까지 확장시켜 독일의 전투지대와 겹치게 만들었다. 이와 같은 정책은 U보트와의 대결로 이어질 수밖에 없었고 이 과정에서 미국 측 구축함과 상선 몇 척이 침몰당했다. 루스벨트는 이런 사건을 이용해 11월 초, 의회에 두 가지 추가 승인을 요구했다. 상선의 무장을 하고 전투지대로 보급품을 수송할 수 있도록 허락해 달라는 것이었다(이렇게 해서 중립법의 '배달불가' 조항이 폐지되었다). 그 결과, 미국은 제한적이나마 대서양 전투의 교전국이 되었다.

연합국의 결속에서 또 한 가지 획기적인 사건으로 기록될 주인공은 대서양헌장(Atlantic Charter)이었다. 1941년 8월, 뉴펀들랜드 주 플러센치아 만의 미국전함 오거스타 호의 선상에서 사흘 동안 비밀회담을 개최한 루스벨트와 처칠은 8월 14일, 1945년 국제연합의 청사진이

폭뢰가 폭발하는 모습
1943년 4월, 미국 해안경비대 장교들이 연안감시선 스펜서 호의 갑판에 서서 이 모습을 감상하고 있다. 스펜서 호가 호위하는 수송함 중앙으로 잠입을 시도한 독일 잠수함 U-175가 이 공격으로 침몰됐다.

처칠
루스벨트와의 정상회담을 통해 대서양헌장을 탄생시킨 1941년 8월, 플러센치아 만에 정박 중인 영국함 프린스오브웨일스 호에 승선한 모습. 전쟁 동안 10여 차례 만남을 가지며 돈독한 공조관계를 쌓은 양국 정상을 보고 스탈린은 동기를 의심했다.

될 문서를 공포했다. 이것이 바로 대서양헌장이었다. 얼마 안 있어 소비에트연방과 10여 개 나라가 조인한 대서양헌장에서 연합국은 영토 확장을 비난하고, 모든 민족의 자결권을 인정하며, '모든 땅의 모든 인간이 두려움과 부족함 없이 살 수 있는' 방법을 강구할 따름이라고 강조했다. 물론 이것은 '나치라는 독재정권을 파괴해야' 가능한 일이었다.

1941년 늦여름과 가을 내내 루스벨트 내각의 극단론자들—육군장관 헨리 L. 스팀슨(Henry L. Stimson), 재무장관 헨리 모겐소 2세, 내무장관 해럴드 이커스가 대표 인물이었다—은 즉각적인 선전포고를 주장했다. 하지만 루스벨트는 미국 국민들이 전면전을 원하지 않는 상황에서 '선수를 칠' 생각이 없다고 말했다(처칠에게도 똑같은 이야기를 했다). 영국 지원과 대서양의 비공식 전투는 계속하겠지만 의회에 정식으로 선전 포고를 요청하지는 않겠다고 밝혔다. 나중에 드러났다시피 그럴 필요가 없었다.

19 40년 무렵 일본의 민간사회를 대부분 점령한 군국주의자들은 더 많은 것을 원했다. 이들은 프랑스와 네덜란드가 나치에게 점령 당한 틈을 타서 동남아시아의 프랑스, 네덜란드 식민정부에게 특권을 요구했다. 네덜란드령 동인도(오늘날의 인도네시아) 당국은 일본 기업들에게 유전을 내주는 수밖에 없었다. 비시 프랑스[Vichy France, 프랑스가 나치 독일에 패한 이후 해방될 때까지 필리프 페탱(Philippe Pétain) 원수가 통치하던 괴뢰정권—옮긴이]는 압력을 견디다 못해 프랑스령 인도차이나(오늘날의 베트남, 라오스, 캄보디아)를 통과하는 중국 보급로를 차단하기로 동의했다. 심지어는 처칠마저 현재 영국령 버마를 넘나드는 장제스 국민당군대에 대한 지원을 유보해야 될 것 같은 위기의식을 느꼈다. 두 달 뒤에 일본이 비시 프랑스를 상대로 인도차이나 북부에 일본군을 주둔시켜도 좋다는 승인을 억지로 받아 내자 루스벨트는 수출금지 품목에 고철을 추가시켰다. 1940년 9월에 일본은 독일, 이탈리아와 10년 동안 상호방어와 경제동맹을 약속하는 삼국동맹에 조인했다.

미일관계가 한층 악화된 것은 1941년 7월 말, 일본군이 남 인도차이나를 침공하면서부터였다. 이에 따라 루스벨트와 처칠은 뉴펀들랜드에서 회담을 갖기에 앞서 양국 내의 일본 자산을 모두 동결시키고 석유까지 수출금지품목으로 정했다(네덜란드령 동인도의 석유 수출로도 차단했다). 석유의 88퍼센트를 수입에 의존하던 일본은 이제 옴짝달싹 못할 입장에 처했다. 도쿄의 히로히토 천황과 군 지도부가 보기에는 선택의 여지가 세 가지였다. 대동아공영권 건설 계획을 포기하고 국내 자원으로 살며 조그만 국지열강으로 만족하느냐, 무역재개를 위해 미국에 양보하느냐, 적을 공격해 원하는 것을 빼앗느냐였다. 이들은 첫 번째를 제외하고 나머지 두 개를 동시에 추구하기로 했다.

1941년 10월 중순까지 외교적으로 해결하라는 명령이 고노에 후미마로 수상에게 전달되었다. 그는 10월 2일, 중국과의 전쟁이 끝나면 인도차이나에서 군대를 철수하겠다는 포괄안을 워싱턴으로 보냈다. 국무장관 코델 헐(Kornell Hull)이 중국에서는 언제 철수할 계획이냐고 심드렁한 답변을 보내오자 고노에는 군부의 압력으로 사임했다. 바로 다음날(10월 16일) 강경한 육군상 도조 히데키가 후임으로 임명되었다. 그는 1930년대 후반에 관동군 사령관으로 권력을 잡은 인물이었다. 도조는 냉철하다고 해서 별명이 면도칼이었지만 일본군의 관점에서만 국제문제를 바라보는 편협한 시각의 소유자였다.

Z 작전

일본은 네덜란드령 동인도와 영국령 말레이 반도의 석유, 고무, 주석에 눈독을 들였다. 하지만 두 식민지를 점령하려면 남중국해를 가로지르는 길다란 보급로를 건설해야 되는데, 루손에 주둔하는 미국 B-17기의 폭격을 어떻게 피하느냐가 관건이었다. 따라서 동인도나 말레이 반도를 목표로 침공 계획을 세우려면 미국의 필리핀 기지 공격도 배제할 수 없었다.

진주만 공습을 제안하고 계획한 주인공은 해군 총사령관이자 미국과의 전쟁에 반대했던 야마모토 이소로쿠 제독이었다. 그는 하버드 대학교에서 공부하며 매사추세츠에서 몇 년을 지내고 일본 대사관의 해군 무관으로 워싱턴에서 또 몇 년을 살고 1928년, 미국의 산업력에 감탄하며 귀국했기 때문에 그런 나라를 무찌를 수 있다는 환상에 젖지 않았다. 하지만 엄청난 애국주의자였던 데다 일본의 정세상 전쟁을 피할 수 없다고 생각했다. 따라서 이길 수 있도록 아니, 지지 않도록 최선을 다하기로 마음먹었다.

미국 본토를 침공하자는 이야기는 나오지 않았다. 일본의 자원으로 볼 때 진주만 공격도 무리인데, 그 정도의 장거리 작전은 불가능했다. 하지만 야마모토가 생각하기에 미국을 처음부터 사납게 몰아붙이고 서태평양에 뚫을 수 없는 방어선을 구축할 만한 시간을 벌지 않으면 승산이 없었다. 필리핀 점령만으로는 부족했다. 미국에 일격을 가하겠다는 목적에 부합할 만한 목표는 태평양함대의 본부가 있는 진주만의 미국 해군 기지뿐이었다. 그뿐 아니라 진주만에서 승리하려면 기습공격이 유일한 방법이었다.

야마모토의 계획을 실행에 옮기려면 여섯 척의 중(重)항공모함과 360기의 급강하 폭격기, 전격기, 호위 전투기가 필요했다(일본이 보유한 중항공모함은 열 척이었던 데 비해 미국의 태평양함대는 세 척에 불과했다). 항공모함들은 넓은 호를 그리며 일본을 출발하되 기존의 모든 항로를 피해 인적이 드문 북태평양을 지나기로 했다. 그러다 하와이 북쪽 80킬로미터 지점에서 남쪽으로 기수를 꺾어 오아후 인근 350킬로미터 안으로 접근하면 1진을 띄우

사형선고를 받는 도조
도조는 1944년 7월까지 일본의 수상을 지내다 미국의 상륙작전이 성공을 거두자(특히 마리아나 제도를 빼앗긴 것이 컸다) 축출 당했다. 위는 1948년 11월, 전범재판에서 사형선고를 받는 모습이다.

기로 했다. 기도 부타이 타격부대는 시간표를 정확히 지키며 약 5만 6천 킬로미터를 비행하되 진주만에 맹공을 퍼붓기 전까지 발각당하지 않도록 전파를 철저히 차단하는 것이 관건이었다.

기도 부타이는 나구모 주이치를 작전 지휘관으로 삼고 추수감사절 하루 전인 11월 26일에 항해를 시작했다. 이들은 미국군 대다수가 다급한 국제 정세에도 불구하고 주말이면 휴식을 즐기고 일요일 아침에 늦잠을 자는 만큼 12월 7일 일요일을 공격일로 잡았다. 그뿐 아니라 태평양함대도 항구에 정박해 있을 테니 폭격기들이 보기에는 손쉬운 표적이었다. 워싱턴에서 협상이 진행 중이었기 때문에 나구모는 마지막 무선 명령을 기다린 뒤 공격을 준비하기로 했다. 미국과의 회담이 성공리에 끝나면(그럴 가능성은 거의 없었다) 북태평양을 지나는 함대의 진격을 멈추고 추후 지시를 기다리라는 명령이 전달될 것이었

Z 작전
미쓰비시 급강하 폭격기들이 진주만으로 출발하기에 앞서 항공모함 갑판 위에서 워밍업을 하고 있다. 야마토는 이번 공격을 Z 작전이라고 불렀다. 그가 영웅으로 생각하는 도고 헤이하치로 제독이 1905년 5월 쓰시마에서 러시아 함대를 전멸시킬 때 나부꼈던 신호기에서 딴 암호명이었다.

다. 하지만 12월 2일, 기함에 전달된 메시지는 "니타카야마 산(타이완의 최고봉이었다)을 등반하라."였다. 누가 보아도 확실한 '공격' 신호였다.

일본 측에서는 베테랑 외교관 쿠루스 사부로를 워싱턴으로 보내 양국 회담의 재개를 시도했지만 미국 정부의 입장이 바뀔 가능성은 없었다. 유럽전쟁을 통해 유화정책의 한계를 깨달은 루스벨트 행정부는 인도차이나와 중국에서 철수하라는 주장을 고수했다. 일본의 외교 암호를 해독한 해군첩보부대 '매직'의 전언을 듣고 이들의 생각은 더욱 단호해졌다. 루스벨트, 헐, 스팀슨은 암호 해독문을 접하고 일본이 미국과의 협상에 실패하면 전쟁을 벌이려는 줄 알고 있었다.

11월 20일, 쿠루스는 헐에게 일본 정부의 마지막 타협안을 전했다. 미국이 수출금지 조치를 해제하고 장제스 국민당에 대한 원조를 중단하면 인도차이나 남부에서 물러나겠다는 내용이었다. 헐은 타협안을 거부하고 11월 26일(기도 부타이가 항구를 출발한 날이었다)의 답변에서 일본이 중국과 인도차이나 전역에서 군대를 철수하지 않으면 수출금지를 철회하지 않겠다는 입장을 다시 한 번 밝혔다. 헐의 답장을 받아든 노조는 분노를 터뜨리며 미국이 일본의 체면을 완전히 짓밟으려는 증거로 해석했다. 그는 천황을 알현한 자리에서 히로히토를 설득해 Z 작전의 승인을 받았다. 한편 매직은 쿠루스에게 전달된 11월 22일자 전보의 불길한 내용을 해독했다.

"분명히 말하지만 데드라인은 바뀌지 않을 것이오! 그 이후에는 사태가 저절로 진행될 것이오."

진주만의 상황

해독문을 접한 군민 지도부는 무슨 사태를 말하는지 확실히 알 수는 없었지만 전쟁을 예상했다. 11월 27일에 해군부는 태평양 전역의 사령관들에게 일본군의 공격 가능성을 알렸다. 12월 2일에 진주만으로 전해진 메시지는 '전쟁 경보를 알림'이라고 시작되었다. 하지만 킴멜이나 쇼트는 매직의 기밀문서를 열람할 권한이 없었기 때문에 애매모호한 경보를 심각하게 받아들이지 않았다. 진주만의 정책 입안자들은 대부분 일본군이 하와이를 공격할 리 없다고 생각했고 훨씬 가능성이 높은 필리핀 방어 쪽으로 신경을 집중했다.

킴멜 제독은 전함 여덟 척을 파견할까 생각하다 항공모함의 지원 없이 외양으로 나서면 오히려 위험하다고 결론을 내렸다(12월 초에는 세 대의 항공모함이 모두 자리를 비운 상황이었다. 엔터프라이즈 호는 웨이크 섬으로 비행기를 실어 나르는 중이었고, 렉싱턴 호는 순찰 중이었고, 워싱턴 주 브레머턴의 건선거에서 막 빠져나온 새러토가 호는 샌디에이고에 있었다). 하지만 오아후에서는 쇼트 장군이 필요한 경우 전함 보호에 나설 수 있도록 몇백 대의 공군기를 준비해 놓고 있었다.

전쟁 경보를 접한 쇼트는 반(反)사보타주 조치의 강도를 높였다. 그 당시에도 오아후의 일본계 미국인 사회는 상당한 규모를 자랑했고 이 가운데 스파이나 사보타주 공작원이 다수 숨어 있을 가능성이 있었다. 그런데 비행기들을 바짝 붙여 정렬한 것이 실수였다. 이렇게 하면 차지하는 공간을 줄여 적은 수로 경비할 수 있다는 이점이 존재하는 반면, 공습에는 취약한 면이 있었다. 하지만 쇼트는 일본의 폭격을 예상하지 못했기 때문에 전혀 신경 쓰지 않았다.

일본 정부는 북태평양을 건너는 타격부대 쪽으로 미국의 시선이 쏠리지 않도록 쿠루스를 통해 헐과 계속 접촉했다. 하지만 12월 7일 아침에 워싱턴 주재 일본 대사관은 장황한 일급 기밀전보를 받았다. 여기에는 노무라 코치사부로 대사가 직접 처리하여 워싱턴 시간으로 정확히 오후 1시(하와이 시간으로는 오전 8시였다)에 헐 국무장관에게 보내라는 단서가 붙어 있었다. 워낙 철저하게 기밀을 유지해야 되는 사안인지라 노무라와 쿠루스는 해독과 타이핑을 직접 맡았고 그 때문에 헐과의 약속에 65분 늦었다.

하지만 매직이 한 수 빨랐다. 워싱턴 시간으로 정오가 되기 조금 전, 나구모 제독이 항공모함의 출항을 명령했을 때 미국육군 참모총장 조지 C. 마셜(George C. Marshall)은 암호 해독문을 읽고 있었다. 헐이 11월 26일에 보낸 답변을 조목조목 반박하면서 노무라에게 "그쪽 시간으로 7일 오후 1시"에 협상을 파기하라는 내용이었다.

마셜은 곧바로 필리핀, 하와이, 파나마, 샌프란시스코의 육군사령관들에게 무선으로 경보를 보냈다.

"일본이 동부표준시간에 오후 1시에 최후통첩을 준비 중이다. (중략) 시각이 어떤 의미

1933년에 국무장관으로 루스벨트 행정부에 합류한 헐

헐은 테네시 주 하원의원이자 남부 민주당원들의 총아였다. 그는 1944년 대통령 선거 이후에 건강을 이유로 국무장관직을 사임했다.

억류 조치

서부해안 지방의 백인들은 19세기 중반에 대륙횡단철도를 건설하기 위해 최초의 '쿨리(중국, 인도 출신의 저임금 노동자 — 옮긴이)'들이 건너온 이래 아시아 이민자들을 불신하고 학대했다. 따라서 진주만 공습 소식이 전해지자 일본계 미국인들의 '위험'을 두려워하는 분위기가 분출되었다. 루스벨트 대통령은 단기간 동안 얼마나 엄청난 압력에 시달렸던지 일본계 미국인 11만 2천 명을 억류하는 조치를 발표했다. 하지만 11만 2천 명의 절반 이상이 미국 태생이었고, 훗날 미국시민자유연맹(American Civil Liberties Union)은 이 조치를 가리켜 전쟁기간 동안 '시민의 자유를 가장 극단적으로 침해한 사건'이라고 표현했다.

일본계 미국인들이 사보타주 공작원이 될 가능성이 높다는 주장만 들끓었을 뿐 증거는 전혀 없었지만, 캘리포니아 주 법무장관 얼 워런(Earl Warren)은 서부해안 지방의 방어시설을 보호할 수 있도록 일본계 미국인들을 이

일본계 미국인 억류
이 식료품 가게의 주인은 캘리포니아 대학교를 졸업한 일본계 미국인이었다. 그는 루스벨트 대통령의 소개 명령이 떨어지자 3월에 가게를 포기하는 수밖에 없었다.

주시켜야 한다고 주장했다(그는 이후에 자유주의를 대변하는 위대한 대법원장이 되었다). 1942년 2월에 루스벨트 대통령은 일본계 미국인들을 오지에 자리잡은 아홉 개 '이주센터'로 옮기라는 행정 명령을 내렸다. 이들은 포로수용소나 다름없는 곳으로 쫓겨나면서 땅과 사업체와 인간으로서의 존엄성을 모두 잃었고, 반면에 상류층 백인들은 이들의 재산을 헐값에 사들여 큰 이득을 챙겼다.

그럼에도 불구하고 3,300명의 일본계 청년은 의용군으로 나서 자신뿐 아니라 가족, 지역사회의 애국심을 증명해 보이기 위해 유럽에서 용감하게 싸웠다. 1980년대 말에 의회는 억류 조치의 부당함을 부분적으로나마 바로잡을 수 있도록 배상을 결정했다.

를 가지고 있는지 아직은 알 수 없지만 경계태세를 갖추기 바란다. 해군 당국에도 이 사실을 알리도록."

하지만 호놀룰루 채널은 공전(空電)으로 잠시 이용이 불가능했기 때문에 통신담당 장교는 다음으로 빠른 웨스턴유니언 케이블을 이용했다. 오후 12시 17분에 워싱턴을 출발한 전보는 16분 뒤, 현지시간으로 오전 7시 33분 무렵 호놀룰루에 도착했다. 웨스턴유니언 사무실에서 급파된 전령이 오토바이를 타고 12킬로미터쯤 떨어져 있는 포트 섀프터의 쇼트 장군을 향해 출발했다. 그런데 가는 도중 공습이 시작되었다.

일본 외교관 노무라(왼쪽)와 쿠루스
12월 7일, 헐과의 면담을 마치고 국무부를 빠져나가면서 사진기자들을 위해 웃어 보이고 있다.

비행 사령관을 맡은 중국전의 베테랑 조종사 후치다 미쓰오는 고공 폭격기의 조종간을 직접 쥐고 183기로 이루어진 1진을 이끌었다. 진주만으로 다가갔을 때 포드 섬 인근에 계류된 전함들이 보였다. 호놀룰루 주재 일본영사관에서 전한 첩보문서와 위치가 정확히 일치했다. 그는 기습작전이 완벽한 성공이라는 판단이 내려지자 침묵을 깨고 7시 53분, 마이크를 향해 외쳤다.

"도라! 도라! 도라!"

'호랑이'에 해당되는 일본어였고, 나구모 제독에게 야마모토의 도박이 성공했음을 알리는 암호였다. 고공 폭격기의 첫 번째 공격 목표는 공군기들이 울타리 안의 양처럼 옹기종기 모여 있는 휠러와 히컴 비행장이었다. 공군기의 3분의 1이 파괴당했고 나머지 거의 전부가 피해를 입었다. 바버스 갑의 해병대 기지와 카네오헤 공군기지 역시 1진의 목표였다.

후치다 휘하의 전격기와 급강하 폭격기는 전함대열 공격에 화력을 집중했다. 진주만은 수심이 얕았기 때문에 일본 측 전격기는 부력을 높이기 위해 특수 나무 지느러미를 장착했다(일반적인 전격기는 항구 바닥의 장애물에 부딪쳐 전함에 접근하지도 못하고 폭발하기 십상이었다). 그뿐 아니라 폭탄처럼 투하되면서 전함의 두꺼운 장갑 강철판을 뚫을 수 있도록 금속 지느러미를 단 특수무기도 준비했다.

항공모함이 보이지 않아 실망스럽기는 했지만 전함 여덟 척은 거의 무방비 상태였다. 공격이 시작되었을 때 포수가 배치되어 있는 대공포는 4분의 1에 불과했고 품질 저하를 막기 위해 탄약을 따로 저장했기 때문에 지상포도 아무 쓸모 없었다. 전함 오클라호마 호는 1분만에 네 기의 어뢰를 맞고 뒤집히기 시작했다. 오클라호마 호는 결국 캘리포니아, 웨스트버지니아, 메릴랜드 호와 함께 바다 밑으로 가라앉았고 테네시 호도 크게 파손되었다. 항로 건너편 건선거에 정박 중이던 펜실베이니아 호는 공격을 면했고 네바다 호는 항구를 빠져나와 해변에 상륙했다. 하지만 애리조나 호는 운명을 피하지 못했다. 어뢰에 맞은 전방 탄약고가 어찌나 엄청난 기세로 폭발을 했던지 몇 천 미터 상공의 후치다에게까지 충격파가 전해질 정도였다. 진주만 공격으로 목숨을 잃은 2,403명의 미국군 가운데 1,103명이 애리조나와 함께 침몰했다.

8시 55분에 1진이 빠져나가고 167기로 구성된 2진이 도착했다. 이들은 훨씬 많은 대공포에 시달렸고 연기 때문에 시야가 막혔다. 그럼에도 불구하고 놀라운 솜씨를 선보이며 1진이 놓친 구축함 일부를 파괴했다. 오전 10시에 2진을 철수시킨 나구모는 공격을 중단했다.

치욕스러운 날

워싱턴에서는 국무장관 헐이 책상 앞에 앉아 기다리고 있었다. 오후 2시 5분, 노무라와 쿠루스의 도착과 함께 전화가 한 통 걸려왔다. 진주만 공습을 알리는 루스벨트 대통령의 전화였다. 루스벨트는 해군장관 프랭크 녹스(Frank Knox)에게 소식을 듣고 정확히 18분 뒤 국무장관에게 전했다. 전화 통화가 끝나자마자 집무실로 안내된 노무라와 쿠루스는 서류를 내밀었다. 헐은

포드 섬의 12월 7일 아침 풍경
이 날 캘리포니아를 출발한 B-17 중대가 착륙할 예정이었다. 열네 시간 비행으로 지쳐 있던 B-17 조종사들은 처음에 악몽을 꾸는 줄 알았다. 그런데 여러 다른 비행장에 착륙한 이후 파괴된 경우는 있어도 하늘 위에서 피격당한 B-17기는 한 대도 없었다.

**웨스트버지니아 호와
테네시 호**
전함들이 진주만에서
불길에 휩싸여 있다.

스팀슨, 마셜과 함께 이미 두 시간 전에 읽은 서류였지만 매직의 존재를 들키지 않도록 다시 한 번 내용을 검토한 뒤 입을 열었다.

　　"이렇게 거짓말과 왜곡이 심한 서류는 공직생활 50년 만에 처음이로군요. 이렇게 심한 거짓말과 왜곡을 일삼는 정부가 지구상에 존재할 줄은 몰랐습니다."

　　노무라와 쿠루스는 타자가 서툴러 1시라는 데드라인을 놓치는 바람에 일본이 평화회담을 준비하는 척하면서 진주만을 공격했다고 비난할 여지를 미국 측에 제공했다. 하지만 두 사람이 히컴 비행장 공격이 시작되기 훨씬 이전에 헐을 만났더라도 결과는 달라지지 않았을 것이다. 고립주의와 간섭주의 진영 간의 공방은 이미 끝난 셈이었다. 미국은 일본의 20배에 이르는 산업 능력과 100배에 이르는 천연자원을 동원하여 참전할 결심을 굳혔다. 그뿐 아니라 스티븐 E. 앰브로즈가 지적했다시피 일본은 전쟁의

**태평양 총사령관 본부에
전달된 급전**
(오른쪽) 진주만 공습을
알리는 최초의 공식
문건이다. 대서양 순찰을
마치고 버지니아 주
노펵으로 귀환 중이던
항공모함 레인저 호에게도
사본이 전해졌다.

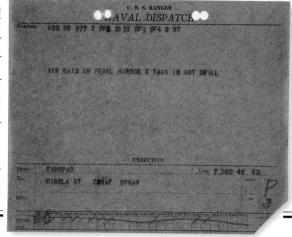

서막을 "너무나 눈부신 성공으로 장식했기 때문에 항복에 가까운 수모를 맛본 미국인들은 철저한 보복을 다짐했다." 심지어 미시건 주의 공화당원이자 상원에서 고립주의 진영을 이끌었던 아서 H. 밴덴버그(Arthur H. Vandenberg)마저 12월 7일, "현실주의에 입각하여 고립주의를 철회한다."고 선언했다.

12월 8일, 엄숙하고 단호한 표정으로 의회에 참석한 루스벨트 대통령은 일본을 상대로 선전포고를 요청했다.

1941년 12월 7일, 치욕스러운 날로 기억될 어제, 일본제국의 해군과 공군은 미합중국을 용의주도하게 기습 공격했습니다.

미국은 일본과 평화로운 관계를 맺어 왔고 일본 측의 교사에도 불구하고 태평양의 평화유지를 위해 정부, 천황과 대화를 계속했습니다. 그런데 일본의 비행중대가 오아후 폭격을 시작하고 한 시간 뒤, 미국주재 일본대사와 측근은 최근 미국이 보낸 서한의 공식 답변을 국무장관에게 전달했습니다. 외교협상을 지속하는 것이 무의미하다는 말만 적혀 있을 뿐, 전쟁이나 무장공격을 위협하거나 암시하는 흔적은 전혀 찾아볼 수 없었습니다.

하와이와 일본의 거리를 보건대 이 공격은 며칠 또는 몇 주 전에 주도면밀하게 계획된 것입니다. 일본 정부는 거짓 진술을 하고 평화유지를 바란다는 말을 하며 미국을 기만했습니다.

어제 하와이 섬 공습으로 미국 해군과 육군은 심각한 타격을 입었습니다. 수많은 미국군이 목숨을 잃었습니다. 그뿐 아니라 미국 전함들이 샌프란시스코와 호놀룰루 사이의 공해에서 어뢰의 공격을 받았습니다.

일본 정부는 어제 서말레이시아 공격까지 감행했습니다. 간밤에 일본군은 홍콩을 습격했습니다. 간밤에 일본군은 괌을 공격했습니다. 간밤에 일본군은 필리핀 제도를 공격했습니다. 간밤에 일본군은 웨이크 섬을 공격했습니다. 오늘 아침에 일본군은 미드웨이 제도를 공격했습니다.

따라서 일본은 태평양 전역을 기습 공격한 셈입니다. 어제 사건을 보면 자명합니다. 미국 국민은 마음을 정했고, 어제 사건이 이 나라의 생명과 안위에 어떤 영향을 미치는지 잘 알고 있습니다.

선전포고 요청
루스벨트 대통령이 '치욕스러운 날' 연설을 하며 의회에 선전포고를 요청하고 있다. 상원은 만장일치로 찬성했고 하원에서는 몬타나 주의 평화주의자 지넷 랜킨 혼자 반대했다.

일 본인들은 진주만과 다른 지역의 승전보를 접하고 환호성을 질렀다. 거리마다 호외가 등장했고, 라디오에서는 군가가 흘러나왔고, 모두들 애국의 슬로건을 외쳤다. 야마모토 제독은 신중한 입장을 보였지만 그래도 대동아공영권이 이제 이루어진 것이 아닐까 생각했다.

야마모토

(오른쪽) 진주만 공습이 벌어지고 2주 뒤 신문 가판대에 등장한 《타임》. 야마모토의 캐리커처를 표지로 썼다.

특히 필리핀의 보병전은 아주 성공적이었다. 1942년 1월 초, 더글러스 맥아더 중장은 부대 태반을 이끌고 수풀 우거진 바타안 반도로 퇴각했고, 다른 부대들도 마닐라 만 초입 코레히도르 섬의 요새로 철수했다. 맥아더는 생포를 조심하라는 루스벨트의 명령에 따라 3월 중순, '돌아오겠다'는 말을 남기고 오스트레일리아로 떠났다. 그로부터 3주 뒤인 4월 9일, 바타안에 남은 7천 명의 미국군과 필리핀군이 항복했다. 코레히도르는 5월 6일에 함락되었다. 영국령 말레이 반도와 네덜란드령 동인도는 별다른 저항 없이 손을 들었다.

하지만 일본이 미국의 군사력을 압도할 수 있다는 생각 자체가 착각이었을 뿐 아니라 Z 작전은 여러 결점이 있었다. 그중 한 가지 실수는 진주만의 항만시설에 심각한 타격을 입히지 못했다는 점이었고, 이보다 더 큰 실수는 기지의 석유저장탱크를 공격목표로 삼지 않았다는 점이었다. 만약 해군의 연료 보급수단을 파괴했더라면(어려운 일도 아니었다) 항공모함 등 공격을 모면한 미국 태평양함대는 캘리포니아까지 가서 연료를 공급받아야 했을 테고, 그랬더라면 진주만은 몇 달 또는 1년 동안 쓸모 없는 기지로 전락했을 것이다. 하지만 진주만은 오히려 미국 군사 역사상 가장 대규모 병력이 모이는 집결지 역할을 했다. 야마모토가 예상했던 것처럼 일본은 진주만 기습공격으로 6개월이라는 시간을 벌었고 그 사이 동남아시아를 마음껏 약탈할 수 있었다. 하지만 1942년 5월 초 산호해 전투에서부터 미국의 반격이 시작되었다.

대연합

일본은 진주만 공습 직후 히틀러와 접촉을 시도하고, 일본이 도발을 감행하면 미국을 상대로 선전포고하겠다던 맹세를 지켜달라고 요청했다. 히틀러가 그런 맹세를 한 이유는, 일본을 자극하면 두 군데에서 전면전을 치르게 된 미국이 대서양에 주력할 수 없기 때문이었다. 그런데 이제 태평양전쟁이 불가피하게 되었으니 히틀러는 약속을 저버릴 수도 있었다(예전에도 비슷한 전력이 많았다). 하지만 그는 12월 11일, 미국을 상대로 전쟁을 선포했고 무솔리니도 그 뒤를 이었다.

히틀러가 전쟁을 선포하지 않았더라면 루스벨트가 어떻게 했을지는 아무도 장담할 수 없다. 하지만 독일의 선전포고로 문제가 아주 단순해진 것만큼은 분명했다. 미국의 군사 입안자들이 보기

루스벨트는 과연 알았을까?

일부 음모론자들은 루스벨트가 진주만 공습을 사전에 알았다는 주장을 줄기차게 제기해 왔다. 매직을 통해 Z 작전의 실체를 파악하고도 2차 세계대전에 참전할 목적으로 Z 작전이 성공을 거둘 수 있도록 킴멜과 쇼트에게 보안을 요구했다는 것이다. 그리고 이들은 루스벨트가 전쟁의 열쇠는 항공모함인 줄 미리 예측했기 때문에 진주만의 전함들을 희생시켰다는 비난을 퍼부었다.

하지만 이들이 주장하는 시나리오는 증거가 없을 뿐 아니라 신뢰성도 떨어진다. 일본 측의 관점에서 보았을 때 루스벨트가 1941년 여름과 가을 동안 강경 노선을 고집하며 전쟁 외에는 선택의 여지가 없도록 일본을 궁지에 몰았다는 말은 성립할 수 있지만, 그때까지 미국이 대서양에서 펼친 비공식 해전을 간안하면 일본의 진주만 공습 여부에 상관없이 히틀러가 12월 11일 전쟁을 선포한 시점에 맞추어 독일과의 교전이 시작되었을 것이다.

에는 일본보다 독일의 위협이 훨씬 심각했으니 말이다. 일본은 최고의 전략을 이미 써 버렸으니 나중에 처리해도 될 문제였다. 하지만 진주만 공습의 '괘씸한' 면모로 미루어볼 때 태평양 전쟁도 아예 무시할 수는 없었다.

추축국에 맞서 싸우기 위해 손을 잡은 나라들은 자칭 대연합(Great Alliance)이라고 불렀다. 1945년까지 대 동맹에 속한 나라는 모두 47개국이었지만 사실상 지도자는 루스벨트, 처칠, 소련 주석 요시프 스탈린(Joseph Stalin), 이렇게 세 사람이었다. 1943년 11월 말, 테헤란에서 처음으로 만난 3대국 정상은 나흘에 걸쳐 정상회담을 벌였고, 이 자리에서 스탈린은 서유럽에 제2전선을 즉각 형성해야 된다고 촉구했다. 미국은 1942년 11월 말, 영국의 제8군을 지원하기 위하여 북아프리카에 처음으로 상륙한 이래 이집트에서 에르빈 로멜(Erwin Rommel)의 기세 등등한 아프리카 군단과 교전하는 등 유럽에서의 활동 범위를 점차 넓혀 나가는 중이었다. 하지만 이와 같은 전투는 동부전선, 특히 스탈린그라드에서 대규모로 죽어 가는 소련군에게는 아무런 도움이 되지 못했다.

1943년 1월 중순, 카사블랑카에서 만난 루스벨트와 처칠이 프랑스가 아니라 시칠리아와 이탈리아를 다음 목표로 삼았다는 소식이 전해지자 스탈린의 분노는 한층 커졌다. 하지만 테헤란에서 영국 수상과 미국 대통령은 1944년에 해협횡단 공격을 감행하기로 동의했다. 이것이 바로 노르망디 상륙작전이었다.

1944년 6월 6일을 D데이로 삼은 노르망디 상륙은 역사상 최대 규모를 자랑하는 육해공군 합동작전으로 꼽는다. 첫날에 동원된 군함이 6,200척,

해변으로 진격하는 미국 병사들

미국 해안경비대 소속 사진기자 로버트 F. 사전트가 D데이 때 허리까지 오는 물살을 헤치고 오는 병사들의 모습을 담았다. 칼레 공격을 예상했던 히틀러는 노르망디 공격을 양동작전으로 간주하고 병력을 집중시키지 않았다.

비행기가 1만 대, 병사가 15만 6천 명, 운송 수단이 몇천 대였다. 그로부터 두 달 뒤에 파리가 해방되었고, 아브랑슈에서 독일전선을 뚫은 조지 S. 패턴(George S. Patton) 중장의 제3군은 탱크를 이끌고 라인 강으로 진격했다. 하지만 1944년 당시 독일군의 저항은 완강했고 히틀러는 여전히 부활을 꿈꾸었다. 그는 휘하의 장군들에게 라인 강을 사수하라는 명령을 내리고 모든 이의 조언을 무시한 채 1944년 12월 중순에 위험한 반격을 개시했다. 히틀러가 노린 곳은 아르덴 숲을 통과하는 연합국 전선의 급소였고, 동부전선에서 이동한 기갑사단 덕분에 부족하나마 성공을 거둘 수 있었다. 독일군은 전선에 '불룩한 혹'이 생길 정도로 연합국을 밀어내는 데 성공했다. 하지만 1945년 1월 말에 패턴이 혹을 지워 버렸고, 위험에 처한 독일군은 후퇴하는 수밖에 없었다. 이제 제3제국의 종말이 가시화되자 독일 수뇌부는 강제수용소에서 몇백만 명을 학살하던 나치의 만행을 황급히 중지시켰다.

19 45년 2월 초, 3대국 정상은 눈앞으로 다가온 전후세계를 의논하기 위해 크림 반도의 휴양도시 얄타에서 만났다. 루스벨트는 먼저 전쟁부터 마무리짓고 이견을 해결하기 바랐지만 영토 문제가 거론되지 않을 수 없었다. 그중 가장 큰 논란거리는 동유럽, 특히 폴란드의 운명이었다. 스탈린은 막대한 대가를 치르고 불가리아, 루마니아, 헝가리, 폴란드, 동프

3개국 정상

1945년 2월 9일, 얄타 외곽 리바디오 궁 정원에서 촬영한 사진. 처칠, 루스벨트, 스탈린 바로 뒤에 서 있는 사람들은 영국 전시운수장관 레더스 경, 영국 외교국무장관 앤서니 이든, 미국 국무장관 에드워드 스테티니어스, 영국 외무장관 알렉산더 캐도건, 소련 외무장관 몰로토프, 소련주재 미국대사 W. 애버렐 해리먼이다.

로이센을 섬령한 만큼 고집을 꺾지 않았다. 게다가 영국과 미국군이 고작 벌지 전투를 승리로 이끄는 동안 붉은 군대는 이미 베를린 근처까지 진격한 상황이었다. 역사학자 데이비드 M. 케네디가 표현했다시피 '스탈린은 이제 어렵게 얻은 군사상의 우위를 정치적인 소득으로 전환' 시키려는 참이었다.

그는 폴란드의 최종처리를 가리켜 '명예와 안보뿐 아니라 (중략) 생사가 걸린 문제'라고 말하며 1939년 9월에 런던으로 망명한 정부가 아니라 루블린에 자신이 수립한 공산당 정권을 폴란드의 합법적인 정부로 승인해 달라고 요구했다(케네디는 "스탈린이 1940년, 소련군이 점령한 스몰렌스크 인근 카틴 숲에서 생포한 폴란드 장교 몇천 명을 학살한 이유도 런던의 망명 정부와 제휴한 세력을 제거하기 위해서였다."고 기술했다). 문제의 지역은 이미 붉은 군대의 관할지역이었기 때문에 루스벨트나 처칠은 소련을 상대로 선전포고를 하지 않는 한 스탈린을 막을 방법이 없었다.

마찬가지로 독일의 산업중심지이 자를란트와 루르 일대는 영국과 미국의 집령지었기 때문에 스탈린은 100억 달러의 전쟁 배상금을 관철할 방법이 없었다. 결국 3개국 정상은 국내의 여러 정치적인 문제로 인해 공허하고 애매 모호한 해방유럽선언문(Declaration on Liberated Europe)을 발표하고 '자유선거를 주선하고 실시'하는 데 힘을 모으기로 약속하는 수준에 그쳤다. 루스벨트는 스탈린에게 비밀서한을 보내 미국은 "귀국의 이익에 반하는 폴란드의 임시

정부를 지지할 뜻이 전혀 없다"고 다짐했다.

한편 이 무렵 루스벨트는 죽음을 눈앞에 두고 있었다. 처칠의 주치의 모런 경은 "의사인 내가 보기에 루스벨트 대통령은 병세가 아주 위독했다. (중략) 살 날이 몇 달밖에 안 남은 것 같았다."고 말했다. 일부 역사학자들은 루스벨트가 얄타회담 당시 병 때문에 영토와 경제 면에서 많은 부분 타협했다고 비난을 제기한다. 제정신이 아닌 상황에서 스탈린이 태평양전쟁에 참전하는 대가로 폴란드를 '배신'하고 중국을 양보했다는 것이다. 하지만 케네디는 루스벨트가 "건강이 온전했던 테헤란에서 동의하지 않았던 부분은 얄타에서도 동의하지 않고, 그 어떤 미국 대통령도 이 시점에서는 루스벨트와 다른 결정을 내리지 않았을 것"이라며 설득력 있게 결론을 내린다. 루스벨트 자신도 이렇게 인정했다.

"회담 결과가 만족스럽다고 말할 수는 없다. 하지만 최선을 다했다고는 말할 수 있다."

1945년 4월 12일에 루스벨트는 조지아 주 웜스프링스 별장에서 숨을 거두었다. 4월 30일에 히틀러는 대사관 사무국 지하 방공호에서 자살했다. 히틀러가 후계자로 지목한 되니츠 제독은 5월 7일, 랭스에서 연합국 최고사령관 드와이트 D. 아이젠하워(Dwight D. Eisenhower)에게 항복했다.

태평양전쟁

한편 일본은 1942년 5월 초, 뉴기니의 포트모르즈비로 향하던 침략군이 산호해에서 미국 항공모함의 공격으로 발길을 돌리면서 진주만 공습의 대가를 처음으로 치렀다. 해군 역사상 처음으로 상대 함대가 보이지 않는 거리에서 벌어진 전투였다. 항공모함에서 출격한 전격기와 급강하 폭격기로 인한 피해는 양측이 비슷했지만 각각 항공모함 한 척씩을 잃고 또 한 척에 심각한 피해를 입었다. 일본군이 포트모르즈비 공격을 포기했기 때문에 전략적으로는 미국의 승리였다.

태평양 해상에서 그 다음으로 주요 교전이 벌어진 시기는 한 달 뒤인 6월 초였고 교전 장소는 미드웨이 제노였다. 태평양 중심부에 사리잡은 미드웨이의 미군기지는 워낙 중요한 곳이었기 때문에 그곳을 공격하면 나머지 태평양함대 전체가 달려오고도 남았다. 야마모토가 이곳을 노린 이유도 진주만 공습을 피한 군함, 그중 특히 항공모함을 공격하기 위해서였다. 나구모 제독이 다시 한 번 타격부대 지휘를 맡았지만 이번에는 결과가 썩 만족스럽지 못했다. 그는 미국보다 두 배나 많은 군함을 이끌고 나섰지만 수중항해에서는 초보자였기 때문에 보이지 않는 적을 상대로 효과적인 전투를 펼칠 수 없었다.

야마모토는 킴멜의 후임으로 미국 태평양함대 총사령관 자리에 오른 체스터

일본 구축함
미국 해군장교가 1942년 6월에 잠수함 잠망경을 통해 어뢰 공격을 당한 모습을 촬영했다.

1942년 6월 미드웨이 해전에 참전한 해군 전투기
밑으로 불길에 휩싸인 일본 구축함이 보인다. 미국이 일본의 해군암호를 해독하는 등 첩보전에서 우위를 점하기는 했지만 화력은 일본이 상당히 앞섰다. 일본의 병력은 중항공모함 4척, 경항공모함 2척, 전함 7척, 순양함 15척, 구축함 44척이었다. 이에 비해 미국의 병력은 항공모함 3척, 순양함 8척, 구축함 15척에 불과했다.

니미츠(Chester Nimitz) 제독이 자신의 의도를 알지 못할 것이라는 가정 아래 작전을 감행했다. 하지만 미국은 일본의 해군암호마저 입수했기 때문에 니미츠는 그의 계획을 속속들이 알고 있었다. 나구모의 성찰기가 미국 함대를 발견했을 무렵에는 이미 돌이킬 수 없는 시점이었고, 일본의 중항공모함 네 척은 모두 급강하 폭격기의 공격으로 침몰당하는 신세를 면하지 못했다. 반면에 미국 측 손실은 항공모함 한 척에 불과했다. 미드웨이 해전 결과 미국 해군은 태평양의 패권을 다시 차지했고 일본군은 이 시점부터 더 이상 도발을 감행하지 못했다.

포츠담 회담

산호해와 미드웨이에서 승리를 거둔 미국은 1942년 8월 솔로몬 제도의 과달카날 상륙을 시작으로 남태평양 공격을 개시했다. 6개월 동안 치열하게 펼쳐진 과달카날 전투는 상륙작전의 미래를 경고하는 증거가 되었다. 미국 해병이 오키나와를 침공한 1945년 4월에는 상륙작전에 따르는 대가가 더욱 분명해졌다. 오키나와에서만 1만 2천 명의 미국군이 목숨을 잃었고 일본 측에서는 10만 명의 희생이 뒤따랐다. 그뿐 아니라 일본군은 날이 갈수록 '가미카제' 공격의 강도를 높이며 마지막 한 명까지 항전하겠다는 뜻을 확실히 밝혔다. 1945년 4월 8일, 본 섬의 야전사령관들에게 방어지침이 전달되면서 미국 함대를 노린 자살공격은 해변을 향한 자살공격으로 이어졌고, 이후 내륙에서는 끊임없는 게릴라전이 펼쳐졌다. 이런 상황에서 4월 12일, 해리 트루먼(Harry Truman)은 대통령 자리에 올랐다. 군사고문단이 말하길 몇십만 명의 희생이 따른 뒤에야 일본을 진압할 수 있을 것이라고 했다.

부통령 시절에 트루먼은 원자폭탄을 개발하는 맨해튼 계획에 대해서 아는 바 없었다. 사실 트루먼은 4월 25일, "4개월 안으로 인류 역사상 가장 무시무시한 무기개발이 완성될 예정"이라는 이야기를 스팀슨 육군장관에게 듣기 전까지는 자세한 보고를 접한 일도 없었다. 영국은 원자폭탄의 존재를 알고 있었고 약간의 도움까지 주었지만, 루스벨트는 스탈린의 신임을 얻고자 많은 노력을 했음에도 불구하고 얄타에서조차 알리지 않았다. 트루먼의 회고록에 따르면 그는 7월 말, 베를린 외곽의 포츠담에서 처칠, 스탈린과 함께 정상회담을 열었을 때 "우리가 파괴력이 어마어마한 신종 무기를 보유하고 있다고 지나가는 투로 말했다. 하지만 소련 주석은 별다른 관심을 보이지 않았다"(사실 스탈린은 맨해튼 계획 내부에 심어 놓은 첩자를 통해 이미 알고 있었지만 트루먼은 이 사실을 의심조차 하지 않았다). 트루먼은 바로 이 포츠담에서 소련이 태평양전쟁에 참전했을 경우 빚어지는 정치적 결과를 고민하다 8월 초, 히로시마와 나가사키에 원자폭탄을 투하하기로 결정했다.

플루토늄폭탄의 안전플러그
1945년 8월 9일,
나가사키에 투하된
것이다.

트루먼의 의도는 지금까지도 논란의 대상이 되고 있다. 그가 공개적으로 밝힌 이유는 단순했다.

"미국의 인명 손실을 최소한으로 줄이기 위해서."

일본 본 섬으로 쳐들어가지 않고도 전쟁을 끝낼 수만 있다면 21만 일본 민간인을 희생시킬 수도 있다는 뜻이었다. 8월 6일, 히로시마에 투하된 폭탄으로 약 14만 명이 목숨을 잃고 7만 명이 죽어가고 있을 때인 8월 9일, 나가사키에 두 번째 폭탄이 떨어졌다(물론 런던에서부터 드레스덴, 베를린, 도쿄에 이르기까지 전쟁 내내 여러 도시에 투하된 일반 폭탄으로 희생당한 민간인은 이보다 훨씬 더 많았다). 8월 10일에 일본 정부는 항복을 선언했다.

하지만 트루먼이 포츠담에서 적은 일기를 보면 알 수 있다시피 그의 목적은 단순한 종전이 아니었다. 전후 중국과 일본에서 스탈린을 몰아내고 미국의 신종 초강력 무기로 소련을 위협하려는 계산이 어느 정도로 작용했는지는 아무도 알 수 없지만, 트루먼이 원자폭탄을 동원하기로 결정한 데에는 소련이라는 존재가 차지한 부분이 컸다. 아무튼 히로시마와 나가사키의 원자폭탄 투여는 미소관계에 막대한 영향을 미쳤다. 스탈린은 히틀러가 1941년 6월에 소련을 침공하자 하는 수 없이 루스벨트, 처칠과 손을 잡기는 했지만 — 달리 방법이 없었다 — 단 한 번도 의심의 고삐를 놓지 않았다. 이와 같은 불신은 전후 세계에 불길한 그림자를 드리웠다.

히로시마의 원폭 구름
인근 구레의 사진작가가
지상에서 촬영한 것이다.

인물 촌평

웬델 L. 윌키
1892–1944년

로버트 댈렉

공화당이 1940년 대통령 선거에서 그를 후보로 지명했다는 사실만으로도 공익사업지주회사 대표 웬델 윌키는 역사책의 한 귀퉁이를 영원히 장식할 만하다. 하지만 윌키는 20세기의 징검다리 역할을 한 인물이기도 하다. 그를 통해 미국인들은 미국이라는 나라의 위상 변화를 깨달았다.

1940년 선거에서 민주당과 공화당을 가른 최대 쟁점은 위기에 처한 당시 세계상황에서 미국이 맡아야 할 역할이었다. 미국은 영국을 얼마나 도와야 할 것인가? 독재정권이 유럽에서 승리를 거두지 못하도록 나치 독일과 전쟁을 벌여야 할 것인가?

개인적인 성향으로 보았을 때 윌키는 현직 대통령 루스벨트만큼이나 세계주의를 지향하는 인물이었지만, 고립주의 정서에 영향을 받고 미국의 참전 반대를 주요 선거공약으로 내세웠다. 그리고 루스벨트를 다시 선출하면 조만간 몇십만 명의 미국 청년들을 해외로 파병해야 된다고 여러 차례 강조했다. 윌키의 반전론이 긍정적인 반응을 거두자 루스벨트는 공격을 당하지 않는 한 미국은 참전하지 않는다고 다짐했다. 하지만 선거운동이 막바지로 치달을수록 윌키의 인기는 점점 높아져만 갔다. 결국 루스벨트는 전제조건을 거두고 미국은 어떤 상황에서도 전쟁을 벌이지 않는다고 말을 바꾸었다.

하지만 진주만으로 정계 분위기가 180도 달라지자 윌키는 본색을 드러냈다. 그는 루스벨트를 대신해 전 세계의 전선을 시찰한 뒤 1943년 3월에 출간한 『하나의 세계(One World)』에 경험담을 담았다. 얇은 두께에도 불구하고 그 시대의 사조를 예리하게 간파한 『하나의 세계』는 하룻밤 사이 비소설 분야에서 미국 기록을 갱신하는 베스트셀러로 떠올랐다.

그는 이 책에서 윌슨식 보편주의가 전후세계를 지배하기 바라는 대다수 미국인의 소망을 반영이라도 하는 듯 점점 더 미국을 닮아 가는 세계를 묘사했다. 그는 지평선까지 펼쳐지는 러시아의 곡창지대에서 텍사스를 떠올렸다. 관개시설을 갖춘 타슈켄트 인근의 어느 강은 남 캘리포니아를 닮았다. 볼가를 따라 위풍당당하게 늘어선 저택들은 허드슨 강 주변을 수놓은 대저택들과 비슷했다.

윌키는 심지어 시베리아의 야쿠티야 공화국을 이끄는 서른일곱 살의 지도자를 가리켜 "말투가 캘리포니아의 부동산업자 비슷한" 수완가라고 표현했다. 건장하고 잘 생긴 중국 농부들의 모습에서는 인디애나와 아이오와의 변경지방으로 뛰어든 선조들을 엿보았다. 윌키가 세계일주를 마치고 돌아와서 전한 메시지는 국적을 불문하고 모든 나라 국민들의 속에 미국인의 모습이 숨어 있다는 것이었다.

이렇게 해서 『하나의 세계』는 미국적 가치관에 입각한 평화로운 세계를 꿈꾼 윌슨의 이상과 미국의 시대를 내다본 헨리 루스(Henry Luce)의 예언을 한데 엮었다. 이 책은 얄타회담 이전까지 세계정세를 낙관적으로 바라본 미국의 시각을 선명하게 재현하기 때문에 오늘날에도 읽을 만한 가치가 있다.

대릴 F. 재닉(Darryl F. Zanuck) 감독은 영화 판권을 사들이고 스펜서 트레이시(Spencer Tracy)에게 윌키 역을 맡길 생각이라고 한다.

윌키
1940년 대통령 선거 직전
또는 선거기간 동안의 모습.

The News

ONE OF THEM STILL LYING!

Hiss and Chambers Contradict Each Other Under Oath

21

냉전시대

'히스 대 체임버스' 사건

1948년 8월 3일, 기자 몇 명이 청문회장을 메운 가운데 의회반미활동위원회(House Un-American Activities Committee : HUAC) 위원 아홉 명 중에서 여섯 명이 착석했다. 이들 여섯 명을 소개하자면 임시위원장을 맡은 사우스다코타의 칼 E. 문트(Karl E. Mundt) 임시위원장, 뉴저지의 존 맥도웰(John McDowell), 미시시피의 존 E. 랜킨(John E. Rankin), 플로리다의 J. 하딘 피터슨(J. Hardin Peterson), 루이지애나의 F. 에드워드 에이버(F. Edward Hébert), 캘리포니아의 리처드 밀하우스 닉슨(Richard Milhous Nixon)이었다. 수석고문 로버트 E. 스트리플링(Robert E. Stripling)이 그날의 유일한 증인을 소환했다. 휘태커 체임버스(Whittaker Chambers)였다.

체임버스는 외모로 보자면 평범했지만 지적 능력만큼은 대단했다. 그는 천부적인 기자이자 유능한 언어학자였고, 아동문학의 고전 『밤비(*Bambi*)』 등 수많은 독일 문학을 영어로 번역했다. 그 무렵에는 《타임》의 수석 편집자였다.

심문의 초반부는 막연하게 흘러갔다. 체임버스는 겨우 하루 전에 소환 영장을 받았지만 놀라지는 않았다. 그는 미국 정부 내에서 비밀공산당세포로 활약한 전적을 1939년부터 국무부와 FBI에 여러 차례 알린 바 있었다.

체임버스
(왼쪽) 1948년 8월 25일, 의회반미활동위원회에서 히스와 격돌한 체임버스는 그날의 사건을 다룬 신문기사를 쳐다보고 있다.

체임버스는 스트리플링의 서두심문을 듣고 1920년대와 1930년대에 자신의 역할이 '공산당 유급 요원'이었다고 두루뭉실하게 설명했다. 그리고 앨저 히스(Alger Hiss)와 함께 워싱턴 D. C.에서 활약한 여덟 명 '지하조직'의 일원이었다고 밝혔다.

"당시 이 조직의 목적은 첩보 활동이 아니었습니다. 미국 정부에 공산당원을 침투시키는 것이 원래 목적이었습니다."

체임버스는 10년 전 공산당을 탈퇴하면서 "마르크스주의와 레닌주의를 버렸다."고 분명히 밝혔다.

위원들은 체임버스가 아주 가깝게 지냈다고 주장하는 히스에 대해 장황하게 묻기 시작했다.

스트리플링 : 1937년에 공산당을 탈당했을 때 (나머지 일곱 명의 지하조직원들에게) 함께 빠져나가자고 권유했습니까?

체임버스 : 아니오. 히스한테만 이야기를 꺼냈습니다. 어느날 저녁에 위험을 무릅쓰고 히스의 집으로 찾아갔더니 부인이 집에 있었습니다. 히스 부인도 공산당원이었습니다. 잠시 후 히스가 들어왔고 저는 이야기를 나누면서 함께 탈당하자고 권했습니다. 사실 히스는 저와 헤어지면서 눈물을 보였습니다. 하지만 공산당에 남아 있겠다니 어쩔 수 없었습니다. 저는 히스를 아주 좋아했습니다.

심문이 계속되었고 체임버스는 같은 이야기를 거듭 반복했다. 그는 히스와의 절친한 관계를 좀더 자세하게 설명했지만 공산당세포 어느 누구도 첩보활동을 한 일은 없다고 강조했다. "이들은 정보제공원이 아니었습니다. 히스처럼 정부의 요직을 차지하는 것이 목적인 엘리트 집단이었습니다. 정부 요직을 차지해야 공산당에 훨씬 도움이 됐으니까요."

청문회가 끝이 났을 때 기사를 정리하는 기자는 없었다. 정리하지 않아도 뻔했다. 《타임》 편집자, 국무부의 전직 고관이자 카네기국제평화기금의 존경받는 회장이 소련의 비밀요원이었다고 폭로하다!

체임버스의 1차 증언이 끝나고 이틀 뒤, 이번에는 히스가 위원들 앞에 나설 차례였다. 호리호리하고 침착한 태도가 뚱뚱하고 단정하지 못한 고소인과 대조적이었다. 옷차림은 우아했고 잘생긴 얼굴은 자신감으로 빛났다. 체임버스는 심문을 받으면서 극도로 불안해하는 모습을 보였다. 이에 비해 히스는 침착하고 여유가 넘쳤다. 그는 준비해 놓았던 말로 증언을 시작했다.

저는 공산당원이 아닙니다. 저는 공산당의 교리를 받아들인 일도 없습니다. 공산주의자가 결성한 조직에 가담한 일도 없습니다. 직접적으로든 간접적으로든 공산당의 노선을 따른 일도 없습니다. 제가 아는 한 제 주변 친구들 가운데에는 공산주의자가 한 명도 없습니다. 저는 1947년에 FBI 요원 두 명이 찾아와 이런저런 사람들을 아느냐고 물었을 때 휘태커 체임버스라는 이름을 처음 들었습니다. 저는 그때 체임버스를 모른다고 대답했습니다. 제가 기억하기로는 체임버스를 만난 일이 한 번도 없습니다. 체임버스 씨가 저를 두고 한 이야기는 새빨간 거짓말입니다. 제가 지금까지 공직에 몸을 담으면서 남긴 이력을 보시면 알 수 있으실 겁니다.

히스는 변호사답게 연방대법관 올리버 웬델(Oliver Wendell)의 서기, 나이위원회(Nye Committee, 군수산업조사를 위해 1934년 미국 상원에 설치했던 특별조사위원회—옮긴이) 법률고문, 국무부 재직 10년 등 화려한 공직 경력을 소개했다. 그는 루스벨트 프랭클린 대통령과 함께 얄타회담에 참석했고 1945년에 임시 사무총장 자격으로 국제연합의 창설을 감독한 바 있었다. 그러다 1946년 12월에 국무부 일을 그만두고 카네기국제평화기금회장으로 취임했다.

히스가 모두진술을 마치자 심문이 시작되었다. 하원의원 문트가 먼저 이야기를 꺼냈다.

"《타임》 편집자가 공산당과 연관해서 앨저 히스의 이름을 거론한 이유가 무엇인지 궁금하군요."

"저도 잘 모르겠습니다, 위원장님. 무슨 이유로 그랬는지 저도 궁금합니다."

이 무렵 위원들은 두 사람의 진술에서 '선명한 모순'(스트리플링의 표현이었다)을 발견했다. 둘 중 한 사람이 거짓말을 하고 있다는 뜻이었다. 하지만 문트도 말했다시피 두 사람은 "아주 믿음직한 증인이었다. 양쪽 모두 미국 재계나 기관에서 높은 자리를 맡고 있었고, 정직해 보였다. 그리고 양쪽 모두 증언에 앞서 선서를 했다. '그런데도' 서로 주장이 엇갈렸다." 이것이 위원회의 고민이었다. 누구 말을 믿어야 하는 것인가?

닉슨이 "신원을 착각했을 가능성은 없는지 확인하기 위해 대질심문을 하자."고 해결책을 제시했다. 하지만 위원들은 풋내기 동료 의견을 귀담아 듣지 않았다. 증언을 마친 히스 주변으로 기자들이 구름처럼 몰려들었다. 모두들 그의 말을 믿는 분위기였다. 그날 청문회가 끝난 뒤 닉슨은 엄청난 실수를 인정했다. 체임버스를 공개심문하기 이전에 증언의 진위부터 확인했어야 하는데 그러지 못했다는 것이었다.

"위원회는 이 난권을 어떻게 빠져나올 생각이납니까?"

한 기자가 히스에게 물었다.

의회반미활동위원회

의회반미활동위원회는 1938년 5월에 공산주의자와 파시스트를 조사하기 위해 결성되었지만 2차 세계대전 이후에는 주로 공산주의자 색출에 집중했다. 민주당이 하원을 장악하는 동안에는 텍사스 하원의원 마틴 다이스(Martin Dies)가 위원장을 맡았고, 무모하고 독단적인 기소작업으로 악명을 떨쳤다. 하지만 국민 대다수가 반공을 지지하는 분위기였기 때문에 문제가 많은 방식에도 불구하고 엄청난 권력을 누렸다.

위원장이 공화당원 J. 파넬 토머스(J. Parnell Thomas)로 바뀐 뒤에는('히스 대 체임버스' 사건이 벌어졌을 때는 출혈성 궤양으로 요양 중이었다) 1947년 말 동안 영화 산업계의 공산주의자 색출작업을 벌였다. 이때 할리우드의 지도급 인사들은 오명을 두려워한 나머지 협조적인 증언을 했다. 하지만 좌익계 시나리오 작가와 감독들은 위원회를 무시하고 증언을 거부했다. 이른바 할리우드 10인(Hollywood Ten)이라 불린 이들은 나중에 의회모독죄로 소환되고 블랙리스트에 올랐다.

유명인사들로 들끓었던 훌륭한 영화계 청문회는 기삿거리를 제공했고 반미활동위원회의 위상을 높이는 데 기여했지만 정말로 극적인 사건은 워싱턴에서 벌어졌다.

토머스에 따르면 "뉴딜 정책은 공산주의 사업으로, 뉴딜 정책 지지자들은 위험분자로 몰아붙이는 것"이 반미활동위원회의 임무였다. 토머스와 동료위원들은 '히스 대 체임버스' 사건 덕분에 원하던 대로 목표를 이룰 수 있었다.

1948년 3월에 위원장 토머스의 집을 방문한 반미활동위원들
왼쪽에서부터 리처드 B. 베일 하원의원, 토머스, 맥도웰 하원의원, 스트리플링 수석고문, 닉슨 하원의원이다.

의회반미활동위원회는 히스와 체임버스의 논란이 불거지기 이전부터 청문회 진행이 너무 허술하다는 이유로 트루먼 행정부와 언론, 양쪽의 공격에 시달렸다. 여기에는 당파싸움도 어느 정도 기여한 부분이 있었다. 1946년 중간선거 때 공화당이 하원을 장악하면서 16년에 걸친 민주당의 아성이 무너졌다. 이제 1948년 의원 선거와 대통령 선거가 불과 석 달 앞으로 다가온 시점에서 민주당은 하원을 되찾을 만한 소재를 찾느라 혈안이 되었다. 들리는 소문에 따르면 트루먼 대통령은 재선에 성공할 경우 반미활동위원회 해체를 요청할 생각이라고 했다. 히스가 1차 증언을 하던 날 아침에도 그는 위원회의 스파이 색출방법을 비난했다. 공화당이 국내 경제 정책을 마련하는 데 실패하자 국민들의 관심을 분산시키기 위해 내놓은 '궁여지책'이라고 표현했다. 80차 의회는 '무고한 시민들의 명예를 훼손'시킬 것이 아니라 입법에 신경써야 한다고 강조했다.

"체임버스의 증언을 입증하지 못하면 위원회는 치명적인 타격을 입을 겁니다."

리처드 M. 닉슨
1913–1994년

주식시장이 폭락한 것은 리처드 M. 닉슨이 열여섯 살 때의 일이었다. 이미 생활고에 시달렸던 그의 가족은 이후 몇백만 명의 다른 미국인과 마찬가지로 대공황 기간을 어렵게 보냈다(루스벨트 가문이나 케네디 가문과는 상관없는 이야기였다). 그는 성실하고 학구적인 자세를 바탕으로 대학과 법과대학원을 졸업했고, 1937년에 캘리포니아주 사법시험에 합격한 뒤 2차 세계대전까지 몇 년 동안 고향 휘티어에서 변호사로 활동했다.

닉슨은 퀘이커교도 집안에서 성장했지만 전쟁에 동참하고 싶었다. 때문에 1942년 1월부터 시세관리국 타이어 배급 분과에서 일을 하기 시작했다(가격관리국은 전시물가를 통제하기 위해 신설된 정부기구였다). 하지만 관료주의에 환멸을 느낀 나머지 6월에 박차고 나와 해군에 입대했다. 그는 해군에서 보급장교로 일하다 — 뛰어나지는 않아도 유능한 모습을 발휘했다 — 1946년 3월에 제대했다. 그리고 같은 해, 일련의 젊은 참전용사들과 함께(존 케네디도 이 중 한 사람이었다) 의원 선거에 나서 승리를 거두었다.

한 기자는 8월 5일 히스 심문이 끝난 뒤 닉슨에게 이렇게 말했다. 젊고 야심만만한 캘리포니아 의원도 이미 알고 있는 사실이었다. 닉슨도 나중에 고백했다시피 위원회는 '일대 충격'에 휩싸였다. 하지만 이때 대안이 등장했다. 히스가 공산주의자였는지 여부는 판단이 불가능하지만 서로 아는 사이인지 모르는 사이인지는 밝힐 수 있지 않느냐는 것이었다. 다시 닉슨의 이야기를 들어보자.

"히스가 만약 체임버스를 모른다고 거짓말했다면 공산주의자 부분도 위증이었을 가능성이 컸다."

닉슨은 몇몇 위원과 고문단을 이끌고 체임버스를 다시 만나기 위해 뉴욕 시로 찾아갔다. 서로 엇갈리는 증언 때문에 더 이상 망신을 당하는 일이 없도록 이번에는 개인적인 면담을 추진했다.

닉슨의 소(小)위원회는 1948년 8월 7일에 폴리 광장 연방법원청사의 어느 창문 없는 방에서 체임버스를 심문했다. 닉슨은 공산당 활동을 하면서 히스와 알고 지낸 것이 언제 일이냐고 물었다. 체임버스는 '대략 1935년에서 1937년 사이'라고 대답하고, 히스는 자신의 본명이 아니라 '카를'이라는 당명만 알고 있다고 덧붙였다. 이후에 닉슨은 히스와 과연 아는 사이인지 판단하기 위해 마련한 질문을 속사포처럼 퍼부었다. 그런데 체임버스는 히스 부부에 대한 정보를 제법 많이 알고 있었다. 닉슨은 이렇게 말했다.

"실제로는 모르는 사이면서 히스의 생활을 관찰한 결과 얻은 정보일 수도 있었다. 하지만 진위 여부를 떠나서 아주 개인적인 내용도 들어 있었다."

체임버스는 히스의 집을 몇 차례 찾아간 일이 있었다며 이들 부부가 좋아하는 가구와 음식, 애완동물, 개인적인 습관, 심지어는 상대방을 부르는 애칭까지 이야기했다.

닉슨과 에이버와 맥도웰의 관심을 끈 부분은 체임버스가 공개한 두 일화였다. 하나는 히스가 체임버스의 주선으로 쓰던 차를 다른 공산주의자에게 넘겨 준 일이 있다는 것이었고, 또 하나는 히스 부부와 체임버스의 공통 취미가 조류 관찰이었다는 이야기였다. 체임버스가 말했다.

"한번은 부부가 버들솔새를 보았다며 아주 좋아하더군요."

그러자 아마추어 조류학자이지만 체임버스만큼 조예가 깊지 못한 맥도웰 의원이 물었다.

"아주 희귀한 건가요?"

"저는 평생 한 번도 보지 못한 새입니다."

면담이 끝났을 때 위원들은 넓이와 깊이 면에서 만족스러운 체임버스의 답변으로 미루어 볼 때 사실이 분명하다고 확신했다.

반미활동위원회는 8월 16일에 비공개 면담을 개최하고 체임버스가 8월 7일에 증언한 내용을 바탕으로 히스를 심문했다(히스는 증언의 내용을 보고 싶다고 여러 차례 요청했지만 받아들여지지 않았다). 그는 예전과 달리 상당히 긴장하는 분위기였다. 특히 침착하던 태도는 온데간데없고 불안과 분노가 뒤섞인 모습을 보였다. 닉슨은 먼저 체임버스의 사진 두 장을 보여 주며 '휘태커 체임버스 또는 카를'이라는 사람을 아느냐고 물었다. 히스는 머뭇거리면서 '어디선가 본 듯한 얼굴'이라고 대답했다.

심문이 진행될수록 히스는 점점 더 적의를 드러냈다. 그는 존경받는 고위 공무원을 젖혀 두고 어떻게 '공산주의자'였다고, '반역자였다고 자백한 인물'의 말을 믿을 수 있느냐며 분개

샌프란시스코 회의

1945년 6월, 국제연합이 창설된 샌프란시스코 회의에서 히스와 트루먼 대통령이 악수를 하고 있다. 트루먼의 왼쪽은 국무장관 에드워드 R. 스테티니어스 2세이다. 회의가 끝나자 히스는 UN 헌장과 함께 특별기를 타고 워싱턴으로 돌아왔다. "그날, 나는 나라는 존재의 위치를 정확히 깨달았다. 헌장에는 낙하산이 딸려 있었지만 내 몫은 없었다."

했다. 스트리플링이 되받았다.

"체임버스 씨는 증인의 집을 여러 차례 찾아갔다면서 세세한 일화를 몇 시간 동안 증언했습니다. 증인의 일상을 아주 열심히 연구했거나 증인과 아는 사이이거나 둘 중 하나겠죠."

기가 꺾인 히스는 잠시 후 "1933년과 1934년에 우리집과 임대 아파트를 몇 번 찾아왔던 이름을 앞에 놓인 종이에 적겠다."고 선언했다. 그리고 조지 크로슬리(George Crosley)라는 프리랜서 기자가 체임버스인 줄은 몰랐다고, 1935년 이후에는 크로슬리를 만난 일이 없다고 주장했다. 그는 나이위원회 일을 할 당시 크로슬리와 어떤 관계였는지 좀더 자세히 밝혔다.

히스가 기억하기로 크로슬리는 나이위원회의 군수산업조사활동을 잡지에 싣고 싶어했고 그러다 서로 친해졌다. 히스는 새 아파트로 거처를 옮긴 뒤 예전 집을 크로슬리에게 빌려주었고 타고 다니던 낡은 자동차도 주었다. 하지만 크로슬리는 집세를 한 번도 내지 않았다.

"결국 집세는 포기했습니다. 저는 성격이 물렁한 편이고 크로슬리는 빈대 같은 사람이었으니까요. 나쁜 뜻이 아니라 이제 와서 생각해 보면 저를 만만하게 본 게 아닌가 싶습니다."

히스는 1935년에(나중에 1936년 중순으로 말을 바꾸었다) 크로슬리와 절교한 뒤 연락 없이 지내다 오늘 아침 증언을 하러 기차를 타고 워싱턴으로 건너오는데, "우리집을 여러 번 찾아왔고 우리집과 아파트의 구조를 알 만한 사람이 크로슬리밖에 없다."는 생각이 들었다고 했다. 잠시 후 닉슨이 히스에게 취미가 뭐냐고 물었다. 히스가 조류 관찰이라고 대답하자 이번에는 맥도웰이 물었다.

"버들솔새를 보신 적 있습니까?"

1948년 8월 25일 청문회장의 풍경
오른편 아래쪽으로 증언하는 체임버스의 모습이 보인다. 히스는 뒤에서 두 번째 테이블에 앉아 있다.

"네. 바로 여기 포토맥에서 본 적이 있습니다."

히스의 8월 16일 증언이 끝나고 열린 집행회의에서는 팽팽한 긴장감이 흘렀다. 민주당원들은 조사를 법무부에 맡기자고 했다(선거가 끝날 때까지만이라도 히스를 보호하려는 속셈이었다). 하지만 다수인 공화당원들은 그 이상을 원했다. 원래 위원회는 투표를 거쳐 8월 25일에 공개적인 대질심문을 벌이기로 결정을 했다. 하지만 히스에게 '9일이라는 시간을 주면 완벽한 거짓 진술을 준비할지 모른다.'는 닉슨의 말을 듣고 8월 17일 화요일, 뉴욕 시에서 비공개청문회를 열기로 했다. 이때 히스는 다시 방어적이고 신경질적인 반응을 보였다. 히스의 선서가 끝나자 옆방에서 기다리고 있던 체임버스가 청문회실로 들어왔다.

8월 25일 청문회에서의 히스
그는 15년에 걸친 공직 생활을 강조하면서 반미활동 위원회의 조사가 개혁과 민주당원을 노리는 표적 수사라고 공격하고, 자신의 애국심을 증명해 줄 유명인사 서른네 명의 이름을 밝혔다. 닉슨은 '연줄' 로 결백을 주장하려 든다며 히스를 비웃었지만, 반미활동위원회가 연줄에 얽힌 판결로 유명했던 점을 생각해 보면 아이러니컬한 표현이었다.

닉슨 : 이쪽으로 앉으십시오, 체임버스 씨. 체임버스 씨, 잠시만 일어나 주십시오. 그리고 히스 씨도 잠시만 일어나 주십시오. 히스 씨, 이 분이 휘태커 체임버스 씨입니다. 아는 얼굴입니까?
히스 : 목소리를 듣고 싶습니다. 목소리를 들려 달라고 전해 주십시오.
닉슨 : 좋습니다. 체임버스 씨, 이름과 직업을 말씀해 주시겠습니까?
체임버스 : 이름은 휘태커 체임버스. (이때 히스가 체임버스 쪽으로 걸어갔다.) 직업은 《타임》 지 수석편집자입니다.
히스 : 조지 크로슬리 아닌가요?
체임버스 : 그런 이름은 모릅니다. 앨저 히스, 맞지요?
히스 : 그렇습니다.
체임버스 : 내 기억이 맞았군요.

체임버스가 말투를 알 수 있도록 잡지 일부분을 읽자 히스는 크로슬리가 맞는 것 같다고 대답했다. 닉슨과 스트리플링은 히스와 체임버스의 예전 증언을 비교하며 장황한 질문을 던졌다. 히스는 크로슬리가 단순히 아는 사람에 불과했다고, '아무 의미 없는 존재'였다고 말했다. 체임버스는 두 사람이 은밀한 관계였다고 주장했다.
"나도 공산주의자였고 당신도 공산주의자였지요."
히스는 "당시 워싱턴의 분위기는 지금과 상당히 달랐다."고 지적하는 한편, 크로슬리는 아는 기자일 뿐이었다는 주장을 굽히지 않았다.

전국적으로 관심이 증폭되었다. 8월 25일에 열린 다음 청문회는 기자들과 생방송 중계진(의회청문회가 생방송으로 중계되는 처음이었다)으로 발 디딜 틈이 없었다. 한편 체임버스가 히스와 함께 지하조직원으로 활동했다고 지목한 여섯 명도 증인으로 출두했다. 이들은 모두 묵비권을 행사하고 히스의 형제 도널드 히스(Donald Hiss)만 모든 혐의를 부인했다.

변호사와 함께 출두한 앨저 히스는 8월 25일의 청문회를 재판으로 간주했다. 체임버스의 손을 들어 준 반미활동위원회가 법무부에 위증죄로 고소할 증거를 확보하러 나설 게 분명하다고 판단한 것이다. 때문에 그는 '제가 기억하기로' 라는 표현을 200번 이상 동원하며 답변에 신중을 기하는 모습을 보였다. 그리고 자신의 공로가 뉴딜 정책, 얄타회담, 국제연합 설립 등 민주당과 긴밀한 상관관계를 맺고 있기 때문에 반미활동위원회가 정치적인 이유에서 표적 수사를 감행한다고 비난했다.

청문회는 아홉 시간 동안 계속되었고 히스에게 불리한 상황으로 돌아갔다. 히스와 닉슨이 공개적으로 적의를 드러내는 과정에서 닉슨가 승리를 거두었던 것이다. 히스 쪽에서 보자면 중고차 관련 증언이 가장 치명타였다.

닉슨 : 크로슬리에게 자동차를 주었습니까?

히스 : 제가 기억하기로는 주었습니다만.

닉슨 : 크로슬리에게 자동차를 주었는지 예, 아니오로 대답해 주십시오. 지금까지 살면서 남한테 자동차를 준 일이 여러 번 있으신 모양이죠?

히스 : 25달러짜리 자동차를 한 번 준 적 있는데, 상대방이 바로 크로슬리였습니다.

닉슨 : 그러니까 크로슬리에게 차를 주셨다는 겁니까, 안 주셨다는 겁니까?

히스 : 정식으로 소유권을 이전했는지, 그냥 주었는지, 아니면 돌려받았는지 기억이 나지 않습니다.

체임버스
그의 전기를 집필한 샘 태넌하우스에 따르면 체임버스는 "반미활동위원회의 난리법석을 혐오했고 오랫동안 신분을 감추다 과거의 전력을 공개적으로 증언하게 된 기회를 은밀히 반겼다. (중략) 체임버스는 마이크 앞으로 바짝 다가앉았고 가끔은 마이크 대를 움켜쥐었다. 그러고는 8월 3일부터 줄곧 반복했던 말을 스타카토식 문장으로, 약간 허스키한 목소리로 다시 이야기했다."

히스로서는 불행한 노릇이었지만 조회 결과 그는 1936년 7월 23일, 워싱턴의 중고차 매매상에게 소유권을 이전했고 매매상은 명세서도 없이 윌리엄 로젠(William Rosen)이라는 사람에게 곧바로 매매한 사실이 밝혀졌다. 체임버스의 내부 거래설에 무게가 실리는 순간이었다. 게다가 크로슬리(또는 체임버스)와 1935년부터 연락을 끊었다는 히스의 증언에도 의문이 제기되었다(다음날 소환된 로젠은 묵비권을 행사했다).

분위기가 불리하게 바뀌자 히스는 체임버스의 신뢰성을 공격하기 시작했다. 《타임》에 근무하고 있으니 인명사전 등을 통해 개인적인 정보쯤은 쉽게 알 수 있지 않느냐는 것이었다.

"히스 씨가 희귀한 새를 본 일이 있다는 정보는 어느 인명사전에도 없습니다."

에이버 의원이 지적하고 나섰다. 그러자 히스는 '얼마나 많은 사람한테' 버들솔새 자랑을 했는지 모른다고 이야기했지만 위원회는 꿈쩍하지 않았다. 한편 동정표를 확보한 체임버스는 히스의 명성에 먹칠할 생각은 추호도 없다면서 눈물을 삼키며 나지막하게 말했다.

"제가 묵은 감정이나 복수심, 증오심 때문에 히스 씨한테 불리한 증언을 한다는 소문이 들리더군요. 저는 히스 씨를 미워하지 않습니다. 친한 친구였던 우리 두 사람이 역사의 비극에 휘말렸을 뿐입니다. 히스 씨는 여러분과 제가 싸워야 할, 보이지 않는 적의 상징입니다."

위원회가 오후 8시에 휴회를 선언했을 무렵 히스는 심각한 위기 상황에 놓였다. 사흘 뒤, 반미활동위원회는 히스의 증언이 '막연하고 모호'한 데 비해 체임버스의 증언은 '솔직하고 단호'하다는 중간 보고서를 발표했다. 그리고 "체임버스의 신뢰도는 높아진 반면 히스의 신뢰도는 현저히 떨어졌다."고 밝혔다. 이제 여러 민주당원을 비롯한 대다수의 국민들은 반미활동위원회의 조사를 궁여지책이나 마녀사냥으로 간주하지 않았다.

1차 빨갱이 소동

미국 역사를 돌이켜 볼 때 정부 구조를 위협하는 요인이 등장하면 일대 히스테리가 벌어지고 사회적으로나 정치적으로나 불안의 조짐이 싹텄다. 세일럼의 마녀재판이 초창기 증거였고, 이후에는 1차 세계대전 참전에 반대한 국민들을 학대하는 어처구니없는 사건도 벌어졌다. 이때 희생양은 평화주의자, 사회당원, 세계산업노동자연맹(Industrial Workers of the World : IWW)과 같은 급진적인 노동조합원, 독일계 미국인이었다.

의회는 전쟁에 대한 전폭적인 지지를 유도하기 위해 1917년, 대규모 선전기관 공공정보위원회(Committee of Public Information : COPI)를 창설했다. 위원장은 진보적인 전직 기자 조지 크릴(George Creel)이 맡았다. 공공정보위원회는 크릴의 열정적인 주도 아래 우드로 윌슨 정부의 이상적인 참전 목적을 알리고 독일군이 전장에서 저지른 만행을 폭로하는 7,500만 건의 홍보문서를 발행했다. 그뿐 아니라 몇만 명의 연사(이른바 '4분맨'이었다)들을 동원하여 전국을 순회하며 전쟁에 찬성하는 분위기를 한껏 고조시켰다. 크릴의 노력은 엄청난 성공을 거두었고 몇 달 만에 너도나도 참전은 엄청난 호응을 얻었다. 하지만 부작용도 있었다. 유럽의 적군뿐 아니라 국내 '위험분자'들까지 무분별하게 증오하고 의심하는 분위기가 조성된 것이다. '미국화' 바람이 불면서 새로운 이민들은 개명의 압력을 받았고 독일 단어들 또한 영어식으로 바뀌었다. 예를 들면 '사우어크라우트(sauerkraut, 소금에 절인 양배추—옮긴이)'가 '자유의 양배추(Liberty cabbage)'로 바뀌는 식이었다.

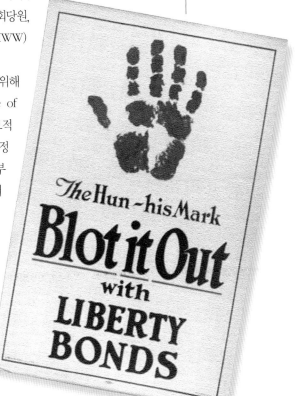

포스터
앨런 세인트존이
1917년에 디자인한 것.

의회는 윌슨 행정부의 지원 아래 내부 분열을 잠재우기 위한 제재조치를 마련했다. 그중 가장 악명이 높았던 조를 꼽자면 국방 관련 정보를 폭로하거나 징집을 방해한 미국인들에게 엄격한 구금형을 내린 1917년 6월의 간첩법이었다. 불충을 조장하거나 병역을 거부한 사람들도 이 법안에 따라 처벌을 받았다. 1918년 9월에 유진 V. 데브스는 볼셰비키 혁명과 반전, 세계산업노동자연맹을 지지하는 연설을 했다가 간첩법에 따라 10년형을 선고받았다. 사회당 의

간첩법 위반으로 투옥되기 직전의 데브스

1918년, 오하이오 주 캔턴에서 연설을 하고 있다.

원 빅터 버거(Victor Berger)도 비슷한 발언으로 20년 형을 받았고, 거의 500명에 이르는 양심수가 양산되었다.

자유론자들이 이의를 제기하고 나섰지만 '솅크 대 연방정부' 사건(1919년)에서 대법원은 간첩법안의 합헌성을 인정했다. 다수의 의견을 대변한 올리버 웬델 홈스(Oliver Wendell Holmes)는 그와 같은 성격의 발언이 "상당한 해악을 초래할 위험이 분명히 존재할 경우 의회는 저지할 권리가 있다."고 밝혔다. 하지만 징집반대 전단 살포라는 찰스 셍크(Charles Schenck)의 죄명은 그가 제기한 기준에 해당되지 않는 것처럼 보였다. 간첩법에 따라 기소된 다른 피해자들 중 전쟁에 직접적인 위협을 가하는 사람은 없었다. 반역이나 반란을 기도하기는커녕 평화롭게 참전을 반대했을 따름이었다.

전쟁이 끝나도 좌익 진영의 시련은 계속되었다. 이번에는 '상당한 해악'을 운운한 홈스의 잣대에서 한참 더 벗어난 상황이었다. 이와 같은 탄압의 원인은 미국 내에 여전히 존재하는 팽팽한 긴장감이었다. 유럽에서 전쟁을 마치고 귀향한 몇백만의 병사를 맞이한 것은 높은 실업률과 노동분쟁, 전국으로 번진 인종간의 갈등이었다. 또 한편으로는 볼셰비키가 러시아를 장악하면서 외국인 혐오증의 대상이 이른바 '독일놈들'에서 러시아의 위협으로 옮아 갔다. 윌슨은 볼셰비키의 베르사유 조약 가담을 빈대했고 1918년에서 1920년까지 이어진 러시아 내전 당시 반공세력을 돕기 위해 여러 차례 미국군을 파견했다. 미국 내에서는 혁명에 대한 공포가 워낙 컸기 때문에 1919년부터 1920년까지 1차 빨갱이 소동(Red Scare)이 벌어졌다.

윌슨이 1919년 9월에 뇌졸중으로 쓰러지자 '전복세력'을 상대하는 전투의 지휘권은 법무장관 알렉산더 미첼 파머(Alexander Mitchell Palmer)에게로 넘어갔다. 파머처럼 고지식한 사람들은 무장혁명을 선호하는 볼셰비즘 지지자와 평화롭고 점진적인 변화를 주장하는 사회주의자를 동일하게 생각했다. 심지어 파머는 볼셰비즘과 노동조합주의조차 구분하지 못했고 흑인, 유대인, 여권운동가들을 미국의 적으로 간주했다.

파머는 공직자 부대[존 에드거

1913년의 파머

(오른쪽) 펜실베이니아를 대표하는 하원의원으로 재직하던 무렵의 모습이다.

후버(John Edgar Hoover)가 대표적인 인물이었다를 이끌고 1919년 말과 1920년 초에 걸쳐 전국적으로 몇만 명의 집과 사무실, 모임장소를 습격했다. 1차 공격대상이 된 이민자들은 몇 천 명이 강제송환을 당했다. 이와 같은 공적에 힘입어 1920년 민주당 대통령 후보로 지목되는 것이 파머의 바람이었다. 그는 4월 무렵 미국 볼셰비키들이 노동절 반란을 계획 중이라고 경고하며 민병대와 추가 경비대를 공공건물과 주요 공직자의 사택에 배치했지만 아무 일도 벌어지지 않았다. 당황한 의회는 급진주의에 대한 관심을 거두고 오히려 파머의 행적을 조사하기 시작했다. 하지만 정치적 급진주의의 공포는 여전히 남아 있다 1940년 후반 들어 소비에트연방의 세력 강화로 냉전시대가 시작되자 다시 모습을 드러냈다.

호박 문서

히스와 체임버스가 벌인 '역사의 비극'은 8월 27일 금요일 저녁에 다시 시작되었다. 체임버스가 라디오 뉴스프로그램 "언론과의 만남(Meet the Press)"에 출연한다는 소식이 전해지자 1,200만 명이 채널을 맞춘 것이다. 예전에 히스는 면책특권이 적용되는 의회 청문회실 밖에서도 똑같은 주장을 되풀이해 보라며 체임버스를 자극한 일이 있었다. 이에 체임버스는 라디오 프로그램에서 "앨저 히스는 공산당원이었고 어쩌면 지금도 공산당원일지 모른다."고 다시 한번 주장했다. 몇 주 지나도록 히스는 아무런 반응을 보이지 않았다. 히스를 지지하는 측에서는 점점 초조해졌다. 개혁주의를 표방하는 《워싱턴 포스트(Washington Post)》는 "히스가 대응을 하든지 입을 다물든지 양자택일해야 되는 상황을 만들었다."며 불만을 터트렸다. 드디어 9월 27일, 히스가 명예훼손 소송을 제기했다. 하지만 그 무렵 트루먼이 1948년 대통령 선거에서 급부상하는 바람에 '히스 대 체임버스' 사건은 머릿기사에서 밀려났고 11월에 민주당이 승리를 거두자 반미활동위원회의 조사는 물론 위원회의 존립 자체가 위기에 처했다.

체임버스는 11월 2일에 트루먼의 재당선 소식을 접하고 위증죄로 기소되는 것이 아닌가 하는 불안에 휩싸였다. 심지어 자살을 생각할 정도였다. 이런 시점에서 서면증거를 제시하라는 히스 측 변호사의 압력에 시달리자 체임버스는 지금까지 숨겨 왔던 문서를 공개하기로 결정했다. 그는 1948년 11월 중순에 브루클린으로 건너가서 처조카를 만나고 공산당을 탈당하면서 맡겼던 봉투를 받았다(탈당 무렵 소련 요원에게 암살을 당하지 않을까 걱정했던 체임버스는 봉투의 내용물을 '생명줄'이라고 불렀다). 10년 동안 안 쓰는 리프트 축 속에 숨겨 놓았던 봉투 안에는 서류 몇 가지와 마이크로필름 다섯 통이 들어 있었다.

체임버스는 마이크로필름과 일부 서류를 메릴랜드 주 웨스트민스터의 농장에 숨겨 놓았다. 그리고 11월 17일에 열린 진술서 작성 때 히스 측 변호사에게 나머지를 제시했다. 작성 날짜가 1937년 12월에서 1938년 2월 사이로 거슬러올라가는 그 서류에는 국무부 보고서와 비망록, 히스가 자필로 옮긴 외교 전보 사본 등이 들어 있었다. 이후 국무부 서류는 히스의 우드스톡 타자기로 작성되었다는 사실이 밝혀졌다. 그 당시 프리실라 히스(Priscilla Hiss)가 개인적으로 보낸 편지와 서체가 일치했던 것이다. 만약 이 서류가 진짜라면 폭탄이나 다름없었다. 1936년부터 크로슬리(또는 체임버스)와 연락을 끊었다는 히스의 증언이 거짓말이었고 히스가 간첩 활동에 깊숙이 관여했다는 증거가 되기 때문이었다.

12월 6일, 스트리플링과 닉슨
체임버스의 농장에서 수거한 마이크로필름을 조사하고 있다. 이틀 전에 닉슨은 부인과 함께 파나마 유람선 여행을 즐기다 호박 문서 사건이 터지자 해안경비대의 수상비행기를 타고 급히 돌아왔다. 하지만 이처럼 다급한 호출은 일종의 연극이었다. 닉슨은 체임버스의 소환을 직접 지시한 바 있었고, 12월 2일에는 하원을 나서면서 경비원에게 "바다여행을 떠나는데 사람들이 부르러 올 것"이라고 이야기했다.

체임비스는 '히스 씨에게 지나친 상처가 되지 않을까 두려운 마음에 (중략) 우정을 위해서' 문서를 감추어 왔다고 밝혔다. 그리고 이 문서에는 "지금껏 내가 증언했던 바와는 조금 다른 활동 내역이 담겨 있다."고 말했다.

체임버스의 새로운 고백에 따르면 그는 1935년부터 1938년까지 소련 스파이로 활동했고 국무부의 비밀 서류를 빼낸 히스의 전령이었다(스파이 활동은 공소시효가 3년으로 이미 만료되었지만 체임버스는 반미활동위원회 증언에서 1938년 4월이 아니라 1937년에 공산당을 탈당했다고 밝힌 만큼 위증죄로 기소될 위기에 놓였다). 히스는 스파이 혐의를 전면 부인했고, 그의 변호인단은 예전과 새로운 증언 사이의 모순을 지적하며 체임버스를 호되게 공격했다.

양측 변호인단은 새로운 증거를 법무부로 넘겨야 한다는 데 의견의 일치를 보았다. 형사국장 알렉산더 캠벨(Alexander Campbell)은 명예훼손 소송과 연루된 모든 관계자에게 검토가 끝날 때까지 어느 누구도 문서의 내용을 입에 담아서는 안 된다고 경고했다(그때까지만 하더라도 마이크로필름의 존재를 아는 사람은 체임버스밖에 없었다). 하지만 체임버스 측 변호사 한 명이 스트리플링과 닉슨에게 정보를 흘렸다. 다음날인 12월 1일, 스트리플링은 체임버스에게 가지고 있는 다른 증거까지 모두 내놓으라는 소환장을 발부했다. 12월 2일, 체임버스는 반미활동위원회 조사관 두 명과 함께 메릴랜드의 농장으로 건너가서 속을 판 호박 속에 넣어 두었던 마이크로필름을 꺼냈다. 필름 안에는 국무부에서 훔친 서류들이 추가로 담겨 있었다. 한 조사관은 이렇게 외쳤다.

"이게 뭔가, 딕 트레이시[탐정만화 "딕 트레이시(Dick Tracy)"의 주인공 — 옮긴이]?"

뉴욕 시의 연방 대배심은 법무부의 주관 아래 12월 6일부터 히스와 체임버스를 여러 차례 소환했다. 반미활동위원회도 다시 청문회를 시작했다. 국무부의 보안을 담당한 국무차관 존 퓨리포이(John Peurifoy)는 마이크로필름에 담긴 서류가 있으면 어느 나라도 당시 미국의 외교문서에 쓰이던 암호를 모두 해독할 수 있었을 것이라고 증언했다.

앨저 히스의 공판

반미활동위원회는 분명 히스를 기소할 권한이 없었다(게다가 공화당 위원들의 남은 임기는 고작해야 몇 주뿐이었다). 기소권은 법무부의 고유 권한이었다. 하지만 호박 문서(Pumpkin Papers)로 조성된 여론 덕분에 다음달 하원 지도부가 개편된 이후에도 반미활동위원회의 조사는 계속되었다. 닉슨은 언론과의 인터뷰에서 "열심히 파헤쳐야 마땅한 사건인데 법무부는 그럴 생각이 없는 것 같다."고 밝혀 위원회의 입지를 두 배로 다졌다. 12월 10일에 《타임》은 체임버스의 사직서를 수리했다. 그리고 12월 13일에 히스는 3개월 유급휴가를 신청했다(이후 복직하지 않았다). 12월 15일에 뉴욕 시 연방 대배심은 히스를 두 가지 위증죄로 기소했다. 하나는 국무부에서 훔친 서류를 체임버스에게 건네지 않았다고 부인한 죄였고, 또 하나는 1937년 1월 1일 이후 체임버스를 만나지 않았다고 증언한 죄였다.

히스의 1차 위증공판은 1949년 6월 1일에 시작되었다. 연방 검사 토머스 머피(Thomas Murphy)는 히스가 공산당원이었고 체임버스와 1936년부터 알고 지냈으며 문제의 국무부 서류를 훔쳤다는 증거를 제출했다. 체임버스는 1936년 가을에 어떤 식으로 히스가 차출되었으며, 자신이 공산당을 탈당한 1938년 4월까지 히스가 어떤 활동을 했는지 장황하게 증언했다. 하지만 머피가 '불변의 증거'라고 표현했다시피 논쟁의 중심은 문서였다. FBI 전문가는 히스의 우드스톡 타자기로 친 것이 분명하다고 말했다. 피고 측에서는 여러 전문가에게 의뢰한 결과 똑같은 답변을 들었기 때문에 여기에 대해서 이의를 제기하지 않았다. 그 대신 히스 부부가 일찌감치 우드스톡 타자기를 처분했다는 애매한 주장을 내놓았다.

1차 공판은 7월 8일에 끝이 났다. 배심판결은 8 대 4로 유죄 쪽에 무게가 실리기는 했지만 의견의 일치를 보지 못했다. 11월에 다시 재판이 열렸고 이번에도 연방 검사는 머피였다. 1차 공판 때 히스 측 변호인단은 유명 공직자들을 내세워 히스의 뛰어난 자질과 애국심을 증언했다. 그뿐 아니라 증인으로 나선 정신과 의사 두 명 중 한 명은 체임버스를 가리켜 비이성적인 성향을 보이는 '정신병 환자'라고 표현했다. 머피는 이들의 주장을 비웃으며 훔친 서류를 집중적으로 공략했다. 이 부분만큼은 히스 측 변호인단도 제대로 설명할 방법이 없었다. 2차 공판의 배심원단은 체임버스의 증언에서 보이는 몇 가지 모순을 무시한 채 1950년 1월 21일, 만장일치로 유죄 판결을 내렸다.

연방대법원에 도착한 체임버스
1949년 6월 3일, 지하철을 타고 뉴욕 시 연방대법원에 도착했다. 히스의 1차 위증공판에 증인으로 참석하는 길이다.

> "닉슨과 매카시가
> 공산주의를 어찌나
> 공포의 대상으로
> 만들었는지
> 이러다
> 밤마다 무서워서
> 불을 끄지
> 못하겠군요."
>
> 더글러스, 1950년

1월 25일에 히스는 최고형을 선고받았다. 기소조항 한 건당 5년형을 선고받은 것이다. 그는 결국 48개월을 복역하고 1954년 11월에 출소했다. 하지만 위증범에 스파이로 낙인이 찍힌 마당에 공직으로 복귀할 수는 없었다. 그는 자신의 입상을 밝히는 책을 출간하는 등 대중의 관심을 되살리기 위해 여러 방면으로 애를 썼다. '히스 대 체임버스' 청문회는 닉슨이 처음으로 유명해진 사건이었지만 워터게이트 사건 때처럼 오래가지는 않았다. 히스는 1996년 11월에 눈을 감을 때까지 무죄를 주장했다. 한편 체임버스는 메릴랜드 농장으로 돌아가서 1952년에 자서전 『증인(Witness)』을 발표했다. 베스트셀러가 된 『증인』은 이후 반 세기 동안 미국 보수주의자들의 교과서 역할을 했다. 체임버스는 1961년 7월에 심장마비로 숨을 거두었다.

닉슨은 이때 얻은 유명세를 발판 삼아 1950년에 캘리포니아 상원의원 후보로 지명을 받았다. 민주당에서 내세운 경쟁상대는 하원의원 헬렌 개허건 더글러스(Helen Gahagan Douglas)였다. 닉슨은 공산주의를 대하는 태도가 '말랑말랑하다'는 이유를 들어 그녀에게 '핑크 레이디'라는 별명을 붙이고, 개혁 성향이 짙은 그녀의 입법활동을 공산당의 목표와 비교하는 '핑크 전단지'를 배포했다(민주당은 이때부터 닉슨을 '교활한 딕'이라고 부르기 시작했다). 선거에서 승리를 거둔 닉슨은 위스콘신의 조지프 R. 매카시(Joseph R. McCarthy) 의원이 의장을 맡은 상원 상설조사소위원회에서 활약하며 트루먼 행정부를 공개적으로 비난하고, 공산주의자들이 정부를 부당하게 휘두르고 있다며 경고의 고삐를 늦추지 않았다. 그 결과, 1년 뒤인 1952년에는 2차 세계대전의 영웅 드와이트 D. 아이젠하워의 부통령 후보로 낙점을 받았다.

매카시는 1950년 2월 8일까지만 하더라도 공화당의 무명 상원의원에 불과했다. 상원의원으로 선출된 것도 참전 경험을 부풀려서 선전한 덕분이었다. 하지만 히스가 유죄 판결을 받은 지 2주하고 며칠이 지난 2월 9일 저녁에 매카시는 웨스트버지니아의 휠링에서 무명생활에 종지부를 찍는 연설문을 낭독했다.

"지금 제 손에는 국무부 입안에 관여하는 공산당원 205명의 명단이 있습니다."

매카시가 예견한 바는 아니었지만 그의 발언은 또 한 차례 반공 히스테리를 불러일으켰다. 2차 빨갱이 소동이 시작되는 순간이었다.

중국사태는 누구의 책임인가?

언론과 국민들이 매카시의 발언에 촉각을 곤두세운 이유는 히스 사건도 그렇거니와 최근 들어 변화한 세계 정세 때문이었다. 그중 가장 관심을 모은 중국 내전에서는 마오쩌둥이 이끄는 공산당이 장제스의 국민당을 물리쳤다. 1945년 8월에 일본이 항복한 이후 공산당과 국민당은 중국의 주인자리를 놓고 치열한 경쟁을 벌였다. 처음에는 양쪽 모두 무력충돌을 가능한 한 피한 채 세력 다지기에 주력했다. 하지만 1946년 말부터 중국 전역에서 전투가 벌어졌다. 1947년과 1948년 초에는 국민딩이 우위를 점했다. 하지만 1948년 말과 1949년

군부대 앞에서 연설을 하는 장제스
1942년 또는 1943년의 모습이다. 국민당과 공산당은 일본을 상대로 전투를 벌이는 동안 일시적으로 손을 잡았다. 하지만 일본의 패망과 더불어 중국내전은 다시 시작되었다.

내내 공산당의 승리가 이어지면서 장제스는 포르모사 섬(이후 타이완으로 개명되었다)으로 망명길에 올랐다. 한편 마오쩌둥은 10월 1일, 본토에 중화인민공화국을 건설했다.

워싱턴에서는 책임소재를 놓고 의견이 분분했다. 공화당은 민주당에서 공산주의를 대하는 태도가 '너그럽다'는 식상한 이유를 들어 트루먼 행정부를 비난했다. 트루먼은 발끈하면서 국민당이 패배한 이유는 미국의 지원이 부족해서가 아니라 장제스의 역량이 모자랐기 때문이라고 주장했다. 하지만 대통령의 반박에도 불구하고 공화당의 기세는 꺾이지 않았다. 이들은 트루먼과 딘 애치슨(Dean Acheson) 국무장관 때문에 중국을 '잃어버렸다'고 공석에서나 사석에서나 비난을 멈추지 않았다.

사실 트루먼은 '말랑말랑하다'는 표현과 상당히 거리가 있었다. 그는 보안이 철저하다는 FBI의 다짐을 들은 뒤에도 1947년 3월에 행정명령을 내려 각 정부부처와 기관에 직원의 '애국심'을 점검하는 검열국을 설치할 정도였다. 김열국은 이후 5년에 걸쳐 650만 명을 심사했다. 이 과성에서 스파이가 색출되지는 않았지만 490명이 해고를 당했고 몇천 명이 부당한 혐의로 이력에 오점을 남겼다.

중화인민공화국 포스터
10월 1일에 수립된 중화인민공화국을 자축하는 1949년의 포스터. '중앙인민정부는 중화인민공화국 전 인민의 유일한 합법정부'라고 적혀 있다.

미국은 중국의 신생 공산당 정부를 인정하지 않았다. 하지만 얼마 안 있어 한반도를 무대로 중국군과 전투를 치러야 하는 운명이었다. 1945년 8월 11일에 작성된 일반명령 1호에 따르면 일본의 항복조건은 다음과 같았다. 한반도에서 38도 이북의 일본군은 소련에 항복하고 38도 이남의 일본군은 미국에 항복한다. 이렇게 해서 한국은 둘로 나뉘었고 남쪽과 북쪽에서 각각 정부가 수립되었다. 1949년에 남한은 10만 대군을 구축했고 6월 말을 기점으로 미국 주둔군은 완전히 철수했다. 하지만 이보다 더 많은 병력을 창설한 북한이 1950년 6월 25일에 남한을 침략했다.

다음날(뉴욕 시간으로는 같은 날이었다), UN 안전보장이사회는 북한의 남침을 '침략행위'로 간주하고 UN의 모든 회원국에게 도움을 청하는 결의안을 통과시켰다(소련 측 대표는 마오

인천상륙작전
1950년 9월 15일에 감행된
모습이다. 상륙용 주정이
병사와 장비를
내리고 있다.

쩌둥 정부에게 총회 의석을 부여하지 않았다는 이유로 불참했기 때문에 의존국 북한의 발목을 잡는 결의안에 거부권을 행사하지 못했다). 6월 27일에 트루먼 대통령은 미국 공군과 해군의 공격을 승인했다. 같은 날, 안전보장이사회도 UN의 군사원조를 승인했다. 180만 명으로 이루어진 미국의 지상병력 1진은 7월 4일 무렵 전장에 도착했다. 사흘 뒤, 일본 점령을 감독하고 있던 더글러스 맥아더 장군이 미국과 UN군을 총괄하는 최고사령관으로 임명되었다.

북한군의 진격은 7월 내내 계속되었다. 이제 남은 곳은 남동쪽 부산 일대의 작은 교두보뿐이었다. 9월 15일에 맥아더는 서울 외곽의 서쪽 항구도시 인천에서 반격을 시도했다. 전선 뒤편에서 감행한 상륙작전으로 몇천 명의 북한군이 덫에 갇혔고 나머지는 허둥지둥 북쪽으로 달아났다. 9월 29일에 합동참모본부는 맥아더에게 북한군 소탕 명령을 전달했다. 이틀 뒤에 트루먼 대통령은 38선 이북으로 진격해도 좋다는 승인을 내렸다. 10월 20일, UN군은 북한의 수도 평양에 도착했고 1주일 뒤에는 북한과 중국을 가르는 압록강에 이르렀다. 하지만 중국 정부가 국경 근처까지 들이닥친 적군을 용납하지 않고 11월 초부터 엄청난 병력을 동원하면서 UN군은 다시 38선까지 밀려 내려갔다. 중국 측의 공격은 1월 중순까지 계속되었고 이 무렵 반격을 감행한 맥아더는 제한적이나마 성공을 거두었다.

정치적인 이유로 갖가지 제약이 뒤따르자 낙심한 맥아더는 중국과의 전쟁을 공개적으로 추천했다(비공개적으로는 핵무기 사용 승인을 요청했다). 이해가 되는 노릇이겠지만 트루먼은 그의 발언을 대통령의 권위에 대한 도전으로 해석했다. 따라서 그는 1951년 4월 11일에 맥아더를 해임했지만 민주당과 더불어 정치적인 대가를 치렀다. 1952년에 공화당은 한국과 그 밖의 다른 지역에서 공산주의를 강력하게 저지하지 않은 민주당을 공격하고 빨갱이의 공포에 단호하게 대응한 아이젠하워와 닉슨을 찬양하는 정강을 채택했다. 이들은 공산주의를 견제하는 정도가 아니라 소련의 손으로 넘어간 동유럽의 여러 나라까지 교화하려는 기세였다.

매카시즘

국무장관 애치슨이 히스를 강력하게 옹호하고 나서는 바람에 트루먼 행정부는 곤경에 처했지만 조지프 R. 매카시에게는 기회였다. 그는 국무부 내부의 전복세력 명단을 한 번도 공개하지 않았지만 아무 상관없었다. 심지어는 연설 때마다 명단상의 숫자가 달라졌지만 이것 또한 아무 상관없었다. 중국이 공산당의 손으로 넘어가고 한국으로 파병된 미국 병사들이 죽어 가는 상황에서 대부분의 국민은 공산당이 반역은 물론 모든 수단을 동원하여 미국을 해치려 한다고 믿었다. 수많은 부당 행위가 저질러졌지만 이처럼 과대 포장된 위협으로 정당화되었다.

물론 1940년대와 1950년대에 미국에서 활동한 소련 첩자들이 대부분 상당한 성공을 거둔 것은 사실이었다. 이 가운데 가장 대표적인 인물은 30대 초반의 기계공장 사장 줄리어스 로젠버그(Julius Rosenberg)와 아내 에설 로젠버그(Ethel Rosenberg)였다. FBI는 원자폭탄 관련 스파이였다고 고백한 영국의 과학자 클라우스 푸크스(Klaus Fuchs)를 추적한 끝에 육군 중위 데이비드 그린글래스(David Greenglass)의 덜미를 잡았다. 전쟁 당시 뉴멕시코 주 로스앨러모스의 맨해튼 계획 연구소에 배치되었던 그린글래스는 그의 부인과 로젠버그 부부(그의 누나와 매형이었다)가 선발한 소련 요원에게 원자폭탄 관련 정보를 건넨 장본인이었다. FBI는 1950년 7월에 로젠버그 부부를 체포했다. 그린글래스는 1951년 봄에 열린 재판에서 정부 측 주요증인으로 나서 형을 감면받았고 부인은 소추면책 처리되었다. 줄리어스와 에설 로센버그는 유죄판결과 사형선고를 받았다. 두 사람은 1953년 6월 19일에 형장의 이슬로 사라졌다.

한편 워싱턴에서는 메인 주의 마거릿 체이스 스미스(Margaret Chase Smith)와 버몬트 주의 랠프 플랜더스(Ralph Flanders) 상원의원이 날이 갈수록 더해 가는 매카시의 고발에 반발하며 공공연하게 비난을 퍼부었다. 하지만 공화당의 입장에서는 매카시가 워낙 쓸모 있는 존재였기 때문에 그의 작전을 혐오하는 당원들마저 민주당 공격에 제동을 걸지 않았다. 여론조사 결과를 보면 국민 대다수는 매카시의 허풍을 묵인했고 가차없는 전복세력 색출에 찬사를 보냈다.

유명한 선동가들이 그렇듯이 매카시도 언론인 리처드 H. 로비어(Richard H. Rovere)가 '다각적인 거짓말'이라고 표현한 기술을 적절하게 사용했다. 이것은 주장을 점점 더 복잡하게 만들어 빈론을 어렵게 만드는 기술이었다. 그는 다른 방면에서도 확실한 방법을 동원했다. 닉슨과 다른 위원들은 매카시에게 반미활동위원회의 자료를 보여 주었고 심지어는 반미활동위원회의 트레이드마크가 된 공격적인 전략까지 전수해 주었다.

트루먼 행정부도 재임기간의 마지막 2년 동안에는 전복세력 색출에 총력을 기울였다. 법무부는 행정공무원의 애국심을 검열하는 한편(애국심 검열은 대학과 연예계 등 민간부문으로까지 확대되었다), 1940년에 제정된 스미스법을 적용시켜 미국공산당 지도부 열한 명을 기소하는 데 성공했다. 스미스법은 폭력을 통한 정부 전복을 지지하는 행위를 형사범죄로 규정한 법안이었다. 1949년 10월에 내려진 유죄 판결은 1951년 6월, 대법원에서 확정을 받았고 이후 여러 공산당원이 추가로 검거되었다. 일련의 사건을 접한 의회는 더욱 강력한 공산주의 제재 법안을 탄생시키기에 이르렀다. 1950년 9월에 제정된 매캐런 국내치안법은 모

에설과 줄리어스 로젠버그
1950년 8월 23일, 간첩혐의로 기소된 이후 뉴욕 시 연방대법원을 나서고 있다. 검사 측은 이들의 첩보활동 때문에 소련의 핵무기 개발이 몇 년 앞당겨졌다고 주장했다.

든 공산주의 조직과 회원들이 법무장관의 등록을 거치도록 규정했다. 그뿐 아니라 공산주의자는 방위산업체에서 근무할 수 없다고 못을 박았고 외국인의 경우에는 시민권을 얻지 못하도록, 시민의 경우에는 미국 여권을 사용하지 못하도록 제한했다.

아이젠하워가 1952년 1월에 공화당의 대통령 후보지명을 수락했을 무렵에는 어떤 공화당원이 출마하더라도 당선되는 분위기였다. 하지만 노르망디 상륙작전의 주역이자 미국에서 가장 인기 있는 아이젠하워야말로 가장 유력한 후보였다. 그런데 아이젠하워가 1952년 11월에 당선이 되고 보니 공화당의 극우정책 때문에 업무수행에 지장이 많았다. 특히 짜증이 나는 인물은 무차별 공격을 일삼는 매카시였다. 그는 전문외교관 찰스 E. 볼렌(Charles E. Bohlen)이 소련주재 미국 대사로 임명되자 얄타회담에서 루스벨트의 통역을 맡았다는 이유를 들어 반대했다(하지만 상원에서는 볼렌을 승인했다).

1954년 중순에 열린 육군-매카시 청문회

조 매카시 상원의원이 보좌관 데이비드 쉰(왼쪽), 로이 콘(오른쪽)과 의논을 하고 있다. 매카시는 자신의 공산주의자 '폭로' 방식을 비난하는 사람이 있으면 그 역시 공산당원으로 몰아붙였다.

아이젠하워 행정부는 재임 초기 1년 동안 매카시를 달래려고 노력했다. 하지만 1954년 초반, 매카시가 뉴저지 주 포트몬머스의 전복세력 조사에 착수하면서 논란이 불거졌다(공산주의자라고 고발당한 군의관의 진급이 화근이었다). 육군이 비협조적인 태도를 보이자 매카시는 군부 내의 공산주의자를 '감싸고 돈다'면서 로버트 스티븐스(Robert Stevens) 육군 장관을 공격하고 4월 22일에 청문회를 개최했다. 매카시는 늘 그렇듯이 절반의 진실과 암시를 무기로 동원했고, 육군 측에서는 그가 최근 징집된 데이비드 쉰 보좌관의 편의를 도모하려는 의도라고 맞받아 쳤다.

텔레비전을 통해 중계된 장황한 청문회 결과 매카시는 무모한 공갈배로 낙인이 찍혔다. 공방전이 대단원의 막을 내린 시점은 6월 9일, 군법무관 조지프 N. 웰치(Joseph N. Welch)가 매카시에게 직접 도전장을 내밀면서부터였다. 매카시가 법무관보에게 중상모략을 퍼붓자 웰치는 위엄 있는 목소리로 꾸짖었다.

"의원님, 저는 지금까지 의원님이 얼마나 잔인하고 무모한 분인지 제대로 몰랐던 것 같습니다. (중략) 의원님은 품위가 뭔지 모르십니까? 품위라는 개념이 아예 없으십니까?"

이와 같은 청문회 내용이 전파를 탄 이후 매카시의 영향력은 급격한 하강세로 접어들었다. 아이젠하워가 배후에서 손을 쓴 덕분이기도 했다. 1954년 12월에 상원은 투표를 벌이고 '상원의원에 걸맞지 않은 행동'을 했다는 이유를 들어 매카시를 성식 견책하기로 결정했다. 그는 간경변 합병증으로 1957년 5월에 눈을 감았다. 하지만 매카시의 블랙리스트는 1960년대까지 위세를 떨쳤고, 20년 전에 공산주의와 연관성이 숨어 있는 줄 알지 못한 채 이런저런 모임에 참석했던 수많은 미국인이 고초를 겪었다.

1960년 대통령 선거

하지만 대부분의 국민은 미국의 존재 이유와 국력을 인식하며 자신만만하게 1960년대를 맞이했다. 1960년 대통령 선거에 나선 후보들은 미국의 위상에 대해 비슷한 생각을 가지고 있었다. 하지만 국민들은 젊고 원기 왕성한 지도자를 원했고, 부통령 닉슨보다는 매사추세츠 상원의원 존 F. 케네디(John F. Kennedy)가 이에 적합한 인물이었다. 아이젠하워가 워낙 인기 있는 대통령이었기 때문에 선거는 접전 양상을 보였다. 만약 아이젠하워가 좀더 적극적으로 지지했더라면 승리는 닉슨의 차지가 되었을지도 모른다. 하지만 케네디는 총 유권자 수의 0.2퍼센트에 불과한 11만 8천 표 차이로 닉슨을 따돌리며 기록에 남을 만한 신승을 거두었다.

케네디는 선거운동 기간 동안 이른바 뉴 프런티어 정책을 표방했고 취임사에서 큰 소리로 젊음을 외쳤다.

이제 횃불은 미국의 새로운 세대, 20세기에 태어나 전쟁의 담금질을 겪었고, 힘들고 고통스러운 평화의 단련을 거쳤으며, 오랜 유산을 자랑스럽게 여기는 세대에게로 넘어 왔다고 바로 이 시간, 이 자리에서 우리의 우방과 적들에게 알립시다. 우리는 이 나라가 지금까지 수호해 왔고 지금도 국내와 세계 각 국에서 수호하고자 노력하는 인권이 서서히 말살되는 모습을 좌시하지는 않겠다고 알립시다.

우리를 축복하든 저주하든 모든 국가에게 알립시다. 우리는 자유를 지키고 키워 나가기 위해 어떤 대가라도 치를 것이며, 어떤 짐이라도 질 것이며, 어떤 어려움도 맞설 것이며, 모든 우방을 지지하고 모든 적에게 저항할 것이라고 알립시다.

이뿐만 아니라 그 이상을 맹세하고자 합니다.

마흔세 살의 신임 국가원수, 20세기에 태어난 최초의 미국 대통령이 국민들에게 '독재정치, 빈곤, 질병, 전쟁과 같은 인류 공공의 적을 상대로 (중략) 끊임없이 투쟁하는 고통을 견디자'고 촉구한 그날에는 약속과 희망의 기운이 도처에 넘쳤다. 1961년 1월 20일에는 미국이 그럴 만한 능력이 있는지 의심하는 국민이 거의 없었다.

닉슨과 로지의 배지
1960년에 닉슨의 부통령 후보로 출마한 헨리 캐벗 로지는 베르사유조약을 저지한 매사추세츠 상원의원 헨리 캐벗 로지의 손자였다.

존 F. 케네디의 취임식
1961년 1월 20일, 의사당의 웨스트 포르티코 계단에서 취임사를 낭독하는 케네디 대통령.

인물 촌평

릴리언 헬먼

1905-1984년

앨리스 케슬러-해리스

릴리언 헬먼(Lillian Hellman)은 자기 자신을 명예, 애국심, 사회정의를 위해 싸우는 투사라고 생각했다. 한마디로 요약하자면 '품위'의 수호자라고 생각했다.

20세기 중반을 대표하는 극작가로 꼽히는 헬먼은 1950년대 초반까지 정교한 구성을 자랑하는 대여섯 편의 희곡과 시나리오를 통해 이와 같은 가치관을 탐구했다. 『어린이들의 시간(The Children's Hour』)(1934년), 『작은 여우들(The Little Foxes)』(1939년), 『가을 정원(Autumn Garden)』(1951년)은 차례대로 미국 연극계와 영화계의 아이콘이 되었다.

당대 지식인들과 어깨를 나란히 한 헬먼은 세련된 옷차림을 즐기고, 도시와 시골 저택을 오가고, 따뜻하고 너그러운 마음씨의 표상으로 떠오를 만큼 물질적인 풍요로움을 누렸다. 그리고 그 세대의 많은 인물과 더불어 사회정의 실현을 위해 좌익과 공산주의 이념을 표방하는 여러 단체에 가담했다. 하지만 1940년대 후반 들어 할리우드의 거물들이 공산주의에 동조하는 작가와 배우 등을 블랙리스트에 올리기 시작하면서 헬먼은 명예와 정의가 그녀의 인생에서 어떤 의미인지 고민해야 하는 입장에 놓였다.

1952년 5월 21일, 반미활동위원회로 소환된 헬먼은 함께 참여한 사람들의 이름을 묻지 않는다면 과거의 행적을 거리낌없이 증언하겠다는 편지를 의장에게 보내 논란의 불씨를 당겼다.

"저는 미국의 구세대 가치관과 더불어 성장했고 몇 가지 통속적인 가르침을 받았습니다. 진실을 말할 것, 거짓 증언을 하지 말 것, 이웃에게 피해를 입히지 말 것, 국가에 충성할 것 등등의 가르침을 말입니다."

그녀는 '인간의 품위를 위한 기본 원칙'을 존중해 달라고 요청하며 자신과 연관 있는 증언만 하겠다고 밝혔다. 위원회 의장이 의회에서 편지를 공개한 이후 이목이 집중된 결과 헬먼은 곤경에서 탈출할 수 있었다. 과거의 행적을 여러 차례 추궁 당하자 묵비권을 행사했을 때에도 가벼운 처벌로 모면했다. 하지만 그녀의 자세가 품위 있는 행동이었는지에 대해서는 신랄한 공방전이 펼쳐졌다.

헬먼은 다른 사람들도 자신처럼 할 수 있었다고, 위원회에 다른 사람들의 정체를 폭로한 '어용 증인'들은 변명의 여지가 없다고 주장했다. 그러는 한편으로 사회정의를 수호하겠다고 해 놓고 '가슴을 살짝 치고 약간의 변명을 늘어놓으며' 위원회 앞에서 증언한 개혁주의자들을 유창하게 공격했다. 그녀는 인간의 존엄성을 공격당한 지식인들이 왜 저항하지 않았는지 끝까지 이해하지 못했다.

거꾸로 헬먼은 스탈린주의에 따르는 대가와 지적 자유를 빼앗는 경제 제도의 비인간적인 측면을 인정하지 않는다는 이유로 공격을 당했다. 존엄성의 화신으로 자처하며 좌익 성향을 감추려 한다는 비난에 시달렸다. 헬먼은 정직하지 못하다며 역공을 가했지만 이 점에서는 그녀 또한 할 말이 없었다.

1970년대 중반과 후반으로 접어들었을 때에는 예전의 친구와 지지자들마저 뻔한 거짓말로 그녀를 몰아붙이기 시작했다. 이들은 그녀의 행동을 과장하는가 하면 심지어는 날조된 이야기를 퍼트리기도 했다. 헬먼은 그들을 무시하거나 명예훼손 소송을 제기하는 식으로 대응했다.

헬먼은 신념에 따라 사는 사람들, 안위가 걸려 있는

상황에서도 '야비한 짓'을 거부하는 사람들을 가장 존경한다고 밝혔다. 하지만 매카시즘의 열풍이 불던 시기에는 부도덕한 우상을 숭배했다고 품위 있게 인정할 만한

분위기가 아니었다. 야비한 심문관 앞에서 품위를 지키려면 과거의 진실을 어느 정도 감출 필요가 있었다. 하지만 과거의 진실을 고백하지 않는 한 참회의 절차는 시작될 수 없었다.

헬먼
1935년 12월의 모습이다.

22

팍스 아메리카나

쿠바 미사일 위기

미국과 소비에트연방은 1962년 10월의 13일 동안 해전쟁 태세를 갖추었다. 당시 양국의 핵무기 보유 상황으로 볼 때 5억 명의 인명이 걸린 문제였다. 1년 전 국방부의 추정에 따르면 소련과 전면전을 벌일 경우 미국 측 인명 피해는 1억 2천만 명이었다. 소련 측 피해 규모도 비슷한 수준이고 유럽과 캐나다도 인구의 대부분을 잃을 가능성이 높았다. 만약 전쟁이 중국으로까지 확대된다면 사상자 숫자는 측정이 불가능한 수준으로 높아질 전망이었다.

위기가 시작된 시점은 10월 14일 일요일, 쿠바를 덮고 있던 구름장막이 걷히면서 통상적인 정찰비행을 하던 미국의 U-2 고공 정찰기가 쿠바 서부의 외딴 고지대에 자리잡은 신축 건물을 촬영하면서부터였다. 그날 존 F. 케네디 대통령은 선거를 3주 앞두고 공화당 호머 케이프하트(Homer Capehart) 상원의원의 재선을 지지하기 위해 인디애나로 떠난 참이었다. 케이프하트는 소련이 쿠바에 공격용 무기를 설치할 계획이라고 여러 차례 주장했다. 케네디는 그의 주장을 일축하고 케이프하트의 선동을 국내 정책 수립의 장애물로 간주했다. 대통령이 월요일 새벽 2시 무렵 백악관으로 돌아왔을 때 국립사진정보센터에서는 U-2가 촬영한 사진을 현상하고 평가하는 중이었다. 이들은 저녁 8시, 문제의 신축 건물이 쿠바 중서부 시에라 델 로사리오의 변두리에 건설 중인 여덟 개의 탄도 미사일 발사대라고 결론을 내렸다.

평화를 위한 시위

(왼쪽) 쿠바 미사일 위기 당시 평화를 위한 여성파업 회원들이 뉴욕 시 UN 본부 앞에서 시위를 벌이고 있다.

국방정보국장은 국방차관 로스웰 길패트릭(Roswell Gilpatric)에게 직원 두 명을 보냈고, 길패트릭은 대통령의 안보담당 특별보좌관 맥조지 번디(McGeorge Bundy)에게 곧바로 이 사실을 알렸다. 번디는 이튿날 10월 16일 화요일 오전 8시 45분 무렵 대통령에게 사진을 건넸다.

"각하, 소련이 쿠바에 공격용 미사일을 설치했다는 증거가 여기 있습니다."

케네디가 보기에는 단순한 건설 현장이었다. 하지만 설명을 듣고 보니 핵탄두를 965킬로미터 이상 쏘아 올릴 수 있는 중거리 탄도 미사일의 발사시설이었다.

케네디는 21개월 동안 대통령의 임기를 수행하는 사이 '쿠바 문제' 전문가가 되었다. 그는 1960년 선거에서 무미건조한 드와이트 D. 아이젠하워의 시대를 대신하는 역동적인 인물로 자임하면서 쿠바에 공산주의 정권이 수립된 이유를 공화당의 탓으로 돌렸다. 공화당이 해리 트루먼 때문에 중국을 '빼앗겼다'고 주장한 것과 비슷한 논리였다. 그런데 취임을 하고 보니 쿠바 탈환 계획이 이미 수립되어 있었다. 중앙정보국이 아이젠하워 대통령의 승인 아래 피델 카스트로(Fiedel Castro)에 반대하는 망명객 1,500명을 훈련시키고 있었던 것이다. 이제 케네디는 계획을 계속 추진하느냐, 폐기 처분하느냐의 기로에 놓였다. 그는 대통령 선거 운동 때 이와 비슷한 계획을 주장한 일이 있기 때문에 군사고문단의 조언을 따라서 강행하라는 명령을 내렸다. 존 브라운이 하퍼스페리를 습격하면 대규모 노예봉기가 벌어질 것이

U-2A

1955년 8월에 처음으로 배치된 U-2A 고공 정찰기는 날개 길이가 24미터, 상승한도가 26킬로미터쯤이었다. 위의 사진은 1967년에 도입된 U-2R인데 날개 길이가 약 31미터였다.

1962년 10월 14일에 쿠바 상공을 비행하던 U-2가 촬영한 사진

2주 뒤 추가 정찰이 실시되었을 때 비행기가 격추당하면서 조종사 루돌프 앤더슨 2세 소령이 목숨을 잃었다.

라고 믿었던 것처럼 침공을 입안한 쪽에서는 망명객들이 쿠바 남서부 해안의 피그스 만에 상륙하면 피델 카스트로 군의 3분의 1이 공산당을 버리고 이들에게 합류할 것으로 예상했다. 그리고 3분의 1은 합류하지 않더라도 대열을 이탈할 테니 나머지 3분의 1로는 망명객들의 공격을 버틸 수 없을 것이라고 내다보았다.

하지만 1961년 4월에 감행된 피그스 만 침공은 정치적으로나 군사직으로나 대 실패작이었다. CIA는 쿠바가 완강하게 저항하면 해군과 공군으로 지원하겠다고 약속했다. 하지만 케네디는 미국의 개입을 제한할 생각으로 지원을 승인하지 않았다. 쿠바군은 애국심을 발휘하며 용감하게 싸웠고 72시간 만에 망명객들을 내쫓거나 생포하는 데 성공했다. 1,100명의 포로는 1년 뒤 5,300만 달러 상당의 식량과 구급물자를 지급하는 조건으로 석방되었다.

망명군은 니카라과의 독재자 아나스타시오 소모사 데바일레(Anastasio Somoza Debayle)의 허락을 받고 니카라과의 푸에르토카베사를 통해 쿠바로 진격했기 때문에 국무부는 미국의 개입설을 부인했다. 하지만 며칠 뒤 또 다른 나라의 정부를 제거하려고 섣불리 시도했다가 들통이 나는 바람에 진실이 밝혀지고 말았다. 침공 계획은 대부분 아이젠하워가 추진한 것이었지만 실패의 책임은 온전하게 케네디 대통령의 몫으로 돌아갔다.

피그스 만 침공 작전이 실패로 돌아가면서 케네디는 군부의 능력을 불신하게 되었지만 그래도 '쿠바를 카스트로의 손아귀에서 빼앗겠다'는 결심에는 변함이 없었다. 그는 1961년 말에 법무장관인 동생의 도움을 빌어 카스트로 정권을 타도하려는 몽구스 작전을 수립했다. 이후에 케네디 행정부는 세 차례의 침공 계획을 세웠다. 1962년 10월 6일, 10만여 명의 미국군은 8일이면 쿠바로 진격할 수 있도록 노스캐롤라이니에서 키웨스트로 사전 배치되었다. 10월 8일에 국방장관 로버트 맥나마라(Robert McNamara)가 작성한 각서에는 케네디가 진격 명령을 내릴 수 있는 여러 시나리오가 적혀 있었다. 그중 첫 번째가 '쿠바 지역에 (소련의) 공격용 무기가 배치되어 있을 경우'였지만 케네디는 이와 같은 가능성을 전혀 염두에 두지 않았다. 얼마 전까지만 하더라도 니키타 S. 흐루시초프(Nikita S. Khrushchov) 소련 서기장은 당분간 쿠바에 공격용 무기를 배치할 계획이 없다고 직접 밝힌 바 있었다.

MRBM FIELD LAUNCH SITE
SAN CRISTOBAL NO 1
14 OCTOBER 1962

ERECTOR LAUNCHER EQUIPMENT

EQUIPMENT

TENT AREAS

ERECTOR LAUNCHER EQUIPMENT

MISSILE TRAILERS

CONSTRUCTION

비상대책위원회

번디가 미사일 기지 관련 보고를 마치자 케네디는 몇 시간 뒤 내각실에서 회의를 열자고 했다. 그는 동생부터 시작해서 참석을 바라는 고위 관료 열네 명의 이름을 줄줄이 늘어 놓았다. 신설된 국가안전보장회의 비상대책위원회(줄여서 '비대위'라고 불렸다)의 규모와 구성은 이후 2주 동안 수시로 달라졌지만 주요 인물을 소개하자면 로버트 F. 케네디(Robert F. Kennedy), 맥나마

쿠바

미국의 점유기간이 1902년으로 끝난 이후 부패한 행정부가 연달아 쿠바를 다스렸다. 이들의 든든한 버팀목은 수지맞는 대미 사탕무역이었고, 호텔과 카지노를 비롯한 관광산업도 쿠바의 경제 엘리트와 미국의 조직 폭력배를 살찌우는 역할을 했다.

하지만 쿠바의 시골지방은 상상을 초월할 정도로 빈곤했다. 1950년대 중반에 카스트로가 게릴라 작전으로 독재자 풀헨시오 바티스타(Fulgencio Batista)를 무너뜨릴 수 있었던 것도 정부의 철저한 무관심 덕분이었다.

1959년 1월 1일, 카스트로파가 쿠바 정부를 장악했을 때 국무부에서는 카스트로의 정체를 몰랐다. 하지만 아르헨티나의 혁명가 에르네스토 체 게바라(Ernesto Che Guevara)와 같은 친구들로 볼 때 의심스러운 인물이었다.

쿠바 정부 내 공산주의자들의 숫자가 점점 늘어 가고 미국 시민들이 소유한 몇억 달러 상당의 부동산을 카스트로가 국유화하자 CIA는 침공 계획을 세웠다. 한편 카스트로는 소비에트 연방과의 관계를 꾸준히 다졌다.

바티스타를 축출한 뒤
카스트로파가 아바나의 대통령궁 앞에서
소총을 흔들고 있다.

라, 길패트릭, 번디, 부통령 린든 B. 존슨(Lindon B. Johnson), 국무장관 딘 러스크(Dean Rusk), 재무장관 더글러스 딜런(Douglas Dillon), CIA국장 존 매콘(John McCone), 합동참모 본부장 맥스웰 테일러(Maxwell Taylor), 국방차관 폴 니츠(Paul Nitze), UN대사 애들레이 스티븐슨(Adlai Stevenson), 전직 국무장관 딘 애치슨이었다.

맥나마라, 러스크, 테일러는 이미 전날 밤을 새며 부하직원들과 외교적, 군사적 대응책을 고심한 뒤였다. 내각실에 모인 관료들은 미사일을 어떻게든 제거해야 된다는 데 의견의 일치를 보았다. 미국과 워낙 가까운(중앙아메리카나 남아메리카하고도 가까웠다) 쿠바에서 핵미사일이 발사되면 미국 측에서는 아무 낌새도 느낄 수 없었다. 그뿐 아니라 국방부에서는 남쪽의 위협을 전혀 예상하지 못했기 때문에 북극 상공을 가로지르는 소련 비행기와 미사일을 감지하고 요격할 수 있도록 모든 레이더와 대공포를 북쪽으로 배치시켜 놓았다. 쿠바의 핵무기라니 어떤 상황에서도 용납할 수 없는 문제였다.

흐루시초프가 이런 점을 익히 알면서도 쿠바 비밀 기지 건설이라는 엄청난 계획을 추진한 이유는 핵무기 개발 면에서 미국에게 얼마나 뒤졌는지 실감하고 있기 때문이었다. 케네디는 1960년 대통령 선거유세 때 대륙간 탄도 미사일 경쟁에서 소련의 추월을 허용했다고 아이젠하워 행정부를 비난했지만 추월 운운은 믿을 수 없는 이야기였다. 소련은 1957년 10월, 세계 최초의 인공위성 스푸트니크 발사에 성공하면서 전 세계에는 놀라움을, 미국에는 공포를 선사했다. 그리고 4년 뒤에 우주비행사 유리 가가린(Yuri Gagarin)이 지구 궤도를 비행한 것도 놀라운 업적이었다. 하지만 핵무기 분야에서는 미국에 비해 한참 뒤처진 상황이었다. 1차 비대

> "이번 주에는
> 연봉 값을 한
> 느낌입니다."
>
> *1962년 10월 19일,
> 케네디가 애치슨에게 한 말*

위 회의에서 케네디가 물었다.

"소련이 이러는 이유가 뭡니까? 대륙간 탄도 미사일로는 만족하지 못하는 모양이로군요."

러스크가 대답했다.

"흐루시초프는 우리의 핵무기가 얼마나 월등한지 알고 있는 겁니다. (중략) 흐루시초프는 우리의 핵무기를 두려워하면서 살아야 하지만 우리는 그럴 필요가 없지 않습니까?"

1962년 10월에 미국이 보유한 핵무기는 5천 기였다. 이 가운데 156기는 육상기지에서 발사하는 대륙간 탄도 미사일이었고 144기는 잠수함에서 발사하는 폴라리스 미사일이었다. 나머지는 1,300대의 전략 공군 사령부 항공기가 목표지점까지 운반하는 핵폭탄이었다(전략 공군 사령부의 폭격기는 3분의 1이 항상 무장한 상태로 상공에서 대기했

10월 29일 비대위 회의
케네디 대통령에서 시계방향으로 맥나마라, 길패트릭, 테일러, 니츠, 미국해외공보처 부처장 돈 윌슨, 연설문 작성담당 소렌슨, 번디(앞사람에게 가렸음), 딜런, 존슨(앞사람에게 가렸음), 로버트 케네디, 전직 소련주재대사 루엘린 톰슨, 미국군축청장 윌리엄 C. 포스터, 매콘(앞사람에게 가렸음), 국무차관 조지 볼, 러스크이다.

다). 반면에 미국 정보부의 추측에 따르면 소련이 보유한 핵무기는 300기에 불과했고 그나마도 수준이 떨어졌다. 대륙간 탄도 미사일 75기는 유도시스템이 워낙 원시적인 수준이라 목표지점의 근처조차 맞출 수 없었다. 잠수함에서 발사하는 97기의 단거리 미사일도 보유하고 있었지만 잠수함이 수면 위로 부상한 뒤에야 발사가 가능했기 때문에 공격당하기 십상이었다. 따라서 쿠바의 미사일 기지는 핵무기의 균형을 맞추는 데 기여할 가능성이 컸다. 사실 기지만 완성되면 흐루시초프는 유럽의 미국군 철수 등 여러 요구 사항을 내놓을 수 있는 입장이었다.

비대위는 위기기간 동안 날마다 회의를 열었다. 대통령은 보통 참석하지 않았다. 그는 적절한 대응책을 마련할 때까지 미사일 기지의 존재를 비밀에 부칠 생각이었기 때문에 외국의 고위인사를 만나고 다가오는 1962년 중간선거를 위해 민주당 후보 지원 유세에 나서는 등 공식업무를 계속했다. 비대위의 회의 내용은 동생을 통해서 들었다. 하지만 첫날만큼은 대통령도 궁금증을 해결하고 싶었다.

"얼마나 남은 겁니까? 발사되기 전까지 얼마나 남은 겁니까?"

잠시 침묵이 흐른 뒤 CIA 부국장 마셜 카터(Marshall Carter)가 대답했다.

"2주, 어쩌면 1주밖에 안 남았습니다."

케네디는 러스크의 의견을 물었다.

"가만히 앉아서 기다릴 수는 없습니다. 넓게 보면 대안은 두 가지입니다. 하나는 재빠른 공격입니다. 또 하나는 우방국들에게 알리고, 이것이 전면전으로 치달을 수 있는 심각한 위기이며 미국으로서는 모두들 후퇴할 수 있도록 조치를 취해야만 하는 입장이라고 흐루시초프 서

기장에게 경고하는 방법입니다."

다음 차례로 맥나마라가 의견을 밝혔다.

"저는 두 가지 제안을 하고 싶습니다. 첫째, 만약 공습을 실시할 생각이라면 미사일 기지가 완공되기 이전에 감행해야 합니다. 일단 완성되면 미사일이 발사되기 이전에 공습으로 기지를 파괴할 가능성이 전무하기 때문입니다. 둘째, 공습목표는 미사일 기지뿐 아니라 비행장, 비행장이 아니라 다른 곳에 숨어 있는 비행기, 핵무기 보관가능성이 있는 곳까지 포함되어야 합니다. 즉, 상당히 광범위한 공습을 펼쳐야 합니다."

대통령은 한 시간의 토론 끝에 미사일과 기지를 공습하는 쪽으로 가닥을 잡으며 내각실을 나섰지만 더 많은 의견을 듣고 싶어했다. 비대위는 화요일 오후와 수요일 내내 국무부에서 회의를 열었다. 백악관보다는 국무부가 세간의 관심을 피하기 훨씬 수월했다. 비대위는 먼저 외교적인 방법부터 고려했지만 미사일 기지가 완공되기 이전에 문제를 해결할 수 있는 가능성이 적었다. 테일러를 비롯한 국방부 관계자는 폭격기를 동원하자고 주장했지만 800기를 출격시키더라도 파괴할 수 있는 미사일은 90퍼센트에 불과했다. 그뿐 아니라 전직 소련 주재 대사이자 크레믈린 전문가인 톰슨이 경고했다시피 폭격으로 소련의 기술자들이 사망하면 흐루시초프가 어떤 반응을 보일지 아무도 예상할 수 없는 일이었다. 단독으로 또는 공습의 후속 격으로 쿠바를 침공하자는 의견도 대두되었다. 이 경우 쿠바와 미국의 인명 피해는 엄청날 전망이었다.

탄도 미사일
1963년, 전략 공군 사령부가 애틀러스 대륙간 탄도 미사일을 시험하는 모습.

쿠바 봉쇄

폭격과 침공을 가장 석극적으로 반대한 사람은 대통령의 최측근인 로버트 케네디였다. 그는 30대 후반에 불과했고 외교 문제에 관한 한 신참이었지만 대통령의 동생이라는 점 때문에 의견에 무게가 실렸다. 하지만 로버트 케네디가 끈질기게 주장한 '기습 공격'은 미국의 군사 전통에 어긋날 뿐 아니라 대외적인 이미지에 타격을 입힐 가능성이 있었다. 영국 대사 데이비드 옴스비-고어(David Ormsby-Gore)는 바다로 둘러싸인 미국이 완벽 보안에 집착하는 모습은 공감을 얻기 힘들 거라고 이야기한 바 있었다. 즉, 다른 나라에서는 쿠바의 미사일을 심각한 위협으로 받아들이지 않고 미국의 군사적인 대응을 과민반응으로 간주할 가능성이 크다는 뜻이었다.

"우리 형은 1960년대 판 도조(2차 세계대전의 거의 전 기간 동안 일본 수상을 역임한 정치가—옮긴이)가 되지 않을 겁니다."

로버트 케네디는 이렇게 말하면서 상황이 해결될 때까지 더 이상 미사일을 운반할 수 없도록 쿠바를 봉쇄하자는 절충안을 내놓았다.

10월 19일 금요일, 아이젠하워 내각에서 경제담당 국무차관을 지낸 공화당 출신의 딜런 재무장관이 생각을 바꾸면서 전기가 마련되었다. 처음에 딜런은 비대위 노장파와 더불어 폭격을 지지하는 쪽이었다. 역사학자 리처드 리브스(Richard Reeves)가 지적했다시피 "그는 케네디의 풋내기들을 조금 얕잡아 보았다. 테이블에 둘러앉아 난생 처음 핵전쟁 운운하는 이들은 자신이나 애치슨, 매콘, 니츠보다 훨씬 겁에 질려 있다고 생각했다. 그뿐 아니라 미국이 군사 면에서 얼마나 더 우세하며 미국보다 더 수세에 몰린 쪽은 소련인 줄 모른다고 넘겨짚었다."

하지만 로버트 케네디가 기습 공격과 진주만을 계속 언급하며 봉쇄를 주장하자 딜런은 마음이 흔들렸다. 다시 리브스의 이야기를 들어 보자.

"새벽 무렵 수평선을 뒤덮은 폭격기의 물결을 떠올리자니 찜찜한 기분이 들었다. (중략) 때문에 딜런은 입장을 바꾸었다. 봉쇄를 시도했다가 실패로 돌아갔을 경우 폭격을 감행하면 기습 공격이라는 비난에서 벗어날 수 있다는 생각도 들었다."

그날 저녁에 로버트 케네디는 만장일치로 봉쇄안이 채택되었다는 소식을 형에게 알렸다.

토요일 오후, 백악관에서 비대위 회의가 열렸고 대통령은 이 자리에서 봉쇄안에 동의했다. 그는 무슨 조치라도 취해야 되는 입장이었다. 수수방관은 자살행위나 다름없고 어쩌면 탄핵으로 이어질 수도 있었다. 그뿐 아니라 흐루시초프를 더 이상 물러설 곳 없는 궁지로 몰아 넣어 보아야 좋을 것 하나 없었다. 이런 식으로 따졌을 때 봉쇄안은 가장 합당한 해결책이었다. 하지만 케네디는 맥나마라에게 전쟁 준비를 끝내 놓으라는 명령을 전달했다.

10월 22일 월요일 아침에 미국 해군소속 선박과 항공기는 관타나모 만의 해군기지에서 부녀자와 아이들을 비롯한 민간인 2,810명을 대피시키고 해병을 충원했다(쿠바의 동쪽 끝에 자리잡은 관타나모 만 해군기지는 1903년의 조약에 따라 미국의 차지가 되었고, 1959년 혁명 이후 쿠바의 항의에도 불구하고 계속 미국이 사용했다). 한편 케네디가 총애하는 연설문 담당자 시어도어 소렌슨(Theodore Sorensen)은 그날 저녁 7시에 텔레비전 전파를 타고 전국으로 방송될 연설문을 완성해 놓았다. 소렌슨은 국무부 고문 에이브럼 체이스(Abram Chayes)의 요청에 따라 '봉쇄' 대신 '격리'라는 표현을 썼다. 국제법상 봉쇄는 교전으로 간주되었다.

1962년 5월의 딜런
아이젠하워 행정부에 몸을 담았던 딜런은 케네디의 부름을 받고 재무장관직을 수락했다. 이때 아이젠하워는 건전화폐를 지지하지 않는 개혁주의자들에게 이용당하는 꼴이라며 딜런을 말렸다.

"국민 여러분, 안녕하십니까?"

17분짜리 연설은 이렇게 시작되었다.

"약속드렸던 대로 이번 정부는 쿠바 내에서 소련의 군사력 증강 상황을 철두철미하게 감시하고 있습니다. 그런데 쿠바에 공격용 미사일 기지가 건설 중이라는 증거가 지난주에 발견되었습니다. 서반구에 핵무기 공격을 퍼붓는 데 사용될 기지가 분명합니다."

케네디는 정부에서 즉각적으로 취할 방안을 사례대로 나열했다. 첫 주자는 격리 조치였다.

"세계 각국의 쿠바행 선박은 공격용 무기를 싣고 있는 경우 되돌아가야 할 것입니다."

두 번째 주자는 정찰 강화였다. 세 번째 주자는 한결 험악한 분위기를 풍겼다.

"쿠바에서 서반구를 향해 발사된 미사일은 소련의 미국 공격으로 간주되며 이에 따라 철저한 보복이 뒤따를 것입니다."

대국민 연설
케네디 대통령이 10월
22일, 대통령 집무실에서
대국민 연설문을 낭독하고
있다. 51시간 전에
소렌슨은 참고용 연설문
두 개를 들고 사무실에
틀어박혔다. 하나는
우드로 윌슨의 1917년 4월
2일 연설, 또 하나는
프랭클린 루스벨트의
1841년 12월 8일
연설이었는데, 둘 다
선전포고용으로 쓰였다.

　　케네디는 관타나모 기지 증원 소식을 알리고 미주기구와 UN 회의소집을 촉구한 뒤 소련 서기장에게 직접 호소했다.

　　"흐루시초프 서기장에게 간청하건대 세계평화와 양국의 관계를 은밀히, 무모하게, 도발적으로 위협하는 처사는 즉각 중단되어야 합니다. 세계 제패를 향한 행보를 멈추고, 위험한 무기 경쟁 중단과 인류 역사 개조를 위한 역사적인 노력에 동참합시다."

트루먼 독트린

쿠바의 미사일을 놓고 핵무기의 두 거인이 대치한 형국은 거의 20년의 역사를 자랑했다. 얄타회담과 포츠담회담 이후 소련과 미국의 공조 관계는 완전히 무너졌다. 폴란드를 비롯한 동유럽은 순식간에 소련의 손아귀로 넘어갔다. 1939년에 나지와 소련이 비밀리에 맺은 불가침조약에 따라 소련으로 넘어간 발트 해의 라트비아, 리투아니아, 에스토니아 공화국은 '소비에트 사회주의 공화국'의 일원이 되었다(소련은 '소비에트 사회주의 공화국 연방'의 약칭이었다). 핀란드는 독자적인 외교정책을 펴지 않겠다고 공언한 덕분에 운명을 피할 수 있었다. 남쪽으로 소련의 국경과 독일 사이에 자리잡은 헝가리, 루마니아, 불가리아, 알바니아, 유고슬라비아도 소련의 위성국이 되었다(유고슬라비아는 1948년 6월에 연방을 탈퇴했다). 신생 소련 제국이 탄생하자 국경을 맞댄 그리스, 터키, 이란은 날이 갈수록 심한 위압감을 느꼈다.

　　연합국에 속했던 다른 나라들은 처칠이 '철의 장막'이라고 표현한 소련의 남하를 막을 방법이 없었다. 미국은 1차 세계대전 때 그랬던 것처럼 재빠르게 국제분쟁에서 발을 뺄 생각이 없었다. 하지만 영국과 프랑스는 2차 세계대전으로 기진맥진한 상황이었고 미국은 소련이 주도한 유럽과 아시아의 폭동에 느린 반응을 보였다. 예를 들어 그리스 같은 경우 2차 세계대전 동안에는 공산주의 진영과 반공 진영이 손을 잡고 독일과 싸웠지만 1944년에 내전이 벌어졌다. 그해 겨울 내내 치열한 힘 겨루기가 진행되었고 결국에는 영국군의 도움을 받은 반공 진영

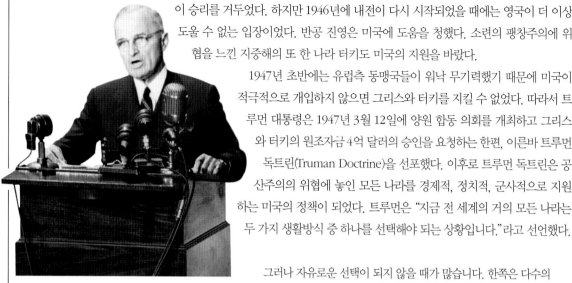

이 승리를 거두었다. 하지만 1946년에 내전이 다시 시작되었을 때에는 영국이 더 이상 도울 수 없는 입장이었다. 반공 진영은 미국에 도움을 청했다. 소련의 팽창주의에 위협을 느낀 지중해의 또 한 나라 터키도 미국의 지원을 바랐다.

1947년 초반에는 유럽측 동맹국들이 워낙 무기력했기 때문에 미국이 적극적으로 개입하지 않으면 그리스와 터키를 지킬 수 없었다. 따라서 트루먼 대통령은 1947년 3월 12일에 양원 합동 의회를 개최하고 그리스와 터키의 원조자금 4억 달러의 승인을 요청하는 한편, 이른바 트루먼 독트린(Truman Doctrine)을 선포했다. 이후로 트루먼 독트린은 공산주의의 위협에 놓인 모든 나라를 경제적, 정치적, 군사적으로 지원하는 미국의 정책이 되었다. 트루먼은 "지금 전 세계의 거의 모든 나라는 두 가지 생활방식 중 하나를 선택해야 되는 상황입니다."라고 선언했다.

그러나 자유로운 선택이 되지 않을 때가 많습니다. 한쪽은 다수의 의견을 바탕으로 구성되며 자유기관, 대의정부, 자유선거, 개인의 자유 보장, 언론과 종교의 자유, 정치적 억압에서의 자유가 특징입니다. 다른 쪽은 공포와 탄압을 바탕으로 구성되며 언론과 방송통제, 부정선거, 개인의 자유억압이 특징입니다. 미국은 무장한 소수나 외부 압력에 저항하는 자유시민들을 지원하는 정책을 채택해야 합니다.

하지만 그리스의 반공 진영은 미국의 원조에도 불구하고 고전을 면치 못하다가 유고슬라비아가 소련 연방을 탈퇴하면서 공산주의 진영 측 보급로가 막힌 이후에야 간신히 우세를 점했다. 이뿐 아니라 서유럽의 민주주의 국가들도 점점 불안한 모습을 보였다. 전쟁으로 황폐해진 경제는 불황의 늪으로 깊숙이 빠져들었고, 이로 인한 금융 혼란은 정치적, 사회적 대격변의 전조에 불과했다. 소련 제국의 국경을 1947년 수준으로 묶어 놓으려면 특단의 조치가 필요했다.

트루먼 독트린이 발표되고 석 달 뒤, 국무장관(전직 육군참모총장이었다) 조지 C. 마셜은 하버드 졸업식장에서 미국의 냉전 전략 가운데 가장 핵심적이고 독창적인 부분을 밝혔다. 앞으로 4년 동안 유럽에 170억 달러를 지원하자는 것이었다. 1947년 12월 무렵 의회에 제출된 유럽부흥계획(European Recovery Program : ERP)은 단순한

트루먼 독트린을 발표하는 트루먼 대통령
1947년 3월 12일의 모습. 이 무렵 냉전은 이미 시작되고 있었다. 1945년에 탄생된 '냉전'이라는 용어는 전후 미국과 소련이 지속적인 군사개입 이외의 방식으로 전개시킨 이념 갈등을 말한다.

폐허가 된 쾰른
(가운데) 마셜이 이야기했다시피 유럽은 피해가 심각했다. 여기 소개된 것은 연합국의 대규모 공습으로 폐허가 된 독일 쾰른의 1945년 4월 모습을 담은 항공사진이다.

식량공급이 아니라(실제로 아사 직전에 놓인 사람들이 있기는 했다) 주택, 아파트, 공장, 상점, 경제기반 시설 건설이 목적이었다. 논란의 중심은 독일과 소련 등 모든 유럽을 돕겠다는 부분이었다. 하지만 소련은 예비협의회에서 소련과 의존국(이후 독일민주공화국으로 개명한 동독도 의존국이었다)에 대한 지원을 사양했다.

한편 프랑스는 서독을 재건하면 또다시 세계평화를 위협하지 않을까 우려했고 미국 내에서도 막대한 비용 때문에 반대하는 목소리가 들렸다. 하지만 마셜은 서독이 힘을 키우지 못하면 공산주의에 무너질 가능성이 크다는 논리를 내세워 결국 승리를 거두었다. 의회의 경우 처음에는 조심스러운 반응을 보였지만 1948년 2월에 체코슬로바키아가 공산화되자 마셜 플랜(Marshall Plan)은 가속도가 붙었고 몇십억 달러가 재빠르게 서유럽으로 쏟아져 들어갔다. 초당적인 지원에 힘입은 미국의 '견제' 정책은 1948년 중순 무렵 든든하게 자리를 잡았다.

이 무렵 베를린에서는 긴장이 고조되고 있었다. 3대국은 전후 계획의 일환으로 독일을 네 부분으로 나누어 미국, 영국, 프랑스, 소련이 각각 관리하기로 1944년에 합의한 바 있었다. 베를린은 소련의 점령 지역이었지만 특별한 경우였기 때문에 4개국이 분할 관리했다. 그런데 소련의 관할구역 내에서는 자유선거의 조짐이 전혀 없는 것을 보고 서방 3국은 1948년 3월, 각자의 지역을 한데 묶어 독일연**방공화국**을 탄생시키고 서베를린도 통합했다. 이에 소련은 베를린으로 향하는 모든 도로를 차단했다. 미국과 영국은 서베를린의 존속을 위해 식량, 석탄, 그 밖의 생필품을 대규모로 공수하기 시작했다. 1948년 6월 20일에 시작된 베를린 공수는 1949년 5월 12일을 기점으로 소련의 봉쇄가 해제된 이후에도 계속되었다. 1년치 생필품 비축을 위한 조치였다.

C-54 수송기
소련이 1948년부터 1949년까지 베를린을 봉쇄한 사이 C-54 수송기가 서베를린의 템펠호프 공항에 착륙하고 있다. 베를린 공수 기간 동안 미국과 영국의 항공기는 90초마다 한 대씩 이착륙을 시도하며 24시간 내내 상공을 오갔다.

대규모 보복

1949년 4월에 서구연합은 한 걸음 더 나아가 북대서양조약기구(North Atlantic Treaty Organization, 이하 NATO)라는 군사동맹을 탄생시켰다. 창립 회원국은 미국, 캐나다와 서유럽 10개국이었다. NATO의 상호 방어조항에 따라 대규모 미국군이 서독에 영구 주둔하게 되었고, 쇠퇴한 영국 해군을 대신해 미국 해군이 지중해를 장악했다. 소련은 1949년 9월에 최초의 핵무기를 발사하는 등 위협의 강도를 더했지만, NATO와 마셜 플랜이 존재하는 한 3차 세계대전을 각오하지 않고서는 더 이상 확장이 불가능했다.

1950년 12월, NATO의 운영위원회 격인 북대서양회의는 아이젠하워를 초대 최고사령관으로 선출했다. 그는 1952년 5월까지 최고사령관직을 맡다 대통령으로 출마하면서 사임했다. 아이젠하워는 백악관 진출 이후 트루먼의 견제 정책을 한층 확대시킬 만한 존 포스터 덜레스(John Foster Dulles)를 국무장관으로 선임했다. 그는 오랫동안 공화당의 외교 전문가를 맡았던 예순네 살의 월가 변호사였다. 덜레스는 미국식 공화국의 의로움과 소련식 체제의 사악함을 확신했기 때문에 공산주의의 '압제'에 시달리는 동유럽의 '속국'을 해방시키기 위해 백방으로 노력했다. 그는 이렇게 도덕주의에 입각한 세계관을 바탕으로 1953년부터 미국 외교정책을 관리하다 1959년에 건강 악화로 사임했다(그리고 한 달 뒤 숨을 거두었다). 덜레스는 공직에 몸담은 6년 동안 아이젠하워의 두터운 신임을 받았고, 전후시대 국무장관 가운데 헨리 A. 키신저(Henry A. Kissinger) 다음으로 막강한 영향력을 과시했다.

덜레스는 소련의 세계정복 야욕을 저지하기 위해서라면 '전쟁까지 불사하겠다'고 여러 차례 강조하며 '극한정책'이라고 불린 외교정책을 구사했다. 예전에는 트루먼 행정부가, 이후에는 케네디 행정부가 그랬듯이 덜레스도 세계 구도는 미국과 소련이 주도하는 양극으로 나뉘었다고 생각했다. 미국의 외교는 핵무기에 의존하는 부분이 워낙 컸기 때문에 덜레스는 1954년 1월에 '내규모 복수' 정책을 입안했다. 곧, 적성국가에서 신제공격을 감행하더라도 미국은 살아남고 소련을 제거할 수 있도록 대량의 핵무기를 보유하겠다는 뜻이었다.

대규모 복수정책에는 경제적인 이득도 뒤따랐다. 막대한 비용이 투입된 한국전 때문에 미국의 국방예산은 1950년 120억 달러에서 1953년 440억 달러로 네 배나 뛰었다. 아이젠하워 내각의 보수파는 국방비를 대폭 삭감해 연방 예산의 균형을 도모해야 된다고 대통령에게 압력을 행사했다. 그러자면 병사, 탱크, 비행기, 군함과 같은 재래식 병력 유지비를 줄이고 훨씬 저렴한 핵무기 쪽으로 집중하는 것이 하나의 방법이었다. 국방부의 홍보 관계자들은 1947년에 선풍적인 인기를 모은 크리스티앙 디오르(Christian Dior)의 디자인을 본떠 이와 정책을 가리켜 '가격 대비 만족도가 높은' 뉴 룩이라고 표현했다.

극한정책은 탄생되자마자 한국에서 시험을 거쳤다. 1952년 선거 유세에서 아이젠하워는 "한국으로 가겠다."고 약속했고 당선이 되자 11월 29일에 사흘 일정으로 한국 시찰에 나섰다. 덜레스는 한국 측에 미국은 전쟁의 '강도를 높일' 의사가 있다고 알렸다(무슨 뜻인지 정확히 전달하기 위해 '핵무기'라는 단어까지 동원하지는 않았다). 그러자 중국은 덜레스가 1953년 5월에 자와하를랄 네루(Jawaharlal Nehru) 인도 총리와 만난 직후 협상에 동의했다.

덜레스 국무장관

1956년 8월, 수에즈 위기와 관련해 영국과 회담을 가지려고 런던에 도착했을 당시의 모습. 그는 예전의 국무장관들과 달리 발로 뛰는 외교를 전개했다. 임기 6년 동안 방문한 나라가 47개국, 비행한 거리가 약 80만 킬로미터였다.

1953년 7월 27일, 판문점에서 북한과 UN 대표는 한국전을 마감하는 휴전 협정에 서명하고 남한과 북한을 가르는 38도선을 재확립했다. 극한정책이 효험을 보이는 순간이었다.

1953년 3월에 요시프 스탈린이 사망하고 한국에 평화가 찾아오자 덜레스는 한층 단호한 태도를 보였다. 그는 '지금이야말로 적을 밀어 내고 영원히 처단할 시점'이라고 선언했고 그의 주장은 맞는 것처럼 들렸다. 흐루시초프가 소련의 새로운 지도자로 부상하고 세력을 다진 1953년에서 1956년 사이는 소련의 입장에서 볼 때 서구와의 긴장관계가 완화된 시기였다. 소련은 1955년 5월에 오스트리아가 재통일할 수 있도록 주둔군을 철수하기로 합의했다. 심지어는 독일에서도 주둔군을 철수시키겠다고 제안했다. 하지만 덜레스는 의혹의 눈초리를 거두지 않았다. 소련이 한 걸음 물러서는 이유는 그만큼 힘이 없다는 증거이기 때문에 미국은 이 기회를 적극 활용해야 된다고 주장했다.

1954년 초반에 덜레스는 동남아시아의 공산주의 청소 작업에 착수했다. 그는 NATO를 모델 삼아 동남아시아조약기구(Southeast Asia Treaty Organization, 이하 SEATO)를 조직하고 프랑스령 인도차이나 문제에 점점 더 깊숙이 관여했다. 일본이 항복한 이후 프랑스는 인도차이나의 저항을 무릅쓰고 식민정부를 다시 건설했다. 대(對)일본 투쟁을 주도했던 베트남의 민족운동가 호치민은 이제 통치권을 놓고 프랑스와 경쟁을 벌였다. 그런데 호치민 휘하의 공산주의 조직 베트민이 승승장구하면서 프랑스는 미국의 도움을 청하기에 이르렀다. 트루먼 대통령은 1950년 5월에 1차 지원을 승인하고 전비의 80퍼센트를 부담했시만 억부족이었나. 1954년 3월 13일, 보 구엔 지아프 장군이 이끄는 4만 명의 베트민 군은 디엔비엔푸에서 1만 5천 명의 프랑스 수비대를 포위했다. 5월 7일에 프랑스는 항복을 선언했고 이로써 프랑스의 지배는 끝이 났다.

호치민
1954년 9월 초, 신생 북베트남 정부의 대통령 자리에 오른 직후의 모습. 타이구옌에서 국제휴전위원회와 회의를 여는 동안 포즈를 취했다.

7월 20일, 제네바에서 맺은 휴전 협정으로 17도를 따라 임시 비무장지대가 설치되었고 남부와 북부는 국제기구의 감시 아래 2년 안으로 재통일 선거를 실시하기로 했다. 북부를 차지한 베트민은 하노이를 수도로 정했다. 남부에서는 미심쩍은 선거 결과 고 딘 디엠이 신생 남베트남 반공독립정부의 대통령을 자임하고 나섰다. 그런데 미국 군부와 첩보부(CIA)의 원조가 쏟아져 들어오기 시작하자 디엠은 북베트남이 자유로운 분위기가 아니라는 이유를 들어 재통일 선거를 거부했다. 이때부터 호치민은 게릴라전을 계획하기 시작했다.

제네바 정신

한편 1955년 여름으로 접어들면서 미국과 소련 양국 간의 긴장완화 분위기는 한층 무르익었다. 소련이 오스트리아 재통일에 합의한 직후 제네바에서 열린 초강대국 정상회담에서 아이젠하워가 흐루시초프와 니콜라이 불가닌(Nokolai Bulganin, 당시 흐루시초프의 정치적 동반자였다)을 만났기 때문이었다. 양측은 별다른 성과를 기대하지 않았고 회담은 예상대로 진행되었지만 인론은 회의장을 가득 메운 '제네바 정신(Spirit of Geneva)'에 감동을 받았다. 불만을 품은 단 한 사람은 덜레스였다. 그는 친선 분위기가 조성되면 미국이 소련의 동유럽 점령 등 현 상황을 받아들인다는 뜻이 되지 않을까 걱정했다. 때문에 그는 제네바 정상회담 이후 '속국'의 '해방'이라는 미국 외교정책의 주안점은 아직도 여전하다는 부분을 여러 차례 공개적으로 강조했다.

디엠과 아이젠하워
1957년 5월, 워싱턴 국제공항에 도착한 디엠이 아이젠하워와 함께 자동차 퍼레이드를 벌이고 있다. 그는 프랑스 식민정부에 저항하기 위해 자발적인 망명을 선택한 이후 뉴저지의 로마가톨릭 신학교에서 1940년대의 거의 대부분을 보냈기 때문에 미국을 잘 알고 있었다.

그런데 미국은 해방을 위해 어느 정도 위험을 감수할 생각일까? 미국의 생각은 1956년 말에 이르러서야 분명히 밝혀졌다. 흐루시초프가 1956년 2월의 20차 공산당대회에서 스탈린주의를 반대하고 그해 봄, 폴란드가 잠시나마 소련에 도전하는 모습을 보이자 용기를 얻은 헝가리 학도들은 10월 23일에 시위를 벌이고 진소정권에 대한 오랜 불만을 터뜨렸다. 그런데 경찰이 총을 발사하는 순간 시위는 혁명으로 돌변했다. 헝가리군이 가담했고, 개혁주의 정책을 펼치다 1955년 초에 축출된 전직 총리 이므레 노디(Imre Nagy)가 다시 권좌에 올랐다.

하지만 노디의 정권은 2주를 버티지 못했다. 그는 바르샤바 조약(소련 진영의 NATO였다) 탈퇴를 선언하고 헝가리의 중립 승인과 보호를 미국 측에 요청했지만, 아이젠하워와 덜레스가 우물쭈물하는 사이 소련 탱크가 헝가리 국경을 넘어왔다. 11월 4일 새벽 4시에 부다페스트로 입성한 소련군은 노디를 퇴위시키고 친소 공산주의자들로 이루어진 행정부를 신설했다. 그 사이 미국은 아무런 조치도 취하지 않았다. 핵무기는 교착상태로 접어들었고 재래식 병력을 감축한 상황에서 미국이 할 수 있는 일은 아무것도 없었다.

2년 반이라는 시간이 흐르고 덜레스가 건강상의 이유로 1959년 4월에 사임한 이후 아이젠하워는 동서 정상회담을 다시 추진했다. 그는 중재자의 이미지로 임기를 마무리짓겠다는 결심 아래 리처드 닉슨 부통령을 7월에 모스크바로 파견했고, 두 달 뒤에는 흐루시초프를 미국 관광길에 초청했다. 하지만 파리 정당회담을 2주 앞둔 1960년 5월 1일, 소련 땅 깊숙이 들어가서 스베르들로프스크 상공을 비행하던 U-2 정찰기가 피격 당하는 사건이 벌어졌다. 증거가 하나도 남지 않았다는 국방부의 보고를 듣고 국무부는 피격기가 항로를 이탈한 기상 관측기였다고 주장했다. 하지만 생존 조종사 프랜시스 게리 파워스(Francis Gary Powers) 대위가 자백하는 바람에 첩보 활동을 인정하는 수밖에 없었다. 그럼에도 불구하고 아이젠하워는 사과하지 않았다. 그는 소련을 예의 주시해야 미국의 안보를 보장받을 수 있다고 주장하면서 몇 년 전부터 U-2 정찰기의 존재를 파악해 놓고 아무 말 없었던 쪽은 소련이었다고 강조했다. 당연히 흐루시초프는 분노를 터트렸고 신랄한 공격을 퍼부으며 파리 정상회담을 취소했다.

그로부터 8개월이 지나고 케네디가 대통령으로 취임했을 무렵 제네바 정신은 완전히 사라진 뒤였다. 케네디는 아이젠하워의 뉴 룩 방어정책이 공산권의 도발을 저지하는데 걸림돌로 작용한다는 판단 아래 새로운 국가안보팀을 구성하고, 덜레스의 '대규모 보복' 대신 '유연한 반응'이라는 좀더 광범위한 정책을 탄생시켰다. 비상사태에 효과적으로 신속하게 대응할 수 있도록 특전 대원과 같은 대(對)게릴라전 부대를 신설하는 등 재래식 병력의 대규모 증원이 유

수에즈 위기

1956년 10월 헝가리에서 혁명이 벌어졌을 무렵, 미국의 최측근이라 할 수 있는 두 나라는 수에즈 운하를 놓고 팽팽한 긴장감을 연출하고 있었다. 사실 상황이 이 지경으로 치달은 데에는 덜레스의 실수가 기여한 부분도 컸다.

일찍이 덜레스는 미국-이집트 간 관계개선을 위해 나일 강 상류의 아스완 댐 건설을 재정적으로 지원하겠다고 약속한 바 있었다. 아스완 댐 건설은 이집트 대통령 가말 아브델 나세르(Gamal Abdel Nasser) 장군의 오랜 숙원이었다. 그런데 나세르가 소련과 가깝게 지내려는 모습을 보이자 덜레스는 지원 약속을 철회했고 곧이어 영국도 미국의 전철을 따랐다.

모욕감과 분노에 치를 떨던 나세르는 1주일 뒤인 1956년 7월 26일에 복수를 단행했다. 그는 영국과 프랑스의 주주들이 소유하고 관리하던 수에즈 운하를 가로채 국유화하고 앞으로 5년 동안 걷는 통행세로 아스완 댐을 건설하겠다고 큰소리를 쳤다.

페르시아 만에서 서유럽으로 향하는 석유 수송선은 날마다 수에즈 운하를 거쳐야 하는데 나세르가 봉쇄 조치라도

영국의 병력 수송선
1956년 11월, 수에즈 운하의 지중해 끝자락에 자리잡은 사이드 항으로 증원군을 실어나르고 있다.

내리면 큰일이었다. 탈환 방법을 모색하던 영국과 프랑스는 미국과 상의하지 않은 상황에서 이스라엘과 손을 잡고 공동 공격을 비밀리에 계획했다(이스라엘은 나세르의 후원 아래 1955년부터 펼쳐진 기습공격의 피해자였다).

10월 29일, 이집트의 시나이 반도를 습격한 이스라엘군 10개 여단은 운하를 향해 진격했다. 미리 입을 맞추어 놓았던 대로 영국과 프랑스는 운하 지대의 모든 전투요원을 즉각 철수시키지 않으면 UN의 정전 명령에 따라 병력을 배치하겠다고 선포했다. 이집트가 철수를 거부하자 영국과 프랑스군은 11월 5일과 6일, 이틀에 걸쳐 운하 지대를 점령하기 시작했다.

소련과 미국은 거세게 반발했다. 아이젠하워 대통령은 유럽군의 즉각 철수를 요구했고, 아랍권으로 세력 확장을 꾀하던 흐루시초프는 보복 조치를 암시하며 더욱 강한 어조로 협박을 가했다. 이처럼 양쪽에서 압력을 가하자 영국과 프랑스는 12월 22일, UN의 감시 아래 철수하는 수밖에 없었다. 이스라엘은 이로부터 3개월 뒤에 병력을 철수시켰다.

연한 반응정책의 핵심이었다.

피그스 만 침공작전이 실패로 돌아가고 두 달이 지난 1961년 6월, 케네디 대통령은 빈에서 흐루시초프를 만났다. 흐루시초프는 능력이 검증되지 않은 미국의 젊은 대통령을 무시하며 타이완과 서베를린의 상황을 '조정'하도록 압력을 행사했다. 케네디는 어떠한 정치체제도 타이완과 서베를린의 독립을 영원히 보장하지는 못한다는 흐루시초프의 말에 미국은 양쪽 지역으로 공산주의가 확산되면 앉아서 보고만 있지는 않겠다고 경고했다. 흐루시초프는 공산주의가 이미 세계를 장악하고 있고 소련은 역사의 진행을 도울 따름이라고 대답했다. 케네디는 부들부들 떨며 회의장을 박차고 나왔다. 리브스는 이렇게 서술했다.

"케네디는 상대방이 남자든 여자든 일 대 일 대결에서 자신이 있었기 때문에 빈 정상회담에서 엄청난 충격을 받았다. 빈 정상회담은 의표를 찌른 소련 서기장의 완벽한 승리였다. 다행스럽게도 보좌진이 애국심 넘치는 언론을 호도한 덕분에 이 소식이 미국 국민들에게 전해지지는 않았다. 하지만 케네디는 현명한 지도자답게 빈 정상회담을 귀중한 경험으로 삼았다."

군산복합체

아이젠하워가 남긴 가장 소중한 유물은 1961년 1월 17일 저녁, 백악관을 떠나기 사흘 전에 발표한 퇴임사일지 모른다. 그는 전국으로 생중계된 연설에서 산업계의 거물들과 손을 잡은 군 지도부 때문에 전쟁이 벌어질지 모른다고 우려의 뜻을 표명했다.

아이젠하워도 이야기했다시피 냉전시대에 미국의 자유를 보호하기 위해 탄생된 매머드급 군조직이 이제는 다른 분야를 위협하는 모순을 낳고 있었다.

다음은 퇴임사의 일부이다.

"2차 세계대전이 일어나기 전까지만 하더라도 미국에는 군수산업이라는 것이 존재하지 않았습니다. 쟁기날 제조업자에게 부탁해서 칼을 만드는 식이었습니다. 하지만 이제는 국가안보를 임시변통에 맡길 수 없는 상황이 되었습니다. 이제는 거대한 군수산업이 상설되었고 350만 명의 남녀노동자가 방어산업체에 근무하고 있습니다. (중략) 이처럼 거대 군 조직과 대규모 무기산업이 결합한 것은 미국 역사상 초유의 일입니다. 이들의 결합은 모든 도시, 모든 주의회 의사당, 연방정부 모든 부서의 경제, 정치, 심리에 영향을 미치고 있습니다. 군수산업의 필요성은 분명합니다.

하지만 그 뒤에 숨은 뜻을 간과해서는 안 됩니다. 우리의 땀과 자원과 살림이 걸려 있는 문제입니다. 우리 사회의 구조가 걸려 있는 문제입니다.

정부에서는 군산복합체(軍産複合體)가 의도적이건 비의도적이건 부당한 영향력을 행사하지 못하도록 경계해야 합니다. 잘못된 권력이 출현할 가능성은 항상 도사리고 있습니다. 군부와 산업의 결합으로 우리 사회의 자유와 민주주의가 위태로운 지경에 이르러서는 안 될 것입니다."

베를린 장벽

흐루시초프는 빈에서 베를린을 가장 신경 쓰는 듯한 모습을 보였다. 케네디는 정상회담 직후 보좌관에게 이런 말을 했다.

"흐루시초프는 동독이 과다출혈로 죽어 가는 상황을 받아들일 수 없는 거지. 동구권 전체가 위험하니 무슨 수를 써야 하지 않겠나? 장벽을 치던지……."

사실 소련으로서는 동독의 젊은 지식인들이 서베를린을 통해 서독으로 대거 유출되는 문제가 엄청난 골칫거리였다. 난처한 것은 둘째치고 동독의 미래가 위태로웠다. 전쟁 이후 서독으로 피신한 동독 인구는 300만 명에 이르렀고, 1961년 초반 무렵에는 날마다 3천 명씩 독일민주공화국을 빠져나갔다.

흐루시초프는 계속 대책을 요구했고 케네디는 계속 거부했다. 베를린을 둘러싼 긴장감이 더욱 고조되면서 미국은 무력 충돌을 준비하기 시작했다. 케네디는 영장 발부를 세 배로 늘리고 15만 명의 예비역에게 전시 동원령을 내리는 한편, 4만 명을 추가로 유럽에 파병했다. 동독 대통령이 봉쇄를 재개하겠다고 협박했지만 케네디는 7월 25일에 전국으로 중계된 연설에서 도전적인 태도를 보였다.

"서베를린은 방어가 불가능하다고 이야기하는 사람들이 있습니다. 바스토뉴도 그랬습니다. 사실 스탈린그라드도 그랬습니다. 용감한 사람들만 있으면 아무리 위험한 곳이라도 방어가 가능합니다."

하지만 케네디는 소련에게 서베를린으로 향하는 도로를 봉쇄하지 않는 한 경계선 밖에서 무슨 짓을 하든 상관 않겠다고 은밀히 밝힌 바 있었다.

1961년 8월 13일 오전, 공산군은 서베를린과 동독의 경계선에 철조망이 달린 담벼락을 만들기 시작했다. 이 담벼락이 등장하면서(이후 철근 콘크리트 벽으로 대체되었다) 인구 유출 문제는 하룻밤 사이 해결이 되었다. 베를린을 둘러싼 국제협의에 어긋나는 행위였지만 케네디가 일찍이 다짐했던 것처럼 미국은 아무런 반응을 보이지 않았다.

이처럼 미소가 팽팽하게 맞선 상황에서 케네디는 그리고 전 세계는 10월 22일 대국민 연설에 대한 소련측 반응을 기다렸다. 전 세계 사람들은 이번 주 안으로 생이 끝나는 것은 아닌지 조마조마한 심정이었다.

케네디의 서베를린 방문

케네디 대통령은 1963년 6월 초, 서베를린 방문에 나섰다. 200여만 명의 베를린 시민이 환영인파로 나섰고, 그의 연설을 듣기 위해 20만 명이 시청광장을 메웠다. 여기에서 케네디는 다음과 같은 말을 남겼다. "요즘은 자유진영에서 가장 큰 자랑이 '이히 빈 아인 베를리너(나는 베를린 시민입니다 ──옮긴이)'라고 합니다." 위의 사진은 미국 검문소를 시찰하는 모습이다.

조 지 볼 국무차관은 러스크의 집무실 소파에서 10월 22일 밤을 보냈다. 그리고 다음날 새벽, 러스크가 깨우는 소리에 깼다.

"자네와 내가 아직 살아 있으니 상당한 성공을 거둔 셈이야."

그날 아침에 러스크는 이 사건을 미주기구에 제소했다. 미주기구는 2차 세계대전 이후 미주지역의 정치 협력을 위해 남아메리카와 중앙아메리카의 20개 나라가 발족한 기구였다. 국무부는 라틴아메리카의 고집스러운 성격을 익히 알고 있었기 때문에 긍정적인 반응을 기대하지 않았다. 미주담당 차관보의 추측에 따르면 쿠바의 미사일을 비난하는 결의문이 3분의 2 이상의 찬성표를 얻고 미주기구에서 승인을 받을 가능성은 25퍼센트였다. 하지만 대표단은 여덟 시간의 토론 끝에 차례차례 미국의 입장을 지지하는 쪽으로 기울었다. 결국 우루과이 한 나라만 기권을 했을 뿐 19 대 0이라는 최종 투표 결과가 나왔다(나중에는 우루과이도 찬성을 하면서 만장일치가 되었다). 케네디 대통령은 10월 24일 수요일 오전 10시를 기점으로 격리 조치를 발동한다는 성명서가 미주기구의 승인을 받을 때까지 기다렸다가 해군에 명령을 내렸다. 쿠바로 향하는 선박 가운데 검사를 거부하는 배가 있으면 추진기나 키를 못쓰게 만들라는 명령이었다.

지하 방공호

롱아일랜드 주 가든시티의 월터 키드 핵 연구소가 제작한 키드 코쿤 지하방공호를 선전하는 1955년의 사진. 핵전쟁이 벌어지더라도 대처만 잘하면 된다는 정부의 입장 때문에 지하 방공호는 1950년대부터 1960년대 초반까지 선풍적인 인기를 모았다.

수요일에도 오전 10시에 비대위 회의가 열렸다. 늘 그랬던 것처럼 CIA국장 매콘이 간밤의 상황을 짤막하게 보고했다. 쿠바의 미사일 기지에서는 인부들이 핵무기 창고로 보이는 건물을 빠르게 조립하는 중이었다. 카리브 해에서는 미사일을 실을 수 있을 만큼 해치가 넓은 선박 세 척이 소련의 호위잠수함과 합류했다. 케네디 대통령은 손으로 입을 가리고 주먹을 쥐었다 폈다 하며 긴장한 모습을 보이더니 CIA국장의 말허리를 잘랐다.

"소련이 베를린을 봉쇄할 겁니다. 마지막 채비를 서두르세요."

이후 10시 25분쯤에 쪽지가 도착했다. 매콘이 쪽지를 읽은 뒤 대통령에게 말했다.

"각하, 러시아 선박 일부가 해상에서 멈추어 섰다는 소식입니다."

잠시 침묵이 흐른 뒤 러스크가 입을 열었다.

"눈싸움을 벌이는데 상대방이 눈을 깜빡인 형국이로군요."

케네디는 확신할 수 없었지만 만약 소비에트가 정말로 눈을 깜빡인 셈이라면 어떻게든 무력 충돌을 피하고 싶었다.

"만약 귀환 명령을 받은 선박이라면 앞길을 막지 맙시다."

소련이 봉쇄 돌파를 포기하면서 양측은 시간을 벌었지만 시간이 흐를수록 유리한 쪽은 소련이었다. 정찰기가 새롭게 촬영한 사진에 따르면 미사일 부지 건설은 24시간 계속되었고, 쿠바는 이미 미국 대부분을 파괴시킬 수 있을 만큼 탄두를 보유한 상황이었다. 케네디 대통령은 침공 명령을 내려야 한다는 중압감에 시달렸고, 비대위는 흐루시초프에게 사태의 심각성을 알릴 만한 또 다른 방법을 모색했다. 고위 관리들은 미국의 준비가 끝났다고 공공연하게 밝혔다. 로버트 케네디는 소련 대사 아나톨리 도브리닌(Anatoli Dobrynin)을 찾아가 이틀 뒤면 무력대응을 강구할 수밖에 없노라고 경고했다.

흐루시초프의 반응

처음에 흐루시초프는 간접적인 형식으로 반응을 보였다. 금요일 오후, ABC 뉴스의 외교통신원 존 스컬리(John Scali)는 국무부 기자실에서 식사를 하던 도중에 알렉산데르 포민(Alexander Fomin)의 전화를 받았다. 포민은 예전에 안면을 익힌 소련 대사관 직원이었고 첩보계에서는 KGB의 워싱턴 지부장으로 알려진 인물이었다. 다급한 부름을 받고 달려간 스컬리는 포민과 다시 한 번 점심식사를 했다. 포민은 '아주 심각한 상황'이라며 이야기를 꺼내더니 국무부가 상호협정을 맺을 의향이 있는지 알아봐 달라고 부탁했다. 미국이 쿠바를 침공하지 않겠다고 맹세하면 쿠바의 미사일을 제거하겠다는 뜻이었다.

러스크의 서신 사본
스컬리가 포민에게 전한 러스크의 서신 사본을 들어 보이고 있다. 포민(본명은 알렉산데르 페클리소프였다)은 20년 전 줄리어스 로젠버그, 클라우스 푹스와 일한 KGB 공작원이었다.

스컬리는 정보부장 로저 힐스먼(Roger Hilsman)을 찾아갔고 힐스먼과 함께 러스크를 만났다. 로버트 케네디, 번디와 함께 회의 도중 빠져나온 러스크는 스컬리의 이야기를 듣고 회의실로 돌아갔다. 몇 분 뒤, 다시 모습을 드러낸 러스크는 친필 서신을 건넸다.

"미국 정부는 상호협정의 가능성이 충분하며, 양측 대표가 UN 사무총장 우 탄트(U Thant)와 함께 만나서 문제를 해결할 수 있다고 생각합니다. 하지만 시간이 촉박합니다."

그날 저녁 6시, 국무부의 텔레타이프는 흐루시초프가 몇 시간 전에 모스크바의 UN 대사관을 통해서 케네디에게 전한 장문의 편지를 찍어 내기 시작했다. 미국 대사 포이 콜러(Foy Kohler)가 편지를 받은 시점은 워싱턴 시간으로 오전 7시 43분, 모스크바 시간으로 오후 4시 43분이었지만 번역과 소련 전선상의 문제점 때문에 전송이 늦어졌다. 그런데 콜러의 표현에 따르면 산만하고 사적이고 상당히 이상한 내용이었다. 콜러의 전임자 루엘린 톰슨은 '어느 누구와도 상의하지 않고 혼자서 쓴 편지'인 것 같다고 결론을 내렸다.

"안절부절못한다는 증거입니다. 심리적인 부담이 아주 큰 모양입니다."

흐루시초프는 독일군이 소련을 두 차례 공격했을 때 직접 경험한 전쟁담을 늘어놓았다. 그리고 쿠바가 소련 미사일을 보유하고 있다고 시인하면서 이미 미국의 후원을 받은 세력이 쿠바를 침공한 상황에서 카스트로는 또다시 공격을 당하지 않을까 걱정할 수밖에 없다고 이야기했다.

　　미합중국이 공언한 공격적이고 침략적인 행위가 어떤 결과로 이어질지 심사숙고하시기 바랍니다. (중략) 만약 이것이 전쟁도발의 첫 단계라면 우리로서도 미국의 도전을 받아들이는 수밖에 없습니다. 하지만 어떤 결과로 이어질지 차분하게 생각할 만한 여지가 남아 있다면 전쟁의 매듭을 풀어 주십시오. 매듭은 양쪽에서 잡아 당길수록 단단해지기 마련입니다. 매듭이 너무 단단해져서 묶었던 사람마저 풀 수 없는 지경에 이르면 자르는 수밖에 없습니다. 매듭을 자른다는 것이 무슨 뜻인지는 설명을 하지 않아도 아실 겁니다. 양국이 얼마나 엄청난 화력을 보유하고 있는지는 각하도 잘 알고 계실 테니까요.

장황한 이야기 중간에 타협안의 개요가 들어 있었다. 포민이 스컬리에게 흘린 것처럼 미국이 봉쇄를 해제하고 쿠바를 침공하지 않겠다고 맹세하면 소련으로서도 쿠바에 핵무기를 둘 이유가 없다는 내용이었다. 비대위는 10월 27일 토요일 오전 10시에 회의를 열고 흐루시초프의 편지를 검토하기 시작했다. 그런데 15분 뒤, 피에르 샐린저(Pierre Salinger) 공보관이 달려 들어오더니 흐루시초프가 조금 전 연합통신선을 통해 공식 서한을 전송했다는 소식을 알렸다. 이번에는 쿠바의 미사일을 모두 회수하는 대가로 내건 조건이 터키에 배치된 미국의 주피터 미사일 철거였다. 어젯밤에 마음대로 쓴 편지가 정치국의 인정을 받지 못한 모양이었다.

내각실에 앉아 있던 비대위원들은 새로운 요구 사항을 듣고 아무도 놀라지 않았다. 사실 케네디는 예전에도 언제쯤 터키의 핵미사일 이야기가 나올까 여러 차례 궁금해했다. 주피터는 구식이었다. 명중률이 형편없이 떨어지는 데다 몇 시간을 기다려야 발사할 수 있고 저격수가 근처 도로에서 한 발만 정확히 맞추면 무용지물이 되는 미사일이었다. 케네디는 몇 달 전에 회수를 명령했지만 터키 측에서 달가워하지 않았다. 그런데 흐루시초프의 요구를 듣고 이제 와서 핵미사일을 철거하면 신의를 저버리는 행동으로 보일 게 분명했다. 프랑스의 샤를 드골(Charles de Gaulle) 대통령은 미국이 자국의 안위를 무릅쓰면서까지 서유럽을 보호할 나라는 아니라고 여러 차례 강조한 바 있었다. 미국이 쿠바의 미사일을 제거하는 조건으로 터키를 '배신' 하면 드골의 주장이 맞아떨어지는 셈이 되고 NATO가 타격을 받을 수 있었다. 어쩌면 동맹 자체가 해체될 수도 있었다.

카스트로와 흐루시초프
서른네 살이 카스트로와
예순여섯 살의
흐루시초프가
1960년 9월 말
UN 총회에서 처음 만났다.
흐루시초프는 쿠바 사태를
제대로 처리하지 못한
대가로 1964년 10월에
실각했다.

타결

그야말로 진퇴양난이었다. 케네디는 주피터를 철거하고 싶지도 않았고 쿠바를 침공하고 싶지도 않았다. 그는 토요일 오전의 비대위 회의에서 소련 쪽으로 '아주 유리해진 상황' 이라고 이야기했다.

"반면에 우리는 아주 난처한 입장입니다. (중략) 자칫 잘못하다가는 꼬투리를 잡힐 수 있으니 말입니다. (중략) 흐루시초프를 공격할 만한 유일한 허점은 몇 시간 사이 말을 바꾸었다는 부분인데, 워낙 복잡하게 꼬아 놓았으니 이걸 방패 삼아서 미사일 부지 공사를 계속할 것 아닙니까?"

그날 오후에 케네디는 마음을 정했다. 낡아 빠진 주피터 때문에 전쟁을 벌일 수는 없었다.

"터키의 미사일을 없애기만 하면 되는데 (중략) 쿠바를 침공할 수는 없습니다."

그는 유럽의 미국군을 총괄하는 사령관과 개인적으로 만난 뒤 비대위원들에게 알렸다.

"좋은 전쟁은 없다는 말도 있지 않습니까?"

케네디는 결국 번디가 제안한 작전을 따르기로 했다. 공식 서한은 무시하고 흐루시초프가 처음 보낸 편지의 조건을 수락하기로 결정한 것이다.

로버트 케네디는 도브리닌 소련 대사에게 보내는 대통령의 최종 답변을 들고 토요일 저녁 7시 30분에 백악관을 나섰다. 출발하기 몇 분 전에 러스크는 주피터 관련 요구 사항에 공식적으로 동의할 수는 없지만 상황이 진정되는 대로 철거하겠다는 이야기를 전하면 어떻겠느냐고 의견을 내놓았다. 케네디 대통령은 "좋습니다. 그렇게 합시다."라고 대답했다. 소련 대사관에 도착한 로버트 케네디는 전쟁을 요구하는 군부의 압력을 대통령이 얼마나 더 버틸 수 있을지 모른다고 말했다. 그리고 이 편지가 평화적으로 사태를 해결할 수 있는 마지막 기회라고 강조했다.

"터키 미사일 이야기가 없지 않습니까?"

도브리닌의 말에 로버트 케네디는 지금 당장, 공개적으로 처리할 수는 없지만 걱정 말라고 했다. 대화를 마무리지으면서 도브리닌은 이렇게 말했다.

"상황이 낙관적이지 않습니다. 정치국에서 발 뺄 수 없을 만큼 깊숙이 관여한 이후니까요."

오후 8시 5분에 케네디 대통령은 모스크바로 즉시 전달될 수 있도록 미국의 소리를 통해 답변서를 방송하도록 했다. 오후 9시에는 그날 들어 세 번째 비대위 회의가 소집되었다. 이 자리에서 맥나마라는 미국공군 예비역 24대대를 소집하자고 제안했다. 케네디 대통령은 동의하면서 이렇게 말했다.

"자, 이제 어느 쪽으로든 결론이 나겠지요."

다음날인 10월 28일 일요일 오전 8시 50몇 분에 케네디 대통령이 침대에 기대《뉴욕타임스》를 읽고 있을 때 라디오에서 들리던 음악이 끊기면서 임시 속보가 등장했다. 라디오 모스크바가 중대발표를 준비한다는 연합통신의 전갈이었다. 9시 정각, 흐루시초프가 케네디에게 보내는 공식 서한이 라디오 모스크바 아나운서의 입을 빌어 전파를 타고 흘러나왔다.

"갈등을 좀더 신속하게 해결하고 (중략) 소련 국민들만큼이나 평화를 바라는 미국 국민들을 진정시키고자 소련 정부는 (중략) 미국이 '공격용'이라고 표현한 무기를 분해하고 포장하여 소련으로 환송하도록 새로운 명령을 발부하였습니다."

편지는 이렇게 끝이 났다.

쿠바 미사일 위기
이 무렵 미국 육군은 호크 대공포를 키웨스트의 공용해변(위는 스매더스 해변이다)과 플로리다의 곳곳에 배치했다.

"1962년 10월 27일 서신에서 밝혔다시피 쿠바를 공격하지 않겠다는 선언을 존중하고 믿습니다."

많은 역사학자는 쿠바 미사일 위기를 분기점으로 미소관계의 한 시대가 막을 내리고 다른 시대가 시작되었다고 본다. 1962년 10월 이전에는 협박과 맞대응이 미소 냉전외교 정책의 골자였다. 하지만 핵무기의 나락을 훔쳐보고 화들짝 놀란 양국 정상은 이후부터 훨씬 냉정하고 신중한 태도를 보였다.

물론 미국과 소련은 쿠바 사태 이후에도 견해차를 좁히지 못했다. 양국은 여전히 전 세계를 무대로 서로 엇갈린 목표를 추구했고 갈등은 점점 깊어 갔다. 하지만 1962년 10월 중순과 같은 끔찍한 상황이 더 이상 되풀이되지 않도록 일련의 조치가 등장했다. 백악관과 크렘린을 잇는 '핫라인'이 설치되는가 하면 핵폭탄 외교가 단계적으로 축소되었다.

핫라인이 작동을 시작한 1963년 8월에 두 초강대국은 영국과 함께 지상 핵실험을 전면 금지하는 핵실험금지조약(Limited Nuclear Test Ban Treaty)에 서명했다. 비록 중국과 프랑스의 비준을 받지는 못했지만 환경운동가들은 박수갈채를 보냈고 케네디는 이 조약을 대통령 임기 사상 가장 큰 업적으로 꼽았다.

베트남

케네디는 소련을 많이 이해하는 편이었지만 남베트남의 공산주의 폭동까지 이해하지는 않았다. 아이젠하워 대통령은 일찍이 1954년 4월부터 동남아시아의 여러 나라를 도미노에 비유했다.

"첫 번째를 쓰러뜨리면 가장 마지막까지 순식간에 넘어진다."

한 나라가 공산당의 손으로 넘어가면 연쇄 반응으로 이웃 나라들까지 공산화된다는 '도미노 이론'이었다. 따라서 1950년대 내내 미국은 남베트남으로 엄청난 지원을 쏟아 부었고 심지어는 몇백 명의 군사고문까지 파견했다. 케네디는 취임 원년인 1961년에 더욱 많은 장비와 고문을 보냈고, 1962년 1월에는 남베트남의 공산주의 게릴라 베트콩이 이용하는 정글 길에 고엽제를 살포하는 랜치핸드 작전(Operation Ranch Hand)을 수행했다. 1962년과 1963년 동안 추가로 파견되면서 베트남에 거주하는 군사고문의 숫자는 1만 1천여 명에 달했다.

하지만 디엠의 사이공 정부는 국민들의 인정을 받지 못하고 자꾸만 내리막길을 걸었다. 대다수가 불교도인 나라에서 가톨릭교도가 정권을 잡은 이유도 있겠지만 그보다는 가혹하고 부패한 면모 때문이었다. 1963년으로 접어들면서 디엠의 축출을 주장하는 목소리는 강도를 더했고 시위 횟수도 늘어났다. 스님들은 잔인한 척불정책의 전모를 밝히기 위해 사이공의 번잡한 교차로 한가운데서 목숨을 끊었다.

케네디는 남베트남에 강력한 친 서구정부를 설립하여 미국의 지원으로 공산주의 폭동을 잠재우는 모습을 과시하고 싶었다. 하지만 디엠 정권에서는 불가능한 일이었다. 때문에 두옹

대인(對人) 지뢰
베트콩이 사용한 것이다.

반 민(Duong Van Minh) 장군은 미국 정부의 승인 아래 남베트남의 군장교들을 이끌고 디엠과 고 딘 누(Ngo Dinh Nhu) 형제를 상대로 11월 1일과 2일에 걸쳐 쿠데타를 벌였다. 형제는 이 쿠데타로 목숨을 잃었다. 3주 뒤에 케네디도 댈러스에서 암살을 당했다. 그로부터 며칠 뒤, 호치민은 북베트남 정규군을 남쪽으로 파견하기 시작했다.

만약 케네디가 암살당하지 않았더라면 베트남을 어떻게 했을까? 존슨은 취임 원년에 전임 대통령의 전철을 따라서 남베트남 지원 규모를 점진적으로 늘렸다. 하지만 1964년 11월에 압승을 거두며 재선된 이후 베트남 전쟁을 단계적으로 확대한 주체는 케네디가 아닌 존슨이었다. 케네디는 존슨과 똑같은 결정을 내렸을 수도 있고 그렇지 않았을 수도 있다. 어쨌거나 베트남에서 전쟁을 확산시킨 '주인공'은 존슨이었다.

존슨은 도미노 이론을 신봉했고 남베트남이 공산당의 손으로 넘어가면 미국의 체면이 말이 아니라고 생각했다. 그는 1964년 대통령 선거 이전에는 조심스러운 모습을 보였지만 1964년 8월에 벌어진 두 사건을 계기로 선전포고에 필요한 조건을 모두 갖추었다. 첫 번째 사건은 8월 2일, 미국 구축함 매덕스 호가 통킹 만에서 북베트남의 초계정에게 공격을 당했다는 해군측 보고였다(공해에서 2차 공격을 받았다는 보고도 있었지만 사실무근이었다). 의회는 대응책으로 통킹 만 결의안(Tonkin Gulf Resolution)을 내놓았고 하원에서는 만장일치로, 상원에서는 88 대 2로 승인을 받았다. '대미 무력 공격을 격퇴하고 추가 도발을 저지할 수 있

베트남 파병

1966년 7월, 존슨 대통령이 켄터키 주 포트캠벨에서 베트남으로 출정하는 병사들과 악수를 하고 있다.

도록' 대통령에게 모든 권한을 이임한다는 것이 결의안의 내용이었다. 이후 4년 동안 존슨 행정부는 통킹 만 결의안을 주기적으로 언급하며 전쟁을 점차 확산시켰다.

1964년 대통령 선거에서 공화당 후보 배리 골드워터(Barry Goldwater)는 민주당의 '뜨뜻미지근한' 베트남 정책을 가차없이 비난하며 핵무기 사용까지 넌지시 암시했기 때문에 존슨은 '평화주의자' 이미지로 대응했다. 그는 "미국 청년들이 아시아를 위해 싸울 필요는 없다."고 강조하며 "전쟁을 확대할 생각은 없다."고 밝혔다. 하지만 1965년 3월에는 북베트남을 지속적으로 폭격하는 롤링 선더 작전(Operation Rolling Thunder)을 개시하고 1차 전투 병력을 남베트남으로 파병했다. 다낭의 미국 공군기지를 보호한다는 명분 아래 해병대 2개 대대를 보낸 것이다.

1965년 초에는 2만 3천 명이었던 미국 주둔군이 이 무렵에는 7만 5천 명으로 늘어났다. 그런데 존슨 대통령은 1965년 7월 28일, 백악관의 이스트 룸에서 기자회견을 열고 상당수의 증원 계획을 발표했다.

"총사령관 (윌리엄 C.) 웨스트멀랜드 장군에게 점점 더해 가는 침략 행위에 대응하려면 얼마나 많은 병력이 추가로 필요한지 물어 보았고 대답을 들었습니다. 우리는 장군의 요구를 들어 줄 것입니다. 병력에서 뒤질 수는 없습니다. 우리는 베트남을 지켜야 합니다."

존슨은 주둔군의 숫자를 12만 명으로 확대할 생각이며 '필요한 경우' 추가 파병을 계획 중

이라고 밝혔다. 그런데 사실은 물밑 작업이 끝난 뒤였다. 웨스트멀랜드는 도합 17만 5천 명을 요청했고 존슨은 비밀리에 이미 파병을 승인했다.

존슨 대통령이 증원 규모—1968년 무렵에는 50만 명을 넘겼다—를 숨긴 이유는 국민들이 자칫 동요하면 야심만만하게 준비한 '위대한 사회(Great Society)' 계획이 수포로 돌아갈 수 있기 때문이었다. 1966년에 국방장관 맥나마라(케네디의 외교전문팀과 비대위에서 유임된 인물들이 많았다)는 전비가 100억 달러에 이를 것으로 내다보았다. 안보고문 번디는 증원 내역을 완벽히 공개해서 공감대를 형성해야 한다고 주장했다. 하지만 존슨은 의회와 국민의 반발을 예상한 나머지 그의 충고를 받아들이지 않았다. 역사학자 데이비드 카이저(David Kaiser)는 이렇게 서술했다.

"그럼에도 불구하고 참전이 확정되었다. 그로부터 3년 뒤, 존슨은 실각의 위기로 내몰렸고 그를 가장 고결한 지도자로 추대하던 여론마저 무너졌다."

존슨의 사임

웨스트멀랜드와 존슨은 북베트남과 베트콩이 한 수 위인 미국의 화력을 견디지 못할 것이라고 생각했다. 그런데 이들은 두 가지 면을 빠뜨리고 넘어가는 치명적인 실수를 저질렀다. 공산당은 재통일을 위해서라면 어떠한 희생이라도 감수할 준비가 되어 있었고, 남베트남 정부는 대게릴라전 앞에서 무능하기 짝이 없었던 것이다. 디엠 정권이 무너진 뒤 사이공은 어지러울 정도로 여러 차례 주인이 바뀌다가 1967년 9월, 구엔 반 티우 장군의 손으로 넘어갔다. 티우 정부는 좀더 안정적인 모습을 보였지만 억압과 부패 면에서는 선배들과 다를 바 없었다. 남베트남의 반공세력을 한데 규합하지도 못하고, 남베트남 군부의 부정 행위를 처단하지도 못하고, 농민층의 지지도 얻지 못한 채 미국의 지원과 막강한 군사력으로 명맥을 유지할 따름이었다(베트남 전쟁 때 미국이 지원한 군수품은 2차 세계대전의 규모를 능가했다). 그런데 1965년 11월의 이아 드랑 계곡 전투를 보면 알 수 있다시피 북베트남군은 미국군의 숫자를 줄일 수만 있다면 막대한 희생을 감수할 태세였다. 카이저는 이렇게 밝혔다.

베트남 실정 조사
맥나마라와 웨스트멀랜드가 1965년 7월, 실정 조사차 베트남을 찾은 길에 남베트남의 군단장과 이야기를 나누고 있다. 맥나마라는 워싱턴으로 돌아간 뒤 존슨 대통령에게 웨스트멀랜드의 증원 요청을 승인하는 것이 좋겠다고 건의했다.

"아이러니컬하게도 이 전투를 통해 북베트남과 미국은 양쪽 모두 이런 식으로 교전을 치르면 승산이 있다는 판단을 내리게 되었다. 역사가 증명하다시피 판단이 옳았던 쪽은 북베트남이었다."

미국 내에서는 반전 분위기가 점점 고조되었고 징병대상인 대학생들의 반발이 특히 심했다. 노먼 메일러(Norman Mailer)가 1968년에 출간한 『밤의 군대(The Armies of the Night)』에서 자세히 소개했다시피 1967년 10월에는 반전운동가들이 국방부 앞에서 시위를 벌였다. 시위 이후 존슨 대통령의 지지율은 28퍼센트로 추락했다.

3개월 뒤, 북베트남과 베트콩 병사들은 정초공세에 착수했다. 베트남식 새해를 쇠기 위해 잠시 전투가 중단되었던 1968년 1월 30일, 8만 4천 명의 공산군이 남부 전역의 대도시를 공격하기 시작한 것이다. 남베트남의 제2도시 위에가 잠시 함락되었고, 사이공에서는 미국 대사관

25사단 소속 미국 병사들
1967년 5월, 베트남의
어느 마을로 미국
병사들이 들어서고 있다.
1967년 한 해 동안 베트남
파병군의 숫자는 38만 5천
명에서 48만 5천 명으로
늘어났다.

앞에서까지 전투가 벌어지다 1월 31일로 접어들면서 전세가 역전되었다. 결국 정초공세는 공산당의 패배로 돌아갔지만 홍보 면에서는 엄청난 성과를 거두었다. 웨스트멀랜드 장군은 미국의 승리가 눈앞에 있다고 몇 년 동안 같은 주장을 반복했다. 그런데 대사관 앞까지 몰려온 베트콩의 모습이 텔레비전 뉴스를 통해 공개되면서 거짓말이라는 비난이 쏟아졌다.

백악관 내에서도 베트남 전쟁에 계속 개입하는 것이 과연 올바른 판단인지 의문이 제기되었다. 급기야 3월 1일에는 국방장관이 클라크 클리퍼드(Clark Clifford)로 바뀌었다. 3년 동안 전쟁 확산을 부추기던 맥나마라가 마침내 환멸을 느끼고 사임한 것이다. 존슨의 절친한 친구 클리퍼드는 나름대로 정책을 재검토한 결과 전임자와 똑같은 결론에 이르렀다. 미국은 베트남 전쟁을 계속할 이유가 없었다.

19 68년의 제1차 대통령 예비선거는 3월 12일, 뉴햄프셔에서 치러졌다. 민주당의 반전파 후보로 나선 미네소타 상원의원 유진 매카시(Eugene McCarthy)는 41.9퍼센트의 득표율을 기록하며 49.6퍼센트를 얻은 존슨의 뒤를 바짝 추격했다. 이 결과로 미국의 정치 판도는 삽시간에 달라졌다. 존슨의 추락을 목격한 로버트 케네디가 매카시에게로 쏠리는 평화주의자들의 표까지 끌어들일 수 있겠다는 판단 아래 경선에 뛰어든 것이다.

3월 31일, 존슨 대통령은 전국 TV 방송을 통해 북베트남 폭격을 부분적으로 중단하겠다고 발표했다. 자칭 평화회담 재개를 위해 일방적으로 내린 결단이었다. 그는 순수한 의도임을 강조하면서 연설 말미에 선심성 공약이 아니라고 거듭 못을 박았다.

"따라서 저는 차기 대통령 후보 지명을 수락하지 않을 생각입니다."

이렇게 해서 존슨도 베트남 전쟁의 희생자 대열에 합류했다.

인물 촌평

조지 F. 케넌

1904-

로버트 댈렉

조지 F. 케넌(George F. Kennan)은 냉전시대를 미국의 승리로 이끈 주역이었다. 케넌이 파악한 바에 따르면 소비에트 연방의 본질은 마르크스-레닌주의라는 복음과 러시아 때부터 이어져 내려온 제국주의의 조합이었다.

독일이 패망하고 프랑스와 영국이 사양길로 접어들면서 1945년 이후 유럽의 유일한 강대국으로 부상한 소련의 기본 목표는 두 가지였다. 첫째는 국가안보, 둘째는 공산주의 확산이었다. 케넌이 생각하기에 소련이 동유럽을 장악하려는 이유는 첫 번째 목표 때문이었고, 아시아와 아프리카 등 세계 각지에서 구세주를 자청하는 이유는 두 번째 목표 때문이었다. 따라서 동유럽 탈환은 가망이 없더라도 서반구가 손을 잡고 공산주의의 확산을 저지하면 소련의 야심을 꺾을 수 있었다. 2차 세계대전에서 2천만 명을 희생시킨 소련이니만큼 군사력에서 우위를 보이는 미국을 상대로 또 한 차례 엄청난 전쟁을 감행할 가능성은 희박했다.

케넌은 1925년에 프린스턴을 졸업하자마자 외교계로 뛰어들었고 곧바로 탈린(에스토니아의 수도—옮긴이), 리가(라트비아의 수도—옮긴이) 등 해외를 누비며 국무부의 '정보 수집원'으로 활약했다(러시아 혁명 이후 15년 동안 미국과 소비에트 연방은 정식 수교국이 아니었기 때문에 외교부 직원들이 소련의 동태를 파악했다). 케넌은 1929년에서부터 1931년까지 베를린대학교에서 러시아학을 공부한 덕분에 1933년, 미국이 소비에트 연방을 승인하고 윌리엄 C. 불리트(William C. Bullitt) 대사가 모스크바로 파견되었을 때 수행원으로 따라나설 수 있었다.

2차 세계대전 중에는 베를린, 리스본, 모스크바로 옮겨 다녔고(미국의 참전 소식이 전해지자 베를린에서 잠깐 억류당하기도 했다), 1946년 2월 무렵 모스크바에서 국제전보를 통해 '봉쇄' 정책을 처음으로 제안했다. 그의 정책은 트루먼 행정부가 소련의 도발에 대응하는 기본 틀이 되었고, 얼마 안 있어 냉전시대 미국 외교정책의 핵심으로 자리잡았다.

그로부터 1년이라는 시간이 흐르고—그 사이 1947년 3월에는 트루먼 독트린이, 3개월 후에는 마셜 플랜이 발표되었다—1947년 7월, 케넌은 "포린 어페어스(Foreign Affairs)"에서 X라는 필명으로 봉쇄정책의 논지를 개괄적으로 설명했다.

그는 이 논문에서 미국 안보가 걸린 네 지역을 서반구, 서유럽, 일본, 유전이 풍부한 중동으로 규정하고, 소련이 이들 지역을 침공할 가능성은 적지만 불안한 경제와 정치를 파고들어 친 서구 정부의 전복을 꾀할 수는 있다고 내다보았다. 따라서 미국은 이들 정부의 버팀목 역할을 해야 소련의 확장을 저지할 수 있다고 주장했다(이미 그리스와 터키에서 실시하고 있는 정책이었다). 케넌의 예측에 따르면 계획 경제와 정치적 탄압의 위험한 결합으로 이루어진 소련의 체제는 결국 자유화의 길을 걷거나 자멸할 수밖에 없었다. 그렇기 때문에 미국은 소련의 팽창정책에 적절한 역공을 취하기만 하면 군국주의를 추구할 필요가 없었다.

그는 이와 같은 논리에 따라서 NATO와 SEATO를 불필요한 기구로 간주했고, 소련을 자극해서 바르샤바 조약과 같은 대응책을 낳는다는 이유를 들어 전 세계적인 군사동맹의 창설에 반대했다.

케넌은 핵무기 대량생산의 필요성에 대해서도 의문을 제기했다. 소련이 이에 뒤질세라 개발에 나서면 아찔

1951년 11월의 케넌
국무부 일을 잠시 그만두고 포드 재단에서
소련 망명객들을 위한 기금 마련에
박차를 가하던 시절의 모습이다.

한 무기경쟁으로 이어질 수 있기 때문이었다. 그는 몇 기만 있어도 소련의 공격을 사전 저지하기에 충분한 대량 살상 무기를 비축해 놓았다가는 인류 멸망의 전조가 될 수 있다고 경고했다. 케넌도 지적한 바이지만, 20세기에 벌어진 두 차례의 세계대전을 보면 알 수 있다시피 고도의 산업국가끼리 맞붙으면 어마어마한 파멸로 이어질 수밖에 없었다.

미국 정계의 수뇌부는 현명하게 케넌의 충고를 수용한 결과, 1949년부터 1991년까지 핵 참사를 피하면서 소

비에트 연방의 붕괴를 유도할 수 있었다. 핵무기 사용을 자제한 다른 정치인들도 칭찬을 받아야겠지만, 20세기 최고의 중재자 격인 케넌이야말로 가장 큰 박수갈채를 받아 마땅하다.

23

1960년대

워싱턴 행진

1963년 6월 21일, 필립 랜돌프(Philip Randolph)와 마틴 루터 킹 2세(Martin Luther King Jr.)는 전국민권운동단체연합이 다가오는 여름에 워싱턴에서 자유와 취업을 위한 행진을 벌일 계획이라고 발표했다. 킹이 미국에서 가장 유명한 흑인 지도자이기 때문에 합동 발표를 했지만, 행진은 랜돌프의 아이디어였고 지휘를 맡을 사람도 랜돌프였다. 이번 행진의 목표는 민권운동이 최근에 거둔 성과를 굳건하게 다지고 확대, 발전시키는 것이었다.

일흔네 살의 랜돌프는 민권운동의 노장파였다. 그는 1925년에 침대차 수화물운반직 형제단(Brotherhood of Sleeping Car Porters)을 설립하여 풀먼 객차의 관리를 담당하던 대규모 흑인들을 하나의 조직으로 묶었다. 기존의 철도노조는 흑인을 배제했기 때문에(심지어 유진 V. 데브스가 설립한 미국철도노동조합도 마찬가지였다) 흑인 노동조직 편성은 민권운동을 확산시키는 수단이 될 수 있었다. W. E. B. 두 보이스는 '유능한 10퍼센트(Talented Tenth)'—대학 교육을 받은 도시 흑인들이 위에서부터 민권운동을 주도해야 된다는 개념이었다—개념을 제창한 바 있었지만 랜돌프의 의견은 달랐다. 그는 노동자 계급을 결집하고 대중적인 지도자를 양성해야 평등을 쟁취할 수 있다고 생각했다.

랜돌프는 1963년 이전에도 워싱턴을 무대로 궐기대회를 기획한 전적이 있었다. 1941년 초반 무렵 전국유색

워싱턴 행진
(왼쪽) 이 날 참가자 외에도 3천 명의 기자들이 몰려들었고 3개 방송사에서 진행 상황을 생중계했다.

인종지위향상협회(이하 유색인종협회)와 도시연맹의 지원 아래 군대 내의 인종차별에 항의하는 대규모 시위를 계획했던 것이다. 프랭클린 D. 루스벨트는 달가워하지 않았다. 시위가 폭력사태로 번질까 걱정스러웠고, 전쟁 직전에 인종차별 폐지안을 서둘러 마련하기도 싫었다. 때문에 그는 부인 일리노어와 뉴욕 시장 피오렐로 라 과디아를 보내—둘 다 랜돌프가 잘 알고 존경하는 인물이었다—행진을 취소하도록 설득 작업을 벌였다. 랜돌프는 시위를 강행하면 극우 백인들을 자극해 득보다 실이 많을지 모른다는 이야기를 들었지만 끝내 고집을 꺾지 않았다. 결국 루스벨트 대통령은 시위 예정일을 1주일 앞둔 시점에서 방위산업체의 인종차별을 금지하고 이를 위해 공정고용위원회를 신설하는 행정명령 8802호를 공포했다. 그 대가로 랜돌프는 시위를 취소했다.

존 F. 케네디 대통령도 아프리카계 미국인들이 일상생활 전반에서 겪는 부당대우를 충분히 인식했다. 하지만 그 또한 루스벨트처럼 나름대로 정해 놓은 우선순위가 있었고 주변의 도전이나 독촉을 달가워하지 않았다. 그는 6월 22일에 랜돌프, 킹, 전국유색인종협회 사무국장 로이 윌킨스(Roy Wilkins) 등 민권운동의 지도부를 백악관으로 초청한 자리에서 워싱턴 행진을 취소하도록 설득했다. 하지만 노력이 수포로 돌아가자 피할 수 없으면 최대한 이용하자는 생각으로 동생 로버트에게 랜돌프와 부관 베이어드 러스틴(Bayard Rustin)을 지원하는 임무를 맡겼다. 결국 로버트 케네디는 평화롭고 질서정연하며 케네디에게 유리한 쪽으로 시위가 진행될 수 있도록 법무부 예산 몇십만 달러를 투자했다. 내용이 제대

로 들리지 않으면 가장자리 쪽 군중이 흥미를 잃고 허튼 짓을 벌일 수 있기 때문에 최상의 음향시설을 마련해 주는 식이었다. 케네디 행정부가 어찌나 깊숙이 개입했던지 이슬람 국가운동(Nation of Islam)에서는 참석을 거부했고 대변인 맬컴 엑스(Malcolm X)는 '정부의 지휘' 아래 거행되는 행진이라고 비난했다.

19 63년 8월 28일은 수요일이었다. 시위가 하루 만에 끝날 수 있도록 주말을 피해 달라고 법무부에서 압력을 행사한 결과 정해진 날짜였다. 그리고 세 시간 동안 집회를 벌인 뒤 해가 지기 전에 청소를 끝낼 수 있도록 폐회시간도 오후 4시로 결정되었다.

'자유 버스' 또는 '자유 기차'를 타고 워싱턴으로 향한 대부분의 시위대 입장에서는 일정이 한밤중에 시작되었다. 자정에 뉴욕 시를 출발한 전세버스가 어찌나 많았던지 링컨 터널은 새벽 1시 30분에 교통체증을 빚었다. 시위대는 러스틴이 주도면밀하게 세운 계획에 따라서 대부분 아침 9시 무렵 워싱턴에 도착했다. 주요 교차로마다 헌병대가 서서 지정된 하차장으로 버스를 인도했다(1,500여 명이 배치되었다).

중간 집결지는 워싱턴 기념비 주변 광장이었다. 시위대는 광장을 출발한 뒤 인디펜던스 거리와 컨스티튜션 거리를 따라서 링컨 기념관까지 1,600미터가 조금 못 되는 거리를 행진할 계

마틴 루터 킹 2세
1929~1968년

마 틴 루터 킹 2세의 외할아버지는 1894년부터 애틀랜타 에벤에셀 감리교회의 목사를 지낸 인물이었다. 1913년에 외할아버지가 돌아가시자 번창하던 교회는 아버지에게 대물림되었다. 하지만 1944년 무렵, 열다섯 살의 나이로 흑인 전용 모어하우스 대학에 재학 중이던 킹은 가업을 물려받을지 아직 마음을 정하지 못했다. 당시 대부분의 흑인 목사들이 추구한 감상적인 복음은 너무 허술하게 느껴졌고, 성경을 문자 그대로 해석하는 아버지의 방식은 받아들이기 힘들었다.

하지만 모어하우스 대학장

벤저민 메이스(Benjamin Mays)는 지적인 능력을 살리면서 가난과 불의에 싸울 수 있는 직업이 목사라고 알려 주었다. 킹은 점차 생각을 바꾸었고 결국 1948년에 침례교 목사로 안수례를 받았다. 그리고 같은해에 필라델피아 외곽의 소규모 사설학교인 크로저 신학교에 입학했다.

킹은 크로저에서 강의를 듣던 도중에 얼마 전 인도의 독립을 쟁취한 모한다스 K. 간디(Mohandas K. Gandhi)의 비폭력 운동 이야기를 처음 접했다. 간디는 헨리 데이비드 소로의 시민불복종 이론—모든 시민은 부당한 법을 거역할 도덕적인 책임이 있다는 이론—을 대규모 정치운동에 접목시켰다고 했다. 인도의 구치소를 평화 시위대로 가득 채우고, 전 세계의 이목을 이들의 곤경에 집중시켜 영국 정부가 식민통치를 끝낼 수밖에 없도록 만들었다고 했다. 신학적인 관점에서 보자면 사랑으로 영국인을 변화시키고 그들의 죄를 사한 셈이었다.

킹은 크로저를 졸업한 뒤 1955년에 보스턴 대학교에서 신학박사 학위를 받았다. 그리고 박사학위 논문을 준비하던 1954년 4월에 몽고메리의 덱스터 가 침례교회의 목사가 되었다.

워싱턴 행진
시위대를 싣고 뉴욕 시에서 출발한 버스만 450여 대였다. 법무부와 조직위원들의 긴밀한 공조 관계로 볼 때 이 행사는 행정부가 제안한 민권 법안과 공동운명일 수밖에 없었다. 따라서 케네디 대통령은 초조하게 경과를 지켜보았다. 최근 갤럽의 여론조사에 따르면 미국 국민의 63퍼센트가 행진에 반대했고 38퍼센트가 케네디의 인종차별철폐안을 시기상조라고 생각했다. 케네디는 킹에게 "우리 모두 이번 행사에 목까지 담근 셈"이라고 이야기한 바 있었다.

획이었다. 행진은 오전 11시 30분에 시작될 예정이었지만 킹과 다른 운동기관의 지도부는 의사당 언덕에서 회의를 여느라 시간을 지체했다. 12시가 조금 지났을 무렵 8월의 땡볕에 지친 군중이 조만간 행진을 시작하려 한다는 소식이 전해지자 이들은 리무진이 준비되어 있다는 사실도 잊은 채 달려 나가서 미친 듯이 택시를 잡았다. 케네디 대통령은 나중에 이 이야기를 듣고 웃음을 터뜨렸다.

케네디는 전국의 시민들과 함께 행진 광경을 텔레비전으로 지켜보았다. 조직위원들이 기대한 규모는 10만 명이었다. 그런데 뚜껑을 열고 보니 25만 명이었고 이 가운데 4분의 1이 백인이었다. 링컨 기념관에서 단상에 오른 연사들은 한 사람당 7분씩 할당받았다. 랜돌프가 첫 주자로 마이크를 잡았다.

"친애하는 동포 여러분. 우리는 이 나라 역사상 가장 거대한 시위에 참석하기 위해 이 자리에 모였습니다. 오늘 운집한 인파의 규모가 어떤 의미를 가지고 있는지 전국에, 전 세계에 알립시다. 우리는 압력단체가 아닙니다. 조직도, 단체도 아닙니다. 폭도도 아닙니다. 우리는 취업과 자유를 위해 대규모 혁명을 벌이는 전위부대입니다."

버스 보이콧

루스벨트의 행정명령 8802호는 아프리카계 미국인의 평등권 투쟁 역사상 일대 사건이었다. 이로부터 7년 뒤인 1948년 7월에 해리 트루먼은 군대 내의 인종차별을 철폐하는 행정 명령을 또한 차례 발부했다. 하지만 의회에서는 남부의 민주당원들이 민권법안을 모조리 저지했고, 남

부에서는 생활 모든 면에서 인종분리를 주법으로 규정했다. 앨라배마 주 몽고메리의 경우에는 대중버스에서 흑인과 백인의 합석을 금지하는 짐 크로 법이 존재할 정도였다. 그런데 몽고메리 시티 라인스가 추진한 인종분리는 대법원이 '플레시 대 퍼거슨' 재판(1896년)에서 규정한 '평등한 분리 정책'의 기준에 한참 못 미쳤다. 몽고메리 버스는 가상의 선에 따라 두 부분으로 나뉘었고—앞쪽은 백인용, 뒤쪽은 흑인용이었다—백인과 흑인의 숫자에 따라 가상의 선은 앞뒤로 움직였다. 백인 승객의 숫자가 많아지면 백인 구역이 뒤쪽으로 확대되는 식이었다. 버스 회사의 공식 지침에 따르면 뒤쪽 좌석이 모두 찼을 때에는 가상의 선이 중간을 넘어갈 수 없었다. 하지만 실상은 그렇지가 않았다. 1950년대 초반에 몽고메리 시내버스에서 흑인은 앉아 있고 백인은 서 있는 경우는 없었다. 하지만 백인 구역에 빈자리가 있더라도 흑인들은 서서 가는 경우가 많았다.

남부의 인종분리제도
남부의 인종분리제도는 학교와 대중교통뿐 아니라 생활의 거의 전반으로 확대되었다.

1955년 12월 1일 목요일 저녁, 시내 백화점에서 하루일과를 마치고 퇴근하던 마흔두 살의 재봉사 로자 파크스(Rosa Parks)는 코트 광장에서 집으로 향하는 시티 라인스 버스를 탔다. 그녀는 서 있는 백인이 없으면 흑인도 이용할 수 있는 가운데 구역에 앉았다. 다음 정거장에서 백인 몇 명이 버스에 올랐다. 그런데 앞 부분의 좌석이 모두 차고 한 자리가 모자랐다. 운전사 제임스 F. 블레이크가 다섯 번째 줄에 앉은 흑인들에게 일어나라고 했다. 세 명은 운전사의 말에 따랐지만 파크스는 거부했다. 그러자 블레이크는 경찰을 불렀다. 파크스의 말을 들어 보자.

"경찰이 오더니 저더러 운전사가 일어나라고 했느냐고 묻더군요. 그랬다고 대답했죠. 그랬더니 경찰이 묻는 거예요. '그런데 왜 일어나지 않았습니까?' '일어나야 한다고 생각하지 않았으니까요. 그런데 왜 저를 괴롭히세요?' '글쎄요. 아무튼 법에 따라 아주머니를 체포하겠습니다.'"

파크스
파크스는 어머니한테 민권운동을 하다 언젠가 린치를 당할 날이 올 거라는 경고를 숱하게 들었다.

몽고메리 버스에서 이런 사건은 처음이 아니었다. 몇 달 전에도 열다섯 살의 클로뎃 콜빈(Claudette Colvin)이 자리를 양보하지 않았다는 이유로 수갑을 차고 끌려갔다(그녀는 차비를 냈는데 왜 일어서야 하느냐고 버스 기사에게 여러 차례 항의했다). 유색인종협회 지역본부장을 지냈던 E. D. 닉슨(E. D. Nixon)이 콜빈의 변호를 위한 모금에 나섰고, 유색인종협회 전직 간사 출신으로 당시 청소년위원회 고문을 맡고 있었던 파크스도 닉슨을 도왔다. 하지만 콜빈이 임산부라는 사실이 밝혀지자 두 사람 모두 변호를 포기했다. 인종차별 문제에 관한 한 도덕성에 문제가 있는 사람은 도울 수 없었다.

닉슨은 12월 1일 저녁에 파크스의 구속 소식을 듣자마자 보석금을 마련했고, 이 참에 몽고메리의 인종분리제도에 항의할 뜻이 있느냐고 물었다. 파크스는 어머니, 남편과 상의한 뒤 좋다고 대답했다.

닉슨은 먼저 몽고메리에 사는 흑인 목사의 명단을 만들었다(침대차 포터로 일하던 닉슨은 유색인종협회 몽고메리 지부와 공조할 생각이 없었다. 현 지도부에는 초등학교 졸업인 닉슨의 학력을 가지고 핀잔을 주는 사람들이 있었기 때문이다). 명단의 1순위는 몽고메리 제1침례교회의 목사로 있는 스물아홉 살의 랠프 애버내시(Ralph Abernathy)였다. 닉슨은 12월 2일 아침 5시에 전화를 걸어 애버내시를 깨우고 상황을 설명했다. 그러고는 열여덟 명의 다른 목사에게 추가로 전화를 걸어 금요일 저녁으로 모임 날짜를 잡았다. 이들이 만났을 무렵에는 12월 5일 월요일—파크스가 재판을 받는 날이었다—에 버스 보이콧을 벌이기로 이미 조직이 되어 있었다. 파크스의 변호사 프레드 그레이(Fred Gray)는 목요일 밤, 앨라배마 주립대학 영문과 교수인 조 앤 로빈슨(Jo Ann Robinson)에게 전화를 걸어 파크스 일을 알렸다. 그녀는 흑인여성정치위원회의 적극적인 회원이었고, 콜빈 사건 때 파크스를 만난 일이 있었다. 파크스 사건 이야말로 시범 케이스로 삼기에 안성맞춤이었다. 로빈슨은 여성정치위원회 회원들과 의논한 끝에 대학으로 달려갔고, 밤새도록 3만 5천 장의 전단을 만들어 다음날 아침 학생들과 함께 몽고메리 전역에 뿌렸다.

"백인에게 자리를 양보하지 않았다는 이유로 또 한 명의 흑인 여성이 체포, 수감되었습니다. (중략) 이와 같은 행위는 중단되어야 합니다. 흑인에게도 권리가 있습니다. 흑인들이 이용하지 않으면 버스는 운행될 수 없습니다. 버스 이용객의 4분의 3이 흑인인데도 우리는 체포되기 싫으면 빈 자리를 앞에 두고 서 있어야 합니다. (중략) 이 흑인 여성은 1955년 12월 5일 월요일에 재판을 받습니다. 구속과 재판에 항의하는 뜻에서 월요일 하루 동안 승차거부 운동을 펼칩시나. 월요일에는 출근할 때도, 시내에 나갈 때도, 등교할 때도 버스를 타지 맙시다."

버스 보이콧 소식은 일요일자 《몽고메리 애드버타이저(Montgomery Advertiser)》에 실렸다. 그리고 흑인 목사들은 신도들에게 로빈슨의 주장을 역설했다(얼마 전에 몽고메리로 건너온 스물여섯 살의 킹도 이 대열에 합류했다).

버스의 인종분리
1956년 12월 이전에는 남부의 모든 버스 회사가 인종분리제도를 실시했다. 흑인들은 앞문에서 요금을 낸 다음 내려서 뒷문으로 다시 탔다. 그뿐 아니라 흑인들이 사는 지역은 정류장 사이 거리가 백인 지역보다 훨씬 멀었다.

몽고메리 개선협회

월요일이 어떤 식으로 펼쳐질지는 아무도 모르는 일이었다. 킹의 전임자로 덱스터 가 침례교회를 이끌었던 버넌 존스(Vernon Johns) 목사는 몇 년 전에 자리를 양보하라는 말을 들었을 때 자리에서 일어서며 흑인 승객들에게 항의하는 뜻으로 다같이 버스에서 내리자고 한 일이 있었다. 하지만 아무도 동참하지 않았다.

"부엌에서 커피를 마시고 있는데 (부인) 코레타가 '여보, 여보, 빨리 좀 와 봐요!' 하고 부르는 소리가 들렸습니다."

킹은 그날을 회상하며 말을 이었다.

"앞 창문 쪽으로 갔더니 코레타가 천천히 움직이는 버스를 가리키며 기쁜 투로 외치더군요. '저것 좀 봐요. 텅 비었어요!' 혹시 잘못 본 게 아닌가 싶었죠."

평소 버스를 이용하던 흑인 4만 명은 걷거나 택시 또는 자전거를 타거나 심지어는 히치하이크를 하며 월요일을 보냈다. 어느 누구도 버스를 이용하지 않았다. 완벽한 성공이었다. 저녁에 열린 마을회의에서 흑인들은 보이콧 기간을 연장하기로 결정했다.

그날의 회의는 몽고메리 버스 인종차별폐지 운동뿐 아니라 전국 민권운동 면에서도 일대 전환점이었다. 애버내시는 킹을 민권운동에 합류시키려고 예전부터 에를 썼지만, 킹은 새로 맡은 교회 일로 바쁘다는 핑계를 대며 계속 고사했다. 그런데 12월 5일 오후에 흑인 목사들은 공개마을회의 의제를 준비하기 위해 다른 방면의 흑인 지도자들을 만났다. 이 자리에서 애버내시는 보이콧을 주도할 수 있도록 몽고메리 개선협회(Montgomery Improvement Association)를 결성하자는 의견을 내놓았고 킹이 회장으로 선출되었다. 닉슨의 표현에 따르면 킹 목사는 '신참이라 지역 유지들이 아직 손을 쓰지 못한, 아주 똑똑한 청년'이었다.

학교 통합

19 54년 5월 17일, 대법원이 '브라운 대 캔자스 주 토피카교육청' 재판에서 공립학교의 인종분리제도는 위헌이라는 판결을 내리면서 유색인종협회가 사법적인 차원에서 벌인 인종차별폐지운동은 절정에 달했다. 대법원은 '플레시 대 퍼거슨' 판결을 180도 번복하며 만장일치로 "'평등한 분리정책'은 공립학교에 적용될 수 없다. 인종분리교육은 본질적으로 불평등하다."고 결론을 내렸다.

서굿 마셜(Thurgood Marshall)이 회장을 맡은 유색인종협회 법률보호기금(Legal Defense Fund)의 흑백 직원들은 플레시 판결 파기를 위해 10여 년 동안 조심스럽게 계획을 세웠다. 그중 하나가 1950년의 텍사스 법과대학 사건이었는데, 이 재판에서 대법원은 플레시 판결 이후 텍사스 주가 황급히 설립한 흑인 전

분리교육
버지니아의 어느 군 교육청은 통합교육을 실시하느니 모든 공립학교를 폐쇄하는 길을 택했다.

용 법과대학은 텍사스대학교의 백인 전용 법과대학보다 수준이 떨어지기 때문에 충분하지 못하다는 판결을 내렸다. 마셜은 이 재판에서 거둔 성공을 발판으로 공립초등학교와 중등학교의 인종분리제도에 반대하는 브라운 소송을 준비했다.

원고로 나선 사람은 올리버 브라운(Oliver Brown) 목사였다. 목사의 딸 린다 브라운은 인근 백인 전용 학교의 입학을 거부당했기 때문에 위험한 철길을 건너 흑인 전용 학교로 등교해야 되는 상황이었다. 마셜은 논지를 뒷받침하기 위해 인종분리제도가 흑인의 자부심에 미치는 영향을 조사한 심리학자 케네스 B. 클라크(Kenneth B. Clark)의 자료를 제출했다. 클라크는 아프리카계 미국인 아이들에게 흑인 인형과 백인 인형을 보여 주며 미리 준비한 질문을 던졌다. 그런데 절반 이상이 백인 인형을 '좋은' 사람, 흑인 인형을 '나쁜' 사람이라고 대답했다. 자료를 접한 대법원장 얼 워런은 "오로지 인종 때문에 생긴 열등감이 분리교육을 받은 학생들의 이성과 감성에 그 무엇보다 커다란 영향을 미칠 수 있다."고 대법원에 보고했다.

'단계적으로' 통합교육을 실시하라는

12월 5일 회의 참석자들은 동굴처럼 생긴 홀트 가 침례교회를 가득 메웠다. 《애드버타이저》 기자 조 애즈벨은 "교회에서 한참 떨어진 곳에 간신히 차를 세울 수 있었다."고 말했다.

교회로 들어갔더니 사람들이 길을 터 주었다. 그때까지 백인이라고는 나밖에 없었다. (중략) 청중의 반응은 정말 뜨거웠다. 목사가 일어나서 "여러분, 자유를 원하십니까" 하고 물으면 모두들 "네, 자유를 원합니다!" 하고 외쳤다. (중략) 그들은 모두 자유에 목이 말랐다. 어느 누구도 두 번 다시 유도하지 못할 만큼 열정적인 분위기였다. (정말) 너무나도 힘이 넘쳤다. 바로 그때 킹이 자리에서 일어섰다. 정체를 아는 사람이 몇 안 되는데도 그날의 주요 연사가 킹이었다. (중략) 나는 돌아가서 특별칼럼을 썼다. 이야말로 전국으로 번질 불길의 시초라고 썼다.

홀트 가의 모임은 아프리카계 미국인이 벌인 민권운동의 새 시대를 여는 시발점이었다. 오랫동안 랜돌프와 닉슨은 노동운동을 벌였고, 유색인종협회 소속 변호사들은 연방법원에서 인종차별제도의 폐지를 요구했다. 하지만 몽고메리 버스 보이콧은 대규모 시위의 새

지침이 전국의 공립학교에 전달되었지만 최남부 지방과 버지니아는 듣지 않았다. 예를 들어 아칸소 주 리틀록의 경우에는 1957년 가을에 벌어진 통합교육 전쟁 때문에 대대적인 유명세를 겪었다. 오벌 포버스(Orval Faubus) 아칸소 주지사가 대법원의 판결을 무시한 채 아칸소 주군(州軍)을 동원하여 흑인 학생 아홉 명이 백인전용 센트럴 고등학교에 등교하는 것을 저지하고 나선 것이다. 9월 4일에는 유색인종협회 아칸소 지부장 데이지 베이츠(Daisy Bates)가 직접 호위를 자청했지만 이번에도 교문 앞에서 쫓겨났다.

교착상태는 9월 20일까지 16일 동안 계속되다 연방지방법원의 로널드 데이비스(Ronald Davies) 재판관이 포버스에게 주군을 철수시키라는 명령을 내리면서 해결되려는 기미를 보였다.

하지만 다음주 월요일에 흑인 기자 몇 명이 학교 근처에서 폭행을 당하는 사건이 벌어졌다(학

마셜
1950년대 초반 모습이다.

흑인의 등교
1957년 9월, 연방군이 리틀록의 9인방을 호위하고 있다.

생들 부모로 착각한 결과였다). 리틀록 경찰은 센트럴 고등학교 옆문으로 학생들을 들여보냈지만 정오 무렵 폭도들의 숫자가 1천여 명으로 불어나면서 경찰서장 진 스미스(Gene Smith)는 안전을 위해 리틀록의 9인방에게 귀가조치를 내리는 수밖에 없었다. 다음날에도 폭도들이 기승을 떨치자 드와이트 아이젠하워 대통령은 마지못한 듯 공수부대 101사단을 파견했다. 공수부대는 9월 30일까지 리틀록에 머물다 연방정부가 관리하는 아칸소 주군으로 대체되었다.

장을 열었고, 킹은 새로운 대변인, 새로운 지도자로 떠올랐다. 그는 예수의 가르침에 간디와 소로의 사상을 접목시킨 새로운 철학을 내놓으며 비폭력적인 시민 불복종 운동을 통해 인종차별의 죄를 사하자고 주장했다. 민권운동의 적은 백인이 아니라 불의이며, 가장 큰 무기는 증오가 아니라 사랑과 용서라고 강조했다. 이후 킹은 집을 폭파당하고 가족과 더불어 구속과 협박을 겪었지만 은신처로 피하거나 무장 경호원을 쓰지 않았다. 증오에 굴복하지 않겠다고 말했다.

킹이 생각하기에 시민불복종 전략은 몽고메리의 상황에 안성맞춤이었다. 앨라배마의 인종차별법은 도덕률뿐 아니라 연방법까지 위반하는 사안이었다. 따라서 몽고메리 개선협회가 벌인 시위는 법적 근거가 있었다. 시청이 협상을 거부하자 그레이는 인종분리 승차제도의 위헌 관련 소송을 연방법원에 제기했다. 한편 버스 보이콧은 거의 100퍼센트의 참가율을 자랑하며 몇 주가 지나고 몇 달이 지나도록 계속되었다. 개인택시제도가 도입되었고 수많은 백인 주부들은 날마다 가정부와 유모의 출퇴근을 도왔다. 일부 흑인 교회는 몽고메리의 유대인 사회에서 기부한 돈으로 스테이션 왜건을 구입했고, 인근 맥스웰 공군기지에서는 백인 세 명이 운전사를 자청하고 나섰다.

1956년 6월에 세 명의 재판관으로 이루어진 연방특별배심단은 흑인들의 손을 들어 주었다. 시청에서 상소를 제기했지만 11월 13일에 대법원은 인종분리승차제도가 수정헌법 14조에 위배된다는 하급법원의 판결을 인정했다. 12월 20일, 대법원의 시정서가 몽고메리에 도착했다. 다음날, 흑인들은 382일의 보이콧을 끝내고 원하는 좌석을 마음껏 골라 앉았다. 하지만 백인들과의 갈등은 계속되었다. 지나가는 버스에 대고 총을 쏘는 백인들 때문에 흑인 임산부 한 명이 다리에 부상을 입었다. 1957년 1월 중순에는 애버내시의 집이 폭발했다.

버스 보이콧의 승리
애버내시(첫 번째 줄 원쪽)와 킹(두 번째 줄 원쪽)이 보이콧을 끝낸 1956년 12월 21일, 몽고메리 시티 라인스 버스의 앞 구역에 앉아 있다.

1957년 1월에는 11개 남부 주의 목사들이 마틴 루터 킹 1세가 관리하는 애틀랜타의 에벤에셀 감리교회에 모여 몽고메리 보이콧의 성공 교훈을 다른 곳으로 확대시킬 방법을 모색했다. 이들은 이 자리에서 남부 그리스도교 지도자회의(Southern Christian Leadership Conference: SCLC, 이하 지도자회의)를 결성하고 킹을 회장으로 선출했다.

연좌농성과 자유의 승차단

지금까지 인종차별철폐 운동은 유색인종협회의 점진적인 사법운동이 주류를 이루었지만 킹과 지도자회의가 주도하는 직접적인 실력 행사로 금세 무게중심이 바뀌었다. 몽고메리의 보이콧에서 용기를 얻은 다른 지역의 흑인들도 공립학교의 분리교육 철폐를 중심으로 나름대로 대규모 시위를 조직하기 시작했다. 1957년 리틀록에서 통합교육 전쟁을 벌인 흑인과 백인들은 노스캐롤라이나 주의 그린즈버러에서 다시 한 차례 맞붙었다.

그린즈버러 중심가의 울워스는 평범한 싸구려 잡화점이었다. 이곳에서는 화장품, 학교용품, 장난감 등 여러 가지 저렴한 상품을 판매했다. 간이식당은 흑인이 이용할 수 없었다. 남부의 연쇄점은 모두 그런 식이었다. 그런데 1960년 2월 1일 오후, 흑인만 다니는 노스캐롤라이아 농·공업대학의 신입생 네 명이 정장을 차려입고 그린즈버러의 울워스를 찾아가 점심을 주문했지만 하루 종일 기다려도 음식이 나오지 않았다.

에젤 블레어 2세, 데이비드 리치먼드, 프랭클린 매케인, 조지프 맥닐은 어떻게 할지 고민하다 그린즈버러의 유명한 흑인 치과의사를 찾아갔다. 그리고 그를 통해 뉴욕 시의 인종평등회의(Congress of Racial Equality : CORE)에 사연을 보냈다. 1주일 뒤, 인종평등회의는 고든 캐리(Gordon Carey)를 파견했다. 캐

간이식당 연좌농성
1960년 미시시피 주 잭슨의 간이식당에서 화가 난 백인들이 연좌농성대 위로 케첩과 겨자를 뿌리고 있다. 1968년에 자서전 『미시시피 성장기』로 커다란 반향을 불러일으킨 앤 무디가 오른쪽 끝에 앉아 있다.

리는 네 학생과 함께 도심 전역의 간이식당을 돌며 연좌농성을 벌였다. 이윽고 연쇄점들은 차례차례 흑인 출입을 허용하기 시작했다.

지도자회의의 집행부장 엘라 베이커(Ella Baker)는 남부 곳곳의 대학교에 전화를 걸어 동참을 촉구했다. "행동을 개시할 시간이라고요."

리틀록에서는 베이츠가 주동자로 선발되었다. 앨라배마 주립대학교 학생들은 애버내시의 집에 모여 몽고메리에서도 비슷한 연좌농성을 벌이기로 했다. 언론의 관심이 쏠리자 참가자 수는 날이 갈수록 불어났고 몇몇 백인들마저 동참했다. 1960년 무렵 연좌농성은 78개 도시로 확산되면서 7만 5천 명의 대학생들이 가담한 민권운동이 되었다.

베이커는 존 루이스나 로버트 모제스처럼 젊고 열성적인 흑인 지도부가 탄생하는 모습을 보고 특히 기뻐했다. 쉰여섯 살의 베이커는 지도자회의의 호전파에 속하는 사람으로서 '젊은 이들이 구세대 지도부를 상당히 불만스러워 한다' 는 점을 알고 있었다. 그녀는 학생 지도자들에게 방향을 제시할 수 있도록 킹과 지도자회의의 여러 목사를 설득한 끝에 협의회를 마련했다. 협의회는 부활절 주간에 노스캐롤라이나 주 롤리의 쇼 대학교에서 개최되었고 루이스와 미시건 대학교의 학부생 톰 헤이든(Tom Hayden)이 참석했다. 헤이든은 조만간 민주학생연합(Students for a Democratic Society : SDS)의 선봉으로 나설 인물이었다. 연단에 오른 베이커는 온건파의 바람을 저버린 채 학생 300명에게 지도자회의의 청년 회원이 되기보다는 자체적인 운동을 벌이라고 촉구했다. 학생들은 그녀의 충고에 따라서 학생비폭력조정위원회(Student Nonviolent Coordinating Committee : SNCC, 이후 비폭력위원회)를 결성했다.

19 61년 초반 무렵, 비폭력위원회가 주도한 학생 연좌농성 덕분에 남부 대부분 지역의 식당에서 인종차별이 사라졌다. 이들이 선택한 다음 전장은 장거리 대중교통이었다.

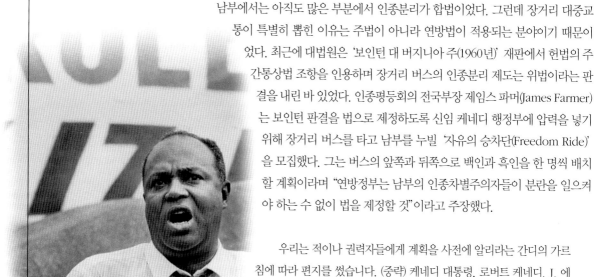

남부에서는 아직도 많은 부분에서 인종분리가 합법이었다. 그런데 장거리 대중교통이 특별히 뽑힌 이유는 주법이 아니라 연방법이 적용되는 분야이기 때문이었다. 최근에 대법원은 '보인턴 대 버지니아 주(1960년)' 재판에서 헌법의 주간통상법 조항을 인용하며 장거리 버스의 인종분리 제도는 위법이라는 판결을 내린 바 있었다. 인종평등회의 전국부장 제임스 파머(James Farmer)는 보인턴 판결을 법으로 제정하도록 신임 케네디 행정부에 압력을 넣기 위해 장거리 버스를 타고 남부를 누빌 '자유의 승차단(Freedom Ride)'을 모집했다. 그는 버스의 앞쪽과 뒤쪽으로 백인과 흑인을 한 명씩 배치할 계획이라며 "연방정부는 남부의 인종차별주의자들이 분란을 일으켜야 하는 수 없이 법을 제정할 것"이라고 주장했다.

우리는 적이나 권력자들에게 계획을 사전에 알리라는 간디의 가르침에 따라 편지를 썼습니다. (중략) 케네디 대통령, 로버트 케네디, J. 에드거 후버, 주간통상위원회장, 그레이하운드 사장에게 편지를 부쳤습니다. (중략) 그런데 아무도 답장을 보내지 않았습니다.

1966년 7월의 파머
파머는 이후 보건, 교육, 복지차관보로 닉슨 행정부에 잠시 몸을 담았다.

그런데 자유의 승차단 활동이 막 시작되려는 찰나 로버트 케네디가 킹에게 전화를 걸어 잠시 연기하고 냉각기간을 갖자고 제안했다. 킹은 파머에게 전화를 했고 파머는 비폭력위원회의 다이앤 내시(Diane Nash)와 상의한 뒤 킹에게 알렸다.

"350년 동안 냉각기간을 거쳤더니 이제 얼어죽을 지경이라고 전해 주십시오."

1961년 5월 4일, 파머와 비폭력위원회의 루이스를 비롯한 자유의 성차단 열세 명이 워싱턴 D. C.에서 뉴올리언스로 향하는 버스에 올랐다. 2차 세계대전 당시 반전운동을 펼치다 수감되었던 마흔여섯 살의 인종평등회의 간사 제임스 펙(James Peck)과 예순을 넘긴 월터 버그먼(Walter Bergman)과 프랜시스 버그먼(Frances Bergman) 등 백인 여섯 명도 동참했다. 자유의 승차단은 비폭력을 지향했지만 남부의 백인들은 그렇지가 않았다. 처음에는 드잡이가 몇 차례 벌어지더니 급기야 5월 14일에는 백인 200명이 자유의 승차단을 태우고 앨라배마 주 애니스턴 정거장으로 들어서던 그레이하운드 버스를 공격했다. 버스는 재빨리 달아났지만 칼에 베인 타이어 때문에 마을 외곽 10킬로미터쯤 지점에서 멈추어 섰다. 잠시 후 뒤쫓아 온 폭도들은 창문 안으로 화염병을 던졌다. 승객들은 버스가 폭발하기 직전에 가까스로 대피했다.

한편 버밍햄에서는 트레일웨이스 버스에서 내리던 자유의 승차단이 폭도의 공격을 받았다. 버밍햄의 치안국장 유진 코너는 어머니날이었기 때문에 버스 정거장 근처에 당직 경찰이 없었다고 말했지만 버밍햄 경찰은 밀고자의 사전 통보를 듣고 일부러 피한 것으로 밝혀졌다.

중재에 나선 대통령

놀랍게도 케네디 대통령은 5월 15일 월요일자 《뉴욕타임스》의 호된 기사를 접한 뒤에야 자유의 승차단이라는 존재를 알았다. 그의 첫 반응은 분노였다. 소련이 이 사건을 빌미로 미국의 대외 이미지를 얼마나 깎아 내릴지, 왜 하필이면 니키타 S. 흐루시초프와의 빈 정상회담을 3주일 앞둔 시점에서 벌어진 건지, 의회의 남부 출신 민주당 의원들은 어떻게 진정시켜야 할지 화가 나는 일투성이었다. 하지만 케네디 형제는 자유의 승차단 편을 들기로 했다. 합법적이고 옳은 길을 따르기로 한 것이다. 로버트 케네디 법무장관은 개인 보좌진 가운데 유일하게 남부 출신인 존 자이젠세일러를 버밍햄으로 보내 오도가도 못하게 된 승객들을 마을 밖으로 인도했다. 그레이하운드나 트레일웨이스 사에서 탑승을 거부했기 때문에 비행기를 동원하는 수밖에 없었다. 하지만 자유의 승차단 활동은 이쯤에서 끝나지 않았다.

비폭력위원회의 내시는 이렇게 회상했다.

"그때 자유의 승차단 활동을 접었더라면 민권운동의 생명이 아주 짧았을 겁니다. 흑인들이 무슨 운동을 벌이던 엄청난 폭력을 퍼부으면 그만둔다는 인상을 심어 주었을 테니까요."

때문에 내슈빌의 학생들이 버밍햄으로 건너가서 활동을 계속했다. 내시를 잘 아는 자이젠세일러가 중단을 촉구하고 나섰지만 소용없었다.

아이러니컬하게도 내시와 수많은 흑인청년이 민권운동에 발을 들여 놓게 된 이유는 케네디 대통령의 연설 때문이었다. 케네디는 자유의 승차단과 같은 부류를 염두에 두고 한 말이 아니었지만, 아무튼 이들은 나라를 위해 무엇인가 하고 싶었을 뿐이다. 심지어 내시는 "대통령을 무시하는 앨라배마 사람들에게 본때를 보여 주자."고 말했다. 반면에 케네디 대통령은 동생에게 "'이 망할 민권 어쩌고'가 제발 좀 사라져 주었으면 좋겠다."고 하소연을 늘어놓았다.

존 패터슨(John Patterson) 앨라배마 주지사는 5월 19일 금요일에 자이젠세일러를 만난

폭도의 공격을 받은 자유의 승차단
자유의 승차단이 1961년 어머니날에 앨라배마 주 애니스턴 외곽에서 불길에 휩싸인 버스를 쳐다보고 있었다. 연기를 내뿜는 그레이하운드 버스 사진은 전국으로 퍼졌고 다음날 아침 주요 일간지의 1면을 장식했다. 케네디 대통령이 집어든 《뉴욕타임스》도 예외는 아니었다.

케네디와 민권운동

케네디 대통령과 킹의 관계는 1960년 대통령 선거 운동 때 킹이 간이식당 연좌농성으로 체포되었다가 케네디 상원의원의 주선으로 풀려나면서 시작되었다(반면에 리처드 M. 닉슨 부통령은 킹의 검거에 대한 논평조차 거부했다). 케네디는 킹의 부인에게 전화를 걸어 안부를 묻기까지 했지만, 킹도 눈치챘다시피 이것은 민권운동을 진심으로 지지한다기보다 정치적 편의주의에서 비롯된 제스처였다.

백악관으로 입성한 케네디는 에이브러햄 링컨 이래 그 어떤 대통령보다 민권운동을 위해 많은 조치를 단행했지만 어디까지나 강요에 따른 선택이었다. 자유의 승차단 이후 케네디가 다시 한 번 어쩔 수 없는 상황으로 내몰린 때는 1962년 가을, 제임스 메러디스(James Meredith)가 미시시피 대학교의 인종차별 제도를 폐지하려고 시도한 무렵이었다. 말수 적은 공군 참전용사로 케네디의 취임사를 듣고 용기를 얻었다고 밝힌 메러디스는 원래 1961년 여름에 미시시피 대학교의 입학 허가 관련 소송을 제기했다. 이 소송은 유색인종협회의 법률보호기금에서 도맡아 처리했다.

잭슨의 연방지방법원은 '인종분리 제도가 존재하는 백인 전용 학교는 없다'는 주정부의 희한한 논리를 받아들였고 메러디스는 1심에서 패소했다. 항소심에서는 판결이 뒤집혔지만 순회법정은 민권담당 법무차관보 버크 마셜(Burke Marshall)을 만나서 대통령이 인종분리제도 폐지법안을 제정할 의향이 있느냐고 물은 이후에 최종명령을 내리기로 했다. 마셜은 케네디(이미 재선을 준비하는 중이었다)가 협상을 바라지만 필요한 경우 무력을 동원할 수도 있다고 전했다.

미시시피 주지사 로스 바넷(Ross Barnett)은 훨씬 단순한 입장이었다. 그는 거의 대부분 백인으로 구성된 미시시피의 유권자들에게 "제가 주지사로 있는 한 인종 통합 교육은 절대 실시되지 않을 겁니다."라고 다짐했다. 1962년 9월

20일에 바넷 주지사는 옥스퍼드의 미시시피 대학교로 찾아가서 메러디스를 쫓아냈다. 닷새 뒤에 메러디스가 잭슨 분교에서 등록을 시도하자 이번에도 똑같은 조치를 취했다. 이 시점에서 케네디는 니콜러스 카첸바흐(Nicholas Katzenbach) 법무차관보의 인도 아래 500명의 연방 집행관을 옥스퍼드로 보냈다. 이들은 9월 30일 일요일 밤에 캠퍼스를 장악하고 다음날 아침에 메러디스가 등록을 마치도록 주선할 계획이었다.

처음에는 작전이 순조롭게 진행되었다. 학생들이 거의 대부분 토요일에 열리는 미식축구 대(對)켄터키 전을 관람하러 잭슨으로 떠난 뒤라 캠퍼스는 조용했다.

일요일 저녁에 캠퍼스로 돌아온 학생들은 연방 집행관들을 보고 분노를 터뜨렸다. 오후 7시부터 폭동이 벌어졌다. 학생들은 카첸바흐가 본부로 삼은 건물을 향해 콜라병으로 만든 화염병을 던졌다. 그뿐만 아니라 옥스퍼드 전역에서 간헐적으로 총성이 들렸다. 집행관 10여 명이 총상을 입고 기자 한 명이 목숨을 잃자 카첸바흐는 오후 10시 무렵 백악관으로 전화를 걸어 군대 지원을 요청했다. 케네디는 이미 지원을 승인한 뒤였다.

육군장관 사이러스 밴스(Cyrus Vance)가 출동 명령을 내렸지만 병사들은 어떻게 된 이유에서인지 멤피스에서 한 시간밖에 안 되는 거리를 이동하는 데 다섯 시간을 소요했다(반항의 소산인지, 무능력의 소산인지 알 수 없다). 옥스퍼드 포위 공격이 계속 진행되는 동안 케네디는 "군인들은 즉각적인 반응이니, 칼 같은 타이밍이니 하면서 자랑하는데 말대로 된 일이 없어. 그러니 전쟁에서 늘 질 수밖에."라고 투덜거렸다. 마침내 새벽 무렵 1만 6천 명의 육군이 옥스퍼드를 장악했고, 메러디스는 오전 9시에 첫 수업 '미국 식민지 시대사'를 들었다.

메러디스의 등교
미시시피 대학교로 등교하는 첫날, 기자들이 그를 에워싸고 있다.

자리에서 "빌어먹을 검둥이들하고 맞서 싸울 만큼 용기 있는 사람은 전국에서 나 하나뿐"이라고 말하면서 연방정부가 인종차별 폐지를 강요하면 '전쟁'을 각오하라고 으름장을 놓았다. 하지만 대통령이 연방 집행관을 파견할 생각이라고 알리자 주경찰을 동원해 자유의 승차단을 보호하겠노라고 약속했다.

다음날, 자유의 승차단 스물한 명은 버밍햄에서 몽고메리로 향하는 버스에 올랐다. 하늘 위에서는 비행기가 상황을 점검했고 땅 위에서는 고속도로 순찰차가 양 옆으로 늘어섰다. 하지만 버스가 몽고메리 시 경계선으로 진입한 순간 주 경찰은 사라졌다. 결국 버스가 무방비 상태로 몽고메리 터미널에 들어서자 폭도들이 공격을 감행했고, 자이젠세일러마저 파이프를 맞고 의식을 잃었다. 그날 오후, 로버트 케네디는 몽고메리의 병원에 입원한 보좌관을 찾아가서 대통령이 지금 당장 600명의 연방 집행관을 파견할 생각이라고 알렸다.

1961년 5월에 킹은 본거지를 애틀랜타의 아버지 교회로 옮긴 뒤였지만 몽고메리로 날아가 애버내시의 제1침례교회에서 열린 일요일 밤 집회에 참석했다. 하지만 몇천 명의 성난 백인이 교회를 에워싸고 킹과 1,500명의 참석자를 오도가도 못하게 만들었다. 새벽 3시 무렵, 폭도들이 연방 집행관 측을 압도할 정도가 되자 킹은 로버트 케네디에게 전화를 걸어 미국에는 법도 없고 질서도 없느냐고 따져 물었다. 케네디는 "우리 덕분에 살아 있는 것 아니냐, 우리가 당신을 지켜 주고 있고 집행관들 덕분에 교회가 불타지 않고 무사한 것 아니냐."고 대답했다. 잠시 후 법무차관 바이런 R. 화이트(Byron R. White)가 맥스웰 공군기지에서 백악관으로 전화를 걸어 아무래도 군대를 보내는 편이 좋겠다고 알렸다. 맥스웰 기지의 전화 교환수를 통해 이 소식이 전해지자 패터슨 주지사는 앨라배마 주군을 보내 폭도를 해산시키고 킹을 안전한 곳까지 호위하는 등 선수를 쳤다.

이틀 뒤인 5월 24일에 자유의 승차단 27명은 잭슨으로 출발했다. 그런데 미시시피 주 경계선에 도착하고 보니 주군이 고속도로 양 옆으로 늘어서 저격수가 없는지 숲의 좌우를 살피고 있었다. 잭슨 터미널에 도착한 이들은 인종분리 제도를 어긴 대가로 구치소로 직행했다. 케네디 형제는 극단적인 분리주의를 주장하는 미시시피의 유력한 상원의원 제임스 O. 이스트랜드(James O. Eastland)와 이미 협정을 맺었다. 폭력을 자제하면 보인턴 관련법을 제정하지 않기로 한 것이다. 그해 여름에 로버트 케네디는 장거리 버스의 인종분리 제도에 반대하는 정식 진정서를 주간통상위원회에 접수했고, 자유의 승차단 300명이 미시시피에서 추가로 체포되었다. 하지만 대통령이 우려했던 것처럼 신문의 1면을 장식하지는 않았다.

C 프로젝트

킹은 자유의 승차단에 뒤늦게나마 합류했지만 민권운동 대열에서 서서히 낙오되고 있었다. 인종평등회의를 이끌어 나가는 루이스와 비폭력위원회 지도부는 중용을 주장하는 킹을 보며 분노했고, 승차를 거부하는 지도자 회의의 수뇌부를 경멸했다(이들은 명성을 함께 누리고 싶으면 위험도 분담해야 된다고 생각했다). 한편 킹의 지지 기반인 목사와 교인들은 백인들을 자극할 만한 행동은 자제하라고 압력을 넣었다. 그는 2년 동안 합의점을 찾다 드디어 1963년 초, 버밍

"(다른 나라 사람들이 어떻게 생각하는지는) 신경 쓰지 않겠소. 아프리카와 아시아의 사람들은 앨라배마는커녕 자기 사는 곳이 어디 붙어 있는지도 모를 테니까."

월리스, 1963년 5월

햄에서 저항하는 쪽을 선택했다. 버밍햄은 백인들의 폭력 행위를 피할 수 없는 지역이었다.

버밍햄은 남부에서도 인종차별이 심하기로 유명했고, 2차 세계대전 이후 흑인을 겨냥한 폭탄 테러가 50번이나 벌어졌다고 해서 별명이 '부밍햄(Boomingham)'이었다. 폭탄 테러를 두 번 당한 16번 가 침례교회의 프레드 L. 셔틀스워스 목사는 킹의 측근이었다. 킹과 지도자 회의 수뇌부는 셔틀스워스의 도움 아래 주도 면밀하게 버밍햄의 인종분리 제도 저항계획을 세웠다. 대결을 의미하는 'Confrontation'의 머릿글자를 따서 C 프로젝트라고 불린 이 작전은 1963년 4월 3일, 시내 상점의 인종분리 제도에 반대하는 행진과 보이콧으로 시작되었다.

4월 10일에 앨라배마 순회법정은 킹, 애버내시, 셔틀스워스 등 민권 지도자 133명에게 시위 참여를 금지하는 명령을 내렸다. 하지만 킹은 명령을 무시했고 성(聖) 금요일(부활절 직전 금요일—옮긴이)인 4월 12일에 애버내시를 비롯한 50명과 함께 체포되었다. 킹은 구류 기간 동안 그 유명한 '버밍햄 구치소에서 보내는 편지'를 썼다.

나는 몇 년 동안 '기다려라'는 말을 들었습니다. 흑인이라면 누구나 이 말을 귀에 못이 박히도록 들었을 겁니다. '기다려라'는 단어는 '포기하라'는 단어와 의미가 거의 같았습니다. 어느 유명한 법관이 이야기했다시피 "정의의 실현을 너무 오랫동안 유예하는 것은 정의의 실현을 거부하는 것과 같다."는 사실을 이제 우리도 깨달아야 합니다.

어린이가 동원된 행진
1963년 5월 2일, 버밍햄의 소방관들이 흑인 시위대를 향해 물을 뿌리고 있다. 로버트 케네디는 킹에게 어린이 동원에 유감의 뜻을 전하면서 코너가 쓰는 작전 때문에 어린이들이 다칠 수 있다고 경고했다. 킹은 코너의 잔인한 면모를 부각시키는 것이 훨씬 중요하다고 생각했고 그의 예상은 들어맞았다. 케네디 대통령은 1963년 6월에 킹과 만난 자리에서 흑인들은 코너에게 감사해야 된다고 말했다. "코너 한 사람이 민권운동에 기여한 부분이 우리 전부를 합한 것보다 많지 않습니까?"

4월 20일, 킹과 애버내시는 지도부의 부재로 버밍햄 시위가 여세를 잃어 가고 있다는 판단을 내리고 C 프로젝트의 다음 단계를 실행에 옮길 수 있도록 보석을 받아들였다. 대다수의 성인은 해고를 당하지 않을까 두려운 마음에 시위 가담을 꺼렸다. 그러자 킹의 보좌관 제임스 베벨(James Bevel)은 어린아이를 동원하면 어떻겠느냐는 의견을 내놓았다.

"고등학교 남학생을 예로 들면 구치소에 갇히거나 이 도시에 압력을 가하는 면에서 어른과 똑같은 효과를 거둘 수 있지만, 한 가족의 생계 유지에는 아무런 피해를 입히지 않습니다."

5월 2일 목요일, 여섯 살부터 열여덟 살에 이르는 미성년자 6천 명이 행진을 벌였다. 이 날 하루 동안 959명이 체포되었고 스쿨버스에 태워져 구치소로 끌려갔다. 이튿날에도 1천 명이 학교를 거르고 행진에 동참했다. 화가 난 코너는 경찰견을 풀고 소방관들에게 물을 뿌리라는 명령을 내렸다. 그날 저녁에 텔레비전을 시청하던 수많은 미국인은 흑인 어린이들이 집채만한 개한테 물어뜯기고 물줄기에 쓸려 넘어지는 광경을 보며 경악을 금치 못했다.

5월 6일 월요일에 행진은 다시 시작되었다. 어느 흑인 초등학교에서는 1,426명의 학생 가운데 1339명이 결석을 했다. 월요일 저녁에 수감된 2,500명 중에서 2천 명이 미성년자였다. 화요일에 제퍼슨군 보안관 멜빈 베일리(Melvin Bailey)와 만난 버밍햄의 자영업자들은 경찰 병력으로 통제할 만한 상황이 아니라는 이야기를 들었다. 이들은 시위가 영업에 미치는 영향을 알고 있었기 때문에 킹과 애버내시에게 협상을 제안했다. 5월 10일에 협상안이 발표되었다. 시내의 모든 간이식당과 화장실이 90일 안으로 인종 분리 제도를 폐지한다는 내용이었다. 그뿐 아니라 앞으로 흑인들은 백인과 똑같은 조건 아래 사무원이나 영업사원으로 근무할 수 있었다.

양측은 이제 버밍햄이 진정되기를 바랐지만 5월 11일 밤, KKK단이 시 외곽에서 집회를 열었다. '거대한 용'이라고 불리는 로버트 셸턴(Robert Shelton)은 이 자리에서 선언했다.

"버밍햄에 (중략) 마틴 루터 킹의 무덤을 만들어 줍시다!"

이후 몇 차례 폭탄이 터졌고 그중 한 개는 킹이 머물고 있던 개스턴 모텔로 떨어졌다. 흑인들이 개스턴 모텔 앞으로 몰려들자 조지 C. 월리스(George C. Wallace) 주지사(1963년 1월에 패터슨의 후임으로 취임했다)는 베일리 보안관의 만류에도 불구하고 주경찰을 파견했다. 주경찰과 코너의 병력이 곤봉과 개머리판을 휘두르는 가운데 폭동이 다시 본격적으로 시작되었다. 로버트 케네디는 버밍햄 사태가 다른 곳으로 확산되지 않을까 두려운 마음에 연방군을 파병해야 된다고 형을 설득했다. 케네디 대통령은 버밍햄의 자영업자와 지도자 회의가 맺은 소중한 협상이 "일부 극단론자들 손에 파괴되어서는 안 된다."고 발표했다.

연방군이 투입되면서 앨라배마는 진정세로 접어들었지만 분쟁의 불씨는 여전히 남아 있었다. 월리스 주지사는 1962년 선거 운동에서 앨라배마 대학교의 통합교육을 "정문에 서서 막겠다."고 장담한 사람답게 6월 11일, 두 흑인 학생의 등록을 육탄공세로 저지했다. 그는 대통령이 앨라배마 주군을 연방정부 휘하로 돌리고 사령관이 명령을 내린 뒤에야 물러섰

1963년 7월의 월리스
1958년에 처음으로 앨라배마 주지사 선거에 나섰을 때 월리스는 중도좌파로 간주되었고 이에 따라 유색인종협회의 지지를 받았다. 하지만 인종차별주의를 주장하는 무명 정치인에게 패하자 그 날의 경험을 평생 잊지 않기로 맹세했다. "패터슨이 나보다 더 철저하게 검둥이들을 무시한다 이거지? 다시는 밀리지 않을 테다."

다. 그날 저녁에 케네디는 민권을 주제로 대국민 연설을 했다.

미국 국민이 흑인이라는 이유로 대중음식점에서 식사를 하지 못하고, 아이들을 일대에서 가장 좋다는 공립학교에 보내지 못하고, 대의원을 선출하지 못한다면, 그러니까 한마디로 말해서 흑인이라는 이유로 우리 모두가 원하는 자유롭고 풍요로운 삶을 누리지 못한다면 여러분은 기꺼이 피부색을 바꾸고 그 사람의 입장이 될 수 있겠습니까? 참고 기다리라는 말을 듣고 만족하시겠습니까? (중략)

이 나라는 지금 도덕적인 위기에 처해 있습니다. 무력 진압으로는 해결할 수 없습니다. 날로 확산되는 시위대의 손에 맡겨서도 안 됩니다. 사탕발림으로 잠재워서도 안 됩니다. 이제는 의회에서, 각 주와 지방 입법부에서, 그리고 우리의 일상에서 행동으로 보여야 할 시점입니다.

따라서 저는 모든 국민이 호텔, 식당, 극장, 소매점, 그 밖의 공공장소를 마음껏 이용할 수 있도록 의회에 요청할 생각입니다. 이것은 기본적인 권리입니다. 이와 같은 기본권을 부인하는 처사는 1963년을 살아가는 미국인이 절대로 용납해서는 안 될 수치스러운 행위입니다.

케네디가 6월 19일에 제출한 민권법안은 모든 장거리 교통수단의 인종분리를 철폐하고, 법무장관에게 인종을 차별하는 연방 프로그램의 예산지원을 중단하는 권한을 부여하고, 초졸학력자면 투표가 가능한 유권자로 간주한다고 규정했다(남부가 변칙 심사를 동원해 흑인 유권자들의 투표권을 박탈하지 못하도록 마련한 조치였다). 그로부터 이틀 뒤, 킹과 랜돌프는 워싱턴 행진 계획을 발표했다.

폭력 없는 행진
위싱턴의 일부 명사들은 행진이 벌어지기에 앞서 폭력 유혈 사태를 예견했지만 근거 없는 추측이었다. 《뉴욕타임스》의 러셀 베이커가 표현했다시피 "유폐하고 참을성 있는 이들의 모습은 품위 있는 대중집회의 상한선을 보여 준 듯했다".

아슬아슬한 제휴

전국의 주요 민권단체는 케네디의 법안을 환영했다. 하지만 비폭력위원회는 그 정도로 부족하다고 생각했다. 루이스는 링컨 기념관에서 더욱 명확한 조치가 필요하기 때문에 대통령의 법안을 지지할 수 없다고 선언할 생각이었다.

"우리는 셔먼 장군의 뒤를 따라서 남부의 심장을 관통하며 행진할 겁니다. 우리의 초토화 전술에 따라서 짐 크로 법을 평화롭게 불태워 버릴 겁니다."라고 말할 예정이었다. 하지만 워싱턴의 대주교 패트릭 오보일(Patrick O'Boyle) 추기경이 행진 전날에 유포된 루이스의 연설문을 읽더니 내용을 바꾸지 않으면 축도를 할 수 없다고 밝혔다.

1963년 8월의 민권운동은 흑백의 아슬아슬한 대규모 제휴가 기반이었고 오보일은 백인 성직자라는 중요한 구성원의 대표격이었다. 간단하게 포기할 수 없는 인물이었다. 때문에 킹과 러스틴은 물론 로버트 케네디까지 나서서 루이스에게 압력을 행사했다. 루이스는 노년기로 접어든 랜돌프와 단둘이 이야기를 나눈 뒤에야 지금까지 그가 치른 수많은 희생을 존경하는 뜻에서 연설문을 고치기로 했다.

수많은 음악과 유명인사의 찬조 출연이 어우러진 행사에서 루이스의 연설은 단연 빛을 발했다. 하지만 오후가 중반으로 접어들고 기온이 높아지면서 참석자들은 점점 산만해졌다. 집회가 거의 끝날 무렵 마할리아 잭슨(Mahalia Jackson)이 오랫동안 기억에 남을 "나는 비난받고 무시당했소"를 불러 지친 사람들에게 생기를 불어넣었다. 그리고 나서 킹이 단상에 올랐다. 그는 7분이라는 시간 제한을 무시한 채 17분 동안 전 국민을 향해 연설했다. 불만의 뜻을 보이거나 말허리를 자르는 사람은 없었다. 그의 연설은 미국 역사상 가장 위대한 작품이었다.

링컨 기념관에서 '나는 꿈을 꿉니다' 연설을 하는 킹

법무부가 이곳을 집회장소로 선택한 이유는 3면이 물로 둘러싸인 공간이라 치안 유지가 쉽고, 상업지구와 주택지구에서 멀찍이 떨어져 있어 폭력 사태가 벌어지더라도 대처를 할 수 있기 때문이었다. 만일의 사태에 대비해 대통령의 선발요원 한 명이 음향시설의 전원조절 스위치를 들고 링컨 동상 뒤에 서 있기까지 했다. 그는 너무 선동적인 방향으로 연설이 진행되면 전원을 꺼 버리라는 명령을 받았다.

오늘 나는 꿈을 꿉니다! 사악한 인종차별주의자들이 넘치고 주지사가 간섭 배제와 연방법 실시 거부라는 단어를 주워 섬기는 앨라배마에서, 언젠가 그곳 앨라배마에서 흑인 소년, 소녀들이 백인 소년, 소녀들과 형제, 자매처럼 손잡을 수 있는 그날을 꿈꿉니다. (중략) 이것이 우리의 바람입니다. 이것이 내가 남부로 향할 때 가지고 가려는 믿음입니다. 이런 믿음이 있으면 이 나라의 시끄러운 불협화음을 아름다운 형제애의 교향곡으로 바꿀 수 있습니다. 이런 믿음이 있으면, 언젠가는 자유의 몸이 된다는 확신이 있으면 함께 행동하고, 함께 기도하고, 함께 노력하고, 함께 수감되고, 함께 자유를 위해 싸울 수 있습니다. (중략) 미국이 위대한 나라가 되려면 이것이 반드시 실현되어야 합니다. 뉴햄프셔의 웅장한 산꼭대기에서 자유가 울려 퍼지게 합시다! 뉴욕의 언덕에서 자유가 울려 퍼지게 합시다! 펜실베이니아의 드높은 앨러게니 산맥에서 자유가 울려 퍼지게 합시다! 콜로라도의 눈 덮인 로키산맥에서 자유가 울려 퍼지게 합시다! 캘리포니아의 구불구불한 산비탈에서 자유가 울려 퍼지게 합시다! 그뿐 아니라 조지아의 스톤 산에서 자유가 울려 퍼지게 합시다! 테네시의 룩아웃 산에서 자유가 울려 퍼지게 합시다! 미시시피의 모든 동산과 둔덕에서 자유가 울려 퍼지게 합시다. 모든 산허리에서 자유가 울려 퍼지게 합시다.

청중은 열화와 같은 반응을 보였다. 어떤 사람들은 눈물을 흘렸다. 또 어떤 사람들은 박수 갈채를 보냈다. 모두들 300년의 인종차별과 압제가 남긴 정신적인 유산이 킹의 연설로 표현되었다고 입을 모았다. 심지어 뛰어난 웅변가로 꼽히는 대통령마저 감동을 받았다. 그는 백악관의 거실에서 텔레비전을 통해 킹 목사의 연설을 들으면서 중얼거렸다. "정말 대단하군. 정말 대단해!"

이후에 러스틴은 '워싱턴 행진을 벌인 이유는 흑인들에게 동맹이 필요하기 때문'이라고 설명했다.

"행진은 흑인들만의 행사가 아니었습니다. 흑인과 백인이 함께 한 행사였습니다. 흑인단

워싱턴 행진의 조직위원들
집회에 앞서 단체사진을 찍고 있다. 한가운데에 랜돌프, 그의 왼쪽에 킹이 앉아 있고 킹의 뒤로 루이스가 서 있다.

체의 지도자뿐 아니라 가톨릭, 프로테스탄트, 유대계 대변인도 사람들을 거리로 불러모았습니다. 그리고 흑백의 가톨릭, 프로테스탄트, 유대교도들이 부름에 응했습니다."

러스틴도 이야기했다시피 1950년대 후반과 1960년대 초반의 민권운동은 흑백 연대가 중요한 특징이었지만, 젊은 흑인들 사이에서는 루이스가 무슨 말을 하든 가라앉힐 수 없는 호전적인 분위기가 점점 무르익고 있었다. 버밍햄을 비롯한 여러 지역에서 백인들의 폭력이 도를 더해 갈수록 수많은 아프리카계 미국인은 킹이 주장하는 비폭력주의의 효용성을 의심하면서 백인의 폭력에 대처하는 방법은 정당방위가 아닐까 생각하기 시작했다. 워싱턴 행진이 있고 2주도 채 지나지 않은 9월 15일 일요일, 버밍햄의 16번 가 침례교회에서 터진 폭탄으로 성경공부를 하던 네 명의 소녀가 목숨을 잃었다.

두 달 뒤에는 댈러스에서 대통령이 암살을 당했다.

11월 22일의 케네디 암살사건이 미국의 정치, 사회, 문화에 미친 영향은 말로 표현할 수 없다. 모든 세대가 우상으로 떠받들던 사람의 죽음은 전 국민에게 엄청난 후유증을 남겼다. 링컨은 북부 안에서조차 정적이 많았고 케네디도 남부를 중심으로 수많은 사람에게 욕을 먹었다. 하지만 내시나 메러디스와 같은 대학생들은 "자유의 존속과 번영을 위해서라면 (중략) 그 어떤 대가도, 그 어떤 짐도 마다하지 말자."는 그의 말로 인해 인생의 행로가 바뀌었다.

포크가수 필 옥스(Phil Ochs)는 1968년의 인터뷰에서 이런 말을 했다.

"정치적인 측면에서 좋아했던 싫어했던 간에 케네디는 개인으로서, 한 인격체로서, 이미지로서, 남자로서, 미국인으로서 긍정적인 에너지를 상징한 인물이었습니다. 위대한 무엇인가를 상징하는 인물이었습니다. 그런데 그런 인물이 무너진 겁니다."

민권운동계의 흑인들은 행진에 동참한 백인들의 의도를 의심하기 시작했고, 젊은 백인

블랙 파워

'블랙 파워(Black Power)'라는 용어는 1966년에 비폭력위원회의 스토클리 카마이클(Stokely Carmichael)이 연설에서 여러 차례 언급하면서 사람들의 입에 오르내리기 시작했다. 이후에는 민권운동계에서 킹의 비폭력주의를 거부하는 부류가 호전적인 대안으로 제시한 여러 정책을 통칭하는 용어로 발전했다.

블랙 파워 사상의 주요 근원지는 20세기 초반의 흑인민족주의였다. 마커스 가비(Marcus Garvey), 일라이저 무하마드(Elijah Muhammad)와 같은 흑인민족주의의 화신들은 흑백 통합이 아니라 흑백 분리를 주장했다. 이보다 더 가까운 근원지로 꼽을 수 있는 맬컴 엑스는 무하마드가 펼친 이슬람 국가운동의 대변인으로 활약하며 민족자결과 백인 폭력에 무력으로 보복할 권리를 역설했다.

블랙 파워의 맬컴 엑스
맬컴 엑스는 메카 성지순례에서 모든 인류는 평등하다는 이슬람교의 가르침을 접한 뒤(이슬람 국가운동과 대조적인 부분이었다) 백인은 악마라는 설교를 중단하고 무하마드와 절연한 데 이어 엘-하즈 말리크 엘-샤바즈로 개명했다. 그는 1년 뒤인 1965년 2월 21일, 할렘의 오두본 연회장에서 연설을 하다 이슬람 국가운동의 저격수들에게 암살당했다.

층은 미국이 과연 좋은 나라인지 민권 행진 정도로는 해소하지 못할 불안감과 맞닥뜨렸다.

젊은 백인 운동가들은 대통령의 죽음을 접하고 변화는 정치제도 안에서 비롯될 수 없다는 증거로 해석했다. 그뿐 아니라 자신들이 벌인 민권운동은 대리항의에 불과하지 않으냐 하는 의구심이 생겼다. 젊은 흑인들도 비슷한 생각을 할 수밖에 없었고, 얼마 안 있어 비폭력위원회에서는 맬컴 엑스의 흑인민족주의에 이끌린 분파가 위원회의 흑백 연대에 의문을 제기했다. 1966년에 비폭력위원회의 흑인 회원들은 투표를 통해 모든 백인을 제명하기로 결정했다. 하지만 이미 대부분의 백인이 떠난 뒤였기 때문에 상징적인 조치에 불과했다.

위대한 사회

한편 워싱턴에서는 린든 존슨이 전직 대통령의 순국을 솜씨 좋게 활용하여 생전의 케네디보다 훨씬 많은 성과를 이룩하고 있었다. 상원에서 다수당 원내총무였던 존슨은 미국 역사상 가장 실력 있는 의원이었고, 적어도 내정에 관한 한 역사가 어떤 방향으로 움직이고 있는지 정확히 파악했다. 그는 텍사스 출신이었지만 케네디 형제처럼 인종 통합은 불가피하고 당연한 조치라고 생각했다. 하지만 그의 이상은 본질적으로 실용주의인 케네디의 범주를 뛰어넘었다. 그는 장거리 교통수단뿐 아니라 모든 방면에서 인종 분리가 철폐되기를 바랐을 뿐 아니라 교육시설을 개선하고 빈곤을 타파하고 흑인, 백인을 떠나 미국의 모든 영세민에게 보건 혜택을 제공하려고 했다.

　　1964년 초반에 존슨은 온 국민의 슬픔을 영리하게 이용한 결과 케네디의 제안보다 훨씬 강력한 민권법을 통과시켰다. 1964년 7월의 민권법은 모든 공공장소에서 인종차별을 불법으로 규정하여 짐 크로 법에 종말을 고했다. 그뿐 아니라 고용, 노조가입, 연방정부가 지원하는 모든 프로그램 내에서의 인종차별도 금지시켰다. 그는 또 한편으로 1964년 3월 16일, 의회에 특별교서를 보내 '빈곤과의 전쟁'을 선포했다. 빈곤 타파 프로그램의 예산은 6억 6,200만 달러에서 1966년 무렵 30억 달러로 늘어났고, 주머니가 채워질 날 없는 농촌과 도시의 빈민층을 대상으로 뉴딜식 구제활동을 펼쳤다. 정부에서 지원한 내역은 헤드스타트(Head Start, 빈곤층 자녀를 위한 조기교육), 잡코프(Job Corps, 청년층을 위한 직업교육), 식품 할인권, VISTA(케네디가 칭찬해 마지않았던 평화봉사단의 국내 판이었다)와 많은 사회복지 프로그램이었다.

존슨의 사회정책
존슨 대통령이 1965년 연두교서에서 위대한 사회 정책의 목표를 간단하게 설명하고 있다. 그는 우상처럼 여기는 루스벨트보다 훨씬 많은 업적을 노리는 등 개인적인 목표도 위대했다.

　　사실 빈곤과의 전쟁은 광범위한 규모로 펼쳐지기는 했지만, 존슨 대통령이 1965년 1월 연두교서에서 발표한 위대한 사회 계획의 일환에 불과했다. 그해 상반기─최초의 전투병력을 베트남으로 파견한 시기이기도 하다─동안 존슨은 고분고분한 민주당 의회의 도움 아래 테네시 강 유역 개발공사의 애팔래치아 판에 해당되는 애팔래치아 유역 개발법(Appalachian Regional Development Act)을 재가하고, 초·중등교육법(Elementary and Secondary Education Act)을 통해 학교 건설과 교사 봉급에 몇십억 달러를 지원하고, 과거에 민주당 출신의 세 대통령(존슨의 우상 프랭클린 루스벨트도 이 중 한 사람이었다)이 제정하려다 실패한 노인의료보험제도(Medicare)를 마련했다. 위대한 사회 정책은 이 밖에도 소비자 보호와 환경 보존방안을 마련하고, 주택도시개발부와 공영 라디오, 텔레비전을 탄생시켰다.

　　하지만 존슨이 간과한 부분이 바로 선거인 등록이었다. 비폭력위원회는 일찍이 1961년부터 미시시피에서 관련 운동을 벌인 바 있었다. 1964년의 민권법 제정으로 인종 분리가 철폐되면서 민권운동계는 선거인 등록으로 관심의 초점을 돌렸다. 선거인 등록률을 높이려면 대중 규합이 선결 과제였고 대중 규합은 비폭력위원회의 전문 분야였다. 1964년 후반에는 지도자회의까지 가세해 앨라배마 주 셀마를 목표로 삼고 대대적인 선거인 등록 운동을 펼쳤다. 당시 셀마는 인구의 절반 이상이 흑인이었지만 흑인들의 선거인 등록률은 1퍼센트에도 못 미쳤다.

　　1965년 1월 2일에 킹이 도착했을 무렵 비폭력위원회는 이미 셀마에서 탄탄하게 기반을 잡은 뒤였다. 현장 활동가들이 2년 전부터 지역주민 규합에 매진한 덕분이었다. 그런데 고질적

미시시피 하계 프로젝트

1960년의 연좌농성으로 북부의 흑인들은 대거 남부로 건너갔고 그중 한 명이 모제스였다. 하지만 모제스가 생각하기에 간이식당의 인종차별 철폐가 상징적인 수준에서는 중요할지 몰라도 남부 흑인들이 투표권을 행사하지 못하면 아무 의미가 없었다.

그는 1961년 여름 동안 미시시피에서 비폭력위원회가 주관하는 선거인 등록운동을 이끌었다. 당시 미시시피 주의 흑인인구는 약 100만 명이었지만 선거권을 부여받은 인구는 6천 명에 불과했다. 모제스는 주 전역에 사무소를 설치했고, 이곳에 소속된 직원들은 집집마다 찾아가서 선거인 등록을 하도록 흑인들을 설득하고 서류 작성을 도왔다. 예상했던 대로 미시시피의 백인들은 등록을 방해하고 육체적인 협박을 일삼았다.

1962년에 비폭력위원회와 인종평등회의는 미시시피에서 공조관계를 맺기 위해 연합조직위원회(Council of Federated Organizations : COFO, 이하 연합위원회)를 결성했다. 명목상으로는 지도자회의와 유색인종협회도 함께 참여했지만, 대중 규합을 강조하는 쪽으로 연합위원회의 방향을 설정한 주체는 비폭력위원회와 인종평등회의였다. 연합위원회의 1964년 여름 목표는 흑인정치조직 창설이었다. 이를 위해 모제스는 뉴욕 시 변호사 앨러드 로웬스타인(Allard Lowenstein)의 도움을 청했다(모제스는 로웬스타인의 모교인 사립 호레이스 맨 학교에서 수학을 가르친 일이 있었다). 두 사람은 미시시피 하계 프로젝트를 세우고, 여름방학을 맞은 북부의 대학생들을 주축으로 인종을 초월하는 자원봉사단을 조직하기 시작했다.

연합위원회의 일부 회원들은 백인 봉사단의 역할을 제한하려고 했지만 모제스가 변호에 나섰다. 백인의 참여를 꺼린 회원들도 인정할 수밖에 없다시피 이들이 가담하면 미시시피를 전국 언론에 부각시키고 그곳의 끔찍한 분위기를 널리 알리는 데 도움이 됐다. 게다가 백인 봉사단은 150달러의 여행 경비와 500달러의 보석금도 자비로 부담했다. 모제스는 학생 봉사단을 미시시피의 시골로 파견하면 얼마나 위험한지 알고 있었지만 1964년의 상황으로 볼 때 민권운동가는 미시시피의 어딜 가든 위험했다.

자원봉사단의 1차 임무는 유권자들을 신생 미시시피자유민주당원(이하 미시시피자민당)으로 등록시켜 백인으로만 구성된 민주당의 합헌성을 문제 삼는 것이었다. 인종을 초월한 미시시피자민당이 8월 6일에 주 전당대회를 열었을 무렵 하계 프로젝트 자원봉사단이 모집한 당원수는 6만 명이었다. 미시시피자민당의 대표단은 당의 입장을 전달하기 위해서 2주 뒤, 민주당 전당대회가 열리는 애틀랜타 시로 건너갔다.

대표단이 등장하면 얼마나 볼썽사나운 꼴이 연출될까 화가 난 존슨 대통령은 이들이 전당대회장에 들이닥치지 못하도록 여러 방향에서 압력을 가했다. 그리고 1968년 전당대회에서는 인종을 차별하는 대의원들에게 의석을 배정하지 않겠다는 약속과 함께 전주(全州)대의원석 두 개를 제안했다. 하지만 부대표 패니 루 헤이머(Fannie Lou Hamer)는 이 정도로는 부족하다는 판단 아래 존슨의 제안을 거절하자고 설득했다.

"고작 의석 두 개 얻자고 힘들게 여기까지 온 건 아니잖아요."

모제스는 전당대회 이후 민주당에 환멸을 느끼며 미시시피를 떠났다. 그는 몇 년 동안 징집을 기피하다 1969년에 탄자니아로 건너가서 수학교사로 변신했다.

미시시피 하계 프로젝트의 희생자

퀸스 대학생 앤드류 굿맨은 1964년 6월 20일 토요일, 연합위원회의 오하이오 교육센터에서 미시시피로 건너갔다. 그는 머리디언 사무소로 배정을 받고 6월 21일 일요일, 교회 방화사건을 조사하기 위해 연합위원회 직원 마이클 슈워너, 제임스 체이니와 함께 네쇼바 군을 향해 출발했다. 그런데 세 사람은 오후 3시 무렵 속도 위반으로 보안관 대리 세실 프라이스에게 체포되어 구치소에 갇혔다. 이들은 해가 질 때까지 전화를 쓰지 못하다 오후 10시 30분에 석방된 이후 사라졌다. FBI는 현상금까지 내건 끝에 8월 4일, 심하게 구타당한 이들의 시신을 발견했다. 미시시피 주지사 폴 존슨이 살인혐의로 기소하기를 거부한 결과, 프라이스와 다섯 명은 민권 위반 혐의로 기소되었다.

인 재정난과 인력난으로 얼마 전부터 비틀거리는 모습을 보였다. 이런 이유에서 셀마의 흑인 목사들은 킹의 등장을 환영했지만(비폭력위원회보다 지도자회의를 좋아한 때문이기도 했다) 비폭력위원회의 직원들은 분노를 감추지 못했다. 열성적인 젊은 회원들이 지역사회에서 함께 생활하는 비폭력위원회와 노장파에 속하는 전문집단이 필요에 따라 무대를 옮기는 지도자회 의는 예전부터 팽팽한 경쟁관계였다. 셀마에서 활동하는 비폭력위원회의 자원봉사단이 보기 에 킹 목사는 뜨거운 감자였다. 그와 함께 답지한 자금과 관심은 고마웠지만, 문제가 완전히 해 결되지도 않은 상태에서 다른 지역으로 건너가는 방식과 화려한 겉치레는 마음에 들지 않았 다. 이들 대다수가 직접 경험했다시피 킹이 떠나 버린 이후의 부작용은 절망적이었다. 상황이 예전보다 더 심각해지기 일쑤였다.

처음에는 셀마를 위해서 두 조직이 힘을 합쳤다. 이들은 1965년 1월 18일을 기점으로 셀 마의 군 청사까지 여러 차례 공동행진을 벌였다. 행진의 목적은 남부 흑인들이 선거인 등록을 시도할 때 어떤 고초를 겪는지 전국의 시청자들에게 알리는 것이었다. 앞서 수감된 3천여 명 의 시위대에 이어 2월 1일에는 킹마저 체포되었다. 비폭력위원회의 초청으로 셀마를 방문한 맬컴 엑스는 청중에게 "백인들은 킹 박사에게 고마워해야 됩니다. (비폭력이라는) 방식을 믿지 않는 흑인 지도자들도 많은데 킹 박사가 막아 주고 있으니 말입니다."라고 말했다.

2월 6일 무렵 개입에 나선 존슨은 새로운 투표권 법안을 의회에 제출하겠다고 밝혔다. 흑 인 민권 운동계는 투표권법 제정에 박차를 가하기 위하여 2월 18일, 셀마에서 서 쪽으로 몇 킬로미터 떨어진 메리언에서 야간 행진을 벌여졌다. 그런데 갑자기 모 든 가로등이 꺼진 사이 지원경찰과 주경찰, 성난 백인들이 곤봉과 막대기를 치켜 들고 평화시위대에게 달려들었다. 이때 여든두 살의 친할머니가 공격을 당하자 지미 리 잭슨은 할머니를 모시고 인근 카페로 몸을 피했다. 하지만 경찰 몇 명이 뒤를 쫓았고 그중 한 명이 그의 어머니에게 폭력을 휘 두르기 시작했다. 스물여섯 살의 잭슨이 반격 을 가하자 한 경찰이 곤봉으로 얼굴을 때렸 고 또 다른 경찰은 그의 복부에 총탄을 날 렸다. 잭슨은 일주일 뒤에 숨을 거두었다.

셀마와 몽고메리를 잇는 행진

잭슨이 사망한 지 이틀이 지나고 2월 28일 일요일, 베벨은 설교 도중 메리언에서 주도 몽고메리까지 105킬로미터쯤 항의 행진을 벌이자고 제안했다(이후 기획하는 단계에서 출발지가 메리언에서 셀마로 바뀌었다). 월리 스 주지사는 주요 고속도로의 교통을 마비시키 기 때문에 행진을 허가할 수 없다고 선언했다. 그 럼에도 불구하고 3월 7일, 킹의 보좌관 호지어 윌

> "엄청난
> 폭력 사태가
> 벌어지고
> 엄청난
> 피해의식이
> 넘칠 때에는
> 슬픔을 올바르게
> 표현하고 해소할
> 방편을 마련해
> 주어야 합니다.
> (중략) 그렇지
> 않으면 폭력과
> 혼란으로 이어질
> 것입니다."
>
> 베벨 목사,
> 잭슨의 사망을 애도하는
> 자리에서

리엄스(Hosea Williams, 킹은 이 날 애틀랜타에 있었다)의 뒤를 따라서 600명이 에드먼드 페터스 다리를 건넜다.

　다리 건너편에는 몇백 명의 애틀랜타 주 경찰이 곤봉을 두드리며 으스스한 분위기를 연출하고 있었다. 존 클라우드(John Cloud) 소령이 시위대에게 해산 명령을 내리고 부대원들에게 진격을 지시했다. 달려든 경찰은 시위대의 첫 대열을 쓰러뜨렸다.

　"경관들이 말을 타고 돌아다니면서 폭력을 휘둘렀죠."

　이후 UN 대사관이 된 앤드류 영(Andrew Young)은 당시 상황을 이렇게 묘사했다.

　"최루탄 연기가 자욱해서 쓰러진 사람들 곁으로 다가갈 수도 없을 정도였습니다."

　3개 방송사 모두 정규 프로그램을 중단하고 경찰의 폭행 장면을 내보냈다.

　"다리 입구에서 벌어진 광경은 폭행이 아니라 전쟁에 가까웠습니다."

　셀마 시장 조지프 스미서먼은 이렇게 말했다.

셀마에서 몽고메리까지
1965년 3월 9일, 킹의 인도로 셀마의 에드먼드 페터스 다리를 건넌 행진 참가자들은 애틀랜타 주경찰이 보이자 걸음을 돌렸다.

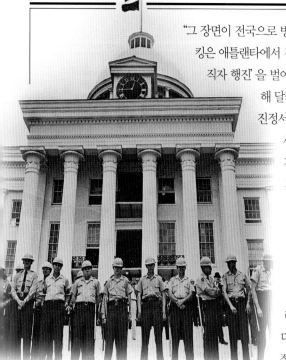

앨라배마 주경찰
몽고메리 의사당 계단에 서서 시위대를 기다리고 있다. 시위대는 주간에만 행진을 하고 야간에는 길가에 텐트를 치고 잠을 청했다.

"그 장면이 전국으로 방송되면서 (중략) 전국의 분노가 우리한테 쏟아졌죠."

킹은 애틀랜타에서 전국 각지의 유명 성직자들에게 전보를 보내 3월 9일, 셀마에서 '성직자 행진'을 벌이자고 제안했다. 3월 8일 월요일에는 월리스 주지사의 개입을 금지해 달라고 연방지방법원의 프랭크 M. 존슨(Frank M. Johnson) 판사에게 진정서를 제출했다. 존슨은 주중에 청문회를 열겠다며 오히려 행진을 금지시켰다. 킹은 화요일 아침에 예정대로 셀마에서 행진을 시작했다. 하지만 페터스 다리 건너편에 진을 친 클라우드의 주경찰과 맞닥뜨리자 무릎을 꿇고 기도를 한 뒤 불안해하는 참가자들과 함께 발길을 돌렸다. 비폭력위원회에서는 배신이라며 비난을 퍼부었지만 킹은 폭력 사태가 불거질 조짐이 보이면 행진을 중단하기로 이미 약속을 했다고 밝혔다.

킹은 셀마로 건너온 사람들에게 금지령이 해지될 때까지 며칠만 더 기다리자고 했다. 그런데 유니테리언파의 백인 목사 제임스 리브(James Reeb)가 그날밤, 셀마의 남부 흑인 전통음식점을 나서다 폭행을 당하고 목숨을 잃었다. 백인 사회가 리브의 사망 소식을 접하고 분노를 터트리자 수많은 흑인은 아이러니컬하게도 거부감을 느꼈다. 잭슨의 장례식에서 연설을 했던 비폭력위원회 집행위원 카마이클은 "운동 자체가 인종차별주의의 손에 놀아나는 기분이었다. 누구라도 목숨을 잃으면 전국이 들끓어야 하는데 (중략) 백인이 죽어야 그런 반응이 나타나는가 싶었다."고 밝혔다.

3월 13일 토요일, 존슨 재판관이 아직 판단을 유보한 가운데 월리스 주지사는 워싱턴으로 건너가서 대통령을 만났다. 민권담당 법무차관보 버크 마셜도 이 자리에 참석했다.

"월리스 주지사는 뻣뻣했지만 존슨 대통령이 어깨동무를 하면서 지금은 역사적인 순간이다, 역사에 보잘것없는 인간으로 남기를 바라느냐 아니면 위기를 극복한 위대한 인물로 남기를 바라느냐 하고 두 시간 동안 이야기를 했더니 많이 누그러졌다".

이틀 뒤에 존슨 대통령은 양원합동의회에 새로운 민권법안을 제출했고, 이것은 5개월 뒤에 1965년 선거권법으로 제정되었다. 그는 연설에서 민권운동의 가장 강력한 슬로건을 언급하며 큰 반응을 불러일으켰다.

이 법안이 통과되더라도 전쟁은 아직 끝난 것이 아닙니다. 셀마의 행진은 미국의 모든 분야와 모든 주로 확대될 더 큰 운동의 일부에 불과합니다. 그것은 미국인이라는 축복을 완전하게 누리려는 미국 흑인들의 노력입니다. 이들의 이상은 우리의 이상이 되어야 합니다. 편견과 불의로 굴곡이 진 역사는 흑인들뿐 아니라 우리 모두가 극복해야 할 과제입니다. 그리고 우리는 극복할 것입니다.

"우리는 다 같이 앉아 있다 (중략) 존슨 대통령이 '그리고 우리는 극복할 것입니다.' 라고 말한 순간 환호성을 질렀습니다."

지도자회의 조직위원 C. T. 비비언(C. T. Vivian)은 이렇게 말했다.

"고개를 돌렸더니 (중략) 잠자코 의자에 앉아 있던 킹이 눈물을 흘리고 있었습니다. 어느 것에도 견줄 수 없는 승리였습니다. 민권운동에 대한 승인이었죠."

다음날, 존슨 재판관은 금지령을 철회했다.

월리스 주지사는 킹 일당을 '공산주의에 물든 무정부주의자들'이라고 몰아붙이면서 시위대 보호를 거부했다. 결국 존슨 대통령이 앨라배마 주군을 연방정부 휘하로 돌리고 주군 1,800명, 육군 200명, FBI 요원 100명, 연방 집행관 100명을 동원하여 시위대 보호에 나섰다. 3월 21일 일요일, 셀마에서 몽고메리로 향하는 90킬로미터의 행진이 다시 시작되었고, 이번에도 킹이 선두로 나서 에드먼드 페터스 다리를 건넜다. 나흘 뒤 몽고메리에 도착했을 무렵 대열은 2만 5천 명의 규모를 자랑했다. 몇천만 명이 TV로 지켜보는 가운데 킹은 파크스, 랜돌프, 윌킨스, 루이스와 함께 앨라배마 주 의사당 계단을 걸어 올라가서 연설을 시작했다.

지난 일요일, 8천 여 명이 앨라배마 주 셀마에서 거대한 행진을 시작했습니다. 우리는 황량한 계곡을 지나고 가파른 언덕을 넘었습니다. (중략) 하지만 오늘 이렇게 여러분 앞에 서서 위대한 행진을 돌이켜 보니 폴러드 수녀한테 들은 이야기가 생각이 납니다. 버스 보이콧 운동 때 이 마을에 살았던 일흔 살의 흑인 할머니가 걸어가는데 누가 다가와서 태워다 주겠다고 하더랍니다. 할머니가 괜찮다고 대답했더니 상대방이 물었죠. "피곤하지 않으세요?" 할머니는 심금을 울리는 말을 남겼습니다. "발은 피곤하지만 영혼은 편안하다오." 오늘 오후에 우리는 발은 피곤하지만 영혼은 편안하다고 진심으로 말할 수 있습니다.

신좌파 운동과 반체제 문화

킹이 역설했다시피 셀마 행진은 위대한 승리였다. 덕분에 1965년 선거권법이 제정되면서 흑인들의 선거인 등록을 가로막았던 여러 장애물이 사라졌고, 등록 절차가 공개적으로 정당하게 진행되도록 감시하는 연방 심사관이 탄생했다. 하지만 셀마 행진을 기점으로 흑인과 백인, 온건과 급진의 제휴관계는 무너졌다. 이후로 인종을 초월한 대규모 시위는 자취를 감추었다. 킹은 베트남 전쟁 확산 중단과 빈곤 타파 등 좀더 거국적인 운동을 벌이기 시작했고, 좀더 급진적인 흑인들은 블랙 파워를 지지했고, 젊은 백인들은 나름대로 정치조직을 만들었다.

백인들은 인종차별에 버금갈 만한 동기가 없었기 때문에 한참 뒤에야 급진적인 정치의식을 발전시키기 시작했다. 하지만 1960년대 중반 무렵 남부에서 정치 경험을 쌓은 북부 출신 백인들이 등장하고 존슨 대통령이 몇십만 명의 징집병을 베트남에 파병하기로 결정하면서 모든 것이 달라졌다. 신(新)좌파라고 불린 백인 청년 운동권에서 초창기부터 가장 적극적인 활동을 벌인 단체는 민주학생연합이었다. 이들은 산업민주주의연맹 학생지부(Student League for Industrial Democracy)의 후신 격으로 1960년부터 정치개혁 활동을 시작했다.

인종차별주의자의 공격을 받은 헤이든

당시 미시시피에서 민권운동가들의 동정을 취재하는 프리랜서 기자로 활동 중이던 헤이든은 1961년 10월 미시시피 주 매콤에서 공격을 받았다.

진보주의 시대 때부터 아슬아슬하게 명맥을 이어온 산업민주주의연맹은 1930년대 구(舊) 좌파 운동의 주축이었다. 하지만 민주학생연합이 등장하면서 구좌파운동과 계급 중심의 이데올로기는 '참여 민주주의'를 주장하는 신세대 사회운동으로 대체되었다. 민주학생연합 지도부는 1962년 6월, 미시건 남동부에서 모임을 갖고 역사적인 포트휴런 성명서를 만들었다. 헤이든의 작품이라 할 수 있는 이 성명서에서는 대표기관이 아니라 지역사회와 개인이 권력을 잡는 정치제도 창설을 민주학생연합의 목표로 설정했다. 1965년 이전에는 이들도 대부분 비폭력위원회와 인종평등회의의 자원봉사자로 민권운동을 돕는 데 주력했다. 하지만 셀마 행진이 벌어졌을 무렵에는 전국 600만 학도의 정치의식을 일깨우는 쪽으로 관심을 돌렸다.

1963년에 캘리포니아대학장 클라크 커(Clark Kerr)는 『대학의 효용(*The Uses of University*)』에서 버클리 분교야말로 미국 산업주의의 일원을 양성하는 최초의 '초대형 종합대학교'라고 자랑한 바 있었다. 하지만 버클리의 학생들은 대부분 생각이 달랐다. 버클리의 대학원에서 철학을 공부하던 뉴욕 출신의 마리오 세이비오(Mario Savio)도 그중 한 명이었다. 그는 1964년 여름 동안 미시시피에서 흑인들의 선거인 등록을 도우면서 시민불복종 운동의 방법론을 터득했다. 그리고 가을학기에 버클리로 돌아갔을 무렵 그 역시 미시시피 흑인들과 마찬가지로 학교에서 일부 권리를 누리지 못한 채 살아왔다는 사실을 깨달았다.

1964년 9월 15일, 학생처장 캐서린 토울(Katherine Towle)이 버클리 분교의 모든 학생 단체에게 다음주부터 가장 번화한 밴크로프트 거리에 탁자를 놓고 유인물을 배포할 수 없다고 통보하면서 이른바 언론의 자유 운동이 시작되었다. 2주 동안 협상이 벌어졌지만 별다른 성과가 없었고, 급기야 9월 30일에는 탁자를 지키고 있던 학생 다섯 명이 토울의 사무실로 불려가 징계 처분을 받았다. 그러자 학생 500명이 밤새도록 연좌농성을 벌였다. 이후에는 세이비오의 주도 아래 수업 거부와 항의 집회가 벌어졌고, 12월에는 다시 연좌농성을 시작한 학생과 교직원 1천 명을 위해 밥 딜런(Bob Dylan)이 공연을 선보였다. 1965년 1월, 버클리 행정처는 교내 정치활동 규제조치를 폐지했다.

언론의 자유 운동은 표면적으로 수정 헌법 1조를 문제 삼았지만 사실은 훨씬 더 많은 뜻을 내포하고 있었다. 수많은 백인 학생은 이 운동을 통해 커가 강요한 사회에 대한 불만을 표현했고 학생집단 고유의 나이, 이데올로기, 생활방식을 인식하게 되었다. 이와 같은 인식은 이른바 '반체제 문화(Counterculture)', 즉 부모의 사회와는 따로 또 같이 30대 미만

> "우리는 사회를 인간의 통제권 안으로 끌어들일 수 있도록 시도해 보아야 합니다."
>
> *헤이든, 1962년 초 민주학생연합의 기록에서*

세이비오
1966년 11월, 캘리포니아 대학교 버클리 분교의 스프로울 홀 앞에 모인 시위대에게 연설을 하고 있다.

세대만의 문화와 그 이상을 확립하려는 운동의 기틀이 되었다. 그런데 반체제 문화에는 신좌파 운동(New Left)과 다른 무엇인가가 있었다.

반체제 문화 하면 빼놓을 수 없는 것이 샌프란시스코에서 형성된 '히피' 문화였다. 1960년대 중반 무렵 샌프란시스코와 버클리는 한 사람 안에서 각기 다른 비율로 공존하는 두 가지 심리의 상징이었다. 히피와 급진적인 학생들은 현재의 행복이라는 목표에는 공감했지만 목표를 추구하는 방법은 아주 달랐다. 유토피아식 이상주의(또는 낭만적인 현실 도피)가 만연한 히피 문화의 중심 헤이트에서는 직접적인 정치활동의 효용성을 믿지 않았다. 제퍼슨 항공사의 폴 캔트너(Paul Kantner)는 이렇게 투덜거렸다.

"20명을 상대로 전쟁 반대 시위를 벌이느니 그 20명과 함께 숲으로 가서 술을 마시고 개울에서 헤엄을 치겠어요. 더 나은 생활방식을 보여 주면서 개종시킬 작정이라면 집회에서 이들의 면전에 대고 고함을 지르는 것보다 그쪽이 훨씬 빠르지 않겠어요? 그게 바로 버클리와 샌프란시스코의 차이죠."

한편 버클리의 급진파는 "구조의 변화가 있어야 혁명이다. 양식의 변화는 혁명이 아니다."라는 카를 마르크스(Karl Marx)의 명언을 거론하며 샌프란시스코식 사고방식을 진화하느라 상당히 애를 먹었다.

하지만 1967년 초반으로 접어들면서 양 집단의 차이는 흐릿해졌다. 헤이트에서 어울리기 시작한 대다수의 버클리 학생들은 정치활동을 여전히 옹호했지만 외모와 행동이 많이 달라졌다. 이들은 히피들과 함께 약물을 즐겼고, 히피들의 패션을 따라했고, 히피들처럼 혁명은 자기 자신에서부터 시작되어야 한다고 생각했다. 심지어 일부는 히피들과 함께 새로운 사회를 찾아 나섰고, 그 덕분에 예전에는 경멸해 마지않던 강력한 문화적 무기를 갖추게 되었다.

사랑의 여름(Summer of Love)이라는 캐치프레이즈 아래 몬터레이 팝 페스티벌이 개최되었던 1967년은 대학 캠퍼스로 국한되었던 베트남 전쟁 반대운동이 전국으로 확산된 해이기도 하다. 남자라면 누구나 징병 통지서를 받았기 때문에 아무리 속세와 인연을 끊은 히피라도 이런 분위기를 무시할 수 없었다. 킹이 1967년 3월과 4월에 평화행진을 주관하면서 반전을 위한 '결집'은 민권운동을 누르고 정치 집회의 최대 관심사로 떠올랐다. 킹은 셀마 행진 이후 자신의 위치와 운동 방향을 재정립하기 위해 애를 썼다. 1966년 6월에는 온 가족과 함께 시카고로 거처를 옮기고 흑인 세입자들과 함께 슬럼가의 주택문제 개선에 노력했다. 하지만 북부의 저항은 폭력을 일삼은 남부보다 훨씬 미묘하고 정교했다. 시카고 시장 리처드 데일리(Richard Dailey)는 미국 정치역사상 가장 강력한 정치조직의 수장이었고, 시카고 흑인사회의 몇몇 지도급 인사들과 돈독한 관계를 유지했다. 킹은 효과적인 항쟁을 주도하지 못하고 심한 타격을 입었다. 남부의 작전을 북부에 그대로 적용한 결과, 좌절과 반발을 경험했다.

킹은 시카고로 건너온 이후부터 아프리카계 미국인들의 경제적 평등을 지속적으로 추구했지만, 베트남 전쟁에 따르는 대가를 흑인들이 너무 많이 분담한다고 생각했기 때문에 반전

1967년 12월의 샌프란시스코 콘서트 포스터
헤이트의 보헤미안들은 1967년 이전까지 자칭 '괴짜'라고 부르다 언론이 만들어 준 '히피'라는 별명을 받아들였다. 괴짜와 히피의 차이점은 단어만 보아도 알 수 있다. 괴짜는 사회와 분리된 돌연변이를 가리키는 단어인 데 비해, 히피는 같은 문화를 공유하는 단체로만 존재한다. 샌프란시스코의 괴짜들은 필모어와 윈터랜드의 댄스홀에서 어울리면서 히피가 되었다.

빈민가의 폭력 사태
1964년 7월, 할렘에서
벌어진 폭동을 시작으로
미국은 5년 연속 여름마다
인종에 얽힌 폭력 사태를
경험했다. 그중 최악은
1965년 8월
로스앤젤레스의 워츠
일대에서 벌어진 사건과
1967년 7월 뉴어크와
디트로이트에서 벌어진
사건이었다. 위 사진은
나흘 동안 23명이 사망한
뉴어크를 뉴저지 주군이
순찰하는 모습이나.

운동에 점점 더 깊숙이 관여하게 되었다. 그는 1967년 12월부터 이듬해 4월로 예정한 워싱턴 빈민 행진의 계획을 세우기 시작했다. 일반적인 대중집회에 보이콧과 파업을 가미하고, 도시 기능을 마비시킬 수 있도록 연방 정부 건물 앞에서 연좌농성도 벌이기로 했다. 킹은 '파괴 없이 교란만 일으키는' 비폭력 시위를 촉구하고 공공사업진흥국식의 정부 구제를 통한 '직장 또는 수입' 쟁취를 행진의 목표로 삼았다.

"권력 구조를 향해 전면 공격을 퍼부어야 합니다. 올 여름도 지난 여름처럼 보낼 수는 없습니다." 그는 1968년 1월, 어느 기자에게 이렇게 말했다. 디트로이트, 뉴어크, 그 밖의 여러 곳의 빈민가에서 폭력 사태가 벌어지면서 100명이 목숨을 잃은 1967년 여름을 두고 하는 말이었다.

킹이 빈민 행진을 기획하는 동안 거의 흑인으로 이루어진 멤피스의 환경미화원들은 노조 승인을 요구하며 파업을 벌였다. 지도자회의 멤피스 지국은 러스틴, 윌킨스, 예전부터 민권운동을 지지해 왔던 자동차노동연합장 월터 루서(Walter Reuther) 등 전국적인 유명인사들의 협조를 이끌어 내는 등 파업에 깊숙이 관여했다. 다양한 단체의 제휴관계를 유지하는 역할은 여느 때처럼 킹이 맡았지만 호전적인 흑인 청년들 때문에 쉽지 않았다. 이들은 킹이 멤피스에서 주도한 대규모 집회에서 '블랙 파워!'를 외치며 경찰에게 돌과 유리병을 던졌고 경찰은 훨씬 강력하고 체계적인 폭력으로 대응했다.

암살

의기소침해진 킹은 1968년 4월 3일, 어느 침울한 연설에서 "저도 다른 사람들처럼 오래 살고 싶습니다. 장수는 그 자체만으로도 의미가 있으니까요. 하지만 이제 신경 쓰지 않겠습니다. 지금은 하느님의 섭리를 펼치고 싶을 따름입니다. 저는 하느님의 뜻에 따라 산 위에 올랐습니다. 산 위에서 약속의 땅을 보았습니다. 제가 그 순간을 여러분과 함께 할 수 없을지도 모르겠지만 분명히 말씀드리건대 우리는 약속의 땅에 닿을 수 있습니다."라고 말했다. 그리고 다음날, 멤피스의 로레인 모텔 발코니에 서 있다가 저격수 제임스 얼 레이(James Earl Ray)의 총에 맞고 숨을 거두었다. 한 달 뒤 런던의 히스로 공항에서 체포된 레이는 범행을 시인하다 진술을 번복했다. 그는 뚜렷한 살인 동기가 없었다. 1976년 의회 위원회가 벌인 조사 결과 청부살인의 가능성이 제기되었지만 모든 음모설이 수수께끼로 남았다.

그뿐 아니라 의회 위원회가 밝힌 바에 따르면 후버 FBI 국장은 킹을 아프리카계 미국인

사회를 '통합하고 자극하는' 위험 인물로 간주하고 요원들을 동원해 킹을 '제거'하기 위한 '전쟁'을 벌이고 있었다. 전화를 도청하고 킹의 부인에게 불륜을 폭로하는 익명의 투서를 보낸 것도 후버가 신좌익을 공격하기 위해 마련한 코인텔프로(Cointelpro) 작전의 일환이었다. FBI는 1960년부터 1966년까지 사회노동당의 여러 사무실을 92차례 도청했고 여기에서 얻은 정보로 1만여 명을 선발해 특별 회계감사를 실시했다.

로버트 케네디는 암살소식을 접하고 전용기를 보내 킹의 시신을 애틀랜타로 옮겼다. 그리고 4월 9일에는 장례 행렬에 직접 동참했다. 그는 형의 암살로 어느 누구보다 타격을 많이 받은 인물이었다. 형의 정치 이력과 궤적을 함께 했으니 밑바닥부터 다시 시작하는 수밖에 없었다. 그는 1964년 부통령 출마를 생각했지만 존슨의 선택을 받지 못했다. 그러자 차선책으로 선택한 뉴욕 주 상원의원 선거에서 승리를 거두었다.

킹과 존슨
1966년 3월, 백악관에서 만났다.

로버트 케네디는 상원의 일상과 뉴욕 주 민주당 지도부를 질색했지만 백악관 입성을 노리며 꿋꿋이 버텼다. 함께 반전운동을 벌이던 측근들이 1968년 선거에서 존슨 대통령에게 도전해 보라고 권했지만 사양했다. 같은 당 출신인 데다 존슨처럼 꾀가 많은 현직 대통령에게 도전하다니 자살행위로 여겨졌다. 그런데 반전진영 대표로 출마한 미네소타 주 상원의원 유진 매카시가 1968년 3월, 뉴햄프셔의 예비선거에서 존슨을 거의 따라잡는 맹활약을 보였다. 로버트 케네디는 생각을 바꾸고 경선에 뛰어들었다. 3월 말에 존슨이 출마 포기 의사를 밝히자 부통령 휴버트 H. 험프리(Hubert H. Humphrey)도 후보 경쟁에 합류했다.

1968년 4월은 대통령 선거 운동을 벌이기에 어려운 시기였다. 킹의 암살 이후 빈민가에서 자발적인 폭동이 잇따랐다. 애버내시가 킹을 대신해 진행한 빈민 행진은 실망스러운 결과를

킹의 장례 행렬
1968년 4월 9일, 노새가 끄는 수레가 킹의 관을 싣고 애틀랜타 거리를 이동하고 있다.

낳았고, 민주학생연합 지도부는 컬럼비아 대학교의 방위연구 참여와 흑인들이 거주하는 모닝사이드 하이츠와 할렘을 무시하는 처사에 항의하는 뜻에서 행정실 건물을 점령했다. 4월 30일에 컬럼비아 대학장 그레이슨 커크는 학생들의 불법 점유를 경찰에 정식으로 고소했다. 이에 따라 뉴욕 시 경찰이 학생들을 체포하기 위해 투입되었다.

같은 날, 매카시는 매사추세츠에서 열린 민주당 예비선

1968년 8월 공화당 전당대회의 이틀째 저녁 모습
신기하게도 월슨은 선거에 뛰어든 월리스 때문에 1960년에 패배했을 당시보다 200만 표 적은 득표수로 승리를 거두었다.

거에서 승리를 거두었다. 하지만 1주일 뒤 인디애나 예비선거는 케네디의 승리로 돌아갔고, 5월 14일 네브래스카에서도 결과는 마찬가지였다. 반전진영의 두 후보는 이렇게 각축전을 벌이며 6월 4일 캘리포니아 예비선거를 향해 나아갔다. 이 선거의 승자는 당원 대부분의 지지를 얻은 험프리와 시카고 전당대회에서 대결을 벌일 예정이었다. 캘리포니아 예비선거가 열리고 자정을 앞둔 시점에서 케네디는 앰버서더 호텔의 연회장을 가득 메운 군중들에게 어렵게 따낸 낭보를 전했다. 하지만 호텔 주방을 빠져나가다 팔레스타인 출신 이민자 시르한 B. 시르한(Sirhan B. Sirhan)의 총에 맞고 이틀 동안 사경을 헤맸다.

말 없는 다수

공화당 후보 닉슨이 보기에는 전국의 혼란상이 중요한 기회였다. 그는 정치 시위를 반대하고 무엇보다 안정을 추구하는 미국의 '말 없는 다수'를 종종 언급했다. 실제로 많은 유권자는 미국의 결함을 신물나도록 들은 뒤라 마이애미의 공화당 전당대회에서 '내가 미국인임을 자랑스러워하는 이유'를 낭독한 존 웨인(John Wayne)식 발상에 열띤 호응을 보냈다. 닉슨은 예전의 이미지를 벗어 던진 채 조화의 화신으로 변신했고, 심지어는 베트남 전쟁을 '명예롭게' 끝낼 비밀 계획을 세워 놓았다고 공언했다.

민주당 경선을 뚫고 닉슨의 경쟁자로 낙점 받은 험프리는 전쟁에 대한 우려를 표명할 기회가 없었다. 대신에 그는 존슨 대통령의 베트남 징책에 최대한 책임을 시기로 했다. 만약 다른 해에 선거가 벌어졌더라면 자신만만하고 노련한 개혁주의자 험프리는 닉슨을 이길 수 있었을지도 모른다. 하지만 때는 1968년이었고, 시카고 전당대회의 후유증이 심각했다. 전당대회 내에서는 예비선거에서 승리를 거둔 매카시 측 대의원과 민주당의 정치 조직을 장악한 험프리 측 대의원들이 격렬한 싸움을 벌이면서 개혁주의자 대부분을 소외시켰다. 전당대회 밖의 상황은 훨씬 더 심각했다. 정치성향이 강한 제리 루빈과 애비 호프먼 등 몇몇 반전 급진파들이 젊은이 몇천 명을 이끌고 세계청년당의 주최 아래 시카고 시위를 계획한 것이다.

시카고 시장 데일리는 이와 같은 장난을 개인적인 모욕으로 간주하며 시위대 철거를 명령했고 시카고 경찰은 잔인하게 진압 작전을 펼쳤다. 신문과 TV에서 '경찰 폭동'이라고 이름 붙인 이 과정에서 기자들도 대거 폭행을 당했다. 험프리로서는 이보다 더 나쁠 수 없는 악재였고 그는 이 사건의 여파를 극복하지 못했다. 그럼에도 불구하고 닉슨은 일반 투표에서 1퍼센트에도 못 미치는 신승을 거두었다. 수많은 민주당 선거인단이 투표를 거부하거나 무소속으로 나선 월리스가 북부의 민주당 노동계층을 흡수하지 않았더라면 선거 결과는 험프리의 승리로 돌아갔을지 모른다. 월리스는 일반 투표에서 1천만 표에 가까운 13.5퍼센트를 거두었고 주요 전장으로 꼽힌 몇 개 주에서 결정적인 역할을 했다.

대통령 자리에 오른 닉슨은 실제로 병력 축소와 평화를 추구했지만 미국의 베트남 전쟁 개입을 대하는 이중적인 태도 때문에 금세 곤욕을 치렀다. 닉슨이 밝힌 '비밀계획'이란 다름 아닌 '월남화'였다. 곧, 존슨이 이미 시도했다시피 전쟁의 모든 책임을 남베트남 정부에게 떠맡기는 작전이었다. 닉슨은 1969년 6월 8일, 미국 주둔군의 5퍼센트에 해당되는 2만 5천 명의 전투 병력에게 최초로 철수 명령을 내렸다. 그런데 문제는 아무리 지원을 확대해도 전투 병력이 철수한 이후로 남베트남의 패배지가 늘어만 간다는 점이었다. 결국 닉슨은 1970년 4월 30일, 베트콩 보급기지가 있는 캄보디아를 일시 습격하겠다고 발표했다. 그는 TV를 통해 전국으로 방송된 연설에서 전쟁을 종결지으려면 전쟁의 강도를 높이는 수밖에 없다고 밝혔다.

수많은 대학생과 반전주의자들은 닉슨이 댄 이유를 단순한 궤변으로 간주하고 주말에 전국 대학교에서 격렬한 시위를 벌였다. 오하이오의 켄트 주립대학교에서는 5월 4일 월요일 정오부터 추가 집회를 계획했다. 오하이오 주군의 로버트 H. 캔터베리(Robert H. Canterbury) 장군은 어리석게도 실탄을 써도 좋다는 허락과 함께 캠퍼스로 진격 명령을 내렸다. 이 중에서 113명으로 이루어진 부대가 대열을 이탈하고 블랭킷 언덕으로 행군을 시작했다. 학생들이 90미터쯤 뒤에서 병사들의 뒤를 따라가며 악담을 퍼부었다. 제임스 미처너(James Michener)는 이 날의 참사를 기록한 1971년의 『켄트 주립대학교(Kent State)』에서 이렇게 서술했다.

"12시 24분, ROTC로 향하는 탈출구가 완전히 뚫린 상황에서 (중략) 좌측 후방의 일부 병사들이—오른쪽으로 135도쯤 몸을 틀더니 거의 뒤로 돌린 셈이었다—테일러 홀 남쪽에 운집한 학생들을 쳐다보며 소총을 들고 발사 자세를 취했다."

이후 10초 동안 총성이 계속되었고, 옆에서 지켜보던 두 명을 비롯해 모두 네 명이 목숨을 잃었다. 희생 당한 학생의 아버지가 물었다.

"어쩌나 이 나라가 정부에 불만을 품었고 여학생을 쏘아 죽이는 시경에 이르렀습니까?"

격렬한 시위

켄트 주립대학교 학생이 5월 4일에 수없이 발포된 최루탄 하나를 집어 주군 쪽으로 던지고 있다. 주군들이 방독면 때문에 주변 상황을 제대로 파악하지 못하고 비극을 초래하지 않았겠느냐는 의견이 대두되기도 했다.

인물 촌평

코야 너트슨

1912-1996년

리처드 리브스

'여성해방' 이전에 여성의 자리는 '가정'이었다. 베티 프리던(Betty Friedan)은 1963년 기념비적인 저서 『여성의 신비(*The Feminine Mystique*)』에서 이와 같은 고정관념을 발가벗겼다. 이후 뉴욕 출신의 벨라 애브저그(Bella Abzug)는 "이 여자의 자리는 의회입니다."라는 공격적인 슬로건을 내걸고 말도 많고 탈도 많던 선거전에서 승리를 거두었다. 하지만 '가정'에서 '의회'로의 이행은 갑작스러웠고 순탄하지 못했다. '여성의 자리는 가정이다'라는 글귀와 그 뒤에 숨은 이데올로기는 1958년까지 미국인들의 뇌리에 깊숙이 자리잡았고 이 때문에 코야 너트슨(Coya Knutson)은 의원직을 잃었다.

코넬리어 예스달 너트슨(Cornelia Gjesdal Knutson)은 정계로 진출하기 이전까지 고등학교 음악교사이자 농부의 아내였고, 인구 495명인 미네소타 주 오클리의 하숙집 주인이었다. 그러다 전쟁이 터지자 수많은 여성처럼 부엌을 박차고 나와 직업전선에 뛰어들었다. 농업조정국 오클리 지부장마저 징집이 되었기 때문에 그를 대신해 미네소타와 노스다코타의 접경지대를 경작하는 농민들을 도왔다. 그녀는 결혼식이 있을 때마다 아코디언을 연주하며 모국어인 노르웨이어와 영어로 노래를 불렀기 때문에 모르는 농민이 거의 없었다.

당시 미네소타 북서부는 공화당의 텃밭이었다. 따라서 민주농민노동당(Democratic Farmer-Labor Party)

너트슨
1955년, 미네소타의 9선거구에서 유세를 펼치고 있다.

이 1950년 주의회 후보로 코야를 임명한 것은 밑져야 본전이라는 판단이었다. 전직 부통령 월터 먼데일(Walter Mondale)은 미네소타의 정치 지망생이었던 이 무렵을 회상하면서 "어찌나 유세 솜씨가 뛰어났던지 죽은 사람도 깨울 정도"였다고 표현했다. 너트슨 부인은 1950년 선거에서 성공을 거두고 1952년 재선도 손쉽게 승리한 데 이어 1954년에는 당에서 지명한 후보가 있음에도 불구하고 연방의회에 도전하기로 결심했다.

너트슨은 예비선거에서 승리를 거두었고 총선거에서는 근소한 차이로 6선 현역의원을 무찔렀다. 하지만 독자적인 행보로 민주농민노동당 지도부의 분노를 샀다. 게다가 1956년 민주당 대통령 후보 경선에서 민주농민노동당수 험프리는 애들레이 스티븐슨을 강력 추천했음에도 불구하고 너트슨이 에스테스 키포버(Estes Kefauber)를 지지한 결과 정적의 숫자가 더욱 늘어났다. 너트슨이 미네소타 선거유세를 선두 지휘하는 가운데 키포버는 거의 모든 주의 대의원을 휩쓸었다. 체면을 잃은 험프리는 복수를 결심했다.

코야가 1958년 재선에 나섰을 때 민주농민노동당 일부 인사들은 남편 앤디 너트슨을 설득해 아내의 출마 포기를 종용하는 공개편지를 쓰도록 만들었다(이미 써 놓은 편지에 서명을 받았다). 실패한 농부이자 알코올중독자로서 아내가 집에 머물면서 요리는 물론 쟁기질까지 대신해 주기를 바라는 앤디의 심리를 꿰뚫은 작전이었다. 공개편지는 1958년 4월, 9선거구 지명대회 바로 전날 언론에 배포되었다. 코야 너트슨의 워싱턴 생활은 외로웠다. 당시 관습상 아무리 보좌관일지라도 외간남자와의 만남에는 많은 제한이 뒤따랐다. 그럼에도 불구하고 그녀는 연방 차원의 대학자금 융자 프로그램을 제정하고 대통령의 선거운동 기부금은 세금을 공제하는 법안을 신설하는 데 중요한 역할을 하는 등 의원직을 성공적으로 수행했다. 하지만 남편은 편지에서 의원직을 버리고 가정으로 돌아오라고 요구했다.

"사랑하는 코야, 돌아오는 일요일에는 9선거구 유권자들에게 정치는 이제 지긋지긋하다고 이야기해 주기를 바라오. 이제는 가정으로 돌아가서 남편과 아들 뒷바라지를 하고 싶다고. 남편의 요청을 들어주겠지. (중략) 외간남자들하고 어울리는 당신의 모습은 이제 신물이 나. 사랑해, 여보."

다음날 《파고 포럼(Fargo Forum)》의 헤드라인은 "코야, 집으로 돌아와"였고 이 기사는 전국적인 화젯거리로 떠올랐다.

미네소타의 유권자들은 마음이 흔들렸다. 여성의 자리는 가정이 아닌가 싶었다. 코야는 민주농민노동당 지명전에서 승리를 거두었지만 1956년에 손쉽게 승리를 따냈던 선거구의 일반 투표에서는 남성 후보에게 패했다. 그리고 앤디가 조작된 편지였다고 실토한 2년 뒤에도 또다시 고배를 마셨다. 코야 너트슨의 입장에서 보자면 1960년은 애매한 시기였다.

남편 앤디와 함께 한 코야
1954년 11월, 오클리.

24

1970년대

워터게이트 사건

백악관의 전직 법률고문 존 W. 딘 3세(John W. Dean III)는 궁지에 몰렸다. 그는 정의를 위반했고 연방 검사들은 몇 년 형을 구형하고도 남을 만한 증거를 확보한 상태였다. 신설 4개월째로 접어든 상원 워터게이트 위원회(정식명칭은 대통령 선거운동 관련 상원 특별위원회였다)는 유한 면책특권 하에 증언을 요구했다(검사 측에서는 부당한 특권이라고 생각했다).

딘은 상원의 간부실에서 1973년 6월 25일 월요일부터 증언을 시작했다. 첫날은 245쪽에 이르는 모두진술을 낭독하는 데 할애되었다. 딘의 무미건조한 목소리는 몇 시간 동안 이어졌지만 3개 민간방송사와 신생 PBS는 청문회를 처음부터 끝까지 생방송으로 중계했다. 이후 심문은 나흘 동안 계속되었다.

딘은 담담한 태도로 임했지만 청문회는 온 나라를 떠들썩하게 했다. 그는 워터게이트 건물의 민주당 전국위원회 사무실을 침입한 사건과 관련해 리처드 M. 닉슨 대통령과 처음으로 대화를 나눈 것은 사건이 벌어지고 석 달 뒤인 1972년 9월 15일이었다고 밝혔다. 9월 15일이면 연방대배심이 백악관의 전(前) 직원 두 명을 포함해 일곱 명의 공소제기를 결정한 날이었다. 그 자리에서 대통령은 법무부의 조사 범위가 확대되지 않도록 잘 막아주었다며 딘의 노고를 칭찬했다.

"백악관의 워터게이트 연루설을 진화하느라 어떤 조치가 취해졌는지 대통령이 잘 알고 있다는 인상을 받

닉슨과 수석 보좌관 홀더먼이 로즈 정원을 걷는 모습
(왼쪽) 대통령 집무실의 유리문 너머로 촬영한 사진이다.

았고, 저는 언제까지 은폐가 가능할지 자신 없다고 이야기했습니다."

딘은 1973년 2월 27일에 두 번째로 대통령을 만났다[그는 백악관의 법률고문이었지만 닉슨과 만난 적이 별로 없었다. 대통령 면담은 수석 보좌관 H. R. 홀더먼(H. R. Haldeman)의 엄선을 거친 뒤에야 가능했다]. 이때 딘은 진실이 밝혀질 것 같다고, 자신도 형사처벌을 면치 못할 것 같다고 불안한 마음을 털어놓았다.

"(대통령은) 법적으로 아무 문제가 없으니 걱정하지 말라고 했습니다."

하지만 변호사인 딘이 모를 리 없었다.

3월 13일에 그는 워터게이트 관련 피고인 일곱 명이 몇백 만 달러의 엄청난 금액을 요구한다고 대통령에게 전했다. 닉슨은 "문제없소."라고 대답했다(닉슨이 침입자 매수에 직접 관여했다는 부분이 가장 충격적인 증언이었다). 딘은 8일 뒤, 집무실에서 다시 대통령을 만났고 은폐 관련 세부사항을 간략하게 보고했다. 그리고 '점점 자라는 종양'을 제거하지 않으면 대통령직을 사임해야 될지도 모른다고 이야기했다. 대통령도 이미 알고 있었던 모양인지 충격을 받거나 화를 내지 않고 담담하게 받아들였다.

"딘 씨, 지금 선서까지 한 상황에서 미국의 최고위 공직자인 대통령을 상대로 얼마나 중대한 증언을 하고 있는지 알고 계십니까?"

딘이 모두증언을 마치자 위원회의 수석 고문 샘 대시(Sam Dash)가 물었다.

"알고 있습니다."

워터게이트 위원회
딘이 상원 워터게이트 위원회 앞에서 장황한 모두진술을 낭독하고 있다.

"그런데도 증언을 번복하지 않으시겠습니까?"
"네."

당시로서는 딘의 진술을 의심할 여지가 많았다. 그는 법무부의 조사를 불법 저지했다고 자인한 데다가 민주당 전국위원회의 도청 계획을 사전에 알고 있었다고 실토했다. 이런 상황에서 처벌 수위를 낮추려면 홀더먼이나 내정담당 보좌관 존 에일리크먼(John Ehrlichman)—둘 다 이미 사임한 뒤였다—과 같은 주요 인물을 끌어들이는 것이 한 가지 방법인데, 닉슨 대통령보다 더 큰 표적은 없었다. 몇백 만 시청자는 몇 시간 동안 딘의 얼굴을 관찰하며 믿을 만한 인물인지 단서를 찾았다. 하지만 증언이 끝난 뒤에도 딘과 닉슨, 둘 중 한 사람이 거짓말을 하고 있다는 사실 외에는 아무것도 확신할 수 없었다.

초임 시절

1968년에 닉슨은 공화당의 중심부를 등에 업고 43.4퍼센트라는 빈약한 득표율을 거두면서 양분된 민주당을 이겼다. 하지만 지지 기반이 빈약했고 정적들은 대부분 그를 무시했다. 특히 좌익 진영은 빨갱이 사냥꾼 시절부터 닉슨을 질색한 만큼 싫어해 기회가 있을 때마다 대통령에게 면박을 주었다. 전직 《뉴욕타임스》 칼럼니스트 톰 위커(Tom Wicker)는 닉슨을 '민주당원과 개혁주의자들이 가장 즐겨 혐오하는 공화당원'이라고 묘사하면서 "닉슨은 30년 동안 줄기차게 대통령 자리만 바라본 야심의 상처를 가지고 있다."고 말했다. 그뿐 아니라 닉슨은 편을 강요하는 군대식 사고방식의 소유자였다. 내 편이 아니면 모두 적이었다. 그는 백악관의 보도국 부국장 케니스 클로슨(Kenneth Clawson)에게 이런 말을 한 일이 있었다.

"어렸을 때 비웃음과 무시와 경멸에 시달리면 그렇게 돼지. (중략) 하지만 정말 똑똑하고 가슴 깊이 분노가 자리잡은 사람이면 뛰어난 능력과 근성으로 상대방의 태도를 바꿀 수 있다는 사실을 깨닫게 된다네. 모든 걸 갖춘 인간들은 가만히 앉아 있기만 해도 되는 일인데 말이지."

취임 선서를 한 1969년 1월 무렵에 닉슨은 대다수의 국민들처럼 불화와 무질서가 나라를 산산이 갈라 놓고 있다고 생각했다. 그는 무질서만이라도 해결할 수 있도록 FBI와 CIA를 동원해 민권운동가, 반전시위대, 그 밖의 좌익세력을 무너뜨릴 만한 광범위한 계획을 세우도록 보좌진을 독려했다. 이에 따라 우편물 검열, 전화 도청, 비밀 탐색 등 갖가지 의견이 제시되었다(이 중에서도 국세청 자료는 효자노릇을 톡톡히 했다. 상원 증언에서 딘은 행정부의 요청으로 국세청 감사가 실시된 일도 있다고 밝혔다). 닉슨은 1970년 7월에 보좌진의 계획을 개인적으로 승인했지만, FBI 국장 J. 에드거 후버가 정보국을 재편하면 자신의 입지가 흔들릴 수 있다는 판단 아래 반대했기 때문에 실행에 옮기지는 못했다.

불황에 가까운 경제의 회복도 닉슨 앞에 놓인 또 다른 과제였다. 미국 경제는 20년 동안 사상 유래 없는 발전을 누렸지만 베트남 전쟁과 위대한 사회 계획을 지원하느라 고갈지경에

"미국은 무질서와 혼란, 법을 경시하는 태도에 지칠 대로 지쳤습니다. 미국은 이제 법치국가로 되돌아가고자 합니다."

닉슨, 1972년 5월 4일, FBI 국장 후버의 장례식에서

이르렀다. 닉슨의 취임 당시 3.5퍼센트였던 실업률은 2년 사이 5.9퍼센트로 뛰었다. 같은 기간 동안 물가는 치솟고 소비는 침체되면서 '스태그플레이션'이라는 부조화가 탄생되었다. 처음에 닉슨은 세금을 올리고 예산을 축소할 생각이었다. 하지만 정치적으로 불가능하다는 판단이 내려지자 놀라운 융통성을 보이며 1971년 8월에 봉급과 물가 억제책을 내놓았다. 이 동안에는 인플레이션도 잠잠한 모습을 보였다. 하지만 1972년에 재선된 이후 억제책을 해지하자 2차 세계대전 이래 처음으로 물가가 두 자리 숫자로 껑충 뛰었다.

19 70년대가 시작될 무렵 미국 내정은 이처럼 온갖 어려운 문제에 직면해 있었지만 닉슨은 적극적으로 개입하지 않았다. 그는 내정에 관한 한 미국의 자생능력을 철저하게 믿었다. 닉슨의 주력 분야는 외교문제였고, 임기 초년의 가장 시급한 당면과제는 베트남 전쟁이었다. 그는 베트남 전쟁이 린든 B. 존슨을 파멸로 몰고 간 사실을 잘 알고 있었기 때문에 미국군 53만 6천 명을 동남아시아에서 최대한 빠르게 철수시키려고 했다. 하지만 체면치레를 위하여 믿음직한 안보고문 헨리 A. 키신저를 1970년 2월, 파리로 보내 북베트남 외교관 르 둑 토와 비밀 평화회담을 열도록 했다. 하지만 평화회담은 별다른 진전 없이 2년여 동안 지루하게 계속되었다.

그 사이 키신저는 또 다른 비밀 외교업무를 수행했다. 지난 20년 동안 반공 진영의 선봉에 섰던 닉슨이 1971년 7월 초에 키신저를 중화인민공화국으로 보내 대통령 방문 절차를 준비하도록 지시한 것이다. 미국은 본토의 공산당 정부를 공식 승인하지 않았고 타이완의 망명정부 대신 중국이 UN에 가입하는 것을 반대해 왔다. 하지만 닉슨은 새로운 세계질서 확립이라는 좀더 원대한 목표를 위해 '중공'과 정식수교를 맺기로 했다. 닉슨이 보기에 세계는 양극체제를 벗어난 상황이었다. 일본과 서유럽은 예전처럼 경제대국으로 발돋움했다. 공산주의 진영의 갈등은 중국과 소련을 주축으로 점점 골이 깊어졌고, 제3세계의 개발도상국들은 날이 갈수록 민족주의적인 양상을 띠었다. 세계정세의 균형과 미국의 우위를 유지하려면 새로운 동맹이 필요했다.

홀더먼(왼쪽)과 에일리크먼
권력의 전정을 누리던 1969년 4월, 백악관을 나서고 있다.

닉슨이 보기에 중공과의 외교 단절이야말로 가장 구시대적인 발상이었다. 중국은 세계 제2의 대국이고 핵무기를 보유한 나라인데, 미국은 타이완의 국민당 정부가 본토를 다스리는 양 현실을 외면하고 있었다. 닉슨은 이와 같은 외교정책의 반전을 꾀하고 몇십 년 동안 고립노선을 고수하던 중국을 밖으로 끌어내기 위해 키신저가 돌아오자마자 몇 달 안으로 베이징을 방문하겠다고 발표했다. 그의 고백을 접한 미국과 전 세계는 깜짝 놀랐고 엄청난 논란이 이어졌다. 닉슨은 워낙 반공주의자로 유명했기 때문에 공산당을 너무 유하게 대한다는 비난이 쏟아지지는 않았지만, 이미 아슬아슬하던 미소 관계가 이로 인해 위기를 맞이하는 게 아니냐는 우려의 목소리가 들렸다. 우려가 현실화되지는 않았다. 닉슨은 1972년 2월 역사적인 베이징 방문을 마치고 석 달 뒤에 모스크바로 건너가 제1차 전략무기제한협상(Strategic Arms Limitation Treaty, 이하 SALT I)에 조인했다.

1972년 대통령 선거

SALT I 체결로 달라지는 부분은 거의 없었지만, 긴장 완화를 의미했기 때문에 닉슨은 당당하게 고국으로 돌아갔다. 중국과 소련에서 외교적인 성과를 거두고 임금과 물가 조절로 인플레이션의 속도를 늦춘 결과, 닉슨의 정치적 입지는 임기 사상 최고 전성기를 누렸다. 이에 비해 민주당은 깊은 수렁에서 헤어나오지 못했다. 1968년 시카고 전당대회에서 일대 혼란이 빚어지자 민주당의 개혁주의자들은 대의원 선택에 관한 여러 당칙을 바꾸도록 압력을 행사했다. 덕분에 후보들은 주 단위 당 조직의 찬성 없이 대의원을 선정할 수 있었다. 바뀐 제도의 혜택을 가장 많이 받은 사람은 급진적인 개혁파에 속하는 사우스다코타의 상원의원 조지 S. 맥거번(George S. McGovern)이었다. 대의원 선출위원회 의장을 맡았던 맥거번은 젊은 여성과 소수집단으로 구성된 대의원들의 지지 아래 1972년 대통령 후보로 지명을 받았다. 민주당 충성파를 소외시킨 셈이었는데, 이들의 지지를 받지 못하면 당선 가능성이 전혀 없다는 점에서 볼 때 치명적인 실수였다.

닉슨은 선거기간 동안 백악관에 틀어박힌 채 재선 운동에 연연하지 않는 모습을 보였다. 선거운동의 세부적인 진행을 위임받은 존 N. 미첼(John N. Mitchell)은 법무장관을 사임하고 대통령 재선위원회(Committee for the Re-Election of the President : CRP) 위원장으로 부

여성해방

반문화운동은 1970년대 초반으로 접어들면서 사양길로 접어들었지만 여성해방운동은 그렇지 않았다. 현대 여권신장 운동은 1960년대 초반, 몇몇 여류 작가와 학자들이 성에 따른 고정관념을 재평가하고 성 역할을 재고하면서 시작되었다.

베티 프리던은 기념비적인 작품 『여성의 신비』(1963년)에서 여성이라면 누구나 가정주부라는 역할을 통해 만족을 느껴야 한다는 시각에 의문을 제기했다. 『여성의 신비』가 베스트셀러 반열에 오르자 프리던은 연구결과를 행동으로 옮겼고, 1966년 6월에 전국여성협회 창설을 도왔다.

프리던식 페미니즘은 남성을 공격하기보다 인도주의적인 이데올로기를 강조했고 실질적인 개혁을 주장했다. 하지만 1960년대 후반에 등장한 신세대 페미니스트들은 남성들이 장악한 인권운동과 반전운동에 소외감을 느끼고, 좀 더 급진적인 비평을 모색했다. 1970년에 발표한 『성의 정치학』에서 서른다섯 살의 케이트 밀레트(Kate Millett)는 "우리 사회는 과거의 모든 사회가 그렇듯이 가부장 사회이다. 권력의 모든 분야가 남성의 전유물인 상황을 보면 분명하다."고 말했다. 신세대 페미니스트들은 프리던처럼 개인적인 성취에 집중할 것이 아니라 '남성 우월주의'와 남성에게 집중된 권력구조를 연합 공격해야 한다고 주장했다.

하지만 대부분의 여성은 한층 더 온건한 방식을 택했다. 전국여성협회 회원들은 전통적인 방식에 따라 불평등한 고용을 해소하고, 강간범의 형벌을 높이고, 낙태 합법화를 추진했다. 다른 여성들은 인식확대 모임에 참석하고 결혼이나 육아와 같은 사회제도를 개혁하는 데 주력했다.

임했다. 닉슨은 낙승이 예상되는 상황에서도 공화당 총선후보 지원은 젖혀 두고 맥거번을 무너뜨리는 데 총력을 기울이도록 선거운동 본부를 조종했다. 대리인들은 아무 어려움 없이 닉슨을 알맞은 후보로 부각시켰고, 모든 국민에게 최소임금을 보장하겠다는 맥거번을 극단론자로 몰아붙였다. 심지어 키신저는 10월 26일, 선거를 불과 2주 앞둔 시점에서 베트남에 평화가 '임박' 했다고 발표했다(물론 그의 주장은 거짓이었다. 선거가 끝나자마자 협상은 결렬되었고 미국의 B-52기는 12월 18일부터 12일 동안 북베트남 '크리스마스 폭격'을 감행했다). 맥거번은 승산이 전혀 없었다. 그는 매사추세츠 한 주에서 승리를 거두며 일반 투표에서 37.5퍼센트의 득표율을 거두는 데 그쳤고, 반면에 닉슨은 60.7퍼센트를 기록했다. 이렇게 해서 닉슨은 바라던 대로 폭넓은 지지기반을 확보했지만 대통령으로서의 입지에는 한계가 있었다. 선거운동에서 총선후보를 거의 신경 쓰지 않은 결과, 하원에서는 10여 석을 추가하는 데 그치고 상원에서는 오히려 두 석을 빼앗기는 등 공화당은 여전히 소수당으로 남은 것이다. 닉슨의 선거운동진은 민주당의 콧대를 꺾을 만한 새로운 방법을 모색하느라 지나치게 열심이었다.

닉슨은 외곬에 편집증 성향이 있는 인물답게 기자들에게 비밀이 새어 나가는 것을 질색했다. 1971년 7월 무렵에는 어찌나 안달을 냈던지 에일리크먼이 비밀유출 사태를 조사하고 저지하는 특별반을 구성할 정도였다. '배관반' 이라는 별명으로 불린 특별반의 구성원은 에일리크먼의 부관 에길 크로그 2세(Egil Krogh Jr.), 키신저의 보좌관 데이비드 R. 영(David R. Young), 전직 CIA 요원 E. 하워드 헌트 2세(Howard Hunt Jr.), 전직 FBI 요원 G. 고든 리디(G. Gordon Liddy) 등이었다. 닉슨은 "SALT I 협상이 열린 헬싱키에서 공식입장 발표를 앞둔 7월 23일 아침, 한 걸음 물러서기로 한 우리의 계획이 《뉴욕타임스》 1면에 실렸다. 나는 크로그를 강하게 다그치며 말했다. '용납할 수 없는 일일세. 용납할 수 없는 일이야.' "라고 말했다.

한 달 뒤, 노동절이 낀 주말에 배관반은 대니얼 엘스버그(Daniel Ellsberg)를 담당하는 정신과 의사의 진료실을 몰래 급습했다. 엘스버그가 펜타곤 페이퍼(Pentagon Papers)를 공개한 동기가 무엇인지, 앞으로의 계획은 어떻게 되는지, 공범은 없는지, 환자 기록을 보고 그의 이력에 흠집을 낼 만한 정보를 알아내기 위해서였다. 닉슨은 1978년에 출간한 회고록에서 "불법 침입 소식을 들었을 때 처음에는 믿지 않았다. 하지만 내가 느끼는 위기감이 점점 심해졌기 때문에 벌어진 사태라고 생각했다."고 털어놓았다.

"그 당시에는 긴장감과 반감, 위기의식이 워낙 강했기 때문에 불법 침입 계획을 사전에 들었더라도 전례가 없다거나 부당하다거나 상상할 수도 없는 일로 간주하지 않았을 것이다. (중략) 지금은 엘스버그를 담당한 정신과 의사의 진료실을 몰래 뒤진 일이 부적절하고 지나친 처

1972년 선거운동 포스터
대통령 재선위원회는 CRP 외에 CREEP이라는 약칭으로도 불렸다.

펜타곤 페이퍼

린든 존슨과의 공조 아래 벌인 전쟁이 점점 골치를 더해 가자 1967년 6월, 국방장관 로버트 맥나마라는 2차 세계대전 이래 미국의 동남아시아 개입 실태를 조사하는 일급 기밀 작업을 실시했다. 47권으로 이루어진 이 보고서는 존슨 행정부가 백악관을 떠나던 1969년 1월에 이르러서야 완성이 되었다. 국방부 고문 자격으로 보고서 작성에 동참했던 대니얼 엘스버그는 그로부터 2년 뒤, 보고서의 내용을 《뉴욕타임스》에 유출했고 《뉴욕타임스》는 이를 근거로 1971년 6월 13일부터 연재기사를 게재하기 시작했다.

펜타곤 페이퍼라 불린 이 보고서는 미국이 전쟁에 개입한 실질적인 이유와 정도를 은폐하기 위해 정책 입안자들이 어떤 식으로 국민들을 오도했는지 폭로했기 때문에 정부로서는 상당히 난처할 수밖에 없는 입장이었다. 법무부는 안보를 이유로 내세워 보고서 게재를 임시 중단하라는 명령을 내렸다. 하지만 6월 30일에 열린 '뉴욕타임스 대 연방정부' 재판에서 대법원은 게재 중단 근거가 부족하다는 판결을 내렸다. 보고서가 다시 신문에 실리기 시작하자 법무부는 엘스버그를 직접 추궁했지만, 정부가 담당 정신과 의사의 사무실을 불법 침입하는 등 부적절한 행위에 관여했다는 사실이 밝혀지면서 1973년 5월에 고소가 기각되었다.

사였다고 생각한다."

배관반은 1971년 9월 말에 해체되었지만 리디는 대통령 재선위원회의 일반 고문을 맡으면서(나중에는 재정고문을 맡았다) 조심스럽게 정치적 첩보작전을 전개했다. 리디는 첩보활동 이력을 자랑하기 좋아하는 인물이었고, 한번은 딘에게 손바닥의 화상을 보여 주면서 고통을 얼마나 잘 참는지 뽐내기 위해 불을 쪼이다 생긴 흉터라고 말했다.

미첼이 법무장관직을 사임하기 전인 1972년 1월, 리디는 100만 달러의 예산을 들여 민주당을 상대로 광범위한 비밀작전을 벌이자고 제안했다. 유력한 후보들의 전화를 도청하고 창녀를 동원해 전당대회 대의원들을 곤경에 빠트리는 것은 물론, 1972년 공화당 전당대회가 끝날 때까지 급진적인 지도부 인사들을 납치하자는 의견까지 내놓았다. 미첼은 예산을 축소하라고 종용했고, 리디는 두 번에 걸쳐 그의 지시를 따랐다. 결국 미첼은 25만 달러 예산의 보석 작전(Operation Gemstone)을 승인했다. 이에 따라 리디는 제임스 W. 매코드 2세(James W. McCord Jr.)를 영입했다. 그는 CIA의 물리보안과장을 지내다 대통령 재선위원회의 보안고문으로 활약 중인 인물이었다. 헌트는 CIA 시절에 알고 지냈던 쿠바 출신의 반(反)카스트로 일파 버너드 L. 바커(Bernard L. Barker), 버질리오 R. 곤살레스(Virgilio R. Gonzalez), 유지니오 R. 마르티네스(Eugenio R. Martinez)와 이들의 친구격인 반공주의자 프랭크 A. 스터지스(Frank A. Sturgis)를 끌어들였다(바커와 마르티네스는 엘스버그 불법 침입에 이미 가담한 바 있었다). 이들 넷은 모두 마이애미 주민이었다.

1973년 4월의 워터게이트 단지

(가운데) 사무용 빌딩 두 개, 호텔 한 개, 호화 아파트 세 블록을 아우른 워터게이트 단지. 이곳에 사는 주민들 가운데 가장 유명한 인물이 캔자스 상원의원 밥 돌이었다.

불법 침입

1972년 5월 28일 일요일, 매코드와 마이애미 주민 네 명은 워터게이트 빌딩에 자리잡은 민주당 전국위원회 사무실로 몰래 들어가 전화기 두 대에 도청기를 설치했다. 전국위원회 의장 로런스 F. 오브라이언(Lawrence F. O'Brien)의 비서와 보좌관이 쓰는 전화기였다. 이들은 길 건너편 모텔에서 두 전화기의 통화 내용을 기록하여 선거운동본부 부국장 제브 스튜어트 매그루더(Jeb Stuart Magruder)에게 넘겼고, 매그루더는 다시 미첼에게 넘겼다. 하지만 별 쓸모 없는 내용으로 밝혀지자 이들은 오브라이언의 전용선을 도청하기로 결심했다. 이들이 6월 17일 토요일 아침에 2차 침입을 감행했을 때 워터게이트 경비원 프랭크 윌스가 자물쇠를 덮은 테이프를 발견하고 경찰에 신고했다. 출동한 경찰들은 민주당 전국위원회 사무실에서 매코드와 스터지스, 그리고 세 명의 쿠바인을 체포했다.

5인조는 그날 오후에 기소 인부(認否) 절차(피고인을 공판정에 소환하여 유죄를 인정하는지 묻는 절차—옮긴이)를 밟았다. 이들은 정교한 전자장비와 볼펜 크기의 최루 가스총을 휴대하고 있었고, 가지고 있던 2,300달러의 현금은 대부분 일련 번호가 매겨진 100달러 지폐였다. 담당 재판관이 직업을 묻자 한 명이 나머지 모두를 대표해 '반공주의자'라고 대답했다. 제임스 A. 벨젠(James A. Belsen) 재판관은 매코드를 한 걸음 앞으로 불러 다시 한 번 직업을 물었다. 매코드는 '보안 담당 고문'이라고 대답했다. 벨젠은 직장이 어디냐고 물었다. 스물아홉 살의 《워싱턴 포스트》 기자 밥 우드워드(Bob Woodward)는 귀를 기울였다. 매코드는 "CIA"라고 조그맣게 대답했다.

우드워드는 불법 침입건 취재 보조 기자였다. 다음날, 그의 도움으로 작성된 기사가 정치부 담당기자 앨프리드 E. 루이스(Alfred E. Lewis)의 이름으로 《워싱턴 포스트》 1면에 실렸다.

"전직 중앙정보국 요원을 비롯한 다섯 명의 일당이 어제 새벽 2시 30분쯤 워터게이트 빌딩에서 체포되었다. 관계 당국이 전언에 따르면 이들은 민주당 전국위원회의 도청을 시도했다고 한다."

그럴듯한 이야기였지만 우드워드와 신문사 동료 칼 번스타인은 대통령이 선거에서 압승을 거둔 상황에서 "공화당이 불법 침입을 자행했다니 믿을 수가 없었다."고 말했다. 《워싱턴 포스트》의 국내 담당부는 경찰 취재 경험이 거의 없었기 때문에 수도권을 담당하던 우드워드와 번스타인이 추가 취재를 맡았다. 일요일 밤에 우드워드는 《워싱턴 포스트》의 경찰 출입기자 유진 바친스키(Eugene Bachinski)의

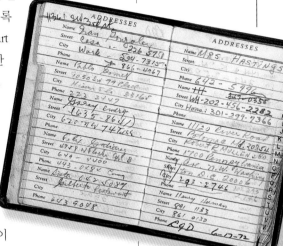

바커의 수첩
경찰이 6월 18일, 워터게이트 호텔의 객실에서 입수했다. 'HH'(하워드 헌트) 란에 5인조와 대통령 보좌관의 첫 번째 연결고리 격인 헌트의 백악관 전화번호가 적혀 있다.

우드워드(왼쪽)와 번스타인
1973년 4월,
《워싱턴 포스트》의 뉴스
편집실에서 촬영한 것.
두 젊은 기자는
1972년 10월 10일에
워터게이트 불법 침입이
공화당이 자행한
'비열한 계략'의 일부분에
불과하다는 기사를
게재하면서 워터게이트
사건이 전국적인 추문으로
확산되는 데 결정적인
역할을 했다.

전화를 받았다. 일당 가운데 두 명의 수첩을 입수해 보았더니 헌트의 이름 옆에 'W.H.'와 'W. 하우스'라는 단어가 적혀 있다는 전화였다. 월요일에 우드워드는 백악관으로 전화를 걸어 헌트와 통화를 하고 싶다고 전했다. 전화는 대통령 보좌관 찰스 W. 콜슨(Charles W. Colson)의 비서에게 연결되었고, 콜슨의 고문 격인 헌트가 주중에는 대부분 워싱턴 광고회사의 카피라이터로 일한다는 정보가 전해졌다. 이후에 우드워드는 광고회사로 전화를 걸어 헌트에게 통화를 원하는 이유를 밝혔다. 헌트는 엉겁결에 "이런!" 하고 고함을 지른 뒤 쾅 소리와 함께 수화기를 내려놓았다. 한편 다른 기자들은 매코드의 보안회사와 대통령 재선위원회의 관계를 밝혀 냈다.

6월 20일 토요일, 대통령의 공보비서 론 지글러(Ron Ziegler)는 불법 침입을 '3류 강도극'으로 치부하며 백악관이 공식 논평을 할 필요조차 없다고 잘라 말했다. 하지만 리디와 헌트가 연루되었음을 알리는 증거가 1972년 여름 내내 속속들이 지면을 장식했다(《워싱턴 포스트》에서는 FBI 수사에 별다른 진전이 없는 것이 수상하다고 지적했다).

1972년 9월 15일, 리디와 헌트, 그리고 다섯 명의 일당이 연방 지방법원의 존 J. 시리카(John J. Sirica) 판사 앞으로 소환되었다. 기소 항목은 공동 모의, 불법 침입, 도청 관련 연방법 위반이었다. 하지만 사건 개요를 약술하는 공판 전 심리에서 얼 J. 실버트(Earl J. Silbert) 검사는 동기를 언급하지 않은 채 기소 범위를 축소하는 데에만 집중했다. 시리카 판사는 자세한 내막을 캐물었다. 민주당 전국위원회의 도청을 시도한 이유가 무엇인가? 피고들에게 누가, 어떤 목적으로 재정적인 지원을 했는가? 그는 훗날 "의문점이 너무 많았다."고 설명했다.

"바보가 아닌 이상 이들이 독자적으로 저지른 행동이라고는 믿을 수 없었다. 고위급 간부의 승인 없이 어느 선거운동본부가 리디 같은 사람에게 거액을 지원할 수 있겠는가? 내가 어떻게 그런 부분을 지나칠 수 있었겠는가?"

한편 닉슨은 전보다 한층 더 백악관에 칩거하며 연임 준비에 몰두했다. 그는 낯가림이 심한 사람답게 사교행사를 환영하지 않았고, 혼자 생각을 하거나 키신저 등 가까운 보좌진과 함께 전략을 구상하며 시간을 보내는 쪽을 훨씬 좋아했다. 1972년 선거 이후 닉슨을 둘러싼 베를린 장벽—워싱턴 소식통들이 홀더먼, 에일리크먼, 키신저에게 붙인 별명이다—은 한층 높아졌고 심지어는 내각의 각료들마저 대통령을 쉽게 만날 수 없었다.

은폐

워터게이트 재판은 1973년 1월 10일에 시작되었다. 이전에는 일곱 명 모두 무죄를 주장했지만 헌트는 재판 시작 당일에 유죄를 인정했다. 다음날, 마이애미 4인조도 주장을 번복했다. 시리카는 돈을 받았기 때문이냐고 물었다. 이들은 아니라고 대답했지만, 훗날 딘이 폭로했다시피 거짓말이었다. 백악관에서 이미 두둑한 뒷돈을 챙겨 주었던 것이다.

"쿠폰처럼 돌아다니던 100달러짜리 지폐는 어디에서 난 겁니까?"

시리카는 유죄 인정을 받아들이기에 앞서 바커에게 물었다. 바커가 발신인 불명의 우편으로 받았다고 진술하자 시리카는 날카롭게 대꾸했다.

"미안하지만 믿을 수가 없군요."

무죄를 주장한 리디와 매코드의 재판은 1월 30일, 유죄 판결로 끝이 났다. 리디가 대통령 재선위원회의 보안자금을 유용했다는 것이 검사 측에서 주장한 이론이었고, 피고인들의 진술 거부 작전은 성공을 거두는 것처럼 보였다. 하지만 시리카의 의구심은 풀리지 않았다. 그는 느릿느릿한 소추 절차에 분통을 터트렸고, 한번은 대통령 재선위원회의 재무담당 휴 W. 슬론(Hugh W. Sloan)을 신문하던 실버트의 말허리를 가로채더니 리디가 주관한 돈세탁과 관련해 마흔한 가지의 질문을 퍼붓기도 했다. 배심이 평결을 내렸을 때 시리카는 밝혀지지 않은 관련 사실이 아직 남아 있다고 밝히고, 최종 선고를 연기할 테니 피고인들은 장기 복역을 감당할 자신이 있는지 다시 한 번 생각해 보라고 했다.

3월 23일로 예정된 선고 공판을 앞두고 매코드는 대통령 재선위원회의 상사들을 위해 희생을 감수하지 않겠다는 결론을 내렸다. 그는 3월 20일에 편지를 들고 판사실을 직접 찾았다. 그는 편지에서 '우리 가족은 이 사건과 관련된 사실을 공개적으로 폭로하거나 정부관리에게 털어놓으면 불이익을 당하지 않을까 걱정한다'고 적었다. 하지만 '정의를 위해, 형사사법제도의 신뢰 회복을 위해' 시리카와 이야기를 나누고 싶다고 밝혔다. 그는 묵비권을 행사하라는 압력을 받았고, 법정에서 위증을 했고, 불법 침입을 계획하고 승인할 때 다른 인사들도 가담했다는 사실을 밝혔다. 이 편지야말로 시리카가 바라던 돌파구였다.

1973년 9월의 시리카
닉슨 대통령은 너무 너그러운 판사들이 법과 질서를 무너뜨리고 있다고 불평을 일삼았다. 하지만 시리카는 닉슨의 기준에서 보더라도 강경한 판사였다. 이탈리아계 이민가정에서 태어난 시리카는 권투 코치를 겸하며 법과대학원을 마쳤고 엄격한 판결로 명성을 날렸다. 그의 별명은 '최고형'이었다.

도청 시범
1973년 5월, 매코드가 상원 워터게이트 위원회에서 민주당 전국위원회의 전화기를 어떤 식으로 도청했는지 시범을 보이고 있다.

챕스틱 전화선
불법 침입 사건이 벌어진 뒤 헌트의 백악관 금고에서 발견됐다.

며칠 뒤 상원 워터게이트 위원회(2월 7일에 결성되었다) 앞에서 증언을 시작한 매코드는 미첼을 '총 책임자'로 지목했고, 매그루더와 딘이 불법 침입 계획을 이미 알고 있었다고 주장했다. 한편 은폐 작업에 촉각을 곤두세우고 있던 닉슨 대통령은 3월 21일에 딘을 만나 — '대통령 자리를 위협하는 독버섯'이 된 만남이었다 — 입막음용으로 5인조에게 더욱 두둑한 대가를 약속했다. 그날밤, 백악관 대리인이 변호사를 통해 헌트에게 5만 7천 달러를 건넸다. 하지만 매그루더와 딘은 매코드의 편지가 갖는 의미를 파악하고 감형과 증언을 맞바꾸는 조건으로 연방 검사들과 협상을 벌이기 시작했다.

홀더먼, 에일리크먼과 정기적으로 만났던(가끔은 대통령까지 면담했던) 딘이 사건의 열쇠를 쥐고 있었다. 4월 초에 홀더먼은 침묵을 종용한 바 있었지만, 딘은 4월 19일에 발표한 성명서에서 '워터게이트 사건의 희생양'이 될 뜻이 없음을 분명히 밝혔다. 딘이 성명서를 발표한 이유는 그날 아침 《워싱턴 포스트》1면에 실린 기사 때문이었다. 매그루더가 4월 14일, 연방 검사들에게 미첼과 딘이 도청을 사전에 승인했고 이후 5인조의 입을 막는 데 일조했다고 증언했다는 것이 기사의 내용이었다. 우드워드와 번스타인의 표현에 따르면 "일심동체로 닉슨을 돕고 철저한 극기와 자제를 바탕으로 백악관 상부층을 구성했던 인물들이 이 시점부터 서로 공개적인 전투를 벌이기 시작했다." 이윽고 불법 침입은 사전에 알지 못했지만 은폐에 가담했던 행정부의 고위 관리들마저 법 집행 방해죄를 피하기 위해 증언을 자청하고 나섰다. 딘이 예상했던 것처럼 은폐극의 내막이 밝혀지기 시작하는 순간이었다.

4월 30일에 지글러는 홀더먼, 에일리크먼, 딘의 사임 소식을 발표했다. 행정부 관리들의 위증 사실을 알고 있었던 리처드 G. 클라인딘스트(Richard G. Kleindienst) 법무장관도 물러나고 엘리엇 L. 리처드슨(Elliot L. Richardson) 국방장관이 후임으로 임명되었다. 그날밤, 닉슨 대통령은 전국으로 방송된 연설에서 워터게이트 사건을 처음으로 공식 언급했다. 이제 전 국민의 관심은 대통령이 은폐극에 직접 가담했는지에 쏠렸다. 닉슨은 회고록에서 "진실을 밝히자면, 나는 얼마나 의미심장한 행동인지 확실히 인식하지도 못한 상황에서 (중략) 워터게이트 은폐극 속으로 깊숙이 빨려 들어갔다."고 털어놓았다. 하지만 그는 "솔직하게 인정을 하면 워터게이트 문제가—그리고 공직자로서의 자질 문제가—임기 내내 나를 괴롭힐 것이 분명"했기 때문에 연루설을 부인하며 '아무것도 모른다'고 주장하기로 결단을 내렸다.

테이프

6월 25일에 딘이 모두진술을 낭독한 뒤 나흘 동안 벌어진 심문에서 양당 상원의원들은 그의 증언을 반박하는 데 총력을 기울였다. 백악관에서도 위원회의 동맹군들이 증언의 신빙성을 문제 삼을 때 쓸 수 있도록 질문 목록을 마련했다. 그래도 딘은 고집을 꺾지 않았다. 닉슨은 딘의 증언이 대부분 작위적이고 일부는 거짓이라고 반발했다. 하지만 얼마나 심각한 타격인지 인정할 수밖에 없었다.

> 딘의 증언이 모두 정확하지는 않다 하더라도 그것은 더 이상 중요한 문제가 아니었다. 일부분이라도 정확하면 그것으로 충분했다. 게다가 그는 3월 21일의 결정적인 만남을 나보다 훨씬 정확하게 기억했다. 나는 딘이 주장한 것처럼 깊숙이 개입하지는 않았지만, 내가 주장한 것처럼 아무것도 모르지는 않았다. 나중에서야 깨달았다시피 이 사실이 가장 결정적이었다.

이후 3주 동안 대통령의 역할을 둘러싼 논쟁의 초점은 어느 쪽 증언을 믿어야 하는지로 모아졌다. 일흔여섯 살의 노스캐롤라이나 출신 민주당 의원 어빈이 주재한 상원위원회 심문에서 홀더먼과 에일리크먼은 은폐극의 주범으로 딘을 지목했고, 대통령을 옹호하는 이들의 주장이 유력한 설로 굳어지는 것처럼 보였다. 그러다 7월 13일 금요일, 어빈 위원회 위원들은 우드워드의 제안에 따라 백악관 비서실 차장을 지낸 알렉산더 P. 버터필드(Alexander P. Butterfield)를 불렀다. 우드워드가

워터게이트 위원회
테네시 상원의원 베이커가 손으로 마이크를 가린 가운데 수석 고문 대시(오른쪽)와 워터게이트 위원회 위원장 어빈이 귓속말을 나누고 있다. 베이커는 공화당원이었지만 "대통령이 어디까지 알고 있었습니까? 언제부터 알고 있었습니까?"라며 증인들을 집요하게 추궁한 것으로 유명하다.

입수한 정보에 따르면 버터필드는 '내부 보안' 책임자였다. 다음날, 한 위원이 우드워드의 집으로 전화를 걸어 축하 인사를 건넸다.

"버터필드한테 전말을 들었지?"

"전말이라니뇨?"

우드워드는 호기심이 동했다.

"닉슨이 직접 도청을 했다는 거야."

7월 26일 월요일, 전국으로 중계되는 가운데 버터필드는 닉슨 대통령이 1971년 2월부터 지금까지 집무실과 다른 곳에서 나눈 대화를 비밀리에 녹음했다는 증언을 반복했다. 키신저도 모르는 녹음 테이프라니, 이제는 딘의 증언만 처리하면 될 문제가 아니었다.

테이프의 존재가 알려지자 어빈 위원회와 아치볼드 콕스(Archibald Cox, 리처드슨이 5월

애그뉴의 사임

19 73년 10월 10일, 스피로 T. 애그뉴(Spiro T. Agnew) 부통령은 사전형량조정안(수사에 협조할 경우 형을 감형, 면제해 주는 제도—옮긴이)을 받아들이고 부통령직을 사임했다. 부통령직을 고집했다가는 수감될 가능성이 컸기 때문이다. 1973년 여름 동안 메릴랜드의 연방 검사들은 애그뉴가 메릴랜드 주지사에 이어 부통령으로 재직하는 동안 뇌물을 수수했다는 증거를 확보했다. 애그뉴는 헌법상의 근거를 대며 현직 부통령은 기소할 수 없다고 맞섰지만, 역량이 달리자 결국에는 리처드슨 법무장관이 제안한 협상안을 받아들였다. 1만 달러의 벌금형과 집행유예 3년을 선고받는 대신 부통령직을 사임하고 탈세혐의에 대해 불항쟁 답변(유죄를 인정하지 않지만 검사의 주장에 맞서 다투지 않겠다는 답변—옮긴이)을 하기로 결정을 내린 것이다.

이렇게 해서 애그뉴는 가벼운 처벌로 상황을 모면했고 닉슨은 협상의 혜택을 톡톡히 보았다. 덕분에 정치적인 출

뇌물수수로 퇴임한 애그뉴
초임 시절에 닉슨의 보좌진은 신랄하기로 유명한 애그뉴를 이용해 정적, 언론(애그뉴는 언론을 가리켜 '안 좋은 소리만 나불거리는 갑부'라고 표현했다), 지식인 전체를 공격했다.

혈이 멈추었고 재임 부통령(또는 대통령)의 기소 가능성을 둘러싼 논란이 가라앉았던 것이다. 그뿐 아니라 뇌물수수 공판이 오랫동안 계속되면 닉슨이 탄핵을 받을 경우 대통령직 승계 문제도 미궁으로 빠질 가능성이 컸다. 애그뉴가 퇴장한 뒤 미시선 출신의 하원의원 제럴드 R. 포드(Gerald R. Ford)가 신임 부통령으로 선택되었다. 닉슨은 애그뉴의 사임발표를 듣자마자 민주당의 최고위원격인 하원의장 칼 앨버트(Carl Albert)와 상원의 다수당 원내총무 마이크 맨스필드(Mike Mansfield)를 만나 후임으로 누가 좋겠느냐고 물었다. 앨버트는 훗날 이렇게 밝혔다.

"포드 외에는 대안이 없다고 이야기했다. 제리 포드는 의회가 만든 대통령이었다."

18일에 워터게이트 특별검사로 임명한 인물이었다)는 대통령에게 정중한 편지를 보내 테이프를 제시해 달라고 부탁했다. 닉슨은 7월 18일에 행정상의 특권이라는 이유를 들어 위원회의 요구를 거부했다. 그러자 콕스는 시리카에게 아홉 개 테이프의 소환 영장을 발부 받았다. 상원위원회도 투표를 통해 위원회 명의의 소환장을 발부하기로 결정을 내렸다. 사흘 뒤, 닉슨은 테이프 인도를 다시 거부했다.

시리카는 테이프가 행정부 소관이기 때문에 대통령이 '전권'을 갖는다는 닉슨의 주장을 무시하고, 법원의 소환 명령에 따라야 한다는 콕스의 손을 들어 주었다. 그리고 8월 29일에는 테이프를 인도하면 판사실에서 들은 뒤 닉슨의 주장처럼 프라이버시 위반에 해당되지는 않는지, 아니면 곤란한 상황을 모면하기 위한 책략에 불과한지 판단을 내리겠다고 했다. 닉슨은 시리카의 명령이 부당하다고 상소를 제기했지만, 10월 12일에 순회법원은 테이프 아홉 개를 인도해야 된다는 쪽으로 5 대 2 판결을 내렸다.

이후 1주일 동안 백악관은 타협안을 받아들이도록 콕스를 설득하는 작업에 나섰다. 중립적인 '공증인'에게 백악관에서 마련한 요약본과 테이프 원본의 대조를 맡기자는 것이 타협안의 내용이었다. 이후에 친닉슨파로 꼽히는 미시시피 출신의 민주당 상원의원 존 스테니스(John Stennis)가 공증인으로 선택되었다. 콕스는 끝까지 거부했지만 닉슨은 10월 19일 금요일에 타협안을 강행했고, 콕스에게 "행정부 직원으로서 사법절차를 통해 대통령의 대화를 담은 테이프나 기록, 메모를 압수하려는 시도를 중단하라."고 명령했다. 그날밤, 콕스는 공직자의 의무에 위배되기 때문에 닉슨의 명령을 따를 수 없다고 선언했다. 그리고 이튿날 기자회견을 열어 논리 정연하게 차근차근 이유를 설명했다. 이후 여론은 점점 더 닉슨에게 등을 돌렸다. 하지만 닉슨은 더 이상 물러서지 않았다. 그는 고집을 꺾지 않았고, 홀더먼의 후임인 알렉산더 헤이그(Alexander Haig)를 통해 리처드슨 법무상관에게 콕스를 해임하라는 명령을 전달했다.

하지만 리처드슨은 5월에 열린 인준청문회에서 터무니없는 잘못을 저지르지 않는 한 콕스를 해임하지 않겠다고 상원에 약속한 바 있었다. 그는 약속을 어기느니 법무장관 자리에서 물러나기로 했다. 헤이그는 다음 수순으로 윌리엄 러켈샤우스 차관에게 연락을 취했지만 그 또한 콕스를 해임하기보다 사임하는 쪽을 선택했다. 결국 송무장관(법무장관, 법무차관의 다음 자리—옮긴이) 로버트 H. 보크가 임시 법무장관 자격으로 특별검사 제도를 폐지하는 등 대통령의 소원을 들어 주었다. 이날 저녁의 사건은 '토요일 밤의 대학살'이라는 별명을 얻었다. 시리카는 당시 기억을 이렇게 표현했다.

"텔레비전으로 상황을 지켜보고 있노라니 대통령이 현실 감각을 잃어버렸다는 느낌을 지울 수가 없었다."

국민들은 몹시 부정적인 반응을 보였다. 백악관에서 콕스의 해고 소식을 발표하자마자 워싱턴으로 분노의 전보를 보내려는 사람들의 전화가 웨스턴유니언 사로 빗발쳤다. 이후 열흘 동안 50만 통에 가까운 전보가 늘어닥쳤다. 거의 대부분 대통령의 처사를 비난하는 내용이었다. 이와 더불어 전국의 주요 잡지에 닉슨의 사임을 요구하는 기사가 실리기 시작했다 (《타임》도 사상 최초의 사설을 통해 사임을 요구했다). 닉슨은 사흘 동안 강경한 입장을 보이다 결국에는 무너졌다. 10월 23일, 시리카 앞에 등장한 대통령 담당 변호사 찰스 앨런 라이트(Charles Alan Wright)는 항소법원의 결정대로 테이프 아홉 개를 항목에 따라 분류하고 색인을 달아 제출하겠다는 깜짝 선언을 했다.

하지만 1주일 뒤 판사실에서 시리카를 만났을 때 백악관 고문 J. 프레드 부자르트(J. Fred Buzhardt)는 테이프 아홉 개 가운데 남은 것은 일곱 개뿐이라고 밝혔다. 시리카는 바로 다음날부터 청문회를 열어 녹음 체계와 테이프, 테이프 취급 방법에 대한 증언을 듣기 시

콕스
그는 케네디 행정부에서 송무장관을 지냈기 때문에 닉슨은 애초부터 그의 특별검사 임명을 환영하지 않았다.

백악관의 녹음기
닉슨이 집무실에서 나눈 대화 내용을 남길 때 썼던 것이다.

작했는데, 이런 과정이 몇 달 동안 지루하게 이어졌다. 시리카의 표현을 빌자면 '변명을 했다가 며칠 뒤에 번복하는 식이었으니 통탄할 사건'이었다. 추수감사절을 하루 앞둔 11월 21일의 경우에도 부자르트는 1972년 6월 20일에 닉슨, 홀더먼, 에일리크먼이 나눈 대화의 내용을 테이프로 들어 보았더니 18분 정도가 '삭제'되어 있었다고 밝혔다. 그러다 나중에는 닉슨의 비서 로즈 메리 우즈가 녹취를 하다 실수로 지워 버렸다고 주장했다.

삭제된 테이프
닉슨의 비서 우즈가 백악관의 책상에서 1972년 6월 20일 테이프의 일부분을 어쩌다 실수로 지웠는지 시범을 보이고 있다. 하지만 곡예사가 아닌 한 그런 식으로 테이프를 지우는 힘들다는 것이 중론이었다.

'연방정부 대 닉슨'

토요일 밤의 대학살 사건으로 심각한 타격을 입은 데다 하원 사법위원회마저 권력남용 수사에 착수할 조짐이 보이자 닉슨은 보크에게 신임 특별검사를 임명하라는 지시를 내렸다. 보크는 11월 1일에 텍사스 출신의 리언 야보르스키(Leon Jaworski)를 지명했다. 그는 존슨의 절친한 친구이자 미국 변호사협회장을 역임한 인물이었다.

1974년 4월 29일, 사법위원회가 나머지 테이프를 넘기던지 탄핵을 각오하라는 최후통첩을 전달하자 닉슨은 마지막으로 극적인 반전을 노렸다. 제출한 테이프의 녹취록을 의회와 대중에게 공개하겠다고 TV 연설을 통해 발표한 것이다. 1,200장에 이르는 녹취록에는 우유부단하고 음모와 정치적 편의주의에 물든 대통령의 모습이 고스란히 들어 있었다. 그뿐 아니라 '부적절한 용어 삭제'라는 구절이 계속 반복될 만큼 폭언을 일삼는 면모도 드러났다. 시리카가 이야기했다시피 '정치적 생명과 체면을 기꺼이 맞바꾼 처사'였다.

사법위원회의 민주당원들은 그 정도로 만족하지 않았다. 백악관에서 제출한 테이프와 녹취록을 일부 비교한 결과 다르게 바뀌었거나 삭제된 부분이 대거 포착되었던 것이다. 결국 사법위원회는 5월 1일에 투표를 벌이고 20 대 18로 나머지 두 개의 테이프를 계속 요청하기로 결정했다. 백악관은 워터게이트 관련 자료를 더 이상은 공개하지 않겠다고 대응했다. 사법위원회

1200장의 녹취록
(가운데) 1974년 4월 29일에 닉슨이 TV 연설을 하기 직전까지 책상 위에 쌓여 있던 것이다. 닉슨은 녹취록 공개로 상처를 덮을 생각이었지만 계획과는 달리 사임요구 바람이 또 한 차례 불어닥치는 계기가 되었다.

는 5월 30일, 대통령에게 편지를 보내 자료 제출 거부가 '심각한 사안'이며 탄핵의 이유가 될 수도 있다고 밝혔다. 편지 승인을 둘러싸고 벌인 투표결과는 28 대 10으로, 공화당원들도 상당수가 대통령에게 등을 돌렸다는 증거였다.

한편 야보르스키는 4월 18일, 문제의 1972년 6월 23일자 테이프는 물론 테이프 64개를 추가로 요구한 바 있었다. 시리카는 5월 20일에 소환의 정당성을 인정하고 64개를 모두 법원에 제시하라고 명령을 내렸다. 닉슨이 다시 한 번 순회법원에 항소할 조짐을 보이자 야보르스키는 대법원이 '시급성과 중요도'를 감안해 즉시 재판을 열어야 한다고 주장했다. 대법원은 5월 31일에 사건이송 영장을 발부했다. 그리고 두 달 뒤인 7월 24일에 닉슨이 임명한 대법원장 워런 버거(Warren Burger)는 '연방정부 대 닉슨' 판결에서 대통령은 문제의 테이프를 '지체 없이' 제출해야 한다는 만장일치 의견을 발표했다. 그날 저녁, 대통령 특별고문 제임스 D. 세인트클레어(James D. St. Clair)는 생방송 뉴스를 통해 대통령이 대법원의 판결에 따를 예정이라고 밝혔다.

하지만 세인트클레어는 인도 시기를 언급하지 않았고, 하원 사법위원회는 기다릴 생각이 없었다. 결국 사법위원회는 7월 27일에 대통령이 '정의시행을 방해' 했다는 이유를 들어 27 대 11로 탄핵 3개 조항의 첫 번째 조항을 승인했다. 공화당원 여섯 명마저 다수파인 민주당으로 합류한 상황을 놓고 볼 때 하원에서는 탄핵 가결이 분명했고 상원에서도 가능성이 컸다. 한편 시리카는 문제의 6월 23일자를 비롯해 소환된 테이프를 세인트클레어가 직접 들어 보아야 한다고 주장했다. 6월 20일 테이프가 지워진 상황에서 6월 23일 테이프야말로 불법 침입 시점과 가장 가까운 증거물이었다.

1973년 3월 21일에 딘이 증인으로 나서기 전까지 1년여 동안 닉슨 자신은 물론이고 변호사, 보좌관까지 나서 대통령의 연루설을 부인했다. 하지만 세인트클레어와 헤이그를 비롯한 몇몇 인사들은 6월 23일 테이프를 듣고 거짓말인 줄 알아차렸고, 자신들마저 음모에 가담한 것처럼 오해를 받지 않도록 녹취록을 즉각 공개해야 한다고 주장했다. 닉슨 대통령이 6월 23일에 홀더먼과 나눈 대화의 내용은 8월 5일 월요일에 공개되었는데, 이야말로 '전혀' 몰랐다는 대통령의 주장을 뒤집는 '결정적인 증거'였다. 이 테이프에서 홀더먼은 대통령에게 "FBI를 완전히 통제하지 못한 상황"이라고 전하면서 이들이 5인조가 소지한 돈의 입수 경로를 추적 중이라고 말했다. 그러면서 CIA를 통해 FBI에게 "쓸데없이 참견하면 다친다."고 경고하면 어떻겠느냐는 미첼의 의견을 전했다. 닉슨은 잠시 의견을 나누다 "좋아, 그렇게 하지."라고 간단하

탄핵 심사가 열린 1974년 7월 27일의 풍경
뉴욕 주의 하원의원 홀츠먼(가장 앞쪽)이 메모를 하는 가운데 피터 로디노(뒤쪽, 의자에 앉아 있음)가 하원 사법위원회 위원들과 이야기를 나누고 있다.

닉슨이 사임한
1974년 8월 9일
백악관의 출입문 앞으로
시민들이 몰려들었다.
닉슨은 나흘 전에 1972년
6월 23일의 테이프를
공개한 뒤 "기존의 증언과
모순되는 부분이 있다."고
인정했다. 하지만 그것이
탄핵 사유가 될 수는
없다고 주장했다.

게 은폐극을 승인했다. 대통령이 초창기부터 은폐극에 가담했다는 명백한 증거였다.

1주일 전만 해도 대통령의 사임에 반대했던 하원 사법위원회 소속 공화당원 일곱 명이 즉각 성명서를 발표하고, 의회에서 탄핵 문제가 거론되면 찬성하겠노라고 밝혔다. 이제 닉슨의 퇴임이 기정사실로 굳어지자 의회의 공화당 지도부는 신속한 해결책을 마련했다. 결국 8월 8일 목요일, 전국으로 TV 중계된 연설에서 닉슨은 다음날 정오를 기해 사임하겠다는 의사를 밝혔다. 임기를 채우지 못하고 자발적으로 물러나는 최초의 대통령이 탄생하는 순간이었다. 8월 9일에 닉슨이 백악관을 떠나자 신임 대통령 포드는 짤막한 수락연설을 통해 "친애하는 국민 여러분, 이제 기나긴 악몽은 끝났습니다."라고 말했다.

워터게이트 사건 이후

처음에 포드는 상당한 지지를 등에 업고 대통령 업무를 시작했다. 개방적이고 온건한 그의 성격은 험상궂고 구부정하고 비밀스럽던 백악관의 예전 주인과 뚜렷한 대조를 이루었다. 아침마다 직접 현관문을 열고 신문을 집어 가고 잉글리시 머핀을 직접 구워 먹는다는 등, 언론은 그의 일상사를 소개하느라 여념이 없었다. 스스로 고백했던 것처럼 워터게이트의 광풍이 몰아닥쳤을 때 '정 떨어질 만큼 정상적인 인물'은 포드 한 사람뿐이었다. 하지만 9월 8일, 재직 당시 닉슨이 저지른 죄를 모두 사면하겠다고 발표를 하면서 그의 인기는 종지부를 찍었다. 사면에 따른 비난은 이해할 수 있는 반응이었다. 포드도 대통령직 인수를 놓고 뒷거래가 있지 않나 의심할 사람이 많을 거라고 각오하고 있었다. 하지만 그는 전직 대통령을 재판정에 세워 충격과 갈등을 증폭시키느니 사면하는 쪽이 나라를 살리는 길이라고 믿었다. 그럼에도 불구하고 사면조치에 대한 반발은 예상했던 것보다 훨씬 심각했다. '상처를 치료한답시고 오히려 소금을 뿌린 것이 아닌가 싶을 정도'였다.

포드 대통령이 전임자에게 물려받은 문제는 이뿐만이 아니었고, 그중 가장 심각한 것은 연료와 경제 문제였다. 1975년 초반 무렵 미국은 1930년대 이래 가장 극심한 불황을 2년째 겪고 있었다. 물가는 깎아지를 듯한 상승곡선을 그렸고 실업률은 두 자리 숫자에 다다랐다. 특히 제조업 분야는 자동차, 건설, 항공기 산업을 필두로 실직자들이 줄을 이었다. 가장 큰 이유는 천정부지로 치솟은 연료가격이었다. 욤 키푸르(Yom Kippur, '대속죄일'이라는 뜻―옮긴이) 전쟁에서 미국이 이스라엘을 지지하자 1973년 10월, 아랍의 석유 수출국은 석유 수출 금지라는 보복성 조치를 취했고, 미국은 아직까지 그 여파에서 헤어나오지 못한 상황이었다.

1973년 10월 6일, 유대교에서 가장 신성한 절기로 꼽히는 욤 키푸르 주간 때 이집트와 시리아는 이스라엘을 향해 공동 기습공격을 감행했다. 닉슨 행정부는 애그뉴의 사임, 콕스와의 교착상태로 정신이 없는 상황이었지만 그래도 단호하게 동맹국을 도왔다. 이스라엘이 충격을 극복하기 전까지 열흘 동안 대량의 보급품을 공수한 것이다(NATO 동맹국들은 석유 수입에 차질을 빚을까 두려운 마음에 원조를 꺼렸다). 이스라엘이 이집트 손으로 넘어갔던 시나이 반도와 시리아 손으로 넘어갔던 골란 고원을 탈환하는 데 성공하자 11월 무렵 닉슨과 키신저는 이제 그만 전쟁을 중단하라는 압력을 넣었다. 그 사이 석유 수출국 기구(Organization of Petroleum-Exporting Countries, 이하 OPEC)의 아랍 회원국은 미국으로의 석유 수출을 전면 중단했다.

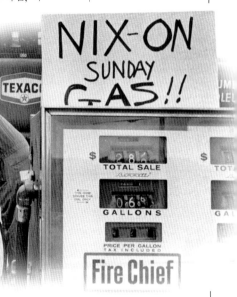

이 당시 미국은 석유 소비량의 10퍼센트 이상을 중동과 북아프리카에서 수입하는 상황이었다. 보존 정책과 비교적 온화한 겨울 날씨 덕분에 위기를 무사히 넘길 수 있었지만 이를 계기로 미국인들은 점점 심각해져 가는 에너지 문제를 실감할 수 있었다. 에너지 소비량의 증가는 국내 생산량을 능가한 지 오래였고, 환경법 신설로 석탄 등 대기를 오염시키는 연료 사용이 제한되면서 한층 어려움이 뒤따랐다. 그뿐 아니라 OPEC 회원국이 아랍권과 비아랍권을 막론하고 1973년 10월과 1974년 1월 사이 대대적인 가격 인상을 단행했기 때문에 1974년 3월 중순 무렵 수출금지 조치가 철회되었을 때 수입 석유의 가격은 이전의 네 곱절에 달했다.

디트로이트의 주유소에서 1973년 11월에 내건 표지판 닉슨의 지시대로 일요일에는 판매를 중단해 비축분을 아끼겠다는 내용이다.

포드는 2년 동안 경제 위기를 타개하느라 최선을 다했지만 워터게이트 사건을 극복한 강력한 리더십은 국내 정치에서 효과를 발휘하지 못했다. 그는 닉슨처럼 임금과 물가를 규제하기보다 인플레이션을 '공공의 적 1호'로 간주하고 "지금 당장 인플레이션을 타파하자

Wipe Inflation Now)"고 호소하는 홍보 캠페인을 택했다. 심지어 캠페인에 동참하는 국민에게 'WIN' 배지를 나누어주겠다는 공약까지 내놓았다. 그럼에도 불구하고 경제는 계속 내리막길을 걸었다. 결국 그는 입장을 바꾸고 경제 회생을 위해 민주당의 감세 법안을 수용하는 수밖에 없었다.

포드는 실수투성이로 낙인이 찍히는 어려움도 겪었다. 미시건 대학교의 풋볼 스타답지 않게 1975년 6월 오스트리아에서 비행기에서 내리다 넘어지자 셰비 체이스(Chevy Chase)는 매주 NBC "새터데이 나이트 라이브"에서 엉덩방아를 찧으며 대통령 흉내를 냈다.

전용기를 타고 1975년 6월, 잘츠부르크에 도착한 포드 대통령이 계단에서 넘어지는 장면

대대적으로 보도된 이 사건 때문에 그가 미시건에서 전미 대표선수를 지냈을 때 '헬멧을 쓰지 않고 풋볼을 너무 열심히 했다'는 주장(존슨의 주장이었다)이 더욱 힘을 얻었다. 그는 상처를 다독이는 면에서 놀라운 능력을 발휘했다. 하지만 한 나라의 수반이라는 측면에서 보면 착하지만 아둔한 인물로 간주되었다.

뉴스 요약을 맡은 담당자가 표현했다시피 이 무렵 포드의 이미지는 '마음씨 좋고 좀 둔한 운동선수'에서 '바보'로 전락했다.

포드는 1976년에 공화당의 대통령 후보 출마를 선언하며 대권주자로서의 면모를 강조했지만, 일부에서는 여전히 키득거리는 소리가 들렸고 공화당의 보수파는 반발이 심했다. 전직 캘리포니아 주지사 로널드 레이건(Ronald Reagan)은 예비 선거에서 포드를 여러 차례 강하게 압박하더니 2,257표를 놓고 대결을 벌인 전당대회에서도 117표 차이로 아깝게 패배하는 등 선전을 펼쳤다. 사면 조치의 그늘에서 벗어나지 못한 포드가 출발부터 한참 앞선 민주당 후보 지미 카터(Jimmy Carter)를 뒤따라 잡기는 불가능한 일이었다.

카터 행정부

1976년 민주당 경선이 시작되자 대여섯 명의 유명인사가 관심을 보였지만 정작 낙점을 받은 후보는 무명에 가까웠던 전직 조지아 주지사였다. '지미'라고 불리기를 좋아한 제임스 얼 카터 2세(James Earl Carter Jr.)는 미소가 떠나지 않는 표정과 허물없는 태도가 특징이었다. 그가 경선에서 승리한 것은 워싱턴의 아웃사이더를 표방한 작전 덕분이었다. 하지만 카터는 취임하자마자 포드 때와 마찬가지로 낮은 성장률과 높은 인플레이션이라는 문제에 직면했다. 그는 1977년에 인플레이션을 4퍼센트 선으로 묶겠다는 목표를 세웠지만, 1980년 무렵 인플레이션은 이미 목표치의 세 배를 넘기고도 상승세를 멈추지 않았다.

하지만 에너지 정책은 이보다 성공적이었다. 카터는 의회를 설득해 내각 산하의 에너지부를 신설하고, 생산 증가가 아닌 보존 정책을 통해 가격 인하와 수요 안정을 꾀했다. 연비가 낮은 차량에 추징금을 부과하고, 휘발유와 국내 석유 생산의 세금을 인상하고, 황 함량이 낮은 '청정' 석탄 등 대체 에너지를 사용하는 사업체에게 감세 혜택을 주는 식이었다. 그뿐 아니라 절연 시공 등 에너지 효율 증가 조치를 취한 가구의 감세 혜택을 승인해 달라고 의회에 동의안을 제출했다. 카터는 1979년 7월의 주요 연설에서 "에너지 문제는 우리의 단결력을 시험하는 장"이라고 강조하며 수입석유 의존도를 낮추려는 노력은 '정신적인 전쟁'에 가깝다고 표현했다.

국민들은 운전 속도와 횟수를 줄이고, 연비가 높은 자동차를 구입하고, 실내온도를 낮추

베트남 전쟁의 종전

북베트남을 상대로 크리스마스 폭격이 감행된 데 이어 1973년 1월, 미국, 북베트남, 베트콩, 남베트남은 파리에서 정전협정에 서명했다(미국 정부가 거센 압력을 행사한 결과였다). 이후 얼마 안 있어 징병제도가 철폐되었고 미국 포로들의 귀국 행렬이 이어졌다. 1973년 3월 말 무렵 미국 전투병력은 베트남에서 완전히 철수했다. 하지만 1974년 1월에 구엔 반 티우 남베트남 대통령은 "전쟁이 다시 시작되었다."고 선포했다(사실 6천 명에 이르는 베트남군이 정전협정 이후 목숨을 잃었다).

의회는 1974년 4월 4일에 닉슨의 남베트남 추가 지원안을 거부했고, 포드 대통령의 잇따른 요청마저 외면했다. 공산주의자들이 1975년 3월을 기해 대대적인 지상공격을 벌이자 남베트남군은 허둥지둥 퇴각하기에 바빴다. 4월 8일에는 최후의 방어선인 수언 록에서 마지막 전투가 벌어졌다. 그로부터 열흘 뒤, 키신저 국무장관은 사이공에 거주하는 모든 미국인에게 철수 명령을 내렸다.

북베트남의 포위망이 점점 좁혀지는 가운데, 4월 29일과 30일 이틀에 걸쳐 프리퀀트 윈드 작전(Frequent Wind Operation)이 펼쳐졌다. 남아 있는 미국인들을 남중국해에서 대기 중인 미국 함정으로 이송하는, 사상 최대의 헬리콥터 소개작전이었다. 1963년에 반(反)디엠 쿠데타를 주도했던 두옹 반 민 장군은 4월 30일에 항복을 선언했다.

몰려든 베트남 주민들
철수 작전 때 미국 해병들은 보호조치를 바라며 사이공의 미국 대사관으로 몰려든 몇천 명의 베트남 주민과 전쟁을 벌여야 했다 (미군은 이들에게 안전한 호송을 약속한 바 있었다). 이때 한 보초병은 '이들의 눈을 쳐다보지 않는다'는 단순하고도 어려운 원칙을 세웠다.

는 등 에너지 보존운동에 동참했지만 유류세처럼 비용이 따르는 규제에는 반대했다. 이 점은 의원들도 마찬가지였다. 이 사이 에너지 소비와 수입연료 의존도는 꾸준히 상승했고 석유회사에서 거두어들이는 이윤도 덩달아 상승했다.

카터는 외교 분야에서도 성과보다 의욕이 앞서는 모습을 보였다. 그는 취임하자마자 '인권 보호'를 외교 정책의 기본으로 삼았고(어찌 보면 지나치다 싶을 정도였다), 소련의 반체제인사 안드레이 사하로프(Andrei Sakharov)에게 편지를 보내 소련은 물론 전 세계에서 정치적 자유를 위해 싸우는 투사들을 지지한다고 밝혔다. 이같은 도덕주의가 압제에 시달리는 사람들에게는 위안이 되었을지 모르지만, 오랫동안 미국의 동맹을 자임했던 비민주정권의 지도자들은 '양심수'의 처우와 외교 관계를 연결 지으려는 카터를 향해 분노를 터뜨렸다.

한편 카터는 마르크스주의자들이 벌인 것이라 할지라도 제3세계의 혁명에 미국이 무조건

캠프데이비드 협정

1978년 9월, 캠프데이비드에서 안와르 엘-사다트 (Anwar El-Sadat) 이집트 대통령과 메나헴 베긴 (Menachem Begin) 이스라엘 총리 간의 협상을 주선한 것 이야말로 카터가 재임 시절에 거둔 가장 위대한 업적이었 다. 사다트가 1977년 11월에 예루살렘을 방문하면서—닉 슨의 1972년 중국 방문 이래 가장 놀라운 외교적 성과였다

—이스라엘과 이집트 사이에는 평화 분위기가 조성되었지 만 제자리걸음을 면치 못하다 카터 대통령이 메릴랜드 소 재의 캠프데이비드 별장으로 양측 대표를 초청하면서 일대 전기가 마련되었다. 3국 대표는 12일에 걸쳐 집중적으로 은 밀한 협상을 벌인 결과 9월 17일, 중동의 평화를 위한 기본 뼈대를 공개했다. 이후 팔레스타인 자치 문제를 놓고 불협 화음이 빚어졌지만(끝까지 해결이 되지 못 했다) 사다트와 베긴은 캠프데이비드 협정 (Camp David Accords)을 바탕으로 공식 평화조약을 만들고 1979년 3월에 비준했 다. 이로써 31년 동안 계속되었던 양국의 갈등은 종지부를 찍었다.

1978년 9월의 중동 정상회담
베긴(왼쪽), 카터, 사다트가 캠프데이비드의 서재에서 이야기를 나누고 있다.

> "가장 감동적인 순간은 협정 체결 이후에 찾아왔다. 뉴스를 읽었더니 파업 중이던 이스라엘 교사들이 캠프데이비드 협정 소식을 접하고 만장일치로 학교 복귀를 결정했다는 것이다."
>
> *카터, 1978년 9월 18일의 일기에서*

개입해서는 안 된다고 생각했는데, 그의 정책은 얼마 후 중앙아메리카에서 위기를 맞이했다. 니카라과와 엘살바도르를 장악한 친미 우익 독재정권이 1970년대 후반부터 흔들리기 시작한 것이다. 1979년 7월에는 마르크스주의를 표방한 산디니스타(Sandinista)가 1937년부터 집안 대대로 니카라과를 다스린 아나스타시오 소모사 데바일레(Anastasio Somoza Debayle) 대통 령을 축출했다. 예전 같으면 친미정권 수립을 위해 곧바로 개입했겠지만 카터 행정부는 니카 라과의 신생 연립정부에게 지원을 약속하고 쿠바, 소련과 점점 가까워지는 모습을 예의 주시 했다. 미국의 보수주의자들로서는 니카라과가 공산화되지는 않을까 불안한 상황이었다.

하지만 1979년 11월 4일, 이란의 호전파가 테헤란의 미국 대사관을 점거하고 직원들을 인 질로 삼자 중앙아메리카 문제는 뒷전으로 밀려났다. 25년 동안 이란을 통치한 모하마드 레자 샤 팔라비(Mohammad Reza Shah Pahlavi)는 석유를 통해 근대화를 꾀한 인물이었다. 그는 토지 재분배를 실시하고, 중공업을 육성하고, 국민들에게 서방세계의 대학 입학을 장려하고, 이슬람 식 이혼법과 여성에 대한 제재조치를 완화하는 등 사회개혁을 추진했다. 하지만 그의 정책은 이 슬람 근본주의자들의 반발을 샀고 반대파를 무자비하게 숙청하다 1979년 1월에 축출당했다.

파리에서 망명생활을 하던 노년의 극단적인 종교지도자 아야톨라 루홀라 호메이니는 국 민투표에서 압승을 거두고 같은해 4월 1일, 이슬람공화국의 수립을 선포했다. 그는 여성의 행 동을 규제하는 이슬람 법률을 모두 부활시키고 서구의 영향을 적극적으로 탄압했다. 서구에서 교육을 받은 이란의 엘리트 부유층은 1979년 여름 동안 샤의 뒤를 이어 대거 망명길에 올랐다. 그해 가을, 샤가 암 치료차 미국으로 건너가자 이란의 '학도'들은 이를 빌미로 테헤란의 미국

대사관을 포위했다. 66명의 인질 가운데 14명—여성, 아프리카계 미국인, 병세가 위독한 백인 남성 한 명—은 금세 풀려났지만 나머지 52명은 444일 동안 억류되어 있었다(TV 뉴스가 날마다 시작이나 끝 무렵 억류일수를 발표했기 때문에 미국 국민이라면 누구나 이 숫자를 기억했다). 몇 달 동안 외교적인 노력을 기울여도 별다른 소득이 없었다. 결국 카터는 1980년 4월 말에 군대를 동원한 구출 작전을 승인했지만 헬리콥터 몇 대가 사막에서 고장나는 바람에 테헤란을 밟지도 못한 채 돌아오고 말았다. 샤는 1980년 7월, 이집트에서 눈을 감았지만 그래도 사태는 해결될 기미를 보이지 않았다.

이란의 호전파가 테헤란의 미국 대사관을 점령한 11월 4일에 촬영한 사진
눈을 가린 미국 인질들이 줄을 지어 행진하는 모습이다.

1980년 선거

미국 자동차산업이 유럽이나 일본과 달리 내리막길로 치닫는 등 여러 위기 상황이 인질 사태에 더해지면서 카터 행정부에 대한 반감은 날이 갈수록 강도를 더해갔다. 1980년 선거 전날 카터의 지지율은 29퍼센트로, 갤럽 여론조사 결과 최저치를 기록했다. 한편 전국은 점점 보수적인 분위기로 돌아섰고, 블루칼라 민주당원들은 루스벨트식 연립을 거부하고 공화당 후보 레이건을 지지했다. 레이건이 가장 효과적으로 내세운 쟁점은 경제문제였다. 그는 영화배우 겸 탤런트 출신답게 카메라 앞에서 전혀 긴장하지 않았고, 10월 28일 토론에서는 카메라 렌즈를 똑바로 쳐다보며 시청자들에게 "(선거 당일) 결정을 내릴 때 여러분이 지금 4년 전보다 잘 살고 있는지 자문을 해 보시기 바랍니다."라고 말했다. 이에 대한 대답은 "아니올시다!"였고, 선거 당일에 카터는 서부 연안의 선거가 끝나기도 전에 패배를 시인했다.

선거 결과 레이건은 든든한 지원군까지 얻었다. 공화당이 하원에서 32석을 추가 확보하며 다수당인 민주당을 심각하게 위협했고, 상원에서는 10여 석을 추가 확보하며 26년 만에 처음으로 상원을 장악한 것이다. 그뿐 아니라 주 선거에서도 상당한 선전을 펼쳤다. 1972년에 닉슨은 지난 50년이 민주당의 시대였던 것처럼 앞으로 50년은 공화당이 다수당으로 전국을 장악할 수 있기를 바랐다. 남부의 보수적인 민주당원들이 레이건에게 실질적인 다수당을 선물한 1980년 선거야말로 닉슨의 꿈이 이루어지는 순간이었다.

배우출신 대통령
레이건은 전직 배우답게 텔레비전 카메라 앞에서 느긋한 모습을 보였고, 사근사근하고 호감이 가는 성격으로 국민의 신뢰를 얻었기 때문에 '화술의 대가'라고 불렸다.

인물 촌평

지미 카터

1924-

윌리엄 E. 루첸버그

전 세계에서 '지미'라는 애칭으로 불린 제임스 얼 카터 2세는 미국 역사상 가장 열심히 도덕성을 강조한 공직자였다. 조지아 주지사를 한 차례 역임한 카터는 1976년 경선에 출사표를 던졌을 때 언론에서 "지미 모(某) 씨"라고 표현할 만큼 워낙 무명에 가까웠고, 승산이 없어 보였다. 하지만 워터게이트라는 불쾌한 사건으로 전국이 휘청거린 상황에서 화합을 강조하는 카터의 메시지는 정부에 신물이 난 국민들의 마음을 움직였다. 그뿐 아니라 그는 TV 인터뷰에서 "만약 당선이 되면 4년 또는 8년 뒤에 '지미 카터가 실수는 많이 했지만 거짓말은 한 번도 한 일이 없다.'는 이야기를 듣고 싶다."며 닉슨과 전혀 다른 면모를 과시했다.

카터는 임기 첫날부터 닉슨이 황제식 관행을 과감하게 척결하는 모습을 보였다. 취임사가 끝난 뒤 방탄 리무진을 타지 않고, 의사당 언덕에서 백악관까지 아내 로절린(Rosalynn)과 아홉 살배기 딸 에이미(Amy)의 손을 잡고 걸어간 것이다. 이후에는 간단한 카디건 차림으로 최초의 텔레비전 연설을 했고, 여행을 할 때면 보통 가방을 손수 들고 다녔다.

그는 대통령이라는 측면에서 보더라도 여러 훌륭한 선례를 남겼다. 여성과 아프리카계 미국인을 연방정부의 고위직으로 임명했고, 내각 산하의 에너지부와 교육부를 신설했고, 이집트와 이스라엘의 화합을 도모했다. 하지만 온정 하나만으로 강력한 리더가 될 수는 없었다. 카터는 기본적으로 기술관료이다 보니 정치에 무신경했고 워싱턴의 파워 브로커들을 상대하는 방법을 몰랐다. 월터 먼데일(Walter Mondale) 부통령은 의회 지도부의 자존심을 살려주기는커녕 야단치는 대통령의 모습을 보고 "내가 본 가운데 정치 감각이 가장 떨어지는 정치인"이

라고 평가했다. 게다가 평범한 연설도 별다른 감흥을 주지 못했다. 백악관의 보좌관을 역임했던 역사학자 에릭 골드먼(Eric Goldman)은 "카터주의는 행진해 나아가거나 울려 퍼지지 않았다."고 표현했다. "조심스럽고 말이 없고 우중충하고 가끔은 난해한 것이 카터주의였다."

카터는 개인의 가치관과 공공의 가치관이 충돌을 빚거나 가치 있는 목표가 서로 대립할 수도 있다는 사실을 뼈아픈 경험을 통해 터득했다. 공화당이 예산국장 버트 랜스(Bert Lance)의 부정부패를 공격했을 때 카터는 절친한 친구의 편을 들었다. 인간적으로는 신의가 있다는 평가를 받았을지 모르지만 공정성에는 치명적인 오점을 남기는 조치였다. 그는 점심 급식을 비롯한 사회복지 프로그램의 삭감을 통해 예산의 균형을 도모하려고 했을 때에도 빈곤층을 볼모로 삼는다는 비난에 시달렸다.

도덕성을 강조한 카터의 태도는 외교 면에서도 엇갈린 결과를 낳았다. 그는 "사람이 그런 것처럼 국가도 강해야 너그러워질 수 있다."며 양키 우월주의에서 탈피하는 반가운 모습을 보였다. 그뿐 아니라 모든 정부는 인권을 존중해야 한다고 강조하고 소련의 반체제 인사들을 지지했다. 훌륭한 자세였을지는 몰라도 군비통제 등 결정적인 현안에서 크레믈린과 합의점을 찾는 데에는 걸림돌로 작용했다.

카터는 위험한 결과로 이어질 수 있다는 경고를 무시한 채 이란에서 망명한 샤가 암 치료를 받을 수 있도록 미국 입국을 허락했다. 인도주의적이기는 해도 어리석은 판단이었고, 결국 샤를 축출한 이슬람 근본주의자들이 테헤란의 미국 대사관을 점거하는 계기가 되었다. 이들은 52명의 인질을 1년이 넘도록 붙잡아 두었다. 카터는 끈질기게 외교적인 해결을 모색했지만 실패를 거듭했고, 국

민들의 분노는 점점 극에 달했다. 임기 말년의 여름 무렵 카터의 지지율은 21퍼센트로 추락했다. 닉슨이 워터게이트의 수렁에 빠져 있을 때보다 낮은 수치였다.

카터는 1980년, 레이건에게 대패한 뒤 대통령 자리에서 물러났지만 공직 생활을 그만두지는 않았다. 그는 백악관의 족쇄에서 풀려난 뒤 수많은 활동을 펼치면서 미국 역사상 가장 위대한 전직 대통령 겸 인도주의자로 전 세계의 박수갈채를 받았다. 하지만 이로 인해 대통령 시절에 대한 부정적인 평가가 크게 달라지지는 않았다. 몇몇 역사학자들은 카터를 오즈의 마법사에 비유한다. 도로시는 마법사가 사기꾼이라는 사실이 밝혀졌을 때 "아 저씨는 정말 나쁜 사람이로군요!" 하고 외친다. 그러자 그는 이렇게 대꾸한다.

"아니, 난 아주 좋은 사람이야. 나쁜 마법사일뿐이지."

카터는 아주 좋은 사람이다. 하지만 안타깝게도 오즈의 마법사처럼 직업 면에서는 좋은 평가를 받지 못했다.

카터
집무실 밖 기둥에 기대어 서 있다.

25

냉전의 종식

소련의 최후

19 91년 8월 18일 일요일 저녁, 조지 부시 (George Bush) 대통령은 메인 주 케너벙 크포트의 여름별장에서 느긋하게 휴식을 즐기고 있었다. 근처 호텔에서는 안보담당보좌관 브렌트 스코크로프트(Brent Scowcroft)가 텔레비전으로 CNN 뉴스를 들으며 외교 관련 전보를 훑어보고 있었다. 그런데 밤 11시 30분에 CNN이 정규방송을 중단하고 모스크바에서 날아온 속보를 전했다. 미하일 고르바초프 (Mikhail Gorbachev) 소련 대통령이 '건강상의 이유'로 퇴임했다는 소식이었다. 스카우크로프트는 진위를 의심하며 수하의 로버트 게이츠(Robert Gates)에게 전화를 걸어 "확인을 해 보라."고 지시를 내렸다. 그리고 밤 11시 45분 무렵 막 잠이 든 대통령을 전화로 깨웠다. 두 사람은 잠시 이야기를 나누다 스코크로프트가 계속 진위 여부를 확인하고 부시는 잠시 눈을 붙이기로 했다.

일기에 따르면 부시는 다음날 아침 5시 30분에 "(백악관의) 상황실로 전화를 걸었고 (중략) 고르바초프가 축출 당했다는 소식을 들었다." 이 무렵 스코크로프트는 강경론자 여덟 명이 고르바초프를 내쫓고 비상사태위원회 (Committee for the State of Emergency)를 결성했다는 사실을 확인했다. 부시는 유럽과 전 세계 우방국의 원수들에게 전화를 걸기 시작했고, 보좌진은 이처럼 아슬아

슬하고 불확실한 사태를 공식 논평할 성명을 준비했다.

한편 같은날 오전 4시 워싱턴에서는 민주주의 센터 (Center for Democracy) 회장 앨런 와인스타인(이 책의 공저자이기도 하다)이 전화벨 소리를 듣고 눈을 떴다. 수화기 너머에서는 알아듣지 못할 러시아어만 이어지다 끊겼다. 그는 이른 시각임에도 불구하고 옷을 갈아입고 워싱턴 중심가의 사무실로 향했다. 와인스타인이 이끄는 소규모 비정부기구는 6월 말에 상원의 다수당 원내총무 조지 미첼(George Mitchell), 상원의 소수당 원내총무 밥 돌(Bob Dole)과 함께 러시아공화국 대통령 보리스 옐친 (Boris Yeltsin)의 미국 방문을 주관한 일이 있었다. 그뿐 아니라 1주일 전에는 옐친 정부가 모스크바에서 협의회를 열고 소련의 정치개혁을 의논할 때 민주주의 센터의 회원들과 함께 도움을 주었다.

소련의 개혁운동을 이끄는 지도부에서 고르바초프의 막강한 라이벌로 손꼽히던 옐친은 모스크바에서 와인스타인을 만났을 때 보수적인 공산주의자들이 조만간 쿠데타를 벌인지도 모른다는 추측을 비웃었다. 고르바초프의 정책이 불필요한 우여곡절을 여러 차례 겪었지만 민주화, 시장화, 권력분산의 대세는 거스를 수 없기 때문에 무의미한 쿠데타가 벌어질 리 없다는 것이었다. CIA의 고위 전문가들도 옐친의 생각에 동의했다.

하지만 동이 트기 직전에 사무실에 도착하고 보니 옐친의 최측근이 몇 시간 전에 보낸 팩스가 와인스타인을 기다리고 있었다. 와인스타인의 걱정을 그대로 반영

1991년 7월 30일에 붉은 광장을 걷는 부시와 고르바초프
(왼쪽) 부시는 쿠데타가 벌어지기 3주 전에 모스크바로 날아가 전략무기감축협상을 조인했다.

하듯 "군사 쿠데타가 벌어졌습니다. 사방이 탱크입니다."라고 적혀 있었다. 몇 분 뒤에 다시 보낸 팩스에는 이렇게 적혀 있었다.

"의회 주변이 온통 탱크입니다. BY(보리스 옐친)는 쿠데타를 비난하고 나섰습니다. 우크라이나와 다른 공화국들도 마찬가지입니다. 모두들 파업을 벌이고 있습니다. BY가 고르비와 접촉을 시도했지만 실패했습니다."

야조프 국방장관에게 충성을 맹세한 러시아군

1991년 8월 21일, 붉은 광장의 탱크 꼭대기에 러시아군이 서 있다. 그날 야조프는 비상사태위원회의 일원들과 함께 체포되었다.

어설프게 급조한 쿠데타의 직접적인 이유는 고르바초프, 옐친, 그리고 소련 공화국의 다른 지도부가 8월 20일에 조인을 앞둔 신설 연방협정이었다. 8월 2일에 공표된 이 협정에 따르면 소련 중앙정부의 정치적, 경제적 영향력이 크게 축소된다니 정치국 수뇌부로서는 위기감을 느낄 수밖에 없었다. 이들은 권력을 분산할 수 없다는 판단을 내리고 KGB 의장 블라디미르 크류츠코프(Vladimir Kryuchkov)의 주도 아래 고르바초프 정권을 전복하러 나섰다.

8월 18일 일요일 오후, 고르바초프가 흑해 연안 포로스의 널찍한 별장에서 휴가의 막바지를 즐기고 있을 때 보안국장이 서재로 들어와 모스크바에서 찾아온 대표단이 지금 당장 면담을 요구한다고 전했다. 고르바초프는 위기를 직감하고 도움을 청하기 위해 수화기를 들었지만 다섯 개 선이 모두 불통이었다. 잠시 후 공범 몇 명이 2층으로 올라와 축출 소식을 알리며 비상사태위원회의 수장을 맡은 게나디 야나예프(Gennadi Yanayev) 부통령에게 모든 권력을 이양한다는 서류에 서명을 요구했다. 요구에 불응한 고르바초프는 가택연금 상태에 놓였다. 개인 경호원들은 여전히 충성을 다했기 때문에 당장 목숨을 잃을 걱정은 없었지만 외부 세계와 완전히 단절된 셈이었다. 유일한 정보원은 하인 방에서 발견한 단파용 라디오뿐이었다. 그는 BBC와 서방의 다른 언론들이 전하는 쿠데타 진행 상황에 귀를 기울였다.

한편 화이트 하우스라고 불리는 러시아 의사당으로 피신한 옐친은 쿠데타 세력의 관심 밖이었다. 무슨 이유에서인지 옐친의 전화선과 팩스선은 끊기지 않았기 때문에 그는 소련 군부의 측근들과 연락을 취하며 반(反)쿠데타 집회를 전개할 수 있었다. 그의 부름을 받고 몰려온 10만 명의 모스크바 주민은 러시아 의사당 주변에 인간 장벽을 쌓고 비상사태위원회 휘하의 군대가 안으로 들어가 옐친을 체포하지 못하도록 막았다. 옐친은 소련과 전 세계 지도자들에게도 연락을 보내 쿠데타를 비난하고 연금당한 고르바초프를 지지해 달라고 호소했다.

옐친의 편으로 넘어온 몇몇 군 수뇌부 인사들은 고르바초프가 부재 중인 상황이니 군 최고사령관직을 대행한다고 선포하는 편이 좋겠다고 권했다. 옐친은 이들의 충고대로 저격수에게 암살 당할 위험을 무릅쓰고 의사당 안뜰의 탱크 위에서 선포식을 거행했다. 아직은 비상사태위원회가 언론을 모두 장악하지 못했기 때문에 많은 러시아인이 옐친의 용감한 대응을 텔레비전으로 목격했다. 군부에서는 탱크 위에 선 옐친의 당당한 모습을 접하고 드미트리 야조프(Dmitri Yazov) 국방장관과 무능력한 비상사태위원회, 옐친과 용감무쌍한 개혁파 가운데 어느 쪽을 지지하느냐 문제를 놓고 설전을 벌였다.

부시의 반응

워싱턴에서는 질문과 지시 사항을 담고 러시아 의사당을 출발한 팩스가 와인스타인 앞으로 속속 도착했다. 8월 19일 저녁(모스크바 시간으로 따지면 한밤중이었다)에 도착한 팩스의 내용은 다음과 같았다.

야나예프가 코를 풀고 있다. 이 자리에 참석한 어느 기자의 말에 따르면 야나예프는 누가 보아도 만취한 상태였고 몇몇 공범들도 마찬가지였다고 한다. 야나예프는 유명무실한 대표였고 실질적인 지도자는 크류츠코프 KGB 의장과 보리스 푸고 내무장관이었다.

부시 대통령은 이번 사태에 대해서 논평을 했습니까? 했다면 모든 수단을 동원해서라도 알려주십시오. 이 나라 국민들에게 알려주십시오. 러시아 정부는 국민들과 접촉할 방법이 '전혀' 없습니다. 모든 라디오 방송국이 저들의 손으로 넘어갔습니다. 다음은 BY가 군에 전하는 연설입니다. USIA(미국의 소리를 운영하는 미국 해외 정보국을 말한다)에게 전해 전국으로 방송해 주십시오. (중략) 어서! 한시가 급합니다!

부시 대통령은 상당히 신중한 입장을 취했다. 스코크로프트는 부시와 공동 집필한 자서전에서 이렇게 밝혔다.

"우리는 쿠데타의 진행 상황을 모르기 때문에 진퇴양난이었다. 대통령은 노골적으로 비난해야 된다고 생각했지만, 그러다 쿠데타가 성공이라도 하면 아무리 불쾌하더라도 새로운 지도부와 공생할 수밖에 없는 노릇이었다. 우리는 회생의 여지를 남기는 수준에서 비난을 가하기로 결정했다."

쿠데타 몇 주 전까지 소련 주재 미국 대사를 지낸 잭 매틀록(Jack Matlock)은 아침에 대통령의 성명을 듣고 실망을 금치 못했다. 그의 표현에 따르면 부시는 '쿠데타를 성공으로 간주하고 비상사태위원회와 손을 잡으려는 것처럼' 보였던 것이다. 부시는 쿠데타를 가리켜 '불법' 또는 '위법' 대신 '초법(超法)'이라는 단어를 썼고, 비상사태위원회가 "국제사회의 협정을 준수하기 바란다."고 강조했다.

언론의 비난이 빗발치자 부시는 몇 시간 뒤에 더욱 강경한 성명을 발표했다. 백악관에서 기자회견을 열어 '위법'과 '불법'이라는 단어를 쓰고 고르바초프의 석방과 복직을 요구하는 옐친을 지지한 것이다. 하지만 매틀록이 지적했다시피 첫 번째 성명이 치명타였고 특히 소련에서는 비상사태위원회가 "수정된 내용을 무시한 채 8월 19일과 20일 내내 언론을 통해 첫 번째 성명을 반복 언급했다." 그뿐 아니라 운명의 첫날에 미국 대통령의 정신적인 지원이 있었더라면 옐친의 정통성이 더욱 강화되었을 텐데 부시는 전화를 걸지 않았다.

부 시 대통령은 고르바초프와 여러 차례 통화를 시도하다 실패하자 이틀째 되는 날 아침 일찍 러시아 의사당의 옐친에게 전화를 걸었다. 부시의 고백처럼 "놀랍게도 연결이 되었다." 옐친은 다급한 상황을 설명하고 언제 무장 공격이 시작될지 모르겠다고 이야기했다.

"어떻게든 돕고 싶습니다. 무슨 방법이 있을까요?"

부시가 물었다.

"정신적인 지원이 가장 중요합니다. 전 세계의 이목이 우리의 위험한 처지에 집중될 수 있도록 성명을 발표해 주십시오."

옐친은 이 밖에도 고르바초프의 석방을 계속 주장하고, 공범들과 연락을 취하면 정통성을 인정하는 것처럼 비칠 수 있으니 절대 삼가 달라고 부탁했다.

부시는 국내에서 쿠데타를 반대하는 목소리가 점점 높아지는 데다 옐친의 든든한 리더십까지 확인이 되자 옐친의 부탁대로 했다. 반란을 더욱 강도 높게 비난하고 고르바초프의 복직을 다시 한 번 요구한 것이다. 페르시아 만 전쟁 때 마거릿 대처(Margaret Thatcher) 영국 총리는 부시에게 "머뭇거릴 시간이 없다."고 말한 적이 있었다. 이제 부시는 훨씬 과감한 모습을 선보였다.

8월 21일 수요일로 접어들었을 무렵 쿠데타는 실패로 돌아갈 가능성이 분명해졌다. 그날 아침에 크류츠코프와 야조프는 아에로플로트 제트기를 타고 크림 반도로 날아갔다. 이들이 고르바초프와 협상을 할 생각이었는지 아니면 자비를 구할 생각이었는지는 아무도 알 수 없다. 알렉산드르 루츠코이(Alexander Rutskoi) 부통령 등 옐친의 측근을 실은 두 번째 제트기가 그 뒤를 바짝 따라가 포로스에서 크류츠코프와 야조프를 체포하고 고르바초프에게 자유를 선사했다. 한편 모스크바에서는 몇몇 공범들이 체포와 구금절차를 받느니 자살하는 쪽을 택했다.

옐친의 보좌진은 워싱턴의 와인스타인에게 마지막 팩스 두 장을 보냈다. 첫 번째 팩스는

꿋꿋하게 쿠데타 세력을 물리친 옐친

그가 1991년 8월 22일 목요일, 러시아 의사당 앞에서 환호하는 군중을 향해 손을 흔들고 있다. 길 건너편이 바로 미국 대사관이었기 때문에 모스크바 주재 미국 외교관들은 가까이서 이 광경을 감상할 수 있었다.

모스크바 시간으로 8월 21일 저녁, 그러니까 쿠데타 실패 소식이 전달되기 이전에 보낸 것이었다.

"모스크바의 저녁놀이 아름답습니다. (중략) 대기에서 '승리'가 느껴집니다. (중략) 오늘은 우리에게 아주 중요한 밤이 될 것입니다."

날이 바뀌고 8월 22일에 두 번째로 도착한 팩스의 내용은 간단했다.

"모두 끝이 났습니다. 우리가 이겼습니다! 자유의 태양이 뜨고 있습니다. (서명) 미하일 갈랴틴(Mikhail Galyatin), 러시아 의사당."

쿠데타가 실패로 돌아간 이유는 무엇일까? 이후에 옐친은 가장 근본적인 이유를 다음과 같이 분석했다.

"반란세력이 변화의 흐름을 과소평가했다. 공식 정부는 물론이고 여론 지도층, 정치세력, 문화계의 권위자, 민주언론 등등이 고르바초프의 정권 아래서 꽃을 피웠다. 구속과 처형 등 피비린내 나는 숙청을 단행해야 이들의 입을 모두 막을 수 있었는데 (중략) 반란세력은 그럴 능력이 없었다."

옐친의 설명에 따르면 소련은 고르바초프의 '글라스노스트(개방)' 정책으로 정부의 검열이 완화되면서 정치토론이 활발해졌고, '페레스트로이카(개혁)' 정책으로 사회주의가 시장경제 제도로 바뀌기 시작했다. 이같은 개혁조치는 러시아 국민들을 상당히 바꾸어 놓았고(중앙정부는 예외일지 몰라도), 1991년 8월 무렵 로널드 레이건 대통령이 한때 '사악한 제국'이라고 부를 만큼 억압과 전체주의를 강요하던 예전 소련의 모습은 찾을 수 없었다.

데탕트

2차 세계대전이 끝나도 46년 동안 미국과 소련은 불안한 '공포의 균형(핵무기의 상호 보유로 전쟁이 벌어지지 않는 상황—옮긴이)'을 유지했다. 그리고 또 한편으로는 협상과 충돌을 통해 양국 관계를 끊임없이 조정했다. 1964년에 변덕스러운 니키타 흐루시초프가 물러나고 둔감한 레오니트 브레주네프(Leonid Brezhnev)가 서기장 자리에 오르면서 두 나라의 관계는 천천히 발전하기 시작했다. 1970년대 초반에는 리처드 닉슨과 헨리 키신저가 이와 같은 데탕트를 바탕으로 SALT I은 물론이고, 1972년 미국에서 생산된 밀의 25퍼센트를 소련으로 수출하는 등[소련이 시세보다 훨씬 낮은 가격에 밀을 사갔기 때문에 이후에 '대곡식 강도' 협정이라고 불렸다('대열차 강도'라는 영화 제목에서 차용한 표현이다—옮긴이). 차액은 미국 정부에서 지불했다] 여러 가지 무역협정을 맺는 데 성공했다.

닉슨이 사임한 이후에도 제럴드 R. 포드 행정부의 국무장관을 맡은 키신저의 주도 아래 데탕트는 계속되었다. SALT 회담도 계속 이어졌고, 1975년 8월에는 헬싱키의 유럽 안정보장협력회의에서 33개국 정상들과 만나 2차 세계대전 이후에 정한 동독의 국경선을 인정하고 '인권과 기본적인 자유를 존중하겠다'는 조약에 서명했다. 따라서 1977년에 지미 카터 대통령이 취임했을 무렵에는 미국의 외교정책을 반공운동으로 규정할 수 없는 상황이었다.

하지만 양국의 관계는 1970년대 말에 이르러 다시 한 번 전환기를 맞이하는데, 소련이 앙

1973년 3월, 키신저의 국무장관 취임식에 참석한 닉슨과 키신저

키신저는 나치 독일을 탈출한 유대계 난민으로, 1960년대에 하버드의 정치학과 교수로 재직하며 19세기 유럽정치를 규정하는 세력균형이론 전문가로 명성을 떨쳤다. 그는 닉슨의 안보고문으로 정계에 입성한 뒤 닉슨과 포드의 국무장관을 역임하는 동안 외교 창구를 통해 이와 같은 안정의 시대를 재창조할 수 있는 방법을 모색했다.

골라 내전에서 공산주의 파벌을 대대적으로 지원하고 제3세계를 향한 소련의 확장주의에 전 세계의 관심이 쏠렸기 때문이었다. 유대인과 그 밖의 반체제 인사들을 탄압한 악명 높은 사건 도—헬싱키 협정의 명백한 위반이었다—이와 더불어 대대적인 조명을 받으면서 데탕트는 정체상태로 접어들었다. 그러다 1979년 12월 말, 비틀거리는 공산주의 정권을 떠받치기 위해 소련군 10만 명이 아프가니스탄을 침범하는 사건이 벌어졌다. 카터는 소련의 침공 소식을 접하고 취임 이래 가장 격렬한 반응을 보였다. 크레믈린 전문가들은 현상 유지를 위한 노력으로 해석했지만 카터는 '세계 석유 수급을 장악하려는 징검다리'로 간주했다(아프가니스탄이 이란, 페르시아 만과 가깝기 때문이었다). 그는 첨단 기술 판매를 중단하고, 곡물 수출을 금지하고, 64개 국과 더불어 1980년 모스크바에서 열린 하계 올림픽의 참가를 거부했다. 그뿐 아니라 브레주네프와 1979년 6월에 조인하기로 되어 있었던 SALT II 협정의 상원 재고 요청을 철회했다.

이란에서 미국인이 인질로 붙잡히는가 싶더니 두 달 만에 소련이 아프가니스탄을 침공하자 미국 내 여론은 급격하게 돌변했고, 1962년 이후 처음으로 냉전식 적대감이 극에 달

중앙아메리카

카터가 내세운 니카라과 정책의 기조는 인내였다. 하지만 레이건 행정부는 산디니스타가 인접 엘살바도르의 좌익 반란군을 은밀하게 지원한다는 이유를 들어 전임 대통령의 정책을 출범 며칠 만에 파기하고, 신생 혁명 정부에 대한 지원을 전면 중단했다. 그리고 얼마 안 있어 민주주의 운동가와 과거의 소모사 정권 지지파로 이루어진 니카라과의 게릴라 반군('콘트라'라고 불렸다)을 비밀리에 지원하기 시작했다.

이와 동시에 엘살바도르에서는 아슬아슬한 상태를 유지하고 있는 호세 나폴레온 두아르테(José Napoléon Duarte) 정부를 군사와 경제, 양쪽 면에서 균등하게 지원했다. 쿠바 무기를 든 마르크스주의가 좌파로, 보수적인 '암살단'이 우파로 포진한 엘살바도르에서 두아르테는 중도파였다. 레이건은 첫 번째 임

다니엘의 홍보물
산디니스타의 지도자 다니엘 오르테가 사아베드라가 세운 정부는 오스카르 아리아스 산체스 코스타리카 대통령이 자체적으로 주도한 평화 정착의 일환으로 1990년 2월, 자유선거가 실시될 때까지 니카라과를 다스리다 선거에서 승리를 거둔 반대파 지도자 비올레타 바리오스 데 차모로에게 평화롭게 권력을 이양했다.

기 동안 군사 지원을 다섯 배로 늘렸지만 그래도 두아르테 정부의 미래는 불확실했다.

한편 민주당을 비롯한 상원과 하원의 의원들은 레이건 행정부의 태도 때문에 미국이 중앙아메리카 전쟁에 개입하는 것은 아닌지 불안해했다. 니카라과의 산디니스타 정권 전복이 정부의 공공연한 정책으로 밝혀지자 의회는 1982년 12월, 콘트라에 대한 추가 군사지원을 금지하는 볼런드 수정안(Boland Amendment)을 통과시켰다.

그럼에도 불구하고 레이건은 금세 지원을 중단하지 않았고, 1985년 3월에는 콘트라를 '자유의 투사'이자 '우리의 건국시조에 버금갈 만한 모범'이라고 추켜세웠다.

했다. 미국인 대다수는 국방비의 대규모 증액과 강력한 군사적 대응을 지지했다. 레이건은 1980년 선거 유세에서 카터를 극단적인 비둘기파(국제관계에서 평화적, 협조적인 태도를 취하는 부류, 매파의 반대말에 해당된다—옮긴이)로 몰아붙이고 전 세계적으로 반공운동을 강력하게 지지하겠다고 선언하는 등 이같은 분위기를 십분 활용했다. 결국 선거는 레이건의 압승으로 돌아갔고, 제3세계의 공산주의 확산에 적극적으로 개입한 그의 정책은 이후에 레이건 독트린(Reagan Doctrine)이라고 불렸다.

레이건 대통령은 냉전체제 민주당원들(워싱턴 상원의원 헨리 M. 잭슨이 대표주자였다)의 지지를 등에 업고 의회에서 핵무기와 재래식 병력의 대규모 증강을 승인 받았다(초임 4년 동안 국방부 지출을 50퍼센트 가까이 확대했다). 그리고 미국의 국력이 새로운 수준에 다다를 때까지 주요 군축협상을 미루었다. 반대파는 그의 정책 때문에 존 F. 케네디 이후 모든 대통령이 추구한 데탕트가 무너질 수 있다고 지적했지만 레이건은 데탕트가 끝난들 대수로울 것 없다는 식으로 응수했다. 사실 그는 첫 번째 기자회견에서 데탕트는 "소련이 목표를 달성하기 위해 이용한 일방통행길"이었다고 일축한 바 있었다.

레이건은 임기 첫해에 엄청난 감세법안을 통과시켰기 때문에 국방비 증가는 막대한 예산 적자로 이어졌다. 1983년의 경우 세입은 6,010억 달러였던 데 비해 지출은 8,080억 달러로(이 가운데 2,050억 달러가 국방비였다), 카터 정부 말년의 세 곱절에 가까운 2,070억 달러의 적자를 기록한 것이다. 레이건은 소련이 전면적인 군비 증강 경쟁을 따라올 수 없다는 쪽으로 도박을 걸었던 셈인데, 그의 예상은 들어맞았다.

레이건은 1983년 3월에 전국으로 TV 중계된 연설에서 미국은 핵무기 공격에 대비할 수 있도록 기술의 우위를 활용하여 대규모 미사일 방어망을 신축해야 한다고 주장했다. 대륙간 탄도 미사일이 목표물에 닿기도 전에 레이저빔과 그 밖의 여러 첨단기술로 요격하자는 전략방위구상(Strategic Defense Initiative)을 제안한 것이다. 수많은 반대파는 불가능한 일로 치부하며 '스타워스'라고 깎아 내렸지만 소련은 분노와 경악을 금치 못했다. 전략방위구상이 실행으로 옮겨지면 '상호확증파괴(Mutually Assured Destruction : MAD)'를 강조하며 1950년대의 '뉴 룩' 이후 유지되던 전략적인 균형이 깨어질 수 있었다. 양국은 상호확증파괴를 바탕으로 거의 2세대 동안 팽팽한 긴장상태를 유지하며 핵전쟁을 자제해 왔다. 그런데 이 개념이 흔들리게 되었으니 양측 모두 상당한 불안감을 느낄 수밖에 없었다.

소련은 전략방위구상을 철회하지 않으면 군비제한 협상을 재개하지 않겠다고 선언했다. 레이건은 협상 준비가 덜 된 상황이었기 때문에 아쉬울 것 없는 입장이었다. 이 점은 지도부가 혼란에 빠진 소련도 마찬가지였다. 소련에서는 1982년 11월에 브레주네프가 숨을 거두자 노쇠한 두 서기장이 잇따라 권력을 잡았다. 하지만 유리 안드로포프(Yuri Andropov)는 1984년 2월에, 콘스탄틴 체르넨코(Konstantin Chernenko)는 1985년 3월에 죽음으로 짧은 통치를 마감했고, 뒤를 이어 쉰네 살의 고르바초프가 권좌에 올랐다.

고르바초프

카프카스 북부에서 농부의 아들로 태어났다. 그는 고향 스타브로폴의 트랙터 공장에서 4년을 근무하고 1952년에 스물한 살의 나이에 공산당에 입당했다. 그리고 3년 뒤 모스크바 주립대학교의 법학과를 졸업하고 1970년에 스타브로폴 당위원회의 제1서기가 되었다. 1971년에는 중앙위원회 위원으로 선출되었고 1980년에 농업전담 정치국원이 되었다.

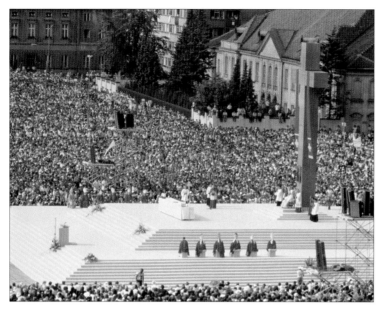

교황 요한네스 파울루스 2세가 1979년 6월, 바르샤바의 승리 광장에서 오후미사를 집전하는 모습

이 날을 위해 연단과 대규모 십자가가 마련되었다. 1978년 10월에 교황으로 추대된 보이티우아 추기경은 로마 가톨릭교회 456년 역사상 처음으로 탄생한 비(非)이탈리아계 교황이었다.

바웬사

(오른쪽) 1970년에 시위대가 길거리에서 총을 맞고 쓰러지는 광경을 목격한 뒤 급진적인 노동운동가로 변신했다.

폴란드

한편 이 무렵 동유럽은 소련의 통제에서 벗어나려는 움직임을 보이고 있었다. 발단이 된 곳은 폴란드였고, 교황 요한네스 파울루스 2세(Johannes Paulus II, 크라쿠프 대주교 카롤 보이티우아 추기경)가 1979년 6월에 모국을 방문하면서 수많은 로마 가톨릭교도들의 자긍심에 불을 지핀 것이 계기가 되었다. 식량 부족, 주택난, 전력 배급제로 폴란드의 공산당 정부에 불만을 품은 사람들은 그로부터 1년 뒤, 그다인스크의 레닌 조선소에서 대규모 파업을 일으켰다. 1980년 8월 14일을 기해 1만 7천 명의 노동자가 출근을 거부한 것이다. 전기 기술자 레흐 바웬사(Lech Walesa)가 주도한 파업은 발트 해 연안의 산업지와 슐레지엔의 탄광으로 삽시간에 번졌다.

이 사건으로 에르바르드 바비우흐(Edward Babiuch) 폴란드 총리가 실각하고 8월 24일, 공산당 제1 서기 에드바르드 기에레크(Edward Gierek)가 권력을 잡았다. 기에레크는 소련과 의논 끝에 부총리 미엥치슬라프 야기엘스키(Mieczyslaw Jagielski)에게 바웬사가 신설한 자유노동조합 솔리다르노슈치('연대'라는 뜻이었다)와 협상하는 임무를 맡겼다. 1주일 뒤, 바웬사와 야기엘스키는 폴란드공산당의 중추적인 역할과 회원수 1천만 명에 이르는 '연대'의 자유를 인정하는 합의안에 서명했다. '연대'가 내건 노동관련 요구 사항을 모두 수용하는 조건이었다.

애초에 소련은 기에레크에게 협상을 권했는데, 이것이 오히려 바웬사에게는 노동운동의 강도를 높이는 계기가 되었다. 기에레크는 금세 축출을 당했고 부정출발과 개각이 몇 차례 거듭된 끝에 보이치에흐 야루젤스키(Wojciech Jaruzelski) 국방장관이 폴란드의 새로운 수반 자리에 올랐다. 바웬사와 요제프 글렘프(Josef Glemp) 대주교는 1981년 11월 4일에 야루젤스키 장군과 만나 전국화합위원회(Council of National Understanding) 창설을 놓고 의견을 나누었지만 합의점을 찾지 못했다. 결국 '연대' 지도부는 12월 12일에 전국 국민투표를 통해 비(非)공산주의 정부 수립과 소련과의 군사관계 재정립에 관한 의견을 수렴하자고 제안했다. 다음날, 야루젤스키는 계엄령을 선포하고 1983년 7월까지 거두지 않았다.

레 이건 대통령은 연대와 같은 공산권의 저항운동을 지원하기로 결심하고 더욱 공격적인
외교정책을 추진했다. 이제 미국의 새로운 반공동맹은 민주주의 운동가였다. 아프가니
스탄에서는 소련 점령군을 상대로 게릴라전을 펼친 이슬람 연합 무자히딘(Mujahideen)이 미
국의 은밀한 지원을 받았다. CIA에서 지급한 휴대형 대공포 스팅어(Stinger)는 소련의 공군력
을 무색하게 만들었고, 파키스탄의 난민캠프를 통해 아프가니스탄으로 밀반입된 여러 무기 때
문에 소련군은 결국 1988년 초부터 철수를 시작하는 수밖에 없었다.

레이건의 반공정책은 유럽 3개국의 든든한 동맹 대처, 프랑수아 미테랑(Françis Mitterrand)
프랑스 대통령, 헬무트 콜(Helmut Kohl) 서독 수상의 전폭적인 지지를 받았다. 이들은 레이건
의 정면돌파를 환영했고, 1983년 12월부터 유럽에 크루즈와 퍼싱 미사일을 새롭게 배치하겠다
는 계획을 발표하자 평화단체와 소련의 격렬한 반대를 무릅쓰고 박수갈채를 보
냈다.

하지만 레이건 대통령은 1984년 재
선에서 압승을 거둔 뒤부터 표현의 수
위를 낮추고 정면돌파에서 협상 쪽
으로 방향을 선회했다. 이 무렵 미국
은 국방 근대화 프로그램으로 훨씬
강력한 군사력을 갖추었기 때문에
협상 테이블에서 좀더 유리한 고지
를 점령할 수 있었다. 철의 여인이
라고 불릴 만큼 초보수적인 대처
도 이제는 교류를 나눌 때가 되었
다고 판단을 내렸다. 그녀는 1984
년 12월에 소련의 새로운 지도자를
만난 뒤 이렇게 선언했다.

"조심스러우나마 낙관적인 전망을 내놓고
싶다. 고르바초프 서기장은 아주 마음에 든다. 함께 일을 해 나갈 수 있겠다."

레이건과 고르바초프

레이건은 1984년에 짧막하게 예방한 안드레이 그로미코(Andrei Gromyko) 외무장관을 제외
하고는 초임 4년 동안 소련의 고위 관리를 한 명도 만난 일이 없었다. 그런데 재선에서 당선된
뒤에는 1985년 11월 중순 무렵 제네바로 건너가 고르바초프와 정상회담을 열었다. 이 자리에
서 두 정상은 우정 비슷한 관계를 싹 틔웠지만, 회담의 주제가 군축이었기 때문에 1980년대 초
반 이후 별다른 진전이 없었던 점을 짚고 넘어가는 것이 우선과제였다. 고르바초프는 국방비
를 국내 생산으로 돌릴 수 있도록 서방 세계와 돈독한 관계를 맺는 데 적극적인 모습을 보인
반면 레이건은 말을 아꼈다(고르바초프는 아직 과시할 만한 수준은 못 되었지만, 글라스노스
트와 페레스트로이카를 실행에 옮길 수 있도록 크렘린의 세대교체를 시작한 상황이었다).

1987년 6월, 서베를린의 브란덴부르크 문에서 레이건 대통령
자신은 아직도 냉전주의자라고 강조하며 고르바초프에게 글라스노스트와 페레스트로이카의 진행 과정을 예의 주시하겠다는 뜻을 전하고 있다. "평화를 바란다면 (중략) 이 문 앞으로 오십시오! 이 문을 여십시오, 고르바초프 서기장! 이 벽을 무너뜨리십시오, 고르바초프 서기장!"

651

이란-콘트라 사건

이란에 억류되었던 미국 인질들이 취임 첫날 석방되자 레이건은 이후로 미국에 비우호적인 국가나 이슬람 국가들과의 공개적인 접촉을 가급적 피했다. 세계평화유지작전의 일환으로 미국군을 레바논에 파견한 사건은 1983년 10월, 테러분자들이 베이루트 공항의 해병대 숙소에서 트럭 폭탄을 터트려 241명의 목숨을 앗아가는 끔찍한 결과로 이어졌다.

레바논의 그리스도교도와 이슬람교도들이 1984년 2월부터 다시 내전을 시작하자 레이건은 평화유지작전을 종결지었지만, 이슬람 투사들에게 인질 일곱 명이 붙잡혀 있었기 때문에 완전히 발을 뺄 수는 없었다. 그는 테러분자들과 협상할 의사가 전혀 없다고 여러 차례 강조했지만, 인질과 교환하는 조선으로 무기를 지급했다는 소문이 1986년부터 흘러나오기 시작했다.

이후에 밝혀진 바에 따르면 국가안보 담당고문 로버트 C. 맥팔레인(Robert C. McFarlane)과 국가안전보장회의(National Security Council) 참모 올리버 L. 노스(Oliver L. North)가 인질 한 명이 석방된 뒤 1985년 7월, 비밀리에 이란으로 무기를 수송하고 1986년 5월에 2차로 수송을 단행한 주인공이었다. 그 사이 노스는 1986년 4월 4일, 맥팔레인의 후임인 존 M. 포인덱스터(John M. Poindexter)에게 쪽지를 보내 2차 무기대금 1,200만 달러로 콘트라(Contra)를 지원하자고 제안했다. 1986년 11월 26일에 에드윈 미스(Edwin Meese) 법무장관의 폭로로 이같은 불법유용이 밝혀지자 몇 시간 뒤 레이건 대통령은 포

이란-콘트라 사건을 초기 조사한 하원위원회 앞에서
1986년 12월에 선서를 하는 노스
노스는 해병대 중령을 지내다 국가안전보장회의 참모로 선임되었다.

인덱스터의 사임과 노스의 퇴직을 직접 발표했다.

뒤이어 의회 청문회와 재판이 벌어졌고, 노스는 전 CIA 국장 윌리엄 J. 케이시(William J. Casey)—아성맞춤 격으로 노스가 의회에 출두하기 두 달 전인 1987년 5월에 눈을 감았다—의 승인 아래 벌인 일이라고 강력하게 주장했다. 백악관에서 국가안보를 이유로 관계서류 인도를 거부하자 특별검사 로런스 E. 월시(Lawrence E. Walsh)는 공모 관련 기소를 취하했지만 노스와 포인덱스터는 의회 방해죄와 위증죄로 유죄 판결을 받았다. 하지만 항소심에서 순회법원은 유한 면책특권 하에서 강요당한 이들의 의회증언이 이후 재판에 부정적인 영향을 미쳤다는 판결을 내렸다.

월시는 맥팔레인과 캐스퍼 W. 와인버거(Caspar W. Weinberger) 국방장관, 레이건 행정부의 고관 네 명도 함께 기소했지만 부시 대통령이 1992년 크리스마스 이브에 사면령을 내렸다. 레이건 대통령의 개입 여부는 끝까지 밝혀지지 않았다. 하지만 의회 위원회에서 보좌진이 저지른 불법행위의 '최종 책임'은 대통령이 져야 한다고 밝히자 그의 인기는 수직으로 추락했다.

레이건과 고르바초프의 두 번째 만남은 1986년 10월, 아이슬란드의 레이캬비크에서 이루어졌다. 이번 정상회담 역시 공식협약 없이 끝이 났지만, 고르바초프가 향후 10년 안에 핵무기를 완전 해체할 수 있도록 전초단계로 양국의 핵무기 보유량을 지금 당장 50퍼센트쯤 감축하자는 극적인 제안을 했을 때 레이건이 동의했다는 사실이 밝혀지면서 작은 파동이 일었다. 이후에 고르바초프가 전략방위 구상의 폐지를 계속 요구하며 현지 사찰을 거부하고, 서구의 오랜 핵전쟁 대응책을 이렇듯 쉽게 내동댕이쳤다는 데 유럽 동맹국들이 경악을 금치 못하자 레이건은 동의를 철회했다.

고르바초프와 레이건의 회담은 1987년 12월, 워싱턴 D. C.에서 중거리핵전력협정(Intermediate-range Nuclear Forces Treaty)을 조인하며 처음으로 구체적인 결실을 맺었다. 이로써 사정거리가 약 480킬로미터에서 5,500킬로미터 사이에 해당되는 핵미사일이 전면 제거되었는데, 폐기처분된 2,500기 가운데 3분의 2가 미국 소유였다. 협정의 또 한 가지 중요한 의의는 엄격한 현지 사찰을 규정한 조항이었다. 이에 따르면 양국은 갑작스런 감사가 허용되었고 주요 군 시설에 상주 시찰단을 두어 협정을 잘 따르고 있는지 감독할 수 있었다.

1989년 1월, 푸에블로군 보급창

소련의 무기시찰단이 미국 측 수행원들과 함께 서서 중거리핵전력협정에 따라 해체되는 퍼싱 2 미사일을 지켜보고 있다. 콜로라도 주 남동부의 푸에블로군 보급창에서 1989년 1월에 촬영한 사진이다.

고르바초프와 레이건은 1988년 12월, 뉴욕 항의 거버너스 섬에서 대통령 당선자 부시와 함께 마지막 회동을 개최했다. 고르바초프가 12월 7일, 국제연합 총회에서 소련 병력을 50만 명으로 감축하고 동독, 체코슬로바키아, 헝가리의 주둔군 6개 사단을 철수시켜 향후 2년 안으로 해산시키겠다는 깜짝 연설을 하고 난 뒤의 일이었다. 그는 회고록에서 이렇게 밝혔다.

"나는 인류가 현재 근본적으로 새로운 시대의 문턱에 서 있다는 사실을 전 세계에 알리고 싶었다. 세력 균형과 경쟁에 입각한 전래의 외교원칙은 창조적인 협력과 공동개발에 바탕을 둔 관계로 대체될 운명이었다."

고르바초프는 이 연설을 통해 2차 세계대전 이후 가장 이상주의적인 정치인으로 부상했다. 《뉴욕타임스》는 12월 8일의 사설에서 "우드로 윌슨이 1918년에 14개 조항을 발표한 이래, 프랭클린 루스벨트와 윈스턴 처칠이 1941년에 대서양헌장을 공표한 이래, 고르바초프와 같은 이상을 선보인 인물은 없었다."고 선언했다.

"놀랍다, 무모하다, 거침없다, 순진하다, 뜻밖이다, 대담하다는 표현이 모두 들어맞는다. 너무나도 엄청난 발언이라 제대로 파악하려면 몇 주가 걸릴 것이다. 고르바초프 서기장의 의도가 무엇인지는 알 수 없지만 부시 대통령 당선자와 다른 나라의 정상들은 그의 착상을 진지하게 받아들여야 할 것이다."

레이건과 부시는 정치적인 성향으로 보나 개인적인 성향으로 보나 극과 극을 달렸다. 레이건은 뿌리 깊은 원칙에 따라 일상을 영위하는 '신념'의 정치인이었다. 반면에 부시는 사상 면에서 보수적이었지만 실용주의자였고, 원칙에 관련된 문제일지라도 불필요한 갈등을 기질적으로 싫어했다. 소련의 제국주의적인 구조를 무너뜨린 결정타는 레이건의 강경노선이었지만 앞으로 제국의 몰락을 관장할 인물은 부시였다.

소비에트연방의 붕괴는 두 단계로 진행되었다. 먼저 1989년에는 1단계로 소련의 위성국가들이 연방을 탈퇴하기 시작했다. 국제연합 총회에서 고르바초프는 동유럽 국민들에게 '선택의 자유'를 약속했고, 이들은 고르바초프의 약속에 따라 공산주의 정부를 무너뜨리기 위한 차비를 서둘렀다. 이번에도 선두에 나선 폴란드는 1989년 6월, 1939년 이래 동유럽사상 처음으로 자유선거를 치르고 신생 의회를 구성했다(바웬사의 '연대'가 압승을 거두었다). 1989년 9월 10일에는 헝가리가 오스트리아와의 접경을 개방하면서 이곳을 통해 동독의 몇천만 '행락객'이 서독으로 건너갔다. 동베를린, 라이프치히, 그 밖의 동독 여러 도시에서 대규모 시위가 벌어진 뒤 11월 9일에는 베를린 장벽이 무너졌고, 베를린 장벽을 건설한 공산주의 정부도 잠시 후에 잇따라 붕괴되었다. 1989년 12월에는 극작가 겸 정치범 바츨라프 하벨(Václav Havel)이 이른바 벨벳 혁명을 통해 체코슬로바키아의 공산통치를 평화롭게 매듭지었다.

애초에 부시 행정부는 이와 같은 변화를 접하고 회의적인 반응을 보였다. 국가안전보장회의 임원들은 고르바초프의 약속이 진심인지 의심했고, 진심이라 하더라도 크레믈린의 보수파가 가만있을 리 없다고 생각했다. 부시의 요청으로 실시된 정책검토 자료에서는 고르바초프가 국내에서 지지기반을 확실히 다질 때까지 소련의 자유화를 미지수로 남겨 두어야 한다고 주장했다. 하지만 부시는 11월 9일, 베를린 장벽을 부수는 독일인들을 텔레비전으로 지켜보다 보좌관에게 말했다.

"동독 공산당마저 무너지게 내버려두는 것을 보면 소련의 자세가 내 생각보다 훨씬 진지한 모양이로군."

베를린 장벽을 허무는 사람들
동독이 1989년 11월 9일을 기해 자유로운 통행을 허용하면서 베를린 장벽이 무용지물로 변하자 수많은 기념품 사냥꾼이 벽을 쪼아 내고 있다.

한 달 뒤에 부시와 고르바초프는 몰타 섬 인근에 정박한 양국 선박 위에서 만났다. 이 무렵 부시는 소련의 의도에 대한 의심을 거의 풀었지만 고르바초프에게 제시한 대가는 많지 않았다. 무기감축과 소규모 경제원조를 제안하고는 끝이었다. 고르바초프는 비무장과 관련해서 좀더 많은 이야기를 나누자고 제안했지만 부시 측에서 받아들이지 않았다. 하지만 정상회담이 막바지로 접어들면서 두 사람은 화기애애한 모습을 선보였다. 어느 시점에서 부시는 "페레스트로이카가 성공하면 세

홍보용 배지
(오른쪽) 하벨이 1989년 11월에 결성한 반정부 통괄조직 시민 포럼의 홍보용 배지.

상은 훨씬 살기 좋은 곳이 될 겁니다."라고 말했고, 고르바초프는 "소 련은 이제 미국을 적으로 생각하지 않습니다. 세상이 변했으니까요." 라고 말했다.

몰타 정상회담은 이렇게 긍정적인 분위기에서 막을 내렸지만 고 르바초프와 측근들은 1989년 12월에서부터 1991년 8월까지 힘들고 불안한 시기를 보냈다. 국민들은 좀더 빠른 경제변화를 요구했고 강 경론자들은 '선택의 자유' 운운하는 공화국들에게 중앙정부의 힘을 보여 주어야 한다고 주장했다.

소련 해체의 2단계에 해당되는 공화국의 연방 탈퇴는 이미 예전 부터 조심을 보였다. 1990년 3월 11일에 리투아니아 의회는 공식적 으로 독립을 선언했다(리투아니아는 1939년의 독-소 불가침조약에 따라 소련에게 이양된 발트 해 3개국 가운데 하나였다). 고르바초프 는 그 즉시 '불법이며 무효'라고 못을 박았지만 거의 1년 동안 아무 런 조치를 취하지 않았다. 한편 1990년 2월 7일에는 소련공산당 중 앙위원회가 고르바초프의 제안에 따라 아쉬움을 달래며 70년의 독 재정치를 청산했다.

옐친은 이같은 조치를 열렬하게 환영했다. 그는 건설전문 토목기사로 1981년 3월에는 소 련공산당 중앙위원회 위원이 되고 1986년 2월에는 투표권이 없는 정치국원으로 임명되는 등 당내에서 차근차근 계단을 밟은 인물이었다. 하지만 1987년 10월 21일에는 중앙위원회에서 페레스트로이카의 더딘 속도와 공산당 서기장 고르바초프 주변의 '신도'들을 강도 높게 비난 하다 3주 뒤 모스크바 고르콤(시 위원회) 제1서기에서 국가건설위원회(State Construction Committee) 부위원장으로 강등 당했다. 그래도 모스크바에서는 고르바초프의 지시에 따라 당 지도부의 부정부패를 척결한 전적이 있기 때문에 여전히 인기가 높았다.

1989년 3월에 고르바초프가 복수후보 선거제를 실시하자 옐친은 신생 인민대표회의 (Congress of People's Deputies) 후보로 출마했고, 모스크바에서 92퍼센트의 득표율로 당선 되었다. 그리고 14개월 뒤에는 고르바초프의 반대를 무릅쓰고 러시아 소비에트 사회주의 공화 국연방(Russian Soviet Federated Socialist Republic : RSFSR)의 최고 소비에트 의장으로 선 출되었고, 6월 12일에는 러시아를 '새로운' 소비에트연방 내의 '자유' 국가로 규정하는 주권 선 언을 했다. 이로부터 한 달 뒤인 1990년 7월 12일에 옐친은 공산당 탈퇴를 선언했다.

페르시아 만 전쟁

이와 같은 상황에서 1990년 8월 2일, 사담 후세인(Saddam Hussein) 이라크 대통령은 페르시 아 만의 북서부 해안에 자리잡은 유전국 쿠웨이트를 침공했다. 페르시아 만은 미국의 정치적, 경제적 요충지였기 때문에 부시 대통령은 8월 8일부터 사우디아라비아로 선발대 54만 1천 명 을 파병하기 시작했다. 그리고 전 세계와 손을 잡고 경제적인 제재조치를 도모했다.

이라크는 전통적으로 소련의 제휴국가였지만 고르바초프는 무기판매를 중단하고 다양한

1989년 2월, 리투아니아의 빌뉴스에서 벌어진 독립시위 '점령군은 물러나라 , 우리는 유럽으로 복귀하기 바란다'라고 적힌 팻말이 보인다.

부시 대통령이 쿠웨이트 탈환을 선포하고 하루가 지난 1991년 3월 1일

쿠웨이트의 다국적군이 죽음의 길가의 탱크에서 이라크 사망자의 시신을 운반하고 있다. 이곳은 지상공격이 시작되었을 때 이라크 군이 퇴각로로 선택한 쿠웨이트 시 북부의 도로인데, 거의 모두가 목숨을 잃었기 때문에 죽음의 길이라고 불렸다.

외교수단을 동원하여 후세인에게 철수 압력을 행사하는 등 결정적인 역할을 했다. 이와 같은 제재조치만으로는 불충분하다는 판단이 내려지자 미국과 동맹국은 공격을 감행했다. 1991년 1월 17일에 개시된 사막의 폭풍 작전(Operation Desert Storm)은 5주간의 폭격으로 이어졌고 2월 24일에는 지상공격이 시작되었다. 그리고 나흘 뒤, 부시 대통령은 쿠웨이트 탈환을 선포하고 이라크 점령이 아닌 정전을 선택했다. 미군 측 희생과 아랍 동맹국의 이탈을 두려워했기 때문이다. 후세인을 내버려둔 부시의 판단이 옳았는지는 오늘날까지 논란이 계속되고 있다.

고르바초프는 정치국의 뜻과 달리 이라크를 제재하는 데에는 성공했지만, 정부의 수많은 보수파는 왕년의 동맹을 저버리고 미국을 지지했다는 사실에 불쾌감을 감추지 못했다(심지어 고르바초프의 일부 측근들도 마찬가지였다). 따라서 공산당 지도부는 발트 해 3국의 독립운동 바람이 한층 거세어졌을 때 한결 강경한 입장을 보였다. 1991년 1월―예두아르트 셰바르드나제 외무장관이 '독재'의 출현을 경고하며 사임하고 몇 주 뒤였다―소련의 낙하산 부대가 리투아니아로 침투하기 시작했다. 이들은 세계가 사막의 폭풍 작전 개시로 정신이 없을 것이라는 판단 아래 1월 11일에 빌뉴스의 주요 인쇄소를 점령하고 이틀 뒤에는 소련의 탄압을 정기적으로 보고하던 텔레비전 송신국마저 점거했다. 송신탑을 지키던 몇백 명의 리투아니아인과 소련 탱크 두 대가 빚은 충돌이 마무리되었을 무렵, 탱크에 압사당한 10대 소녀를 비롯해서 열다섯 명의 리투아니아인이 목숨을 잃었다.

하지만 리투아니아와 발트 해 3국 단속은 부작용을 낳았다. 2월 6일, 여섯 개의 공화국이 국민투표 거부를 선언한 것이다. 국민투표는 고르바초프가 가장 최근에 내놓은 소비에트 연방 재편안이었다. 옐친은 2월 19일에 고르바초프 정책과의 '단절'을 선언하고 '즉각적인 퇴진'을 요구했다. 결국 고르바초프는 개혁운동의 주도권을 되찾기 위해 4월 23일, 아홉 개 공화국 수반을 노보-오가레보의 별장으로 초대해 회담을 열고 새로운 연방조약을 탄생시켰다.

부시 행정부가 보인 반응은 신중했고 때로는 어설펐다. 그는 리투아니아 무력탄압을 비난했지만, 에스토니아로 날아가 RSFSR 대표 자격으로 발트 해 3국과 '상호지원조약'을 맺은 옐친처럼 강력하게 비난하지는 않았다. 부시는 7월 말에 모스크바에서 핵무기를 대규모로 감축하는 전략무기감축협상에 서명하고 우크라이나로 건너갔다. 원래 그는 키예프의 우크라이나 의회에서 연설을 하기로 되어 있었다. 하시만 방문 2주 전에 소련에서 비밀전갈이 날아들었다. 급증하는 민족주의로 정치상황이 불안정하다며 우크라이나 방문을 피해 달라는 내용이었다. 그럼에도 불구하고 부시는 우크라이나를 찾았지만 연방탈퇴를 만류하고 심지어 8월 1일 연설에서는 '무모한 민족주의'라는 단어까지 동원해 가며(《뉴욕타임스》 칼럼니스트 윌리엄 새파이어(William Safire)는 여기에 '비겁한 키예프 연설'이라는 별명을 붙였다) 방문의 의의를 축소하려고 애를 썼다. 부시의 태도는 어느 누구도 환영하지 않았고, 이미 고르바초프의 아슬아슬하던 입지를 더욱 약화시키는 역할만 했다. 그로부터 17일 뒤에 쿠데타가 벌어졌다.

고르바초프는 나중에서야 알아차렸지만 8월 22일 오전 2시쯤 포로스에서 모스크바로 복귀했을 무렵, 권력의 거의 대부분은 옐친에게 넘어간 뒤였다. 처음에 고르바초프는 아무 일도 없었다는 듯이 행동했지만 지난 6년 동안 다스렸던 제국은 사흘의 혼란을 겪으며 완전히 달라져 버렸다. 옐친이 쿠데타를 진압한 순간부터 상황은 급속도로 진행되었다. 8월 24일에 고르바초프는 불가피한 현실을 깨닫고 공산당 서기장을 사임했다. 인민대표회의는 9월 5일에 자진 해체되었다. 옐친은 12월 8일, 민스크 외곽에서 우크라이나와 벨로루시의 수반을 만나 소비에트연방의 대안으로 독립국가연합(Commonwealth of Independent States)을 출범시켰다. 독립을 선포한 다른 공화국들도 잇따라 동참했다.

고르바초프는 권력의 끄트머리나마 절대 놓지 않았다. 제임스 A. 베이커 3세(James A. Baker III) 국무장관이 1991년 12월 중순에 모스크바를 방문했을 때 크레믈린은 여전히 고르바초프의 차지였고 옐친은 러시아 의사당에서 경쟁 정부를 꾸려나갔다. 12월 16일에 베이커와 옐친이 만났을 때 예브게니 샤포슈니코프(Yevgeni Shaposhnikov) 장군이 동석한 것은 군이 독립군가연합 쪽을 선택했다는 증거였다. 그런데 오후에 베이커와 만난 자리에서 고르바초프는 자신이 아직도 중요한 역할을 감당하고 있다고 주장했다.

"내가 여러 가지 오판을 하고 실수를 저지르기는 했지만 그건 중요한 문제가 아닙니다. 연합을 창출하려다 더욱 커다란 분열이 일어나지 않도록 막는 것이 (중략) 나의 역할입니다."

그러나 현실은 그렇지가 않았다. 고르바초프와 옐친은 바로 다음날, 1992년 1월 1일을 기해 소비에트연방과 소비에트연방의 정부조직은 사라진다고 발표했다. 그리고 1992년 2월에 부시 대통령과 옐친은 공동성명서를 통해 50년의 냉전을 공식적으로 마감했다.

"나는 옐친이 러시아 관료가 아니라서 정말 좋다. 그는 아일랜드 시인이다. 자신이 쓰는 소설처럼 정치를 대한다."

클린턴, 국무차관 스트로브 탤벗에게 한 말

26

새 천년의 도래

2001년 9월 11일

많은 사람은 대부분의 나날을 사사롭게, 특별한 일 없이 보낸다. 극히 소수의 경우에만 개인적인 경험이 사회의 기억과 하나가 된다. 대공황 시절에는 1941년 12월 7일이 그런 날이었다. 그날의 공포와 슬픔과 결의는 쉽사리 가라앉지 않았다. 1960년대 세대는 같은 이유로 1963년 11월 22일과 1968년 4월 4일을 기억한다. 이들에게는 그때가 해가 져도 끝나지 않는 날이었다. 이제 역사에 영원히 남을 하루에 2001년 9월 11일이 덧붙여졌다. 공격의 간접적인 목표였던 미국인들과 끔찍한 광경을 텔레비전으로 지켜본 전 세계의 몇십 억 사람들에게 이 날은 오랫동안 잊혀지지 않을 것이다.

세계무역센터와 국방부가 습격을 받은 뒤 독일 수간지 《슈피겔(Der Spiegel)》은 이렇게 말했다.

"두말할 나위가 없겠지만 충격은 테러리즘이 추구하는 여러 목표 중 하나이다. 충격을 받은 사람이 많으면 많을수록 좋은 것이다. 9월 11일의 공격이 현 상황에서 역사상 가장 완벽한 테러로 꼽히는 이유가 바로 이 때문이다."

미국인들의 입장에서 보자면 건국 이래 가장 안정적이고 자신만만하고 우쭐하던 시대의 종말을 의미했기 때문에 충격의 파장이 한결 컸다. 인터넷 업계의 젊은 거물군단과 이들의 찬란한 벤처기업은 이른바 1990년대의 신경제를 이끌며 미국 역사상 가장 장기적인 경제 발전

세계무역센터의 잔해로 뒤덮인 소방차
(왼쪽) 비극 이후 현장을 찾은 몇만 명에 이르는 조문객이 파괴당한 소방차를 꽃으로 장식했다.

을 일구었다. 이와 더불어 소련이 붕괴되고 냉전이 막을 내리면서 국제사회에서도 국내의 번영에 버금갈 만한 천하무적의 시대가 찾아왔다. 그런데 바로 이때 납치 당한 아메리칸 항공 소속 11편 항공기가 뉴욕 시 세계무역센터 북쪽 타워와 충돌했고, 미국의 자존심은 110층짜리 건물과 함께 무너졌다.

8개월 동안의 불황이 끝나고 120개월 연속 성장이라는 기록이 시작된 시점은 10년 전인 1991년 3월이었다. 하지만 당시만 하더라도 경제 회복의 전망은 그다지 밝지 못했다. 1990년에서 1991년까지 이어진 불황은 대다수 국민을 괴롭혔고, 민주당은 8년 동안 로널드 레이건 행정부에서 부통령을 역임하고 1989년에 후임 대통령으로 취임한 조지 부시를 공격의 대상으로 삼았다. 실제로 부시는 1988년 선거 유세에서 레이건의 정책을 계승하겠노라고 맹세한 데다 공화당 전당대회의 후보수락 연설에서 "제 이야기를 주목하십시오. 앞으로 증세는 없습니다!"라고 선언했다.

하지만 부시가 백악관에 입성한 뒤 연방정부의 적자는 1989년 1,530억 달러에서 1990년 2,200억 달러로, 1991년에는 2,690억 달러로 껑충 뛰었다. 그는 의회를 장악한 민주당의 압력에 못 이겨 기존 입장을 번복하고 1990년 6월에 지출 축소와 증세라는 예산 조정안에 동의했다. 이후 '실수'였다며 꽁무니를 뺐지만, 이미 세금 인상안에 서명한 만큼 이미지에 타격을 입은 셈이었다.

냉전과 페르시아 만 전쟁이 막을 내린 1992년 선거운동에서는 1936년 이래 최초로 외교정책이 뒷전으로 물러났다. 페르시아 만 전쟁 때 급등했던 지지율이 반짝

레이거노믹스(Reaganomics)

지미 카터는 재임 시절에 국민들의 방탕한 생활습관을 지적하며 자원이 한정되어 있다고 여러 차례 강조했다. 하지만 레이건은 1980년 선거에서 낙천주의를 부추기는 유세를 펼쳤다. 연방 지출만 자제하면 미국인 누구나 충분한 기회를 누릴 수 있다는 것이 그의 주장이었다. 그는 "정부는 문제의 해결책이 아닙니다. 오히려 정부가 우리의 문제점입니다."라고 입버릇처럼 말했다. 무한한 기회를 생득권으로 간주한 국민들은 레이건에게 몰표를 행사했다.

공화당 내의 정적 부시는 한 배를 타기에 앞서 레이건의 경제계획을 가리켜 '공급주의 경제이론(supply-side economics)' 또는 '부두 경제이론(voodoo economics)'이라고 표현한 바 있었다. 세금을 대폭 삭감하면 국민들의 주머니가 두둑해져 투자와 소비가 촉진되고 호황으로 연결된다는 것이 공급주의 경제이론의 핵심이었다. 공급주의 경제이론가들은 여유 자금이 있어야 투자할 가능성이 높아지기 때문에 고소득층을 중심으로 감세가 이루어져야 한다고 주장했다. 레이건은 호황의 여파가 확산 되기 때문에 중산층과 노동자 계급도 혜택을 받을 수 있고, 경제 활동의 증가가 소득세율 감소분을 상쇄하고도 남기 때문에 결과적으로는 정부의 세입이 증가한다고 재빨리 덧붙였다.

이와 같은 선순환을 시작하기 위해 남부의 보수적인 민주당원들도 1981년 8월, 향후 3년 동안 개인소득세를 25퍼센트 인하하는 법안의 제정에 합류했다. 신임 대통령이 내놓은 30퍼센트에는 못 미치는 수치였지만 미국 역사상 가장 규모가 큰 감세 조치였다. 하지만 공급주의 경제이론은 기대와 다른 방향으로 전개되었다. 투자 확대는 이루어지지 않았고, 소비는 미국에서 생산되는 내구재가 아니라 에어로빅 강좌나 일본산 VCR로 집중되었기 때문에 (1980년대 초반의 최대 유행이 에어로빅과 일본산 VCR이었다) 전반적으로 생산에 기여하지 못했다. 따라서 거시적인 관점에서 보자면 감세 조치는 제조업에서 서비스산업으로, 채권국에서 채무국으로의 이행을 가속화했을 따름이다.

한편 지출을 대폭 삭감했음에도 불구하고(주로 사회복지 프로그램이 희생양이었다) 세입이 줄면서 연방 예산의 적자폭은 점점 커지기만 했다. 그 결과, 레이건 대통령의 재임 8년 동안 미국의 부채는 세 배 가까이 늘었고, 한 해 이자만 1,500억 달러를 기록하면서 세 번째로 집행 규모가 큰 항목이 되었다.

레이건의 두 번째 임기 때 의회는 적자폭을 줄이려고 고심했지만 별 소득이 없었다. 1985년 12월만 하더라도 레이건은 그램-러드맨-홀링스 법안(Gramm-Rudman-Hollings Act)을 비준했다. 그램-러드맨-홀링스 법안은 재정수지 균형을 위한 계획표를 작성하고 계획에 하나라도 실패했을 경우 연방지출을 자동적으로 전면 삭감하는 법안이었다. 하지만 1986년 6월에 대법원은 자동 삭감이 위헌이라는 판결을 내렸다.

레이거노믹스

레이건의 초임 때 미국은 2차 세계대전 이래 최악의 불황을 겪었다. 유가 하락으로 인플레이션은 줄었지만, 1982년 12월에 10.8퍼센트를 기록한 실업률은 1940년 이후 최고수치였다.

하다 사라진 부시로서는 안타까운 노릇이었고, 민주당 후보로 나선 전직 아칸소 주지사 빌 클린턴(Bill Clinton)은 유세 때마다 "바보, 문제는 경제라니까." 하고 되뇌며 쾌재를 불렀다.

경제 수치상으로는 부시의 말대로 불황의 끝이 보였지만, 클린턴은 1992년에 2,900억 달러를 기록한 연방 예산 적자와 국민들이 느끼는 불안감에 힘입어 부시와 텍사스의 억만장자 H. 로스 페로(H. Ross Perot)가 가세한 3파전에서 가까스로 승리를 거두었다. 무소속 후보로 출마한 페로는 주로 공화당을 공격하며 18.9퍼센트의 득표율을 기록했다. 미래에 대한 걱정이 전국을 뒤덮은 덕분에 클린턴은 1993년 8월, 말도 많고 탈도 많던 5년 계획의 적자 감축안을 통과시킬 수 있었다. 지출 축소와 증세를 통해 4,960억 달러를 메운다는 내용이었다. 하원에서 벌어진 찬반 투표는 218 대 216을 기록했고, 상원에서는 앨 고어(Al Gore) 부통령이 극적인 한 표를 행사하며 51 대 50을 만들었다. 클린턴은 이후에 "(예산 적자에 대해서) 무언가 조치를 취하지 않으면 다른 문제를 처리할 여력이 없었다."고 밝혔다.

법률제정 결과, 적자폭은 1993년 2,550억 달러에서 1997년 220억 달러로 꾸준히 감소했다. 그리고 이듬해에 연방정부는 1969년 이후 처음으로 흑자를 기록했다고 발표했다. 하지만 1990년대 중반의 예산 전쟁은 사상 최대의 잡음과 논란을 빚었다.

1994년 중간선거에서 공화당은 하원의 소수당 원내총무를 맡은 뉴트 깅리치(Newt Gingrich) 조지아 의원의 성공적인 유세 덕분에 1955년 이후 처음으로 상원과 하원 모두를 장악했다. 그가 내세운 전략은 재정 지원이 없는 연방정부의 요구 금지, 균형 예산을 위한 헌법 개정안 제정, 항목별 거부권, 불법 행위 쇄신 등으로 이루어진 '미국과의 계약(Contract with America)'이었다. 하지만 호전적인 깅리치는 하원의장보다 선거 운동원 역할이 더욱 알맞은 인물이었다. 미국과의 계약은 대부분 상원을 통과하지 못했고(상원의 공화당원은 하원보다 온건파에 가까웠다), 클린턴 대통령은 이상주의자 깅리치의 의표를 찌를 때가 많았다.

1995년 6월의 클린턴과 깅리치

클린턴 임기의 특징은 예산을 둘러싼 논쟁과 경제 '세계화' 추세였다. 이 시기의 양대 사건은 1993년 11월에 근소한 차이로 하원의 승인을 받은 북미자유무역협정(NAFTA)과 1994년 12월에 비준된 관세 및 무역에 관한 일반협정(GATT)이었다.

정부의 일시 폐업

1996년 예산을 둘러싼 논쟁은 1995년 가을까지 계속되었고, 결국 상원과 하원은 10월 말에 이르러서야 2002년까지 세금을 줄이고 경상수지 균형을 도모한다는 지출안에 합의했다. 하지만 클린턴 대통령은 보건, 교육, 환경 예산의 지나친 삭감은 받아들일 수 없다는 이유를 들어 거부권을 행사했다. 공화당이 대통령의 절충안을 거부하면서 양측의 대화는 중단되었고 예산법이 마련되지 않은 상황에서 국고는 점점 바닥을 드러냈다. 깅리치가 임시 예산법 대신 대통령과의 정면대결을 선택하자 11월 중순부터 일부 부처의 일시 폐업이 시작되었다. 전국 각지의 연방 기구가 문을 닫고 80만 명의 직원에게 귀가 조치를 내린 것이다. 결국 클린턴이 7년 안으로 경상수지 균형을 맞춘다는 데 합의하고 의회가 임시 예산을 승인하면서 대결은 깅리치의

클린턴의 외교정책

클린턴은 미국 경기가 호황세를 이어 나가고 성추문으로 국내에서의 입지가 좁아지자 세계평화 쪽으로 관심을 돌렸다. 취임 초기 최대 난관은 유고슬로비아 해체로 오랜 인종 갈등이 불거진 발칸 반도였다. 세르비아 독재자 슬로보단 밀로셰비치(Slobodan Milosevic)의 지휘 아래 인접 크로아티아와 보스니아를 공격하면서 몇 십만 명의 희생이 빚어진 것이다. 강간이나 살인과 같은 만행이 워낙 자행되다 보니 미국으로서는 개입을 자제할 수 없는 입장이었다. 미국이 주도한 NATO의 세르비아군 집중 공습이 성공을 거두자 밀로셰비치는 1995년 12월, 오하이오 주 데이턴의 공군기지에서 열린 평화회담에 참석하는 수밖에 없었다.

클린턴 대통령은 데이턴 평화안을 실행에 옮기느라 미국군 2만 명을 UN 평화유지군으로 파병했다. 이에 따라 1996년 9월, 보스니아에서 자유선거가 평화롭게 마

2000년 8월, 코소보
미국군 통역관이 구호물품 상자를 열고 있다.
그 안에는 미국 가정에서 기부한 의류, 학용품, 장난감이 들어 있었다.

무리되었지만 밀로셰비치는 발칸 반도의 다른 지역에서 계속 분쟁을 일으켰다. 그의 부하들은 세르비아 남쪽의 코소보 '정화'를 다음 목표로 삼고 주민 대다수를 차지하는 알바니아인을 '청소'하기 시작했다. 이번에도 미국과 NATO가 1999년 초부터 공습을 퍼부어 밀로셰비치를 몰아냈다. 이로 인해 정권이 무너진 밀로셰비치는 헤이그의 국제형사재판소(International Criminal Tribunal)에서 전범으로 처형을 받았다.

발칸 반도와 여러 곳에서 승리를 거두자 자신감이 충만한 클린턴은 두 번째 임기 때 20세기 후반 사상 가장 까다로운 두 가지 문제에 깊숙이 관여했다. 하나는 북아일랜드의 가톨릭과 프로테스탄트 분쟁이었고, 또 하나는 중동의 이스라엘과 팔레스타인 분쟁이었다.

북아일랜드의 경우 클린턴은 몇 년 동안 각고의 노력을 기울인 결과 1998년 4월, 이른바 성(聖)금요일 협정을 이끌어 냈다(전직 상원의원 조지 미첼의 도움이 컸다). 백악관의 영향력을 동원하여 개인적으로 이곳저곳과 통화한 끝에 이루어 낸 성과였다. 하지만 중동에서는 노력의 결실을 맺지 못했다. 클린턴이 취임하고 1993년 9월, 이츠하크 라빈(Yitzhak Rabin) 이스라엘 총리와 팔레스타인 지도자 야시르 아라파트(Yasir Arafat)는 '평화와 영토를 맞바꾸는' 오슬로 협정에 서명했다. 이에 따라 팔레스타인 독립의 전조 격으로 이스라엘의 점령지이던 웨스트뱅크와 가자 지구에 팔레스타인 '정부'가 건설되었다. 이후에 양측은 예루살렘의 향후 지위 등 협정에서 다루지 않은 여러 세부 사항을 논의하기 시작했고, 클린턴은 오슬로 협정이 잘 진행되도록 주선하는 역할을 맡았다. 임기 말년인 2000년 7월에는 캠프데이비드에서 마라톤 협상까지 주도했지만 아라파트와 에후드 바락(Ehud Barak) 이스라엘 총리가 최종 합의점을 찾는 데 실패하면서 중동의 상황은 악화 일로로 치달았다.

승리로 돌아갔다.

하지만 방법상의 합의가 결렬되는 바람에 12월 중순부터 다시 정부 폐업이 시작되었다. 이번 파업은 3주 동안 계속되었고 그 사이 여론은 깅리치가 잘못했다는 쪽으로 기울었다. 한 때 연방정부를 무너뜨리려는 깅리치에게 박수갈채를 보냈던 유권자들이 이제는 의회 다수당 의 횡포에 맞서 노인의료보험제도 등을 지키려는 클린턴의 노력을 칭찬했다. 공화당은 클린턴 임기 내내 상하 양원을 장악했고, 심지어 1998년 12월에는 대통령이 백악관 인턴과의 성추문 조사에서 위증을 했다는 이유를 들어 탄핵안까지 가결했다. 하지만 깅리치가 1994년에 내세 운 '혁명'의 기세는 사라져 버린 뒤였다. 영향력을 상실했다는 점에서는 클린턴 대통령도 마 찬가지였다. 부끄러운 폭로가 잇따르면서 탄핵까지 받았으니, 대통령 자리는 보존했지만(상원 에서 1999년 2월에 양쪽 모두 무죄 판결을 받았다) 땅에 떨어진 위신은 회복할 방법이 없었다. 따라서 국내 관점에서 보았을 때 클린턴의 두 번째 임기는 시간낭비에 불과했다.

주식시장은 연일 상한가를 기록했다. 클린턴이 취임하던 날, 다우지수는 3241.95로 마감 되었다. 그런데 연방준비제도이사회 의장 앨런 그린스펀(Allen Greenspan)이 금융시장의 '무분별한 번영'을 이야기한 1996년 12월 5일의 다우지수는 6437.10이었다. 클린턴의 퇴임에 앞서 선거운동이 한창이던 2000년 1월 14일, 다우지수는 11722.98을 기록했다. 1993년 1월과 비교하면 세 배였고, 그린스펀이 우려 하던 시점과 비교해도 갑절에 가까운 수치였다. 말도 많고 탈도 많던 2000년 선거가 끝나고 대법원이 5 대 4로 텍사스 주지사 조 지 W. 부시의 손을 들어 플로리다 재검표를 중단한 이후에도 주 식시장은 몇 차례 최고치를 갱신했다. 2001년 9월 11일의 주식 시장은 9605.51로 출발할 예정이었다. 하지만 동부 표준시각으 로 오전 8시 48분, 아메리칸 항공 소속 11편 항공기가 세계무역 센터의 북쪽 타워와 충돌하면서 뉴욕 증권거래소, 미국 증권거 래소, 나스닥은 문을 닫았다.

1998년 3월의 그린스펀

그는 1987년 8월에 레이건 대통령의 지명을 받고 연방준비제도이사회 의장으로 취임한 이래 1992년에는 부시 대통령, 1996년과 2000년에는 클린턴 대통령에게 재임명을 받았다.

이후 15분 동안 정신 없이 시간이 흘러갔다. 그러다 오전 9시 3분, 2차로 납치당한 유나이티드 항공 소속 175편 항 공기(마찬가지로 보스턴을 출발하여 로스앤젤레스로 향하던 비행기였다)가 남쪽 타워의 18층 부근과 부딪쳤다. 이 충격으로 비행기 탱크에 가득 차 있던 연료 몇백 킬로그램이 흘러나오면 서 양쪽 타워의 상층부가 불길에 휩싸였다. 충돌 당시 상층부에서 근무하던 사람들은 지상으 로 대피하지 못하고 목숨을 잃었다. 게다가 양쪽 건물의 상부 구조물이 화염으로 뒤틀리면서 화재가 난 위쪽 부분이 아래쪽을 누르기 시작했다. 결국 건물은 압력을 견디지 못하고 납작하 게 무너졌다.

남쪽 타워는 오전 9시 59분에 눈 깜짝할 사이 무너졌고 10시 28분에 북쪽 타워마저 뒤를 이으면서 희생자 숫자가 몇백 명 더 늘어났다. 그 사이 워싱턴의 덜레스 공항을 출발한 아메리칸 항공 소속 77편 항공기가 오전 9시 37분, 국방부와 충돌했다. 뉴어크 발 유나이티드 항공 소속 93편 항공기는 납치범들의 뜻대로 움직이지 않았다. 휴대전화로 가족들과 통화를 하다 세계무역센터와 국방부 소식을 들은 승객들이 생존의 희망을 버리고 조종실로 달려가 강제로 비행기를 추락시켰기 때문이다. 보잉 757기는 오전 10시, 펜실베이니아 주 피츠버그 남동쪽의 서머싯 카운티에 추락했다. 이 사고로 승객들은 모두 목숨을 잃었지만 추가 인명 피해는 없었다.

뉴욕 시와 워싱턴의 정부기관에서는 대부분의 공공건물에 대피령을 내렸다. 뉴욕과 뉴저지를 관장하는 항만청은 모든 다리와 터널을 폐쇄했다. 연방 항공국(Federal Aviation Administration)은 9시 40분을 기해 국내 모든 공항을 폐쇄하고 모든 항공기의 운항을 중단하는 등 역사상 가장 강경한 조치를 취했다. 플로리다에서 일상적인 공무를 수행 중이던 부시 대통령은 전용기를 타고 황급히 루이지애나 주의 바크데일 공군기지로 향했고, 여기에서 다시 네브래스카 주의 오펏 공군기지로 출발했다. 그는 오후 7시가 되어서야 가까스로 백악관에 도착하고 90분 뒤 텔레비전 연설을 시작했다.

"이번 공격으로 건물은 무너졌을지 모르지만 미국 국민의 굳은 의지는 무너지지 않았습니다."

부시가 아직 이동 중이던 오후 3시 무렵 루돌프 W. 줄리아니(Rudolph W. Giuliani) 뉴욕 시장은 기자회견을 열었다. 그는 사망자가 몇이나 되느냐는 질문에 정확한 숫자는 알 수 없지만 '감당하기 힘든' 수준인 것은 분명하다고 밝혔다. 쌍둥이 타워가 하늘을 가르며 서 있던 자리에는 몇천 명의 노동자, 소방관, 경찰, 그 밖의 인명 구조요원을 덮어 버린 돌무더기만 가득했다. 첫 공식 집계에 따르면 9월 11일이 낳은 희생자 수는 6천 명이었다. 국방부와 세계무역센터에서 근무하던 직원들이 집으로 복귀하고(다리와 대중교통 수단이 폐쇄된 탓에 시간이 많

알카에다의 테러
알카에다는 예전에도 미국을 공격한 일이 있었다. 1998년 8월에는 아프리카 주재 미국 대사관 외곽에서 자동차 폭탄을 터트렸고, 2000년 10월에는 고속 모터보트로 군함 콜 호에 구멍을 냈다.

이 걸렸다) 행방불명자 명단에서 중복되는 이름을 삭제하고 보니 실제 숫자는 절반으로 줄어들었지만, 그래도 감당하기 힘든 수준이었다.

알카에다

9월 11일이 거의 저물어 갈 무렵, 운명의 비행기에 탑승했던 승객과 승무원의 통화 내용을 종합한 결과 이슬람계 청년들이 납치범이라는 사실이 분명해졌다. 모두 열아홉 명의 납치범 가운데 열다섯 명이 사우디아라비아 출신이었고, 대부분 미국 비행학교에서 훈련을 받은 생도였다. 이들의 교습료와 그 밖의 비용을 댄 장본인은 사우디아라비아의 망명객 오사마 빈 라덴 (Osama Bin Laden)이 이끄는 알카에다(Al-Qaeda) 테러 조직이었다. 그가 세계무역센터와 국방부를 목표로 삼은 이유는 각 건물이 미국의 경제력과 군사력을 상징하기 때문이었다.

비행기 납치의 충격이 막 전국으로 확산될 무렵 또 다른 테러가 감행되었다. 이번에는 추가 공격을 경고하는 편지와 함께 치명적인 탄저균 포자가 담긴 특급 우편물이었다(이슬람 투사들 특유의 말투가 편지에 적혀 있기는 했지만, 비이슬람권에서 시도한 테러일 가능성도 있었다). 탄저균이 노린 대상은 워싱턴의 정계와 뉴욕 시, 플로리다의 언론계였다. 병균을 없애는 몇 주 사이 우편물과 접촉한 우체국 직원 등이 목숨을 잃었다는 소식이 전해지자 몇십만 명이 항생제를 사러 병원으로 달려갔다. 의회 건물과 우편물 분류 시설이 소독을 위해 폐쇄되었고 전국의 우체국이 일시적으로 혼란을 빚었다.

부시는 취임 후 8개월 동안 일방적인 외교정책을 추진했지만—레이건식 전략방위구상을 위해 1997년 12월 교토에서 맺은 지구 온난화 협정을 탈퇴하고 1972년에 러시아와 맺은 미사일 요격 미사일 조약(Anti-Ballistic Missile Treaty)을 폐기할 생각이었다—9월 11일 공격을 접하고 아버지가 이라크의 쿠웨이트 침공 소식을 들었을 때와 똑같은 반응을 보였다. 이 날의 사건으로 갑자기 지지율이 오른 부시는 새로운 사명이 생겼다. 그는 성급한 행동을 자제한 채 이후 두 달 동안 정보를 수집하고 정책을 구상하고 '테러와의 전쟁'을 위해 세계적인 연대를 구축했다. 짐작했던 대로 첫 번째 전투지는 이슬람 광신도 탈리반(Taliban) 정부가 빈 라덴과 테러리스트 훈련소를 몇 년 동안 비호해 온 아프가니스탄이었다.

2001년 10월, 미국과 동맹군은 이웃 파키스탄의 도움 아래 탈리반과 알카에다를 상대로 작전을 개시했다. 탈리반은 예상보다 빨리 무너졌고 대규모 알카에다 기지는 괴멸되었다. 하지만 빈 라덴과 탈리반 수장 물라 오마르(Mullah Omar) 등 핵심 인물은 대부분 무사히 빠져나갔다. 그뿐 아니라 탈리반과 알카에다의 일반 사병들은 아프가니스탄에 있는 미국군과 국제평화유지군에게 지속적인 위협을 가하고 있다. 이 책이 출간된 시점에서 볼 때 아프가니스탄은 여전히 언제 폭발할지 모르는 시한폭탄과도 같다. 알카에다의 위협도 아직까지 건재하다. 9월 11일의 충격은 미국 내에서 서서히 잦아들고 있지만 부시 대통령과 그 밖의 여러 공직자는 또 다른 공격이 분명 뒤를 이어 등장할 테고, 그중 일부는 성공할지 모른다고 끊임없이 경고하고 있다.

《타임》의 평론가 랜스 모로(Lance Morrow)는 미국이 "몇 시간 만에 다른 나라가 되었다. 드디어 1990년대라는 공간을 빠져나왔다. 우선순위가 달라졌다."고 적었다.

> "건물 무너지는
> 소리가
> 들렸습니다.
> 스파게티를
> 삶으려고 반으로
> 쪼갤 때 나는
> 소리
> 비슷하더군요."
>
> 밥 셸턴,
> 남쪽 타워의 56층에서
> 근무하던 건축가

하지만 변함 없는 부분들이 훨씬 더 많다. 미국은 여전히 세계를 주도하는 경제, 안정적인 정치, 막강한 군사력, 혁신적인 기술, 널리 확산된 문화를 보유한 나라이다.

하지만 9월 11일 이후 미국인들의 생활에는, 그리고 전 세계인의 생활에는 생각지도 않았던 새로운 면모가 추가되었다. 19세기 프랑스의 무정부주의자 피에르-조지프 프루동(Pierre-Joseph Proudhon)은 "돌발사건의 빈번함은 정치인의 계산을 넘어선다."고 말한 일이 있었다. 미국은 분명 안보와 경계태세를 강조하는 새로운 시기로 돌입했다. 전시체제가 늘 그렇듯 이 같은 상황에서 시민의 자유는 제한을 받을 것이다.

물론 슬픔과 비극이 사라진 미래란 있을 수 없다. 새로운 테러로 말미암은 것이든, 우리의 부족함에서 생긴 것이든 슬픔과 비극은 존재하기 마련이다. 아서 M. 슐레징거 2세도 이야기했다시피 "역사는 시간으로 모든 문제를 해결해 주겠다는 구세주가 아니다." 오늘날 미국은 과거의 쓰라린 시기와 비슷한 새로운 시련을 맞이했다. 이 시련을 어떻게 대처하느냐에 따라 현 세대의 지도부와 시민들이 당면 과제를 용기 있게, 효과적으로 해결할 수 있을지가 결정될 것이다.

미국은 이례적으로 돌발사건을 환영했던 나라이다. 역사학자 새뮤얼 엘리엇 모리슨(Samuel Eliot Morison)은 이렇게 말한 일이 있다.

"미국은 다른 땅을 찾던 위대한 뱃사람이 우연히 발견한 나라이다. 발견된 이후에 아무도 탐을 내지 않던 나라이다. 50년 동안 이 땅은 가로지르거나 빙 둘러 가려던 사람들이 개발한 곳이다. '아메리카'라는 이름도 신대륙을 발견하지 못한 사람에게서 비롯된 명칭이다. 역사란 이런 것이다. 이렇게 불확실한 것이다."

애도의 빛
(오른쪽) 2002년 3월 11일, 쌍둥이 타워가 있던 자리의 북쪽에서 발사된 불빛. 애도의 빛은 이후 한 달 동안 해질녘부터 오후 11시까지 매일 밤마다 하늘을 비추었다.

기고가 소개

제임스 액스텔(*James Axtell*)
윌리엄 앤드 메리 대학 인문학부의
윌리엄 R. 케넌 2세 교수이다. 『학문의
즐거움: 고등교육을 찬양하고 옹호하며
(*The Pleasures of Academe: A
Celebration and Defense of Higher
Education*)』(1998)와 『원주민과 새얼굴:
북아메리카의 문화적 기원(*Natives and
Newcomers: The Cultural Origins of
North America*)』(2001) 등 민족 역사학과
교육사를 주제로 열한 권의 저서를
집필했다. 현재 프린스턴대학교의
20세기 역사를 연구하고 있다.

아이러 벌린(*Ira Berlin*)
메릴랜드대학교의 석좌교수이다.
『수천 명이 가고: 북아메리카 노예제도의
첫 200년(*Many Thousands Gone: The
First Two Centuries of Slavery in North
America*)』(1998)과 『속박의 세대:
아프리카계 미국인 노예의 역사
(*Generations of Captivity: A History of
African-American Slaves*)』(2004)의
저자이다.
현재 국립인문기금 회원이며
미국역사학회 회장이다.

마이클 배런(*Michael Barone*)
《워싱턴 포스트》의 논설위원 출신으로,
현재 《US 뉴스 앤드 월드 리포트》의 수석
필자로 활약 중이다. 1년에 두 차례
발행되는 《미국 정치 연감》의 공저자이며
『강경한 미국, 부드러운 미국(*Hard
America, Soft America*)』(2004)과
『우리나라: 루스벨트에서 레이건에
이르기까지 미국의 모습(*Our Country:
The Shaping of America From

Roosevelt to Reagan)』(1990), 『새로운
미국인: 인종 간 융화를 도모하는 방법
(*The New Americans: How the Melting
Pot Can Work Again*)』(2001)의
저자이다.

앤 브로드(*Ann Braude*)
하버드 신학대학원의 종교여성학
분과장이다. 저서 『급진적인 사람들:
19세기 미국의 심령주의와 여권(*Radical
Spirits: Spiritualism and Women's
Rights in Nineteenth-Century
America*)』(1989)에서 초창기 여권운동과
심령주의의 공통분모를 파헤친 바 있다.
『쓴 뿌리: 문헌으로 본 미국 여성의
사회사(*Root of Bitterness: Documents of
the Social History of American
Women*)』(1996)의 공저자이기도 하다.

캐서린 클린턴(*Catherine Clinton*)
『남북전쟁(*The Civil War: An Illustrated
History*)』(2004), 『해리엇 터브먼
(*Harriet Tubman*)』(2004),
『플랜테이션의 안주인(*The Plantation
Mistress*)』(1982), 『다시 찾아간 타라
(*Tara Revisited*)』(1995)를 집필했다.

로버트 댈럭(*Robert Dallek*)
미국에서 가장 존경받는 역사학자 중의
하나이다. 1994년과 1995년에는
함스워스 교환교수로 옥스퍼드에서
미국사를 강의했다. 미국인문자연과학
아카데미 선임회원으로, 두 권의 린든 B.
존슨 전기를 비롯하여 미국 외교사와
대통령사를 주제로 수많은 저서를
출간했다. 최근작으로 『끝나지 않은 삶:
존 F. 케네디, 1917–1963(*An Unfinished

Life: John F. Kennedy, 1917–1963*)』
(2003)이 있다.

존 W. 다우어(*John W. Dower*)
매사추세츠 공과대학 역사학과의 엘팅 E.
모리슨 교수이다. 『제국 그리고 그 이후:
요시다 시게루와 일본의 경험,
1878–1954(*Empire and Aftermath:
Yoshida Shigeru and the Japanese
Experience, 1878–1954*)』(1979),
전미도서비평그룹 논픽션상을 수상한
『인정사정 없는 전쟁: 태평양전쟁을
둘러싼 경쟁과 권력(*War Without
Mercy: Race and Power in the Pacific
War*)』(1986), 퓰리처상 일반 논픽션
부문상과 전미도서상 논픽션 부문상,
밴크로프트상을 수상한 『*Embracing
Defeat: Japan in the Wake of World
War II*』(1999) 등 수많은 저서를
출간했다.

조지프 J. 엘리스(*Joseph J. Ellis*)
전미도서상을 수상한 『아메리칸
스핑크스: 토머스 제퍼슨 분석(*American
Sphinx: The Character of Thomas
Jefferson*)』(1997)과 퓰리처상 역사
부문상을 수상한 『건국의 형제 : 혁명
세대(*Founding Brothers: The
Revolutionary Generation*)』(2000)의
저자이다.

에릭 포너(*Eric Foner*)
컬럼비아대학교 역사학과의 디위트
클린턴 교수이다. 『재건시대: 미완의
미국혁명, 1863–1877(*Reconstruction:
America's Unfinished Revolution
1863–1877*)』(1988)으로 파크먼상과

밴크로프트상을 수상했다. 미국역사학회
회장을 역임했다.

토머스 플레밍(Thomas Fleming)
40여 권의 역사서와 역사소설을
집필했다. 최근작으로 『승리의 환상:
제1차 세계대전에서 미국의 모습(The
Illusion of Victory: America in World
War I)』(2004)과
『하늘을 정복한 사람들(Conquerors of
the Sky)』(2004)이 있다.

조앤 헤드릭(Joan Hedrick)
트리니티대학 역사학과의 찰스 A. 데이너
교수이다. 『해리엇 비처 스토 전기
(Harriet Beecher Stowe: A Life)』(1994)로
퓰리처상 전기 부문상을 수상했고,
『고독한 동지: 잭 런던과 그의
업적(Solitary Comrade: Jack London
and His Work)』(1982)을 출간했다.

대니얼 J. 케블스(Daniel J. Kevles)
예일대학교 역사학과 교수이며 과학사,
과학과 사회의 관계를 저서에서
광범위하게 다루었다. 주요 저서로
『우생학의 이름으로: 유전학과
유전형질의 활용(In the Name of
Eugenics: Genetics and the Use of
Human Heredity)』(1985), 『물리학자:
현대 미국의 과학계사(The Physicists:
The History of a Scientific Community
in Modern America)』(1995), 『볼티모어
사건: 정치, 과학, 주관이 어우러진
재판(The Baltimore Case: A Trial of
Politics, Science, and Character)』
(1998)이 있다. 과학과 기술을 미국
발달사와 접목시킨 『미국 발명(Inventing
America)』(2002)의 공저자이기도 하다.

앨리스 케슬러-해리스
(Alice Kessler- Harris)
컬럼비아대학교 역사학과의 R. 고든 학시
교수이다. 저서로 『여성들은 항상 일을
했다: 역사 개관(Women Have Always
Worked: A Historical Overview)』(1981),
『일터로: 미국 여성임금노동자의 역사
(Out to Work: A History of
Wage-Earning Women in the United
States)』(1982), 『여성의 임금: 역사적
의미와 사회적 의의(A Woman's Wage:

Historical Meanings and Social
Consequence)』(1990), 밴크로프트상을
수상한 『평등을 찾아서: 여성, 남성,
그리고 20세기 미국의 경제 시민권
운동(In Pursuit of Equity: Women,
Men, and the Quest for Economic
Citizenship in Twentieth-Century
America)』(2001)이 있다.

윌리엄 E. 루첸버그
(William E.Leuchtenburg)
채플힐 노스캐롤라이나 대학교
역사학과의 윌리엄 랜드 케넌 2세
명예교수이다. 수상작 『프랭클린 D.
루스벨트와 뉴딜, 1932-1940(Franklin
D. Roosevelt and the New Deal,
1932-1940)』(1963)과 『프랭클린 D.
루스벨트의 그늘: 해리 트루먼에서 빌
클린턴까지(In the Shadow of
FDR : From Harry Truman to Bill
Clinton)』(1993) 등 수많은 저서를
남겼다. 미국역사학회,
미국역사학자협회, 미국역사학자학회의
회장으로 선출되었다.

데이비드 레버링 루이스
(David Levering Lewis)
러터거스 마틴 루터 킹 2세 대학
교수이다. 저서로 『마틴 루터 킹
전기(King: A Biography)』(1978),
『할렘이 인기 있었을 때(When Harlem
Was in Vogue)』(1981), 『파쇼다 전쟁:
아프리카 쟁탈전을 둘러싼 유럽의 식민지
정책과 아프리카의 저항(The Race to
Fashoda: European Colonialism and
African Resistance in the Scramble for
Africa)』(1987), 1994년과 2001년에
퓰리처상 전기 부문상을 수상한 두 권의
W. E. B. 두 보이스 전기가 있다.

잭 N. 래코브(Jack N. Rakove)
1980년부터 재직한 스탠퍼드대학교
역사학과 및 미국학과의 교수, 정치학
교수로 활동 중이다. 대표작으로
『국내정치의 시작: 해석을 곁들인
대륙회의의 역사(The Beginnings of
National Politics: An Interpretive
History of the Continental
Congress)』(1979)와 퓰리처상 역사
부문상을 수상한 『본래 의미: 헌법 제정의

정치와 개념(Original Meanings: Politics
and Ideas in the Making of the
Constitution)』(1996)이 있다.

리처드 리브스(Richard Reeves)
『케네디 대통령: 권력 분석(President
Kennedy: Profile of Power)』(1993)과
『닉슨 대통령: 백악관의 외톨이(President
Nixon: Alone in the White
House)』(2001)의 저자이다. 《신디케이트
신문》에 칼럼을 게재하며
남캘리포니아대학교의 애넌버그
방송학대학원에서 교편을 잡고 있다.

제프리 C. 워드(Geoffrey C.Ward)
전직 《아메리칸 헤리티지》 편집자이며
『재즈: 미국 음악사(Jazz: A History of
America's Music)』(2000)를 썼고, 『일급
품성: 프랭클린 루스벨트의 출현
(A First-Class Temperament: The
Emergence of Franklin
Roosevelt)』(1989)으로 파크먼상을
수상했다. 공영 TV의 역사 다큐멘터리
작가이기도 하다.

엘리엇 웨스트(Elliott West)
아칸소대학교의 역사학과 석좌교수이다.
다섯 권의 저서 가운데 『경쟁이 치열했던
대평원: 인디언, 금 사냥꾼, 콜로라도를
향한 돌진(The Contested Plains:
Indians, Goldseekers, and the Rush to
Colorado)』(1998)으로 파크먼상을
받았다. 현재 1876년의 수 전쟁과
1877년의 네페르세 전쟁을 주제로 집필
중이다.

찾아보기

시각자료 출처

『사진과 그림으로 보는 미국사』의
시각자료는 모두 국회도서관,
국립공문서보관소, 아쟁쿠르 프레스가
출처이다. 다만 아래의 경우는
예외이다.

코비스 16(상단), 18, 27, 73, 412(상단),
　　413, 463, 464, 468, 477, 500,
　　503, 509, 541, 563, 566, 568,
　　569, 571, 581, 595, 596,
　　600~607, 609, 613, 614, 615,
　　626, 635, 637, 639(상단), 642,
　　644, 645, 646, 648, 650(상단),
　　651, 652, 654(상단), 655, 656,
　　660, 661, 663
시버 서부역사 연구센터(로스앤젤레스
　　카운티 자연사박물관) 29
애슈몰린 박물관(옥스퍼드) 39(하단)
폴저 셰익스피어 도서관 41(상단), 42
버지니아 골동품 보존협회 41(하단),
　　44(하단), 46(상단)
국회의사당 소장품 44(상단), 313
이녹 프랫 무료도서관 45
버지니아 도서관 49, 198~199(하단),
　　200(상단)
노스 윈드 사진 보관소 50~51
프렌즈 역사도서관(스워스모어대학)
　　57(상 · 하단), 216(하단)
필그림 홀 박물관(매사추세츠의
　　플리머스) 61(상 · 하단)
스미소니언 협회(더글러스 머드의
　　NNC) 64, 140(하단), 184(상단),
　　288(상단), 381, 386(하단)
매사추세츠(문서처) 67
클레멘츠 도서관, 미시건대학교
　　78(하단)
매사추세츠 역사협회 80(하단)
보스턴 공립도서관 87(하단)
펜실베이니아 의회 보존위원회

97(상단)
미 상원 소장품 108, 112(하단),
　　239(상단), 224(상단), 420
인디펜던스 홀 국립역사공원 122(하단)
올버니 역사예술회관 123
미주리 역사협회(세인트루이스) 128,
　　144(상단), 145, 478
필라델피아 자연과학회 136(상단 왼쪽,
　　상단 오른쪽)
바이네크 희귀본도서관(예일대학교)
　　136(하단), 147(상단)
언스트 메이어 비교동물학
　　박물관(하버드대학교) 138
버지니아 사관학교 141(상단),
　　289(하단)
버펄로 빌 역사센터(와이오밍의 코디)
　　142~143
스미소니언 협회(국립 미국사 박물관)
　　147(하단)
앤드류 잭슨의 사택 허미티지(테네시의
　　내슈빌) 162(하단), 187
미국 골동품협회 176
노스캐롤라이나대학교 채플 힐 두서관
　　191
워털루 도서관 · 역사협회 208(상단)
스워스모어대학 피스 소장품 211(상단)
오벌린대학 자료실(오하이오의 오벌린)
　　213(하단), 220(하단), 254(상단)
말일성도 예수 그리스도 교회
　　역사자료실 214(하단)
크리스천 사이언스 제일교회(인류
　　향상을 위한 메리 베이커 에디
　　도서관) 217
오나이다 공동체 공관(뉴욕의 오나이다)
　　218(상단 왼쪽, 상단 오른쪽)
미국사센터(텍사스대학교 오스틴 분교)
　　232(상단)
프랭클린 델러노 루스벨트 도서관
　　236(하단), 484, 490, 494,

497(상단), 527, 530
캘리포니아 선구자협회 236~237
존 F. 케네디 도서관 241(하단),
　　560(하단)
캔자스 주 역사협회 253(오른쪽),
　　254(하단), 265(상단), 268(하단)
에이브러햄 링컨 도서관 · 박물관
　　(테네시의 링컨미모리얼 대학교)
　　281(상단)
앨라배마 자료 · 역사과(앨라배마의
　　몽고메리) 294(상단)
리틀빅혼 전투지 국립기념관 333(상단),
　　334(상단), 339(상단)
위스콘신대학교–매디슨 자료실
　　339(하단)
네브래스카 주 역사협회 342~343,
　　377(하단), 392, 395
유진 V. 데브스 재단 352(상 · 하단),
　　369, 546(상단)
조지 미니 기념자료실 370(하단)
UNITE 자료실(뉴욕 코넬대학교의 킬
　　센터) 435, 436(상단),
　　445(상 · 하단), 475, 616, 617
미네소타 역사협회 457(상 · 하단),
　　458(상단), 475, 616, 617
덴버 공립도서관 480
마틴 루터 킹 2세 기념도서관(컬럼비아
　　특별구 공립도서관) 513(상단),
　　544, 554, 564, 565, 567, 570,
　　575, 587, 594, 602, 618, 620,
　　621, 627, 628(상단), 629,
　　632(상단), 633, 647
디펜스 시각자료센터 653, 662
틸먼 라이즐 654(하단)
데이비드 플레이크 658, 664, 667

앨런 와인스타인(Allen Weinstein)
1985년 워싱턴에 비영리재단 민주주의 센터를 설립한 이래 현재까지 회장직을 맡고 있으며
스미스 대학, 조지타운 대학, 보스턴 대학을 비롯한 여러 교육기관의 역사학과 교수를 역임했다.
저서로『위증: 히스 대 체임버스 사건』과『전쟁과 전쟁 사이』,『포퓰리즘의 전조』가 있고,
공동저서로『자유와 위기: 미국사』,『유령의 숲: 소비에트의 대미 첩보극 』이 있다. 세계 주요 국가의 평화,
대화, 자유선거 증진에 이바지한 공로를 인정받아 1986년에 UN 평화훈장을 받았다.

데이비드 루벨(David Rubel)
『내 능력이 닿는 곳까지: 미국의 대통령들』과『운명의 나날: 미국 역사의 갈림길』을 비롯한 수많은
미국 역사서의 편집을 담당했으며『대통령과 재위기간의 백과사전』을 집필하기도 했다.

이은선
연세대학교 국제대학원을 졸업했고, 현재 전문번역가로 활동중이다. 역서로『타고난 성, 만들어진 성』,
『헌책방마을 헤이온와이』,『엉클 텅스텐』,『도도한 알코올, 와인의 역사』 등이 있다.